容齋隨筆箋證

中

〔宋〕洪邁 撰　凌郁之 箋證

中華書局

容齋續筆卷一 十八則

是書先已成十六卷，淳熙十四年八月，在禁林日，入侍至尊壽皇聖帝清間之燕，聖語忽云：「近見甚齋隨筆？」邁竦而對曰：「是臣所著《容齋隨筆》，無足采者。」上曰：「嗞有好議論。」邁起謝，退而詢之，乃婺女所刻，賈人販鬻于書坊中，貴人買以入，遂塵乙覽。書生遭遇，可謂至榮。因復裒臆説綴于後，懼與前書相亂，故別以一二數而目曰續，亦十六卷云。紹熙三年三月十日邁序。

1 顔魯公

顔魯公忠義大節，照映今古，豈唯唐朝人士罕見比倫，自漢以來，殆可屈指也。考其立朝出處，在明皇時，爲楊國忠所惡，由殿中侍御史出東都、平原〔一〕。肅宗時，以論太廟築壇事，爲宰相所惡，由御史大夫出馮翊〔二〕。爲李輔國所惡，由刑部侍郎貶蓬州〔三〕。代宗時，以言祭器不飭，元載以爲誹謗，由刑部尚書貶峽州〔四〕。德宗時，不容於楊炎，由吏部尚書換東宫散秩〔五〕。盧杞之擅國也，欲去公，數遣人問方鎮所便，公往見之，責其不見容，由是銜恨切骨。是時年七十有五，竟墮杞之詭計而死，議者痛之〔六〕。嗚呼！公既知杞之惡己，盍因其方鎮之問，欣然從之。不然，則高舉遠引，挂冠東去，杞之所甚欲也，而乃眷眷京都，終不自爲去就，以蹈危機。《春秋》責備賢者，斯爲可恨。司空圖隱於王官谷，柳璨以詔書召之，圖陽爲衰野，墮笏失儀，得放還山〔七〕。璨之奸惡過於杞，圖非公比也，卒全身於大亂之世，然則公之委命賊手，豈不大可惜也哉！雖然，公囚困於淮西，屢折李希烈，卒之捐身徇國，以激四海義烈之氣，貞元反正，實爲有助焉〔八〕。豈天欲全畀公以萬世之名，故使一時墮於横逆以成始成終者乎？

【箋證】

〔一〕《舊唐書》卷一二八《顔真卿傳》：「遷殿中侍御史、東都畿采訪判官，轉侍御史、武部員外郎。楊國忠怒其不附己，出爲平原太守。」

〔二〕《舊唐書》本傳云：「太廟爲賊所毁，真卿奏曰：『春秋時，新宫災，魯成公三日哭。今太廟既爲盗毁，請築壇于野，皇帝東向哭，然後遣使。』竟不能從。軍國之事，知無不言。爲宰相所忌，出爲同州刺史，轉蒲州刺史。」《新唐書》卷一五三本傳云：「宰相厭其言，出爲馮翊太守。」

〔三〕《舊唐書》本傳云：「李輔國矯詔遷玄宗居西宫，真卿乃首率百僚上表請問起居。輔國惡之，奏貶蓬州長史。」

〔四〕《舊唐書》本傳云：「車駕自陝將還，真卿請皇帝先謁五陵九廟而後還宫。宰相元載謂真卿曰：『公所見雖美，其如不合事宜何！』真卿怒，前曰：『用捨在相公耳，言者何罪！然朝廷之事豈堪相公再破除耶！』載深銜之。旋改檢校刑部尚書知省事，累進封魯郡公。」「攝祭太廟，以祭器不修言於朝。載坐以誹謗，貶硤州別駕，撫州、湖州刺史。元載伏誅，拜刑部尚書。」

〔五〕《舊唐書》本傳云：「楊炎爲相，惡之，改太子少傅，禮儀使如舊。外示崇寵，實去其權也。」

〔六〕《舊唐書》本傳云：「盧杞專權，忌之，改太子太師，罷禮儀使，諭於真卿曰：『方面之任，何處爲便？』真卿候杞於中書，曰：『真卿以褊性爲小人所憎，竄逐非一，今已羸老，幸相公庇之。相公先中丞傳首至平原，面上血真卿不敢衣拭，以舌舐之，相公忍不相容乎？』杞矍然下拜，而含怒心。會李希烈陷汝州，杞乃奏曰：『顔真卿四方所信，使諭之，可不勞師旅。』上從之。朝廷失色。李勉聞之，以爲失一元老，貽朝廷羞，乃密表請留，又遣逆於路，不及。」遂爲李希烈所害。

按顔魯公享年，《舊唐書》本傳謂年七十七，《新唐書》本傳謂年七十六。

〔七〕《舊唐書》卷一九〇下《司空圖傳》：「僖宗自蜀還，次鳳翔，召圖知制誥，尋正拜中書舍人。其年，僖宗出幸寶雞，復從之不及，退還河中。龍紀初，復召拜舍人，未幾又以疾辭。河北亂，乃寓居華陰。景福中，又以諫議大夫徵。時朝廷微弱，紀綱大壞，圖自深惟，出不如處，移疾不起。乾寧中，又以户部侍郎徵，一至闕廷致謝，數日乞還山，許之。昭宗在華，徵拜兵部侍郎，稱足疾不任趨拜，致章謝之而已。昭宗遷洛，鼎欲歸梁，柳璨希賊旨，陷害舊族，詔圖入朝。圖懼見誅，力疾至洛陽。謁見之日，墮笏失儀，旨趣極野。璨知不可屈。」「圖有先人別墅在中條山之王官谷，泉石林亭，頗稱幽棲之趣，自考槃高卧，日與名僧高士游詠其中。」

〔八〕顔真卿困於淮西，屢折希烈，詳《舊唐書》本傳。本傳又云：「及淮、泗平，貞元元年，陳仙奇使護送真卿喪歸京師。德宗痛悼異常，廢朝五日。謚曰文忠。復下詔曰：『君臣之義，生録其功，殁厚其禮，況才優匡國，忠至滅身，朕自興歎勞於寤寐，故光禄大夫守太子太師上柱國魯郡公顔真卿，器質天資，公忠傑出，出入四朝，堅貞一志，屬賊臣擾亂，委以存諭，拘脅累歲，死而不撓，稽其盛節，實謂猶生。朕致貽斯禍，慙悼靡及，式崇嘉命，兼延爾嗣。可贈司徒。』」

2 戒石銘

「爾俸爾禄，民膏民脂。下民易虐，上天難欺。」太宗皇帝書此，以賜郡國，立於聽事之南，謂之《戒石銘》〔一〕。案，成都人景焕有《野人閑話》一書，乾德三年所作〔二〕，其首篇《頒令箴》，載蜀王孟昶爲文頒諸邑云：「朕念赤子，旰食宵衣。言之令長，撫養惠綏。政存三異，道在七絲。驅雞爲理，留犢爲規。寬猛得所，風俗可移。無令侵削，無使瘡痍。下民易虐，上天難欺。賦輿是切，軍國是資。朕之賞罰，固不踰時。爾俸爾禄，民膏民脂。爲民父母，莫不仁慈。勉爾爲戒，體朕深思。」凡二十四句。昶區區愛民之心，在五季諸僭僞之君爲可稱也，但語言皆不工，唯經表出者，詞簡理盡，遂成王言，蓋詩家所謂奪胎換骨法也〔三〕。

【箋證】

〔一〕按《宋史》卷四《太宗紀》：太平興國八年夏四月，「班外官戒諭辭」。王應麟《玉海》卷三一《太宗戒石銘》：「紹興二年六月癸巳，詔有司摹黄庭堅所書太宗《戒石銘》勒諸堅珉，遍賜守令，命刻之庭石，置諸坐右。七月癸酉，吕頤浩等跋。」

張端義《貴耳集》卷上：「泰陵書《戒石銘》賜郡國，曰：『爾俸爾禄，民膏民脂。下民易虐，上天難欺。』用《蜀檮杌》中所載孟王昶文。云：（見本條。略。）凡二十四句。昶亦可稱，後熙陵表出，言簡理盡，遂成王言。」

〔二〕陳振孫《直齋書録解題》卷一一：「《野人閒話》五卷，成都景焕撰。記孟蜀時事，乾德三年序。」

〔三〕張唐英《蜀檮杌》卷下：「（廣政）四年五月，昶著《官箴》，頒於郡國，曰：（同本條所録，略。）」廣政四年，當後晉天福六年。孫奕《示兒編》卷一七《太宗戒官吏》：「太宗皇帝御書『爾俸爾禄，民膏民脂。下民易虐，上天難欺』四句，以戒監司守令。民到于今受其賜，德至渥也。蓋本蜀後主孟氏昶放令箴以箴誡宗人之詞，凡十二韻，二十四句，九十六字，而帝實摘取之，始見夫詞簡而意嚴，詳略有體。」又王明清《揮麈餘話》卷一亦録之。文字皆與《續筆》本條少異。梁章鉅《浪迹續談》卷一《戒石碑》：「『爾俸爾禄，民膏民脂。下民易虐，上天難欺。』此相傳是宋乾德三年，敕郡國各立戒石碑，上勒『爾俸爾禄』云云十六字，蓋采蜀孟昶之辭也。《容齋續筆》載云：（本條。略。）按《玉海》載紹興二年六月，詔有司摹勒黄庭堅所書太宗《戒石銘》，遍賜守令，重刻之庭石。《示兒編》亦以爲太宗，而《雅俗稽言》又以爲真宗，要皆以爲采取孟蜀之言。惟《集古録》以爲戒碑起唐明皇，特不見其辭。明皇擇令一百六十三人，賜以丁寧之戒，其後天下爲縣者，皆以新戒刻石。所謂新戒者，即明皇之所頒，與孟蜀之語無涉。至《七修類稿》又載至元癸巳浙中《戒石銘》，别有四句云：『天有昭鑒，國有明法。爾畏爾謹，以中刑罰。』此十六字，則更不知所出矣。」

3　雙生子

今時人家雙生男女，或以後生者爲長，謂受胎在前；或以先生者爲長，謂先後當有序。然固有經一日或亥、子時生，則弟乃先兄一日矣。辰時爲弟，巳時爲兄，則弟乃先兄一時矣[一]。按《春秋公羊傳》隱公元年，「立適以長不以賢，立子以貴不以長」。何休注云：「子謂左右媵及姪娣之子。質家親親先立娣，文家尊尊先立姪，其雙生也，質家據見立先生，文家據本意立後生。」[二]乃知長幼之次，自商、周以來不同如此。

【箋證】

〔一〕參《容齋五筆》卷一《雙生以前爲兄》所引《西京雜記》。

〔二〕《春秋公羊傳注疏》卷一。

4 李建州

建安城東二十里,有梨山廟,相傳爲唐刺史李公祠〔一〕。予守郡日,因作祝文曰:「亟回哀眷。」書吏持白「回」字犯相公名,請改之。蓋以爲李回也〔二〕。後讀《文藝·李頻傳》,懿宗時,頻爲建州刺史,以禮法治下。時朝政亂,盜興相椎敚,而建賴頻以安。卒官下,州爲立廟梨山,歲祠之,乃證其爲頻〔三〕。繼往禱而祝之云:「倏獲感應,則當刻石紀實。」已而得雨,遂爲作碑。偶閲唐末人石文德所著《唐朝新纂》一書,正紀頻事,云除建州牧,卒於郡〔四〕。曹松有詩悼之曰:「出旌臨建水,謝世在公堂。苦集休藏篋,清資罷轉郎。瘴中無子奠,嶺外一妻孀。恐是浮吟骨,東歸就故鄉。」其身後事落拓如此〔五〕。《傳》又云:「頻喪歸壽昌,父老相與扶柩葬之。天下亂,盜發其冢,縣人隨加封掩。」則無後可見云。《稽神録》載一事,亦以爲回,徐鉉失於不審也〔六〕。

【箋證】

〔一〕乾隆《福建通志》卷四《山川》建寧府建安縣:「梨山,在府城東南將相里,山勢奇秀,冠於諸山。上有梨山廟,唐刺史李頻雅好此山,公暇輒往游,及卒,郡人立祠祀之。宋郡守盧幹爲立碑。

下有小梨峰，相傳頻始葬立祠於此。忽一夕風雨大作，祠之香火飛掛梨山之樹，建人因伐樹，刻像以祀。宋時雨暘祈禱輒應。明洪武十一年釐正祀典，稱建州刺史李公，令有司春秋致祭。」

王士禛《池北偶談》卷二一《李頻》：「唐詩人李頻，字德新，睦州人。懿宗時，爲建州刺史，卒，見神梨嶽，郡人祠祀之。宋紹興中，封『靈顯忠惠公』，後加『靈佑善應王』，再加『廣濟王』，又加『福佑威濟信順王』。明洪武初，改『建州刺史之神』，載在祀典。宋真文忠公序其詩，今所傳《梨嶽集》是也。詩人殁而爲神，未有如頻之昭昭者。」

〔二〕李回，字昭度，長慶初進士擢第，又登賢良方正科。武宗時，同平章事，累加中書侍郎，轉門下，歷户、吏二尚書。未嘗守建安。詳《舊唐書》卷一七三《李回傳》。

〔三〕《新唐書》卷二〇三《文藝傳》。按楊億《武夷新集》卷四《梨山廟》：「唐季臨兹郡，生祠已薦馨。聲詩傳樂府，廟貌載圖經。畫壁流塵暗，金碑古蘚青。細民時請福，撾鼓賽遺靈。」題下原注：「李頻也。」《夷堅志》支丁卷八《陳堯咨夢》：「建寧城東梨嶽廟所事神，唐刺史李頻也，靈異昭格。每當科舉歲，士人禱祈，赴之如織。」

〔四〕《直齋書録解題》卷一一：「《唐朝新纂》三卷，融州副使石文德撰。」《宋史》卷二〇六《藝文志》：「石文德《唐新纂》三卷。」陶岳《五代史補》卷三《石文德獻挽歌》：「石文德，連州人，形質矬陋，好學，尤攻詩。霸國時，屢獻詩求用」。文昭王時，「授水部員外郎，充融州刺史。文德晚尤好著述，乃撰《大唐新纂》十三卷，多名人遺事，詞雖不工，事或可采，時以多聞許之。」

〔五〕《全唐詩》卷七一六《哭李頻員外（時在建川）》。松字夢徵，舒州人。天復進士，第校書郎。有詩集三卷。（《新唐書》卷六〇《藝文志》）

〔六〕徐鉉《稽神録》卷六《梨山廟》：「建州梨山廟，土人云故相李回之廟。回貶爲建州刺史，後卒於臨川。卒之夕，建安人咸夢回乘白馬，入梨山。及凶問至，因立祠焉。」

5 侍從官

自觀文殿大學士至待制，爲侍從官，令文所載也〔一〕。紹興三十一年，完顔亮死于廣陵，車駕將幸建康，從官列銜上奏，乞同班入對。時湯岐公以大觀文爲行宫留守，寄聲欲聯名，衆以名位不同爲辭，岐公曰：「思退亦侍從也。」然竟不克從〔二〕。紹熙二年，吏部鄭尚書僑上章乞薦士，詔令在内近臣臺諫、在外侍從，各舉六人堪充朝士者。吏部遍牒，但及内任從官與在外待制以上，而前宰相執政皆不預。安有從官得薦人，而舊弼乃不然？有司之失也〔三〕。

【箋證】

〔一〕《續資治通鑑長編》卷一八七：嘉祐三年，歐陽修言：「竊以學士、待制號爲侍從之臣，所以承宴閒，備顧問，以論思獻納爲職。自祖宗以來，尤所精擇，苟非清德美行，藹然衆譽，高文博學，獨出一時，則不得與其選。是以選用至艱，員數至少。官以難得爲貴，人以得職爲榮，搢紳之望既隆，則朝廷之體增重。其後用人頗易，員數漸多。往時，學士、待制至六七十員，近年以來稍吝除拜，即今猶及四十餘員。臣以謂愛惜名器，不輕授人，朝廷已知之。爲國計者，亦宜及今創立經制，今惟翰林學士、中書舍人、知制誥各有定員，其餘學士待制未有定數，欲乞檢詳前史及國朝故事，自觀文殿大學士至待制，並各立定員數，遇有員闕，則精擇賢材，以充其選，苟無其人，尚可虛位以待。」

〔二〕湯岐公，湯思退。《建炎以來繫年要録》卷一九四：紹興三十一年十一月庚辰，「翰林學士兼權吏部尚書何溥等九人，同班入對，亦以上將親征也。觀文殿大學士、醴泉觀使兼侍讀湯思退，爲行宫留守」。

〔三〕《宋史》卷三六《光宗紀》：紹熙二年四月丙申，「詔侍從、兩省、臺諫及在外侍從之臣，各舉所知嘗任監司、郡守可充郎官、卿監及資歷未深可充諸職事官者各三人」。

鄭僑，字惠叔，號回溪，興化人，乾道五年狀元及第，官至參知政事、知樞密院事。彭大翼《山堂肆考》卷八四《科第》「夢登大石」條：「《容齋隨筆》：莆田鄭僑，字惠叔，乾道己丑春，省試中選，未廷對，夢空中一梯，雲氣圍繞，竊自念曰：『世所謂雲梯，兹其是歟？』俄而身至其側，遂登之。及高層仰望，則有大石蒼然如鏡面，正懼壓己，忽冉冉升騰，立於石上，驚覺自喜，但不曉登石之義。既而爲天下第一，其次曰温陵石起宗。先是，考官用分數編排，石君當居上，臨唱名始易之。」（郁之按，今《隨筆》無此條，實出《夷堅丁志》卷一一。）

6 存亡大計

國家大策，係於安危存亡，方變故交切，幸而有智者陳至當之謀，其聽而行之，當如捧漏甕以沃焦釜，而愚荒之主，暗於事幾，且惑於諛佞孱懦者之言，不旋踵而受其禍敗，自古非一也。曹操自將征劉備，田豐勸袁紹襲其後，紹辭以子疾不行〔一〕。操征烏戎，劉備説劉表襲許，表不能用，後皆爲操所滅〔二〕。唐兵征王世充於洛陽，竇建德自河北來救，太宗屯虎牢以扼之，建德不得進，其臣凌敬請悉兵濟河，攻取懷州、河陽，踰太行，入上黨，徇汾、晉，趣蒲津，蹈無人之境，取勝可以萬全，關中駭震，則鄭圍自解。諸將曰：「凌敬書生，何爲知戰事，其言豈可用？」建德乃謝敬。其妻曹氏，又勸令乘唐國之虚，連營漸進，以取山北，西抄關中，唐必還師自救，鄭圍何憂不解。建德亦不從，引衆合戰，身爲人擒，國隨以滅〔三〕。唐莊宗既取河北，屯兵朝城，梁之君臣謀數道大舉，令董璋引陝、虢、澤、潞之兵趣太原，霍彦威以汝、洛之兵寇鎮定，王彦章以禁軍攻鄆州，段凝以大軍當莊宗。莊宗聞之，深以爲憂。而段凝不能臨機決策，梁主又無斷，遂以致亡〔四〕。石敬瑭以河東叛，耶律德光赴救，敗唐兵而圍之，廢帝問策於群臣。時德光兄贊華，因争國之故，亡歸在唐，吏部侍郎龍敏請立爲契丹主，令天雄、盧龍二鎮分兵送之，自幽州趣西樓，朝廷露檄言之，虜必有内顧之慮，然後選募精鋭以擊之，此解圍一策也。帝深以爲然，而執政恐其無成，議竟不決，唐遂以亡〔五〕。皇家靖康之難，胡騎犯闕，孤軍深入，後無重援，亦有出奇計乞用師擣燕者，天未悔禍，噬臍弗及①，可勝歎哉〔六〕！

【校勘】

①「臍」，原作「齊」，據馬本、庫本、祠本改。

【箋證】

〔一〕《資治通鑑》卷六三《漢獻帝紀》，建安五年。

〔二〕《資治通鑑》卷六五《漢獻帝紀》，建安十二年。「曹操將擊烏桓，諸將皆曰：『袁尚亡虜耳，夷狄貪而無親，豈能爲尚用？今深入征之，劉備必説劉表以襲許，萬一爲變，事不可悔。』郭嘉曰：『公雖威震天下，胡恃其遠，必不設備。因其無備，卒然擊之，可破滅也。且袁紹有恩於民夷，而尚兄弟生存，今四州之民，徒以威附，德施未加。舍而南征，尚因烏桓之資，招其死主之臣，胡人一動，民夷俱應，以生蹋頓之心，成覬覦之計，恐青、冀非己之有也。表坐談客耳，自知才不足以御備，重任之，則恐不能制，輕任之，則備不爲用。雖虚國遠征，公無憂矣。』操從之。」《三國志·魏志》卷六《劉表傳》裴注引《漢晉春秋》曰：「太祖之始征柳城，劉備説表使襲許，表不從。及太祖還，謂備曰：『不用君言，故失此大會也。』備曰：『今天下分裂，日尋干戈，事會之來，豈有終極乎！若能應之，於後者則此未足爲恨也。』」

〔三〕《資治通鑑》卷一八九《唐高祖紀》武德四年。

〔四〕《資治通鑑》卷二七二《後唐莊宗紀》同光元年。

〔五〕《資治通鑑》卷二八〇《後晉高祖紀》天福元年。

〔六〕《三朝北盟會編》卷九九《靖康中帙》：「金既舉兵，由兩路南進。議者或曰：『敵若渡河，一鼓而南，我決失措置，當於京城四面十里間，各屯兵數萬，築高塹，開深溝，據要害之利，以堅守，別馳騎以援之，又清野以斷糧秣，使敵進不敢攻，伺其隙以兵擊之。令河北之民各營請以自守，走使以報康王爲元帥，集其兵衆，揚聲擣燕山，以斷敵歸路，使之動心，卻潛軍渡河，會勤王之師，繞其背夾攻之，尚可也。』或曰：『敵兵甚鋭，而吾軍剉衄之久，聞敵深入，氣益喪，不若擁駕臨狩，徐議所向。嬰孤城以自守，恐非長策也。』大臣未以爲然，敵忽掩至，朝廷罔知所措。」《宋史》卷三三五《种師道傳》：欽宗問种師道曰：「今日之事卿意如何？」對曰：「女真不知兵，豈有孤軍深入人境而能善其歸乎？」帝曰：「業已講好矣。」對曰：「臣以軍旅之事事陛下，餘非所敢知也。」

《隨筆》卷一六《靖康時事》，可參。

7 唐人詩不傳

韓文公《送李礎序》云：「李生温然爲君子，有詩八百篇，傳詠於時。」〔一〕又《盧尉墓誌》云：「君能爲詩，自少至老，詩可録傳者，在紙凡千餘篇。無書不讀，然止用以資爲詩。任登封尉，盡寫所爲詩，投留守鄭餘慶，鄭以書薦於宰相。」〔二〕觀此，則李、盧二子之詩多而可傳。又裴迪與王維同賦輞川諸絶，載於維集，此外更無存者。杜子美有《寄裴十》詩云「知君苦思緣詩瘦」，乃迪也，其能詩可知。今考之《唐史·藝文志》，凡别集數百家，無其書，其姓名亦不見於他人文集，諸類詩文中亦無一篇〔三〕。白樂天作《元宗簡集序》云：「著格詩一百八十五，律詩五百九。」至悼其死，曰：「遺文三十軸，軸軸金玉聲。」謂其古常而不鄙，新奇而不怪。今世知其名者寡矣，而況於詩乎〔四〕！乃知前賢遺稿湮没非一，真可惜也〔五〕！

【箋證】

〔一〕魏仲舉《五百家注昌黎文集》卷二一《送李正字歸湖南序》題下注：「正字即仁鈞之子礎也。貞元十九年登進士第，元和初爲祕書省正字，湖南觀察推官。公分司東都，礎自湖南請告來覲其父，於其還，公以詩及序送之。」《别本韓文考異》卷二一題作《送湖南李正字序》。《文苑英華》卷七三〇題作《送李礎判官正字歸河南序》。

〔二〕《五百家注昌黎文集》卷二五《唐故登封縣尉盧殷墓誌》。又云：「元和五年十月日，范陽盧殷以故登封縣尉卒登封，年六十五。」「與諫議大夫孟簡、協律孟郊、監察御史馮宿好期相推挽。」孟郊有《弔盧殷十首》，見《孟東野詩集》卷一〇。

〔三〕趙殿成《王右丞集箋注》卷一三《輞川集》序云：「余別業在輞川山谷，其游止有孟城坳、華子岡、文杏館、斤竹嶺、鹿柴、木蘭柴、茱萸沜、宮槐陌、臨湖亭、南垞、欹湖、柳浪、欒家瀨、金屑泉、白石灘、北垞、竹里館、辛夷塢、漆園、椒園等，與裴迪閒暇各賦絶句云爾。」並載迪之和作。另外，卷六《青雀歌》，卷七《過感化寺曇興上人山院》、《夏日過青龍寺謁操禪師》，卷一〇《春日與裴迪過新昌里訪吕逸人不遇》，卷一一《青龍寺曇壁上人兄院集》，卷一三《別輞川別業》，卷一四《與盧員外象過崔處士興宗林亭》各詩之下，皆附裴迪同詠之作。卷一三又録裴迪《輞口遇雨憶終南山因獻絶句》。迪，關中人，初與王維、崔興宗居終南，同倡和，天寶後，爲蜀州刺史，與杜甫、李頎友善，嘗爲尚書省郎。《全唐詩》卷一二九録其詩二十九首。王、裴交游，具見趙殿成《王右丞集箋注》卷二《贈裴迪》、《贈裴十迪》，卷七《輞川閒居贈裴秀才迪》、《黎拾遺昕裴迪見過秋夜對雨之作》，卷九《登裴迪秀才小臺作》，卷一〇《酌酒與裴迪》、《春日與裴迪過新昌里訪吕逸人不遇》，卷一三《答裴迪》、《聞裴秀才迪吟詩因戲贈》、《聞裴秀才迪吟詩因戲贈》、《口號又示裴迪》，卷一四《菩提寺禁裴迪來相看説逆賊等凝碧池上作音樂供奉人等舉聲便一時淚下私成口號誦示裴迪》，卷一八《山中與裴秀才迪書》。杜甫《暮登西安寺鐘樓寄裴十迪》，見《杜詩詳注》卷九。

〔四〕《白氏長慶集》卷六八《故京兆元少尹文集序》：「天地間有粹靈氣焉，萬類皆得之，而人居多，就人中文人得之又居多。蓋是氣凝爲性，發爲志，散爲文。粹勝靈者，其文沖以恬；靈勝粹者，其文宣以秀；粹靈均者，其文蔚温雅淵，疏朗麗則，檢不扼，達不放，古淡而不鄙，新奇而不怪。吾友居敬之文，其殆庶幾乎？居敬，姓元，名宗簡，河南人，自舉進士，歷御史府尚書郎，訖京亞尹，二十年，著格詩一百八十五，律詩五百九，賦、述、銘、記、書、碣、贊、序七十五，總七百六十九章，合三十卷」。「其間與予唱和者數十首。」宗簡，長慶三年卒。白序作于寶曆元年。元宗簡，嘗與張籍相往還，《張司業集》卷一有《雨中寄元宗簡》，卷七有《送元宗簡》《病中酬元宗簡》。嘗權知京兆少尹（元稹《元氏長慶集》卷四六《元宗簡權知京兆少尹劉約行尚書司門員外郎制》）。父鋸，贈尚書刑部侍郎，《白氏長慶集》卷四九有制文。

〔五〕楊維楨《東維子集》卷六《鹿皮子文集序》：「言有高而弗當，義有奥而弗通，若是者，後世有傳焉無有也。又况言厖而弗律，義淫而無軌者乎？姑以唐人言之，盧殷之文凡千餘篇，李礎之詩凡八百篇，樊紹述著《樊子》書六十卷、雜詩文凡九百餘篇，今皆安在哉？非其文不傳也，言厖義淫，非傳世之器也。」此又一説也。

8 泰誓四語

孔安國《古文尚書》，自漢以來，不列於學官，故《左氏傳》所引者，杜預輒注爲逸書〔一〕。劉向《説苑·臣術篇》一章云：「《泰誓》曰：『附下而罔上者死，附上而罔下者刑。與聞國政而無益於民者退，在上位而不能進賢者逐。』此所以勸善而黜惡也。」〔二〕漢武帝元朔元年，詔責中外不興廉舉孝。有司奏議曰：「『夫附下罔上者死，附上罔下者刑。與聞國政而無益於民者斥，在上位而不能進賢者退』，此所以勸善黜惡也。」〔三〕其語與《説苑》所載正同。而諸家注釋，至于顔師古，皆不能援以爲證。今之《泰誓》，初未嘗有此語也。漢宣帝時，河内女子得《泰誓》一篇獻之，然年月不與序相應，又不與《左傳》《國語》《孟子》衆書所引《泰誓》同。馬、鄭、王肅諸儒皆疑之〔四〕。今不復可考。

【箋證】

〔一〕《經典釋文》卷一《尚書注解傳述人》：「《古文尚書》者，孔惠之所藏也。魯恭王壞孔子舊宅，於壁中得之。博士孔安國以校伏生所誦，爲隸古寫之，增多伏生二十五篇，又伏生誤合五篇，凡五十九篇，爲四十六卷。安國又受詔爲《古文尚書傳》。范曄《後漢書》云：『中興，扶風杜林傳《古文尚書》，賈逵爲之作訓，馬融作傳，鄭玄注解，由是《古文尚書》遂顯于世。』案今馬、鄭所注，並伏生所誦，非古文也。孔氏之本絶。是以馬、鄭、杜預之徒皆謂之逸書。」

〔二〕閻若璩《尚書古文疏證》第七：「或又問：劉向《説苑·臣術篇》引《泰誓》曰：『附下而罔上者死，附上而罔下者刑。與聞國政而無益於民者退，在上位而不能進賢者逐。此所以勸善而黜惡也。』與《武帝紀》所載有司奏議語正同。劉向親校古文祕典，其引《泰誓》得毋即真安國書乎？余曰：非也。安國得多二十四篇，原無《泰誓》，故僞《泰誓》在當時亦存而不廢。至馬融、王肅，始覺其僞耳。」

〔三〕《漢書》卷六《武帝紀》，元朔元年。

〔四〕《經典釋文》卷一《尚書注解傳述人》：「漢宣帝本始中，河内女子得《泰誓》一篇獻之。與伏生所誦合三十篇，漢世行之。然《泰誓》年月不與序相應，又不與《左傳》《國語》《孟子》衆書所引《泰誓》同。馬、鄭、王肅諸儒皆疑之。」容齋此段文字直用《經典釋文》。

9 重陽上巳改日

唐文宗開成元年，歸融爲京兆尹，時兩公主出降，府司供帳事繁，又俯近上巳曲江賜宴，奏請改日。上曰：「去年重陽取九月十九日，未失重陽之意，今改取十三日可也。」〔一〕且上巳、重陽皆有定日，而至展一旬，乃知鄭谷所賦《十日菊》詩云「自緣今日人心别，未必秋香一夜衰」亦爲未盡也。唯東坡公有「菊花開時即重陽」之語，故記其在海南藝菊九畹，以十一月望，與客泛酒作重九云〔二〕。

【箋證】

〔一〕《舊唐書》卷一四九《歸融傳》。徐文靖《管城碩記》卷一九《史類二》引此事，按云：「是上巳不必初三、重陽不必初九也。」

〔二〕《東坡全集》卷二三《江月五首》引曰：「嶺南氣候不常。吾嘗云：『菊花開時乃重陽，涼天佳月即中秋。』不須以日月爲斷也。」又卷三一《和己酉歲九月九日》序云：「十月初吉，菊始開，乃與客作重九，因次韻淵明《己酉歲九月九日》一首。」

10 田宅契券取直

《隋書·志》：「晉自過江，凡貨賣奴婢馬牛田宅，有文券，率錢一萬，輸估四百入官，賣者三百，買者一百。無文券者，隨物所堪，亦百分收四，名爲散估。歷宋、齊、梁、陳，如此以爲常。以人競商販①，不爲田業，故使均輸，欲爲懲勸。雖以此爲辭，其實利在侵削也。」〔一〕今之牙契投税〔二〕，正出於此。田宅所係者大，奉行唯謹，至於奴婢馬牛，雖著於令甲，民不復問。然官所取過多，並郡邑導行之費，蓋百分用其十五六，又皆買者獨輸，故爲數多者率隱減價直，賒立歲月，坐是招激訐訴。頃嘗因奏對，上章乞蠲其半，使民不作僞以息争，則自言者必多，亦以與爲取之義。既下有司，而户部引條制沮其説。

【校勘】

①「競」，庫本、祠本下有「爲」字。

【箋證】

〔一〕《隋書》卷二四《食貨志》。

〔二〕《文獻通考》卷一九《征榷考六·雜征斂》：「牙契。税契始於東晉，歷代相承，史文簡略，不能盡考。宋太祖開寶二年，始收民印契錢，令民典賣田宅，輸錢印契稅，契限兩月。神宗元豐時，令民有交易則官爲之據，因收其息。徽宗崇寧三年敕：諸縣典賣牛畜，契書並稅租鈔旁等印賣田宅契書，並從官司印賣，除紙筆墨工費外，量收息錢，助贍學用，其收息不得過一倍。高宗建炎元年敕：應今日以前典賣田宅馬牛之類違限印契合納倍稅者，限百日，許自陳蠲免。（紹興）二十六年，户部言：印契違日限者罪之而没其産，太重難行，徒長告訐，欲並依紹興法舊限六十日投稅，再限六十日齎錢請契。從之。二十七年，詔人户買賣耕牛，並免投納契稅。孝宗乾道七年，户部言：每交易一十貫，納正稅錢一貫，除六百七十五文充經、總制錢外，三百二十五文存留，一半充州用，餘一半入總制錢帳。如敢隱漏，依上供錢法。人户違限不納，或於契内減落價貫，規免稅錢，許牙人並出産户陳首，將物業半給賞，半没官。每正稅錢一百文帶納頭子錢二十一文二分，州縣過數拘收、公人邀阻作弊，並重置典憲。從之。（淳熙）七年，臣僚言：民間典賣田産，必使之請官契，輸稅錢，其意不徒利也，慮高貲之家兼并日增，下户日益朘削，是亦抑之之微意。今州縣以人户物力科配，空給印紙，名爲預借契錢，殊失法意。詔禁止之。」

趙翼《陔餘叢考》卷二七《稅契》：「市易田宅，既立文券，必投驗官府，輸納稅錢，給以印憑，謂之稅契。此起于東晉時。按《隋志》：晉自過江，凡貨賣奴婢、牛馬、田宅，有文券者，率錢一萬，輸估四百入官，賣者三百，買者一百；無文券者，隨物所堪，亦百分收四，名爲散估。歷代遂因之不廢。然其制賣者出錢多，買者出錢少，殊非平允。其後定制，但令買者出錢，不知始於何時。按，洪景盧以民間投税皆買者獨輸，故爲數多者，率隱減價直，賒立歲月，因此轉滋告訐。乞蠲其半，使民皆樂輸。下户部議格。然則買者出錢，南宋時已如此也。」

俞樾《茶香室續鈔》卷八《田宅税契》引《續筆》本條，按云：「按今田宅税契，皆買者獨輸，與宋制同，而晉宋舊制，乃使買者賣者並出，賣者且多於買者，不可解也。至奴婢馬牛等類，宋時猶著之令甲，今則否矣。」

今人姜錫東《宋代買賣契約初探》一文，（載鄧廣銘、漆俠主編《中日宋史研討會中方論文選編》）就此問題探討頗詳，可參，不贅。

11　公子奚斯

《閟宮》詩曰：「新廟奕奕，奚斯所作。」其辭只謂奚斯作廟，義理甚明。鄭氏之説，亦云作姜嫄廟也〔一〕。而《揚子法言》乃曰正考甫嘗睎尹吉甫，公子奚斯睎正考甫。宋咸注文以謂奚斯慕考甫而作《魯頌》，蓋子雲失之於前，而宋又成其過耳。故吳祕又巧爲之説曰：「正考甫《商頌》蓋美禘祀之事，而奚斯能作閔公之廟，亦睎《詩》之教也，而《魯頌》美之。」於義迂矣。司馬温公亦以謂奚斯作《閟宮》之詩〔二〕。兼正考甫只是得《商頌》於周大師耳，初非自作也〔三〕。班固、王延壽亦云「奚斯頌魯」〔四〕。後漢曹褒曰：「奚斯頌魯，考甫詠商。」注引薛君《韓詩傳》云：「是詩公子奚斯所作。」〔五〕皆相承之誤〔六〕。

【箋證】

〔一〕鄭《箋》云：「修舊曰新。新者，姜嫄廟也。僖公承衰亂之政，修周公伯禽之教，故治正寢，上新姜嫄之廟。姜嫄之廟，廟之先也。奚斯作者，教護屬功課章程也。至文公之時，大室屋壞。」（《毛詩注疏》卷二九）

袁文《甕牖閒評》卷一：「奚斯未嘗作頌也。《詩》所謂『奚斯所作』者，蓋廟爾。《揚子法言》曰：『正考甫常睎尹吉甫矣，公子奚斯常睎正考甫矣。』固已誤用。後觀《資古紹志集》載《太尉楊震碑》云：『敢慕奚斯之追述，樹碑石于墳道。』則又承揚子誤焉。」按，袁文蓋在容齋之先已發此論矣。

〔二〕《法言》卷一：「學者所以求爲君子也。求而不得者有矣，夫未有不求而得之者也。睎驥之馬，亦驥之乘也。睎顔之人，亦顔之徒也。或曰顔徒易乎？曰：睎之則是。曰：昔顔常睎夫子矣，正考甫常睎尹吉甫矣，公子奚斯常睎考甫矣。」宋咸注曰：「奚斯，魯僖公之臣，慕正考甫，作《魯頌》。」祕曰：「正考甫《商頌》，蓋美禘祀之事，而魯大夫公子奚斯能作僖公之廟，亦睎《詩》之教也。而《魯頌》美之曰：『松桷有舄，路寢孔碩。新廟奕奕，奚斯所作。』」光曰：「揚子以謂正考甫作《商頌》，奚斯作《閟宮》之詩，故云然。」

王應麟《困學紀聞》卷三：「《法言》曰：『正考甫常睎尹吉甫矣，公子奚斯常睎正考甫矣。』司馬公注《揚子》，謂正考甫作《商頌》，奚斯作《閟宫》之詩，故云然。愚按《史記·宋世家》：『襄公之時，修仁行義，欲與盟主。其大夫正考甫美之，故追道契、湯、高宗，殷所以興，作《商頌》。』注云：『《韓詩章句》美襄公。』《樂記》：『温良而能斷者，宜歌商。』鄭康成注謂：『商，宋詩。』蓋用《韓詩》說也。考之《左傳》，正考甫佐戴、武、宣。《世本》，正考甫生孔父嘉，爲宋司馬，華督殺之而絶其世。皆在襄公之前，安得作頌於襄公之時乎？《後漢·曹褒傳》『奚斯頌魯，考甫詠殷』，注引《韓詩》『新廟奕奕，奚斯所作』。薛君《傳》云：『是詩，公子奚斯所作。正考甫，孔子之先也，作《商頌》十二篇。《詩正義》云：『奚斯作新廟，而漢世文人班固、王延壽謂《魯頌》奚斯作，謬矣。』然揚子之言，皆本《韓詩》，時《毛詩》未行也。』

〔三〕《詩序》：「微子至于戴公，其間禮樂廢壞，有正考甫者，得《商頌》十二篇於周之太師，以《那》爲首。」

〔四〕見班固《西都賦序》（《文選》卷一），王延壽《魯靈光賦序》（《文選》卷一一）。王觀國《學林》卷一《奚斯》：「班孟堅《兩都賦序》曰：『臯陶歌虞，奚斯頌魯。同見采於孔氏，列於《詩》《書》。』王文考《魯靈光殿賦序》曰：『詩人之興，感物而作。故奚斯頌僖，歌其路寢，而功績存乎辭，德音昭乎聲。』觀國按《閟宫》之詩曰：『松桷有舄，路寢孔碩。新廟奕奕，奚斯所作。孔曼且碩，萬民是若。』毛氏《傳》曰：『大夫，公子奚斯者，作是廟也。』鄭氏《箋》曰：『奚斯作者，教護屬功課章程也。』蓋魯人新姜嫄之廟，而公子奚斯董其事爾。所謂作者，作廟也，非作頌也。《閟宫》之頌，非奚斯之作也。班孟堅、王文考賦序皆以《魯頌》爲奚斯所作，則誤矣。《揚子法言》曰：『顔嘗睎夫子矣，正考甫嘗睎尹吉甫矣，公子奚斯嘗睎正考甫矣。』觀國按，尹吉甫作《大雅·崧高》《烝民》之詩，以美宣王。考甫能得《商頌》十二篇，歸以頌湯之德。二人皆有功於詩教者也。若奚斯者，徒能作魯廟而已，於《詩·頌》固無預焉。當奚斯作廟之時，《閟宫》之頌未作也。廟成之後，詩人始頌之。則奚斯與正考甫二人非同類。揚雄豈亦誤以《閟宫》之詩爲奚斯所作耶？不然，何以言睎也？李軌注《揚子》曰：『奚斯，魯僖公之臣，慕正考甫作《魯頌》。』此言正誤也。」

王楙《野客叢書》卷一四《奚斯頌魯》：「顔師古作《正俗》引《魯頌》云：『新廟奕奕，奚斯所作。』言奚斯造此廟，而王延壽《靈光殿賦》不當云『奚斯頌僖』。此説是矣。不知其失不自延壽始，自班固始也。賈氏《群經音辨》謂班氏將見前世傳詩學者，或有異説。與僕觀李善《文選注》曰：『《韓詩·魯頌》：「新廟奕奕，奚斯所作。」薛君曰：「奚斯魯公子也，言其新廟奕奕然盛。是詩，公子奚斯所作。」』乃知此語有自。」

〔五〕《後漢書》卷六五《曹褒傳》。李賢注云：「《韓詩》曰：『新廟奕奕，奚斯所作。』薛君《傳》云：『是詩，公子奚斯所作也。』正考甫，孔子之先也，作《商頌》十二篇。」張雲璈《選學膠言》卷一《魯頌非奚斯作》條：「言奚斯作詩者，誤自薛君始。李注仍承薛君之誤。」

〔六〕亦有持不同意見者。周必大《二老堂詩話》卷上《論詩雅頌》：「《揚子法言》曰：『正考甫常睎尹吉甫矣，公子奚斯常睎正考甫矣。』蓋尹吉甫能作《崧高》《烝民》等詩，以美宣王，故正考甫睎之而作《商頌》。是則揚子以《閟宮》之頌爲奚斯所作矣。班孟堅、王文考爲賦序，皆有奚斯頌魯僖之言，蓋本諸揚子也。學者謂《閟宮》但曰『新廟奕奕，奚斯所作』，而無作頌之文，遂疑揚子爲誤。以予觀之，奚斯既以公命作廟，又自陳詩歸美其君，故八章之中，上自姜嫄、后稷，下逮魯公、魯侯，備極稱頌，至末章始言作廟之功，亦不爲過。只如《崧高》詩亦云：『其詩孔碩，其風肆好。』是吉甫固嘗自稱美矣，何獨於奚斯而疑之？揚子之言，必有所據。」自注云：「後見洪邁《容齋續筆》第一卷，亦以爲相承之誤，非也。」

段玉裁嘗作《奚斯所作解》（《經韻樓集》卷一），駁鄭《箋》及洪邁之説，云：「此章自『徂來之松』至『新廟奕奕』七句，言魯修造之事，下『奚斯所作』三句，自陳『奚斯作此《閟宮》一篇，其辭甚長且甚大，萬民皆謂之順』也。（郁之按，段氏又作《奚斯所作解下》云：「『奚斯所作』三句相屬，與『家父作誦』『孟子作詩』『吉甫作誦』皆四句相屬文法一例。」見《經韻樓集》卷一。）《文選·兩都賦》『皋陶歌虞，奚斯頌魯』，注云：『《韓詩·魯頌》曰：「新廟奕奕，奚斯所作。」薛君曰：「奚斯，魯公子也。言其新廟奕奕然盛，是詩，公子奚斯所作也。」』分釋二句甚明。學者多謂《毛詩》與《韓》大異。《毛傳》曰：『有大夫公子奚斯者作是廟也。』愚謂《毛詩》『廟』字必『詩』字之誤，《傳》之原本必重舉『奚斯所作』而釋之曰：『有大夫公子奚斯者作是詩也。』翦割《毛傳》者盡去其複舉之文，則以新廟，閟公廟也，有大夫公子奚斯作是廟也，相聯爲順，而改『詩』爲『廟』。此其與《韓》不同之故。

（郁之按：胡紹煐《文選箋證》卷一《班孟堅兩都賦序》「奚斯頌魯」條，引段說，云：「如段說，『廟』爲『詩』字之誤，毛與韓不異，善注何不引《毛詩》而引《韓詩》？蓋毛自作『作廟』，韓自作『作詩』，不妨存異同耳。而漢世文人多從《韓詩》說，時《毛詩》未行故也。」）以『奚斯所作』上屬者，乃鄭《箋》之說，非古說也。鄭《箋》之異於毛者多矣，不當混而同之也。《毛傳》之辭最簡，而《顔氏家訓》乃云：『王延壽《靈光殿賦》、陳思王《承露盤銘序》謂此詩爲奚斯所作，於義乖矣。』洪容齋復揚其波，其故總由將『新廟奕奕』二句連讀，豈古人離經之法哉？且『路寢』『新廟』並言，而下句乃單承『廟』字云『作是廟』，於文法亦未協也，信其爲『作是詩』之誤矣。」

12 唐藩鎮幕府

唐世士人初登科或未仕者，多以從諸藩府辟置爲重〔一〕。觀韓文公送石洪、温造二處士赴河陽幕序，可見禮節〔二〕。然其職甚勞苦，故亦或不屑爲之。杜子美從劍南節度嚴武辟爲參謀，作詩二十韻呈嚴公云：「胡爲來幕下，只合在舟中。束縛酬知己，蹉跎效小忠。周防期稍稍，太簡遂怱怱。曉入朱扉啓，昏歸畫角終。不成尋別業，未敢息微躬。會希全物色，時放倚梧桐。」而其題曰《遣悶》，意可知矣。韓文公從徐州張建封辟爲推官，有書上張公云：「受牒之明日，使院小吏持故事節目十餘事來，其中不可者，自九月至二月，皆晨入夜歸，非有疾病事故，輒不許出，若此者非愈之所能也。若寬假之，使不失其性，寅而入，盡辰而退，申而入，終酉而退，率以爲常，亦不廢事。苟如此，則死於執事之門無悔也。」杜、韓之旨，大略相似云〔三〕。

【箋證】

〔一〕《文獻通考》卷三九《選舉考十二·辟舉》：「按自隋時，海内一命之官並出於朝廷，州郡無復有辟署之事。士之才智可效一官者，苟非宿登仕版，則雖見知於方鎮岳牧，亦不能稍振拔之以收其用。至唐，則仕者多由科目矣，然辟署亦時有之，而其法亦不一。有既爲王官而被辟者，若張建封之辟許孟容，李德裕之辟鄭畋，白敏中之辟王鐸是也；有登第未釋褐入仕而被辟者，若董晉之於韓退之是也；有强起隱逸之士者，若烏重胤之於石洪、温造，張摶之於陸龜蒙是也；有特招智略之士者，若裴度之於柏耆，杜慆之於辛讜是也。而所謂隱逸智略之士，多起自白衣。劉貢甫言：『唐有天下，諸侯自辟幕府之士，唯其才能，不問所從來，而朝廷常收其俊偉，以補王官之缺，是以號稱得人。』蓋必許其辟置，則可破拘攣以得度外之士，而士之偶見遺於科目者，亦未嘗不可自效於幕府。取人之道所以廣也。宋時雖有辟法，然白衣不可辟，有出身而未歷任者不可辟。其可辟者，復拘以資格，限以舉主，蓋去古法愈遠，而倜儻跅弛之士，其不諧尺繩於科目、受羈馽於銓曹者，少得以自達矣。」曹彦約《經幄管見》卷四：「唐朝取士，與今日事體不同，名爲科舉，實采譽望。其不由科舉進者，又有藩鎮辟召，或以白丁命官，或自下僚選擢。考其平素，取其行實，故爲士者知自愛重。

其始也莫不學爲有用之才，其出也莫不重于所事，士類歆豔，以爲美談。及其久于幕府，習熟事機，一旦朝廷用之，便爲顯官。在内則論思獻納，在外則仗鉞守邊，惟其所用，無施不可。今日諸大帥雖皆有辟召之權，然或壓于勢要，惑于親舊，凡所汲引，未必皆是當才，不得如唐藩鎮遴選之公，至使緩急差除，無以應手。」

〔二〕韓愈《送石洪處士赴河陽參謀序》：「河陽軍節度御史大夫烏公爲節度之三月，求士於從事之賢者，有薦石先生者。公曰：『先生何如？』曰：『先生居嵩、邙、瀍、穀之間，冬一裘，夏一葛，朝夕飯一盂、蔬一盤。人與之錢則辭，請與出游，未嘗以事免，勸之仕則不應。坐一室，左右圖書。與之語道理，辨古今事當否，論人高下，事後當成敗，若河決下流而東注，若駟馬駕輕車就熟路，而王良造父爲之先後也，若燭照數計而龜卜也。』大夫曰：『先生有以自老，無求於人，其肯爲某來邪？』從事曰：『大夫文武忠孝，求士爲國，不私於家。方今寇聚於垣，師環其疆，農不耕取，財粟殫亡，吾所處地，歸輸之途，治法征謀，宜有所出。先生仁且勇，若以義請而强委重焉，其何説之辭！』於是譔書詞，具馬幣，卜日以授使者，求先生之廬而請焉。先生不告於妻子，不謀於朋友，冠帶出見客，拜受書禮於門内，宵則沐浴戒行李，載書册，問道所由，告行於常所來往；晨則畢至，張筵於上東門外。酒三行，且起，有執爵而言者曰：『大夫真能以義取人，先生真能以道自任，决去就，爲先生别。』又酌而祝曰：『凡去就出處何常，惟義之歸。遂以爲先生壽。』又酌而祝曰：『使大夫恒無變其初，無務富其家而飢其師，無甘受佞人而外敬正士，無味於諂言，惟先生是聽，以能有成功，保天子之寵命。』又祝曰：『使先生無圖利於大夫而私便其身。』先生起拜祝辭曰：『敢不敬蚤夜以求從祝規。』於是東都之人士咸知大夫與先生果能相與以有成也。」

又《送温造處士赴河陽軍序》：「懷材能，深藏而不市者，洛之北涯曰石生，其南涯曰温生。大夫烏公以鈇鉞鎮河陽之三月，以石生爲才，以禮爲羅，羅而致之幕下。未數月也，以温生爲才，於是以石生爲媒，以禮爲羅，又羅而致之幕下。東都雖信多才士，朝取一人焉，拔其尤；暮取一人焉，拔其尤；自居守、河南尹以及百司之執事，與吾輩二縣之大夫，政有所不通，事有所可疑，奚所咨而取焉？士大夫之去位而巷處者，誰與嬉游？小子後生於何考德而問業焉？搢紳之東西行過是都者，無所禮於其廬。若是而稱曰：大夫烏公一鎮河陽而東都處士之廬無人焉，豈不可也？」

〔三〕周必大《二老堂詩話上·唐藩鎮官屬入局》：「知唐制藩鎮之屬，皆晨入昏歸，亦自少暇。如牛僧孺待杜牧之，固不以常禮也。」

13 文中子門人

王氏《中説》所載門人，多貞觀時知名卿相，而無一人能振師之道者，故議者往往致疑〔一〕。其最所稱高第，曰程、仇、董、薛，考其行事，程元、仇璋、董常無所見，獨薛收在《唐史》有列傳，蹤跡甚爲明白。收以父道衡不得死於隋，不肯仕，聞唐高祖興，將應義舉，郡通守堯君素覺之，不得去。及君素東連王世充，遂挺身歸國，正在丁丑、戊寅歲中。丁丑爲大業十三年，又爲義寧元年。戊寅爲武德元年，是年三月，煬帝遇害於江都，蓋大業十四年也〔二〕。而杜淹所作《文中子世家》云：「十三年江都難作，子有疾，召薛收謂曰：吾夢顔回稱孔子歸休之命。乃寢疾而終。」殊與收事不合，歲年亦不同，是爲大可疑者也〔三〕。又稱李靖受《詩》及問聖人之道，靖既云「丈夫當以功名取富貴，何至作章句儒」，恐必無此也〔四〕。今《中説》之後，載文中次子福畤所録云：「杜淹爲御史大夫，與長孫太尉有隙。」予按淹以貞觀二年卒，後二十一年高宗即位，長孫無忌始拜太尉。其不合於史如此。故或者疑爲阮逸所作〔五〕。如所謂薛收《元經傳》，亦非也〔六〕。

【箋證】

〔一〕王讜《唐語林》卷一：「文中子，隋末隱於白牛谿，著《王氏六經》。北面受學者皆時偉人，國初多居佐命之列。自貞觀後，三百年間號至治，而《王氏六經》卒不傳。至元和初，劉禹錫撰《宣州觀察使王贄碑》，盛稱文中子能昭明王道，以大中立言，游其門者皆天下俊傑。自餘士大夫擬議及史册，未有言文中子者。」

司馬光《文中子補傳》：「余觀其書，竊疑唐室既興，凝與福畤輩依並時事從而附益之也。何則？其所稱朋友、門人皆隋、唐之際將相名臣，如蘇威、楊素、賀若弼、李德林、李靖、竇威、房玄齡、杜如晦、王珪、魏徵、陳叔達、薛收之徒，考諸舊史，無一人語及通名者。《隋史》，唐初爲也，亦未嘗載其名於《儒林》《隱逸》之間，豈諸公皆忘師棄舊之人乎？何獨其家以爲名世之聖人而外人皆莫之知也？」（吕祖謙《宋文鑑》卷一四九）

晁公武《郡齋讀書志》卷三上：「通行事於史無考，獨《隋唐通録》稱其有穢行，爲史臣所削。今觀《中説》，其迹往往僭聖人，模擬竄竊，有深可怪笑者。獨貞觀時諸將相若房、杜、李、魏、二温、王、陳皆其門人，予嘗以此爲疑，及見關朗、李德林、薛道衡事，然後知其皆妄也。通生於開皇四年，而德林卒以十一年，通適八歲，固未有門人。通仁壽四年嘗一到長安，時德林卒已九載矣，其書乃有子在長安，德林請見，歸援琴鼓《蕩之什》，門人皆霑襟。關朗在太和中見魏孝文，自太和丁巳至通生之年甲辰，蓋一百七年矣，而其書有問禮於關子明。《隋書·薛道衡傳》稱道衡仁壽中出爲襄州總管，至煬帝即位召還。《本紀》仁壽二年九月，襄州總管周摇卒，道衡之出當在此年也。通仁壽四年始到長安，是年高祖崩，蓋仁壽末矣。又《隋書》稱道衡子收初生即出繼族父孺，養於孺宅，至於長成，不識本生。其書有内史薛公見子於長安，語子收曰：『汝往事之。』用此三事推焉，則以房、杜輩爲門人，抑又可知也。」

《四庫全書總目》卷九一《中説》提要，引《郡齋讀書志》《容齋隨筆》等書，按云：「今考通以仁壽四年自長安東歸河汾，即不復出，故《世家》亦云大業元年一徵又不至，而《周公篇》内乃云：

『子游太樂，聞龍舟五更之曲。』阮逸注曰：『太樂之署，煬帝將游江都作此曲。』《隋書·職官志》曰：太常寺有太樂署。是通於大業末年復至長安矣。其依托謬妄，亦一明證。考《楊炯集》有《王勃集序》，稱祖父通，隋秀才高第，蜀郡司户書佐，蜀王侍讀，大業末，退講藝於龍門，其卒也，門人謚之曰文中子。炯爲其孫作序，則記其祖事必不誤。杜牧《樊川集》首有其甥裴延翰序，亦引《文中子》曰：『言文而不及理，王道何從而興乎？』二語亦與今本相合。知所謂文中子者，實有其人；所謂《中説》者，其子福郊、福時等纂述遺言，虚相夸飾，亦實有其書。第當有唐開國之初，明君碩輔不可以虚名動，又陸德明、孔穎達、賈公彦諸人，老師宿儒，布列館閣，亦不可以空談惑，故其人其書皆不著於當時，而當時亦無斥其妄者。至中唐以後，漸遠無徵，乃稍稍得售其説耳。宋咸必以爲實無其人，洪邁必以爲其書出阮逸所撰，誠爲過當；講學家或竟以爲接孔、顔之傳，則惑之甚矣。」按余嘉錫《四庫提要辨證》卷一〇《子部一》「中説十卷」條，引邵博《聞見後録》卷四所載司馬光所作《文中子補傳》及評論，余氏以爲「温公雖爲通作傳而表彰之，而疑《中説》者，實莫先于温公。其後鄭獬、洪邁、晁公武、朱子、王應麟等，皆疑房、杜等非通之門人，其實温公已見及之。然温公雖疑其紀載不實，卻深信隋時實有王通其人，而唐時實有《中説》其書，蓋真能平心以察是非者矣。」又云：「若謂其書爲阮逸所僞撰，則亦不察之説也。」乃引李慈銘《荀學齋日記》乙集上，疑阮逸之注尤陋，以至文義不可通，尚得謂其自撰自注耶？又引文廷式《純常子枝語》卷六，指《文中子》阮逸注，文理乖舛，比比皆是，庸妄如此，或以爲《文中子》爲逸所僞撰，必不然也。

王欣夫《蛾術軒篋存善本書録・未編年稿》卷三「文中子」條：「其書之真僞，自宋以來，論者已詳。洪邁以爲其書出阮逸所撰，《四庫總目提要》斥爲過當。今此刻於每卷書名下竟題『阮逸著』，不知其據洪説改題歟？抑著爲注之誤字歟？作僞者，《提要》以爲通之子福郊、福時，洪邁、王明清以爲出自宋人阮逸。由前之説，其子能不没其親，纂述遺言，以傳後世，即有虚相誇飾，亦不爲過。苟無此書，後世誰復知有王通其人者？由後之説，古今以來僞書亦多矣，《古文尚書》之作自梅賾，《孔子家語》之出於王肅，其他周、秦諸子，僞者尤多。然究其實，雖非周、秦時書，猶不失爲魏、晉，則其書本不僞也，特時代僞耳。」

〔二〕《舊唐書》卷七三、《新唐書》卷九八《薛收傳》。

朱鶴齡《讀文中子》云：「王仲淹《中説》十篇，初不甚顯，李翺、司空圖、皮日休始重之。宋柳開、孫何振而張之，程子稱其書勝于荀、揚，至有真以爲聖人可繼孔子者。温公謂其人誠好學篤行之儒，惜自任太重，其子弟譽之太過。朱子亦云仲淹之學近正，稍有可用之實，至强引唐初名臣以爲弟子，乃其子福時所爲，非仲淹雅意，此可爲定論矣。今觀其書所稱門人李德林、李靖、竇威、房玄齡、杜如晦、王珪、魏徵、陳叔達、薛收之徒，皆位至公輔，及考王無功《游北山賦》自注云：『吾兄白牛溪之集，門人常以百數。董恒、程元、賈瓊、薛收、姚義、温彦博、杜淹等十餘人稱俊穎。』而不及房、杜、魏，則三人非及門可知矣。鄭毅夫獬論《中説》之妄，謂李德林卒于開皇十二年，仲淹時年八九歲耳，而云德林請見歸而有憂色，援琴鼓《蕩之什》，門人皆霑襟；關子明朗，魏太和中見孝文帝，至開皇間已百餘年矣，而云問禮于子明，二者其妄顯然。夫仲淹没于大業十三年五月，是歲唐高祖入關，房、魏諸公或往來河汾，相與講說，亦未可知。其子見諸公之盛也，遂悉引爲弟子，以重其父，豈知欲重之而反以誣之也哉！」（《愚菴小集》卷一三）

〔三〕杜淹《文中子世家》，附《中說》後。

張淏《雲谷雜紀》卷四，引《續筆》本條，接云：「淏嘗考之：當有兩薛收，游王氏之門者曰河南薛氏，其人曠而肅，《中說》以理達稱，又以其妙于言理，方之莊周。（王績《游北山賦》。）文中子述《元經》，收爲之傳，未就而歿。（予嘗見阮逸所作《元經》，有薛氏傳。此不待識者已知其僞矣。）而諸公多惜其亡，故王凝曰：『夫子得程、仇、董、薛而六經益明，四生之力也。董、仇早歿，而程、薛繼殂。文中子之教，其未作矣。』又王績嘗謂馮子華云：『亂極則治，王途漸亨。房、杜諸賢，肆力廊廟，吾家魏學士亦中其才，所恨姚義不存，薛生已歿，使雲羅天網有所不該，以爲歎恨耳。』（見《續答馮處士書》。）是則收蓋不遇而歿，究其蹤迹，與河東道衡之子固判然爲二人矣。然《中說》乃有内史薛公，見子于長安，退謂子收曰：『《河圖》《洛書》盡在是矣。汝往事之無失。』阮逸謂薛道衡嘗爲此官，遂指内史爲道衡。如此，則薛收乃道衡之子也。或者疑其書爲後人所附益，故牴牾如此。蓋龔鼎臣嘗得唐本于齊州李冠家，則以甲乙冠篇，而分篇始末皆不同。又本文多與阮逸異，則附益之説，庸或有之。按《隋》本傳云：道衡有子五人，收最知名，出繼族父孺。收初生，即與孺爲後，養于孺宅，至于長成，不識本生。是道衡爲煬帝所殺，收竟不及識之，安得尚有『《河圖》《洛書》盡在是矣，汝往事之』之語？此最可疑者。」

葉大慶《考古質疑》卷五，引《續筆》本條，接云：「大慶謂容齋之所辯證是矣。嘗觀杜淹所撰《世家》，年世既已牴牾，且或踈略自戾，豈止如容齋所疑乎！蓋容齋所疑，尚猶有可諉者。大慶之所疑，因得以附見焉。《世家》云：開皇四年，文中子始生。又曰：開皇九年，江東平，銅川府君歎曰：（文中子之父。）『王道無叙，天下何爲而一乎？』文中子侍側，十歲矣。云云。大慶按，開皇四年，文中子始生，至九年方六歲，何爲而言十歲乎？此其踈略自戾，不待他人攻其失也。又云：十八年，文中子有四方之志，受書于東海李育，問禮于河東關子明。（時文中子二十五歲。）大慶按，子明乃北魏孝文太和末年爲晉陽穆公公府記室，（穆公，文中子高祖。）穆公薦于孝文。孝文曰：『嘉謀良策，勿慮不行。朕南征還日，當共論道，以究治本。』（以上見《中説》，後録關子明事。）計其年代，當齊明帝永泰元年，戊寅歲也。（時魏文南伐齊，見《通鑑》。）自是以至開皇十八年戊午，蓋一百一歲矣，使子明爲記室時方弱冠，至是亦百二十餘歲矣，安得有文中子問禮于子明之事？非年歲之牴牾乎？容齋所疑反不及此，何也？雖然，杜淹所撰，豈其欲大吾師之道而彰其名，故不暇詳究其年月，而起後人之詆訾乎？」

馬叙倫《讀書續記》卷一：「王仲淹《中説》，世多疑之。洪景盧舉薛收一事，證出僞作。張清源謂薛收有兩人，游王氏之門者爲河南薛氏。（郁之按：詳前引《雲谷雜紀》。）然《中説》有内史薛公見子于長安，退謂子收云云。（張氏引《隋書》本傳，收生即與族父孺爲後，至長不識本生，以證此語之謬。）則明以收爲河東人，故清源又據龔鼎臣嘗得唐本于齊州李冠家，則甲乙冠篇，而分篇始末皆不同。又本文多與阮逸異，謂其書疑有後人附益。然《東原録》有《文中子》言『董威輦大雅吟』云云一條，無此語。不知清源所據出何書，唐本如何，今亦不可得而見矣。（《東原録》據《藝海珠塵》本，朱無邪《辨中説》有羼入，非僞作。見《無邪堂答問》。）」

〔四〕李靖受《詩》，見《中説·關朗篇》。靖問聖人之道，見《中説》卷二《天地篇》。靖云「丈夫當以功名取富貴」云云，見《新唐書》卷九三《李靖傳》。

〔五〕葉大慶《考古質疑》卷五云：「容齋遂並疑《中説》爲阮逸所作，大慶則未敢以爲然也。何者？逸乃我宋仁宗朝人，《唐書·藝文志》已有王通《中説》，皮日休有《文中子碑》，亦言序述六經，敷爲《中説》，李、薛、房、杜皆其門人。而劉禹錫作《王華卿墓銘》，序載其家世行事甚詳，云門多偉人，則與其書所言合矣。司空圖又謂文中子致聖人之用，房、衛數公皆爲其徒，恢文武之道，以濟貞觀治平之盛。至于李翺讀《文中子》，且以其書並之《太公家教》。劉蕡讀《文中子》，又以六籍奴婢譏之。是雖當世儒者好惡不同，推尊之或過，毁損之失真，要知自唐已有此書，決非阮逸所作明矣。豈容齋偶忘之乎？蓋容齋所疑，不過因薛收、李靖之事，安知薛收不于文中子既死而方應義舉、李靖初年從學而後乃投筆乎？十三年之難，若以史所載田蚡之死、都護之置例之，則亦杜淹叙述之誤耳。（田蚡之死，《漢·紀》以爲四年，《傳》以爲五年，必有一誤。西域都護之置，神爵二年也。《百官表》誤爲地節二年，《西域傳》誤爲神爵三年。見《通鑑考異》。）長孫太尉之隙，若以《左傳》所稱陳桓公、田成子，《漢史》張良稱漢王之等例之，則亦王績追書之誤爾。然則大慶所謂容齋所疑尚有可諉者以是，特杜淹、王績之徒有所謬誤，亦何足以疑《中説》哉？」又云：「大慶前謂《中説》非阮逸所作甚明。續考《中説》亦有可疑處，往往王氏子弟如王凝、福時不無附會于其間，何以言之？《王道篇》云：李德林請見之，與之言，歸有憂色，門人問子，子曰：德林與吾言，終日言文，而不及理。門人退，子援琴鼓《蕩之什》，門人皆霑襟焉。又《禮樂篇》云：安平公問政，即德林也。大慶按《通鑑》，德林死于開皇之十年。時文中子方七歲，固未有門人，德林何爲請見而問政？門人何爲聞琴而霑襟哉？此其謬誤，斷無可疑。故謂王凝、福時不無附會于其間者，此也。」

姚際恒《古今僞書考》「文中子」條：「自予論之，惟以此書爲阮逸僞造則已，通猶可解免；若以爲非阮逸僞造，則無可解免矣。即以爲福郊、福時之所爲，亦於通無可解免矣。通耶？郊耶？逸耶？君不得而知之，總不若火其書之爲愈也。」

〔六〕《文苑英華》卷六九九楊炯《王勃集序》：「祖父通，隋秀才高第，蜀郡司户書佐，蜀王侍讀。大業末，退講藝於龍門。其卒也，門人謚之曰文中子。自晉太熙元年至隋開皇九年平陳之歲，褒貶行事，述《元經》以法《春秋》。門人薛收爲傳，未就而殁。」《舊唐書》卷一九〇《王勃傳》：

「祖通，隋蜀郡司户書佐。大業末，棄官歸，以著書講學爲業，依《春秋》體例，自獲麟後，歷秦、漢至於後魏，著紀年之書，謂之《元經》。」皮日休《文藪》卷四《文中子碑》，稱《元經》三十一篇。按，《直齋書録解題》卷四：「《元經薛氏傳》十五卷。稱王通撰，薛收傳，阮逸補並注。案，河汾王氏諸書，自《中説》之外，皆《唐·藝文志》所無。其傳出阮逸，或云皆逸僞作也。今考唐神堯諱淵，其祖景皇諱虎，故《晉書》戴淵、石虎皆以字行。薛收，唐人，於傳稱戴若思、石季龍宜也，《元經》作於隋世，而太興四年亦書曰『若思』，何哉？意逸之心勞日拙，自不能掩耶？」

14 晉燕用兵

萬事不可執一法，而兵爲甚。晉文公圍曹，攻門者多死，曹人尸諸城上。晉侯患之，聽輿人之謀曰：「稱舍於墓。」言若將發冢者。師遷焉，曹人凶懼，因其凶而攻之，遂入曹〔一〕。燕將騎劫攻齊即墨，田單縱反間，言：「吾懼燕人掘吾城外冢墓。」燕軍乃盡掘冢墓，燒死人，齊人望見皆涕泣，其欲出戰①，怒自十倍，已而果敗燕軍〔二〕。觀晉、燕之所以用計則同，而其成敗頓異者何邪？晉但舍於墓，陽爲若將發冢，故曹人懼，而燕真爲之，以激怒齊人故爾。

【校勘】

①「其」，庫本作「甚」。

【箋證】

〔一〕《左傳》僖公二十八年。

〔二〕《史記》卷八二《田單列傳》。

按，張尚瑗《左傳折諸》卷七《僖公》「稱舍于墓師遷焉」條，朱鶴齡《讀左日鈔》卷三「二十八年稱舍於墓師遷焉」條，皆引《續筆》本條。

15 李衛公帖

李衛公在朱崖，表弟某侍郎遣人餉以衣物，公有書答謝之，曰：「天地窮人，物情所棄，雖有骨肉，亦無音書。平生舊知，無復弔問。閣老至仁念舊，再降專人，兼賜衣服器物茶藥至多，開緘發紙，涕咽難勝。大海之中，無人拯恤，資儲蕩盡，家事一空，百口嗷然，往往絕食，塊獨窮悴，終日若飢，唯恨垂没之年，須作餒而之鬼。十月末，伏枕七旬，藥物陳裛，又無醫人，委命信天，幸而自活。」書後云：「閏十一月二十日，從表兄崖州司戶參軍同正李德裕狀侍郎十九弟。」〔一〕案，德裕以大中二年十月自潮州司馬貶崖州，所謂閏十一月，正在三年，蓋到崖才十餘月爾，而窮困苟生已如是。《唐書》本傳云：「貶之明年卒。」則是此書既發之後，旋踵下世也〔二〕。當是時，宰相皆其怨仇，故雖骨肉之親，平生之舊，皆不敢復通音問。而某侍郎至於再遣專使，其爲高義絶俗可知，惜乎姓名不可得而考耳。此帖藏禁中，後出付祕閣，今勒石于道山堂西〔三〕。紹興中，趙忠簡公亦謫朱崖，士大夫畏秦氏如虎，無一人敢輒寄聲，張淵道爲廣西帥，屢遣兵校持書及藥石、酒麪爲饋。公嘗答書云：「鼎之爲己爲人，一至於此。」其述酸寒苦厄之狀，略與衛公同。既而亦終於彼。手札今尚存于張氏〔四〕。姚崇曾孫勗爲李公厚善，及李譖逐，擿索支黨，無敢通勞問，既居海上，家無資，病無湯劑，勗數饋餉候問，不傳時爲厚薄。其某侍郎之徒與〔五〕！

【箋證】

〔一〕衛公答書，今見《四庫全書》本《李衛公别集》卷六，屬《與姚諫議郃書三首》之二，無書後「閏十一月二十日，從表兄崖州司户參軍同正李德裕狀侍郎十九弟」一句。

〔二〕王鳴盛《十七史商榷》卷九一《新舊唐書二十三》「李德裕貶死年月」條：「會昌六年三月武宗崩，四月宣宗立，明年改元大中，故《舊書·李德裕傳》：『宣宗即位，罷相，出爲東都留守。大中元年秋，以太子少保分司東都，再貶潮州司馬。明年冬，又貶潮州司户。二年，自洛陽水路經江淮赴潮州。其年冬，至潮陽。又貶崖州司户。三年正月，達珠崖郡。十二月卒，年六十三。』所謂『明年』者，大中二年也，其下文『二年』當作『三年』，『三年』當作『四年』，『年六十三』當作『六十四』，皆傳寫誤也。《新書》本傳『元年，貶潮州司馬』之下删去『潮州司户』一節，即書『明年貶崖州司户，明年卒，年六十三』云云，則似真以二年貶崖州，三年卒，而《舊書》非傳寫之誤矣。此因删之不當，又據誤本以成誤者。《南部新書》卷戊云：『以二年正月貶潮州司馬，其年十月再貶崖州司户，三年十二月卒於貶所，年六十四。』所書貶官年月亦與《舊史》參錯不合，而年六十四卻是。考《李衛公别集》第七卷《祭韋相執誼文》：『維大中四年月日，趙郡李德裕謹以蔬醴之奠，致祭故相韋公之靈。公遘讒投荒，某亦竄迹南陬，從公舊丘。』云云。末句云：『其心若水，其死若休。臨風敬弔，願與神游。』蓋德裕將終之語，執誼亦由宰相貶崖州司户，故云然，則爲大中四年甚明，爲誤此一年，故以年六十四爲六十三，《舊書》不過數目字誤，《南部新書》乃傳聞失實，而《新書》則武斷已甚。《容齋續筆》卷一載德裕手帖云：『閏十一月二十日，從表兄崖州司户參軍同正李德裕狀。』此正是大中四年之閏十一月，發此書後至十二月而卒矣。洪邁亦因史文而誤以爲三年。」

〔三〕潛説友《咸淳臨安志》卷七：「道山堂，在祕閣之後。」帖今不傳。

王讜《唐語林》卷七：「李衛公歷三朝大權，出門下者多矣，及南竄，怨嫌並集，塗中感憤，有『十五餘年車馬客，無人相送到崖州』之句。又書稱：『天下窮人，物情所棄。』鎮浙西甘露寺僧允躬頗受知，允躬迫於物議，不得已送至謫所，及歸，作書言：『天厭神怨，百禍皆作。金弊爲鰐魚所溺，室宇爲天火所焚。』談者藉以傳布，由允躬背恩所致。衛公既殁，子熀自象州武仙尉量移郴州郴尉，亦死貶所。劉相鄴爲諫官，先世世受恩，獨上疏請復官爵，乞歸葬。」

〔四〕《宋史》卷三六〇《趙鼎傳》：上書言時政，秦檜忌其復用，諷台諫論之，「謫官，居興化軍。論者猶不已，移漳州，又責清遠軍節度副使、潮州安置。在潮五年，杜門謝客，時事不掛口，有問者，但引咎而已。中丞詹大方誣其受賄，屬潮守放編置人移吉陽軍。鼎謝表曰：『白首何歸，悵餘生之無幾；丹心未泯，誓九死以不移。』檜見之曰：『此老倔强猶昔。』在吉陽三年，潛居深處，門人故吏皆不敢通問，惟廣西帥張宗元時饋醪米。」淵道，字宗元，參《隨筆》卷一三《國朝會要》注。

〔五〕《新唐書》卷一二四《姚崇傳》附勗傳：「勗字斯勤。長慶初擢進士第。數爲使府表辟，進監察御史，佐鹽鐵使務。累遷諫議大夫，更湖、常二州刺史。爲宰相李德裕厚善。及德裕爲令狐綯等譖遂，擿索支黨，無敢通勞問；既居海上，家無資，病無湯劑，勗數饋餉候問，不傳時爲厚薄。」

傅璇琮《李德裕年譜》大中三年譜：「德裕別集卷六有《與姚諫議郃書三首》。岑仲勉《唐史餘瀋》卷三《再論文饒集之姚諫議》謂此姚諫議，『似可斷爲勗』，『文饒集之姚郃，亦或後人誤題』。按岑説是。《與姚諫議書三首》，第一首稱『諫議十五郎』，據前所考，姚勗於會昌末、大中初正任右諫議大夫之職，信中所述亦與史傳相合。第二首，即《容齋續筆》所載『李衛公帖』，但帖中稱『侍郎十九弟』，德裕自稱從表兄，文集中則未見，只稱爲閣老，蓋德裕會昌中爲門下侍郎，同中書門下平章事，右諫議大夫屬中書省，故以閣老相呼，由此益可證明此爲姚勗，洪邁所云帖中稱侍郎，當亦後人誤寫。」

16 王孫賦

王延壽《王孫賦》，載於《古文苑》，其辭有云：「顔狀類乎老翁，軀體似乎小兒。」謂猴也〔一〕。乃知杜詩「顔狀老翁爲」蓋出諸此〔二〕。

【箋證】

〔一〕《王孫賦》，見《古文苑》卷六（宋章樵注）。

〔二〕杜甫《贈畢四曜》。黄鶴《補注杜詩》卷一九，注云：「公在秦州，有《賀畢曜除監察》詩，云：『與之有故，遠喜遷官。』乃乾元二年作。今詩云：『才大今詩伯，家貧苦宦卑。同調嗟誰惜，論文笑自知。』則公在長安時贈之，當是乾元元年。」朱翌《猗覺寮雜記》卷上：「子美《贈畢四》云：『饑寒童僕賤，顔狀老翁爲。』漢魏文章王文考《王孫賦》云：『顔狀似乎老翁。』是以猴戲畢。」

17 漢郡國諸官

西漢鹽鐵、膳羞、陂湖、工服之屬，郡縣各有司局斡之，其名甚多，然居之者罕〔一〕。嘗見於史傳，今略以《地理志》所載言之①，凡鐵官三十八，鹽官二十九，工官九，皆不暇紀其處。自餘若京兆有船司空，爲主船官。太原有挏馬官，主牧馬。（元名家馬官。）遼東有牧師官，交趾有羞官，南郡有發弩官，嚴道有木官②，丹陽有銅官，桂陽有金官，南海有洭浦官，南郡江夏有雲夢官，九江有陂官、湖官，朐忌、魚復有橘官。鄱陽黃金采，主采金，亦有官〔二〕。在内則奉常之均官、食官，司農之斡官，少府之大官主膳食，湯官主餅餌，導官主擇米，如是者蓋以百數〔三〕。

【校勘】

①「志」字，據馬本、庫本、祠本補。　②「木」，馬本、祠本作「水」。

【箋證】

〔一〕漢制，凡郡國之官，非傅、相，其他自署置。（《文獻通考》卷三六《選舉考》）

〔二〕《漢書》卷二八《地理志》。又，徐天麟《西漢會要》卷三一至三三《職官》，可參。

〔三〕《漢書》卷一九《百官公卿表》：奉常，「屬官有太樂、太祝、太宰、太史、太卜、太醫六令丞，又均官、都水兩長丞。又諸廟寢園食官令長丞，又廱太宰、太祝令丞」。大司農，「屬官有太倉、均輸、平準、都内、籍田五令丞，斡官、鐵市兩長丞。又郡國諸倉農監、都水六十五官長丞皆屬焉」。少府有六丞，「屬官有尚書、符節、太醫、太官、湯官、導官、樂府、若盧、考工室、左弋、居室、甘泉居室、左右司空、東織、西織、東園匠十六官令丞」。（師古曰：「太官主膳食，湯官主餅餌，導官主擇米。」）

18 漢獄名

漢以廷尉主刑獄〔一〕，而中都他獄亦不一。宗正屬官有左右都司空〔二〕。鴻臚有别火令丞，郡邸獄〔三〕。少府有若盧獄令、考工共工獄〔四〕。執金吾有寺互、都船獄〔五〕。又有上林詔獄、水司空、掖受祕獄、暴室、請室、居室、徒官之名〔六〕。《張湯傳》蘇林曰：「《漢儀注》，獄二十六所。」〔七〕《東漢志》云：「孝武帝所置，世祖皆省之。」〔八〕東漢洎唐，雖鞫囚非一處，然不至如是其多。國朝但有大理及臺獄，元豐、紹聖間，蔡確、章子厚起同文館獄之類，非故事也〔九〕。

【箋證】

〔一〕《漢書》卷一九上《百官公卿表》。

〔二〕《漢書·百官公卿表》：「宗正，秦官，掌親屬，有丞。平帝元始四年更名宗伯，屬官有都司空令丞。」如淳曰：「律，司空主水及罪人。賈誼曰：『輸之司空，編之徒官。』」

〔三〕《漢書·百官公卿表》：典客，「屬官有行人、譯官、别火三令丞，及郡邸長丞」。如淳曰：「《漢儀注》，别火，獄令官，主治改火之事。」

〔四〕《漢書·百官公卿表》：少府，屬官有若盧、考工室。服虔曰：「若盧，詔獄也。」鄧展曰：「舊洛陽兩獄，一名若盧，主受親戚婦女。」如淳曰：「若盧，官名也。藏兵器。《品令》曰若盧郎中二十人，主弩射。《漢儀注》有若盧獄令，主治庫兵將相大臣。」臣瓚曰：「冬官爲考工，主作器械也。」《後漢書》卷四《和帝紀》永元九年「置若盧獄官」句下，李賢注：「《前書》曰若盧獄，屬少府。《漢舊儀》曰：主鞫將相大臣也。」

《漢書》卷七七《劉輔傳》「繫輔共工獄」句下，蘇林曰：「考工也。」師古曰：「少府之屬官也，亦有詔獄。」

〔五〕《漢書·百官公卿表》：「中尉，武帝太初元年更名執金吾，屬官有中壘、寺互、武庫、都船四令丞。」如淳曰：「《漢儀注》有寺互。都船獄令，治水官也。」

〔六〕《漢書》卷一〇《成帝紀》建始元年「有星孛于營室罷上林詔獄」句下，師古曰：「《漢舊儀》云：『上林詔獄，主治苑中禽獸宮館事，屬水衡。』」

《漢書》卷四五《伍被傳》「僞爲左右都司空上林中都官詔獄書」句下，晉灼曰：「《百官表》，宗正有左右都司空，上林有水司空，皆主囚徒官也。」

《漢書》卷七七《劉輔傳》「輔繫掖庭祕獄」，師古曰：「《漢書舊儀》，掖庭詔獄令丞宦者爲之，主理婦人女官也。」

《漢書》卷八《宣帝紀》「取暴室嗇夫許廣漢女」句下，應劭曰：「暴室，宮人獄也。」

《漢書》卷四八《賈誼傳》「盤水加劍造請室而請罪耳」句下，應劭曰：「請室，請罪之室。」

《漢書》卷五五《衛青傳》「青嘗從人至甘泉居室」句下，張晏曰：「居室，甘泉中徒所居也。」

〔七〕《漢書》卷五九《張湯傳》「弟繫導官」句下，蘇林注曰：「《漢儀注》，獄二十六所。獄官無導也。」師古曰：「蘇説非也。導，擇也。以主擇米，故曰導官。事見《百官表》。時或以諸獄皆滿，故權寄在此署繫之，非本獄所也。」

〔八〕《後漢書》卷三五《百官志二》：「孝武帝以下置中都官獄二十六所，各令長名。世祖中興，皆省。唯廷尉及雒陽有詔獄。」

〔九〕《宋史》卷二〇〇《刑法志》：「初，群臣犯法，體大者多下御史臺獄，小則開封府大理寺鞫治焉。」又云：「紹聖間，章惇、蔡卞用事，既再追貶吕公著、司馬光，及謫吕大防等嶺外，意猶未快，仍用黄履疏高士京狀，追貶王珪，皆誣以『圖危上躬』，其言寖及宣仁，上頗惑之。最後起同文館獄，將悉誅元祐舊臣。」陳均《九朝編年備要》卷二四：哲宗紹聖四年八月，治同文館獄。

容齋續筆卷二 十八則

1 權若訥馮澥

唐中宗既流殺五王，再復武氏陵廟。右補闕權若訥上疏，以爲：「天、地、日、月等字，皆則天能事，賊臣敬暉等輕紊前規，削之無益於淳化，存之有光於孝理。又神龍制書，一事以上，並依貞觀故事，豈可近捨母儀，遠尊祖德。」疏奏，手制褒美〔一〕。欽宗在位，懲王安石、蔡京之誤國，政事悉以仁宗爲法。左諫議大夫馮澥上言：「仁宗皇帝，陛下之高祖也；神宗皇帝，陛下之祖也。子孫之心，寧有厚薄？王安石、司馬光，皆天下之大賢，其優劣等差，自有公論，願無作好惡，允執厥中，則是非自明矣。」詔榜朝堂〔二〕。侍御史李光駁之，不聽〔三〕。復爲右正言崔鶠所擊〔四〕。宰相不復問，而遷澥吏部侍郎〔五〕。按，若訥與澥兩人，議論操持絶相似，蓋澥在崇寧中，首上書乞廢元祐皇后〔六〕，自選人除寺監丞，其始終大節，不論可見。建炎初元，乃超居政地，公議憤之〔七〕。

【箋證】

〔一〕《資治通鑑》卷二〇八《唐中宗紀》，神龍二年。

〔二〕《靖康要録》卷五：靖康元年，五月十三日。「左諫議大夫馮澥奏：『臣聞天下有公論，有中道。公論者天下之所同，而中道則萬世而不易。熙寧、元豐及元祐以來，人無公論，治失中道，不偏於此則偏於彼，天下弊於變更，士夫困於遷謫，五六十年之間，是非相攻，禍福相軋，紛争擾攘，至於前日大亂而後已。陛下龍興，以英資睿斷，誅鋤奸凶，剗除蠹弊，曠然大變，與天下更始，宜於此時，明大公至正之道於天下，合天下之公論，垂萬世而不易。而臣竊聽近日朝廷議論，觀士大夫之趨向，駸駸復偏於元祐，鼓唱應和，漸不可解，則義理又將不得其中而政治又將不得其平矣。臣聞治貴邊中，法則隨時，祖宗之法，至於今百有餘年，蓋有可行者，亦有不可行者，今但擇其可行者行之，不可行者去之，則已矣，何必祖宗之是而熙豐之非哉？傳注之説，千有餘年，其於聖經不爲無補，然要之公論，豈有淺漏未盡之處？王安石以名世之學，發明要妙，著爲《新經》，鏤板太學，頒之天下，學者翕然宗仰，然要之公論亦有穿鑿太過之弊，今但令學者擇其善而從之，其不善者而改之，則已矣，何必傳注之是而《新經》之非哉？祖宗之治遠矣，臣不及見，熙寧、元豐間，内外平安，公私充實，法令備具，賦役均平，朝廷無倖位，州縣無横斂，邊圉畏威，盜賊不作，使今日之治得如其時，有何不可？是時，學校英秀如林，治經習史，皆有本原，程文具在，可以按考。使今日學者得如其時，亦有何不可？自崇寧以來，蔡京持權二十餘年，紛更變亂，靡有寧止，自熙豐之法掃地無遺，故其大壞至於如是之極。仁宗皇帝，陛下之高祖也，神宗皇帝，陛下之祖也，子孫之心，寧有厚薄？王安石、司馬光，皆天下之大賢，其優劣等差，自有公論，臣願陛下無作好惡，不蔽偏黨，允執厥中，以照臨臣下，則是非自明，紛爭自息矣。伏望睿慈與兩府大臣少加詳議，如有可采，乞明榜朝堂，頒示太學，以安士心，以絶衆疑，則臣死生幸甚。苟爲不然，臣甘受邪言之誅，早正典刑，以示天下，亦死生幸甚。取進止。』三省同奉聖旨，出榜朝堂。」

〔三〕李光《莊簡集》卷八《論王氏及元祐之學》：「臣愚昧樸拙，當陛下初政，偶承乏，擢寘言路，每因進對，備聞德言，未嘗不以紹復祖宗法度爲説，忠臣義士，莫不歡欣鼓舞，日須德化之成也。臣今月十七日入臺，伏覩三省降到黄榜一道，臣僚上言以王安石爲名世之學，發明要妙，著爲《新經》，天下學者，翕然宗師。又言熙寧、元豐間，内外安平，公私充實，法令備具，賦役均平。其意專以王氏之説爲是，公肆誕謾，無復忌憚。以陛下聖明未可遽欺，既以司馬光與安石俱爲天下之大賢，又云優劣等第自有公論，觀言者之意，必不肯以光爲優、以安石爲劣。夫光與安石行事之是非，議論之邪正，皎若白黑，雖兒童走卒粗有知識者，莫不知之。當熙寧、元豐間如韓琦、富弼、歐陽修之屬，尚皆無恙，安石惡其議己，皆指爲因循之人，擯斥不用，卒以憤死。恭惟太祖、太宗創業之艱難，真宗、仁宗守成之不易，規模宏遠矣。安石欲盡廢祖宗法度，則爲説曰：『陛下當制法而不當制於法。』欲盡逐元老大臣，則爲説曰：『陛下當化俗而不當化於俗。』蔡京兄弟祖述其説，五十年間，搢紳受禍，生靈被害，海内流毒，而祖宗法度、元老大臣，掃蕩禁錮，幾無餘藴矣。幸賴宗廟社稷之靈，上皇悔悟，以祖宗不拔之基全付陛下，今言者又創爲熙豐之説，以安石爲大賢，臣恐此論一出，流聞四方，鼓惑民聽，人心一失，不可復收，非朝廷之福也。」按《宋史》卷三六三《李光傳》：欽宗受禪，擢右司諫，遷侍御史。「時言者猶主王安石之學，詔榜廟堂」。光奏論。

〔四〕《靖康要録》卷六：靖康元年六月二日，「右正言崔鶠奏：『伏覩詔書，詔諫臣直論得失，以求實是。此是陛下求治之切也。然數十年來，王公卿相皆自蔡京出，其除擢居要路以待相繼而用者，又充塞乎臺省，要使一門生死，則一門生用；一故吏逐，則一故吏來，更持政柄，互秉鈞軸，歷千百年，無一人立異，雖萬子孫，無一人害。此蔡京之本謀也。安得實是之言聞于陛下？且如馮澥近日上章，其言曰：「熙寧、元豐之間，士無異論，太學之盛也。」此奸言也。昔王安石用事，除異己之人，當時名臣如富弼、韓琦、司馬光、吕公著、吕誨、吕大防、范純仁等，咸以異論斥逐，布衣之士，誰敢爲異乎？士攜策負笈，不遠千里，游于學校，其意不過求仕官耳。安石著《三經》之説，用其説者入官，不用其説者斥落，于是天下靡然雷同，不敢可否，陵夷至于今大亂，此無異論之大效也，而尚敢爲此説以熒惑人主乎？又曰：「崇寧以來，博士先生狃于黨與，各自爲説，附王氏之學則詆毁元祐之文，服元祐之學則詆誚王氏之説。」尤爲欺罔。豈有博士先生敢有爲元祐之學而詆誚王氏之説乎？自崇寧以來，京賊用事，以學校之法馭士人如軍法之馭卒伍，大小相制，内外相轄，一有異論居其間，則累及上下學官，以黜免廢錮之刑待之。其意以爲一有異論，則己之罪必暴于天下、聞于人主，故而博士先生有敢詆誚王氏者乎？欲乞下太學，取博士講解覆視，則澥之誕信見矣。至如蘇軾、黄庭堅之文集，范鎮、沈括之雜説，畏其或記祖宗之事，或記名臣之説，于己不便，故一切禁之，坐以嚴刑，購以重賞，不得收藏，則禁士之異論，其法亦已密矣。澥言元祐之學詆誚王氏之説，其欺罔不亦甚乎！欺罔之言公行，則實是何從而見也？然先王之求實是，亦有道矣。皇帝清問下民，周官詢于衆庶，孟子不以左右卿大夫之言爲然，必詢于國人，則實是見矣。臣乞以澥所上言章並臣之章，垂于象魏，揭于通衢，以驗國人之論，而賞罰之，以戒小人欺罔君父者，此陛下之福，天下之幸也。』又奏：『臣近上章論諫官馮澥，未及施行，澥復遷吏部侍郎，此士論之所共憂。臣適當言責，不得而已也。觀澥之意，不過欲以熙寧、元豐之法爲治，緣澥乃熙豐人材之一也，己之説行，則身安；己之説廢，則身危，非爲國家忠計，此天地否泰所係，國家治亂之所自分，不可忽也。昔在仁宗、英宗時，選天下敦朴敢言之士，以遺子孫，而王安石用事，皆目爲流俗之人，盡逐去之，乃自爲新説以造士，號爲新美之才；新美之才充塞乎朝廷，而人主不聞天下之安危。元祐之初，相司馬光，收仁宗、英宗時人材用之，故宣仁聖烈皇后擁少主，不出簾帷而天下治。問其四裔，則率服矣；問其盜賊，則消弭矣；問其軍士，則豫附矣；問其百姓，則富樂矣。當是時，天下之勢安于泰山。及章惇、蔡卞用事，斥之于瘴海炎荒之外。蔡京陰蓄異圖，凶謀益熾，于是盡收熙豐時人材用之，誘以美官，餌以厚禄，于是海内小人波蕩而從之，萬口一詞，迭相倡和，爲紹述之論，以誑惑人主。紹述一道德，而天下一于諂佞矣；紹述同風俗，而天下同于欺罔矣；紹述理財，而公私竭矣；紹述造士，而人材乏矣；紹述開邊，而四裔交侵金人犯闕矣。此用熙豐人才之效也。譬之治疾，一醫治病而瘳，一醫治病而壞，此賢否不待較而明也。且元符末，以連年四月朔日食，四月者，正陽之月也，古人所忌，詔求直言。應詔者數千人，蔡京因此以除去異己者，乃遣腹心之黨考定之，分邪正二等，同己者爲正，異己者爲邪。瀰與京同考也，故在正等。凡異己者，京皆指以爲邪，陷爲罪戾，凡數千人。近者，上皇下責躬之語，其言以求直言奪于權臣，反歸咎建議臣僚，然則前日附會蔡京號爲上書正等者，皆今日之罪人也。陛下嗣服之初，天下觀陛下好惡是非以卜世之興衰，今用蔡京正等之人，豈上皇悔過之意？天下之士聞之解體矣。』又奏：『臣伏聞前諫官馮瀰曾上章疏，乞榜朝堂。朝廷以爲是，施行之。御史李光以爲非，繳駁之。及光之繳駁也，馮瀰不敢以自直，大臣不敢以爲辯。寘李光而不用，遷馮瀰而不詰，政刑如此，士論紛然。且以瀰之言爲是，則光可罪；以光之言爲是，則瀰可斥。當斥而反遷，是謂賞奸。《傳》曰：「下義其罪，上賞其奸。上下相蒙，難以濟矣。」馴致其道，至于今大亂，陛下中夜以思，當食而歎，未知所以善其後也，而臣下不思所以排奸糾紛以寬陛下社稷之憂，但襲用前日相蒙之術，以嘗試陛下，此罪人也。它日有論蔡京紹述爲是，而籍没之資産可還，放逐之子孫可用者矣。何以知之？嘗試之説行，而陛下無與昭奸，則何言之不行、何説之不入？此非獨臣憂之，天下忠臣義士所共憂也。今臣區區犯奸鋒，蹈禍機，與陛下言之，卒于不勝而自斃也，亦愚矣。但臣職在言責，伐奸邪之謀，塞禍亂之原，爲國家長慮，卻顧臣之責也。且侍從者，執政之階也，近澥之意，不過欲次補近臣，漸當揆路，以行其邪説，以固其黨與，爲萬世自安之計，此賊臣蔡京之術行之至今，天下破壞，玆亦極矣，陛下尚忍使京之餘黨再破壞耶？前車未覆而不戒者有矣，未有前車已覆而不戒者也。伏望陛下究馮澥之建議，李光之駁奏，孰是孰非，而大明賞罰，以示四方，使四方曉然知陛下政不容奸，則雖鄰敵不敢輕中國，不然，匹夫匹婦忿然有不服之心，國威不復振矣。取進止。』」

《宋史》卷三五六《崔鶠傳》：「欽宗即位，授右正言。上疏曰：（郁之按，係節略《靖康要録》所載三奏。略。）累章極論，時議歸重。」

〔五〕《宋史》卷三七一《馮澥傳》失書。《靖康要録》卷六：六月八日，「左諫議大夫馮澥除吏部侍郎、觀文殿大學士」。

吕中《宋大事記講義》卷二三，欽宗皇帝，靖康六年，「下戒厲詔。先是諫議馮澥言：『有公論，有中道。公論天下所同，而中道萬世不易。祖宗之法與元豐之法，擇其可者行之。諸經古注與安石新議，擇其善者而從之。何必此之是、彼之非。』詔榜朝堂。御史李光駁之，不聽。又正言崔鶠奏：（見前引，略。）於是降詔。」

〔六〕馮澥上書乞廢元祐皇后事，本傳不載，但見《宋史》卷四七二《奸臣·蔡京傳》，云：「用馮澥、錢遹之議，復廢元祐皇后。」《宋史》卷三五六《錢遹傳》記御史中丞錢遹率同列請廢元祐皇后而册劉氏爲太后事，甚詳。又所附《石豫傳》云：「崇寧元年，召拜殿中侍御史，遂同錢遹造廢元祐皇后議。」

錢大昕《廿二史考異》卷七九《宋史十三・馮澥傳》「靖康元年，澥爲左諫議大夫」條，引《隨筆》本條，謂：「傳皆諱而不書，失懲惡之旨矣。」自注云：「請廢后事，雖附書于《錢遹傳》，而本傳絶不一及。且云『登進士第，歷官入朝，以言事再謫』，似入官以來行無玷者，豈非變亂黑白之甚者乎！」

〔七〕《宋史》卷三七一《馮澥傳》：「建炎初，除資政殿學士，知潼州府。言者論澥嘗汙僞命，奪職。」《建炎以來繫年要録》卷五，建炎元年五月，「尚書右丞馮澥罷爲資政殿學士，知潼川府」。又同書卷六：建炎元年六月，李綱以「資政殿學士新知潼川府馮澥在僞庭守左丞舊職」，遂責落職。

2 歲旦飲酒

今人元日飲屠酥酒，自小者起，相傳已久，然固有來處。後漢李膺、杜密以黨人同繫獄，值元日，於獄中飲酒，曰：「正旦從小起。」〔一〕《時鏡新書》，晉董勛云：「正旦飲酒，先從小者，何也？」勛曰：「『俗以小者得歲，故先酒賀之；老者失時，故後飲酒。』」〔二〕《初學記》載《四民月令》云：「正旦進酒次第，當從小起，以年小者起先。」〔三〕唐劉夢得、白樂天元日舉酒賦詩，劉云：「與君同甲子，壽酒讓先杯。」白云：「與君同甲子，歲酒合誰先？」白又有《歲假内命酒》一篇云：「歲酒先拈辭不得，被君推作少年人。」顧況云：「不覺老將春共至，更悲攜手幾人全。還丹寂寞羞明鏡，手把屠蘇讓少年。」裴夷直云：「自知年幾偏應少，先把屠蘇不讓春。儻更數年逢此日，還應惆悵羨他人。」成文幹云：「戴星先捧祝堯觴，鏡裏堪驚兩鬢霜。好是燈前偷失笑，屠蘇應不得先嘗。」方干云：「纔酌屠蘇定年齒，坐中皆笑鬢毛斑。」然則尚矣。東坡亦云：「但把窮愁博長健，不辭最後飲屠酥。」其義亦然。

【箋證】

〔一〕程大昌《演繁露續集》卷六《談助》「正朝酒從小起」條：「《李膺家録》：膺坐黨事，與杜密、荀翊同繫獄，時歲日，引杯曰：『正朝酒從小起。』膺曰：『死人所惡，子無忝色。』」

〔二〕王應麟《玉海》卷一二：「《時鏡新書》五卷，皇朝劉安靖以四時分十二月，各繫其事。」宗懔《荆楚歲時記》：「晉海四令問勛曰：『俗人正日飲酒，先飲小者，何也？』勛曰：『俗云小者得歲，先酒賀之；老者失歲，故後飲酒。』」

〔三〕徐堅《初學記》卷四《歲時部下》引崔寔《四民月令》。宗懔《荆楚歲時記》：「按《四民月令》云：『過臘一日，謂之小歲。』」趙彦衛《雲麓漫抄》卷八：「正月旦日，世俗皆飲屠蘇酒，自幼及長。按梁宗懔《荆楚歲時記》云：『是日進椒柏酒，飲桃湯，服卻鬼丸，敷于散，次第從小起。』注云：『以過臘日，故崔寔《月令》過臘一日謂之小歲，又云小歲則用之。漢朝元正則行之。晉世承漢，嘗以十月爲歲首也。』又云：『敷于散，即《胡洽方》云許山赤散，並有斤兩。』則知『敷于』

音訛轉而爲屠蘇，小歲訛而爲自小起云。」

3 存殁絶句

杜子美有《存殁》絶句二首云：「席謙不見近彈棋，畢曜仍傳舊小詩。玉局他年無限笑，白楊今日幾人悲。」「鄭公粉繪隨長夜，曹霸丹青已白頭。天下何曾有山水，人間不解重驊騮。」每篇一存一殁。蓋席謙、曹霸存，畢、鄭殁也〔一〕。黄魯直《荆江亭即事》十首，其一云：「閉門覓句陳無己，對客揮毫秦少游。」正字不知温飽未，西風吹淚古藤州。」乃用此體。時少游殁而無己存也〔二〕。近歲，新安胡仔著《漁隱叢話》，謂魯直以今時人形入詩句，蓋取法於少陵，遂引此句，實失於詳究云〔三〕。

【箋證】

〔一〕《杜詩詳注》卷一六《存殁口號二首》。第一首注云：「原注：『道士席謙，吴人，善彈棋。畢耀，善爲小詩。』此謂席存而畢殁也。近不見，言人存地隔；舊仍傳，言詩在人亡；席尚存，故望其玉局降仙；畢已殁，故傷其白楊拱墓。」第二首：「原注：『高士滎陽鄭虔，善畫山水。曹霸善畫馬。』此謂鄭殁而曹存也。鄭虔既亡，世更無山水之奇。曹霸雖存，人誰識驊騮之價乎？一傷之，一惜之也。」

〔二〕任淵《山谷内集詩注》卷一四《病起荆江亭即事十首》之八。「無已坐黨廢錮，既而自棣學除祕書省正字。少游自雷州貶所北歸，至藤州，卒于光化亭上。初，少游夢中作長短句，有『醉臥古藤陰下』之語，殆若讖云。」

〔三〕《苕溪漁隱叢話後集》卷三二《山谷下》：「苕溪漁隱曰：山谷以今時人形入詩句，蓋取法於少陵。少陵詩云：『不見高人王右丞，藍田丘壑蔓寒藤。』又云：『復憶襄陽孟浩然，清詩句句盡堪傳』之類是也。故山谷云：『司馬丞相驟登庸，詔用元老超群公。』又云：『閉門覓句陳無已，對客揮毫秦少游』之類是也。」

《直齋書録解題》卷二二：《漁隱叢話》六十卷，《後集》四十卷，新安胡仔元任撰。待制舜陟之子，居湖州，自號苕溪漁隱。

4 湯武之事

湯、武之事，古人言之多矣。惟漢轅固、黄生争辯最詳。黄生曰：「湯、武非受命，迺殺也。」固曰：「不然。桀、紂荒亂，天下之心皆歸湯、武。湯、武因天下之心而誅桀、紂，不得已而立，非受命爲何？」黄生曰：「冠雖敝必加於首，履雖新必貫於足。今桀、紂雖失道，君上也；湯、武雖聖，臣下也，反因過而誅之，非殺而何？」景帝曰：「食肉毋食馬肝，未爲不知味；言學者毋言湯、武受命，不爲愚。」遂罷。顔師古注云：「言湯、武爲殺，是背經義，故以馬肝爲喻也。」〔一〕《東坡志林》云：「武王非聖人也。昔者孔子蓋罪湯、武，伯夷、叔齊不食周粟，而孔子予之，其罪武王也甚矣。至孟軻始亂之，使當時有良史，南巢之事，必以叛書，牧野之事，必以弒書。湯、武仁人也，必將爲法受惡。」[二]可謂至論。然予切考孔子之序《書》，明言「伊尹相湯伐桀」，「成湯放桀于南巢」，「武王伐商」，「武王勝商殺受」，各蔽以一語，而大指皦如，所謂六藝折衷，無待於良史復書也[三]。

【箋證】

〔一〕《漢書》卷八八《儒林傳》。

〔二〕《東坡全集》卷一〇五《志林十三條·論古》：「武王克殷，以殷遺民封紂子武庚禄父，使其弟管叔鮮、蔡叔度相禄父，治殷。武王崩，禄父與管、蔡作亂。成王命周公誅之，而立微子於宋。蘇子曰：武王非聖人也。昔孔子蓋罪湯武，顧自以爲殷之子孫而周人也，故不敢，然數致意焉，曰：『大哉，巍巍乎，堯、舜也。』『禹，吾無間然。』其不足於湯、武也亦明矣。曰：『《武》，盡美矣，未盡善也。』又曰：『三分天下有其二，以服事殷，周之德，其可謂至德也已矣。』伯夷、叔齊之於武王也，蓋謂之弒君，至恥之不食其粟，而孔子予之，其罪武王也甚矣。此孔氏之家法也。世之君子，苟自孔氏，必守此法。國之存亡，民之死生，將於是乎在，其孰敢不嚴？而孟軻始亂之，曰：『吾聞武王誅獨夫紂，未聞弒君也。』自是學者以湯、武爲聖人之正，若當然者，皆孔氏之罪人也。使當時有良史如董狐者，南巢之事必以叛書，牧野之事必以弒書，而湯、武仁人也，必將爲法受惡。周公作《無逸》曰：『殷王中宗，及高宗，及祖甲，及我周文王，兹四人迪哲。』上不及湯，下不及武王，亦以是哉？ 文王之時，諸侯不求而自至，是以受命稱王，行天子之事，周之王不王，不計紂之存亡也。 使文王在，必不伐紂，紂不見伐而以考終，或死於亂，殷人立君以事周，命爲二王後以祀殷，君臣之道，豈不兩全也哉！ 武王觀兵於孟津而歸，紂若改過，否則殷改立君，武王之待殷亦若是而已矣。 天下無王，有聖人者出，而天下歸之，聖人所以不得辭也，而以兵取之，而放之，而殺之，可乎？ 武王親以黄鉞誅紂，使武庚受封而不叛，豈復人也哉？ 故武庚之必叛，不待智者而後知也。 武王之封，蓋亦有不得已焉耳。 殷有天下六百年，賢聖之君六七作，紂雖無道，其故家遺民未盡滅也。 三分天下有其二，殷不伐周而周伐之，誅其君，夷其社稷，諸侯必有不悦者，故封武庚以慰之，此豈文之意哉？ 故曰：武王非聖人也。」

〔三〕所引四句分别見《湯誓》《仲虺之誥》《泰誓》《洪範》之序。

湯、武之事，後人論之夥矣。 竊謂近代廖燕《湯武論》最爲痛快，云：「世無通識特達之士，則千古之是非隱而不彰。 予每怪儒者之論湯、武也，明明放其君而奪之位，猶曰非篡，必以何者而後謂之篡乎？ 明明斬其君之首而懸之太白之旗，猶曰非弑，必以何者而後謂之弑乎？ 甚矣，儒者之爲湯、武諱也。 雖然，通識特達之士，敢於論湯、武，必不敢於背孔子。 孔子之言曰：『湯、武順乎天而應乎人。』儒者每引以爲解，是亦未明孔子之言也。 抑知孔子之言順天，言其篡順天、弑順天。 言應人，亦言其篡應人、弑應人已耳。 不然，天欲其爲君，而終守臣節，則不得爲君。不得爲君，而何以爲順天？人願其爲君，而不敢放伐，則不能爲君。不能爲君，而何以爲應人？故欲順天應人，則不得不出於篡弒。惟篡弒而後可以順天應人也。則孔子之言，是相因而非相諱者也。湯、武之過明，而後湯、武之功定。彼司馬炎、劉裕之不得其正者，其篡弒固非，而其爲君又豈可與湯、武同日而語也哉。湯、武之功，湯、武之過成之也。有湯、武之爲君，雖篡弒勿論也；有司馬炎、劉裕之爲君，雖揖讓勿貴也。」（《二十七松堂文集》卷一）

5　張釋之傳誤

《漢書》紀、傳、志、表，矛盾不同非一〔一〕，然唯張釋之爲甚。本傳云：釋之爲騎郎，事文帝十年不得調，亡所知名，欲免歸。中郎將袁盎惜其去，請徙補謁者，後拜爲廷尉，逮事景帝，歲餘，爲淮南相。而《百官公卿表》所載，文帝即位三年，釋之爲廷尉，至十年，書廷尉昌、廷尉嘉又二人，凡歷十三年，景帝乃立，而張歐爲廷尉，則是釋之未嘗十年不調，及未嘗以廷尉事景帝也〔二〕。

【箋證】

〔一〕顔師古《漢書叙例》云：「爰自陳、項，以迄哀、平，年載既多，綜輯斯廣，所以紀、傳、表、志，時有不同，當由筆削未休，尚遺秕稗，亦爲後人傳授，先後錯雜，隨手率意，遂有乖張。」（《漢書》卷首）

〔二〕《漢書》卷五〇《張釋之傳》。《漢書》乃承《史記》卷一〇二《張釋之傳》，叙事同。《困學紀聞》

卷一一《史記正誤》：「《張釋之傳》，事孝文帝，十歲不得調，張廷尉事景帝，歲餘爲淮南王相。」乃引洪氏此條辨訂之。

梁玉繩《史記志疑》卷三三《張釋之馮唐列傳第四十二》「事孝文帝十歲不得調」條，引《容齋續筆》及《困學紀聞》，接云：「然考本傳言中郎將袁盎請徙釋之補謁者，而盎于文帝六年尚爲中郎將，則釋之安得文帝三年以中郎將爲廷尉乎？《傳》言條侯周亞夫與張廷尉結爲親友，而亞夫續封條侯在文帝後二年，爲中尉在後六年，若文帝三年亞夫尚守河内，安得與釋之結親友乎？《傳》言釋之爲中郎將從文帝至霸陵，而以芷陽爲霸陵事在九年，見《將相表》，安得三年爲廷尉乎？《傳》言釋之爲公車令劾梁王不下公門，而梁孝王以十二年徙封，十四年入朝，安得三年爲廷尉乎？淮南厲王於六年反，《淮南王傳》稱『廷尉賀』，《百官表》失書，則又安得以釋之於三年便爲廷尉乎？《大事記》書爲廷尉于文之後三年，謂《百官表》誤，吴仁傑亦云然，當是也。（荀《紀》言在十三年，並非。）但文帝六年以後釋之補謁者，九年以後遷中郎將，豈十年不調者哉？疑釋之爲騎郎在文帝未即位以前，史並計之，故云十年耳。」

俞樾《湖樓筆談》卷三：「張廷尉事景帝，歲餘，爲淮南王相。《容齋隨筆》據《漢書·公卿表》謂釋之未嘗以廷尉事景帝。愚案，此論似密而實疎。蓋史公於傳首即云張廷尉。《釋之傳》中一則曰張廷尉，再則曰張廷尉，然則所謂『張廷尉事景帝歲餘』，乃仍其故稱耳，非謂以廷尉事景帝也。」

6 張于二廷尉

張釋之爲廷尉，天下無冤民。于定國爲廷尉，人自以不冤。此《漢史》所稱也[一]。兩人在職皆十餘年。周勃就國，人上書告勃欲反，下廷尉逮捕，吏稍侵辱之，勃以千金與獄吏，吏使以公主爲證，太后亦以爲無反事，乃得赦出。釋之正爲廷尉，不能救，但申理犯蹕、盜環一二細事耳[二]。楊惲爲人告驕奢不悔過，下廷尉按驗，始得所予孫會宗書，定國當惲大逆無道，惲坐要斬。惲之罪何至於是？其徇主之過如此[三]。《傳》所謂「決疑平法，務在哀矜」者[四]，果何爲哉！

【箋證】

〔一〕《漢書》卷七一《于定國傳》：「其決疑平法，務在哀鰥寡，罪疑從輕，加審慎之心。朝廷稱之，曰：『張釋之爲廷尉，天下無冤民；于定國爲廷尉，民自以不冤。』」

〔二〕周勃下廷尉逮捕，事詳《漢書》卷四〇《周勃傳》。《資治通鑑》卷一四《漢文帝紀》，繫在四年。前篇《張釋之傳誤》條引《漢書・百官公卿表》文帝即位三年，釋之爲廷尉，故云「釋之正爲廷尉」。張釋之申理犯蹕、盜環，事詳《漢書》卷五〇本傳。

〔三〕楊惲下廷尉要斬，事詳《漢書》卷六六《楊惲傳》。《資治通鑑》卷二七《漢宣帝紀》，繫在五鳳四年。楊惲既失爵位，家居治産業，以財自娱。其友人安定太守西河孫會宗與惲書，諫戒之，爲言大臣廢退，當闔門惶懼，爲可憐之意，不當治産業，通賓客，有稱譽。惲作詩曰：「田彼南山，蕪穢不治。種一頃豆，落而爲萁。人生行樂耳，須富貴何時。」或曰：「侯罪薄，又有功，且復用。」惲曰：「有功何益？縣官不足爲盡力。」有上書告之，章下廷尉，按驗得所予會宗書，帝見而惡之，廷尉當惲大逆無道，要斬。司馬光於楊惲事末按曰：「以孝宣之明，魏相、丙吉爲丞相，于定國爲廷尉，而趙、蓋、韓、楊之死，皆不厭衆心。其爲善政之累大矣。」參《隨筆》卷六《魏相蕭望之》箋證。

〔四〕按今《漢書》卷七一《于定國傳》云：「其決疑平法，務在哀鰥寡。」《太平御覽》卷二三一《職官部二十九》引《漢書》作「决獄平法，務在哀矜」。

7 漢唐置郵

趙充國在金城，上書言先零、罕羌事，六月戊申奏，七月甲寅璽書報從其計〔一〕。案金城至長安一千四百五十里，往反倍之，中間更下公卿議臣，而自上書至得報，首尾才七日。唐開元十年八月己卯夜，權楚璧等作亂，時明皇幸洛陽，相去八百餘里。壬午，遣河南尹王怡如京師按問宣慰，首尾才三日〔二〕。置郵傳命，既如此其速，而廷臣共議，蓋亦未嘗淹久，後世所不及也。

【箋證】

〔一〕《漢書》卷六九《趙充國傳》。《資治通鑑》卷二六《漢宣帝紀》神爵元年。

〔二〕《資治通鑑》卷二一二《唐玄宗紀》開元十年。

8 龍且張步

韓信擊趙，李左車勸陳餘勿與戰，餘曰：「今如此避弗擊，諸侯謂吾怯，而輕來伐我。」遂與信戰，身死國亡〔一〕。是時，信方爲漢將，始攻下魏、代，威聲猶未暴白，陳餘易之，尚不足訝。及滅趙服燕，則關東六國，既定其四矣。信伐齊，楚使龍且來救。或言漢兵不可當，龍且曰：「吾平生知韓信爲人易與耳，不足畏也，何爲而止？」一戰而没，項隨以亡〔二〕。耿弇討張步，斬其大將軍費邑，走邑之弟敢，進攻西安、臨淄，拔其城，又走其弟藍，勢如破竹。先是，弇已破尤來、大槍、延岑、彭寵、富平、獲索矣。時步所盜齊地，大半爲弇所得，然步猶曰：「以尤來、大彤十餘萬衆，吾皆即其營而破之。今弇兵少於彼，又皆疲勞，何足摧乎？」竟出兵大戰，兄弟成禽〔三〕。兵法云：「知彼知己，百戰不殆。」〔四〕龍且、張步，豈復識此哉！梁臨川王宏伐魏，魏元英禦之，宏停軍不前。魏人勸英進據洛水，英曰：「蕭臨川雖騃，其下有良將韋、裴之屬，未可輕也。宜且觀形勢，勿與交鋒。」宏卒敗退。英之識見，非前人可比也。然遂進軍圍鍾離，魏邢巒以爲不可，魏主召使還，英表稱必克，爲曹景宗、韋叡所挫，失亡二十餘萬人〔五〕。智於前而昧於後，爲可恨耳。

【箋證】

〔一〕《資治通鑑》卷一〇《漢高帝紀上之下》，三年。

〔二〕《漢書》卷三四《韓信傳》。

〔三〕《資治通鑑》卷四一《漢光武帝紀》，建武五年。

〔四〕《孫子·謀攻》。

〔五〕《資治通鑑》卷一四六《梁武帝紀》，天監五年。英表稱必克，事在六年。

9 義理之説無窮

經典義理之説，最爲無窮，以故解釋傳疏，自漢至今，不可槩舉，至有一字而數説者。姑以《周易·革卦》言之，「已日乃孚，革而信之。」自王輔嗣以降，大抵謂即日不孚〔一〕。「已日乃孚」，「已」字讀如「矣」音，蓋其義亦止如是耳。唯朱子發讀爲戊己之「己」〔二〕。予昔與易僧曇瑩論及此，問之曰：「或讀作己（音紀）日如何？」瑩曰：「豈唯此也，雖作巳（音似）日亦有義。」乃言曰：「天元十干，自甲至己，然後爲庚，庚者革也，故己日乃孚，猶云從此而革也。十二辰自子至巳六陽，數極則變而之陰，於是爲午，故『巳日乃孚』，猶云從此而變也。」用是知好奇者欲穿鑿附會，固各有説云〔三〕。

【箋證】

〔一〕「革，巳日乃孚，元亨利貞，悔亡。」王弼注：「夫民可與習常，難與適變；可與樂成，難與慮始。故革之爲道，即日不孚，『巳日乃孚』也。孚，然後乃得『元亨利貞悔亡』也。巳日而不孚，革不當也。悔吝之所生，生乎變動者也。革而當，其悔乃亡也。」（《周易注疏》卷八）

〔二〕朱震《漢上易傳》卷五：「先儒讀作巳事之巳，當讀作戊己之己。十日至庚而更，更革也。自庚至己，十日浹矣，己日者，浹日也。」震，字子發，荆門軍人，政和中登進士第，南渡後趙鼎薦爲祠部員外郎，官至翰林學士，事迹具《宋史》卷四三五本傳。

〔三〕《四庫全書考證》卷一：「《厚齋易學》卷二十五，『革巳日乃孚』，注：『聞之浮屠氏善易者曰：「今本己作巳誤也。」』案浮屠氏不著其名，洪邁《隨筆》云：己日，惟朱子發改爲己日。僧曇瑩云作巳亦可。十二辰自子至巳亦陽極變午，巳日乃孚也。浮屠氏當即曇瑩。但朱震取天干之己，巳變程、朱之説，今又取地支之巳，則更涉附會矣。」按，曇瑩，號蘿月，嘉興人，以談易名一時（《四庫全書總目》卷一〇九《珞琭子三命消息賦注二卷》提要）。《容齋隨筆》卷一《坤動也剛》稱「臨安退居菴僧曇瑩」。

顧頡剛《讀書筆記》卷一〇《以巳己已三字作穿鑿附會之一例》條，録《續筆》此條，後按云：

「此借曇瑩之《易》説，以明古籍文義，顛之倒之，無所不可，故漢以來經師愈多而經説愈歧。此等主觀主義之經説如不予廓清，則古典之本義不顯。然穿鑿附會，年逾二千，則廓清之事豈一日之功哉！」

10 開元五王

唐明皇兄弟五王，兄申王撝以開元十二年，寧王憲、邠王守禮以二十九年，弟岐王範以十四年，薛王業以二十二年薨，至天寶時已無存者〔一〕。楊太真以三載方入宮〔二〕，而元稹《連昌宫詞》云：「百官隊仗避岐、薛，楊氏諸姨車鬥風。」李商隱詩云：「夜半宴歸宫漏永，薛王沉醉壽王醒。」皆失之也〔三〕。

【箋證】

〔一〕查慎行《蘇詩補注》卷四九《申王畫馬圖》「天寶諸王」注云：「按《舊唐書》，睿宗六子，其一早卒，竇后生明皇，劉后生讓皇帝憲，即寧王也，宫人柳氏生申王撝，崔孺人生岐王範，王德妃生薛王業，初出閤，列第于東都積善坊，號五王宅。洪容齋謂明皇兄弟五人，岐、薛、申、寧而外，又有邠王守禮，而《舊唐書》不載。今考之，寧王、申王，兄也；岐王、薛王，弟也，與明皇而爲五，故當時目明皇爲三郎。申王薨于開元十二年，岐王薨于十四年，薛王薨于二十二年，惟寧王稍後，然亦殁于二十九年。天寶改元以後，諸王無一存者。」

〔二〕《新唐書》卷五《玄宗紀》：開元二十八年十月，以壽王妃楊氏爲道士，號太真。《舊唐書》卷九《玄宗紀》：天寶四載八月，册太真妃楊氏爲貴妃。按，太真何時入宫，兩《唐書》本紀及《后妃傳》未載。容齋蓋據《資治通鑑》卷二一五《玄宗紀》，事在天寶三載，云「潛内太真宫中」。

〔三〕李商隱詩，出《李義山詩集》卷中《龍池》。王楙《野客叢書》卷二四《楊妃竊笛》：引《續筆》，接云：「僕考唐史，申王以開元十二年薨，岐王以十四年薨，薛王以二十二年薨，寧王、邠王以二十九年薨，而楊妃以二十四年入宫，號太真，遂專房宴。是時申、岐、薛三王雖已死，而寧、邠二王尚存，是以張祜目擊其事，繫之樂章，有曰：『日映宫城霧半開，太真簾下畏人猜。黄翻綽指向西樹，不信寧哥回馬來。』又曰：『虢國潛行韓國隨，宜春深院映花枝。金輿遠幸無人見，偷把邠王小管吹。』蓋紀其實也。惟容齋認楊妃爲天寶三年方入宫，所以有是失。不知天寶初太真進册貴妃，非入宫時也。集中謂虢國竊邠王管，而《百斛明珠》乃謂妃子竊寧王笛，此説不同。」李慈銘《越縵堂讀書記》八《文學》「容齋隨筆」條，謂「王氏（楙）可謂妄辨。」杭世駿《訂訛類編》卷二《事訛》「楊妃入宫並竊笛事」條，先引《野客叢書》，接云：「《讀書敏求記》載《唐大詔令集》，開元二十三年乙亥十二月壬子朔，二十四日乙亥，册立楊玄璬長女爲壽王妃。開元二十八年十月，玄宗幸温泉宫，使高力士取楊氏女子于壽邸，命孫逖册度爲女道士，號太真，住爲太真宫。天寶四載乙酉七月丁巳朔，二十六日壬辰，册左勳衛二府右郎將軍韋昭訓第二女爲壽王妃，是日即於鳳凰園册太真宫女道士楊氏爲貴妃。據此，則開元時楊氏爲壽王妃，爲女道士，天寶初始爲玄宗貴妃，與容齋之説合，與《叢書》所考唐史不合，俟查。」

或謂岐、薛恐爲嗣王，元、李之詩本不誤。朱鶴齡《李義山詩集注》卷二上《龍池》注，引《續筆》本條，接云：「睿宗六年王德妃生業，初王趙，降封中山王，進王薛，開元二十二年薨，子瑁嗣。此詩與微之詞豈俱指嗣王哉？昔之作者微文刺譏，不必一一核實。」趙紹祖《消暑録》「元李之詩不誤」條，亦持此説，云：「薛王之子瑁嗣，封薛王，岐王無子，天寶三載以薛王之子珍爲之後嗣，封岐王，正當太真入宫時。雖不知當日作者之意若何，然是時自有岐、薛也。」

11 巫蠱之禍

漢世巫蠱之禍，雖起於江充，然事會之來，蓋有不可曉者。武帝居建章宫，親見一男子帶劍入中龍華門，疑其異人，命收之，男子捐劍走，逐之弗獲。上怒，斬門候，閉長安城門，大索十一日，巫蠱始起。又嘗晝寢，夢木人數千持杖欲擊己①，乃驚寤，因是體不平，遂苦忽忽善忘。此兩事可謂異矣〔一〕。木將腐，蠹實生之；物將壞，蟲實生之。是時，帝春秋已高，忍而好殺，李陵所謂「法令無常，大臣無罪夷滅者數十家」〔二〕。由心術既荒，隨念招妄，男子、木人之兆，皆迷不復開，則謫見於天，鬼瞰其室。禍之所被，以妻則衛皇后，以子則戾園，以兄子則屈氂，以女則諸邑、陽石公主，以婦則史良娣，以孫則史皇孫。骨肉之酷如此，豈復顧他人哉！且兩公主實衛后所生，太子未敗數月前，皆已下獄誅死，則其母與兄豈有全理？固不待於江充之譖也〔三〕。

【校勘】

①「千」，馬本、祠本作「十」。

【箋證】

〔一〕武帝居建章宮，見帶劍男子，怒斬門候，事在《資治通鑑》卷二二《漢武帝紀下之下》太始四年。夢木人數千，遂苦忽忽善忘，事在同卷，征和三年。《漢書》卷四五《江充傳》：「充見上年老，恐晏駕後爲太子所誅，因是爲奸。奏言上疾祟在巫蠱。於是，上以充爲使者，治巫蠱。充將胡巫掘地求偶人，捕蠱及夜祠，視鬼，染汙令有處，輒收捕驗治，燒鐵鉗灼，强服之。民轉相誣以巫蠱，吏輒劾以大逆亡道，坐而死者前後數萬人。是時，上春秋高，疑左右皆爲蠱祝詛，有與亡，莫敢訟其冤者。充既知上意，因言宮中有蠱氣，先治後宮希幸夫人，以次及皇后，遂掘蠱於太子宮，得桐木人。太子懼，不能自明，收充，自臨斬之。太子繇是遂敗。」

〔二〕《漢書》卷五四《蘇武傳》。《資治通鑑》卷二三《漢昭帝紀上》始元六年。

〔三〕《資治通鑑》卷二二《漢武帝紀下之下》：征和二年閏四月，諸邑公主、陽石公主及皇后弟子長平侯伉，皆坐巫蠱誅。三年六月，六月詔載屈氂廚車以徇，要斬東市。《資治通鑑》卷二四《漢昭帝紀下》：「初，衛太子納魯國史良娣，生子進，號史皇孫。皇孫納涿郡王夫人，生子病已，號皇曾孫，皇曾孫生數月，遭巫蠱事。太子三男一女及諸妻妾皆遇害。」

12 唐詩無諱避

唐人歌詩，其於先世及當時事，直辭詠寄，略無避隱。至宫禁嬖昵，非外間所應知者，皆反復極言，而上之人亦不以爲罪。如白樂天《長恨歌》諷諫諸章，元微之《連昌宫詞》始末皆爲明皇而發〔一〕。杜子美尤多，如《兵車行》《前後出塞》《新安吏》《潼關吏》《石壕吏》《新婚别》《垂老别》《無家别》《哀王孫》《悲陳陶》《哀江頭》《麗人行》《悲青阪》《公孫舞劍器行》，終篇皆是。其它波及者，五言如：「憶昨狼狽初，事與古先别。」「不聞夏、殷衰，中自誅褒、妲。」「是時妃嬪戮，連爲糞土叢。」「中宵焚九廟，雲漢爲之紅。」「先帝正好武，寰海未凋枯。」「拓境功未已，元和辭大鑪。」「内人紅袖泣，王子白衣行。」「毁廟天飛雨，焚宫火徹明。」「南内開元曲，常時弟子傳。法歌聲變轉，滿座涕潺湲。」「御氣雲樓敞，含風綵仗高。仙人張内樂，王母獻宫桃。」「須爲下殿走，不可好樓居。」「固無牽白馬，幾至著青衣。」「奪馬悲公主，登車泣貴嬪。」「兵氣凌行在，妖星下直廬。」「落日留王母，微風倚少兒。」「能畫毛延壽，投壺郭舍人。」「鬥雞初賜錦，舞馬更登床。」「驪山絶望幸，花萼罷登臨。」「殿瓦鴛鴦坼，宫簾翡翠虚。」七言如：「關中小兒壞紀綱，張后不樂上爲忙。」「天子不在咸陽宫，得不哀痛塵再蒙。」「曾貌先帝照夜白，龍池十日飛霹靂。」「要路何日罷長戟，戰自青羌連白蠻。」「豈謂盡煩回紇馬，翻然遠救朔方兵。」如此之類，不能悉書〔二〕。此下如張祜賦《連昌宫》《元日仗》《千秋樂》《大酺樂》《十五夜燈》《熱戲樂》《上巳樂》《邠王小管》《李謨笛》《退宫人》《玉環琵琶》《春鶯囀》《寧哥來》《容兒鉢頭》《邠娘羯鼓》《耍娘歌》《悖拏兒舞》《華清宫》《長門怨》《集靈臺》《阿㩳湯》《馬嵬歸》《香囊子》《散花樓》《雨霖鈴》等三十篇，大抵詠開元、天寶間事〔三〕。李義山《華清宫》《馬嵬》《驪山》《龍池》諸詩亦然〔四〕。今之詩人不敢爾也。

【箋證】

〔一〕參《容齋隨筆》卷二《古行宫詩》、卷一五《連昌宫詞》。

陳寅恪《元白詩箋證稿》第一章《長恨歌》引本條，後按云：「洪氏之説是也。唐人竟以太真遺事爲一通常練習之題目，此觀於唐人詩文集即可瞭然。但文人賦詠，本非史家紀述，故有意無意間逐漸附會修飾，歷時既久，益復曼衍滋繁，遂成極富興趣之物語小説，如樂史所編之《太真外傳》是也。」

〔二〕元稹《新樂府序》：「自風雅至於樂流，莫非諷興當時之事，以貽後代之人。沿襲古題，唱和重複，於文或有短長，於義咸爲贅賸。尚不如寓意古題，刺美見事，猶有詩人引古以諷之義焉。曹、劉、沈、鮑之徒，時得如此，亦復稀少。近代唯詩人杜甫《悲陳陶》《哀江頭》《兵車》《麗人》

等，凡所歌行，率皆即事名篇，無復倚傍。」（《元氏長慶集》卷二三）

〔三〕《全唐詩》録張祜詩二卷（卷五一〇、卷五一一）。兹摘抄數首。《連昌宫》：「龍虎旌旗雨露飄，玉樓歌斷碧山遥。玄宗上馬太真去，紅樹滿園香自銷。」《邠王小管》：「虢國潛行韓國隨，宜春深院映花枝。金輿遠幸無人見，偷把邠王小管吹。」《寧哥來》：「日映宫城霧半開，太真簾下畏人猜。黄翻綽指向西樹，不信寧哥回馬來。」《春鶯囀》：「興慶池南柳未開，太真先把一枝梅。内人已唱《春鶯囀》，花下傞傞軟舞來。」《阿䴉湯》：「月照宫城紅樹芳，緑窗燈影在雕梁。金輿未到長生殿，妃子偷尋阿䴉湯。」《馬嵬坡》：「旌旗不整奈君何，南去人稀北去多。塵土已殘香粉豔，荔枝猶到馬嵬坡。」《太真香囊子》：「蹙金妃子小花囊，銷耗胸前結舊香。誰爲君王重解得，一生遺恨繫心腸。」《雨霖鈴》：「雨霖鈴夜卻歸秦，猶見張徽一曲新。長説上皇和淚教，月明南内更無人。」（均見《全唐詩》卷五一一）風格大率如此，蓋類宫詞也。

〔四〕《馬嵬二首》：「冀馬燕犀動地來，自埋紅粉自成灰。君王若道能傾國，玉輦何由過馬嵬。」又：「海外徒聞更九州，他生未卜此生休。空聞虎旅鳴宵柝，無復雞人報曉籌。此日六軍同駐馬，當時七夕笑牽牛。如何四紀爲天子，不及盧家有莫愁。」《華清宫》：「華清恩幸古無倫，猶恐蛾眉不勝人。未免被他褒女笑，只教天子暫蒙塵。」另一首云：「朝元閣迥羽衣新，首按昭陽第一人。當日不來高處舞，可能天下有胡塵。」（《李義山詩集》卷上）《驪山有感》：「驪岫飛泉泛暖香，九龍呵護玉蓮房。平明每幸長生殿，不從金輿唯壽王。」（《李義山詩集》卷中）《龍池》，詳本卷《開元五王》條。

魏泰《臨漢隱居詩話》：「唐人詠馬嵬之事者多矣，世所稱者，劉禹錫曰：『官軍誅佞倖，天子捨妖姬。群吏伏門屏，貴人牽帝衣。低回轉美目，清日自無輝。』白居易曰：『六軍不發將奈何，宛轉蛾眉馬前死。』此乃歌詠禄山能使官軍皆叛，逼迫明皇，明皇不得已而誅楊妃也。噫，豈特不曉文章體裁而造語拙惷，殆已失臣下事君之禮也。老杜則不然。其《北征》詩曰：『維昔艱難初，事與前世別。不聞夏、殷衰，中自誅褒、妲。』方見明皇鑑夏、殷之敗，畏天悔過，賜妃子死，官軍何預焉？」

《漁隱叢話後集》卷一四，苕溪漁隱曰：「義山詩，楊大年諸公皆深喜之，然淺近者亦多。如《華清宮》詩云：『華清恩幸古無倫，猶恐蛾眉不勝人。未免被他褒女笑，只教天子暫蒙塵。』用事失體，在當時非所宜言也。豈若崔魯《華清宮》詩云『障掩金雞蓄禍機，翠環西拂蜀雲飛。珠簾一閉朝元閣，不見人歸見燕歸。』語意既精深，用事亦隱而顯也。」

13 李晟傷國體

將帥握重兵居閫外，當國家多事時，其奉上承命，尤當以恭順爲主。唐李晟在德宗朝，破朱泚，復長安，功名震耀，蓋社稷宗臣也〔一〕。然嘗將神策軍戍蜀，及還，以營妓自隨，節度使張延賞追而返之，由是有隙。晟既立大功，上召延賞入相，晟表陳其過惡，上重違其意，乃止。後歲餘，上命韓滉諭旨於晟，使釋怨，滉因使晟表薦，延賞遂爲相〔二〕。然則輔相之拜罷，皆大將得制之，其傷國體甚矣。德宗猜忌刻薄，渠能釋然！晟之失兵柄，正緣此耳〔三〕。國學武成王廟，本列晟於十哲，乾道中有旨，退於從祀，壽皇聖意豈非出此乎〔四〕？

【箋證】

〔一〕《舊唐書》卷一三三《李晟傳》。

〔二〕《新唐書》一二七《張延賞傳》。

〔三〕參《隨筆》卷一一《燕昭漢光武之明》。

〔四〕《宋史》卷一〇五《禮志》：宣和五年，「釋奠日，以張良配享殿上。管仲、孫武、樂毅、諸葛亮、李勣並西向，田穰苴、范蠡、韓信、李靖、郭子儀並東向。」李晟在西廡東向之末。紹興七年，太常博士黄積厚奏乞以管仲至郭子儀十八人祀於殿上，從之。「乾道六年，詔武成王廟升李晟於堂上，降李勣於李晟位次，仍以曹彬從祀。先是，紹興間，右正言都民望言：李勣邪説誤國，唐祀幾滅；李晟有再造王室之勳，宜升李晟于堂上，置李勣於河間王孝恭之下。」按，李晟升堂上，劉時舉《續宋編年資治通鑑》卷九繫在淳熙四年。

14 元和六學士

白樂天分司東都，有詩上李留守相公，其序言：「公見過池上，汎舟舉酒，話及翰林舊事，因成四韻。」後兩聯云：「白首故情在，青雲往事空。同時六學士，五相一漁翁。」此詩蓋與李絳者，其詞正紀元和二年至六年事。予以其時考之，所謂五相者，裴垍、王涯、杜元穎、崔群及絳也〔一〕。紹興二十八年三月，予入館，明年八月，除吏部郎官，一時同舍祕書丞虞雍公并甫、著作郎陳魏公應求、祕書郎史魏公直翁、校書郎王魯公季海，皆至宰相，汪莊敏公明遠至樞密使，恩數與宰臣等，甚類元和事云〔二〕。

【箋證】

〔一〕《白氏長慶集》卷三六《李留守相公見過池上汎舟舉酒話及翰林舊事因成四韻以獻之》。陳振孫《白文公年譜》會昌元年譜云：「五相謂李吉、裴垍、崔群及（李）程也。與公皆元和初學士。舊譜以爲李逢吉，非是。」汪立名《白香山詩集》卷三七：「按《紀事》，李絳時分司東都，五相指絳與裴度、崔群、裴垍、王播。一漁翁，公自謂也。」宋長白《柳亭詩話》卷一，同汪説。岑仲勉《唐集質疑》「同時六學士」條，引《續筆》此條，按云：「洪氏所言，若甚切實，顧核以史乘，則其妄有三：杜元穎於元和十二年入充，參諸《壁記》，絶無疑議，對居易爲十年後輩，王涯、裴垍、李絳，均先乎居易，更無論矣。方元穎之入，上去涯、垍等出院，遠或十年，近者亦兩三年，而謂元穎與涯、垍等同時，其妄一也。白氏之詩，編入卷六十九，後一題爲《閏九月九日獨飲》，此會昌元年（是歲閏九月）之作也。《舊書》一六四《李絳傳》，絳曾留守東都者二，皆在長慶時：據《舊記》一六，長慶元年十月壬申，以吏尚李絳爲東都留守，二年二月丁亥，裴度代之，三月甲寅，前東都留守李絳復拜舊官，七月乙卯（二十七日），陳楚代之，八月丁丑，以前東都留守李絳爲鎮國軍使，居易則於二年七月壬寅（十四日），自中書舍人出爲杭州刺史，《白集》四四《杭州刺謝上表》有云：『去七月十四日，蒙恩除授杭州刺史，屬汴路未通，取襄、漢路赴任。』微特擁旄出守，未得自號漁翁，而東京道上，白、李庸有班荆之會乎？其妄二也。依《壁記》，自元和二年十一月六日居易入院後，繼之者衛次公，以三年六月再入，錢徽八月入，韋弘景四年七月入，獨孤郁五年四月入，蕭俛六年四月入，此五人中位至宰輔者唯俛一人，詩人覓句，縱有時忽略事實，然謂同時六學士爲二年至六年事，直把衛、錢、韋、獨孤四公，置而不論，恐未必如是偏就詩鋒，其妄三也。『同時』非指元和二年至六年，五相無元穎，留守非李絳，洪之解釋，既不貼切，則『同時』者何時乎？居易初入院之時也。五相何人乎？李程、王涯、裴垍、李絳、崔群也。留守相公者誰？李程是也。」（《中研院歷史語言研究所集刊論文類編·文獻考訂編》一）此案遂定。

〔二〕五人謂虞允文、陳俊卿、史浩、王淮、汪澈。

15 二傳誤後世

自《左氏》載石碏事，有「大義滅親」之語〔一〕，後世援以爲説，殺子孫，害兄弟。如漢章帝廢太子慶〔二〕，魏孝文殺太子恂〔三〕，唐高宗廢太子賢者〔四〕，不可勝數。《公羊》書魯隱公、桓公事，有「子以母貴，母以子貴」之語〔五〕，後世援以爲説，廢長立少，以妾爲后妃。如漢哀帝尊傅昭儀爲皇太太后〔六〕，光武廢太子彊而立東海王陽〔七〕，唐高宗廢太子忠而立孝敬者〔八〕，亦不可勝數。

【箋證】

〔一〕《左傳》隱公四年：九月，「衛人使右宰醜涖殺州吁于濮，石碏使其宰獳羊肩涖殺石厚于陳。君子曰：『石碏，純臣也。惡州吁而厚與焉。「大義滅親」，其是之謂乎！』」

〔二〕《後漢書》卷三《章帝紀》：建初七年，夏六月甲寅，廢皇太子慶爲清河王，立皇子肇爲皇太子。

〔三〕《魏書》卷七《高祖紀下》：太和二十年十二月丙寅，廢皇太子恂爲庶人。二十一年春正月丙申，立皇子恪爲皇太子。

〔四〕《舊唐書》卷五《高宗紀下》：調露二年八月，甲子，廢皇太子賢爲庶人，幽於别所。乙丑，立英王哲爲皇太子。

〔五〕《公羊傳》隱公元年：「桓幼而貴，隱長而卑。其爲尊卑也，微國人莫知，隱長又賢，諸大夫扳隱而立之。隱於是焉而辭立，則未知桓之將必得立也。且如桓立，則恐諸大夫之不能相幼君也。故凡隱之立，爲桓立也。隱長又賢，何以不宜立？立適以長不以賢，立子以貴不以長。桓何以貴？母貴也。母貴則子何以貴？子以母貴，母以子貴。」

〔六〕《資治通鑑》卷三四《漢哀帝紀中》建平四年：夏六月，「尊帝太太后爲皇太太后」。胡三省注：「傅太后也。」

〔七〕《資治通鑑》卷四三《漢光武紀中之下》建武十九年：「郭后既廢，太子彊意不自安。郅惲説太子曰：『久處疑位，上違孝道，下近危殆，不如辭位以奉養母氏。』太子從之。數因左右及諸王陳其懇誠，願備藩國，上不忍，遲回者數歲。六月戊申，詔曰：『《春秋》之義，立子以貴。東海王陽，皇后之子，宜承大統。皇太子彊，崇執謙退，願備藩國。父子之情，重久違之。其以彊爲東海王，立陽爲皇太子，改名莊。』」

〔八〕《舊唐書》卷四《高宗紀上》：永徽七年春正月辛未，廢皇太子忠爲梁王，立代王弘爲皇太子。壬申，大赦改元爲顯慶。按《舊唐書》卷八六《高宗諸子列傳》：「孝敬皇帝弘，高宗第五子也，永徽四年封代王，顯慶元年立爲皇太子，大赦改元。」所謂改元，乃既立之後而改元顯慶也。《資治通鑑》卷二〇〇《唐高宗紀》直書「顯慶元年春正月辛未」，亦未确。

16 卜子夏

魏文侯以卜子夏爲師。案《史記》所書，子夏少孔子四十四歲，孔子卒時，子夏年二十八矣。是時，周敬王四十一年，後一年元王立，歷貞定王、考王，至威烈王二十三年，魏始爲侯，去孔子卒時七十五年。文侯爲大夫二十二年而爲侯，又十六年而卒。姑以始侯之歲計之，則子夏已百三歲矣，方爲諸侯師，豈其然乎〔一〕？

【箋證】

〔一〕魏文侯以子夏爲師，少孔子四十四歲，詳《史記》卷六七《仲尼弟子列傳》。

梁玉繩《史記志疑》卷九《六國年表第三》「魏文侯十八，文侯受經子夏，過段干木之閭常氏」條，案云：「受經式閭之事，《世家》書於二十五年，此在十八年，不同，蓋元不可以年定也。而文侯之師子夏，《容齋隨筆》及宋永亨《搜采異聞録》俱疑子夏不及文侯之世，則大不然。考《弟子傳》子夏少孔子四十四歲，孔子卒時子夏年二十九，爲周敬王四十一年，至是蓋年一百一歲矣。以有道之士而享上壽，亦理之常，何足爲疑。且又安知文侯之師子夏，不在初即位時乎？梁釋僧祐《弘明集》載宗炳謂『七十二子雖復升堂入室，年五十者曾無數人』，乃無稽之談耳。（見炳答何衡陽《難釋白黑論》。）子夏與文侯問答，載於禮經，受經爲師，著於史傳，即諸子亦皆述之，豈盡不可爲典據哉！」

趙紹祖《消暑録》「容齋泥魏文侯之文字侯字」條云：「余謂洪氏之説甚泥。文侯師子夏，見於記傳甚明。如泥『侯』字爲説，則『文』謚也，又將謂文侯卒後而師子夏乎？考《竹書紀年》，考王元年已書魏文侯立。至威烈王二十三年，凡三十八年，則子夏當考王元年年六十五。《史記索隱》引《紀年》，文侯之立在考王七年，則子夏是時亦只年七十二。又況文侯之師子夏不必在已立之後乎？威烈王二十三年，魏始爲侯者，周始命韓、趙、魏三家爲侯也。『文』字、『侯』字皆是後人追書，容齋何泥之甚也。」

錢穆《先秦諸子系年》有《子夏居西河教授爲魏文侯師考》，引《續筆》本條，按云：「魏文初立，實周定王二十三年，去孔子之卒三十三年。子夏年六十三也。（孔子卒，子夏年二十九。）爲文侯師，自是後人追述之語，何必定計魏文始侯以往哉？」又云：「余意文侯賢者，其初即位，子夏年已六十二。方孔子之未死，子夏固已顯名，至是則巍然大師矣。文侯師子夏，雖不可以年定，而其在早歲可知。余又考魏文二十二年始稱侯，子夏若尚存，年八十四。壽考及此，固可有之。」

17 父子忠邪

漢王氏擅國，王章、梅福嘗言之〔一〕，唯劉向勤勤懇懇，上封事極諫，至云：「事勢不兩大，王氏與劉氏亦且不並立。陛下爲人子孫，守持宗廟，而令國祚移於外親，降爲皂隸，爲後嗣憂，昭昭甚明。」其言痛切如此〔二〕。而子歆乃用王莽舉爲侍中，爲莽典文章，倡導在位，褒揚功德，安漢、宰衡之名，皆所共謀，馴致攝篡，卒之身亦不免〔三〕。魏陳矯事曹氏，三世爲之盡忠，明帝憂社稷，問曰：「司馬懿忠正，可謂社稷之臣乎？」矯曰：「朝廷之望，社稷未知也。」〔四〕懿竟竊國柄。至孫炎篡魏爲晉，而矯之子騫乃用佐命勳，位極公輔〔五〕。晉郗愔忠於王室，而子超黨於桓氏，爲温建廢立之謀。超死，愔哀悼成疾。後見超書一箱，悉與温往反密計，遂大怒曰：「小子死恨晚！」更不復哭。《晉史》以爲有大義之風〔六〕。向、矯、愔之忠如是，三子不勝誅矣！

【箋證】

〔一〕《漢書》卷七六《王章傳》：「章以選爲京兆尹。時帝舅大將軍王鳳輔政。章雖爲鳳所舉，非鳳專權，不親附鳳。會日有蝕之，章奏封事，召見，言鳳不可任用，宜更選忠賢。上初納受章言，後不忍退鳳。章由是見疑，遂爲鳳所陷，罪至大逆。」

《漢書》卷六七《梅福傳》：「成帝委任大將軍王鳳，鳳專勢擅朝，而京兆尹王章素忠直，譏刺鳳，爲鳳所誅。王氏浸盛，災異數見，群下莫敢正言。福復上書曰：『故京兆尹王章，資質忠直，敢面引廷争，孝元皇帝擢之，以厲具臣而矯曲朝，及至陛下，戮及妻子，且惡惡止其身，王章非有反畔之辜，而殃及家，折直士之節，結諫臣之舌，群臣皆知其非，然不敢争。天下以言爲戒，最國家之大患也。方今君命犯而主威奪，外戚之權日以益隆，陛下不見其形，願察其景。漢興以來，社稷三危，吕、霍、上官，皆母后之家也。親親之道，全之爲右，當與之賢師良傅，教以忠孝之道，今乃尊寵其位，授以魁柄，使之驕逆，至於夷滅，此失親親之大者也。』」

〔二〕《漢書》卷三六《劉向傳》。

〔三〕參《隨筆》卷九《劉歆不孝》。

〔四〕蕭常《續後漢書》卷三九《魏載記四・陳矯傳》。

〔五〕《資治通鑑》卷七九《晉武帝紀上之上》：泰始元年，以車騎將軍陳騫爲大將軍。又同書卷八〇：

泰始十年，又以大將軍陳騫爲太尉。陳騫事迹詳郝經《續後漢書》卷七五下《篡臣列傳》。

〔六〕《晉書》卷六七《郗超傳》。卷末史臣曰：「愛子云亡，省遺文而輟泣，殊有大義之風矣。」

18 蘇張説六國

蘇秦、張儀同學於鬼谷〔一〕，而其從横之辯，如冰炭水火之不同，蓋所以設心者異耳。蘇欲六國合從以擯秦，故言其彊。謂燕地方二千餘里，帶甲數十萬，車六百乘，騎六千匹；謂趙地亦方二千餘里，帶甲數十萬，車千乘，騎萬匹；謂韓地方九百里，帶甲數十萬，天下之强弓勁弩，皆從韓出，韓卒之勇，一人當百；謂魏地方千里，卒七十萬；齊地方二千餘里，臨菑之卒，固已二十一萬；楚地方五千里，帶甲百萬，車千乘，騎萬匹〔二〕。至於張儀，則欲六國爲横以事秦，故言其弱。謂梁地方不過千里，卒不過三十萬；韓地險惡，卒不過二十萬；臨菑、即墨非齊之有；斷趙右肩；黔、巫非楚有；易水、長城非燕有〔三〕。然而六王皆聳聽敬從，舉國而付之，未嘗有一語相折難者。彼皆長君，持國之日久，逮其臨事，乃顧如桔槔，隨人俯仰，得不危亡，幸矣哉！且一國之勢，猶一家也。今夫主一家之政者，較量生理，名田若干頃，歲收穀粟若干；藝園若干畝，歲收桑麻若干；邸舍若干區，爲錢若干；下至牛羊犬雞，莫不有數，自非童騃孱愚之人，未有不能件析而枚數者，何待於疎遠游客爲吾借箸而籌哉！苟一以爲多，一以爲寡，將遂挈挈然舉而信之乎？鼂錯説景帝曰：「高帝大封同姓，齊七十餘城，楚四十餘城，吴五十餘城，分天下半。」以漢之廣，三國渠能分其半？此錯欲削諸侯，故盛言其大爾。膠西王將與吴反，群臣諫曰：「諸侯地不能當漢十二，爲叛逆非計也。」是時反者即吴、楚、諸齊，此膠西臣欲止王之謀，故盛言其小爾〔四〕。二者視蘇、張之言，疑若相似，而用心則否，聽之者惟能知彼知己，則善矣。

【箋證】

〔一〕《史記》卷六九《蘇秦列傳》：蘇秦「東事師於齊而習之於鬼谷先生。」裴駰《集解》：「徐廣曰：潁川陽成有鬼谷，蓋是其人所居，因爲號。駰案《風俗通議》曰：『鬼谷先生，六國時縱橫家。』」司馬貞《索隱》：「鬼谷，地名也，扶風池陽、潁川陽城並有鬼谷墟，蓋是其人所居，因爲號。又樂臺注《鬼谷子》書云：『蘇秦欲神祕其道，故假名鬼谷。』」

《史記》卷七〇《張儀列傳》：「始嘗與蘇秦俱事鬼谷先生，學術。蘇秦自以不及張儀。張儀已學，而游説諸侯。」

〔二〕《蘇秦列傳》。

〔三〕《張儀列傳》。

〔四〕《資治通鑑》卷一六《漢景帝紀下》，三年。

容齋續筆卷三十八則

1 一定之計

人臣之遇明主，於始見之際，圖事揆策，必有一定之計，据以爲決，然後終身不易其言，則史策書之，足爲不朽。東坡序范文正公之文，蓋論之矣〔一〕。伊尹起於有莘，應湯三聘，將使君爲堯、舜之君，民爲堯、舜之民，卒之相湯伐夏，俾厥后惟堯、舜，格于皇天〔二〕。傅說在巖野，爰立作相。三篇之書，皎若星日，雖史籍久遠，不詳紀其行事，而高宗克鬼方，伐荆、楚，嘉靖商邦，禮陟配天，載于《易》之《既濟》、《書》之《無逸》、《詩》之《殷武》，商代之君莫盛焉。「罔俾阿衡，專美有商」，於是爲允蹈矣〔三〕。管仲以其君霸，商君基秦爲强，雖聖門羞稱，後世所賤，然考其爲政，蓋未嘗一戾於始謀〔四〕。韓信勸漢祖任天下武勇，以城邑封功臣，以義兵從思東歸之士，傳檄而定三秦；下魏之後，請北舉燕、趙，東擊齊，南絶楚糧道，西會滎陽，至於滅楚，無一言不酬〔五〕。鄧禹見光武於河北，知更始無成，說帝延攬英雄，務悦民心，立高祖之業，救萬民之命，帝與定計議，終濟大業〔六〕。耿弇與光武同討王郎，願歸幽州，益發精兵，定彭寵，取張豐，還收富平、獲索，東攻張步，以平齊地，帝常以爲落落難合，而事竟成〔七〕。諸葛亮論曹操挾天子令諸侯，難與爭鋒；孫權據有江東，可與爲援而不可圖；荆州用武之國，益州沃野千里，勸劉備跨有荆、益，外觀時變，則霸業可成，漢室可興，及南方已定，則表獎率三軍，北定中原。已而盡行其説，至於用師未戰而身先死，則天也〔八〕。房喬杖策謁太宗爲記室，即收人物致幕府，與諸將密相申結，輔成大勳，至於爲相，號令典章，盡出其手，雖數百年猶蒙其功〔九〕。王朴事周世宗，當五季草創之際，上《平邊策》，以爲：「唐失吴、蜀，晉失幽、并，當知所以平之之術。當今吴易圖，可橈之地二千里，攻虚擊弱，則所向無前，江北諸州，乃國家之有也。既得江北，江之南亦不難平。得吴則桂、廣皆爲内臣，岷、蜀可飛書而召之，不至則四面並進，席卷而蜀平矣。吴、蜀平，幽可望風而至。唯并必死之寇，候其便則一削以平之。」〔一〇〕世宗用其策，功未集而殂。至於國朝，掃平諸方，先後次第，皆不出朴所料。獨幽州之舉，既至城下，而諸將不能成功。若乃王安石顓國，言聽計從，以身任天下之重，而師慕商鞅爲人，苟可以取民者無不盡，遂詒後世之害，則在所不論也〔一一〕。

【箋證】

〔一〕《東坡全集》卷三四《范文正公文集叙》：「古之君子如伊尹、太公、管仲、樂毅之流，其王霸之略，皆定於畎畝中，非仕而後學者也。淮陰侯見高帝於漢中，論劉、項短長，畫取三秦，如指諸掌，及佐帝定天下，漢中之言無一不酬者。諸葛孔明，卧草廬中，與先主策曹操、孫權，規取劉璋，因蜀之資，以争天下，終身不易其言。此豈口傳耳受嘗試爲之而僥倖其或成者哉！」

〔二〕《孟子·萬章》：孟子曰：「伊尹耕於有莘之野，而樂堯、舜之道焉。非其義也，非其道也，禄之以天下弗顧也，繫馬千駟弗視也。非其義也，非其道也，一介不以與人，一介不以取諸人。湯使人以幣聘之，囂囂然曰：『我何以湯之聘幣爲哉？我豈若處畎畝之中，由是以樂堯、舜之道哉？』湯三使往聘之，既而幡然改曰：『與我處畎畝之中，由是以樂堯、舜之道，吾豈若使是君爲堯、舜之君哉？吾豈若使是民爲堯、舜之民哉？吾豈若於吾身親見之哉？天之生此民也，使先知覺後知，使先覺覺後覺也。予，天民之先覺者也，予將以斯道覺斯民也，非予覺之而誰也？』」《史記》卷三《殷本紀》：「伊尹名阿衡。阿衡欲干湯而無由，乃爲有莘氏媵臣，負鼎俎，以滋味説湯致于王道。或曰，伊尹處士，湯使人聘迎之，五反然後肯往從湯，言素王及九主之事。湯舉任以國政。」

〔三〕「傅説在巖野」，《史記》卷三《殷本紀》：「帝武丁即位，思復興殷，而未得其佐。三年不言，政事決定於冢宰，以觀國風。武丁夜夢得聖人，名曰説，以夢所見視群臣百吏，皆非也。於是乃使百工營求之野，得説於傅險中。是時，説爲胥靡，築於傅險。見於武丁，武丁曰：『是也。』得而與之語，果聖人，舉以爲相，殷國大治，故遂以傅險姓之，號曰傅説。」武丁即高宗。

「三篇之書」，謂《商書》之《説命》上、中、下三篇。《序》：「高宗夢得説，使百工營求諸野，得諸傅巖，作《説命》三篇。」孔《傳》：「命説爲相，使攝政。」《既濟》九三：「高宗伐鬼方，三年克之，小人勿用。」《無逸》：「其在高宗，時舊勞于外，爰暨小人。作其即位，乃或亮陰，三年不言。其惟不言，言乃雍，不敢荒寧。嘉靖殷邦，至于小大，無時或怨。肆高宗之享國，五十有九年。」《殷武》，《序》：「祀高宗也。」「罔俾阿衡，專美有商」，見《商書·説命上》。孔《傳》：「汝庶幾明安我事，則與伊尹同美。」

〔四〕《史記》卷六二《管仲列傳》：「管仲既用，任政於齊，齊桓公以霸。九合諸侯，一匡天下，管仲之謀也。」商君基秦爲强，詳《史記》卷六八《商君列傳》。

〔五〕《史記》卷九二《淮陰侯列傳》。

〔六〕《後漢書》卷四六《鄧禹傳》。《資治通鑑》卷三九《漢紀三十一·淮陽王》更始元年。

〔七〕《後漢書》卷四九《耿弇傳》。《資治通鑑》卷四一《漢光武帝紀上之下》建武三年。

〔八〕《三國志·蜀志》卷五《諸葛亮傳》。

〔九〕《新唐書》卷九六《房玄齡傳》。

〔一〇〕《舊五代史》卷一二八《王朴傳》。

〔一一〕王安石《商鞅》詩：「自古驅民在信誠，一言爲重百金輕。今人未可非商鞅，商鞅能令政必行。」

（《臨川文集》卷二）《宋史》卷三二七《王安石傳》附其子雱傳云：「安石更張政事，雱實導之。常稱商鞅爲豪傑之士，言不誅異議者法不行。」范純仁言：「安石以富國强兵之術啓迪上心，欲求近功，忘其舊學；尚法令，則稱商鞅；言財利，則背孟軻。」（《宋史》卷三一四《范純仁傳》）宋高宗曰：「安石之學，雜以伯道，欲效商鞅富國强兵。今日之禍，人徒知蔡京、王黼之罪，而不知生於安石。」（《宋史》卷三八一《王居正傳》）

2 秋興賦

宋玉《九辯》詞云：「憭慄兮若在遠行，登山臨水兮送將歸。」潘安仁《秋興賦》引其語，繼之曰：「送歸懷慕徒之戀，遠行有羈旅之憤。臨川感流以歎逝，登山懷遠而悼近。彼四慼之疚心，遭一塗而難忍。」蓋暢演厥旨，而下語之工拙，較然不侔也〔一〕。

【箋證】

〔一〕《苕溪漁隱叢話後集》卷一引《藝苑雌黄》云：「宋玉《九辯》云：『悲哉秋之爲氣也，蕭瑟兮草木摇落而變衰，憀慄兮若在遠行，登山臨水兮送將歸。』潘安仁《秋興賦》引此語而曰：『送歸懷慕徒之戀兮，遠行有羈旅之憤。臨川感流以歎逝兮，登山懷遠而悼近。彼四慼之疚心兮，遭一途而難忍。』安仁以登山、臨水、遠行、送歸爲四慼。予頃年較進士于上饒，有同官張扶云：『曾見人言「若在遠行登山臨水送將歸」是七件事，謂遠也、行也、登山也、臨水也、送也、將也、歸也。前輩詩中惟王介甫有一聯云：「一水護田將緑遶，兩山排闥送青來。」將、送二字與《楚辭》合。」予嘗考《詩》之《燕燕》篇曰：『之子于歸，遠于將之。之子于歸，遠送于野。』一篇詩中亦用此『送、將、歸』三字。然則《楚辭》之言亦有所本也。安仁謂之四感，蓋略而言之。」

3 太史慈

三國當漢、魏之際，英雄虎争，一時豪傑志義之士，礌礌落落，皆非後人所能冀，然太史慈者尤爲可稱。慈少仕東莱本郡，爲奏曹吏，郡與州有隙，州章劾之，慈以計敗其章，而郡得直。孔融在北海爲賊所圍，慈爲求救於平原，突圍直出，竟得兵解融之難。後劉繇爲揚州刺史，慈往見之，會孫策至，或勸繇以慈爲大將軍。繇曰：「我若用子義，許子將不當笑我邪？」但使慈偵視輕重，獨與一騎，卒遇策，便前鬥，正與策對，得其兜鍪。及繇奔豫章，慈爲策所執，捉其手曰：「寧識神亭時邪？」又稱其烈義，爲天下智士，釋縛用之，命撫安繇之子，經理其家。孫權代策，使爲建昌都尉，遂委以南方之事，督治海昏。至卒時，纔年四十一〔一〕。葬于新吴，今洪府奉新縣也。邑人立廟敬事。乾道中封靈惠侯。予在西掖當制。其詞云：「神蚤赴孔融，雅謂青州之烈士；晚從孫策，遂爲吴國之信臣。立廟至今，作民司命。擥一同之言狀，擇二美以建侯。庶幾江表之間，尚憶神亭之事。」〔二〕蓋爲是也。

【箋證】

〔一〕《三國志·吴志》卷四《太史慈傳》。

〔二〕容齋乾道三年七月除中書舍人，四年六月罷。《詞》當作於其間。丁氏八千卷樓藏《洪文敏公文集》題作《封奉新縣神太史慈爲靈惠侯制》。詳拙著《洪邁年譜》乾道四年譜。董斯張《吴興備志》卷二三：「吴興本無楊梅，太史慈葬卞山，三州來祭，越有楊梅，因種，號卞山楊梅。按《容齋三筆》（按，當爲《續筆》，誤。）云：『孫權使慈爲建昌都尉，葬於新吴，今洪府奉新縣也。邑中立廟敬事。乾道中封靈惠侯。』似與此左。或墓原在卞山，而于彼靈應，因廟而遂以墓附會耶？」《清一統志》卷二二二《湖州府·陵墓》：「太史慈墓，在烏程縣西北十八里石斗山東石塢。按，顔真卿《石柱記》載，有吴丹陽太守蕪湖侯太史慈墓。然考洪容齋《二筆》云『太史慈葬於新吴，今洪府奉新縣是也，邑人立廟敬祀』，則墓不當在烏程。今舊志存之，以俟考。」雍正《江西通志》卷一一〇《丘墓·南昌府》引《豫章書》云：「建昌都尉太史慈墓，在奉新縣南鄉。地名感古。其縣西磐山，有太史城，皆其用武地也。年四十一卒，葬於此。」

4 謚法

「先王謚以尊名，節以壹惠。」語出《表記》〔一〕。然不云起於何時，今世傳《周公謚法》，故自文王、武王以來始有謚。周之政尚文，斯可驗矣。如堯、舜、禹、湯皆名，皇甫謐之徒附會爲説，至於桀、紂，亦表以四字，皆非也〔二〕。周王謚以一字，至威烈、貞定益以兩〔三〕，而衛武公曰叡聖武公，見於《楚語》，孔文子曰貞惠文子，見於《檀弓》，各三字。意當時尚多有之。唐諸帝謚，經三次加册，由高祖至明皇皆七字，其後多少不齊。代宗以四字，肅、順、憲以九字，餘以五字，唯宣宗獨十八字，曰「元聖至明成武獻文睿智章仁神聰懿道大孝」〔四〕。國朝祖宗謚十六字，唯神宗二十字，曰「體元顯道法古立憲帝德王功英文烈武欽仁聖孝」，蓋蔡京所定也〔五〕。

【箋證】

〔一〕《禮記·表記》：「子曰：『先王謚以尊名，節以壹惠，恥名之浮於行也。』」

〔二〕《崇文總目·禮類》《宋史·藝文志》皆有《周公謚法》一卷。《玉海》卷五四《嘉祐編定謚法七家謚法》條下有《周公謚法》，自注云：「《書目》一卷，即《汲冢周書·謚法篇》也。」皇甫謐之徒附會爲説，蓋指《帝王世紀》之《謚法篇》、沈約《謚法》、劉熙《謚法》、賀琛《謚法》等。（參《玉海》卷五四《梁謚法》）蘇洵《謚法》卷三：「賊人多殺曰桀。殘義損善曰紂。」蓋沿襲前人舊説也。

朱翌《猗覺寮雜記》卷下：「古人以放勳、重華、文命爲堯、舜、禹之名，如《中候》云『重華舜名』，《帝系》云『禹名文命』，皆非也。此言堯、舜、禹之德耳。又以堯、舜、禹、湯爲謚，如曰翼善傳聖曰堯，仁義盛時曰舜，淵源通流曰禹，雲行雨施曰湯之類，皆非也。堯、舜、禹、湯，四君之名耳。《謚法》世傳以爲周公所作，以予觀之，謚堯爲傳聖，謚禹爲淵源通流，皆後人仿堯、禹之事撰成耳。」

〔三〕秦蕙田《五禮通考》卷五九《吉禮五十九》：「貞王，《史記》作定王，《世本》作貞王。皇甫謐《帝王世紀》作貞定王。司馬貞《索隱》以爲周家不應有兩定王，況世數非遠，《史記》乃文偶誤，皇甫謐彌縫兩用之，未爲得也，當以貞王爲正。」

〔四〕唐諸帝謚，詳王溥《唐會要》卷一《帝號上》、卷二《帝號下》。《舊唐書》卷一九上《懿宗紀》咸通十三年十二月，「追謚宣宗爲元聖至明成武獻文睿智章仁神聰懿道大孝皇帝」。

〔五〕宋朝諸帝謚號，詳《宋史》卷一〇八《禮志》。又云：「哲宗紹聖二年正月，帝謂輔臣曰：『祖宗謚號各加至十六字，神宗皇帝今止初謚，尚未增加，宜考求典故以聞。』宰臣章惇等對曰：『祖宗加謚，歲月不定，真廟初加八字，是天聖二年，今神宗祔廟已十年，故事加徽號必在南郊前，謹如聖旨，討閲以聞。』四月二十七日，詔加上神宗皇帝徽號於大禮前三日行禮，九月十六日奉上册寶，曰：神宗紹天法古運德建功英文烈武欽仁聖孝皇帝。徽宗崇寧三年十一月二十三日，更定神宗徽號曰：體元顯道帝德王功英文烈武欽仁聖孝皇帝。政和三年十一月五日，加上神宗、哲宗徽號。前二日，皇帝御大慶殿，奉神宗册寶，授太師魯國公蔡京，載以玉輅。四日，皇帝詣景靈宮行禮，赴太廟宿齋，五日，服衮冕，恭上神宗册寶于本室，曰：體元顯道法古立憲帝德王功英文烈武欽仁聖孝皇帝。」

5 漢文帝受言

漢文帝即位十三年，齊太倉令淳于意有罪當刑，其女緹縈，年十四，隨至長安，上書願没入爲官婢，以贖父刑罪。帝憐悲其意，即下令除肉刑。丞相張蒼、御史大夫馮敬議，請定律，當斬右止者反弃市，笞者杖背五百至三百，亦多死。徒有輕刑之名，實多殺人。其三族之罪，又不乘時建明，以負天子德意〔一〕。蒼、敬可謂具臣矣。史稱文帝止輦受言〔二〕。今以一女子上書，躬自省覽，即除數千載所行之刑，曾不留難，然則天下事豈復有稽滯不決者哉？所謂「集上書囊以爲殿帷」，蓋凡囊封之書，必至前也〔三〕。

【箋證】

〔一〕《漢書》卷二三《刑法志》。

〔二〕《漢書》卷四九《爰盎傳》。盎曰：「陛下從代來，每朝，郎官者上書疏，未嘗不止輦受。其言不可用，置之；言可采，未嘗不稱善。何也？欲以致天下賢英士大夫，日聞所不聞，以益聖。」

〔三〕《漢書》卷六五《東方朔傳》。朔曰：文帝「集上書囊以爲殿帷，以道德爲麗，以仁義爲準，於是天下望風成俗，昭然化之。」

6 丹青引

杜子美《丹青引贈曹將軍霸》云：「先帝天馬玉花驄，畫工如山貌不同。是日牽來赤墀下，迥立閶闔生長風。詔謂將軍拂絹素，意匠慘澹經營中。斯須九重真龍出，一洗萬古凡馬空。玉花卻在御榻上，榻上廷前屹相向。至尊含笑催賜金，圉人太僕皆惆悵。」讀者或不曉其旨，以爲畫馬奪真，圉人、太僕所爲不樂。是不然。圉人、太僕，蓋牧養官曹及馭者，而黄金之賜，乃畫史得之，是以惆悵。杜公之意深矣〔一〕。又《觀曹將軍畫馬圖》云：「曾皃先帝照夜白，龍池十日飛霹靂。内府殷紅碼碯盤，婕妤傳詔才人索。」亦此意也〔二〕。

【箋證】

〔一〕晁説之《晁氏客語》：「『至尊含笑催賜金，圉人太僕皆惆悵』，謂小人乘君子之器，圉人、太僕養馬者不得賜，而爲假馬者得，故惆悵也。」按，容齋之説類此。

郭知達《九家集注杜詩》卷八引趙彦材云：「玉花驄，先帝之馬也。畫手精妙，盡得其真，至尊賞之，揮涕而賜金可也，乃笑而賜，若圉人、太僕卻知感槩，爲之惆悵，則公詩微意可推矣。」又，張邦基《墨莊漫録》卷四：「杜子美微意深遠，考之可見。如《丹青引贈曹霸》詩也，有云：『至尊含笑催賜金，圉人太僕皆惆悵。』説者謂帝喜霸之能寫真畫馬也，故催金賜之，而圉人、太僕自歎其無技以蒙恩賚耳。如此説，則意短無工，殊不知此畫深譏肅宗也。考是詩始云『先帝天馬玉花驄，畫工如山貌不同。是日牽來赤墀下，迥立閶闔生長風』，帝既見先帝之馬，當軫羹牆之念，反含笑而賜金，曾不若圉僕見馬能惆悵而懷先帝也。」又，《許彥周詩話》：「『至尊含笑催賜金，圉人太僕皆惆悵』，此語微而顯，《春秋》法也。」按，是趙、張、許之説，又不同于晁、洪也。

〔二〕吴景旭《歷代詩話》卷三七《杜詩》「惆悵」條，先引《墨莊漫録》（即前引），後云：「此《贈曹將軍》詩，張彥遠《畫記》乃云贈韓幹，非是。因想其拂絹之時，意匠慘澹，曹將軍滿肚感槩矣。肅宗無父之心，老杜託之興諷，不一而足，乃其睠懷先帝，尤所不忘。故《韋宅觀曹畫馬》又云：『憶昔巡幸新豐宮，翠華拂天來向東。騰驤磊落三萬匹，皆與此圖筋骨同。』蓋明皇幸驪山温泉宮，在長安東新豐縣，王毛仲以廄馬數萬從幸，每色爲一隊，相間若錦繡。老杜有盛衰存殁之思，故往往及之。」

7　詩國風秦中事

周、召二《南》、《豳風》皆周文、武、成王時詩，其所陳者，秦中事也〔一〕。所謂沼沚洲澗之水，蘋蘩藻荇之菜，疑非所有。既化行江、漢，故并江之永，漢之廣，率皆得言之歟？《摽有梅》之詩，不注釋梅。而《秦風·終南》詩：「終南何有，有條有梅。」毛氏云：「梅，枏也。」箋云：「名山高大，宜有茂木。」今之梅與枏異，亦非茂木，蓋毛、鄭北人，不識梅耳〔二〕。若《上林賦》所引江蘺、蘼蕪、揭車、蘘荷、蓀、若、薠、芧之類〔三〕，自是侈辭過實，與所謂八川東注太湖者等也〔四〕。

【箋證】

〔一〕《毛詩譜・周南召南譜》：「周、召者，《禹貢》雍州岐山之陽地名。」又《豳譜》：「公劉者，后稷之曾孫也。豳者，自部而出，所徙戎狄之地名，今屬右扶風栒邑。」

〔二〕毛傳，鄭箋。詳《毛詩注疏》卷一一。

〔三〕司馬相如《上林賦》：「揜以緑蕙，被以江蘺，糅以蘼蕪，雜以留夷。布結縷，欑戾莎，揭車衡蘭，槀本射干，茈薑蘘荷，葴持若蓀，鮮支黄礫，蔣苧青薠，布濩閎澤，延曼太原。離靡廣衍，應風披靡，吐芳揚烈，郁郁菲菲，衆香發越。」

〔四〕《上林賦》「八川東注太湖」：「終始灞、滻，出入涇、渭。酆鎬潦潏，紆餘委蛇，經營乎其内。蕩蕩乎八川分流，相背而異態。東西南北，馳騖往來，出乎椒丘之闕，行乎洲淤之浦，經乎桂林之中，過乎泱漭之野。汩乎混流，順阿而下，赴隘陿之口，觸穹石，激堆埼，沸乎暴怒，洶涌彭湃。滭弗宓汩，偪側泌瀄。横流逆折，轉騰潎洌，滂濞沆溉。穹隆雲橈，宛潬膠盭。踰波趨浥，涖涖下瀨。批巖衝擁，奔揚滯沛。臨坻注壑，瀺灂賈墜。沈沈隱隱，砰磅訇礚。潏潏淈淈，湁潗鼎沸。馳波跳沫，汩濦漂疾。悠遠長懷，寂漻無聲，肆乎永歸。然後灝溔潢漾，安翔徐回，翯乎滈滈，東注太湖，衍溢陂池。」（《文選》卷八）

8 詩文當句對

唐人詩文，或於一句中自成對偶，謂之當句對。蓋起於《楚辭》「蕙烝蘭藉」，「桂酒椒漿」，「桂櫂蘭枻」，「斲冰積雪」〔一〕。自齊、梁以來，江文通、庾子山諸人亦如此。如王勃《宴滕王閣序》一篇皆然。謂若「襟三江帶五湖」，「控蠻荆引甌越」，「龍光牛斗」，「徐孺陳蕃」，「騰蛟起鳳」，「紫電青霜」，「鶴汀鳧渚」，「桂殿蘭宫」，「鍾鳴鼎食之家」，「青雀黄龍之軸」，「落霞孤鶩」，「秋水長天」，「天高地迥」，「興盡悲來」，「宇宙盈虚，丘墟已矣」之辭是也〔二〕。于公異《破朱泚露布》亦然，如「堯、舜、禹、湯之德，統元立極之君」，「卧鼓偃旗」，「養威蓄鋭」，「夾川陸而左旋右抽」，「抵丘陵而浸淫布濩」，「聲塞宇宙，氣雄鉦鼓」，「貙兒作威」，「風雲動色」，「乘其跆藉」，「取彼鯨鯢」，「自卯及酉」，「來拒復攻」，「山傾河泄」，「霆鬥雷馳」，「自北徂南」，「輿尸折首」，「左武右文」，「銷鋒鑄鏑」之辭是也〔三〕。杜詩「小院回廊春寂寂，浴鳧飛鷺晚悠悠」；「清江錦石傷心麗，嫩蕊濃花滿目班」；「書籤藥裹封蛛網，野店山橋送馬蹄」；「戎馬不如歸馬逸，千家今有百家存」；「犬羊曾爛漫，宫闕尚蕭條」；「蛟龍引子過，荷芰逐花低」；「干戈況復塵隨眼，鬢髮還應雪滿頭」；「百萬傳深入，寰區望匪他」。「象床玉手」，「萬草千花」，「落絮游絲」，「隨風照日」，「青袍白馬」，「金谷銅駝」，「竹寒沙碧」，「菱刺藤梢」，「長年三老」，「捩柂開頭」，「門巷荆棘底」，「君臣豺虎邊」，「養拙干戈」，「全生麋鹿」，「捨舟策馬」，「拖玉腰金」，「高江急峽」，「翠木蒼藤」，「古廟杉松」，「歲時伏臘」，「三分割據」，「萬古雲霄」，「伯仲之間」，「指揮若定」，

「桃蹊李徑」，「梔子紅椒」，「庾信羅含」，「春來秋去」，「楓林橘樹」，「複道重樓」之類，不可勝舉〔四〕。李義山一詩，其題曰《當句有對》云：「密邇平陽接上蘭，秦樓鴛瓦漢宮盤。池光不定花光亂，日氣初涵露氣乾。但覺游蜂饒舞蝶，豈知孤鳳憶離鸞。三星自轉三山遠，紫府程遥碧落寬。」其他詩句中，如「青女素娥」對「月中霜裹」，「黄葉風雨」對「青樓管絃」，「骨肉書題」對「蕙蘭蹊徑」，「花鬚柳眼」對「紫蝶黄蜂」，「重吟細把」對「已落猶開」，「急鼓疎鐘」對「休燈滅燭」，「江魚朔雁」對「秦樹嵩雲」，「萬户千門」對「風朝露夜」，如是者甚多〔五〕。

【箋證】

〔一〕王楙《野客叢書》卷一七《一句中對偶》引《續筆》本條，接云：「僕謂此體亦出於《三百篇》之詩，不但《楚詞》也。如『玄衮赤舄』『鉤膺鏤鍚』『朱英緑縢』『二矛重弓』之類是焉。」

〔二〕王勃《宴滕王閣序》，即《秋日登洪府滕王閣餞别序》，載《文苑英華》卷七一八。《王子安集》卷五題《滕王閣詩序》。「宇宙盈虚，丘墟已矣之辭」，指「天高地迥，覺宇宙之無窮；興盡悲來，識盈虚之有數。」「蘭亭已矣，梓澤丘墟。」

〔三〕于公異《破朱泚露布》，載《唐文粹》卷三〇上。《文苑英華》卷六四八題《西平王李晟收西京露布》，注：「一作《破朱泚露布》。」

〔四〕「小院回廊春寂寂，浴鳧飛鷺晚悠悠」，見《涪城縣香積寺官閣》（《杜詩詳注》卷一一，下同此書，只注卷次。）。「清江錦石傷心麗，嫩蕊濃花滿目斑」，見《滕王亭子二首》之一（卷一三）。「書籤藥裹封蛛網，野店山橋送馬蹄」，見《將赴成都草堂途中有作先寄嚴鄭公五首》之三（卷一三）。「戎馬不如歸馬逸，千家今有百家存」，見《白帝》（卷一五）。「犬羊曾爛漫，宫闕尚蕭條」，見《寄董卿嘉榮十韻》（卷一四）。「蛟龍引子過，荷芰逐花低」，見《到郪》（卷一四）。「干戈況復塵隨眼，鬢髮還應雪滿頭」，見《寄杜位》（卷一〇）。「百萬傳深入，寰區望匪他」，見《散愁二首》之一（卷九）。「象床玉手」，「萬草千花」，見《白絲行》：「象床玉手亂殷紅，萬草千花動凝碧。」（卷二）。「落絮游絲」，「隨風照日」，見《白絲行》：「落絮游絲亦有情，隨風照日宜輕舉。」「青袍白馬」，「金谷銅駝」，見《至後》：「青袍白馬有何意，金谷銅駝非故鄉。」（卷一四）「竹寒沙碧」，「菱刺藤梢」，見《將赴成都草堂途中有作先寄嚴鄭公五首》之三：「竹寒沙碧浣花溪，菱刺藤梢咫尺迷。」（卷一三）「長年三老」，「捩柂開頭」，見《撥悶》：「長年三老遥憐汝，捩柂開頭捷有神。」（卷一四）「門巷荆棘底」，「君臣豺虎邊」，見《晝夢》：「故鄉門巷荆棘底，中原君臣豺虎邊。」（卷一八）「養拙干戈」，「全生麋鹿」，見《暮春題瀼西新賃草屋五首》之二：「養拙干戈際，全生麋鹿群。」（卷一八）「捨舟策馬」，「拖玉腰金」，見《季夏送鄉弟韶陪黄門從叔朝謁》：「捨舟策馬論兵地，拖玉腰金報主身。」（卷一九）「高江急峽」，「翠木蒼藤」，見《白帝》：「高江急峽雷霆鬥，翠木蒼藤日月昏。」（卷一五）「古廟杉松」，「歲時伏臘」，見《詠懷古迹五首》之四：「古廟杉松巢水鶴，歲時伏臘走村翁。」（卷一七）「三分割據」，「萬古雲霄」，「伯仲之間」，「指揮若定」，見《詠懷古迹五首》之五：「三分割據紆籌策，萬古雲霄一羽毛。伯仲之間見伊、吕，指揮若定失蕭、曹。」「桃蹊李徑」，「梔子紅椒」，見《寒雨朝行視園樹》：「桃蹊李徑年雖古，梔子紅椒豔復殊。」（卷二〇）「庾信羅含」，「春來秋去」，見《舍弟觀赴藍田取妻子到江陵喜寄三首》之三：「庾信羅含俱有宅，春來秋去作誰家。」（卷二一）「楓林橘樹」，「複道重樓」，見《夔州歌十絶句》之四：「楓林橘樹丹青合，複道重樓錦繡懸。」（卷一五）

〔五〕《當句有對》，見《李義山詩集》卷中。「青女素娥」對「月中霜裏」，見《霜月》：「青女素娥俱耐冷，月中霜裏鬥嬋娟。」（《李義山詩集》卷上。下同，只注卷次。）「黄葉風雨」對「青樓管絃」，見《風雨》：「黄葉仍風雨，青樓自管絃。」（卷上）「骨肉書題」對「蕙蘭蹊徑」，見《荆門西下》：「骨肉書題安絶徼，蕙蘭蹊徑失佳期。」（卷上）「花鬚柳眼」對「紫蝶黄蜂」，見《二月二日》：「花鬚柳眼各無賴，紫蝶黄蜂俱有情。」（卷上）「重吟細把」對「已落猶開」，見《即日》：「重吟細把真無奈，已落猶開未放愁。」（卷上）「急鼓疎鐘」對「休燈滅燭」，見《曲池》：「急鼓疎鐘斷分隔，休燈滅燭時張蓋。」（卷上）「江魚朔雁」對「秦樹嵩雲」，見《及第東歸次灞上卻寄同年》：「江魚朔雁長相憶，秦樹嵩雲自不知。」（卷中）「萬户千門」對「風朝露夜」，見《流鶯》：「風朝露夜陰晴裏，萬户千門開閉時。」（卷中）

9 東坡明正

東坡《明正》一篇送于伋失官東歸云：「子之失官，有爲子悲如子之自悲者乎？有如子之父兄妻子之爲子悲者乎？子之所以悲者，惑於得也；父兄妻子之所以悲者，惑於愛也。」[一]案《戰國策》齊鄒忌謂妻曰：「我孰與城北徐公美？」其妻曰：「君美甚，徐公何能及公也。」復問其妾與客，皆言「徐公不若君之美」。暮寢而思之，曰：「吾妻之美我者，私我也；妾之美我者，畏我也；客之美我者，欲有求於我也。」[二]東坡之斡旋，蓋取諸此。然《四菩薩閣記》云：「此畫乃先君之所嗜，既免喪，以施浮圖惟簡，曰：『此唐明皇帝之所不能守者，而況於余乎！余惟自度不能長守此也，是以與子。』」而其末云：「軾之以是與子者，凡以爲先君捨也。」[三]與初辭意蓋不同，晚學所不曉也。

【箋證】

[一]《明正》，見《東坡全集》卷一〇〇，題下自注：「送于伋失官東歸。」

[二]《戰國策》卷八《齊一》。

[三]《四菩薩閣記》，見《東坡全集》卷三五。按「軾之以是與子者，凡以爲先君捨也」一節原云：「『余惟自度不能長守此也，是以與子，子將何以守之？』簡曰：『吾以身守之。吾眼可霍，吾足可斮，吾畫不可奪。若是足以守之歟？』軾曰：『未也。足以終子之世而已。』簡曰：『又盟於佛而以鬼守之。凡取是者與凡以是予人者，其罪如律。若是足以守之歟？』軾曰：『未也。世有無佛而蔑鬼者，然則何以守之？』曰：『軾之以是與子者，凡以爲先君捨也。天下豈有無父之人歟？其誰忍取之？若其聞是而不悛，不惟一觀而已，將必取之然後爲快，則其人之賢愚

與廣明之焚此者一也。全其子孫難矣，而况能久有此乎？且夫不可取者存乎子，取不取者存乎人。子勉之矣。爲子之不可取者而已，又何知焉。』」

10 臺諫不相見

嘉祐六年，司馬公以修起居注同知諫院，上章乞立宗室爲繼嗣。對畢，詣中書，略爲宰相韓公言其旨。韓公攝饗明堂，殿中侍御史陳洙監祭，公問洙：「聞殿院與司馬舍人甚熟？」洙答以「頃年曾同爲直講」。又問：「近日曾聞其上殿言何事？」洙答以「彼此臺、諫官不相往來，不知言何事」。此一項，温公私記之甚詳〔一〕。然則國朝故實，臺、諫官元不相見。故趙清獻公爲御史論陳恭公，而范蜀公以諫官與之争〔二〕。元豐中，又不許兩省官相往來，鮮于子駿乞罷此禁〔三〕。元祐中，諫官劉器之、梁況之等論蔡新州，而御史中丞以下，皆以無章疏罷黜〔四〕。靖康時，諫議大夫馮澥論時政失當，爲侍御史李光所駁〔五〕。今兩者合爲一府，居同門，出同幕，與故事異，而執政祭祠行事，與監祭御史不相見云〔六〕。

【箋證】

〔一〕温公私記，所云何書，不詳。《續資治通鑑長編》卷一九五：仁宗嘉祐六年九月，「司馬光復奏：『臣前乞揀會臣并州所上章早定繼嗣事，陛下即垂聽納，凡所宣諭，皆非愚臣所能及，乃天地神祇保祐皇家，實萬世無疆之休也。臣意陛下朝夕發德音宣告大臣施行其事，今甫一月，未有所聞，豈陛下以兹事體大，精選宗室，未得其人，將左右之人有所間沮，熒惑聖聽，臣皆不得而知也。臣聞爲之後者爲之子也，著於禮律，皆有明文。漢成帝即位二十五年，年四十五歲，未有繼嗣，立弟子定陶王欣爲太子。今陛下即位之年及春秋皆已過之，豈可不爲宗廟社稷深思慮哉？臣愚亦不敢望陛下便正東宫之名，但願陛下自擇宗室仁孝聰明者養以爲子，官爵居處稍異於衆人，天下之人皆知陛下意有所屬，以係遠近之心，他日皇太子生，復使之退歸藩邸，有何所傷？此誠天下安危之本，願陛下果斷而速行之。』初韓琦既默喻光所言，後十日，有詔令與殿中侍御史裏行陳洙同詳定行户利害，洙與光屏人語曰：『日者大享明堂，韓公攝太尉，洙爲監察。公從容謂洙曰：「聞君與司馬君實善，君實近建言立嗣事，恨不以言送中書，欲發此議，無自發之，行户利害，非所以煩公也，欲洙見公達此意爾。」』於是光復具奏，且面言：『臣向者進説，陛下欣然無難意，謂即行矣，今寂無所聞，此必有小人言陛下春秋鼎盛，子孫當千億，何遽爲此不祥之事。小人無遠慮，特欲倉卒之際，援立所厚善者爾。唐自文宗以後，立嗣皆出於左右之意，至有稱定策國老、門生天子者，此禍豈可勝言哉？』上大感悟，即曰：『送中書。』光至中書，見琦等曰：『諸公不及今議，異日夜半禁中出寸紙，以某人爲嗣，則天下莫敢違。』琦等皆唯唯，曰：『敢不盡力。』洙尋具奏，乞擇宗室之賢者，立以爲後。既發奏狀，謂家人曰：『我今日入一文字，言社稷大計，若得罪，大者死，小者貶竄，汝輩當爲之備。』下奏狀者未返，洙得疾暴卒。」（文末原注云：「此據司馬光《奏議》並陳襄所作洙墓銘。洙卒在九月十五日，《御史臺記》云：『洙仰藥死。』當考。」）

〔二〕《續資治通鑑長編》卷一七八：仁宗至和二年，二月庚子，殿中侍御史趙抃言：「臣近累次彈奏宰臣陳執中興廢制獄，乞正其罪。」甲辰，「殿中侍御史趙抃言：『臣近累次彈奏乞正宰臣陳執中之罪，未蒙施行。風聞同知諫院范鎮妄行陳奏，營救執中，緣鎮始自常調，不次遷升，小人朋邪，不識恩出陛下，但知德由執中，今乃惑蔽聽斷，肆爲誣罔，伏望陛下開日月之明，判忠邪之路，取内外之公議，立朝廷之大法，則天下幸甚。』先是，知諫院范鎮言：『去年十二月，熒惑犯房上相，未幾，陳執中家決殺婢使，議者以爲天變應此，臣竊謂爲不然。』」云云。

〔三〕《宋史》卷三四四《鮮于侁傳》。侁，字子駿。「乞罷大理獄，許兩省諫官相往來」。《續資治通鑑長編》卷三九二：哲宗元祐元年十一月，右司諫王覿言：「臣竊聞中書省欲以後省散騎常侍、諫議大夫、起居舍人、正言廳爲制敕院，擗截兩省，見今諫官廳出外，別作門出入，以防制敕之漏泄。論者以謂名雖關防制敕而實不欲諫官在兩省與給舍相見，恐其或聞政事之本末，而論列之頻數也。」覿又言：「臣近於十一月二十五日有封事言兩省擗截諫官廳出外，隳壞法度，乞行寢罷。及十一月二十七日，與諫官鮮于侁、朱光庭列狀聞奏，各未蒙施行。」

〔四〕劉安世，字器之。梁燾，字況之。《續資治通鑑長編》卷四二五至四二六，哲宗元祐四年四月至五月，記此事甚詳。卷四二五：元祐四年四月，左諫議大夫梁燾、右司諫吴安詩、右正言劉安世共奏，云云。又卷四二六：四年五月，「癸酉，龍圖閣直學士、御史中丞李常爲兵部尚書，龍圖閣待制、吏部侍郎傅堯俞爲御史中丞。朝奉大夫、侍御史盛陶爲太常少卿，朝散郎、太常少卿朱光庭爲侍御史。中書舍人曾肇爲給事中。常與陶皆坐不言蔡確也。」

〔五〕參《續筆》卷二《權若訥馮澥》。

〔六〕費衮《梁谿漫志》卷一《臺諫見政府》：「祖宗時，臺、諫得見政府，而不得自相往來。如王沂公親諭韓魏公『近日章疏甚好』；范文正公争郭后，面與吕許公辨；吕獻可争濮議，面與韓魏公辨；司馬温公乞立皇子，親見魏公納劄子；張横渠至中書，見王荆公，争新法之類。韓魏公問陳師道（洙）『司馬近日論何事』，答以『彼此臺、諫不相往來，不知所言何事』是已。其後臺、諫得相往來，而不得見政府。吕汲公對簾前，以備位執政，不敢與言事官相通，遂令范淳父諭旨於劉器之，是臺、諫已不可見政府矣。蘇子由、王彦霖諸公擊吕吉甫，會議于興國浴室院，則臺、諫相見無所拘也。今沿襲此制云。」

11 執政四入頭

國朝除用執政，多從三司使、翰林學士、知開封府、御史中丞進拜，俗呼爲「四入頭」〔一〕。固有盡歷四職而不用，如張文定公、（謂仁、英朝，至神宗初始用。）王宣徽之類者〔二〕。

趙清獻公自成都召還知諫院，大臣言故事近臣自成都還，將大用，必更省府，（謂三司使、開封府。）不爲諫官〔三〕。以是知一朝典章，其嚴如此。至若以權侍郎方受告即爲參樞，如施鉅、鄭仲熊者，蓋秦檜所用云〔四〕。

【箋證】

〔一〕按，《宋史全文》卷九下《宋仁宗六》仁宗嘉祐五年，「宰臣進擬，例以三司使、御史中丞、知開封府一人補其員。」蓋其時翰林學士尚非「四入頭」之一。陳師道《後山談叢》卷一：「張某公以御史爲執政，包孝肅公代之，建言：『臺官不遷二府，無所幸望，則盡言矣。』張文定公方平爲三司使，孝肅極言其失，遂罷歸院。宋景文公代爲使，文定亦爲上言：『故事，執政惟三司使、知開封府與御史中丞耳。』」

〔二〕參《宋史》卷二六五《張齊賢傳》，卷三一八《王拱辰傳》。

〔三〕《宋史》卷三一六《趙抃傳》：「神宗立，召知諫院。故事，近臣還自成都者，將大用，必更省府，不爲諫官。大臣以爲疑。帝曰：『吾賴其言耳，苟欲用之，無傷也。』及謝，帝曰：『聞卿匹馬入蜀，以一琴一鶴自隨，爲政簡易，亦稱是乎？』未幾，擢參知政事。」

〔四〕《宋史》卷四七三《秦檜傳》：「檜立久任之説，士淹滯失職，有十年不解者，附己者立與擢用。自其獨相至死之日，易執政二十八人，皆世無一譽、柔佞易制者。如孫近、韓肖胄、樓炤、王次翁、范同、万俟卨、程克俊、李文會、楊愿、李若谷、何若、段拂、汪勃、詹大方、余堯弼、巫伋、章夏、宋樸、史才、魏師遜、施鉅、鄭仲熊之徒，率拔之冗散，遽躋政地。既共政，則拱默而已。」

12 無望之禍

自古無望之禍玉石俱焚者，釋氏謂之劫數，然固自有幸不幸者。漢武帝以望氣者言長安獄中有天子氣，於是遣使者分條中都官詔獄繫者，亡輕重一切皆殺之，獨郡邸獄繫者，賴丙吉得生〔一〕。隋煬帝令嵩山道士潘誕合鍊金丹不成，云無石膽石髓，若得童男女膽髓各三斛六斗，可以代之，帝怒斬誕〔二〕。其後方士言李氏當爲天子，勸帝盡誅海内李姓〔三〕。以煬帝之無道，嗜殺人不啻草芥，而一説偶不行。唐太宗以李淳風言女武當王，已在宮中，欲取疑似者盡殺之，賴淳風諫而止〔四〕。以太宗之賢尚如此，豈不云幸不幸哉！

【箋證】

〔一〕《漢書》卷七四《丙吉傳》。

〔二〕《資治通鑑》卷一八一《隋煬帝紀上之下》大業八年。

〔三〕《資治通鑑》卷一八二《隋煬帝紀上之下》大業十一年。「有方士安伽陀言李氏當爲天子，勸帝盡誅海内凡李姓者。渾從子將作監敏，小名洪兒，帝疑其名應讖，常面告之，冀其引決。敏大懼，數與渾及善衡屏人私語。（宇文）述譖之於帝，仍遣虎賁郎將河東裴仁基表告渾反。帝收渾等家，遣尚書左丞元文都御史大夫裴蘊雜治之。按問數日，不得反狀，以實奏聞。帝更遣述窮治之。述誘教敏妻宇文氏爲表，誣告渾謀，因度遼，與其家子弟爲將領者共襲取御營，立敏爲天子。述持入奏之。帝泣曰：『吾宗社幾傾，賴公獲全耳。』三月丁酉，殺渾、敏、善衡及宗族三十二人。」

〔四〕可參《隨筆》卷一六《讖緯之學》「隋煬帝謂李氏當有天下」句箋證。《舊唐書》卷七九《李淳風傳》：「初，太宗之世有祕記云：『唐三世之後，則女主武王代有天下。』太宗嘗密召淳風，以訪其事。淳風曰：『臣據象推算，其兆已成，然其人已生，在陛下宫内。從今不踰三十年，當有天下，誅殺唐氏子孫殲盡。』帝曰：『疑似者盡殺之如何？』淳風曰：『天之所命，必無禳避之理。王者不死，多恐枉及無辜。且據上象，今已成，復在宫内，已是陛下眷屬，更三十年，又當衰老，老則仁慈，雖受終易姓，其於陛下子孫或不甚損。今若殺之，即當復生，少壯嚴毒，殺之立讎。若如此，即殺戮陛下子孫，必無遺類。』太宗善其言而止。」可參《隨筆》卷一六《讖緯之學》「唐太宗知女武將竊國命」句箋證。

13　燕説

黄魯直和張文潛八詩，其二云：「談經用燕説，束棄諸儒傳。濫觴雖有罪，末派瀰九縣。」大意指王氏新經學也〔一〕。「燕説」出於《韓非子》，曰：「先王有郢書，而後世多燕説。」又引其事曰：「郢人有遺燕相國書者，夜書，火不明，謂持燭者曰：『舉燭。』已而誤書

『舉燭』二字，非書本意也。燕相受書，曰：『舉燭者，尚明也；尚明者，舉賢而用之。』遂以白王，王大説，國以治。治則治矣，非書意也。」〔二〕魯直以新學多穿鑿，故有此句〔三〕。

【箋證】

〔一〕《山谷集》卷二《奉和文潛贈无咎篇末多見及以既見君子云胡不喜爲韻》。「談經用燕説，束棄諸儒傳」，任淵注云：「此句指熙寧經學穿鑿之弊。《韓非子》曰：（所引同本條，略）退之詩：『春秋五傳束高閣。』」「濫觴雖有罪，末派瀰九縣」，注云：「言非特荆公之罪，諸儒穿鑿，遂至失其本原。」（《山谷内集詩注》卷四）

《宋史》卷三二七《王安石傳》：「安石訓釋《詩》《書》《周禮》，既成，頒之學官，天下號曰『新義』。晚居金陵，又作《字説》，多穿鑿傅會。其流入於佛老。一時學者無敢不傳習，主司純用以取士，士莫得自名一説。先儒傳注，一切廢不用。」

〔二〕《韓非子》卷一一《外儲説左上》。

〔三〕宋高宗曰：「以《三經義解》觀之，具見安石穿鑿。」陳淵曰：「穿鑿之過尚小，至於道之大原，安石無一不差。推行其學，遂爲大害。聖學所傳，止有《論》《孟》《中庸》。《論語》主仁，《中庸》主誠，《孟子》主性。安石皆暗其原。仁道至大，《論語》隨問隨答，惟樊遲問，始對曰：『愛人。』愛特仁之一端，而安石遂以愛爲仁。其言《中庸》，則謂中庸所以接人，高明所以處己。《孟子》七篇，專發明性善，而安石取揚雄善惡混之言，至於無善無惡，又溺於佛，其失性遠矣。」

（《宋史》卷三七六《陳淵傳》）

《朱子語類》卷七八《尚書一》：「今人多説荆公穿鑿。」

14 折檻行

杜詩《折檻行》云：「千載少似朱雲人，至今折檻空嶙峋。婁公不語宋公語，尚憶先皇容直臣。」此篇專爲諫争而設，謂婁師德、宋璟也〔一〕。人多疑婁公既無一語，何得爲直臣？錢伸仲云：「朝有闕政，或婁公不語，則宋公語。」但師德乃是武后朝人，璟爲相時，其亡久矣〔二〕。杜有《祭房相國文》，言「群公間出，魏、杜、婁、宋」，亦併二公稱之〔三〕。詩言先皇，意爲明皇帝也。婁氏别無顯人有聲開元間，爲不可曉〔四〕。

【箋證】

〔一〕郭知達《九家集注杜詩》卷一五《折檻行》注，趙彦材云：「婁公則師德也。宋公則璟也。言互以正直爲心。師德上元初爲監察御史，其所事者高宗與武后，本傳不載其諫諍事，今因公詩指爲直臣而知之。宋璟歷事武后、中宗、睿宗、明皇，中宗嘉其直臣。後張嘉貞代璟爲相，閲堂案見其危言讜論，未嘗不失聲歎息。詳味詩意，思治世文物之盛，而聖君有諫諍之臣，致君堯舜，如房、魏二人不得而見，則思其上而不得，且思其次，爲學士以文采結主知者，又至欲有所諫諍，小臣如朱雲，大臣如婁公、宋公，然爲朱雲則成帝本不能容之，惟婁、宋則先皇能容也。大意譏代宗亦不能容直臣矣。又按《通鑑》於永泰元年春載左拾遺洛陽獨孤及上疏曰：『陛下召裴冕等待制以備詢問，此五帝盛德也。頃者陛下雖容其直而不録其言，有容下之名，無聽諫之實，此忠鯁之人所以竊歎。』觀此則公詩作於永泰元年爲審，非以譏其有容下之名無聽諫之實，不若先皇之真能容直臣乎？『直臣』字用成帝以旌直臣之語。」又，師尹云：「師德，深況有度量，人有忤已，輒遜避以自免，能以功名始終，故無面折庭争之迹。璟剛正敢言，其事具載本傳。詳此詩意，蓋歎世無宋公之敢言，而亦無婁公之容物；不然，先朝之臣特舉此二人何哉？」

按，劉克莊云：「此必子美追懷諫省時論事不合，傷今思古而作。」（《後村詩話》卷一〇）

〔二〕錢紳，字伸仲，一作申仲，無錫人，大觀己丑進士。嘗爲黄岡尉（《容齋續筆》卷一五《注書難》）。「退居漆塘，有園亭之勝，一時知名士大夫，如陳去非、葛勝仲、汪彦章、孫仲益諸人皆爲之賦詩」（陳岩肖《庚溪詩話》卷下）。洪适《祭錢伸仲文》稱其文詞足以「輿臺郊、島，甲乙淵、雲」云云（《盤洲文集》卷七二）。

〔三〕《祭故相國清河房公文》，見《文苑英華》卷九七九，云：「唐始受命，群公間出。君臣和同，德教充溢。魏、杜行之，夫何畫一。婁、宋繼之，不墜故實。」

〔四〕趙紹祖《消暑録》「容齋論婁宋皆泥」條，云：「杜《折檻行》云：『千載少似朱雲人，至今折檻空嶙峋。婁公不語宋公語，尚憶先皇容直臣。』此專言宋公之直。若婁公，唾面自乾，豈能語者，正所謂『少似朱雲人』也。因婁公亦係正人，尚不能語，故藉以陪起。容齋疑婁不語，何以得爲直臣，又疑婁、宋不同時，而別無顯人在開元間，皆泥也。」

15 朱雲陳元達

朱雲見漢成帝，請斬馬劍斷張禹首。上大怒曰：「罪死不赦。」御史將雲下，雲攀殿檻，檻折，御史遂將雲去。辛慶忌叩頭以死争，上意解，然後得已。及後當治檻，上曰：「勿易。因而輯之，（輯與集同，謂補合之。）以旌直臣。」〔一〕劉聰爲劉后起鷬儀殿，陳元達諫，聰怒，命將出斬之，時在逍遥園李中堂，元達先鎖腰而入，即以鎖繞堂下樹，左右曳之不能動。劉氏聞之，私勑左右停刑，手疏切諫，聰乃解，引元達而謝之，易園爲納賢園，堂爲媿賢堂〔二〕。兩人之事甚相類，雲之免於死，由慶忌即時争救之故①，差易爲力。若元達之命在須臾間，聰之急暴且盛怒，何暇延留數刻而容劉氏得以草疏乎？脱使就刎其首，或令武士擊殺亦可，何恃於鎖腰哉？是爲可疑也。成帝不易檻以旌雲直，而不能命以一官，乃不若聰之待元達也。至今宫殿正中一間横檻，獨不施欄楯，謂之折檻，蓋自漢以來相傳如此矣〔三〕。

【校勘】

①「由」，原作「而」，據馬本、庫本、祠本改。

【箋證】

〔一〕《漢書》卷六七《朱雲傳》。

〔二〕《資治通鑑》卷八八《晉紀·孝愍皇帝上》，建興元年三月。

〔三〕高承《事物紀原》卷八《折檻》：「今殿檻之闕其中，自朱雲始也。」

16　杜老不忘君

前輩謂杜少陵當流離顛沛之際，一飯未嘗忘君〔一〕。今略紀其數語云：「萬方頻送喜，無乃聖躬勞。」「至今勞聖主，何以報皇天。」「獨使至尊憂社稷，諸君何以答升平。」「天子亦應厭奔走，群公固合思升平。」〔二〕如此之類非一。

【箋證】

〔一〕蘇軾《王定國詩集叙》：「古今詩人衆矣，而杜子美爲首，豈非以其流落饑寒，終身不用，而一飯未嘗忘君也歟？」（《東坡全集》卷三四）

〔二〕各詩分别見《收京三首》之三（《杜詩詳注》卷五），《有感五首》之一（卷一一），《諸將五首》之二（卷一六），《釋悶》（卷一二）。

17　栽松詩

白樂天《栽松》詩云：「小松未盈尺，心愛手自移。蒼然澗底色，雲濕煙霏霏。栽植我年晚，長成君性遲。如何過四十，種此數寸枝？得見成陰否？人生七十稀。」〔一〕予治圃於鄉里，乾道己丑歲，正年四十七矣。自伯兄山居手移稺松數十本，其高僅四五寸，植之雲壑石上，擁土以爲固，不能保其必活也。過二十年，蔚然成林，皆有干霄之勢，偶閲白公集，感而書之。

【箋證】

〔一〕《白氏長慶集》卷一〇《栽松二首》之一。其二云：「愛君抱晚節，憐君含直文。欲得朝朝見，堦前故種君。知君死則已，不死會凌雲。」朱金城《白居易研究·讀白居易詩札記》「載松」條：「洪氏之語尤較居易多幾分感慨也。」

18 烏鵲鳴

北人以烏聲爲喜，鵲聲爲非。南人聞鵲噪則喜，聞烏聲則唾而逐之，至於弦弩挾彈，擊使遠去〔一〕。《北齊書》，奚永洛與張子信對坐，有鵲正鳴於庭樹間，子信曰：「鵲言不善，當有口舌事，今夜有唤，必不得往。」子信去後，高儼使召之，且云勑唤，永洛詐稱墮馬，遂免於難〔二〕。白樂天在江州《答元郎中楊員外喜烏見寄》曰：「南宮鴛鴦地，何忽烏來止。故人錦帳郎，聞烏笑相視。疑烏報消息，望我歸鄉里。我歸應待烏頭白，慙愧元郎誤歡喜。」〔三〕然則鵲言固不善，而烏亦能報喜也。又有和元微之《大觜烏》一篇云：「老巫生奸計，與烏意潛通。云此非凡鳥，遥見起敬恭。千歲乃一出，喜賀主人翁。此烏所止家，家産日夜豐。上以致壽考，下可宜田農。」〔四〕案微之所賦云：「巫言此烏至，財産日豐宜。主人一心惑，誘引不知疲。轉見烏來集，自言家轉孳。專聽烏喜怒，信受若長離。」〔五〕今之烏則然也。世有傳《陰陽局鴉經》，謂東方朔所著，大略言凡占烏之鳴，先數其聲，然後定其方位，假如甲日一聲，即是甲聲，第二聲爲乙聲，以十干數之，乃辨其急緩，以定吉凶〔六〕。蓋不專於一説也。

【箋證】

〔一〕朱彧《萍洲可談》卷二：「東南謂烏啼爲凶，鵲噪爲吉，故或呼爲喜鵲。頃在山東，見人聞鵲噪則唾之，烏啼卻以爲喜。不知風俗所見如何。」

任中敏《敦煌曲初探·考屑》「靈鵲送喜」條：「在唐代初期，鴉鳴鵲噪，均爲吉徵，後始變爲鵲喜而鴉凶。《萍州可談》《容齋續筆》均謂北人喜烏惡鵲，南人反之，亦不盡然。他如馮延巳《謁金門》：『終日望君君不至，舉頭聞鵲喜。』趙嘏詩『從軍人更遠，報喜鵲空傳』，徐夤《鵲》詩『香閨報喜行人至』等。均可參閲。」

錢鍾書《管錐編》第二册《焦氏易林·師》：「《頤》：『鴉鳴庭中，以戒災凶，重門擊柝，備不速客。』按《大過》之《涣》『鴉』作『烏』，『不速』作『憂暴』，《旅》之《困》作『鴉噪庭中』。俗忌烏鳴，以爲報凶，如《水滸》第七回衆潑皮聞『老鴉哇哇的叫』而『叩齒』，觀此數林，知漢世已然。《藝文類聚》卷九二引晉成公綏《烏賦》稱『烏之爲瑞久矣』，嘉其爲『祥禽』、『善禽』『令烏』；是古亦有以鴉爲報喜之說。薛季宣《浪語集》卷一《信烏賦》：『南人喜鵲而惡烏，北人喜烏而惡鵲』；洪邁《容齋續筆》卷三：『北人以烏聲爲喜，鵲聲爲非，南人反是。』並引《北齊書》及白居易詩爲例，蓋俗尚莫衷一是也。」

〔二〕《北齊書》卷四九《方伎·張子信傳》。

〔三〕《白氏長慶集》卷一〇。

〔四〕《白氏長慶集》卷二《和大觜烏》。

〔五〕《元氏長慶集》卷一《大觜烏》。

〔六〕《陰陽局鴉經》，歷代書目未見著録，俟考。謝維新《古今合璧事類備要別集》卷七二《飛禽門·烏》「著鴉經」條：「世有傳《陰陽局鴉經》，謂東方所著，大畧先數其聲，第一聲即是甲聲，以十干數之，辨其急緩，以定吉凶。」此云「第一聲即是甲聲」，與《隨筆》「甲日一聲即是甲聲」不同。顧景星《白茅堂集》卷四一《風角烏鳴占》：「後漢楊由著書十餘篇，名曰《其平》，風角烏鳴占也，不傳。今《風角烏鳴陰陽局鴉經》，東方朔撰，假託也。其術周秦已有用天干五情、地支六情、五行八風、五音六律，歲加月，月加日，日加時，時加方，辨烏之音色，風之聲響，情之貞淫，貪廉静躁，惟無欲而虚中者得之。」

容齋續筆卷四 十七則

1 淮南守備

周世宗舉中原百郡之兵，南征李景。當是時，周室方彊，李氏政亂，以之討伐，云若易然。而自二年之冬，訖五年之春，首尾四年，至於乘輿三駕，僅得江北〔一〕。先是河中李守貞叛漢，遣其客朱元來唐求救，遂仕於唐。樞密使查文徽妻之以女。是時，請兵復諸州，即取舒、和。後以恃功偃蹇，唐將奪其兵，元怒而降周。景械其妻，欲戮之。文徽方執政，表乞其命，景批云：「只斬朱元妻，不殺查家女。」竟斬于市〔二〕。郭廷謂不能守濠州，以家在江南，恐爲唐所種族，遣使詣金陵禀命，然後出降〔三〕。則知周師所以久者，景法度猶存，尚能制將帥死命故也。紹興之季，虜騎犯淮，踰月之間，十四郡悉陷。予親見沿淮諸郡守，盡掃府庫儲積，分寓京口，云預被旨許令移治。是乃平時無虞，則受極邊之賞，一有緩急，委而去之，寇退則反，了無分毫絓於吏議，豈復肯以固守爲心也哉〔四〕！

【箋證】

〔一〕參《資治通鑑》卷二九二至卷二九四《後周世宗紀》顯德二年至五年。

〔二〕龍衮《江南野史》卷五《朱元傳》。又，馬令《南唐書》卷二七《叛臣·朱元傳》。

〔三〕《資治通鑑》卷二九三《後周世宗紀》，顯德四年十一月。

〔四〕參拙著《洪邁年譜》紹興三十一年譜。

2 周世宗

周世宗英毅雄傑，以衰亂之世，區區五六年間，威武之聲，震懾夷夏，可謂一時賢主，而享年不及四十，身没半歲，國隨以亡。固天方授宋，使之驅除，然考其行事，失於好殺，用法太嚴，群臣職事小有不舉，往往寘之極刑，雖素有才幹聲名，無所開宥，此其所短也〔一〕。薛居正《舊史》紀載翰林醫官馬道元進狀，訴壽州界被賊殺其子，獲正賊見在宿州，本州不爲勘斷。帝大怒，遣竇儀乘馹往按之。及獄成，坐族死者二十四人。儀奉辭之日，帝旨甚峻，故儀之用刑，傷於深刻，知州趙礪坐除名。此事本只馬氏子一人遭殺，何至於族誅二十四家，其它可以類推矣〔二〕。《太祖實録·竇儀傳》有此事，史臣但歸咎於儀云〔三〕。

【箋證】

〔一〕《資治通鑑》卷二九四《後周世宗紀》：顯德六年六月癸巳，「上殂。（胡三省注：「年三十九。」）上在藩，多務韜晦，及即位，破高平之寇，人始服其英武。其御軍，號令嚴明，人莫敢犯。攻城對敵，矢石落其左右，人皆失色，而上略不動容。應機決策，出人意表。又勤於爲治，百司簿籍，過目無所忘。發奸擿伏，聰察如神。閒暇則召儒者讀前史，商榷大義。性不好絲竹珍玩之物。常言太祖養成王峻、王殷之惡，致君臣之分不終，故群臣有過則面質責之，服則赦之，有功則厚賞之，文武參用，各盡其能。人無不畏其明，而懷其惠，故能破敵廣地，所向無前。然用法太嚴，群臣職事小有不舉，往往寘之極刑，雖素有才幹聲名，無所開宥。尋亦悔之，末年寖寬。登遐之日，遠邇哀慕焉。」按，《通鑑》此段蓋出薛居正《舊五代史》，清四庫館臣輯本佚此一段。

世宗好殺，參《三筆》卷九《周世宗好殺》。

〔二〕清四庫館臣輯本《舊五代史》卷一一八《周世宗紀》顯德五年。

〔三〕《太祖實録》，佚。王稱《東都事略》卷三〇、《宋史》卷二六三《竇儀傳》均未載此事。

3 竇貞固

竇貞固，漢隱帝相也。周世罷政，以司徒就第。後范質用此官在中書，乃歸洛陽。常與編户課役，貞固不能堪，訴於留守向拱，拱不聽〔一〕。熙寧初，富韓公爲相，神宗嘗對大臣稱知河南府李中師治狀。公以中師厚結中人，因對曰：「陛下何從知之？」中師銜其沮己，及再尹河南，富公已老，乃籍其户，令出免役錢，與富民等〔二〕。乃知君子失勢之時，小人得易而侮之，如向拱、李中師輩，固不乏也。

【箋證】

〔一〕《宋史》卷二六二《竇貞固傳》。

〔二〕《宋史》卷三三一《李中師傳》。

4 鄭權

唐穆宗時，以工部尚書鄭權爲嶺南節度使，卿大夫相率爲詩送之。韓文公作序，言：「權功德可稱道。家屬百人，無數畝之宅，僦屋以居，可謂貴而能貧，爲仁者不富之效也。」〔一〕《舊唐史·權傳》云：「權在京師，以家人數多，奉入不足，求爲鎮，有中人之助，南海多珍貨，權頗積聚以遺之，大爲朝士所嗤。」〔二〕又《薛廷老傳》云：「鄭權因鄭注得廣州節度，權至鎮，盡以公家珍寶赴京師，以酬恩地。廷老以右拾遺上疏，請按權罪。中人由是切齒。」〔三〕然則其爲人，乃貪邪之士爾，韓公以爲仁者何邪〔四〕？

【箋證】

〔一〕韓愈《送鄭權尚書序》。

〔二〕《舊唐書》卷一六二。

〔三〕《舊唐書》卷一五三。

〔四〕楊萬里《誠齋集》卷八一《彭文蔚補注韓文序》謂彭注韓文,「如援《順宗實録》而知《上李實書》之有旨;據《唐史》本傳而知《送鄭權序》之有負。」彭氏所見與容齋略同。吴德旋《初月樓文鈔》卷一《書王惕甫文集》,引容齋此問,而云:「予以爲退之與權同朝,必能窺其隱而故爲此言以諷之。」章士釗《柳文指要》下《通要之部》卷九《論文一》引吴氏此説,云:「文資反語,蓋正面難於下筆時,因從反面恣言之,生其警悟云爾。此固不失爲行文技術之一種,顧正大士夫,輒不肯出此。蓋修辭之道,首在立誠,今矢口而正反不明,等於東西易位,去誠何止千里!」

5 黨錮牽連之賢

漢黨錮之禍,知名賢士死者以百數,海内塗炭,其名迹章章者,並載于史。而一時牽連獲罪,甘心以受刑誅,皆節義之士,而位行不顯,僅能附見者甚多。李膺死,門生故吏並被禁錮。侍御史景毅之子,爲膺門徒,未有録牒,不及於譴。毅慨然曰:「本謂膺賢,遣子師之,豈可以漏籍苟安!」遂自表免歸。高城人巴肅被收,自載詣縣,縣令欲解印綬與俱去,肅不可。范滂在征羌,詔下急捕。督郵吴導至縣,抱詔書,閉傳舍,伏床而泣。滂自詣獄,縣令郭揖大驚,出解印綬,引與俱亡。滂曰:「滂死則禍塞,何敢以罪累君!」張儉亡命，困迫遁走，所至，破家相容。其所經歷，伏重誅者以十數。復流轉東萊，上李篤家。外黄令毛欽操兵到門，篤謂曰：「張儉亡非其罪，縱儉可得，寧忍執之乎？」欽撫篤曰：「蘧伯玉恥獨爲君子，足下如何自專仁義！」歎息而去。儉得免。後數年，上禄長和海上言：「黨人錮及五族，非經常之法。」由是自從祖以下，皆得解釋。此數君子之賢如是。東漢尚名節，斯其驗歟〔二〕。

【箋證】

〔二〕李膺、范滂諸事，詳《後漢書》卷九七《黨錮列傳》。朱翌《猗覺寮雜記》卷下：「范滂等非訐時政，太學生争慕之。申屠蟠曰：『昔戰國之世，處士横議，列國之王至爲擁篲先驅，卒有坑儒燒書之禍，今之謂矣。』乃遠迹梁、碭之間。居二年，滂等罹黨錮，或死，或刑，蟠確然免於疑論。景毅子顧爲李膺門徒，不及於譴，毅慨然曰：『本謂膺賢，遣子師之，豈可漏脱名籍苟安而已！』遂自表免歸。蟠有先見之明，毅有不苟免之義，皆合於士君子之行。」趙翼《廿二史劄記》卷五《東漢尚名節》：「自戰國豫讓、聶政、荆軻、侯嬴之徒，以意氣相尚，一意孤行，能爲人所不敢爲，世競慕之。其後貫高、田叔、朱家、郭解輩，徇人刻己，然諾不欺，以立名節。馴至東漢，其風益盛。蓋當時薦舉徵辟，必采名譽，故凡可以得名者，必全力赴之，好爲苟難，遂成風俗。（《漢書·游俠傳序》：「自信陵、平原、孟嘗、春申之徒競爲游俠，取重于諸侯，顯名天下。漢興，禁網疏闊，布衣游俠，權行州域，力折公卿，衆庶榮其名，覬而慕之，雖陷於刑辟不悔也。」）其大概有數端：是時郡吏之于太守，本有君臣名分，爲掾吏者，往往周旋於死生患難之間。如李固被戮，弟子郭亮負斧鑕上書，請收固屍。杜喬被戮，故掾楊匡守護其屍不去。由是皆顯名。（固、喬二傳）第五種爲衛相，善門下掾孫斌，種以劾宦官單超兄子匡，坐徙朔方，朔方太守董援乃超外孫也，斌知種往必被害，乃追及種於途，格殺送吏，與種俱逃，以脱其禍。（種傳）太原守劉瓆，以考殺小黄門趙津下獄死，王允爲郡吏，送瓆喪還平原，終三年乃歸。（允傳）公孫瓚爲郡吏，太守劉君坐事徙日南，瓚身送之，自祭父墓曰：『昔爲人子，今爲人臣，送守日南，恐不得歸，便當長辭。』乃再拜而去。（瓚傳）此盡力於所事，以著其忠義者也。傅奕聞舉將没，即棄官行服。（奕傳）李恂爲太守李鴻功曹，而州辟恂爲從事，會鴻卒，恂不應州命，而送鴻喪歸葬，持喪三年。（恂傳）樂恢爲郡吏，太守坐法誅，恢獨行喪服。（恢傳）桓典以國相王吉誅，獨棄官收葬，服喪三年，負土成墳。（典傳）袁逢舉荀爽有道，爽不應，及逢卒，爽制服三年。（爽傳）此感知遇之恩而制服從厚者也。然父母喪不過三年，而郡將舉主之喪與父母無别，亦太過矣。又有以讓爵爲高者。西漢時，韋賢卒，子玄成應襲爵，讓于庶兄弘，宣帝高其節，許之。（元成傳）至東漢鄧彪亦讓封爵于異母弟，明帝亦許之。（彪傳）劉愷讓封于弟憲，逃去十餘年，有司請絶其封，帝不許，賈逵奏當成其讓國之美，乃詔憲嗣。（愷傳）此以讓而得請者也。桓榮卒，子鬱請讓爵于兄子汎，明帝不許，乃受封。（郁傳）丁綝卒，子鴻請讓爵于弟盛，不報，鴻乃逃去，以采藥爲名，後友人鮑駿遇之於東海，責以兄弟私恩絶其父不滅之基，鴻感悟，乃歸受爵。（鴻傳）郭躬子賀，當襲，讓與小弟而逃去，詔下州郡追之，不得已，乃出就封。（躬傳）徐防卒，子賀當襲，讓于弟崇，數歲不歸，不得已乃就封。（防傳）此讓而不得請者也。夫以應襲之爵而讓以鳴高，即使遂其所讓，而已收克讓之名，使受之者蒙濫冒之誚，有以處己，無以處人，況讓而不許，則先得高名，仍享厚實，此心尤不可問也。又有輕生報讎者。崔瑗兄爲人所害，手刃報讎，亡去。魏朗兄亦爲人所害，朗白日操刀，殺其人於縣中。蘇謙爲司隸校尉李暠案罪死獄中，謙子不韋與賓客掘地道至暠寢室，值暠如廁，乃殺其妾與子，又疾馳至暠父墓，掘得其父頭以祭父。（見各本傳）夫父兄被害，自當訴於官，官不理而後私報可也，今不理之於官，而輒自行讎殺，已屬亂民。然此猶曰出於義憤也。又有代人報讎者。何顒有友虞緯高，父讎未報而病將死，泣訴于顒，顒即爲復讎，以頭祭其父墓。郅惲有友董子張，父爲人所殺，子張病且死，對惲欷歔不能言，惲曰：『子以父讎未報也？』乃將賓客殺其人，以頭示子張，子張見而氣絶。（亦見各本傳）此則徒徇友朋私情，而轉捐父母遺體，亦繆戾之極矣。蓋其時輕生尚氣已成習俗，故志節之士好爲苟難，務欲絶出流輩，以成卓特之行，而不自知其非也。然舉世以此相尚，故國家緩急之際，尚有可恃，以搘拄傾危。昔人以氣節之盛爲世運之衰，而不知並氣節而無之，其衰乃更甚也。」

6 漢代文書式

漢代文書，臣下奏朝廷，朝廷下郡國，有《漢官典儀》《漢舊儀》等所載，然不若金石刻所著見者爲明白。《史晨祠孔廟碑》前云：「建寧二年三月癸卯朔七日己酉，魯相臣晨，長史臣謙頓首死罪上尚書，臣晨頓首頓首，死罪死罪。」末云：「臣晨誠惶誠恐，頓首頓首，死罪死罪上尚書。」副言太傅、太尉、司徒、司空、大司農府〔一〕。《樊毅復華下民租碑》前後與此同〔二〕。《無極山碑》：「光和四年某月辛卯朔廿二日壬子，太常臣耽、丞敏頓首上尚書。」末云：「臣耽愚戇，頓首頓首上尚書。制曰：可。大尚（讀爲大常。）承書從事，某月十七日丁丑，尚書令忠奏雒陽宮。光和四年八月辛酉朔十七日丁丑，尚書令忠下。」又云：「光和四年八月辛酉朔十七日丁丑，大常耽、丞敏下常山相。」〔三〕《孔廟碑》前云：「司徒臣雄，司空臣戒稽首言。」末云：「臣雄、臣戒愚戇，誠惶誠恐，頓首頓首，死罪死罪，臣稽首以聞。制曰：可。元嘉三年三月廿七日壬寅，奏雒陽宮。元嘉三年三月丙子朔廿七日壬寅，司徒雄、司空戒下魯相。」又云：「永興元年六月甲辰朔十八日辛酉，魯相平，行長史事、卞守長擅，叩頭死罪，敢言之司徒、司空府。」末云：「平惶恐叩頭，死罪死罪，上司空府。」此碑有三公奏天子、朝廷下郡國、郡國上公府三式，始末詳備。文惠公《隸釋》有之〔四〕。無極山祠事，以丁丑日奏雒陽宮，是日下大常。孔廟事，以壬寅日奏雒陽宮，亦以是日下魯相，又以見漢世文書之不滯留也。

【箋證】

〔一〕洪适《隸釋》卷一《魯相史晨祠孔廟奏銘》。

〔二〕《隸釋》卷二《樊毅復華下民租碑》（又題《樊毅復華下民租田口算碑》）。

〔三〕《隸釋》卷三《無極山碑》。

〔四〕《隸釋》卷一《孔廟置守廟百石孔龢碑》。洪适按云：「予家所藏石刻，可以見漢代文書之式者，有《史晨祠孔廟碑》《樊毅復華租碑》《太常耽無極山碑》，與此而四。此一碑之中，凡有三式：三公奏于天子，一也；朝廷下郡國，二也；郡國上朝廷，三也。」

7 資治通鑑

司馬公修《資治通鑑》，辟范夢得爲官屬，嘗以手帖論纘述之要，大抵欲如《左傳》叙事之體〔一〕。又云：「凡年號皆以後來者爲定。如武德元年，則從正月便爲唐高祖，更不稱隋義寧二年。梁開平元年正月，便不稱唐天祐四年。」〔二〕故此書用以爲法。然究其所窮，頗有窒而不通之處〔三〕。公意正以《春秋》定公爲例，於未即位，即書正月爲其元年。然昭公以去年十二月薨，則次年之事不得復係於昭。故定雖未立，自當追書。兼經文至簡，不過一二十字，一覽可以了解。若《通鑑》則不侔〔四〕，隋煬帝大業十三年，便以爲恭皇帝上，直至下卷之末，恭帝立，始改義寧。後一卷，則爲唐高祖。蓋凡涉歷三卷，而煬帝固存，方書其在江都時事〔五〕。明皇後卷之首，標爲肅宗至德元載，至一卷之半，方書太子即位〔六〕。代宗下卷云「上方勵精求治，不次用人」，乃是德宗也〔七〕。莊宗同光四年，便係於天成，以爲明宗，而卷内書命李嗣源討鄴，至次卷首，莊宗方殂〔八〕。潞王清泰三年，便標爲晉高祖，而卷内書石敬瑭反，至卷末始爲晉天福〔九〕。凡此之類，殊費分説。此外，如晉、宋諸胡僭國，所封建王公，及除拜卿相，纖悉必書，有至二百字者。又如西秦丞相南川宣公出連乞都卒，魏都坐大官章安侯封懿、天部大人白馬文正公崔宏、宜都文成王穆觀、鎮遠將軍平舒侯燕鳳、平昌宣王和其奴卒，皆無關於社稷治亂，而周勃薨乃不書。及書漢章帝行幸長安，進幸槐里、岐山，又幸長平，御池陽宫，東至高陵，十二月丁亥還宫；又乙未幸東阿，北登太行山，至天井關，夏四月乙卯還宫。又書魏主七月戊子如魚池，登青岡原，甲午還宫；八月己亥如彌澤，甲寅登牛頭山，甲子還宫。如此行役，無歲無之，皆可省也〔一〇〕。

【箋證】

〔一〕司馬光《資治通鑑釋例》載《與范内翰論修書帖》，云：「其修長編時，請據事目下所紀新、舊《紀》《志》《傳》及雜史、小説、文集，盡檢出一閲。其中事同文異者，則請擇一明白詳備者録之；彼此互有詳略，則請左右采獲，錯綜銓次，自用文辭修正之，一如《左傳》叙事之體也。」

王鳴盛《十七史商榷》卷一〇〇《綴言二》「資治通鑑上續左傳」條：「十七史至宋已備，而編年未有全書，英宗治平三年，命司馬君實編次《資治通鑑》，神宗元豐七年，歷十九年書成，上起戰國，下終五代，爲二百九十四卷。又略舉事目，年經國緯，以備檢尋，爲《目録》三十卷。又參考群書，評其同異，爲《考異》三十卷。君實名德篤學，所引以自助，若劉攽貢父、劉恕道原、范祖禹淳父，又極天下之選，故能成此。專取關國家盛衰，繫生民休戚，善可爲法，惡可爲戒者，洵不愧『資治』之稱。此天地間必不可無之書，亦學者必不可不讀之書也。其所以託于威烈王二十三年命韓、趙、魏爲諸侯者，晁公武《郡齋讀書志》謂因不敢續《春秋》之故，而《文獻通考》一百九十三卷采洪邁《容齋隨筆》云：『司馬公修《通鑑》，辟范夢得爲官屬，嘗以手帖論纘述之要，大抵欲如《左傳》叙事之體。』胡三省《通鑑注》自序亦云：『《通鑑》之作，實接《春秋左氏》後。』愚謂《春秋》終於獲麟，而《左傳》則從獲麟以後續書其事，訖於哀公之末。《春秋》始隱公元年，終哀公十四年，其事未竟，故作傳者竟之。其下又贅以哀公子悼公四年事，而其末段乃云：『趙襄子甚知伯，遂喪之，知伯貪而愎，故韓、魏反而喪之。』杜注：『《史記》謂晉哀公之四年，魯悼公之十四年，知伯帥韓、魏攻趙襄子于晉陽，韓、魏反與趙氏謀，殺知伯于晉陽之下。其事在《春秋》後二十七年。』考此年乃周定王之十六年，歲在戊子，（周有兩定王，次後定王也。）此則作傳者附綴後事，故上距獲麟已有二十七年之久，自定王十六年王崩而考王立，又崩而至威烈王之二十三年，雖中間相隔又有四五十年，但《通鑑》雖託始於此，以命韓、魏、趙爲提綱，其下卻仍追述前事，直從智宣子立瑶爲後叙起，自下歷叙知伯求地，三家滅之之事甚詳。然則君實不敢續《春秋》而欲接《左傳》也。續經則僭，續傳則可。其微意如此，豈其前無所承而强出意見，好爲武斷，截從一王之二十三年爲首，使其著述偏側畸零不成體裁者哉！七國，秦、齊、燕、趙皆舊封，韓、趙、魏則新國，自三家滅知伯而分晉之勢成於此，七國之勢亦成於此，左氏欲下接戰國，故以此事終，司馬君實欲上續《左傳》，故以此事始。」

〔二〕司馬光《與范内翰論修書帖》。

〔三〕趙紹祖《讀書偶記》卷五《史家歲首書元》：「《舊唐書》歲首書元，必書前元，至某月某日書改元。《新唐書》歲首書元，必書後元，亦至某月某日書改元。司馬温公作《通鑑》，辟范夢得爲屬，嘗以手帖論之云：（同《續筆》本條，略。）蓋自來史家多書後元，惟新、舊《唐書》各異，故温公特與范言之，以范專任唐事也。容齋洪氏極論其非。然如《舊唐書》之書前元，至明年歲首突書後元二年，竟似無元年者，亦不便於觀覽。若至某月某日提書某元元年，又恐觀者誤爲兩年，而非一年事。然則不善讀書，而但嗤著書者之例不善，亦過矣。愚意不論書後元、前元，若書後元，則即注其下曰自某月某日以上仍某元幾年，某月某日改元；若書前元，則即注其下曰某月某日始改某元。如此則意明，而無窒而不通之事矣。」

〔四〕《春秋》：「定公元年春王。」《穀梁傳》：「不言正月，定無正也。定之無正何也？昭公之終，非正終也。定之始，非正始也。昭無正終，故定無正始。」（《春秋穀梁注疏》卷一九）

張尚瑗《穀梁折諸》卷六《定公・不言正月定無正也》引《隨筆》本條，接云：「按《穀梁子》曰：『昭無正終，故定無正始。』《公羊子》曰：『定、哀多微詞』，『未知己之有罪焉爾』，何等沈痛。嬗代易君，總非操筆者所欣然爾。」

〔五〕《資治通鑑》卷一八三《隋紀七・煬皇帝下》，是卷後半部分即爲《恭皇帝紀》，首書「義寧元年春正月」。胡三省注：「是年十一月，李淵克長安，方奉代王即位改元。《通鑑》因以繫年。」卷一八四《隋紀八・恭皇帝下》。卷一八五《唐紀一・高祖上之上》，首書「武德元年春正月」。胡三省注：「是年五月受隋禪，始改元。」于武德元年三月，書「隋煬帝至江都」，三省注：「大業十二年，煬帝至江都。」

〔六〕《資治通鑑》卷二一七《唐玄宗紀下之下》，止於十四載十二月。此卷後半部分乃是《肅宗紀上之上》，首書「至德元載春正月」，三省注：「是年七月，太子即位於靈武，始改元至德。」肅宗即位，載在卷二一八《肅宗紀上之下》至德元載秋七月。

〔七〕《資治通鑑》卷二二六《唐代宗紀下》，首書「大曆十四年八月」，而云「上方勵精求治不次用人」，讀者易生誤解。此「上」乃德宗，非代宗也。代宗崩、德宗即位，皆在是年五月，事載前卷（卷二二五《唐代宗紀中之下》）。

〔八〕《資治通鑑》卷二七四《後唐明宗紀上之上》，首書「天成元年春正月」，胡三省注：「是年四月方改元。見下卷。」莊宗殂，在明宗天成元年四月，載在卷二七五《明宗紀上之下》。

〔九〕《資治通鑑》卷二八〇《後晉高祖紀上之上》，首書「天福元年春正月」，胡三省注：「是年十一月方改元即位。」

〔一〇〕《文獻通考》卷一九三《經籍考二十》引巽岩李氏（燾）曰：「左丘明傳《春秋》，自隱至成八公，凡百五十年，爲十三卷；自襄至哀四公，凡百五年，爲十七卷。年近則事詳，遠則略，理勢固然，無足怪者。温公與范太史議修《唐紀》，初約爲八十卷，此帖云已及百卷，既而卒爲八十卷。删削之功盛矣！卷數細事，前輩相與平章，猶嚴若此，則其他肯輕下筆哉？吁，可敬畏也！」

8 弱小不量力

楚莊王伐蕭，蕭人囚熊相宜僚及公子丙。王曰：「勿殺，吾退。」蕭人殺之，王怒，遂滅蕭〔一〕。楚伐莒，莒人囚楚公子平。楚人曰：「勿殺，吾歸而俘。」莒人殺之，楚師圍莒，莒潰，遂入鄆〔二〕。齊侯伐魯，圍龍，頃公之嬖人盧蒲就魁門焉，龍人囚之。齊侯曰：「勿殺，吾與而盟，無入而封。」弗聽，殺而膊諸城上。齊遂取龍〔三〕。夫以齊、楚之大，而莒一小國，蕭一附庸，龍一邊邑，方受攻之際，幸能囚執其人，强敵許以勿殺而退師，乃不度德量力，致怨於彼，至於亡滅，可謂失計。傳稱子産善相小國〔四〕，使當此時，必有以處之矣。

【箋證】

〔一〕《左傳》宣十二年。

〔二〕《左傳》成九年。

〔三〕《左傳》成二年。

〔四〕《左傳》昭四年。

9 田横吕布

田横既敗，竄居海隝中。高帝遣使召之，曰：「横來，大者王，小者乃侯耳。」横遂與二客詣雒陽。將至，謂客曰：「横始與漢王俱南面稱孤，今漢王爲天子，而横迺爲亡虜，北面事之，其媿固已甚矣。」即自剄。横不顧王侯之爵，視死如歸，故漢祖流涕稱其賢，班固以爲雄材〔一〕。韓退之道出其墓下，爲文以弔曰：「自古死者非一，夫子至今有耿光。」〔二〕其英烈凛然，至今猶有生氣也。吕布爲曹操所縛，將死之際，乃語操曰：「明公之所患，不過於布，今已服矣。令布將騎，明公將步，天下不足定也。」操竟殺之〔三〕。布之材未必在横下，而欲忍恥事讎，故東坡詩曰：「猶勝白門窮吕布，欲將鞍馬事曹瞞。」蓋笑之也〔四〕。劉守光以燕敗，爲晉王所擒，既知不免，猶呼曰：「王將復唐室以成霸業，何不赦臣使自效？」〔五〕此又庸奴下才，無足責者。

【箋證】

〔一〕《漢書》卷一下《高帝紀下》五年。《漢書叙傳》：「横雖雄材，伏于海隝。沐浴尸鄉，北面奉首。

旅人慕殉，義過黄鳥。述《魏豹田儋韓信傳》第三。」（《漢書》卷一〇〇下《叙傳》第七十下）

〔二〕韓愈《祭田横墓文》（《五百家注昌黎文集》卷二二）。

〔三〕《資治通鑑》卷六二《漢獻帝紀》，建安三年。

〔四〕蘇軾《答范祖禹》（《東坡全集》卷九）。

錢鍾書《管錐編》第一册《史記會注考證·黥布列傳》：「隨何曰：『大王與項王俱列爲諸侯，北鄉而臣事之』。按《田儋列傳》：『謂其客曰：「横始與漢王俱南面稱孤，今漢王爲天子，而横乃爲亡虜，而北面事之，其恥固已甚矣！」』《容齋續筆》卷四以田横語與吕布臨刑語相較，而引蘇軾《答范淳甫》詩云：『猶勝白門窮吕布，欲將鞍馬事曹瞞。』獨深居點定本湯顯祖《玉茗堂集·詩》卷六《答淮撫李公》五律《序》：『雅意殊厚，獨愧身與公等比肩事主，老而爲客，亦非予所能也。』則仿佛田横語意。」

〔五〕《新五代史》卷三九《劉守光傳》。

10 中山宜陽

戰國事雜出於諸書，故有不可考信者。魏文侯使樂羊伐中山，克之，以封其子。故任座云：「君得中山，不以封君之弟，而以封君之子。」翟璜云：「中山已拔，無使守之，臣進李克。」〔一〕而《趙世家》書武靈王以中山負齊之强，侵暴其地，鋭欲報之，至於變胡服，習騎射，累年乃與齊、燕共滅之，遷其王於膚施。此去魏文侯時已百年，中山不應既亡而復存，且膚施屬上郡，本魏地，爲秦所取，非趙可得而置它人，誠不可曉。惟《樂毅傳》云：「魏取中山，後中山復國，趙復滅之。」《史記·六國表》：「威烈王十二年，中山武公初立。」徐廣曰：「周定王之孫，西周桓公之子。」〔二〕此尤不然。宜陽於韓爲大縣，顯王三十四年，秦伐韓，拔之。故屈宜臼云：「前年秦拔宜陽。」正是昭侯時〔三〕。歷宣惠王、襄王，而秦甘茂又拔宜陽，相去幾三十年，得非韓嘗失此邑，既而復取之乎〔四〕？

【箋證】

〔一〕《史記》卷四四《魏世家》。

〔二〕《史記》卷四三《趙世家》「中山武公初立」句，裴駰《集解》：「徐廣曰：『西周桓公之子。桓公者，考王弟而定王子。』」司馬貞《索隱》：「中山古鮮虞國，姬姓也，《系本》云：『中山武公居顧，桓公徙靈壽，爲趙武靈王所滅。』不言誰之子孫。徐廣云西周桓公之子，亦無所據，蓋未得其實。」

〔三〕《史記》卷四五《韓世家》。韓昭侯二十四年。

〔四〕韓宣惠王，韓襄王。《韓世家》：「襄王四年，與秦武王會臨晉。其秋，秦使甘茂攻我宜陽。五年，秦拔我宜陽。」

按，呂祖謙《大事記解題》卷三「周顯王三十四年，秦拔韓宜陽」條：「《韓年表》止書『秦拔我宜陽』。按秦武王四年，甘茂拔宜陽，其役甚大，其事甚詳，然則今年拔宜陽，特暫得之耳。」王應麟《通鑑答問》卷一《秦伐韓拔宜陽》：顯王三十四年，「惠文雖拔宜陽，未遽取也」。今人范祥雍《戰國策箋證》卷一《東周》「秦攻宜陽」條，引顧觀光云：「《史記》（韓）列侯九年，秦伐我宜陽，取六邑。又昭侯二十四年，秦拔我宜陽。又襄王五年，秦拔我宜陽，斬首六萬。錢大昕謂：『戰國時大郡連十數城，非一時所能盡拔。』然《秦策》甘茂曰：『宜陽大縣也，上黨、南陽積之久矣，名爲縣，其實郡也。』是宜陽非郡，安得復有屬縣？恐其間有失而復得之事，史略其文耳。」范祥雍謂顧説與容齋暗合。

11　相六畜

《莊子》載徐無鬼見魏武侯，告之以相狗、馬〔一〕。《荀子》論堅白同異，云：「曾不如好相雞、狗之可以爲名也。」〔二〕《史記》褚先生於《日者傳》後云：「黄直，丈夫也，陳君夫，婦人也，以相馬立名天下。留長孺以相彘立名。滎陽褚氏以相牛立名。皆有高世絶人之風。」〔三〕今時相馬者間有之，相牛者殆絶，所謂雞、狗、彘者，不復聞之矣。劉向《七略》，《相六畜》三十八卷，謂「骨法之度數」，今無一存〔四〕。

【箋證】

〔一〕《莊子·徐無鬼》。

〔二〕《荀子·儒效》。

〔三〕《史記》卷一二七《日者列傳》。

〔四〕《漢書》卷三〇《藝文志》數術略之形法類有《相六畜》三十八卷。序謂：「形法者，大舉九州之勢以立城郭室舍形，人及六畜骨法之度數、器物之形容，以求其聲氣貴賤吉凶。猶律有長短，而各徵其聲，非有鬼神，數自然也。」六畜之名數謂馬、牛、羊、雞、犬、豕。《通志》卷六六《藝文略》食貨之豢養類有《伯樂相馬經》一卷、《相馬經》三卷、《周穆王相馬經》三卷、《相馬經》二卷（徐成等撰）、《相馬經》六十卷（諸葛穎撰）、《甯戚相牛經》一卷、《高堂隆相牛經》一卷、《浮丘公相鶴經》一卷、《淮南八公相鵠經》一卷、《相鴨經》一卷、《相雞經》一卷、《相鵝經》一卷、《相貝經》一卷。

12　卜筮不同

《洪範》「七稽疑，擇建立卜筮人」，有「龜從，筮逆」之説〔一〕。《禮記》：「卜筮不相襲。」謂「卜不吉，則又筮；筮不吉，則又卜」，以爲「瀆龜筴」〔二〕。《左傳》晉獻公欲以驪姬爲夫人，卜之不吉，筮之吉。公曰：「從筮。」卜人曰：「筮短龜長，不如從長。」〔三〕魯穆姜徙居東宮，筮之，遇《艮》之八。史曰：「是謂《艮》之《隨》。」杜預注云：「《周禮》太卜掌三《易》，雜用《連山》《歸藏》，二《易》皆以七、八爲占，故言遇《艮》之八。史疑古《易》遇八爲不利，故更以《周易》占，變爻得《隨》卦也。」〔四〕漢武帝時，聚會占家問之，某日可取婦乎？五行家曰可，堪輿家曰不可，建除家曰不吉，叢辰家曰大凶，曆家曰小凶，天人家曰小吉，太一家曰大吉。辯訟不決，以狀聞。制曰：「避諸死忌，以五行爲主。」〔五〕則曆卜諸家，自古蓋不同矣。唐吕才作《廣濟陰陽百忌曆》，世多用之〔六〕。近又有《三曆會同集》〔七〕，蒐羅詳盡。姑以擇日一事論之，一年三百六十日，若泥而不通，殆無一日可用也。

【箋證】

〔一〕《洪範》：「七，稽疑。擇建立卜筮人。乃命卜筮，曰雨，曰霽，曰蒙，曰驛，曰克，曰貞，曰悔，凡七。卜五，占用二，衍忒。立時人作卜筮，三人占，則從二人之言。汝則有大疑，謀及乃心，謀及卿士，謀及庶人，謀及卜筮。汝則從，龜從，筮從，卿士從，庶民從，是之謂大同。身其康强，子孫其逢吉。汝則從，龜從，筮從，卿士逆，庶民逆，吉。卿士從，龜從，筮從，汝則逆，庶民逆，吉。庶民從，龜從，筮從，汝則逆，卿士逆，吉。汝則從，龜從，筮逆，卿士逆，庶民逆，作内吉，作外凶。龜筮共違于人，用静吉，用作凶。」（《尚書正義》卷一二）

〔二〕《禮記·曲禮上》。

〔三〕《左傳》僖四年。

〔四〕《左傳》襄九年。

〔五〕見《史記》卷一二七《日者列傳》後「褚先生曰」一段。

〔六〕《新唐書》卷五九《藝文志》五行類有吕才《陰陽書》五十三卷，《廣濟陰陽百忌曆》一卷。《直齋書録解題》卷一二陰陽家類：「《廣濟陰陽百忌曆》二卷。稱唐吕才撰，有序。案才序《陰陽書》，其三篇見於本傳，曰《禄命》，曰《卜宅》，曰《葬》，盡掃世俗拘滯之論，安得復有此曆。本初固已假託，後人附益，尤不經。」

〔七〕《直齋書録解題》卷一二：「《三曆會同》十卷，不知作者。集《百忌》《總聖》《集正》三書。」

13　日者

《墨子》書《貴義篇》云：「子墨子北之齊，遇日者。日者曰：『帝以今日殺黑龍於北方，而先生之色黑，不可以北。』子墨子不聽，遂北，至淄水，不遂而反。日者曰：『我謂先生不可以北。』子墨子曰：『南之人不得北，北之人不得南，其色有黑者，有白者，何故皆不遂也？且帝以甲乙殺青龍於東方，以丙丁殺赤龍於南方，以庚辛殺白龍於西方，以壬癸殺黑龍於北方，若子之言，不可用也。』」《史記》作《日者列傳》，蓋本於此。徐廣曰：「古人占候卜筮，通謂之日者。」〔一〕如以五行所直之日而殺其方龍，不知其旨安在，亦可謂怪矣〔二〕。

【箋證】

〔一〕《史記》卷一二七《日者列傳》目下裴駰《集解》引《墨子》此節，謂：「然則古人占候卜筮，通謂之日者。《墨子》亦云，非但《史記》也。」司馬貞《索隱》案，「名卜筮曰『日者』以墨，所以卜筮占候時日通名日者故也。」王叔岷《史記斠證》卷一二七《日者列傳》，引《續筆》此條，謂「此乃《集解》之文，未知何據以爲徐説」。

〔二〕孫詒讓《墨子閒詁》卷一二《貴義第四十七》：「此即古五龍之説，《鬼谷子》『盛神法五龍』，陶弘景注云：『五龍，五行之龍也。』《水經注》引《遁甲開山圖》云『五龍見教，天皇被迹』，榮氏注云：『五龍治在五方，爲五行神。』《説文・戊部》云：『戊，中宫也，象六甲、五龍相拘絞也。』義並同。然則五龍自有中宫，但日者之言，不妨約舉四方耳。」

14 柳子厚黨叔文

柳子厚、劉夢得皆坐王叔文黨廢黜。劉頗飾非解謗，而柳獨不然。其《答許孟容書》云：「早歲與負罪者親善，始奇其能，謂可以共立仁義，裨教化。暴起領事，人所不信，射利求進者，百不一得，一旦快意，更恣怨讟，詆訶萬狀，盡爲敵讎。」〔一〕及爲叔文母劉夫人墓銘，極其稱誦，謂：「叔文堅明直亮，有文武之用。待詔禁中，道合儲后。獻可替否，有康弼調護之勤。訏謨定命，有扶翼經緯之績。將明出納，有彌綸通變之勞。内贊謨畫，不廢其位。利安之道，將施于人。而夫人終于堂，知道之士，爲蒼生惜焉。」〔二〕其語如此。夢得自作傳云：「順宗即位時，有寒儁王叔文以善弈棋得通籍博望，因間隙得言及時事，上大奇之。叔文自言猛之後，有遠祖風，唯吕温、李景儉、柳宗元以爲信。然三子皆與予厚善，日夕過，言其能。叔文實工言治道，能以口辯移人。既得用，其所施爲，人不以爲當。上素被疾，詔下内禪，宫掖事祕，功歸貴臣，於是叔文貶死。」〔三〕韓退之於兩人爲執友，至修《順宗實録》，直書其事云：「叔文密結有當時名欲僥倖而速進者劉禹錫、柳宗元等十數人，定爲死交，蹤跡詭祕。既得志，劉、柳主謀議唱和，采聽外事。及敗，其黨皆斥逐。」〔四〕此論切當，雖朋友之義，不能以少蔽也〔五〕。

【箋證】

〔一〕《柳河東集》卷三〇《寄許京兆孟容書》。

〔二〕《柳河東集》卷一三《故尚書户部侍郎王君先太夫人河間劉氏誌文》。

〔三〕《劉賓客外集》卷九《子劉子自傳》。

王鳴盛《十七史商榷》卷八九《新舊唐書二十一》「王叔文謀奪内官兵柄」條，引《續筆》本條，接云：「容齋意固不以叔文爲善，而所舉子厚自叙之詞特爲具眼，子厚非怙過也，道其實耳。若禹錫《子劉子自傳》，則其于叔文竟黜其邪佞，並若自悔其依附之謬矣。（見《中山外集》第九卷。）」按「其所施爲，人不以爲當」，《四部叢刊》景宋本《劉夢得文集》《四部備要》本《劉賓客文集》引作「人不以爲當非」。《新唐書·劉禹錫傳》亦無「非」字。

〔四〕《順宗實録》五：「（王）叔文，越州人，以棊入東宫，頗自言讀書知理道，乘間常言人間疾苦。上將大論宮市事，叔文説中上意，遂有寵。因爲上言某可爲將，某可爲相，幸異日用之。密結韋執誼，並有當時名欲僥倖而速進者，陸質、吕温、李景儉、韓曄、韓泰、陳諫、劉禹錫、柳宗元等十數人，定爲死交，而凌準、程异等又因其黨而進交游，蹤迹詭祕，莫有知其端者。貞元十九年，補闕張正買疏諫他事，得召見。正買與王仲舒、劉伯芻、裴茝、常仲孺、吕洞相善，數游止，正買得召見，諸往來者皆往賀之，有與之不善者告叔文、執誼云：『正買疏似論君朋黨事宜，少誡。』執誼、叔文信之。執誼嘗爲翰林學士，父死罷官，此時雖爲散郎，以恩時時召入問外事。執誼因言成季等朋讌聚游無度，皆譴斥之，人莫知其由。叔文既得志，與王伾、李忠言等專斷外事，遂首用韋執誼爲相。其常所交結，相次拔擢，至一日除數人。日夜群聚。伾以侍書幸，寢陋，吴語，上所褻狎，而叔文頗任事，自許微知文義，好言事，上以故稍敬之，不得如伾出入無阻，叔文入至翰林，而伾入至柿林院，見李忠言、牛昭容等，故各有所主。伾主往來傳授，劉禹錫、陳諫、韓曄、韓泰、柳宗元、房啓、凌準等主謀議唱和，采聽外事。上疾久不瘳，内外皆欲上早定太子位，叔文默不發議。已立太子，天下喜而叔文獨有憂色，常吟杜甫題諸葛亮廟詩末句云：『出師未用身先死，長使英雄淚滿襟。』因歔欷流涕。聞者咸竊笑之。雖判兩使事，未嘗以簿書爲意，日引其黨，屏人切切細語，謀奪宦者兵，以制四海之命。既令范希朝、韓泰總統京西諸城鎮行營兵馬，中人尚未悟，會邊上諸將各以狀辭中尉，且言方屬希朝，中人始悟兵柄爲叔文所奪，乃大怒曰：『從其謀，吾屬必死其手。』密令其使歸告諸將曰：『無以兵屬人。』希朝至奉天，諸將無至者，韓泰白叔文，計無所出，唯曰：『奈何！奈何！』無幾而母死，執誼益不用其語。叔文怒，與其黨日夜謀起復，起復必先斬執誼而盡誅不附己者，聞者皆恟懼。皇太子既監國，遂逐之。明年，乃殺之。伾，杭州人，病死遷所。其黨皆斥逐。」

〔五〕按陳祖范《陳司業文集》卷一《記昌黎集後》云：「予讀韓退之《順宗實録》及《永貞行》，歎劉、柳輩八司馬之冤，意退之之罪狀王、韋，實有私心，而其罪固不止此也。退之于伾、文、執誼有私憾，于同官劉、柳有疑猜，進退禍福，彼此有不兩行之勢。而伾、文輩又速敗，於是奮其筆舌，詆斥無忌，雖其事之美者反以爲惡，而劉、柳諸人朋邪比周之名成矣。史家以成敗論人，又有韓公之言爲質的，而不詳其言之過當，蓋有所自。予故表而出焉，非以劉、柳文章之士而回護之也。」

岑仲勉《翰林學士壁記注補》：「《容齋續筆》四《柳子厚黨叔文》條雖左袒韓愈，然《續筆》七《伾文用事》條又盛稱其善政，是柳、劉之交叔文，不得爲柳、劉過也，洪特欲代愈解嘲，故弗能自圓其說。」（《中研院歷史語言研究所集刊論文類編·文獻考訂編》二）

章士釗《柳文指要》上《體要之部》卷三一《書》「答劉禹錫天論書」條，引《續筆》本條，謂：「景盧所引，皆人所熟知事迹，獨『劉頗飾非解謗，而柳獨不然』二語，爲景盧自攄見地。宋人中論永貞黨事，瑩澈此義者殊罕，雖平日推韓逾量，而平衡劉、柳，不失厥真，亦自可取。」

15 漢武心術

《史記·龜策傳》：「今上即位，博開藝能之路，悉延百端之學，通一技之士，咸得自效。數年之間，太卜大集。會上欲擊匈奴，西攘大宛，南收百越，卜筮至預見表象，先圖其利。及猛將推鋒執節，獲勝於彼，而蓍龜時日亦有力於此。上尤加意，賞賜至或數千萬。如丘子明之屬，富溢貴寵，傾於朝廷。至以卜筮射蠱道，巫蠱時或頗中。素有眦睚不快，因公行誅，恣意所傷，以破族滅門者，不可勝數。百僚蕩恐，皆曰龜策能言。後事覺姦窮，亦誅三族。」〔一〕《漢書音義》以爲史遷没後，十篇闕，有録無書。元、成之間，褚先生補闕，言辭鄙陋，《日者》《龜策列傳》在焉。故後人頗薄其書〔二〕。然此卷首言「今上即位」，則是史遷指武帝，其載巫蠱之冤如是。今之論議者，略不及之。《資治通鑑》亦棄不取，使丘子明之惡不復著見。此由武帝博采異端，馴致斯禍。儻心術趨於正當，不如是之酷也〔三〕。

【箋證】

〔一〕《史記》卷一二八《龜策列傳》。

〔二〕《史記》卷一三〇《太史公自序》：「太史公曰：『余述歷黄帝以來至太初而訖，百三十篇。』」裴駰《集解》：「駰案《漢書音義》曰：『十篇缺，有録無書。』張晏曰：『遷没之後，亡《景紀》《武紀》《禮書》《樂書》《兵書》《漢興以來將相年表》《日者列傳》《三王世家》《龜策列傳》《傅靳蒯成列傳》。元、成之間，褚先生補闕，作《武帝紀》《三王世家》《龜策》《日者列傳》，言辭鄙陋，非遷本意也。』」司馬貞《索隱》案：「《景紀》取班書補之。《武紀》專取《封禪書》，《禮書》取荀卿《禮論》，《樂書》取《禮·樂記》，《兵書》亡，不補，略述律而言兵，遂分歷述以次之。《三王系家》空取其策文以續此篇，何率略且重，非當也。《日者》不能記諸國之同異，而論司馬季主。《龜策》直太卜所得占龜兆雜説，而無筆削功，何蕪鄙也。」

〔三〕武帝巫蠱之禍，可參《續筆》卷二《巫蠱之禍》條。

16 禁天高之稱

周宣帝自稱天元皇帝，不聽人有「天」「高」「上」「大」之稱。官名有犯，皆改之。改姓高者爲姜，九族稱高祖者爲長祖〔一〕。政和中，禁中外不許以「龍」「天」「君」「玉」「帝」「上」「聖」「皇」等爲名字。於是毛友龍但名友，葉天將但名將，樂天作但名作，句龍如淵但名句如淵，衛上達賜名仲達，葛君仲改爲師仲，方天任爲大任，方天若爲元若，余聖求爲應求。周綱字君舉，改曰元舉；程振字伯玉，改曰伯起；程瑀亦字伯玉，改曰伯禹；張讀字聖行，改曰彦行〔二〕。蓋蔡京當國，遏絶史學，故無有知周事者〔三〕。宣和七年七月，手詔以昨臣僚建請，士庶名字有犯「天」「玉」「君」「聖」及「主」字者悉禁，既非上帝名諱，又無經據，諂佞不根，貽譏後世，罷之〔四〕。

【箋證】

〔一〕《資治通鑑》卷一七三《陳紀七·高宗宣皇帝中之下》：太建十一年（《周書》卷七《宣帝紀》大象元年），二月辛巳，周宣帝傳位於太子闡，大赦，改元大象，自稱天元皇帝。

〔二〕吴曾《能改齋漫録》卷一三《御筆宫觀寺院不得稱主》條：「政和三年六月，御筆：天下道士不得稱宫主、觀主，並改。」又《奏禁止聖名字》條：「政和八年五月，户部幹當公事李寬奏：『欲望凡以「聖」爲名字者，並行禁止。』奉聖旨依。」又《詔禁以天字稱》條：「政和八年閏九月，給事中趙野奏：『陛下恢崇妙道，寅奉高真，凡世俗以君、王、聖三字爲名字者，悉命革而正之。然尚有以天字爲稱者，竊慮一當禁約。』依奏。」又《禁名意僭竊》條：「政和八年七月，迪功郎饒州浮梁縣丞陸元佐上書：『竊見吏部左選有徐大明者爲曹官，有陳丕顯者爲教官。蓋大明者，文王之德；丕顯者，文王之謨。又況大明者，有犯神明館御殿。臣故曰有取王者之實，以寓其名。竊見饒州樂平縣有名孫權者，浮梁縣有名劉項者，臣故曰有取霸者之迹，以寓其名。云云。昔元祐間，文彦博之子守陽，作堂以迎彦博之來。蘇軾名其堂曰「德威」，蓋取《書》「德威惟畏」之意，言者以謂「德威惟畏」乃堯事，不當以此名其堂。皇祐中，御筆賜蔡襄字君謨，後唱進士第日，有竊以爲名者。仁宗怒曰：「近臣之字，卿何得而名之！」遂令更改。恭覩政和二年春，賜貢士第，當時有吴定辟、魏元勳等十餘人，名意僭竊，陛下或降或革。』奉御筆：『陸元佐所言可行。下逐處並所屬，令改正禁止。』」

按，陳垣《史諱舉例》第十九《宋禁人名寓意僭竊例》，即舉《能改齋漫録》及《續筆》本條。

〔三〕陳均《九朝編年備要》卷二八：政和二年四月，「禁史學，從監察御史李彦章之請也。詔士勿兼習史學。初翰林學士蔡嶷等請，令人復試時務策，參以漢、唐、歷代爲問。至是，令寢前詔勿行。」

《能改齋漫録》卷一二《罷史學》條：監察御史兼權殿中侍御史李彦章言：「夫《詩》《書》《周禮》，三代之故；而史載秦、漢、隋、唐之事。學乎《詩》《書》《禮》者，先王之學也；習秦、漢、隋、唐之史者，流俗之學也。今近臣進思之論，不陳堯、舜之道，而建漢、唐之陋，不使士專經，而使習流俗之學，可乎？伏望罷前日之詔，使士一意於先王之學，而不流於世俗之習，天下幸甚。」御筆依奏。又同卷《薛昂黜用史記西漢諱蔡京名》條：「崇寧初，薛門下昂爲司成，士人程文有用《史記》《西漢》語者，薛輒黜落。元符中，嘗上殿乞罷史學。」

〔四〕王稱《東都事略》卷一一《本紀十一》：宣和七年，「秋七月庚午朔，禁士庶名字有犯『天』『王』『君』『聖』及『主』字者。」

李心傳《舊聞證誤》卷三：「宣和七年七月庚午，禁士民名字有犯『天』『王』『君』『聖』及『主』字者。按此五字皆宣和以前所禁，至此始罷之。今乃以爲禁，非也。重和元年九月，禁『天』字。二月，禁『君』字。五月，禁『聖』字。政和三年六月，禁『王』字。政和八年七月，禁

『主』字。」

黄震《黄氏日抄》卷四一《讀本朝諸儒理學書·龜山先生文集·奏議》：「《乞罷趙野》云：『今自李邦彦而下，廢罷殆盡，獨野居職如故，乃建請士庶名字有犯「天」「王」「君」「聖」及以「主」字爲稱謂者，悉禁。上皇廢格不行，而野泰然自如。』」趙野奏，詳前所引《能改齋漫録》。

17　宣和冗官

宣和元年，蔡京將去相位，臣僚方疏官僚冗濫之敝，大略云：「自去歲七月至今年三月，遷官論賞者五千餘人。如：辰州招弓弩手，而樞密院支差房推恩者八十四人；兖州陞爲府，而三省兵房推恩者三百三十六人。至有入仕才二年而轉十官者。今吏部兩選朝奉大夫至朝請大夫六百五十五員，横行右武大夫至通侍二百二十九員，修武郎至武功大夫六千九百九十一員，小使臣二萬三千七百餘員，選人一萬六千五百餘員。吏員猥冗，差注不行。」詔三省樞密院令遵守成法〔一〕。然此詔以四月庚子下，而明日辛丑以賞西陲誅討之功，太師蔡京，宰相余深、王黼，知樞密院鄧洵武，各與一子官，執政皆遷秩〔二〕。天子命令如是即日廢格之，京之罪惡至矣！

【箋證】

〔一〕韓淲《澗泉日記》卷上：「宣和元年四月庚子，臣僚言：『恩澤之行，比年寖濫。有入仕十二年轉十官者。今兩選朝奉大夫、朝請大夫六百五十五員，奉直大夫至光禄大夫二百九十員，横行右武大夫至通侍大夫二百二十九員，修武郎至武功大夫六千九百九十一員。』又言：『酬賞轉官，不得回授白身人，自有約束，今又稍稍通行。選人在部者一萬六千五百十二員，小使臣二萬三千七百餘員。吏員猥冗，注擬不行。』」

〔二〕《宋史》卷二二《徽宗紀》：宣和元年夏四月，「庚寅，童貫以鄜延、環慶兵大破夏人，平其三城。己亥，曲赦陝西、河東路。辛丑，進輔臣官一等」。

容齋續筆卷五十三則

1 秦隋之惡

自三代訖於五季，爲天下君而得罪於民，爲萬世所麾斥者，莫若秦與隋，豈二氏之惡浮於桀、紂哉？蓋秦之後即爲漢，隋之後即爲唐，皆享國久長，一時論議之臣，指引前世，必首及之，信而有徵，是以其事暴白於方來，彌遠彌彰，而不可蓋也。嘗試裒舉之。張耳曰：「秦爲亂政虐刑，殘滅天下，北爲長城之役，南有五領之戍，外内騷動，頭會箕斂，重以苛法，使父子不相聊。」〔一〕張良曰：「秦爲無道，故沛公得入關，爲天下除殘去賊。」〔二〕陸賈曰：「秦任刑法不變，卒滅嬴氏。」〔三〕王衛尉曰：「秦以不聞其過亡天下。」〔四〕張釋之曰：「秦任刀筆之吏，争以亟疾苛察相高，以故不聞其過，陵夷至于二世，天下土崩。」〔五〕賈山借秦爲喻曰：「爲宫室之麗，使其後世曾不得聚廬而託處；爲馳道之麗，後世不得邪徑而託足；爲葬薶之麗，後世不得蓬顆而託葬。以千八百國之民自養，力罷不能勝其役，財盡不能勝其求，人與之爲怨，家與之爲讎，天下已壞而弗自知，身死纔數月耳，而宗廟滅絶。」〔六〕賈誼曰：「商君遺禮誼，棄仁恩，并心於進取，行之二歲，秦俗日敗，滅四維而不張，君臣乖亂，六親殃戮，萬民離叛，社稷爲虚。」又曰：「使趙高傅胡亥，而教之獄。今日即位，明日射人，其視殺人若刈草菅然。置天下於法令刑罰，德澤亡一有，而怨毒盈於世，下憎惡之如仇讎。」〔七〕晁錯曰：「秦發卒戍邊，有萬死之害，而亡銖兩之報。天下明知禍烈及己也，陳勝首倡，天下從之如流水。」又曰：「任不肖而信讒賊，民力罷盡，矜奮自賢，法令煩憯，刑罰暴酷，親疎皆危，外内咸怨，絶祀亡世。」〔八〕董仲舒曰：「秦重禁文學，不得挾書，棄捐禮誼而惡聞之。其心欲盡滅先聖之道，而顓爲自恣苟簡之治。自古以來，未嘗有以亂濟亂，大敗天下之民如秦者也。」又曰：「師申、商之法，行韓非之説，憎帝王之道，以貪狼爲俗，賦斂亡度，竭民財力，群盜並起，死者相望，而姦不息。」〔九〕淮南王安曰：「秦使尉屠睢攻越，鑿渠通道，曠日引久，發適戍以備之，往者莫反，亡逃相從，群爲盜賊。於是山東之難始興。」吾丘壽王曰：「秦廢王道，立私議，去仁恩而任刑戮，至於赭衣塞路，群盜滿山。」主父偃曰：「秦任戰勝之威，功齊三代，務勝不休，暴兵露師，百姓靡敝，孤寡老弱，不能相養，死者相望，天下始叛。」徐樂曰：「秦之末世，民困而主不恤，下怨而上不知，俗已亂而政不脩，陳涉之所以爲資也。此之謂土崩。」嚴安曰：「秦一海内之政，壞諸侯之城，爲知巧權利者進，篤厚忠正者退。法嚴令苛，意廣心逸。兵禍北結於胡，南挂於越，宿兵於無用之地，進而不得退，天下大畔，滅世絶祀。」〔一〇〕司馬相如曰：「二世持身不謹，亡國失勢，信讒不寤，宗廟滅絕。」伍被曰：「秦爲無道，百姓欲爲亂者十室而五。使徐福入海，欲爲亂者十室而六。使尉佗攻百越，欲爲亂者十室而七。作阿房之宮，欲爲亂者十室而八。」路温舒曰：「秦有十失，其一尚存，治獄之吏是也。」〔一一〕賈捐之曰：「興兵遠攻，貪外虛内，天下潰畔，禍卒在於二世之末。」〔一二〕劉向曰：「始皇葬於驪山，下錮三泉，多殺宮人，生薶工匠，計以萬數，天下苦其役而反之。」〔一三〕梅福曰：「秦爲無道，削仲尼之迹，絶周公之軌，禮壞樂崩，王道不通，張誹謗之罔，以爲漢敺除。」〔一四〕谷永曰：「秦所以二世十六年而亡者，養生泰奢，奉終泰厚也。」〔一五〕劉歆曰：「燔經書，殺儒士，設挾書之法，行是古之罪，道術由是遂滅。」〔一六〕凡漢人之論秦惡者如此。唐高祖曰：「隋氏以主驕臣諂亡天下。」〔一七〕孫伏伽曰：「隋以惡聞其過亡天下。」〔一八〕《薛收傳》：「秦王平洛陽，觀隋宮室，歎曰：『煬帝無道，殫人力以事夸侈。』收曰：『後主奢虐是矜，死一夫之手，爲後世笑。』」〔一九〕張元素曰：「自古未有如隋亂者，得非君自專、法日亂乎？造乾陽殿，伐木於豫章，一材之費，已數十萬工。乾陽畢功，隋人解體。」〔二〇〕魏徵曰：「煬帝信虞世基，賊徧天下而不得聞。」又曰：「隋唯責不獻食，或供奉不精，爲此無限，而至於亡。方其未亂，自謂必無亂，未亡，自謂必不亡。所以甲兵亟動，徭役不息。」又曰：「恃其富强，不虞後患，役萬物以自奉養，子女玉帛是求，宮室臺榭是飾。外示威重，内行險忌，上下相蒙，人不堪命，以致隕匹夫之手。」又曰：「文帝驕其諸子，使至夷滅。」〔二一〕馬周曰：「貯積者固有國之常，要當人有餘力而後收之，豈人勞而强斂之以資寇邪？隋貯洛口倉，而李密因之，積布帛東都，而王世充據之，西京府庫，亦爲國家之用。」〔二二〕陳子昂曰：「煬帝恃四海之富，鑿渠決河，疲生人之力，中國之難起，身死人手，宗廟爲墟。」〔二三〕楊相如曰：「煬帝自恃其彊，不憂時政。言同堯、舜，迹如桀、紂，舉天下之大，一擲棄之。」〔二四〕吴兢曰：「煬帝驕矜自負，以爲堯、舜莫己若，而諱亡憎諫，乃曰：『有諫我者，當時不殺，後必殺之。』自是謇諤之士去而不顧，外雖有變，朝臣鉗口，帝不知也。」〔二五〕柳宗元曰：「隋氏環四海以爲鼎，跨九垠以爲鑪，爨以毒燎，煽以虐焰，沸湧灼爛，號呼騰蹈。」〔二六〕李珏曰：「隋文帝勞於小務，以疑待下，故二世而亡。」〔二七〕凡唐人之論隋惡者如此。

【箋證】

〔一〕《漢書》卷三二《張耳陳餘傳》謂耳、餘等「至諸縣説其豪桀」云云，蓋非張耳一人之説。《漢書》乃據《史記》卷八九《張耳陳餘列傳》，文少異。《漢書》作「使天下父子不相聊」，《史記》作「使天下父子不相安」。檢《史記》原文前句有「民不聊生」，竊意《漢書》「聊」字似承此而訛。

〔二〕《漢書》卷四〇《張良傳》。

〔三〕《漢書》卷四三《陸賈傳》：賈曰：「秦任刑法不變，卒滅趙氏。」顔師古注：「鄭氏曰：『秦之先造父封於趙城，其後以爲姓。』張晏曰：『莊襄王爲質於趙，還爲太子，遂稱趙氏。』師古曰：據《秦本紀》，鄭説是。」

〔四〕《漢書》卷三九《蕭何傳》。

〔五〕《漢書》卷五〇《張釋之傳》。

〔六〕《漢書》卷五一《賈山傳》：「孝文時，言治亂之道，借秦爲諭，名曰《至言》。」容齋此處引文僅是節録。

〔七〕《漢書》卷四八《賈誼傳》。

〔八〕《漢書》卷四九《晁錯傳》。

〔九〕《漢書》卷五六《董仲舒傳》。

〔一〇〕《漢書》卷六四《嚴、朱、吾丘、主父、徐、嚴、終、王、賈傳》。

〔一一〕《漢書》卷五七下《司馬相如傳》。

〔一二〕《漢書》卷六四下《賈捐之傳》。

〔一三〕《漢書》卷三六《劉向傳》。

〔一四〕《漢書》卷六七《梅福傳》。

〔一五〕《漢書》卷八五《谷永傳》。

〔一六〕《漢書》卷三六《劉歆傳》。

〔一七〕《資治通鑑》卷一八七《唐高祖紀》武德二年，閏正月，「甲辰，上考第，群臣以李綱、孫伏伽爲第一。因置酒高會，謂裴寂等曰：『隋氏以主驕臣諂亡天下。朕即位以來，每虚心求諫，然惟李綱差盡忠款，孫伏伽可謂誠直，餘人猶踵敝風，俛眉而已。豈朕所望哉！朕視卿如愛子，卿當視朕如慈父，有懷必盡，勿自隱也。』因命捨君臣之敬，極歡而罷。」

〔一八〕《資治通鑑》卷一八五《唐高祖紀》武德元年六月，「萬年縣法曹武城孫伏伽上表」云云。

〔一九〕《新唐書》卷九八《薛收傳》。

〔二〇〕《新唐書》卷一〇三《張玄素傳》。

〔二一〕事詳《新唐書》卷九七《魏徵傳》。「文帝驕其諸子，使至夷滅」句，見於《資治通鑑》卷一九四《唐太宗紀》貞觀十年十二月。

〔二二〕《新唐書》卷九八《馬周傳》。

〔二三〕《新唐書》卷一〇七《陳子昂傳》。

〔二四〕《資治通鑑》卷二一〇《唐玄宗紀》：開元元年三月，「晉陵尉楊相如上疏言時政，其略曰：『煬帝自恃其强，不憂時政，雖制敕交行，而聲實舛謬，言同堯、舜，迹如桀、紂，舉天下之大，一擲而棄之。』又曰：『隋氏縱欲而亡，太宗抑欲而昌，願陛下詳擇之。』」

〔二五〕《新唐書》卷一三二《吴兢傳》。

〔二六〕《新唐書》卷一六八《柳宗元傳》。

〔二七〕《新唐書》卷一八二《李珏傳》。

2 漢唐二武

東坡云：「古之君子，必憂治世而危明主，明主有絶人之資，而治世無可畏之防。」〔一〕美哉斯言！漢之武帝，唐之武后，不可謂不明，而巫蠱之禍，羅織之獄，天下塗炭，后妃公卿，交臂就戮〔二〕。後世聞二武之名，則憎惡之。蔡確作詩，用郝甑山上元間事，宣仁謂以吾比武后〔三〕；蘇轍用武帝奢侈窮兵虚耗海内爲諫疏，哲宗謂至引漢武上方先朝〔四〕。皆以之得罪。人君之立政，可不監兹！

【箋證】

〔一〕《東坡全集》卷三四《田表聖奏議叙》。

〔二〕武帝巫蠱之禍，可參《續筆》卷二《巫蠱之禍》條。武后羅織之獄，《舊唐書》卷一八六上《酷吏列傳》叙論云：「則天以女主臨朝，大臣未附，委政獄吏，剪除宗枝。於是，來俊臣、索元禮、萬國俊、周興、丘神勣、侯思止、郭霸、王弘義之屬，紛紛而出，然後起告密之刑，制羅織之獄，生人屏息，莫能自固，至於懷忠蹈義，連頸就戮者，不可勝言。武后因之坐移唐鼎。」

〔三〕參《隨筆》卷一〇《程嬰杵臼》箋證。

〔四〕蘇轍《論御試策題劄子二首》，見《欒城後集》卷一六。徐自明《宋宰輔編年録》卷一〇：哲宗紹聖元年，三月丁酉，蘇轍罷門下侍郎。「先是，轍言：『御試策題，歷詆近歲行事，有欲復熙寧、元豐故事之意，其必有人妄意陛下牽於父子之恩，不復深究遠慮，故勸陛下復行此事，小人取快一時云云。昔漢武帝外事四夷，内興宫室，財賦匱竭，於是修鹽鐵、榷酤、平準、均輸之政，民不堪命，幾至大亂。昭帝即位，委任霍光，罷去煩苛，漢室乃定。願陛下勿輕改。』奏入不報。轍又復言。轍既再具劄子，上固不悦，李清臣、鄧温伯又先媒蘖之，及面論，上益怒，遂責轍以漢武事上比先帝，引喻甚失當。轍復曰：『漢武帝，明主也。』上曰：『卿所言其意但謂武帝窮兵黷武，末年下哀痛之詔，此豈明主乎？』轍恐，趨下殿待罪。上聲甚厲。范純仁獨進曰：『史稱武帝雄才大略，爲漢七制之主。轍果如此稱先帝，非謗也。陛下親政之初，進退大臣當以禮，不宜如此急暴。』上怒稍霽。」

3 玉川子

韓退之《寄盧仝》詩云：「玉川先生洛城裏，破屋數間而已矣。一奴長須不裹頭，一婢赤腳老無齒。昨晚長須來下狀，隔牆惡少惡難似。每騎屋山下窺瞰，渾舍驚怕走折趾。立召賊曹呼五百，盡取鼠輩尸諸市。」〔一〕夫姦盜固不義，然必有謂而發，非貪慕貨財，則挑暴子女。如玉川之貧，至於鄰僧乞米，隔牆居者，豈不知之？若爲色而動，窺見室家之好，是以一赤腳老婢隕命也，惡少可謂枉箸一死。予讀韓詩至此，不覺失笑。仝集中《有所思》一篇，其略云：「當時我醉美人家，美人顔色嬌如花。今日美人弃我去，青樓珠箔天之涯。夢中醉卧巫山雲，覺來淚滴湘江水。湘江兩岸花木深，美人不見愁人心。相思一夜梅花發，忽到窗前疑是君。」〔二〕則其風味殊不淺，韓詩當亦含譏諷乎？

【箋證】

〔一〕盧仝，號玉川子，事迹附見《新唐書》卷一七六《韓愈傳》後。云：「盧仝，居東都。韓愈爲河南令，愛其詩，厚禮之。仝自號玉川子，嘗爲《月蝕》詩，以譏切元和逆黨，愈稱其工。」

〔二〕見《全唐詩》卷三八八。范晞文《對床夜語》卷四，引仝《有所思》，按云：「或謂仝此詩自有所寓云。」

4 銀青階

唐自肅、代以後，賞人以官爵，久而浸濫，下至州郡胥吏、軍班校伍，一命便帶銀青光禄大夫階，殆與無官者等。明宗長興二年，詔不得薦銀青階爲州縣官，賤之至矣〔一〕。晉天福中，中書舍人李詳上疏，以爲十年以來，諸道職掌，皆許推恩，藩方薦論，動踰數百，乃至藏典書吏，優伶奴僕，初命則至銀青階，被服皆紫袍象笏，名器僭濫，貴賤不分。請自今節度州聽奏大將十人，它州止聽奏都押牙、都虞候、孔目官。從之〔二〕。馮拯之父俊，當周太祖時，補安遠鎮將，以銀青光禄檢校太子賓客兼御史大夫。至本朝端拱中，拯登朝，遇郊恩，始贈大理評事〔三〕。予八世從祖師暢，暢子漢卿，卿子膺圖，在南唐時，皆得銀青階，至檢校尚書、祭酒。然樂平縣帖之全稱姓名，其差徭正與里長等〔四〕。元豐中，李清臣論官制，奏言：「國朝踵襲近代因循之弊，牙校有銀青光禄大夫階，卒長開國而有食邑。」蓋爲此也〔五〕。今除授蕃官，猶用此制。紹興二十八年，廣西經略司中安化三州蠻蒙全計等三百十八人進奉，乞補官勳，皆三班借差、三班差使，悉帶銀青祭酒，而等第加勳，文安公在西垣爲之命詞〔六〕。

【箋證】

〔一〕《舊五代史》卷四二《明宗紀》：長興二年八月己卯，「詔不得薦銀青階爲州縣官」。王鳴盛《十七史商榷》卷八一《新舊唐書十三》「司馬温公論唐宋官制」條：「洪氏言銀青與里長等，此言階之濫。蓋唐官制至五代益亂，宋沿五代之弊，是以官職差遣，化一爲三，不勝其煩，而階、勳、爵、邑之類，徒設空文，皆無實事。」

〔二〕《資治通鑑》卷二八一《晉高祖紀》，天福三年三月。

〔三〕《宋史》卷二八五《馮拯傳》：「馮拯字道濟，父俊，事漢湘陰公劉贇，贇死，俊與從行千餘人繫侍衛獄，周太祖赦出之，授檢校太子賓客，戍安遠軍馭馬鎮，辭不行，因徙居河陽。拯以書生謁趙普，普奇其狀，曰：『子富貴壽考，宜不下我。』舉進士，補大理評事，通判峽州，權知澤州，徙坊州，遷太常丞。」俊贈大理評事，史無考。

〔四〕詳拙著《洪邁年譜》卷首世系。

〔五〕《續資治通鑑長編》卷二九八：神宗元豐二年五月，右正言知制誥李清臣言：「本朝官制，踵襲前代陳迹，不究其實，與經舛戾，與古不合，官與職不相準，差遣與官職又不相準。其階、勳、爵、食邑、實封、章服、品秩、俸給、班位各爲輕重，後先皆不相準。乞詔有司講求本末，漸加釐正，以成一代之法。」（原注：朱本籤貼云：「不行，合删去。」）陳均《九朝編年備要》卷二〇，元豐三年「九月正官名」。「國家建官，多循唐制，而間有損益。三省長官，惟除侍中，亦罕預政，而以平章事爲宰相之任。六曹不釐本務，給舍不領本職，諫垣不專諫争，史官不修記注，總計有使，封駁有司，而審官、審刑各有院，凡臺省寺監，往往他官兼領。故議者多以正名爲請。知制誥李清臣亦言：（已見前引，略。）上慨然從之。乃置詳定官制房於中書，命翰林學士張璪、樞密副承旨張承一領之。詔曰：『國家承平百年，四海承德，惟兹官政，尚愧前聞。今欲推治作之原，參酌損益，使臺省寺監之官實領職事，其餘空名者一切罷去，而易之以階，因此以制禄，凡厥恩數，一如舊章。』至是，頒以階易官寄禄新格。」

〔六〕《建炎以來繫年要録》卷一八三，紹興二十九年七月丙戌，「安化三州首領蒙自臨等來獻方物。詔以自臨爲三班差使。」《宋史》卷一九〇《兵志·鄉兵一》：熙寧六年，樞密院定賞格：「戰有功者，以八等定賞。一給公據，二以爲隊長，三守闕軍將，四軍將，五殿侍，六三班借差，七差使，八借職。」費衮《梁谿漫志》卷二《文武官制》：政和更新之後，「三班差使爲進武校尉，三班借差爲進義校尉。」

文安公，容齋仲兄遵。《建炎以來繫年要録》卷一八〇：紹興二十八年十二月丁亥，「起居郎兼權中書舍人洪遵兼權樞密都承旨」。

5　買馬牧馬

國家買馬，南邊於邕管，西邊於岷、黎，皆置使提督，歲所綱發者蓋踰萬匹。使臣、將校得遷秩轉資，沿道數十州，驛程券食、廐圉薪芻之費，其數不貲，而江、淮之間，本非騎兵所能展奮，又三衙遇暑月，放牧於蘇、秀，以就水草，亦爲逐處之患〔一〕。因讀《五代舊史》云：「唐明宗問樞密使范延光内外馬數。對曰：『三萬五千匹。』帝歎曰：『太祖在太原，騎軍不過七千。先皇自始至終，馬纔及萬。今有鐵馬如是，而不能使九州混一，是吾養士練將之不至也。』延光奏曰：『國家養馬太多，計一騎士之費可贍步軍五人，三萬五千騎，抵十五萬步軍，既無所施，虚耗國力。』帝曰：『誠如卿言。肥騎士而瘠吾民，民何負哉！』」〔二〕明宗出於蕃戎，猶能以愛民爲念。李克用父子以馬上立國制勝，然所蓄只如此。今蓋數倍之矣。尺寸之功不建，可不惜哉！且明宗都洛陽，正臨中州，尚以爲騎士無所施，然則今雖純用步卒，亦未爲失計也〔三〕。

【箋證】

〔一〕《宋史》卷一九八《兵志·馬政》：「凡戰馬悉仰秦、川、廣三邊焉。秦馬舊二萬，乾道間秦、川買馬額歲萬一千九百有奇。川司六千，秦司五千九百。益、梓、利三路漕司歲出易馬紬絹十萬四千匹，成都路十一州産茶二千一百二萬斤，茶馬司所收大較若此。慶元初，合川、秦兩司爲萬一千十有六。嘉泰末，合兩司爲萬二千九十四。然累歲市易，多不及額。蓋南渡前市馬分而爲二，其一曰戰馬，生於西陲，良健可備行陣，今宕昌、峰貼峽、文州所産是也。其二曰羈縻馬，産西南諸蠻，短小不及格，今黎、叙等五州所産是也。羈縻馬，每綱五十，其間良者不過三五，中等十數，餘皆下等不可服乘。守貳貪賞格，以多爲貴，經涉險遠，且綱卒盜其芻粟，道斃者相望。成都府馬務，歲發江上諸軍馬凡五十八綱，月券錢米二百緡，歲計萬一千六百緡。興元府馬務，歲發三衙馬百二十綱，其費稱是。率未嘗如數。」「高宗紹興二年，置馬監於饒州，守卒領之，擇官田爲牧地，復置提舉。俄廢。四年，置監臨安之余杭及南蕩。」歸有光《震川别集》卷四《馬政志》：「渡江以後，頗置監牧，而江南多水田，其後三衙遇暑月，放牧於蘇、秀，大爲民患。郢、鄂之間，亦置監牧，然皆不可用，而戰馬悉仰川、秦、廣三邊焉。」

〔二〕《舊五代史》卷四四《明宗紀》，長興四年。

〔三〕《文獻通考》卷一六〇《兵考十二·馬政》卷末録《續筆》本條。

按，宋高宗曰：「兵以馬政爲先。」（熊克《中興小紀》卷一三，紹興二年）孝宗亦「留神馬政」（《宋史全文》卷二六上《宋孝宗五》，淳熙三年龔茂良等奏）。容齋此説，蓋亦有鑒於當時馬政弊端而發也。錢穆《中國史上之南北强弱觀》一文，（載其所著《古史地理論叢》）引《續筆》本條，接云：「立國江淮以南，既難多養馬匹，且大隊騎兵亦無展布餘地，無從訓練。而要恢復中原，卻又不得不先養大量的馬隊，這似乎也是南宋終於不振的一因。」

6 杜詩用字

律詩用「自」字、「相」字、「共」字、「獨」字、「誰」字之類，皆是實字，及彼我所稱，當以爲對，故杜老未嘗不然。今略紀其句于此：「徑石相縈帶，川雲自去留。」「山花相映發，水鳥自孤飛。」「衰顔聊自哂，小吏最相輕。」「高城秋自落，雜樹晚相迷。」「百鳥各相命，孤雲無自心。」「勝地初相引，徐行得自娱。」「雲裏相呼疾，沙邊自宿稀。」「暗飛螢自照，水宿鳥相呼。」「猿挂時相學，鷗行炯自如。」「自吟詩送老，相勸酒開顔。」「俱飛蛺蝶元相逐，並蒂芙蓉本自雙。」「自去自來堂上燕，相親相近水中鷗。」「此時對雪遥相憶，送客逢春可自由。」「梅花欲開不自覺，棣萼一别永相望。」「桃花氣暖眼自醉，春渚日落夢相牽。」〔一〕此以

「自」字對「相」字也。「自須開竹徑，誰道避雲蘿。」「自笑燈前舞，誰憐醉後歌。」「死去憑誰報，歸來始自憐。」「哀歌時自短，醉舞爲誰醒。」「離別人誰在，經過老自休。」「永夜角聲悲自語，中天月色好誰看。」〔二〕此以「自」字對「誰」字也。「野人時獨往，雲木曉相參。」「正月鶯相見，非時鳥共聞。」「江上形容吾獨老，天涯風俗病相親。」「縱飲久判人共弃，懶朝真與世相違。」「此日此時人共得，一談一笑俗相看。」〔三〕此以「共」字、「獨」字對「相」字也。

【箋證】

〔一〕「徑石相縈帶，川雲自去留」，見《游修覺寺》。（《杜詩詳注》卷九。下同此書，只注卷次。）「山花相映發，水鳥自孤飛」，見《送何侍御歸朝》（卷一二）。「哀顏聊自哂，小吏最相輕」，見《久客》（卷二二）。「高城秋自落，雜樹晚相迷」，見《晚秋陪嚴鄭公摩訶池泛舟》（卷一四）。「百鳥各相命，孤雲無自心」，見《西閣二首》之一（卷一七）。「勝地初相引，徐行得自娱」，見《陪李金吾花下飲》（卷三）。「雲裏相呼疾，沙邊自宿稀」，見《歸雁二首》之一（卷二三）。「暗飛螢自照，水宿鳥相呼」，見《倦夜》（卷一四）。「猿挂時相學，鷗行炯自如」，見《瀼西寒望》（卷一八）。「自吟詩送老，相勸酒開顏」，見《宴王使君宅題二首》（卷二二）。「相勸」，（《杜詩詳注》作「相對」。）「俱飛蛺蝶元相逐，並蒂芙蓉本自雙」，見《進艇》（卷一〇）。「自去自來堂上燕，相親相近水中鷗」，見《江邨》（卷九）。「此時對雪遥相憶，送客逢春可自由」，見《和裴迪登蜀州東亭送客逢早梅相憶見寄》（卷九）。「梅花欲開不自覺，棣萼一别永相望」，見《至後》（卷一四）。「桃花氣暖眼自醉，春渚日落夢相牽」，見《晝夢》（卷一八）。

〔二〕「自須開竹徑，誰道避雲蘿」，見《秋日寄題鄭監湖上亭三首》之二（卷二〇）。「自笑燈前舞，誰憐醉後歌」，見《陪鄭廣文游何將軍山林十首》之十（卷二）。「死去憑誰報，歸來始自憐」，見《自京竄至鳳翔喜達行在所三首》之三（卷五）。「哀歌時自短，醉舞爲誰醒」，見《暮春題瀼西新賃草屋五首》之三（卷一八）。「離别人誰在，經過老自休」，見《懷灞上游》（卷一八）。「永夜角聲悲自語，中天月色好誰看」，見《宿府》（卷一四）。

葛立方《韻語陽秋》卷一：「老杜寄身於干戈騷屑之中，感時對物，則悲傷係之，如『感時花濺淚』是也。故其作詩多用『自』字。」薛雪《一瓢詩話》：「老杜善用『自』字，如『村村自花柳』，『花柳自無私』，『寒城菊自花』，『故園花自發』，『風月自清夜』，『虚閣自松聲』之類，下一『自』字，便覺其寄身離亂，感時傷事之情，掬出紙上。」

〔三〕「野人時獨往，雲木曉相參」，見《朝二首》之一（卷二〇）。「正月鶯相見，非時鳥共聞」，見《南楚》（卷一四）。「江上形容吾獨老，天涯風俗病相親」，見《冬至》（卷二一）。「縱飲久判人共棄，懶朝真與世相違」，見《曲江對酒》（卷六）。「此日此時人共得，一談一笑俗相看」，見《人日二首》之二（卷二一）。

7 唐虞象刑

《虞書》：「象刑惟明。」象者，法也〔一〕。漢文帝詔，始云：「有虞氏之時，畫衣冠、異章服以爲戮，而民弗犯。」〔二〕武帝詔亦云：「唐、虞畫象，而民不犯。」《白虎通》云：「畫象者，其衣服象五刑也。犯墨者蒙巾，犯劓者赭著其衣，犯臏者以墨蒙其臏，犯宫者屝。屝，草屨也。大辟者，布衣無領。」〔三〕其説雖未必然，揚雄《法言》：「唐、虞象刑惟明。」説者引前詔以證，然則唐、虞之所以齊民，禮義榮辱而已，不專於刑也〔四〕。秦之末年，赭衣半道，而姦不息〔五〕。國朝之制，減死一等及胥吏兵卒配徒者，涅其面而刺之，本以示辱，且使人望而識之耳。久而益多，每郡牢城營，其額常溢，殆至十餘萬，兇盜處之恬然。蓋習熟而無所恥也。羅隱《讒書》云：「九人冠而一人髽，則髽者慕而冠者勝；九人髽而一人冠，則冠者慕而髽者勝。」〔六〕正謂是歟？老子曰：「民常不畏死，奈何以死懼之。若使民常畏死，則爲惡者吾得執而殺之，孰敢？」〔七〕可謂至言。荀卿謂象刑爲治古不然〔八〕，亦正論也〔九〕。

【箋證】

〔一〕《虞書·益稷》：「皋陶方祗厥叙，方施象刑惟明。」《傳》云：「方，四方。禹五服既成，故皋陶敬行其九德考績之次序於四方，又施其法刑，皆明白。史因禹功重美之。」

〔二〕《史記》卷一〇《孝文本紀》，十三年。張守節《正義》云：「《晉書·刑法志》云：『三皇設言而民不違，五帝畫衣冠而民知禁。犯黥者，皁其巾。犯劓者，丹其服。犯臏者，墨其體。犯宫者，雜其屨。大辟之罪，殊刑之極，布其衣裾而無領緣，投之於市，與衆棄之。』」

〔三〕《漢書》卷六《武帝紀》。顏師古注：「應劭曰：『二帝但畫衣冠，異章服，而民不敢犯也。』師古曰：《白虎通》云：『畫象者，其衣服象五刑也。犯墨者蒙巾，犯劓者以赭著其衣，犯臏者以墨蒙其臏象而畫之，犯宫者扉，犯大辟者布衣無領。墨，謂以墨黥其面也。劓，截其鼻也。臏，去膝蓋骨也。宫，割其陰也。扉，草屨也。』」

〔四〕《揚子法言》卷六《先知篇》。何休曰：「孔子曰：『三皇設言民不違，五帝畫象世順機，三王肉刑揆漸加。』漢文令曰：『蓋聞有虞之時，畫衣冠、異章服以爲戮，而民不犯。』」司馬光曰：「揚子以象刑爲畫衣冠、異章服也。」

〔五〕《漢書》卷二四上《食貨志》：秦時，「貧民常衣牛馬之衣，而食犬彘之食。重以貪暴之吏，刑戮妄加，民愁亡聊，亡逃山林，轉爲盜賊，赭衣半道，斷獄歲以千萬數。」又《漢書》卷五一《賈山傳》，山借秦爲諭，名曰《至言》，其辭有曰：「赭衣半道，群盜滿山。」師古注曰：「犯罪者，則衣赭衣。行道之人半著赭衣，言被罪者衆也。盜賊皆依山爲阻，故云滿山也。」

〔六〕今本《讒書》無此數句。李定廣《羅隱集繫年校箋》據《隨筆》輯之，按云：「此段實出沈顏《象刑解》，見《唐文粹》卷四十六。」

沈顔《象刑解》：「舜、禹之代，象刑而人不敢犯。言象刑者，以赭以墨，染其衣冠，異其服色，凡爲三等。及秦法苛虐，方用肉刑，鋸鑿箠扑，楚毒畢至，而人犯愈多，俗益不治，其故何也？非徒上古淳朴，人易爲化，亦由聖智玄遠，深得其理故也。夫法過峻則犯者多，犯者多則刑者衆，刑者衆則民無恥，民無恥則雖曰劓之、刖之、笞之、扑之而不爲畏也。何以知其然邪？夫九人冠而一人髽，則髽者慕而冠者勝；九人髽而一人冠，則冠者慕而髽者勝。民不知冠之髽之爲勝，但見衆而爲慕矣。今免者多而刑者少，人尚慕其多矣；及刑者多而免者少焉，以少爲勝乎？故曰法過峻則犯者多，犯者多則刑者衆，刑者衆則民無恥，民無恥則雖曰劓之、刖之、笞之、扑之而不爲畏也。凡民之心，知恣其所爲，而不知戒其所失。今辱而笞之，不足以爲法也。何者？蓋笞絶則罪釋，痛止則恥滅，恥滅則復爲其非矣。故不足以爲法也。虞、舜染其衣冠，異其服色，是罪終身不釋，恥畢世不滅，豈特己以爲恥也，人之見之者皆以爲恥也，皆以爲戒也。愚故曰非徒上古淳朴人易爲化，亦由聖智玄邈，深得其理故也。」（《唐文粹》卷四六）

〔七〕「民常不畏死」，今通行本《老子》無「常」字。「爲惡者吾得執而殺之」，「惡」，今本作「奇」。吴澄注：「奇，不正也。使愚民常有畏死之心，而奇邪爲惡者吾得執而殺之，則人人知畏，孰敢爲惡？然雖殺惡人而人之敢爲惡者不止，則是民愚不知畏死，雖爲惡者必遭刑殺，彼亦無所懼，上之人奈何以死懼之而輕易殺人乎？」（《道德真經注》卷四）

〔八〕《荀子·正論》：「世俗之爲説者曰：『治古無肉刑，而有象刑。墨黥；慅嬰；共，艾畢；菲，對屨；殺，赭衣而不純。治古如是。』是不然。以爲治耶？則人固莫觸罪，非獨不用肉刑，亦不用象刑矣。以爲人或觸罪矣而直輕其刑？然則是殺人者不死，傷人者不刑也。罪至重而刑至輕，庸人不知惡也，亂莫大焉。凡刑人之本，禁暴惡惡，且懲其未也。殺人者不死，而傷人者不刑，是謂惠暴而寬賊也，非惡惡也。故象刑殆非生於治古，並起於亂今也。治古不然。凡爵列、官職、賞慶、刑罰，皆報也，以類相從者也。」

〔九〕容齋友人程大昌著《考古編》，有專論《象刑》一節，討論詳備。録此以備商榷。《考古編》卷四《象刑一》：「《舜典》曰：『象以典刑。』《皋陶謨》曰：『方施象刑惟明。』是唐虞固有象刑矣，而去古既遠，説者不一。荀況記時人之語曰：『象刑：墨黥；慅嬰；共，艾畢；葑，對屨；殺，赭衣而不純也。』漢文帝詔除肉刑曰：『有虞氏畫衣冠、異章服以爲戮，而民不犯，今法有肉刑三，而奸不止。』武帝之策賢良曰：『唐虞畫象而民不犯。』應劭曰：『二帝但畫衣冠、異章服，而民不犯也。』《孝經緯》曰：『三皇無文，五帝畫象，三王肉刑。畫象者，上罪墨象、赭衣、雜屨，中罪赭衣、雜屨，下罪雜屨而已。』《白虎通》曰：『畫象者，其衣服象五刑也：犯墨者蒙巾，犯劓者以赭著其衣，犯髕者以墨蒙其髕，象而畫之，犯宮者扉，犯大辟者布衣無領。』凡此數説者，雖不能會歸於一，要其大致皆謂别異衣服以愧辱之，而不至於用刑。此遠古而譌傳也。禹之稱舜曰：『與其殺不辜，寧失不經。』特不殺不辜耳，而未嘗去殺也。怙終賊刑，刑故無小，是未嘗置刑不用也。戰國之時，未經秦火，已謂象刑者示辱而已，無所事於刀鋸斧鉞也。荀況既知其不然，而亦不能别援古典，以審其有無，特能推理以辨，而曰：『以爲治耶，則人固不觸罪，非獨不用肉刑，亦不用象刑矣。人或觸罪矣，而直輕其刑，是殺人者不死，傷人者不刑也。』此數語者，雖堯、舜復出，無以易也。揚雄曰：『唐、虞象刑惟明，夏后肉辟三千，不膠者卓矣。』雄以肉辟始夏，則真謂堯、舜之刑無刀鋸斧鉞也。此蓋漢世之所通傳，故文、武二帝詔語亦以爲然也。肉刑之制，孔穎達輩集會傳記，皆不能知其所起。然而劓、刖、椓、黥，苗民固已有之，帝舜斥數其虐，特以不能差罪而遂至於淫用耳。則肉辟所起，豈復待夏后氏之世哉！且舜之刑五服五用，明有所施，而此時未有笞、杖、徒，若無肉刑，其閲罪而五服之法，服罪而五用，其刑以何器具而行其論決也！况象刑之次，每降愈下者，方有流、鞭、扑、撻。若謂象刑止於示辱，則是正麗五刑者，反可以異服當刑，而惡未入刑者，乃真加之流、鞭、扑、撻焉，是何其不倫也？此自可以理料也。」又《象刑二》：「孔安國之傳象刑曰：『象，法也，法以用刑也。』以象爲法，於義既迂，而法以用刑，似非六經語度，故世以爲疑。至荀況氏出，疑異冠服之不足以懲也，遂作意直詆，以爲無有，故其言曰：『象刑不生於治古，起於亂今也。』『象刑』，《虞書》嘗兩出，又親紀舜語，若舍之不據，則堯、舜不足祖，《典》《謨》不作經矣。然則何以曰古無全制，則當參其類而求之；類既相比，則當推其理以究之。待其彼此交質相説以解，則古制見矣。夫既謂象，則必有形可繪、有狀可示也。既其可繪、可示，則凡謂爲象者，其必於形象焉求之，豈容泛言也。曆象日月星辰，雖書其軌度於曆，然璇璣玉衡，正是模寫天形星晷，以致之於書，故夏誅羲和，謂其昏迷於天象也。觀象作服，則誠以日月山龍加采色而繪之於衣，後世宗本其制而差降之。其最下者，亦以象服爲名。則象刑云者，是必模寫用刑物象，以明示民，使知愧畏，而可他求泛説哉！第世言象刑者，不究其本，而直謂畫象可以代刑，則人不信耳。」又《象刑三》：「周之闕名象魏。魏者，取其巍巍然也；象者，實有六典事物之象畫著其上也。司寇之職，正月則垂刑象之法於象魏，使萬民觀刑象，挾日而斂之，此其爲制，正本有虞也。既名爲象，且又可垂可斂，則不止巍然徒闕而已，其觀之上必有具焉，則畫刑爲象者其是矣。周言刑象，命其形也；虞言象刑，著其成也：其實一也。六官皆有職，六職皆有具，治教政禮刑工，隨其事物有圖寫之。其繪事屬刑者，則刑官取而垂之魏闕，是爲刑象。由刑象以推唐虞，則象刑云者，以有象而名可類推也。魯哀公三年，火踰公宫，公立於象魏之外，命藏象魏曰：『舊章不可亡也。』夫指象魏之象以爲舊章，而可藏焉，則凡周禮在魯者尚皆有象也。管仲對齊桓公曰：『昔吾先王世法文武，設象以爲民紀，式權以相應，比綴以度。』韋昭曰：『設象者，設教象於象魏也。』夫象設於魏而遺，魏可以自見，是象不附魏，自得名象魏，而無象則觀闕耳。象可以離魏而言設，則刑之可以循象而爲職守，是殆一制也。況仲之所言，象也，度也，權也，皆形器也，則象刑之爲畫象，又何疑哉！聖人之設刑也，蓋期人之不犯，而其肯以不犯者，非有畏焉，則有恥也。道之以德，齊之以禮，世之知義者，固遂有恥且格，不待致警矣。上之不入於德禮，而下之未至於無顧藉，則墨、劓、剕、宫、大辟之用，刀、鋸、斧、鉞、椎、鑿之具，先事繪象以昭示之，使其觀具生警，以不及犯。則唐虞之象刑，象魏之刑象，是皆以其昭昭使人昭昭也，不愚其民，忠厚之至者也。」又《象刑四》：「夫子之言曰：『不教而殺謂之虐。』莊周曰：『慝爲物而愚不識。』皆咎世之教飭無素者也。蓋周人布刑象之法，大司寇垂之象魏，小司寇宣之四方，則既詳矣，猶以爲未也。則有執木鐸以警者，執旌節以達者，屬民而讀者，書五禁於門閭者，諭刑罪於邦國者。其上下相承，極其重複，正慮不知者之誤觸也。以此言之，則藉藻色以暴昭其可愧可畏者，正聖人忠厚之意也。經之言曰：『象以典刑，流宥五刑，鞭作官刑，扑作教刑，金作贖刑。』象、流、鞭、扑，皆士師致刑之具也，自流以下，不獨出五刑之外，亦皆加輕焉，故惟象之所繪，是其一代刑辟之大者也。典之爲言，與典三禮之典同。舜之致戒，蓋曰循象以掌常刑，用流以宥輕罪，鞭以警有位，扑以懲不率，金以贖其可恕。眚災而應赦，怙終而不改，則皆隨其麗法者加操縱焉。則舜之刑於此數者，皆相須而不可相無也。然至於制中弼教，帝以其功歸之。皋陶特曰：『方施象刑惟明。』而流、鞭、扑、贖皆不在數。則象刑者，其一代刑典之大者也。雖然，有刑而後有象，刑者實用也，象者假設也。從假設者以名其刑，似舉影明形，不本其本，何也？曰：此所以見聖人期無刑之意也。及其未用而設警以先，則不待人畏而後知畏也。世之有魑魅魍魎，人固不願與之相直也，然天地間不能無此種物怪也。聖人範金肖物，著諸鼎以示之，則山行草茇者，知畏而預爲之辟也。此其鑄鼎象物之意，與畫象而期不犯之意同也。以期不犯者名其刑，而使見者不及於犯，則刀、鋸、斧、鉞、椎、鑿皆付之不用，聖人之欲也。示之以畏，而民應之以不畏，則其假設者爲實用矣。故曰『方施象刑惟明』也。其後成王之刑，以義斷制，則自名其刑曰義刑。穆王之訓夏明贖，則聖人本其制而命之曰贖刑：亦各賓其實而已矣。」又《象刑五》：「謂異衣冠之爲象刑，不足以得其實矣，而不無所本也。司圜掌收教罷民，凡害人者，弗使冠飾，而加明刑焉。大司寇，凡萬民之有罪過，未麗於法，而害於州里者，桎梏而坐諸嘉石。夫秋官所掌，既有三典五刑，以明正糾詰矣，而又有加桎梏而坐石以恥者，又有去冠飾而書版以辱者，則於其起居服用實有意乎？以別異行懲艾矣，而又古者典册希簡，傳政不詳。戰國之時，刑辟滋衆，已有傷時慕古者曰：『古能以畫衣代刑，而今獨不能！』其在荀況固已聞之，至漢而傳益訛，諸儒遂和附其説，以爲誠然。鄭玄之於司圜，因有『弗使冠飾』之文，而遂用以證實其語，曰：不冠而著墨幪，若古之象刑也。夫『象以典刑』，揆諸《舜典》，則在流贖之先。而加桎梏、去冠飾，質之《司寇》，顧在五刑糾慝之外。設使其制誠嘗輔刑以行，則不過若《畢命》之殊異井疆也。秦人之赭衣，徒隸也；漢世之胥靡，城旦舂也。本非正在用刑之數，則安可以刑餘之輕者而證古制大典也哉！且夫舜命皋陶作士，而授以制刑之則，類皆差五刑而三其服，即五服而三其就，其所以辨淺深，綦嚴密，無不曲盡，而槩謂示恥可以去殺，固無惑乎後世之不信也。於是結繩理暴秦之緒，干戚解平城之圍，遂爲迂古者之口實。抑不思有太古之民，則結繩雖簡，豈不足以立信；有舜、禹之德，則干戚非武，亦豈有不能屈服强梗之理哉！

彼其結繩舞干，特致其至，而非其所從致也。苟以民頑俗薄，而疑象刑之無能有懲，是特不究其所從致者耳。三后恤功，以期多賴；伯夷降典，以折未然。民日遷善遠罪，既與刑忘矣，而猶時有不肅，故畫象以示，而發其愧畏之機。是畫象者，可以昭愧畏，而非以致其愧畏也。欲知畫象之爲刑助，其必循本以觀，乃有得哉。」

按，顧頡剛、劉起釪《尚書校釋譯論·堯典》「象以典刑」注釋，謂宋儒大都不信有象刑，反對象刑畫象説。引程頤《書説》：「象以典刑，象罪之輕重立以爲常典。」蘇軾《書傳》：「象其所犯。」王安石《新經義》云：「象者，垂以示人之謂。」吕氏《東萊書説》：「象非畫象之象，乃象示之象。」徵引甚詳，可參不贅。

8 崔常牛李

士大夫一時論議，自各有是非，不當一一校其平生賢否也。常衮爲宰相，唐德宗初立，議群臣喪服，衮以爲遺詔云「天下吏人三日釋服」，古者卿大夫從君而服，皇帝二十七日而除，在朝群臣亦當如之。祐甫以爲遺詔無朝臣、庶人之别，凡百執事，孰非「吏人」？皆應「三日釋服」。相與力争，衮不能堪，奏貶祐甫。已而衮坐欺罔貶，祐甫代之。議者以祐甫之賢，遠出衮右，故不復評其事。然揆之以理，則衮之言爲然〔一〕。李德裕爲西川節度使，吐蕃維州副使悉怛謀請降。德裕遣兵據其城，具奏其狀，欲因是擣西戎腹心。百官議皆請如德裕策。宰相牛僧孺曰：「吐蕃之境，四面各萬里，失一維州，未能損其勢。比來修好，約罷戍兵，彼若來責失信，上平涼坂，萬騎綴回中，怒氣直辭，不三日至咸陽橋。此時西南數千里外得百維州，何所用之？」文宗以爲然，詔以城歸吐蕃。由是德裕怨僧孺益深。議者亦以德裕賢於僧孺，咸謂牛、李私憾不釋，僧孺嫉德裕之功，故沮其事。然以今觀之，則僧孺爲得。司馬温公斷之以義利，兩人曲直始分〔二〕。

【箋證】

〔一〕常衮、崔祐甫力争，事詳《舊唐書》卷一一九《崔祐甫傳》，《資治通鑑》卷二二五《唐代宗紀》大曆十四年。

〔二〕悉怛謀請降，牛、李異論，事詳兩《唐書·牛僧孺傳》及《資治通鑑》卷二四四《唐文宗紀》大和五年九月。考本條引文，實據《通鑑》。傅璇琮《李德裕年譜》大和五年譜謂兩《唐書》及《通鑑》所載，或當本之於杜牧所作牛僧孺墓誌銘與李珏所作牛僧孺神道碑，尤以杜《志》所載較詳，且爲牛僧孺回護之意也頗顯然。

《資治通鑑》卷二四七《唐武宗紀》：會昌三年三月李德裕追論維州悉怛謀事下，司馬光按云：「臣光曰：論者多疑維州之取舍，不能決牛、李之是非。臣以爲昔荀吴圍鼓，鼓人或請以城叛，吴弗許，曰：『或以吾城叛，吾所甚惡也，人以城來，吾獨何好焉！吾不可以欲城而邇奸。』使鼓人殺叛者而繕守備。是時唐新與吐蕃修好而納其維州，以利言之，則維州小而信大；以害言之，則維州緩而關中急。然則爲唐計者，宜何先乎？悉怛謀在唐則爲向化，在吐蕃不免爲叛臣，其受誅也又何矜焉！且德裕所言者利也，僧孺所言者義也，匹夫徇利而忘義，猶恥之，況天子乎！譬如鄰人有牛，逸而入于家，或勸其兄歸之，或勸其弟攘之。勸歸者曰：『攘之不義也，且致訟。』勸攘者曰：『彼嘗攘吾羊矣。何義之拘！牛大畜也，鬻之可以富家。』以是觀之，牛、李之是非，端可見矣。」

容齋贊成温公之說。胡寅《讀史管見》卷二五會昌三年，論維州事，則云：「司馬氏佑牛僧孺，抑李德裕，其素志也。至於維州之事，則判然以德裕爲非。愚竊謂其言之過矣。夫維州本唐地也，開元二十八年春，劍南帥章仇兼瓊與維州别駕董承晏，同結吐蕃安戎城中守者，開門納唐兵，使監察御史許遠守之。是秋，吐蕃寇安戎城及維州，詔發關中强騎救之，吐蕃引去。然則維州本唐有，而安戎乃吐蕃城也。至代宗廣德二年冬，吐蕃陷松、維、保三州，高適不能救，於是西山諸州皆陷。德宗貞元八年，韋皋攻維州，獲其大將。九年，西山八國内附，皋處之於維、保、霸州。十七年，皋大破吐蕃，拔七城五軍鎮，焚百五十堡，遂圍維州。十八年，吐蕃以兵十萬解維州之圍，虜兵大敗，而維州竟不下。是知維州者吐蕃所必争，唐失而復得，得而復失，不可棄焉者也。使本非唐地，既與吐蕃和，棄而不取，姑守信約可耳。本唐之地，爲吐蕃所侵，乃欲守區區之信，舉險要而棄之，借使吐蕃據秦州、下鳳翔而來講好，亦將守信而不取乎？僧孺所謂『虜養馬蔚茹川，下平涼坂，萬騎綴回中，怒氣直辭，不三日至咸陽，於是西南數千里外，得百維州何所用』，此特大言怖文宗，非事實也。已當國政，必不爲程元振召寇之事，邊隅豈得空然無備，而使吐蕃不三日至咸陽乎？唐有天下，西北二虜入寇多矣，苟非如元振之時，亦皆有捍禦之略，何至爲一維州而遽至宗社不守耶？司馬氏亦信其説，謂『以利言之，則維州小而信大；以害言之，則維州緩而關中急』。夫奪吾之地，而約吾以盟，此正蒲人所以要孔子者，不可謂之信也。維州在西南數千里外，而開元中發關中强騎往救，不可謂之緩也。夫信近於義而後言可復，取我故地，乃義所當爲。司馬氏不以義斷之，而以利害爲言，既以利害爲言，又斥德裕爲利，取僧孺爲義，是皆無所據矣。故以維州歸吐蕃，棄祖宗土宇，縛送悉怛謀，沮歸附之心，僧孺以小信妨大計也。下維州，遣兵據之，洗數十年之恥，追獎悉怛謀，贈以官秩，德裕以大義謀國事也。此二人是非之辨也。」

王夫之亦力斥僧孺之謬妄，其《讀通鑑論》卷二六《文宗四》云：「牛、李維州之辨，伸牛以詘李者，始於司馬温公。公之爲此説也，懲熙豐之執政用兵生事，敝中國而啓邊釁，故崇獎處錞之説，以戒時君。夫古今異時，强弱異勢，戰守異宜，利害異趣，據一時之可否，定千秋之是非，此立言之大病，而温公以之矣。乃所取於牛僧孺之言抑德裕者，曰誠信也。誠揭誠信以爲標幟，則謀臣不能折，貞士不能違，可以懾服天下之口而莫能辯。雖然，豈其然哉？夫誠信者，中國邦交之守也。夷狄既踰防而爲中夏之禍矣，殄之而不爲不仁，奪之而不爲不義，掩之而不爲不信。使恤彼相欺之香火，而養患以危我社稷、殺掠我人民、毁裂我冠裳也，則太王當終北面於獯鬻，文王可永奉幣於昆夷，而石敬瑭、桑維翰、湯思退、史彌遠允爲君子矣。突厥、回紇，唐曲意以下之者，皆有功於唐，舍其暫時之惡，而以信綏之，猶之可也，然而且有不必然者，其順逆無恒，馭之有制，終不可以邦交之道信其感乎也。況乎吐蕃者，爲唐之封豕長蛇，無尺寸之效，有丘山之怨，偶一修好，約罷戍兵，而於此言誠信乎？僧孺曰：『徒棄誠信，匹夫之所不爲。』其所謂誠信者，蓋亦匹夫之諒而已矣。其以利害言之，而曰：『彼若來責，養馬蔚茹川，上平涼阪，萬騎綴回中，不三日至咸陽橋。』是其張皇虜勢以相恐喝也，與張儀誇秦以脅韓、楚之游辭，同爲千秋所切齒。而言之不忌，小人之横，亦至此哉！」

岑仲勉《論李德裕無黨及司馬光修〈唐紀〉之懷挾私見》一文，引用《通鑑》卷二四七會昌三年「臣光曰」一段，謂司馬光「偏牛態度，至是已完全暴露，即號稱司馬忠臣的胡三省，也不能無微辭。」且謂「司馬光地下有知，應亦無法自作轉語。總之，不聯繫實際而貽誤國家大計，結黨營私而妒功忌能，是牛黨最壞的寫照。司馬光不但不指斥其罪，反多方替他們掩護，德裕不能受降，牛黨卻可兵取，立論這樣偏私，其弊不單止誤宋，且將誤後世。」（《岑仲勉史學論文集》）

9　盗賊怨官吏

陳勝初起兵，諸郡縣苦秦吏暴，爭殺其長吏以應勝〔一〕。晉安帝時，孫恩亂東土，所至醢諸縣令以食其妻子，不肯食者輒支解之〔二〕。隋大業末，群盗蜂起，得隋官及士族子弟皆殺之〔三〕。黄巢陷京師，其徒各出大掠，殺人滿街，巢不能禁，尤憎官吏，得者皆殺之〔四〕。宣和中，方臘爲亂，陷數州，凡得官吏，必斷臠支體，探其肺腸，或熬以膏油，叢鏑亂射，備盡楚毒，以償怨心〔五〕。杭卒陳通爲逆，每獲一命官，亦即梟斬〔六〕。豈非貪殘者爲吏，倚勢虐民，比屋抱恨，思一有所出久矣，故乘時肆志，人自爲怒乎？

【箋證】

〔一〕《漢書》卷三一《陳勝傳》。

〔二〕《資治通鑑》卷一一一《晉安帝紀》，隆安三年。

〔三〕《資治通鑑》卷一八三《隋煬帝紀下》，大業十二年。

〔四〕《資治通鑑》卷二五四《唐僖宗紀》，廣明元年。

〔五〕《宋史》卷四六八《童貫傳》所附《方臘傳》。

〔六〕《建炎以來繫年要録》卷八：建炎元年八月戊午，「杭州軍亂。初，上之立也，遣勤王兵還諸道。杭兵才三百，其將得童貫殘兵與之俱。軍校陳通等見杭州富實甲東南，因謀爲變。會軍士以衣糧不足有怨言，結約已定，而兩浙轉運判官顧彦成行部未返，須其還殺之。至是，彦成歸宿于城外。夜三鼓，軍士百餘人縱火殺士曹參軍及副將白均等十二人。翌日，執守臣龍圖閣直學士葉夢得，詣金紫光禄大夫致仕薛昂家，殺兩浙轉運判官吴昉。彦成聞亂，亟奔湖州。軍士見昂，數夢得不給衣糧之罪。昂諭遣之。衆乃推通等七人爲首，釋夢得而囚之，逼昂權領州事。」

《宋史》卷二四《高宗紀》：建炎元年，「勝捷軍校陳通作亂于杭州，執帥臣葉夢得，殺漕臣吴昉。」

10 作詩先賦韻

南朝人作詩多先賦韻，如梁武帝華光殿宴飲連句，沈約賦韻，曹景宗不得韻，啓求之，乃得「競」「病」兩字之類是也〔一〕。予家有《陳後主文集》十卷〔二〕，載王師獻捷，賀樂文思，預席群僚，各賦一字，仍成韻，上得「盛」「病」「柄」「令」「横」「映」「敻」「併」「鏡」「慶」十字。宴宣猷堂，得「迮」「格」「白」「赫」「易」「夕」「擲」「斥」「坼」「啞」十字。幸舍人省，得「日」「謐」「一」「瑟」「畢」「訖」「橘」「質」「帙」「實」十字。如此者凡數十篇〔三〕。今人無此格也。

【箋證】

〔一〕《南史》卷五五《曹景宗傳》：「景宗振旅凱入，帝於華光殿宴飲連句，令左僕射沈約賦韻。景宗不得韻，意色不平，啓求賦詩。帝曰：『卿伎能甚多，人才英拔，何必止在一詩？』景宗已醉，求作不已，詔令約賦韻。時韻已盡，唯餘『競』『病』二字。景宗便操筆，斯須而成。其辭曰：『去時兒女悲，歸來笳鼓競。借問行路人，何如霍去病。』帝歎不已。約及朝賢驚嗟竟日。」

〔二〕《隋書》卷三五《經籍志》：《陳後主集》三十九卷。《舊唐書》卷四七《經籍志》：《陳後主集》五十卷。《新唐書》卷六〇《藝文志》：《陳後主集》五十五卷。《崇文總目》卷一二：《陳後主集》十卷。《宋史》卷二〇八《藝文志》：《陳后主集》一卷。

〔三〕容齋此所舉後主三詩及所謂「如此者凡數十篇」，今已亡佚莫考，唯宋人蒲積中《歲時雜詠》卷三三載後主《五言畫堂良夜履長在節歌管賦詩列筵命酒十韻成篇（得沓、合、答、雜、納、颯、匝、歃、拉、閤）》云：「季冬初陽始，寒氣尚蕭颯。原葉或委低，岫雲時吐歃。彫樹乍疎迥，遠峰自重沓。雲興四山霾，風動萬籟答。肅肅凝露下，峩峩層冰合。複殿可以娱，於兹多延納。迢迢百尺觀，沓沓三休閤。前後訓導屏，左右文衛匝。進退簪纓移，縱横壯思雜。幸矣天地泰，當無范睢拉。」（逯欽立《先秦漢魏晉南北朝詩·陳詩》卷四亦據以録之。）庶幾可見分韻賦詩之一斑。程大昌《考古編》卷七《古詩分韻》：「梁天監中，曹景宗立功還，武帝宴華光殿聯句，令沈約賦韻，獨景宗不預，固啓求賦，時韻已盡，惟餘『競』『病』二字。景宗操筆而成，所謂『歸來笳鼓競』者是也。初讀此，了未曉賦韻韻盡爲何等格法。偶閲《陳後主集》，見其序《宣猷堂宴集》五言曰：『披鈎賦詩，逐韻多少，次第而用。』座有江總、陸瑜、孔範等三人。後主韻得『迮』『格』『白』『赫』『易』『夕』『擲』『斥』『坼』『唶』字。其詩用韻次前後正同，曾不攙亂一字。乃知其説是先書韻爲鈎，坐客均探，各據所得，循序賦之。正後主次韻格也。唐世次韻起元微之、白樂天二公，自號元和體，曰：『古未之有也。』抑不知梁、陳間已嘗出此，但其所次之韻，以探鈎所得，而非酬和先倡者，是小異耳。」周一良《魏晉南北朝史札記・南史札記》「賦韻」條，引《考古編》及《續筆》本條，按云：「據《隋書・經籍志》，陳叔寶有集三十九卷。《舊唐書・經籍志》作五十卷，《新唐書・藝文志》作五十五卷，蓋並計沈后集。（郁之按，《隋書・經籍志》有陳後主沈后集十卷，則周氏之推測蓋亦未當也。）洪、程均尚及見。今存之詩已寥寥，丁福保氏所輯《全陳詩》中，即無洪氏所引詩及序。然丁氏所收有《五言畫堂良夜履長在節歌管賦詩迾筵命酒十韻成篇》一首，下注「得還、合、答、雜、納、颯、匝、欲、拉、閣」，詩中即押此十韻，而次序則未循序中所列之先後。又有《上巳元圃宣猷嘉辰禊酌各賦六韻此次成篇》一首，注云：『座有張式、陸瓊、顧野王、陸琢、岑之敬等五人上。』所謂『以次成篇』，非指在座諸人依次成詩，而是每人之詩『逐韻多少，次第而用』之意。較之規定韻字而不限次序者，其要求更高更難。《梁書・王元規傳》載，普通六年高祖餞廣州刺史元景隆，詔群臣賦詩，『同用五十韻』，蓋亦是賦韻之一種形式。」

11 后妃命數

《左傳》所載鄭文公之子十餘人，其母皆貴胄，而子多不得其死，惟賤妾燕姞生穆公，獨繼父有國，子孫蕃衍盛大，與鄭存亡〔一〕。薄姬入漢王宮，歲餘不得幸，其所善管夫人、趙子兒先幸漢王，爲言其故，王即召幸之，歲中生文帝，自有子後希見。及呂后幽諸幸姬不得出宫，而薄氏以希見故，得從子之代，爲代太后。終之承漢大業者，文帝也〔二〕。景帝召程姬，程姬有所避不願進，而飾侍者唐兒使夜往，上醉不知而幸之，遂有身，生長沙王發。以母微無寵，故王卑濕貧國〔三〕。漢之宗室十有餘萬人，而中興炎祚，成四百年之基者，發之五世孫光武也〔四〕。元帝爲太子，所愛司馬良娣死，怒諸娣妾，莫得進見。宣帝令皇后擇後宫家人子五人，虞侍太子。后令旁長御問所欲，太子殊無意於五人者，不得已於皇后，彊應曰：「此中一人可。」乃王政君也。壹幸有身，生成帝，自有子後，希復進見。然歷漢四世，爲天下母六十餘載〔五〕。觀此四后妃者，可謂承恩有限，而光華啓佑，與同輩遼絶，政君遂爲先漢之禍。天之所命，其亦各有數乎？徽宗皇帝有子三十人，唯高宗皇帝再復大業。顯仁皇后在宫掖時，亦不肯與同列争進，甚類薄太后云〔六〕。

【箋證】

〔一〕《左傳》宣公三年。

〔二〕《漢書》卷九七上《高祖薄姬傳》。

〔三〕《漢書》卷五三《景十三王傳・長沙定王發傳》。

〔四〕《後漢書》卷一上《光武帝紀》：「世祖光武皇帝諱秀，字文叔，南陽蔡陽人，高祖九世之孫也，出自景帝生長沙定王發。發生春陵節侯買，買生鬱林太守外，外生鉅鹿都尉回，回生南頓令欽，欽生光武。」

〔五〕《漢書》卷九八《元后傳》。傳末班彪曰：「三代以來，春秋所記，王公國君，與其失世，稀不以女寵。漢興，后妃之家吕、霍、上官，幾危國者數矣。及王莽之興，由孝元后歷漢四世爲天下母，饗國六十餘載，群弟世權，更持國柄，五將十侯，卒成新都。位號已移於天下，而元后卷卷猶握一璽，不欲以授莽，婦人之仁，悲夫！」

〔六〕高宗構，徽宗第九子，母顯仁皇后韋氏。詳《宋史》卷二四《高宗紀》、卷二四三《徽宗韋賢妃傳》。

「徽宗皇帝有子三十人」。按《宋史》卷二四六《宗室三》《皇宋十朝綱要》卷一五、《東都事略》卷一七，皆云徽宗有子三十一人。

12 公爲尊稱

柳子厚《房公銘陰》曰：「天子之三公稱公，王者之後稱公，諸侯之入爲王卿士亦曰公，尊其道而師之稱曰公。古之人通謂年之長者曰公①。而大臣罕能以姓配公者，唐之最著者曰房公。」〔一〕東坡《墨君亭記》云：「凡人相與稱呼者，貴之則曰公。」范曄《漢史》惟三公乃以姓配之，未嘗或紊。如鄧禹稱鄧公，吳漢稱吳公，伏公湛、宋公宏、牟公融、袁公安、李公固、陳公寵、橋公玄、劉公寵、崔公烈、胡公廣、王公龔、楊公彪、荀公爽、皇甫公嵩、曹公操是也。《三國》亦有諸葛公、司馬公、顧公、張公之目〔二〕。其在本朝，唯韓公、富公、范公、歐陽公、司馬公、蘇公爲最著也〔三〕。

【校勘】

①「者」，原作「老」，據馬本、庫本、祠本改。

【箋證】

〔一〕《柳河東集》卷九《唐相國房公德銘之陰》。

〔二〕詳《後漢書》《三國志》。諸葛公亮，司馬公懿，見《魏志》。顧公雍，張公昭，見《吴志》。

〔三〕按：韓公琦。《宋史》卷三一二《韓琦傳》：「琦蚤有盛名，識量英偉，臨事喜慍不見于色。論者以重厚比周勃，政事比姚崇。其爲學士臨邊，年甫三十，天下已稱爲韓公。」富公弼。《續資治通鑑長編》卷三三六：「弼早有公輔之望，天下皆稱曰富公，名聞四裔。」范公仲淹，歐陽公修，司馬公光，蘇公軾，皆世所習知。仲淹之子純禮，亦稱范公。《宋史》卷三一四《范純禮傳》：「民圖像于廬，而奉之如神，名曰范公。」

《愛日齋叢抄》卷一：「古之稱公，有不以爵者，如董公、吕公、夏黄公、東園公、蓋公、泄公、申公、毛公、吴公，殆以老成尊之。諸老歷秦、漢間，齒既宿矣。司馬德操少龐德公十歲，兄事之，呼作龐公，可見尊稱也。雖于定國父爲獄吏決曹，亦稱于公，正要年德見推。唯史於夏侯嬰稱滕公，時爲滕令，後方賜侯爵。班《書》云：『嬰爲滕令奉車，故號滕公。』此猶項羽所使薛公、郯公。或例以令長稱公也。孔融告高密縣爲鄭康成立鄭公鄉。有云昔太史公、廷尉吴公、謁者僕射鄧公，皆漢之名臣。又商山四皓有東園公、夏黄公，潛光隱耀，世嘉其高，皆悉稱公。然則公者仁德之正號，不必三事大夫也。柳子厚書《相國房公琯銘陰》曰：（見本條。略。）東坡記墨君堂云：（見本條。略。）是足證公者不專以爵貴也。洪景盧采子厚、東坡語，洪氏偶不引孔融語。宋顔延之與何偃同從上南郊，偃遥呼延之曰顔公，延之以其輕脱，怪之。答曰：『身非三公之公，又非田舍之公，又非君家阿公，何以見呼爲公？』偃羞而退。或以田舍公、阿公，皆當爲翁，豈延之不知其義，疑其不欲當尊稱語，因過激爾。自時俗崇謬敬，若彼猶賢矣。班《書》公主亦云翁主，『公』『翁』，古或雜用。」

13 臺城少城

晉、宋間，謂朝廷禁省爲臺，故稱禁城爲臺城，官軍爲臺軍，使者爲臺使，卿士爲臺官，法令爲臺格。需科則曰臺有求須，調發則曰臺所遣兵〔一〕。劉夢得賦《金陵五詠》，故有《臺城》一篇。今人於它處指言建康爲臺城，則非也〔二〕。晉益州刺史治太城，蜀郡太守治少城，皆在成都，猶云大城、小城耳。杜子美在蜀日，賦詩故有「東望少城」之句。今人於它處指成都爲少城，則非也〔三〕。

【箋證】

〔一〕按，臺城、臺軍、臺使、臺官、臺格、臺所遣兵，見《晉書》《宋書》《南史》。（《資治通鑑》卷一二六《宋文帝紀》：元嘉二十八年，「寫臺格以與之」，胡三省注：「臺格，宋臺所立賞格也。」《資治通鑑》卷一二三《宋文帝紀》：元嘉十七年，「斥爲臺官」，三省注：「晉宋以來，謂天朝爲天臺。」蓋與容齋所説有異。）臺有求須，見《資治通鑑》卷一三五《齊高帝紀》：建元元年三月，「會稽太守聞喜公子良上表極陳其弊，以爲：『臺有求須，但明下詔敕，爲之期會，則人思自竭；若有稽遲，自依糾坐之科。今雖臺使盈湊，會取正屬所辦，徒相疑憤，反更淹懈，宜悉停臺使。』」

趙彦衛《雲麓漫抄》卷二：「《南史》，凡朝廷遣大臣督諸軍於外，謂之行臺；自臺出師，謂之臺兵。或有自行臺被彈者，因仍故號，則自稱朝廷爲臺，如言『向臺』及『臺遣使』之類是也。與漢人言縣官無異。甚至目京師之城爲臺城。梁呼建康爲臺城，至今言之。」

〔二〕劉禹錫《金陵五題》（《劉賓客文集》卷二四）分詠石頭城、烏衣巷、臺城、生公講堂、江令宅。可見臺城只是一地，而非指金陵。周應合《景定建康志》卷二〇《城闕志》：「臺城，一曰苑城，本吴後苑城。晉成帝咸和中，新宫成，名建康宫，即今所謂臺城也。在上元縣東北五里，周八里。」王象之《輿地紀勝》云：「一曰苑城，本吴後苑城也。晉咸和中作新宫，遂爲宫城。下及梁、陳，宫皆在此。晉、宋時謂朝廷禁省爲臺，故謂宫城爲臺城。城周六里百一十步，有門六。」王鳴盛《十七史商榷》卷六四《南史合宋齊梁陳書十二》「臺城」條，考甚詳，可參。

〔三〕杜甫《江畔獨步尋花七絶句》之四有「東望小城花滿煙」，郭知達《九家集注杜詩》卷二三，注云：「《梁益記》云：『少城，張儀城也。』趙（彦材）云：『少城，府中第二重小城，張儀所築也。』薛（夢符）云：『左太沖《蜀都賦》：亞以少城，接乎其西，市廛所會。』」《資治通鑑》卷八三《晉惠帝紀》永康元年：「成都治少城，益州治太城。」胡三省注：「二城皆秦張儀所築。儀既築太城，後一年又築少城。太城，今成都府子城也。少城，唯西、南、北三壁，東即太城之西墉也。」陳垣《通鑑胡注表微·辯誤篇第七》：「《通鑑》：『晉惠帝永康元年，成都治少城，益州治太城。』史炤《通鑑釋文》曰：『少城治成都，太城治益州。漢武帝開西南夷，置益州郡，治滇池，更漢三國，分置改置不一。今太城治益州，未詳益州所置也。』胡三省《通鑑釋文辯誤》曰：『余按成都有太城、少城，二城皆秦張儀所築。儀既築太城，後一年又築少城。太城，成都子城也；少城唯西、南、北三壁，東即太城之西墉。秦置蜀郡，晉武帝太康中改曰成都國，改蜀郡太守曰成都内史。「成都治少城」者，成都内史治少城也；「益州治太城」者，益州刺史治太城也。史炤蜀人，豈無文獻之足徵，既不能尚友古人，又不能親師取友，求其説而不得，乃顛倒《通鑑》本文，以爲「少城治成都，太城治益州」，又泛引武帝所置之益州郡，終不得其説，疏謬甚矣。』（卷八三）陳垣按云：《容齋續筆》五曾言：（見本條，略。）云云。則成都太城、少城之説，宋人已有數典而忘其祖者，故容齋辨之。然史炤眉山人，今《釋文》卷首題銜爲『右宣義郎監成都府糧料院史炤』，何以亦不諳鄉邦掌故，無惑乎身之之彈之也。」

趙與峕《賓退録》卷九：「侯嬴爲夷門監者。按大梁城十二門，東曰夷門，則夷門者，大梁之一門耳。後人遂直指汴京爲夷門非也。《容齋續筆》辨臺城、少城，類此。」

容齋續筆卷六十五則

1 嚴武不殺杜甫

《新唐書·嚴武傳》云：「房琯以故宰相爲巡内刺史，武慢倨不爲禮，最厚杜甫，然欲殺甫數矣。李白爲《蜀道難》者，爲房與杜危之也。」《甫傳》云：「武以世舊待甫，甫見之，或時不巾。嘗醉登武牀，瞪視曰：『嚴挺之乃有此兒！』武銜之，一日欲殺甫，冠鈎于簾三，左右白其母，奔救得止。」《舊史》但云：「甫性褊躁，嘗憑醉登武牀，斥其父名，武不以爲忤。」初無所謂欲殺之説，蓋唐小説所載，而《新書》以爲然。予案李白《蜀道難》，本以譏章仇兼瓊，前人嘗論之矣〔一〕。甫集中詩，凡爲武作者幾三十篇。送其還朝者，曰：「江村獨歸處，寂寞養殘生。」喜其再鎮蜀，曰：「得歸茅屋赴成都，直爲文翁再剖符。」此猶是武在時語。至《哭其歸櫬》及《八哀詩》，「記室得何遜，韜鈐延子荆」，蓋以自況；「空餘老賓客，身上媿簪纓」，又以自傷〔二〕。若果有欲殺之怨，必不應眷眷如此。好事者但以武詩有「莫倚善題《鸚鵡賦》」之句，故用證前説，引黄祖殺禰衡爲喻，殆是癡人面前不得説夢也，武肯以黄祖自比乎〔三〕！

【箋證】

〔一〕王應麟《困學紀聞》卷一四：「《容齋續筆》辯嚴武無欲殺杜甫之説。愚按《新史·嚴武傳》多取《雲溪友議》，宜其失實也。」

按《雲谿友議》卷上《嚴黄門》：「武年二十三，爲給事黄門侍郎。明年擁旄西蜀，累於飲筵對客騁其筆札。杜甫拾遺乘醉而言曰：『不謂嚴挺之有此兒也。』武恚目久之，曰：『杜審言孫子擬捋虎鬚！』合座皆笑以彌縫之。武曰：『與公等飲饌謀歡，何至於祖考耶？』房太尉綰亦微有所忤，憂怖成疾。武母恐害賢良，遂以小舟送甫下峽。母則可謂賢也，然二公幾不免於虎口矣。李太白爲《蜀道難》，乃爲房、杜之危也。其略曰：『劍閣峥嶸而崔嵬，一夫當關，萬夫莫開。所守或非人，化爲狼與豺。朝避猛虎，夕避長蛇。磨牙吮血，殺人如麻。錦城雖云樂，不如早還家。蜀道之難，難於上青天，側身西望長咨嗟！』杜初自作《閬中行》：『豺狼當路，無地游從。』或謂章仇大夫兼瓊爲陳拾遺雪獄，高適侍御與王江寧昌齡申冤，當時同爲義士也。李翰林作此歌，朝右聞之，疑嚴武有劉焉之志。支屬刺史章彝因小瑕，武遂杖殺之，後爲彝外家報怨，嚴氏遂微焉。」

沈括《夢溪筆談》卷四《辨證二》：「前史（《新唐書》）稱嚴武爲劍南節度使，放肆不法，李白爲之作《蜀道難》。按孟棨所記，白初至京師，賀知章聞其名，首詣之，白出《蜀道難》，讀未畢，稱歎數四。時乃天寶初也。此時白已作《蜀道難》。嚴武爲劍南，乃在至德以後肅宗時，年代甚遠。

蓋小説所記，各得於一時，見聞本末不相知，率多舛誤，皆此文之類。《李白集》中稱刺章仇兼瓊，與《唐書》所載不同，皆《唐書》誤也。」按《洪駒父詩話》（《苕溪漁隱叢話前集》卷五）所辨略同，可參。

〔二〕杜甫送武還朝詩，即《奉濟驛重送嚴公四韻》（《杜詩詳注》卷一一）。喜武再鎮蜀，即《將赴成都草堂途中有作先寄嚴鄭公五首》之一（同前，卷一三）。《哭其歸櫬》，即《哭嚴僕射歸櫬》（同前，卷一四）。《八哀詩》自況自傷，即《八哀詩·贈左僕射鄭國公嚴公武》（同前，卷一六）。

〔三〕嚴武《寄題杜二錦江野亭》詩云：「漫向江頭把釣竿，懶眠沙草愛風湍。莫倚善題鸚鵡賦，何須不著鵔鸃冠。腹中書籍幽時曬，肘後醫方静處看。興發會能馳駿馬，終須直到使君灘。」（《杜詩詳注》卷一〇）朱翌《猗覺寮雜記》卷上：「黄祖之子射命禰衡賦鸚鵡，其後祖殺衡，射救之不及。嚴武在成都，不堪少陵之慢，《題杜二錦江亭》云：『莫倚善題鸚鵡賦。』以衡比甫，有意殺之且戒之也。甫酬云：『阮籍焉知禮法疎。』是無改悔意也。若武冠不鈎於簾，其母來少緩，甫死矣。祖之子救衡遲，故衡死，武之母救甫速，故甫不死，命矣夫。」黄祖殺禰衡事，見《後漢書》卷一一〇下《禰衡傳》。

2　王嘉薦孔光

漢王嘉爲丞相，以忠諫忤哀帝。事下將軍朝者，光禄大夫孔光等劾嘉迷國罔上不道，請與廷尉雜治。上可其奏。光請謁者召嘉詣廷尉，嘉對吏自言：「不能進賢退不肖。」吏問主名，嘉曰：「賢，故丞相孔光，不能進。」嘉死後，上覽其對，思嘉言，復以光爲丞相〔一〕。案嘉之就獄，由光逢君之惡，而嘉且死，尚稱其賢，嘉用忠直隕命，名章一時，然亦可謂不知人矣。光之邪佞，鬼所唾也，奴事董賢，協媚王莽，爲漢蟊蜮，尚得爲賢也哉〔二〕？

【箋證】

〔一〕《漢書》卷八六《王嘉傳》。

〔二〕「奴事董賢」，事詳《漢書》卷九三《佞幸・董賢傳》：「丞相孔光爲御史大夫，時賢父恭爲御史，事光。及賢爲大司馬，與光並爲三公，上故令賢私過光。光雅恭謹，知上欲尊寵賢，及聞賢當來也，光警戒衣冠出門待，望見賢車乃卻入。賢至中門，光入閤，既下車，乃出拜謁，送迎甚謹，不敢以賓客均敵之禮。賢歸，上聞之喜，立拜光兩兄子爲諫大夫常侍。」「協媚王莽」，事詳《漢書》卷八一《孔光傳》：「哀帝罷黜王氏，故太后與莽怨丁、傅、董賢之黨。莽以光爲舊相名儒，天下所信，太后敬之，備禮事光。所欲搏擊，輒爲草，以太后指風光令上之，睚眦莫不誅傷。」

3　朱温三事

義理所在，雖盜賊凶悖之人，亦有不能違者。劉仁恭爲盧龍節度使，其子守文守滄州，朱全忠引兵攻之，城中食盡，使人説以早降。守文應之曰：「僕於幽州，父子也，梁王方以大義服天下，若子叛父而來，將安用之？」全忠愧其辭直，爲之緩攻。其後還師，悉焚諸營資糧，在舟中者鑿而沉之。守文遺全忠書曰：「城中數萬口，不食數月矣，與其焚之爲煙，沉之爲泥，願乞其所餘以救之。」全忠爲之留數囷，滄人賴以濟〔一〕。及篡唐之後，蘇循及其子楷自謂有功於梁，當不次擢用。全忠薄其爲人，以其爲唐鴟梟，賣國求利，勒循致仕，斥楷歸田里。宋州節度使進瑞麥，省之不懌，曰：「宋州今年水災，百姓不足，何用此爲！」遣中使詰責之，縣令除名〔二〕。此三事，在他人爲不足道，於全忠則爲可書矣，所謂「憎而知其善」也〔三〕。

【箋證】

〔一〕《資治通鑑》卷二六五《唐哀帝紀》，天祐三年。全忠緩攻，事在九月。留糧事在十二月。

〔二〕《資治通鑑》卷二六七《後梁太祖紀》，開平四年四月。

〔三〕「憎而知其善」，曾子語，見《禮記·曲禮》。

4 文字潤筆

作文受謝，自晉、宋以來有之，至唐始盛〔一〕。《李邕傳》：「邕尤長碑頌，中朝衣冠及天下寺觀，多齎持金帛，往求其文。前後所製凡數百首，受納饋遺亦至巨萬。時議以爲自古鬻文獲財，未有如邕者。」〔二〕故杜詩云：「干謁滿其門，碑版照四裔。豐屋珊瑚鈎，騏驎織成罽。紫騮隨劍几，義取無虛歲。」又有《送斛斯六官詩》云：「故人南郡去，去索作碑錢。本賣文爲活，翻令室倒懸。」蓋笑之也〔三〕。韓愈撰《平淮西碑》，憲宗以石本賜韓弘，弘寄絹五百匹〔四〕；作《王用碑》，用男寄鞍馬并白玉帶〔五〕。劉叉持愈金數斤去，曰：「此諛墓中人得耳，不若與劉君爲壽。」愈不能止〔六〕。劉禹錫祭愈文云：「公鼎侯碑，志隧表阡，一字之價，輦金如山。」〔七〕皇甫湜爲裴度作《福先寺碑》，度贈以車馬繒綵甚厚，湜大怒曰：「碑三千字，字三縑，何遇我薄邪！」度笑酬以絹九千匹〔八〕。穆宗詔蕭俛撰成德王士真碑，俛辭曰：「王承宗事無可書。又撰進之後，例得貺遺，若黽勉受之，則非平生之志。」帝從其請〔九〕。文宗時，長安中争爲碑誌，若市買然。大官卒，其門如市，至有喧競争致，不由喪家。裴均之子，持萬縑詣韋貫之求銘。貫之曰：「吾寧餓死，豈忍爲此哉！」〔一〇〕白居易《修香山寺記》曰：「予與元微之定交於生死之間，微之將薨，以墓誌文見託，既而元氏之老，狀其臧獲輿馬①綾帛洎銀鞍玉帶之物，價當六七十萬，爲謝文之贄。予念平生分，贄不當納，往反再三，訖不得已，回施兹寺②。凡此利益功德，應歸微之。」〔一一〕柳玭善書，自御史大夫貶瀘州刺史，東川節度使顧彦暉請書德政碑，玭曰：「若以潤筆爲贈，即不敢從命。」〔一二〕本朝此風猶存，唯蘇坡公於天下未嘗銘墓，獨銘五人，皆盛德故，謂富韓公、司馬温公、趙清獻公、范蜀公、張文定公也。此外趙康靖公、滕元發二銘，乃代文定所爲者。在翰林日，詔撰同知樞密院趙瞻神道碑，亦辭不作〔一三〕。曾子開與彭器資爲執友，彭之亡，曾公作銘，彭之子以金帶縑帛爲謝，却之至再，曰：「此文本以盡朋友之義，若以貨見投，非足下所以事父執之道也。」彭子皇懼而止。此帖今藏其家〔一四〕。

【校勘】

①「與」，馬本、祠本作「興」。　②「回」，馬本、祠本作「因」。

【箋證】

〔一一〕王楙《野客叢書》卷一七《作文受謝》：「《續筆》曰：『作文受謝，自晉、宋以來有之，至唐始盛。李邕尤長碑碣，天下多齎金帛求其文。』僕謂此亦未之考耳。作文受謝，非起於晉、宋，乞米受金，爲人作傳，不足道也。觀陳皇后失寵於漢武帝，别在長門宮，聞司馬相如天下工爲文，奉黄金百斤爲文君取酒，相如因爲文，以悟主上。皇后復得幸。此風西漢已然。孫登《相如賦》曰：『長門得賜金。』」（郁之按，《藝文類聚》卷五五作：『陳祖孫登賦得司馬相如詩曰』云云）」趙翼《陔餘叢考》卷三一《潤筆》：「隋鄭譯拜爵沛國公，位上柱國。高熲爲制，戲曰：『筆乾。』答曰：『出典方嶽，杖策言歸，不得一文，何以潤筆？』此『潤筆』二字所由昉也。然《北史》袁聿修爲信州刺史，有善政，既去官，州人鄭播宗等七百人斂縑帛數百匹，託中書侍郎李德林爲文，以記功德。詔許之。則又在鄭譯之前。故洪容齋謂『作文受謝，晉、宋以來已有之』。而王楙《野客叢書》並謂陳皇后失寵于武帝，以黄金百斤奉司馬相如，作《長門賦》以悟主。此爲潤筆之始。」

〔二〕《舊唐書》卷一九〇《文苑・李邕傳》。

〔三〕杜甫《贈祕書監江夏李公邕》（《杜詩詳注》卷一六）。《送斛斯六官詩》，即《聞斛斯六官未歸》（同前，卷一〇）。

〔四〕韓愈《奏韓弘人事物狀》：「右臣先奉恩敕撰《平淮西碑》文，伏緣聖恩，以碑本賜韓弘等。今韓弘寄絹五百匹與臣充人事物，未敢受領，謹録奏聞，伏聽進止。謹奏。」（《五百家注昌黎文集》卷三八）張淏《雲谷雜紀》卷二：「今人以物相遺，謂之人事。韓退之《奏韓弘人事物狀》云：（同前引。略。）又杜牧《謝許受江西送撰韋丹碑綵絹等狀》云：『中使奉宣聖旨，令臣領受江西觀察使紇干泉所寄撰《韋丹遺愛碑文》人事綵絹共三百匹。』《後漢・黄琬傳》云：『時富權子弟多以人事得舉。』則知『人事』之語，其來已久。」

〔五〕韓愈有《唐故銀青光禄大夫檢校左散騎常侍兼右金吾衛大將軍贈工部尚書太原郡公神道碑文》（《五百家注昌黎文集》卷二七）、《進王用碑文狀》《謝許受王用男人事物狀》（《五百家注昌黎文集》卷三八）。其《謝許受王用男人事物狀》云：「某官某乙右今日品官唐國珍到臣宅，奉宣進旨，緣臣與王用撰神道碑文，令臣領受用男沼所與臣馬一匹並鞍銜及白玉腰帶一條者。」

〔六〕李商隱《齊魯二生·劉叉傳》（《李義山文集箋注》卷一〇）。

〔七〕《劉賓客外集》卷一〇《祭韓吏部文》。

〔八〕《新唐書》卷一七六《皇甫湜傳》。

〔九〕《舊唐書》卷一七二《蕭俛傳》：「俛趣尚簡潔，不以聲利自汙。在相位時，穆宗詔撰故成德軍節度使王士真神道碑，對曰：『臣器褊狹，此不能强。王承宗先朝阻命，事無可觀，如臣秉筆，不能溢美。或撰進之後，例行貺遺，臣若公然阻絶，則違陛下撫納之宜；僶俛受之，則非微臣平生之志。臣不願爲之秉筆。』帝嘉而免之。」

〔一〇〕李肇《唐國史補》卷中。

章士釗《柳文指要》下《通要之部》卷二《永貞一瞥》「二恨潛通史迹」條：「洪景盧《續筆》稱：『裴均之子，將萬縑詣韋貫之求銘。貫之曰：「吾寧餓死，豈忍爲此哉！」夫貫之在當時，並非文章高手，而裴均固是方鎮大員，聲光卓越，區區諛墓之作，未嘗不可勉從其請，而不然。蓋均爲巨璫竇文塲所豢養，又於永貞逆案中，爲主謀發蹤之人，此其與逆璫通同一氣，戕賊君父，情尤可惡。於是貫之不肯爲裴均作銘。」

〔一一〕《白氏長慶集》卷六八。

〔一二〕顧彦暉請書德政碑事，兩《唐書》柳玭傳不載。

〔一三〕《東坡全集》有《司馬温公神道碑》（卷八六）、《趙清獻公神道碑》、《富鄭公神道碑》、《趙康靖公神道碑（代張文定公作）》（卷八七）、《范景仁墓誌銘》、《張文定公墓誌銘》（卷八八）、《故龍圖閣學士滕公墓誌銘（代張文定公作）》（卷八九）。《祭張文定公文》云：「軾於天下未嘗誌墓，獨銘五人，皆盛德故偉歟。」（《東坡全集》卷九一）

東坡有《辭免撰趙瞻神道碑狀》（《東坡全集》卷六〇）。

〔一四〕曾肇，字子開，鞏之弟，舉進士，累官中書舍人、吏部侍郎、翰林學士，事迹具《宋史》卷三一九本傳。彭器資，參《隨筆》卷四《浮梁陶器》。

5　漢舉賢良

漢武帝建元元年，詔舉賢良方正直言極諫之士。丞相綰奏：「所舉賢良，或治申、商、韓非、蘇秦、張儀之言，亂國政，請皆罷。」奏可〔一〕。是時對者百餘人，帝獨善莊助對，擢爲中大夫〔二〕。後六年，當元光元年，復詔舉賢良，於是董仲舒等出焉〔三〕。《資治通鑑》書仲舒所對爲建元。案《策問》中云：「朕親耕籍田，勸孝弟，崇有德，使者冠蓋相望，問勤勞，恤孤獨，盡思極神。」對策曰：「陰陽錯繆，氛氣充塞，群生寡遂，黎民未濟。」必非即位之始年也〔四〕。

【箋證】

〔一〕《漢書》卷六《武帝紀》。

〔二〕《漢書》卷六四上《嚴助傳》。

〔三〕《漢書》卷六《武帝紀》，元光元年，「五月，詔賢良曰：『朕聞昔在唐虞，畫象而民不犯，日月所燭，莫不率俾。周之成康，刑錯不用，德及鳥獸，教通四海。海外肅昚，北發渠搜，氐羌徠服。星辰不孛，日月不蝕，山陵不崩，川谷不塞，麟鳳在郊藪，河洛出圖書。嗚虖，何施而臻此與！今朕獲奉宗廟，夙興以求，夜寐以思，若涉淵水，未知所濟。猗與偉與！何行而可以章先帝之洪業休德，上參堯舜，下配三王！朕之不敏，不能遠德，此子大夫之所覩聞也。賢良明於古今王事之體，受策察問，咸以書對，著之于篇，朕親覽焉。』於是董仲舒、公孫弘等出焉。」

〔四〕《資治通鑑》卷一七《漢武帝紀》建元元年冬十月，「詔舉賢良方正直言極諫之士。上親策問以古今治道，對者百餘人。廣川董仲舒對曰：（略。）天子善其對，以仲舒爲江都相。會稽莊助亦以賢良對策，天子擢爲中大夫。」是以董仲舒、莊助爲同年應對策。

按「朕親耕籍田」云云，見《漢書》卷五六《董仲舒傳》，而不見於《武帝紀》元光元年策問。《傳》云：「武帝即位，舉賢良文學之士前後百數，而仲舒以賢良對策焉。」先後三策三對。此爲仲舒所對之第二策。「陰陽錯繆，氛氣充塞，群生寡遂，黎民未濟」，亦是策問中語，仲舒對策乃複述之也。

6 戊爲武

十干「戊」字只與「茂」同音，俗輩呼爲「務」，非也〔一〕。吳中術者又稱爲「武」。偶閱

《舊五代史》梁開平元年，司天監上言日辰，内「戊」字請改爲「武」，乃知亦有所自也。今北人語多曰「武」。朱温父名誠，以「戊」類「成」字，故司天諂之耳〔二〕。

【箋證】

〔一〕胡鳴玉《訂譌雜録》卷七《戊音茂》：「戊己之戊，音茂，俗誤讀務。昌黎《南山》詩『藩都配德運，分宅占丁戊。逍遥越坤位，詆許陷乾竇。』《書·洛誥》：『戊辰王在新邑。』《召誥》：『越三日戊申。』《泰誓》：『惟戊午王次于河朔。』《傳》：『並音茂。』展卷即見。今之習《尚書》者，其誰遵之。」並引《續筆》此條爲證。

〔二〕《舊五代史》卷三《梁太祖紀》，開平元年六月，「癸卯，司天監奏日辰内有『戊』字，請改爲『武』。從之。」

張淏《雲谷雜紀》卷四，引《續筆》本條，接云：「予案温曾祖名茂琳，『戊』正其諱耳。今紹興府城隍廟有梁開平二年所刻廟記，稱城隍曰牆隍，歲次曰武辰。城、戊皆以朱氏正諱而易。容齋謂戊類成字，故司天諂之，非也。」

顧炎武《金石文字記》卷五《梁》：「《鎮東軍牆隍廟記》，錢鏐撰，開平二年歲在武辰月。（月字上下皆空。）今在紹興府卧龍山西岡上城隍廟中。此碑以『城』爲『牆』，以『戊』爲『武』。按《舊唐書·哀帝紀》天祐二年七月辛巳，敕全忠請鑄河中晉絳諸縣印，縣名内有『城』字並落下，如密、鄭、絳、蒲，例單名爲文。九月己巳，敕武成王廟宜改爲武明王。十月癸丑，敕改成德軍曰武順。管内槀城縣曰槀平，信都曰堯都，欒城曰欒氏，阜城曰漢阜，臨城曰房子，避全忠祖父名也。（全忠祖信父誠。）十一月乙卯朔，敕改潞州潞城縣曰潞子，黎城曰黎亭。甲申，敕改河南告成縣曰陽邑，蔡州褒城縣曰苞孚，同州韓城縣曰韓元，絳州翼城縣曰澮川，鄆州鄆城縣曰萬安，慈州文成縣曰屈邑，澤州晉城縣曰高都，陽城縣曰濩澤，安州應城縣曰應陽，洪州豐城縣曰吳高。又按《五代史》，滑州，唐故曰義成軍，以避梁王父諱，故曰武順。又《册府元龜》開平元年五月甲午，改城門郎爲門局郎。曾子固跋韓公井記：『襄州南楚故城有昭王井故城，今謂之故牆，即鄢也。由梁太祖父名誠避之。』然則城者，誠之嫌名也。《册府元龜》言：『帝曾祖諱茂琳。開平元年六月癸卯，司天監上言請改日辰内「戊」字爲「武」。從之。』然則『戊』者『茂』之嫌名也。（《容齋續筆》謂『戊』類『成』字故改之者，非。）然『戊』本音『茂』，不知何以有『武』音，而鄭樵謂十辰十二日皆爲假借，甲本戈甲，乙本魚腸，丙本魚尾，丁本蠆尾，戊本武，己本几，又不知其説何所本也。又如《後漢執金吾丞武榮碑》云：『天降雄彦，資才卓茂。仰高鑽堅，允文允武。』則並『茂』字亦讀爲『武』，其來久矣。（唐白居易詩：『有木名櫻桃，得地早滋茂。』與『露』『去』『住』『顧』『妒』『樹』『賦』爲韻。）」

7 怨耦曰仇

《左傳》：師服曰：「嘉耦曰妃，怨耦曰仇，古之命也。」注云：「自古有此言。」〔一〕按許叔重《説文》，於「逑」字上引《虞書》曰：「方逑孱功。」又曰：「怨匹曰逑。」然則出於《虞書》，今亡矣〔二〕。以「鳩僝」爲「逑孱」，以「耦」爲「匹」，以「仇」爲「逑」，其不同如此。而「僝」字下所引，乃曰：「㫄救僝功。」〔三〕自有二説。「旻」字下引《虞書》曰：「仁閔覆下，則稱旻天。」「埶」字下引《虞書》「雉埶」，今皆無此〔四〕。

【箋證】

〔一〕《左傳》桓公二年。

〔二〕徐鉉增釋《説文解字》卷二下。

梁紹壬《兩般風雨盦隨筆》卷五《逸書》條，引本條，按云：「旁逑、方鳩，或古人通用，今其語明明在也。至下句則竟逸書矣，然亦見於左氏桓二年《傳》，惟匹耦字異耳。」

〔三〕同前，卷八上引《虞書》。

〔四〕「旻」字，徐鉉增釋《説文解字》卷七上。「埶」字，同前，卷一二下。

8　説文與經傳不同

許叔重在東漢，與馬融、鄭康成輩不甚相先後，而所著《説文》，引用經傳，多與今文不同〔一〕。聊摭逐書十數條，以示學者，其字異而音同者不載。所引《周易》「百穀草木麗乎土」爲「艸木麗乎地」，「服牛乘馬」爲「犕（音備。）牛乘馬」，「夕惕若厲」爲「若夤」，「其文蔚也」爲「斐也」，「乘馬班如」爲「驙如」，「天地絪緼」爲「天地壹壼」，「繻有衣袽」爲「需有衣絮」。書「晉卦」爲「簪」，「巽」爲「顨」，「艮」爲「皀」〔二〕。所引《書》「帝乃殂落」爲「勛乃殂」，「竄三苗」爲「𡨄（塞也，音倅。）三苗」，「勿以憸人」爲「譣人」，（譣，問也。）「在後之侗」爲「在夏后之詷」，「尚不忌于凶德」爲「上不諅」，「峙乃糗糧」爲「餱糧」，「教胄子」爲「教育子」，「百工營求」爲「敻求」，「至于屬婦」爲「嫋婦」，（嫋，音鄒，妊身也。）「有疾弗豫」爲「有疾不悆」，「我之弗辟」爲「不辡」，「截截諞言」爲「戔戔巧言」，又「圛圛升雲，半有半無」「獂有爪而不敢以撅」及「以相陵懱」「維緢有稽」之句，皆云《周書》，今所無也〔三〕。所引《詩》「既伯既禱」爲「既禡既禂」，「新臺有泚」爲「有玼」，「焉得諼草」爲「安得薏艸」，「牆有茨」爲「有薺」，「棘人欒欒」爲「臠臠」，「江之永矣」爲「羕矣」，「得此戚施」爲「䵶鼀」，「伐木許許」爲「所所」，「儦儦俟俟」爲「伾伾俟俟」，「嘽嘽駱馬」爲「痑痑」，「赤舄几几」爲「己己」，又爲「掔掔」，（音慳。）「民之方殿屎」爲「方唸㕧」，「混夷駾矣」爲「犬夷呬矣①」，「陶復陶穴」爲「陶𡪙」，（地也。）「室②其會如林」爲「其旝」，「國步斯頻」爲「斯矉」，「滺滺山川」爲「蔽蔽」〔四〕。《論語》「荷蕢」爲「荷臾」，「褻裘」爲「絬衣」，又有「跢予之足」一句〔五〕。《孟子》「源源而來」爲「謜謜」，（音願，徐也。）「接淅」爲「滰淅」。（滰，其兩切，乾漬米也。）〔六〕《左傳》

「龙涼」爲「牻涼」，「芟夷」爲「癹(音潑。)夷」，「圭竇」爲「圭窬」，「澤之萑蒲」爲「澤之目籞」，(禁苑也。)「叀甸兩牡」爲「中佃一轅」，「楄柎藉幹」爲「楄部薦榦」〔七〕。《公羊》「闖然」爲「覢然」。(覢，失冉切，暫見也。)〔八〕《國語》「觥飯不及壺飧」爲「侊飯不及一食」〔九〕。如此者甚多。

【校勘】

①「犬」原作「大」，據馬本、庫本、祠本改。　②「室也」原互倒，據馬本、祠本改。

【箋證】

〔一〕王應電《經傳正譌序》：「余觀《說文》所引五經字與今書文絶異，蓋許氏當東漢時，猶及見古文，故所載如此。今之經文，不知幾更翻楷之手，故與許氏不同也。夫余所病于《說文》者，以其悖于古文也，而翻楷者又悖于《說文》，則其去古文奚翅千里！」(四庫本《周禮翼傳》卷首)閻若璩《尚書古文疏證》第七十八：「余向謂《說文》皆古文，今異者亦只字句間。然從其異處論之，已覺義理長，非安國書可比。今且有安國所不載辭至多，其必出賈侍中所授二十四篇也可知，故除名標《逸周書》者不録，録《虞書》焉、《商書》焉、《周書》焉、《尚書》及《書》焉。《虞書》曰：『仁閔覆下，則稱旻天。』《虞書》又曰：『怨匹曰逑。』《商書》曰：『以相陵懱。』《周書》曰：『宮中之穴食。』讀若《周書》『若藥不眄眩。』《周書》曰：『戔戔巧言。』《周書》曰：『求就惎惎。』《周書》曰：『獂有爪而不敢以撅。』《周書》曰：『王出涘。』《周書》曰：『伯㽙。』《周書》

曰：『師乃搯。』《周書》曰：『孜孜無怠。』《周書》曰：『惟緢有稽。』《尚書》曰：『圛圛升雲，半有半無。』《書》曰：『竹箭如榗。』右皆魏晉間忘其采用者，而宋洪邁反疑之爲不可曉。善夫徐鉉《進説文表》云：『大抵此書務援古以正今，不徇今而違古。』予謂賈、許所授受，古也；魏晉間出，今也。徇今而違古，洪氏之見也；援古以正今，予之見也。噫！果孰謂古今人不相及也！」

〔二〕王應麟《漢藝文志考證》卷一曰：「許氏《説文》稱《易》孟氏，其文多異。」朱彝尊《經義考》卷五《易四》：「按許氏《説文解字序》言《易》稱孟氏，則所引皆孟氏《易》也。其與今文異者，如『夕惕若厲无咎』作『夕惕若夤』（句）。『泣涕漣如』，『漣』作『𢟤』。『再三瀆』作『黷』。『以往吝』作『遴』。『履虎尾愬愬終吉』，『愬愬』作『虩虩』，下有『恐懼』二字。『百穀草木麗乎土』，作『𧀠于地』。『日昃之離』，『昃』作『𣅩』。『罔孚裕无咎』，『罔』作『有』。『其牛掣』作『㸷』。『天且劓』作『𠜾』。『君子豹變其文蔚也』，『蔚』作『斐』。『用拯馬壯吉』，『拯』作『抍』，無『用』字。『繻有衣袽』，『繻』作『需』，『袽』作『絮』。『夫乾確然』，『確』作『隺』。『服牛乘馬』，『服』作『犕』。『重門擊柝』作『㯤』。『天地絪緼』作『壹壺』。『雜而不越』作『𧻓』。『莫熯乎火』作『𤑞』。『爲的顙』，『的』作『馰』。『爲黔喙之屬』，無『之屬』字。又如『𡎎飪』句，『𡎎䞘』句，『地可觀者，莫可觀于木』，則今本無是文，不知當日何所屬也。」

〔三〕閻若璩《尚書古文疏證》第二十五：「許慎《説文解字序》云：『其稱《易》孟氏，《書》孔氏，

《詩》毛氏，《禮》周官，《春秋》左氏，《論語》，《孝經》，皆古文也。』慎子沖上書安帝云：『臣父本從賈逵受古學，考之於逵，作《説文》。』是《説文》所引書，正東漢時盛行之古文，而非今古文可比。余嘗取之以相校，除字異而音同者不録，録其俱異者於左。引《虞書》『方鳩僝功』，『方鳩』爲『旁救』，一爲『旁逑孱功』。『竄三苗』爲『敹三苗』。『朋淫于家』，『朋』爲『堋』。『予乘四載』，下有『水行乘舟，陸行乘車，山行乘欙，澤行乘輴』四句。『教胄子』爲『育子』。『帝乃殂落』，『帝』爲『放勛』。《夏書》『浮于淮泗，達于河』，『河』爲『菏』。『東出于陶丘北』，爲『東至于陶丘』。『惟箘簵楛』爲『枯』。《商書》『高宗夢傅説，使百工營求諸野，得諸傅巖』，『營』爲『敻』，無『諸野』二字下諸字。『亦爲之祖伊反』爲『祖甲返』。《周書》『在後之侗』爲『在夏后之詷』。『其丕能諴于小民』，『丕能』爲『不能』。『唯其塗丹雘』，『塗』爲『𢼄』。『其在受德暋』，爲『在受德忞』。『罔不憝』上有『凡民』二字。『一人冕執鋭』爲『執鈗』。『至于屬婦』爲『媰婦』。『盡執拘以歸于周』爲『盡執抲』。『爰始淫爲劓刵椓黥』，爲『刖劓斀黥』。『敷重蔑席』，『敷』爲『布』。『民罔不盡傷心』，『罔』爲『妄』。『峙乃糗糧』爲『餱粻』。『用勱相我國家』爲『邦家』。」

朱彝尊《經義考》卷七六《書五》：「按西漢之古文，孔安國家獻之，未列於學官者也。東漢之古文，杜林得之西州，賈逵、衛宏、馬融、鄭康成輩爲之作訓傳注解者也。當時止有杜林漆書，若孔氏增多之書，終漢之世，下及魏西晉，莫有見之者。故趙岐注《孟子》、高誘注《呂覽》、杜預釋

《左傳》，凡孔氏增多篇内文皆曰《逸書》，惟許氏《説文序》者謂其《易》稱孟氏、《書》孔氏、《詩》毛氏。夫以賈、衛、馬、鄭諸大儒均未之見，許氏何由獨得之？今考《説文》中所引《尚書》，字句異者，如『格于上下』，『格』作『假』。『宅嵎夷嵎』作『堣』。『平秩東』作『秩』作『豑』。『鳥獸氄毛』作『𣯦髦』。『期三百有六旬』，『期』作『稘』。『帝曰疇咨』，『疇』作『𠷎』。『共工方鳩僝功』作『旁逑孱功』，『鳩』又作『救』。『有能俾』又作『㑥』。『𡉺肆類于上帝』，『肆』作『𨽻』。『竄三苗』，『竄』作『𡨄』。『暨皋陶』作『臮咎繇』。『五品不遜』作『愻』。『教胄子』，『胄』作『育』。『剛而塞』，『塞』作『𡫳』。『濬畎澮』，『濬』作『㕡』。『藻火粉米』，『藻』作『璪』，『粉』作『黺』。『撻以記之』，『撻』作『遲』。『無若丹朱傲』，『朱』作『絑』，『傲』作『奡』。『朋淫于家』，『朋』作『堋』。『元首叢脞哉』，『脞』作『睉』。『隨山刊木』，『刊』作『栞』。『厥草惟繇』作『蘨』。『草木漸包』作『蔪苞』。『瑶琨篠簜』，『篠』作『筱』。『惟箘簵楛』作『簬楛』，又作『輅枯』。『天用勦絶其命』，『勦』作『劋』。『若顛木之有由蘖』作『㽕㯻』，『蘖』又作『枿』。『王播告之』，『播』作『譒』。『今汝聒聒』作『懖懖』。『予亦拙謀』，『拙』作『炪』。『西伯既戡黎』，『戡』作『𢧢』，『黎』作『𨛚』。『大命不摯』，『摯』作『𡠗』。『予顛隮』，『隮』作『躋』。『我興受其敗』作『退』。『勖哉夫子』，『勖』作『勗』。『尚桓桓』作『狟狟』。『篚厥玄黄』作『實玄黄于匪』。『彝倫攸斁』作『殬』。『無有作好』，『好』作『妞』。『七稽疑』，『稽』作『卟』。『庶草繁廡』作『無』。『王有疾弗豫』作『不悆』。『我之弗辟』作『不𨐨』。『哉生魄』作『霸』。『罔弗憝』作『罔不憝』，上有『凡民』字，同《孟子》句。『盡執拘』作『抲』。『至于屬婦』，『屬』作『媰』。『惟其塗丹雘』，『塗』作『蔽』。『丕能諴于小民』，『丕』作『不』。『乃惟孺子頒』作『攽惟兹四人』。『昭武王惟冒』作『睸』。『亦惟有夏之民叨懫』，『夏』字下有『氏』字，『懫』作『𡒄』。『常伯常任』，『伯』作『攴』。『其在受德暋』作『忞』。『爾尚不忌于凶德』，『忌』作『諅』。『灼見三有俊心』，『灼』作『焯』。『勿以憸人』，『憸』作『譣』。『用勱相我國家』作『邦家』。『陳寶』作『宲』。『一人冕執鋭』作『鈗』。『三咤』作『詫』。『劓刵椓黥』作『刖劓斀黥』。『惟貌有稽』，『貌』作『緢』。『報以庶尤』作『訧』。『扞我于艱』，『扞』作『敦』。『峙乃糗糧』作『峙乃餱粻』。『截截善諞言』作『戔戔』。『斷斷猗』作『㔾㔾』。『邦之杌隉』，『杌』作『阢』。凡此所引，皆在伏生口傳二十八篇，使許氏果得見孔氏古文，則於增多篇内，亦必及之矣。至于『若藥不眄眩』一句，雖屬《説命》之文，殆因《孟子》所引而及之爾。又如『圛圛升雲，半有半無』；『洪水浩浩』；『在夏后之詷』；『師乃搯』；『來就惎惎』；『宫中之冗食』；『貔有爪而不敢以撅』；『以相陵懱』；『祖甲返』；『孜孜無怠』；『戔戔巧言』；『我有截于西』，則孔氏傳亦無之，又以《微子》爲《周書》，《洪範》爲《商書》，不知許氏何所本也。」「又按許氏《説文序》云《易》稱孟氏，《書》孔氏，《詩》毛氏，似乎見孔氏古文者，然其撰《五經異義》，恒取諸家之説折衷之。其於《舜典》『禋于六宗』，一云『六宗』者，上不謂天，下不謂地，旁不謂四方，居中恍惚，助陰陽變化。此歐陽生、大小夏侯氏説也。一云古《尚書》説，六宗者，謂天宗三、地宗三，天宗日、月、北辰也，地宗岱山、河、海也，日月爲陰陽宗，北辰爲星宗，岱山爲山宗，河、海爲水宗。所謂古《尚書》説者，賈逵之説也。使叔重學孔氏《書》，則四時寒暑日月星水旱之義亦必舉之矣，乃僅述歐陽、夏侯、賈氏之説，則叔重實未見孔氏古文也。」

按「圛圛升雲，半有半無」，桂馥《札樸》卷七《匡謬》「引經」條，謂非《尚書》逸文，「曰圛」乃《洪範》之文，「圛升雲，半有半無」七字，是許氏解説。

〔四〕王應麟《詩考》後序：「許叔重《説文》謂其稱《詩》毛氏，皆古文也，而字多與今《詩》異，豈《詩》之文亦如《書》之有古今歟？並掇而録之。」備録甚詳，可參。

〔五〕「荷蕢」，見《論語·憲問》。「荷臾」，徐鉉增釋《説文解字》卷一下「臾」：「古文蕢，象形。《論語》曰：『有荷蕢而過孔氏之門。』」

「褻裘」，見《論語·鄉黨》：「褻裘長短右袂。」徐鉉增釋《説文解字》卷一三上「絬」，引《論語》作「絬衣」。

「跢予之足」。《説文解字》卷三上「誃」，「離別也，从言，多聲，讀若《論語》『跢予之足』。周景王作洛陽誃臺。」

〔六〕「源源而來」，《孟子·萬章上》。徐鉉增釋《説文解字》卷三上「謜」引《孟子》作「謜謜而來」。

「接淅」，《孟子·盡心下》：孔子「去齊接淅而行」。《説文解字》卷一一上「滰」，引《孟子》作「滰淅」。

閻若璩《尚書古文疏證》第二十五：「按《孟子》引今文書六條，三見於《説文》，字句並合：『罔不愨』同有『凡民』；『帝乃殂落』同爲『放勛』；『唯殺三苗』作『竄三苗』。然唯『竄』字方譌爲『殺』，若『竄』則相遠矣。此許氏本之，號近古者。」

〔七〕「尨涼」。《左傳》閔公二年：「尨涼冬殺。」「牻涼」。徐鉉增釋《説文解字》卷二上「㹁」：「牻牛也，從牛，京聲。《春秋傳》曰：『牻㹁。』」

「芟夷」，《左傳》隱公六年：「如農夫之務去草焉，芟夷蘊崇之，絶其本根。」徐鉉增釋《説文解字》卷二上「癹」引《春秋傳》作「癹夷」。

「圭竇」，《左傳》襄公十年：「篳門圭竇之人。」杜注：「篳門，柴門。閨竇，小户。穿壁爲户，上鋭下方，狀如圭也。」徐鉉增釋《説文解字》卷五上「篳」，引《春秋傳》作「圭窬」。

「澤之萑蒲」，《左傳》昭公二十年。徐鉉增釋《説文解字》卷五上「籞」，引《春秋傳》作「澤之目籞」。

「衷甸兩牡」，《左傳》哀公十七年：「良夫乘衷甸兩牡。」杜注：「衷甸，一轅，卿車。」徐鉉增釋《説文解字》卷八上「佃」，引《春秋傳》曰：「乘中佃一轅車。」

「楄柎藉幹」，《左傳》昭公二十五年：「唯是楄柎所以藉幹者。」杜注：「楄柎，棺中笭床也。幹，骸骨也。」徐鉉增釋《説文解字》卷六上「楄」，引《春秋傳》作「楄部薦幹」。

〔八〕《公羊傳》哀公六年：「開之則闖然，公子陽生也。」徐鉉增釋《説文解字》卷八下「覢」字，作

「覞然」。

〔九〕「餓飯不及壺飧」，見《國語·越語下》。徐鉉增釋《説文解字》卷八上「侊」字，引《春秋國語》作「侊飯不及一食」。王應麟《漢藝文志考證》卷三：「《説文》引《國語》『侊飯不及一食』『於其心侙然』『兵不解醫』，其字多異。」

9 周亞夫

漢景帝即位三年，七國同日反，吴王至稱東帝，天下震動，周亞夫一出即平之，功亦不細矣，而訖死於非罪。景帝雖未爲仁君，然亦非好殺卿大夫者，何獨至亞夫而忍爲之〔一〕？切嘗原其説，亞夫之爲人，班、馬雖不明言，然必悻直行行者。方其將屯細柳，祇以備胡，且近在長安數十里間，非若出臨邊塞，與敵對壘，有呼吸不可測知之事。今天子勞軍至，不得入，及遣使持節詔之，始開壁門，又使不得驅馳，以軍禮見，自言介胄之士不拜。天子改容稱謝，然後去〔二〕。是乃王旅萬騎，乘輿黄屋，顧制命於將帥，豈人臣之禮哉？則其傲睨帝尊，習與性成，故賜食不設箸，有不平之意。「鞅鞅非少主臣」，必已見於辭氣之間。以是隕命，其可惜也〔三〕。秦王猛伐燕圍鄴，符堅自長安赴之。至安陽，猛潛謁堅，堅曰：「昔周亞夫不迎漢文帝，今將軍臨敵而棄軍，何也？」猛曰：「亞夫前却人主以求名，臣竊少之。」〔四〕猛之識慮，視亞夫有間矣。

【箋證】

〔一〕《資治通鑑》卷一六《漢紀八・孝景皇帝下》，三年。死於非罪，參《隨筆》卷一一《漢景帝忍殺》篇。

王楙《野客叢書》卷二七《景帝殺周亞夫》引《續筆》本條，接云：「僕謂此說不然。景帝忌刻少恩，穎濱先生嘗言之矣。其殘忍所及，非特一亞夫而已。釋之以劾奏之恨斥死，鄧通以吮癰之怨餓死，晁錯爲國遠慮而誅死，此猶未也。臨江王榮，以母失愛，使酷吏殺之；吴王世子以博争道，提博局殺之；梁王縱之驕，復致於憂死。其於君臣、父子、兄弟之際，肆其殘忍者往往而是，安可謂景帝非好殺者，獨忍於亞夫哉！且天子勞軍細柳至不得入，既入不得驅馳，介冑之士不拜，正亞夫好處，所以見治軍嚴整如此，豈易得哉！是以文帝改容，禮敬勞軍而去，謂亞夫豈得而犯，以霸上棘門爲兒戲，其意可見。異時以緩急真可將兵屬景帝。文帝正以此得之。景帝即位，隨用以平七國之難，則亞夫軍容整肅，其效立見。僕嘗謂使爲將者人人如亞夫之治兵，則兵何患乎不精，敵何患乎不克。然則景帝之殺亞夫者，正自其殘忍之性，殺臣下不以爲怪，雖如亞夫之挺挺，亦所不免，豈亞夫有以致之邪？前輩謂人主殺人，不可使之手滑，信哉！」按《野客叢書》此説，大體本蘇轍。容齋於《隨筆》卷一一《漢景帝忍殺》篇實已明言之，且謂景帝「天資則刻戾忍殺之人耳」。可參。

〔二〕《漢書》卷四〇《周亞夫傳》。參《隨筆》卷二《周亞夫》條。

〔三〕《漢書》卷四〇《周亞夫傳》：「亞夫因謝病免相。頃之，上居禁中，召亞夫賜食。獨置大胾，無切肉，又不置箸。亞夫心不平，顧謂尚席取箸。上視而笑曰：『此非不足君所乎？』亞夫免冠謝上，上曰：『起。』亞夫因趨出。上目送之曰：『此鞅鞅，非少主臣也。』」

〔四〕《資治通鑑》卷一〇二《晉紀二十四・海西公下》，太和四年。

10 煬王煬帝

金酋完顏亮隕於廣陵①，葛王褒已自立②，於是追廢爲王，而謚曰煬。邁奉使之日，實首聞之〔一〕。接伴副使祕書少監王補言及此，云北人戲誚之曰：「奉勑江南幹當公事回。」及歸，覲德壽宫奏其事，高宗天顔甚悦，曰：「亮去歲南牧，已而死歸。人皆以爲類符堅，唯吾獨云似隋煬帝，其死處既同，今得謚又如此，豈非天乎！」此段聖語當不見於史録，故竊志之。

【校勘】

①「完」原作「元」，據馬本、祠本改。　②「褒」原作「褎」，據馬本、祠本改。

【箋證】

〔一〕劉時舉《續宋編年資治通鑑》卷七《宋高宗七》，辛巳紹興三十一年，十一月，「葛王褒至燕京。

渤海軍立葛王褎於遼陽。聞亮死，遂入燕京。乃謚亶爲閔宗，以亮爲海陵王，謚曰煬。」《建炎以來繫年要録》卷一九六：紹興三十二年正月（金世宗大定二年），「盱眙軍奏大金國遣使過界。先是，金主褎入中都居之，且告于太廟，以父晉王故名宗輔非帝王所稱，改曰宗堯，追謚宗堯曰簡肅皇帝，廟號懿宗，母曰欽慈皇太后。追尊東昏王曰武靈皇帝，廟號閔宗。降亮爲海陵王，謚曰煬。即遣元帥府左監軍高定建、禮部侍郎張景仁來告登位。邊吏以聞。景仁，廣寧人也。尚書左司員外郎洪邁充接伴使。文州刺史、知閤門事張掄副之。」洪邁接伴在正月至三月，使金在四月至七月。詳拙著《洪邁年譜》紹興三十二年譜。

11 鄭莊公

《左傳》載諸國事，於第一卷首書鄭莊公，自後紀其所行尤詳，仍每事必有君子一説①，唯詛射潁考叔，以爲失政刑〔一〕，此外率稱其善。杜氏注文，又從而獎與之。案，莊公爲周卿士，以平王貳於虢，而取王子爲質；以桓王畀虢公政，而取温之麥，取成周之禾〔二〕；以王奪不使知政，忿而不朝，拒天子之師，射王中肩〔三〕；謂天子不能復巡守，以泰山之祊易許田〔四〕；不勝其母，以害其弟，至有城潁及泉之誓。是其事君、事親可謂亂臣賊子者矣，而曾無一語以貶之。書姜氏爲母子如初，杜注云：「公雖失之於初，而孝心不忘，故考叔感而通之。」〔五〕書鄭伯以齊人朝王曰：「禮也。」杜云：「莊公不以虢公得政而背王，故禮之。」〔六〕書息侯伐鄭曰：「不度德。」杜云：「鄭莊賢。」〔七〕書取郜與防歸於魯曰：「可謂正矣。以王命討不庭，不貪其土，以勞王爵。」〔八〕書使許叔居許東偏曰：「於是乎有禮，度德而處，量力而行，相時而動，可謂知禮。」〔九〕書周、鄭交惡曰：「信不由中，質無益也。」〔一〇〕是乃以天子諸侯混爲一區，無復有上下等威之辨。射王之夜，使祭足勞王，杜云：「鄭志在苟免，王討之非也。」此段尤爲悖理〔一一〕。唯公羊子於克段于鄢之下，書曰「大鄭伯之惡」，爲得之〔一二〕。

【校勘】

①「仍」，馬本、庫本、祠本作「然」。

【箋證】

〔一〕《左傳》隱公十一年：「鄭伯使卒出豭，行出犬雞，以詛射潁考叔者。君子謂鄭莊公失政刑矣。政以治民，刑以正邪。既無德政，又無威刑，是以及邪。邪而詛之，將何益矣！」

〔二〕《左傳》隱公三年。

〔三〕《左傳》桓公五年。

〔四〕《左傳》隱公八年。

〔五〕《左傳》隱公元年。

〔六〕《左傳》隱公八年。

〔七〕《左傳》隱公十一年。陸粲《左傳附注》卷一《杜氏集解》：「十一年不度德鄭莊賢」條，按云：「鄭莊奸雄，何賢之有？此謂息侯之德自薄耳。」

〔八〕《左傳》隱公十年。劉敞嘗駁之，其《春秋權衡》卷二：「《傳》又曰：『君子謂鄭莊公可謂正矣。不貪其土，以勞王爵。』亦非也。鄭雖以王命討宋，得其土地，當歸之王。鄭何得專而有之、專而裂之邪？專而有之，專而裂之，不臣甚矣，反謂之正乎？周之末世，人尤不知義哉！其以此類爲正也，此丘明不學於仲尼之蔽也。」

〔九〕《左傳》隱公十一年。《春秋權衡》卷二：「《傳》曰：『鄭伯使許大夫百里奉許叔以居許東偏。君子曰：鄭莊公於是乎有禮。』非也。許若有罪，鄭已破其國，即當請王而立君；許若無罪，鄭固不當妄破其國，妄逐其君。今許罪不可知，而專爲威福，政不由王而制於己，私其邊圉之固，皆大罪也，何謂知禮乎！」

〔一〇〕《左傳》隱公三年。《春秋權衡》卷一：「《傳》曰：『周、鄭交惡。君子曰：信不由中，質無益也。』非也。王欲分政虢公，何以不可，而鄭伯怨王，此鄭之過一。王以子狐質鄭，鄭當辭曰：『君臣無質。』而遂以子忽質周，比周於諸侯，此鄭之罪二。王崩，周人將畀虢公政，實未畀也，鄭當送往事居以待天命，而遂伐王之喪，此鄭之罪三。鄭有三罪，不患無辭貶之，而君子但惡『信不由中』，使周與鄭儕，此爲縱鄭之惡，急周之信，孟子所謂人紾其兄之臂，教之徐徐云爾者也。」

〔二〕《左傳》桓公五年。
《春秋權衡》卷二：「此言不可以訓於世，奈之何其以解經哉！且是使亂臣賊子喜也。」《四庫全書》本《左傳》館臣考證云：「按鄭寤生不臣，至於抗拒六師，射王中肩，罪惡重大，所惜周室微弱，不能討耳。杜注可謂昧於大義矣。」

〔三〕《公羊傳》隱公元年。
《春秋權衡》卷八：「鄭伯克段于鄢。克者，《公羊》以謂殺也。曰：『謂之克，大鄭伯之惡。』何休因云：『以弗克，大郤缺之善。』知加『克』大鄭伯之惡非也。彼弗克納者，猶曰弗果納云爾，非克段之比也。即以弗克爲善，弗克葬有何善乎？即以克之爲惡，弗克葬有何惡乎？大凡《春秋》之文，與事推移，非拘一而廢百也。是何異求鄭人之璞于周人者哉？鄭人謂玉之未剖曰璞，周人謂鼠之未腊曰璞，知其同名而不知其異物也。故吾謂克之者，戡之也；戡之者，殺之也。不直言殺而言克者，段有徒衆，非直殺一夫者也。」

12 百六陽九

史傳稱百六陽九爲厄會，以曆志考之，其名有八。初入元百六曰陽九，次曰陰九。又有陰七、陽七、陰五、陽五、陰三、陽三，皆謂之災歲。大率經歲四千五百六十，而災歲五十七。以數計之，每及八十歲，則值其一〔一〕。今人但知陽九之戹。云經歲者，常歲也〔二〕。

【箋證】

〔一〕《漢書》卷二一上《律曆志第一上》：「《易九厄》曰：初入元，百六，陽九；次三百七十四，陰九；次四百八十，陽九；次七百二十，陰七；次七百二十，陽七；次六百，陰五；次六百，陽五；次四百八十，陰三；次四百八十，陽三。凡四千六百一十七歲，與一元終。經歲四千五百六十，災歲五十七。」如淳曰：「九六者，陽奇陰偶。偶，故重出，覆取上六八四十八，故同四百八十歲。正以九七五三爲災者，從天奇數也。八十歲則甲子冬至，一甲子六十日，一歲三百六十日，八十歲，得四百八十甲子又五日。五八四十，爲四百日又四分日之一。八十歲有八十分，八十分爲二十日，凡四百八十日，得七十甲子。八十歲合四百八十七甲子，餘分皆盡，故八十歲則一甲子冬至也。」孟康曰：「經歲，從百六終陽三也，得災歲五十七，合爲一元，四千六百一十七歲。」

胡震亨《讀書雜録》卷下：「百六陽九之説，昉于《易傳》。陽九之厄，百六之會，而詳于劉歆所作《三統曆譜》。」

〔二〕《周髀算經》：「經歲三百六十五日九百四十分日之二百三十五。」注：「經，常也，即一十二月一十九分月之七也。」（漢趙君卿注、周甄鸞重述、唐李淳風注釋《周髀算經》卷下之二）

張世南《游宦紀聞》卷七：「王湜跋《肘後備檢》，立論甚通。其説云：『后羿、寒浞之亂，得陽九之數七；赧王衰微，得陽九之數八；桓、靈卑弱，得陽九之數九；煬帝滅亡，得陽九之數十；周宣王父厲而子幽，得百六之數十二；敬王時，吴、越相殘，海内多事，得百六之數十三；秦滅六國，得百六之數十四；東晉播遷，十六國分裂，得百六之數極，而反於一；五代亂離，得百六之數三：此皆所應者也。舜、禹至治，萬世所師，得百六之數七；成、康刑措，四十餘年，得百六之數十一；小甲、雍己之際，得陽九之數五而百六之數九；庚丁、武乙之際，得陽九之數六；武丁享國五十九年，得百六之數八；盤庚、小辛之際，得百六之數十；明帝、章帝，繼光武而臻泰定，得百六之數十五；貞觀二十三年，近世所謂太平，得百六之數二：此皆所不應者也。《福應集》云：「唐武德七年甲申，五福太乙入中宫洛陽之分，繼有貞觀之治。」遂以此爲福應。然宣、懿、僖、昭之際，再入中宫，而貞觀之治何不復舉？又云：「唐昭宗天祐四年丁卯，四神太乙入六宫雍州之分，而昭宗禪位於梁。」遂以此爲福應。然開元十六年，亦入六宫，乃太平極治，與貞觀比。以至夏桀放於南巢，商紂亡於牧野，王莽簒漢，禄山亂唐，陽九百六之數皆不逢之。此其何故也？余嘗深究其所以然。昔周公問太公何以治齊，曰：「舉賢而尚功。」周公以之爲强臣之漸。太公問周公何以治魯，曰：「親親而尚恩。」太公以之爲浸弱之基。是以聖人推三代損益，而百世可知。大抵天下之事，因緣積襲，固有繫於人事，未必盡由天理。通天、地、人曰儒，通天、地而不通人曰技。然拘執此以爲不可改易，乃術士之蔽，非儒者之通論。

善言天地者以人事，善言人事者以天地，豈可蔽於天而不知人乎？古之善爲政者，尚以知變爲賢，況冥冥之中，奉行天地號令，或主吉，或主凶，皆本於天地之一氣，安有固而不知變者。自此以堯、舜、禹爲君臣，文、武、周公爲父子，雖遇陽九百六之數，越理而降以禍，必不其然。自此而下，其他不能詳知者，皆可以類推也。色不過五，五色之變，不可勝觀。聲不過五，五聲之變，不可勝聽。太乙不過十神、十精、四計之類。彼其周流於天地間，始而有終，終則復始，古既不異於今，今亦不異於古。然上古至治，終不可復，又中間盛衰興廢，亦不可循前而取。豈非人事之不齊，故應之者亦不一耶？術固有之。太乙考治人君之善惡，臨有道之國則昌，臨無道之國則亡，有天下國家者，可不謹哉！』已上皆王說。蓋太乙數中，專考陽九百六之數。以四百五十六年爲一陽九，二百八十八年爲一百六。陽九，奇數也，爲陽數之窮。百六，偶數也，爲陰數之窮。大抵歲運值之，終有厄會。」末云：「洪文敏公《五筆》中載陽九、百六之説，與此不同。」

13 左傳易筮

《左傳》所載《周易》占筮，大抵只一爻之變，未嘗有兩爻以上者。畢萬筮仕，遇《屯》之《比》，初九變也〔一〕。成季將生，遇《大有》之《乾》，六五變也〔二〕。晉嫁伯姬，遇《歸妹》之《睽》，上六變也〔三〕。晉文公迎天子，遇《大有》，乃九三變而之《睽》〔四〕。叔孫莊叔生子豹，遇《明夷》，乃初九變而之《謙》〔五〕。崔杼娶妻，遇《困》，乃六三變而之《大過》〔六〕。南蒯作亂，遇《坤》，乃六五變而之《比》〔七〕。趙鞅救鄭，遇《泰》，乃六五變而之《需》〔八〕。占者即演而爲説。然崔杼「入於其宫，不見其妻」，叔孫「君子于行，三日不食」，殆若專爲二子所作也。唯陳厲公生敬仲，遇《觀》之《否》。周史曰：「坤，土也；《巽》，風也；《乾》，天也。風爲天於土上，山也，有山之材，而照之以天光，於是乎居土上。」杜氏注云：「自二至四有《艮》象，《艮》爲山。」〔九〕予謂此正是用中爻取義，前書論之詳矣。又有相與論事，不假蓍占而引卦以言者，如鄭公子曼滿欲爲卿，王子伯廖曰：「《周易》有之，在《豐》之《離》。」〔一〇〕晉先縠違命進師，知莊子曰：「《周易》有之，在《師》之《臨》。」〔一一〕楚王怵侈，子大叔曰：「在《復》之《頤》。」〔一二〕但以爻辭合其所行之事耳。至於「爲嬴敗姬」「伐齊則可」等語〔一三〕，自是一時探賾索隱，非後人所可到也。衞襄公生子，孔成子占之，亦遇《屯》之《比》，與畢萬同，雖史朝與辛廖之言則異，然皆以「利建侯」爲主〔一四〕。

【箋證】

〔一〕《左傳》閔公元年：「畢萬筮仕於晉，遇《屯》之《比》。辛廖占之，曰：『吉。《屯》固《比》入，吉孰大焉？其必蕃昌。《震》爲土，車從馬。足居之，兄長之，母覆之，衆歸之，六體不易，合而能固，安而能殺，公侯之卦也。公侯之子孫，必復其始。』」杜注：「震下坎上，《屯》。坤下坎上，

《比》。《屯》初九變而爲《比》。」

〔二〕《左傳》閔公二年：「成季之將生也，桓公使卜楚丘之父卜之。曰：『男也。其名曰友，在公之右。間於兩社，爲公室輔。季氏亡，則魯不昌。』又筮之，遇《大有》之《乾》，曰：『同復于父，敬如君所。』及生，有文在其手曰『友』，遂以命之。」杜注：「乾下離上，《大有》。乾下乾上，《乾》。《大有》六五變而爲《乾》。」

〔三〕《左傳》僖公十五年：「初，晉獻公筮嫁伯姬於秦，遇《歸妹》之《睽》。史蘇占之曰：『不吉。其繇曰：士刲羊，亦無衁也。女承筐，亦無貺也。西鄰責言，不可償也。《歸妹》之《睽》，猶無相也。』《震》之《離》，亦《離》之《震》。爲雷爲火。爲嬴敗姬，車説其輹，火焚其旗，不利行師，敗于宗丘。《歸妹》《睽》孤，寇張之弧，姪其從姑，六年其逋，逃歸其國，而棄其家，明年其死于高梁之虚。』及惠公在秦，曰：『先君若從史蘇之占，吾不及此夫。』韓簡侍，曰：『龜，象也；筮，數也。物生而後有象，象而後有滋，滋而後有數。先君之敗德，及可數乎？史蘇是占，勿從何益？《詩》曰：「下民之孽，匪降自天，僔遝背憎，職競由人。」』」杜注：「兑下震上，《歸妹》。兑下離上，《睽》。《歸妹》上六變而爲《睽》。」

〔四〕《左傳》僖公二十五年：「秦伯師于河上，將納王，狐偃言於晉侯曰：『求諸侯，莫如勤王。諸侯信之，且大義也。繼文之業而信宣於諸侯，今爲可矣。』使卜偃卜之，曰：『吉。遇黄帝戰于阪泉之兆。』公曰：『吾不堪也。』對曰：『周禮未改，今之王，古之帝也。』公曰：『筮之。』筮之，遇

《大有》之《睽》，曰：『吉。遇「公用享于天子」之卦也，戰克而王饗，吉孰大焉，且是卦也，天爲澤以當日，天子降心以逆公，不亦可乎？《大有》去《睽》而復，亦其所也。』晉侯辭秦師而下。」杜注：「乾下離上，《大有》。兑下離上，《睽》。《大有》九三變而爲《睽》。」

〔五〕《左傳》昭公五年：「初，穆子之生也，莊叔以《周易》筮之，遇《明夷》之《謙》，以示卜楚丘。曰：『是將行，而歸爲子祀。以讒人入，其名曰牛，卒以餒死。《明夷》，日也。日之數十，故有十時，亦當十位。自王已下，其二爲公，其三爲卿。日上其中，食日爲二，旦日爲三。《明夷》之《謙》，明而未融，其當旦乎？故曰「爲子祀」。日之《謙》，當鳥，故曰「明夷于飛」。明之未融，故曰「垂其翼」。象日之動，故曰「君子于行」。當三在旦，故曰「三日不食」。《離》，火也。《艮》，山也。《離》爲火，火焚山，山敗。於人爲言，敗言爲讒，故曰「有攸往，主人有言」，言必讒也。純《離》爲牛，世亂讒勝，勝將適《離》，故曰「其名曰牛」。謙不足，飛不翔，垂不峻，翼不廣，故曰「其爲子後乎」。吾子，亞卿也，抑少不終。』」杜注：「離下坤上，《明夷》。艮下坤上，《謙》。《明夷》初九變爲《謙》。」

〔六〕《左傳》襄公二十五年：「崔杼「見棠姜而美之，使（東郭）偃取之。偃曰：『男女辨姓，今君出自丁，臣出自桓，不可。』武子筮之，遇《困》之《大過》。史皆曰：『吉。』示陳文子，文子曰：『夫從風，風隕，妻不可娶也。且其繇曰：「困于石，據于蒺藜，入于其宫，不見其妻，凶。」困于石，往不濟也。據于蒺藜，所恃傷也。入于其宫，不見其妻，凶，無所歸也。』崔子曰：『嫠也何害？

先夫當之矣。』遂取之。莊公通焉，驟如崔氏。以崔子之冠賜人，侍者曰：『不可。』公曰：『不爲崔子，其無冠乎？』崔子因是，又以其間伐晉也，曰：『晉必將報。』欲弒公以説于晉，而不獲間。」杜注：「坎下兑上，《困》。巽下兑上，《大過》。《困》六三變爲大過。」

〔七〕《左傳》昭公十二年：「南蒯之將叛也，其鄉人或知之，過之而歎，且言曰：『恤恤乎，湫乎，攸乎！深思而淺謀，邇身而遠志，家臣而君圖，有人矣哉！』南蒯枚筮之，遇《坤》之《比》，曰：『黄裳元吉。』以爲大吉也，示子服惠伯，曰：『即欲有事，何如？』惠伯曰：『吾嘗學此矣，忠信之事則可，不然必敗。外强内温，忠也。和以率貞，信也。故曰：「黄裳元吉。」黄，中之色也。裳，下之飾也。元，善之長也。中不忠，不得其色。下不共，不得其飾。事不善，不得其極。外内倡和爲忠，率事以信爲共，供養三德爲善，非此三者弗當。且夫《易》，不可以占險，將何事也？且可飾乎？中美能黄，上美爲元，下美則裳，參成可筮。猶有闕也，筮雖吉，未也。』」杜注：「坤上坤下，《坤》。坤下坎上，《比》。《坤》六五爻變。」

〔八〕《左傳》哀公九年：「晉趙鞅卜救鄭，遇水適火，占諸史趙、史墨、史龜。史龜曰：『是謂沈陽，可以興兵。利以伐姜，不利子商。伐齊則可，敵宋不吉。』史墨曰：『盈，水名也。子，水位也。名位敵，不可干也。炎帝爲火師，姜姓其後也。水勝火，伐姜則可。』史趙曰：『是謂如川之滿，不可游也。鄭方有罪，不可救也。救鄭則不吉，不知其他。』陽虎以《周易》筮之，遇《泰》之《需》，曰：『宋方吉，不可與也。微子啓，帝乙之元子也。宋、鄭，甥舅也。祉，禄也。若帝乙之元子歸妹，而有吉禄，我安得吉焉？』乃止。」杜注：「乾下坤上，《泰》。乾下坎上，《需》。《泰》六五變。」

〔九〕《左傳》莊公二十二年：「陳厲公，蔡出也。故蔡人殺五父而立之，生敬仲。其少也，周史有以《周易》見陳侯者，陳侯使筮之，遇《觀》之《否》。曰：『是謂觀國之光，利用賓于王。』此其代陳有國乎。不在此，其在異國；非此其身，在其子孫。光遠而自他有耀者也。《坤》，土也。《巽》，風也。《乾》，天也。風爲天於土上，山也。有山之材而照之以天光，於是乎居土上，故曰：「觀國之光，利用賓于王。」庭實旅百，奉之以玉帛，天地之美具焉，故曰：「利用賓于王。」猶有觀焉，故曰其在後乎。風行而著於土，故曰其在異國乎。若在異國，必姜姓也。姜，大嶽之後也。山嶽則配天，物莫能兩大。陳衰，此其昌乎。』及陳之初亡也，陳桓子始大於齊。其後亡也，成子得政。」杜注：「坤下巽上，《觀》。坤下乾上，《否》。《觀》六四爻變而爲《否》。」「巽變爲乾，故曰風爲天。自二至四，有艮象，艮爲山。」

〔一〇〕《左傳》宣公六年：「鄭公子曼滿與王子伯廖語，欲爲卿。伯廖告人曰：『無德而貪，其在《周易》《豐》之《離》，弗過之矣。』間一歲，鄭人殺之。」杜注：「離下震上，豐。豐上六變而爲純離也。」

〔一一〕《左傳》宣公十二年：「知莊子曰：『此師殆哉。《周易》有之，在《師》之《臨》。曰：「師出以律，否臧凶。」執事順成爲臧，逆爲否，衆散爲弱，川壅爲澤，有律以如己也，故曰律。否臧，且律竭也。盈而以竭，夭且不整，所以凶也。不行之謂《臨》，有帥而不從，臨孰甚焉！此之謂矣。果遇，必敗。彘子尸之。雖免而歸，必有大咎。』韓獻子謂桓子曰：『彘子以偏師陷，子罪大矣。子爲元帥，師不用命，誰之罪也？失屬亡師，爲罪已重，不如進也。事之不捷，惡有所分，與其專罪，六人同之，不猶愈乎？』師遂濟。」杜注：「坎下坤上，《師》。兑下坤上，《臨》。《師》初六變而之《臨》。」

〔一二〕《左傳》襄公二十八年：「蔡侯之如晉也，鄭伯使游吉如楚。及漢，楚人還之，曰：『宋之盟，君實親辱。今吾子來，寡君謂吾子姑還！吾將使驛奔問諸晉而以告。』子大叔曰：『宋之盟，君命將利小國，而亦使安定其社稷，鎮撫其民人，以禮承天之休，此君之憲令，而小國之望也。寡君是故使吉奉其皮幣，以歲之不易，聘於下執事。今執事有命曰：「女何與政令之有？必使而君棄而封守，跋涉山川，蒙犯霜露，以逞君心。」小國將君是望，敢不唯命是聽。無乃非盟載之言，以闕君德，而執事有不利焉，小國是懼。不然，其何勞之敢憚？』子大叔歸，復命，告子展曰：『楚子將死矣！不修其政德，而貪昧於諸侯，以逞其願，欲久，得乎？《周易》有之，在《復》之《頤》，曰：「迷復，凶。」其楚子之謂乎？欲復其願，而棄其本，復歸無所，是謂迷復。能無凶乎？君其往也！送葬而歸，以快楚心。楚不幾十年，未能恤諸侯也。吾乃休吾民矣。』」杜注：「震下坤上，《復》。震下艮上，《頤》。《復》上六變得《頤》。」

〔一三〕「爲嬴敗姬」，見注三。「伐齊則可」，見注八。

〔一四〕《左傳》昭公七年：「衛襄公夫人姜氏無子，嬖人婤始生孟縶。孔成子夢康叔謂己：『立元，余使羈之孫圉與史苟相之。』史朝亦夢康叔謂己：『余將命而子苟，與孔烝鉏之曾孫圉，相元。』史朝見成子，告之夢，夢協。晉韓宣子爲政，聘于諸侯之歲，婤始生子，名之曰元。孟縶之足不良，能行。孔成子以《周易》筮之，曰：『元尚亨衛國，主其社稷。』遇《屯》。又曰：『余尚立縶，尚克嘉之。』遇《屯》之《比》。以示史朝。史朝曰：『元亨。又何疑焉？』成子曰：『非長之謂乎？』對曰：『康叔名之，可謂長矣。孟非人也，將不列於宗，不可謂長。且其繇曰「利建侯」。嗣吉何建？建非嗣也。二卦皆云，子其建之。康叔命之，二卦告之。筮襲於夢，武王所用也，弗從何爲？弱足者居，侯主社稷，臨祭祀，奉民人，事鬼神，從會朝，又焉得居？各以所利，不亦可乎？』故孔成子立靈公。」杜注：「震下坎上，《屯》。坤下坎上，《比》。《屯》初九爻變。」

14 鍾繇自劾

漢建安中，曹操以鍾繇爲司隸校尉，督關中諸軍。詔召河東太守王邑，而拜杜畿爲太守。郡掾詣繇求留邑，繇不聽，邑詣許自歸。繇自以威禁失督司之法，乃上書自劾曰：「謹案侍中守司隸校尉東武亭侯鍾繇，幸得蒙恩，以斗筲之才，仍見拔擢，顯從近密，銜命督使。明知詔書深疾長吏政教寬弱，檢下無刑，久病淹滯，衆職荒頓。既舉文書，操彈失理。輕慢憲度，不與國同心，爲臣不忠，大爲不敬。臣請法車召詣廷尉治繇罪，大鴻臚削爵土。臣輒以文書付功曹從事，伏須罪誅。」詔不許〔一〕。予觀近時士大夫自劾者，不過云「乞將臣重行竄黜闔門待罪」而已〔二〕，如繇此章，蓋與爲它人所糾亡異也，豈非身爲司隸，職在刺舉，故如是乎！

【箋證】

〔一〕《三國志·魏志》卷一三《鍾繇傳》裴松之注引《魏略》。

〔二〕趙昇《朝野類要》卷四《雜制》：「待罪，具奏自劾也。又宰執奏陳自謙之詞，曰臣待罪政府，或帥府，獲逆寇，恐難於上請，先誅而後申奏待罪，乃待朝廷責其專擅之罪。諸州軍被火，亦然。」

15 大義感人

理義感人心，其究至於浹肌膚而淪骨髓，不過語言造次之間，初非有怪奇卓詭之事也。楚昭王遭吴闔廬之禍，國滅出亡，父老送之，王曰：「父老返矣，何患無君！」父老曰：「有君如是其賢也！」相與從之，或犇走赴秦，號哭請救，竟以復國〔一〕。漢高祖入關，召諸縣豪桀曰：「父老苦秦苛法久矣，吾當王關中，與父老約法三章耳。凡吾所以來，爲父兄除害，非有所侵暴，毋恐。」乃使人與秦吏行至縣鄉邑，告諭之，秦民大喜。已而項羽所過殘滅，民大失望。劉氏四百年基業定於是矣〔二〕。唐明皇避禄山亂，至扶風，士卒頗懷去就，流言不遜，召入諭之曰：「朕託任失人，致逆胡亂常，須遠避其鋒。卿等倉卒從朕，不得别父母妻子，朕甚愧之。今聽各還家，朕獨與子弟入蜀，今日與卿等訣。歸見父母及長安父老，爲朕致意。」衆皆哭曰：「死生從陛下！」自是流言遂息。賊圍張巡於雍丘，大將勸巡降，巡設天子畫像，帥將士朝之，人人皆泣。巡引六將於前，責以大義而斬之，士心益勸〔三〕。河北四凶稱王，李抱真使賈林説王武俊，託爲天子之語，曰：「朕前事誠誤，朋友失意，尚可謝，況朕爲四海之主乎？」武俊即首唱從化〔四〕。及奉天詔下，武俊遣使謂田悦曰：「天子方在隱憂，以德綏我，何得不悔過而歸之！」〔五〕王庭湊盜據成德，韓愈宣慰，庭湊拔刃弦弓以逆。及館，羅甲士於廷。愈爲言安、史以來逆順禍福之理，庭湊恐衆心動，麾之使出，訖爲藩臣〔六〕。黄巢僞赦至鳳翔，節度使鄭畋不出，樂奏，將佐皆哭。巢使者怪之，幕客曰：「以相公風痺不能來，故悲耳。」民間聞者無不泣。畋曰：「吾固知人心尚未厭唐，賊授首無日矣。」旋起兵率倡諸鎮，以復長安〔七〕。田悦以魏叛，喪師遁還，亦能以語言動衆心，誓同生死。乃知陸贄勸德宗痛自咎悔，以言謝天下，制書所下，雖武人悍卒，無不感動流涕，識者知賊不足平〔八〕。凡此數端，皆異代而同符也。國家靖康、建炎之難極矣，不聞有此，何邪？

【箋證】

〔一〕《漢書》卷二三《刑法志》。申包胥如秦乞師，「秦人憐之爲之出兵，二國並力，遂走吴師，昭王返國」。

〔二〕高祖入關約法，見《漢書》卷一上《高帝紀》。

〔三〕《資治通鑑》卷二一八《唐肅宗紀》，至德元載。

〔四〕《資治通鑑》卷二二八《唐德宗紀》，建中四年六月。

〔五〕《資治通鑑》卷二二九《唐德宗紀》，建中四年十二月。

〔六〕《資治通鑑》卷二四二《唐穆宗紀》，長慶二年。

〔七〕《資治通鑑》卷二五四《唐僖宗紀》，廣明元年。

〔八〕同注六。

容齋續筆卷七 十七則

1 田租輕重

李悝爲魏文侯作盡地力之教，云：「一夫治田百畝，歲收粟百五十石，除十一之稅十五石，餘百三十五石。」〔一〕蓋十一之外，更無他數也。今時大不然，每當輸一石，而義倉省耗別爲一斗二升，官倉明言十加六，復於其間用米之精麤爲説，分若干甲，有至七八甲者，則數外之取亦如之。庾人執槩從而輕重其手，度二石二三斗乃可給。至於水腳、頭子、市例之類，其名不一，合爲七八百錢，以中價計之，并僦船負擔，又須五斗，殆是一而取三。以予所見，唯會稽爲輕，視前所云不能一半也。董仲舒爲武帝言：「民一歲力役，三十倍於古，而田租口賦，二十倍於古。」謂一歲之中，失其資産三十及二十倍也。又云：「或耕豪民之田，見稅什五。」言下户貧民自無田，而耕墾豪富家田，十分之中以五輸本田主〔二〕。今吾鄉俗正如此，目爲「主客分」云〔三〕。

【箋證】

〔一〕《漢書》卷二四上《食貨志》：「李悝爲魏文侯作盡地力之教，以爲地方百里，提封九萬頃，除山澤邑居叁分去一，爲田六百萬畮，治田勤謹則畮益三升，不勤則損亦如之。地方百里之增減，輒爲粟百八十萬石矣。又曰糴甚貴傷民，甚賤傷農；民傷則離散，農傷則國貧。故甚貴與甚賤，其傷一也。善爲國者，使民無傷而農益勸。今一夫挾五口，治田百畮，歲收畮一石半，爲粟百五十石，除十一之税十五石，餘百三十五石。食，人月一石半，五人終歲爲粟九十石，餘有四十五石。石三十，爲錢千三百五十，除社閭嘗新春秋之祠，用錢三百，餘千五十。衣，人率用錢三百，五人終歲用千五百，不足四百五十。不幸疾病死喪之費，及上賦斂，又未與此。此農夫所以常困，有不勸耕之心，而令糴至於甚貴者也。是故善平糴者，必謹觀歲有上、中、下熟。上熟其收自四，餘四百石；中熟自三，餘三百石；下熟自倍，餘百石。小飢則收百石，中飢七十石，大飢三十石。故大熟則上糴三而舍一，中熟則糴二，下熟則糴一，使民適足，賈平則止。小飢則發小熟之所斂，中飢則發中熟之所斂，大飢則發大熟之所斂，而糶之。故雖遇飢饉水旱，糴不貴而民不散，取有餘以補不足也。行之魏國，國以富强。」

〔二〕《漢書》卷二四上《食貨志》。按《慶元條法事類》卷四七《賦役門一·廄庫》：「紹興五年九月三日敕：『受納苗米，所收水脚、市例、縻費等錢，每石不得過二百文省，如不及二百文，處依舊数收納。其自來不曾收納去處，即不得創行增納。』」又朱熹《晦菴集》卷九九《受納秋苗曉諭》：「檢會趙知軍任内契勘星子都昌建昌縣，每年受納人户秋苗所收水脚雇舡、起綱頭子、市例等錢數，多是人户輸納，重有所費，深屬不便。使軍今將三縣人户應合納秋苗每正米一石，收雇舡水脚、起綱頭子、并專㪷市例，總減作六百七十文足。其勘合促零錢係照鈔收納，除外並不得多交民户一文。」可窺其時租稅情況之大略。

〔三〕主客，謂主户、客户。《黄氏日鈔》卷五四《讀雜史·東萊大事記》：「秦初三年一郊，收太半之賦。貧民耕豪民田，以十五輸本由主。愚按田主得其半，若官又收太半，於其田主將何從出耶？亦可疑。」

2 女子夜績

《漢·食貨志》云：「冬，民既入，婦人相從夜績，女工一月得四十五日。」〔一〕謂一月之中，又得夜半①，爲四十五日也。必相從者，所以省費燎火，同巧拙而合習俗也。《戰國策》甘茂亡秦出關，遇蘇代，曰：「江上之貧女，與富人女會績而無燭，處女相與語，欲去之。女曰：『妾以無燭故，常先至掃室布席，何愛餘明之照四壁者？幸以賜妾。』」〔二〕以是知三代之時民風和厚勤樸如此。非獨女子也，男子亦然。《豳風》：「晝爾于茅，宵爾索綯。」〔三〕言晝日往取茅歸，夜作綯索，以待時用也。夜者日之餘，其爲益多矣。

【校勘】

①「夜半」，馬本、庫本、祠本二字互倒。

【箋證】

〔一〕《漢書》卷二四上《食貨志》。

〔二〕《戰國策》卷四《秦策二》。

〔三〕《豳風·七月》。顧炎武《日知録》卷一《紡織之利》：「《漢志》有云，冬民既入，婦人同巷相從夜績，女工一月得四十五日。『八月載績，爲公子裳』，豳之舊俗也。率而行之，富强之效，惇龐之化，豈難致哉！」

3 淮南王

漢淮南厲王死，民作歌以諷文帝曰：「一尺布，尚可縫，一斗粟，尚可舂，兄弟二人不相容。」此《史》《漢》所書也〔一〕。高誘作《鴻烈解叙》，及許叔重注文，其辭乃云：「一尺繒，好童童，一升粟，飽蓬蓬，兄弟二人不能相容。」〔二〕殊爲不同，後人但引尺布斗粟之喻耳。厲王子安復爲王，招致賓客方術之士，作爲《内書》二十一篇，《外書》甚衆；又有《中篇》八卷，言神仙黄白之術〔三〕。《漢書·藝文志》，《淮南内》二十一篇，《淮南外》三十三篇，列於雜家。今所存者二十一卷，蓋《内篇》也〔四〕。壽春有八公山，正安所延致客之處，傳記不見姓名，而高誘叙以爲蘇非、李尚、左吴、田由、雷被、毛被、伍被、晉昌等八人，然唯左吴、雷被、伍被見於史。雷被者，蓋爲安所斥而亡之長安上書者，疑不得爲賓客之賢也〔五〕。

【箋證】

〔一〕《史記》卷一一八、《漢書》卷四四《淮南王傳》。梁玉繩《史記志疑》卷三四《淮南衡山列傳第五十八》「『一尺布，尚可縫，一斗粟，尚可舂，兄弟二人不能相容。』上聞之，乃歎曰：『堯、舜放逐骨肉，周公殺管、蔡，天下稱聖。』」條，案語引《續筆》此條，接云：「余觀淮南王罪狀，死有餘責，孝文不忍致法，赦而遷之，及其道死，帝哭甚悲，侯其四子，藹然友愛，胡謂其不相容乎？是歌安知非八公之徒僞爲之，流播民間，以感天子者。」

〔二〕高誘《淮南鴻烈解序》，《淮南鴻烈解》卷首。《四庫全書》子部十《淮南鴻烈解》卷首提要：「《淮南子》「其注或題許慎，或題高誘。《隋志》《唐志》《宋志》皆二注並列。陸德明《莊子釋文》引《淮南子注》稱許慎。李善《文選注》、殷敬順《列子釋文》引《淮南子注》，或稱高誘，或稱許慎。是原有二注之明證。後慎注散佚，傳刻者誤以誘注題慎名也。觀書中稱景古影字，而慎《説文》無影字，其不出于慎審矣。今故訂正，題誘名焉。」

〔三〕《漢書》卷四四《淮南王安傳》。

〔四〕《四庫全書》子部十《淮南鴻烈解》卷首提要云：「《漢書·藝文志》雜家《淮南内》二十一篇，《外》三十三篇。顔師古注曰：『内篇論道，外篇雜説。』今所存者二十一篇，蓋内篇也。晁公武《讀書志》稱《崇文總目》亡三篇，李淑《邯鄲圖書志》亡二篇，其家本惟存十七篇，亡其四篇。高似孫《子略》稱讀《淮南》二十篇，是在宋已鮮完本。惟洪邁《容齋隨筆》稱今所存者二十一卷，與今本同。然白居易《六帖》引烏鵲填河事，云出《淮南子》，而今本無之，則尚有脱文也。」

〔五〕左吴、雷被、伍被，均見《史記》《漢書》之《淮南王安傳》。伍被，《漢書》已别立傳。姜亮夫《楚辭通故》第二輯《史部第四》「淮南小山」條：「且即以八公而論，亦惟左吴、雷被、伍被三人見《傳》中。餘人皆不見姓名。」

4 薛國久長

《左傳》載魯哀公大夫云：「禹合諸侯于塗山，執玉帛者萬國，今其存者無數十焉。」〔一〕漢公孫卿語武帝云：「黄帝萬諸侯，而神靈之封君七千。」〔二〕案《王制》所紀，九州凡千七百七十有三國。多寡殊不侔。以環移之，一君會朝所將吏卒，姑以百人計之，則萬國之衆，當爲百萬，塗山之下，將安所歸宿乎？其爲де言，無可疑者。所謂存者數十，考諸經傳，可見者唯薛耳。薛之祖奚仲①，爲夏禹掌車服大夫，自此受封，歷商及周末，始爲宋偃王所滅，其享國千九百餘年，傳六十四代，三代諸侯莫之與比〔三〕。薛壤地褊小，以詩則不列於《國風》，以世家則不列於《史記》，而春秋二百四十二年之間，視同儕郳、杞、滕、鄫，獨未嘗受大國侵伐，則其爲邦，亦自有持守之道矣。

【校勘】

①「奚」原作「是」，據馬本、庫本、祠本改。

【箋證】

〔一〕《左傳》哀公七年。

〔二〕《漢書》卷二五上《郊祀志上》。應劭曰：「黄帝時諸侯會，封禪者七千人也。」李奇曰：「説仙道得封者七千國也。」張晏曰：「神靈之封，謂山川之守也。」顔師古曰：「張説是也。山川之守，謂尊山川之神，令主祭祀也。即《國語》所云汪芒氏之君守封嵎之山也。」

〔三〕《左傳》定公元年：「薛宰曰：『薛之皇祖奚仲，居薛，以爲夏車正。奚仲遷于邳，仲虺居薛，以爲湯左相。』」杜注：「奚仲爲夏禹掌車服大夫。」《左傳》隱公十一年，「春，滕侯、薛侯來朝，争長。」《正義》引杜預《世族譜》云：「薛，任姓，黄帝之苗裔。奚仲封爲薛侯，今魯國薛縣是也。奚仲遷于邳，仲虺居薛，以爲湯左相。武王復以其胄爲薛侯。齊桓霸諸侯，黜爲伯。獻公始與魯同盟，小國無記，世不可知，亦不知爲誰所滅。」閻若璩《四書釋地》「齊滅薛」條：「余向主孟子之滕與文公言當在赧王元二間丁未、戊申，爾時薛滅已久，非至是齊始取其地而城之也。或訝曰：『曷徵乎爾？』余曰：『《六國表》《田齊世家》《孟嘗君傳》並云湣王三年庚子封田嬰於薛，實《通鑑》顯王四十八年事。薛不滅，無由以薛封靖郭君；嬰不封，無由薛城中有靖郭君家，此事理至易明者。』或曰：『奈滕文公恐何？』余曰：『薛滅已八九年，齊方於此築城。《戰國策》載靖郭君將城薛矣，以客海大魚之諫，乃輟城薛，何妨至是復欲城？且將之爲辭，事未定也。孟獻城虎牢而鄭人懼，晏弱城東陽而萊子服，文公焉得而不恐哉？余獨考薛之祖奚仲爲夏禹掌車服大夫，自茲受封，歷商及周，享國千九百年，傳世六十四葉，三代諸侯莫之與比，而忽作庭堅之不祀，先卜正而胥亡，哀哉！」

5 建除十二辰

建除十二辰，《史》《漢》曆書皆不載，《日者列傳》但有「建除家以爲不吉」一句。惟《淮南鴻烈解·天文訓篇》云：「寅爲建，卯爲除，辰爲滿，巳爲平，主生；午爲定，未爲執，主陷；申爲破，主衡；酉爲危，主杓；戌爲成，主少德；亥爲收，主大德；子爲開，主太歲；丑爲閉，主太陰。」〔一〕今《會元官曆》，每月遇建、平、破、收日，皆不用，以建爲月陽，破爲月對，平、收隨陰陽月遞互爲魁罡也〔二〕。《酉陽雜俎·夢篇》云：「《周禮》以日月星辰各占六夢，謂日有甲乙，月有建破。」今注無此語。《正義》曰：「案《堪輿》，黄帝問天老事云：『四月陽建於巳，破於亥，陰建於未，破於癸，是爲陽破陰，陰破陽。』」〔三〕今不知何書所載，但又以十干爲破，未之前聞也〔四〕。

【箋證】

〔一〕《淮南鴻烈解》，參前條《淮南王》箋證。「建除家以爲不吉」，參《續筆》卷四《卜筮不同》條。

〔二〕《宋史》卷三六《光宗紀》：「紹熙二年二月癸未，名新曆曰《會元》。」

〔三〕段成式《酉陽雜俎》卷八。又此書卷一三《尸穸》引《周禮》云：「方相氏毆罔象，罔象好食亡者肝而畏虎與柏，墓上樹柏，路口致石虎，爲此也。」今本《周禮》亦無此語，蓋小説家杜撰也。

〔四〕王叔岷《史記斠證》卷一二七《日者列傳》「建除家曰不吉」條，引《續筆》本條，後云：「洪氏引《淮南子·天文篇》云云，錢塘補注曰：『此建除法也。《史記·日者列傳》有建除家。《太公六韜》云：「開牙門，當背建向破。」《越絶書》云：「皇帝之元，執辰破巳。霸王之氣，見於地户。」《漢書·王莽傳》云：「十一月壬子直建，戊辰直定。」《論衡·偶會篇》云：「正月建寅，斗魁破申。」是也。案建除有二法，《越絶書》從歲數，《淮南》書及《漢書》從月數。後人惟用月也。』」

6 俗語算數

三三如九，三四十二，二八十六，四四十六，三九二十七，四九三十六，六六三十六，五八四十，五九四十五，六九五十四，七九六十三，八九七十二，九九八十一，皆俗語算數，然

《淮南子》中有之〔一〕。三七二十一，蘇秦説齊王之辭也〔二〕。《漢書·律曆志》劉歆典領鐘律，奏其辭，亦云八八六十四〔三〕。杜預注《左傳》，天子用八，云八八六十四人，又六六三十六人，四四十六人〔四〕。如淳、孟康、晉灼注《漢志》，亦有二八十六，三四十二，六八四十八，八八六十四等語〔五〕。

【箋證】

〔一〕《淮南子·墬形訓》：「凡人民禽獸、萬物貞蟲，各有以生，或奇或偶，或飛或走，莫知其情，唯知通道者能原本之。天一，地二，人三，三三而九，九九八十一，一主日，日數十，日主人，人故十月而生。八九七十二，二主偶，偶以承奇，奇主辰，辰主月，月主馬，馬故十二月而生。七九六十三，三主斗，斗主犬，犬故三月而生。六九五十四，四主時，時主彘，彘故四月而生。五九四十五，五主音，音主猨，猨故五月而生。四九三十六，六主律，律主麋鹿，麋鹿故六月而生。三九二十七，七主星，星主虎，虎故七月而生。二九十八，八主風，風主蟲，蟲故八月而化。」又《天文訓》：「太陰在四仲，則歲星行三宿。太陰在四鉤，則歲星行二宿。二八十六，三四十二，故十二歲而行二十八宿。」「陰陽合和而萬物生，故曰『一生二，二生三，三生萬物』。天地三月而爲一時，故祭祀三飯以爲禮，喪紀三踊以爲節，兵重三罕以爲制。以三參物，三三如九，故黄鐘之律九寸而宫音調，因而九之，九九八十一，故黄鐘之數立焉。」「古之爲度量輕重，生乎天道。黄鐘之律修九寸，物以三生，三九二十七，故幅廣二尺七寸。音以八相生，故人修八尺，尋自倍，故八尺而爲尋。有形則有聲，音之數五，以五乘八，五八四十，故四丈而爲匹。」「二十四銖爲一兩，天有四時，以成一歲，因而四之，四四十六，故十六兩而爲一斤。三月而爲一時，三十日爲一月，故三十斤爲一鈞。四時而爲一歲，故四鈞爲一石。其以爲音也，一律而生五音，十二律而爲六十，音因而六之，六六三十六，故三百六十音，以當一歲之日。故律曆之數，天地之道也。」云云。

〔二〕《戰國策·齊策》：「臨淄之中七萬户，臣竊度之下，户三男子，三七二十一萬。」

〔三〕劉歆奏云：「人者繼天順地，序氣成物，統八卦，調八風，理八政，正八節，諧八音，舞八佾，監八方，被八荒，以終天地之功，故八八六十四，其義極天地之變。」（《漢書》卷二一上《律曆志第一上》）

〔四〕《左傳》隱公五年：「天子用八，（注：八八六十四人。）諸侯用六，（注：六六三十六人。）大夫四，（注：四四十六人）士二。（注：二二四人。）」

〔五〕如淳、孟康、晉灼注《漢志》語，見《漢書》卷二一上《律曆志第一上》《漢書》卷二六《天文志》注。按，王楙《野客叢書》、錢鍾書《管錐編》亦嘗論及。《野客叢書》卷一六云：「史傳間有折計數目之語，如七八五十六，見馬融。三七二十一，見蘇秦。九九八十一，見顔率。五七三十五，見《通典》。六六三十六，見《魚經》。三九二十七，七九六十三，三八二十四，四八三十二，見《齊書》。七九六十三，八九七十二，見《考異郵》。又考之，三三九，九九八十一，八九七十二，七九六十三，六九五十四，五九四十五，四九三十六，三九二十七，二九一十八，並見子夏之語。似此甚多。」（郁之按，子夏之語，指《孔子家語》卷六《執轡》：「子夏問於孔子曰：『商聞易之生人及萬物、鳥獸、昆蟲各有奇偶氣分不同，而凡人莫知其情，唯達道德者能原其本焉。天一，地二，人三，三三如九，九九八十一，一主日，日數十，故人十月而生。八九七十二，偶以承奇，奇主辰，辰爲月，月主馬，故馬十二月而生。七九六十三，三主斗，斗主狗，故狗三月而生。六九五十四，四主時，時主豕，故豕四月而生。五九四十五，五爲音，音主猨，故猨五月而生。四九三十六，六爲律，律主鹿，故鹿六月而生。三九二十七，七主星，星主虎，故虎七月而生。二九一十八，八主風，風爲蟲，故蟲八月而生。其餘各從其類矣。』」）錢鍾書《管錐編》第二册《太平廣記・卷二四七》：「動筩問國學博士，孔子弟子『達者七十二人，幾人已著冠？幾人未著冠？』博士不能答。動筩曰：『《論語》云：「冠者五六人」，五六三十人也；「童子六七人」，六七四十二人也。』按皇侃《論語義疏・先進》此章疏云：「或云五六三十人也，六七四十二人也；合爲七十二人也，孔門升堂者七十二人也。」此解漢世夙有。《太平御覽》卷五二六引《漢舊儀》：『禮后稷于東南，常以八月祭，舞者七十二人：冠者五六三十人，童子六七四十二人。』宋員興宗《九華集》卷一一《答洪丞相問隸碑書》嘗引以釋《唐扶頌》《堯祠請雨碑》等之『五六六七，化道若神』。清俞正燮《癸巳類稿》卷二據《隸釋》載員氏書而增雲臺廿八將稱『四七之將』爲例。夫折計數目，早見於經，如《周禮・考工記》：『堂修二七』，《左傳》襄公十一年：『女樂二八』，《大戴禮・易本命》尤多；王楙《野客叢書》卷一六、洪邁《容齋續筆》卷七搜列頗夥。茲補説數例。《廣記》卷一七四《東方朔》（出《東方朔傳》）：『叱叱，四十九也』；『叱』諧『七』，猶『破瓜年』爲十六歲，以『瓜』字破之爲二『八』字（《皇朝類苑》卷四三引楊億《談苑》），一諧音，一拆字，折計而以廋詞出之。《藝文類聚》卷三一馬融《與竇伯向書》：『書雖兩紙，紙八行，行七字。七八五十六字，百十二言耳』，不特言兩數，且言兩數之積。他如《南齊書·五行志》永元中童謡：『七九六十三，廣莫入無餘』，或盧仝《月蝕詩》：『駕車六九五十四頭蛟螭虬』，皆即《漢舊儀》句法。令狐楚《八月十七夜書懷》：『三五既不留，二八又還過』，盧仝《有所思》：『娟娟姮娥月，三五二八盈又缺』；謂月之十五、十六兩日，又即《唐扶頌》等句法。《全後漢文》卷一二張純《泰山刻石文》引《河圖赤伏符》曰：『四七之際火爲主』，下文曰：『受命中興，年二十八載興兵起』；則記漢光武事，有兩『四七』，不止雲臺二十八將也。六朝詩文尤好用折計述年歲，如陶潛《雜詩》：『年始三五間』，《責子》：『阿舒已二八』，《祭程氏妹文》：『我年二六』；《魏書·李平傳》載李諧《述身賦》：『自方年之四五，實始仕之弱齡。』蘇轍《欒城集》卷二四《祝文》《青詞》輒有『請女道士二七人』，『請僧三七人』等句，余兒時見僧道齋醮張榜，尚依此樣也。」

7 伾文用事

唐順宗即位，抱疾不能言，王伾、王叔文以東宫舊人用事，政自己出，即日禁宫市之擾民，五坊小兒之暴閭巷，罷鹽鐵使之月進，出教坊女伎六百還其家。以德宗十年不下赦令，左降官雖有名德才望，不復叙用，即追陸贄、鄭餘慶、韓皐、陽城還京師，起姜公輔爲刺史。人情大悦，百姓相聚讙呼〔一〕。又謀奪宦者兵，既以范希朝及其客韓泰摠統京西諸城鎮行營兵馬，中人尚未悟。會諸將以狀來辭，始大怒，令其使歸告其將，無以兵屬人。當是時，此計若成，兵柄歸外朝，則定策國老等事，必不至後日之患矣。所交黨與，如陸質、呂温、李景儉、韓曄、劉禹錫、柳宗元，皆一時豪雋知名之士，惟其居心不正，好謀務速，欲盡据大權，如鄭珣瑜、高郢、武元衡稍異己者，皆亟斥徙，以故不旋踵而身陷罪戮[二]。後世蓋有居伾、文之地，而但務嘯引沾沾小人以爲鷹犬者，殆又不足以望其百一云。白樂天《諷諫》，元和四年作，其中《賣炭翁》一篇，蓋爲宫市[三]，然則未嘗能絶也[四]。

【箋證】

[一] 事詳《順宗實録》卷二。

[二] 事詳《順宗實録》卷五。

王鳴盛《十七史商榷》卷八九《新舊唐書二十一》「王叔文謀奪内官兵柄」條，力證叔文「可謂忠矣，斥爲小人，不足以服叔文於地下」。云：「《舊唐書》亦徇衆論，以叔文與諸奸同卷。而於叔文獨云『乘時多僻，欲斡運六合』云云，足見叔文迹雖狂妄，心實公忠，就《舊書》紬繹之，尚可平反此獄。若《新書》於本紀盡删叔文所行善政，並斥其名不見，而於其本傳亦因芟削改竄，使後人無可據以理叔文之冤矣。《舊書》之不亡，唐人之幸也。」蓋容齋已發王西莊之先聲也。

可參《續筆》卷四《柳子厚黨叔文》。

[三] 《白氏長慶集》卷四《諷諭》載《新樂府》，目下注稱「元和四年爲左拾遺時作」。《賣炭翁》題下

注云：「苦宫市也。」

〔四〕章士釗《柳文指要》上《體要之部》卷三八《表》「爲王户部陳情表」條，録《續筆》本條，接云：「景盧評騭二王，不失其大者遠者，識見自在偏執小儒之上，惟列舉永貞善政之餘，卒以『居心不正、好謀務速』八字結尾，深致慨歎，甚矣景盧泥於成敗之迹，不脱書生之見有如此也。嘗試論之，居心不正者，一抽象之詞耳，非有政績以表於外，定無從討源以繩其内，爲問二王於區區七八越月間，凡其所行各政，能使人情大悦，而百姓讙呼者，就中有何不正之心理存焉否乎？設曰無也，則二王於《順宗實録》所載各項舉措以外，實未嘗别有所舉措，於是景盧之所謂誅其心者果胡指乎？ 噫嘻！ 從來目論之士，能諒積惡之小人，而不許有十全之君子，自中唐以來，二王、訓、注，並爲一談，毒詈醜詆，靡所不至。 夫阿附閹寺之韓退之，久尸文壇宗主之位，凡不隨聲罵伾、文爲讙兜，已覺崇韓不篤，如景盧能在范希文述夢之後，稱述二王不戾於軌物，已屬難能可貴，至結尾不得不尋垢索疵，以否定之詞亂之，則文人徇衆媚俗之陋習，即博雅如景盧，固亦未得豁免也。 所謂居伾、文之地，而不足望其百一，乃借題罵王介甫，語意彌顯。 景盧以好謀務速責二王，夫好謀而成，孔子稱焉，人不謀而妄動，勢必爲千夫所共罵，今好謀而翻被指斥，非惟不協人情，而亦嫌言語不順。 獨至務速二字，或二王當時思致之所不免：柳子厚作《伊尹五就桀贊》，其要義曰『大人之欲速其功如此』，張楊園爲揚搉焉，謂子厚非以論聖人，特借伊尹之事以自解而已。 由此以知，務速一念，伾、文以外幕僚如劉、柳諸公，諒莫不皆然，惟問此一念者善乎惡乎？説者謂永貞所矯，乃開元以來數十年無法移易之弊政，伾、文汲汲焉於數月間，突起而廓清之，從而張國威於史宬，扶正氣於人倫，横覽古今，雅無逾是，君子亦何忍踵成敗之鄙見，而過事指摘也乎？」又云：「景盧此一紀述，大體持論不差，惟有數點足資商討，疏列如下：一，『居心不正』何所指？倘伾、文居心正者，其所施爲當如何？凡誅心之論，不能不有表面形象以爲佐證，景盧試思伾、文當時措施，孰是證明其爲居心不正者？二，伾、文於得權短短數月中，洗滌開天以來數十年不能移動、惟有加劇之弊政，而其時黨派紛歧，新舊雜沓，難保無見解不同、從中阻撓之象，倘伾、文不能進退人才，則景盧引用《順宗實録》所號爲人心大悦之舉，可能一事不能辦，一步不能動。於是以斥徙鄭珣瑜輩，爲欲盡據大權之野心所致，此知其一不知其二之陋見，殊不足以論政。三，景盧此論，大體純正，意在聲東擊西，其所謂後世居伾、文之地者，蓋指王安石而言，彼謂安石所爲，不足望伾、文之百一，凡左袒永貞者心爲一慰。至永貞、元祐之比，如何衡量始得其平？應俟更端細論，非景盧任意抹煞，發爲無端崖之詞所能了事也。四，凡革除弊政，而能絶其本根，使一去而不返者，史迹中不少概見，何況伾、文之徒，身陷刑僇，人不願以因革與其名聯爲一詞者哉？然宫市之後，僅有《賣炭翁》一事，使白樂天流於歌詠，仍不可謂非永貞德政所致。不寧唯是，《順宗實録》載：『嘗有農夫以驢負柴至城賣，遇宦者稱宫市取之，纔與絹數尺，又就索門户，仍邀以驢送至内。農夫涕泣，以所得絹付之，不肯受，曰：「須汝驢送柴至内。」農夫曰：「我有父母妻子，待此然後食，今以柴與汝，不取直而歸，汝尚不肯，我有死而已。」遂毆宦者，街吏擒以聞。』《實録》所載，與樂天所詠同，安知樂天非就永貞善政前之弊害，加意追寫者哉？景盧宫市未絶之説，又可能時期錯迕。」

8 五十絃瑟

李商隱詩云「錦瑟無端五十絃」，説者以爲，錦瑟者，令狐丞相侍兒小名，此篇皆寓言，而不知五十絃所起〔一〕。劉昭《釋名》「箜篌」云①，師延所作靡靡之樂，蓋空國之侯所作也〔二〕。段安節《樂府録》云：「箜篌乃鄭、衛之音，以其亡國之聲，故號空國之侯，亦曰坎侯。」吴兢《解題》云：「漢武依琴造坎侯，言坎坎應節也。後訛爲箜篌。」〔三〕予案《史記·封禪書》云：「漢公孫卿爲武帝言：『太帝使素女鼓五十弦瑟，悲，帝禁不止，故破其瑟爲二十五弦。』於是武帝益召歌兒，作二十五弦及空侯。」應劭曰：「帝令樂人侯調始造此器。」〔四〕《前漢·郊祀志》備書此事，言「空侯瑟自此起」。顔師古不引劭所注〔五〕。然則二樂本始，曉然可攷，雖劉、吴博洽，亦不深究，且「空」元非國名，其説尤穿鑿也。《初學記》《太平御覽》編載樂事，亦遺而不書。《莊子》言魯遽調瑟，二十五弦皆動，蓋此云〔六〕。《續漢書》云「靈帝胡服作箜篌」，亦非也〔七〕。

【校勘】

①「昭」，祠本作「熙」。

【箋證】

〔一〕劉攽《中山詩話》：「李商隱有《錦瑟》詩，人莫曉其意，或謂是令狐楚家青衣名也。」《許彦周詩話》：「《今古樂志》云：錦瑟之爲器也，其柱如其絃，數其聲有適、怨、清、和。（又云：感、怨、清、和。）昔令狐楚侍人能彈此四曲，詩中四句（郁之按，指《錦瑟》首四句。）狀此四曲也。章子厚曾疑此詩，而趙推官深爲説如此。」

〔二〕劉熙《釋名》卷七《釋樂器》。

〔三〕胡仔《漁隱叢話後集》卷四〇：「吴兢所言有據，而段安節出于臆説，則箜篌之始，當以漢武爲是而空國爲非也。」

〔四〕「二十五絃」，裴駰《集解》：「徐廣曰：瑟。」「空侯」，《集解》：「徐廣曰：應劭云：『武帝令樂人侯調始造此器。』」

〔五〕《漢書》卷二五上《郊祀志》。當據《史記·封禪書》。

〔六〕《莊子·徐無鬼》。

〔七〕《後漢書》卷一三《五行志》：「靈帝好胡服、胡帳、胡床、胡坐、胡飯、胡箜篌、胡笛、胡舞，京都貴戚皆競爲之。」

9　遷固用疑字

東坡作《趙德麟字説》云：「漢武帝獲白麟，司馬遷、班固書曰『獲一角獸，蓋麟云』，『蓋』之爲言，疑之也。」予觀《史》《漢》所紀事，凡致疑者，或曰若，或曰云，或曰焉，或曰蓋，其語舒緩含深意〔一〕。姑以《封禪書》《郊祀志》考之，漫記于此。「雍州好時，自古諸神祠皆聚云。蓋黄帝時嘗用事，雖晚周亦郊焉。」「三神山，蓋嘗有至者，諸僊人及不死之藥皆在焉。」「未能至，望見之焉。」新垣平望氣，言「有神氣，成五采，若人冠絻焉」。「權火舉而祠，若光煇然屬天焉。」「出長安門，若見五人於道北。」「蓋夜致王夫人之貌云，天子自帷中望見焉。」「登中岳太室。從官在山下聞若有言萬歲者云。」「祭封禪祠，其夜若有光。」封欒大詔：「天若遺朕士而大通焉。」河東迎鼎，「有黄雲蓋焉」。「見神人東萊山，若云欲見天子。」方士言「蓬萊諸神若將可得」。「天子爲塞河，興通天臺，若見有光云。」「獲若石云于陳倉。」此外如所謂「及群臣有言老父，則大以爲僊人也」。「可爲觀，如緱城，神人宜可致。」「天旱，意乾封乎。」「然其效可睹矣。」〔二〕詞旨亦相似。

【箋證】

〔一〕容齋所舉諸例，「云」「焉」往往與「若」「蓋」相偕而用者。楊樹達《詞詮》卷九：「云」，作爲語末助詞，無義。同書卷七：「焉」，作爲語末助詞有六類：一是形容詞或副詞之語尾，二助兼詞以提起下文，三助副詞性之兼詞，用同「乎」，四表決定，五表疑問，六表感歎。當表疑問時，多與「何」「胡」相配，如《史記・伯夷世家》：「及夏之時，有卞隨務光者，此何以稱焉？」

〔二〕「及群臣有言老父」以下諸句，見《史記》卷一二《孝武本紀》。

姚永樸《史學研究法・史義》：「若《周本紀》言『蓋西伯即位五十年』；『其囚羑里，蓋益《易》之八卦爲六十四卦』；『詩人道西伯，蓋受命之年稱王』；『追尊古公爲太王，公季爲王季，蓋王瑞自太王興』。凡『蓋』字四見。張氏守節云：『事必可疑，故數言蓋也。』洪景盧（邁）《容齋續筆》云：（見本條。略。）此皆可以見古人之措辭不苟，其實事求是之意洵爲講史學者所不可不知者也。」

10 僭亂的對

王莽竊位稱新室〔一〕，公孫述稱成家〔二〕，袁術稱仲家〔三〕，董卓郿塢〔四〕，公孫瓚易京〔五〕，皆自然的對也。

【箋證】

〔一〕《漢書》卷九八《元后傳》、九九《王莽傳》。

〔二〕《後漢書》卷四三《公孫述傳》：「建武元年四月，遂自立爲天子，號成家。」

〔三〕《後漢書》卷一〇五《袁術傳》：「建安二年，因河内張炯符命，遂果僭號，自稱仲家。」

〔四〕《後漢書》卷一〇二《董卓傳》：「築塢於郿，高厚七丈，號曰萬歲塢。」

〔五〕《後漢書》卷一〇三《公孫瓚傳》：瓚徙鎮易地，保易京，開置屯田。章懷注：「《前書》易縣屬涿郡。《續漢志》曰屬河間。瓚所居易京故城，在今幽州歸義縣南十八里。」

11 月不勝火

《莊子·外物篇》：「利害相摩，生火甚多，衆人焚和，月固不勝火，於是乎有焚和而道盡①。」注云：「大而闇則多累，小而明則知分。」東坡所引，乃曰：「郭象以爲大而闇不若小而明，陋哉斯言也。爲更之曰：月固不勝燭，言明於大者必晦於小，月能燭天地，而不能燭毫釐，此其所以不勝火也。然卒之火勝月耶？月勝火耶？」〔一〕予記朱元成《萍洲可談》所載：「王荆公在修撰經義局，因見舉燭，言：『佛書有日月燈光明佛，燈光豈足以配日月乎？』吕惠卿曰：『日煜乎晝，月煜乎夜，燈煜乎日月所不及，其用無差別也。』公大以爲然。」〔二〕蓋發言中理，出人意表云。予妄意《莊子》之旨，謂人心如月，湛然虚靜，而爲利害所薄，生火熾然，以焚其和，則月不能勝之矣，非論其明闇也〔三〕。

【校勘】

①「焚和」，馬本、祠本作「僨然」。

【箋證】

〔一〕東坡所引，《和歸田園居六首》之五有云：「教我同光塵，月固不勝燭。」自注。（《東坡全集》卷三一）周密《浩然齋雅談》卷上：「昔有問王介甫，佛家有日月燈光佛，燈何以能並日月？介甫曰：『日煜乎晝，月煜乎夜，燈煜乎日月之所不及。』《東萊博議》論史官亦云：『昧谷餞日之後，暘谷賓日之前，暮夜晦冥，群慝並作，苟無燭以代明，則天之目瞽矣。』亦用介甫意，然皆本之《莊子》『月固不勝火』。」

〔二〕朱彧《萍洲可談》卷一。

〔三〕褚伯秀《南華真經義海纂微》卷八七《雜篇外物第一》録吕惠卿注：「利害交於胸中，摩擊内熱，則是生火，焚其和理，而性不全矣。月者，天之陰；火者，人之陽。人欲熾而天理虧，月不勝火之謂也。」按，此與容齋之説相合。吕注《莊子》十卷，元豐七年先表進《内篇》，餘續成之。（趙希弁《郡齋讀書後志》卷二）

12　靈臺有持

《莊子·庚桑楚篇》云：「靈臺者，有持而不知其所持，而不可持者也。」郭象云：「有持者，謂不動於物耳，其實非持。若知其所持而持之，持則失也。」陳碧虚云：「真宰存焉，隨其成心而師之。」〔一〕予謂是皆置論於言意之表，玄之又玄，復采《莊子》之語以爲説，而於本旨殆不然也。嘗記洪慶善云：「此一章謂持心有道，苟爲不知其所以持之，則不復可持矣。」〔二〕蓋前二人解釋者，爲兩「而」字所惑，故從而爲之辭。

【箋證】

〔一〕郭象《莊子注》卷八《庚桑楚》。褚伯秀《南華真經義海纂微》卷七二《庚桑楚》引陳碧虛注云：「靈臺不桎，成性不虧也。有持則真性存，不知其所持，無主也，而不可持者，隨其成心而師之。」按，陳景元，字太初，號碧虛子，建昌南城人，熙寧間著《道德》《南華》二解。

〔二〕洪興祖，字慶善，鎮江丹陽人，知饒州，爲秦檜所嫉，編管昭州卒，事迹具《宋史》卷四三三本傳。著《老莊本旨》。此所引慶善語，或即出其中。

13 董仲舒災異對

漢武帝建元六年，遼東高廟、長陵高園殿災，董仲舒居家推説其意，中稾未上，主父偃竊其書奏之。上召視諸儒，仲舒弟子吕步舒不知其師書，以爲大愚。於是下仲舒吏，當死，詔赦之。仲舒遂不敢復言災異。此本傳所書〔一〕。而《五行志》載其對曰：「漢當亡秦大敝之後，承其下流。又多兄弟親戚骨肉之連，驕揚奢侈，恣睢者衆，故天災若語陛下：『非以太平至公不能治也。』視親戚貴屬在諸侯遠正最甚者，忍而誅之，如吾燔遼東高廟迺可；視近臣在國中處旁仄及貴而不正者，忍而誅之，如吾燔高園殿迺可』云爾。在外而不正者，雖貴如高廟，猶災燔之，況諸侯乎！在内不正者，雖貴如高園殿，猶燔災之，況大臣乎！此天意也。」其後淮南、衡山王謀反，上思仲舒前言，使吕步舒持斧鉞治淮南獄，以《春秋》誼顓斷於外，不請。既還奏事，上皆是之。凡與王謀反列侯二千石豪桀，皆以罪輕重受誅，二獄死者數萬人〔二〕。嗚呼！以武帝之嗜殺，時臨御方數歲，可與爲善，廟殿之災，豈無它説？而仲舒首勸其殺骨肉大臣，與平生學術大爲乖剌，馴致數萬人之禍，皆此書啓之也。然則下吏幾死，蓋天所以激步舒云，使其就戮，非不幸也〔三〕。

【箋證】

〔一〕《漢書》卷五六《董仲舒傳》。

〔二〕《漢書》卷二七上《五行志》。

〔三〕真德秀《文章正宗》卷八《董仲舒火災對》按語云：「漢儒自仲舒前未有言災異者。故《五行志》云：仲舒治《公羊春秋》，推陰陽，爲儒者宗。愚謂仲舒對策言天人相與之際，以爲天心仁愛人君而欲止其亂，又謂人君所爲美惡之極，與天地流通而往來相應，此皆藥石之至言也。至火災之對，則傅會甚矣，況又導人主以誅殺，與前所謂尚德不尚刑者，何其自相戾耶？夫親戚之驕僭，近臣之專横，夫豈無道以裁制之？豈必誅殺而後快哉？史稱仲舒居家，推説其意，草稿未上，主父偃竊其書奏焉。上召視諸儒，仲舒弟子吕步舒不知其師書，以爲大愚，於是下仲舒吏，當死，詔赦之。仲舒遂不敢復言災異。其後淮南、衡山反，上思仲舒前言，使吕步舒持斧鉞治淮南獄，以《春秋》誼顓斷於外，不請。既還事，上皆是之。史又言淮南、衡山、江都謀反，迹見公卿，尋端治之，竟其黨與，坐死者數萬人。夫反謀不過數人，而坐死者若是其衆，豈非仲舒前言有以發帝之忍心與？」

14　李正己獻錢

唐德宗初即位，淄青節度使李正己，畏上威名，表獻錢三十萬緡。上欲受之，恐見欺，却之則無辭。宰相崔祐甫，請遣使慰勞淄青將士，因以正己所獻錢賜之，使將士人人戴上恩，諸道知朝廷不重貨財。上悦從之。正己大慙服。天下以爲太平之治，庶幾可望〔一〕。紹興三十年，鎮江都統制劉寶乞詣闕奏事，朝廷以其方命刻下，罷就散職，寶規取恩寵，掃一府所有，載以自隨，巨舟連檣，白金至五艦，它所齎挾皆稱是〔二〕。其始謀蓋云此行不以何事，必可力買。既至，趦趄國門，不許入覲，或以謂欲上諸内府。予時爲樞密檢詳，爲丞相言：「援祐甫所陳，乞以寶所齎等第賜其本軍，明降詔書，遣一朝士以寶平生過惡告諭卒伍，使知明天子惠綏惻怛之意。或寶靳固奄有，仍爲己物，則宜因人之言，發命詰問在行之物，本安所出，今安所用，悉取而籍之。就其舟楫，北還充賜，尤可以破其谿壑無厭之謀。」湯岐公當國，不能用也〔三〕。

【箋證】

〔一〕《資治通鑑》卷二二五《唐代宗紀》大曆十四年。

〔二〕《建炎以來繫年要録》卷一六〇，紹興十九年八月壬子，武泰軍承宣使主管侍衛馬軍公事劉寶爲鎮江府駐劄御前諸軍都統制。《續宋編年資治通鑑》卷七，高宗紹興三十一年正月，陳俊卿論鎮江都統制劉寶「軍律不嚴，哀刻過度」，乃責寶散官安置。

〔三〕岐公，湯思退也。

15 宣室

漢宣室有殿有閣，皆在未央宮殿北，《三輔黄圖》以爲前殿正室〔一〕。武帝爲竇太主置酒，引内董偃，東方朔曰：「宣室者，先帝之正處也，非法度之政不得入焉。」〔二〕文帝受釐于此〔三〕，宣帝常齋居以決事。如淳曰：「布政教之室也。」〔四〕然則起於高祖時，蕭何所創，爲退朝聽政之所。而《史記·龜策傳》云：「武王圍紂象郎，自殺宣室。」徐廣曰：「天子之居，名曰宣室。」《淮南子》云：「武王甲卒三千，破紂牧野，殺之宣室。」注曰：「商宮名，一曰獄也。」〔五〕蓋商時已有此名，漢偶與之同，《黄圖》乃以爲「漢取舊名」，非也。

【箋證】

〔一〕《三輔黄圖》卷三《未央宫》：宣室，在未央宫殿北。「宣室，未央前殿正室也。《淮南子》曰：『周武王殺紂於宣室。』漢取舊名也。《漢書》曰：『文帝受釐宣室，夜半前席賈生問鬼神之事』。即此也。又王莽地皇四年，城中少年朱弟、張魚等燒宫，莽避火宣室前殿，火輒隨之。」

〔二〕《漢書》卷六五《東方朔傳》。

〔三〕《漢書》卷四八《賈誼傳》：「文帝思誼，徵之，至，入見，上方受釐，坐宣室。上因感鬼神事，而問鬼神之本。誼具道所以然之故。至夜半，文帝前席。既罷，曰：『吾久不見賈生，自以爲過之，今不及也。』」蘇林曰：「宣室未央前正室也。」應劭曰：「釐，祭餘肉也。」

〔四〕《漢書》卷二三《刑法志》：「上常幸宣室齋居而決事。」如淳曰：「宣室，布政教之室也，重用刑，故齋戒以決事。」晉灼曰：「未央宫中有宣室殿。」師古曰：「《賈誼傳》亦云『受釐坐宣室』，蓋其殿在前殿之側也。齋則居之。」

〔五〕《淮南子·本經訓》：「武王甲卒三千，破紂牧野，殺之于宣室。」高誘注：「在車曰士，步曰卒。牧野，南郊地名，在朝歌城外。宣室，殷宫名，一曰：宣室，獄也。」（《淮南鴻烈解》卷八）

16 昔昔鹽

薛道衡以「空梁落燕泥」之句，爲隋煬帝所嫉〔一〕。考其詩名《昔昔鹽》，凡十韻：「垂柳覆金堤，蘼蕪葉復齊。水溢芙蓉沼，花飛桃李蹊。采桑秦氏女，織錦竇家妻。關山别蕩子，風月守空閨。常斂千金笑，長垂雙玉啼。盤龍隨鏡隱，彩鳳逐帷低。飛魂同夜鵲，倦寢憶晨雞。暗牖懸蛛網，空梁落燕泥。前年過代北，今歲往遼西。一去無消息，那能惜馬蹄。」唐趙嘏廣之爲二十章，其《燕泥》一章云：「春至今朝燕，花時伴獨啼。飛斜珠箔隔，語近畫梁低。帷卷閑窺户，牀空暗落泥。誰能長對此，雙去復雙栖。」《樂苑》以爲羽調曲〔二〕。《玄怪録》載，籧篨三娘工唱《阿鵲鹽》〔三〕。又有《突厥鹽》《黄帝鹽》《白鴿鹽》《神雀鹽》《疎勒鹽》《滿座鹽》《歸國鹽》。唐詩「媚賴吴娘唱是鹽」「更奏新聲刮骨鹽」。然則歌詩謂之「鹽」者，如吟、行、曲、引之類云〔四〕。今南嶽廟獻神樂曲，有《黄帝鹽》，而俗傳以爲「皇帝炎」，《長沙志》從而書之，蓋不考也〔五〕。韋縠編《唐才調詩》，以趙詩爲劉長卿，而題爲《别宕子怨》，誤矣〔六〕。

【箋證】

〔一〕《資治通鑑》卷一八二《隋煬帝紀》大業九年。「帝善屬文，不欲人出其右。薛道衡死，帝曰：『更能作「空梁落燕泥」否？』」

吴曾《能改齋漫録》卷四《辯誤》「空梁落燕泥」條：「唐劉餗《隋唐嘉話》載：隋煬帝爲《燕歌行》，群臣皆以爲莫及，王胄獨不下帝，因此被害。帝誦其句云：『「庭草無人隨意緑」，能復道耶？』又唐潘遠《紀聞》載：隋煬帝作詩有押『泥』字者，群臣皆以爲難和。薛道衡後至，詩成，有『空梁落燕泥』之句。帝惡其出己上，因事誅之。臨刑，問：『復能道得「空梁落燕泥」否？』予考二事相似，然小説可信者少。及觀五代韋縠所編《唐賢才調集》詩，其中載劉長卿一詩《别宕子怨》，凡十韻，有一聯云：『暗牖懸蛛網，空梁落燕泥。』與潘遠所載道衡詩無異，何耶？以《隋書》考之，煬帝嗣位，道衡自襄州總管轉潘州刺史，歲餘，上表求致仕，帝許以祕書監待之。道衡既至，上《高祖頌》，帝覽之不悦，拜司隸大夫，將置之罪。道衡不悟，遂因議新令事，付執法勘之。帝令自盡，憲司縊殺之。然則道衡貽怒煬帝，因獻頌所致，況又《才調集》以爲長卿詩，遠説甚可疑也。又據《道衡集》亦有此，但名爲《昔昔鹽》，當是道衡自作，不緣和韻耳。」

〔二〕郭茂倩《樂府詩集》卷七九《近代曲詞》録薛道衡《昔昔鹽》、趙嘏《昔昔鹽》二十首。薛道衡《昔昔鹽》題下注云：「隋薛吏部有《昔昔鹽》。唐趙嘏廣之爲二十章。《樂苑》曰：『《昔昔鹽》，羽調曲，唐亦爲舞曲。』『昔』一作『析』。」

〔三〕《太平廣記》卷三三六《鄭望》，注出《玄怪録》。

〔四〕《突厥鹽》，《朝野僉載》卷一：「龍朔已來人唱歌名《突厥鹽》。」又見《舊唐書》卷三七《五行志》。《疏勒鹽》，見《隋書》卷一五《音樂志》。《滿座鹽》《歸國鹽》，未詳。「媚賴吴娘唱是鹽」，《全唐詩》卷四九四，施肩吾殘句：「顛狂楚客歌成雪，媚賴吴娘笑是鹽。」「更奏新聲刮骨鹽」，出權德輿《雜興五首》之三（《權文公集》卷九）。

沈括《夢溪筆談》卷五：「頃年王師南征，得《黄帝炎》一曲於交趾，乃杖鼓曲也。（炎或作鹽。）唐曲有《突厥鹽》《阿鵲鹽》。施肩吾詩云：『顛狂楚客歌成雪，嫵媚吴娘笑是鹽。』蓋當時語也。今《杖鼓譜》中有炎杖聲。」吴曾《能改齋漫録》卷五《黄帝炎曲炎當作鹽》，引沈括《筆談》，接云：「《隋書·樂志》云其舞曲有《疏勒鹽》。《古樂府集》隋薛道衡有《昔昔鹽》。《樂苑》云：『《昔昔鹽》，羽調曲。唐亦爲舞曲。昔一作析。』唐趙嘏廣之爲十一章。然則以鹽名曲，自隋已有。存中以爲唐世，非也。考《唐書·禮樂志》及《通典》，皆不具此曲名。唯杜佑《理道要訣》云：『天寶十三載七月，改諸樂名。太蔟宫，時號娑陀調，《鷓鴣鹽》改爲《白鴿鹽》。太蔟商，時號大石調，《野鵲鹽》改爲《神鵲鹽》。太蔟羽，時號般涉調《大鹽序》。中吕商，時號雙調《神雀鹽》。』有此四曲，凡存中所謂《阿鵲鹽》在焉。然《突厥鹽》者，豈非《隋志》《疏勒鹽》也？」胡震亨《讀書雜録》卷上：「薛道衡《昔昔鹽》一詩最有稱，乃『鹽』字迄無人解得。宋洪容齋《隨筆》第云如吟、行、曲、引類。……余謂『鹽』即『豔』字。『流示之禽而鹽諸利』，見《禮·郊特性》可考，『昔昔鹽』，『昔昔豔』也，猶樂府之有《三婦豔》也，又何疑。」

〔五〕沈作喆《寓簡》卷八：「衡山南岳祠宫，舊多遺迹。徽宗政和間，新作燕樂，搜訪古曲遺聲，聞宫廟有唐時樂曲，自昔祕藏，詔使上之，得《黄帝鹽》《荔枝香》二譜。《黄帝鹽》本，交趾來獻，其聲古樸，棄不用。而《荔枝香》音節韶美，遂入燕樂施用。」吴曾《能改齋漫録》卷五《辨誤》「黄帝炎曲炎當作鹽」條：「張芸叟《南遷録》載其以元豐中至衡山謁嶽祠，有樂工六十四人隸祠下，每歲立夏之日致祠，潭州通判與縣官備三獻奏曲侑神。初曰《蘇合香》，次曰《黄帝鹽》，終曰《四朶子》，三曲皆開元中所降也，至今不廢。器服音調，與今不同。然其曲甚長，自四更始奏，至旦方罷。祠官頗以爲勞，多從殺減。然則存中以《黄帝炎》因近年征交趾而得之，蓋不知南嶽有此舊曲也。」

〔六〕《别宕子怨》，《才調集》卷一。

《四庫全書》本《文苑英華》卷二八七薛道衡《昔昔鹽》後附按語云：「右此篇，《文苑英華》題作劉長卿《别宕子怨》。長卿集初無此篇，而郭茂倩《樂府》及洪邁《容齋續筆》並以爲薛道衡《昔昔鹽》。按《通鑑》，隋煬帝誅道衡曰：『更能作「空梁落燕泥」否？』《英華》殆因韋縠編《唐才調集》作劉長卿詩而誤也。然邁既謂《才調集》有趙嘏廣道衡《燕泥》一詩，不應以趙爲劉長卿云。愚意此詩但當以《綱目》爲證，則其爲薛道衡之作無疑矣。」此按語蓋出彭叔夏《文苑英華辨證》卷五《名氏二》，文字少異。

17 將帥當專

《周易·師卦》：「六三，師或輿尸，凶。」「六五①，長子帥師，弟子輿尸，貞凶。」爻意謂用兵當付一帥，苟其儔雜然臨之，則凶矣。輿尸者，衆主也〔一〕。安慶緒既敗，遁歸相州，肅宗命郭汾陽、李臨淮九節度致討。以二人皆元勳，難相統屬，故不置元帥，但以宦者魚朝恩爲觀軍容宣慰處置使，步騎六十萬，爲史思明所挫，一戰而潰〔二〕。憲宗討淮西，命宣武等十六道進軍，雖以韓弘爲都統，而身未嘗至。既無統帥，至四年不克，及裴度一出，才數月即成功〔三〕。穆宗討王庭湊、朱克融，時裴度鎮河東，亦爲都招討使，群帥如李光顔、烏重胤，皆當時名將。而翰林學士元稹，意圖宰相，忌度先進，與知樞密魏簡相結，度每奏畫軍事，輒從中沮壞之，故屯守踰年，竟無成績〔四〕。貞元之誅吴少誠〔五〕，元和之征盧從史〔六〕，皆此類也。石晉開運中，爲契丹所攻，中國兵力寡弱，桑維翰爲宰相，一制指揮節度使十五人。雖杜重威、李守正、張彦澤輩，駑材反虜，然重威爲主將，陽城之戰，三人者尚能以身徇國，大敗彊胡，耶律德光乘槖駝奔竄②，僅而獲免〔七〕。由是觀之，大將之權，其可不專邪〔八〕？

【校勘】

①「六」原訛作「九」。　②「駝」原作「它」，據馬本、庫本、祠本改。

【箋證】

〔一〕程頤《伊川易傳》卷一《師》之六三：「師旅之事，任當專一。二既以剛中之才爲上信倚，必專其事，乃有成功。若或更使衆人主之，凶之道也。輿尸，衆主也，蓋指三也。以三居下之上，故發此義。軍旅之事，任不專一，覆敗必矣。」又六五：「任將授師之道，當以長子帥師，二在下而爲師之主，長子也。若以弟子衆主之，則所爲雖正，亦凶也。弟子凡非長者也。自古任將不專而致覆敗者，如晉荀林父邲之戰，唐郭子儀相州之敗是也。」

俞樾《群經平議》卷一《周易》「師或輿尸凶」條：「『輿』『與』古通用。師或輿尸者，師或與尸也，言師或與爲主，如後世有觀軍容使之類，故凶也。弟子輿尸者，弟子與尸也，言既使長子帥師，又使弟子與爲主，如晉河曲之戰有趙穿是也。」

〔二〕乾元元年八月丙辰，加郭子儀中書令，李光弼侍中。九月庚寅，命郭子儀等九節度討安慶緒，宦官魚朝恩爲觀軍容宣慰處使。事詳《資治通鑑》卷二二〇、二二一《唐肅宗紀》，乾元元年、二年。

李綱《梁谿集》卷一一七《與秦相公第二書》：「《易》於《師》之六三言：『師或輿尸，凶。』又於六五言：『長子帥師，弟子輿尸，貞凶。』輿，衆也。尸，主也。九二：『在師中，吉。』所謂『長子帥師』。六三又以弟子衆主，其凶宜矣。而使之者在六五，故《象》以『使不當』言之。兵家之忌，最在衆主，而節制不一。唐九節度之師所以皆潰於相州者，正坐此故。當時李、郭皆在其間，猶不免此，況其餘哉！」

王禕《大事記續編》卷五九：「相州之役，有子儀、光弼在，擇取焉用之，則得『長子』之義矣。衆節度紛紜，而又以觀軍容宣慰處置之，其爲『輿尸』也甚矣。其覆師，非不幸也。」

〔三〕《資治通鑑》卷二三九《唐憲宗紀》元和十年：「十年春正月乙酉，加韓弘守司徒。弘鎮宣武，十餘年不入朝，頗以兵力自負。己亥，制削元濟官爵，命宣武等十六道進軍討之」。同前書卷二四〇《唐憲宗紀》元和十二年：「諸軍討淮、蔡，四年不克。饋運疲弊，民至有以驢耕者。上亦病之，以問宰相李逢吉等，競言師老財竭，意欲罷兵。裴度獨無言，上問之，對曰：『臣請自往督戰。』乙卯，上復謂度曰：『卿真能爲朕行乎？』對曰：『臣誓不與此賊俱生。臣比觀吴元濟表，勢實窘蹙，但諸將心不壹，不並力迫之，故未降耳。若臣自詣行營，諸將恐臣奪其功，必争進破賊矣。』上悦。丙戌，以度爲門下侍郎同平章事，兼彰義節度使，仍充淮西宣慰招討處置使。」

〔四〕事詳《資治通鑑》卷二四二《唐穆宗紀》長慶元年。「翰林學士元稹與知樞密魏弘簡深相結，求爲宰相，由是有寵於上，每事咨訪焉。稹無怨於裴度，但以度先達重望，恐其復有功大用，妨己進取，故度所奏畫軍事，多與弘簡從中沮壞之。度乃上表極陳其朋比奸蠹之狀」。

〔五〕事詳《資治通鑑》卷二三五《唐德宗紀》貞元十五年。「諸軍討吴少誠者，既無統帥，每出兵，人自規利，進退不壹。乙未，諸軍自潰於小溵水，委棄器械資糧，皆爲少誠所有。於是始議置招討使帥」。

〔六〕《舊唐書》卷一三二《盧從史傳》：「王士真卒，從史竊獻誅承宗計，以希上意，用是起授，委其成功。及詔下討賊，兵出，逗留不進，陰與承宗通謀，令軍士潛懷賊號，又高其芻粟之價，售於度支，諷朝廷求宰相；且誣奏諸軍與賊通，兵不可進，上深患之。護軍中尉吐突承璀將神策兵，與之對壘。從史往往過其營博戲。從史沓貪好得，承璀出寶帶、奇玩以炫燿之，時其愛悦而遺焉，從史喜甚，日益狎。上知其事，取裴垍之謀，因戒承璀伺其來博，揖語，幕下伏壯士，突起，持捽出帳後縛之，内車中，馳以赴闕。從者驚亂，斬十數人，餘號令乃定。且宣諭密詔，詔赴闕庭。」貶嶺外。此事似與本條所舉其他事件不類，容齋或誤記。

〔七〕《資治通鑑》卷二八四《後晉紀五・齊王中》，開運元年，「八月辛丑朔，以河東節度使劉知遠爲北面行營都統，順國節度使杜威爲都招討使，督十三節度，以備契丹。桑維翰兩秉朝政，出楊光遠、景延廣於外。至是一制指揮節度使十五人，無敢違者。時人服其膽略」。

〔八〕皮錫瑞《鑑古齋日記評》卷一：「《易》曰：『長子帥師，弟子輿尸，貞凶。』輿，衆也。尸，主也。言衆人爲主，則往必凶也。凡事權必歸一人，則事可辦。『一國三公，吾誰適從？』此士蔿所以歎。況軍事安危呼吸，若進退不由一人之號令，有不敗績者乎？唐之李、郭，皆名將也，相州九節度不相統一，則師皆潰。故吴吕蒙曰：『主公以爲奮威能，宜用奮威，以爲蒙能，宜用蒙。』不可兼用兩人。誠以功必如此而後能成，非獨攬兵權以自重也。」

容齋續筆卷八 十五則

1 蓍龜卜筮

古人重卜筮，其究至於通神，龜爲卜，蓍爲筮，故曰「假爾泰龜有常，假爾泰筮有常」〔一〕，「定天下之吉凶，成天下之亹亹」〔二〕，「所以使民信時日，敬鬼神，畏法令」〔三〕。舜之命禹，武王之伐紂，召公相宅，周公營成周，未嘗不昆命元龜，襲祥考卜〔四〕。然筮短龜長，則龜卜猶在《易》筮之上〔五〕。《漢·藝文志》，劉向所輯《七略》，自《龜書》《夏龜》之屬，凡十五家，至四百一卷，後世無傳焉〔六〕。今之揲蓍者，率多流入於影象，所謂龜策，惟市井細人始習此藝，其得不過數錢，士大夫未嘗過而問也〔七〕。伎術標牓，所在如織，五星、六壬、衍禽、三命、軌析、太一、洞微、紫微、太素、遁甲〔八〕，人人自以爲君平，家家自以爲季主，每況愈下。由是藉手于達官要人，舟車交錯於道路，毁譽紛紜，而術益隱矣。《周禮》：「太卜掌三兆之法，一曰玉兆，二曰瓦兆，三曰原兆。」杜子春云：「玉兆，顓帝之兆；瓦兆，帝堯之兆；原兆，有周之兆。」「經兆之體皆百有二十，其頌皆千有二百。」又：「掌三《易》之灋，曰《連山》，曰《歸藏》，曰《周易》。其經卦皆八，其別皆六十有四。」〔九〕今獨《周易》之書存，它不復可見。世謂文王重《易》六十四卦，然則夏、商之《易》已如是矣〔一〇〕。《左氏傳》所載懿氏占曰：「鳳皇于飛①，和鳴鏘鏘。有嬀之後，將育于姜。」成季之卜曰：「其名曰友，在公之右。同復于父，敬如君所。」晉獻公驪姬之繇曰：「專之渝，攘公之羭。」嫁伯姬之繇曰：「車説其輹，火焚其旗。寇張之弧，姪其從姑。」秦伯伐晉曰：「千乘三去，三去之餘，獲其雄狐。」文公納王，遇黄帝戰于阪泉之兆。鄢陵之戰，晉侯筮曰：「南國蹙，射其元王，中厥目。」宋伐鄭，趙鞅卜救之，遇水適火，史龜曰：「是謂沈陽，可以興兵，利以伐姜，不利子商。」史墨曰：「盈，水名。子，水位。名位敵，不可干也。」杜氏謂「鞅姓盈，宋姓子」，蓋言「嬴」與「盈」同也。史趙曰：「是謂如川之滿，不可游也。」衛莊公卜夢，曰：「如魚竀尾，衡流而方羊裔焉。闔門塞竇，乃自後踰。」此十占皆不可得其説〔一一〕，故杜元凱云：「凡筮者用《周易》，則其象可推。非此而往，則臨時占者或取於象，或取於氣，或取於時日、王相以成其占。若盡附會以爻象，則架虛而不經。」〔一二〕可爲通論，然亦安知非《連山》《歸藏》所載乎？

【校勘】

①「皇」原作「望」，據馬本、庫本、祠本改。

【箋證】

〔一〕《禮記·曲禮上》。鄭玄注：「命龜筮辭。龜筮於吉凶有常，大事卜，小事筮。」

〔二〕《周易·繫辭》。

〔三〕《禮記·曲禮上》：「龜爲卜，筴爲筮。卜筮者，先聖王之所以使民信時日、敬鬼神、畏法令也，所以使民決嫌疑、定猶與也。」

〔四〕「舜之命禹」。《大禹謨》：「禹曰：『枚卜功臣，惟吉之從。』帝曰：『禹，官占，惟先蔽志，昆命于元龜。朕志先定，詢謀僉同，鬼神其依，龜筮協從，卜不習吉。』禹拜稽首，固辭。帝曰：『毋！惟汝諧。』」

「武王之伐紂」。《論衡·卜筮篇》：「周武王伐紂，卜筮之，逆占曰：『大凶。』太公推蓍蹈龜而曰：『枯骨死草，何知而凶！』」

「召公相」。《召誥》：「召公早朝至於洛邑，相卜所居。厥既得卜，則經營。」《序》：「成王在豐，欲宅洛邑。使召公先相宅，作《召誥》。」《傳》：「相所居而卜之，遂以陳戒。」

「周公營成周」。《洛誥》：「予惟乙卯，朝至于洛師。我卜河朔黎水，我乃卜澗水東、瀍水西，惟洛食。我又卜瀍水東，亦惟洛食。」《序》：「召公既相宅，周公往營成周，使來告卜。」《傳》：「召公先相宅卜之，周公自後至，經營作之，遣使以所卜吉卜逆告成王。作《洛誥》。」

〔五〕「筮短龜長」。《左傳》僖公四年：「晉獻公欲以驪姬爲夫人，卜之不吉，筮之吉。公曰：『從筮。』卜人曰：『筮短龜長，不如從長。』」《周禮・春官》：「占人掌占龜，以八簭占八頌。」鄭玄注：「占人亦占筮，言掌占龜者，筮短龜長，主於長者。」王鳴盛《蛾術編》卷七四《說制十二》云：「龜法久亡，惟當闕疑。」又云：「蓋古者大事兼用卜筮，小事徒筮而已。《易》道彌綸天地，何必反小於龜？自漢以下，龜法失傳，是有數焉。」

〔六〕《漢書・藝文志》，蓍龜總計十五家，四百一卷。其中《龜書》五十二卷，《夏龜》二十六卷，《南龜書》二十八卷，《巨龜》三十六卷，《雜龜》十六卷，凡五家一百五十八卷。

〔七〕王觀國《學林》卷一《繫辭》：「古之揲蓍者，以九爲老陽，以六爲老陰。老陽生七，爲少陽；老陰生八，爲少陰。以蓍揲之，十有八變，觀九、六、七、八，辨陰陽，而一卦成焉。六十四卦咸如此也。」又，姚寬《西溪叢語》卷下：「揲蓍之法，用老陽、老陰多少之數求之，即偏而不均；若以奇耦之數求之，最爲精妙。三奇老陽，三耦老陰。一奇兩耦少陽，兩奇一耦少陰。少陽，震、坎、艮也；少陰，巽、離、兑也。」

影象，蓋指卦影。周密《志雅堂雜鈔》卷下云：「《易》爻詞内難解者，如『先號咷而後笑』『公用射隼于高墉之上』『見豕負塗，載鬼一車，先張之弧，後脱之弧』之類甚多，諸儒堅欲以理通，或以互體象言之，愈鑿愈遠，不通。以余鄙見觀之，此正如今時劉樞幹等卦影一般，或一人射雁，一人射鹿，一婦人哭，一男子笑，一舟遇風，一屋側仆，在一時雖卜者亦不能解，俟至異時，則其説遂驗。蓋得此卦及爻，則有此象，占者吉凶寓焉，豈區區可以理推哉！」

〔八〕五星、六壬、衍禽、三命、軌析、太一、洞微、紫微、太素、遁甲，蓋皆宋世流行之術數。

〔九〕《周禮·春官下》。

〔一〇〕太卜三《易》，一曰《連山》，二曰《歸藏》，三曰《周易》。杜子春云：「《連山》，虙戲。《歸藏》，黄帝。」鄭玄《易贊》及《易論》云：「夏曰《連山》，殷曰《歸藏》，周曰《周易》。」

〔一一〕懿氏占，《左傳》莊公二十二年。成季之卜，《左傳》閔公二年。驪姬之繇，《左傳》僖公四年。嫁伯姬之繇，《左傳》僖公十五年。秦伯伐晉，《左傳》僖公十五年。文公納王阪泉之兆，《左傳》僖公二十五年。鄢陵之戰晉侯筮，《左傳》成公十六年。史龜，史墨，史趙，《左傳》哀公九年。衛莊公卜夢，《左傳》哀公十七年。

〔一二〕《左傳》僖公十五年。

2 地名異音

郡邑之名，有與本字大不同者，顏師古以爲土俗各有别稱者是也。姑以《漢書·地理志》言之：馮翊之櫟陽爲「藥陽」；蓮勺爲「輦酌」；太原之慮虒爲「廬夷」；上黨之沾爲「添」；河内之隆慮爲「林廬」，蕩陰爲「湯陰」；潁川之不羹爲「不郎」；南陽之酇爲「擲」，堵陽爲「者陽」，酇爲「讚」；沛之酇爲「嵯」，鄲爲「多」；清河之鄃爲「輸」；汝南之平輿爲「平預」；濟陰之宛句爲「冤劬」；江夏之沙羨爲「沙夷」；九江之橐皋爲「拓姑」；

廬江之雩婁爲「吁閭」；山陽之方與爲「房豫」；琅邪之不其爲「不基」；東海之承爲「證」；長沙之承陽爲「烝陽」；臨淮之取慮爲「秋廬」；會稽之諸暨爲「諸既」，太末爲「闥末」；豫章之餘汗爲「餘干」；梓潼之汁方爲「十方」①；蜀郡之徙爲「斯」；益州之昧爲「昧」；金城之允吾爲「鉛牙」，允街爲「鉛街」；武威之樸劓爲「蒲環」；張掖之番禾爲「盤和」；安定之烏氏爲「烏支」；上郡之龜兹爲「丘慈」；西河之鵠澤爲「梏澤」；代郡之狋氏爲「權精」；遼西之且慮爲「趄廬」，令支爲「鈴祇」；遼東之番汗爲「盤寒」；樂浪之黏蟬爲「黏提」；南海之番禺爲「潘隅」；蒼梧之荔浦爲「肆浦」；交趾之羸𨻻爲「蓮簍」；九真之都龐爲「都聾」；日南之西捲爲「西權」；淮陽之陽夏爲「陽賈」；魯國之蕃爲「皮」〔一〕。皆不可求之於義訓，字書亦不盡載也〔二〕。

【校勘】

①「梓潼」，馬本、庫本、祠本作「廣漢」。

【箋證】

〔一〕《漢書》卷二八《地理志》。

〔二〕《漢書·地理志》，魯國蕃縣，師古注云：「郡縣之名，土俗各有別稱，不必皆依本字。」王楙《野客叢書》卷二三《地名語訛》：「慶州有樂蟠縣，本漢略畔道地，後訛爲樂蟠。華州東有潼關，《水經》謂河水自龍門南流衝激華山，故名衝關，後訛爲潼關。鎮戎軍有笄頭山，隗囂使王元猛塞雞頭道，即此也，後訛爲汧屯山。涼州有姑臧縣，《河西舊事》謂舊匈奴蓋藏城也，後訛爲姑臧。婺州長山縣，本長仙縣，其地赤松子采藥之所，後訛爲長山。北京館陶縣有屯氏河，《漢·溝洫志》謂河北決於館陶，分爲屯氏河，後訛爲毛氏河。臨江新喻縣，本新渝縣，蓋有渝水故名，而唐天寶後，相承作新喻。隰州石樓縣，本漢吐軍縣，後魏置吐京縣，亦相沿之訛也。此類甚多。」

3 韓嬰詩

《前漢書·儒林傳》叙《詩》云：「漢興，中公作《魯詩》，后蒼作《齊詩》，韓嬰作《韓詩》。」又云：「中公爲《詩》訓故，而齊轅固、燕韓生皆爲之傳。或取《春秋》，采雜説，咸非其本義，與不得已，《魯》最爲近之。」〔一〕嬰爲文帝博士，景帝時至常山太傅，推詩人之意，作《外傳》數萬言，其語頗與齊、魯間殊，然歸一也。武帝時，與董仲舒論於上前，精悍分明，仲舒不能難。其後韓氏有王吉、食子公、長孫順之學〔二〕。《藝文志》，《韓家詩經》二十八卷，《韓故》三十六卷，《内傳》四卷，《外傳》六卷，《韓説》四十一卷〔三〕。今惟存《外傳》十卷。慶曆中，將作監主簿李用章序之，命工刊刻于杭，其末又題云：「蒙文相公改正三千餘字。」〔四〕予家有其書，讀首卷第二章，曰：「孔子南游適楚，至於阿谷，有處子佩瑱而浣者。孔子曰：『彼婦人其可與言矣乎？』抽觴以授子貢，曰：『善爲之辭。』子貢曰：『吾將南之楚，逢天暑，願乞一飲，以表我心。』婦人對曰：『阿谷之水流而趨海，欲飲則飲，何問婦人乎？』受子貢觴，迎流而挹之，置之沙上，曰：『禮固不親授。』孔子抽琴去其軫，子貢往請調其音。婦人曰：『吾五音不知，安能調琴？』孔子抽絺綌五兩以授子貢，子貢曰：『吾不敢以當子身，敢置之水浦。』婦人曰：『子年甚少，何敢受子？子不早去，今切有狂夫守之者矣。』《詩》曰：『南有喬木，不可休息。漢有游女，不可求思。』此之謂也。」觀此章，乃謂孔子見處女而教子貢以微詞三挑之，以是説《詩》可乎？其謬戾甚矣，它亦無足言〔五〕。

【箋證】

〔一〕按，今檢《儒林傳》無此語，蓋出《漢書》卷三〇《藝文志》，云：「漢興，魯申公爲《詩》訓故，而齊轅固、燕韓生皆爲之傳。或取《春秋》，采雜説，咸非其本義，與不得已，《魯》最爲近之。三家皆列於學官。又有毛公之學，自謂子夏所傳，而河間獻王好之，未得立。」

〔二〕《漢書》卷八八《儒林傳》。

〔三〕《漢書》卷三〇《藝文志》：《韓故》三十六卷，《韓内傳》四卷，《韓外傳》六卷，《韓説》四十一卷。

〔四〕《隋志》、《唐志》、《遂初堂書目》、晁公武、陳振孫二家書目，惟載《韓詩外傳》十卷。《郡齋讀書志》云：「隋止存《外傳》，析十篇。其及經蓋寡，而遺説往往見於他書，如『逶迤』『郁夷』之類，其義與《毛詩》不同。此書稱《外傳》，雖非其解經之深旨，然文辭清婉，有先秦風。」《四庫全書總目》卷一六《韓詩外傳》提要云：「其書雜引古事古語，證以詩詞，與經義不相比附，故曰外傳。所采多與周秦諸子相出入。班固論三家之《詩》，稱其『或取《春秋》，采雜説，咸非其本義』，殆即指此類歟。」

屈守元《韓詩外傳箋疏》末附《參校諸本題記》，引及《續筆》此處，謂：「此當爲《韓詩外傳》木刻第一本。文相公，指文彦博。彦博以慶曆七年三月乙未（二十一日）爲樞密副使，丁酉（二十三日）參知政事。八年春正月戊申同中書門下平章事。慶曆訖八年而止。用章刻書當在此二年内，始得稱彦博爲相公也。張端義《貴耳集》卷二云：『《韓詩》有四十一卷，慶曆中將作簿李用章序之。』此則誤記《容齋續筆》之語，以《外傳》爲《韓詩》。明清以來，官私書目著録《韓詩外傳》，已無宋刻。」郁之按，宋宰相罷相後，他人仍可以相公稱之，故屈氏推李用章刻書在慶曆末，恐或未安。

〔五〕《四庫全書總目》卷一六《韓詩外傳》提要云：「中間阿谷處女一事，洪邁《容齋隨筆》已議之。他如稱彭祖名並堯禹，稱長生久視，稱天變不足畏，稱詔用干戚，稱舜兼二女爲非，稱荆蒯芮僕不恒其德，語皆有疵。謂柳下惠殺身以成信，謂孔子稱御説恤民，謂舜生於鳴條一章爲孔子語，謂輪扁對楚成王，謂冉有稱吴楚燕代伐秦王，皆非事實。顔淵、子貢、子路言志事，與申鳴死白公之難事，皆一條，而先後重見，亦失簡汰。然其中引荀卿《非十二子》一篇，删去子思、孟子二條，惟存十子，其去取特爲有識。又『繭絲』『卵雛』之喻，董仲舒取之爲《繁露》。『君群』『王往』之訓，班固取之爲《白虎通》。精理名言，往往而有，不必盡以訓詁繩也。」

王世貞《弇州四部稿》卷一一二《讀韓詩外傳》：「《韓詩外傳》凡十篇，漢人燕韓嬰所著。其注詩二十二卷，而此則雜記夫子之緒言與諸春秋戰國之説家稍近於理者也。大抵引詩以證事，而非引事以明詩，故多浮汎不切牽合可笑之語，蓋馳騁而説詩之旨微矣。獨其辭稍明健可誦，而所記亦不甚詭於倫物。唯謂孔子南游阿谷之隧，則類於懷春之吉士，而周公之討管、蔡，激於隱客之一言，爲大謬耳。」

姚振宗《隋書經籍志考證》卷三：「阿谷處女一事，後人多以爲口實。《困學紀聞》云：『江、漢之女不可犯以非禮，可以見周俗之美。』是説也，即毛《傳》、鄭《箋》亦無不相同也。韓引舊文載此事，其意亦如此，而必託之孔子、子貢，此其所以爲『外傳』歟？」

4　五行衰絶字

木絶於申，故柛字之訓爲木自斃〔一〕。水土絶於巳，故汜字之訓，《説文》以爲窮瀆，圮字之訓爲岸圮及覆。火衰於戌，故烕爲滅〔二〕。金衰於丑，故鈕爲鍵閉〔三〕。製字之義昭矣〔四〕。

【箋證】

〔一〕柛訓爲木自斃，見《爾雅·釋木》。

〔二〕圯訓爲窮瀆，見徐鉉增釋《説文解字》卷一一上。圮字，《爾雅·釋言》：「圮，敗覆也。」《説文》：「毁也。《虞書》曰：『方命圮族。』从土，已聲。」又：「東楚謂橋爲圯，从土，巳聲。」（卷一三下）

〔三〕滅，《説文》：「从火、戌，火死於戌，陽氣至戌而盡。」（卷一〇下）《淮南子·天文訓》：「斗指戌。戌者，滅也。」《白虎通義》卷上《五行》：「戌者，滅也。」鈕，《説文》：「印鼻也，从金丑聲。」（卷一四上）黄朝英《靖康緗素雜記》卷五《祖臘》引《禮記外傳》：「晉，金行，金衰於丑，故晉臘用丑。」《淮南子·天文訓》：「斗指丑。丑者，紐也。」《白虎通義》卷上《五行》：「丑者，紐也。」

〔四〕吴曾《能改齋漫録》卷五《辨誤》「五行無絶理」條：「今諸命書，如唐李虚中、本朝林開之，大論五行十二位。自長生、沐浴、冠帶、臨官、衰、旺、老、病、死、墓、絶、胎、養，配於子丑十二辰，以見五行生壯老。然予嘗疑五行無絶之之理，蓋本於京房《易》傳寫之誤耳。京氏曰：『四絶者，巳爲水土絶，申爲木絶，亥爲火絶，寅爲金絶。』且五行本乎陰陽，使世一日而無陰陽，其可乎？則五行決無絶之之理。蓋絶乃『系包』字傳寫之誤，乃兩字合爲一耳。嘗考唐左拾遺李鼎祚所修梁元帝、陳樂産、唐吕才六壬書，名《連珠集》。其論五行之所始終：『一曰水，其系包在巳，其胎在午，其養在未，其生在申，其沐浴在酉，其冠帶在戌，其臨官在亥，其旺在子，其衰老在丑，其病在寅，其死在卯，其入墓在辰。』至於火，則曰『其系包在亥』；至於木，則曰『其系包在申』；至於金，則曰『其系包在寅』。凡巳、申、亥、寅，各稱系包之所在。蓋五行既墓，其生也必有萌芽以先之。故始有所系，而繼之以胎。以明無絶之之理，其義甚明。且《黄帝八五經·五行十二變篇》云：『一變而生，二變而浴，三變而冠，四變而臣，五變而君，六變而委，七變而病，八變而死，九變而藏，十變而止，十一變而渾，十二變而育。止而渾，渾而育，育而生。晝運齊日，夜運擬星。五吉七凶，自然之經。』且止者，系包也。渾者，胎也。育者，養也。其言晝夜之運，則無絶之之理。『系包』本兩字，後人傳寫失真，合而爲一，今不取。」

5 漢表所記事

《漢書·功臣表》所記列侯功狀，有紀傳所軼者。韓信擊魏，以木罌缶度軍，《表》云：祝阿侯高邑以將軍屬淮陰，擊魏，罌度軍。（《史記》作「甀」。）蓋此計由邑所建也。信謀發兵襲吕后，其舍人得罪信，信因欲殺之。舍人弟上書變告信欲反。晉灼注曰：「《楚漢春秋》云：謝公也。」《表》有滇陽侯樂説，《史記》作「欒説」，以淮陰舍人告反，侯，蓋非謝公也。須昌侯趙衍從漢王起漢中，雍軍塞渭上，上計欲還，衍言從它道，道通。中牟侯單右車，始，高祖微時，有急，給高祖馬，故得侯。邔侯黄極忠以群盜長爲臨江將，已而爲漢擊臨江王。祁侯繒賀從擊項籍，漢王敗走，賀擊楚迫騎，以故不得進，漢王顧謂賀祁王。（《史記》作「侯」。）顔師古曰：「謂之祁王，蓋嘉其功，故寵褒之，許以爲王也。」〔一〕它復有與傳小異者。《史記·張良傳》：項梁立韓王成，以良爲韓申徒。徐廣云：「申徒即司徒，語音訛轉也。」而《漢表》「良以韓申都下韓」，師古云：「韓申都即韓王信也，《楚漢春秋》作『信都』，古『信』『申』同字。」案良與韓王信了不相干，顔注誤矣。自「司徒」訛爲「申徒」，自「申徒」爲「申都」，自「申都」爲「信都」，展轉相傳，古書豈復可以字義求也〔二〕！韓信歸漢，爲治粟都尉，《表》以爲票客。師古曰：「與《紀》《傳》參錯不同，或者以其票疾而賓客禮之，故云票客也。」《史記》作「典客」，《索隱》以爲「粟客」〔三〕。此外，又有官名非史所載者。如：孔聚以執盾從；周竈以長鈹都尉；郭蒙以户衛；宣虎以重將，重將者，主將領輜重也；耏跖以門尉；棘丘侯襄以執盾隊史；郭亭以塞路，塞路者，主遮塞要路以備敵寇也；丁禮以中涓騎；爰類以慎將，謂以謹慎爲將也；許盎以駢鄰説衛，駢鄰者，二馬曰駢，謂並兩騎爲軍翼也，説讀曰税，税衛者，軍行初舍止之時主爲衛也；許瘛以趙右林將，林將者，將士林，猶言羽林之將也；清侯以弩將；留肸以客吏；馮解散以代大與，大與，主爵禄之官也，《史記》作「太尉」；靳彊以郎中騎千人之類〔四〕。聊紀於此，以示讀史者云。

【箋證】

〔一〕並見《漢書》卷一六《高惠高后文功臣表》，卷一七《景武昭宣元成功臣表》。

〔二〕羅泌《路史》卷三六《申都》：「虞帝之末嗣也，職爲司徒，故其後有司徒氏。司徒之轉，又爲申屠、勝徒、申都之氏。按《漢·功臣侯表》，張良以廐將從起下邳，以韓申都下韓。《楚漢春秋》則作信都。信、申，古同音也。然在《史記》作韓申徒，而《良傳》復作韓司徒，一也。（云：「項梁使良求韓成，立爲韓王。以張良爲韓司徒。」云云。）蓋申屠、勝徒者，司徒之聲轉。申徒、申都者，申徒之聲轉，而信都者，又申都之轉也。劉敞博聞强記，亦意申都爲是司徒，而不得其證。不知王符言之詳矣。《潛夫論·志氏姓篇》云：『沛公之起，良生屬焉。沛公使韓信略定韓地，立横陽君成爲韓王，而拜良爲信都。』又曰：『信都者，司徒也。或曰司徒，或爲勝徒，然其本共一司徒也。後作傳者不知信都何因，妄生事意，以爲是乃代王爲信都也。』由此觀之，則知當時已自疑誤，然申都之爲司徒，固也。顏籀不知乎此，直以韓申都爲韓王信，劉知幾直又以爲韓名信都，謂子長謬去都而留信，疎妄又甚。」

王叔岷《史記斠證》卷九三《韓信盧綰列傳》「韓王信者故韓襄王孽孫也」條，案語引《續筆》本條，又謂王氏《漢表補注》亦云：「《史·表》作申徒，都、徒音同通用。申都，韓官名，顏注誤。」

〔三〕方以智《通雅》卷首一《古書參差説》：「自漢以後，班、馬異同，吾可得而折中矣。一人之書，文重思煩，刊落不盡，時自牴牾，『毋寡』或爲『毋鼓』，『粟客』或謂『票客』。」

〔四〕顧起元《説略》卷六《官儀》：「《漢書・功臣表》紀諸功臣初起官名及功封，多有傳中所不載者，今略紀之。有以中涓，以令史，以舍人，以騎將，以刺客將，以護軍，以廄將，以客，以郎，以將軍，以職志，（主旂幟也。）以都尉，以執盾，以特將，以卒，以連敖，（楚官名。）以長鈹都尉，以户衛，以城將，（將築城之兵。）以隊帥，以户將，以隊將，以重將。（將輜重者也。）以票客，（票疾而賓客禮之，故云。韓信也。）以門尉，以謁者，以執盾隊史，以塞路，（遮塞要路也。）以亞將，以慎將，（謹慎爲將。）以中謁者，以騈鄰，（並兩騎爲軍翼也。）以税衛，（軍行舍止之時主爲衛也。）以郎騎將，以中郎騎，以郎中騎，以騎士，以林將，（猶言羽林之將也。）以弩將，以客吏，以代大與，（大與主爵禄之官。）以内史，以上隊將，以中廄令，以令尹，以群盜長，以騎司馬，以車司馬，以中尉，以越連敖，以軍匠，以家車吏，（主漢王之家車也。）以執矛，以郎中柱下令，以家吏。」

6 蕭何紿韓信

黥布爲其臣賁赫告反，高祖以語蕭相國，相國曰：「布不宜有此，恐仇怨妄誣之，請繫赫，使人微驗淮南。」布遂反。韓信爲人告反，吕后欲召，恐其不就，乃與蕭相國謀，詐令人稱陳豨已破，紿信曰：「雖病，强入賀。」信入，即被誅〔一〕。信之爲大將軍，實蕭何所薦，今其死也，又出其謀，故俚語有「成也蕭何，敗也蕭何」之語。何尚能救黥布，而翻忍於信如此？豈非以高祖出征，吕后居内，而急變從中起，已爲留守，故不得不亟誅之，非如布之事尚在疑似之域也〔二〕。

【箋證】

〔一〕詳《漢書》卷三四《黥布傳》《韓信傳》。

〔二〕蕭何薦信爲大將軍，參《隨筆》卷一三《蕭房知人》。又《隨筆》卷一四《漢祖三詐》云：「漢高祖用韓信爲大將，而三以詐臨之。信之終於謀逆，蓋有以啓之矣。」

王叔岷《史記斠證》卷九二《淮陰侯列傳》「斬之長樂鍾宮」條，引《隨筆》本條，按云：「信之敗，固出蕭何之謀；然主謀者實爲呂后。《盧綰傳》：『綰謂其幸臣曰：往年春，漢族淮陰；夏，誅彭越，皆呂后計。』是也。」

方詩銘《拾零集》卷二《宋雜劇中的三國故事》「成也蕭何敗也蕭何」條，引《隨筆》本條，云：「案此語多見元曲，今人以爲係元人語，不知宋已有之。」按，此語又見陳善《捫蝨新話》下集卷一：「東坡嘗與劉景文語：『一則仲父，二則仲父』，當以何對？景文答以俗諺『千不如人，萬不如人』，坡首肯之。予以爲不如對『成也蕭何，敗也蕭何』，此亦俗諺也。」

7 彭越無罪

韓信、英布、彭越皆以謀反誅夷。信乘高祖自將征陳豨之時，欲詐赦諸官徒，發兵襲呂后、太子。布見漢使驗問，即發兵東取荆，西擊楚，對高祖言欲爲帝，其爲反逆已明。唯越但以稱病不親詣邯鄲之故，上既赦以爲庶人，而吕后令人告越復謀反，遂及禍〔一〕。三人之事，越獨爲冤。且扈輒勸越反，越不聽，有司以越不誅輒爲反形已具。然則貫高欲殺高祖，張敖不從，其事等耳，乃以爲不知狀，而敖得釋，何也？欒説告信，賁赫告布，皆得封列侯。而梁大僕告越不論賞，豈非漢朝亦知其故耶？欒布爲越大夫，使於齊而越死，還奏事越頭下，上召罵布，欲亨之，布謂越反形未見，而帝以苛細誅之，上乃釋布，拜爲都尉〔二〕。然則高祖於用刑，爲有負於越矣，傷哉！

【箋證】

〔一〕韓信、英布、彭越皆以謀反誅夷，事詳《漢書》卷三四《韓信傳》《黥布傳》《彭越傳》。馮琦《宗伯集》卷三三《日講通鑑直解》：「按漢誅功臣三人，英布最當，韓信功大而罪有可疑，至彭越，則明知其無反計矣，被誣見廢，又使人告而誅之，此功臣所以解體而强臣所以自疑也。漢真少恩哉！」

〔二〕《漢書》卷三七《欒布傳》。

8　蜘蛛結冈

佛經云：「蠢動含靈，皆有佛性。」〔一〕《莊子》云：「惟蟲能蟲，惟蟲能天。」〔二〕蓋雖昆蟲之微，天機所運，其善巧方便，有非人智慮技解所可及者。蠶之作繭，蜘蛛之結网，蜂之累房，燕之營巢，蟻之築垤，螟蛉之祝子之類是已。雖然，亦各有幸不幸存乎其間。蛛之結网也，布絲引經，捷急上下，其始爲甚難。至於緯而織之，轉盼可就，疎密分寸，未嘗不齊。門檻及花梢竹間，則不終日，必爲人與風所敗。唯閑屋垝垣，人迹罕至，乃可久久而享其安。故燕巢幕上，季子以爲至危〔三〕。李斯見吏舍厠中鼠食不絜，近人犬，數驚恐之，倉中之鼠食積粟，居大廡之下，不見人犬之憂，歎曰：「人之賢不肖，譬如鼠矣，在所自處耳！」〔四〕豈不信哉？

【箋證】

〔一〕《金剛頂瑜伽最勝祕密成佛隨求即得神變加持成就陀羅尼儀軌》卷一：「一切諸鳥及諸猛獸，一切蠢動含靈，乃至蟻子之身，不更重受，即得轉生諸佛如來一生補處。」《黄檗斷際禪師宛陵録》卷一：「即心是佛。上至諸佛，下至蠢動含靈，皆有佛性，同一心體。」《景德傳燈録》卷一九：「蠢動含靈，皆有佛性。」

《夷堅志》支乙卷九《全椒猫犬》：「紹興中，樂平魏彦成安行爲徐州守，全椒縣結證一死囚獄案，云縣外二十里有山菴，頗幽僻，常時惟樵農往來，一僧居之，獨雇村僕供薪爨之役。養一猫極馴，每日在傍，夜則宿于床下。一犬尤可愛，俗所謂獅狗者。僧嘗遣僕買鹽，際暮未反，凶盜乘虛抵其處殺僧，而包裹鉢囊所有，出宿于外。明日入縣，此犬竊隨以行，遇有人相聚處，則奮而前，視盜嘷吠。盜行，又隨之，至於四五，乃泊縣市，愈追逐哀鳴。市人多識菴中犬，且訝其異，共扣盜曰：『犬如有恨汝意，得非去菴中作罪過乎？』盜雖强辯，然低首如怖伏狀，即與俱還菴，僧已死。時正微暑，猫守卧其傍，故鼠不加害。執盜赴獄，不能一詞抵隱，遂受刑。此犬之義。『蠢動含靈，皆有佛性』，此又可信云。」

〔二〕《莊子·庚桑楚》。

〔三〕《左傳》襄二十九年：季子曰：「夫子之在此，猶燕之巢於幕上。」杜注：「言至危。」

〔四〕《史記》卷八七《李斯列傳》。

9　孫權稱至尊

陳壽《三國志》固多出於一時雜史，然獨《吴書》稱孫權爲至尊，方在漢建安爲將軍時已如此，至於諸葛亮、周瑜，見之於文字間亦皆然。周瑜病困，與權書曰：「曹公在北，劉備寄寓，此至尊垂慮之日也。」〔一〕魯肅破曹公還，權迎之，肅曰：「願至尊威德加乎四海。」〔二〕呂蒙遺鄧玄之説郝普曰：「關羽在南郡，至尊身自臨之。」又曰：「至尊遣兵，相繼於道。」蒙謀取關羽，密陳計策，曰：「羽所以未便東向者，以至尊聖明，蒙等尚存也。」〔三〕陸遜謂蒙曰：「下見至尊，宜好爲計。」〔四〕甘寧欲圖荆州，曰：「劉表慮既不遠，兒子又劣，至尊當早規之。」〔五〕權爲張遼掩襲，賀齊曰：「至尊人主，常當持重。」〔六〕權欲以諸葛恪典掌軍糧，諸葛亮書與陸遜曰：「家兄年老，而恪性疎，糧穀軍之要最，足下特爲啓至尊轉之。」遜以白權[七]。凡此之類，皆非所宜稱，若以爲陳壽作史虚辭，則魏、蜀不然也[八]。

【箋證】

[一]《三國志·吴志》卷九《魯肅傳》，裴松之注引《江表傳》，非陳壽所書也。

[二]《吴志》卷九《魯肅傳》。

[三]《吴志》卷九《吕蒙傳》。

[四]《吴志》卷一三《陸遜傳》。

[五]《吴志》卷一〇《甘寧傳》。

[六]《吴志》卷一五《賀齊傳》，裴松之注引《江表傳》。

[七]《吴志》卷一九《諸葛恪傳》，裴松之注引《江表傳》。

[八]周嬰《卮林》卷七《洗梅》「至尊」條：「孫權稱帝後，群臣俱呼陛下，自稱吴王，以前遡其承兄始據江東之日，群下皆呼至尊，如劉備伐吴，陸遜疏云：『伏願至尊高枕。』此黄武元年權稱王時也。吕蒙當襲南郡，説權曰：『至尊以征虜能，宜用之。以蒙能，宜用蒙。』此建安二十四年也。權征合肥，爲張遼所襲，賀齊曰：『至尊人主，常當持重。』則建安二十年也。自十四年劉備表權行車騎將軍領徐州牧，而瑜遂隕，嗣後，權未進號也。曹公破走，權迎魯肅，肅曰：『願至尊威德加于四海。』已在建安十三年權征黄祖時。甘寧曰：『至尊當早規之。』又在十二年權直爲

討虜將軍領會稽太守耳。《容齋續筆》嘗以《吴書》稱孫權至尊爲疑。予謂此或虞溥、陳壽謬相推與，然《漢書·樓護傳》主簿諫王商：『將軍至尊，不宜入閭巷』，是將軍曾稱至尊也。黄義仲《十三州記》曰：『郡之言君也，改公侯之封而言君者，至尊也。』是郡守亦可稱至尊矣。權既假討虜，守會稽，雖稱至尊，亦不足怪。」

杭世駿《諸史然疑》「三國志」條：「洪景盧《容齋續筆》譏壽稱權爲至尊，而壽之踳駁不止此。於吴曰權，於蜀曰先主，於《陸遜傳》稱魏曰賊、曰敵，皆仍舊史而不之改。」

10 康山讀書

杜子美贈李太白詩：「康山讀書處，頭白好歸來。」説者以爲即廬山也〔一〕。吴曾《能改齋漫録》内《辨誤》一卷，正辨是事，引杜田《杜詩補遺》云：「范傳正《李白新墓碑》云：『白本宗室子，厥先避仇客蜀，居蜀之彰明，太白生焉。彰明，綿州之屬邑，有大、小康山，白讀書于大康山，有讀書堂尚存。其宅在清廉鄉，後廢爲僧坊①，稱隴西院，蓋以太白得名。院有太白像。』」吴君以是證杜句，知康山在蜀，非廬山也〔二〕。予案當塗所刊《太白集》，其首載《新墓碑》，宣、歙、池等州觀察使范傳正撰，凡千五百餘字，但云：「自國朝已來，編於屬籍，神龍初，自碎葉還廣漢，因僑爲郡人。」〔三〕初無《補遺》所紀七十餘言，豈非好事者僞爲此書，如《開元遺事》之類，以附會杜老之詩邪？ 歐陽忞《輿地廣記》云：「彰明有《李白碑》，白生於此縣。」〔四〕蓋亦傳説之誤。 當以范碑爲正。

【校勘】

①「坊」，馬本、庫本、祠本作「房」。

【箋證】

〔一〕詩出杜甫《不見》。 康山即匡山，宋人避諱改。 黄希、黄鶴《補注杜詩》卷二一四，鄭卬曰：「匡廬山也。」王洙曰：「《新史》載白始隱岷山，後客任城，居徂徠山，而不載匡山也。」杜修可曰：「范傳正《李白新墓碑》云：『白之先客居蜀之彰明，太白生焉。 彰明，綿之屬邑，有小、大匡山，白讀書於大匡山，有讀書臺尚存，其宅在清廉鄉，後廢爲僧房，號隴西院。 蓋以太白得名。』所謂匡山，乃彰明之大匡山，非匡廬也。」黄鶴曰：「李白《望廬山五老峰》詩云：『九江秀色可攬結，吾將此地鎖雲松。』《望廬山瀑布水》詩云：『而我游名山，對之心益閒。 且諧宿所好，永願辭人間。』又《南康軍圖經》云：『李白性喜名山，飄然有物外志。 以廬阜水石佳處，遂往游焉。至五老峰，愛其險峭奇勝，曰：「天下之壯觀也。 卜築於此，吾將老焉。」今峰下有書堂舊基。白後北歸，猶不忍去，乃指廬山曰：「與君再會，不敢寒盟。 丹崖緑壑，神其鑒之。」故白《送嵩游廬山序》又云：「慙未歸於名山。」指廬山而言也。 然則指廬山而言，亦未必不是。」

〔二〕王觀國《學林》卷六《匡山》：「杜子美懷李白詩曰：『匡山讀書處，頭白好歸來。』注詩者曰：

『匡山未詳。』觀國案，《後漢・郡國志》，廬江郡尋陽縣。劉昭注引釋惠遠《廬山記》曰：『有匡俗先生，出商周之際，居其下，受道於仙人，時謂所止爲仙人之廬。』又引《豫章舊志》曰：『匡俗先生字君平，夏商之苗裔。』又《建康實録》曰：『隆安六年，桓玄移書於匡山惠遠法師。』然則匡山者，廬山也。李太白嘗游廬山舊矣，子美既不得志，而太白復以譖出，故子美詩曰：『頭白好歸來。』蓋欲招隱，爲廬山之游也。」吴曾《能改齋漫録》卷五《辨誤》「匡山非廬山」條：「所謂匡山乃彰明縣之大匡山，非匡廬也，乃知《學林新編》、胡仔皆爲妄辨。」

〔三〕范傳正《唐左拾遺翰林學士李公新墓碑並序》，見王琦《李太白集注》卷三一《序誌碑傳》。

〔四〕歐陽忞《輿地廣記》卷二九《成都府》：彰明縣，「有唐李白碑。白之先世嘗流巂州，其後内移。白生於此縣。」

11 列國城門名

郡縣及城門名，用一字者爲雅馴近古。今獨姑蘇曰吴郡吴縣，有盤門、閶門、葑門、婁門、齊門，它皆不然。春秋時，列國門名見於《左氏傳》者，鄭最多，曰渠門、純門、時門、將門、閨門、皇門、鄟門、墓門，又有師之梁、桔柣之門。周曰圉門。魯曰雩門、雉門、稷門、萊門、鹿門，又有子駒之門。《公羊傳》有争門、吏門。宋曰耏門、桐門、盧門、曹門、澤門、揚門、桑林之門。郲曰魚門、范門。衛曰閲門、蓋獲之門。齊曰雍門，亦有揚門、鹿門、稷門。吴曰胥門。宋垤澤之門，見《孟子》〔一〕。

【箋證】

〔一〕本條據《左傳》列舉春秋列國城門名，惟魯争門、吏門出《公羊傳》閔公二年，云：「立僖公而城魯。或曰自鹿門至于争門者是也，或曰自争門至于吏門者是也。魯人至今以爲美談。」宋垤澤之門，出《孟子·盡心上》：「魯君之宋，呼於垤澤之門。」注：「垤澤，宋城門名也。」有趙與旹《賓退録》卷四：「『毋持布鼓過雷門。』漢王尊語。師古注謂：『雷門，會稽城門也。有大鼓，越擊此鼓，聲聞洛陽，故尊引之也。』曾文清詩：『敗鼓無聲强自撾，不堪持過阿香家。』似用王語點化，而誤以雷門爲雷霆之雷。洪文敏《續筆》謂城門名用一字者爲雅馴，歷舉《左氏》《公羊》諸書所載，亦獨遺此。」按《周禮·天官》：「閽人，掌守王宫之中門之禁。」鄭司農云：「王有五門，外曰皋門，二曰雉門，三曰庫門，四曰應門，五曰路門。路門一曰畢門。」此亦所謂「一字雅馴近古」之例也。

12 緇塵素衣

陳簡齋《墨梅》絶句一篇云：「粲粲江南萬玉妃，别來幾度見春歸。相逢京洛渾依舊，只恨緇塵染素衣。」語意皆妙絶。晉陸機《爲顧榮贈婦》詩云：「京洛多風塵，素衣化爲緇。」齊謝玄暉《酬王晉安》詩云：「誰能久京洛，緇塵染素衣。」正用此也〔一〕。

【箋證】

〔一〕《墨梅》絶句，見陳與義《簡齋集》卷一三《和張矩臣水墨梅五絶》之三。陸詩，見《文選》卷二四《爲顧彦先贈婦二首》之一。謝詩，見《文選》卷二六《酬王晉安》。吴曾《能改齋漫録》卷七《緇塵染素衣》：「謝玄暉《酬王晉安》詩：『誰能久京洛，緇塵染素衣。』予案陸士衡《爲顧彦先贈婦》詩云：『京洛多風塵，素衣化爲緇。』謝本此。」按，宋人喜用陸機此詩。如劉敞《隱直近詣闕獻書報聞》：「卻走國西門，素衣化爲緇。」（《公是集》卷一二）沈遘《贈剡縣桃源宫王道士》：「北方多風塵，素衣化爲黑。」（《西溪集》卷三）樓鑰《謝潘端叔惠紅梅》：「黄姑曾爲點冰肌，亦有緇塵染素衣。」（《攻媿集》卷九）趙蕃《喜公擇之歸兼懷子崧三首》之一：「梅蕊經青眼，緇塵染素衣。」（《乾道稿》卷下）潘德輿《養一齋詩話》卷九：「洪容齋考訂他書極詳，於唐、宋詩證據亦核；獨其所録同時人詩，不盡得風旨。他如陳簡齋《池上避暑》詩：『長安車轍邊，有此萬荷柄。談餘日亭午，樹影一時正。清風不負客，意重百金贈。微波喜摇人，小立待其定。』詞意新峭可喜，雖西江風格，而能藥俗，録之可也。若其《水墨梅》詩云：『粲粲江南萬玉妃，别來幾度見春歸。相逢京洛渾依舊，惟見緇塵染素衣。』猝乍閲之，幾不省爲何題，而亦喜而録之，此殆由宋詩習氣蒸染至深耳。」

13 去國立後

齊高氏食邑于盧，高弱以盧叛齊，閭丘嬰圍之，弱曰：「苟使高氏有後，請致邑。」齊人立高酀，弱致盧而出奔晉〔一〕。魯臧氏食邑于防，臧紇得罪，使來告曰：「苟守先祀，敢不辟邑。」乃立臧爲，紇致防而奔齊〔二〕。案，弱、紇二人，據地要君，故孔子曰：「臧武仲以防求後于魯，雖曰不要君，吾不信也。」〔三〕然齊、魯之君，竟如其請，不以要君之故而背之，蓋當是時先王之澤未熄，非若戰國務爲詐力權謀之比，所謂「殺人之中又有禮焉」〔四〕者也。降及末世，遂有帶甲約降，既解甲即圍而殺之者，不仁孰甚焉〔五〕！

【箋證】

〔一〕《左傳》襄公二十九年。

〔二〕《左傳》襄公二十三年。

〔三〕《論語·憲問》。朱熹《四書章句集注·論語》卷第七「子曰臧武仲以防求爲後於魯雖曰不要君吾不信也」條：「防，地名，武仲所封邑也。要，有挾而求也。武仲得罪奔邾，自邾如防，使請立後，而避邑以示，若不得請，則將據邑以叛，是要君也。范氏曰：『要君者無上，罪之大者也。武仲之邑，受之於君，得罪出奔，則立後在君，非己所得專也，而據邑以請，由其好智而不好學也。』楊氏曰：

『武仲卑辭請後，其跡非要君者而意實要之。夫子之言，亦《春秋》誅意之法也。』」

〔四〕孔子語，見《禮記·檀弓下》。

〔五〕可參《隨筆》卷二《張良無後》、卷一四《光武仁君》。

14 詩詞改字

王荆公絶句云：「京口瓜洲一水間，鍾山祇隔數重山。春風又緑江南岸，明月何時照我還。」吴中士人家藏其草，初云「又到江南岸」，圈去「到」字，注曰「不好」，改爲「過」，復圈去而改爲「入」，旋改爲「滿」，凡如是十許字，始定爲「緑」〔一〕。黄魯直詩：「歸燕略無三月事，高蟬正用一枝鳴。」「用」字初曰「抱」，又改曰「占」，曰「在」，曰「帶」，曰「要」，至「用」字始定。予聞於錢伸仲大夫如此。今豫章所刻本，乃作「殘蟬猶占一枝鳴」〔二〕。向巨原云：「元不伐家有魯直所書東坡《念奴嬌》，與今人歌不同者數處，如『浪淘盡』爲『浪聲沉』，『周郎赤壁』爲『孫吴赤壁』，『亂石穿空』爲『崩雲』，『驚濤拍岸』爲『掠岸』，『多情應笑我早生華髮』爲『多情應是笑我生華髮』，『人生如夢』爲『如寄』。」〔三〕不知此本今何在也。

【箋證】

〔一〕王安石《泊船瓜洲》（李壁《王荆公詩注》卷四三）。

俞樾《茶香室叢鈔》卷八「王荆公詩改字」條，引《隨筆》本條，云：「余謂諸字皆不及『到』字之自然，正不必改也。」

〔二〕黄庭堅《山谷外集》卷一三《登南禪寺懷裴仲謀》。錢紳，字仲仲，詳《續筆》卷三《折檻行》箋證。

〔三〕朱彝尊《詞綜》卷六《念奴嬌·赤壁懷古》：「按他本『浪聲沈』作『浪淘盡』，與調未協。『孫吴』作『周郎』，犯下『公瑾』字。『崩雲』作『穿空』，『掠岸』作『拍岸』。又『多情應是笑我生華髮』作『多情應笑我早生華髮』，益非。今從《容齋隨筆》所載黄魯直手書本更正。至于『小喬初嫁』宜句絶，『了』字屬下句乃合。」鄭文焯《大鶴山人詞話》，引《續筆》本條，按云：「此從元祐雲間本，唯『崩雲』二字與山谷所録無異。汲古刻固作『穿空』。『拍岸』，此又作『裂岸』，亦奇。愚謂他無足異，只『多情應是』句，當從魯直寫本校正。曩見陳伯韜齋頭有王壬老讀是詞校字，改『了』字爲『與』，伯韜極傾倒，余笑謂此正是湘綺不解詞格之證，即以音調言，亦啞凰也。」

15　姑舅爲婚

姑舅兄弟爲婚，在禮法不禁，而世俗不曉。案《刑統·户婚律》云：「父母之姑舅、兩姨姊妹及姨若堂姨、母之姑、堂姑，己之堂姨及再從姨、堂外甥女、女壻姊妹，並不得爲婚姻。」議曰：「父母姑舅、兩姨姊妹，於身無服，乃是父母緦麻，據身是尊，故不合娶。及姨又是父母大功尊；若堂姨雖於父母無服，亦是尊屬；母之姑、堂姑，並是母之小功以上尊；己之堂姨及再從姨、堂外甥女亦謂堂姊妹所生者、女壻姊妹，於身雖並無服，據理不可爲婚。並爲尊卑混亂，人倫失序之故。」〔一〕然則中表兄弟姊妹正是一等，其於婚娶，了無所妨。予記政和八年知漢陽軍王大夫申明此項，敕局看詳，以爲如表叔取表姪女，從甥女嫁從舅之類，甚爲明白。《徽州法司編類續降》有全文。今州縣官書判，至有將姑舅兄弟成婚而斷離之者，皆失於不能細讀律令也〔二〕。惟西魏文帝時，禁中外及從母兄弟姊妹爲婚〔三〕，周武帝又詔不得娶母同姓以爲妻妾〔四〕，宣帝詔母族絶服外者聽婚〔五〕，皆偏閏之制。漫附於此〔六〕。

【箋證】

〔一〕《唐律疏義》卷一四《户婚下》。

〔二〕李慈銘《越縵堂讀書記》八《文學》「容齋隨筆」條：「此所引皆本《唐律疏義》之文，《疏義》此上一條明注云：『其外姻雖有服非尊卑者爲婚不禁。』可無疑於姑舅兄弟之爲婚矣。」《宋史》卷二〇四《藝文志》：竇儀《重詳定刑統》三十卷。《宋史》卷二六三《竇儀傳》：「建隆元年秋，遷工部尚書，罷學士，兼判大理寺，奉詔重定《刑統》爲三十卷。」《郡齋讀書志》卷二下

《刑法類》：「《刑統》三十卷，右皇朝竇儀等詳定。」

〔二〕《徽州法司編類續降》，未詳。今人戴建國《宋代刑法史研究》第一章《宋代刑事立法》：「宋代制定有嚴格的法律接收登録和編集保管制度。新法典制定頒佈後，對於此後陸續頒發的散敕，朝廷要求『所在編録二本。一長吏主之。一法司行用』。（《長編》卷六一景德二年八月戊子）長官離任，須將其交接給繼任者。『諸路轉運使、諸州，除舊編敕外，所授宣敕並依次編録。長吏以下職官受代日，遞相交付』（《長編》卷二一太平興國五年七月己巳）洪邁《容齋隨筆》：（即本條，略。）《徽州法司編類續降》是宋代地方政府建立健全法律法規登録保管制度的一件實例。」

〔三〕歐陽修《滁州謝上表》：「方今公私嫁娶，皆行姑舅婚姻。」（《文忠集》卷九〇）

〔四〕《北史》卷五《魏本紀》，大統九年春正月。

〔五〕《周書》卷六《武帝紀下》：建德六年六月丁卯詔曰：「同姓，百世婚姻不通，蓋惟重別，周道然也。而娶妻買妾，有納母氏之族，雖曰異宗，猶爲混雜。自今以後，悉不得娶母同姓以爲妾。其已定未成者，即令改聘。」

〔六〕《周書》卷七《宣帝紀》，宣政元年八月，詔制九條，宣下州郡，其二曰：「母族絶服外者聽婚。」

秦蕙田《五禮通考》卷一五一《昏禮》引《續筆》本條，又引《通典》之《外屬無服尊卑不通婚議》，後按云：「昏禮别姓，禮之大端也。殷以上尚質，周道尚文，其義著焉。異姓主夫不主婦，容齋所記，足正《通典》之惑。」按，《通典》卷六〇《禮二十·嘉五·外屬無服尊卑不通婚議》：「大唐永徽元年，御史大夫李乾祐奏言：『鄭州人鄭宣道，先聘少府監主簿李元義妹爲婦，即宣道堂姨，元義先雖執迷，許其姻媾，後以情禮不合，請與罷婚。宣道經省陳訴，議以法無此禁，判許成親。何則？同堂姨甥，雖則無服，既稱從母，何得爲婚？又母與堂姨，本是大功之服，大功之上，禮實同重，況九月爲服，親亦至矣。子而不子，辱以爲妻，名教所悲，人倫是棄。且堂姑、堂姨，内外之族雖別，而父黨、母黨，骨肉之恩是同。愛敬本自天性，禽獸亦猶知母，豈可令母之堂妹，降以爲妻？從母之名，將何所寄？古人正名遠別，後代違道任情，恐寖以成俗，然本屬無服，而尊卑不可爲婚者，非止一條，請付群官詳議，永爲後法。』左衛大將軍紀王慎等議：『父之姨及堂姨，母之姨，（郁之按，「母之姨」，《册府元龜》卷六一六，作「母之姑姨及堂姑姨。」）父、母之姑舅姊妹、堂外甥，並外姻無服，請不爲婚。』詔可。」

俞樾《茶香室續鈔》卷六《禁姑舅爲婚之誤》引《續筆》本條，按云：「按此條，則宋制禁姑舅兩姨姊妹爲婚，乃指父母之姑舅兩姨姊妹而言，於己並尊屬也。後世不察，至並中表兄弟姊妹而一例禁之，殊失律意，宜此禁之終於不行也。」

容齋續筆卷九十四則

1 三家七穆

春秋列國卿大夫世家之盛，無越魯三家、鄭七穆者。魯之公族，如臧氏、展氏、施氏、子叔氏、叔氏、叔仲氏、東門氏、郈氏之類固多，唯孟孫、叔孫、季孫實出於桓公〔一〕，其傳序累代，皆秉國政，與魯相爲久長。若揆之以理，則桓公弒兄奪國，得罪於天，顧使有後如此！鄭靈公亡，無嗣，國人立穆公之子子良，子良辭以公子堅長，乃立堅，是爲襄公。襄公將去穆氏，子良爭之，願與偕亡，乃舍之，皆爲大夫〔二〕。其後位卿大夫而傳世者，罕、駟、豐、印、游、國、良，故曰七穆〔三〕。然則諸家不逐而獲存，子良之力也。至其孫良霄乃先覆族〔四〕，而六家爲卿如故，此又不可解也。

【箋證】

〔一〕魯三家，孟孫、叔孫、季孫也。吕祖謙《左氏傳説》卷一五《昭公》：「古之大臣有世職者，必有家學。當時魯三家，叔出季處。蓋魯之季世，季氏掌國中之事，叔孫氏則世掌四方之事，凡魯之出使，無非叔孫。觀昭元年，叔孫豹曰：『叔出季處，有自來矣。』此便見叔孫氏世世專掌此職，平日父詔其子，兄詔其弟，無不專講論此一事，則當時纖悉曲折，無不知之。」

〔二〕襄公將去穆氏，子良争之，事詳《左傳》宣公四年。

〔三〕《左傳》襄公二十六年。杜注：「鄭穆公十一子，子然、二子孔三族已亡，子羽不爲卿，故唯言七穆。」陸德明《音義》：「鄭七穆，謂子展公孫舍之，罕氏也；子西公孫夏，駟氏也；子產公孫僑，國氏也；伯有良霄，良氏也；子太叔游吉，游氏也；子石公孫段，豐氏也；伯石印段，印氏也。穆公十一子，謂子良，公子去疾也；子罕，公子喜也；子駟，公子騑也；國，公子發也；子孔，公子嘉也；子游，公子偃也；子豐也；子印也；子羽也；子然也；士子孔也。子然、二子孔已亡，子羽不爲卿，故止七也。」《黄氏日抄》卷五三《讀雜史》：七穆，「多骨肉相殘，惟子國之子子產賢，又惟子罕之孫子皮知其賢而授之政。子產没後，賢而有禮者子太叔」。

〔四〕《左傳》襄公三十年：「鄭人殺良霄。」《左傳》昭公七年：「鄭人相驚以伯有」，「子產立公孫洩及良止以撫之」。子產曰：「良霄，我先君穆公之胄，子良之孫，子耳之子，敝邑之卿，從政三世矣。」陸德明《音義》：「子良公子去疾生子耳公孫輒，輒生伯有。良霄三世爲鄭卿。」良霄字伯有。良止，伯有子也。

2 貢薛韋匡

《漢・元帝紀・贊》云：「貢、薛、韋、匡，迭爲宰相。」謂貢禹、薛廣德、韋玄成、匡衡也。四人皆握娖自好，當優柔不斷之朝，無所規救〔一〕。衡專附石顯，最爲邪臣〔二〕；廣德但有諫御樓船一事〔三〕；《禹傳》稱「在位數言得失，書數十上」；《玄成傳》稱「爲相七年，守正持重，不及父賢，而文采過之」。皆不著其有過。案《劉向傳》：「弘恭、石顯白逮更生下獄，下太傅韋玄成、諫大夫貢禹與廷尉雜考。劾更生前爲九卿，坐與蕭望之、周堪謀排許、史，毁離親戚，欲退去之，而獨專權。爲臣不忠，幸不伏誅，復蒙恩召用，不悔前過，而教令人言變事，誣罔不道。更生坐免爲庶人。」若以漢法論之，更生死有餘罪，幸元帝不殺之耳。《京房傳》，房欲行考功法，石顯及韋丞相皆不欲行。然則韋、貢之所以進用，皆陰附恭、顯而得之。《班史》隱而不論，唯於《石顯傳》云：「貢禹明經著節，顯使人致意，深自結納。因薦禹天子，歷位九卿，至御史大夫。」正在望之死後也〔四〕。

【箋證】

〔一〕《漢書》卷九《元帝紀贊》：「少而好儒，及即位，徵用儒生，委之以政。貢、薛、韋、匡，迭爲宰相。而上牽制文義，優游不斷，孝宣之業衰焉。」師古曰：「貢禹、薛廣德、韋賢、匡衡迭互而爲丞相也。」（按，何焯《義門讀書記》卷一五《前漢書》「貢、薛、韋、匡，迭爲宰相」條：「顔師古以韋爲韋賢。按韋賢爲相在昭、宣之際，則此應謂其子玄成也。」）

〔二〕《漢書》卷八一《匡衡傳》：「元帝時，中書令石顯用事，自前相韋玄成及衡，皆畏顯，不敢失其意。至成帝初即位，衡乃與御史大夫甄譚，共奏顯，追條其舊惡，並及黨與。」

〔三〕《漢書》卷七一《薛廣德傳》：「上酎祭宗廟，出便門，欲御樓船。廣德當乘輿車，免冠頓首曰：『宜從橋。』詔曰：『大夫冠。』廣德曰：『陛下不聽臣，臣自刎，以血汙車輪，陛下不得入廟矣。』上不説。先敺光禄大夫張猛進曰：『臣聞主聖臣直，乘船危，就橋安，聖主不乘危，御史大夫言可聽。』上曰：『曉人不當如是邪！』乃從橋。」

〔四〕李德裕《荀悦論高祖武宣論》：「荀悦《論》略曰：『高帝天下初起，庶事草創；文帝躬行玄默，遂至昇平，而古典未備，制度多闕；武帝内修文學，外耀武威，而不盡其術，不克其終；宣帝任法審刑，采覈名實，而不用儒術，理化不成。歷數三代，以及元帝，曰崇尚儒業，從諫如流。』引班固贊『賓禮故老，優游亮直』，又曰『貢、薛、韋、匡，迭爲宰相』，其旨以爲專用儒術，莫盛於此。班固、荀悦，皆文雅之士，以元帝好儒，徵用儒生，故以兹爲美，而深罪石顯，痛心泣血，稱詩人『投畀豺虎』，嫉之甚也。異乎余之所聞也。任恭、顯始於宣帝，當宣帝之世，石顯豈能隳其大業哉？則知惡不在於顯矣。蕭望之、周堪皆廊廟之器，有師傅之恩，石顯所忌，廢而不用，朋龍上書，遂致於理。其後劉向廢錮，張猛自殺，豈得謂之『優游亮直』乎？賈捐之、京房雖不終其身，亦皆英特儁才，道術奇士，於元帝可謂忠矣，亦因譖而死。惑於讒邪，豈得謂之『牽於文義』乎？於讒邪則不斷，於髦俊則用法，亦不謂之優游。貢、薛雖能忠諫，止於諷諭恭儉，未嘗禦奸觸邪矣。韋、匡從容守位，未嘗犯顔干色矣，所以得乘時而進，久安其位。昔桀、紂殺一龍逢、比干，而後天下之惡歸焉，桀、紂以拒諫而殺之，其悖已甚，元帝以信讒而殺，抑又甚焉！王業既衰，至成、哀陵替，纔三世而王莽篡奪，而宣帝稱『亂吾家者太子也』，知子莫若父，信哉是言！」又《漢元論》：「漢元帝習武帝游宴後庭，又隆好音樂，與弘恭、石顯圖議帷幄之中，進退天下之士。史臣贊曰：『優游不斷，漢宣之業衰焉。』余以班固之言未盡其癖，蓋儒而不才，權移所嬖，非不斷也。元帝蓋自以恭、顯爲賢而任之不疑也。」（並見《李衛公外集》卷一）

孫復《書漢元帝贊後》：「及夫元帝即位，徒有好儒之名，復無用儒之實，雖外以貢、薛、韋、朱爲宰相，而内以弘恭、石顯爲腹心，其宰相但備位而已。自恭、顯殺蕭望之、京房之後，群臣側足喪氣，畏權懼誅，雖覩朝廷之失，刑政之濫，莫復敢有抗言於時者。元帝昏然不寤，益信恭、顯，是以奸邪日進，紀綱日亂，風俗日壞，災異日見。孝宣之業，職此衰矣。而史固稱上少而好儒，及即位，登用儒生，委之以政，故貢、薛之徒，迭爲宰相，而上牽制文義，優游不斷，孝宣之業衰焉。噫，史固所謂『牽文義』者，非儒者之文義乎？昔宣帝嘗怒元帝，言用儒生，亂其家者也。此史固不思之甚矣。向使元帝能納蕭望之、劉更生、京房、賈捐之之謀，退去憸人，進用碩老，與之講求治道，以天下爲心，則邦家之體、祖宗之烈可垂於無窮矣，安有衰滅者哉？史固筆削論定善惡之際，何不書『上即位登用儒生，不能委之政，牽制佞倖，優游不斷，孝宣之業衰焉』，如是，則褒貶得其中矣。吾大懼後世繼體守文之君，覽史固之贊，以爲自昔儒生之不足爲用也，而委任佞倖，以致衰亂，禍不淺矣。」（《孫明復小集》）

按，容齋本條，可與李德裕、孫明復之説相參。

3 兒寬張安世

《漢史》有當書之事本傳不載者。武帝時，兒寬有重罪繫，按道侯韓説諫曰：「前吾丘壽王死，陛下至今恨之；今殺寬，後將復大恨矣！」上感其言，遂貰寬，復用之。宣帝時，張安世嘗不快上，（所爲不可上意。）上欲誅之，趙充國以爲安世本持橐簪筆事孝武帝數十年，見謂忠謹，宜全度之。安世用是得免。二事不書於寬及安世傳，而於劉向、充國傳中見之〔一〕。豈非以二人之賢爲諱之邪？韓説能以一言救賢臣於垂死，而不於説傳書之，以揚其善，爲可惜也〔二〕。

【箋證】

〔一〕兒寬、張安世二事，分别見《漢書》卷三六《劉向傳》，卷六九《趙充國傳》。

〔二〕王楙《野客叢書》卷二《事有見於他傳》：「《班史》事有本傳不載而見於他傳者。帝鶩時立趙飛燕爲皇后，怒劉輔直諫，囚之掖庭。左將軍辛慶忌等上書救輔，遂得減死。朱雲請尚方劍斬張禹，上怒將殺之，慶忌免冠解印綬，叩頭殿下曰：『此臣素著狂直，敢以死争。』叩頭流血，上意乃解。此二事，慶忌本傳不載，而見劉輔、朱雲傳。（按，另有兒寬、張安世二事，與《隨筆》此條同。略。）」

4 深溝高壘

韓信伐趙，趙陳餘聚兵井陘口禦之。李左車說餘曰：「信乘勝而去國遠鬥，其鋒不可當。願假奇兵，從間道絶其輜重，而深溝高壘勿與戰。彼前不得鬥，退不得還，不至十日，信之頭可致麾下。」餘不聽，一戰成禽〔一〕。七國反，周亞夫將兵往擊，會兵滎陽，鄧都尉曰：「吴、楚兵鋭甚，難與争鋒。願以梁委之，而東北壁昌邑，深溝高壘，使輕兵塞其饟道，以全制其極。」亞夫從之，吴果敗亡〔二〕。李、鄧之策一也，而用與不用則異耳。秦軍武安西，以攻閼與。趙奢救之，去邯鄲三十里，堅壁，二十八日不行，復益增壘。既乃卷甲而趨之，大破秦軍。奢之將略，所謂玩敵於股掌之上，雖未合戰，而勝形已著矣〔三〕。前所云鄧都尉者，亞夫故父絳侯客也〔四〕。《晁錯傳》云：「錯已死，謁者僕射鄧公爲校尉，擊吴、楚爲將。還，上書言軍事，拜爲城陽中尉。」鄧公者，豈非鄧都尉乎〔五〕？《亞夫傳》以爲此策乃自請而後行，顔師古疑其不同，然以事料之，必非出於己也〔六〕。

【箋證】

〔一〕參見《續筆》卷二《龍且張步》箋證。

〔二〕《漢書》卷三五《吴王濞傳》。

〔三〕《史記》卷八一《趙奢傳》。《資治通鑑》卷五《周赧王紀下》，四十五年。

〔四〕同注二。

〔五〕《漢書》卷四九《晁錯傳》。

〔六〕《漢書》卷四〇《周亞夫傳》：「孝景帝三年，吴、楚反。亞夫以中尉爲太尉，東擊吴、楚，因自請上曰：『楚兵剽輕，難與争鋒。願以梁委之，絶其食道，乃可制也。』上許之。」師古曰：「《吴王傳》云亞夫至淮陽問鄧都尉，爲畫此計，亞夫乃從之。今此云自請而後行，二傳不同，未知孰是。」

5 生之徒十有三

《老子》「出生入死」章云：「出生入死，生之徒十有三，死之徒十有三，人之生，動之死地十有三，夫何故？以其生生之厚。」王弼注曰：「十有三，猶云十分有三分取其生道，全生之極，十分有三耳；取死之道，全死之極，十分亦有三耳。而民生生之厚，更之無生之地焉。」其説甚淺，且不解釋後一節〔一〕。唯蘇子由以謂：「生死之道，以十言之，三者各居其三矣，豈非生死之道九，而不生不死之道一而已乎？《老子》言其九，不言其一，使人自得之，以寄無思無爲之妙。」其論可謂盡矣〔二〕。

【箋證】

〔一〕《韓非子·解老》：「人始於生而卒於死。始之謂出，卒之謂入。故曰：『出生入死。』人之身三百六十節，四肢、九竅，其大具也。四肢與九竅十有三者，十有三者之動静盡屬於生焉。屬之謂徒也，故曰：『生之徒也，十有三者。』至其死也，十有三具者皆還而屬之於死，死之徒亦有十三，故曰：『生之徒十有三，死之徒十有三。』凡民之生生，而生者固動，動盡則損也；而動不止，是損而不止也。損而不止，則生盡；生盡之謂死，則十有三具者皆爲死死地也。故曰：『民之生生而動，動皆之死地，亦十有三。』」

《直齋書録解題》稱葉夢得撰《老子解》，所解「生之徒十有三，死之徒十有三」，以爲「四肢九竅」，即本《韓非子·解老》之説（《直齋書録解題》卷九）。其書未見。考夢得所撰《巖下放言》卷下有云：「凡人之生，不過出、入二途。讀莊周《達生》一篇，使人意蕭然，直若能遺其形者。出所以接物也，入所以養己也。周設爲單豹、張毅二名，蓋寓言。張毅，張而物，物敵其走，高門縣簿，固然。單讀當如丹朱之丹，豹以其文避患而虎食之，亦言有其類之賦于内者，禍必不在外也，則有心于出入者也，均不免于有累，不若忘其形而養其神，忘形則能遺生，養神則外物不能干，故物有餘而形不養者，聲色臭味是也；形不離而生亡者，枯槁沈溺之過，而反以自瘠者也。是以其説不以能棄事爲貴，必使爲事本無不足，棄則無與，役于外而形不勞矣；不以能遺生爲難，必使知生本無不足，遺則無與，累于内而精不虧矣。形與精，相爲表裏者也，形前則精後，二者合而與天爲一，則區區賦于人者，亦何足言哉！　夫然則不獨善其生而已，雖死可也。故繼言合成體，《易》所謂『精氣爲物』者是也。散則成始，《易》所謂『游魄爲變』者是也。生則自散，移之于合而成體；死則自合，移之于散而成始：是謂能移此與天爲一而非人也。老氏論生之徒、死之徒與動而之死地者，皆曰十有三，人多不能曉，曲爲異説，不知正謂其形而言爾。故河上公以解四肢九竅之數當之，不知此説自見《韓非子》。非與老略先後，其書人特謂之《解老》《喻老》，必不謬。吾爲《老氏解》，特取此章。先言出生入死，蓋謂不能明乎出入，是故由之而生，徇之而死，其類不一。而自少而壯，自壯而老，無非動而之死地者，同以是形也，愛之固已失，委之亦非是，不求其精而求形，未有不單豹、張毅者也。」

〔二〕所引蘇轍語，出其《老子解》卷下。

朱熹云：「《出生入死章》諸家説，皆不愜人意，恐未必得老子本指。今只自『夫何故』以下看，則語意自分明。蓋言人所以自生而趨死者，以其『生生之厚』耳。聲色、臭味、居處、奉養、權勢、利欲，皆所以生之者，惟於此太厚，所以物得而害之；善攝生者，遠離此累，則無死地矣。此卻只是目前日用事便可受持，他既難明，似亦不必深究也。」（《晦菴集》卷四五《答丘子服》）此可謂折中通達之論也。

6 臧氏二龜

臧文仲居蔡，孔子以爲不智。蔡者，國君之守龜，出蔡地，因以爲名焉〔一〕。《左傳》所稱「作虚器」，正謂此也〔二〕。至其孫武仲得罪于魯，出奔邾，使告其兄賈於鑄，且致大蔡焉，曰：「紇之罪不及不祀，子以大蔡納請，其可？」蓋請爲先人立後也。賈再拜受龜，使弟爲爲己請，遂自爲也。乃立臧爲〔三〕。爲之子曰昭伯，嘗如晉，從弟會竊其寶龜僂句，（龜所出地名。）以卜爲信與僭，僭吉。（僭，不信也。）會如晉。昭伯問内子與母弟，皆不對。會之意，欲使昭伯疑其若有它故者。歸而察之，皆無之，執而戮之，逸奔郈。及昭伯從昭公孫于齊，季平子立會爲臧氏後，會曰：「僂句不余欺也。」〔四〕臧氏二事，皆以龜故，皆以弟而奪兄位，亦異矣。

【箋證】

〔一〕《論語·公冶長》：「子曰：『臧文仲居蔡，山節藻棁，何如其知也！』」《正義》曰：「子曰『臧文仲居蔡』者，蔡，國君之守龜名也，而魯大夫臧文仲居守之，言其僭也。山節者，節栭也，刻鏤爲山形，故云山節也。藻棁者，藻，水草有文者也，棁，梁上短柱也，畫爲藻文，故云藻棁。此言其奢侈也。『何如其知也』者，言僭奢若此，是不知也。」

吴曾《能改齋漫録》卷一〇《議論》「臧文仲家有寶龜」條：「《禮器》曰：『諸侯以龜爲寶，以圭爲瑞，家不寶龜，不藏圭，不臺門。言有稱也。』臧文仲家有守龜，名曰蔡。文仲三年爲一兆，武仲三年爲二兆，孺子容三年而爲三兆。文仲，卿大夫也，而家有寶龜，可乎？此孔子所以不取也。」

〔二〕《左傳》文公二年。「作虚器」，杜注：「謂居蔡、山節藻梲也。有其器而無其位，故曰虚。」

〔三〕《左傳》襄公二十三年。《正義》曰：「《漢書・食貨志》云：『元龜爲蔡。』《論語》云：『臧文仲居蔡。』《家語》稱漆彫平對孔子云：『臧氏有守龜，其名曰蔡。文仲三年而爲一兆，武仲三年而爲二兆。』是大蔡爲大龜，蔡是龜之名耳。鄭玄云：『出蔡地，因以名焉。』非也。」

〔四〕《左傳》昭公二十五年。朱鶴齡《讀左日鈔補》卷下「臧會竊其寶龜僂句」條：「按《禮器》：『家不寶龜。』而《家語》云：『臧氏家有守龜曰蔡，文仲三年而爲一兆，武仲二年而爲二兆，孺子容三年而爲三兆。』（見《禮記疏》）昭伯又有寶龜僂句，臧會竊之。蓋臧氏世僭於禮。夫子以文仲爲不知，豈徒不知哉！」

7 有扈氏

《夏書・甘誓》，啓與有扈大戰于甘，以其「威侮五行，怠棄三正，天用勦絶其命」爲辭，孔安國傳云：「有扈與夏同姓，恃親而不恭。」其罪如此耳〔一〕。而《淮南子・齊俗訓》曰：「有扈氏爲義而亡，知義而不知宜也。」高誘注云：「有扈，夏啓之庶兄也，以堯、舜舉賢，禹獨與子，故伐啓。啓亡之。」此事不見於它書，不知誘何以知之。傳記散軼，其必有以爲据矣。《莊子》以爲「禹攻有扈，國爲虚厲」，非也〔二〕。

【箋證】

〔一〕徐文靖《管城碩記》卷四《書二》：「《甘誓》：『威侮五行，怠棄三正。』蔡傳曰：『按《史記》，啓立，有扈不服，遂滅之。唐孔氏謂堯、舜受禪，啓獨繼父，以是不服，亦臆度之耳。三正，子、丑、寅之三正也。』按《天問》曰：『啓代益作后，卒然離蠥。』則啓立而有扈不服者，亦明證也。《竹書》，夏帝啓二年，王帥師伐有扈，大戰于甘，即此也。『威侮五行，怠棄三正』，孔傳曰：『五行之德，王者相承所取法。是則威虐侮慢五行，怠惰廢棄天、地、人之正道。』此説爲得其正也。《韓非子》曰：『有扈氏有失度。亡國之臣也。』其君臣威侮怠棄如此，是不獨以不服己而征之也。」

〔二〕所引《莊子》語見《人間世》。王應麟《困學紀聞》卷二《書》：「《説苑》：子貢曰：『禹與有扈氏戰三陳而不服，禹於是修教，一年而有扈氏請服。』《莊子》謂：『禹攻有扈，國爲虚厲。』皆與《書》異。《楚辭·天問》云：『該秉季德，厥父是臧。胡終弊于有扈，牧夫牛羊？』又云：『有扈牧豎，云何而逢？擊床先出，其命何從？』古事茫昧，不可考矣。《吕氏春秋》曰：『夏后相與有扈戰于甘澤而不勝，六卿請復之，夏后相曰：「不可。吾地不淺，吾民不寡，戰而不勝，是吾德薄而不教不善也。」於是乎處不重席，食不貳味，琴瑟不張，鐘鼓不修，子女不飭，親親長長，尊賢使能，期年而有扈氏服。』愚謂伐扈戰甘者，夏后啓也，誤以爲相，然其事可以補《夏書》之闕。」所引見《説苑》卷七《政理》《吕氏春秋》卷三《先己》。

顧頡剛《讀書筆記》卷一一《有扈何罪伐者何人》條，録《續筆》此條，後按云：「《吕氏春秋·先己》以伐有扈者爲夏后相，是爲此故事之第三種説法。夏伐有扈，既不能定其主伐者爲誰，亦不能定被伐者所犯之罪爲何。古史茫昧，如此者絶多，非僅《甘誓》一事然也。」

8　太公丹書

《太公丹書》，今罕見於世，黄魯直於禮書得其諸銘而書之，然不著其本始。予讀《大戴禮·武王踐阼篇》，載之甚備，故悉紀録，以遺好古君子。云：「武王踐阼三日，召士大夫而問焉，曰：『惡有藏之約，行之行，萬世可以爲子孫常者乎？』皆曰：『未得聞也。』然後召師尚父而問焉，曰：『黄帝、顓帝之道可得見與？』師尚父曰：『在《丹書》。王欲聞之，則齋矣。』王齋三日，尚父端冕奉書，道書之言曰：『「敬勝怠者吉，怠勝敬者滅；義勝欲者從，欲勝義者凶。凡事不强則枉，弗敬則不正，枉者滅廢，敬者萬世。」藏之約，行之行，可以爲子孫常者，此言之謂也。』又曰：『以仁得之，以仁守之，其量百世；以不仁得之，以仁守之，其量十世；以不仁得之，以不仁守之，必及其世。』王聞《書》之言，惕若恐懼，退而爲《戒》，書於席之四端爲銘。前左端曰：『安樂必敬。』前右端曰：『無行可悔。』

後左端曰：『一反一側，亦不可以忘。』後右端曰：『所監不遠，視爾所代。』机之銘曰：『皇皇惟敬口，口生敬，口生㖃，口戕口。』鑑之銘曰：『見爾前，慮爾後。』盥盤之銘曰：『與其溺於人也，寧溺於淵。溺於淵，猶可游也；溺於人，不可救也。』楹之銘曰：『毋曰胡殘，其禍將然；毋曰胡害，其禍將大；毋曰胡傷，其禍將長。』杖之銘曰：『惡乎危？於忿疐。惡乎失道？於嗜欲。惡乎相忘？於富貴。』帶之銘曰：『火滅脩容，慎戒必共，共則壽。』屨之銘曰：『慎之勞，勞則富。』觴豆之銘曰：『食自杖，食自杖，戒之憍，憍則逃。』户之銘曰：『夫名難得而易失。無勤弗志，而曰我知之乎？無勤弗及，而曰我杖之乎？擾阻以泥之，若風將至，必先搖搖，雖有聖人，不能爲謀也。』牖之銘曰：『隨天之時，以地之財，敬祀皇天，敬以先時。』劍之銘曰：『帶之以爲服，動必行德，行德則興，倍德則崩。』弓之銘曰：『屈申之義，發之行之，無忘自過。』矛之銘曰：『造矛造矛，少間弗忍，終身之羞。』予一人所聞，以戒後世子孫。』」凡十六銘〔一〕。賈誼《政事書》，所陳教太子一節千餘言，皆此書《保傅篇》之文，然及胡亥、趙高之事，則爲漢儒所作可知矣。《漢·昭帝紀》「通《保傅傳》」，文穎注曰：「賈誼作，在《禮·大戴記》。」〔二〕其此書乎？荀卿《議兵篇》：「敬勝怠則吉，怠勝敬則滅；計勝欲則從，欲勝計則凶。」〔三〕蓋出諸此。《左傳》晉斐豹「著於丹書」〔四〕，謂以丹書其罪也。其名偶與之同耳。漢祖有丹書鐵契以待功臣〔五〕，蓋又不同也。

【箋證】

〔一〕黄庭堅《山谷集》卷二五《題太公丹書後》，著録銘文，末云：「右太公所誦《丹書》之言，故武王惕若恐懼，書以爲戒，於所起居服用，皆勒銘如是。余從事於俗，甚漫意，行不忌，晚而待罪太史，觀禮書，得此銘，以覽小人之影，去道遠矣。乃書於坐之左右，以爲息黥補劓之方。」此言「禮書」，蓋即《大戴禮》也。

錢鍾書《管錐編》第三册《全上古三代秦漢三國六朝文·全上古三代文卷二》：「武王器物諸銘，黄庭堅《豫章黄先生文集》卷二五《題太公丹書後》始標舉之，洪邁《容齋續筆》卷九繼之，而賞析以爲奇文者，鍾惺、譚友夏《古詩歸》卷一也。」

朱熹亦嘗求程可久爲寫《大戴禮·武王踐阼》一篇，以爲左右觀省之戒。（《晦菴集》卷三七《答程可久》。王應麟《困學紀聞》卷五亦記之。）

〔二〕《漢書》卷四八《賈誼傳》。《大戴禮記·保傅篇》。

〔三〕《荀子·議兵篇》。

〔四〕《左傳》襄公二十三年。杜注：「蓋犯罪，没爲官奴，以丹書其罪。」《正義》曰：「近世《魏律》緣坐配没爲工樂雜户者，皆用赤紙爲籍，其卷以鉛爲軸，此亦古人丹書之遺法。」

〔五〕《漢書》卷一下《高帝紀》：高祖「與功臣剖符作誓，丹書鐵契，金匱石室，藏之宗廟。」《漢書》卷一六《高惠高后文功臣表》叙云：「申以丹書之信，重以白馬之盟。」

9　漢景帝

漢景帝爲人，甚有可議。晁錯爲内史，門東出，不便，更穿一門南出，南出者，太上皇廟堧垣也。丞相申屠嘉聞錯穿宗廟垣，爲奏請誅錯。錯恐，夜入宮上謁，自歸上。至朝，嘉請誅錯。上曰：「錯所穿非真廟垣，乃外堧垣，且又我使爲之，錯無罪。」〔一〕臨江王榮以皇太子廢爲王，坐侵太宗廟壖地爲宮，詣中尉府對簿責訊，王遂自殺〔二〕。兩者均爲侵宗廟，榮以廢黜失寵，至於殺之，錯方貴幸，故略不問罪，其不公不慈如此；及用爰盎一言，錯即夷族，其寡恩忍殺復如此〔三〕。

【箋證】

〔一〕《漢書》卷四二《申屠嘉傳》，又見卷四九《晁錯傳》。

〔二〕《漢書》卷五三《景十三王·臨江閔王榮傳》。

〔三〕漢景帝之爲人，可參前《隨筆》卷一〇《爰盎小人》及《隨筆》卷一一《漢景帝忍殺》箋證。按，陳廷敬《午亭文編》卷三三《史評·晁錯》篇：「吴、楚反，景帝以爰盎言斬晁錯。盎故與錯有怨，然非帝有欲殺錯之心，即盎數語，豈能斬錯也！錯，太子家令，太子家號智囊，在文帝時數言事。文帝寬容，所言多見施行，然錯言宜削諸侯，文帝不聽。及景帝時，聽錯言，削諸侯支郡，公卿、列侯、宗室雜議，莫敢難，獨竇嬰争之，不能得。夫吴王不朝，賜之几杖，尉佗自王，璽書開喻。以孝文之寬仁盡下，推恩藩國，雖百晁錯，烏能召亂？景帝之爲人薄矣。微晁錯，烏得不反？反，寧能獨任其過乎？及七國反，以誅錯爲名，爰盎因竇嬰見帝，屏左右及錯，具言：吴、楚反，獨以錯故計，惟斬錯，發使赦吴、楚，則兵可毋血刃而俱罷。於是，上默然，良久曰：『顧誠何如？吾不愛一人謝天下。』則帝之心可見矣。錯久侍太子，多陰謀，帝必有不自得於中者，得盎言，益堅斬錯之心。然帝於錯略無舊恩，薄矣哉！」

10 蕭何先見

韓信從項梁，居戲下，無所知名。又屬羽，數以策干羽，羽弗用，乃亡歸漢〔一〕。陳平事項羽，羽使擊降河内，已而漢攻下之。羽怒，將誅定河内者。平懼誅，乃降漢〔二〕。信與平固能擇所從，然不若蕭何之先見。何爲泗水卒史事，第一。秦御史欲入言召何，何固請，得毋行〔三〕。則當秦之未亡，已知其不能久矣，不待獻策弗用，及懼罪且誅，然後去之也。

【箋證】

〔一〕《漢書》卷三四《韓信傳》。

〔二〕《漢書》卷四〇《陳平傳》。

〔三〕《漢書》卷三九《蕭何傳》。

錢棻《蕭林初集》卷八《偶筆》：「太史公曰：『蕭相國于秦時爲刀筆吏，録録未有奇節。』然秦御史欲入言徵何，何固請，得毋行。如此見識，豈刀筆吏所能辨乎？鄼侯此時固已看上沛公，拿定相國做矣。淮陰曲逆便不濟了。善論大臣者，當于出處之際定其高下，然則何之不愧相國者，正不在收圖書、轉餉關中也。」

11 史漢書法

《史記》《前漢》所書高祖諸將戰功，各爲一體。《周勃傳》：攻開封，先至城下爲多；攻好時，最；擊咸陽，最；攻曲遇，最；破臧荼，所將卒當馳道爲多；擊胡騎平城下，所將卒當馳道爲多〔一〕。《夏侯嬰傳》：破李由軍，以兵車趣攻戰疾；從擊章邯，以兵車趣攻戰疾；擊秦軍雒陽東，以兵車趣攻戰疾〔二〕。《灌嬰傳》：破秦軍於杠里，疾鬥；攻曲遇，戰疾力；戰於藍田，疾力；擊項佗軍，疾戰。又書：擊項冠於魯下，所將卒斬司馬、騎將各一人；擊破王武軍，所將卒斬樓煩將五人；擊武別將，所將卒斬都尉一人；擊齊軍於歷下，所將卒虜將軍、將吏四十六人；擊田横，所將卒斬騎將一人；從韓信，卒斬龍且，（所將之卒。）身生得周蘭；破薛郡，身虜騎將；擊項籍陳下，所將卒斬樓煩將二人；追至東城，所將卒共斬籍；擊胡騎晉陽下，所將卒斬白題將一人；攻陳豨，卒斬特將五人；破黥布，身生得左司馬一人，所將卒斬小將十人〔三〕。《傅寬傳》：屬淮陰，擊破歷下軍；屬相國參，殘博；屬太尉勃，擊陳豨〔四〕。《酈商傳》：與鍾離昧戰，受梁相國印；定上谷，受趙相國印〔五〕。五人之傳，書法不同如此。灌嬰事尤爲複重，然讀之了不覺細瑣。史筆超拔高古，范曄以下豈能窺其籬奧哉〔六〕？又《史記·灌嬰傳》書：受詔別擊楚軍後；受詔將郎中騎兵；受詔將車騎別追項籍；受詔別降樓煩以北六縣；受詔並將燕、趙車騎；受詔別攻陳豨。凡六書「受詔」字，《漢》減其三云〔七〕。

【箋證】

〔一〕《史記》卷五七、《漢書》卷四〇《周勃傳》。

〔二〕《史記》卷九五、《漢書》卷四一《夏侯嬰傳》。容齋蓋據《漢書》，而《史記》此處有四「攻戰疾」，擊秦軍雒陽東之後，又云：「攻南陽，戰於藍田芷陽，以兵車趣攻戰疾。」

〔三〕《史記》卷九五、《漢書》卷四一《灌嬰傳》。

〔四〕《史記》卷九八、《漢書》卷四一《傅寬傳》。

〔五〕《史記》卷九五、《漢書》卷四一《酈商傳》。

〔六〕參《隨筆》卷一五《范曄作史》。

〔七〕同注三。

按，俞樾《春在堂雜文》六編卷十《李湘亭副將六十壽序》：「余觀《史記·樊酈滕灌列傳》，太史公叙諸將戰功，如斬若干人，捕若干人，降若干人，叙述簡古，纖悉不遺。」曾國藩《求闕齋讀書録》卷三史上「史記・樊酈滕灌列傳」條：「《夏侯嬰傳》『太僕』字凡十三見，『奉車』字凡五見，『以兵車趣攻戰疾』字凡四見。《灌嬰傳》『將騎兵』，凡九見。」

12 薄昭田蚡

周勃爲人告欲反，下廷尉，逮捕，吏稍侵辱之。初，勃以誅諸吕功，益封賜金，盡以予太后弟薄昭。及繫急，昭爲言太后，后以語文帝，迺得釋〔一〕。王恢坐爲將軍不出擊匈奴單于輜重，下廷尉，當斬。恢行千金於丞相田蚡，蚡不敢言上，而言於太后。后以蚡言告上，上竟誅恢〔二〕。蚡者，王太后同母弟也。漢世母后豫聞政事，故昭、蚡憑之以招權納賄，其史所不書者，當非一事也。神宗熙寧七年，天下大旱，帝對朝嗟歎，欲盡罷法度之不善者。王安石怫然爭之，帝曰：「比兩宫泣下，憂京師亂起，以爲更失人心。」安石曰：「兩宫有言，乃向經、曹佾所爲耳。」〔三〕是時，安石力行新法，以爲民害，向經、曹佾能獻忠於母后，可謂賢戚里矣，而安石非沮之，使遇薄昭、田蚡，當如何哉？高遵裕坐西征失律抵罪，宣仁聖烈后臨朝，宰相蔡確乞復其官，后曰：「遵裕，靈武之役，塗炭百萬，得免刑誅幸矣，吾何敢顧私恩而違天下公議！」〔四〕其聖如此，雖有昭、蚡百輩，何所容其姦乎？

【箋證】

〔一〕《史記》卷五七、《漢書》卷四〇《周勃傳》。

〔二〕事見《史記》卷一〇八、《漢書》卷五二《韓安國傳》。

〔三〕《宋史》卷三二七《王安石傳》。

〔四〕《宋史》卷二四二《后妃·英宗宣仁聖烈高皇后傳》。

13　文字結尾

《老子·道經》「孔德之容」一章，其末云：「吾何以知衆甫之然哉？以此。」〔一〕蓋用二字結之。《左傳》：「叔孫武叔使郈馬正侯犯殺郈宰公若藐，弗能。其圉人曰：『吾以劍過朝，公若必曰：「誰之劍也？」吾稱子以告，必觀之，吾僞固而授之末，則可殺也。』使如之。」〔二〕《孟子》載：「齊人一妻一妾而處室者，其良人出，必厭酒肉而後反。問所與飲食者，則盡富貴也。妻瞷其所之，乃之東郭墦間，之祭者，乞其餘。歸告其妾，曰：『良人者，所仰望而終身也，今若此！』」〔三〕此二事反復數十百語，而但以「使如之」及「今若此」各三字結之〔四〕。《史記·封禪書》載武帝用方士言神祠長陵神君，李少君、謬忌、少翁、游水發根、欒大、公孫卿、史寬舒、丁公、王朔、公玉帶、越人勇之之屬，所言祠竈，化丹沙，求蓬萊安期生，立太一壇，作甘泉宮臺室、柏梁、仙人掌，壽宮神君，鬥棊小方，泰帝神鼎，雲陽美光，緱氏城僊人跡，太室呼萬歲，老父牽狗，白雲起封中，德星出，越祠雞卜，通天臺，明堂，昆侖，建章宮，五城十二樓，凡數十事，三千言，而其末云：「然其效可睹矣。」〔五〕則武帝所興爲者，皆墮誕罔中，不待一二論説也。文字結尾之簡妙至此。

【箋證】

〔一〕此章全文云：「孔德之容，唯道是從。道之爲物，唯恍唯忽。忽兮恍兮，其中有像。恍兮忽兮，其中有物。窈兮冥兮，其中有精。其精甚真，其中有信。自古及今，其名不去。以閲衆甫，吾何以知衆甫之然哉？以此。」王弼注：「衆甫，物之始也。以無名説萬物始也。此上之所云也，言吾何以知萬物之始於無哉？以此知之也。」按《老子》河上公注本，此爲「虚心章」。

〔二〕《左傳》定公十年。

〔三〕《孟子·離婁下》。

〔四〕焦循《易餘籥録》卷一六：「《容齊二筆》謂《孟子》『齊人有一妻一妾』云云，反復數十百語，而以『今若此』三字結之，比諸《左傳》『叔孫武叔使郈馬正侯犯殺郈宰』云云，末以『使如之』三字結之。按孟子叙事，前云：『其良人出，則必饜酒肉而後反。其妻問所與飲食者，則盡富貴也。其妻告其妾曰：「良人出，必饜酒肉而後反；問所與飲食者，盡富貴也。」』複上文不嫌煩也。下云：『蚤起，施從良人之所之，偏國中無與立談者。卒之東郭墦間，之祭者，乞其餘；不足，又顧而之他，此其爲饜足之道也。其妻歸，告其妾。』此乃倒裝文法，『蚤起』下四十四字，上承『吾將瞯良人之所之』也，下接『其妻歸，告其妾』，所瞯於目中者如此，所歸而告於妾者亦如此。

用『其妻歸，告其妾』六字，倒煞上四十四字，不須複述也。既告之後，乃復曰：『良人者，所仰望而終身者也，今若此。』『此』字指上四十四字，已歸而告，故用『此』字指之。其下原有訕詈之辭，不便行之於文，故於『今若此』三字下云：『與其妾訕其良人』，『今若此』，非結語也。此節叙事述妻之言，或複或倒，或明或暗，隨手落墨，神變不測，真文章之逸品也。容齋尚未足知之。」

〔五〕《史記》卷二八《封禪書》。「然其效可覩矣」，《史記》卷一二《孝武本紀》裴駰集解引徐廣曰：「猶今人云其事已可知矣，皆不信之耳。」

14 國初古文

歐陽公《書韓文後》云：「予少家漢東，有大姓李氏者，其子堯輔頗好學。予游其家，見其敝篋貯故書在壁間，發而視之，得唐《昌黎先生文集》六卷，脱落顛倒無次序，因乞以歸讀之。是時，天下未有道韓文者。予亦方舉進士，以禮部詩賦爲事。後官于洛陽，而尹師魯之徒皆在，遂相與作爲古文，因出所藏《昌黎集》而補綴之。其後天下學者亦漸趨於古，韓文遂行于世。」〔一〕又作《蘇子美集序》云：「子美之齒少於予，而予學古文反在其後。天聖之間，學者務以言語聲偶擿裂以相誇尚，子美獨與其兄才翁及穆參軍伯長作爲古歌詩雜文，時人頗共非笑之，而子美不顧也。其後學者稍趨於古。獨子美爲於舉世不爲之時，可謂特立之士也。」〔二〕《柳子厚集》有穆脩所作《後叙》云：「予少嗜觀韓、柳二家之文，《柳》不全見於世，《韓》則雖目其全，至所缺墜，亡字失句，獨於集家爲甚。凡用力二紀，文始幾定，時天聖九年也。」〔三〕予讀《張景集》中《柳開行狀》云：「公少誦經籍，天水趙生，老儒也，持韓愈文僅百篇授公曰：『質而不麗，意若難曉，子詳之，何如？』公一覽不能捨，歎曰：『唐有斯文哉！』因爲文章，直以韓爲宗尚。時韓之道獨行於公，遂名肩愈，字紹先。韓之道大行於今，自公始也。」又云：「公生於晉末，長於宋初，扶百世之大教，續韓、孟而助周、孔。兵部侍郎王祐得公書，曰：『子之文出於今世，真古之文章也。』兵部尚書楊昭儉曰：『子之文章，世無如者已二百年矣。』」開以開寶六年登進士第，景作行狀時，咸平三年〔四〕。開序韓文云：「予讀先生之文，自年十七至于今，凡七年。」〔五〕然則在國初，開已得《昌黎集》而作古文，去穆伯長時數十年矣。蘇、歐陽更出其後，而歐陽略不及之，乃以爲天下未有道韓文者，何也〔六〕？范文正公作《尹師魯集序》，亦云：「五代文體薄弱，皇朝柳仲塗起而麾之。洎楊大年專事藻飾，謂古道不適於用，廢而弗學者久之。師魯與穆伯長力爲古文，歐陽永叔從而振之，由是天下之文一變而古。」〔七〕其論最爲至當。

【箋證】

〔一〕《文忠集》卷七三《外集·記舊本韓文後》。

〔二〕《文忠集》卷四一《蘇子美集序》。

〔三〕《柳河東集注》附録《舊本柳文後序》。《宋文鑑》卷八五題作《唐柳先生文集後序》。

〔四〕張景編《河東集》卷一六《故如京使金紫光禄大夫檢校使司空知滄州軍州事兵馬鈐轄兼御史大夫上柱國河東縣開國伯食邑九百户柳公行狀》。

〔五〕《河東集》卷一一《昌黎集後序》。

〔六〕吴曾《能改齋漫録》卷一〇《議論》「古文自柳開始」條：「本朝承五季之陋，文尚儷偶，自柳開首變其風。始天水趙生，老儒也，持韓愈文數十篇授開，開歎曰：『唐有斯文哉。』因謂文章宜以韓爲宗，遂名肩愈，字紹元，亦有意於子厚耳。故張景謂：『韓道大行，自開始也。』前輩以本朝古文始於穆伯長，非也。」

章士釗《柳文指要》下《通要之部》卷八《各代文風》「宋初古文」條，録《續筆》本篇，接云：「顧開實拙於文辭，以韓爲宗尚而兼及柳，肩愈者肩韓也，紹先乃紹柳，以子厚同姓，認爲先祖，因曰紹，景盧謂名與字都韓之道，實誤。歐陽叙古文源流，不提開名，殆有薄之之意。」

竊謂歐陽修論當代古文而不言柳開，蓋因二人文道觀念之差異。柳氏實開道學家論文之先聲，而歐公則能繼韓、柳文與道俱之傳統。歐陽修譏石介「自許太高，詆時太過」，「好異以取高」，「不足以爲來者法」（《文忠集》卷六六《與石推官第一書》），又批評當代學者「述三皇太古之道，舍近取遠，務高言而鮮事實」（《文忠集》卷六六《與張秀才第二書》），實可作爲對柳開一派所謂古文之抨擊。詳拙著《宋代文學雅俗觀》第六章第一節《文道觀與雅俗觀》。

〔七〕范仲淹《范文正集》卷六《尹師魯河南集序》云：「予觀《堯典》舜歌而下，文章之作，醇醨迭變，代無窮乎？惟抑末揚本，去鄭復雅，左右聖人之道者難之。近則唐貞元、元和之間，韓退之主盟于文，而古道最盛。懿、僖以降，寖及五代，其體薄弱。皇朝柳仲塗起而麾之，髦俊率從焉。仲塗門人，能師經探道有文於天下者多矣。洎楊大年以應用之才獨步當世，學者刻辭鏤意，有希髣髴，未暇及古也。其間甚者，專事藻飾，破碎大雅，反謂古道不適於用，廢而弗學者久之。洛陽尹師魯，少有高識，不逐時輩，從穆伯長游，力爲古文。而師魯深於《春秋》，故其文謹嚴，辭約而理精，章奏疏議，大見風采，士林方聳慕焉。遽得歐陽永叔從而大振之，由是天下之文一變，而其深有功於道歟。」容齋蓋轉述文意，非直接引用原文也。

容齋續筆卷十 十七則

1 經傳煩簡

《左傳》：蔡聲子謂楚子木曰：「善爲國者，賞不僭而刑不濫。賞僭則懼及淫人，刑濫則懼及善人。若不幸而過，寧僭無濫，與其失善，寧其利淫。」〔一〕其語本於《大禹謨》「罪疑惟輕，功疑惟重，與其殺不辜，寧失不經」也〔二〕。晉叔向詒鄭子産書曰：「先王議事以制，誨之以忠，聳之以行，教之以務，使之以和，臨之以敬，涖之以彊，斷之以剛，猶求聖哲之上，明察之官，忠信之長，慈惠之師。」〔三〕其語本於《吕刑》「惟良折獄」「哲人惟刑」也〔四〕。旨意則同，而經傳煩簡爲不侔矣。

【箋證】

〔一〕《左傳》襄公二十六年。

〔二〕《虞書·大禹謨》。《商頌·殷武》：「不僭不濫。」

〔三〕《左傳》昭公六年。

〔四〕《周書·吕刑》。

2 曹參不薦士

曹參代蕭何爲漢相國，日夜飲酒不事事，自云：「高皇帝與何定天下，法令既明，遵而勿失，不亦可乎！」是則然矣，然以其時考之，承暴秦之後，高帝創業尚淺，日不暇給，豈無一事可關心者哉？其初相齊，聞膠西蓋公善治黄、老言，使人厚幣請之。蓋公爲言治道貴清浄而民自定。參於是避正堂以舍之，其治要用黄、老術。故相齊九年，齊國安集。然入相漢時，未嘗引蓋公爲助也〔一〕。齊處士東郭先生、梁石君隱居深山，蒯徹爲參客，或謂徹曰：「先生之於曹相國，拾遺舉過，顯賢進能，二人者，世俗所不及，何不進之於相國乎？」徹以告參，參皆以爲上賓。徹善齊人安其生，嘗干項羽，羽不能用其策。羽欲封此兩人，兩人卒不受〔二〕。凡此數賢，參皆不之用，若非史策失其傳，則參不薦士之過多矣。

【箋證】

〔一〕《史記》卷五四《曹相國世家》，《漢書》卷三九《曹參傳》。

〔二〕《漢書》卷四五《蒯通傳》。蒯徹即蒯通，班書避武帝諱，改徹爲通。

夏竦《文莊集》卷二〇《曹參守職論》：「吁！君之不逮在賢儁，致之，則堯舜可也；己之不逮在道，德進之，則臯、夔可也。況世革秦弊，時在守文創業之君，則兵以詭勝，事以時設，有刑戮之威，而無繩墨之制。高皇帝承秦弊而起，遠近響應，數年之間，平定四海，暨繼世之君，則當守仁義，循法度，制禮樂，易章服，撫内外，明刑罰，官賢材，親宗族，所以基太平而遵王道也。《傳》所謂王者必世而後仁，故文武之政，周公制之，成王襁褓而德及三代，豈成王之德參於文武乎？參上不能致君，下不能自彊，況治民乎？君則限以高祖，己則限以蕭何，而不知古聖賢有殊功異代者矣。謂天下定而不可復危，法令具而不可復易，我不擾則天下静，我無事則天下定，嗚呼！三城長安，役衆百萬，簡易之道邪？降災雨血，桃李冬花，無爲之應邪？勿失之職，復可在哉！蓋參祖尚黄老，飲酒不治，憑託異説，以致王室陵遲，諸吕弄權，實參之自歟？」

錢時《兩漢筆記》卷二：「脱暴秦水火之中，出百戰干戈之後，民不聊生甚矣。一旦乍得休息，知有生之可樂，此『清浄寧壹』所以歌也。然責以相業，則烏可以爲是哉！太宰之職，古有成憲。太甲、成王，其不敢望湯武也明矣；伊尹、周公，亦將醇飲不事事乎？況吕后殘忍於上，而惠帝方失德於湎淫，此正尚賴正救之時，進戒荒寧之日，而但日夜從事於醇酒，則將焉用彼相也！」

3 漢初諸將官

漢初諸將所領官，多爲丞相。如韓信初拜大將軍，後爲左丞相擊魏，又拜相國擊齊〔一〕。周勃以將軍遷太尉，後以相國代樊噲擊燕〔二〕。樊噲以將軍攻韓王信，遷爲左丞相，以相國擊燕〔三〕。酈商爲將軍，以右丞相擊陳豨，以丞相擊黥布〔四〕。尹恢以右丞相備守淮陽。陳涓以丞相定齊地〔五〕。然《百官公卿表》皆不載，蓋蕭何已居相位，諸人者，未嘗在朝廷，特使假其名以爲重耳。後世使相之官，本諸此也〔六〕。

【箋證】

〔一〕《漢書》卷三四《韓信傳》。

〔二〕《漢書》卷四〇《周勃傳》。

〔三〕《漢書》卷四一《樊噲傳》。

〔四〕《漢書》卷四一《酈商傳》。

〔五〕《册府元龜》卷三四一《將帥部·佐命第二》：「尹恢以謁者從入漢，以將軍擊定諸侯，以右丞相備守淮陽，封城父侯，二千户。」「陳涓以卒起碭從，以二隊將入漢，擊項籍，得梁郎將，封河陽侯。」

〔六〕葉夢得《石林燕語》卷四：「唐制，節度使加中書門下平章事爲使相，自郭元振始，李光弼等繼之。蓋平章事，宰相之名，以節度使兼，故云爾也。國朝因之。元豐官制罷平章事名，而以開府儀同三司易之，亦帶節度使，謂之使相，蓋以儀同爲相也。」朱弁《曲洧舊聞》卷一〇：「凡以節度使兼中書令、侍中、同平章事，並謂之使相。唐制皆簽敕，五代以來不預政事，敕尾存其銜而不簽，但注『使』字。漢初有假左丞相，曹參之徒，悉嘗爲之，皆以將軍有功，無以復賞，故假以宰相之名而不得居其位。是亦唐以來使相之比也。漢殤帝延平元年，以鄧騭爲將軍、開府儀同三司。開府之名，起於此。蓋亦姑使其儀秩得視三公而已，是亦假丞相之類也。然晉以來，左右光禄大夫、光禄大夫開府者爲文官，驃騎、車騎、衛將軍與四征、四鎮及諸大將軍開府者爲武官。宋、齊以後，循之不改。唐初以爲文散階，雖三公、三師，亦必冠以此號。李涪著《刊誤》嘗非之矣。本朝因唐無所革。元豐官制既罷，正合創名之意，而文臣寄禄官亦存之，然無生爲之者，惟以爲贈官。予謂開府儀同三司本無文、武之别，今若文臣貼職至觀文殿大學士，寄禄至光禄大夫以上，欲優其禮秩者，亦可加以開府，而許綴宰相班，則合古之遺制矣。」

4 漢官名

漢官名既古雅，故書於史者，皆可誦味。如「朝臣斷斷不可光禄勳」，「誰可以爲御史大夫者」，「御史大夫言可聽」，「郎中令善媿人」，「丞相議不可用」，「太尉不足與計」，「大將軍尊貴誠重①」，「大將軍有揖客」，「京兆尹可立得」，「大夫乘私車來邪」，「大官丞日晏不來」，「謁田大夫曉大司農」，「大司馬欲用是忿恨」，「後將軍數畫軍册」，「光禄大夫、太中大夫耆艾二人以老病罷」，「駙馬都尉安所受此語」之類〔一〕。又如所書路中大夫、韓御史大夫、叔孫太傅、鄭尚書、鮑司隸、趙將軍、張廷尉，亦煒然有法〔二〕。《後漢書》「執金吾擊郾」，「大司馬當擊宛」，「大司馬習用步騎」等語，尚有《前史》餘味〔三〕。

【校勘】

①「貴」，原作「貢」，據馬本、庫本、祠本改。

【箋證】

〔一〕「朝臣齗齗不可光禄勳」。《漢書》卷三六《劉向傳》：「上内重堪（周堪），又患衆口之浸潤，無所取信。時長安令楊興以材能幸，常稱譽堪。上欲以爲助，乃見問興：『朝臣齗齗不可光禄勳，何邪？』」

「誰可以爲御史大夫者」。《漢書》卷四二《趙堯傳》：「高祖持御史大夫印，弄之曰：『誰可以爲御史大夫者？』孰視堯曰：『無以易堯。』遂拜堯爲御史大夫。」

「御史大夫言可聽」。見《漢書》卷七一《薛廣德傳》。詳《續筆》卷九《貢薛韋匡》箋證。

「郎中令善媿人」。《漢書》卷八九《循吏·龔遂傳》：中令事王賀，「動作多不正」。「遂爲人忠厚，剛毅有大節，内諫争於王，外責傅相，引經義，陳禍福，至於涕泣，蹇蹇亡已。面刺王過，王至掩耳起走，曰：『郎中令善媿人。』」

「丞相議不可用」。《漢書》卷四〇《周勃傳》：「匈奴王徐盧等五人降漢，上欲侯之以勸後。亞夫曰：『彼背其主降陛下，陛下侯之，即何以責人臣不守節者乎？』上曰：『丞相議不可用。』乃悉封徐盧等爲列侯。亞夫因謝病免相。」

「太尉不足與計」。《漢書》卷六四上《嚴助傳》：「建元三年，閩越舉兵圍東甌，東甌告急於漢。時武帝年未二十，以問太尉田蚡。蚡以爲越人相攻擊，其常事，又數反覆，不足煩中國往救也，自秦時棄不屬。於是助詰蚡曰：『特患力不能救，德不能覆，誠能，何故棄之？且秦舉咸陽而棄之，何但越也！今小國以窮困來告急，天子不振，尚安所愬？又何以子萬國乎？』上曰：『太尉不足與計。吾新即位，不欲出虎符發兵郡國。』乃遣助以節發兵會稽。」

「大將軍尊貴誠重」，「大將軍有揖客」。《漢書》卷五〇《汲黯傳》：「大將軍青既益尊，姊爲皇后，然黯與亢禮。或説黯曰：『自天子欲令群臣下大將軍，大將軍尊貴誠重，君不可以不拜。』黯曰：『夫以大將軍有揖客，反不重耶？』大將軍聞，愈賢黯。」

「京兆尹可立得」。《漢書》卷六四下《賈捐之傳》：「長安令楊興，新以材能得幸，與捐之相善。捐之欲得召見，謂興曰：『京兆尹缺，使我得見，言君蘭（楊興字），京兆尹可立得。』」。

「大夫乘私車來邪」。《漢書》卷七二《兩龔傳》：「勝曰：『竊見國家徵醫巫，常爲駕，徵賢者宜駕。』上曰：『大夫乘私車來邪？』勝曰：『唯唯。』有詔爲駕。」

「大官丞日晏不來」。《漢書》卷六五《東方朔傳》：「伏日，詔賜從官肉。大官丞日晏不來，朔獨拔劍割肉，謂其同官曰：『伏日當蚤歸，請受賜。』即懷肉去。大官奏之。」

「謝田大夫曉大司農」。《漢書》卷九〇《田延年傳》：「御史大夫田廣明謂太僕杜延年：『《春秋》之義，以功覆過。當廢昌邑王時，非田子賓之言大事不成。今縣官出三千萬自乞之何哉？願以愚言白大將軍（霍光）。』延年言之大將軍，大將軍曰：『誠然，實勇士也。當發大議時，震動朝廷。』光因舉手自撫心，曰：『使我至今病悸，謝田大夫曉大司農，通往就獄，得公議之。』」

「大司馬欲用是忿恨」。《漢書》卷六八《霍光傳》：「以（霍光子）禹爲大司馬，冠小冠，亡印綬，罷其右將軍屯兵官屬，特使禹官名與光俱大司馬者。」「諸領胡越騎、羽林及兩宫衛將屯兵，悉易以所親信許、史子弟代之。禹爲大司馬，稱病。禹故長史任宣候問，禹曰：『我何病？縣官非我家將軍不得至是，今將軍墳墓未乾，盡外我家，反任許、史，奪我印綬，令人不省死。』宣見禹恨望深，乃謂曰：『大將軍時何可復行！今許、史自天子骨肉，貴正宜耳。大司馬欲用是怨恨，愚以爲不可。』禹默然。」

「後將軍數畫軍册」。《漢書》卷六九《趙充國傳》：「充國奏每上，輒下公卿議臣。初是充國計者什三，中什五，最後什八。有詔詰前言不便者，皆頓首服。丞相魏相曰：『臣愚不習兵事利害，後將軍數畫軍册，其言常是，臣任其計可必用也。』上於是報充國曰：『皇帝問後將軍，上書言羌虜可勝之道，今聽將軍，將軍計善。其上留屯田及當罷者人馬數。將軍强食，慎兵事，自愛！』」

「光禄大夫、大中大夫耆艾二人以老病罷」。見《漢書》卷七二《兩龔傳》。

「駙馬都尉安所受此語」。《漢書》卷八二《史丹傳》：元帝即位，丹爲駙馬都尉，甚有寵。「上以丹舊臣，皇考外屬，親信之，詔丹護太子家。是時，傅昭儀子定陶共王有材藝，子母俱愛幸，而太子頗有酒色之失。」「竟寧元年，上寢疾。傅昭儀及定陶王常在左右，而皇太子希得進見。上疾稍侵，意忽忽不平。數問尚書以景帝時立膠東王故事。是時，太子長舅陽平侯王鳳爲衛尉侍中，與皇太子皆憂，不知所出。丹以親密臣得侍視疾，候上間獨寢時，丹直入卧内，頓首伏青蒲上，涕泣言曰：『皇太子以適長立，積十餘年，名號繫於百姓，天下莫不歸心臣子。見定陶王雅素愛幸，今者道路流言，爲國生意，以爲太子有動摇之議。審若此，公卿以下必以死争，不奉詔。臣願先賜死以示群臣！』天子素仁，不忍見丹涕泣，言又切至，上意大感，喟然太息曰：『吾日困劣，而太子兩王幼少，意中戀戀，亦何不念乎！然無有此議。且皇后謹慎，先帝又愛太子，吾豈可違指！駙馬都尉安所受此語？』」

〔二〕「路中大夫」。《漢書》卷三八《高五王傳》：「孝景三年，吴、楚反，膠東、膠西、菑川、濟南王皆發兵應吴、楚。欲與齊，齊孝王狐疑，城守不聽。三國兵共圍齊，齊王使路中大夫告於天子。天子復令路中大夫還報，告齊王堅守，漢兵今破吴、楚矣。路中大夫至，三國兵圍臨菑數重，無從入。三國將與路中大夫盟曰：『若反言漢已破矣，齊趣下三國，不且見屠。』路中大夫既許，至城下，望見齊王，曰：『漢已發兵百萬，使太尉亞夫擊破吴、楚，方引兵救齊，齊必堅守無下！』三國將誅路中大夫。齊初圍急，陰與三國通謀，約未定，會路中大夫從漢來，其大臣乃復勸王無下三國。會漢將欒布、平陽侯等兵至齊，擊破三國兵，解圍。」

「韓御史大夫」，指韓安國。《史記》卷一〇七《灌夫傳》：「止車門，召韓御史大夫載。」《漢書》卷五二《灌夫傳》作「止車門，召御史大夫安國載」。載謂共乘車。

「叔孫太傅」。《漢書》卷四〇《張良傳》：叔孫通爲太傅，上欲易太子，「叔孫太傅稱説引古，以死争太子」。

「鄭尚書」。《漢書》卷七七《鄭崇傳》：「哀帝擢爲尚書僕射，數求見諫争，上初納用之，每見曳革履，上笑曰：『我識鄭尚書履聲。』」

「鮑司隸」。《漢書》卷七二《鮑宣傳》：「下廷尉獄，博士弟子濟南王咸舉幡太學下，曰：『欲救鮑司隸者會此下。』諸生會者千餘人。」

「趙將軍」。《漢書》卷六九《趙充國傳》：「虜數挑戰，充國堅守。捕得生口，言羌豪相數責曰：『語汝亡反，今天子遣趙將軍來，年八九十矣，善爲兵，今請欲壹鬥而死，可得邪！』」

「張廷尉」。《漢書》卷五〇《張釋之傳》有云：「張廷尉繇此天下稱之」；「奈何廷辱張廷尉」；「亡益於張廷尉」。

〔三〕「執金吾擊郾」，「大司馬當擊宛」。《後漢書》卷四七《賈復傳》：復，光武即位拜爲執金吾。「帝召諸將議兵事，未有言，沈吟久之，乃以檄叩地，曰：『郾最强，宛爲次，誰當擊之？』復率然對曰：『臣請擊郾。』帝笑曰：『執金吾擊郾，吾復何憂！大司馬當擊宛。』」

「大司馬習用步騎」。《後漢書》卷四七《岑彭傳》：「彭以蜀兵盛，不可遣，上書言狀。帝報彭曰：『大司馬習用步騎，不曉水戰，荆門之事，一由征南公爲重而已。』

5 漢唐輔相

前漢宰相四十五人，自蕭、曹、魏、丙之外〔一〕，如陳平、王陵、周勃、灌嬰、張蒼、申屠嘉以高帝故臣，陶青、劉舍、許昌、薛澤、莊青翟、趙周以功臣侯子孫，竇嬰、田蚡、公孫賀、劉屈氂以宗戚，衛綰、李蔡以士伍，唯王陵、申屠嘉及周亞夫、王商、王嘉有剛直之節，薛宣、翟方進有材具①，餘皆容身保位，無所建明。至於御史大夫，名爲亞相〔二〕，尤録録不足數。劉向所謂御史大夫未有如兒寬者，蓋以餘人可稱者少也〔三〕。若唐宰相三百餘人，自房、杜、姚、宋之外〔四〕，如魏徵、王珪、褚遂良、狄仁傑、魏元忠、韓休、張九齡、楊綰、崔祐甫、陸贄、杜黄裳、裴垍、李絳、李藩、裴度、崔群、韋處厚、李德裕、鄭畋，皆爲一時名宰，考其行事，非漢諸人可比也。

【校勘】

①「具」，馬本、庫本、祠本作「其」。

【箋證】

〔一〕蕭、曹、魏、丙，蕭何、曹參、丙吉、魏相也。參《隨筆》卷五《漢唐八相》。

〔二〕《漢書·百官表》：御史大夫，秦官，位上卿，掌副丞相。司馬貞《史記索隱》云「亞相」。（《史記》卷九六《張丞相列傳》，《索隱》述贊曰「御史亞相」。）汪越《讀史記十表》卷一〇《漢興以來將相名臣年表》：「有自御史大夫爲丞相者，張蒼、申屠嘉、陶青、劉舍、衛綰、公孫弘、李蔡、莊青翟、石慶。自太初後，凡九人。漢稱『制詔丞相、御史』，『制詔御史』，是御史大夫亞于丞相、貴于諸卿也。」

〔三〕《漢書》卷三六《劉向傳》：向使其外親上變事，有言：「孝武帝時，兒寬有重罪繫，按道侯韓説諫曰：『前吾丘壽王死，陛下至今恨之，今殺寬，後將復大恨矣。』上感其言，遂貰寬，復用之，位至御史大夫。御史大夫未有及寬者也。」

〔四〕房、杜、姚、宋，房玄齡、杜如晦、姚崇、宋璟也。參《隨筆》卷五《漢唐八相》。

6　漢武留意郡守

漢武帝天資高明，政自己出，故輔相之任，不甚擇人，若但使之奉行文書而已。其於除用郡守，尤所留意。莊助爲會稽太守①，數年不聞問，賜書曰：「君厭承明之廬，懷故土，出爲郡吏。間者，闊焉久不聞問。」〔一〕吾丘壽王爲東郡都尉，上以壽王爲都尉，不復置太守，詔賜璽書曰：「子在朕前之時，知略輻湊，及至連十餘城之守，任四千石之重，職事並廢，盜賊從横，甚不稱在前時，何也？」〔二〕汲黯拜淮陽太守，不受印綬，上曰：「君薄淮陽邪？吾今召君矣，顧淮陽吏民不相得，吾徒得君重，卧而治之。」〔三〕觀此三者，則知郡國之事無細大，未嘗不深知之，爲長吏者，常若親臨其上，又安有不盡力者乎？惜其爲征伐、奢侈所移，使民間不見德澤，爲可恨耳。

【校勘】

①「莊」，庫本作「嚴」。

【箋證】

〔一〕《漢書》卷六四上《嚴助傳》。

〔二〕《漢書》卷六四上《吾丘壽王》。

〔三〕《漢書》卷五〇《汲黯傳》。

顧炎武《日知録》卷九《刺史守相得召見》：「兩漢之隆，尤重太守。史言孝宣拜刺史守相，輒親見問，觀其所由退，而考察所行，以質其言，有名實不相應，必知其所以然。常稱曰：『庶民所以安其田里而亡歎息愁恨之心者，政平訟理也。與我共此者，其惟良二千石乎？』當日太守常得召見，或賜璽書，堂陛之間，不甚闊絶。文帝謂季布曰：『河東吾股肱郡，故特召君耳。』武帝賜嚴助書、賜吾丘壽王書，云云。

7 苦蕒菜

吴歸命侯天紀三年八月，有鬼目菜生工人黄耉家，有買菜生工人吴平家①，高四尺，厚三分，如枇杷形，上廣尺八寸，下莖廣五寸，兩邊生葉緑色。東觀案圖，名鬼目作芝草，買菜作平慮草。以耆爲侍芝郎，平爲平慮郎，皆銀印青綬〔二〕。《唐·五行志》，中宗景龍二年，岐州郿縣民王上賓家有苦蕒菜，高三尺餘，上廣尺餘，厚二分。説者以爲草妖〔三〕。予案買菜即苦蕒，今俗呼爲苦蔫者是也。天紀、景龍之事甚相類，歸命次年亡國，中宗後二年遇害，雖事非此致，亦可謂妖矣。平慮草，不知何狀。揚雄《甘泉賦》「并閭」注，如淳曰：「并閭，其葉隨時政，政平則平，政不平則傾也。」顔師古曰：「如氏所説，自是平慮耳。」〔三〕然則亦異草也。鬼目，見《爾雅》，郭璞云：「今江東有鬼目草，莖似葛，葉員而毛，如耳璫也，赤色叢生。」〔四〕《廣志》曰：「鬼目似梅，南人以飲酒。」《南方草木狀》曰：「鬼目樹，大者如木子，小者如鴨子，七月、八月熟，色黄，味酸，以蜜煮之，滋味柔嘉，交趾諸郡有之。」《交州記》曰：「高大如木瓜而小，傾邪不周正。」〔五〕《本草》曰：「鬼目，一名東方宿，一名連蟲陸，名羊蹄②。」〔六〕

【校勘】

①「買」，馬本、庫本、祠本作「蕒」。下同。　②「名」，庫本上有「亦」字。

【箋證】

〔一〕歸命侯，孫晧。事見《三國志·吴志》卷三。

王世貞《弇州四部稿》卷一五六《宛委餘編》一：「吴歸命侯時，以吴平家鬼目菜爲芝草，拜平侍芝郎。鬼目之狀，或爲草，或爲木，或爲果，與芝大不類。而吴時所生乃菌蕈之類耳，不必鬼目也。」

〔二〕事見《新唐書》卷三四《五行志》。

〔三〕《甘泉賦》：「攢并閭與茇葀兮，紛被麗其亡鄂。」師古曰：「如氏所説，自是平慮耳。此并閭，謂椶樹也。茇葀，草名也。」（《漢書》卷八七上《揚雄傳上》）

〔四〕《爾雅·釋草》「苻，鬼目」注。

〔五〕《太平御覽》卷九七四《果部十一》「鬼目」條，引《廣志》《南方草木狀》《交州記》。蓋即郭義恭《廣志》、嵇含《南方草木狀》、劉歆期《交州記》三書。郭、劉書久佚無考。今本《南方草木狀》亦無此條。所謂「大者如木子，小者如鴨子」，應指此樹所結之果實。《太平御覽》引作「大者如木子，小者如雞子」。雞子，雞蛋也。方以智《通雅》卷四一引嵇含曰：「鬼目樹，大者如木腰子」。按《太平御覽》「鬼目」條，蓋出賈思勰《齊民要術》卷一〇《五穀果蓏菜茹非中國物産者》之「鬼目」條。所引《廣志》《南方草木狀》同，又引顧微《廣州記》，無《交州記》，而文同。

〔六〕唐慎微《證類本草》卷一一：羊蹄，「一名東方宿，一名連蟲陸，一名鬼目，一名蓄。生陳留川澤。」

8 唐諸生束脩

《唐六典》：「國子生初入，置束帛一篚、酒一壺、脩一案，爲束脩之禮。太學、四門、律學、書學、算學皆如國子之法。其習經有暇者，命習隸書，并《國語》《說文》《字林》《三蒼》《爾雅》，每旬前一日，則試其所習業。」〔一〕乃知唐世士人多工書①，蓋在六館時，以爲常習。其《說文》《字林》《蒼》《雅》諸書，亦欲責以結字合於古義，不特銓選之時方取楷法遒美者也〔二〕。束脩之禮，乃於此見之。《開元禮》載皇子束脩，束帛一篚五匹，酒一壺二斗，脩一案三脡。皇子服學生之服，至學門外，陳三物於西南，少進曰：「某方受業於先生，敢請見。」執篚者以篚授皇子，皇子跪，奠篚，再拜，博士答再拜，皇子還避，遂進跪取篚，博士受幣，皇子拜訖，乃出。其儀如此，州縣學生亦然〔三〕。

【校勘】

①「工」，馬本、庫本、祠本作「攻」。

【箋證】

〔一〕《唐六典》卷二一《國子監》。

〔二〕「取楷法遒美」，參《隨筆》卷一〇《唐書判》。

又《四筆》卷一二《小學不講》：「唐制，國子監置書學博士，立《說文》《石經》《字林》之學，舉其文義，歲登下之。而考功、禮部課試貢舉，許以所習爲通。」

〔三〕《大唐開元禮》卷五四《吉禮》「皇子束脩」「學生束脩」條。

王定保《唐摭言》卷一《兩監》：「龍朔二年九月，敕學生在學，各以長幼爲序。初入學皆行束脩之禮，各絹三匹；四門學生，各絹二匹；俊士及律、書、算學，州縣學，各絹一匹。皆有酒脯。」

9 范德孺帖

范德孺有一帖云：「純粹忝冒固多，尤是家兄北歸，遂解倒懸之念，慶快安幸，此外何求。四月末雇舟離均，借人至鄧，本待家兄之來。今家兄雖得歸潁昌，而尚未聞來耗。已累遣人稟問所行路及相見之期，人尚未還，未知果能如約否。蓋恐太原接人非久到此，法留半月，則須北去也。」予以其時考之，元符三年四月，德孺除知太原，是月二十一日，忠宣公自鄧州分司，復故秩，許歸潁昌府，則此帖當在五月間，忠宣猶未離永州也。德孺自均州守擢帥河東，至於雇舟借人以行，又云接人法留半月，過此則須北去，雖欲待其兄，亦不可得〔一〕。今世爲長吏，雖居蕞爾小壘，而欲送還兵士唯意所須。若接人之來，視其私計辦否爲遲速耳，未嘗顧法令以自儆策。使申固要束，稍整攝之，置士大夫於無過之地，亦所以善風俗也〔二〕。

【箋證】

〔一〕范純粹，字德孺。「家兄」，即忠宣公，范純仁。事迹具《宋史》卷三一四《范純粹傳》，云：「章惇、蔡卞經略西夏，疑純粹不與共事，改知鄧州，歷河南府、滑州，旋以元祐黨人奪職，知均州。徽宗立，起知信州，復故職，知太原。加龍圖閣直學士，再臨延州。」又《純仁傳》云：「徽宗即位，欽聖顯肅后同聽政，即日授純仁光禄卿，分司南京，鄧州居住，遣中使至永，賜茶藥。不數月，以觀文殿大學士、中太一宫使詔之。」然均未記時日，《隨筆》此條可補《宋史》之闕。

〔二〕洪邁《乞禁戢巡尉迎送劄子》，蓋即爲革此弊而奏，云：「臣竊惟巡尉之官，專以捕盜賊、督奸猾爲職，未嘗責其將迎上官、巡視傳舍也。而間者以來，惟事趨走，漫不復以職事爲意。而最甚者，如都巡檢使，所部或連三州，或跨兩路，凡監司守貳之去來，必候之於境上，所帶兵卒數十輩，無俸可借，則斂之衆軍以給。所歷道路數百里，無貲可贍，則取之村民以濟。若所除監司，又或改命，往往空行空反，動涉一兩月。設部内不虞，而有鼠竊狗偷之盜，當以何人捕之？夫居此官者，亦豈樂爲奔走之役哉？一或不至，則上官以爲失禮，因緣捃摭，使不安位，故相承爲例，欲罷不能。非有以懲革之，實爲未便。臣愚，欲望聖慈，行下諸路提刑司，約束所部巡尉，今後遇監司、知、通初到，許量帶兵級出一程防護。若只值出巡經歷而在監司五十里内者，許其送迎。過此以外，皆不得出。如尚敢循習遠去者，乞並受接之官差治其罪，庶使各安職業，精意徼巡，不至虚費軍力，且爲民害，如蒙俞允，乞敕下施行。取進止。」（《事文類聚外集》卷一五）

10 民不畏死

《老子》曰：「民常不畏死，奈何以死懼之？若使人常畏死，則爲奇者吾得執而殺之，孰敢？」讀者至此，多以爲老氏好殺。夫老氏豈好殺者哉！旨意蓋以戒時君、世主視民爲至愚、至賤，輕盡其命，若刈草菅，使之知民情狀，人人能與我爲敵國，懔乎常有朽索馭六馬之懼。故繼之曰：「常有司殺者殺。夫代司殺者殺，是代大匠斲。夫代大匠斲，希有不傷其手矣。」〔一〕下篇又曰：「人之輕死，以其生生之厚，是以輕死。」〔二〕且人情莫不欲壽，雖衰貧至骨，瀕於餓隸，其與受僇而死有間矣，烏有不畏者哉？自古以來，時運俶擾，至於空天下而爲盜賊，及夷考其故，亂之始生，民未嘗有不靖之心也。秦、漢、隋、唐之末，土崩魚爛，比屋可誅。然凶暴如王仙芝、黄巢，不過僥覬一官而已，使君相御之得其道，豈復有滔天之患哉！龔遂之清渤海〔三〕，馮異之定關中〔四〕，高仁厚之平蜀盜〔五〕，王先成之説王宗侃〔六〕，民情可見。世之君子，能深味老氏之訓，思過半矣。

【箋證】

〔一〕蘇轍《老子解》卷下：「政煩刑重，民無所措手足，則常不畏死，雖以死懼之，無益也。」

〔二〕參《續筆》卷九《生之徒十有三》。

〔三〕《漢書》卷八九《龔遂傳》：「宣帝即位，久之，渤海左右郡歲饑，盜賊並起，二千石不能禽制。上選能治者，丞相御史舉遂可用，上以爲渤海太守。時遂年七十餘，召見，形貌短小，宣帝望見，不副所聞，心内輕焉，謂遂曰：『渤海廢亂，朕甚憂之。君欲何以息其盜賊，以稱朕意？』遂對曰：『海瀕遐遠，不霑聖化，其民困於饑寒而吏不恤，故使陛下赤子盜弄陛下之兵於潢池中耳。今欲使臣勝之邪，將安之也？』上聞遂對，甚説，答曰：『選用賢良，固欲安之也。』遂曰：『臣聞治亂民猶治亂繩，不可急也；唯緩之，然後可治。臣願丞相御史且無拘臣以文法，得一切便宜從事。』上許焉，加賜黄金，贈遣乘傳。至渤海界，郡聞新太守至，發兵以迎，遂皆遣還，移書敕屬縣悉罷逐捕盜賊吏。諸持鉏鉤田器者皆爲良民，吏毋得問，持兵者乃爲盜賊。遂單車獨行至府，郡中翕然，盜賊亦皆罷。渤海又多劫略相隨，聞遂教令，即時解散，棄其兵弩而持鉤鉏。盜賊於是悉平，民安土樂業。」

〔四〕《後漢書》卷四七《馮異傳》：「赤眉、延岑暴亂三輔，郡縣大姓各擁兵衆，大司徒鄧禹不能定，乃遣異代禹討之。車駕送至河南，賜以乘輿七尺具劍，敕異曰：『三輔遭王莽、更始之亂，重以赤眉、延岑之酷，元元塗炭，無所依訴，今之征伐，非必略地屠城，要在平定安集之耳。諸將非不健鬥，然好虜掠。卿本能御吏士，念自修敕，無爲郡縣所苦。』異頓首受命，引而西，所至皆布威信，弘農群盜稱將軍者十餘輩，皆率衆降異。」

〔五〕《新唐書》卷一八九《高仁厚傳》：初事劍南西川節度使陳敬瑄爲營使，「會邛州賊阡能衆數萬略諸縣，列壁數十，涪州刺史韓秀昇等亂峽中，韓求反蜀州，諸將不能定。敬瑄召仁厚還，使督兵四討，屯永安。阡能遣諜者入軍中，吏執以獻，諜自言父母妻子囚於賊，約不得軍虚實且死。仁厚哀之，曰：『爲我報賊，明日我且戰，有能釋甲迎我者，署背曰「歸順」，皆得復農矣。』縱諜去，命諸將毁栅，鼓而前。賊渠羅渾擎設伏詐降，仁厚遣將不持兵入諭其衆，皆真降。」

〔六〕《資治通鑑》卷二五九《唐昭宗紀》景福元年：「王建圍彭州，久不下，民皆竄匿山谷，諸寨日出俘掠，謂之淘虜。都將先擇其善者，餘則士卒分之，以是爲常。有軍士王先成者，新津人，本書生也，世亂，爲兵，度諸將惟北寨王宗侃最賢，乃往説之曰：『彭州本西川之巡屬也，陳、田召楊晟，割四州以授之，僞署觀察使，與之共拒朝命。今陳、田已平，而晟猶據之，州民皆知西川乃其大府而司徒乃其主也。故大軍始至，民不入城，而入山谷避之，以俟招安。今軍至累月，未聞招安之命，軍士復從而掠之，與盗賊無異，奪其貲財，驅其畜産，分其老弱婦女以爲奴婢，使父子兄弟流離愁怨；其在山中者，暴露於暑雨，殘傷於蛇虎，孤危饑渴，無所歸訴。彼始以楊晟非其主而不從，今司徒不加存恤，彼更思楊氏矣。』宗侃惻然。」

11 天下有奇士

天下未嘗無魁奇智略之士，當亂離之際，雖一旅之聚，數城之地，必有策策知名者出其間，史傳所書，尚可考也。鄭燭之武、弦高從容立計，以存其國〔一〕。後世至不可勝紀，在唐尤多，姑摭其小小者數人載於此。武德初，北海賊帥綦公順攻郡城，爲郡兵所敗，後得劉蘭成以爲謀主，才用數十百人，出奇再奮，北海即降。海州臧君相帥衆五萬來争，蘭成以敢死士二十人夜襲之，掃空其衆〔二〕。徐圓朗據海岱，或説之曰：「有劉世徹者，才略不世出，名高東夏，若迎而奉之，天下指揮可定。」圓朗使迎之。世徹至，已有衆數千，圓朗使徇譙、杞，東人素聞其名，所向皆下〔三〕。袁甫亂浙東，朝廷遣王式往討，其黨劉暀勸甫引兵取越，憑城郭，據府庫，循浙江築壘以拒之，得間則長驅進取浙西，過大江，掠揚州，還修石頭城而守之，宣歙、江西必有響應者，别以萬人循海而南，襲取福建，則國家貢賦之地，盡入于我矣。甫不能用〔四〕。高駢之將畢師鐸攻駢，乞師於宣州秦彦，彦兵至，遂下揚州。師鐸遣使趣彦過江，將奉以爲主。或説之曰：「僕射順衆心爲一方去害，宜復奉高公而佐之，揔其兵權，誰敢不服？且秦司空爲節度使，廬州、壽州其肯爲之下乎？切恐功名成敗未可知也。不若亟止秦司空勿使過江，彼若粗識安危，必未敢輕進，就使他日責我以負約，猶不失爲高氏忠臣也。」師鐸不以爲然，明日，以告鄭漢章，漢章曰：「此智士也。」求之，弗獲〔五〕。王建鎮成都，攻楊晟於彭州，久不下，民皆竄匿山谷，諸寨日出抄掠之。王先成往説其將王宗侃曰：「民入山谷，以俟招安，今乃從而掠之，與盜賊無異。旦出淘虜，薄暮乃返，曾無守備之意，萬一城中有智者爲之畫策，使乘虚奔突，先伏精兵於門内，望淘虜者稍遠，出弓弩手礮各百人，攻寨之一面，又於三面各出耀兵，諸寨咸自備禦，無暇相救，如此能無敗乎？」宗侃矍然。先成爲條列七事爲狀，以白王建，建即施行之。榜至三日，山中之民，競出如歸市，浸還故業〔六〕。觀此五者，則其他姓名不傳與草木俱腐者，蓋不可勝計矣。

【箋證】

〔一〕燭之武事，見《左傳》僖公三十年。弦高事，見《左傳》僖公三十三年。

〔二〕《資治通鑑》卷一八六《唐高祖紀》武德元年。

〔三〕《資治通鑑》卷一九〇《唐高祖紀》武德五年。

〔四〕《資治通鑑》卷二五〇《唐懿宗紀》咸通元年。

〔五〕《資治通鑑》卷二五七《唐僖宗紀》光啓三年。

〔六〕《資治通鑑》卷二五九《唐昭宗紀》景福元年。參前條注六。

12 易卦四德

《易》元、亨、利、貞，謂之四德，唯《乾》《坤》爲能盡之〔一〕。若《屯》《隨》二卦，但「大亨貞」。《臨》《无妄》《革》三卦，皆「大亨以正」而已〔二〕。有亨、利、貞者十一，《蒙》《同人》《離》《咸》《兑》《恒》《遯》《萃》《涣》《小過》《既濟》也。元、亨、利者一，《蠱》也。利、貞者八，《大畜》《大壯》《明夷》《家人》《中孚》《蹇》《損》《漸》也。亨、貞者三，《需》《困》《旅》也。元、亨者三，《大有》《升》《鼎》也。亨、利者五，《賁》《復》《大過》《巽》《噬嗑》也。亨者九，《小畜》《履》《泰》《謙》《節》《坎》《震》《豐》《未濟》也。利者五，《訟》《豫》《解》《益》《夬》也。貞者四，《師》《比》《否》《頤》也。唯八卦皆無之，《觀》《剥》《晉》《睽》《姤》《歸妹》《井》《艮》也。若以卦象索之，如《剥》《睽》《姤》猶可强爲之辭，它則不復容擬議矣〔三〕。

【箋證】

〔一〕《易·文言》曰：「元者善之長也，亨者嘉之會也，利者義之和也，貞者事之幹也。君子體仁足以長人，嘉會足以合禮，利物足以和義，貞固足以幹事。君子行此四德者，故曰：乾，元、亨、利、貞。」

《伊川易傳》卷一《周易上經》「乾元亨利貞」：「元、亨、利、貞，謂之四德。元者萬物之始，亨者萬物之長，利者萬物之遂，貞者萬物之成。惟《乾》《坤》有此四德。在他卦則隨事而變焉。故元專爲善大，利主於正固，亨、貞之體，各稱其事。四德之義，廣矣，大矣。」

〔二〕《屯》：「元、亨、利、貞。」《彖》曰：「《屯》，剛柔始交而難生，動乎險中，大亨貞。」《隨》：「元亨利貞，无咎。」《彖》曰：「《隨》，剛來而下柔，動而説，隨。大亨貞无咎，而天下隨時。隨時之義大矣哉！」

《臨》：「元亨利貞。至于八月有凶。」《彖》曰：「《臨》，剛浸而長，説而順，剛中而應，大亨以正，天之道也。」

《无妄》：「元亨利貞。其匪正有眚，不利有攸往。」《彖》曰：「《无妄》，剛自外來而爲主于内。動而健，剛中而應。大亨以正，天之命也。」

《革》：「巳日乃孚，元亨利貞，悔亡。」《彖》曰：「《革》：水火相息，二女同居，其志不相得，曰『革』。『巳日乃孚』，革而信之。文明以説，大亨以正，革而當，其悔乃亡。」

沈作喆《寓簡》卷一：「元、亨、利、貞四者天德也。惟《乾》能備是四德，以統天而行四時，故《文言》析而言之。若《屯》《隨》《臨》《无妄》《革》五卦亦云『元亨利貞』者，不得與《乾》比也。蓋《屯》以『勿用有攸往』，《隨》以『无咎』，《臨》以『八月有凶』，《无妄》以『匪正有眚』，《革》以『悔亡』繼『元亨利貞』之下，以明其不得專是四德也。又《屯》之《彖》曰：『剛柔始交而難生，動乎險中，大亨貞。』《隨》之《彖》曰：『剛來而下柔，動而説，隨，大亨貞。』《臨》之《彖》曰：『剛浸而長，説而順，剛中而應，大亨以正。』《无妄·彖》曰：『剛自外來而爲主於内。動而健，剛中而應，大亨以正。』《革》之《彖》曰：『文明以説，大亨以正。革而當，悔乃亡。』以明其各有所當，非《乾》四德之比也。《乾》止曰『元亨利貞』而已矣。」

〔三〕《易·文言》：「君子行此四德者，故曰：乾，元、亨、利、貞。」《正義》：「諸卦之中亦有『四德』，但餘卦「四德」有劣於《乾》，故《乾》卦直云「四德」，更无所言，欲見《乾》之「四德」无所不包，其餘卦「四德」之下則更有餘事，以「四德」狹劣，故以餘事繫之。即《坤》卦之類是也。亦有「四德」之上，即論餘事，若《革》卦云「巳日乃孚，元亨利貞，悔亡」也，由「乃孚」之後有「元亨利貞」，乃得「悔亡」也。有「四德」者，即《乾》《坤》《屯》《臨》《隨》《无妄》《革》七卦是也。亦有其卦非善而有「四德」者，以其卦凶，故有「四德」乃可也。故《隨》卦有「元亨利貞」，乃得「无咎」是也。「四德」具者，其卦未必善也。亦有三德者，即《離》《咸》《萃》《兑》《涣》《小過》凡六卦。就三德之中，爲文不一，或總稱三德於上，更別陳餘事於下，若《離》《咸》之屬是也；就三德之中，上下不一，《離》則云「利貞亨」，由「利貞」乃得「亨」也；亦有先云「亨」，更陳餘事，乃始云「利貞」者，以有餘事乃得「利貞」故也。有二德者，《大有》《蠱》《漸》《大畜》《升》《困》《中孚》凡七卦。此二德或在事上言之，或在事後言之，由後有事，乃致此二德故也。亦有一德者，若《蒙》《師》《小畜》《履》《泰》《謙》《噬嗑》《賁》《復》《大過》《震》《豐》《節》《既濟》《未濟》凡十五卦，皆一德也，並是亨也。或多在事上言之，或在事後言。《履》卦云「履虎尾，不咥人，亨」，由有事乃得「亨」。以前所論德者，皆於經文挺然特明德者乃言之也。其有因事相連而言德者，則不數之也。若《需》卦云：「需，有孚，光亨貞吉。」雖有亨、貞二德，連事起文，故不數也。《遯卦》云：「亨，小利貞。」雖有三德，亦不數也。《旅卦》云：「旅，小亨。旅，貞吉。」雖有亨、貞二德，亦連他事，不數也。《比卦》云：「原筮，元永貞，无咎。」《否卦》云：「否之匪人，不利君子貞。』雖有『貞』字，亦連他文言之，又非本卦德，亦不數之。《同人》云：『同人于野，亨。』《坎卦》云：『有孚，維心亨。』《損卦》云：『无咎可貞。』此等雖有一德，皆連事而言之，故亦不數。所以然者，但易含萬象，事義非一，隨時曲變，不可爲典要故也。其有意義，各於卦下詳之。亦有卦善而德少者，若《泰》與《謙》《復》之類，雖善，唯一德也。亦有全无德者，若《豫》《觀》《剥》《晉》《蹇》《解》《夬》《姤》《井》《艮》《歸妹》，凡十一卦也。大略唯有凶卦无德者，若《剥》《蹇》《夬》《姤》之屬是也。亦有卦善而无德者，《晉》《解》之屬是也。各於卦下詳之。凡『四德』者，亨之與貞，其德特行，若元之與利，則配連他事。其意以元配亨，以利配貞，雖配他事爲文，元是元大也，始首也；利是利益也，合和也。以當分言之，各是其一德也。唯配亨、貞，俱爲四德。元雖配亨，亦配他事，故《比卦》云『元永貞』，《坤》六五『黄裳元吉』是也。利亦非獨利貞，亦所利餘事多矣，若『利涉大川』，『利建侯』，『利見大人』，『利君子貞』。如此之屬，是利事所施處廣，故諸卦謂他事之利，不數以爲德也。此『四德』非唯卦下有之，亦於爻下有之，但爻下其事稍少。故『黄裳元吉』及『何天之衢亨，小貞吉，大貞凶』，此皆於爻下言之，其利則諸爻皆有。」

容齋謂《觀》《剥》《晉》《睽》《姤》《歸妹》《井》《艮》凡八卦皆無之，而《正義》則謂十一卦，《睽》不在其中。張舜民《畫墁集》卷五《易論》：「《革》與《睽》同體，而《睽》不具四德者，以柔進而上行。柔進而上行，所以小事吉也。」是蓋容齋所謂「猶可强爲之辭」也。

13 孫堅起兵

董卓盜國柄，天下共興義兵討之，惟孫堅以長沙太守先至，爲卓所憚，獨爲有功。故裴松之謂其「最有忠烈之稱」〔一〕。然長沙爲荆州屬部，受督於刺史王叡。叡先與堅共擊零、桂賊，以堅武官，言頗輕之。及叡舉兵欲討卓，堅乃承案行使者，詐檄殺之，以償曩忿。南陽太守張咨，鄰郡二千石也，以軍資不具之故，又收斬之。是以區區一郡將，乘一時兵威，輒害方伯、鄰守，豈得爲勤王乎！劉表在荆州，乃心王室，袁術志於逆亂，堅乃奉其命而攻之，自速其死〔二〕。皆可議也。

【箋證】

〔一〕《三國志·吳志》卷一《孫堅傳》：董卓「西入關，焚燒雒邑。堅乃前入至雒，修諸陵，平塞卓所發掘。」裴注：「臣松之以爲孫堅於興義之中，最有忠烈之稱。」

〔二〕事詳《三國志·孫堅傳》。

陳耀文《正楊》卷三「甄字音」條：「《吳書》曰：堅入洛，掃除漢宗廟，祠以太牢。堅軍城南，甄宫井上旦有五色氣舉，軍驚怪，莫有敢汲。堅令人入井，探得漢傳國璽。」按云：「裴松之云孫堅於興義之中，最有忠烈之稱。若得漢神器而潛匿不言，此所謂陰懷異志，豈所謂忠臣者也？吳史欲以爲國華而不知損堅之令德。」

14 孫權封兄策

孫權即帝位，追尊兄策爲長沙王，封其子爲吴侯。案孫氏奄有江、漢，皆策之功，權特承之耳，而報之之禮不相宜稱。故陳壽評云：「割據江東，策之基兆也，而權尊崇未至，子止侯爵，於義儉矣。」而孫盛乃云：「權遠思盈虚之數，正本定名，防微於未兆，可謂爲之于未有，治之于未亂。」〔一〕其説迂謬如此。漢室中興，出於伯升，光武感其功業之不終，建武二年，首封其二子爲王，而帝子之封乃在一年之後〔二〕。司馬昭繼兄師秉魏政，以次子攸爲師後，常云：「天下者，景王之天下。」欲以大業歸攸〔三〕。以孫權視之，不可同日論也。

【箋證】

〔一〕《三國志·吴志》卷一末陳壽評。孫盛語，見裴松之注。

〔二〕《後漢書》卷四四《齊武王縯傳》：「齊武王縯，字伯升，光武之長兄也。性剛毅。慷慨有大節。自王莽篡漢，常憤憤，懷復社稷之慮，不事家人居業，傾身破産，交結天下雄俊」。縯被害，有二子。光武「建武二年，立長子章爲太原王，興爲魯王。十一年，徙章爲齊王。十五年，追謚伯升爲齊武王。章，少孤。光武感伯升功業不就，撫育恩愛甚篤。以其少貴欲令親吏事故使試守平陰令，遷梁郡太守，立二十一年，薨，謚曰哀王。子殤王石嗣。」

《後漢書》卷二《明帝紀》：明帝諱莊，光武第四子。「建武十五年，封東海公。十七年，進爵爲王。十九年，立爲皇太子。」

〔三〕《晉書》卷三《武帝紀》。

15 踰年改元

自漢武帝建元紀年之後，嗣君紹統，必踰年乃改元。雖安帝繼殤帝，亦終延平而爲永初。桓帝繼質帝，亦終本初而爲建和。唐宣宗以叔繼姪，亦終會昌六年，而改大中〔一〕。獨本朝太祖以開寶九年十月二十日上仙，太宗嗣位，是年十二月二十二日改爲太平興國元年，去新歲纔八日耳。意當時星辰曆象考卜兆祥，必有其説，而國史傳記皆失傳。切計嶺、蜀之遠，制書到時，已是二年之春。是時，宰相薛居正、沈倫、盧多遜失於不考引故實，致行之弗審，使人君即位而無元年，尤爲不可也〔二〕。若唐順宗以貞元二十一年正月嗣位，至八月辛丑，改元永貞。蓋已稱太上皇，嫌於獨無紀年，故亟更之耳〔三〕。劉禪、孫亮、石弘、苻生、李璟未踰年而改，此不足責〔四〕。晉惠帝改武帝太熙爲永熙，而以爲欲長奉先皇之制，亦非也〔五〕。唐中宗仍武后神龍，梁末帝追承太祖乾化，孟昶仍父知祥明德，漢劉知遠追用晉天福，隱帝仍父乾祐，周世宗仍太祖顯德，皆非禮之正，無足議者。唐哀帝仍昭宗天祐，蓋畏朱温而不敢云〔六〕。

【箋證】

〔一〕黃仲炎《春秋通說》卷二《桓公》「元年春王正月」條：「古者嗣君踰年而後改元者，蓋君喪在殯，緣臣子之心，不忍遽改，且先君之終年不可爲嗣君之元年也。故雖以臣弒君、弟繼兄如桓公者，亦必踰年而後改元。魯史載之，故孔子述之爲萬世訓明矣。是以秦、漢而下，皆由之。雖漢安帝繼殤帝，亦終延平而爲永初。桓帝繼質帝，亦終本初而爲建和。唐宣宗以叔繼姪，亦終會昌六年而爲大中。獨本朝太祖以開寶元年十月上仙，太宗嗣位，是年十二月改爲太平興國元年，異乎逾年改元之義。蓋當時必有其故，而史或闕之。不然，豈當時宰相如薛居正、沈倫、盧多遜輩不考諸《春秋》也哉！」

〔二〕《續資治通鑑長編》卷一七：太祖開寶九年，十月癸丑，太祖崩於萬歲殿。甲寅，太宗即位。十二月甲寅，改元。遂以開寶九年十二月甲寅爲太平興國元年十二月甲寅。《長編》本卷下半遂爲《太宗紀》。李燾注云：「據《資治通鑑》例，則於今年（郁之按，指開寶九年。）正月便合爲太宗皇帝紀。緣太宗改元不俟踰年，與常例不同，今特於改元之月乃別爲紀，仍就此卷不分出。」「太平興國元年十二月甲寅，上御乾元殿，受朝，懸而不樂，大赦改元。上以親政踰月，特與天下更始，非故事也。」

《續通志》卷二六《宋紀二・太宗》有諸臣按云：「按洪邁《容齋續筆》云：（見本條。略。）我皇上《御製全韻詩》云：『即位急改元，已失厚道大。』彼洪邁身爲宋臣，故託於求其說而不得者，而其實太宗之慚德已莫揜於千載之下矣。」

〔三〕《資治通鑑》卷二三六《唐順宗紀》永貞元年，（三省注：「是年八月始改元永貞。」）「八月，庚子，制：『令太子即皇帝位，朕稱太上皇，制敕稱誥。』辛丑，太上皇徙居興慶宫，誥改元永貞。」

〔四〕劉禪。《三國志·蜀志》卷三《後主劉禪傳》末陳壽評曰：「踰年改元，而章武之三年則革稱建興，考之古義，體理爲違。」梁章鉅《三國志旁證》卷二〇引李清植曰：「按是時皇綱解紐，先主遽喪，民志必生惶惑，未踰年而改元，雖違古義，實遵漢舊。藉此以新視聽而悚遠邇，奠民心以濟大業，應權通變，計宜出此。史家以是譏亮，毋乃失之拘乎？」

孫亮。《吴志》卷三《孫亮傳》：吴太元二年四月，「權薨，太子即尊號，大赦，改元。是歲於魏嘉平四年也。」《資治通鑑》卷七五《魏紀七·邵陵厲公中》魏嘉平四年四月，「吴主殂，太子亮即位，大赦，改元建興」。

石弘。《晉書》卷一〇五《石勒載記》：弘，勒之第二子。勒死，弘「讓位于季龍，季龍曰：『君薨而世子立，臣安敢亂之！』弘泣而固讓。季龍怒曰：『若其不堪，天下自當有大議，何足預論！』遂以咸和七年逼立之，改年曰延熙。」

苻生。《資治通鑑》卷一〇〇《晉穆帝紀》永和十一年：六月乙酉，秦主健卒，謚曰景明皇帝，廟號高祖。丙戌，太子生即位，大赦改元壽光。群臣奏曰：「未踰年而改元，非禮也。」生怒，窮推議主，得右僕射段純殺之。

李璟。《資治通鑑》卷二八三《後晉紀四》：天福八年三月，「唐元宗即位，大赦，改元保大。祕書郎韓熙載請俟踰年改元，不從。」馬令《南唐書》卷二《嗣主書第二》：「太常博士韓熙載上疏曰：『踰年改元，古之制也，事不師古，弗可以訓。』時雖可其奏，而制書已行，遂改元。」

〔五〕《晉書》卷四《惠帝紀》：「永平元年春正月乙酉朔，臨朝，不設樂。詔曰：『朕夙遭不造，淹恤在疚。賴祖宗遺靈，宰輔忠賢，得以眇身託于群后之上，昧於大道，不明于訓，戰戰兢兢，夕惕若厲。乃者哀迷之際，三事股肱，惟社稷之重，率遵翼室之典，猶欲長奉先皇之制，是以有永熙之號。然日月踰邁，已涉新年，開元易紀，禮之舊章。其改永熙二年爲永平元年。』」《晉書》卷四〇《楊駿傳》：「惠帝即位，進駿爲太傅、大都督」。「駿闇於古義，動違舊典。武帝崩，未踰年而改元。議者咸以爲違《春秋》踰年書即位之義。朝廷惜於前失，令史官没之，故明年正月復改年焉。」

〔六〕《玉海》卷一三《律曆·改元·總論改元》：「又有踰年而不改元者。唐中宗仍武后神龍，代宗繼寶應至七月，梁末帝追承乾化，晉少帝襲天福至九年，孟昶仍父明德，漢高祖追用晉天福，隱帝仍父乾祐，周世宗仍太祖顯德，皆非禮之正。唐哀帝仍昭宗天祐，蓋畏朱温而不敢云。」

16 賊臣遷都

自漢以來，賊臣竊國命，將欲移鼎，必先遷都以自便。董卓以山東兵起，謀徙都長安，驅民數百萬口，更相蹈藉，悉燒宮廟、官府、居家，二百里内無復雞犬[一]。高歡自洛陽遷魏於鄴，四十萬户狼狽就道[二]。朱全忠自長安遷唐於洛，驅徙士民，毁宮室百司，及民間廬舍，長安自是丘墟[三]。卓不旋踵而死，曹操迎天子都許，卒覆劉氏。魏、唐之祚，竟爲高、朱所傾。凶盜設心積慮，由來一揆也[四]。

【箋證】

[一]《資治通鑑》卷五九《漢獻帝紀》，初平元年二月。

[二]《資治通鑑》卷一五六《梁武帝紀》，中大通六年十月。

[三]《資治通鑑》卷二六四《唐昭宗紀》，天祐元年正月。

[四]蘇軾曰：「避寇而遷都，未有不亡；雖不即亡，未有能復振者也。魏惠王畏秦，遷于大梁；楚昭王畏吴，遷于鄀；頃襄王畏秦，遷于陳；考烈王畏秦，遷于壽春：皆不復振，有亡徵焉。東漢之末，董卓劫帝，遷于長安，漢遂以亡。近世，李景遷于豫章，亦亡。」（《東坡全集》卷一〇五《志林·論古》）

17 輿地道里誤

古今輿地圖志所記某州至某州若干里，多有差誤。偶閲《元祐九域志》①，姑以吾鄉饒州證之。饒西至洪州三百八十里，而《志》云：「西至州界一百七十里，自界首至洪五百六十八里。」於洪州書至饒，又衍二十里，是爲七百六十里也。饒至信州三百七十里，而《志》云：「東南至本州界二百九十里，自界首至信州三百五十里。」是爲六百四十里也。饒至池州四百八十里，而《志》云：「北至州界一百九十里，自界首至池州三百八十里。」是爲五百七十里也〔一〕。唐賈耽《皇華四達記》所紀中都至外國，尤爲詳備，其書虔州西南一百十里至潭口驛，又百里至南康縣。然今虔至潭口纔四十里，又五十里即至南康，比之所載不及半也〔二〕。以所經行處驗之，知其它不然者多矣。

【校勘】

①「祐」，祠本作「豐」。

【箋證】

〔一〕《元祐九域志》，即《元豐九域志》。此書成於元豐，而刊於元祐。考容齋本條所引，在《元豐九域志》卷六《江南路·東路》，云：「上饒州鄱陽郡軍事（治鄱陽縣），地里：東京二千四百一十里。東至本州界三百九十里，自界首至歙州三百九里。西至本州界一百七十里，自界首至洪州五百六十八里。南至本州界二百六十一里，自界首至撫州一百六十三里。北至本州界一百九十里，自界首至池州三百八十里。東南至本州界二百九十里，自界首至信州三百五十里。西南至本州界一百六十里，自界首至洪州二百一十里。東北至本州界三百八十里，自界首至歙州三百八十里。西北至本州界一百五十七里，自界首至南康軍二百二十二里。」

〔二〕王應麟《玉海》卷一五《地理·地理書·唐皇華四達記》：「賈耽《地圖》十卷，又《皇華四達記》十卷，貞元十四年上。」此書佚。曾公亮等編《武經總要》、毛晃《禹貢指南》及儲大文《存研樓文集》卷八《取道》篇，嘗引用之。

容齋續筆卷十一 十五則

1 古錞于

《周禮》："鼓人掌教六鼓四金之音聲，以節聲樂。"四金者，錞、鐲、鐃、鐸也。"以金錞和鼓。"鄭氏注云："錞，錞于也，圜如碓頭，大上小下，樂作鳴之，與鼓相和。"賈公彦疏云："錞于之名，出於漢之太予樂官。"〔一〕南齊始興王鑑爲益州刺史，廣漢什邡民段祚以錞于獻鑑，古禮器也，高三尺六寸六分，圍二尺四寸，圓如筩，銅色黑如漆，甚薄，上有銅馬，以繩縣馬，令去地尺餘，灌之以水，又以器盛水於下，以芒莖當心跪注錞于，以手振芒，則其聲如雷，清響良久乃絶，古所以節樂也〔二〕。周斛斯徵精《三禮》，爲太常卿。自魏孝武西遷，雅樂廢缺，樂有錞于者，近代絶無此器，或有自蜀得之，皆莫之識。徵曰："此錞于也。"衆弗之信，遂依干寶《周禮注》，以芒筒捋之，其聲極振①，乃取以合樂焉〔三〕。《宣和博古圖説》云："其製中虚，椎首而殺其下。"〔四〕王黼亦引段祚所獻爲證云〔五〕。今樂府金錞，就擊於地，灌水之制，不復考矣。是時，有虎龍錞一，山紋錞一，圜花錞一，縶馬錞一，龜魚錞一，魚錞二，鳳錞一，虎錞七。其最大者重五十一斤，小者七斤〔六〕。淳熙十四年，澧州慈利縣周赧王墓傍五里山摧，蓋古冢也，其中藏器物甚多。予甥余玠宰是邑，得一錞，高一尺三寸，上徑長九寸五分，闊八寸，下口長徑五寸八分，闊五寸，虎鈕高一寸二分，闊寸一分，并尾長五寸五分，重十三斤。紹熙三年，予仲子簽書峽州判官，於長陽縣又得其一②，甚大，高二尺，上徑長一尺六分，闊一尺四寸二分，下口長徑九寸五分，闊八寸，虎鈕高二寸五分，足闊三寸四分，并尾長一尺，重三十五斤。皆虎錞也〔七〕。予家蓄古彝器百種，此遂爲之冠。小錞無損缺，扣之，其聲清越以長。大者破處五寸許，聲不能渾全，然亦可考擊也。後復得一枚，與大者無小異，自峽來，寘諸篘籠中，取者不謹，斷其鈕，匠以藥銲而栅之，遂兩兩相對。若《三禮圖》《景祐大樂圖》所畫，形制皆非〔八〕。《東坡志林》記始興王鑑一節，云：「記者能道其尺寸之詳如此，而拙於遣詞，使古器形制不可復得其髣髴，甚可恨也。」正爲此云〔九〕。

【校勘】

①「振」，馬本、祠本作「清」。　②「陽」，馬本、庫本、祠本作「楊」。

【箋證】

〔一〕《周禮·地官·鼓人》。

〔二〕《東坡志林》卷二：「《周禮》有金錞，《國語》有錞于、丁寧。蕭齊始興王鑑嘗得之，高三尺六寸六分，圍二尺四寸，圓如筩，銅色黑如漆，上有銅馬，以繩懸馬，令出地尺餘，灌之以水，又以器盛水於下，以芒莖當心跪注錞于，清響如雷，良久乃已。記者能道其尺寸之詳如此，而拙於遺詞，使古器形制不可復得其彷彿，甚可恨也。」容齋本條蓋引東坡之文。傅增湘《藏園群書題記》卷二《宋刊本南齊書跋》，附録吴慈培跋云：「《容齋二筆》卷十一『古錞于』條引『南齊始興王鑑爲益州刺史』云云一百一字，即此卷第十一葉内之文。」

〔三〕《北史》卷四九《斛斯徵傳》。

〔四〕《直齋書録解題》卷八：「《博古圖説》十一卷，祕書郎邵武黄伯思長睿撰，有序。凡諸器五十九品，其數五百二十七，印章十七品，其數二百四十五。案李丞相伯紀爲長睿志墓，言所著《古器説》四百二十六篇，悉載《博古圖》。今以《圖説》考之，固多出於伯思，亦有不盡然者。又其名物亦頗不同，錢、鑑二品至多，此所載二錢二鑑而已。《博古》不載印章，而此印章最夥。蓋長睿没於政和八年，其後修《博古圖》頗采用之，而亦有所删改云爾。」

〔五〕《宣和博古圖》卷二六「周縶馬錞」下，王黼云：「古金錞重一十五斤十有四兩，上爲縶馬。《齊書·始興王鑑傳》：『廣漢什邡人段祚以錞于獻，上有銅馬，以繩縶馬，去地尺餘，灌之以水。又以器盛水於下，以芒當心跪注錞于，以手振芒，則如雷清響。』此錞與段祚所獻無少異。今樂府金錞就擊於地灌水之制，不復考矣。」

〔六〕諸器並見《重修宣和博古圖》卷二六，皆繪圖。

〔七〕桂馥《札樸》卷四《覽古》「錞于」條：「《宋書》言錞于之制，上有銅馬。馥謂非馬，蓋駮獸也。駮似馬，故作馬形。凡鐘上皆飾猛獸。《容齋續筆》言所見錞于有虎鈕，是也。」

〔八〕《三禮圖》，今有聶崇義《三禮圖集注》二十卷。所圖「金錞」，見卷七，狀似門楣，而中間掛一桶狀物，蓋出杜撰也。崇義，洛陽人，周顯德中，累官國子監司業。世宗詔崇義參定郊廟祭玉，因取《三禮圖》凡得六本，重加考訂，宋初上於朝，太祖覽而嘉之，詔頒行。參《四庫全書總目》卷二二。

《景祐大樂圖》二十卷，聶冠卿著，《崇文總目》卷一樂類著録，云：「冠卿討論故事，據經義，多所損益，以御製樂曲及鐘律議説、製器之法與古今樂器圖象之異，爲書一百二十六篇，上之。」

《重修宣和博古圖》卷二六《錞總説》：「及觀之近代竇儼撰爲《禮圖》，當時未覩前製，徒取諸昔人傳注之學，而臆度以成式，則有如杯盂之狀，仰而繫其兩傍，以屬于簨虡，固自以爲得矣。今觀斯器一出，以照映其陋。吁，可笑已！」

〔九〕詳注二。

2 孫玉汝

韓莊敏公縝，字玉汝，蓋取「君子以玉比德」「縝密以栗」，及「王欲玉汝」之義〔一〕，前人未嘗用，最爲古雅。案《唐登科記》，會昌四年及第進士有孫玉汝〔二〕。李景讓爲御史大夫，劾罷侍御史孫玉汝〔三〕。會稽《大慶寺碑》，咸通十一年所立，云衢州刺史孫玉汝記〔四〕。榮王宗綽《書目》有《南北史選練》十八卷，云孫玉汝撰，蓋其人也〔五〕。

【箋證】

〔一〕《禮記·聘義》：孔子曰：「夫昔者君子比德於玉焉，温潤而澤，仁也；縝密以栗，知也。」《大雅·民勞》：「王欲玉女，是用大諫。」鄭箋：「玉者，君子比德焉。王乎！我欲令女如玉然，故作是詩，用大諫正女。」

〔二〕徐松《登科記考》卷二二會昌四年有孫玉汝，考云：「《永樂大典》載《信安志》引《登科記》，孫玉汝登會昌四年進士第。」又引《續筆》本條。

容齋所引《唐登科記》，應是其伯兄适所編者。《直齋書録解題》卷七《傳記類》：「《唐登科記》十五卷，丞相鄱陽洪适景伯編集。按《唐·藝文志》有崔氏《顯慶登科記》五卷，姚康《科第録》十六卷，李奕《登科記》二卷。崔氏書有趙儋序，而失崔名。所載至周顯德，固非崔氏本書。而李奕書亦不存。洪忠宣得姚康書五卷於北方，而丞相又得别本，起武德，終太和，於毗陵錢氏，乃以三本輯爲一書，而用姚氏爲正。三書皆有序。姚字汝諧，南仲孫也，元和十五年進士。本書録武德至長慶爲十一卷，其曰十六卷者，亦後人所續。」

〔三〕李景讓劾孫玉汝，見《新唐書》卷一七七《李景讓傳》。朱翌《猗覺寮雜記》卷上：「世傳『不逢韓玉汝』，有應聲對者曰『可怕李金吾』。以金吾對玉汝爲切。唐有孫玉汝，則玉汝爲名字不始於韓也。見《李景讓傳》。」

〔四〕施宿等《會稽志》卷一六：「《大慶寺復寺記》，貝靈該分書并篆額，咸通十一年二月二十日刻。」蓋即此碑。

〔五〕《南北史選練》十八卷，《宋史》卷二〇三《藝文志》作《南北史練選》，又有《史略》三卷。《新唐書》卷五七《藝文志》著録孫玉汝《五禮名義》十卷，又卷五八有《唐列聖賢録目》二十五卷。榮王宗綽，參《四筆》卷一三《榮王藏書》條。

3　唐人避諱

唐人避家諱甚嚴，固有出於禮律之外者。李賀應進士舉，忌之者斥其父名晉肅，以晉與進字同音，賀遂不敢試。韓文公作《諱辯》，論之至切，不能解衆惑也。《舊唐史》至謂韓公此文爲文章之紕繆者，則一時横議可知矣〔一〕。杜子美有《送李二十九弟晉肅入蜀》詩，蓋其人云〔二〕。裴德融諱「皐」，高鍇以禮部侍郎典貢舉，德融入試，鍇曰：「伊諱『皐』，向某下就試，與及第，困一生事。」後除屯田員外郎，與同除郎官一人，同參右丞盧簡求。到宅，盧先屈前一人入，前人啓云：「某與新除屯田裴員外同祇候。」盧使驅使官傳語曰：「員外是何人下及第？偶有事，不得奉見。」裴蒼遽出門去〔三〕。觀此事，尤爲乖刺。鍇、簡求皆當世名流，而所見如此。《語林》載崔殷夢知舉，吏部尚書歸仁晦託弟仁澤，殷夢唯唯而已。無何，仁晦復詣託之，至於三四。殷夢斂色端笏，曰：「某見進表讓此官矣。」仁晦始悟己姓殷夢諱也。按《宰相世系表》，其父名龜從，此又與高相類〔四〕。且父名晉肅，子不得舉進士；父名臯，子不得於主司姓高下登科；父名龜從，子不列姓歸人於科籍。揆之禮律，果安在哉？後唐天成初，盧文紀爲工部尚書，新除郎中于鄴公參，文紀以父名嗣業，與同音，竟不見。鄴憂畏太過，一夕雉經于室。文紀坐謫石州司馬〔五〕。此又可怪也。

【箋證】

〔一〕韓愈《諱辯》事，參《隨筆》卷六《韓退之》條。

〔二〕郭知達《九家集注杜詩》卷三四《公安送李二十九弟晉肅入蜀余下沔鄂》。趙彦材云：「晉肅，乃李賀之父也。當時以賀父名晉肅，不得令舉進士。韓退之有辯，在韓集。」

〔三〕《太平廣記》卷一八一《裴德融》條。注出《盧氏雜説》。

〔四〕《語林》，或即王讜《唐語林》，今本無此條。今人周勛初《唐語林校證》據《隨筆》輯補。徐松《登科記考》卷二三乾符五年，知貢舉中書舍人崔澹。注引《續筆》本條。接云：「按歸仁澤已於乾符元年及第，『澤』字恐誤。」今人趙守儼校云：「岑仲勉云：崔澹與崔殷夢非同人。詳《唐史餘瀋》卷三。」

〔五〕《太平御覽》卷二一八《職官部十六》引《五代史·周書》：「盧文紀，嗣業之子，爲工部尚書。時新除工部郎中于鄴公參文紀，文紀以父名同音，不見。或謂鄴曰：『南宫故事，郎中入省，如本行尚書、侍郎不容參，何以省上？』鄴憂畏太過，一夕醉歸，遂經於室。其甥鄭鐐以事聞，謫文紀爲石州司馬。」

4 高鍇取士

高鍇爲禮部侍郎，知貢舉，閲三歲，頗得才實。始，歲取四十人，才益少，詔減十人，猶不能滿。此《新唐書》所載也〔一〕。案《登科記》，開成元年，中書門下奏：「進士元額二十五人，請加至四十人。」奉勑依奏。是年及二年、三年，鍇在禮部，每舉所放，各四十人。至四年，始令每年放三十人爲定，則《唐書》所云誤矣〔二〕。《摭言》載鍇第一牓裴思謙以仇士良關節取狀頭，鍇庭譴之。思謙回顧厲聲曰：「明年打脊取狀頭①。」第二年，鍇知舉，誡門下不得受書題。思謙自携士良一緘入貢院，既而易紫衣，趨至堦下，白曰：「軍容有狀薦裴思謙秀才。」鍇接之，書中與求巍峩。鍇曰：「狀元已有人，此外可副軍容意旨。」思謙曰：「卑吏奉軍容處分：『裴秀才非狀元請侍郎不放。』」鍇俛首良久，曰：「然則略要見裴學士。」思謙曰：「卑吏便是也。」鍇不得已，遂從之〔三〕。思謙及第後，宿平康里，賦詩云：「銀釭斜背解明璫，小語低聲賀玉郎。從此不知蘭麝貴，夜來新惹桂枝香。」然則思謙亦疎俊不羈之士耳〔四〕。鍇徇凶璫之意，以爲舉首，史謂頗得才實，恐未盡然〔五〕。先是，大和三年，鍇爲考功員外郎，取士有不當，監察御史姚中立奏停考功別頭試，六年，侍郎賈餗又奏復之。事見《選舉志》〔六〕。

【校勘】

①「狀」原訛作「牀」，據馬本、庫本、祠本改。

【箋證】

〔一〕《新唐書》卷一七七《高鍇傳》。按《舊唐書》卷一六八《鍇傳》：「鍇爲禮部侍郎，凡掌貢部三年，每歲登第者四十人。三年，榜出後，敕曰：『進士每歲四十人，其數過多，則乖精選，官途填委，要窒其源，宜改每年限放三十人，如不登其數，亦聽。』然鍇選擢雖多，頗得實才，抑豪華，擢孤進，至今稱之。」錢大昕《廿二史考異》卷五五《唐書十五·高鍇傳》：「《舊史》本傳本云鍇掌貢舉三年，每歲登第者四十人，及三年榜出之後，乃有敕改每年限放三十人，非謂鍇所放減十人也。《新史》删改，文章不明，致來容齋之誚。」

〔二〕《登科記》，即《唐登科記》，詳《續筆》卷一一《孫玉汝》箋證。按徐松《登科記考》開成元年、二年、三年，每年四十人；四年，三十人。

《册府元龜》卷六四一《貢舉部·條制第三》：唐文宗大和九年十二月，「中書門下奏：『今月九日，閤内面奉進止，今條流進士人數及諸色人等，進士元格不得過二十五人，今請加至四十人；明經元格不得過一百一十人，今請減十人。』開成元年正月詔：『文武之道，合而兼濟。勳臣子弟，有能修詞務學，應進士、明經及通諸科者，委有司先加奬引。』自其年至二年、三年，並高鍇知貢舉，每年皆恩賜題目，及第並四十人。二年五月，禮部奏請每年進士以三十人爲限，從之。」郁之按：容齋所引《登科記》云，至四年，始令每年放三十人爲定，與《册府元龜》所云「二年」不同。徐松《登科記考》卷二一大和九年十二月，據《册府元龜》録中書門下奏，末按云《容齋續筆》引《登科記》中書門下奏即此奏也。

〔三〕裴思謙事，見王定保《唐摭言》卷九。

馬端臨《文獻通考》卷二九《選舉考二》載《隨筆》卷三《進士試題》條及《續筆》本條，按云：「按唐科目考校，無糊名之法，故主司得以采取譽望，然以錢徽、高鍇之事觀之，權倖之囑託亦可畏也。東漢及魏晉以來，吏部尚書司用人之柄，然其時諉曰取行實、甄材能，故爲尚書者必使久於其任而後足以察識。今唐人禮部所試，不過於寸晷之間，程其文墨之小技，則所謂主司者，當於將試之時，擇士大夫之有學識操守者，俾主其事可矣，不必專以禮部爲之。今高鍇之爲侍郎知貢舉也至於三年，仇士良之挾勢以私裴思謙也至於再囑，於是鍇亦不能終拂凶璫以取禍矣。此皆預設與久任之弊也。」

〔四〕《唐摭言》卷三：「裴思謙狀元及第後，作紅箋名紙十數，詣平康里，因宿於里中。詰旦，賦詩曰：（見本條。略。）」

〔五〕傅璇琮《唐代科舉與文學》第十二章《舉子情狀與科場風習》引《續筆》此節，謂：「洪邁的話當然不無道理，但處於宦官專權、動輒可以殺人的文宗後期，高鍇這樣做，也有其不得已的苦衷。」

〔六〕《新唐書》卷四四《選舉志》。

5 兵部名存

唐因隋制，尚書置六曹。吏部、兵部分掌銓選，文屬吏部，武屬兵部。自三品以上官册授，五品以上制授，六品以下敕授，皆委尚書省奏擬。兩部各列三銓，曰尚書銓，尚書主之；曰東銓，曰西銓，侍郎二人主之〔一〕。吏居左，兵居右，是爲前行〔二〕。故兵部班級在户、刑、禮之上。睿宗初政，以宋璟爲吏部尚書，李乂、盧從愿爲侍郎，姚元之爲兵部尚書，陸象先、盧懷慎爲侍郎〔三〕。六人皆名臣，二選稱治。其後用人不能悉得賢，然兵部爲甚。其變而爲三班流外銓，不知自何時。元豐官制行，一切更改，凡選事，無論文武，悉以付吏部。蘇東坡當元祐中拜兵書，謝表云：「恭惟先帝復六卿之名，本欲後人識三代之舊，古今殊制，閑劇異宜，武選隸於天官，兵政揔於樞輔，故司馬之職，獨省文書。」蓋紀其實也〔四〕。今本曹所掌，惟諸州廂軍名籍，及每大禮，則書寫蕃官加恩告。雖有所轄司局，如金吾街仗司、騏驥車輅象院、法物庫、儀鸞司，不過每季郎官一往耳。名存實亡，一至於是〔五〕。

【箋證】

〔一〕《唐六典》卷二《尚書吏部》：「吏部尚書、侍郎之職，掌天下官吏選授、勳封、考課之政令。凡職官銓綜之典，封爵策勳之制，權衡殿最之法，悉以咨之。其屬有四，一曰吏部，二曰司封，三曰司勳，四曰考功。尚書、侍郎總其職務而奉行其制命。凡中外百司之事，由於所屬，皆質正焉。凡選授之制，每歲孟冬以三旬會其人，去王城五百里之内，集於上旬；千里之内，集於中旬；千里之外，集於下旬。以三銓分其選，一曰尚書銓，二曰中銓，三曰東銓。以四事擇其良，一曰身，二曰言，三曰書，四曰判。以三類觀其異，一曰德行，二曰才用，三曰勞效。德均以才，才均以勞，其優者擢而升之，否則量以退焉。所以正權衡，明與奪，抑貪冒，進賢能也。然後據其狀以覈之，量其資以擬之。五品已上，以名聞送中書門下，聽制授焉；六品已下，常參之官，量資注定。其才識頗高，可擢爲拾遺、補闕、監察御史者，亦以名送中書門下，聽敕授焉；其餘則各量資注擬。」

《唐六典》卷五《尚書兵部》：「兵部尚書、侍郎之職，掌天下軍衛武官選授之政令。凡軍師卒戍之籍，山川要害之圖，廐牧甲仗之數，悉以咨之。其屬有四，一曰兵部，二曰職方，三曰駕部，四曰庫部。尚書、侍郎總其職務，而奉行其制命。凡中外百司之事，由於所屬，咸質正焉。凡選授之制，每歲孟冬以三旬會其人，去王城五百里，集於上旬；千里之内，集於中旬；千里之外，集於下旬。以三銓領其事，一曰尚書銓，二曰東銓，三曰西銓。（尚書爲中銓，兩侍郎分爲東、西銓。）以五等閲其人，一曰長朶，二曰馬射，三曰馬槍，四曰步射，五曰應對。以三奇拔其選，一曰驍勇，二曰材藝，三曰可爲統領之用。其尤異者，登而任之，否則量以退焉。然後據其狀以覈之，考其能以進之，所以録深功、拔奇藝、備軍國、綜勳賢也。五品已上，皆奏聞而制授焉；六品已下，則量資注擬。」

〔二〕《唐六典》卷二《尚書吏部》：「凡未入仕而吏京師者，復分爲九品，通謂之行署。其應選之人，以其未入九流，故謂之流外銓，亦謂之小銓。其校試銓注，與流内銓略同。其在吏部、兵部、考功、都省、御史臺、中書、門下，是謂『前行要望』，目爲『七司』，其餘則曰『後行閑司』。」

〔三〕《新唐書》卷四五《選舉志》。

〔四〕《東坡全集》卷六九《謝兼侍讀表》。

〔五〕《文獻通考》卷五二《職官考六·兵部尚書》：「宋兵部，判部事一人。凡籍武官軍師卒戍之政令，悉歸於樞密院，其選授小者又歸三班。本曹但掌三駕儀仗、鹵簿字圖，釋奠武成王廟及武舉事，歲終以義勇、弓箭手、寨户之數上於朝。元豐更制，惟民兵、馬政權隸樞密院，武官銓選並歸吏部。五年詔：『應緣義勇保甲事並隸樞密院，其餘民兵悉隸兵部。』以什伍之法教民爲兵，以選舉之法試武士，以鹵簿字圖分布儀衛，以郡縣之圖周知地域。凡廂軍、蕃兵剩員及金吾街仗司人兵，稽其數而振飭其藝。大將出征，告捷於廟，破賊，露布以聞。臣僚之家宣借兵級，與夫蕃夷屬户授官封襲之事，皆掌之。建炎三年，並衛尉寺隸焉，分案十，曰賞功，曰民兵衛，曰廂兵，曰人從看詳，曰帳籍告身，曰武舉，曰蕃官，曰開折，曰知雜，曰檢法。」

6　武官名不正

文官郎、大夫，武官將軍、校尉，自秦、漢以來有之。至於階秩品著，則由晉、魏至唐始定。唐文散階二十九，自開府、特進之下，爲大夫者十一，爲郎者十六。武散階四十五，爲將軍者十二，爲校尉者十六。此外懷化、歸德大將軍，訖于司戈、執戟，皆以待蕃戎之君長臣僕〔一〕。本朝因之。元豐正官制，廢文散階，而易舊省部寺監名，稱爲郎、大夫，曰寄禄官。政和中，改選人七階亦爲郎，欲以將軍、校尉易横行以下諸使至三班借職，而西班用事者嫌其塗轍太殊，亦請改爲郎、大夫，於是以卒伍厮圉玷汙此名，又以節度使至刺史專爲武臣正任〔二〕。且郎、大夫，漢以處名流，觀察使在唐爲方伯，刺史在漢爲監司，在唐爲郡守，豈介胄恩倖所得處哉？此其名尤不正者也。

【箋證】

〔一〕《新唐書》卷四六《百官志》：「文散階二十九：從一品曰開府儀同三司，正二品曰特進，從二品曰光祿大夫，正三品曰金紫光祿大夫，從三品曰銀青光祿大夫，正四品上曰正議大夫，正四品下曰通議大夫，從四品上曰太中大夫，從四品下曰中大夫，正五品上曰中散大夫，正五品下曰朝議大夫，從五品上曰朝請大夫，從五品下曰朝散大夫，正六品上曰朝議郎，正六品下曰承議郎，從六品上曰奉議郎，從六品下曰通直郎，正七品上曰朝請郎，正七品下曰宣德郎，從七品上曰朝散郎，從七品下曰宣義郎，正八品上曰給事郎，正八品下曰徵事郎，從八品上曰承奉郎，從八品下曰承務郎，正九品上曰儒林郎，正九品下曰登仕郎，從九品上曰文林郎，從九品下曰將仕郎。」「武散階四十有五：從一品曰驃騎大將軍，正二品曰輔國大將軍，從二品曰鎮軍大將軍，正三品上曰冠軍大將軍、懷化大將軍，正三品下曰懷化將軍，從三品上曰雲麾將軍、歸德大將軍，從三品下曰歸德將軍，正四品上曰忠武將軍，正四品下曰壯武將軍、懷化中郎將，從四品上曰宣威將軍，從四品下曰明威將軍、歸德中郎將，正五品上曰定遠將軍，正五品下曰寧遠將軍、懷化郎將，從五品上曰游騎將軍，從五品下曰游擊將軍、歸德郎將，正六品上曰昭武校尉，正六品下曰昭武副尉、懷化司階，從六品上曰振威校尉，從六品下曰振威副尉、歸德司階，正七品上曰致果校尉，正七品下曰致果副尉、懷化中候，從七品上曰翊麾校尉，從七品下曰翊麾副尉、歸德中候，正八品上曰宣節校尉，正八品下曰宣節副尉、懷化司戈，從八品上曰禦侮校尉，從八品下曰禦侮副尉、歸德司戈，正九品上曰仁勇校尉，正九品下曰仁勇副尉、懷化執戟長上，從九品上曰陪戎校尉，從九品下曰陪戎副尉、歸德執戟長上。」

〔二〕參《宋史》卷四九六《職官志》。程俱《北山集》卷四〇《繳蘇易轉行橫行奏狀》：「元豐肇新官制之時，以承務郎至特進爲寄禄官，以易監主簿至僕射之名，而武臣獨依舊不以寄禄官易之者，蓋有深意也。自政和不惟輕改武臣官稱爲郎、大夫，遂並與横行易之而爲轉官之等級，此皆當時有司不習典故，不思祖宗之深旨，率意改更，以開僥倖之門，大抵如此，故流弊日深也。」亦見《宋史》卷四四五本傳。

7 名將晚謬

自古威名之將，立蓋世之勳，而晚謬不克終者，多失於恃功矜能而輕敵也。關羽手殺袁紹二將顔良、文醜於萬衆之中，及攻曹仁於樊，于禁等七軍皆没，羽威震華夏，曹操議徙許都以避其鋭，其功名盛矣，而不悟吕蒙、陸遜之詐，竟墮孫權計中，父子成禽，以敗大事〔一〕。西魏王思政鎮守玉壁，高歡連營四十里攻圍之，飢凍而退。及思政徙荆州，舉韋孝寬代己，歡舉山東之衆來攻，凡五十日，復以敗歸，皆思政功也。其後欲以長社爲行臺治所，致書於崔猷。猷曰：「襄城控帶京洛，當今要地，如其動静，易相應接。潁川鄰寇境，又無山川之固，莫若頓兵襄城，而遣良將守潁川，則表裏膠固，人心易安，縱有不虞，豈足爲患？」宇文泰令依猷策，思政固請，且約，賊水攻期年、陸攻三年之内，朝廷不煩赴救。

已而陷於高澄，身爲俘虜〔二〕。慕容紹宗挫敗侯景，一時將帥皆莫及，而攻圍潁川，不知進退，赴水而死〔三〕。吴明徹當陳國衰削之餘，北伐高齊，將略人才，公卿以爲舉首，師之所至，前無堅城，數月之閒，盡復江北之地。然其後攻周彭城，爲王軌所困，欲遏歸路。蕭摩訶請擊之，明徹不聽，曰：「搴旗陷陳，將軍事也，長算遠略，老夫事也。」一旬之間，水路遂斷。摩訶又請潛軍突圍，復不許，遂爲周人所執，將士三萬皆没焉〔四〕。此四人之過，如出一轍。

【箋證】

〔一〕《資治通鑑》卷六八《漢獻帝紀》建安二十四年。俞樾《茶香室續鈔》卷一六《關公殺顔良文醜》，引《二筆》此節，云：「按《三國志》本傳但有殺顔良事，文醜非公所殺也。乃宋時即有此説，則今《演義》流傳亦有所本矣。」

〔二〕《資治通鑑》卷一六二《梁武帝紀》太清三年。

〔三〕《資治通鑑》卷一六一、一六二《梁武帝紀》太清二年、三年。

〔四〕《資治通鑑》卷一七三《陳宣帝紀》太建十年。

8 唐帝稱太上皇

唐諸帝稱太上皇者，高祖、睿宗、明皇、順宗，凡四君。順宗以病廢之故，不能臨政；

高祖以秦王殺建成、元吉；明皇幸蜀，爲太子所奪；唯睿宗上畏天戒，發於誠心，爲史册所表〔一〕。然以事考之，睿宗以先天元年八月傳位於皇太子，猶五日一受朝，三品以上除授，及大刑政，皆自決之。故皇帝之子嗣直、嗣謙、嗣昇封王，皆以上皇誥而出命。又遣皇帝巡邊。二年七月甲子，太平公主誅，明日乙丑，即歸政〔二〕。然則猶有不獲已也。若夫與堯、舜合其德，則我高宗皇帝、至尊壽皇聖帝爲然〔三〕。

【箋證】

〔一〕《新唐書》卷六《肅宗、代宗紀》末贊曰：「蓋自高祖以來，三遜于位，以授其子，而獨睿宗上畏天戒，發于誠心。若高祖、玄宗，豈其志哉？」

〔二〕《舊唐書》卷七《睿宗紀》。三誥載《唐大詔令集》卷三三《諸王封建》。《封郯王嗣直郢王嗣謙制》，在先天元年八月。《封陝王嗣昇制》，在先天元年九月。

〔三〕《宋史》卷三二《高宗紀》：紹興三十二年，六月丙子，「詔皇太子即皇帝位，帝稱太上皇帝，退處德壽宮，皇后稱太上皇后，孝宗即位」。卷三五《孝宗紀》：淳熙十六年，「二月壬戌，下詔傳位皇太子。是日，皇太子即皇帝位，帝素服駕之重華宮。辛未，上尊號曰至尊壽皇聖帝。」

9　楊倞注荀子

唐楊倞注《荀子》，乃元和十三年〔一〕。然《臣道篇》所引《書》曰：「從命而不拂，微諫而不倦，爲上則明，爲下則遜。」注以爲《伊訓篇》。今元無此語。《致士篇》所引曰：「義刑義殺，勿庸以即，汝惟曰未有順事。」注以爲《康誥》，而不言其有不同者〔二〕。

【箋證】

〔一〕楊倞自序云：「歲在戊戌，大唐睿聖文武皇帝元和十三年十二月也。」（楊倞注《荀子》卷首）《四庫提要》云：「劉向校書序録稱《孫卿書》凡三百二十三篇，以相校，除重複二百九十篇，定著三十三篇，爲十二卷，題曰《新書》。唐楊倞分易舊第，編爲二十卷，復爲之注，更名《荀子》，即今本也。」（《四庫全書總目》卷九一）

〔二〕所引《荀子》，見楊倞注《荀子》卷九《臣道篇》及《致士篇》。《臣道篇》「《書》曰」句下，注云：「《書·伊訓》也。」《致士篇》「《書》曰」句下，注云：「《書·康誥》曰：『雖義刑義殺，亦勿庸即行之，當先教後刑也。雖先後不失，尚謙曰我未有順事，故使民犯法，躬自厚而薄責於人也。』」又《荀子》卷二〇《宥坐篇》亦引之，注云：「《書·康誥》言，周公命康叔使以義刑義殺，勿用以就汝之心，不使任其喜怒也。維刑殺皆以義，猶自謂未有使人可順守之事，故有抵犯者，自責其教之不至也。」

考《荀子》此所引「《書》曰」，容齋謂「今元無此語」，然則元和間楊倞所見之《尚書》已不見於宋時矣。檢今本《周書·康誥》：「王曰：『汝陳時臬事，罰蔽殷彝，用其義刑義殺，勿庸以次汝封。乃汝盡遜曰時叙，惟曰未有遜事。』」《商書·伊訓》：「先王肇修人紀，從諫弗咈，先民時若，居上克明，爲下克忠，與人不求備，檢身若不及。」皆不同於《荀子》所引。

10 昭宗相朱朴

唐昭宗出幸華州，方强藩悍鎮，遠近爲梗，思得特起奇士任之，以成中興之業。水部郎中何迎，表薦國子博士朱朴才如謝安。朴所善方士許巖士得幸，出入禁中，亦言朴有經濟才。上連日召對，朴有口辯，上悦之，曰：「朕雖非太宗，得卿如魏徵矣。」上憤天下之亂，朴自言得爲宰相，月餘可致太平。遂拜爲相，制出，中外大驚〔一〕。《唐制詔》有制詞，學士韓儀所撰，曰：「夢傅巖而得真相，則商道中興；獵渭濱而載獻臣，則周朝致理。朕自逢多難，渴竚英賢，暗禱鬼神，明祈日月，果得哲輔，契予勤求。朱朴學業優深，識用精敏，久徊翔而不振，彌貞吉以自多。朕知其才，遂召與語。理亂立分於言下，聞所未聞；兵農皆在於術中，得所未得。不覺前席，爲之改容；須委化權，用昌衰運。自我拔奇，寧拘品秩；百度群倫，俟爾康濟。」〔二〕其美如此。儀者，偓之兄，所謂「暗禱鬼神、明祈日月」之語，必當時所授旨意也。朴爲相纔半年而罷。後貶郴州司户參軍，制云：「不爲自審之謀，苟竊相援之力，實因姦幸，潛致顯榮。亦謂術可弭兵，學能活國，冒半歲容身之贊，無一朝輔政之功。唯辱中台，頗興群論。」〔三〕嗚呼，昭宗當王室艱危之際，無知人之明，拔朴於庶僚中，位諸公衮，以今觀之，適足詒後人譏笑。《新史》贊謂：「捭豚臑而拒貙牙，趣亡而已。」〔四〕悲夫！

【箋證】

〔一〕事詳《資治通鑑》卷二六〇《唐昭宗紀》乾寧三年。

〔二〕韓儀撰《朱朴平章事制》，載《唐大詔令集》卷五〇。儀，事迹附《新唐書》卷一八三韓偓傳後。《唐制詔》，《宋史》卷二〇九《藝文志》有《唐制誥集》十卷，又有《雜制詔集》二十一卷。

〔三〕《資治通鑑》卷二六一《唐昭宗紀》：乾寧四年二月，「中書侍郎同平章事朱朴罷爲祕書監。朴既秉政，所言皆不效，外議沸騰。太子詹事馬道殷以天文、將作監許巖士以醫得幸於上，韓建誣二人以罪而殺之。且言偓、朴與二人交通，故罷相。」八月，「祕書監朱朴，先貶夔州司馬，再貶郴州司户。」

朴貶郴州司户參軍制，蓋亦出《唐制詔集》，今載《唐大詔令集》卷五八，題《朱朴郴州司馬制》。

〔四〕《新唐書》卷一八三鄭綮、朱朴、韓偓、儀諸人傳，卷末贊曰：「懿、僖以來，王道日失厥序，腐尹塞朝，賢人遁逃，四方豪英，各附所合而奮，天子塊然，所與者惟佞愎庸奴，乃欲鄣横流，支已顛，寧不殆哉！觀綮、朴輩不次而用，捭豚臑，拒貙牙，趣亡而已。一韓偓不能容，況賢者乎！」

11 楊國忠諸使

楊國忠爲度支郎，領十五餘使，至宰相，凡領四十餘使。弟署一字不能盡，胥吏因是恣爲姦欺。新、舊《唐史》皆不詳載其職〔一〕。案，其拜相制前銜云：「御史大夫判度支、權知太府卿事，兼蜀郡長史、劍南節度支度、營田等副大使，本道兼山南西道采訪處置使、兩京太府、司農、出納、監倉、祠祭、木炭①、宫市、長春九成宫等使，關内道及京畿采訪處置使，拜右相兼吏部尚書、集賢殿崇玄館學士②、脩國史、太清太微宫使。」自餘所領，又有管當租庸、鑄錢等使〔二〕。以是觀之，槩可見矣。宫市之事，咸謂起於德宗貞元，不知天寶中已有此名，且用宰臣充使也。韓文公作《順宗實録》，但云：「舊事，宫中有要市外物，令官吏主之，與人爲市，隨給其直，貞元末以宦者爲使。」亦不及天寶時已有之也。

【校勘】

①「木」，馬本、祠本作「米」。　②「玄」，馬本、庫本、祠本作「文」。

【箋證】

〔一〕《新唐書》卷二〇六《外戚·楊國忠傳》：「虢國居中用事，帝所好惡，國忠必探知其微。帝以爲能，擢兼度支員外郎，遷不淹年，領十五餘使。」「國忠由御史至宰相，凡領四十餘使，而度支、吏部事自叢夥，第署一字不能盡，故吏得輕重，顯賕公謁無所忌。」

〔二〕《唐大詔令集》卷四五《楊國忠右相制》。「太清太微宫使」句下又云：「仍判度支及蜀郡大都督府長史，劍南節度支度、營田副大使，本道兼山南西道采訪處置使，兩京出納、勾當、租庸、鑄錢等使，並如故。」篇末注云：「天寶十一載十一月。」

12 祖宗朝宰輔

祖宗朝，宰輔名爲禮絶百僚，雖樞密副使，亦在太師一品之上，然至其罷免歸班，則與庶位等〔一〕。李崇矩自樞密使罷爲鎮國軍節度使，旋改左衛大將軍，遂爲廣南西道都巡檢使，未幾遣使齎詔徙海南四州都巡檢使。皆非降黜。在南累年，入判金吾街仗司而卒，猶贈太尉〔二〕。趙安仁嘗參知政事，而判登聞鼓院〔三〕。張鎔嘗知樞密院，而監諸司庫務〔四〕。曾孝寬以簽書樞密，服闋，而判司農寺〔五〕。張宏、李惟清皆自見任樞密副使徙御史中丞〔六〕。其他以前執政而爲三司使、中丞者數人。官制既行，猶多除六曹尚書。自崇寧以來，乃始不然〔七〕。

【箋證】

〔一〕按，田錫《咸平集》卷一《上真宗論輕於用兵》謂戰爭失利，「宰相不過罷免歸班爲尚書」。蓋元豐以前，宰相歸班已有除尚書者，非與庶位等也。

〔二〕李崇矩，字守則，潞州上黨人。事詳《宋史》卷二五七《李崇矩傳》。

〔三〕趙安仁，字樂道，河南洛陽人。事詳《宋史》卷二八七《趙安仁傳》。判登聞鼓院，本傳失書。

〔四〕張鎔事，《宋史》失書。

〔五〕曾孝寬事，《宋史》失書。徐自明《宋宰輔編年録》卷八：元豐元年閏正月，「己亥，曾孝寬罷簽書樞密院事。（以父憂罷。）五月，孝寬起復樞密直學士、起居舍人、簽書本院事。孝寬乞終喪，許之。給半俸，又辭，從之。三年三月，孝寬免喪，除端明殿學士、知河陽，尋入見，留判司農寺。九月，出知陳州。」

〔六〕張宏，字巨卿，端拱初，改工部侍郎，再爲樞密副使。淳化二年，以吏部侍郎罷，俄判吏部銓，權知開封府。至道初，出知潞州，二年，就轉右丞。真宗即位，加工部尚書。李惟清，字直臣，太宗聞其廉平，詔奬之。二年，徙廣南東西路都轉運使，尋召拜給事中，踰月同知樞密院事。然以俗吏進，無人望，纔數月，真宗即位，加刑部侍郎，復除御史中丞。既去樞要，怫鬱尤甚，肆情彈擊。咸平元年，卒。事迹具《宋史》卷二六七本傳。

〔七〕李心傳《舊聞證誤》卷一：「祖宗朝，宰相罷免，惟趙中令得使相，餘多以本官歸班。參、樞亦然。天禧中，張文節始以侍讀學士知南京。天聖中，王文康以資政殿學士知陝州。自慶曆後，解罷免率皆得職焉。（出宋敏求《春明退朝録》。）按，參知政事罷政得職名，自景德二年王文穆始。慶曆以前，執政若薛簡肅、宋宣獻、李康靖、晁文莊之流，皆得資政殿學士。蓋祖宗故事，參、樞善罷，例皆進秩。太宗執政三十九人，惟王永圖、陳晉公、李文靖、賈媧民、寇忠愍、温恭肅六人以本官罷，外此無不進秩者。」

13 百官避宰相

劉器之以待制爲樞密都承旨，道遇執政出尚書省，相從歸府第，劉去席帽涼衫，斂馬，遣人傳語，相揖而過。左相呂汲公歸，呼門下省法吏，問從官道逢宰相如何。吏檢條，但有尚書省官避令僕，兩省官各避其官長，而無兩制避宰相之法，汲公乃止，而心甚不樂。劉以此語人，以爲有所據〔一〕。然以事體揆之，侍從不避宰相，恐爲不然，亦無所謂只避官長法，劉公蓋飾説耳。案《天聖編敕》，諸文武官與宰相相遇於路，皆退避；見樞密使副、參知政事，避路同宰相。其文甚明，不應元祐時不行用也〔二〕。

【箋證】

〔一〕祝穆《古今事文類聚續集》卷三《居處部》「避宰相路」條：「劉公安世作都承旨待制，欲至梁門，見一相識呂微仲作左相與執政出尚書省，相從歸府第，遇之於塗，除去席帽涼衫，斂馬於浚溝廟下。既至，遣人傳語，相揖而過。當時，若無所據，則爲犯義。微仲歸，不下，斥呼門下省法吏，問從官道逢宰相如何。吏檢條，但有尚書省官避令僕，兩省官各避其官長，而無兩制避宰相之法。微仲遂止，然終不樂。」注出《語録》。按《宋史》卷二〇五《藝文志》有劉安世《語録》二卷。

劉安世，字器之，從學於司馬光。光入相，薦爲祕書省正字，擢右正言，進左諫議大夫，尋以集賢殿修撰提舉崇福宫，召爲寶文閣待制，出知成德軍。章惇、蔡京用事，屢遭貶謫，卒。事迹具《宋史》卷三四五本傳。吕大防，字微仲，其先汲郡人，皇祐進士，累除知制誥、翰林學士、尚書右丞，進尚書左僕射兼門下侍郎。事迹具《宋史》卷三四〇本傳。

〔二〕趙希弁《郡齋讀書後志》卷一：「《天聖編敕》三十卷。右天聖中宋庠、龐籍受詔改修唐令，參以今制而成。凡二十一門，官品一，户二，祠三，選舉四，考課五，軍防六，衣服七，儀制八，鹵簿九，公式十，田十一，賦十二，倉庫十三，廄牧十四，關市十五，捕亡十六，疾醫十七，獄官十八，營繕十九，喪葬二十，雜二十一。」《宋史》卷二〇四《藝文志》有吕夷簡《天聖編敕》十二卷。《宋史》卷一一八《禮志·賓禮三·百官相見儀制》：「大中祥符五年，復命翰林學士李宗諤等詳定儀制：文武百官遇宰相、樞密使、參知政事，並避。」

14　百官見宰相

《天聖編敕》載文武百官見宰相儀。文明殿學士至龍圖閣直學士，列班於都堂階上，堂吏贊云：「請，不拜，班首前致詞，訖，退，歸位，列拜。宰相荅拜。」兩省官相次同學士之儀。上將軍、大將軍、將軍、御史臺官，及南班文武百寮，序班於中書門外，應節度使至刺史，並綴本班，中丞揖訖，入。宰相降階，南向立於位，乃稱班，文東武西，並北上，臺官南行，北向東上。贊云：「百寮拜，宰相荅拜，訖，退。」內客省使至閤門使見宰相、樞密使，並階上列行拜，不荅拜；見參知政事、樞密副使、宣徽使，客禮展拜；皇城使以下諸司使、橫行副使見宰相、樞密使，並階上連姓稱職展拜①，不荅拜；見參政、副樞，並列行拜。若諸司副使、閤門祗候見參樞，亦不荅拜〔一〕。國朝上下等威，其嚴如此。已而浸廢。文潞公、富韓公至和中自外鎮拜相，詔百官班迎於門，言者乃謂隆之以虛禮〔二〕。元豐定官制，王禹玉、蔡持正爲僕射，上日，始用此禮〔三〕。其後復不行。乾道初，魏仲昌以樞密吏寅緣得副承旨，每謁公府，與侍從同席升車而去。葉子昂爲相，獨抑之，使與卿監旅進，送之于右序，不索馬。及王抃以國信所典儀吏爲都承旨，且正任觀察使，遂禮均從官矣〔四〕。

【校勘】

①「上」，馬本、祠本作「下」。

【箋證】

〔一〕《宋史》卷一一八《禮志·賓禮三》所即百官見見宰相儀制，頗簡略，但云「文武官不得假借呼稱，以紊朝制。當避路者，若被宣召，及有所捕逐，許橫度焉。又令：『諸司使、副使、通事舍人見宰相、樞密使，升階，連姓通名展拜，不答拜。其見樞密副使、參知政事、宣徽使，以客禮展拜。』」《續筆》此條可補《宋史·禮志》之闕。

〔二〕《宋史》卷三三七《范鎮傳》：「文彦博、富弼入相，詔百官郊迎。鎮曰：『隆之以虚禮，不若推之以至誠。陛下用兩人爲相，舉朝皆謂得人，然近制兩制不得詣宰相居第，百官不得間見，是不推之以誠也。願罷郊迎，除謁禁，則於御臣之術爲兩得矣。』」

〔三〕《宋史》卷三一二《王珪傳》：「元豐官制行，（珪）由禮部侍郎超授銀青光禄大夫。五年，正三省官名，拜尚書左僕射兼門下侍郎，以蔡確爲右僕射。」未載其拜相禮之事。

〔四〕魏仲昌、葉子昂、王抃三事，《宋史》失書，蓋出當時《實録》《國史》。

15 東坡自引所爲文

東坡爲文潞公作《德威堂銘》云：「元祐之初，起公以平章軍國重事，期年，乃求去。詔曰：『昔西伯善養老，而太公自至。魯穆公無人子思之側，則長者去之。公自爲謀則善矣，獨不爲朝廷惜乎！』又曰：『唐太宗以干戈之事，尚能起李靖於既老，而穆宗、文宗以燕安之際，不能用裴度於未病。治亂之效，於斯可見。』公讀詔聳然，不敢言去。」案此二詔，蓋元祐二年三月潞公乞致仕不允批荅，皆坡所行也〔一〕。又《繳還乞罷青苗狀》云：「近日謫降吕惠卿告詞云：『首建青苗，次行助役。』」亦坡所作。《張文定公墓誌》載嘗論次其文凡三百二十字，結之云：「世以軾爲知言。」又述諫用兵云：「老臣且死，見先帝地下，有以藉口矣。」亦其所作也。并引責呂惠卿詞亦然。乾道中，邁直翰苑，荅陳敏步帥詔云：「亞夫持重，小棘門、霸上之將軍；不識將屯，冠長樂、未央之衛尉。」後爲敏作神道碑，亦引之，正以公爲法也〔二〕。

【箋證】

〔一〕《東坡全集》卷一一三《賜太師文彦博乞致仕不許批答》，原注：「元祐二年三月二十九日。」《賜太師文彦博乞致仕不允批答》，原注：「元祐二年三月二十六日。」

〔二〕《宋史》卷四〇二《陳敏傳》載，乾道四年，召敏爲左衛上將軍，《制》當作於此時。

容齋續筆卷十二　十一則

1　婦人英烈

婦人女子，婉孌閨房，以柔順静專爲德，其遇哀而悲，臨事而惑，蹈死而懼，蓋所當然爾。至於能以義斷恩，以智決策，斡旋大事，視死如歸，則幾於烈丈夫矣。齊湣王失國，王孫賈從王，失王之處。其母曰：「汝朝出而晚來，則吾倚門而望；汝暮出而不還，則吾倚閭而望。汝今事王，不知王處，汝尚何歸？」賈乃入市，呼市人攻殺淖齒，而齊亡臣相與求王子立之，卒以復國〔一〕。馬超叛漢，殺刺史、太守。涼州參軍楊阜出見姜敘於歷城，與議討賊。敘母曰：「韋使君遇難，亦汝之負，但當速發，勿復顧我。」敘乃與趙昂合謀。超取昂子月爲質，昂謂妻異曰：「當柰月何？」異曰：「雪君父之大恥，喪元不足爲重，況一子哉！」超襲歷城，得敘母，母罵之曰：「汝背父殺君，天地豈久容汝，敢以面目視人乎？」超殺之，月亦死〔二〕。晉卞壼拒蘇峻，戰死，二子隨父後，亦赴敵而亡。其母撫尸哭曰：「父爲忠臣，子爲孝子，夫何恨乎！」〔三〕秦苻堅將伐晉，所幸張夫人引禹、稷、湯、武事以諫曰：「朝野之人皆言晉不可伐，陛下獨決意行之？」堅不聽，曰：「軍旅之事，非婦人所當預也。」〔四〕劉裕起兵討逆，同謀孟昶謂妻周氏曰：「我決當作賊，幸早離絶。」周氏曰：「君父母在堂，欲建非常之謀，豈婦人所能諫。事之不成，當於奚官中奉養大家，義無歸志也。」昶起，周氏追昶坐，曰：「觀君舉措，非謀及婦人者，不過欲得財物耳。」指懷中兒示之曰：「此而可賣①，亦當不惜。」遂傾貲以給之〔五〕。何無忌夜草檄文，其母，劉牢之姊也，登橙密窺之，泣曰：「汝能如此，吾復何恨！」問所與同謀者，曰：「劉裕。」母尤喜，因爲言舉事必有成之理以勸之〔六〕。竇建德救王世充，唐拒之於虎牢。建德妻曹氏勸使乘唐國之虛，西抄關中，唐必還師自救。建德曰：「此非女子所知。」〔七〕李克用困於上源驛，左右先脱歸者，以汴人爲變告其妻劉氏，劉神色不動，立斬之，陰召大將約束，謀保軍以還。克用歸，欲勒兵攻汴，劉氏曰：「公當訴之朝廷，若擅舉兵相攻，天下孰能辨其曲直？」克用乃止〔八〕。黄巢死，時溥獻其姬妾。僖宗宣問曰：「汝曹皆勳貴子女，何爲從賊？」其居首者對曰：「狂賊凶逆，國家以百萬之衆，失守宗祧。今陛下以不能拒賊責一女子，置公卿將帥於何地乎？」上不復問，戮之於市。餘人皆悲怖昏醉，獨不飲不泣，至於就刑，神色肅然〔九〕。唐莊宗臨斬劉守光，守光悲泣哀祈不已，其二妻李氏、祝氏譙之曰：「事已如此，生復何益！妾請先死。」即伸頸就戮〔一〇〕。劉仁贍守壽春，幼子崇諫夜泛舟渡淮北，仁贍命斬之。監軍使求救於夫人，夫人曰：「妾於崇諫，非不愛也，然軍法不可私，若貸之，則劉氏爲不忠之門矣。」趣命斬之，然後成喪〔一二〕。王師圍金陵，李後主以劉澄爲潤州節度使，澄開門降越。後主誅其家，澄女許嫁未適，欲活之。女曰：「叛逆之餘，義不求生。」遂就死〔一三〕。此十餘人者，義風英氣，尚凜凜有生意也。雖載於史策，聊表出之。至於唐高祖起兵太原，女平陽公主在長安，其夫柴紹曰：「尊公將以兵清京師，我欲往，恐不能偕，柰何？」主曰：「公往矣，我自爲計。」即奔鄠，發家貲招南山亡命，諭降群盜，申法誓衆，勒兵七萬，威振關中，與秦王會渭北，分定京師〔一三〕。此其偉烈，又非它人比也。

【校勘】

①「而」，馬本、庫本、祠本作「兒」。

【箋證】

〔一〕《戰國策》卷一三《齊策六》。《資治通鑑》卷四《周赧王紀》三十一年。

〔二〕《資治通鑑》卷六六《漢獻帝紀》建安十八年。

〔三〕《資治通鑑》卷九四《晉成帝紀》咸和三年。

〔四〕《資治通鑑》卷一〇四《晉孝武帝紀》太元七年。

〔五〕《資治通鑑》卷一一三《晉安帝紀》元興三年。

〔六〕同注五。

〔七〕《資治通鑑》卷一八九《唐高祖紀》武德四年。

〔八〕《資治通鑑》卷二五五《唐僖宗紀》中和四年。

〔九〕《資治通鑑》卷二五六《唐僖宗紀》中和四年。

〔一〇〕《資治通鑑》卷二六九《後梁均王紀》乾化四年。

〔一一〕《資治通鑑》卷二九三《後周世宗紀》顯德四年。

〔一二〕馬令《南唐書》卷二七《劉澄傳》。

〔一三〕《新唐書》卷八三《平陽昭公主傳》。

2 無用之用

《莊子》云：「人皆知有用之用，而莫知无用之用。」又云：「知无用，而始可與言用矣。夫地非不廣且大也，人之所用，容足耳。然則廁足而墊之致黄泉，所謂无用之爲用也亦明矣。」此義本起於《老子》「三十輻共一轂，當其无，有車之用」一章。《學記》：「鼓無當於五聲，五聲弗得不備；水無當於五色，五色弗得不章。」其理一也。今夫飛者以翼爲用，縶其足則不能飛；走者以足爲用，縛其手則不能走。舉場較藝，所務者才也，而拙鈍者亦爲之用；戰陳角勝，所先者勇也，而老怯者亦爲之用。則有用、無用，若之何而可分别哉？故爲國者，其勿以无用待天下之士，則善矣〔一〕。

【箋證】

〔一〕錢鍾書《管錐編》第二册《老子王弼注·一一章》:「洪邁《容齋續筆》卷一二:（郁之按,本條,略）宛轉關生,善於解《老》;飛走二喻實取之《淮南子·説山訓》:『走不以手,縛手走不能疾;飛不以尾,屈尾飛不能遠。物之用者,必待不用者。』古羅馬大史家嘗設喻謂五官四肢惡腹之無所事事,祇安享而不勞作也,因相約惰息,不爲致飲食,終於舉體衰敝;又縛手屈尾之充類至盡也。然莊子論『無用之用』有兩義,洪氏語焉而未察。《人間世》:『是不材之木也,無所可用,故能若是之壽。山木自寇也,膏火自煎也,桂可食,故伐之,漆可用,故割之,人皆知有用之用,而莫知無用之用也』;郭象注:『有用則與彼爲功,無用則自全其生。』此一義也,乃偷活苟全之大幸耳;《山木》已曰:『昨日山中之木以不材得終其天年,今主人之雁以不材死』,即徵其非通方咸宜之大道,故韓愈《落齒》詩言:『木雁各有喜。』《墨子·親士》謂銛錐先挫,錯刀先靡,甘井近竭,招木近伐,『彼人者寡不死其所長』,正不材木『有喜』也;而又謂『雖有賢君,不愛無功之臣;雖有慈父,不愛無益之子』,復是能鳴雁『有喜』矣。《莊子·外物》:『惠子謂莊子曰:「子言無用。」莊子曰:「知無用而始可與言用矣。天地非不廣且大也,人之所用容足耳,然則廁足而墊之致黄泉,人尚有用乎?」惠子曰:「無用。」莊子曰:「然則無用之爲用也亦明矣。」』此另一義,即洪氏所謂本諸老子者耳。」

3 龍筋鳳髓判

唐史稱張鷟早惠絶倫,以文章瑞朝廷,屬文下筆輒成,八應制舉皆甲科〔一〕。今其書傳於世者，《朝野僉載》《龍筋鳳髓判》也。《僉載》紀事，皆瑣尾摘裂，且多媟語〔二〕。《百判》純是當時文格，全類俳體，但知堆垛故事，而於蔽罪議法處不能深切，殆是無一篇可讀、一聯可味〔三〕。如白樂天《甲乙判》則讀之愈多，使人不厭。聊載數端於此：「甲去妻，後妻犯罪，請用子蔭贖罪，甲不許。判云：『不安爾室，盡孝猶慰母心；薄送我畿，贖罪寧辭子蔭。縱下山之有怨，曷陟屺之無情。』」「辛夫遇盜而死，求殺盜者，而爲之妻。或責其失節，不伏。判云：『夫讎不報，未足爲非；婦道有虧，誠宜自恥。《詩》著靡它之誓，百代可知；《禮》垂不嫁之文，一言以蔽。』」「丙居喪，年老毀瘠，或非其過禮，曰：『哀情所鍾。』判云：『況血氣之既衰，老夫耄矣；縱哀情之罔極，吾子忍之。』」「丙妻有喪，丙於妻側奏樂，妻責之，不伏。判云：『儼衰麻之在躬，是吾憂也；調絲竹以盈耳，於汝安乎？』」「甲夜行，所由執之，辭云：『有公事，欲早趨朝。』所由以犯禁不聽。判云：『非巫馬爲政，焉用出以戴星；同宣子俟朝，胡不退而假寐？』」「乙貴達，有故人至，坐之堂下，進以僕妾之食，曰：『故辱而激之。』判云：『安實敗名，重耳竟慙於臼犯；感而成事，張儀終謝於蘇秦①。』」「丙娶妻，無子，父母將出之，辭曰：『歸無所從。』判云：『雖配無生育，誠合比於斷絃；而歸靡適從，庶可同於束緼。』」「乙爲三品，見本州刺史不拜，或非之，稱：『品同。』判云：『或商、周不敵，敢不盡禮事君；今晉、鄭同儕，安得降階卑我？』」若此之類，不背人情，合於法意，援經引史，比喻甚明，非青錢學士所能及也〔四〕。元微之有百餘判，亦不能工〔五〕。《余襄公集》中亦有判兩卷，粲然可觀〔六〕。張鷟，字文成，史云：「調露中，登進士第，考功員外郎騫味道見所對，稱天下無雙。」〔七〕案《登科記》，乃上元二年，去調露尚六歲。是年進士四十五人，鷟名在二十九，既以爲無雙，而不列高第？神龍元年，中才膺管樂科，於九人中爲第五。景雲二年，中賢良方正科，於二十人中爲第三。所謂制舉八中甲科者，亦不然也〔八〕。

【校勘】

①「秦」原訛作「奏」。

【箋證】

〔一〕《新唐書》卷一六一《張薦傳》：「張薦，字孝舉，深州陸澤人。祖鷟，字文成，早惠絶倫，爲兒時，夢紫文大鳥，五色成文，止其廷，大父曰：『吾聞五色赤文，鳳也，紫文，鸑鷟也，若壯，殆以文章瑞朝廷乎？』遂命以名。調露初，登進士第。考功員外郎騫味道見所對，稱天下無雙。授岐王府參軍。八以制舉，皆甲科。再調長安尉，遷鴻臚丞。四參選，判策爲銓府最。員外郎員半千數爲公卿稱『鷟文辭猶青銅錢，萬選萬中』，時號鷟『青錢學士』。」

〔二〕《四庫全書總目》卷一四〇：《朝野僉載》六卷，「其書皆紀唐代故事，而於諧噱荒怪纖悉臚載，未免失於纖碎，故洪邁《容齋隨筆》譏其記事瑣雜擿裂，且多媟語。然耳目所接，可據者多，故司馬光作《通鑑》亦引用之，兼收博采，固未嘗無裨於見聞也。」

〔三〕徐𤊹《紅雨樓題跋》卷下《龍筋鳳髓判》，謂此書「蓋待選預備之具也」，又引《隨筆》評語，接云：「愚謂此書全重詞藻駢麗，故實飽滿，不重蔽罪議法，蓋判與律不同，如容齋之論則律也，非判也。」

《四庫全書總目》卷一三五《龍筋鳳髓判》提要：鷟，「洪邁《容齋隨筆》嘗譏其堆垜故事，不切於蔽罪議法。然鷟作是編，取備程試之用，則本爲隸事而作，不爲定律而作，自以徵引賅洽爲主，言各有當，固不得指爲鷟病也。」

岑仲勉《唐集質疑》「龍筋鳳髓判」條，引《續筆》本條，接云：「然余以爲讀書貴得其通，不可呆板，通則開卷有益。仁者見仁，智者見智，此之謂也。即俳儷文章，亦何嘗臭腐，夫是以貴得其通而已矣，安見無一篇可讀者？」（《中研院歷史語言研究所集刊論文類編·文獻考訂編》一）

《隨筆》卷一〇《唐書判》，可參。

〔四〕《白氏長慶集》卷六六、卷六七。

傅璇琮《唐代科舉與文學》第十七章《吏部銓試與科舉》引《隨筆》本節，謂：「洪邁極口稱讚白居易的甲乙判，實際上現存的白氏諸判也有不少是游戲之作。」

〔五〕《元氏長慶集補遺》卷三，僅十一判。

〔六〕余靖《武溪集》卷一二、一三。靖字安道，韶州曲江人，天聖進士，累除右正言、知制誥，遷工部侍郎。英宗時，官至工部尚書。謚曰襄。事迹具《宋史》卷三二〇本傳。

〔七〕《新唐書》卷一六一《張薦傳》。

〔八〕《登科記》，即《唐登科記》。詳《續筆》卷一一《孫玉汝》箋證。按，徐松《登科記考》上元二年有「張濯」，而無「張鷟」，蓋即一人。又，神龍二年「才膺管樂科」，按云：「《容齋隨筆》引《登科記》作元年。按《册府元龜》，二年二月方下詔，則不得爲元年明矣。《唐會要》亦作二年。」李劍國《唐五代志怪傳奇叙録》「游仙窟一卷」條：「鷟應制科，本傳云八次；《大唐新語》卷八云『凡七應舉』，《獨異志》卷下云『七登科選』，《桂林風土記》云『凡七舉』，《順宗實録》卷三云『七登文學科』。今可考者才五。據《登科記考》，儀鳳二年舉下筆成章科（《册府元龜》），神龍二年舉才膺管樂科（《册府元龜》《唐會要》）及才高位下科（《大唐新語》），景雲二年舉賢良方正科（《容齋隨筆》引《登科記》）。《大唐新語》卷八及舊傳云應下筆成章、才高位下、詞標文苑三科，登詞標文苑科不知何年。洪邁引《登科記》祇言才膺管樂、賢良方正二科。」又云：「上元二年，去調露尚六歲」，實應爲四年。

4 唐制舉科目

唐世制舉，科目猥多，徒異其名爾，其實與諸科等也〔一〕。張九齡以道侔伊吕策高第〔二〕。以《登科記》及《會要》考之，蓋先天元年九月，明皇初即位，宣勞使所舉諸科九人，經邦治國、材可經國、才堪刺史、賢良方正與此科各一人〔三〕，藻思清華、興化變俗科各二人〔四〕。其道侔伊吕策問殊平平，但云：「興化致理，必俟得人；求賢審官，莫先任舉。欲遠循漢、魏之規，復存州郡之選，慮牧守之明，不能必鑒。」次及「越騎佽飛，皆出畿甸，欲均井田於要服，遵丘賦於革車」，并安人重穀，編户農桑之事，殊不及爲天下國家之要道。則其所以待伊吕者亦狹矣〔五〕。九齡於神龍二年中材堪經邦科，本傳不書，計亦此類耳〔六〕。

【箋證】

〔一〕《文獻通考》卷三三《選舉考六》：「唐制，天子自詔曰制舉，所以待非常之材。其制詔舉人，不有常科，皆標其目而搜揚之。試之日，天子親臨觀之。試已，糊其名，於中考之，文策高者，特授以美官，其次與出身。」

陸深《儼山外集》卷二七《春雨堂雜抄》：「《容齋隨筆》謂唐世制舉科目猥多，徒異其名耳，其實與諸科等也。今考之，唐朝科名，至長慶、寶曆、泰和之間，多循舊章，並用賢良方正能直言極諫與詳明政術可以理人、軍謀宏達材任將帥、博通墳典達於教化等科，特小異耳。別有軍謀宏達材任邊將一科，似爲專設云。大抵名義瑣屑，因時就俗，固不若賢良方正直言極諫與秀才茂異之雅重也。若究本論之，則孝弟力田聞於鄉閭一科，猶有鄉舉里選之遺意，施之實用，有足徵者。按唐室名臣多起於科目。惟張九齡嘗應二科，一則才堪經邦，一則道侔伊吕，後來相業誠不負科名矣。而裴晉公度在裴垍下第四人及第，顏魯公真卿之忠節，乃在於文辭秀逸之科。世謂科目不足以得士，寧可據哉！開元、天寶之際，文章宣朗，是時有風雅古調科，乃薛據及第，而李白、杜甫不在茲選。往往皇甫鎛、牛僧孺、吴通玄之流，皆大科高選，謂科目盡足以得士，亦豈容遽信哉！」

秦蕙田《五禮通考》卷一七三《嘉禮四十六・學禮》先引《隨筆》本條，接云：「唐世制科之目，見於《登科記》者，有賢良方正能直言極諫科，博通墳典達於教化科，識洞韜略堪任將帥科，清廉守節政術可稱堪任縣令科，孝弟力田聞於鄉閭科，詳明政術可以理人科，才識兼茂明於體用科，達於吏理可使從政科，軍謀宏達材任將帥科，志烈秋霜科，幽素科，詞殫文律科，詞標文苑科，蓄文藻之思科，抱儒素之業科，文藝優長科，絶倫科，臨難不顧徇節寧邦科，長才廣度沈迹下僚科，拔萃科，疾惡科，才膺管樂科，道侔伊吕科，龔黄科，材堪經邦科，才高位下科，抱器懷能科，茂材異等科，良材異等科，文儒異等科，文以經國科，藏名負俗科，藻思清萃科，寄以宣風則能興化變俗科，手筆俊拔超越輩流科，哲人奇士逸淪屠釣科，文史兼優科，文詞雅麗科，博學通議科，博學宏詞科，文辭秀逸科，風雅古調科，詞藻宏麗科，智謀將帥科，武足安邊科，高才沈淪草澤自舉科，高才未達沈迹下僚科，多才科，王霸科，高蹈丘園科，樂道安貧科，諷諫主文科，經學優深科，軍謀越衆科。而王伯厚《困學紀聞》云：『唐制舉之名多有八十有六。』（郁之按，《困學紀聞》卷一四《考史》）則《登科記》所載尚有未盡者矣。」

〔二〕《新唐書》卷一二六《張九齡傳》。

〔三〕徐松《登科記考》卷五景云三年，諸科二十七人，材堪刺史科、賢良方正科，注云：「《容齋續筆》引《登科記》有此科，《册府元龜》《唐會要》皆不載。」

〔四〕《登科記考》景雲三年，「藻思清華科」二人：趙冬曦、楊仲宣。又「寄以宣風則能興化變俗科」一人：郭璘之。徐松按：「《容齋續筆》引《登科記》，興化變俗科二人。而《册府元龜》《唐會要》所載皆只郭璘之一人。考張説《常州刺史平貞昚神道碑》云：『北平陽道昕、河東裴知禮薦以經邦興化，徙雍州新豐縣尉。』疑『經邦』涉文經邦國而誤，『興化』即此興化變俗科也。」

〔五〕《登科記》，指《唐登科記》。《會要》，即王溥《唐會要》，見該書卷七六《貢舉中·制舉科》。張九齡道侔伊吕策問，見《曲江集》卷一六《策問一道》：「問：興化致治，必俟得人，求賢審官，莫先慎舉。聖朝受命於今百齡，堯封比屋，魏網斯頓，史曹之職，衡鏡攸歸，歲時調集，士踰累萬，借使崔、毛重起，裴、樂復存，觀貌察言，且猶未暇，考行徵實，其可得乎？若遠循漢、魏之規，復存州郡之選，即務辭會府，權歸外臺，牧守之明，何法能鑒？變通之要，厥路奚由？文武之道，並用無偏。軍旅之制，事宜經遠，而越騎佽飛，皆出畿甸，丁年負甲，耆日釋戈，亡殁蓋多，軍容每闕。今欲均井田於要服，遵兵賦於革車，恐習俗兹深，慮始難就。揆今酌古，其衷若何？且惠在安人，政惟重穀。頃承平既久，居泰易盈，編户流亡，農桑莫贍，精求良吏，未之能補，遂其寬施，則莫懲游食，峻其科禁，則慮擾疲人，革弊適時，應有良術。子等並明於國體，允應於旁求，陳開物之宜，無效循常之對。」

〔六〕徐松《登科記考》卷四神龍三年（即景龍元年）云：「材堪經邦科：按此科與下賢良方正科，《唐會要》皆在神龍二年，今從《册府元龜》。」

5 淵有九名

《莊子》載壺子見季咸事云：「鯢旋之審爲淵，止水之審爲淵，流水之審爲淵①，淵有九名，此處三焉。」〔一〕其詳見於《列子·黄帝篇》，盡載其目，曰：「鯢旋之潘爲淵，止水之潘爲淵，流水之潘爲淵，濫水之潘爲淵，沃水之潘爲淵，氿水之潘爲淵②，雍水之潘爲淵，汧水之潘爲淵，肥水之潘爲淵，是爲九淵。」〔二〕案《爾雅》云：「濫水正出。」即檻泉也。「沃泉下出，氿泉穴出，灉者反入，汧者出不流。」又：「水決之澤爲汧。肥者，出同而歸異。」「皆禹所名也。」〔三〕《爾雅》之書，非周公所作，蓋是訓釋三百篇《詩》所用字③，不知列子之時已有此書否？細碎蟲魚之文，列子決不肯留意，得非偶相同邪〔四〕？《淮南子》有「九琁之淵」，許叔重云：「至深也。」〔五〕賈誼《弔屈賦》：「襲九淵之神龍。」顔師古曰：「九淵，九旋之川，言至深也。」〔六〕與此不同。

【校勘】

①「審」，馬本、庫本、祠本作「潘」。②「氿」，馬本、祠本作「沋」。下同。③「篇詩」，馬本、庫本、

祠本二字互倒。

【箋證】

〔一〕《莊子·應帝王》。

〔二〕俞樾《古書疑義舉例》卷三「古書傳述亦有異同例」條引《列子》此段，接云：「疑此五十八字，乃它處之錯簡。《莊子·應帝王篇》即用此篇文，止列首三句，而總之曰『淵有九名，此處三焉。』蓋以其與本篇文義無關，而古本相傳，又不敢竟從芟薙，姑存大略耳。」馬叙倫《古書疑義舉例校録》於此處有案云：「今本《列子》，非《漢志》著録之舊，高似孫、黄震以來，疑者極衆，近人何治運列舉五證以明出晉人僞作，皆塙然是當。《列子》此文，全襲莊書而作僞者，未悉《莊子》之旨，致於《莊子》所削者，舉而列之，自顯敗闕。蓋《莊子》此章之旨，如佛家所謂『止觀』。成玄英、林希逸、德清俱已明之。三機正當三止三觀，其意亦與南嶽智者所説相契，於古説九淵之中，獨取三淵以爲比擬，非是全無干涉所爲；不列九淵全名，正以其他無關耳。僞作《列子》者不達，則取《爾雅》《淮南》雜而成之。九淵雖具，而文旨已絶矣，似非古書傳述亦有異同之例。」林希逸《莊子口義》卷三《内篇應帝王第七》：「洪野處謂《列子》勝於《莊子》，恐未爲的論。若此九淵皆説盡，則不得爲奇文矣。可盡不盡，正是《莊子》之奇處，精論文者方知之。」

〔三〕《爾雅·釋水》。

〔四〕姚際恒《古今僞書考》謂「《列子》言西方聖人，則直指佛氏，殆屬明帝後所附益無疑。後人不察，以《莊子》中有《列子》，謂《莊子》用《列子》，不知《列子》實用《莊子》也。」錢大昕《十駕齋養新録》卷八：「《列子》書晉時始行，恐即晉人依託。」（可參馬叙倫《列子僞書考》，《古史辨》第四册。）然則容齋之惑可解矣。

〔五〕《淮南子·兵略訓》：「建心乎窈冥之野，而藏志乎九旋之淵。」高誘注：「九旋，言深淵也。」（《淮南鴻烈解》卷一五）《經典釋文》卷二六《莊子音義上·應帝王第七》：「淵有九名。《淮南子》云：『有九旋之淵。』許慎注云：『至深也。』」

〔六〕《漢書》卷四八《賈誼傳》顔師古注。

6 東坡論莊子

東坡先生作《莊子祠堂記》，辨其不詆訾孔子，「嘗疑《盜跖》《漁父》則真若詆孔子者，至於《讓王》《説劍》皆淺陋不入於道。反復觀之，得其《寓言》之終曰：『陽子居西游於秦，遇老子，其往也，舍者將迎其家，公執席，妻執巾櫛，舍者避席，煬者避竈。其反也，與之争席矣。』去其《讓王》《説劍》《漁父》《盜跖》四篇，以合於《列禦寇》之篇，曰：『列禦寇之齊，中道而反，曰吾驚焉，吾食於十漿，而五漿先饋。』然後悟而笑曰：是固一章也。莊子之言未終，而昧者勦之，以入其言爾。」〔一〕東坡之識見至矣盡矣。故其《祭徐君猷文》

云：「争席滿前，無復十漿而五饋。」用爲一事〔二〕。今之莊周書《寓言》第二十七，繼之以《讓王》《盜跖》《説劍》《漁父》，乃至《列禦寇》爲第三十二篇，讀之者可以涣然冰釋也。予案《列子》書第二篇内首載禦寇饋漿事數百言，即綴以楊朱争席一節，正與東坡之旨異世同符，而坡公記不及此，豈非作文時偶忘之乎〔三〕？陸德明《釋文》：「郭子玄云，一曲之才，妄竄奇説，若《閼弈》《意脩》之首，《危言》《游鳧》《子胥》之篇，凡諸巧雜，十分有三。《漢·藝文志》：《莊子》五十二篇。即司馬彪、孟氏所注是也，言多詭誕，或似《山海經》，或類占夢書，故注者以意去取，其内篇衆家竝同。」〔四〕予參以此説，坡公所謂昧者，其然乎？《閼弈》《游鳧》諸篇，今無復存矣〔五〕。

【箋證】

〔一〕《東坡全集》卷三六《莊子祠堂記》。《續筆》本條引文之前，原有云：「謹按《史記》，莊子與梁惠王、齊宣王同時，其學無所不闚，然要本歸於老子之言，故其著書十餘萬言，大抵率寓言也。作《漁父》《盜蹠》《胠篋》以詆訾孔子之徒，以明老子之術。此知莊子之粗者，余以爲莊子蓋助孔子者，要不可以爲法耳。楚公子微服出亡，而門者難之，其僕操箠而罵曰：『隸也不力。』門者出之。事固有倒行而逆施者。以僕爲不愛公子，則不可；以爲事公子之法，亦不可。故莊子之言皆實予而文不予，陽擠而陰助之，其正言蓋無幾，至於詆訾孔子，未嘗不微見其意。其論天下道術，自墨翟、禽滑釐、彭蒙、慎到、田駢、關尹、老聃之徒，以至於其身，皆以爲一家，而孔子不與，其尊之也至矣。」末云：「凡分章名篇，皆出於世俗，非莊子本意。」何良俊《四友齋叢説》卷一九，引東坡此《記》，接云：「此解非但能明莊子之心，亦所以尊孔子也。」又云：「《讓王》《盜跖》《漁父》《説劍》四篇，真是後人剿入者，蓋《莊子》之書，其妙在於謬悠俶詭，不可以常理窺，不可以言筌得，而四篇之文太整一，爲蘇公勘破。今若細觀，則迥然自別，蓋不待論而知其僞矣。

〔二〕《東坡全集》卷九一《祭徐君猷文》。

〔三〕《列子》卷二《黄帝篇》：「楊朱南之沛，老聃西游於秦。邀於郊，至梁而遇老子。老子中道仰天而歎曰：『始以汝爲可教，今不可教也。』楊朱不答。至舍，進涫漱巾櫛，脱履户外，膝行而前曰：『向者夫子仰天而歎曰：「始以汝爲可教，今不可教！」弟子欲請，夫子辭行不間，是以不敢。今夫子間矣，請問其過。』老子曰：『而睢睢，而盱盱，而誰與居？大白若辱，盛德若不足。』楊朱蹵然變容曰：『敬聞命矣！』其往也，舍者迎將家，公執席，妻執巾櫛，舍者避席，煬者避竈。其反也，舍者與之争席矣。」

〔四〕《經典釋文》卷一《序録·莊子注解傳述人》。

〔五〕按《文選》卷二二顏延年《車駕幸京口侍游蒜山作》「元天高北列，日觀臨東溟」，李善注引《莊子》曰：「閼弈之隸，與殷翼之孫，遏氏之子，三十相與謀，致人於造物，共之元天之上。元天者，其高四見列星。」又，羅泌《路史》卷一四《黄帝紀上》引《莊子》：「游鳧問于雄黄曰：『逐疫出魅，擊鼓呼噪，何也？』曰：『黔首多疾，黄帝氏立巫咸，使之沐浴齋戒，以通九竅，鳴鼓振鐸，以動其心，勞其形趨步，以發陰陽之氣，飲酒茹葱，以通五藏，擊鼓噪呼，逐疫出魅，黔首不知，以爲魅祟爾。』」此或即《鬬弈》《游凫》之佚文。

7 列子書事

《列子》書事，簡勁宏妙，多出《莊子》之右〔一〕。其言惠盎見宋康王，王曰：「寡人之所説者，勇有力也，客將何以教寡人？」盎曰：「臣有道於此，使人雖勇，刺之不入，雖有力，擊之弗中。」王曰：「善，此寡人之所欲聞也。」盎曰：「夫刺之不入，擊之不中，此猶辱也。臣有道於此，使人雖有勇弗敢刺，雖有力弗敢擊。夫弗敢，非無其志也。臣有道於此，使人本無其志也。夫無其志也，未有愛利之心也。臣有道於此，使天下丈夫、女子莫不驩然皆欲愛利之，此其賢於勇有力也，四累之上也。」觀此一段語，宛轉四反，非數百言曲而暢之不能了，而絜净粹白如此，後人筆力，渠復可到耶〔二〕！三不欺之義，正與此合。不入不中者，不能欺也；弗敢刺擊者，不敢欺也；無其志者，不忍欺也。魏文帝論三者優劣，斯言足以蔽之〔三〕。

【箋證】

〔一〕按，柳宗元《辯列子》：「其文辭類《莊子》，而尤質厚，少爲作，好文者可廢耶？」章士釗《柳文指要》上《體要之部》卷四《議辯・辯列子》引姚際恒《古今僞書考》云：「《莊子》之書，洸洋自恣，獨有千古，豈蹈襲人作者？其爲文舒徐曼衍中，仍寓拗折奇變，不可方物，《列子》則明媚近人，氣脈降矣。又《莊》之叙事，回環鬱勃，不即了了，故爲真古文；《列》之叙事，簡净有法，是名作家耳，後人反言《列》愈於《莊》。柳子厚曰：『《列》較《莊》尤質厚。』洪景盧曰：『《列子》書事，簡勁宏妙，多出《莊子》之右。』宋景濂曰：『《列子》書簡勁宏妙，似勝於周。』王元美曰：『《列子》與《莊子》同叙事，而簡勁有力。』如此之類，代代相仍，依聲學舌。」「從來説《列》勝於《莊》者，自柳子厚以下，如洪景盧、宋景濂、王元美輩，俱是重疊相仍，僞託形貌，毫無辨別古書之獨自見解。」

林希逸《莊子口義》卷一《内篇齊物論第二》：「勞神明爲一而不知其同也，謂之朝三」條：狙公賦芧，「芧，山栗也，一名橡子。名三與四也，實通七數也，名、實未嘗變，但移易朝暮而衆狙喜怒隨之。此喻是非之名雖異而理之實則同，但能因是則世自無争矣。洪野處云：『《列子》勝於《莊子》。』如此譬喻，二書皆同，（郁之按，《列子》狙公事見《黄帝篇》。）但把字數添減處看，便見《列子》勝不得《莊子》。」

〔二〕惠盎見宋康王，見《列子・黄帝篇》。

錢鍾書《管錐編》第二册《列子張湛注》：「《列》固衆作之有滋味者，視《莊》徐行稍後。《列》之文詞遜《莊》之奇肆飄忽，名理遜《莊》之精微深密，而寓言之工於叙事，娓娓井井，有倫有序，自具一日之長。即或意出捃扯，每復語工鎔鑄。柳宗元《河東集》卷四《辨列子》復謂『文詞類《莊子》，而尤質厚，少爲作』，《容齋續筆》卷一二亦言『書事簡勁弘妙，多出《莊子》之右』，子有《莊》《列》，殆比史有馬、班，柳（按指《答韋中立論師道書》）、洪輩好尚或偏而擬倫未失。使《列子》果張湛所僞撰，不足以貶《列子》，只足以尊張湛。魏晉唯阮籍《大人先生論》與劉伶《酒德頌》，小有莊生風致，外此無聞焉爾。能贗作《列子》者，其手筆駕曹、徐而超嵇、陸，論文於建安、義熙之間，得不以斯人爲巨擘哉？」

〔三〕《史記》卷一二六《滑稽列傳》：「傳曰：『子産治鄭，民不能欺；子賤治單父，民不忍欺；西門豹治鄴，民不敢欺。』三子之才能誰最賢哉？辯治者當能別之。」裴駰《集解》：「魏文帝問群臣：『三不欺，於君德孰優？』太尉鍾繇、司徒華歆、司空王朗對曰：『臣以爲君任德，則臣感義而不忍欺；君任察，則臣畏覺而不能欺；君任刑，則臣畏罪而不敢欺。任德感義，與夫導德齊禮有恥且格等趨者也。任察畏罪，與夫導政齊刑免而無恥同歸者也。孔子曰：「爲政以德，譬如北辰，居其所而衆星共之。」考以斯言，論以斯義，臣等以爲不忍欺、不能欺，優劣之縣在於權衡，非徒低昂之差，乃鈞銖之覺也。且前志稱「仁者安仁，智者利仁，畏罪者强仁」。校其仁者，功則無以殊；核其爲仁者，則不得不異。安仁者，性善者也；利仁者，力行者也；强仁者，不得已者也。三仁相比，則安仁優矣。《易》稱「神而化之，使民宜之。」若君化使民然也。然則安仁之化與夫强仁之化，優劣亦不得不相縣絶也。然則三臣之不欺雖同，所以不欺異矣。則純以恩義崇不欺，與以威察成不欺，既不可同概而比量，又不得錯綜而易處。』」司馬貞《索隱》案：「此三不欺，自古傳記先達共所稱述，今褚先生因記西門豹而稱之以成說也。《循吏傳》記子産相鄭，仁而且明，故人不能欺之。子賤爲政清静，唯彈琴，三年不下堂而化，是人見思，故不忍欺之。豹以威化御俗，故人不敢欺之。其德優劣，鍾、華之評，實爲允當也。」陳澧《東塾讀書論學札記》引《隨筆》本條，接云：「『簡勁宏妙』『潔浄粹白』八字，作古文者當知之。」

8 天生對偶

舊説以「紅生白熟」「腳色手紋」「寛焦薄脆」之屬爲天生偶對〔一〕。觸類而索之，得相傳名句數端，亦有經前人紀載者，聊疏於此，以廣多聞。如「三川太守，四目老翁」「相公公相子，人主主人公①」「泥肥禾尚瘦，晷短夜差長」「斷送一生惟有，破除萬事無過」「北斗七星三四點，南山萬壽十千年」「迅雷風烈風雷雨，絶地天通天地人」「筵上枇杷，本是無聲之樂；草間蚱蜢，還同不繫之舟」，皆絶工者〔二〕。又有用書語兩句而證以俗諺者，如「堯之子不肖，舜之子亦不肖」，諺曰「外甥多似舅」，「吾力足以舉百鈞，而不足以舉一羽」，諺曰「便重不便輕」之類是也〔三〕。

【校勘】

①「公」，馬本、祠本作「翁」。

【箋證】

〔一〕吳曾《能改齋漫録》卷八《沿襲》「紅生白熟生碧熟紅」條：「《侯鯖録》云：『東坡謂世之對偶如紅生白熟、手文脚色二對，無復加也。』然予嘗記唐羅虬詩云：『窗前遠岫懸生碧，簾外殘霞掛熟紅。』然則羅虬已用生碧對熟紅矣。」

周密《武林舊事》卷六《市食》有「寬焦薄脆」一語。

〔二〕《能改齋漫録》卷一二「對徽宗詩句」條：「徽宗嘗作詩句，命蔡少保居安賜元長，云：『相公公相子。』元長遽對以進曰：『人主主人翁。』徽宗又因宴近臣製詩，語云：『北斗七星三四點。』唯曹希蘊能對之，云：『南山萬壽十千年。』」

袁文《甕牖閒評》卷五：「黄太史《西江月》詞云：『斷送一生惟有，破除萬事無過。』此皆韓退之之詩也，太史集之，乃天成一聯。陳無已以爲切對而語益峻，蓋其服膺如此。」

龔明之《中吴紀聞》卷六《諧謔》：「『數行文字，那箇《漢書》』；一簇人煙，誰家《莊子》。』『筵上枇杷，宛類無聲之樂』；艸頭蚱蜢，猶如不繫之舟。』『醉公子酉生年九十』；柳青娘卯生年十八。』『鏡上占錢，銅聲相應』；馬前斷事，鞍上治民。』『鉏麑觸槐，死作木邊之鬼』；豫讓吞炭，終爲山下之灰。』」末注：「滕達道與鄭毅夫對。」

〔三〕李詡《戒菴老人漫筆》卷二《天然對偶》：「天然對偶，用經書句者，如『天維顯思，民亦勞止』；『惟女一德，于今三年』；『有能奮庸，爰立作相』；『行此四德，弼予一人』；『文王之德之純，周公之才之美』；『皇極錫五福，大臣慮四方』；『閒暇而明政刑，會通以行典禮』；『禮樂自天子出，籩豆則有司存』；『於緝熙單厥心，念終始典於學』；『欣欣然有喜色，蕩蕩乎無能名』；『睦族以和萬邦，明倫以察庶物』；『率百官若帝之初，於萬年受天之祜』；『發號施令罔不臧，陳善閉邪謂之敬』；『知微知彰不俟終日，有嚴有翼以奏膚公』；『上帝臨而無貳無虞，三事就而不留不處』；『聞俎豆未學軍旅之事，聽鼓鼙則思將帥之臣』；『兵於五材誰能去之，臣無二心天之制也』；『亶聰明而有作不作聰明，由仁義以安行非行仁義』；『玉帛萬國，干舞已格於七旬；簫韶九成，肉味遽忘於三月』；『夙夜浚明，入則宣其三德；文武是憲，出則揉此萬邦』；『五百里采，五百里衛，外包有截之區；八千歲春，八千歲秋，上祝無疆之壽』。真膾炙人口。東坡作《吕申公制》云：『既得天下之大老，彼將安歸；至於國人皆曰賢，夫然後用。』劉莘老《青州謝上表》云：『雖進退必由其道，每願學于古人；然功烈如此其卑，終難收於士論。』洪容齋謂：（即此條。略）詩有屬對未能而他人代之者，如范曾云『歲暮天涯雨』，久而莫屬，劉郇伯曰：『何不對「人生分外愁」』。晏元獻曰：『無可奈何花落去』，經年未嘗强對，王琪應聲曰：『似曾相識燕飛來。』中書出對曰：『水底月如天上月。』久未有對，楊文公以事至，應聲曰：『眼中人是面前人。』王丞相云：『馬子山騎山子馬。』久之，人對曰：『錢衡水盜水衡錢。』長吉『天若有情天亦老』，人以爲奇絶無對，石曼卿曰：『月如無恨月長圓。』唐詩曰『二十四考中書令』，無對之者，或以問王平甫，平甫應聲曰：『八千萬户冠軍侯。』遼使『三光日月星』，東坡即對以『四詩風雅頌』。王荆公集句得『江州司馬青衫濕』，久未有對，一日問蔡天啓，天啓應聲曰：『何不對「梨園弟子白髮新」』，荆公大喜。古人詩有『風定花猶落』之句，謂無人能對，荆公以王籍詩中『鳥鳴山更幽』對之。又嘗云杜甫詩『當面輸心背面笑』可對其《結交行》『翻手爲雲覆手雨』。東坡嘗手題云：『人言盧杞是奸邪，我覺魏征真嫵媚。』又『槐花黄，舉子忙；促織鳴，懶婦驚。』《北夢瑣言》謂，宣宗嘗有『金步摇』，未能對，求進士對之，温庭筠以『玉條脱』續之，帝賞焉。《真誥》『玉條脱』事在《華陽》第一篇中。湯丞相戲出一語曰：『哀王孫而進食，豈望報乎？』洪容齋對曰：『爲長者而折枝，非不能也。』又戲曰：『宰予晝寢，於予與何誅？』汪聖錫對曰：『子貢方人，夫我則不暇。』詩句中又如『公獨未知其趣耳，臣今時復一中之』；『天之未喪斯文也，我獨何爲不豫哉』；『巧在彀中非爾力，風行水上自成文』；『鍾乳三千兩，金釵十二行』。多不可枚舉。」

9 銅爵灌硯

相州，古鄴都，魏太祖銅雀臺在其處，今遺址髣髴尚存〔一〕。瓦絶大。艾城王文叔得其一，以爲硯，餉黄魯直，東坡所爲作銘者也〔二〕。其後復歸王氏。硯之長幾三尺，闊半之。

先公自燕還，亦得二硯，大者長尺半寸，闊八寸，中爲瓢形，背有隱起六隸字，甚清勁，曰「建安十五年造」。魏祖以建安九年領冀州牧，治鄴，始作此臺云。小者規範全不逮，而其腹亦有六篆字，曰「大魏興和年造」，中皆作小簇花團。興和，乃東魏孝静帝紀年。是時，正都鄴，與建安相距三百年，其至于今亦六百餘年矣。二者皆藏姪孫僩處。予爲銘建安者曰：「鄴瓦所范，嘻其是邪？幾九百年，來隨漢槎。淬爾筆鋒，肆其滂葩。僩實寶此，以昌我家。」銘興和者曰：「魏元之東，狗脚于鄴。吁其瓦存，亦禪千刼。上林得鴈，獲貯歸笈。玩而銘之，衰淚棲睫。」贛州雩都縣故有灌嬰廟，今不復存〔三〕。相傳左地嘗爲池，耕人往往於其中耕出古瓦，可窾爲硯。予向來守郡日所得者，刓缺兩角，猶重十斤，瀋墨如發硎，其光沛然，色正黄，考德儀年，又非銅雀比，亦嘗刻銘于上，曰：「范土作瓦，既埴既已。何斷制於火，而卒以囿水？廟于漢侯，今千幾年？何址蹶祀歇，而此獨也存？縣贛之雩，曰若灌池。研爲我得，而銘以章之。」蓋紀實也〔四〕。

【箋證】

〔一〕《資治通鑑》卷一〇〇《晉穆帝紀》，升平元年，「十二月乙巳，燕主儁入鄴宫，大赦，復作銅雀臺。」胡三省注：「魏武建國於鄴，作銅雀臺。石氏增修之，兵亂圮毁。慕容都鄴，復作，使如舊。」

〔二〕黄庭堅《山谷别集》卷二《銅雀臺硯銘》：「惟曹氏西陵之陶瓦，堙伏千齡。深川而出，逢世清明。其屋歌舞，以除風雨，初不自期，爲翰墨主。不有君子，長與甓爲伍。艾城王文叔得此於深川之上。予銘文叔之墓，故文叔之子申以爲硯而歸予。」《東坡全集》卷九六《黄魯直銅雀硯銘》：「漳濱之埴，陶氏我厄。受成不化，以與真隔。人亡臺廢，得反天宅。遇發丘隴，復爲麟獲。纍然黄子，玄豈尚白。天實命我，使與其迹。」按，銅雀臺瓦及所製之硯，時見宋人著述。張洎《賈氏談録》：「鄴郡三臺舊瓦，其大有維箕之狀，耕者往往得之。斲爲瓦硯，則愈於澄泥硯矣。賈君嘗於鄴僧處求得半口，全然與瓦不類，厚二寸許，色如蒼石，以物徐擊，有聲絀然。」（據陶敏《述海日樓藏舊鈔本〈賈氏談録〉》，載《唐代文學與文獻論集》）楊彦齡《楊公筆録》：「魏銅雀臺遺址，今在相州。世傳昔製此臺，瓦用澄泥加胡桃油埏埴之，與他瓦異。琢以爲研，貯水不竭。今人所得，往往皆僞者。形製雖佳，置水則立盡，疎澀不可用。人謂之筆普度。」何薳《春渚紀聞》卷九《記研》「銅雀臺瓦」條：「相州，魏武故都，所築銅雀臺，其瓦初用鉛丹雜胡桃油擣治火之，取其不滲，雨過即乾耳。後人於其故基掘地得之，鑱以爲研，雖易得墨，而終乏温潤。好事者但取其高古也。下有金錫文爲真。每硯成，受水處常恐爲沙粒所隔，去之則便成沙眼，至難得平瑩者。蓋初無意爲研，而不加澄濾，如後來吕硯所製也。」袁文《甕牖閒評》卷六：「世稱銅雀硯，殆用銅雀臺瓦爲之也。余觀《武昌土俗編》載安樂宮在吴王城中，舊傳此宮中古瓦皆澄泥爲之，可作硯，一瓦值錢一千文。是知古瓦精緻如此，不獨銅雀臺瓦可爲硯也。」

〔三〕曾敏行《獨醒雜志》卷九：「贛之雩都尉廳後，舊有灌嬰廟，臨其池上。廟毀，往往瓴甓墮池中，歲年不可計矣。因刀鑷工取半瓦爲礪石，人見而異之，遂求其瓦爲硯。於是有灌瓦之名。求者既多，今罕得全瓦。好事者以銅雀瓦不復有，亦謾蓄之。」趙與旹《賓退録》卷一：「《章貢志》謂漢高帝六年命灌嬰略定江南，令天下城縣邑，始置雩都縣。考紀及傳，灌嬰蹤迹未嘗到江南，今江西郡縣城隍多指爲灌嬰，其實非也。友人蕭子壽大年考《功臣侯表》，始知其爲陳嬰。始知定江南者爲陳嬰，流俗所傳不爲全無所據，但誤其姓耳。」

〔四〕《（雍正）江西通志》卷一〇九《祠廟·贛州府》：「昌文侯廟在雩都治西，舊云灌嬰定江南，置豫章郡，尉陀擾邊，嬰將兵擊之，駐於雩，築城東溪，即其駐壘處，立廟祀之。宋紹熙庚寅，毀於寇。嘗有人掘其處得石瓦於左池，可爲硯。州守洪邁有《灌瓦硯銘》。」王士禛《池北偶談》卷一四《灌嬰廟瓦》：「吉水李梅公侍郎元鼎有硯，五瓣如梅花狀，質如黄玉，雜翡翠丹砂之色，累累墳起，云是灌嬰廟瓦。一時文士多賦之。故友鄒程村祗謨作《硯考》，引洪文敏《容齋隨筆·灌瓦硯銘》爲證。」

10 崔斯立

崔立之，字斯立，在唐不登顯仕，它亦無傳〔一〕，而韓文公推獎之備至。其《藍田丞壁記》云：「種學績文，以蓄其有，泓涵演迤，日大以肆。」其《贈崔評事》詩云：「崔侯文章苦捷敏，高浪駕天輸不盡。頃從關外來上都，隨身卷軸車連軫。朝爲百賦猶鬱怒，暮作千詩轉遒緊。才豪氣猛易語言，往往蛟螭雜螻蚓。」其《寄崔二十六》詩云：「西城員外丞，心跡兩崛奇。往歲戰詞賦，不將勢力隨。傲兀坐試席，深叢見孤羆。文如翻水成，初不用意爲。四坐各低面，不敢捩眼窺。佳句喧衆口，考官敢瑕疵？連年收科第，若摘頷底髭。」其美之如是。但記云「貞元初挾其能，戰藝於京師，再進再屈于人」，而詩以爲「連年收科第」，何其自爲異也？予按杭本韓文作「再屈千人」，蜀本作「再進屈千人」，《文苑》亦然。蓋它本誤以「千」字爲「于」也〔二〕。又《登科記》「立之以貞元三年第進士，七年中宏詞科」，正與詩合〔三〕。觀韓公所言，崔作詩之多可知矣，而無一篇傳于今，豈非螻蚓之雜，惟敏速而不能工邪〔四〕？

【箋證】

〔一〕崔立之，博陵人，元和初爲大理評事，以言事黜官爲藍田丞。見韓愈《藍田縣丞廳壁記》。魏仲舉《五百家注昌黎文集》卷一三《藍田縣丞廳壁記》補注：「斯立，字立之，清河人。」

〔二〕方崧卿《韓集舉正》卷五《藍田縣丞廳壁記》「再進屈千人」：「亦以《文苑》校。杭本只作『再屈千人』，脱『進』字。蜀本增入『進』字，又於下複出『再』字，義逾不可合。樊曰：『公寄斯立詩：「連年收科第，如摘頷底髭。」「屈」當作「出」，謂再出於人也。』然諸本無有作『出』字者。斯立貞元四年進士，六年中博學宏辭。再進而屈千人，少陵詩所謂『筆陣獨掃千人軍』者是也。《文苑》此篇只録到『鉅竹千梃』，下云元本闕。實唐本之舊也。如『諺數慢』『屈千人』，皆得於僅存。其他如二『喟然』，皆無『然』字。『丞喜負余』，『破崖岸爲文丞』，皆與閣本合，誠可貴乎。」

彭叔夏《文苑英華辨證》卷一〇《雜録五》：「韓愈《藍田縣丞廳壁記》『劾數慢』，近世方崧卿《韓集舉正》云：『劾』，《文苑》作『諺』，蜀本作『該』，『該』轉爲『劾』，其訛益甚。又『再進再屈于人』，洪氏《容齋續筆》云：杭本韓文作『再屈千人』，蜀本作『再進屈千人』，《文苑》亦然。《舉正》云：蜀本作『再進再屈千人』，《文苑》作『再進屈千人』。今從他本，以『千』爲『于』，仍多『再』字。（方崧卿屢舉《文苑》以證韓文，然比今本又似不同，意好事者展轉改易，反失其真，今各存其說。）」

〔三〕徐松《登科記考》卷一二貞元四年「進士三十一人」崔立之條，引《續筆》本條，云：「按《韓文考異》於《藍田縣丞廳壁記》下云：『斯立，貞元四年進士，六年中博學宏詞。』又於《寄崔二十六立之詩》下云：『立之，中貞元四年進士第，知舉侍郎劉太真。』洪氏所引《登科記》誤。」

〔四〕《全唐詩》卷三四七録崔立之詩三首：《南至隔仗望含元殿香爐》《曲池潔寒流》《賦得春風扇微和》。

11 漢書注冗

顔師古注《漢書》，評較諸家之是非，最爲精盡〔一〕，然有失之贅冗及不煩音釋者。其始遇字之假借，從而釋之。既云「他皆類此」，則自是以降，固不煩申言，然於「循行」字下，必云「行音下更反」；於「給復」字下，必云「復音方目反」。至如説讀曰悦，繇讀曰傜，鄉讀曰嚮，解讀曰懈，與讀曰豫，又讀曰歟，雍讀曰壅，道讀曰導，畜讀曰蓄，視讀曰示，艾讀曰乂，竟讀曰境，飭與勑同，繇與由同，敺與驅同，晻與暗同，婁古屢字，墜古地字，饟古餉字，犇古奔字之類，各以百數。解三代曰夏、商、周，中都官曰京師諸官府，失職者失其常業，其重複亦然。貸曰假也，休曰美也，烈曰業也，稱曰副也，靡曰無也，滋曰益也，蕃曰多也，圖曰謀也，秏曰減也，卒曰終也，悉曰盡也，給曰足也，寖曰漸也，則曰法也，風曰化也，永曰長也，省曰視也，仍曰頻也，疾曰速也，比曰頻也，諸字義不深祕，既爲之辭，而又數出，至同在一板内再見者。此類繁多，不可勝載。其豁、仇、恢、坐、邾、陜、治、脱、攘、蓺、垣、綰、顓、擅、酣、侔、重、禺、俞、選等字，亦用切脚，皆爲可省。志中所注①，尤爲煩蕪。《項羽》一傳，伯讀曰霸，至於四言之。若相國何、相國參、太尉勃、太尉亞夫、丞相平、丞相吉，亦注爲蕭何、曹參；桓、文、顔、閔必注爲齊桓、晉文、顔淵、閔子騫之類。讀是書者，要非童蒙小兒，夫豈不曉，何煩於屢注哉？ 顔自著《叙例》云「至如常用可知、不涉疑昧者，衆所共曉，無煩翰墨」〔二〕，殆是與今書相矛盾也。

【校勘】

①「中」字原脱，據庫本、祠本補。

【箋證】

〔一〕顔師古《漢書叙例》：「《漢書》舊無注解，唯服虔、應劭等各爲音義，自别施行。至典午中朝，爰有晉灼，集爲一部，凡十四卷，又頗以意增益，時辯前人當否，號曰《漢書集注》。屬永嘉喪亂，金行播遷，此書雖存，不至江左。是以爰自東晉，迄于梁、陳，南方學者皆弗之見。有臣瓚者，莫知氏族，考其時代，亦在晉初，又總集諸家音義，稍以己之所見續廁其末，舉駁前説，喜引《竹書》，自謂甄明，非無差爽，凡二十四卷，分爲兩帙，今之《集解音義》則是其書。蔡謨全取臣瓚一部散入《漢書》，自此以來，始有注本。但意浮功淺，不加隱括，屬輯乖舛，錯亂實多。或乃離析本文，隔其辭句。穿鑿妄起，職此之由。」

趙翼《陔餘叢考》卷五：「顔師古注《漢書》，考核固詳，然亦有紕繆者。」列舉諸例，可參。

〔二〕《漢書叙例》云：「字或難識，兼有借音，義指所由，不可暫闕。若更求諸别卷，終恐廢於披覽。今則各於其下，隨即翻音。至如常用可知、不涉疑昧者，衆所共曉，無煩翰墨。」（顔注《漢書》卷首）

12 古跡不可考

郡縣山川之古跡，朝代變更，陵谷推遷，蓋已不可復識。如堯山、歷山，所在多有之，皆指爲堯、舜時事，編之圖經〔一〕。會稽禹墓，尚云居高丘之顛，至於禹穴，則强名一罅，不能容指，不知司馬子長若之何可探也〔二〕。舜都蒲坂，實今之河中所謂舜城者，宜歷世奉之唯謹〔三〕。案張芸叟《河中五廢記》云〔四〕：「蒲之西門所由而出者，兩門之間，即舜城也，廟居其中，唐張弘靖守蒲，嘗修飾之。至熙寧之初，垣墉尚固。曾不五年，而爲埏陶者盡矣。舜城自是遂廢。又河之中泠一洲島，名曰中潬，所以限橋。不知其所起，或云汾陽王所爲。以鐵爲基，上有河伯祠，水環四周，喬木蔚然。嘉祐八年秋，大水馮襄，了無遺迹。中潬自此遂廢。」顯顯者若此，它可知矣。東坡在鳳翔作《淩虛臺記》云：「嘗試登臺而望，其東則秦穆之祈年、橐泉，其南則漢武之長楊、五柞，其北則隋之仁壽、唐之九成也。記其一時之盛，宏傑詭麗，堅固而不可動。然數世之後，欲求其髣髴，而破瓦頹垣，無復存者。」謂物之廢興成毁，皆不可得而知，則區區泥於陳迹，而必欲求其是，蓋無此理也。《漢書·地理志》，扶風雍縣有橐泉宫，秦孝公起。祈年宫，惠公起。不以爲穆公。

【箋證】

〔一〕《玉海》卷二〇《地理》「堯山」條：「《前·地理志》中山國唐縣，注：『堯山在南。應劭曰：「故堯國也。唐水在西。」張晏曰：「堯爲唐侯國於此，堯山在唐東北望都界。」』望都縣，注：『張晏曰：「堯山在北，堯母慶都山在南，登堯山，見都山，故以爲名。」』張衡《南都賦》：『奉先帝而追孝，立唐祀乎堯山。』注：『《水經》曰：「南陽縣西堯山。」』酈元曰：『魯縣，立堯祠於西山，謂之堯山。』」

《史記》卷一《五帝本紀》「舜耕歷山」，裴駰《集解》：「鄭玄曰：在河東。《正義》：《括地志》云：蒲州河東縣雷首山，一名中條山，亦名歷山，亦名首陽山，亦名蒲山，亦名襄山，亦名甘棗山，亦名猪山，亦名狗頭山，亦名薄山，亦名吴山。此山西起雷首山，東至吴坂，凡十一名，隨州縣分之。歷山南有舜井。又云：越州餘姚縣有歷山、舜井，濮州雷澤縣有歷山、舜井，二所又有姚墟，云生舜處也。及嬀州歷山舜井，皆云舜所耕處。未詳也。」

〔二〕陳鵠《西塘集耆舊續聞》卷四《洪内翰答疑》：「内翰洪公帥會稽日，余嘗乘間問曰：『禹穴有二處，其一在禹廟告成觀，穴上有窆石是也；其一去禹廟十餘里，名曰陽明洞天，即稽山之麓，有石徑丈餘，中裂爲一罅，闊不盈尺，相傳指此爲禹穴。《圖經》云，禹治水投玉簡於此穴中。未知孰是？』公云：『禹穴二字，出司馬遷書，雖其事不經，必秦漢以來相傳如此。張晏注《漢書》云：「禹巡狩，至會稽而崩，因葬焉。上有孔穴，民間云，禹入此穴。」又不經之尤者。要之，子長謂「上會稽，探禹穴」，言極其高深也，「探」者，取其極深之義。今陽明穴中，投物於中，不知其底止，當以此爲禹穴可也，非謂禹葬之地。』」

按《史記》卷一三〇《太史公自序》「二十而南游江淮，上會稽，探禹穴。」裴駰《集解》：「張晏曰：『禹巡狩至會稽而崩，因葬焉。上有孔穴，民間云禹入此穴。』」楊慎《丹鉛總録》卷二《地理類》「禹穴」條：「司馬子長自叙云：『上會稽，探禹穴』，此子長自言遍游萬里之目，上會稽，總吴、越也；探禹穴，言巴、蜀也。後人不知其解，遂以爲禹穴在會稽，而作地志者，以禹廟旁小坎如春臼者當之。噫！是有何奇而辱子長之筆耶！按：蜀之石泉，禹生之地謂之禹穴。其石杳深，人迹不到。頃巡撫儀封劉遠夫修《蜀志》，搜訪古碑刻，有『禹穴』二字，乃李白所書，始知會稽禹穴之誤。」是亦一説也。

〔三〕《元和郡縣志》卷一四《河東道·河中府》：「河東縣，本漢蒲坂縣地也」。「舜祠在州理舜城中。貞觀十一年，詔致祭以時灑掃。」《玉海》卷一七三：「《唐會要》，元和八年河東節度使張弘靖奏修古舜城。從之。唐孫樵有《舜城碑》。」

〔四〕張芸叟，詳《隨筆》卷四《張浮休書》。

容齋續筆卷十三十四則

1 科舉恩數

國朝科舉取士，自太平興國以來，恩典始重。然各出一時制旨，未嘗輒同，士子隨所得而受之，初不以官之大小有所祈訴也。太平之二年，進士一百九人，吕蒙正以下四人得將作丞，餘皆大理評事，充諸州通判〔一〕。三年，七十四人，胡旦以下四人將作丞，餘並爲評事，充通判及監當〔二〕。五年，一百二十一人，蘇易簡以下二十三人皆將作丞、通判〔三〕。八年，二百三十九人，自王世則以下十八人，以評事知縣，餘授判司簿尉。未幾，世則等移通判，簿尉改知令録。明年，並遷守評事〔四〕。雍熙二年，二百五十八人，自梁顥以下二十一人，才得節察推官〔五〕。端拱元年，二十八人，自程宿以下，但權知諸縣簿尉〔六〕。二年，一百八十六人，陳堯叟、曾會至得光禄丞、直史館，而第三人姚揆，但防禦推官〔七〕。淳化三年，三百五十三人，孫何以下，二人將作丞，二人評事，第五人以下，皆吏部注擬〔八〕。咸平元年，孫僅但得防推。二年，孫暨以下，但免選注官。蓋此兩榜，真宗在諒闇，禮部所放，故殺其禮〔九〕。及三年，陳堯咨登第，然後六人將作丞，四十二人評事，第二甲一百三十四人，節度推官、軍事判官；第三甲八十人，防團軍事推官〔一〇〕。

【箋證】

〔一〕《續資治通鑑長編》卷一八："太平興國二年正月，「戊辰，上御講武殿，内出詩賦題覆試進士，賦韻平側相間，依次用，命翰林學士李昉、扈蒙定其優劣爲三等，得河南呂蒙正以下一百九人。庚午，覆試諸科，得二百七人，並賜及第。又詔禮部閲貢籍，得十五舉以上進士及諸科一百八十四人，並賜出身。九經七人不中格，上憐其老，特賜同三傳出身。凡五百人，皆先賜緑袍鞾笏，錫宴開寶寺。第一、第二等進士並九經，授將作監丞、大理評事、通判諸州，同出身進士及諸科並送吏部，免選優等注擬初資職事，判司簿尉。寵章殊異，歷代所未有也。」

〔二〕《續資治通鑑長編》卷一九："太宗太平興國三年，「九月甲申朔，上御講武殿覆試合格人進士，加論一首，自是常以三題爲準。得渤海胡旦以下七十四人，乙酉得諸科七十人，並賜及第，始賜宴於迎春苑，授官如二年之制。」

〔三〕《續資治通鑑長編》卷二一："太平興國五年，「閏三月甲寅，上御講武殿覆試權知貢舉程羽等所奏合格進士，得銅山蘇易簡以下百一十九人，又得諸科五百三十三人，並分第甲乙，賜宴，始有直史館陪座之制。進士第一等授將作監丞、通判藩郡；次授大理評事、知、令、録事；諸科授初等職事及判司簿尉。」按《宋會要輯稿·選舉》七之三，此榜進士亦是百十九人。容齋蓋據其兄洪适《大宋登科記》。今人張希清《北宋貢舉登科人數考》（載《國學研究》第二卷）以爲可從。

〔四〕《宋會要輯稿·選舉》七之四：「八年三月十五日，帝御講武殿試禮部奏名進士，……得王世則以下二百二十九人，並賜及第、出身。」乃與《隨筆》所記相差十人。前引張希清文亦從作二百三十九人。

陳均《九朝編年備要》卷三：太平興國八年，「親試舉人。擢王世則以下百七十餘人，諸科五百餘人。賜宴，始就瓊林苑，後遂爲例。以世則等十八人通判諸州。」

〔五〕按《宋會要輯稿·選舉》七之四：「雍熙二年三月十五日，帝御講武殿試禮部奏名進士，……得梁顥已下一百七十九人，第爲三等。」「十八日，又得進士洪湛已下七十六人，並賜及第。」計兩次共得二百五十五人，與《隨筆》本條所記相差三人。參前引張希清文。

《宋史》卷一五五：「雍熙二年，廷試初唱名，及第第一等爲節度推官。」

〔六〕《續資治通鑑長編》卷二九：端拱元年閏五月，「先是，翰林學士、禮部侍郎宋白知貢舉，放進士程宿以下二十八人，諸科一百人。榜既出，而謗議蜂起，或擊登聞鼓求別試。上意其遺材。壬寅，召下第人覆試於崇政殿，得進士馬國祥以下及諸科凡七百人，令樞密院用白紙爲牒賜之，以試中爲目，令權知諸縣簿尉。」「上既擢馬國祥等，猶恐遺材，復命右正言王世則等召下第進士及諸科於武成王廟重試，得合格數百人。丁丑，上覆試詩賦，又拔進士葉齊以下三十一人，諸科八十九人，並賜及第。」（「葉齊邑里，《登科記》亦無之。」）此事又見《宋會要輯稿·選舉》七之四。

〔七〕《續資治通鑑長編》卷三〇：太宗端拱二年三月，「壬寅，上御崇政殿試合格舉人，得進士閬中陳堯叟、晉江曾會等一百八十六人，並賜及第；諸科博平孫奭等四百五十人，亦賜及第；七十三人同出身。賜宴。始令兩制三館文臣皆預。賜堯叟等箴一首，勉以修身謹行稽古效官之意。堯叟及會，並授光禄寺丞、直史館；第三人以下，分授職事州縣官。」彭百川《太平治迹統類》卷二七《祖宗科舉取人》：雍熙二年三月，得進士「陳堯叟、張知白、曾會、姚揆、蘇奂、趙楨、張智、盛度等」一百八十六人。

〔八〕《續資治通鑑長編》卷三三：淳化三年，「三月戊戌，上御崇政殿覆試合格進士。得汝陽孫何以下凡三百二人，並賜及第，五十一人同出身。辛丑，又覆試諸科，擢七百八十四人，並賜及第，百八十人出身。就宴賜御製詩三首，箴一首。進士孫何而下四人，皆授將作監丞、大理評事、通判諸州，餘及諸科授職事州縣官。」

〔九〕陳均《九朝編年備要》卷六：咸平元年三月，「賜舉人第，自淳化五年停貢舉，至是舉行之。上語知舉楊勵曰：『貢舉任重，當務選擢寒俊，精求藝實，以副朕也。』得孫僅等五十人，諸科百五十人。」又同卷：「咸平二年春三月，賜舉人第孫暨等七十一人，諸科一百八十人。有司請上御殿試，上以在諒闇不許。」《宋史》卷三〇六《孫僅傳》：「咸平元年進士甲科，解褐舒州團練推官。」彭百川《太平治迹統類》卷二六：咸平四年八月己酉，覆試制舉人，推官孫暨入第四等。則暨釋褐亦爲推官也。

〔一〇〕《續資治通鑑長編》卷四六：真宗咸平三年三月，「甲午，上御崇政殿親試，賜陳堯咨以下二百七十一人進士及第，一百四十三人同本科及三傳、學究出身。堯咨，堯叟之弟也。又命翰林侍講學士邢昺等十五人考校諸科，得四百三十二人，賜及第，同出身。又試進士五舉、諸科八舉，及嘗經御試或年踰五十者論一篇，得進士二百六十人，諸科六百九十七人，賜同出身，及試校書郎、將作監、主簿。賜宴日，以御詩褒寵之。以堯咨等五人，並爲將作監丞、通判，第一等並九經爲大理評事、知大縣，第二等爲節察防團推官，餘爲判司簿尉。試銜者守選。上連三日臨軒，初無倦怠之色。所擢凡千八百餘人，其中有自晉天福中隨計者，校藝之詳，推恩之廣，近代所未有也。」

按，至仁宗嘉祐三年，新及第進士之除授等級，又復遞降。《續資治通鑑長編》卷一八八：（嘉祐三年閏十二月）丁丑，詔曰：「先是，朝議以科舉既數，則高第之人倍衆，其擢任恩典，宜損于故。詔中書門下裁之。『朕惟國之取士，與士之待舉，不可曠而冗也，故立間歲之期以勵其勤，約貢舉之數以精其選，著爲定式，申敕有司。而高第之人，日嘗不次而用，若循舊比，終至濫官，甚無謂也。自今制科入第三等，與進士第一，除大理評事、簽書兩使幕職官事，代還，升通判，再任滿，試館職。制科入第四等，與進士第二、第三，除兩使幕職官，代還，改次等京官。制科入第四等次，與進士第四、第五，除試銜知縣，代還，遷兩使職官。鎖廳人視此。若夫高材異行，施于有政，而功狀較然者，當以茂恩擢焉。』自是驟顯者鮮，而所得人才及其風迹，比舊亦寖衰。」

2 下第再試

太宗雍熙二年，已放進士百七十九人，或云：「下第中甚有可取者。」乃令復試，又得洪湛等七十六人，而以湛文采遒麗，特升正牓第三〔一〕。端拱元年，禮部所放程宿等二十八人，進士葉齊打鼓論牓，遂再試，復放三十一人，而諸科因此得官者至於七百〔二〕。一時待士可謂至矣。然太平興國末，孟州進士張兩光，以試不合格，縱酒大罵於街衢中，言涉指斥，上怒斬之，同保九輩永不得赴舉〔三〕。恩威並行，至於如此。

【箋證】

〔一〕詳前條注五。

〔二〕《宋會要輯稿·選舉》一之三：「端拱元年三月二十三日，以翰林學士宋白權知貢舉，知制誥李沆權同知貢舉，準詔令放合格進士、諸科程宿已下一百二十八人。」可詳前條注六。

〔三〕《續資治通鑑長編》卷二四：太宗太平興國八年三月，「乙酉，斬孟州進士張兩。兩試吏部不合格，縱酒大罵於街衢中，言涉指斥。游徼吏捕以聞。上怒，故抵於法。同保九輩永不得赴舉，州長吏罰一季俸」。

3 試賦用韻

唐以賦取士，而韻數多寡，平側次叙，元無定格〔一〕。故有三韻者，《花萼樓賦》以題爲韻是也〔二〕。有四韻者，《蓂莢賦》以「呈瑞聖朝」，《舞馬賦》以「奏之天廷」，《丹甑賦》以「國有豐年」，《泰階六符賦》以「元亨利貞」爲韻是也〔三〕。有五韻者，《金莖賦》以「日華川上動」爲韻是也〔四〕。有六韻者，《止水》《魍魎》《人鏡》《三統指歸》《信及豚魚》《洪鐘待撞》《君子聽音》《東郊朝日》《蜡日祈天宗》《樂德訓胄子》諸篇是也〔五〕。有七韻者，《日再中》《射己之鵠》《觀紫極舞》《五聲聽政》諸篇是也〔六〕。八韻有二平六側者，《六瑞賦》以「儉故能廣，被褐懷玉」，《日五色賦》以「日麗九華，聖符土德」，《徑寸珠賦》以「澤浸四荒，非寶遠物」爲韻是也〔七〕。有三平五側者，《宣耀門觀試舉人》以「君聖臣肅，謹擇多士」，《懸法象魏》以「正月之吉，懸法象魏」，《玄酒》以「薦天明德，有古遺味」，《五色土》以「王子畢封，依以建社」，《通天臺》以「洪臺獨出，浮景在下」，《幽蘭》以「遠芳襲人，悠久不絶」，《日月合璧》以「兩曜相合，候之不差」，《金柅》以「直而能一，斯可制動」爲韻是也〔八〕。有五平三側者，《金用礪》以「商高宗命傅説之官」爲韻是也〔九〕。有六平二側者，《旗賦》以「風日雲舒，軍容清肅」爲韻是也〔一〇〕。自太和以後，始以八韻爲常〔一一〕。唐莊宗時，嘗覆試進士，翰林學士承旨盧質以《后從諫則聖》爲賦題，以「堯、舜、禹、湯，傾心求過」爲韻。舊例，賦韻四平四側，質所出韻乃五平三側，大爲識者所誚〔二〕。豈非是時已有定格乎？國朝太平興國三年九月，始詔自今廣文館及諸州府、禮部試進士律賦，並以平側次用韻，其後又有不依次者，至今循之〔三〕。

【箋證】

〔一〕按，唐代試賦用韻，彭叔夏《文苑英華辨證》卷一《用韻二》考辨頗詳，間有商榷，云：「唐賦韻數平側次第，初無定格。今略舉一二。有四韻者，《泰階六符》（元亨利貞）、《秋月》（至明周照）、《蓂莢》（呈瑞聖朝）、《丹甑》（國有豐年）諸篇是也；有五韻者，《五星同色》（昊天有成命）、《海上五色雲》（餘霞散成綺）、《金莖》（日華川上動）、《殘雪》（明月照積雪）諸篇是也；有六韻者，《止水》（清審洞澈涵容）、《魍魎》（道德仁義希夷）及《豚魚》（聖朝道孚隱微）、《善師不陣》（聖朝威服遠人）諸篇是也。（洪氏《容齋續筆》乃以《唐登科記》《東郊朝日賦》「國家行仲之令」，《人鏡賦》「主聖臣道光貞」指爲六韻。按《文苑》所載乃是「國家行仲春之令」七韻，「主聖臣忠道光貞觀」八韻，蓋《登科記》闕此三字耳。）有七韻者，《日再中》（漢文帝時數如此）、《武藝絶倫》（弧矢之利威天下）、《觀紫極舞》（大樂與天地同和）諸篇是也。有八韻者。（今爲定格。）有九韻者，《二氣合景星》（其狀無常出有道之國）、《竹宫望拜神光》（上辛之日有事于圜丘）、《大儺》（命有司送寒氣肅京室）諸篇是也。有十韻者，《千秋鏡》（鵲飛如向月龍盤似映光）、《秦客相劍》（決浮雲清絶塞通題爲韻）、《冰壺》（清如玉壺冰何慙夙昔意）諸篇是也。（洪氏又云有三韻者，引《花萼樓》，以題爲韻，誤矣。按《登科記》，《花萼樓賦並序》，以題爲韻。今《文苑》，《花萼樓賦》以「花萼樓賦一首並序」爲韻，皆押八韻，凡有五首。蓋唐賦所謂「以題爲韻」者，或並「賦」字押，如《日中有王字》《渭水象天河》，並以題爲韻而作賦者，並「賦」字押，凡六韻。今《花萼樓賦一首並序》，以題爲韻，凡八韻，非三韻也。）其八則有四平四側者。（今爲定格。）有三平五側者，《日月合璧》（兩曜相合候時不差）、《先王正時令》（四時漸差置閏以正）諸篇是也。有五平三側者，《冰將釋》（和風既至遲日初臨）、《玉壺冰》（堅白貞虛作人之則）諸篇是也。（洪氏又以《宣耀門觀試武舉人賦》「君聖臣肅，慎擇多士」；《幽蘭賦》「遠芳襲人，悠久不絶」；《金柅賦》「直而能一，斯可制動」爲三平五側。今《文苑》所載，「慎擇」爲「精擇」，「悠久不絶」爲「終古無絶」，「直而能一」爲「貞而能一」，乃四平四側，與《登科記》不同。）有二平六側者，《泗濱浮磬》（美石見質琢之成器）、《圖畫功臣》（立定爾功惟克永代）諸篇是也。有六平二側者，《白雲無心》（山川出雲天實爲之）、《鑿壁偷光》（將欲貪於鱗角之成）諸篇是也。（洪氏又以《旗賦》「風日雲舒，軍容清肅」爲六平二側。今《文苑》所載「風日雲野，軍國清肅」乃四平四側，《登科記》必誤。）有以平上去入爲韻者，如《三無私》《山公啓事》諸篇是也。有平上去入周而復始者，如《空賦》《三足烏賦》諸篇是也。（洪氏又云，自大和後始以八韻爲常。按《登科記》，大和六年試《君子之聽音賦》，以「審音合志鏗鏘」爲韻，猶是六韻。開成三年試《霓裳羽衣曲賦》，任用韻。《文苑》所載三首，第一篇六韻，第二、第三篇皆七韻。今云大和後八韻爲常，未必然也。）」

平步青《霞外攟屑》卷六：「《容齋續筆》，唐賦韻無定格。按唐人《花萼樓》凡五首。皆以『花萼樓賦一首並序』爲韻，並非三韻也。《東郊朝日》，有陸贄賦，以『國家行仲春之令』爲韻。七韻，非六韻也。《宣耀門觀試舉人》有二賦，非『謹』字，乃『精』字。《幽蘭》有五首，俱以『遠芳襲人終古無（庸按，今洪本作「悠久不」。）絶』爲韻。《金柅》有孫汝玉賦，乃『貞』字，非『直』字也。李昂有《旗賦》，『舒』乃『野』字，『容』乃『國』字。豈洪氏失考耶？抑今所存非洪氏所見本耶？」又云：「《文苑英華》，唐賦韻數，平仄次序，初無定格。按洪、彭二家辨唐賦用韻詳矣，尚有未盡者。如丁春澤《日觀賦》，以『千載之統平上去入』爲韻。田沇《明賦》，以『從入至平』爲韻。路季登《皇帝冬狩一箭射雙兔賦》，以題上字爲韻。周存《太常新復樂懸冬至日六薦之圜丘賦》，以題中字爲韻。惟陸贄《聖人苑中射落飛雁賦》，及鄭錫、喬琮《日中有王字賦》，俱以題爲韻次用。蓋唐人非限次韻，即任意顛倒，且有不押官韻者，如何據《射楊葉百中賦》，以『藝通於神動不虛發』爲韻，不見三韻；《古鏡賦》，不見今字官韻；張慶餘《青玉案賦》，不見物字官韻；闕名《泗濱浮磬賦》，不見以字官韻，是也。」

〔二〕《文苑英華》卷四九載高蓋、王諲、張甫、陶舉、敬括《花萼樓賦》五首，原注：「以『花萼樓賦一首並序』爲韻。」《玉海》卷一六四《宮室·唐勤政樓花萼樓》：「《登科記》，開元十三年進士試《花萼樓賦》。」

〔三〕《文苑英華》卷八八載程諫、吕諲《蓂莢賦》二首，原注：「以『呈瑞聖朝』爲韻。」又同書卷一三一載闕名《舞馬賦》二首，原注：「以『奏之天庭』爲韻。」又卷八六載薛邕、史翽《丹甑賦》，原注：「以『國有豐年』爲韻。」又卷九載錢起、婁玄穎、房寬《泰階六符賦》三首，原注：「以『元亨利貞』爲韻。」

〔四〕《文苑英華》卷一六載吕令問《金莖賦》，原注：「以『日華川上動』爲韻。」

〔五〕《止水》，《文苑英華》卷三二載劉清、王泠然《止水賦》二首，原注：「以『清審洞澈涵容』爲韻。」題下原注：「《開元五年登科記》第十三劉廷玉至第十七劉凝，無劉清名。」《人鏡》，《文苑英華》卷九四《人事五》載闕名《人鏡賦》，原注：「以『主聖臣忠道光貞觀』爲韻。」《信及豚魚》，《文苑英華》卷四三載封孟申《信及豚魚賦》一首，原注：「以『聖朝道孚微隱』爲韻。」鄭方坤《全閩詩話》卷一《邵楚萇》：「邵楚萇，字待倫，閩縣人，貞元十五年試《信及豚魚賦》《行不由徑詩》登第。」（出《閩書》）《東郊朝日》，《文苑英華》卷五五載陸贄《東郊朝日賦》，原注：「以『國家行仲春之令』爲韻。」實爲七韻。

《樂德訓胄子》，蓋即《樂德教胄子》。《文苑英華》卷七六，收李彥方、羅讓、徐至、鄭方、劉積中、杜周士《樂德教胄子賦》六首，以「育材訓人之本」爲韻依次用。

《魍魎》，趙彥衛《雲麓漫抄》卷三：「天寶六年，楊護榜，試《魍魎賦》。」

《蜡日祈天宗》，《太平廣記》卷一七九《閻濟美》，云試《蜡日祈天宗賦》。

《三統指歸》《洪鐘待撞》《君子聽音》諸篇，佚，俟考。

〔六〕《日再中》，《文苑英華》卷五載許堯佐、闞構《日再中賦》，原注：「以『漢文帝時數如此』爲韻。」《射己之鵠》，《文苑英華》卷一〇〇載張友正《射己之鵠賦》，原注：「以『審諸己而後能中』

爲韻。」

《觀紫極舞》,《文苑英華》卷一二五載張復元《太清宮觀紫極舞賦》,原注:「以『大樂與天地同和』爲韻。」《歷代賦彙》卷九二載李絳一首。《玉海》卷一〇七《音樂》「唐紫極舞」條:「貞元九年宏詞,試《太清宮觀紫極舞賦》。」

《五聲聽政》,七韻者未詳。田錫《咸平集》卷八《五聲聽政賦》,以「聖人虛懷,求理設教」爲韻。

〔七〕《文苑英華》卷一一五載李子卿《六瑞賦》。又同書卷五載李程、湛賁、崔護《日五色賦》三首。又卷一一七載呂穎《西域獻徑寸珠賦》。

按,以上所舉三韻至七韻,今人曹明綱《賦學概論》第五章,引《續筆》本條,接云:「此外,又有二韻者:唐昭宗乾寧二年崔凝榜重試詩賦各二篇,其一爲《曲直不相入賦》,今《黄御史集》有此作,下注:『以題中「曲直」兩字爲韻。』賦中終篇用韻,不出『曲』『直』所屬兩個韻部。同時還有十韻者:如唐開元十八年試《冰壺賦》,以『清如玉壺冰,何慚宿昔意』爲韻,《文苑英華》今存陶翰與崔損二人的作品。」

〔八〕《宣耀門觀試舉人》,《文苑英華》卷五九載失名《駕幸宣輝門觀試舉人賦》,原注:「以君聖臣肅精擇多士爲韻。」

《懸法象魏》,《文苑英華》卷六七載蘇珦《懸法象魏賦》,原注:「以正月之吉懸法象爲韻。」

《五色土》,《文苑英華》卷二一五載崔損《五色土賦》,原注:「以『皇子畢封,依色建社』爲韻。」

《通天臺》，《文苑英華》卷五〇載失名《通天臺賦》。
《幽蘭》，《歷代賦彙》卷一二一載喬彝、陳有章、韓伯庸、仲子陵、李公進《幽蘭賦》五首，原注：「以『遠芳襲人，終古無絶』爲韻。」
《日月合璧》，《文苑英華》卷三載韋展《日月如合璧賦》，原注：「以『應候不差，如璧之合』爲韻。」盧士開同題賦，原注：「以『兩曜相合，候時不差』爲韻。」賈餗同題賦，原注：「以『天地交泰，日月貞明』爲韻。」
《金柅》，《文苑英華》卷一〇四載孫汝玉《金柅賦》，原注：「以『貞而能一，斯可制動』爲韻。」
《玄酒賦》，佚，俟考。

〔九〕《金用礪》，佚，俟考。洪興祖《韓子年譜》：「昶，《諱行録》云：『長慶四年，李宗閔下擢進士第。時試《金用礪賦》。』」

〔一〇〕《文苑英華》卷六四載李昂《旗賦》，原注：「以『風日雲野，軍國清肅』爲韻。」

〔一一〕曹明綱《賦學概論》第五章：「據《能改齋漫録》引僞蜀馮鑒《文體指要》，律賦以八字限韻始於開元二年，今《文苑英華》所録李昂《旗賦》，即以『風日雲野，軍國清肅』八字爲韻，是現存唐代最早的八韻律賦。此後試賦用八韻而見於徐松《登科記考》的，有開元三例、天寶一例、大曆五例、貞元十二例、元和二例、長慶一例、咸通一例、乾符一例、乾寧一例。其中以大曆、貞元年間最常用。洪氏謂唐『自大和以後，始以八韻爲常』，恐失詳考。今大和時試賦用韻可考知者，僅六年所試《君子之聽音》一賦，以『審音合志鏗鏘』六字爲韻限。」又，王兆鵬《唐代科舉考試詩賦用韻研究》一《唐代科舉考試的詩賦》：「根據我們的統計，大曆四年己酉以後限韻字的字數基本上已是八字。」

〔一二〕《册府元龜》卷六四一《貢舉部》：後唐莊宗同光「三年三月敕禮部貢院，今年新及第進士符豪正、成僚、王徹、桑維翰四人。時命盧質覆試於翰林院，試《君從諫則聖賦》，以『堯、舜、禹、湯，傾心求過』爲韻，《臣事君以忠詩》。是歲，試進士科者數十人，裴皞精選其文，惟得王徹輩。或譖毁於宣徽使李紹宏曰：『今年新進士不繇才進，各有阿私，物議以爲不可。』紹宏訴於郭崇韜，因奏令盧質覆試。質爲賦韻五平聲、三仄聲，且踰常式，覆試之日，中外騰口，議者非之。」又見《舊五代史》卷九三《盧質傳》。

陸以湉《冷廬雜識》卷五《賦韻》條，引盧從質事，後云：「近世賦韻有七平一仄者，如《嚴子陵釣臺賦》，以『先生之風，山高水長』爲韻是也。有一平七仄者，如《杜甫觀公孫大娘弟子舞劍器賦》，以『撫事感慨作劍器行』爲韻是也。此豈古法所宜有乎？」

〔一三〕《續資治通鑑長編》卷一九，太平興國三年九月，「詔自今廣文館及諸州府、禮部試進士，律賦並以平側依次用韻。」

4 貞元制科

唐德宗貞元十年，賢良方正科十六人，裴垍爲舉首，王播次之，隔一名而裴度、崔群、皇甫鎛繼之〔一〕。六名之中，連得五相，可謂盛矣，而邪正夐不侔。度、群同爲元和宰相，而鎛以聚斂賄賂亦居之，度、群極陳其不可，度恥其同列，表求自退，兩人竟爲鎛所毁而去。且三相同時登科，不可謂無事分，而玉石雜糅，薰蕕同器，若默默充位，則是固寵患失，以私妨公，裴、崔之賢，誼難以處也〔二〕。本朝韓康公、王岐公、王荆公亦同年聯名，熙寧間，康公、荆公爲相，岐公參政，故有「一時同牓用三人」之語，頗類此云〔三〕。

【箋證】

〔一〕《太平御覽》卷六二九《治道部十・貢舉下・制舉科》：「（貞元）十年十月，賢良方正能直言極諫科，裴垍、王播、裴度、熊執易、許堯佐、徐弘毅、崔群、皇甫鎛、王仲舒、許季同、仲子陵、鄭士材、丘穎及第。」是十三人，非十六人。按，是年，博通墳典達于禮教科，宋穎及第；詳明政術可以理人科，張平叔、李景亮及第。若合此兩科，才十六人。又按《唐會要》卷七六《貢舉中・制舉科》，王播之後、裴度之前有朱諫。《文獻通考》卷三三《選舉考六・賢良方正》並同。是所謂「隔一名」也。《御覽》蓋脱「朱諫」二字。

徐松《登科記考》卷一三貞元十年「諸科二十六人」「皇甫鎛」名下，據《續筆》本條，云：「按此是崔群、皇甫鎛名在裴度之次，今《册府元龜》《唐會要》傳鈔誤也。」

〔二〕《資治通鑑》卷二四〇《唐憲宗紀》元和十三年，「淮西既平，上寖驕侈。户部侍郎判度支皇甫鎛、衛尉卿鹽鐵轉運程异曉其意，數進羨餘，以供其費，由是有寵。鎛又以厚賂，結吐突承璀。

甲辰，鎛以本官，异以工部侍郎，並同平章事，判使如故。制下，朝野駭愕，至於市井負販者亦嗤之。裴度、崔群，極陳其不可，上不聽。度恥與小人同列，表求自退，不許。度復上疏，以爲『鎛、异皆錢穀吏，佞巧小人，陛下一旦寘之相位，中外無不駭笑，況鎛在度支，專以豐取刻與爲務，凡中外仰給度支之人，無不思食其肉。比者裁損淮西糧料，軍士怨怒，會臣至行營，曉諭慰勉，僅無潰亂。今舊將舊兵，悉向淄青，聞鎛入相，必盡驚憂，知無可訴之地矣。程异雖人品庸下，然心事和平，可處煩劇，不宜爲相。至如鎛資性狡詐，天下共知，唯能上惑聖聽，足見奸邪之極。臣若不退，天下謂臣不知廉恥；臣若不言，天下謂臣有負恩寵。今退既不許，言又不聽，臣如烈火燒心，衆鏑叢體，所可惜者，淮西盪定，河北底寧，承宗斂手削地，韓弘輿疾討賊，豈朝廷之力能制其命哉？直以處置得宜，能服其心耳。陛下建升平之業十已八九，何忍還自隳壞，使四方解體乎？』上以度爲朋黨，不之省。鎛自知不爲衆所與，益爲巧諂以自固。」

〔三〕王安石《題中書壁》詩云：「夜開金鑰詔詞臣，對御抽毫草帝綸。須信朝家重儒術，一時同榜用三人。」李壁《王荆公詩注》卷四四注云：「熙寧三年，公與韓子華（絳）同拜相，王岐公爲翰林學士，被召草麻，既受旨，後神宗因出手札示之，曰：『已除卿參知政事矣。』故此詩云『一時同榜用三人』。公楊寘榜及第，岐公第二，子華第三，公第四。寘早世，或云陸子履詩，非也。」按葉夢得《石林燕語》卷六：「熙寧末，王荆公相，韓康公、王禹玉（珪）爲參知政事，三人亦皆同年，仍在第甲連名，禹玉第一，康公第二，荆公第三。荆公再入，仍與康公並相，尤爲難得。時陸子履作詩云：『須信君王重儒術，一時同榜用三人。』

5 貽子録

先公自燕歸，得龍圖閣書一策，曰《貽子録》，有「御書」兩印存，不言撰人姓名，而序云：「愚叟受知南平王，政寬事簡。」意必高從誨擅荆渚時賓僚如孫光憲輩者所編〔一〕，皆訓儆童蒙。其《修進》一章云：咸通年中，盧子期著《初舉子》一卷〔二〕，細大無遺。就試三場，避國諱、宰相諱、主文諱。士人家小子弟，忌用熨斗時把帛，慮有拽白之嫌。燭下寫試無誤筆，即題其後云「並無揩改塗乙注」；如有，即言字數，其下小書名。同年小録是雙隻先輩各一人分寫。宴上長少分雙隻相向而坐，元以東爲上，僦以西爲首，給、舍、員外、遺、補，多來突宴，東先輩不遷，而西先輩避位。及吏部給春關牒，便稱前鄉貢進士，大略有與今制同者，獨避宰相、主文諱，不復講雙隻先輩之名。它無所見〔三〕。其《林園》一章謂茄爲酪酥，亦甚新〔四〕。

【箋證】

〔一〕吴任臣《十國春秋》卷一〇二《荆南三·孫光憲傳》：「光憲事南平三世，皆處幕中，累官荆南節度副使、朝議郎、檢校祕書少監、試御史中丞、賜紫金魚袋」，「性嗜經籍，聚書凡數千卷，或自鈔寫，孜孜校讎，老而不廢，自號葆光子。所著有《荆臺集》《橘齋集》《玩筆傭集》《鞏湖編玩》《北夢瑣言》《蠶書》若干卷。」原注：「《容齋三筆》載有《貽子録》，疑亦光憲輩撰。」

〔二〕孫光憲《北夢瑣言》卷四：「盧相光啓，先人伏刑。爾後兄弟修飾赴舉，因謂親知曰：『此乃開荒也。』然其立性周謹，進取多塗。著《初舉子》一卷，即進取諸事，皆此類也。」盧光啓，字子忠，昭宗時拜兵部侍郎同中書門下平章事。事迹具《新唐書》卷一八二本傳。《續筆》本條作「子期」，誤。《初舉子》，《新唐書》卷五九《藝文志》著録一卷，《宋史》卷二〇六《藝文志》爲三卷。

〔三〕沈濤《瑟榭叢談》卷下，引《續筆》本條，接云：「考王定保《摭言》『期集』一條：同年到『集所，團司所由輩參狀元、衆郎君訖，俄有一吏當中庭唱曰：諸郎君就坐，雙東雙西。』與此所云雙隻相向而坐正合。雙隻，蓋謂名次之奇偶。先輩，本進士互稱，容齋謂雙隻先輩，他無多見耶？」

〔四〕陸游《老學庵筆記》卷二：「《酉陽雜俎》云茄子一名落蘇。今吴人正謂之落蘇。或云錢王有子跛足，以聲相近，故惡人言茄子，亦未必然。」

6　金花帖子

唐進士登科，有金花帖子，相傳已久，而世不多見〔一〕。予家藏咸平元年孫僅牓盛京所得小録，猶用唐制，以素綾爲軸，貼以金花，先列主司四人銜，曰：翰林學士給事中楊，兵部郎中知制誥李，右司諫直史館梁，祕書丞直史館朱，皆押字。次書四人甲子，年若干，某月某日生，祖諱某，父諱某，私忌某日。然後書狀元孫僅。其所紀與今正同。别用高四寸綾，闊二寸，書「盛京」二字，四主司花書于下，粘於卷首，其規範如此，不知以何年而廢也〔二〕。但此牓五十人〔三〕，自第一至十四人，惟第九名劉燁爲河南人，餘皆貫開封府，其下又二十五人亦然。不應都人士中選若是之多，疑亦外方人寄名託籍，以爲進取之便耳。四主司乃楊礪、李若拙、梁顥、朱台符，皆只爲同知舉〔四〕。

【箋證】

〔一〕王仁裕《開元天寶遺事》卷三《泥金帖子》：「新進士才及第，以泥金書帖子附家書中，用報登科之喜。至文宗朝，遂寢削此儀也。」又同卷《喜信》條：「新進士每及第，以泥金書帖子附於家書中，至鄉曲姻戚，例以聲樂相慶，謂之喜信也。」又，趙彦衛《雲麓漫抄》卷二：「國初循唐制，進士登第者，主文以黄花箋，長五寸許，闊半之，書其姓名，花押其下，護以大帖，又書姓名於帖面，而謂之榜帖。當時稱爲金花帖子。後臨軒唱名，玆制遂廢。」

〔二〕周必大《文忠集》卷四四《題盛京登科小録》：「右盛京登科榜帖及小録，其家傳已百八十餘年，裔孫寓常之無錫，貧不能守，而同邑王馺左藏之。馺，洪景盧妹夫也，故今歸景伯家。初，景伯丞相作本朝《登科記》，自慶曆後始有小録，悉書進士鄉貫。前乎此，惟咸平元年孫僅榜亦然，正以常見盛氏所藏耳。是遂注云：『時小録用綾爲之，金花帖子。』誰不知榜帖偶粘于小録之前，本是兩事，豈可直以小録爲金花帖子耶？予既摹其本，又列王臨所記于卷首，使覽者無疑焉。京，蓋文肅公度弟，其後仕宦至今不絶。」又同卷《録洪景盧容齋續筆》，先録《續筆》本條，接云：「予謂當時所得金花帖子，止謂高四寸、闊二寸，書登第人姓名，主司花押于下者，與小録自不相涉。故盛京曾孫華亦自跋云：『先伯佐登咸平第，此金花帖子及小録用綾。』既曰『及』，則爲二事甚明。予以王扶帖子並粘于前，而辨景丞相之誤，今申言之。」

劉昌詩《蘆浦筆記》卷五《金花帖子》：「予家藏王扶、龔識二帖拓本。帖皆長五寸許，其闊半之。龔識又有大護帖，復書姓名於帖面。考《登科記》，蓋太宗端拱元年程宿榜，扶第二人，識第十四。其下花押二：一翰林學士尚書禮部侍郎知貢舉宋白，一職方員外郎知制誥權知貢舉李沆。後臨軒唱名，此制遂廢。周益公家亦有咸平二年盛京所得者。其他不特未之見，久而湮没，知之者亦鮮矣。」

〔三〕《宋會要輯稿·選舉》三之六：「二月九日詔曰：「宜令禮部貢院據合格人數内放進士五十人。」而《會要·選舉》一之六則云：「準詔放合格進士孫僅已下五十一人。」按《文獻通考》卷三〇：「詔禮部放榜，得進士孫僅以下五十人，高麗賓貢一人。」蓋五十人，不包括賓貢在内。參今人張希清《北宋貢舉登科人數考》（載《國學研究》第二卷）。

〔四〕樓鑰《攻媿集》卷七三《跋金花帖子綾本小録（王扶、盛京）》：「集賢王公金花帖子，其孫鄜州謂『端拱二年太宗朝第三榜』者，誤也。當以益公所考爲正。（郁之按，即前引周必大題跋。）尚書宋公名白，時以翰林學士禮部侍郎知貢舉，其同知貢舉則知制誥李公沆。帖子花押蓋二公也。咸平元年知舉四人，楊給事礪、李舍人若拙、梁司諫灝、朱祕丞台符。盛公帖子花押，乃此四人也。」又云：「今始見王、盛二家金花帖子，及綾本《小録》，前此真未聞也。諸公跋語，如載知舉家諱、私忌等，外若韻腳明主空一字，（按此下有脱落字句。）詩限六十字以上成，論限五百字以上成，皆與今小異。今止書第一人，此直書狀元。外氏書其母之封。五十人，貫開封者三十七人，不應如此之多。按，端拱二年有旨，國子監生並須品官子弟，開封府有户貫者充，豈以此故，士子多用開封貫耶？貫建州者二人，一曰建寧軍，一曰建州，書事不同。如此者非一。祖父俱存者，今曰重慶，而第四人張景書榮侍下；父祖未仕者，書不仕；三代名下，書『皇任』者。柳河東作《陳京行狀》云：『五代祖某陳宜都王，曾祖某皇會稽司馬，祖某皇晉陵郡司功參軍，父某皇右補闕』云云。或謂書『皇』者，以表其仕于唐也。此又不然。多有稱『皇』不仕者，又或止書見仕某官。每一項，各空一字。皆與今不同。此榜止五十人，可以綾書，不知前此孫何一榜三百餘人，亦可以綾書耶？《小録》之作，近亦屢有輕以意改者。要知典故所在，前人多有深意，一遵其舊可耳。」

7 物之小大

列禦寇、莊周大言小言，皆出於物理之外。《列子》所載：「夏革曰：渤海之東，幾億萬里，有大壑焉，實惟无底之谷。中有五山，高下周旋三萬里，山之中間相去七萬里，而五山之根无所連著。帝使巨鼇十五舉首而戴之，迭爲三番，六萬歲一交焉。而龍伯之國有大人，舉足不盈數千而暨山所，一釣而連六鼇，合負而趣歸其國。於是岱輿、員嶠二山，沈於大海。」張湛注云：「以高下周圍三萬里山，而一鼇頭之所載，而六鼇復爲一釣之所引，龍伯之人能并而負之。計此人之形當百餘萬里，鯤鵬方之，猶蚊蚋蚤虱耳。太虛之所受，亦奚所不容哉！」〔一〕《莊子·逍遥遊》首著鯤鵬事，云：「北冥有魚①，其名爲鯤，鯤之大不知其幾千里也，化而爲鳥，其名爲鵬，鵬之徙於南冥，水擊三千里，摶扶摇而上者九萬里。」二子之語大若此。至於小言，則《莊子》謂：「有國於蝸之左角曰觸氏，右角曰蠻氏，相與爭地而戰，伏尸數萬，逐北旬有五日而後反。」《列子》曰：「江浦之間生麽蟲，其名曰焦螟。群飛而集於蚊睫，弗相觸也，栖宿去來，蚊弗覺也。黄帝與容成子同齋三月，徐以神視，塊然見之，若嵩山之阿，徐以氣聽，砰然聞之，若雷霆之聲。」二子之語小如此〔二〕。釋氏維摩詰長者居丈室而容九百萬菩薩并師子座，一芥子之細而能納須彌〔三〕。皆一理也。張湛不悟其寓言，而竊竊然以太虛無所不容爲説，亦隘矣。若吾儒《中庸》之書但云：「天地之大也，人猶有所憾，故君子語大，天下莫能載焉；語小，天下莫能破焉。」則明白洞達，歸於至當，非二氏之學一偏所及也〔四〕。

【校勘】

①「冥」，馬本、庫本、祠本作「溟」。下同。

【箋證】

〔一〕所引《列子》見《湯問篇》，張湛注《列子》卷五。

〔二〕所引見《莊子·則陽》《列子·湯問》。

〔三〕鳩摩羅什譯《維摩詰所説經》卷上《佛國品第一》：「彼時佛與無量百千之衆恭敬圍繞而爲説法，譬如須彌山王顯于大海，安處衆寶師子之座。」又卷中《文殊師利問疾品第五》：「以須彌之高廣内芥子中，無所增減，須彌山王本相如故。而四天王忉利諸天，不覺不知己之所入，唯應度者乃見須彌入芥子中，是名住不思議解脱法門。又以四大海水入一毛孔，不嬈魚鼈黿鼉水性之屬，而彼大海本相如故，諸龍鬼神阿修羅等不覺不知己之所入。」

〔四〕錢鍾書《管錐編》第三册《全上古三代秦漢三國六朝文·全上古三代文卷一〇》云：「《禮記·中庸》：『故君子語大，天下莫能載焉；語小，天下莫能破焉』，可概大、小言之謀篇。洪邁《容齋續筆》卷一三嘗謂《列子》之龍伯、焦螟與《莊子》之鯤、鵬、蝸角，皆不若《中庸》此二語。夫二語定大小之界義，諸喻示大小之事例，肅括詭異，各有攸宜。《管子·宙合》：『是大之無外，小之無内。』《呂氏春秋·下賢》：『其大無外，其小無内』，《楚辭·遠游》：『其小無内兮，其大無垠』，則可匹《中庸》二語；洪興祖注《楚辭》引《淮南子》：『深閎廣大，不可爲外；析豪剖芒，不可爲内。』『垠』，邊也，界也，物之盡際而仍屬其體者；出乎『垠』，則脱物而在其體之外。故『垠』與『外』反，一尚即物，一已離物。顧《楚辭》之『其大無垠』與《管子》之『大之無外』或顔真卿等《大言》聯句之『四方上下無外頭』，了無二致。（宋玉）《小言賦》：『析飛糠以爲輿，剖秕糟以爲舟，泛然投乎杯水中，淡若巨海之洪流』，即《莊子·逍遥游》：『覆杯水於坳堂之上，則芥爲之舟。』『憑蚋眥以顧盼』，即《晏子春秋》：『東海有蟲，巢於蚊睫。』『無内之中，微物潛生』，『視之則眇眇，望之則冥冥，離朱爲之歎悶』，即《列子》：『江浦之間生麽蟲』，『離朱子羽方拭眥揚眉而望之，勿見其形。』《遠游》曰：『其小無内』，而此賦曰『無内之中』，更進一層。『内』，中也，『無内』矣，卻猶有『中』而容『物潛生』，則厥『物』之微，非思議所及矣。納矛盾於一語，不相攻而俱傷，卻相得而益彰，猶《老子》第四三章之言：『無有入無間』，此修詞之狡獪也。」

8 郭令公

唐人功名富貴之盛，未有出郭汾陽之右者。然至其女孫爲憲宗正妃，歷五朝，母天下，終以不得志於宣宗而死，自是支胄不復振〔一〕。及本朝慶曆四年，訪求厥後，僅得裔孫元亨於布衣中，以爲永興軍助教。歐陽公知制誥，行其詞曰：「繼絶世，褒有功，非惟推恩以及遠，所以勸天下之爲人臣者焉。况爾先王，名載舊史，勳德之厚，宜其流澤於無窮，而其後裔不可以廢。往服新命，以榮厥家。」〔二〕且以二十四考中書令之門，而需一助教以爲榮，吁，亦淺矣！乃知世禄不朽，如春秋諸國至數百年者，後代不易得也〔三〕。

【箋證】

〔一〕《新唐書》卷七七《后妃傳》：「憲宗懿安皇后郭氏，汾陽王子儀之孫，父暖尚昇平公主，實生后。憲宗爲廣陵王，聘以爲妃。順宗以其家有大功烈而母素貴，故禮之異諸婦。是生穆宗，元和元年，進册貴妃。八年，群臣三請，立爲后。穆宗嗣位，上尊號皇太后，贈暖太尉，母齊國大長公主，擢兄釗刑部尚書，鏦金吾大將軍。后移御興慶宫，凡朔望三朝，帝率百官詣宫門爲壽。或歲時慶問燕饗，後宫戚里内外婦，車騎駢壅，環珮之聲滿宫。敬宗立，號太皇太后。」歷文宗、武宗，「宣宗立，於后，諸子也，而母鄭，故侍兒，有曩怨。帝奉養禮稍薄，后鬱鬱不聊，與一二侍人登勤政樓，將自隕，左右共持之。帝聞不喜。是夕，后暴崩。有司上尊謚，葬景陵外園。太常官王皞請后合葬景陵，以主祔憲宗室。帝不悦，令宰相白敏中讓之，皞曰：『后乃憲宗東宫元妃，事順宗爲婦，歷五朝，母天下，不容有異論。』」

俞樾《茶香室續鈔》卷三《郭令公之後》，引《隨筆》本條，接云：「唐人趙嘏《經汾陽舊宅》：『門前不改舊山河，破虜曾輕馬伏波。今日獨經歌舞地，古槐疎冷夕陽多。』又張籍《法華寺東樓》：『汾河舊宅今爲寺，猶有當時歌舞樓。四十年來車馬散，古槐深巷暮蟬愁。』則汾陽門第在當時已甚蕭條矣。」

〔二〕歐陽修《文忠集》卷八一《故尚父汾陽王郭子儀孫元亨可永興軍助教制》。按《續資治通鑑長編》卷一四七："仁宗慶曆四年三月庚辰，「録唐尚父郭子儀裔孫元亨爲永興軍助教」。王林《燕翼詒謀録》卷二："「四年正月丙戌，以郭公裔孫元亨爲永興軍助教。」

〔三〕「世禄不朽」，出《左傳》襄公二十四年："「春，穆叔如晉。范宣子逆之，問焉，曰：『古人有言曰：「死而不朽」，何謂也？』穆叔未對。宣子曰：『昔匄之祖，自虞以上爲陶唐氏，在夏爲御龍氏，在商爲豕韋氏，在周爲唐杜氏，晉主夏盟爲范氏，其是之謂乎？』穆叔曰：『以豹所聞，此之謂世禄，非不朽也。魯有先大夫曰臧文仲，既没，其言立。其是之謂乎？豹聞之："大上有立德，其次有立功，其次有立言，雖久不廢，此之謂不朽。若夫保姓受氏，以守宗祊，世不絶祀，無國無之。禄之大者，不可謂不朽。』」

9　紀年兆祥

自漢武建元以來，千餘年間，改元數百，其附會離合爲之辭者，不可勝書，固亦有曉然而易見者。如晉元帝「永昌」，郭璞以爲有二日之象，果至冬而亡〔一〕。桓靈寶「大亨」，識者以爲一人二月了，果以仲春敗〔二〕。蕭棟、武陵王紀，同歲竊位，皆爲「天正」，以爲二人一年而止，其後皆然〔三〕。齊文宣「天保」，爲一大人只十，果十年而終。然梁明帝蕭巋亦用此，而盡二十三年。或又云，巋蕞爾一邦，故非禨祥所係〔四〕。齊後主「隆化」，爲降死〔五〕。安德王延宗「德昌」，爲得二日〔六〕。周武帝「宣政」，爲宇文亡日。宣帝「大象」，爲天子家〔七〕。蕭琮、晉出帝「廣運」，爲軍走。隋煬帝「大業」，爲大苦未〔八〕。唐僖宗「廣明」，爲唐去丑口而著黄家日月，以兆巢賊之禍〔九〕。欽宗「靖康」，爲立十二月康，果在位滿歲，而高宗由康邸建中興之業〔一○〕。熙寧之末將改元，近臣撰三名以進，曰「平成」，曰「美成」，曰「豐亨」，神宗曰：「成字負戈，美成者，犬羊負戈。亨字爲子不成，不若去亨而加元。」遂爲「元豐」〔一一〕。若「隆興」則取「建隆」「紹興」各一字，與唐「貞元」取「貞觀」「開元」之義同。已而嫌與顔亮「貞隆」相近，故二年即改「乾道」〔一二〕。及甲午改「純熙」，既已布告天下，予時守贛，賀表云：「天永命而開中興，方茂卜年之統；時純熙而用大介，載新紀號之文。」迨詔至，乃爲淳熙，蓋以出處有「告成《大武》」之語，故不欲用〔一三〕。

【箋證】

〔一〕《南齊書》卷五《海陵王紀》卷末史臣曰：「郭璞稱『永昌』之名有二日之象，而『隆昌』之號亦同焉。」

〔二〕《晉書》卷二八《五行志》：「桓玄初改年爲大亨，遐邇讙言曰：『二月了。』故義謀以仲春發也。」梁章鉅《浪迹三談》卷二《歷代年號・大亨》：「大亨乃晉安帝年號，史家以爲桓玄僞號，誤也。考元興元年三月，桓玄自爲丞相，改元大亨，明年十月始篡位，則大亨乃安帝年號，而史家以此號爲桓玄所改，《晉書·安帝紀》並黜之，概用元興紀年矣。按此號實爲桓玄敗兆，《晉書》《隋書·五行志》《梁書·武陵王紀傳》及《容齋續筆》《玉海》並云：年號大亨，識者謂『一人二月了』之兆，而桓之敗，果在元興三年仲春，五月，帝復位。」

〔三〕《梁書》卷五《文帝紀》：大寶三年，「四月乙巳，益州刺史新除假黄鉞大尉武陵王紀竊位於蜀，改號天正」。又同書卷五五《武陵王紀傳》：「識者曰：『紀年號天正，與蕭棟暗合，僉曰天字二人也，正字一止也。』棟、紀僭號，各一年而滅。」棟僭號，見《南史》卷五三本傳。

〔四〕《北史》卷七《齊本紀》：齊顯祖文宣皇帝高氏，名洋，受魏禪，都鄴。「初，帝登阼，改年爲天保，士有深識者，曰：『天保之字，爲一大人只十，帝其不過十乎？』又先是謡云：『馬子入石室，三千六百日。』帝以午年生，故曰馬子。三臺，石季龍舊居，故曰石室。三千六百日，十年也。又帝曾問太山道士曰：『吾得幾年爲天子？』答曰：『得三十年。』道士出，後帝謂李后曰：『十年十月十日，得非三十也？吾甚畏之，過此無慮。人生有死，何得致惜，但憐正道尚幼，人將奪之耳。』帝及期而崩。」

〔五〕《隋書》卷二三《五行志》：後齊，「武平七年，後主爲周師所敗，走至鄴，自稱太上皇，傳位於太子恒，改元隆化。時人離合其字曰降死，竟降周而死」。

〔六〕《北齊書》卷一一《安德王延宗傳》：「延宗敗前在鄴聽事，見兩日相連，置以十二月十三日晡時受敕守并州。明日，建尊號，不間日而被圍，經宿至食時而敗。年號德昌，好事者言其得二日云。」

〔七〕《隋書·五行志》：「周武帝改元爲宣政。梁主蕭巋離合其字爲『宇文亡日』，其年六月帝崩。宣帝在東宮時，不修法度，武帝數撻之，及嗣位，摸其痕而大罵曰：『死晚也。』年又改元爲大象。蕭巋又離合其字曰『天子家』。明年而帝崩。」

〔八〕《隋書·五行志》：「開皇初，梁王蕭琮改元爲廣運。江陵父老相謂曰：『運之爲字，軍走也。吾君當爲軍所走乎？』其後，琮朝京師而被拘留不反，其叔父巖掠居人以叛，梁國遂廢。」又云：「煬帝即位，號年曰大業。識者惡之曰：『於字離合爲大苦來也。』尋而天下喪亂，率土遭荼炭之酷焉。」

〔九〕《舊唐書》卷二〇〇下《黄巢傳》：「巢僭位，國號大齊，年稱金統。陳符命曰：『唐帝知朕起義，改元廣明，以文字言之，唐已無天分矣。唐去丑口而安黄，天意令黄在唐下，乃黄家日月也。』」

〔一〇〕《宋史》卷二四《高宗紀》：高宗初封康王，二帝北遷，康王在濟州，耿南仲、汪伯彦等皆勸進，「引天命人心爲請，且謂靖康紀元爲十二月立康之兆」。蔡絛《鐵圍山叢談》卷一：「宣和歲乙巳冬十二月，報北方寒盟，二十有三日，上皇有旨内禪。時去歲盡不數日，故事，天子即位踰年即改元，於是中書擬進，取『日靖四方，永康兆民』二句，請號年曰靖康焉。靖康之初，今上在康邸，因出使講解，而威德暴天下，故識者多疑，以謂靖康於字爲十二月立康也，是後一年而中興。」

〔二〕王得臣《麈史》卷一《睿謨》：「中書許沖元嘗對客言：熙寧末，神宗欲改元，近臣擬『美成』『豐亨』二名以進。上指謂『美成』曰：『羊大帶戈，不可。』又指『亨』字曰：『爲子不成。可去亨而加元。』遂以元豐紀年。」葉夢得《石林燕語》卷一：「熙寧末年旱，詔議改元。執政初擬『大成』，神宗曰：『不可。成字於文，一人負戈。』繼又擬『豐亨』，復曰：『不可。「亨」字爲子不成，惟「豐」字可用。』改元豐。」

〔三〕樓鑰《攻媿集》卷九二《觀文殿學士錢公（端禮）行狀》：和議已定，「上問改元事。隆興，故叛臣趙諗嘗用，虜公以爲載籍所不載，自不必改。公曰：『改元，大典也。』簽書王剛中奏事留身，上以爲問。剛中奏：『此事具見曾布《日録》，不當復用。錢端禮欲改，虞允文有不同之論。臣以爲當改。』御筆欲用『乾統』，西北虜曾用，别擬四號以進，遂改乾道。」李心傳《建炎以來朝野雜記》甲集卷三《典禮》「年號」條：紹興「三十二年，孝宗即位，踰年改隆興。其説以爲務隆興之政。及學士草制，則合『建隆』『紹興』之義，非初意矣。二年，王瞻叔爲參知政事，言趙諗謀逆，嘗欲以『隆興』紀元。令太常丞曾建檢事實以進，上愕然，明年赦改元乾道。」

〔三〕李心傳《建炎以來朝野雜記》甲集卷三《典禮》「年號」條：淳熙「十六年，光宗即位，將紹淳熙之政，遂以紹熙紀元，猶隆興意爾。而學士草制，則又合『紹興』『淳熙』爲義，亦非初意也。」又同書乙集卷七《朝事二》「淳熙改元本用純字」條：「乾道癸巳歲冬至日，上祀南郊，肆赦，改明年元爲純熙。既宣制矣，後六日甲辰，中書門下省言：『若合淳化、雍熙言之，當用淳熙字，庶幾仰體主上取法祖宗之意。』從之。是時，先人在虞雍公宣威幕府，敕制初下，衆未有言，先人語雍公曰：『以《周頌》考之，「時純熙矣，是用大介」，此武王克商事也，豈今日所當用？宜密以奏。』雍公從之，奏未達聞，而朝廷已更之矣。」

按，「時純熙矣」，出《周頌・酌》，《序》云：「《酌》，告成《大武》也。」（《毛詩注疏》卷二八）趙彥衛《雲麓漫抄》卷一〇：「乾道又改純熙。詩曰：『時純熙矣。』有言純旁作屯，不可用。復改淳熙，取『淳化』『雍熙』。」

10 民俗火葬

自釋氏火化之説起，於是死而焚尸者，所在皆然。固有炎暑之際，畏其穢泄，斂不終日，肉未及寒而就爇者矣〔一〕。魯夏父弗忌獻逆祀之議，展禽曰：「必有殃，雖壽而没，不爲無殃。」既其葬也，焚煙徹于上，謂已葬而火焚其棺椁也〔二〕。吴伐楚，其師居麇，楚司馬子期將焚之，令尹子西曰：「父兄親暴骨焉，不能收，又焚之，不可。」謂前年楚人與吴戰，多死麇中，不可并焚也〔三〕。衛人掘褚師定子之墓，焚之于平莊之上〔四〕。燕騎劫圍齊即墨，掘人冢墓，燒死人，齊人望見涕泣，怒自十倍〔五〕。王莽作焚如之刑，燒陳良等〔六〕。則是古人以焚尸爲大僇也。《列子》曰：「楚之南有炎人之國，其親戚死，死其肉而棄之，然後埋其骨；秦之西有儀渠之國，其親戚死，聚柴積而焚之，燻則煙上，謂之登遐，然後成爲孝子。此上以爲政，下以爲俗，而未足爲異也。」蓋是時其風未行於中國，故《列子》以儀渠爲異，至與死肉者同言之。死音寡〔七〕。

【箋證】

〔一〕《東都事略》卷二《本紀二》：建隆三年，詔曰：「王者設棺槨之品，建封樹之制，所以厚人倫而一風化也。近代以來，遵用夷法，率多火葬，甚愆典禮。自今宜禁之。」《顧頡剛讀書筆記》卷一《火葬》條，謂《宋文鑑》卷一二五有賈同《禁焚死》、卷一二六有王安石《閔習》篇，「可知火葬之俗，宋代本行之。其所以不行於後世，道學家禁阻之力耳。火葬之起，當由六朝以來佛教盛行之故」。

按，南宋火葬之風，浙江尤盛。周煇《清波雜志》卷一二：「浙右水鄉風俗：人死，雖富有力者，不辦蕞爾之土以安厝，亦致焚如。」黄震《黄氏日抄》卷六一《讀文集·歐陽文三》：「中原風俗，皆以焚骨爲痛。今鎮江一帶，望近淮鄉，已無火化者。以火化其親，惟浙間數郡愚民耳。」《宋史》卷一二五《禮志》：紹興二十七年，監登聞鼓院范同言：「方今火葬之慘，日益熾甚，事關風化，理宜禁止。仍飭守臣措置荒閑之地，使貧民得以收葬，少裨風化之美。」從之。二十八年，户部侍郎榮薿言：「比因臣僚陳請禁火葬，令州郡置荒閑之地，使貧民得以收葬，誠爲善政。臣聞吴越之俗，葬送費廣，必積累而後辦，至於貧下之家，送終之具，唯務從簡，是以從來率以火化爲便，相習成風，勢難遽革。況州縣休息之久，生聚日繁，所用之地，必須寬廣，乃附郭近便處，官司以艱得之，故有未行摽撥者。既葬埋未有處所，而行火化之禁，恐非人情所安。欲乞除豪富士族申嚴禁止，外貧下之民並客旅遠方之人，若有死亡，姑從其便。候將來州縣摽撥到荒閑之地，别行取旨。」詔依。

〔二〕《國語·魯語上》。

〔三〕《左傳》定公五年。

〔四〕《左傳》哀公二十六年。

〔五〕參《續筆》卷一《晉燕用兵》箋證。

〔六〕《漢書》卷九四下《匈奴傳》：「焚作焚如之刑，燒殺陳良等。」應劭曰：「《易》有焚如、死如、棄如之言，莽依此作刑名也。」如淳曰：「焚如、死如、棄如者，謂不孝子也，不畜於父母，不容於朋友，故燒殺棄之。莽依此作刑名也。」

〔七〕《列子·湯問》。殷敬慎釋文：「㱙音朽。」《太平御覽》卷七九〇《四夷部十一》「炎人國」條引《博物志》曰：「楚之南炎人之國，其親戚死，刳肉棄之，然後埋其骨，乃成孝子。」則「㱙」之音義殆同「刳」。

11 太史日官

《周禮》春官之屬曰：「太史掌建邦之六典，以逆邦國之治。正歲年以序事，頒之于官府及都鄙，頒告朔于邦國。」「小史掌邦國之志，奠繫世，辨昭穆。」鄭氏注云：「太史，日官也。」引《左傳》「天子有日官，諸侯有日御」爲説。志，謂記也。史官主書，《國語》所謂《鄭書》及《帝繫》《世本》之屬是也，小史主定之〔一〕。然則周之史官、日官，同一職耳。故司馬談爲漢太史令，而子長以爲「文史星曆，近乎卜祝之間，固主上所戲弄，倡優畜之，流俗之所輕也」〔二〕。今太史局正星曆卜祝輩所聚，其長曰太史局令，而隸祕書省，有太史案主之，蓋其源流有自來矣〔三〕。

【箋證】

〔一〕「志，謂記也」至「小史主定之」，係「小史」鄭司農注。

〔二〕司馬遷《報任安書》。《漢書》卷六二《司馬遷傳》。

〔三〕《宋史》卷一六四《職官志》：「太史局，掌測驗天文，考定曆法，凡日月星辰風雲氣候祥眚之事，日具所占以聞。歲頒曆于天下，則預造進呈。祭祀冠昏及大典禮，則選所用日。其官有令有正，有春官、夏官、中官、秋官、冬官正，有丞，有直長，有靈臺郎，有保章正。其別局有天文院，測驗渾儀、刻漏，所掌渾儀臺，晝夜測驗辰象。」《續通典》卷三〇《職官·祕書監》：「宋初置司天監，設官有監、少監。元豐官制行，罷司天監，立太史局，隸祕書省。」陳騤《南宋館閣録》卷一〇《職掌》：祕書省，「太史案，掌行太史局曆日、文德殿鐘鼓院、測驗渾儀刻漏所應官生遷補事。」

12 汲冢周書

《汲冢周書》今七十篇，殊與《尚書》體不相類，所載事物亦多過實〔一〕。其《克商解》云：「武王先入，適紂所在，射之三發，而後下車，擊之以輕吕，劍名。斬之以黄鉞，縣諸大白。商二女既縊，又射之三發，擊之以輕吕，斬之以玄鉞，縣諸小白。」〔二〕越六日，朝至于周，以三首先馘，入燎于周廟，又用紂于南郊〔三〕。夫武王之伐紂，應天順人，不過殺之而已。紂既死，何至梟戮俘馘，且用之以祭乎？其不然者也〔四〕。又言武王狩事，尤爲淫侈，至於擒虎二十有二，貓二，麋五千二百三十五，犀十有三，氂七百二十有一，熊百五十一，羆百十八，豕三百五十有二，貉十有八，麈十有六，麝五十，鹿三千五百有二。遂征四方，凡憝國九十有九國，馘磨億有十萬七千七百七十有九。其多如是，雖注家亦云：「武王以不殺爲仁，無緣所馘如此，蓋大言也。」〔五〕《王會篇》皆大會諸侯及四夷事，云：「唐叔、荀叔、周公在左，太公在右。堂下之右，唐公、虞公南面立焉，堂下之左，商公、夏公立焉。」四公者，堯、舜、禹、湯後，商、夏即杞、宋也。又言：俘商寶玉億有百萬。所紀四夷國名頗古奥，獸畜亦奇崛，以肅慎爲稷慎，濊人爲穢人，樂浪之夷爲良夷，姑蔑爲姑妹，東甌爲且甌，渠搜爲渠叟，高句麗爲高夷。所叙：「穢人前兒，若彌猴，立行，聲似小兒。良夷在子，獸名。弊身人首，脂其腹，炙之藿則鳴。揚州禺禺魚、人鹿。青丘狐九尾。東南夷白民乘黄，乘黄者似騏，背有兩角。東越海蛤、海陽、盈車、大蟹。西南戎曰央林，以酋耳，酋耳者，身若虎豹。渠叟以鼩犬，鼩犬者，露犬也，能飛食虎豹。區陽戎以鼈封，鼈封者，若彘，前後有首。蜀人以文翰，文翰者，若皋雞。康民以稃苡，其實如李，食之宜子。北狄州靡費費①，其形人身枝踵，自笑，笑則上脣翕其目，食人。都郭亦北狄。生生，若黄狗，人面能言。奇幹亦北狄。善芳，頭若雄雞，佩之令人不眯。正東高夷嗛羊②，嗛羊者，羊而四角。西方之戎曰獨鹿，邛邛距虚。犬戎文馬，而赤鬣縞身，目若黄金，名古皇之乘。白州比閭，比閭者③，其華若羽，以其木爲車，終行不敗。」篇末引伊尹《朝獻商書》云：「湯問伊尹，使爲四方獻令。伊尹請令，正東以魚皮之鞞、鰂醬、蛟瞂、利劍；正南以珠璣、玳瑁、象齒、文犀；正西以丹青、白旄、江歷珠名、龍角；正北以橐駝、騊駼、駃騠、良弓爲獻。湯曰：『善。』」〔六〕凡此皆無所質信，姑録之以貽博雅者。唐太宗時，遠方諸國來朝貢者甚衆，服裝詭異，顔師古請圖以示後，作《王會圖》，蓋取諸此〔七〕。《漢書》所引「天予不取，反受其咎」，「毋爲權首，將受其咎」，以爲《逸周書》。此亦無之，然則非全書也〔八〕。

【校勘】

①「費費」，馬本、祠本作「[illegible][illegible]」。②「嵰」，馬本、祠本作「嗛」。③「比」，馬本、庫本、祠本作「北」。

【箋證】

〔一〕晁公武《郡齋讀書志》卷二上：「《汲冢周書》十卷。右晉太康中汲郡與《穆天子傳》同得，晉孔晁注，蓋孔子刪采之餘，凡七十篇。」

《四庫全書總目》卷五〇《逸周書》提要：「舊本題曰《汲冢周書》，考《隋·經籍志》《唐·藝文志》俱稱此書以晉太康二年得於魏安釐王冢中，則汲冢之説其來已久。然《晉書·武帝紀》及荀勗、束皙傳載汲郡人不準所得竹書七十五篇，具有篇名，無所謂《周書》。杜預《春秋集解後序》載汲冢諸書，亦不列《周書》之目，是《周書》不出汲冢也。《文獻通考》所引李燾跋及劉克莊《後村詩話》，皆以爲漢時本有此書，其後稍隱，賴汲冢竹簡出乃得復顯。是又心知其非而巧爲調停之説。惟舊本載嘉定十五年丁黼跋，反覆考證，確以爲不出汲冢，斯定論矣。其書載有太子晉事，則當成於靈王以後。所云文王受命稱王，武王、周公私計東伐，俘馘殷遺，暴殄原獸，輦括寶玉，動至億萬，三發下車，懸紂首太白，又用之南郊，皆古人必無之事。陳振孫以爲戰國後人所爲，似非無見。然《左傳》引《周志》『勇則犯上，不登於明堂』，又引《書》『愼始而敬終，終乃不困』，又引《書》『居安思危』，又稱『周作九刑』，其文皆在今書中，則春秋時已有之，特戰國以後又輾轉附益，故其言駁雜耳。究厥本始，終爲三代之遺文，不可廢也。」皮錫瑞《經學通論》一《書經》：「《逸周書》，劉向以爲孔子刪書之余，其文不能閎深，亦不可以亂經，洪邁謂與《尚書》辭不相類，陳振孫謂文辭與古文不類，似戰國後人仿效爲之者。近人去僞孔古文，而以《逸周書》入《尚書》，非是。」

〔二〕《逸周書》卷四《克殷解》，晉孔晁注。

〔三〕《逸周書》卷四《世俘解》。

〔四〕陳霆《兩山墨談》卷五引《續筆》此節，接云：「愚觀洪氏之説，大率同朱子之見，然此但折之以理耳，未若證之以事之爲決也。按《武成》《史記》《大傳》等書，牧野之戰，在二月甲子。紂以是日自燔，則已斃之屍，其存於煨燼者宜無幾，迨武既定商，始渡河而歸，則既四月矣。是月丁未，祀于周廟。越三日庚戌，柴望告成禮。《大傳》曰：『牧之野，武王之大事也。既事而退，柴於上帝。』夫當柴燎之時，距紂之斃期三閲月矣。然則武王雖欲用紂於郊，度其已存之屍當亦潰爛臭穢，是可聞之上帝乎？且聖人爲海内討惡，見惡尚不怒，況於軀之已斃者哉？此在事理決無甚焉者也。予因是而考之《世俘解》，其略云：『越五日乙卯，武王乃以庶祀馘于國，庶國乃竟，告于周廟曰：「古，朕聞文考修商人典，以斬紂身告于天于稷。」』詳其本意，似謂告廟之餘，乃告祭天地與稷，其曰『以斬紂身告於天』云云者，謂告天以斬戮紂軀之事也。洪氏不原其意，直謂用紂於郊，殆此文惑之耳。」

〔五〕《世俘解》，孔晁注。

〔六〕《逸周書》卷七《王會解》。

〔七〕《舊唐書》卷一九七《東謝蠻傳》：「貞觀三年，元深入朝，冠烏熊皮冠，若今之髦頭，以金銀絡額，身披毛帔，韋皮行縢，而著履。中書侍郎顏師古奏言：『昔周武王時，天下太平，遠國歸款，周史乃書其事爲《王會篇》。今萬國來朝，至於此輩章服實可圖寫。今請撰爲《王會圖》。』從之。」

〔八〕《漢書》卷三九《蕭何傳》：項羽「立沛公爲漢王，而三分關中地，王秦降將以距漢王。漢王怒，欲謀攻項羽，周勃、灌嬰、樊噲皆勸之，何諫之曰：『雖王漢中之惡，不猶愈於死乎？』漢王曰：『何爲乃死也？』何曰：『今衆弗如，百戰百敗，不死何爲？《周書》曰：「天予不取，反受其咎。」臣願大王王漢中，養其民，以致賢人，收用巴蜀，還定三秦，天下可圖也。』」師古注：「《周書》者，本與《尚書》同類，蓋孔子所刪百篇之外，劉向所奏有七十一篇。」又《漢書》卷三五《荆燕吳傳》贊曰：「晁錯爲國遠慮，禍反及身，『毋爲權首，將受其咎』，豈謂錯哉！」師古注：「此《逸周書》之言，贊引之者，謂錯適當此言耳。」

按《四庫全書總目》卷五〇《逸周書》提要云：「近代所行之本，皆闕《程寤》《秦陰》《九政》《九開》《劉法》《文開》《保開》《八繁》《箕子》《耆德》《月令》十一篇，餘亦文多佚脱。今考《史記·楚世家》引《周書》『欲起無先』；《主父偃傳》引《周書》『安危在出令，存亡在所命』；《貨殖傳》引《周書》『農不出則乏其食，工不出則乏其事，商不出則三寶絶，虞不出則財匱少』；《漢書》引《周書》『無爲創首，將受其咎』，又引《周書》『天子不取，反受其咎』；《唐六典》引《周書》『湯放桀，大會諸侯，取天子之璽，置天子之座』：今本皆無之，蓋皆所佚十一篇之文也。觀李燾所跋，已有『脱爛難讀』之語，則宋本已然矣。」

13 曹子建論文

曹子建《與楊德祖書》云：「世人著述，不能無病，僕常好人譏彈其文，有不善，應時改定。昔丁敬禮常作小文，使僕潤飾之，僕自以才不過若人，辭不爲也。敬禮謂僕：『卿何所疑難，文之佳麗，吾自得之，後世誰相知定吾文者邪？』吾常歎此達言，以爲美談。」〔一〕子建之論善矣。任昉爲王儉主簿，儉出自作文，令昉點正，昉因定數字，儉歎曰：「後世誰知子定吾文？」〔二〕正用此語。今世俗相承，所作文或爲人詆訶，雖未形之於辭色，及退而怫然者，皆是也。歐陽公作《尹師魯銘》文，不深辯其獲罪之寃，但稱其爲文章簡而有法。或以爲不盡，公怒，至詒書它人，深數責之曰：「『簡而有法』，惟《春秋》可當之，脩於師魯之文不薄矣。又述其學曰『通知古今』，此語若必求其可當者，惟孔、孟也。而世之無識者乃云云。此文所以慰吾亡友爾，豈恤小子輩哉！」〔三〕王荆公爲錢公輔銘母夫人蔣氏墓，不稱公輔甲科，但云：「子官於朝，豐顯矣，里巷之士以爲太君榮。」後云：「孫七人皆幼。」不書其名。公輔意不滿，以書言之。公復書曰：「比蒙以銘文見屬，輒爲之而不辭。不圖乃猶未副所欲，欲有所增損。鄙文自有意義，不可改也。宜以見還，而求能如足下意者爲之。如得甲科爲通判，何足以爲太夫人之榮？一甲科通判，苟粗知爲辭賦，雖市井小人，皆可以得之，何足道哉？故銘以謂閭巷之士以爲太夫人榮，明天下有識者不以置榮辱也。至於諸孫，亦不足列，孰有五子而無七孫者乎？」〔四〕二公不喜人之議其文亦如此〔五〕。

【箋證】

〔一〕《文選》卷四二《與楊德祖書》。錢鍾書《管錐編》第三册《全上古三代秦漢三國六朝文·全三國文卷一六》：「陳王植《楊德祖書》」：『世人之著述，不能無病；僕常好人譏彈其文，有不善者，應時改定。昔丁敬禮嘗作小文，使僕潤飾之，僕自以才不能過若人，辭不爲也，敬禮云：「卿何所疑難乎？文之佳麗，吾自得之，後世誰相知定吾文者耶？」』按《南齊書·文學傳》陸厥《與沈約書》中『臨淄』即指植，所謂『非知之而不改，謂不改則不知』，即『不能無病』之申説。嚴輯此文，采自《三國志》裴注引《典略》；《文選》無『乎』字，『麗』字作『惡』，何焯批語謂當從《典略》作『佳麗』，言：『我自得潤飾之益，後世讀者孰知我文乃賴改定耶？今人多因「相」字誤會，失本意矣。如今人解，則與卿何所疑難句不相貫屬。』何説是也。姚範《援鶉堂筆記》卷三九從之而增益曰：『《南史·任昉傳》：「王儉出自作文，令昉點正，拊几歎曰：後世誰知子定吾文？」何説正與此合。』洪邁《容齋續筆》卷一三論歐陽修、王安石皆因人譏彈其文而恚怒，即以植此《書》與《任昉傳》並引，亦作『佳麗』，何、姚未知耳。」

〔二〕《南史》卷五九《任昉傳》。

〔三〕《文忠集》卷七三《論尹師魯墓誌》。

〔四〕《臨川文集》卷七四《答錢公輔學士書》。

〔五〕王楙《野客叢書》卷二六《二公不喜人議其文》，引《續筆》本條，接云：「僕謂荆公人有片善，稱贊不已，歐公製作，竄改無餘。二公好善，動皆若此，豈有吾文未盡而反諱人議之理？不知前輩作文輕重貴於適中，假借不欲太甚，或者往往欲其極力稱借，豈二公之所樂乎？昔韓熙載嘗爲江南一貴人製墓銘，其間無甚可述，文竟，其人不滿，再丐潤色，韓書一絶卻之。知此風尚矣。僕謂使其議是，二公政自心服，何至不喜？其不喜者，以妄論故耳。容齋謂二公皆不喜人議其文，是又非深知二公者也。」

14 雨水清明

曆家以雨水爲正月中氣，驚蟄爲二月節，清明爲三月節，穀雨爲三月中氣。而漢世之初，仍周、秦所用，驚蟄在雨水之前，穀雨在清明之前，至于太初始正之云〔一〕。

【箋證】

〔一〕《禮記·月令》「東風解凍，蟄蟲始振，魚上冰，獺祭魚，鴻雁來。」鄭注：「皆記時候也。振，動也。《夏小正》『正月啓蟄』，『魚陟負冰』。漢始亦以驚蟄爲正月中。」孔疏：「云『漢始亦以驚蟄爲正月中』者，以漢之時立春爲正月節，驚蟄爲正月中氣，雨水爲二月節，春分爲二月中氣。至前漢之末，以雨水爲正月中，驚蟄爲二月節，故《律曆志》云：『正月立春節，雨水中。二月驚蟄節，春分中。』是前漢之末，劉歆作《三統曆》，改驚蟄爲二月節。鄭以舊曆正月啓蟄即驚也，故云『漢始亦以驚蟄爲正月中』。但蟄蟲正月始驚，二月大驚，故在後移驚蟄爲二月節，雨水爲正月中，凡二十四氣。案《三統曆》：『正月節立春，雨水中。二月節驚蟄，春分中。三月節穀雨，清明中。四月節立夏，小滿中。五月節芒種，夏至中。六月節小暑，大暑中。七月節立秋，處暑中。八月節白露，秋分中。九月節寒露，霜降中。十月節立冬，小雪中。十一月節大雪，冬至中。十二月節小寒，大寒中。』案《通卦驗》及今曆，以清明爲三月節，穀雨爲三月中，餘皆與《律曆志》並同。」

《左傳》桓公五年「凡祀，啓蟄而郊」，《正義》：「漢氏之始，以啓蟄爲正月中，雨水爲二月節。及太初以後，更改氣名，以雨水爲正月中，驚蟄爲二月節，以迄於今，踵而不改。」

顧炎武《日知録》卷三〇《雨水》引蔡邕《月令問答》，謂《三統》未嘗改雨水在驚蟄之前，改之者

《四分曆》耳。又引《左傳》桓五年「啟蟄而郊」，謂「則當依古以驚蟄爲正月中，雨水爲二月節」。原注：「《律曆志》又先穀雨後清明。」

趙翼《陔餘叢考》卷三四《二十四節氣名》：「三代以上，驚蟄在雨水前。《左傳》桓五年啓蟄而郊。注：夏正建寅之月。鄭康成《月令》注亦曰：《夏小正》正月啓蟄。漢初亦以驚蟄爲正月，是漢初驚蟄猶在雨水前。其後改雨水在正月，驚蟄在二月者，邢昺疏謂始於劉歆作《三統曆》。然《淮南子》已先雨水後驚蟄，則漢武時已改。顧寧人謂起於《四分曆》，當是也。」又云：「按漢已改雨水在驚蟄之前，而新、舊《唐書》又先驚蟄後雨水，至《宋史》始雨水在前，驚蟄在後。此不知何故，豈唐又改從古法，至宋而定今制耶？」

容齋續筆卷十四 十七則

1 尹文子

《漢·藝文志》名家内有《尹文子》一篇，云：「説齊宣王。先公孫龍。」劉歆云：「其學本於黄、老，居稷下，與宋銒、彭蒙、田駢等同學於公孫龍。」今其書分爲上下兩卷，蓋漢末仲長統所銓次也〔一〕。其文僅五千言〔二〕，議論亦非純本黄、老者。《大道篇》曰：「道不足以治則用法，法不足以治則用術，術不足以治則用權，權不足以治則用勢，勢不足則反權。權用則反術，術用則反法，法用則反道，道用則無爲而自治。」又曰：「爲善使人不能得從，此獨善也。爲巧不能使人得爲，此獨巧也。未盡善巧之理。爲善與衆行之，爲巧與衆能之，此善之善者，巧之巧者也。故所貴聖人之治，不貴其獨治，貴其能與衆共治；貴工倕之巧，不貴其獨巧，貴其能與衆共巧也。今世之人，行欲獨賢，事欲獨能，辯欲出群，勇欲絶衆。獨行之賢，不足以成化；獨能之事，不足以周務；出群之辯，不可爲户説；絶衆之勇，不可與正陳。凡此四者，亂之所由生。聖人任道、立法，使賢愚不相棄，能鄙不相遺，此至治之術也。」〔三〕詳味其言，頗流而入於兼愛。《莊子》末章，叙天下之治方術者，曰：「不累於俗，不飾於物，不苟於人，不忮於衆，願天下之安寧，以活民命，人我之養，畢足而止，以此白心，古之道術有在於是者。宋鈃、尹文聞其風而悦之，作爲華山之冠以自表。雖天下不取，强聒而不舍者也。其爲人太多，其自爲太少。」蓋亦盡其學云〔四〕。荀卿《非十二子》有宋鈃，而文不預〔五〕。又别一書曰《尹子》，五卷，共十九篇，其言論膚淺，多及釋氏，蓋晉、宋時細人所作①，非此之謂也〔六〕。

【校勘】

①「細」，馬本、庫本、祠本作「衲」。

【箋證】

〔一〕晁公武《郡齋讀書志》卷三上子部名家類：「《尹文子》三卷。右仲長氏所定《尹文子篇》，序稱文子當齊宣王時，居稷下，學於公孫龍，龍稱之。而《前漢·藝文志》叙此書在龍書上。顔師古謂文嘗説齊宣王，在龍之前。《史記》云公孫龍客于平原君。君相趙惠文王，惠文王元年，齊宣王没已四十餘歲矣，則知文非學於龍者也。今觀其書，雖專言刑名，然亦宗六藝，數稱仲尼，其叛道者蓋鮮，豈若龍之不宗賢聖、好怪妄言哉？李獻臣云：『仲長氏，統也。熙伯，繆襲字也。』傳稱統卒於獻帝遜位之年，而此云黄初末到京師，豈史之誤乎？此本富順李氏家所藏者，謬誤殆不可讀，因爲是正，其甚者疑則闕焉。」

宋濂《諸子辯》「尹文子」條：「統卒於獻帝讓位之年，而序其黄初末到京師，亦與史不合。予因

知統之序蓋後人依託者也。」(《文憲集》卷二七)

羅根澤《尹文子探源》，謂今本與古本不同，云：「《七略》及《漢書・藝文志》皆著録《尹文子》一篇，今本二篇，殊不相合。解者固可謂所以成二篇者，以分爲《大道上》《大道下》故也，如合之則仍一篇。但《七略》《漢志》所著録之一篇，名爲《名書》，並不名爲《大道》。《吕氏春秋・正名篇》載尹文見齊王，高誘注云：『尹文，齊人，作《名書》一篇。在公孫龍前，公孫龍稱之。』篇數既異，篇名亦殊，其非舊制，有何疑義。考洪邁《容齋續筆》卷十四有《尹文子》條，所論即爲今本。然謂『又别一書曰《尹文子》(郁之按，《續筆》本條實作「尹子」。)五卷，共十九篇，其言論膚淺，多及釋氏，蓋晉、宋時衲人所作，非此之謂也。』晉、宋時既有僞書，則真書已亡可知；真書既亡，則今本亦當然爲僞書矣。」(《古史辨》第六册。按，今人亦有認爲《尹文子》非僞者。參見周山《〈尹文子〉非僞析》，《學術月刊》一九八三年第十期；胡家聰《〈尹文子〉與稷下黄老學派——兼論〈尹文子〉非僞書》，《文史哲》一九八四年第二期。)

〔二〕周中孚《鄭堂讀書記補逸》卷二五「尹文子」條，著録清王繼培校注本，云：「又以今本五千餘言，與洪氏《容齋隨筆》所稱合，蓋自宋已然。而唐及宋初諸類書傳注所引出今本外者，尚數百言，因輯逸文，附於卷末。」

〔三〕《尹文子・大道上》。

〔四〕所引出《莊子・天下篇》。張舜徽《漢書藝文志通釋》三《諸子略・名家》「尹文子」條，引《續筆》此節，接云：「顧其言主術，悉歸本黃老。今觀《大道上》《大道下》二篇，發明人君南面之術，時有善言，非盡後人所依託。然今本二篇，復多殘闕，亦有竄改。此殆唐宋以來人所爲，又非如《文心雕龍·諸子篇》所言『辭約而精，尹文得其要』之舊矣。」

〔五〕《荀子·非十二子篇》。

〔六〕王應麟《玉海》卷五三《藝文·諸子·尹子》：「《書目·雜家》：五卷，不知名，設答問之辭，雜論天地、軍國、地里、靈神、釋老之事，並序論，凡十九篇。」《宋史》卷二〇五《藝文志》雜家類：「李恂《前言往行録》三卷、《尹子》五卷。」蓋以爲李恂所著歟？恂字叔英，安定臨涇人，少習《韓詩》，教授諸生常數百人。事迹具《後漢書》卷八一本傳。考《崇文總目》有《尹子》五卷，在儒家類，恐與洪、王所見者非一本。

2 帝王訓儉

帝王創業垂統，規以節儉，貽訓子孫，必其繼世象賢，而後可以循其教，不然，正足取侮笑耳。宋孝武大治宮室，壞高祖所居陰室，於其處起玉燭殿，與群臣觀之。床頭有土障，上挂葛燈籠、麻蠅拂。侍中袁顗因盛稱高祖儉素之德，上不答，獨曰：「田舍公得此①，已爲過矣！」〔一〕唐高力士於太宗陵寢宮，見梳箱一、柞木梳一、黑角篦一、草根刷子一，歎曰：「先帝親正皇極，以致升平，隨身服用，唯留此物。將欲傳示子孫，永存節儉。」具以奏聞。明皇詣陵，至寢宫，問所留示者何在，力士捧跪上，上跪奉，肅敬如不可勝，曰：「夜光之珍，垂棘之璧，將何以喻此②！」即命史官書之典册〔二〕。是時，明皇履位未久，厲精爲治，故見太宗故物而惕然有感。及侈心一動，窮天下之力不足以副其求，尚何有於此哉？宋孝武不足責也，若齊高帝、周武帝、陳高祖、隋文帝，皆有儉德，而東昏、天元、叔寶、煬帝之淫侈，浮於桀、紂，又不可以語此云。

【校勘】

①「公」，馬本、庫本、祠本作「翁」。　②「喻」，馬本、庫本、祠本作「愈」。

【箋證】

〔一〕《資治通鑑》卷一二九《宋孝武帝紀下》，大明七年。

〔二〕郭湜《高力士傳》（《説郛》卷一一下）。

3 用計臣爲相

唐自貞觀定制，以省臺寺監理天下之務，官脩其方，未之或改。明皇因時極盛，好大喜功，於財利之事尤切，故宇文融、韋堅、楊慎矜①、王鉷皆以聚斂刻剥進，然其職不出户部也〔一〕。楊國忠得志，乃以御史大夫判度支，權知太府卿及兩京司農太府出納。是時，猶未立判使之名也〔二〕。肅宗以後，兵興費廣，第五琦、劉晏始以户部侍郎判諸使，因之拜相，於是鹽鐵有使，度支有判。元琇、班宏、裴延齡、李巽之徒踵相躡，遂浸浸以它官主之，權任益重〔三〕。憲宗季年，皇甫鎛由判度支，程异由衛尉卿鹽鐵使，並命爲相，公論沸騰，不恤也〔四〕。逮於宣宗，率由此塗大用，馬植、裴休、夏侯孜以鹽鐵，盧商、崔元式、周墀、崔龜從、蕭鄴、劉瑑以度支，魏扶、魏謩、崔慎由、蔣伸以户部，自是計相不可勝書矣〔五〕。惟裴度判度支，上言調兵食非宰相事，請以歸有司。其識量宏正，不可同日語也〔六〕。

【校勘】

①「慎」字據馬本、祠本補。

【箋證】

〔一〕《舊唐書》卷一〇五《宇文融韋堅楊慎矜王鉷列傳》卷末史臣曰：「夫奸佞之輩，惟事悦人，聚斂之臣，無非害物，賈禍招怨，敗國喪身，罕不由斯道也。君人者，中智已降，亦心緣利動，言爲甘聞，志雖慕於聖明，情不勝於嗜欲，徒有賢佐，無如之何。所以《禮經》戒其勿蓄。宇文融、韋堅、楊慎矜、王鉷，皆開元之倖人也，或以括户取媚，或以漕運承恩，或以聚貨得權，或以剥下獲寵，負勢自用，人莫敢違。張説、李林甫手握大權，承主恩顧，尚遭凌擯，以身下之，他人即可知也。然天道惡盈，器滿則覆，終雖不令，其弊已多，良可痛也。」例如王鉷，范祖禹《唐鑑》卷一〇《玄宗下》：「十一載，户部侍郎王鉷聚斂刻剥，歲貢額外錢帛百億萬，貯於内庫，以供宮中宴賜，曰：『此皆不出於租庸調。』中外嗟怨。帝以鉷爲能富國，益厚遇之，權寵日盛，領二十餘使。」明皇之惑可知矣。

〔二〕參《續筆》卷一一《楊國忠諸使》。

〔三〕《册府元龜》卷四八三《邦計部》：「唐貨財之任多專置使以主之，不獨歸於臺閣。睿宗景雲二年，以蒲州刺史充鹽池使，鹽鐵有使，自此始也。明皇開元二十二年，蕭景除太府少卿知度支事。二十三年，以太府少卿李元祐知度支事。天寶七載，以給事中楊釗兼御史中丞，專判度支。肅宗乾元元年，以度支郎中第五琦充河南五道度支使，兼諸道鹽鐵使。二年，以兵部侍郎同中書門下平章事吕禋充勾當度支使，并轉運使。上元元年，户部侍郎、勾當度支使劉晏又充勾當鑄錢、鹽鐵等使。代宗廣德二年，第五琦充諸道鹽鐵使，專判度支。德宗建中元年，罷劉晏爲右僕射，天下錢穀皆歸金、倉兩部，委中書門下簡兩司郎官準格式條理。時本司職事久廢，無復綱紀，徒收其名，莫總其任，國用出入，無所統之。是年三月，以户部侍郎韓洄判度支。五年，以中書侍郎同中書門下平章事竇參充鹽鐵度支使。八年，户部尚書班宏加專判度支、諸道鹽鐵使。其年七月，司農少卿裴延齡加權判度支。自後，度支與鹽鐵益殊塗而治。」《資治通鑑》卷二一九《唐肅宗紀》：至德元載十月，加第五琦山南等五道度支使。胡三省注：「度支使始此。宋白曰：『故事，度支案，郎中判入，員外判出，侍郎總統押案而已。官銜不言專判度支。開元已後，時事多故，遂有他官來判者，乃曰度支使，或曰判度支，或曰知度支事，或曰勾當度支使，雖名稱不同，其事一也。』」

〔四〕《舊唐書》卷一三五《皇甫鎛傳》：鎛自判度支拜户部侍郎，「時方討淮西，切於饋運，鎛勾剥嚴急，儲供辦集，益承寵遇，加兼御史大夫。十三年，與鹽鐵使程异同日以本官同平章事，領使如故。鎛雖有吏才，素無公望，特以聚斂媚上，刻削希恩，詔書既下，物情駭異，至於賈販無識亦相嗤誚。宰相崔群、裴度以物議上聞，憲宗怒而不聽」。

〔五〕「計相」，《宋史》卷一六二《職官志》：「三司之職，國初沿五代之制，置使以總國計，應四方貢賦之入，朝廷不預，一歸三司，通管鹽鐵、度支、户部，號曰計省，位亞執政，目爲計相。其恩數廩禄，與參、樞同。」

〔六〕《舊唐書》卷一七〇《裴度傳》：度判度支，以功加門下侍郎、集賢殿大學士，進階特進。「時滄景節度使李全略死，其子同捷竊弄兵柄，以求繼襲，度請行誅伐，踰年而同捷誅。因拜疏上陳『調兵食非宰相事，請歸諸有司』，詔從之」。

4 州縣牌額

州縣牌額，率係於吉凶，以故不敢輕爲改易。嚴州分水縣故額，草書「分」字，縣令有作聰明者，謂字體非宜，自真書三字，刻而立之。是年，邑境惡民持刃殺人者衆。蓋「分」字爲「八刀」也〔一〕。徽州之山水清遠，素無火災，紹熙元年，添差通判盧瑢〔二〕，悉以所作隸字换郡下扁榜，自譙樓、儀門，凡亭榭、臺觀之類，一切趨新。郡人以爲字多燥筆，而於州牌尤爲不嚴重，私切憂之。次年四月，火起於郡庫，經一日兩夕乃止，官舍民廬一空。

【箋證】

〔一〕《太平寰宇記》卷九五《江南東道·睦州》：「分水縣，本桐盧縣之西鄉也。唐武德四年，析桐盧縣以置之。神龍元年，又改爲分水縣，取桐盧江水中分爲名。」

曾慥《類説》卷四七録《遯齋閒覽》「堂字口不合」條：「錢塘一寺極佳，而僧好争訟，沈睿達因閲僧堂，見堂字口不合，戲舉筆塗合之，争競遂息。今所在遇火災，亟須州縣牌額焚之，得息。乃知祈禳厭勝，理或有之。」此事頗類分水縣額。

〔二〕盧瑢，周必大《思陵録》卷下有「司農簿盧瑢」，時在淳熙十五年（《文忠集》卷一七三）。錢穀《吴都文粹續集》卷八有盧瑢《重建居養安濟院記》，署：「淳熙三年十月癸酉，宣教郎充兩浙西路提舉常平茶鹽司幹辦公事浚儀盧瑢。」

5 盧知猷

唐之末世，王綱絶紐，學士大夫逃難解散，畏死之不暇，非有扶顛持危之計，能支大厦於將傾者，出力以佐時，則當委身山棲，往而不反，爲門户性命慮可也。白馬之禍，豈李振、柳璨數凶子所能害哉？亦裴、崔、獨孤諸公有以自取耳〔一〕。偶讀《司空表聖集·太子太師盧知猷神道碑》，見其仕於僖、昭，更歷榮級，至尚書右僕射，以一品致仕，可以歸矣。然由間關跋履，從昭宗播遷，自華幸洛，天祐二年九月乃終，享年八十有六。其得没於牖下，亦云幸也〔二〕。《新唐書》有傳，附於父後，甚略，云：「昭宗爲劉季述所幽，感憤而卒。」案，昭宗以光化三年遭季述之禍，天復元年反正，至知猷亡時，相去五年。《傳》云：「子文度，亦貴顯。」而碑載嗣子刑部侍郎膺，亦不同。表聖乃盧幕客，當時作誌，必不誤矣。《昭宗實録》：「光化四年三月，華州奏，太子太師盧知猷卒。以劉季述之變，感憤成疾，卒年七十五。」正與《新唐·傳》同〔三〕。蓋唐武、宣以後諸録，乃宋敏求補撰，簡牘當有散脱者，皆當以司空之碑爲正。又按，是年四月改元天復，《舊唐·紀》：「十一月，車駕幸鳳翔。朱全忠趨長安，文武百僚太子太師盧知猷已下出迎。」又爲可證〔四〕。《宰相世系表》：知猷生文度，而同族曰渥，渥之子膺，刑部侍郎〔五〕。二者矛盾如此〔六〕。

【箋證】

〔一〕范祖禹《唐鑑》卷二四《昭宣帝》：「天祐二年三月，獨孤損、裴樞、崔遠並罷政事。初，柳璨及第，不四年爲宰相，性傾巧輕佻，時天子左右皆朱全忠腹心，璨曲意事之。同列裴樞、崔遠、獨孤損皆朝廷宿望，意輕之。璨以爲憾。和王傅張廷範，本優人，全忠欲以爲太常卿，樞以爲太常卿當以清流爲之，廷範以梁客將不可，乃曰：『廷範勳臣，自有方鎮，何藉樂卿？恐非元帥之旨。』持之不下。全忠聞之怒，璨因此並遠、損譖於全忠，故三人皆罷。五月乙丑，彗星竟天。占者曰：『君臣俱災，宜誅殺以應之。』柳璨因疏其素所不快者於全忠曰：『此曹皆聚徒横議，怨望腹非，宜以之塞災異。』李振亦言於全忠曰：『王欲圖大事，此曹皆朝廷之難制者也，不若盡去之。』全忠以爲然。乃貶獨孤損、裴樞、崔遠皆爲刺史，陸扆、王溥、趙崇、王贊皆爲司户，其餘或門胄高華，或科第自達，於三省臺閣以名檢自處，聲迹稍著，皆指以爲浮薄，貶逐無虚日，搢紳爲之一空。辛巳，再貶樞、損、遠爲瀧、瓊、白州司户。六月，全忠聚樞等及朝士貶官者三十餘人於白馬驛，一夕盡殺之，投屍於河。初，李振屢舉進士不中第，故深疾搢紳之士，言於全忠曰：『此輩常自謂清流，宜投之黄河，使爲濁流。』全忠笑而從之。」臣祖禹曰：「白馬之禍，至今悲之。歐陽修有言曰：『一太常卿與社稷，孰爲重？使樞等不死，尚惜一卿，其肯以國與人乎？雖樞等之力不能存唐，必不亡唐而獨存也。』臣以爲不然。昭宗返自鳳翔，而全忠篡奪之勢已成，人無愚智皆知之矣。樞乃其黨，被其薦引以爲宰相，不恤國之存亡，方且宴安於寵禄。全忠之劫遷洛陽，昭宗未及下樓，樞受賊旨，已率百官出長安東門。昭宗卒以弑殞，而唐遂亡。由此觀之，樞爲忠於李氏乎？忠於朱氏乎？且長安與一太常卿，孰重？國亡君弑與流品不分，孰急？樞不惜長安以與全忠，乃惜一卿不與廷範；不惜國亡君弑而惜流品之不分，其愚豈不甚哉！夫樞非有忠義之心能爲社稷者也。不勝其利欲之心，畏全忠而附之，弑其君父，既從之矣，以爲除太常卿小事也，持之不與，未必拂全忠之心，而微以示人至公，從其大而違其細，欲以竊天下之虚譽，不意全忠怒之至此也。全忠以爲此小事也猶不從己，其肯聽己之取天下乎？是以肆其誅鋤，無所不至。不知樞等實非能爲唐輕重，乃全忠疑之過也。向使樞有存唐之心，當全忠之刦遷，端委而受刃於國門，天下忠義之士聞之，必有奮發而起者矣。樞不爲此而惜一卿，不死於昭宗之弑而死於廷範之事，處身如此，豈能爲國慮乎？迹其附會全忠以爲相，進不由其道矣。乃欲上不失賊臣之意，下不失士大夫之譽，其可得乎！白馬之禍，蓋自取之也。然自古如此而死者多矣，貪躁之士亦可少戒哉！」

〔二〕《司空表聖文集》卷五《唐故太子太師致仕盧公神道碑》。

〔三〕《新唐書》卷一七七《盧簡辭傳》附兄簡能之子知猷傳：「知猷，字子謩，中進士第，登宏辭，補祕書省正字。蕭鄴鎮荆南、劍南，再辟掌書記，入遷右補闕，出爲饒州刺史，以政最聞，累進中書舍人。朱玫亂，避難不出。僖宗還京，召拜工部侍郎、史館修撰，歷太常卿、户部尚書，至太子太師。昭宗爲劉季述所幽，感憤卒，贈太尉。知猷器量渾厚，世推爲長者，善書，有楷法，文辭贍麗。子文度，亦貴顯。」

〔四〕《舊唐書》卷二〇《昭宗紀》，天復元年。

〔五〕《新唐書》卷七三上《宰相世系表》：「知猷，字子謩，檢校司空，生文度，字子澄。」「渥字子章，檢校司徒。膺字公禮，刑部侍郎。」

〔六〕王鳴盛《十七史商榷》卷九一《新舊唐書二十三》「洪氏妄駁盧知猷傳」條：「《舊書》一百六十

三《盧簡辭傳》附其兄簡能『爲鳳翔節度鄭注判官。注誅，簡能爲監軍所害。簡能子知猷』云云，『知猷子文度』云云，《新書》一百七十七《簡辭傳》云：『兄簡能，事見《鄭注傳》，其子知猷，字子蕃』云云，『知猷子文度』云云，二書合也。《宰相世系表》亦與《舊書》及《新書》列傳合，司空圖《一鳴集》第五卷《太子太師致仕盧公神道碑》題下注『名渥』，文則云：『諱某，字子章，位終檢校司徒。子膺，刑部侍郎。』《世系表》亦有其人，所載亦與《神道碑》合《新》《舊書》渥無傳也。洪邁《容齋續筆》第十四卷誤以司空圖《神道碑》爲盧知猷撰，因據碑以駁新、舊《知猷傳》爲誤。碑凡二千餘字。予以碑與二傳參對，書諱某而不著其名，唐、宋人恒有之，而子章固非子蕃，至父諱某，官州刺史，非鳳翔判官，而叙其一生之官爵出處、履歷事迹、卒年贈官及子之名與官無一同者，則碑爲渥撰，不爲知猷撰，洪以張甲魂魄附李乙形體，豈非笑端？」

6　忌諱諱惡

《周禮·春官》：小史「詔王之忌諱」。鄭氏云：「先王死日爲忌，名爲諱。」《禮記·王制》：「大史典禮，執簡記，奉諱惡。」注云：「諱者先王名，惡者忌日，若子卯。惡，烏路反。」《左傳》：「叔弓如滕，子服椒爲介。及郊，遇懿伯之忌，叔弓不入。」懿伯，椒之叔父。忌，怨也。椒曰：「公事有公利，無私忌。椒請先入。」〔一〕觀此乃知忌諱之明文。漢人表疏，如東方朔有「不知忌諱」之類，皆戾本旨〔二〕。今世俗語言多云「無忌諱」及「不識忌諱」，蓋非也。

【箋證】

〔一〕《左傳》昭三年。

〔二〕《漢書》卷六五《東方朔傳》：「朔免冠頓首曰：『愚不知忌諱，當死。』」又如《漢書》卷五〇《馮唐傳》：文帝曰：「吾獨不得廉頗、李牧爲將，豈憂匈奴哉？」「唐曰：『主臣！陛下雖有廉頗、李牧，不能用也。』上怒，起入禁中。良久，召唐讓曰：『公衆辱我，獨亡間處乎？』唐謝曰：『鄙人不知忌諱。』」

7 陳涉不可輕

揚子《法言》：「或問陳勝、吴廣。曰：『亂。』曰：『不若是則秦不亡。』曰：『亡秦乎？恐秦未亡而先亡矣。』」李軌以爲：「輕用其身，而要乎非命之運，不足爲福先，適足以爲禍始。」〔一〕予謂不然。秦以無道毒天下，六王皆萬乘之國，相踵滅亡，豈無孝子慈孫、故家遺俗？皆奉頭鼠伏。自張良狙擊之外，更無一人敢西向窺其鋒者。陳勝出於戍卒，一旦奮發不顧，海内豪傑之士，乃始雲合響應，並起而誅之。數月之間，一戰失利，不幸隕命於御者之手，身雖已死，其所置遣侯王將相竟亡秦〔二〕。項氏之起江東，亦矯稱陳王之令而度江〔三〕。秦之社稷爲墟，誰之力也？且其稱王之初，萬事草創，能從陳餘之言，迎孔子之孫鮒爲博士，至尊爲太師〔四〕，所與謀議，皆非庸人崛起者可及，此其志豈小小者哉？漢高帝爲之置守冢於碭，血食二百年乃絶〔五〕。子雲指以爲亂，何邪？若乃殺吴廣，誅故人，寡恩忘舊，無帝王之度，此其所以敗也〔六〕。

【箋證】

〔一〕《揚子法言》卷七《重黎篇》。晉李軌注。

〔二〕《史記》卷四八《陳涉世家》。

〔三〕《史記》卷七《項羽本紀》。

〔四〕《史記》卷一二一《儒林列傳》：「陳涉之王也，而魯諸儒持孔氏之禮器往歸陳王，於是孔甲（徐廣曰：「孔子八世孫名鮒，字甲也。」）爲陳涉博士，卒與涉俱死。陳涉起匹夫，驅瓦合適戍，旬月以王楚，不滿半歲竟滅亡，其事至微淺，然而縉紳先生之徒負孔子禮器往委質爲臣者何也？以秦焚其業，積怨而發憤于陳王也。」

《孔叢子》卷中《獨治》：「（陳）餘謂陳王曰：『今必欲定天下、取王侯者，其道莫若師賢而友智。孔子之孫，今在魏，居亂世能正其行，修其祖業，不爲時變。其父相魏，以聖道輔戰國，見利不易操，名諸侯，世有家法。其人通材足以幹天下，博知足以慮未形，必宗此人，天下無敵矣。』陳王大悦，遣使者齎千金加束帛，以車三乘聘焉。（張）耳又使謂子魚曰：『天下之事已可見矣。今陳王興義兵，討不義，子宜速來，以集其事。王又聞子賢，欲諮良謀，虚意相望也。』子魚遂往。陳王郊迎而執其手，議世務，子魚以霸王之業勸之。王悦其言，遂尊以博士，爲太師諮度焉。」

〔五〕同注二。

〔六〕《史記·陳涉世家》：陳王斬故人，「諸陳王故人皆自引去，由是無親陳王者。陳王以朱房爲中正，胡武爲司過，主司群臣。諸將徇地，至，令之不是者，繫而罪之，以苛察爲忠。其所不善者弗下吏，輒自治之。陳王信用之。諸將以其故不親附，此其所以敗也。」

8 士匄韓厥

晉厲公既殺郤氏三卿，群臣疑懼。欒書、荀偃執公，召士匄，匄辭不往，召韓厥，厥辭曰：「古人有言曰『殺老牛莫之敢尸』，而况君乎？二三子不能事君，焉用厥也？」二子竟弑公，而不敢以匄、厥爲罪，豈非畏敬其忠正乎〔一〕？唐武德之季，秦王與建成、元吉相忌害，長孫無忌、高士廉、侯君集、尉遲敬德等，日夜勸王誅之，王猶豫未決。問於李靖，靖辭，問於李世勣，世勣辭。王由是重二人。及至登天位，皆任爲將相，知其有所守也〔二〕。晉、唐四賢之識見略等，而無有稱述者，《唐史》至不書其事，殆非所謂發潛德之幽光也。蕭道成將革命，欲引時賢參贊大業，夜召謝朏，屏人與語，朏竟無一言。及王儉、褚淵之謀既定，道成必欲引朏參佐命，朏亦不肯從，遂不仕齊世，其亦賢矣〔三〕。

【箋證】

〔一〕士匄、韓厥，事見《左傳》成公十七年。

〔二〕《資治通鑑》卷一九一《唐高祖紀》武德九年：「世民腹心，唯長孫無忌尚在府中，與其舅雍州治中高士廉、右候車騎將軍三水侯君集及尉遲敬德等，日夜勸世民誅建成、元吉。世民猶豫未決，問於靈州大都督李靖，靖辭；問於行軍總管李世勣，世勣辭。世民由是重二人。」《考異》：「《統紀》云：『秦王懼不知所爲，李靖、李勣數言大王以功高被疑，靖等請申犬馬之力。』劉餗《小說》：『太宗將誅蕭牆之惡，以主社稷，謀於衛公靖，靖辭；謀於英公徐勣，勣亦辭。帝由是珍此二人。』二說未知誰得其實，然劉說近厚，有益風化，故從之。」

〔三〕蕭道成夜召謝朏，事見《資治通鑑》卷一三四《宋順皇帝紀》昇明二年。引朏參佐命，事見《資治通鑑》卷一三五《齊太祖紀》建元元年正月：「太傅道成以謝朏有重名，必欲引參佐命，以爲左長史。嘗置酒與論魏晉故事，因曰：『石苞不早勸晉文，死方慟哭，方之馮異，非知機也。』朏曰：『晉文世事魏室，必將身終北面。借使魏依唐、虞故事，亦當三讓彌高。』道成不悅。甲寅，以朏爲侍中。」

9 孔墨

墨翟以兼愛無父之故，孟子辭而辟之，至比於禽獸，然一時之論〔一〕。迨於漢世，往往以配孔子。《列子》載惠盎見宋康王曰：「孔丘、墨翟，無地而爲君，無官而爲長，天下丈夫女子，莫不延頸舉踵而願安利之。」〔二〕鄒陽上書於梁孝王曰：「魯聽季孫之説逐孔子，宋任子冉之計囚墨翟，以孔、墨之辯，不能自免於讒諛。」〔三〕賈誼《過秦》云：「非有仲尼、墨翟之知。」〔四〕徐樂云：「非有孔、曾、墨子之賢。」〔五〕是皆以孔、墨爲一等，列、鄒之書不足議，而誼亦如此。韓文公最爲發明孟子之學，以爲功不在禹下者，正以辟楊、墨耳〔六〕。而著《讀墨子》一篇云：「儒、墨同是堯、舜，同非桀、紂，同脩身正心以治天下國家。孔子必用墨子，墨子必用孔子。不相用，不足爲孔、墨。」〔七〕此又何也？魏鄭公《南史·梁論》亦有「抑揚孔、墨」之語〔八〕。

【箋證】

〔一〕《孟子·滕文公下》：「聖王不作，諸侯放恣，處士横議，楊朱、墨翟之言盈天下。天下之言不歸楊則歸墨。楊氏爲我，是無君也。墨氏兼愛，是無父也。無父無君，是禽獸也。」

〔二〕《列子·黄帝篇》。

〔三〕《漢書》卷五一《鄒陽傳》。

〔四〕《漢書》卷三一《陳勝項籍列傳》卷末「贊曰」引昔賈生之《過秦》有曰：「陳涉，甕牖繩樞之子，甿隸之人，遷徙之徒也，材能不及中庸，非有仲尼、墨翟之知，陶朱、猗頓之富。」

〔五〕《漢書》卷六四上《徐樂傳》：「陳涉無千乘之尊，尺土之地，身非王公大人名族之後，鄉曲之譽，非有孔、曾、墨子之賢，陶朱、猗頓之富也。」

〔六〕韓愈《與孟簡尚書書》：「孟子有云：『今天下不之楊則之墨。』楊、墨交亂，而聖賢之道不明。聖賢之道不明，則三綱淪而九法斁，禮樂崩而邪説横，幾何其不爲禽獸也！故曰：『能言距楊、墨者，皆聖人之徒也。』揚子雲曰：『古者楊、墨塞路，孟子辭而闢之廓如也。』夫楊、墨行正，道廢且將數百年，以至於秦卒滅先王之法，燒除經書，坑殺學士，天下遂大亂。及秦滅，漢興且百年，尚未知修明先王之道，其後始除挾書之律，稍求亡書，招學士，經雖少得，尚皆殘缺，十亡二三。故學士多老死，新者不見全經，不能盡知先王之事。各以所見爲守，分離乖隔，不合不公，二帝三王群聖人之道於是大壞。後之學者，無所尋逐，以至於今泯泯也。其禍出於楊、墨肆行而莫之禁故也。孟子雖賢聖不得位，空言無施，雖切何補。然賴其言而今學者尚知宗孔氏，崇仁義，貴王賤霸而已。其大經大法皆亡滅而不救，壞爛而不收，所謂存十一於千百，安在其能廓如也。然向無孟氏，則皆服左衽而言侏離矣。故愈嘗推尊孟氏，以爲功不在禹下爲此也。」（《五百家注昌黎文集》卷一八）

〔七〕《五百家注昌黎文集》卷一一《讀墨子》，注引洪芻曰：「《列子》云：『孔丘、墨翟，無地而爲君，無官而爲長。』又古語云：『墨翟突不及黔，孔丘席不及煖。』孟子以前，皆以孔、墨並稱，則墨亦大賢。孟子特以其非中道，其流不能無弊，故闢之耳。《藝文志》曰：『墨家者流，蓋出于清廟之守。茅屋采椽，是以貴儉；養三老五更，是以兼愛；選士大射，是以尚賢；宗祀嚴父，是以右鬼；順四時而行，是以非命；以孝視天下，是以尚同：此其所長也。』退之《讀墨》，蓋出于此。莊、孟、荀卿之論，皆斥其所短也。」又，嚴有翼曰：「墨子之書，誣稱孔、晏之事，《孔叢子》載《詰墨》一篇，蓋嘗辨明之矣。以孔子之道較之，不啻胡、越。孟子著書疾其兼愛無父，力排而禽獸之。其言曰：『楊、墨之道不熄，孔子之道不著。能言距楊、墨者，聖人之徒也。』今退之乃謂『孔子必用墨子，墨子必用孔子』，抑何乖刺如是耶？若以孔、墨爲必相用，則孟子距之爲非矣。其《與孟簡書》則又取孟子距楊、墨之説，以謂『向無孟氏，皆服左衽而言侏離矣』，故推尊孟子，以爲其功不在禹下。意以己之排佛老可以比肩孟氏也，殊不知言之先後自相矛盾可勝其説哉！」又，蔡寬夫曰：「此分邪正，末學之辨也，謂非孔子之正，不足以知墨子之邪，無墨子之邪，不足以明孔子之正，故曰『不相爲用，不足爲孔、墨』。學者于此又何疑焉？」

〔八〕《南史》卷八《梁本紀下》卷末論曰：「善乎鄭文貞公（魏徵）論之曰：（高祖）『不能息末敦本，斲彫爲樸，慕名好事，崇尚浮華，抑揚孔墨，流連釋老。』」云云。又見《梁書》卷六《敬帝紀》卷末。

10 玉川月蝕詩

盧仝《月蝕詩》，《唐史》以謂譏切元和逆黨〔一〕，考韓文公效仝所作，云元和庚寅歲十一月〔二〕。是年爲元和五年，去憲宗遇害時尚十載。仝云：「歲星主福德，官爵奉董秦。」説者謂「董秦」即李忠臣，嘗爲將相而臣朱泚，至於亡身，故仝鄙之〔三〕。東坡以爲：「當秦之鎮淮西日，代宗避吐蕃之難出狩，追諸道兵，莫有至者。秦方在鞠場，趣命治行，諸將請擇日，秦曰：『父母有急難，而欲擇日乎？』即倍道以進。雖末節不終，似非無功而食禄者。」〔四〕近世有嚴有翼者，著《藝苑雌黄》，謂「坡之言非也，秦守節不終，受泚僞官，爲賊居守，何功之足云！詩譏刺當時，故言及此。坡乃謂非無功而食禄，謬矣。」〔五〕有翼之論，一何輕發，至詆坡公爲非爲謬哉！予案是時秦之死二十七年矣，何爲而追刺之？使仝欲譏逆黨，則應首及禄山與泚矣。竊意元和之世，吐突承璀用事，仝以爲嬖倖擅位，故用董賢、秦宫輩喻之，本無預李忠臣事也〔六〕。記前人似亦有此説，而不能省憶其詳〔七〕。

【箋證】

〔一〕《新唐書》卷一七六《韓愈傳》：「盧仝居東都，愈爲河南令，愛其詩，厚禮之。仝自號玉川子，嘗爲《月蝕詩》，以譏切元和逆黨，愈稱其工。」

〔二〕魏仲舉編《五百家注昌黎文集》卷五《月蝕詩效玉川子作》。首云：「元和庚寅斗插子，月十四日三更中」。孫汝聽曰：「元和五年十一月十四日也。」

〔三〕《五百家注昌黎文集》「官爵奉董秦」注，孫汝聽曰：「董秦，李忠臣也。朱泚反，以爲司空兼侍中。泚逼奉天，以爲京城留守。」

姚寬《西溪叢語》卷下：「肅宗乾元二年，史思明與諸將期會汴州，李光弼巡河上，諸營聞之，還入汴州，謂節度使許叔冀曰：『大夫能守汴州十五日，我來救。』光弼還東京，思明至汴，叔冀戰不勝，遂與濮州刺史董秦降，思明待之甚厚。《新書》云：董秦夜挈五百人歸光弼，詔加殿中監，賜姓李名忠臣。即天寶末驍將也。麤暴不知書，晚汙朱泚僞命，誅。玉川子《月蝕詩》云：『歲星主福德，官爵奉董秦。忍使黔婁生，覆屍無衣巾。』詳味此句，董秦當是無功而享厚禄者，如此者多，不知玉川子説李忠臣何也。」

李忠臣，本姓董，名秦，平盧人。事迹具《舊唐書》卷一四五本傳。

〔四〕朱弁《風月堂詩話》卷下：「東坡言：『玉川子《月蝕詩》云：「歲星主福德，官爵奉董秦。忍使黔婁生，覆屍無衣巾。」詳味此句，則董秦當時無功而享厚禄者。董秦，李忠臣也。天寶末，驍勇屢立戰功，雖麤暴，亦頗知忠義。代宗時，吐蕃犯闕，徵兵，忠臣即日赴難。或勸擇日，忠臣怒曰：「君父在難，乃擇日耶！」後卒汙朱泚僞命而誅。考其終始，非無功而享厚禄者，不知玉川子何以有此句。』」

〔五〕胡仔《漁隱叢話後集》卷一一《玉川子》引《藝苑雌黄》云：「《月蝕詩》，唐史謂其譏刺元和逆黨。按《月蝕》在元和五年，歲次庚寅。是時未有弑逆事，不知其所譏者何也。其間有言『歲星主福德，官爵奉董秦。忍使黔婁生，覆屍無衣巾』，東坡以爲董秦似非無功而食禄者，不知玉川子何以云然。予謂東坡之言非也。秦始以勇力奮，在至德間，雖屢有功名，李園之屯，力屈降賊，既而冒圍以歸，乃召至京師，賜姓李名忠臣，蓋因以勗之。後吐蕃犯順，天子遣兵，秦方在鞠場，使者至，即整師就道，諸將白須良日，秦怒曰：『君父在難，乃擇日救患乎？』時召兵無先秦至者。代宗嘉之。當是時，不可謂不忠也。惜乎，守節不終，抑又戇不知書，恣性婪沓，爲李希烈所逐，逃奔京師。朱泚寇奉天，受其僞署，爲賊居守，卒之頸血汙刃，身首異處，秦自取耳，尚何功之足云！玉川子《月蝕詩》譏刺當時，故言及此。東坡乃謂非無功而食禄，謬矣。」

〔六〕潘德輿《養一齋詩話》卷九：「如玉川子《月蝕詩》之董秦，自是李忠臣耳，坡公以忠臣爲非無功而食禄者，見駁于嚴有翼，而容齋又以爲不然。後來李治所駁，（郁之按，見《敬齋古今黈》卷七。）較之有翼尤詳，則容齋之曲護非也。且容齋以董秦爲董賢、秦宫，無論賢、宫自古未嘗並稱，即可以類及，而玉川子詩「歲星主福德，官爵奉董秦」，賢爲大司馬矣，宫第爲梁冀夫婦所寵，其官爵未顯奕也，何能與董賢並哉。」

胡震亨《唐音癸籤》卷二三《詁箋八》：「盧仝《月蝕詩》，《新書》言其譏切元和逆黨。考之不合。按，此詩叙有年月云『元和庚寅』，則吐突承璀討王承宗無功而歸之歲也。初，憲宗信用承璀，令典神策，拜大帥專征，及敗衂，仍不加罪，寵任如故，有太陰養蟾蜍爲所食之象，故取以比諷。『恒州陣斬酈定進，頂骨脆甚春蔓菁』，定進者，承璀驍將，初交戰，即被殺，師因氣折無功。詳見《承宗傳》。此正實紀其事處。其云『官爵奉董秦』者，秦，史思明降將歸正，賜屬籍，封王後，竟附朱泚爲逆。是時，承宗蒙赦，復官爵，正與秦同。仝以其反覆必叛，故又借秦爲比。通閲前後，爲承璀而作，甚明。若云逆黨，則搆逆時去此尚遠，安得預爲譏切乎？」

陳景雲《韓集點勘》卷二：「《月蝕詩》。按玉川《月蝕詩》，洪景盧言指宦官吐突承璀用事，見

《容齋續筆》，其説爲長。」

〔七〕何薳《春渚紀聞》卷七《詩詞事略》：「玉川子《月食詩》：『官爵秦董』，恐指董偃、秦宮也。」

11 詩要點檢

作詩至百韻，詞意既多，故有失於點檢者。如杜老《夔府詠懷》，前云「滿坐涕潺湲」，後又云「伏臘涕漣漣」〔一〕。白公《寄元微之》，既云「無杯不共持」，又云「笑勸迂辛酒」，「華樽逐勝移」，「觥飛白玉卮」，「飲訝卷波遲」，「歸鞍酩酊馳」，「酡顔烏帽側」，「醉袖玉鞭垂」，「白醪充夜酌」，「嫌醒自啜醨」，「不飲長如醉」，一篇之中，説酒者十一句〔二〕。東坡賦中隱堂五詩各四韻，亦有「坡垂似伏鼇」，「崩崖露伏龜」之語，近於意重〔三〕。

【箋證】

〔一〕《杜詩詳注》卷一九《秋日夔府詠懷奉寄鄭監審李賓客之芳一百韻》。

〔二〕《白氏長慶集》卷一三《代書詩一百韻寄微之》。

〔三〕蘇軾詩見《東坡全集》卷一《中隱堂詩》五首。

王楙《野客叢書》卷二八《詩意重疊》引《續筆》本條，接云：「僕謂古人之詩，古人之意也，正不當以是論，但晚輩規仿前作，不可用此爲格。此魯男子所謂柳下惠則可，吾則不可，豈失於檢點哉。」

胡應麟《詩藪》内編卷四，引《續筆》本條，云：「按洪説，作排律及長篇者，最所當知。第言酒，雖數聯並用，駢比一處，自不妨。若前後相犯，即老杜所重字，亦詩家所忌。白之十餘酒中語，尤不成章也。」

12 周蜀九經

唐貞觀中，魏徵、虞世南、顔師古繼爲祕書監，請募天下書，選五品以上子孫工書者爲書手繕寫〔一〕。予家有舊監本《周禮》，其末云：「大周廣順三年癸丑五月，雕造《九經》書畢，前鄉貢三禮郭嵠書。」列宰相李穀、范質、判監田敏等銜于後。《經典釋文》末云：「顯德六年己未三月，太廟室長朱延熙書。」宰相范質、王溥如前，而田敏以工部尚書爲詳勘官。此書字畫端嚴有楷法，更無舛誤〔二〕。《舊五代史》：「漢隱帝時，國子監奏《周禮》《儀禮》《公羊》《穀梁》四經未有印板，欲集學官考校雕造。從之。」〔三〕正尚武之時，而能如是，蓋至此年而成也。成都石本諸經，《毛詩》《儀禮》《禮記》，皆祕書省祕書郎張紹文書。《周禮》者，祕書省校書郎孫朋古書。《周易》者，國子博士孫逢吉書。《尚書》者，校書郎周德政書。《爾雅》者，簡州平泉令張德昭書。題云廣政十四年，蓋孟昶時所鐫，其字體亦皆精謹。兩者並用士人筆札，猶有貞觀遺風，故不庸俗，可以傳遠。唯《三傳》至皇祐元年方畢工，殊不逮前。紹興中，分命兩淮、江東轉運司刻三史板，其兩《漢書》内，凡欽宗諱，並小書四字，曰「淵聖御名」，或徑易爲「威」字，而它廟諱皆只缺畫，愚而自用，爲可笑也。蜀《三傳》後，列知益州、樞密直學士、右諫議大夫田況銜，大書爲三行，而轉運使直史館曹穎叔，提點刑獄、屯田員外郎孫長卿，各細字一行，又差低於況〔四〕。今雖執政作牧，監司亦與之雁行也〔五〕。

【箋證】

〔一〕《新唐書》卷五七《藝文志》。

〔二〕今本《周禮》《經典釋文》無《續筆》所録篇末所云一節。

王國維《五代兩宋監本考》卷上「經典釋文」條，引《五代會要》：「顯德二年二月中書門下奏國子監祭酒尹拙狀稱，準敕校勘《經典釋文》三十卷，雕造印板，欲請兵部尚書張昭、太常卿田敏同校勘。敕其《經典釋文》已經本監官員校勘，外宜差張昭、田敏詳校。」又引《玉海》：「周顯德中，詔刻序録《易》《書》《儀禮》《周禮》四經釋文，皆田敏、尹拙、聶崇義校勘。」

又《五代兩宋監本考》卷上「九經三傳」條，末云：「監本書人，則《五經》《孝經》《論語》《爾雅》皆李鶚書。至二《禮》二《傳》刊於周初者，則《周禮》《公羊》皆郭嵠書，《儀禮》《穀梁》雖不詳書人姓名，然以前事例之，疑亦嵠書。」

〔三〕《舊五代史》卷一〇一《漢隱帝紀》乾祐元年五月。

〔四〕趙希弁《郡齋讀書附志》云：石經《毛詩》二十卷，《儀禮》十七卷，《禮記》二十卷，「將仕郎、試祕書省校書郎張紹文書」。石經《周禮》十二卷，「將仕郎、試祕書省校書郎孫明吉書」。石經《周易》十卷，「將仕郎、守國子助教臣楊鈞，朝議郎、守國子毛詩博士柱國臣孫逢吉書」。石經《尚書》十三卷，「將仕郎、試祕書省校書郎臣周德貞書，鐫玉册官陳德超鐫」。石經《爾雅》三卷，「將仕郎、前守簡州平泉縣令、賜緋魚袋張德釗書，武令昇鐫」。《附志》又云：「以上石室《十三經》，蓋孟昶時所鐫，故《周易》後書：『廣政十四年歲次辛亥五月二十日。』唯《三傳》至皇祐初方畢，故《公羊傳》後書：『大宋皇祐元年歲次己丑九月辛卯朔十五日乙巳工畢。』又書：『將仕郎試國子四門助教州學講說何維翰、將仕郎試祕書省校書郎州學說書黄柬、儒林郎試祕書省校書郎守華陽縣尉州學勾當王尚喆、朝奉郎祕書省著作佐郎簽署節度判官廳公事武騎尉管勾州學華參、奉直郎尚書屯田員外郎通判軍州兼管内橋道勸農事及提舉渠堰騎都尉借緋提舉州學解程、朝奉郎尚書屯田員外郎通判軍州兼管内勸農事及提舉渠堰輕車都尉借緋提舉州學聶世卿、提點益州路諸州軍州獄兼本路勸農提舉渠堰公事朝奉郎尚書比部員外郎護軍借紫孫長卿、益州路諸州水陸計度轉運使兼本路勸農使朝奉郎尚書刑部員外郎直史館上騎都尉賜緋魚袋借紫曹穎叔、樞密直學士朝散大夫右諫議大夫知益州軍州事兼管内橋道勸農使充益利路屯駐駐泊本城兵馬鈐轄提舉益利路諸州軍兵甲巡檢賊盜公事上騎都尉京兆郡開國侯食邑一千户賜紫金魚袋田況。』」

〔五〕監司，吴曾《能改齋漫録》卷二《事始》「監司之職」條：「本朝官至轉運判官、提舉常平，謂之監司。」朱翌《猗覺寮雜記》卷上：「今監司亦號外臺，皆以察風俗，舉不法。」

13 冢宰治内

《周禮·天官冢宰》，其屬有宫正，實掌王宫之戒令、糾禁〔一〕。内宰以陰禮教六宫，以陰禮教九嬪。盖宫中官之長也。故自后、夫人之外，九嬪、世婦、女御以下，無不列於屬中〔二〕。後世宫掖之事，非上宰可得而聞也。《禮記·内則篇》記男女事父母、舅姑，細瑣畢載，而首句云：「后王命冢宰，降德于衆兆民。」則以其治内故也。

【箋證】

〔一〕《周禮·天官·冢宰》：「宫正，掌王宫之戒令、糾禁。」鄭注：「糾猶割也，察也。」賈疏：「釋曰：案下經王宫中有官府，故掌王宫之戒令之事。有過失者，已發則糾而割察之，其未發則禁之也。」

〔二〕《天官·冢宰》：「内宰掌書版圖之法，以治主内之政令，均其稍食，分其人民以居之。以陰禮教六宫，以陰禮教九嬪。以婦職之法教九御，使各有屬以作二事，正其服，禁其奇衺，展其功緒。」鄭注：「版謂宫中閽寺之屬及其子弟録籍也。圖，王及后、世子之宫中吏官府之形象也。政令，謂施閽寺者。稍食，吏禄稟也。人民，吏子弟。分之，使衆者就寡，均宿衛。」

14 宰相爵邑

國朝宰相初不用爵邑爲輕重，然亦嘗以代陞黜。王文康曾任司空，後爲太子太師，經太宗登極恩，但封祁國公〔一〕。吕文穆自司徒謝事爲太子太師，經東封西祀恩，不復再得三公，但封徐國、許國公而已〔二〕。寇忠愍罷相，學士錢惟演以太子太傅處之，真宗令更與些恩數，惟演但乞封國公〔三〕。王冀公欽若食邑已過萬户，及謫爲司農卿，於銜内盡除去，後再拜相，乃悉還之〔四〕。湯岐公以大觀文免相，因御史言落職鐫爵〔五〕。趙衛公坐舉官犯贓，見爲使相，但降封益川郡公，削二千户。今周益公亦然，皆故實所無也〔六〕。王嫈相元封冀，嫌其與欽若同，屢欲改，適有進《國史》賞，予爲擬進韓國制詞，用「有此冀方，莫如韓樂」。既播告矣，而删定官馮震武以爲真宗故封，不許用，遂貼麻爲魯，雖著於司封格，馮蓋不知富韓公已用之矣。是時，嫈相以食邑過二萬户爲辭，壽皇遣中使至邁所居宣示，令具前此有無體例，及合如何施行事理，擬定聞奏。遂以邑户無止法復命，乃竟行下〔七〕。

【箋證】

〔一〕王稱《東都事略》卷一八《王溥傳》：「國初進位司空。乾德二年，罷爲太子太保，加太子太傅。開寶二年，遷太子太師。太平興國初，封祁國公。卒，年六十一。贈侍中。謚曰文獻，後以溥謚同僖祖，改謚文康。」

〔二〕《宋史》卷二六五《吕蒙正傳》：真宗即位，進左僕射。咸平四年，以本官同平章事、昭文館大學士。郊祀禮成，加司空兼門下侍郎。六年，授太子太師，封蔡國公，改封隨，又封許。許國之命甫下而卒，贈中書令，謚文穆。

〔三〕《宋史》卷二八一《寇準傳》：「真宗得風疾，劉太后預政於内。準請間曰：『皇太子，人所屬望，願陛下思宗廟之重，傳以神器，擇方正大臣爲羽翼。丁謂、錢惟演，佞人也，不可以輔少主。』帝然之。準密令翰林學士楊億草表，請太子監國，且欲援億輔政。已而謀洩，罷爲太子太傅，封萊國公」。「準歿後十一年，復太子太傅，贈中書令、萊國公，後又賜謚曰忠愍。」

〔四〕《宋史》卷二八三《王欽若傳》：真宗時，欽若拜左僕射兼中書侍郎同平章事，以太子太保出判杭州。仁宗爲皇太子，自以東宫師保請歸朝，復爲資政大學士。「與宰相丁謂不相悦，以疾請就醫京師，不報。令其子從益移文河南府，輿疾而歸。謂言欽若擅去官守命，御史中丞薛映就第按問。欽若惶恐伏罪，降司農卿，分司南京」。仁宗即位，復拜司空門下侍郎同平章事。既卒，贈太師、中書令，謚文穆。

〔五〕《宋史》卷三七一《湯思退傳》：「（紹興）二十六年，除知樞密院事。明年，拜尚書右僕射。又二年，進左僕射。明年，侍御史陳俊卿論其『挾巧詐之心，濟傾邪之術，觀其所爲，皆效秦檜，蓋思退致身，皆檜父子恩也』，遂罷，以觀文殿大學士奉祠。」

〔六〕《兩朝綱目備要》卷一，光宗紹熙元年：「紹熙初，前相趙雄所舉以贓抵罪，用故事，當削三秩，而雄時爲使相，若降三秩，則應落衮鉞爲銀青光禄大夫。朝廷難之。于是自衛國公降封益川郡公，削其食户二千而已。其後，周必大連坐，亦自益國公降封滎陽郡公，蓋用雄例云。」《宋史》卷三六《光宗紀》：「（紹熙元年）五月乙卯，趙雄坐所舉以賄敗，降封益川郡公，削食邑一千户。」

《宋史》卷三九一《周必大傳》：淳熙十四年拜右丞相，明年拜左丞相。光宗即位，「問當世急務，奏用人、求言二事。三月，拜少保、益國公。李巘草二相制，抑揚不同。上召巘，令帖麻改定。既而斥巘予郡。必大求去。何澹爲司業，久不遷，留正奏遷之，澹憾必大而德正。至是，爲諫長，遂首劾必大。詔以觀文殿大學士判潭州。澹論不已，遂以少保充醴泉觀使，判隆興府，不赴。復除觀文殿學士，判潭州，復大觀文。坐所舉官以賄敗，降滎陽郡公，復益國公，改判隆興，辭，除醴泉觀使」。

〔七〕王嫈相，王淮。淮字季海，嫈州金華人。淳熙八年，拜右丞相，兼樞密事。事迹具《宋史》卷三九六《王淮傳》。岳珂《愧郯録》卷八《鎮號封國》：「淳熙間，王冀公淮封韓，洪文敏邁當制，制詞有『有此冀方，莫如韓樂』之語，删定官馮震武舉真、欽舊封，請貼麻，遂改胙於魯。而文敏著《容齋隨筆》猶以弼爲言，而謂震武不知故事之已有封者。珂竊謂尤而效之，理固不可，震武何訾焉。」又云：「郡國之爲潛藩者，著令不許封，而丁侍中謂封晉，富文忠弼、宗室仲馨、廣平王楗封韓，廣漢王椿、王黼、白時中、秦檜、張俊封慶，今司封之贈典尚多用之，不復以爲怪。」

15 楊子一毛

《孟子》曰：「楊子取爲我，拔一毛而利天下，不爲也。」〔一〕楊朱之書，不傳於今，其語無所考。惟《列子》所載：「楊朱曰：『伯成子高不以一毫利物，舍國而隱耕。古之人損一毫利天下，不與也，人人不損一毫，不利天下，天下治矣。』禽子問楊朱曰：『去子體之一毛以濟一世，汝爲之乎？』楊子曰：『世固非一毛之所濟。』禽子曰：『假濟，爲之乎？』楊子弗應。禽子出語孟孫陽，陽曰：『有侵若肌膚獲萬金者，若爲之乎？』曰：『爲之。』曰：『有斷若一節得一國，子爲之乎？』禽子默然。陽曰：『積一毛以成肌膚，積肌膚以成一節，一毛固一體萬分中之一物，奈何輕之？』」〔二〕觀此，則孟氏之言可證矣。

【箋證】

〔一〕《孟子·盡心上》。朱熹《四書章句集注·孟子》卷十三：「《列子》稱其言曰『伯成子高不以一毫利物』是也。」

〔二〕《列子·楊朱篇》。

按，何焯《義門讀書記》第六卷《孟子下》「楊子取爲我章第一第二節」條：「拔毛摩頂，是孟子形容，不可看作實有此事。」

16 李長吉詩

李長吉有《羅浮山人詩》云：「欲翦湘中一尺天，吴娥莫道吴刀澀。」正用杜老《題王宰畫山水圖歌》「焉得并州快翦刀，翦取吴松半江水」之句。長吉非蹈襲人後者，疑亦偶同，不失自爲好語也〔一〕。

【箋證】

〔一〕方扶南批本《李長吉詩集》云：「《自昌谷到洛後門》：『始欲南去楚，又將西適秦。』直用老杜兩句，非杜詩語意也。」此指杜甫《奉贈韋左丞丈二十三韻》：「今欲東入海，即將西去秦。」參吴企明《葑溪詩學叢稿初編·長吉詩藝術淵源論》五《李賀與杜甫》。

17 子夏經學

孔子弟子，惟子夏於諸經獨有書，雖傳記雜言未可盡信，然要爲與它人不同矣〔一〕。於《易》則有傳〔二〕，於《詩》則有序〔三〕。而《毛詩》之學，一云子夏授高行子，四傳而至小毛公；一云子夏傳曾申，五傳而至大毛公〔四〕。於《禮》則有《儀禮·喪服》一篇，馬融、王肅諸儒多爲之訓説〔五〕。於《春秋》，所云「不能贊一辭」，蓋亦嘗從事於斯矣〔六〕。公羊高實受之於子夏，穀梁赤者，《風俗通》亦云子夏門人〔七〕。於《論語》，則鄭康成以爲仲弓、子夏等所撰定也〔八〕。後漢徐防上疏曰：「《詩》《書》《禮》《樂》，定自孔子，發明章句，始於子夏。」〔九〕斯其證云〔一〇〕。

【箋證】

〔一〕司馬貞《史記索隱》卷一八《仲尼弟子列傳》：「子夏文學著於四科，序《詩》，傳《易》。又孔子以《春秋》屬商，又傳《禮》，著在《禮志》。」

〔二〕司馬貞《易傳議》：「劉向《七略》有《子夏易傳》。此書不行已久，今所存多失真本。又荀勗《中經簿》云：『《子夏〈傳〉》四卷，或云丁寬所作。』是先達疑非子夏矣。又《隋書·經籍志》云：『《子夏〈傳〉》殘缺。時六卷，今二卷。』知其書錯謬多矣。又王儉《七志》引劉向《七略》云：『《易傳》，子夏、韓氏嬰也。』今題不稱韓氏，而載薛虞記。又今祕閣有子夏《傳》，薛虞《記》，其質粗略，旨趣非遠，無益後學」（《文苑英華》卷七六六）

《四庫全書總目》卷一《子夏易傳》提要：「舊本題卜子夏撰。按説《易》之家最古者，莫若是書；其僞中生僞，至一至再而未已者，亦莫若是書。《唐會要》載開元七年詔：『《子夏易傳》近無習者，令儒官詳定。』劉知幾議曰：『《漢志》，《易》有十三家，而無子夏作傳者。至梁阮氏《七録》始有《子夏易》六卷。或云韓嬰作，或云丁寬作。然據《漢書》，韓《易》十二篇，丁《易》

八篇，求其符合，事殊隳刺；必欲行用，深以爲疑。』司馬貞議亦曰：（見前引，略。）是唐以前所謂《子夏傳》已爲僞本。晁説之《傳易堂記》又稱今號爲《子夏傳》者，乃唐張弧之《易》。是唐時又一僞本並行。故宋《國史·志》以假託《子夏易傳》與真《子夏易傳》兩列其目，而《崇文總目》亦稱此書篇第略依王氏，決非卜子夏之文也。朱彝尊《經義考》證以陸德明《經典釋文》、李鼎祚《周易集解》、王應麟《困學紀聞》所引，皆今本所無。德明、鼎祚猶曰在張弧以前，應麟乃南宋末人，何以當日所見與今本又異？然則今本又出僞託，不但非子夏書，亦並非張弧書矣。」

〔三〕《經典釋文》引鄭玄《詩譜序》：「《大序》是子夏作，《小序》是子夏、毛公合作。卜商意有不盡，毛公更足成之。」

《四庫全書總目》卷一五《詩序》提要：「案《詩序》之説紛如聚訟，以爲《大序》子夏作，《小序》子夏、毛公合作者，鄭玄《詩譜》也；以爲子夏所序《詩》即今《毛詩》者，王肅《家語注》也；以爲衛宏受學謝曼卿作《詩序》者，《後漢書·儒林傳》也；以爲子夏所創、毛公及衛宏又加潤益者，《隋書·經籍志》也；以爲子夏不序《詩》者，韓愈也；以爲子夏惟裁初句，以下出於毛公者，成伯璵也；以爲詩人所自製者，王安石也；以《小序》爲國史之舊文，以《大序》爲孔子作者，明道程子也；以首句即爲孔子所題者，王得臣也；以爲《毛傳》初行尚未有序，其後門人互相傳授，各記其師説者，曹粹中也；以爲村野妄人所作，昌言排擊而不顧者，則倡之者鄭樵、王質，和之者朱子也。」

吴汝綸《詩序論》（《吴汝綸全集》）：《詩序》，「至以爲子夏作者，其説始於《隋志》，然按《隋志》亦第謂『先儒相承』云云爾，無確實可憑之説也。韓昌黎首疑之，謂漢之學者欲顯其傳，因藉之子夏。其説蓋近是。後之儒者雖極尊信《小序》，皆不能明證爲子夏作也。考《唐·藝文志》謂『《韓詩》卜商序』，晁説之亦云『説《韓詩》者謂其《序》子夏所作』。蓋《詩》之教傳於子夏，三家皆承其學，故當時經師作序皆争託焉，以溯其淵源所自，不獨一《毛詩》然也。然則《序》也者，漢初傳《詩》者之説，其非真出子夏抑又明矣。」

〔四〕《經典釋文》卷一《詩注解傳述人》：「《毛詩》者，出自毛公。河間獻王好之。徐整云：『子夏授高行子，高行子授薛倉子，薛倉子授帛妙子，帛妙子授河間人大毛公。毛公爲《詩故訓傳》於家，以授趙人小毛公。小毛公爲河間獻王博士，以不在漢朝，故不列於學。』一云子夏傳曾申，申傳魏人李克，克傳魯人孟仲子，孟仲子傳根牟子，根牟子傳趙人孫卿子，孫卿子傳魯人大毛公。」

〔五〕《儀禮注疏》原目云：「《喪服》第十一，子夏傳。」賈疏：「傳曰者，不知是誰人所作。人皆云孔子弟子卜商字子夏所爲。案《公羊傳》是公羊高所爲，公羊高是子夏弟子。今案《公羊傳》有『云者何』『何以』『曷爲』『孰謂之』等，今此傳亦『云者何』『何以』『孰謂』『曷爲』等之問，師徒相習，語勢相遵，以弟子卻本前師，此傳得爲子夏所作。是以師師相傳，蓋不虚也。」

段玉裁《經韻樓集》卷二《古喪服經傳無子夏傳三字説》：「《經典釋文》、唐石經初刻皆云『《喪服》經傳第十一』，無『子夏傳』三字。賈公彦疏單行本標題亦云『《喪服》第十一』，無『子夏傳』三字。今各本皆作『《喪服》第十一，子夏傳』，非古也。蓋淺人增此三字，因删去上文『經傳』二字耳。賈疏曰：（見前引，略。）玩賈氏此語，知賈氏作疏時，古經未嘗有此三字。賈氏因人言而傅會之，要亦未嘗妄增于古經傳標題也。自唐石經改刻增竄，遂使古人意必之辭成牢不可破之論矣。」

〔六〕《史記》卷四七《孔子世家》：「至於爲《春秋》，筆則筆，削則削，子夏之徒不能贊一辭。」按戴宏曰：「子夏傳《春秋》於公羊高，高傳與其子平。」（朱彝尊《經義考》卷二八二）《韓非子》卷一三《外儲説右上》：「患之可除，在子夏之説《春秋》也：『善持勢者，蚤絶其姦萌。』」又引子夏曰：「《春秋》之記臣殺君、子殺父者以十數矣，皆非一日之積也，有漸而至矣。」此或子夏傳《春秋》之佚文也。

〔七〕《經典釋文》卷一《春秋三傳注解傳述人》：「公羊名高，齊人，子夏弟子，受經于子夏。穀梁，名赤，魯人。麋信云與秦孝公同時。《七録》云名淑字元始。《風俗通》云子夏門人。」

〔八〕《經典釋文》卷一《論語注解傳述人》。陳鴻森《子夏易傳考辨》：「至鄭玄謂《論語》爲仲弓、子游、子夏等撰定，説亦未可遽信。蓋此在鄭玄以前諸儒已不能指實其爲何人所纂，如何晏《論語集解序》引劉向《别録》云：『皆孔子弟子記諸善言。』王充《論衡·正説篇》：『夫《論語》者，弟子共記孔子之言行』等，並其例也。

班固謂『弟子各有所記，門人輯而論纂』。要之，必指實爲子夏等所撰定，則深以爲疑。」

〔九〕《後漢書》卷七四《徐防傳》：「防以五經久遠，聖意難明，宜爲章句，以悟後學，上疏曰：『臣聞《詩》《書》《禮》《樂》定自孔子，發明章句，始於子夏。其後諸家分析，各有異説。』」云云。章懷注：「《史記》：孔子没，子夏居西河，教弟子三百人，爲魏文侯師。」

〔一〇〕朱彝尊《經義考》卷五《卜子商易傳僞本》，引《續筆》此條，云：「按洪氏申明子夏傳經之功，可謂得其要矣。《韓非子》：『自孔子之死，有子張之儒，有子思之儒，有顔氏之儒，有孟氏之儒，有漆雕氏之儒，有仲良氏之儒，有公孫氏之儒，有樂正氏之儒。』而子夏之門人若高行子、曾申、公羊高、穀梁赤傳《詩》及《春秋》者反不與焉，不得其解也。」陳鴻森《子夏易傳考辨》，引《續筆》本條，接云：「洪氏謂『惟子夏於諸經獨有書』，此後世固不無異論，然其申明子夏傳經之功，則前儒頗許之爲能得其要。子夏傳經之説，歷來輾轉相承，固已深著人心，清儒盧文弨云：『聖門之傳經，多出於子夏。《經》十有三，而不由子夏氏之門所傳授者，蓋僅一二三而已。』」自注引日本學者瀧川龜太郎《史記會注考證》云：「『子夏有功於聖學，洪説略盡之矣。唯至其曰弟子唯子夏有書，則不然。《史·曾參傳》云：『孔子以爲通孝道，故授之業，作《孝經》』；《漢書·藝文志》云：『《孝經》者，孔子爲曾子陳孝道也』；又云：『《曾子》十八篇，名參，孔子弟子』『《漆雕子》十三篇，孔子弟子漆雕啓撰』『《宓子》十六篇，名不齊，字子賤，孔子弟子』。其餘尚多，不獨子夏也。」」（《中研院歷史語言研究所集刊論文類編·文獻考訂編》六）

容齋續筆卷十五十三則

1 紫閣山村詩

宣和間，朱勔挾花石進奉之名，以固寵規利。東南部使者郡守多出其門，如徐鑄、應安道、王仲閎輩濟其惡，豪奪漁取，士民家一石一木稍堪翫，即領健卒直入其家，用黄封表誌，而未即取，護視微不謹，則被以大不恭罪，及發行，必撤屋決墻而出。人有一物小異，共指爲不祥，唯恐芟夷之不速〔一〕。楊戩、李彦創汝州西城所，任輝彦、李士渙、王滸、毛孝立之徒，亦助之發物供奉，大抵類勔，而又有甚焉者〔二〕。徽宗患其擾，屢禁止之，然覆出爲惡，不能絶也。偶讀白樂天《紫閣山北村》詩，乃知唐世固有是事，漫録于此：「晨游紫閣峰，暮宿山下村。村老見予喜，爲予開一罇。舉杯未及飲，暴卒來入門。紫衣挾刀斧，草草十餘人。奪我席上酒，掣我盤中飡。主人退後立，斂手反如賓。中庭有奇樹，種來三十春。主人惜不得，持斧斷其根。口稱采造家，身屬神策軍。主人切勿語，中尉正承恩。」蓋貞元、元和間也〔三〕。

【箋證】

〔一〕《宋史》卷四七〇《朱勔傳》載徽宗花石綱一節，與此文字略同。容齋蓋據《國史》。《靖康要録》卷八：靖康元年八月十一日，臣僚上言：「勔之進奉也，强奪民物，高估其值，悉從官給，徑以入己，而民户未嘗得也。拘占諸路糧鈔以載花石之類，官舟即不能足，又取商賈之舟以繼焉。一舟所載不過松一株或竹兩竿，糧食腳乘之費，數百倍于松竹矣。然所支者，朝廷之錢也；所以奪于民者，用朝廷之勢也；所以般運者，朝廷之力也：是皆出于朝廷民力，而獨曰『勔進奉』，豈不悖哉！朝廷不考其實，徒善其進奉之物，賞其進奉之名，于是建節賜第賜女樂，子孫皆得顯官。利則歸勔，怨歸朝廷。凡今之所謂進奉者，率皆如此，甚可歎也！凡民間一花一竹，無不遭勔騷動，而所費百端，至于破産亡軀，故浙中人户以名花異果珍禽奇獸爲不祥之物，有則急除之。民心蓋亦可見。」

〔二〕《宋史》卷一七四《食貨上二》：「政和末，又置營繕所，亦爲公田。久之，後苑、營繕所公田皆並於西城所。盡山東、河朔，天荒逃田與河堤退灘，租税舉入焉，皆内侍主其事。所括爲田三萬四千三百餘頃。民輸公田錢外，正税不復能輸。」又同書卷一七九《食貨下一》：（宣和七年）十二月詔曰：「比年寬大之詔數下，裁省之令屢行，有司便文而實惠不至，蓋緣任用非人，興作事端，蠹耗邦財，假充上之名，濟營私之欲，漁奪百姓，無所不至。朕夙夜痛悼，思有以撫循慰安之。應茶鹽立額結絶。應奉司兩浙諸路置局及花石綱等，諸路非泛上供拋降物色，延福宮西城所租課，内外修造諸處采斫木植、製造局所，並罷。諸局及西城所見管錢物並付有司，其拘收到百姓地上，並給還舊佃人。」

又同書卷四六八《楊戩傳》：楊戩，政和間，由檢校少保至太傅。「立法索民田契，自甲之乙，乙之丙，展轉究尋，至無可證，則度地所出，增立賦租。始于汝州，浸淫于京東西、淮西北，括廢隄、棄堰、荒山、退灘及大河淤流之處，皆勒民主佃。額一定後，雖衝蕩回復不可減，號爲西城所。」「宣和三年，戩死，贈太師、吴國公。而李彦繼其職。彦天資狠愎，密與王黼表裏，置局汝州，臨事愈劇。凡民間美田，使他人投牒告陳，皆指爲天荒。雖執印券，皆不省。魯山闔縣盡括爲公田，焚民故券，使田主輸租佃本業，訴者輒加威刑，致死者千萬。公田既無二税，轉運使亦不爲奏除，悉均諸別州。京西提舉官及京東州縣吏劉寄、任輝彦、李士渙、王滸、毛孝立、王隨、江惇、吕坯、錢棫、宋憲皆助彦爲虐。」

《靖康要録》卷八：靖康元年八月十一日，臣僚上言：「楊戩造釁于西城，李彦繼之而又甚焉。京西、京東，罔不被其虐。」又云：「李邦彦天資狠愎，輕蔑朝廷，密交王黼，相爲表裏。其在京東、西也，以西城所爲名，恣行凶暴。凡民間美田，使之投牒陳告，皆指爲民荒，竟有無故而被譴斥者，亦不可數。應民間花木，一經黄紙封記之後，或誤致損壞，則便以大不恭之罪加之。是何小人奸吏，皆取富貴逸樂，而善人良民獨被困苦，可不爲大哀乎！」又云：「欲望陛下將勔、彦明正典刑，其京西劉寄、任輝彦、董開、李士渙、王滸等，各加遠竄。有先身亡者，自可追奪。京東毛孝立、王隨、侯祥、汪惇、吕岯、錢棫等未經貶竄者，伏望依此施行。」按《宋史·楊戩傳》：「靖康初，詔追戩所贈官爵。彦，削官，賜死，籍其家。劉寄以下十人，皆停廢。」蓋從其奏。

〔三〕汪立名編《白香山詩集》卷一《宿紫閣山北村》有按云：「貞元十二年，始立左右神策護軍中尉統禁旅。時竇、霍權勢振赫，嗣是，宦官之驕横日長。公《與元九書》所謂『聞《紫閣村詩》則握軍要者切齒』是也。」後引《續筆》本條。按，《舊唐書》卷一三《德宗紀下》貞元十二年六月乙丑，「初置左右護軍中尉監、中護軍監，以授宦官」。

2 李林甫秦檜

李林甫爲宰相，妒賢嫉能，以裴耀卿、張九齡在己上，以李適之争權，設詭計去之。若其所引用，如牛仙客至終于位，陳希烈及見其死，皆共政六七年〔一〕。雖兩人伴食諂事，所以能久，然林甫以忮心賊害，亦不朝愠暮喜，尚能容之。秦檜則不然，其始也，見其能助我，自冗散小官，不三二年至執政。史才由御史檢法官超右正言，遷諫議大夫，遂簽書樞密。施鉅由中書檢正，鄭仲熊由正言，同除權吏部侍郎。方受告正謝，施即參知政事，鄭爲簽樞。宋樸爲殿中侍御史，欲驟用之，令臺中申稱本臺缺檢法主簿，須長貳乃可辟。即就狀奏除侍御史，許薦舉，遽拜中丞，謝日除簽樞，其捷如此。然數人者不能數月而罷〔二〕。

楊愿最善佞，至飲食動作悉效之。秦嘗因食，噴嚏失笑，愿於倉卒間，亦陽噴飯而笑，左右侍者哂焉。秦察其奉己，愈喜，既歷歲，亦厭之，諷御史排擊而預告之，愿涕淚交頤。秦曰：「士大夫出處常事耳，何至是？」愿對曰：「愿起賤微，致身此地，已不啻足，但受太師生成恩，過於父母，一旦別去，何時復望車塵馬足邪？是所以悲也。」秦益憐之，使以本職奉祠，僅三月起知宣州〔三〕。李若谷罷參政，或曰：「胡不效楊原仲之泣？」李，河北人，有直氣，笑曰：「便打殺我，亦撰眼淚不出。」秦聞而大怒，遂有江州居住之命〔四〕。秦嘗以病謁告，政府獨有余堯弼，因奏對，高宗訪以機務一二，不能答。秦病愈入見，上曰：「余堯弼既參大政，朝廷事亦宜使之與聞。」秦退，扣余曰：「比日榻前所詢何事？」余具以告。秦呼省吏取公牘閱視，皆已書押。責之曰：「君既書押了，安得言弗知？是故欲相賣耳！」余離席辯析，不復應。明日臺評交章〔五〕。段拂爲人憒憒，一日，秦在前開陳頗久，遂俯首瞌睡，秦退始覺，殊窘怖，上猶慰拊之，且詢其鄉里。少頃，還殿廊幕中。秦閉目誦佛，典客贊揖至三，乃答。歸政事堂，窮詰其語，無以對，旋遭劾，至於責居〔六〕。湯思退在樞府，上偶回顧，有所問。秦是日所奏微不合，即云：「陛下不以臣言爲然，乞問湯思退。」上曰：「此事朕豈不曉，何用問它湯思退。」秦還省見湯，已不樂，謀去之。會其病，迨於亡，遂免〔七〕。考其所爲，蓋出偃月堂之上也〔八〕。

【箋證】

〔一〕《新唐書》卷二二三上《李林甫傳》：「張九齡繇文學進，守正持重，而林甫特以便佞，故得大任，每嫉九齡，陰害之。帝欲進朔方節度使牛仙客實封，九齡謂林甫：『封賞待名臣大功，邊將一上最，可遽議？要與公固争。』林甫然許。及進見，九齡極論，而林甫抑嘿，退又漏其言。仙客明日見帝，泣且辭。帝滋欲賞仙客，九齡持不可。林甫爲人言：『天子用人，何不可者？』帝聞，善林甫不專也。由是益疏薄九齡，俄與耀卿俱罷政事，專任林甫，相仙客矣。」

又同前卷一三一《李適之傳》：適之「天寶元年，代牛仙客爲左相，累封清和縣公。嘗與李林甫争權不協，林甫陰賊，即好謂適之曰：『華山生金，采之可以富國，顧上未之知。』適之性疏，信其言，他日徒容爲帝道之。帝喜以問林甫，對曰：『臣知之舊矣，顧華山陛下本命，王氣之舍，不可以穿治，故不敢聞。』帝以林甫爲愛己，而薄適之不親。於是，皇甫惟明、韋堅、裴寬、韓朝宗皆適之厚善，悉爲林甫所構得罪。適之懼不自安，乃上宰政求散職，以太子少保罷，欣然自以爲免禍。俄坐韋堅累，貶宜春太守。會御史羅希奭陰被詔殺堅等貶所，州縣震恐，及過宜春，適之懼，仰藥自殺。」

卷一三三《牛仙客傳》：開元二十四年，仙客爲朔方行軍大總管，玄宗「將用爲尚書，宰相張九齡持不可，乃封隴西郡公，實封户二百。李林甫探知帝旨，稱其材。會九齡罷，以工部尚書、同中書門下三品，知門下事，遥領河東節度副大使。爲相謹身無它，與時沈浮，唯唯恭愿。前後錫與，緘皮不敢用。百司諮決，無所處可，輒曰：『如令式。』」卷二二三《陳希烈傳》：「林甫顓朝，苟用可專制者，引與共政。以希烈柔易，且帝眷之厚，乃薦之。五載，進同中書門下平章事，遷左丞相兼兵部尚書，許國公，又兼祕書省圖書使，寵與林甫侔。林甫居位久，其陰詭雖足自固，亦希烈左右焉。」又《舊唐書》卷一〇六《李林甫傳》：「黄門侍郎陳希烈性便佞，嘗曲事林甫。（李）適之既罷，乃引希烈同知政事。林甫久典樞衡，天下威權並歸於己。台司機務，希烈不敢參議，但唯諾而已。」

〔二〕《宋史》卷四七三《奸臣·秦檜傳》：「檜立久任之説，士淹滯失職有十年不解者，附己者立與擢用。自其獨相至死之日，易執政二十八人，皆世無一譽、柔佞易制者。如孫近、韓肖胄、樓炤、王次翁、范同、万俟卨、程克俊、李文會、楊愿、李若谷、何若、段拂、汪勃、詹大方、余堯弼、巫伋、章夏、宋樸、史才、魏師遜、施鉅、鄭仲熊之徒，率拔之冗散，遽躋政地。既共政，則拱默而已。又多自言官，聽檜彈擊，輒以政府報之。由中丞諫議而升者，凡有十二人。然甫入即出，或一閲月，或半年，即罷去。」

〔三〕《宋史》卷三八〇《楊愿傳》：「高宗即位，以元帥府結局恩，授修職郎、御營司辟機宜文字。歷新昌縣丞、越州判官。秦檜薦之，召改樞密院編修官。登紹興二年進士第。」「檜既專政，召爲祕書丞。未幾，拜監察御史。臺長言愿資淺，當先歷郎官，改司封員外郎，遷右司、起居舍人、兼權中書舍人。初修《玉牒》，特以命愿。愿言《玉牒》當載靖康推戴趙氏事，以秦檜建議本末書之。十四年，爲御史中丞。踰月，升端明殿學士、僉書樞密院事兼參知政事，仍兼修《玉牒》。十五年，罷提舉太平觀。」「蓋自檜再居相位，每薦執政，必選世無名譽、柔佞易制者。愿希檜意迎合，附下罔上，至是斥去，天下快之。又三年，起知宣州。《玉牒》書成，加資政殿學士，移建康府，二十二年卒。」

〔四〕《建炎以來繫年要録》卷一五四：紹興十五年十月丙子，「端明殿學士、簽書樞密院事、兼修玉牒、兼權參知政事楊愿，提舉江州太平觀，職名仍舊。時侍御史汪勃言愿之過。愿聞引疾丐免，章五上，乃有是命」。又同書卷一五九：紹興十九年，二月己未，「端明殿學士、提舉江州太平興國宮楊愿知宣州」。

〔五〕《建炎以來繫年要録》卷一五六：紹興十七年，正月，「端明殿學士簽書樞密院事李若谷參知政事」。二月，「參知政事李若谷罷爲資政殿學士，提舉江州太平觀。以御史中丞汪勃論其不忠不孝也」。三月，「資政殿學士提舉江州太平觀李若谷落職，江州居住。以御史中丞汪勃論若谷諂事張邦昌之黨，又往宗澤處，以僞楚年月改秩故也」。

《建炎以來繫年要録》卷一六一：紹興二十年，余堯弼拜參知政事、簽書樞密院事。又同書卷一六二：紹興二十一年，十一月庚戌，「參知政事余堯弼罷。右諫議大夫章厦、殿中侍御史林大鼐共劾堯弼『傾邪貪鄙，交通三衙，結諸州將，朝廷有大議論，則閔默無言，請貶之以清政府』。詔堯弼充資政殿學士、提舉江州太平興國宮。尋落職」。

〔六〕《建炎以來繫年要録》卷一五七：紹興十八年正月，「丁丑，太常博士駱庭芝罷。先是，參知政事段拂聞趙鼎死於海南，爲之歎息，秦檜怒。殿中侍御史余堯弼將按拂罪，先奏庭芝密與執政私交，漏泄機事，遂罷之。自是拂不安於位矣。」「壬午，殿中侍御史余堯弼入對，論參知政事段拂『滅棄人倫，頃爲小官，身對賓客。嘗使其父執爨，具食官於行朝，陰交非類，濫居政府，漏洩機政。伏望薄行流放，以清表著』。」「乙酉，右正言巫伋入對，論：『建炎間，建康通判楊邦乂仗節死難，段拂遂攝倅事，恬不知愧，躐居政府，乃與小臣私交，漏泄政機。又嘗語典謁者曰：「我豈是執政！」伏望亟賜竄逐。』」

〔七〕《宋史》卷三七一《湯思退傳》：思退「（紹興）二十五年，繇禮部侍郎除端明殿學士、簽書樞密院事。未幾，參大政。先是，秦檜當國，惡直醜正，必不異和議、不摘己過，始久於用。時思退名位日進，檜病篤，招參知政事董德元及思退至卧内，屬以後事，各贈黄金千兩。德元慮其以我爲自外，不敢辭；思退慮其以我期其死，不敢受。高宗聞之，以思退不受金，非檜黨，信用之。二十六年，除知樞密院事。明年，拜尚書右僕射。又二年，進左僕射。明年，侍御史陳俊卿論其『挾巧詐之心，濟傾邪之術，觀其所爲皆效秦檜，蓋思退致身皆檜父子恩也』。遂罷，以觀文殿大學士奉祠。」

冀勤評注《容齋隨筆》：「據《宋史・湯思退列傳》知，紹興二十六年，思退才除知樞密院事，此時秦檜已死，洪邁所記秦、湯在樞府相見、對話已不可能，疑有誤。」

〔八〕《新唐書》卷二二三《奸臣·李林甫傳》：「林甫有堂如偃月，號月堂。每欲排搆大臣，即居之思所以中傷者，若喜而出，即其家碎矣。」

3 注書難

注書至難，雖孔安國、馬融、鄭康成、王弼之解經，杜元凱之解《左傳》，顔師古之注《漢書》亦不能無失。王荆公《詩新經》，「八月剥棗」解云：「剥者，剥其皮而進之，所以養老也。」毛公本注云：「剥，擊也。」陸德明音：「普卜反」。公皆不用。後從蔣山郊步至民家，問其翁安在，曰：「去撲棗。」始悟前非。即具奏乞除去十三字，故今本無之〔一〕。洪慶善注《楚辭·九歌·東君篇》「緪瑟兮交鼓，簫鐘兮瑶簴」，引《儀禮·鄉飲酒章》「間歌《魚麗》，笙《由庚》。歌《南有嘉魚》，笙《崇丘》」爲比，云：「簫鐘者，取二樂聲之相應者互奏之。」既鏤板，置于墳菴，一蜀客過而見之，曰：「一本簫作擂，《廣韻》訓爲擊也。蓋是擊鐘，正與緪瑟爲對耳。」慶善謝而亟改之〔二〕。政和初，蔡京禁蘇氏學，蘄春一士獨杜門注其詩，不與人往還。錢伸仲爲黄岡尉，因考校上舍，往來其鄉，三進謁然後得見，首請借閲其書。士人指案側巨編數十，使隨意抽讀，適得《和楊公濟梅花十絶》：「月地雲階漫一尊，玉奴終不負東昏。臨春、結綺荒荆棘，誰信幽香是返魂。」注云：「玉奴，齊東昏侯潘妃小字。臨春、結綺者，陳後主三閣之名也。」仲仲曰：「所引止於此耳？」曰：「然。」仲仲曰：「唐牛僧孺所作《周秦行紀》，記入薄太后廟，見古后妃輩，所謂『月地雲階見洞仙』，東昏以玉兒故，身死國除，不擬負他，乃是此篇所用，先生何爲没而不書？」士人恍然失色，不復一語，顧其子然紙炬悉焚之。仲仲勸使姑留之，竟不可。曰：「吾枉用工夫十年，非君幾貽士林嗤笑。」仲仲每談其事，以戒後生〔三〕。但玉奴乃楊貴妃自稱，潘妃則名玉兒也〔四〕。「剥棗」之説，得於吴説傳朋〔五〕，「簫鐘」則慶善自言也。紹興初，又有傳洪秀才注坡詞〔六〕，鏤板錢塘，至於「不知天上宫闕，今夕是何年」，不能引「共道人間惆悵事，不知今夕是何年」之句。「笑怕薔薇罥」，「學畫鴉黄未就」，不能引《南部煙花録》，如此甚多〔七〕。

【箋證】

〔一〕全祖望《鮚埼亭集外編》卷二三《荆公周禮新義題詞》：「荆公解經，最有孔、鄭諸公家法，言簡意該，惟其牽纏於《字説》者，不無穿鑿，是固荆公一生學術之祕，不自知其爲累也。蓋嘗統荆公之經學而言之，《易傳》不在《三經》之内，説者謂荆公不愜意而置之，然伊川獨令學者習其書。容齋記《毛詩》『八月剥棗』，荆公一聞野老之言，輒改其説，則亦非任情難挽者。」又同書卷三四《跋王荆公改正經義劄子》：「荆公《改正經義劄子》，其中第二道曰：『臣近具劄子，奏乞改正經義，尚有《七月》詩，『剥棗』者，剥其皮而進之，養老故也，謂亦合删去。如合聖心，乞付外施行，取進止。』案《毛傳》解剥爲擊，故《釋文》音普卜翻。荆公不以爲是，乃以養老解之。」

〔二〕洪興祖《楚詞補注》卷二：「簫鐘兮瑶簴」，注：「王逸無注。簫一作蕭。補曰：《儀禮》有『笙磬』『笙鐘』。《周禮》笙師『共其鐘笙之樂』。注云：『鐘笙，與鐘聲相應之笙。』然則簫鐘，與簫聲相應之鐘歟？」

李詳《媿生叢録》卷一，引《續筆》此條，後按云：「今本洪氏《楚辭補注》所引與容齋之説小異，一本簫作⿰扌肅，亦未載入。容齋言此説，慶善向彼自言，則當時必改補可知。近所流傳者，蓋慶善初行之本也。」

〔三〕俞樾《茶香室續鈔》卷一四《注東坡詩蘄春士人》，録此節，「按此士於舉世不爲之時，閉户注蘇詩，不可謂非有志之士，惜不傳其姓名也。」

〔四〕吴曾《能改齋漫録》卷三《辯誤》「以玉兒爲玉奴」條：「東坡《和楊公濟梅花詩》云：『月地雲階漫一尊，玉奴終不負東昏。』又《四時詩》云：『玉奴纖手嗅梅花。』《南史》齊東昏侯妃潘玉兒有國色。牛僧孺《周秦行記》：薄太后曰：『牛秀才遠來，誰爲伴？』潘妃辭曰：『東昏侯以玉兒身死國除，不擬負他。』注云：『玉兒，妃小字。』東坡蓋用此，而兩以『兒』爲『奴』者誤也，然不害爲佳句。」

葛立方《韻語陽秋》卷六：「東坡詩云：『玉奴絃索花奴手。』玉奴謂楊妃，花奴謂汝陽王璡也。

及觀《和楊公濟梅花詩》乃言『玉奴終不負東昏』，何耶？按《南史》東昏妃潘玉兒，當是筆誤爾。」

計敏夫《唐詩紀事》卷六二：鄭嵎《津陽門詩》「玉奴琵琶龍香撥」，注：「玉奴，乃太真小字也。」

〔五〕吴説字傅朋，號練塘，錢塘人，王逢原之外孫，嘗知信州。紹興二十五年，自鄱陽除守安豐軍。善書，尤擅游絲之法。樓大防云：「錢塘吴傅朋游絲字，前無古人。」（參《揮麈後録》卷六、《夷堅甲志》一四《舒民殺四鬼》《宋詩紀事》卷四八。）

〔六〕《直齋書録解題》卷二一歌詞類有仙谿傅幹撰《注坡詞》二卷。今傳本殘缺，卷首有傅共（字洪甫）序。徐乃昌《積學齋藏書記》著録舊影宋鈔本《注坡詞》十二卷，前有竹溪散人傅共洪甫序，稱爲族子幹字子立所撰。徐氏謂此即陳《録》之書，「唯卷數不同，或傳刻脱誤耳」。龍榆生《東坡樂府箋·後記》謂洪邁「殆以卷首有共序，共字洪甫，牽涉而率詆之歟？」傅共，權子，紹興二年壬子張九誠榜特奏名。崇寧間，任仙游縣知縣事。（《寶祐仙溪志》卷二、乾隆《福建通志》卷二三《職官》）嘗注《和陶集》十卷，見《直齋書録解題》卷一五總集類。傅幹《注坡詞》，錢曾《讀書敏求記》卷四亦云：「穿鑿蕪陋，殊不足觀」。

〔七〕《郡齋讀書志》卷二上雜史類：「《南部煙花録》一卷。右唐顔師古撰，載隋煬帝時宫中祕事，僧志徹得之于官閣笥筆中。一名《大業拾遺記》。」王明清《揮麈餘話》卷一：「《南部煙花録》『夕陽如有意，偏傍小窗明』，唐人方域詩。《新唐書·藝文志》有《方域詩》一卷。《煙花録》，一名《大業拾遺記》，文詞極惡，可疑。而《大業幸江都記》自有十二卷，唐著作郎杜寶所纂，明清家有之，永平時揚州印本也。」

4 書易脱誤

經典遭秦火之餘，脱亡散落，其僅存於今者，相傳千歲，雖有錯誤，無由復改。《漢·藝文志》載：「劉向以中古文《易經》校施、孟、梁丘經，或脱去『无咎』『悔亡』，唯費氏經與古文同。以《尚書》校歐陽、夏侯三家經文，《酒誥》脱簡一，《召誥》脱簡二。率簡二十五字者，脱亦二十五字；簡二十二字者，脱亦二十二字。」今世所存者，獨孔氏古文，故不見二篇脱處〔一〕。《周易·雜卦》自《乾》《坤》以至《需》《訟》，皆以兩兩相從，而明相反之義，若《大過》至《夬》八卦則否。蓋傳者之失也。東坡始正之。元本云：「《大過》，顛也。《姤》，遇也，柔遇剛也。《漸》，女歸待男行也。《頤》，養正也。《既濟》，定也。《歸妹》，女之終也。《未濟》，男之窮也。《夬》，決也，剛決柔也，君子道長，小人道憂也。」坡改云：「《頤》，養正也。《大過》，顛也。《姤》，遇也，柔遇剛也。《夬》，決也，剛決柔也，君子道長，小人道憂也。《漸》，女歸待男行也。《歸妹》，女之終也。《既濟》，定也。《未濟》，男之窮也。」謂如此而相從之次、相反之義，煥然若合符節矣〔二〕。《尚書·洪範》「四，五紀：一曰歲，二曰月，三曰日，四曰星辰，五曰曆數」，便合繼之以「王省惟歲，卿士惟月，師尹惟日」至於「月之從星，則以風雨」一章，乃接「五皇極」。亦以簡編脱誤，故失其先後之次〔三〕。「五皇極」之中，蓋亦有雜「九五福」之文者。如「斂時五福，用敷錫厥庶民」，「凡厥正人，既富方穀，汝弗能使有好于而家，時人斯其辜，于其無好德，汝雖錫之福，其作汝用咎」，及上文「而康而色，曰予攸好德，汝則錫之福」是也〔四〕。《康誥》自「惟三月哉生魄」至「乃洪《大誥》治」四十八字，乃是《洛誥》，合在篇首「周公拜手」之前〔五〕。《武成》一篇，王荆公始正之。自「王朝步自周，于征伐商」，即繼以「底商之罪，告于皇天后土」至「一戎衣天下大定」，乃繼以「厥四月哉生明」至「予小子其承厥志」，然後及「乃反商政」，以訖終篇，則首尾亦粲然不紊〔六〕。

【箋證】

〔一〕《漢書》卷三〇《藝文志》。「不見二篇脱處」，二篇指《酒誥》《召誥》。

〔二〕《周易·雜卦傳》（《周易注疏》卷一三）。東坡所改，見《東坡易傳》卷九《雜卦傳》。熊過《周易象旨決録》卷七《雜卦傳》：「《大過》以下，朱《義》（郁之按，朱《義》指朱熹《原本周易本義》卷一二《周易雜卦傳》。）謂：『卦不反對，或是錯簡，以韻協之，又似非誤，未詳何義。』按鄭康成時則已有是疑矣。蘇東坡《易傳》改云：（見本條。略。）洪邁《隨筆》大以爲然，然亦時有失韻者矣。其後節齋蔡氏《易義》改云：『《大過》，顛也。《頤》，養正也。《既濟》，定也。《未濟》，男之窮也。《歸妹》，女之終也。《漸》，女歸待男行也。《姤》，遇也，柔遇剛也。《夬》，決也，剛決柔也，君子道長，小人道憂也。』丘氏云：『今依蔡《易》讀之，則八卦既得以類從，而於韻亦叶，但不當僭改經文耳。』」

〔三〕按，「王省惟歲，卿士惟月，師尹惟日」至于「月之從星，則以風雨」一章，在「八庶徵」。

〔四〕陳第《尚書疏衍》卷四「五皇極」「九五福」條之後，引洪邁「『五皇極』雜『九五福』之文」之説，後按云：「今考之似是。愚又疑『惟辟作福』至『民用僭忒』，似是『五皇極』之文。以其文字錯雜，因録五、九二疇以俟觀者。福、極之後，綴此數語，見富之爲福，以其有受教之資也；見好德之爲福，以其有受福之本也。意殊可玩，洪氏之卓見哉！」毛奇齡《尚書廣聽録》卷三：「宋儒專誣古經爲脱誤，删《禹貢》，改《武成》，無所不至，可謂罪大惡極矣。至《洪範篇》則從來無云有脱誤者，而蘇軾謂『王省惟歲』至『則以風雨』皆五紀之文，當在『五曰歷數』之後。洪邁又謂『五皇極』中如『斂時五福』至『予攸好德汝則錫之福』皆『九五福』之文，而脱簡于此者。至明儒且有謂『惟辟作福』至『民用僭忒』當是『五皇極』之文，應移置『以爲天下王』之下。試觀《史・微子世家》全載《洪範》一篇，與經文本並無異同，又何曾有一字前後移易，而小人之腹，動改古經，不亦怪哉！」

〔五〕《周書·康誥》：「惟三月哉生魄。周公初基，作新大邑于東國洛，四方民大和會。侯、甸、男邦、采、衛，百工播民和，見士于周。周公咸勤，乃洪大誥治。」

蘇軾《書傳》卷一二：「自『惟三月哉生魄』至此，皆《洛誥》文，當在《洛誥》『周公拜手稽首』之前。何以知之？周公東征二年，乃克管、蔡，即以殷餘民封康叔，七年而復辟，營洛在復辟之歲，皆經文明甚，則封康叔之時，決未營洛。又此文終篇初不及營洛之事，知簡編脱誤也。」

錢時《融堂書解》卷一二《康誥》：「自『惟三月』至『大誥治』，先儒疑是《洛誥》『周公拜手』以前之文，簡編脱誤也。其説曰：『周公東征二年，乃克管、蔡，即以餘民封康叔。七年而復辟，營洛在復辟之歲，則封康叔時，決未營洛。』夫以成王既黜殷，即命微子代殷，後則既誅管、蔡，而以殷餘民封康叔，皆是東征一番區處，其事勢誠有不容緩者。況此三書，諄復詳諭，備見商民難化情狀，安得商之故地數年無君而康叔之封乃遲之營洛之日乎？脱簡之疑，誠似有理，然細考之，則殆不然。周公攝政之七年二月，定宅洛之議，三月五日戊申，太保至洛卜宅，十二日乙卯，周公朝至于洛，故《洛誥》亦云：『惟乙卯，朝至于洛師。』『伻來以圖及獻卜。』是十二日即來告吉，無可疑者矣。于是，十四日丁巳用牲于郊，十五日戊午乃社。此書云『惟三月哉生魄』，是十六日己未，社之明日也。若謂此節當在『周公拜手』之前，則《洛誥》之書方是十二日告卜時事，不應反以十六日後事冠之首篇，且『乃洪大誥治』與下文事節全不相屬。」

〔六〕劉敞《公是七經小傳》卷上《尚書·武成》云：「此書簡策錯亂，兼有亡逸。粗次定之於下，曰：

『惟一月壬辰，旁死魄。越翼日癸巳，王朝步自周，于征伐商』，此下當次以『厎商之罪，告于皇天后土、所過名山大川』云云，下至『大賚于四海，而萬姓悅服』，皆在紂都所行之事也。然後次以『厥四月，哉生明，王來自商，至于豐』，然後又次以『丁未祀于周廟』云云，下至『予小子其承厥志』，此下武王之誥未終，當有百工受命之語，計脱五六簡矣。然後次以『乃偃武修文』云云，然後又次以『列爵惟五』云云。」

王安石、程頤、朱熹等，皆有定讀之本。朱熹《晦菴集》卷六五《考定武成次序》：「右此篇簡編錯亂，劉侍讀、王荆公、程先生皆有改正次序，今以參考定讀如此。大略皆集諸家之所長，獨『四月生魄丁未庚戌』一節，今以上文及《漢志》日辰推之，其事當如此耳。疑先儒以『王若曰』宜繫『受命于周』之下，故定『生魄』在『丁未庚戌』後，蓋不知生魄之日，諸侯百工雖來請命，而武王以未告天地未祭祖宗未敢發命，故且命以助祭，乃以丁未庚戌祀于郊廟大告武功之成，而後始告諸侯。上下之交，人神之序，固如此也。劉侍讀謂『余小子其承厥志』之下，當有闕文。以今考之，固所宜有，而程先生徙『恭天成命』以下三十四字屬于其下，則已得其一節，而『用附我大邑周』之下，劉氏所謂闕文，猶當有十數語也。此蓋武王革命之初，撫有區夏，宜有退託之詞，以示不敢遽當天命而求助於諸侯，且以致其交相警敕之意，略如《湯誥》之文，不應但止自序其功而已也。『列爵惟五』之下，又史官之詞，非武王之語，讀者詳之。」又《晦菴集》卷六〇《答潘子善》，潘書云：「《武成》一篇，諸家多以爲錯簡，然反覆讀之，竊以爲自『王若曰』以後，皆是史官歷叙以前之事，雖作武王告群后之辭，而實史官叙述之文。故其間如『有道曾孫周王發』及『昭我周王』之語，皆是史官之言，非武王當時自稱如此也，亦如五《誥》中『王若曰』以下多是周公之語。若如此看，則似不必改移，亦自可讀。」熹答書：「『王若曰』以下，固是告群后之辭，兼叙其致禱之辭，亦與《湯誥》相類，但此詞卻無結殺處，只自叙其功烈政事之美；又書戊午癸亥甲子日辰，亦非誥命之體：恐須是有錯簡。然自王氏、程氏、劉原父以下，所定亦各不同。舊嘗考之，劉以爲王語之末有闕文，似得之。」

王荆公之説，亦不能盡善。夏僎《尚書詳解》卷一七《武成》：「此篇以文意連屬考之，則不能無疑。王氏則誤認孟子『取二三』之説，因以孔安國所傳爲失序，遂更易之，且謂設從舊文而不易，則『王朝步自周於征伐商』不屬于『底商之罪』之前，『王來自商至於豐』不屬於『天下大定』之後。惟須江徐先生謂：『實王公疑之之過也。是書乃武王翦商之功已成而後作，非辛紂尚存之日作也。如使如王公所言，序首載伐商之語，繼屬反歸之辭以成文，則武王出師誓衆，悉在是篇，不當先有《秦誓》《牧誓》矣。如記曰以戊午甲子之類，既舉於《泰誓》《牧誓》，正是往伐誓衆之書，此篇正是「歸獸反周，識其政事」之書。若首書「一月壬辰旁死魄，越翼日癸巳，王朝步自周，於征伐商」，此史臣記王往伐之意；「厥四月，載生明」至「示天下弗服」，此史臣記王歸獸之意；「丁未祀於周廟，暨百工受命於周」，此史臣記武王功成、祀廟告天、庶邦奔走聽命之意；「王若曰」至「天下大定」，此史臣叙武王告下之辭；「乃反商政」至「垂拱而天下治」，此又史臣識王政事之實：此其所以爲《武成》也。其文豈必相屬哉？』此説有理，特從之。」閻若璩《尚書古文疏證》第六十七：「晚出《武成篇》，孔《傳》不言其有錯簡，唐孔氏《疏》始言之。於是，宋儒劉氏、王氏輩紛紛考正，逮朱子而益密。蔡傳從之，以『底商之罪』至『罔不率俾』七十八字，又『惟爾有神』四語，皆繫于『于征伐商』下，爲初起兵禱神之辭，是已不知『紂爲天下逋逃主萃淵藪』在《左傳》昭七年，爲武王數紂之罪以告諸侯之辭，非告神者。左氏不應有誤。故僞作者只繫于『予小子其承厥志』下，爲『王若曰』之辭。蓋諸侯來受命，王特告之，並追述初起兵禱神如此，以見天與人歸，亦猶《湯誥篇》援『予小子履敢』作初請命伐桀之辭，又告諸侯之辭，亦追述之也，此最作者苦心湊泊處。朱、蔡移置，必反爲所笑。」

5 南陔六詩

《南陔》《白華》《華黍》《由庚》《崇丘》《由儀》六詩，毛公爲《詩詁訓傳》，各置其名，述其義，而亡其辭。《鄉飲酒》《燕禮》云：「笙入堂下，磬南北面立。樂奏《南陔》《白華》《華黍》」，「乃間歌《魚麗》，笙《由庚》；歌《南有嘉魚》，笙《崇丘》；歌《南山有臺》，笙《由儀》」；「乃合樂，《周南·關雎》《葛覃》《卷耳》，《召南·鵲巢》《采蘩》《采蘋》」。竊詳文意，所謂歌者，有其辭，所以可歌，如《魚麗》《嘉魚》《關雎》以下是也；亡其辭者不可歌，故以笙吹之，《南陔》至于《由儀》是也。「有其義」者，謂「孝子相戒以養」「萬物得由其道」之義;「亡其辭」者,元未嘗有辭也〔一〕。鄭康成始以爲及秦之世而亡之,又引《燕禮》「升歌《鹿鳴》、下管《新宫》」爲比,謂《新宫》之詩亦亡。按《左傳》宋公享叔孫昭子,賦《新宫》。杜注爲逸詩,則亦有辭,非諸篇比也〔二〕。陸德明《音義》云:「此六篇,蓋武王之詩,周公制禮,用爲樂章,吹笙以播其曲。孔子删定在三百一十一篇内,及秦而亡。」蓋祖鄭説耳。且古《詩》經删及逸不存者多矣,何獨列此六名於《大序》中乎?束晳補亡六篇,不作可也〔三〕。《左傳》叔孫豹如晉,晉侯享之,金奏《肆夏》《韶夏》《納夏》,工歌《文王》《大明》《緜》《鹿鳴》《四牡》《皇皇者華》。三《夏》者,樂曲名,擊鐘而奏,亦以樂曲無辭,故以金奏;若六詩則工歌之矣,尤可證也〔四〕。

【箋證】

〔一〕王應麟《困學紀聞》卷三《詩》引劉原父曰:「《南陔》以下六篇,有聲無詩,故云笙,不云歌。『有其義,亡其辭』,非亡失之亡,乃無也。」黄震《黄氏日抄》卷四《華黍六詩》:「古者『亡』即『無』字,如『夷狄之有君不如諸夏之亡』,是『亡』即『無』字也。『亡其辭』之説,云出於毛公,毛公,漢人,漢世以『亡』爲『無』。王雪山云『西漢亡一人之獄』是也。若《詩記》之辨則曰:『《國語》叔孫穆子聘晉伶簫詠歌《鹿鳴》之三,《鹿鳴》三篇既可與簫相和而歌,則《南陔》以下豈不可與笙相和而歌乎?故亡爲失亡之亡。』愚謂《國語》言歌,則《鹿鳴》三篇有辭之可歌也;《儀禮》不言歌,則《南陔》六詩無辭之可歌也：此不足疑也。又《詩緝》之辨則曰：『本無其辭，則無由有其義。《序》本因其詞而知其義，後亡其辭，則惟有《序》所言之義存可。』愚謂古之樂章，今之琴譜類也，琴譜有操辭具存者，《鹿鳴》之詩之歌也；有徒存其譜而無辭曲之可歌者，如長清、短清與長側、短側之類。雖無其辭，未嘗無其義也，此亦不足疑也。」

〔二〕《左傳》昭公二十五年。杜預注：「逸詩。」《正義》曰：「《燕禮》記云：『升歌《鹿鳴》，下管《新宮》。』鄭玄云：『《新宮》，《小雅》逸篇也。』其詩既逸，知是《小雅》篇者，管即笙也。以《燕禮》及《鄉飲酒》升歌、笙歌同用《小雅》，知《新宮》必是《小雅》，但其詩辭義皆亡，無以知其意也。」

〔三〕束晳《補亡詩》六首，存。王隱《晉書》：「束晳字廣微，陽平人。賈謐請爲著作郎。嘗覽周成王詩，有其義，亡其辭，惜其不備，故作辭而補之。」朱彝尊《經義考》卷二七四《擬經七》引董説云：「廣微《補亡》，不過規摩《二雅》，傅會《小序》，於古笙詩之理未有當也。」吳景旭《歷代詩話》卷三《甲集中之上·三百篇》「笙詩」條：「皮襲美之補《肆夏》與束廣微之補『六亡』詩，同一詿誤，不知《肆夏》乃金奏，『六亡』乃笙奏，有何辭之可補哉！」

〔四〕《左傳》襄公四年：「穆叔如晉，報知武子之聘也。晉侯享之，金奏《肆夏》之三，不拜。（杜預注：《肆夏》，樂曲名。《周禮》以鐘鼓奏九夏，其二曰《肆夏》，一名《繁》，三曰《韶夏》，一名《遏》；四曰《納夏》，一名《渠》。蓋擊鐘而奏此三《夏》曲。）工歌《文王》之三，又不拜。（工，樂人也。《文王》之三，《大雅》之首：《文王》《大明》《緜》。）

歌《鹿鳴》之三，三拜。（《小雅》之首：《鹿鳴》《四牡》《皇皇者華》。）」

6 紹聖廢春秋

五聲本於五行，而徵音廢〔一〕。四瀆源於四方，而濟水絶〔二〕。《周官》六典所以布治，而司空之書亡〔三〕。是固出於無可奈何，非人力所能爲也。若乃《六經》載道，而王安石欲廢《春秋》。紹聖中，章子厚作相，蔡卞執政，遂明下詔罷此經，誠萬世之罪人也〔四〕。

【箋證】

〔一〕沈括《補筆談》卷上：「十二律配燕樂二十八調，無徵音。」《朱子語類》卷九二《樂》：「其中不能無徵音，只是無徵調。如首以徵音起，而末復以徵音合殺者，是徵調也。徵調失其傳久矣。徽宗令人作之，作不成，只能以徵音起而不能以徵音終。如今俗樂亦只有宫、商、羽三調而已。」按《太平廣記》卷二〇三「李嗣真」條引《獨異志》：「唐朝承周、隋離亂，樂懸散失，獨無徵音。」

〔二〕酈道元《水經注》卷七《濟水》：「濟水當王莽之世，川瀆枯竭，其後水流逕通，津渠勢改，尋梁脉水，不與昔同。」朱鶴齡《尚書埤傳》卷六《禹貢》引方回曰：「濟水絶于王莽時。今其源出河北温縣，猶經枯黄河，中以入汶，而後趨海。清濟貫濁河，遂成虚論矣。」

《困學紀聞》卷一五《考史》：「四瀆，濟水獨絶。朱全忠篡唐，降昭宣帝爲濟陰王。嘉定末，濟王之封，豈權臣亦取濟水之絶乎？」

〔三〕《周禮·冬官考工記第六》鄭玄注云：「此篇，司空之官也。《司空篇》亡。漢興，購千金不得。此前世識其事者記録，以備大數爾。」又《禮記·曲禮下》孔穎達疏云：「土工、金工、石工、木工、獸工、草工者，此六官於《周禮》並屬司空，而《司空職》散亡，漢購千金不得。今唯有《考工記》以代之。」王與之《周禮訂義》卷七〇《冬官考工記上》引鄭鍔曰：「司空之職，用是以考百工之事，其篇亡，其記存。漢儒劉歆校理祕書得之，用以備《司空》之闕。」王與之按云：「漢儒謂《冬官》亡，補以《考工記》，《司空》果亡乎？以《周官》司空之掌考之，《司空》未可以爲亡也。」而《四庫全書總目》卷一九《周禮訂義》提要斥之云：「其注《考工記》，據《古文尚書》《周官》司空之職，謂《冬官》未嘗亡，實沿俞廷椿之謬説。」

〔四〕《宋史》卷一八《哲宗紀》紹聖四年，二月庚辰，罷《春秋》科。同書卷一九《徽宗紀》：崇寧元年，七月辛亥，罷《春秋》博士。《宋史》卷四三五《儒林·胡安國傳》：「自王安石廢《春秋》，不列於學官，安國謂：『先聖手所筆削之書，乃使人主不得聞講説，學士不得相傳習，亂倫滅理，用夏變夷，殆由乎此！』」

7　王韶熙河

王韶取熙河，國史以爲嘗游陝西，采訪邊事，遂詣闕上書〔一〕。偶讀《晁以道集·與熙河錢經略書》，云：「熙河一道，曹南院棄而不城者也。其後夏英公喜功名，欲城之，其如韓、范之論何？又其後有一王長官韶者，薄游陽翟，偶見《英公神道碑》所載云云，遂竊以爲策，以干丞相。時丞相是謂韓公，視王長官者稚而狂之。若河外數州，則又王長官棄而不城者也。彼木征之志不淺，鬼章之睥睨尤近而著者，隴拶似若無能，頗聞有子存，實有不可不懼者。」〔二〕此書蓋是元祐初年，然則韶之本指乃如此。予修史時未得其説也。《英公碑》，王岐公所作，但云嘗上十策，若通唃厮囉之屬羌，當時施用之〔三〕。餘皆不書，不知晁公所指爲何也。

【箋證】

〔一〕《宋史》卷三二八《王韶傳》：王韶，字子純，「試制科不中，客游陝西，訪采邊事。熙寧元年，詣闕上《平戎策》三篇，其略以爲：『西夏可取。欲取西夏，當先復河湟，則夏人有腹背受敵之憂。夏人比年攻青唐不得克，萬一克之，必並兵南向，大掠秦、渭之間，牧馬于蘭、會，斷古渭境，盡服南山生羌，西築武勝，遣兵時掠洮、河，則隴、蜀諸郡當盡驚擾，瞎征兄弟其能自保耶？今唃氏子孫，唯董氊粗能自立，瞎征、欺巴温之徒，文法所及，各不過一二百里，其勢豈能與西人抗哉！武威之南，至于洮、河、蘭、鄯，皆故漢郡縣，所謂湟中、浩亹、大小榆、枹罕，土地肥美，宜五種者在焉。幸今諸羌瓜分，莫相統一，此正可並合而兼撫之時也。諸種既服，唃氏敢不歸？唃氏歸，則河西李氏在吾股掌中矣。且唃氏子孫，瞎征差盛，爲諸羌所畏，若招諭之，使居武勝或渭源城，使糾合宗黨，制其部族，習用漢法，異時族類雖盛，不過一延州李士彬、環州慕恩耳。爲漢有肘腋之助，且使夏人無所連結，策之上也。』神宗異其言，召問方略，以韶管幹秦鳳經略司機宜文字。帝志復河隴，築古渭爲通遠軍，以韶知軍事。五年七月，引兵城渭源堡及乞神平，破蒙羅角、抹耳水巴等族，復擊走瞎征，降其部落二萬。更名鎮洮爲熙州，以熙、河、洮、岷、通遠爲一路。韶以龍圖閣待制知熙州。」

〔二〕晁説之《景迂生集》卷一五《與熙河錢帥書》。説之字以道，號景迂。參《容齋隨筆》卷三《和歸去來》箋證。

〔三〕王珪《華陽集》卷四七《夏文莊公竦神道碑銘》云：「在陝西，嘗上十策。通唃厮囉，結熟羌，增弓手，練强弩，並小寨，絶互市之類，皆當時施用之。」

8　書籍之厄

梁元帝在江陵，蓄古今圖書十四萬卷，將亡之夕，盡焚之〔一〕。隋嘉則殿有書三十七萬卷，唐平王世充，得其舊書於東都，浮舟泝河，盡覆于砥柱。貞觀、開元募借繕寫，兩都各聚書四部，禄山之亂，尺簡不藏。代宗、文宗時，復行搜采，分藏于十二庫，黄巢之亂，存者蓋尠。昭宗又於諸道求訪，及徙洛陽，蕩然無遺〔二〕。今人觀漢、隋、唐《經籍》《藝文志》，未嘗不茫然太息也。晁以道記本朝王文康初相周世宗，多有唐舊書，今其子孫不知何在。

李文正所藏既富，而且闢學館以延學士大夫，不待見主人，而下馬直入讀書。供牢餼以給其日力，與衆共利之。今其家僅有敗屋數楹，而書不知何在也。宋宣獻家兼有畢文簡、楊文莊二家之書，其富蓋有王府不及者。元符中，一夕災爲灰燼。以道自謂家五世於兹，雖不敢與宋氏争多，而校讎是正，未肯自遜。政和甲午之冬，火亦告譴。唯劉壯輿家於廬山之陽，自其祖凝之以來，遺子孫者唯圖書也，其書與七澤俱富矣。於是爲作記〔三〕。今劉氏之在廬山者不聞其人，則所謂藏書殆亦羽化。乃知自古到今，神物亦於斯文爲靳靳也。宣和殿、太清樓、龍圖閣御府所儲，靖康蕩析之餘，盡歸於燕，置之祕書省，乃有幸而得存者焉〔四〕。

【箋證】

〔一〕《資治通鑑》卷一六五《梁元帝紀下》：承聖三年十一月，城陷，「帝入東閣竹殿，命舍人高善寶焚古今圖書十四萬卷，將自赴火，宫人左右共止之。又以寶劍斫柱令折，歎曰：『文武之道，今夜盡矣！』」《考異》：「《隋·經籍志》云焚七萬卷。《南史》云十餘萬卷。按，周僧辯所送建康書已八萬卷，並江陵舊書，豈止七萬卷乎？今從《典略》。」

〔二〕隋嘉則殿及貞觀以迄昭宗藏書，詳《新唐書》卷五七《藝文志》。

〔三〕王文康、李文正、宋宣獻、晁以道、劉壯輿諸家藏書，俱詳晁説之《景迂生集》卷一六《劉氏藏書記》。其記劉氏藏書云：「都官劉公凝之，卓行絶識，不得志而歸休廬山之下。其遺子孫者無他物，蓋唯圖書而已。其子道原，少而日誦萬言，既長，苦心篤志，無所嗜好，晝夜以讀書爲娱，至于不慕榮利，忘去寒暑。司馬温公稱其精博，宋次道稱其該贍，范醇夫稱其密緻，則其所藏復藴崇而不計者歟。且嘗憤嫉南方士人家不藏書矣，則於是蓋特加意焉者也。公之子義仲壯輿，人視其邁往不群，而自處恂恂循約，唯恐前修之辱也。從仕四方，妻子不免飢寒，而敦然唯是之求索，甚於人之飢渴而赴飲食者，則其所得，不特補其家之未足，而且有以振發國中之沈鬱也。既已踵成其父《十國紀年》，而身采周、秦以來遺文，以爲《十二國史》。嘗論著《春秋》，而方且爲《周易》之學，則其藏書，豈特充牣篋笥而誇緗帙，如愚賈潤屋以金珠邪！於是，謹識其所得書之歲月先後，以視子孫，其意爲不淺也。乃俾説之爲之記，以載於目録之上。」

〔四〕《三朝北盟會編》卷七三《靖康中帙》：靖康元年十二月，「金人索監書、藏經、蘇黄文及古文書、《資治通鑑》諸書。金人指名取索書籍甚多。又取蘇文墨迹及古文書籍」。又同書卷七七《靖康中帙》録《宣和録》曰：靖康二年正月，金人取索「祕閣三館書籍、監本印板、古聖賢圖像、《明堂辟雍圖》、《皇城宫闕圖》、《四京圖》、大宋百司並天下州府職貢令、宋人文集、陰陽、醫之書。」「鴻臚卿康執權、少卿元當可、寺丞鄧肅押道釋經印板，校書郎劉才邵、傅宿，國子監主簿葉將，博士熊彦詩、上官悟等五人，押書、印板並館中圖籍，往營中交割。」又同書卷九七《靖康中帙》録《宣和録》曰：「二百年府庫蓄積，一旦掃地盡矣。」

朱彝尊《曝書亭集》卷四四《文淵閣書目跋》：「按宋靖康二年，金人索祕書監文籍，節次解發。

見丁特起《孤臣泣血録》。」

按，周密《齊東野語》卷一二《書籍之厄》，胡應麟《經籍會通》(《少室山房筆叢》卷一)，可參。

9 逐貧賦

韓文公《送窮文》，柳子厚《乞巧文》，皆擬揚子雲《逐貧賦》〔一〕。韓公《進學解》擬東方朔《客難》〔二〕，柳子《晉問篇》擬枚乘《七發》〔三〕、《貞符》擬《劇秦美新》〔四〕，黄魯直《跛奚移文》擬王子淵《僮約》〔五〕，皆極文章之妙。《逐貧》一賦幾五百言，《文選》不收，《初學記》所載纔百餘字。今人蓋有未之見者，輒録於此，云：「揚子遁世，離俗獨處。左鄰崇山，右接曠野。鄰垣乞兒，終貧且窶。禮薄義弊，相與群聚。惆悵失志，呼貧與語：『汝在六極，投棄荒遐。好爲庸卒，刑戮是加。匪惟幼稚，嬉戲土沙。居非近鄰，接屋連家。恩輕毛羽，義薄輕羅。進不由德，退不受訶。久爲滯客，其意若何。人皆文繡，余褐不全。人皆稻粱，我獨藜飡。貧無寶玩，何以接歡。宗室之宴，爲樂不槃。徒行負賃，出處易衣。身服百役，手足胼胝。或耘或耔，霑體露肌。朋友道絶，進官凌遲。厥咎安在，職汝之爲。舍汝遠竄，崑崙之顛。爾復我隨，翰飛戾天。舍爾登山，巖穴隱藏。爾復我隨，陟彼高岡。舍爾入海，汎彼柏舟。爾復我隨，載沉載浮。我行爾動，我静爾休。豈無他人，從我何求。

今汝去矣，勿復久留。』貧曰：『唯唯，主人見逐，多言益嗤。心有所懷，願得盡辭。昔我乃祖，崇其明德，克佐帝堯，誓爲典則。土階茅茨，匪雕匪飾。爰及季世，縱其昏惑。饕餮之群，貧富苟得①。鄙我先人，乃傲乃驕。瑶臺瓊室，華屋崇高。流酒爲池，積肉爲崤。是用鵠逝，不踐其朝。三省吾身，謂予無諐。處君之家，福禄如山。忘其大德，思我小怨。堪寒能暑，少而習焉。寒暑不忒，等壽神仙。桀、跖不顧，貪類不干。人皆重蔽，子獨露居。人皆怵惕，子獨無虞。』言辭既罄，色厲目張。攝齊而興，降階下堂。『誓將去汝，適彼首陽。孤竹之子，與我連行。』余乃避席，辭謝不直：『請不貳過，聞義則服。長與爾居，終無厭極。』貧遂不去，與我遊息。」〔六〕唐宣宗時，有文士王振，自稱「紫邏山人」，有《送窮辭》一篇，引韓吏部爲説，其文意亦工〔七〕。

【校勘】

①「貧」，馬本、祠本作「貪」。

【箋證】

〔一〕黄庭堅《山谷別集》卷一一《跋韓退之送窮文》：「《送窮文》蓋出於揚子雲《逐貧賦》，制度始終極相似，而《逐貧賦》文類俳，至退之亦諧戲，而語稍莊，文采過《逐貧》矣。大槩擬前人文章如子雲《解嘲》擬宋玉《答客難》，退之《進學解》擬子雲《解嘲》，柳子厚《晉問》擬枚乘《七發》，皆文章之美也。」按《五百家注昌黎文集》所載《送窮文》解題亦引之，而以爲張文潛語；又引小宋云：「退之《送窮文》《進學解》《毛穎傳》等諸篇，皆古人意思未到，可以名家矣。然《送窮文》與楊子雲《逐貧賦》大率相類，蓋古人作文皆有所祖述，如司馬相如《大人賦》全用屈原《遠游》中語。」

〔二〕葉夢得《避暑録話》卷上：「東方朔始作《答客難》，雖揚子雲亦因之作《解嘲》。此由是《太玄》《法言》之意，正子雲所見也。故班固從而作《答賓戲》，東京以後，諸以《釋譏》《應問》紛然迭起，枚乘始作《七發》。其後遂有《七啓》《七攄》等。後世始集之爲《七林》。文章至此，安得不衰乎？唯韓退之、柳子厚始復傑然知古作者之意，古今文辭變態已極，雖源流不免有所從來，終不肯屋下架屋，《進學解》即《答客難》也，《送窮文》即《逐貧賦》也，小有出入，便成一家。子厚《天問》《晉問》《乞巧文》之類，高出魏晉，無後世因緣卑陋之氣，至于諸賦，更不蹈襲屈、宋一句，則二人皆在嚴忌、王褒上數等也。」

《朱子語類》卷一三九《論文上》：「《賓戲》《解嘲》《劇秦》《貞符》諸文字，皆祖宋玉之文。《進學解》亦此類。」

〔三〕參《隨筆》卷七《七發》。

〔四〕《宋景文筆記》卷中《考古》：「柳子厚《貞符》《晉問》雖模寫前人體裁，然自出新意，可謂文矣。劉夢得著《天論》三篇，理雖未極，其辭至矣。韓退之《送窮文》《進學解》《毛穎傳》《原道》等諸篇，皆古人意思未到，可以名家矣。」《朱子語類》卷一三九《論文上》：「相如《封禪書》模仿極多，柳子厚見其如此，卻作《貞符》以反之，然其文體亦不免乎蹈襲也。」鄭瑗《井觀瑣言》卷二：「柳子厚《貞符》效司馬長卿《封禪書》體也，然長卿之諛不如子厚之正。子厚《答問》效東方曼倩《答客難》體也，然子厚之懟不如曼倩之安。」

〔五〕陳繹曾《文式》卷下：「學楚辭者，多未若黄魯直最得其妙。文愈小者愈工，如《跛奚移文》之類。」

〔六〕見《初學記》卷一八《人部中·貧第六》。

〔七〕紫邏山人王振《送窮辭》，佚。王楙《野客叢書》卷六《文人遞相祖述》引《續筆》本條，接云：「《送窮文》雖祖《逐貧賦》，然亦與王延壽《夢賦》相類，疑亦出此。僕謂古今文人遞相祖述何限，人局於聞見，不暇遠考耳。據耳目之所及，皆知韓、柳二作擬揚子雲矣，又烏知子雲之作無所自乎？《續筆》謂文公之後，王振又作《送窮詞》矣，又烏知子厚之後，孫樵亦作《乞巧對》乎？樵又有《逐痁鬼文》甚工，其源正出於《逐貧賦》。類以推之，何可勝紀。」

10 澗松山苗

詩文當有所本，若用古人語意，别出機杼，曲而暢之，自足以傳示來世。左太沖《詠史》詩曰：「鬱鬱澗底松，離離山上苗。以彼徑寸莖，蔭此百尺條。世冑躡高位，英俊沉下僚。地勢使之然，由來非一朝。」〔一〕白樂天《續古》一篇，全用之，曰：「雨露長纖草，山苗高入雲。風雪折勁木，澗松摧爲薪。風摧此何意，雨長彼何因。百尺澗底死，寸莖山上春。」語意皆出太沖，然其含蓄頓挫則不逮也〔二〕。

【箋證】

〔一〕左思《詠史詩八首》之二，載《文選》卷二一《詠史》。

〔二〕白居易《續古詩十首》之四，載《白氏長慶集》卷二《諷諭二》。吴景旭《歷代詩話》卷三〇《漢魏六朝》「詠史」條：「白樂天《續古篇》云：『雨露長纖草』云云，語意全用左詩，去之遠矣。」

11 男子運起寅

今之五行家學，凡男子小運起於寅，女子小運起於申，莫知何書所載〔一〕。《淮南子·氾論訓》篇云：「禮三十而娶。」許叔重注曰：「三十而娶者，陰陽未分時，俱生於子，男從子數，左行三十年立於巳，女從子數，右行二十年亦立於巳，合夫婦，故聖人因是制禮，使男子三十而娶，女二十而嫁。其男子自巳數左行十得寅，故人十月而生於寅，故男子數從寅起；女自巳數右行得申，亦十月而生於申，故女子數從申起。」此説正爲起運也〔二〕。

【箋證】

〔一〕《李虚中命書》卷下："小運天左地右，陽備於寅，陰備於申，故男一歲起於寅，女一歲起於申。"注："寅爲三陽化主，申爲三陰肅煞，故男小運起於寅，女小運起於申。假如甲子年男起丙寅，女起壬申之類是也。"按《李虚中命書》，舊本題鬼谷子撰，唐李虚中注。虚中，字常容，及進士第，元和中官至殿中侍御史，後世傳星命之學者，皆以虚中爲祖。（《四庫全書總目》卷一〇九《李虚中命書》提要）

楊慎《升菴集》卷六八《男女小運》："《容齋隨筆》載日者卜命以男命起寅、女命起申而不知其始。余按《淮南子》已載其説矣，而不得其解。近觀《太平廣記》引天門子云：（郁之按，此出《太平廣記》卷五《神仙五》"天門子"條，注出《神仙傳》。）『陽生立於寅，純木之精；陰生立於申，純金之精。夫以木投金，無往不傷，故陰能疲陽也。陰人所以著脂粉者，法金之白也。又陰人之情有急於陽，然而外自收抑，不肯請陽者，明金不爲木屈也；陽氣剛燥，至於遇陰，言氣和柔，辭語畏下，明木之畏於金也。』"

〔二〕《淮南鴻烈解》卷一三。按《淮南子》注，或題許慎，或題高誘。參《續筆》卷七《淮南王》箋證。程大昌《演繁露》卷五《男生小運起寅女生小運起申》："《通典》五十九卷曰：『男三十而娶，女二十而嫁。』注曰：『許叔重云："包字象懷妊，巳在其中，子未成形之象也。元氣起於子，人之所生也。男左行三十，女右行二十，俱立於巳，爲夫婦，而懷妊於巳，巳爲子也。（子爲陽氣發生之始，人皆於子稟生焉，故男自子而左數之，歷三十位而至巳，是爲男娶之年，所謂男三十而娶也。女自子而右數之，歷位二十而至巳，是爲女嫁之年，所謂女二十而嫁也。）人十月而生，男起巳，右行至寅；女起巳，左行至申，故男年始寅，女年始申。（男從巳上，向右邊數去，至寅，則十箇月矣。女從巳上，向左邊數去，歷十箇月，即申也。）」』案此所言男生年起寅者，即今三命家謂男一歲小運起寅者也；女生年起申，即女生一歲小運起申者是也。其説若出附會，而今世命術通用其説，禍福皆驗，不知許氏於何得之，殆漢世已有推命之法矣，而許氏得之也耶？或是許氏自推男女生理，而日者取以爲用也，然史傳所載，如唐舉、許負、司馬季主，其能先事命中者，皆卜相耳，而未聞有推命之術也。至隋世楊操注《八十一難經》，詳述此説，而曰『人生男女陰陽出於自然也』，則明爲推命也。」朱翌《猗覺寮雜記》卷下：「三命家行小運，男起丙寅，女起壬申。其説往往穿鑿。許慎《説文》：（見本條所引。略。）小運起寅、申，蓋本於此。亦三陰、三陽之位也。男必丙寅，以丙禄在巳；女必壬申，以壬禄在亥。寅申巳亥之位，亦水火之盛也。」

12　宰我作難

《史記》稱宰我爲齊臨菑大夫，與田常作難，以夷其族，孔子恥之〔一〕。蘇子由作《古史》，精爲辯之，以爲子我者闞止也，與田常爭齊政，爲常所殺。以其字亦曰子我，故戰國之書誤以爲宰予〔二〕。此論既出，聖門高第，得免非義之謗。東坡又引李斯《諫書》，謂曰

「常陰取齊國，殺宰予於庭」。是其不從田常，故爲所殺也〔三〕。予又考之，子路之死，孔子曰：「由也死矣。」又曰：「天祝予①！」哭於中庭，使人覆醢。其悲之如是，不應宰我遇禍，略無一言〔四〕。《孟子》所載三子論聖人賢於堯、舜等語，疑是夫子没後所談，不然，師在而各出意見議之，無復質正，恐非也。然則宰我不死於田常，更可證矣〔五〕。而《淮南子》又有一説云：「將相攝威擅勢，私門成黨，而使道不行。故使陳成、田常、鴟夷子皮得成其難，使吕氏絶祀。」〔六〕子皮謂范蠡也，蠡浮海，變姓名，游齊，時簡公之難已十餘年矣〔七〕。《説苑》亦云：「田常與宰我争，宰我將攻之，鴟夷子皮告田常，遂殘宰我。」〔八〕此説尤爲無稽，是以蠡爲助田氏爲齊禍，其不分賢逆如此。

【校勘】

①「天」原作「夫」，據馬本、庫本、祠本改。

【箋證】

〔一〕《史記》卷六七《仲尼弟子列傳》。

梁玉繩《史記志疑》卷二八《仲尼弟子列傳第七》「與田常作難，以夷其族，孔子恥之」條，案云：「史公斯語，厚誣先賢。孔穎達本之作《檀弓疏》云：『宰我請喪親一期，終助陳恒之亂』。信如所言，是孔子之門有判臣，何當日請討陳恒時不聞鳴鼓之攻，而天下之通祀者猶容判臣於其間哉！且既附陳恒，尚誰得而殺之也？《索隱》曰：『《左傳》闞止字子我，爲陳恒所殺。字與宰我相涉，因誤。』兩蘇氏《志林》《古史》、孔平仲《談苑》《容齋續筆》《困學紀聞》十一引楊龜山説、孫奕《示兒編》諸書，俱依《索隱》。」朱駿聲《經史答問》卷一亦云：「非謂孔子弟子宰我也，太史公誤。」其他如趙翼《陔餘叢考》卷五《宰我與田常作亂之誤》條、宋翔鳳《過庭録》卷九《闞止》條，皆謂攻田氏者爲闞止，而非孔門之宰我。崔述《洙泗考信録》：「闞我自名止，宰我自名予。闞我在齊事簡公，宰我在魯事孔子，烏得遂以謂一人？」云云。其説甚辨。而錢穆又謂崔説實有可論而未確。可詳《先秦諸子繫年·宰我死齊考》。

〔二〕蘇轍《古史》卷三二《孔子弟子列傳第九》：「太史公言宰我爲臨菑大夫，與田恒作亂，夷其族，孔子恥之。余以爲宰我之賢，列於四科，其師友淵源所從來遠矣。雖爲不善，不至於從畔逆弑君父也。宰我不幸平居有晝寢、短喪之過，儒者因遂信之。蓋田恒之亂，本與闞止争政，闞止亦子我也，田恒既殺闞止，而宰我蒙其惡名，豈不哀哉！且使宰我信與田恒之亂，恒既殺闞止，弑簡公，則尚誰族宰我者？事蓋必不然矣。」

〔三〕《東坡志林》卷三：「常病太史公言宰我與田常作亂，夷其族，使吾先師之門乃有叛臣焉，而天下通祀者容叛臣其間，豈非千載不蠲之惑也耶！近令兒子邁考閲舊書，究其所因，則宰我不叛，其驗明甚。太史公固陋承疑，使宰我負冤千載，而吾先師與蒙其詬。自兹一洗，亦古今之快也。」又云：「李斯上書諫二世，其略曰：『田常爲簡公臣，布惠施德，下得百姓，上得群臣，陰取齊國，殺宰予於庭。』是宰我不從田常，爲常所殺也。《弟子傳》乃云：『宰我與田常作亂，而滅其族，孔子恥之。』李斯事荀卿，去孔子不遠，宜知其實，《弟子傳》妄也。」

袁文《甕牖閒評》卷二：「東坡之意，蓋欲明宰予之非與田常作亂，是固然矣，然不知宰予未嘗被殺，齊田常之亂所殺者乃闞止，與宰予皆字子我。太史公取《左氏傳》而作《史記》，見子我被殺，不能深究，便認以爲宰予，而有『孔子恥之』之説，抑何謬誤至于如此。」

張淏《雲谷雜紀》卷一：「考諸家所言，《索隱》則以其字同闞止，遂至于誤。東坡則援李斯之言，以宰予不從田常，故爲常所殺。子由固以爲闞止，而未免以李斯、劉向之言爲惑。然劉向所謂鴟夷子皮者，范蠡也。田常之亂在周敬王三十九年，是時范蠡方在越，與句踐謀伐吴，後八年，吴滅，蠡始浮江湖，變名易姓，適齊，爲鴟夷子皮。《國語》及《蠡傳》可考。其妄已不待言。李斯之言，正由一時承襲之誤爾。《索隱》《古史》謂爲闞止，然無確然之證，終不能祛人之疑而破人惑也。予案《左傳》哀公十四年，齊簡公之在魯也，闞止有寵焉，及即位，使爲政，成子憚之。（成子，陳恒之字也。陳敬仲如齊，以陳爲田氏，故曰田恒。漢文帝諱恒，故《史記》以恒爲常。）諸御鞅言于公曰：『陳、闞不可並也，其擇焉。』弗聽。夏五月壬申，成子兄弟如公。子我屬徒攻闈與大門，皆不勝，乃出。陳氏追之，殺諸郭關。庚辰，陳恒執公于舒州。公曰：『吾早從鞅之言，不及此。』《説苑·正諫篇》：『齊簡公有臣曰諸御鞅，諫簡公曰：「田常與宰予，此二人甚相憎也，臣恐其相攻雖叛而危之不可，願君去一人。」簡公曰：「非細人之所敢議也。」居無幾何，田常果攻宰予于庭，弑簡公于朝。簡公喟然而太息曰：「余不用鞅之言，以至此患也。」』《説苑》所云與《左氏》正同。獨以闞止爲宰予者，則後人誤以闞氏之子我爲宰氏之子我，最分明。夫一名字之混，遂至賢逆之無辨，曾參殺人，真可畏哉。太史公作傳，實以《家語·弟子解》一篇爲之，殊不知此書不全出于孔氏子弟之手，多爲好事者以意增損，孔安國嘗病之矣。宰予之事，正所當考者，略不致審，信筆紀録，遂使聖門高弟重罹誣謗，謂之良史可乎？東坡之辨，固足以雪其恥矣，而尚以宰予爲常所殺，是宰予猶死于非命也。以今所考，常之所殺乃闞子我也，則宰予之枉，可一洗無餘蘊矣。」

〔四〕《左傳》哀公十五年。「天祝予」之歎，見《公羊傳》哀公十四年。「哭於中庭，使人覆醢」，見《禮記·檀弓上》。

錢穆《先秦諸子繫年·宰我死齊考》引《續筆》此一節，云：「以此疑死齊之妄，則又不悟記載之容有闕也。」

〔五〕《孟子·公孫丑上》：「宰我曰：『以予觀於夫子，賢於堯、舜遠矣。』」

王應麟《困學紀聞》卷一一《考史》：「宰予與田常作亂，龜山楊氏曰：『田常爲亂於齊，齊君蓋弗勝也。宰予附田常，則誰得而殺之？使其爲齊君而死，則予何罪焉？當是時有闞止字子我死於田常之亂，是必傳之者誤而爲宰我也。』（郁之按，見楊時《龜山集》卷二〇《答胡康侯其二》）」閻若璩按云：「洪景盧曰：《孟子》載三子論聖人賢於堯、舜等語，疑是夫子殁後所談：不然，師在而各出意見議之，無復質正，恐非也。然則宰我不死於田常更可見矣。此虚會爲尤妙云。又按因闞止字子我，與宰予字相涉而誤，亦《索隱》之言。」

全祖望《經史問答》卷七：「謂宰我死于舒州之難，亦不害其爲賢者。蓋考《吕覽》《説苑》，則是宰我爲簡公死，非爲陳恒死，不過才未足以定亂耳。其死較子路似反過之。《史記》誤以爲陳恒之黨，故曰孔子恥之。而《索隱》又以爲闞止之訛，則《春秋》同時同名之人，往往有之，晉有二士匄，魯有二顔高，齊有二賈舉，並同姓矣。何必舒州之難，死者不可有二宰我乎？蓋但當知宰我之所以死，不必恥則不必諱。若以『賢於堯、舜』之語爲弟子稱頌其師，必當在身後，是則野人之言也。孔子之卒，高弟蓋多不在，如閔子、仲弓、漆雕開，皆絶不見，疑其已卒。而三年治任，入揖子貢，則是子貢之年最長。其長於子貢而尚在者，惟高柴，以哀十七年尚見於蒙之會。又冉有亦尚仕季氏。蓋皆以居官不在廬墓之列。宰我於《史記》《家語》不載其年，雖未知其長於子貢與否，然此後並無宰我出處蹤迹，則先死又何疑。要之，此等事去古遠，無足深考。」

《四庫全書考證》卷五三《子部・困學紀聞卷十一》：「按《吕氏春秋・審分覽》《史記・李斯傳》《説苑・指武篇》所載，宰我自爲簡公死，非爲陳恒死，其盡忠視子路爲優。自《史記・仲尼弟子傳》《家語・弟子解》誤以爲陳恒之黨，異説始滋。司馬貞覺其失，以爲《左傳》闞止之譌，不知《左傳》及《史記·齊太公世家》言田、闞相攻，于闞止無貶辭，則闞止或即爲宰我，亦未可知。《田敬仲世家》分爲二人，仍當以《齊太公世家》爲正也。洪邁又據《孟子》『賢于堯、舜』等語，斷爲夫子殁後所談，以明宰我不死陳恒之難。不知有若明言『丘垤』，不諱其師之名，則三賢論夫子時，夫子尚在，亦不足以爲宰我辨。總由論宰我者不善讀《左傳》《史記》，又不參考《吕覽》《説苑》，故諸説紛然，迄無定準。特表出之，以見聖門高弟皆忠臣義士，必無失身于黨惡者。」

〔六〕《淮南子·氾論訓》。

〔七〕《史記》卷四一《越王勾踐世家》。

〔八〕《説苑·指武篇》。

13 古人占夢

《漢·藝文志》，《七略》雜占十八家，以《黄帝長柳占夢》十一卷，《甘德長柳占夢》二十卷爲首。其説曰：「雜占者，紀百家之象，候善惡之證。衆占非一，而夢爲大，故周有其官。」〔一〕《周禮》：「太卜，掌三夢之法，一曰致夢，二曰觭夢，三曰咸陟。」鄭氏以爲致夢夏后氏所作，觭夢商人所作，咸陟者言夢之皆得，周人作焉。而占夢專爲一官，以日月星辰占六夢之吉凶，其別曰正、曰噩、曰思、曰寤、曰喜、曰懼。季冬，聘王夢，獻吉夢于王，王拜而受之。乃舍萌于四方，以贈惡夢。舍萌者，猶釋采也。贈者，送之也〔二〕。《詩》《書》《禮》經所載，高宗夢得説〔三〕；周文王夢帝與九齡〔四〕；武王伐紂，夢叶朕卜〔五〕；宣王考牧，牧人有熊羆虺蛇之夢〔六〕，「召彼故老，訊之占夢」〔七〕。《左傳》所書尤多。孔子夢坐奠于兩楹〔八〕。然則古之聖賢，未嘗不以夢爲大，是以見於《七略》者如此。魏、晉方技，猶時時或有之。今人不復留意此卜，雖市井妄術所在如林〔九〕，亦無一个以占夢自名者，其學殆絶矣〔一〇〕。

【箋證】

〔一〕按《漢書》卷三〇《藝文志第十》，《長柳占夢》二書之下，有《武禁相衣器》十四卷、《嚏耳鳴雜占》十六卷、《禎祥變怪》二十一卷、《人鬼精物六畜變怪》二十一卷、《變怪誥咎》十三卷、《執不祥劾鬼物》八卷、《請官除訞祥》十九卷、《禳祀天文》十八卷、《請禱致福》十九卷、《請雨止雨》二十六卷、《泰壹雜子候歲》二十二卷、《子贛雜子候歲》二十六卷、《五法積貯寶藏》二十三卷、《神農教田相土耕種》十四卷、《昭明子釣種生魚鼈》八卷、《種樹臧果相蠶》十三卷。總計雜占十八家三百一十三卷。

〔二〕《周禮·春官·宗伯下》。

〔三〕參《續筆》卷三《一定之計》。

〔四〕《禮記·文王世子》：「文王謂武王曰：『女何夢矣？』武王對曰：『夢帝與我九齡。』文王曰：『女以爲何也？』武王曰：『西方有九國焉，君王其終撫諸？』文王曰：『非也。古者謂年齡，齒亦齡也。我百，爾九十。吾與爾三焉。』」鄭玄注：「年，天氣也。齒，人壽之數也。九齡，九十年之祥也。文王以勤憂損壽，武王以安樂延年。言與爾三者，明傳業於女，女受而成之。」

〔五〕《周書·泰誓》。

〔六〕《小雅·斯干》：「下莞上簟，乃安斯寢。乃寢乃興，乃占我夢。吉夢維何，維熊維羆，維虺維蛇。」《詩序》：「《斯干》，宣王考室也。」又《小雅·無羊》：「牧人乃夢，衆維魚矣，旐維旟矣。大人占之：『衆維魚矣，實維豐年；旐維旟矣，室家溱溱。』」《詩序》云：「《無羊》，宣王考牧也。」牧人夢「衆維魚矣，旐維旟矣」，而非「熊羆虺蛇」。

〔七〕《小雅·節南山》：「召彼故老，訊之占夢。」

〔八〕《禮記·檀弓上》。

〔九〕《續筆》卷八《蓍龜卜筮》：「伎術標榜，所在如織。五星、六壬、衍禽、三命、軌析、太一、洞微、紫微、太素、遁甲，人人自以爲君平，家家自以爲季主。」

〔一〇〕郎瑛《七修類稿》卷二八《辨證類》「夢占」條：「洪容齋曰：『今妄術如林，夢學殆絶。』非也。由晉樂廣因想之説興，而夢之理明矣；夢之理明，而不必於占也。故至晉以後絶焉。」

容齋續筆卷十六十六則

1 高德儒

唐高祖起兵太原，使子建成、世民將兵擊西河郡，執郡丞高德儒。世民數之曰：「汝指野鳥爲鸞，以欺人主，取高官，吾興義兵，正爲誅佞人耳。」遂斬之，自餘不戮一人〔一〕。讀史不熟者，但以爲史氏虚設此語，以與「指鹿爲馬」作對耳〔二〕。案，隋大業十一年，有二孔雀飛集寶城朝堂前，親衛校尉高德儒等十餘人見之，奏以爲鸞，時孔雀已飛去，無可得驗。詔以德儒誠心冥會，肇見嘉祥，擢拜朝散大夫，餘人皆賜束帛，仍於其地造儀鸞殿。距此時財二年餘。蓋唐温大雅所著《創業起居注》載之，不追書前事故也〔三〕。《新唐書·太宗紀》但書云：「率兵徇西河，斬其郡丞高德儒。」〔四〕尤爲簡略，賴《通鑑》盡紀其詳。范氏《唐鑑》只論其被誅一節云〔五〕。

【箋證】

〔一〕《資治通鑑》卷一八四《隋紀八·恭皇帝下》義寧元年。

〔二〕温大雅《唐創業起居注》卷上：「執德儒以送軍門。德儒，即隋之見鸞人也。大郎、二郎等數之曰：『卿逢野鳥，謬道見鸞，佞惑隋侯，以爲祥瑞。趙高指鹿爲馬，何相似哉！義兵今獎王室，理無不殺趙高之輩！』仍命斬焉，自外不戮一人，秋毫不犯。」

錢鍾書《管錐編》第一册《史記會注考證·秦始皇本紀》條：「洪邁《容齋隨筆》卷一六以高德儒指鳥爲鸞與趙高事作對，猶未貼當，二人妄誕誠相類，而高乃校尉之諂媚君上，趙則丞相之威懾同列，區以别矣。」

〔三〕《資治通鑑》卷一八二《隋紀六·煬皇帝中》大業十一年。三省注引《考異》云：「《雜記》云：『五年三月馬德儒奏孔雀爲鸞。』今年月及姓皆從《略記》並温大雅《創業起居注》。」

〔四〕潘自牧《記纂淵海》卷四四《性行部·欺罔》引《唐書》云：「唐太宗責高德孺曰：『汝指野鳥爲鸞，以欺人主，取高官。』」

〔五〕范祖禹《唐鑑》卷一《高祖上》：「昔武王克商，釋箕子之囚，封比干之墓，式商容之閭，戮蜚廉、惡來於海隅，顯善除惡，如恐不及，何哉？使民知嚮方，示以征伐之本意也。故海内莫不革心易慮，以聽上之所爲，去商之汙俗，被周之美化，如水之走下，草之從風也。太宗始起兵，而戮一佞人，民知所好惡矣。如是則誰不欲爲忠而不爲佞，宜其成王業之速也。德儒佞於隋而戮於唐，爲佞者果何利哉！」

2 唐朝士俸微

唐世朝士俸錢至微，除一項之外，更無所謂料券、添給之類者〔一〕。白樂天爲校書郎，作詩曰：「幸逢太平代，天子好文儒。小才難大用，典校在祕書。俸錢萬六千，月給亦有餘。遂使少年心，日日常晏如。」〔二〕及爲翰林學士，當遷官，援姜公輔故事，但乞兼京兆府户曹參軍。既除此職，喜而言志，至云：「詔授户曹掾，捧詔感君恩。弟兄俱簪笏，新婦儼衣巾。羅列高堂下，拜慶正紛紛。喧喧車馬來，賀客滿我門。置酒延賀客，不復憂空罇。」而其所得者，亦「俸錢四五萬」，「廪禄二百石」而已〔三〕。今之主簿、尉，占優飫處，固有倍蓰於此者矣，亦未嘗以爲足，古今異宜，不可一概論也。楊文公在真宗朝爲翰林學士，而云：「虚忝甘泉之從臣，終作若敖之餒鬼。」蓋是時尚爲鮮薄，非後來比也〔四〕。

【箋證】

〔一〕《宋史》卷一七一《職官志十一・奉禄制上》，有奉禄匹帛、職錢、禄粟、傔人衣糧、廚料、薪炭諸物。又，同書卷一七二《職官志十二・奉禄制下》又有增給、公用錢、給券、職田。云：「諸承直以下充職事官，聽支階官請受、添給。諸稱請受者，謂衣糧、料錢，餘並爲添給。」又云：「京朝官、三班外任無添給者，止續給之。京府按事畿内，幕職、州縣出境比較錢穀，覆按刑獄，並給券。其赴任川陝者，給驛券，赴福建、廣南者，所過給倉券，入本路給驛券，皆至任則止。車駕巡幸，群臣扈從者，中書、樞密、三司使給館券，餘官給倉券。」

〔二〕《白氏長慶集》卷五《常樂里閒居偶題十六韻兼寄劉十五公輿王十一起吕二炅吕四熲崔十八玄亮元九積劉三十二敦質張十五仲元時爲校書郎》。

〔三〕《白氏長慶集》卷五《初除户曹喜而言志》。

〔四〕魏泰《東軒筆録》卷一〇：「先朝翰林學士不領他局，故俸給最薄。楊億久爲學士，有《乞郡表》，其略曰：『虚忝甘泉之從官，終作莫敖之餓鬼。』又有『方朔之饑欲死』之句。自後乃得判他局。」又沈括《夢溪筆談》卷一《故事一》亦云：「舊翰林院學士地勢清切，皆不兼他務。文館職任，自校理以上，皆有職錢，唯内外制不給。楊大年久爲學士，家貧，請外表辭千餘言，其間兩聯曰：『虚忝甘泉之從臣，終作莫敖之餒鬼。從者之病莫興，方朔之饑欲死。』」按，魏、沈引文皆作「莫敖」。考《左傳》宣公四年：楚令尹子文將死，聚其族，泣曰：「鬼猶求食，若敖氏之鬼不其餒而！」知應作「若敖」。

3 計然意林

《漢書·貨殖傳》：「粤王句踐困於會稽之上，乃用范蠡、計然，遂報强吴。」孟康注曰：「姓計名然，越臣也。」蔡謨曰：「『計然』者，范蠡所著書篇名耳，非人也。謂之計然者，所計而然也。群書所稱句踐之賢佐，種、蠡爲首，豈復聞有姓計名然者乎！若有此人，越但用半策，便以致霸，是功重於范蠡，而書籍不見其名，史遷不述其傳乎？」顔師古曰：「蔡説謬矣。《古今人表》，計然列在第四等，一名計研。班固《賓戲》：『研、桑心計於無垠。』即謂此耳。計然者，濮上人也，嘗南遊越，范蠡卑身事之，其書則有《萬物録》，事見《皇覽》及《晉中經簿》。又《吴越春秋》及《越絶書》並作『計倪』。此則『倪』『研』及『然』聲皆相近，實一人耳，何云書籍不見哉？」〔一〕予案，唐貞元中，馬總所述《意林》一書，抄類諸子百餘家，有《范子》十二卷①，云：「計然者，葵丘濮上人，姓辛，字文子，其先晉國之公子也，爲人有内無外，狀貌似不及人，少而明，學陰陽，見微知著，其志沈沈，不肯自顯，天下莫知，故稱曰『計然』。時遨游海澤，號曰『漁父』。范蠡請其見越王，計然曰：『越王爲人鳥喙，不可與同利也。』」〔二〕據此，則計然姓名出處皎然可見。裴駰注《史記》亦知引《范子》〔三〕。《北史》蕭大圜云：「留侯追蹤於松子，陶朱成術於辛文。」正用此事〔四〕。曹子建表引《文子》，李善注以爲計然〔五〕。師古蓋未能盡也。而《文子》十二卷，李暹注，其序以謂《范子》所稱計然。但其書一切以老子爲宗，略無與范蠡謀議之事，《意林》所編《文子》正與此同，所謂《范子》乃別是一書，亦十二卷。馬總只載其叙計然及它三事，云：「餘並陰陽曆數，故不取。」則與《文子》了不同，李暹之説誤也〔六〕。《唐·藝文志》，《范子計然》十五卷，注云：「范蠡問，計然答。」列於農家。其是矣，而今不存〔七〕。唐世未知尊孟氏，故《意林》亦列其書，而有差不同者，如「伊尹不以一介與人，亦不取一介於人」之類②〔八〕。其它所引書，如《胡非子》、《隨巢子》、《纏子》、《王孫子》、《公孫尼子》、《阮子》、《正部》、姚信《士緯》、殷興《通語》、《牟子》、《周生烈子》、《秦菁子》、《梅子》、《任弈子》、《魏朗子》、《唐滂子》、《鄒子》、孫氏《成敗志》、《蔣子》、《譙子》、《鍾子》、張儼《默記》、《裴氏新言》、袁淮《正書》、袁子《正論》、《蘇子》、《陸子》、張顯《析言》、《干子》、《顧子》、《諸葛子》、《陳子要言》、《符子》諸書，今皆不傳於世，亦有不知其名者〔九〕。

【校勘】

①「家有范子」四字，原爲墨丁，據馬本、庫本、祠本補。　②「介」原作「衣」，據馬本、庫本、祠本改。

【箋證】

〔一〕《漢書》卷九一《貨殖傳》，顔師古注。

錢穆《先秦諸子繫年》有《計然乃范蠡著書篇名非人名辨》，謂顔師古、洪邁之徒，斷蔡説爲謬，乃「謬者不知其爲謬，固宜以不謬者爲謬矣」。

〔二〕馬總《意林》卷一。馬叙倫《讀書續記》卷一：「馬總《意林》，《唐志》著録爲一卷，而戴叔倫序云三軸，柳伯存序云六卷。嚴可均謂『一』蓋『六』之誤，是也。然世傳者並五卷本，《四庫提要》據《容齋隨筆》《文獻通考》《永樂大典》以證其闕佚。嚴可均據高似孫《子略》於卷四補《牟子》闕目一家。於卷六補蔣濟《萬機論》迄《筆墨法》闕目三十七家。周廣業既輯逸文六條，復補十八家。張海鵬亦從《説郛》録補遺文七家，汪家禧依宋本補卷二二家，卷六四十一家。於是《意林》稍還舊觀矣。清光緒間，仁和許增復得宋本《意林》三卷，卷分上、下，正合戴序三軸、柳序六卷之言，因附周廣業校注，刊入《榆園叢書》中。」

〔三〕《史記》卷一二九《貨殖列傳》：「昔者，越王勾踐困于會稽之上，乃用范蠡、計然。」裴駰《集解》：「徐廣曰：『計然者，范蠡之師也，名研，故諺曰「研、桑心算」。』駰案：《范子》曰：『計然者，葵丘濮上人，姓辛氏，字文子，其先晉國亡公子也。嘗南游於越，范蠡師事之。』《索隱》：計然，韋昭云范蠡師也。蔡謨云蠡所著書名『計然』，蓋非也。徐廣亦以爲范蠡之師，名研，所謂『研、桑心計』也。《范子》曰『計然者，葵丘濮上人，姓辛氏，字文，其先晉之公子。南游越，范蠡事之』。《吴越春秋》謂之『計倪』。《漢書·古今人表》，計然列在第四，則『倪』之與『研』是一人，聲相近而相亂耳。」

張雲璈《選學膠言》卷一《范子計然》條：「以文子爲計之字，尤不可考信。」

〔四〕《北史》卷二九《蕭大圜傳》。

〔五〕曹植《求通親親表》：「臣聞《文子》曰：『不爲福始，不爲禍先。』」李善注：「《文子》曰：『與道爲際，與德爲鄰。不爲福始，不爲禍先。』《范子》曰：『文子者姓辛，葵丘濮上人也。稱曰計然，南游於越，范蠡師事。』」（《文選》卷三七）

〔六〕《四庫全書總目》卷一四六《文子》提要云：「《漢志》道家《文子》九篇，注曰：『老子弟子，與孔子並時，而稱周平王問，似依託者也。』（案，此班固之原注。《讀書志》以爲顔師古注，誤也。）《隋志》載《文子》十二篇，注曰：『老子弟子。《七略》有九篇，梁十卷，亡。』二志所載，不過篇數有多寡耳，無異説也。因《史記·貨殖傳》有『范蠡師計然』語，又因裴駰《集解》有『計然姓辛字文子，其先晉國公子』語，北魏李暹作《文子注》，遂以計然、文子合爲一人。文子乃有姓有名，謂之辛鈃。（案，暹注今已不傳。此據《讀書志》所引。）案，馬總《意林》列《文子》十二卷，注曰：『周平王時人，師老君。』又列《范子》十三卷，注曰：『並是陰陽曆數也。』又曰：『計然者，葵丘濮上人，姓辛名文子，其先晉國公子也。其書皆范蠡問而計然答。』是截然兩人、兩書，更無疑義。暹移甲爲乙，謬之甚矣。」

〔七〕《新唐書》卷五九《藝文志》。按《舊唐書》卷四七《經籍志下》：《范子問計然》十五卷，在五行類。

馬國翰玉函山房輯本，序曰：「案鄭樵《通志·氏族略》云『越有范蠡，著書曰《計然》』。又『宰氏』注引《范蠡傳》『范蠡師事計然，姓宰氏，字文子』。《漢志》農家《宰氏》十七篇，或即計然歟？賈思勰《齊民要術》嘗引之。《越絶書》載計倪《内經》，是本書之一篇。《吴越春秋》《史記》《藝文類聚》《初學記》《太平御覽》等書亦多引之，輯爲三卷。書於物之出皆用郡縣，後人羼入者有之。至其熟悉物情而善觀時變，其真自不可掩也。」

姚振宗《漢書藝文志拾補》卷二：「按《藝文志》農家《宰氏》十七篇，班氏自注云：『不知何世。』若計然，班氏著於《人表》，不容不知。馬竹吾疑計然爲宰氏，非也。《氏族略》引《范蠡傳》云云，今覆按《史》《漢》，實無計然姓宰氏之文，不知所據。《皇覽》及《中經簿》有計然《萬物録》，《意林》云《范子》十二卷，兩《唐書》作《范子計然》乃十五卷。今按《御覽》諸書所引

《范子》，其文多似《萬物録》，疑唐時合爲一書，故多出三卷也。歙縣程景沂輯《計倪子》一卷，高郵茆泮林輯《范子》一卷，改題《計然萬物録》。」

錢穆《計然乃范蠡著書篇名非人名辨》：「洪氏此説，已知《范子》之非《文子》，而不知《唐志》農家十二卷之《范子》，非即《漢志》兵權謀家二篇之《范蠡》也。蓋《史記》所謂『《計然》七策，越用其五』者，《計然》乃范蠡爲越謀富强報吴復仇之書，故入之兵權謀。范蠡功成，又欲移其致富之術，試之私家，故《史記》摘其語於《貨殖傳》。後之造僞書者不辨，專以天時陰陽農事殖産爲説，故入農家。」

〔八〕《意林》卷一《孟子十四卷》有云：「伊尹不以一芥與人，亦不取一芥於人。」今本《孟子》文小異，云：「一介不以與人，一介不以取諸人。」

《四庫全書總目》卷一二三《意林》提要：「今觀所采諸子，凡世所不傳者，惟賴此僅存其概。其傳於今者，如《老》《莊》《管》《列》諸家，亦多與今本不同，不特《孟子》之文如《容齋隨筆》所云也。」

〔九〕胡應麟《少室山房筆叢》卷三《經籍會通三》，先引《隨筆》此條，接云：「《隨巢子》六篇，《胡非子》三篇，並見《漢·藝文志》，注皆云墨翟弟子也。《纏子》不載《漢志》，而《意林》引用二條，皆與董無心論難語。無心，戰國人，著書闢墨子。纏子蓋亦戰國墨之徒也。《王孫子》一篇，見《漢志》儒家，注名《巧心》。劉勰《雕龍》末所稱『王孫巧心』即此。公孫尼，七十子門人，其書兩見《漢志》，一儒家，二十八篇；一雜家，一篇。今《意林》所引但有公孫文子而無公孫尼，不知其儒家、雜家也。阮子書名《政論》，魏清河太守阮武撰。姚信，書名《士緯》，梁人。信又有《新書》二卷，並見鄭氏《通志·藝文略》。阮法家，姚名家也。《通語》十卷，晉尚書左丞殷興撰。《正部論》八卷，後漢侍中王逸撰，並見《隋志》儒家注中。（凡注皆梁時目録有者，隋世已亡，故因類附之。）《牟子》二卷，後漢太尉牟融撰。鄭《志》同列儒家，今載《弘明集》者非也。周生烈，魏人，《三國志》有傳，《隋志》作《周生子要論》，亦見儒家。（《潛夫論》注中。）《秦子》三卷，吴秦菁撰，見《隋志》雜家。（《傅子》注中。）《梅子》一卷，中言阮步兵，《意林》以爲晉人，或近之。《隋志》作《梅子新論》。（附桓譚下。）《魏朗》三卷，後漢會稽人，見《隋志》儒家。《唐子》十卷，吴唐滂撰，見《隋志》道家。《鄒子》，《漢志》有三，戰國衍、奭，漢鄒陽。據《意林》所引百餘言，不類戰國，或當是陽書也。《孫氏成敗志》三卷，吴孫毓撰，見《隋志》。（儒家《正論》下。）《蔣子》者，魏蔣濟《萬機論》八卷，見雜家。《譙子》者，蜀譙周《法訓》八卷，見儒家。鍾會《芻蕘論》五卷。（附蔣濟《萬機論》下。）《默記》三卷，吴大鴻臚張儼撰。《新言》五卷，吴大鴻臚裴元撰。《析言論》二十卷，晉議郎張顯撰，並見《隋志》雜家。（《傅子》注下。）顯又有《古今訓》十一卷，亦見雜家。《正論》十九卷，《正書》二十五卷，並袁準撰，見儒家。《蘇子》者七卷，晉征北參軍蘇彦撰。《陸子》者十卷，晉清河守陸雲撰，並附道家。（《唐滂子》下。）然雜家又有蘇道《立言》六卷，陸澄《政論》十三卷，不知《意林》所引果道家、雜家也。《干子》十八卷，晉干寶撰。《顧子》十卷，晉揚州主簿顧夷撰，並附見儒家。（《志林》下。）然吴太常顧譚有《新語》十二卷，亦稱《顧子》。《諸葛子》五卷，吴太傅諸葛恪撰，見雜家，然儒家又有武侯《集誡》二卷，亦諸葛也。《陳子要言》十二卷，吴豫章太守陳融撰，見法家。《苻子》二十卷，東晉員外郎苻朗撰，見道家。惟《任弈子》未得考，而道家有魏河東太守任嘏撰《道論》十二卷，或字之訛也。（《漢志》外，並見《隋志》、《唐史》、《鄭志》俱同。）」

又云：「按景盧謂諸書今皆不傳於世，此殊失考。諸書非至宋始不傳，自隋世已湮没。考《隋・經籍志》，洪所列三十餘家，存者惟魏朗、唐滂、蔣濟、譙周、袁準、苻朗、顧譚、任嘏十餘家。《隋巢》一卷，《胡非》《公孫尼》亦各一卷，蓋不過十之三，自餘皆梁世所有，隋一不存。修史者附見其目列注自明，鄭漁仲一槩抄入，不復辨其有亡，大誤後學。若馬氏《意林》所録，自是從仲容《子鈔》簒出，諸子本書雖亡，其引用于《子鈔》者，唐世故在。洪雅名博洽，然於諸史藝文志不甚究心，故有此誤。」

又云：「今《意林》六十家，洪所列外尚有一二僻者。《化清經》十卷，蔡洪撰。《篤論》四卷，杜恕撰。《物理論》十六卷，楊泉撰。並隋世已亡，附見諸子注中。又《體論》四卷，亦杜恕撰。《傅子》百二十卷，傅玄撰。並隋世尚存者。此外有湘東王《鴻烈》十卷，楊偉《桑丘先生書》二卷，《陸澄缺文》十三卷，張顯《古今訓》十一卷，盧辯《稱謂》五卷，《桓子》一卷，《何子》五卷，《郭子》三卷，隋世或存或亡，今率湮没無考。大抵唐以前子書僻者，略盡此矣。」

按：《隨筆》本條所謂「袁淮《正書》、袁子《正論》」，恐有誤。河田羆《静嘉堂秘籍志》卷二三

「袁子」條：嚴可均有重輯校本，卷首嚴序曰：「《隋書·經籍志》，《袁子正論》十九卷，袁準撰。梁又有《袁子正書》二十五卷，袁準撰。亡。《舊唐志》儒家《政論》二十卷、《正書》二十五卷，袁准撰。《新唐志》作『正論』，作『袁準』，卷數與《舊》同。各書或稱袁準，或稱袁准，或稱袁淮，蓋隸俗變準爲准，因訛爲淮，止是一人，《正論》《政論》止是一書。」《隨筆》本條又謂《牟子》不傳於世。按余嘉錫《牟子理惑論檢討·流傳著録第一》：「自《崇文總目》以下，遂不著於録。洪邁《容齋續筆》卷十六，舉馬總《意林》所引書不見於世者，中有《牟子》，知單行本已亡，洪氏亦不知其尚存於《弘明集》中矣。」（《余嘉錫文史論集》）

4　思潁詩

士大夫發迹壠畝，貴爲公卿，謂父祖舊廬爲不可居，而更新其宅者多矣。復以醫藥弗便，飲膳難得，自村疃而遷於邑，自邑而遷於郡者亦多矣。唯翩然委而去之，或遠在數百千里之外，自非有大不得已，則舉動爲不宜輕。若夫以爲得計，又從而詠歌夸詡之，著于詩文，是其一時思慮，誠爲不審，雖名公鉅人，未能或之免也。歐陽公，吉州廬陵人，其父崇公，葬于其里之瀧岡，公自爲《阡表》〔一〕，紀其平生，而公中年乃欲居潁。其《思潁詩序》云：「予自廣陵得請來潁，愛其民淳訟簡，土厚水甘，慨然有終焉之志。爾來思潁之念，未嘗少忘於心，而意之所存，亦時時見於文字。乃發舊槀，得南京以後詩十餘篇，皆思潁之作，以見予拳拳於潁者，非一日也。」又《續詩序》云：「自丁家難，服除，入翰林爲學士，忽忽八年間，歸潁之志雖未遂，然未嘗一日少忘焉。至于今，年六十有四，免并得蔡，蔡、潁連疆，因得以爲歸老之漸。又得在亳及青十有七篇附之。時熙寧三年也。」〔二〕公次年致仕，又一年而薨〔三〕，其逍遥於潁，蓋無幾時，惜無一語及于松楸之思。崇公惟一子耳，公生四子〔四〕，皆爲潁人，瀧岡之上，遂無復有子孫臨之，是因一代貴達而墳墓乃隔爲它壤。予每讀二序，輒爲太息。嗟乎！此文不作可也〔五〕。若東坡之居宜興，乃因免汝州居住而至，其後自海外北還，無以爲歸，復暫至常州，已而捐館〔六〕。文定公雖居許，而治命反葬於眉山云〔七〕。

【箋證】

〔一〕歐陽修《文忠集》卷二五《瀧岡阡表》。

王義山《稼村類稿》卷一〇《黄草塘移居圖跋》引《隨筆》此條，後云：「余因是而敢以容齋不滿於歐公者例不滿於濂溪、温公、康節三君子？嗚呼，天下後世敢有致不滿之意議吾三君子者乎？曰：不敢也。然而容齋之筆可畏也。雖然，舍祖父之居，豈特三君子哉？責備賢者也。」

〔二〕見歐陽修《文忠集》卷四四《思潁詩後序》《續思潁詩序》。引文爲節録。

〔三〕《宋史》卷三一九《歐陽修傳》：「熙寧四年，以太子少師致仕。五年，卒。」

〔四〕歐陽守道《巽齋文集》卷一九《書歐公帖》：「崇公生二子，長曰昞，次則文忠。而『曰昞』之下有『曰卒』二字，然後及『曰某』，則文忠名也。三『曰』字並列，則爲兄弟三人矣，然豈有人名『曰卒』者耶？此第二『曰』字蓋『早』字之誤也。」

王稱《東都事略》卷七二《歐陽修傳》：「居潁一年而卒。」又云：「四子：發、奕、棐、辨。」

〔五〕歐陽玄《圭齋文集》卷二《送振先宗丈歸祖庭》詩末按云：「歐陽公晚年乞守洪州，累表不得請，於是歸江右之志遂不果。余詩所謂『其居偏方』，熟於歐文者能知之。蓋公之不歸廬陵，其志深有可諒者矣。南渡以後，宋人多議公此事，洪景盧、楊廷秀之賢亦未免有此意。甚者，謂公子孫居潁，爲金人所戕而遂絶。是大不然。」

王士禛《居易録》卷一九：「歐陽永叔致仕，乞居潁，終其身不歸廬陵，前人議者不一，洪文敏《二筆》駁之尤詳，略云：（即本條，略。）此言雖起永叔於九原，不知何以自解於不孝之罪。」又其《池北偶談》卷二二《族望》：「宋人罷官者多居近畿，不歸其鄉，死即葬焉，子孫亦遂占籍，如鉅野晁氏、東萊吕氏、華陽范氏、梓州蘇氏，代居京師。又如歐陽居潁而葬新鄭，蘇氏居許而葬郟，後世過廬陵、眉州者，豈復可尋其彷彿耶？」又其《香祖筆記》卷一一：「宋世士大夫最講禮法，然有不可解者二，仕宦卒葬，終身不歸其鄉，一也。」按，趙翼《陔餘叢考》卷一八《宋時士大夫多不歸本籍》條，列舉張齊賢、楊億、韓億、杜衍、范仲淹、范鎮、文彦博諸人，亦可參。

〔六〕《東坡全集》卷六五《乞致仕表》：「臣素有薄田在常州宜興縣，粗了饘粥，所以崎嶇萬里，奔歸常州，以盡餘年。」蘇轍《欒城後集》卷二二《亡兄子瞻端明墓誌銘》：子瞻「始病，以書屬轍曰：『即死，葬我嵩山下，子爲我銘。』」《宋史》卷三三八《蘇軾傳》附《蘇過傳》：「軾卒於常州。過葬軾汝州郟城小峨眉山，遂家潁昌。」

〔七〕《欒城後集》卷一三《潁濱遺老傳下》：「家本眉山，貧不能歸，遂築室於許。先君之葬，在眉山之東，昔嘗約祔於其庚，雖遠不忍負也，以是累諸子矣。」

5　劉蕡下第

唐文宗太和二年三月，親策制舉人賢良方正，劉蕡對策，極言宦官之禍。既而裴休、李郃等二十二人中第，皆除官。考官左散騎常侍馮宿、太常少卿賈餗、庫部郎中龐嚴，見蕡策，皆歎服，而畏宦官，不敢取。詔下，物論囂然稱屈。諫官、御史欲論奏，執政抑之。李郃曰：「劉蕡下第，我輩登科，能無厚顔！」乃上疏，以爲「蕡所對策，漢、魏以來無與爲比。今有司以蕡指切左右，不敢以聞，恐忠良道窮，綱紀遂絶。臣所對不及蕡遠甚，乞回臣所授，以旌蕡直。」不報〔一〕。予案，是時宰相乃裴度、韋處厚、竇易直，易直不足言，裴、韋之賢，顧獨失此，至於抑言者使勿論奏，豈不有愧於心乎！蕡既由此不得仕於朝，而李郃亦不顯，蓋無敢用之也。令狐楚、牛僧儒乃能表蕡入幕府，待以師禮，竟爲宦人所嫉誣，貶柳州司户〔二〕。李商隱贈以詩，曰：「漢廷急詔誰先入，楚路高歌自欲翻。萬里相逢歡復泣，鳳巢西隔九重門。」及蕡卒，復以二詩哭之，曰：「一叫千回首，天高不爲聞。」又曰：「已爲秦逐客，復作楚冤魂。」「並將添恨淚，一灑問乾坤。」其悲之至矣〔三〕。甘露之事，相去財七年，未知蕡及見之否乎〔四〕？

【箋證】

〔一〕《資治通鑑》卷二四三《唐文宗紀》大和二年。徐松《登科記考》卷二〇大和二年，録三月辛巳詔、策問、閏三月甲午詔，及李郃奏疏，可參。

〔二〕《新唐書》卷一七八《劉蕡傳》。徐松《登科記考》卷二〇大和二年，引《摭言》云：「大和二年，裴休等二十三人登制科。時劉蕡對策萬餘字，深究治亂之本，又多引《春秋》大義，雖公孫弘、董仲舒不能肩也。自休以下，靡不斂衽。然以指斥貴倖，不顧忌諱，有司知而不取。時登科人李郃詣闕進疏，請以己之所得易蕡之所失。疏奏留中。蕡期月之間，屈聲播於天下。」按《資治通鑑·唐文宗紀》：「蕡由是不得仕於朝，終於使府御史。」《新唐書》卷五九《藝文志》雜藝術類有李郃《骰子選格》三卷，注曰：「字仲玄，賀州刺史。」祝穆《方輿勝覽》卷四一《賀州·名宦》：「郃遂出知賀州。爲政有聲聞，見李時亮《古碑總録》。」

〔三〕《李義山詩集》卷上《贈劉司户蕡》《哭劉司户蕡二首》。

〔四〕《新唐書·劉蕡傳》：「蕡對後七年有甘露之難。」甘露之事，可參《隨筆》卷一《白公詠史》、卷一四《舒元輿文》。

6 酒肆旗望

今都城與郡縣酒務，及凡鬻酒之肆，皆揭大帘於外，以青白布數幅爲之。微者隨其高卑小大，村店或挂缾瓢，標箒秆。唐人多詠於詩〔一〕，然其制蓋自古以然矣。《韓非子》云：「宋人有酤酒者，斗槩甚平，遇客甚謹，爲酒甚美，懸幟甚高，而酒不售，遂至於酸。」所謂懸幟者此也〔二〕。

【箋證】

〔一〕唐人習稱之酒旗，或又稱酒幟、酒旆、酒簾。張籍《江南行》：「高高酒旗懸江口。」（《全唐詩》卷三八二）陸龜蒙《奉酬襲美先輩吴中苦雨一百韻》：「酒幟風外攲。」（《全唐詩》卷六一七）杜牧《自宣州赴官入京路逢裴坦判官歸宣州因題贈》：「縈風酒旆挂朱閣。」（《全唐詩》卷五二〇）李中《江邊吟》：「閃閃酒簾招醉客。」（《全唐詩》卷七四七）

〔二〕《韓非子·外儲説右上》。楊寬《「幌子」小記》（載楊寬《古史探微》）：「『幌子』就是『望子』。其意義和作用，是和『招牌』相同的。『望子』這名稱，在唐宋時已有了。大概其中以酒家的『望子』爲最著。」「《廣韻》説酒家望子是『青簾』，鄭谷、李中的詩也都説是『青簾』，皮日休詩説：『青幟闊數尺』，唐代酒旗大多用青布製成，是無疑的。到宋代，青布之外，也有白布的了。」引宋竇苹《酒譜》「酒之事」條：「《韓非子》云『宋人沽酒，懸幟甚高』，酒市有旗，始見于此。或謂之簾，近世文字有賦之者，中有警策之辭云：『無小無大，一尺之布可縫；或素或青，十室之邑必有。』」又引《隨筆》本條。接云：「宋朱鋭《盤車圖幅》，其中酒簾，直分爲三長方格，中間的長方格白色，兩旁的深色；還有宋郭忠恕《山居風簾圖》，其中酒簾，上有一横格，深色，下分三長方格，中間的長方格深色，兩旁的白色，大概深色的即是青布，白色的即是白布。《盤車圖幅》上的『望子』，是用二幅青布和一幅白布縫成的，《山居風簾圖》上的『望子』，是用兩幅青布兩幅白布縫成的。」

7 賢宰相遭讒

一代宗臣，當代天理物之任，君上委國而聽之，固爲社稷之福，然必不使邪人參其間乃可，不然必爲所勝。姑以唐世及本朝之事顯顯者言之，若褚遂良、長孫無忌之遭李義府、許敬宗〔一〕，張九齡之遭李林甫是已〔二〕。裴晉公相憲宗，立淮、蔡、青、鄆之功，唐之威令紀綱既壞而復振，可謂名宰矣。皇甫鎛一共政，則去不旋踵，迨穆、敬、文三宗，主既不明，而元稹、李逢吉、宗閔更撼之，使不得一日安厥位〔三〕。趙韓王以佐命元勳，而爲盧多遜所勝〔四〕，寇萊公爲丁謂所勝〔五〕，杜祁公、韓、范爲陳執中、賈昌朝所勝〔六〕，富韓公爲王介甫所勝〔七〕，范忠宣爲章子厚所勝〔八〕，趙忠簡爲秦會之所勝〔九〕，大抵皆然也。

【箋證】

〔一〕《新唐書》卷一〇五《褚遂良傳》：褚遂良，貞觀中，累遷起居郎，遷諫議大夫，兼知起居事。授太子賓客。進黄門侍郎，參綜朝政，拜中書令。高宗時，拜吏部尚書、同中書門下三品，進拜尚書右僕射。高宗將立武昭儀，召長孫無忌、李勣、于志寧及遂良議。遂良曰：「皇后無它過，不可廢。」又對曰：「昭儀昔事先帝，身接帷第，今立之，奈天下耳目何？」帝羞默。遂良因致笏殿階，叩頭流血。武氏立，乃左遷遂良潭州都督。卒後二歲，許敬宗、李義府奏長孫無忌逆謀皆遂良驅煽，乃削官爵。又，同卷《長孫無忌傳》：無忌從秦王征討有功，累擢比部郎中、上党縣公。王即位，遷吏部尚書，進尚書右僕射。高宗即位，進太尉，檢校中書令，猶知門下、尚書二省。「帝欲立武昭儀爲后，無忌固言不可。許敬宗數勸之，無忌厲色折拒。帝後召無忌、遂良及于志寧言后無息，昭儀有子，必欲立之者。無忌已數諫，即曰：『先帝付託遂良，願陛下訪之。』遂良極道不可，帝不聽。后既立，以無忌受賜而不助己，銜之。敬宗揣后指，陰使洛陽人李奉節上無忌變事，與侍中辛茂將臨按，傅致反狀。」敬宗言無忌反明甚，請逮捕。無忌投繯卒。

〔二〕參《續筆》卷一五《李林甫秦檜》箋證。

〔三〕《新唐書》卷一七三《裴度傳》：憲宗元和間，度拜中書舍人，進御史中丞。王師討蔡，以度視行營諸軍，還，奏攻取策，與帝意合。進兼刑部侍郎。于時，討蔡數不利，群臣争請罷兵，唯度請身督戰，即拜門下侍郎、平章事、彰義軍節度、淮西宣慰招討處置使。事畢，策勳進金紫光禄大夫、弘文館大學士、上柱國、晉國公，知政事。時程异、皇甫鎛以言財賦幸，俄得宰相。度極論不可，帝不聽。纖人始得乘罅，卒爲异、鎛所構，以檢校尚書右僕射兼門下侍郎平章事爲河東節度使。穆宗即位，進檢校司空。朱克融、王廷湊亂河朔，加度鎮州行營招討使。時元稹顯結宦官魏弘簡，求執政，憚度復當國，因經制軍事，數居中持梗，不使有功。俄擢稹宰相，以度守司空、平章事、東都留守。後拜度守司徒，領淮南節度使，又以本官兼中書侍郎、平章事。權佞側目，謂李逢吉險賊善謀，可以構度，共諷帝自襄陽召逢吉還，拜兵部尚書。度居位再閲月，果爲逢吉所間，罷爲左僕射，出爲山南西道節度使，奪平章事。文宗即位，加門下侍郎，進階開府儀同三司。度自見功高位極，稍詭迹避禍。於是牛僧孺、李宗閔同輔政，媢度勳業久居上，欲有所逞，乃共訾其迹損短之，因度辭位，即白帝進兼侍中，出爲山南東道節度使。

〔四〕《宋史》卷二五六《趙普傳》：太祖陳橋受禪，以佐命功，授右諫議大夫，充樞密直學士。建隆三年，拜樞密使、檢校太保。乾德二年，爲門下侍郎、平章事、集賢殿大學士。五年春，加右僕射、昭文館大學士。普爲政頗專，廷臣多忌之。盧多遜爲翰林學士，因召對屢攻其短。普恩益替，始詔參知政事與普更知印、押班、奏事，以分其權。未幾，出爲河陽三城節度、檢校太傅、同平章事。太平興國初入朝，改太子少保，遷太子太保。頗爲盧多遜所毀，奉朝請數年，鬱鬱不得志。

〔五〕《宋史》卷二八一《寇準傳》：丁謂出準門至參政，事準甚謹。嘗會食中書，羹汙準須，謂起，徐拂之。準笑曰：「參政國之大臣，乃爲官長拂須邪？」謂甚愧之，由是傾構日深。天禧三年，祀南郊，準進尚書右僕射、集賢殿大學士。時真宗得風疾，劉太后預政于内，準請間曰：「皇太子人所屬望，願陛下思宗廟之重，傳以神器，擇方正大臣爲羽翼。丁謂、錢惟演，佞人也，不可以輔少主。」帝然之。準密令翰林學士楊億草表，請太子監國，且欲援億輔政。已而謀泄，罷爲太子太傅，封萊國公。時懷政（郁之按，内侍都知周懷政。）反側不自安，且憂得罪，乃謀殺大臣，請罷皇后預政，奉帝爲太上皇，而傳位太子，復相準。客省使楊崇勳等以告丁謂，謂微服夜乘犢車詣曹利用計事，明日以聞。乃誅懷政，降準爲太常卿、知相州，徙安州，貶道州司馬。乾興元年，再貶雷州司户參軍。

另參《隨筆》卷八《真宗末年》箋證。

〔六〕《宋史》卷三一〇《杜衍傳》：仁宗時，拜同平章事、集賢殿大學士兼樞密使。「衍好薦引賢士，而沮止僥倖，小人多不悦。時范仲淹、富弼欲更理天下事，與用事者不合，仲淹、弼既出宣撫，言者附會，益攻二人之短。帝欲罷仲淹、弼政事，衍獨左右之。以尚書左丞出知兖州。慶曆七年，衍甫七十，上表請還印綬，乃以太子少師致仕。衍爲宰相，賈昌朝不喜，議者謂故相一上章得請，以三少致仕，皆非故事。蓋昌朝抑之也。」《東都事略》卷六六《陳執中傳》：慶曆四年，執中召拜參知政事，諫官孫甫、蔡襄言其剛愎不才不可任以政，仁宗不聽。「是時，章得象、杜衍爲相，賈昌朝與執中參知政事，每議事，執中多與之異。甫、襄言既不用，因求去。事下中書。甫本衍所舉用，而二人者俱有名望，於是中書奏乞留二人，仁宗頷之。衍退朝，即召吏出劄子，令甫、襄供職。執中曰：『向者上無明旨，當復奏。』吏還白衍。衍取劄子焚之。執中遂言衍黨二人，苟欲在諫職以擅權，及臣覺其情，乃取劄子焚之。明日，衍左遷出知兗州，甫、襄亦罷。頃之，得象免相。昌朝與執中同相，拜同中書門下平章事」。

《宋史》卷三一二《韓琦傳》：「琦與范仲淹、富弼皆以海内人望，同時登用，中外跂想其勳業。仲淹等亦以天下爲己任，群小不便之，毁言日聞。仲淹、弼繼罷，琦爲辨析，不報。尹洙與劉滬争城水洛事，琦右洙，朝論不謂然。乃請外。」

《宋史》卷三一四《范仲淹傳》：「初，仲淹以忤吕夷簡，放逐者數年，士大夫持二人曲直，交指爲朋黨。及陝西用兵，天子以仲淹士望所屬，拔用之。及夷簡罷，召還，倚以爲治，中外想望其功業。而仲淹以天下爲己任，裁削幸濫，考覈官吏，日夜謀慮，興致太平。然更張無漸，規摹闊大，論者以爲不可行。及按察使出，多所舉劾，人心不悦。自任子之恩薄，磨勘之法密，僥倖者不便，於是謗毁稍行，而朋黨之論浸聞上矣。攻者益急，仲淹亦自請罷政事，乃以爲資政殿學士、陝西四路宣撫使、知邠州。其在中書所施爲，亦稍稍沮罷。」

〔七〕《宋史》卷三一三《富弼傳》：「王安石用事，雅不與弼合。弼度不能争，多稱疾求退，章數十上。神宗將許之，問曰：『卿即去，誰可代卿者？』弼薦文彦博。神宗默然，良久曰：『王安石何如？』弼亦默然。拜武寧節度使、同中書門下平章事，判河南，改亳州。青苗法出，弼以謂如是則財聚於上，人散於下，持不行。提舉官趙濟劾弼格詔旨，侍御史鄧綰又乞付有司鞫治，乃以僕射判汝州。安石曰：『弼雖責，猶不失富貴。昔鯀以方命殛，共工以象恭流，弼兼此二罪，止奪使相，何由沮奸？』帝不答。弼言：『新法臣所不曉，不可以治郡。願歸洛養疾。』許之。」

〔八〕《宋史》卷三一四《范純仁傳》：「元祐三年，純仁拜尚書右僕射兼中書侍郎。宣仁后崩，哲宗親政，純仁乞避位。哲宗語呂大防曰：「純仁有時望，不宜去，可爲朕留之。」哲宗既召章惇爲相，純仁堅請去，遂以觀文殿大學士加右正議大夫知潁昌府。徙河南府，又徙陳州。呂大防等竄嶺表，會明堂肆赦，章惇先期言：「此數十人，當終身勿徙。」純仁聞而憂憤，欲齋戒上疏申理之。疏奏，忤惇意，詆爲同罪，落職知隨州。明年，又貶武安軍節度副使、永州安置。

〔九〕《宋史》卷三六〇《趙鼎傳》：「鼎嘗闢和議，與檜意不合，及鼎以争璩封國事拂上意，檜乘間擠鼎，又薦蕭振爲侍御史，振因詆鼎結臺諫及諸將。高宗聞益疑，鼎引疾求免。乃以忠武節度使出知紹興府，尋加檢校少傅，改奉國軍節度使。檜率執政往餞其行，鼎不爲禮，一揖而去，檜益憾之。始，（張）浚薦秦檜可與共大事，鼎再相亦以爲言。然檜機穽深險，浚初求去，有旨召鼎。鼎至越丐祠，檜惡其逼己，徙知泉州，又諷謝祖信論鼎嘗受張邦昌僞命，遂奪節。御史中丞王次翁論鼎治郡廢弛，命提舉洞霄宮。鼎自泉州歸，復上書言時政，檜忌其復用，諷次翁又論其嘗受僞命，乾没都督府錢十七萬緡，謫官居興化軍。論者猶不已，移漳州，又責清遠軍節度副使，潮州安置。在潮五年，杜門謝客，時事不掛口，有問者，但引咎而已。在吉陽三年，潛居深處，門人故吏皆不敢通問，惟廣西帥張宗元時饋醪米。檜知之，令本軍月具存亡申。遂不食而死。」

8 宋齊丘

自用兵以來，令民間以見錢紐納税直，既爲不堪，然於其中所謂和買折帛，尤爲名不正而斂最重〔二〕。偶閲大中祥符間太常博士許載著《吴唐拾遺録》，所載多諸書未有者〔三〕。其《勸農桑》一篇正云：「吴順義年中，差官興版簿，定租税，厥田上上者，每一頃税錢二貫一百文，中田一頃税錢一貫八百，下田一頃千五百，皆足陌見錢，如見錢不足，許依市價折以金銀。并計丁口課調①，亦科錢。宋齊丘時爲員外郎，上策乞虚擡時價，而折紬、綿、絹本色，曰：『江淮之地，唐季已來，戰争之所。今兵革乍息，黎甿始安，而必率以見錢，折以金銀，此非民耕鑿可得也，無興販以求之，是爲教民棄本逐末耳。』是時，絹每匹市賣五百文，紬六百文，綿每兩十五文，齊丘請絹每匹擡爲一貫七百，紬爲二貫四百，綿爲四十文，皆足錢，丁口課調，亦請蠲除。朝議喧然沮之，謂虧損官錢萬數不少。齊丘致書于徐知誥曰：『明公總百官，理大國，督民見錢與金銀，求國富庶，所謂擁篲救火，撓水求清，欲火滅水清可得乎？』知誥得書，曰：『此勸農上策也。』即行之。自是不十年間，野無閑田，桑無隙地。自吴變唐，自唐歸宋，民到于今受其賜。」齊丘之事美矣。徐知誥亟聽而行之，可謂賢輔相〔三〕。而《九國志·齊丘傳》中略不書，《資治通鑑》亦佚此事〔四〕。今之君子爲國，唯知浚民以益利，豈不有靦於偏閏之臣乎？齊丘平生，在所不論也〔五〕。

【校勘】

①「并」，馬本、庫本、祠本作「算」。

【箋證】

〔一〕《文獻通考》卷二〇《市糴考一·均輸市易和買》引止齋陳氏（傅良）曰：「和預買原始於太平興國七年，然折錢未有定數，如轉運使輒加重，詔旨禁絶之。熙寧理財，多折見錢，而諸郡猶有添起貫陌不等之弊，朝廷隨即行遣。今之困民，莫甚於折帛，而預和市尤爲無名之斂。然建炎初行折帛亦止二貫，户部每歲奏乞指揮，未爲常率。四年爲三貫省，紹興二年爲三貫五百省，四年爲五貫二百省，五年七貫省，七年八貫省。至十七年有旨稍損其價，兩浙紬絹每匹七貫文，内和買六貫五百文，綿每兩四百文，江東路紬絹每匹六貫文，則科折之重，至此極矣，不可不務寬之也。」

〔二〕《宋史》卷二〇三《藝文二》傳記類有許載《吴唐拾遺録》十卷。

〔三〕吴任臣《十國春秋》卷三《吴三·睿帝本紀》順義二年，引文少異。

〔四〕按《資治通鑑》卷二七〇《後梁紀五・均王中》貞明四年，實載此事，云：「吳有丁口錢，又計畝輸錢，錢重物輕，民甚苦之。齊丘説知誥，以爲錢非耕桑所得，今使民輸錢，是教民棄本逐末也，請蠲丁口錢，自餘税悉輸穀。帛、紬、絹，匹直千錢者，當税三千。或曰：『如此，縣官歲失錢億萬計。』齊丘曰：『安有民富而國家貧者邪？』知誥從之。由是，江淮間曠土盡闢，桑柘滿野，國以富强。知誥欲進用齊丘，而徐温惡之，以爲殿直軍判官。知誥每夜引齊丘于水亭屏語，常至夜分。或居高堂，悉去屏障，獨置大爐，相向坐不言，以鐵筯畫灰爲字，隨以匙滅去之，故其所謀，人莫得而知也。」然梁貞明四年當吳天祐十五年，尚在順義年之前數年。年代稍不合。

路振《九國志》。陳振孫《直齋書録解題》卷五《僞史類》：「《九國志》五十一卷。右正言知制誥祁陽路振子發撰。九國者，謂吳、唐、二蜀、東南二漢、閩、楚、吳越，各爲世家、列傳，凡四十九卷。末二卷爲北楚，書高季興事，張唐英所補撰也。」

〔五〕宋齊丘生平，可詳陸游《南唐書》卷四本傳。傳末論曰：「世言江南精兵十萬，而長江天塹可當十萬，國老宋齊丘機變如神，可當十萬。周世宗欲取江南，故齊丘以反間死。方五代之際，天下分裂大亂，賢人君子皆自引於深山大澤之間，以不仕爲得，而馮道有重名於中原，齊丘擅衆譽於江表，觀其人可以知其時之治亂矣。周師之犯淮南，齊丘實預議論。雖元宗不盡用，然使展盡其籌策，亦非能決勝保境者，且世宗豈畏齊丘機變而間之者哉？蓋鍾謨自周歸，力排齊丘，殺之，故其黨附會爲此説，非其實也。予論序齊丘事，盡黜當時愛憎之論而録其實，覽者得詳焉。」

9 鹹杬子

《玉篇》《唐韻》釋杬字云：「木名，出豫章，煎汁，藏果及卵不壞。」〔一〕《異物志》云：「杬子，音元，鹽鴨子也。」〔二〕以其用杬木皮汁和鹽漬之〔三〕。今吾鄉處處有此，乃如蒼耳、益母，莖幹不純是木。小人争鬥者，取其葉挼擦皮膚，輒作赤腫，如被傷，以誣賴其敵。至藏鴨卵，則又以染其外，使若赭色云。

【箋證】

〔一〕《玉篇》卷一二木部。《廣韻》卷一《上平聲·二十二元》：「杬，木名，出豫章，煎汁，藏果及卵不壞。」《唐韻》已佚。《廣韻》此條或即從《唐韻》之舊。《爾雅·釋木》：「杬，魚毒。」郭璞注：「杬，大木，子似栗，生南方，皮厚汁赤，中藏卵果。」《急就篇》卷四「烏喙附子椒芫華」顔師古注：「芫字或作杬。《爾雅》曰：『杬，魚毒。』郭景純解云：『大木，生南方，皮厚汁赤，堪藏卵果。』此説誤耳。其生南方用藏卵果者，自別一杬木，乃左思《吴都賦》所云『緜杬杶櫨』者耳，非毒魚之杬也。」

朱彝尊《曝書亭集》卷六〇《釋杬》：「《爾雅》：『杬，魚毒。』郭璞注云：『杬，大木，子似栗，生南方，皮厚汁赤，中藏卵果。』陸德明《釋文》云：『杬音元。又作芫。』鄭樵注云：『今南人謂之杬木，其皮可煎汁藏梅。』三家之釋《爾雅》若是。蓋杬之用在子。沈瑩《臨海異物志》云：『杬，味似楮，用其皮汁和鹽漬鴨子。』裴淵《廣州記》云：『杬殼似栗，赤色，子大如栗，散有棘，刺破其外皮，肉白如脂肪，著核不離。』賈思勰《齊民要術·作杬子法》云：『杬木皮淨洗細莖，剉煮取汁，率二斗，及熟，下鹽一升和之。汁極冷，内甕中，浸鴨子一月，煮而食之。』《廣韻》注：『杬，木名，出豫章，煎汁，藏果不壞。』錢易《南部新書》云：『湖州歲貢黄杬子、連蔕木瓜。故李景先戲蘇特曰：「使君貴部有三黄杬子、五蔕木瓜。」』左文質《吴興統紀》云：『大曆元年，進單黄杬子。』談鑰《吴興志》云：『唐歲貢單杬子一千三百五十顆，重黄杬子一千三百顆。』樂史《寰宇記》，湖州土産單杬子。（郁之按，《太平寰宇記》卷九四《江南東道六·湖州》土産有五：紫笋茶、木瓜、糁煎、重秔米、白紵布。未見單杬子。）予嘗問之州人，莫有識者。洪邁《容齋隨筆》云：『杬如蒼耳、益母，莖幹不純，漬以藏鴨子，則染其外。』陶宗儀《輟耕録》云：『今人以米湯和入鹽草灰以團鴨卵，謂曰鹹杬子。』按今無錫土俗猶然。坊本《爾雅》乃譌『杬』爲『杭』。於是凡詮『杬』者皆以『杭』義釋之。考諸顧野王《玉篇》，於『杬』則注『木名』，於『杭』則注『州名』，二義固秩然不紊也。若單黄、重黄、三黄，則造杬子法有不同爾。至若卞彬下酒以杬皮爲肴，則又專用皮已。」

〔二〕《宋史》卷二〇六《藝文志五》有沈如筠《異物志》，未詳是否。

〔三〕賈思勰《齊民要術》卷六《養鵝鴨第六十·作杬子法》：「取杬木皮，浄洗細莖，剉煮取汁，率二斗，及熟，下鹽一升和之。汁極冷，内甕中，浸鴨子一月。」陸游《老學菴筆記》卷五：「《齊民要術》有鹹杬子，法用杬木皮漬鴨卵。今吴人用虎杖根漬之，亦古遺法。」朱翌《猗覺寮雜記》卷下：「南人以鹽收鴨子，曰鹹丸子。《爾雅》：『杬，魚毒。』注謂『杬皮厚赤汁，中藏卵果不壞。』當用杬字。」陶宗儀《輟耕録》卷七《鹹杬子》：「按《齊民要術》用杬木皮淹漬，故名之。若作圓字寫，則誤矣。」

10　月中桂兔

《西陽雜俎·天咫篇》載月星神異數事。其命名之義，取《國語》楚靈王曰「是知天咫，安知民則」之説〔一〕。其紀月中蟾桂，引釋氏書，言「須彌山南面有閻扶樹，月過樹，影入月中。或言月中蟾桂，地影也，空處，水影也」。予記東坡公《鑒空閣詩》云：「明月本自明，無心孰爲境？挂空如水鑑，寫此山河影。我觀大瀛海，巨浸與天永。九州居其間，無異蛇盤鏡。空水兩無質，相照但耿耿。妄云桂兔蟇，俗説皆可屏。」正用此説。其詩在集中，題爲《和黄秀才》〔二〕。頃予游南海，西歸之日，泊舟金利山下，登崇福寺，有閣枕江流，標爲「鑒空」①，正見詩牌揭其上，蓋當時臨賦處也〔三〕。

【校勘】

①「爲」，馬本、庫本、祠本作「曰」。

【箋證】

〔一〕《國語·楚語上》。可參《四筆》卷七《天咫》。

胡應麟《少室山房筆叢》卷一九《二酉綴遺上》：「《二筆》十六卷云：『《酉陽雜俎·天咫篇》載月星神異數事，其命名之義，取楚靈王曰「是知天咫，安知民則」之説也。』按前二説，則景盧已確據爲《國語》所出，第終覺牽强，於他目不盡同云。」《四庫全書總目》卷一四二子部小説家《酉陽雜俎》提要：「至其《貝編》《玉格》《天咫》《壺史》諸名，則在可解不可解之間，蓋莫得而深考矣。」

〔二〕朱翌《猗覺寮雜記》卷上：「東坡《鑒空閣》云：『懸空如水鏡，寫此山河影。安稱桂兔蟇，俗説皆可屏。』《酉陽雜俎》云：『月中蟾桂，地影也，空處，水影也。』東坡用此。桂、兔、蟇，其來久矣。《五經通義》：『月中有兔與蟾蜍，月陰也，蟾蜍陽也，與兔並明，陰繫於陽也。』《春秋演孔圖》曰：『蟾蜍月精也。』虞喜《安天論》曰：『俗傳月中仙人桂樹，今視其初生，仙人之足已成形，桂樹後生。』東坡故云俗説。」

周嬰《卮林》卷四《述洪·月中桂兔》，引《續筆》本條，按云：「董逌《跋月宫圖》云：『或疑月中有兔形，考《靈憲》有此説，謂月陰之宗，積而成獸，象兔、蜍。而王充謂兔在月中則死，乃以兔爲月氣。予以爲月無光而借日爲明，世所知也。天有十二辰，列於方者有神司其位。日出在東，其對在西，西爲鷄，日光含景，則鷄在日中；及運而西，則對在卯，卯爲兔，月光含景，則兔在月中，月有兔形，何足異哉？人知日中爲烏，而不知爲鷄；知月中有兔，不知兔自日以傳形也。或曰：段成式言月中有桂，仙人吴剛斫其根。曰：不然。日行于西，與扶桑對，則陊景日中。月望之明，景亦隨之。』董解亦可喜，然上蒼高邈，孰辨其真。屈原有顧兔在腹之問，《推度災》有蟾蜍決鼻之説，《元命包》有蟾兔陰陽雙居之談，虞喜有仙人桂樹之論矣。釋氏既謂地水所映，復謂閻浮提樹之形。《瑜珈論》謂大海魚鼈之影。《西國傳》謂有兔行菩薩行，投身火中，天帝取焦兔冥月内，事尤鄙俚。大抵家立一説，競異争高者耳。子瞻《仇池筆記》曰：『玉川子《月蝕詩》謂蝕月者月中蝦蟇。梅聖俞《日蝕詩》謂蝕日者三足烏。此因俚説以寓意。《戰國策》日月凋暈於外，其賊在内，則俚説舊矣。』蓋亦《鑒空詩》意。然《中秋看潮詩》云：『定知玉兔十分圓。』《送桂花》云：『蟾窟枝空記昔年。』乃屢從俚説，何也？」

〔三〕「當時臨賦」，謂東坡也。按舊題王十朋撰《東坡詩集注》卷二八《和黄秀才鑒空閣》題下注云：「胡邦衡按《杭州圖經》云：『顯明院，廣順二年吴越王錢氏臣孟謙建，院有鑒空閣。』」是則以爲閣在杭州也。按坡詩末句云「清絶冠五嶺」，則閣在嶺外甚明。胡注誤。查慎行《蘇詩補注》卷四四，已訂正之。

11 唐二帝好名

唐貞觀中，忽有白鵲營巢於寢殿前槐樹上，其巢合歡如腰鼓。左右拜舞稱賀，太宗曰：「我常笑隋煬帝好祥瑞，瑞在得賢，此何足賀！」乃命毁其巢，放鵲於野外〔一〕。明皇初即位，以風俗奢靡，制乘輿服御金銀器玩，令有司銷毁，以供軍國之用。其珠玉錦繡焚於殿前，天下毋得復采織，罷兩京織錦坊〔二〕。予謂二帝皆唐之明主，所言所行，足以垂訓于後，然大要出於好名。鵲巢之異，左右從而獻諛，叱而去之可也，何必毁其巢？珠玉錦繡，勿珍而尚之可也，何必焚之殿前，明以示外，使家知户曉哉！治道貴於執中，是二者懼不可以爲法。其後楊貴妃有寵，織繡之工，專供妃院者七百人，中外争獻器服珍玩。嶺南經略使張九皐、廣陵長史王翼，以所獻精靡，九皐加三品①，翼入爲户部侍郎，天下從風而靡。明皇之始終，一何不同如此哉〔三〕！

【校勘】

①「皐」原訛作「章」，據馬本、庫本、祠本改。

【箋證】

〔一〕《資治通鑑》卷一九三《唐太宗紀》貞觀二年。

〔二〕《資治通鑑》卷二一一《唐玄宗紀》開元二年。

〔三〕《資治通鑑》卷二一五《唐玄宗紀》天寶五載。

馬永卿編《元城語録》卷上：「先生（郁之按，元城先生劉安世。）與僕言仁廟恭儉。先生曰：『仁廟恭儉，出於天性，故四十二年如一日也。《易》所謂有始有卒者。』常記得老先生言明皇即位之初焚錦繡珠玉於前殿爲非，僕曰：『何以言之？』先生曰：『世以明皇初節儉，後奢侈，疑相去遼絶。此説非也。此正是一箇見識耳。夫錦繡珠玉，世之所有也，己不好之則不用，何至焚之？焚之必於前殿，是欲人知之。此好名之敝也。夫恭儉不出於天性而出於好名，好名之心衰則其奢侈必甚，此必至之理也，故當時識者見其焚珠玉，知其必有末年之敝。若仁廟則不然。若非大臣問疾，則無由見其黄絁被、漆唾壺。』僕歸檢《唐史》，開元二年二月己未，焚錦繡珠玉于前殿，然當時有識者不曾問其姓名，至今以爲恨。」

12 周禮非周公書

《周禮》一書，世謂周公所作，而非也。昔賢以爲戰國陰謀之書，考其實，蓋出於劉歆之手。《漢書·儒林傳》，盡載諸經專門師授，此獨無傳。至王莽時，歆爲國師，始建立《周官經》以爲《周禮》，且置博士。而河南杜子春受業於歆，還家以教門徒，好學之士鄭興及其子衆往師之，此書遂行〔一〕。歆之處心積慮，用以濟莽之惡，莽據以毒痡四海，如五均、六筦、市官、賒貸，諸所興爲，皆是也。故當其時，公孫禄既已斥歆顛倒《六經》毁師法矣〔二〕。歷代以來，唯宇文周依六典以建官，至於治民發政，亦未嘗循故轍〔三〕。王安石欲變亂祖宗法度，乃尊崇其言，至與《詩》《書》均匹，以作《三經新義》，其序略曰：「其人足以任官，其官足以行法，莫盛乎成周之時；其法可施於後世，其文有見於載籍，莫具乎《周官》之書。自周之衰，以至于今，太平之遺迹，掃蕩幾盡，學者所見無復全經。於是時也，乃欲訓而發之，臣知其難也，以訓而發之之難，則又以知夫立政造事追而復之之爲難。」〔四〕則安石所學所行實於此乎出，遂謂：「一部之書，理財居其半。」〔五〕又謂：「『泉府，凡國之財用取具焉，歲終，則會其出入而納其餘』。則非特摧兼并，救貧阨，因以足國事之財用。夫然，故雖有不庭不虞，民不加賦，而國無乏事。」〔六〕其後呂嘉問法之而置市易，由中及外，害徧生靈〔七〕。嗚呼！二王託《周官》之名以爲政，其歸於禍民一也。

【箋證】

〔一〕《漢書》卷三〇《藝文志》：「《周官經》六篇。王莽時，劉歆置博士。」顏師古注曰：「即今之《周官禮》也。亡其《冬官》，以《考工記》充之。」鄭玄《周禮注》：「周公居攝而作六典之職，謂之《周禮》。營邑於土中。七年，致政成王，以此禮授之，使居雒邑，治天下。」（《周禮注疏》卷一《天官冢宰第一》）陸德明《經典釋文》卷一《序録·周禮注解傳述人》：「王莽時，劉歆爲國師，始建立《周官經》以爲《周禮》。河南緱氏杜子春受業於歆，還家以教門徒。好學之士鄭興父子等，多往師之。」《隋書》卷三二《經籍志一》：「漢時有李氏得《周官》，《周官》蓋周公所制官政之法，上於河間獻王。獨闕《冬官》一篇，獻王購以千金不得，遂取《考工記》以補其處，合成六篇，奏之。

至王莽時，劉歆始置博士，以行於世。河南緱氏及杜子春受業於歆，因以教授。是後馬融作《周官傳》，以授鄭玄，玄作《周官注》。立於國學。」

賈公彦《序周禮廢興》云：「《周禮》起於成帝劉歆，而成於鄭玄，附離之者大半，故林孝存以爲武帝知《周官》末世瀆亂不驗之書，故作《十論》《七難》以排棄之。何休亦以爲六國陰謀之書。唯有鄭玄偏覽群經，知《周禮》者乃周公致太平之迹，故能答林碩之論難，使《周禮》義得條通。故鄭氏傳曰，玄以爲『括囊大典，網羅衆家』，是以《周禮》大行，後王之法。」（《周禮正義》卷首）

羅璧《識遺》卷五《秦後六經》：「《周禮》，劉歆列上之時，包周、孟子張、林碩、何休已不信爲周公書。近代司馬温公、胡致堂、胡五峰、蘇潁濱、晁説之、洪容齋直謂作於劉歆。蓋歆佐王莽，書與莽苛碎之政相表裏，且《漢·儒林傳》叙諸經各有傳授，《禮》獨無之。或以其詳密，謂聖人一事有一制，意其果周公之遺，不知孔子於禮多從周，使周公禮書如此精詳，當不切切于杞、宋求夏、商遺禮，與夫逆爲繼周損益之辭。又自衛反魯，删《詩》、定《書》、繫《易》、作《春秋》，獨不能措一辭《周禮》。即孟子生戰國，周室猶存，北宫錡問周室班爵禄之制，孟子已有『其詳不可得聞』之答。一聖一賢，禮樂所宗，周室無恙時已莫可考，而謂秦焚後，周公禮書燦然完備如此，吾不信也。兼其中言建國之制與《書·洛誥》《召誥》異，言封國之制與《書·武成》及《孟子》異，言設官之制與《書·周官》六典異，周之制作大抵出周公，豈有言之與行自相矛盾乎？又《左傳》《論》《孟》皆晚周書，三經于《易》《詩》《書》多見之援引，胡俱無一語援《周禮》耶？

（朱文公亦曰：「左氏記周制處甚詳，曾不及府史胥徒，《周禮》没緊要事亦甚多，而略不見之他書，果出自周公，當是草定未行書。」）又參二《禮》語意相類處不一，其出漢儒無疑。」

陸隴其《三魚堂日記》卷四：「容齋疑《周禮》所作，謂《漢書·儒林傳》盡載諸經專門師授，此獨無傳，至王莽時歆爲國師始建立，此則疑之太過。」

張舜徽《訒菴學術講論集·論宋代學者治學的廣闊規模及替後世學術界所開闢的新途徑》：「宋代學者懷疑《周禮》的很多，而以洪邁之言最爲簡要而明白。《容齋續筆》卷十六説過：（即本條。略。）這樣，便將《周禮》全係僞託的論斷很清楚地向後人指出來了。七百年後，清末學者廖平的《古學考》、康有爲的《新學僞經考》，肯定《周禮》爲劉歆所造，也還是遵循宋人舊説，去引申發明的。」

〔二〕《漢書》卷二四下《食貨志下》：「莽性躁擾，不能無爲，每有所興造，必欲依古得經文。國師公劉歆言周有泉府之官，收不讎，與欲得，即《易》所謂『理財正辭，禁民爲非』者也。莽乃下詔曰：『夫《周禮》有賒貸，樂語有五均，傳記各有斡焉。今開賒貸，張五均，設諸斡者，所以齊衆庶，抑並兼也。』遂於長安及五都立五均官。」

又《漢書》卷九九中《王莽傳中》「初設六筦之令。命縣官酤酒，賣鹽鐵器，鑄錢，諸采取名山大澤衆物者税之。又令市官收賤賣貴，賒貸予民，收息百月三。」

公孫禄之議，見《漢書》卷九九下《王莽傳下》。

按，劉歆濟莽之惡，可參《隨筆》卷九《忠義出天資》《劉歆不孝》。

〔三〕《周書》卷二《文帝紀下》：魏恭帝三年春，正月丁丑，「初行《周禮》，建六官，以太祖爲太師、大冢宰，柱國李弼爲太傅、大司徒，趙貴爲太保、大宗伯，獨孤信爲大司馬，于謹爲大司寇，侯莫陳崇爲大司空。初，太祖以漢、魏官繁，思革前弊。大統中，乃命蘇綽、盧辯依周制改創其事，尋亦置六卿官，然爲撰次未成，衆務猶歸臺閣，至是始畢，乃命行之。」又《周書》卷二四《盧辯傳》：「太祖欲行周官，命蘇綽專掌其事。未幾而綽卒，乃令辯成之。於是依《周禮》建六官，置公、卿、大夫、士，並撰次朝儀，車服器用，多依古禮，革漢、魏之法。事並施行。」

〔四〕《周官新義》卷首。

〔五〕《臨川文集》卷七三《答曾公立書》。

陳傅良《進周禮説序》曰：「王道至於周備矣。文、武、周公、成、康之心，考其行事，尚多見於《周禮》一書，而傳者失之。見謂非古，彼二鄭諸儒崎嶇章句窺測，皆薄物細故，而建官分職，關於盛衰，二三大指，悉晦弗著，後學承誤，轉失其真。漢、魏而下，號爲興王，頗采《周禮》，亦無過輿服、官名，緣飾淺事，而王道缺焉盡廢。熙寧用事之臣，經術舛駁，顧以《周禮》一書理財居半之説，售富强之術，凡開基立國之道，斲喪殆盡，而天下日益多故，迄於靖康，社稷丘墟，生民塗炭。老生宿儒，發憤推咎，以是爲用《周禮》之禍，抵排不遺力。」（《止齋集》卷四〇）

〔六〕王安石《周官新義》卷七《地官二》：「泉府，掌以市之征布，斂市之不售貨之滯於民用者，以其賈買之，物楬而書之，以待不時而買者。買者各從其抵，都鄙從其主，國人、郊人從其有司，然後予之。凡賒者，祭祀無過旬日，喪紀無過三月。凡民之貸者，與其有司辨而授之，以國服爲之息。凡國事之財用取具焉，歲終，則會其出入而納其餘。」其下無説。考王昭禹《周禮詳解》卷一四「凡國事之財用取具焉，歲終則會其出入而納其餘」條，解云：「大府曰：『凡邦之賦用取具焉。』邦之賦用，凡以賦貢致用者也。泉府曰：『凡國事之財用取具焉。』則凡以賒貸之息致用者也。然謂之財用，則與夫財賄異矣。賄者，有之以爲利也；財者，寸之以爲利也。『以國服爲之息』，則無常物無足用，是乃寸之以爲利焉。『歲終會其出入』，則定其計也。『而納其餘』，則藏之以待用也。夫泉府之法如此。則非特防兼并、救貧阨，因以足國事之財用焉。夫然，故雖有不庭不虞之故，民不加賦，而國無乏事矣。」陳振孫《直齋書録解題》卷二禮類著録此書，云：「王昭禹，未詳何人，近世爲舉子業者多用之，其學皆宗王氏新説。」以《隨筆》此條考之，《詳解》此節殆轉抄自安石之説。

〔七〕《宋史》卷一八六《食貨十八·市易》：「市易之設，本漢平準，將以制物之低昂而均通之。其弊也，以官府作賈區，公取牙儈之利，而民不勝其煩矣。熙寧三年，保平軍節度推官王韶倡爲緣邊市易之説，丐假官錢爲本。詔秦鳳路經略司以川交子易物貨給之，因命韶爲本路帥司幹當兼領市易事。時王安石爲政，汲汲焉以財利兵革爲先，其市易之説，已見於熙寧二年建議立均輸平準法之時，故王韶首迎合其意，而安石力主之，雖以李若愚、陳升之、韓絳諸人之議，而卒不可回。五年，遂詔出内帑錢帛，置市易務于京師。以吕嘉問爲提舉，賜内庫錢百萬緡，京東路錢八十七萬緡爲本。三司請立市易條，有『兼并之家，較固取利，有害新法，本務覺察，三司按治』之文，帝削去之。七月，以榷貨務爲市易西務下界，市易務爲東務上界，以在京商税院、雜買務、雜賣場隸焉，又賜錢帛五十萬，于鎮洮軍置司。市易極苛細，道路怨謗者籍籍。」

13 醉尉亭長

李廣免將軍爲庶人，屏居藍田，嘗夜從一騎出，從人田間飲，還至亭，霸陵尉醉呵止廣。後廣拜右北平太守，請尉與俱，至軍而斬之，上書自陳謝罪。武帝報曰：「報忿除害，朕之所圖於將軍也。」〔一〕王莽竊位，尤備大臣，抑奪下權，大司空士夜過奉常亭，亭長苛之①，告以官名，亭長醉曰：「寧有符傳邪？」士以馬箠擊亭長，亭長斬士，亡，郡縣逐之。家上書，莽曰：「亭長奉公，勿逐。」大司空王邑斥士以謝〔二〕。予觀此兩亭尉長，其醉等耳，霸陵尉但呵止李廣，而廣殺之，武帝不問；奉常亭長殺宰士，而王莽反以奉公免之，亦可笑也。

【校勘】

①「苛」，馬本、庫本、祠本作「呵」。

【箋證】

〔一〕參《隨筆》卷九《漢法惡誕謾》。何焯《義門讀書記》卷一七《前漢書·李廣傳》「故怒形則千里竦」至「數歲不入界」條：「怒形則千里竦，言當使敵國畏之如是。報忿除害，報盜邊之忿而大創以除民害，責其立功自贖，毋徒謝罪，非謂素有嫌怨者不妨殺之以快忿也。及匈奴數年不入右北平，則功亦多矣，故武帝遂不復問斬尉事。」

〔二〕《漢書》卷九九中《王莽傳中》。

14 三易之名

三《易》之名，一曰《連山》，二曰《歸藏》，三曰《周易》，皆以兩字爲義。今人但稱《周易》曰《易》，非也。夏曰《連山》，其卦以純《艮》爲首，《艮》爲山，山上山下，是名《連山》。雲氣出内於山，故名《易》爲連山。商曰《歸藏》，以純《坤》爲首，《坤》爲地，萬物莫不歸而藏於中，故名爲《歸藏》。周曰《周易》，以純《乾》爲首，《乾》爲天，天能周帀於四時，故名《易》爲《周》也。大蔟爲人統，寅爲人正。夏以十三月爲正，人統，人無爲卦首之理，《艮》漸正月，故以《艮》爲首。林鍾爲地統，未之衝丑，故爲地正，商以十二月爲正，地統，故以

《坤》爲首。黄鍾爲天統，子爲天正，周以十一月爲正，天統，故以《乾》爲天首①。此本出唐賈公彦《周禮正義》之説，予整齊而紀之〔一〕。所謂十三月者，承十二月而言，即正月耳。後漢陳寵論之甚詳，本出《尚書大傳》〔二〕。

【校勘】

①「天」字，馬本、庫本、祠本無。

【箋證】

〔一〕《周禮·春官》：「大卜掌三《易》之法，一曰《連山》，二曰《歸藏》，三曰《周易》。」賈公彦正義，詳《周禮注疏》卷二四。

「雲氣出内於山，故名《易》爲連山」云云。按朱震《周易叢説》：「連山，神農氏之别號也；歸藏，軒轅氏之别號也，並是代號，所以《易》題周，以别餘代，猶《周書》《周禮》之謂也。」又，汪中《述學内篇》卷二《釋連山》云：「《周官》太卜掌三《易》，一曰《連山》，簭人文同。鄭注大卜云：『名曰連山，似山出内氣也。』其言望文生義，殆失之矣。連山即烈山，《春秋》昭二十九年《傳》有列山氏。《祭法》『烈山氏之有天下』是也。《魯語》亦謂之厲山，皆語之轉。杜子春以連山爲宓戲，杜預以烈山爲神農世諸侯，韋昭以厲山爲炎帝之號，三説不同，韋義爲允。」

〔二〕《後漢書》卷七六《陳寵傳》：「寵奏曰：『夫冬至之節，陽氣始萌，故十一月有蘭、射干、芸、荔之應。時令曰：「諸生蕩，安形體。」天以爲正，周以爲春。十二月陽氣上通，雉雊雞乳，地以爲正，殷以爲春。十三月陽氣已至，天地已交，萬物皆出，蟄蟲始振，人以爲正，夏以爲春。三微成著，以通三統。」云云。

《白虎通義》卷下《德論下・三正》引《尚書大傳》。

15 忠臣名不傳

古今忠臣義士，其名載於史策者，萬世不朽，然有不幸而泯没無傳者。南唐後主，淫於浮圖氏，二人繼踵而諫，一獲徒，一獲流。歙人汪焕爲第三諫，極言請死，云：「梁武事佛，刺血寫佛經，散髮與僧踐，捨身爲佛奴，屈膝禮和尚，及其終也，餓死于臺城。今陛下事佛，未見刺血、踐髮、捨身、屈膝，臣恐他日猶不得如梁武之事。」後主覽書，赦而官之〔一〕。又有淮人李雄，當王師弔伐，出守西偏，不遇其敵。雄以國城重圍，不忍端坐，遂東下以救之，陣于溧陽，與王師遇，父子俱没，諸子不從行者亦死他所，死者凡八人。李氏訖亡，不霑褒贈，其事僅見於《吴唐拾遺録》〔二〕。頃嘗有旨合九朝《國史》爲一書，他日史官爲列之於《李煜傳》，庶足以慰二人於泉下。歐陽公作吴某墓誌云：「李煜時，爲彭澤主簿，曹彬破池陽，遣使者招降郡縣，其令欲以城降，某曰：『吾能爲李氏死爾。』乃殺使者，爲煜守。煜已降，某爲游兵執送軍中，主將責以殺使者，曰：『固當如是。』主將義而釋之。」其事雖粗見，而集中只云「諱某」，爲可惜也〔三〕。如靖康之難，朱昭等數人死於震武城之類，予得朱弁所作《忠義録》於其子栐，乃爲作傳於《四朝史》中，蓋惜其無傳也〔四〕。

【箋證】

〔一〕吴任臣《十國春秋》卷二五《南唐·汪焕傳》：「汪焕，歙州人，開國時第進士。初，元宗、後主皆佞佛，而後主尤酷信之，莊嚴施舍，齋設持誦，月無虚日。宫中造寺十餘，都城建塔剏寺幾滿，廣出金錢，募民爲僧，所供養逾萬人，悉取于縣官，不計耗竭，上下狂惑，國事日非。時有二臣極諫，一徙一流，最後焕死諫，且曰：（見本條。略。）後主得諫書，云：『此敢死士也。』不之罪，擢校書郎，而言卒不用。」

〔二〕《續資治通鑑長編》卷一六：太祖開寶八年正月，「行營左廂戰棹都監田欽祚領兵敗江南兵萬餘人於溧水，斬其都統使李雄」。

陳均《九朝編年備要》卷二：開寶八年春正月，「曹彬圍金陵。彬遣田欽祚敗江南軍于溧水，斬其統軍張（李）雄等十七人。初，李景之割江也，雄爲江南義軍首領，拒周有功，歷袁、汀二州刺史，至是爲統軍使，戒諸子曰：『吾必死于國難，爾曹其勉之。』是役也，雄父子八人偕死。不同行者，亦没于他陣。」

《宋史》卷二七四《田欽祚傳》：太祖「命欽祚與曹彬、李漢瓊率騎軍先赴江陵，就命爲昇州西南路行營馬軍兼左廂戰櫂都監，領兵敗吴軍萬餘于溧水，斬其主帥李雄等五人，擒裨將二人。」

《吴唐拾遺録》，參本卷《宋齊丘》條注二。

〔三〕歐陽修《文忠集》卷三五《零陵縣令贈尚書都官員外郎吴君墓碣銘並序》。序云：「君諱舉，字大沖，姓吴氏，興國軍永興人也。」

〔四〕《宋史》卷三七三《朱弁傳》：建炎初，弁使金被羈留，紹興十三年，和議成，始得歸。「及歸，述北方所見聞忠臣義士朱昭、史玩、張忠輔、高景平、孫益、孫谷、傅偉文、李丹、五臺僧寶真、婦人丁氏、晏氏、小校閻進、朱勣等死節事狀，請加褒録，以勸來者」。朱熹《晦菴集》卷八三《跋朱奉使奏狀》：「右叔祖奉使直閣公，還自金邦，乞表朱昭等死節事狀也。叔祖，字少章，少從景迂晁公先生學，建炎初，以諸生應募奉使朔廷，守節不屈，被留雲中積十六年。紹興癸亥，和約定，乃得歸。召對便殿，公言敵情詭詐，和不可恃，宜有以待之，又言敵勢雖强而無道義以固其國，衰亂有萌，幾不可失，願益修德振兵，以俟其變。秦丞相已不樂，及上此奏，檜益怒，遂寢其事不報，而公亦旋卒。昭等忠義之節，遂不復有言者。熹每讀其書，未嘗不爲之歔欷流涕也。今觀歷陽龔君所纂《中興忠義録》至纖悉矣，然亦無昭等名，乃録此狀，以寄和州史君，敷文張公請刻而附於其後，庶幾此數人者，得託以不朽。」

16 唐人酒令

白樂天詩：「鞍馬呼教住，骰盤喝遣輸。長驅波卷白，連擲采成盧。」注云：「骰盤、卷白波、莫走鞍馬，皆當時酒令。」〔一〕予按皇甫松所著《醉鄉日月》三卷，載骰子令云：「聚十隻骰子齊擲，自出手六人，依采飲焉。堂印，本采人勸合席，碧油，勸擲外三人。骰子聚於一處，謂之酒星，依采聚散。骰子令中，改易不過三章，次改鞍馬令，不過一章。又有旗幡令、閃擊令、拋打令〔二〕。今人不復曉其法矣，唯優伶家猶用手打令以爲戲云〔三〕。

【箋證】

〔一〕白樂天詩，見《白氏長慶集》卷一六《東南行一百韻》。

趙與旹《賓退録》卷四：「《容齋續筆》云：（引本條。略）。余謂酒令蓋始於投壺之禮。雖其制皆不同，而勝飲不勝者則一。後漢賈逵亦嘗作酒令，唐世最盛。樂天詩如『籌插紅螺椀，觥飛白玉卮。打嫌調笑易，飲訝卷波遲』『碧籌攢米椀，紅袖拂骰盤』之句不一，不特如洪所云也。」

〔二〕《直齋書録解題》卷一一：「《醉鄉日月》三卷，唐皇甫松子奇撰。唐人飲酒令，此書詳載，然今人皆不能曉也。」

今《醉鄉日月》傳本，「骰子令」一門僅存一句，云：「大凡初筵，皆先用骰子。蓋欲微酣，然後迤邐入酒令。」白居易詩：「醉翻衫袖拋小令，笑擲骰盤呼大采。」（《白氏長慶集》卷二一《就花枝》）「酒盞省陪波卷白，骰盤思共彩呼盧。」（《白氏長慶集》卷二三《酬微之誇鏡湖》）元稹詩：「叫噪擲投盤，生獰攝觥使。」（《元氏長慶集》卷五《元和五年予官不了罰俸西歸三月六日至陝府與吴十一兄端公崔二十二院長思愴曩游因投五十韻》），所寫皆是骰盤令事。又，《醉鄉日月》所列酒令，骰子令、旗幡令、閃摩令、拋打令四者之外，尚有改令、下次據令、上酒令、著辭令、手勢令、小酒令等目。（見《説郛》卷九四下。）參今人王昆吾《唐代酒令藝術》第一章《唐代酒令》。

〔三〕手打令，蓋即手勢令。《醉鄉日月·手勢第十九》：「大凡放令欲端其頸，如一枝孤柏，其神如萬里長江；揚其膺，如猛虎蹲踞；運其眸，如烈日飛動；差其指，如鸞欲翔舞；柔其腕，如龍欲蜿蜒；旋其盞，如羊角高風；飛其袂，如魚躍大浪。然後可以畋漁風月，繒繳笙竽。」方以智《通雅》卷三五《戲具》：「手打令謂之拇陣。」黄虞稷《千頃堂書目》卷一五藝術類有袁福徵《拇陣圖》一卷。周廣業《循陔纂聞》卷一：「拇戰：五指呼爲五峰。名蹲鵖者，大指也。鉤戟，食指也。玉柱，中指。潛虬，無名。奇兵，小指也。」近人羅庸、葉玉華《唐人打令考》：「自北宋以後，打令漸變爲優伶專業，不復如前之通行於士大夫之間。」「南宋以後，打令雖漸離飲筵，歸於百伎，而新翻酒令，晚世骰盤，無不與詞調有關，亦足證其關係之悠久。」

王讜《唐語林》卷八《補遺》「唐人酒令」一條，實出《續筆》本條，蓋《永樂大典》編者誤題書名，《四庫全書》館臣從而誤輯。又《資治通鑑》卷二四七「上聞揚州倡女善爲酒令」，胡三省注引《卻掃編》曰：「皇甫松著《醉鄉日月》，載骰子令，又有旗幡令、閃壓令、拋打令。今人不復曉其法，唯優伶家猶用手打令以爲戲云。」與《隨筆》此節文字略同，而不見於今本《卻掃編》，蓋誤記書名歟。

容齋三筆卷一 十四則

王右將軍逸少，晉、宋間第一流人也，遺情軒冕，擺落世故，蓋其生平雅懷。自去會稽内史，遂不肯復出。自誓於父母墓下，詞致確苦。予味其言而深悲之。又讀所與謝萬石書云：「坐而獲逸，遂其宿心。比嘗與安石東游山海，頤養閑暇之餘，欲與親故時共懽宴①，銜杯引滿，語田里所行，故以爲撫掌之資，其爲得意，可勝言邪！常依依陸賈、班嗣之處世，老夫志願盡於此也。」案，是時逸少春秋財五十餘耳，史氏不能賞取其高，乃屑屑以爲坐王懷祖之故，待之淺矣。予亦從會稽解組還里，于今六年，仰瞻昔賢，猶駑蹇之視天驥，本非倫儗，而年齡之運，踰七望八，法當挂神虎之衣冠，無假於誓墓也。幸方寸未渠昏，於寬閑寂寞之濱，窮勝樂時之暇，時時捉筆据几，隨所趣而志之，雖無甚奇論，然意到即就，亦殊自喜。於是《容齋三筆》成累月矣，稚子云：「不可無序引。」因攄寫所懷，并發逸少之孤標，破《晉史》之妄，以詔兒姪，冀爲《四筆》它日嘉話。慶元二年六月晦日序。

【校勘】

①「故」，庫本、祠本作「知」。

1 晁景迂經説

景迂子晁以道留意六經之學，各著一書，發明其旨，故有《易規》《書傳》《詩序論》《中庸》《洪範傳》《三傳説》〔一〕。其説多與世儒異。謂《易》之學者所謂「應」、所謂「位」、所謂「承乘」、所謂「主」，皆非是。大抵云，《繫辭》言卦爻象數剛柔變通之類非一，未嘗及初應四、二應五、三應六也。以陽居陽、以陰居陰爲得位，得位者吉。以陽居陰、以陰居陽爲失位，失位者凶。然則九五、九三、六二、六四俱善乎？六五、六三、九二、九四俱不善乎？既爲有應無應、得位不得位之説，而求之或不通，則又爲承乘之説。謂陰承陽則順，陽承陰則逆，陽乘柔則吉，陰乘剛則凶，其不思亦甚矣。又必以位而論中正，如六二、九五爲中且正，則六五、九二俱不善乎？初、上、三、四永不得用中乎？卦各有主，而一槩主之於五，亦非也〔二〕。其論《書》曰：予於《堯典》，見天文矣，而言四時者不知中星。《禹貢》敷土治水，而言九州者不知經水。《洪範》性命之原，而言九疇者不知數。舜於四凶，以堯庭之舊而流放竄殛之。穆王將善其祥刑，而先醜其耄荒。湯之伐桀，出不意而奪農時。文王受命爲僭王，召公之不説，類乎無上。太甲以不順伊尹而放，群叔才有流言而誅，啓行孥戮之刑以誓不用命，盤庚行劓殄之刑而遷國，周人飲酒而死，魯人不板榦而屋誅。先時不及時而殺無赦。威不可訖，老不足敬，禍不足畏，凶德不足忌之類。惟此經遭秦火煨燼之後，孔壁朽折之餘，孔安國初以隸篆推科斗。既而古今文字錯出東京，乃取正於杜林。傳至唐，彌不能一，明皇帝詔衛包悉以今文易之，其去本幾何其遠矣！今之學者盡信不疑，殆如手授於洙、泗間，不亦惑乎〔三〕？論《堯典》中星云，於春分日而南方井、鬼七宿合，昏畢見者，孔氏之誤也。豈有七宿百九度而於一夕間畢見者哉？此實春分之一時正位之中星，非常夜昏見之中星也。於夏至而東方角、亢七宿合，昏畢見者，孔氏之誤也。豈有七宿七十七度而於一夕間畢見者哉？此夏至一時之中星，非常夜昏見者也。秋分、冬至之説皆然〔四〕。凡此以上，皆晁公之説。所辯聖典，非所敢知。但驗之天文，不以四時，其同在天者常有十餘宿。自昏至旦，除太陽所舍外，餘出者過三之二，安得言七宿不能於一夕間畢見哉？蓋晁不識星故云爾。其論《詩序》云，作詩者不必有序。今之説者曰，《序》與《詩》同作，無乃惑歟！且逸詩之傳者，岐下之石鼓也，又安覩《序》邪？謂晉武公盜立，秦仲者石勒之流，秦襄公取周地，皆不應美。《文王有聲》爲繼伐，是文王以伐紂爲志，武王以伐紂爲功。《庭燎》《沔水》《鶴鳴》《白駒》，箴規誨刺於宣王，則《雲漢》《韓奕》《崧高》《烝民》之作妄也。未有《小雅》之惡如此，而《大雅》之善如彼者也。謂《子衿》《候人》《采緑》之《序》駢蔓無益，《樛木》《日月》之《序》爲自戾，《定之方中》

《木瓜》之《序》爲不純。孟子、荀卿、左氏、賈誼、劉向漢諸儒論説及《詩》多矣，未嘗有一言以《詩序》爲議者，則《序》之所作晚矣。晁所論是否，亦未敢輒言，但其中有云，秦康公隳穆公之業，日稱兵於母家，自喪服以尋干戈，終身戰不知已，而序《渭陽》稱其「我見舅氏，如母存焉」，是果純孝歟？陳厲公弑佗代立，而序《墓門》責佗「無良師傅」，失其類矣〔五〕。予謂康公《渭陽》之詩，乃贈送晉文公入晉時所作，去其即位十六年。衰服用兵，蓋晉襄公耳，《傳》云「子墨衰絰」者也。康公送公子雍于晉，蓋徇其請。晉背約而與之戰，康公何罪哉？責其稱兵於母家，則不可。陳佗殺威公太子而代之，故蔡人殺佗而立厲公，非厲公罪也。晁詆厲以申佗，亦爲不可。其論《三傳》，謂杜預以左氏之耳目，奪夫子之筆削。公羊家失之舛雜①，而何休者，又特負於《公羊》。惟《穀梁》晚出，監二氏之違畔而正之，然或與之同惡，至其精深遠大者，真得子夏之所傳。范甯又因諸儒而博辯之，申《穀梁》之志，其於是非亦少公矣，非若杜征南一切申《傳》，汲汲然不敢異同也②〔六〕。此論最善。然則晁公之於群經，可謂自信篤而不詭隨者矣〔七〕。

【校勘】

①「失」，原作「也」，據馬本、庫本、祠本改。　②「汲汲」，馬本、祠本作「決」，庫本作「汲」。

【箋證】

〔一〕晁説之，字以道，號景迂。説之博極群書，通六經，尤精於《易》，傳邵堯夫之學。《四庫全書總目》卷一五四《景迂生集》提要云：「説之博極群籍，尤長經術，著書數十種。靖康中兵燹不存。其孫子健訪輯遺文，編爲一十二卷，又續廣爲二十卷。前三卷爲奏議，四卷至九卷爲詩，十卷爲《易元星紀譜》，十一卷爲《易規》十一篇，又《堯典中氣中星》《洪範小傳》各一篇，《詩序論》四篇，十二卷爲《中庸傳》及讀史數篇，十三卷即《儒言》，十四卷爲雜著，十五卷爲書，十六卷爲記，十七卷爲序，十八卷爲後記，十九、二十卷爲傳、墓表、誌、銘、祭文。其中辨證經史，多極精當。《星紀譜》乃取司馬光《元曆》、邵雍《元圖》而合譜之，以七十二候、六十四卦相配而成，蓋《潛虚》之流也。」

〔二〕所引詳《景迂生集》卷一一《易規》。

俞琰《讀易舉要》卷四：「中書舍人嵩山晁説之以道，編《周易》爲十二篇，名曰《古周易》。又撰《周易音訓》，具列其異同舛訛於字下，其序云：『建中靖國元年辛巳題。』紹興戊辰，廣陵張成已知袁州，刻板于郡庠。又撰《周易太極傳》及《太極外傳》一卷，《太極因説》一卷，乾道丁亥，其孫子建知汀州，刻板置臨汀郡庠。以道字景迂，又字伯以，其學本之邵康節，自言學京氏《易》，紹興間遇洛陽楊賢寶，得康節《二易圖》，又從其子伯温得其遺編，始作《易傳》，名曰《商瞿傳》，兵火失之。晚年復爲此書。又有《易元星紀譜》《易規》二書，見本集中。又有《傳易堂記》，述漢以來至本朝傳授甚詳。」

〔三〕見《景迂生集》卷一七，文殘，末署：「紹聖丙子冬十有二月望日嵩山晁説之序。」

〔四〕《景迂生集》卷一一《堯典中氣中星》。

〔五〕《景迂生集》卷一一《詩序論》。

〔六〕《景迂生集》卷一二《三傳説》。

〔七〕《顧頡剛讀書筆記》卷一〇《晁以道辨經傳》條，引《三筆》此條，接云：「『自信篤而不詭隨』一語寫出宋儒精神，如劉敞、歐陽修、鄭樵、吴棫、朱熹，皆其選也。晁氏書不傳，幸洪氏節録數語，得見其凡。觀其論《書》，與萬斯同意同，彼輩皆以爲聖王不當有殘酷行爲，而不知古代之殘酷實有加於後世，盤庚以劓殄逼遷，周公以死罪禁酒，皆古代社會之實況也。其辨今本《尚書》與古本《尚書》異，其説甚是。其辨《詩序》，打到痛處，《序》之時代在西漢後確然無疑。其論《穀梁》晚出，故有因襲前傳，具見眼光犀利，然予終謂《穀梁》尚未見到《左傳》也。」

2 邳彤酈商

漢光武討王郎時，河北皆叛，獨鉅鹿、信都堅守，議者謂可因二郡兵自送，還長安。惟邳彤不可，以爲若行此策，豈徒空失河北，必更驚動三輔。公既西，則邯鄲之兵不肯背城主而千里送公①，其離散逃亡可必也。光武感其言而止。東坡曰：「此東漢興亡之決，邳彤亦可謂漢之元臣也。」彤在雲臺諸將中，不爲人所標異，至此論出，識者始知其然〔一〕。漢高祖没，吕后與審食其謀曰：「諸將故與帝爲編户民，今乃事少主，非盡族是，天下不安。」以故不發喪。酈商見食其曰：「誠如此，天下危矣。陳平、灌嬰將十萬守滎陽，樊噲、周勃將二十萬定燕、代，此聞帝崩，諸將皆誅，必連兵還鄉以攻關中，亡可蹻足待也。」食其入言之，乃發喪〔二〕。然則是時漢室之危，幾於不保，酈商笑談間，廓廓無事，其功豈不大哉！然無有表而出之者。迨呂后之亡，呂禄據北軍，商子寄紿之出游，使周勃得入。則酈氏父子之於漢，謂之社稷臣可也。寄與劉揭同説呂禄解將印，及文帝論功，揭封侯賜金，而寄不録，平、勃亦不爲之一言，此又不可曉者。其後寄嗣父爲侯，又以罪免，惜哉〔三〕！

【校勘】

①「千」，原作「十」，據馬本、庫本、祠本改。

【箋證】

〔一〕邳彤事，詳《後漢書》卷五一《邳彤傳》。

東坡之語，見《東坡志林》卷四，先引《後漢書》此節，後云：「此東漢興亡之決，邳彤可謂漢之元臣也。景德契丹之役，群臣皆欲避敵江南、西蜀，獨萊公不可，武臣中獨高瓊與萊公意同爾，公既爭之力，上曰：『卿文臣，豈能盡用兵之利害？』公曰：『請召高瓊。』瓊至，乃言：『避敵固爲安全，但恐扈駕之士路中逃亡，無與俱西南者耳。』上乃大驚，始決北征。瓊之言大略似邳彤，皆一代雄傑也。」

葉適《習學記言》卷二四《後漢書》:「史家謂邳彤近於一言興邦。按,光武以王郎猝起其下,不知所措,若扳兩郡兵自送長安,長安固不可得至,就便得至,光武豈復有容身之地哉? 然遂謂如此即是成業,則亦不然。蓋幸而兩郡猶可假力,何遽言成也?」

〔二〕《漢書》卷一下《高帝紀》十二年。

〔三〕吕禄據北軍,酈寄紿之出游,事詳《漢書》卷四一《酈商傳》。寄與劉揭同説吕禄解將印,事詳《漢書》卷三《高后紀》八年。

黄震《黄氏日抄》卷四六《讀史一·史記》「樊酈滕灌」條:「酈商聚兵四千,從高帝於沛,積戰功爲曲周侯。其子酈寄紿吕禄,而太尉遂得入北軍,安劉氏,預有力焉。」又同書卷五四《讀雜史四·東萊大事記》亦云:「高帝既崩,吕氏欲盡誅將相而後發喪,賴酈商説其所私審食其者,乃獲免。其後諸吕欲爲亂,又賴酈商之子酈寄説吕禄解將印之國,導之出游獵,而太尉得入北軍,以誅諸吕。酈氏父子有大功於劉氏宗社矣。」《愛日齋叢抄》卷二:「酈將軍此事,最有功於漢,當表出。」

3 武成之書

孔子言:「周之德,其可謂至德也已矣。三分天下有其二,以服事殷。」〔一〕所謂服事者,美其能於紂之世盡臣道也。而《史記·周本紀》云西伯蓋受命之年稱王,而斷虞芮之訟，其後改法度，制正朔，追尊古公、公季爲王〔二〕。是説之非，自唐梁肅至于歐陽、東坡公、孫明復，皆嘗著論〔三〕，然其失自《武成》始也。孟子曰：「吾於《武成》，取二三策而已矣。」〔四〕今考其書，云「大王肇基王迹，文王誕膺天命，以撫方夏」，及武王自稱曰「周王發」，皆紂尚在位之辭。且大王居邠，猶爲狄所迫逐，安有「肇基王迹」之事？文王但稱西伯，焉得言「誕膺天命」乎？武王未代商，已稱周王，可乎？則《武成》之書不可盡信，非止「血流標杵」一端也①。至編簡舛誤，特其小小者云〔五〕。

【校勘】

①「標」，馬本、祠本作「漂」。

【箋證】

〔一〕《論語·泰伯》：「三分天下有其二，以服事殷。周之德，其可謂至德也已矣。」

〔二〕《史記》卷四《周本紀》：「詩人道西伯蓋受命之年稱王，而斷虞芮之訟，後十年而崩，謚爲文王，改法度，制正朔矣。追尊古公爲太王、公季爲王季。」張守節《正義》：「二國相讓，後諸侯歸西伯者四十餘國，咸尊西伯爲王。蓋此年受命之年稱王也。《帝王世紀》云：『文王即位四十二年，歲在鶉火，文王更爲受命之元年，始稱王矣。』又《毛詩》云：『文王九十七而終，終時受命九年，則受命之元年年八十九也。』」又云：「《易緯》云：『文王受命改正朔，有王號於天下。』鄭玄信而用之，言文王稱王已改正朔，布王號矣。按天無二日，土無二王，豈殷紂尚存而周稱王哉？若文王自稱王，改正朔，則是功業成矣，武王何復得云大勳未集，欲卒父業也？《禮記大傳》云：『牧之野，武成大事而退，追王太王亶、父王季歷、文王昌。』據此文乃是追王爲王，何得文王自稱王、改正朔也？」

馬驌《繹史》卷一九《文王受命》：「史於西伯崩後重敘此文，其稱『蓋』者，疑辭耳，文王實無稱王改元事也。」又謂《易緯》《帝王世紀》「皆妄語」。

〔三〕《孫明復小集》有《文王論》，云：「文王受封商室，列爲諸侯，紂雖無道，君也，安得爲人之臣而有無君之心哉？」「觀乎紂既失德，毒流四海，諸侯咸叛，而文王事之，獨無二心，故孔子曰：『三分天下有其二，以服事商。周之德其可謂至德也已矣。』又曰：『下之事上也，雖有庇民之大德，不敢有君民之心，仁之厚也。』有庇民之大德，有事君之小心，其舜、禹、文王、周公之謂歟？若文王猶有憾也，則夫子何以謂之至德與仁厚者乎？」

歐陽修《文忠集》卷一八《泰誓論》：「孔子曰：『三分天下有其二，以服事商。』使西伯不稱臣而稱王，安能服事於商乎？且謂西伯稱王者，起於何說？而孔子之言，萬世之信也。由是言之，謂西伯受命稱王十年者，妄說也。」

《東坡全集》卷四二《周公論》：「故凡以文王、周公爲稱王者，皆過也。是資後世之篡君而爲之藉也。」

〔四〕《孟子·盡心下》。

〔五〕所引文見《周書·武成》。趙翼《陔餘叢考》卷二二《古人追叙前事文法》：「洪容齋謂《武成篇》『周王發』之語，是時武王尚未代商，安得已稱周王？蓋史官追記之誤也。古人追叙前事，文法往往如此，疏節闊目，文義自明，固不如後人之密也。」《顧頡剛讀書筆記》卷一一《大王肇基王迹文王誕膺天命之争辨》條，録《三筆》此條，後按云：「僞古文《武成》所云『大王肇基王迹』由《史記》『王瑞自太王興』來，而《史記》之説則由《閟宫》『大王實始翦商』來。僞《武成》可不信，即《史記》亦可不信，至於《詩·魯頌》則不容不信也。大王避狄，特孟子之言耳，烏足以取消《魯頌》！文王受命，《詩·大雅》中屢言之，何洪氏之不信經而信傳也？」

4 象載瑜

《漢郊祀歌·象載瑜章》云：「象載瑜，白集西。」顔師古曰：「象載，象輿也。山出象輿，瑞應車也。」《赤蛟章》云「象輿轙」，即此也。而《景星章》云：「象載昭庭。」師古曰：「象謂懸象也。懸象祕事，昭顯於庭也。」〔一〕二字同出一處，而自爲兩説。案樂章詞意，正指瑞應車，言昭列於庭下耳。三劉《漢》釋之説亦得之，而謂「白集西」爲西雍之麟，此則不然〔二〕。蓋歌詩凡十九章，皆書其名於後，《象載瑜》前一行云「行幸雍獲白麟作」，自爲前篇「朝隴首，覽西垠」之章，不應又於下篇贅出之也〔三〕。

【箋證】

〔一〕顔師古注《漢書》卷二二《禮樂志》。《郊祀歌》十九章，《象載瑜》爲第十八章，《赤蛟》爲第十九章，《景星》爲第十二章。

〔二〕三劉《漢》釋，指劉敞、劉攽、劉奉世撰《三劉漢書標注》。《直齋書録解題》卷四正史類著録《三劉漢書標注》六卷，「侍讀學士清江劉敞原父、中書舍人劉攽貢父、端明殿學士劉奉世仲馮撰。奉世，敞之子也。又本題《公非先生刊誤》，其實一書。公非，貢父自號也。《漢書》自顔監之後，舉世宗之，未有異其説者。至劉氏兄弟始爲此書，多所辨正發明。」四庫本《漢書》卷二二《禮樂志》注引劉攽曰：「此詩四句（郁之按，指「象載瑜，白集西。食甘露，飲榮泉。」）先叙所見祥瑞之物也。象載瑜，黑車也。白集西，雍之麟也。甘露、榮泉，天之所降、地之所出也。」

〔三〕吴景旭《歷代詩話》卷二二《丁集上之上·古樂府·象載》：「《漢郊祀歌》『象載瑜，白集西。』」先引《容齋三筆》此條，後云：「余觀樂府原題云：『漢武帝郊祀之歌十九章』。《朝隴首十七》注：『元狩元年行幸雍獲白麟作。』《象載瑜十八》注：『太始元年行幸東海獲赤馬作。』據此，則容齋之言益信。」

5 管晏之言

《孟子》所書：「齊景公問於晏子曰：『吾欲觀於轉附、朝儛，遵海而南，放於琅邪，吾何脩而可以比於先王觀也？』晏子對曰：『天子諸侯，無非事者。春省耕而補不足，秋省斂而助不給。今也不然。師行而糧食。從流下而忘反，謂之流；從流上而忘反，謂之連；從獸無厭，謂之荒；樂酒無厭，謂之亡。先王無流連之樂，荒亡之行。』景公説，大戒於國。」〔一〕《管子·内言·戒》篇曰：「桓公將東游，問於管仲曰：『我游猶軸轉斛，南至琅邪。司馬曰「亦先王之游已」，何謂也？』對曰：『先王之游也，春出原農事之不本者，謂之游；秋出補人之不足者，謂之夕；夫師行而糧食其民者，謂之亡；從樂而不反者，謂之荒。先王有游夕之業於民，無荒亡之行於身。』桓公退，再拜，命曰寶法。」觀管、晏二子之語，一何相似，豈非傳記所載容有相犯乎〔二〕？管氏既自爲一書，必不誤，當更考之《晏子春秋》也〔三〕。

【箋證】

〔一〕《孟子·梁惠王下》。

〔二〕王應麟《困學紀聞》卷一一《考史》：「鄒忌不如徐公美。《新序》云：『齊有田巴先生，行修於外，王聞其賢，聘之，將問政焉，田巴改製新衣，拂飭冠帶，顧謂其妾，妾曰：「佼。」將出門，問其從者，從者曰：「佼。」過於淄水自照，視醜惡甚焉。遂見齊王，齊王問政，對曰：「今者大王召臣，臣問妾，妾愛臣，諛臣曰佼。問從者，從者畏臣，諛臣曰佼。臣至臨淄水而觀，然後知醜惡也。今王察之，齊國治矣。」』與鄒忌之言略同。洪景盧謂《孟子》所書齊景公問晏子，與《管子·內言·戒》篇相似。蓋傳記若是者多矣。」

郎瑛《七修類稿》卷二三《秦漢書多同》，先引《孟子》所書齊景公問晏子及《管子》桓公問管仲一段，後云：「洪容齋讀而疑之，以管氏既自爲書，必不誤也，何二子之語相似？因而載之《三筆》，欲細考也。元人鄭元祐以賈誼《新書》多同《大戴》之篇，意古或有是言。予嘗記憶所知者，《荀子·勸學》篇與《大戴》之《勸學》前面俱同，或句有先後，字有多寡，乃《大戴》刊誤也；《禮論》與《史記·禮書》後段同，《樂論》與《樂記》互有詳略，內中《三年問》，即《禮記》之所載也。《哀公》篇前半段即《大戴·哀公五義》章也；《大戴·三本》一篇是截《荀子·禮論》中之一段『天地者，生之本也』五百言，而《史記》又截五百言之後『禮豈不至哉』以下作自己極言禮之損益，爲《禮書》之結；《禮經·聘義》後『子貢問比德于王』一段亦《荀子》之所有；《禮》有《禮運》，《家語》亦有之，始則俱同，而中後則未詳於《禮》也；《大戴·曾子大孝》篇與《小戴·祭義》同，《禮察》篇與《小戴·經解》篇同，且又重出於賈誼《治安策》。《文王官人篇》與《汲冢周書·官人解》相出入；《新書·保傅》前一段千六百言，無一字之不同《大戴》，中則《大戴》增益三公、三少之事，末段胎教幾二千言，又無也；但其中《大戴》説巾車之處，《新書》卻説懸弧之禮，此則不同也。然《大戴》總爲一篇，而《新書》各條分之；《家語·執轡》篇言人物之生數一段，又與《鴻烈解・墬形訓》《大戴・易本命》數百言相同；《列子・黄帝》篇言海上之人好鷗一段，與《吕覽・精喻》篇海上之人好蜻者全類；《戰國策》楚宣王與群臣問答狐假虎威一事，與《新序》並同，但其後二十餘言不同，二者所同，皆不下二百餘言。予嘗反覆思維，豈著書者故剽竊耶？抑傳記者或不真耶？非也。二戴之於《禮記》，彼此明取删削，定爲禮經。其餘立言之士，皆賢聖之流，一時義理所同，彼此先後傳聞；其書原無刻本，故于立言之時，因其事理之同，遂取人之善以爲善，或呈之于君父，或成之爲私書，未必欲布之人人也。後世各得而傳焉，遂見其同似。於諸子百家偶有數句數百言之同者，正是如此耳，此又不能盡述。」

〔三〕《晏子春秋》所書與《孟子》略同。詳見《晏子春秋・内篇・問下》。

《顧頡剛讀書筆記》卷一〇《管晏諫止齊君游琅邪語同》條，引《三筆》此條，接云：「按桓公、管仲時代較早，故左氏作史已無可藉手之資料，改編《左傳》以釋《春秋》者亦惟敷衍經文而已，寧能自著一書傳於今耶？今之《管子》，編集於劉向，固戰國、秦、漢時代之集體著作也。景公、晏嬰之言，在孟子時爲一傳説，故作《孟子》者得而録之。其後此一傳説轉嫁於桓公、管仲，故作《管子・戒》篇者得而書之。觀《孟子》所記，『流、連、荒、亡』四者爲平列之惡德，而《戒》篇則以『游、夕』爲王者之善事，與『荒、亡』異質，如非作者有意修改《孟子》之文，即爲此一傳説之演化也。洪氏謂《管子》必不誤，適得其反。」

6　共工氏

《禮記·祭法》《漢書·郊祀志》皆言共工氏霸九州，以其無録而王，故謂之霸〔一〕。《曆志》則云：「雖有水德，在火木之間，非其序也。任知刑以强，故伯而不王。周人譽其行序，故《易》不載。」注言：「以其非次故去之。」〔二〕《史記·律書》：「顓帝有共工之陳，以平水害。」文穎曰：「共工，主水官也。少昊氏衰，秉政作虐，故顓帝伐之。本主水官，因爲水行也。」〔三〕然《左傳》郯子所叙黄帝、炎帝五代所名官，共工氏以水紀，故爲水師而水名。杜預云：「共工氏以諸侯霸有九州者，在神農之前，太昊之後，亦受水瑞，以水名官。」〔四〕蓋其與炎、黄諸帝均受五行之瑞，無所低昂，是亦爲王明矣。其子曰后土，能平九州，至今祀以爲社。前所紀謂「周人去其行序」，恐非也。至於怒觸不周之山，天傾西北，地不滿東南，此説尤爲誕罔。洪氏出於此，本曰「共」，《左傳》所書晉左行共華、魯共劉，皆其裔也。後又推本水德之緒加水於左而爲「洪」云〔五〕。《堯典》所稱「共工方鳩僝功」，即舜所流者，非此也。時以名官，故舜命垂爲之〔六〕。

【箋證】

〔一〕《禮記·祭法》：「共工氏之霸九州也，其子曰后土，能平九州，故祀以爲社。」鄭玄注：「共工氏，無録而王，謂之霸，在太昊、炎帝之間。」又《漢書》卷二五上《郊祀志第五上》：「自共工氏霸九州，其子曰句龍，能平水土，死爲社祠。」師古曰：「共工氏，在太昊、炎帝之間，無禄而王，故謂之霸。」

〔二〕《漢書》卷二一下《律曆志》。

〔三〕《史記》卷二五《律書》。裴駰《集解》引文穎語。

〔四〕《左傳》昭公十七年，《春秋左傳注疏》卷四八。

〔五〕洪咨夔《平齋集》卷二九《於潛洪氏譜系圖序》：「洪姓有兩出，一避唐孝敬帝及本朝宣帝諱，易『弘』爲『洪』。一伏羲、神農間，共工以水德伯九州，其子句龍爲后土，後裔封於共，爲共氏。漢末避仇，益『水』爲『洪』。吾宗共工之後也。」

〔六〕《堯典》：「帝曰：『疇咨若予采？』驩兜曰：『都，共工方鳩僝功。』」孔《傳》：「共工，官稱。鳩，聚。僝，見也。歎共工能方聚見其功。」《舜典》：「帝曰：『疇若予工？』僉曰：『垂哉！』帝曰：『俞，咨！垂，汝共工。』」

7　漢志之誤

昔人謂顏師古爲班氏忠臣，以其注釋紀傳，雖有舛誤，必委曲爲之辨故也。如《五行志》中最多，其最顯顯者，與《尚書》及《春秋》乖戾爲甚。桑穀共生於朝①。劉向以爲商道既衰，高宗乘敝而起，既獲顯榮，怠於政事，國將危亡，故桑穀之異見。武丁恐駭，謀於忠賢。顏注曰：「桑穀自太戊時生，而此云高宗時，其說與《尚書大傳》不同，未詳其義，或者伏生差謬。」〔一〕按《藝文志》自云：「桑穀共生，大戊以興。鳴雉登鼎，武丁爲宗。」乃是本書所言，豈不可爲明證，而翻以伏生爲謬，何也〔二〕？僖公二十九年，大雨雹。劉向以爲信用公子遂，遂專權自恣，僖公不寤，後二年，殺子赤，立宣公。又載文公十六年，蛇自泉宮出。劉向以爲其後公子遂殺二子而立宣公。此是文公末年事，而劉向既書之，又誤以爲僖。顏無所辯。隱公三年，日有食之。劉向以爲其後鄭獲魯隱。注引「狐壤之戰，隱公獲焉」，此自是隱爲公子時事耳，《左傳》記之甚明。宣公十五年，王札子殺召伯、毛伯。董仲舒以爲成公時。其它如言楚莊始稱王，晉滅江之類，顏雖隨事敷演，皆云未詳其說，終不肯正詆其疵也。《地理志》中沛郡公丘縣曰：「故滕國，周懿王子叔繡所封。」顏引《左傳》「郜、雍、曹、滕，文之昭也」爲證，亦云未詳其義。真定之肥纍，菑川之劇，泰山之肥成②，皆以爲肥子國，而遼西之肥如，又云「肥子奔燕，燕封於此」。魏郡元城縣云：「魏公子元食邑於此，因而遂氏焉。」常山元氏縣云：「趙公子元之封邑，故曰元氏。」不應兩邑命名相似如此。正文及《志》五引虖池河，皆注云：「虖音呼，池音徒河反。」又「五伯迭興」注云：「此五伯謂齊威、宋襄、晉文、秦穆、楚莊也。」而《諸侯王表》「五伯扶其弱」注云：「謂齊威、宋襄、晉文、秦穆、吴夫差也。」《異姓諸侯王表》「適戍彊於五伯」注云：「謂昆吾、大彭、豕韋、齊威、晉文也。」均出一書，皆師古注辭，而異同如此。

【校勘】

①「生」，原作「主」，據馬本、庫本、祠本改。　②「成」，馬本、庫本、祠本作「城」。

【箋證】

〔一〕《漢書》卷二七《五行志》。

〔二〕《漢書》卷三〇《藝文志》雜占類叙録。

周嬰《卮林》卷四《述洪·桑穀》先引本條此上一節，接云：「《史通·書志篇》曰：『太戊崩，後嗣有仲丁、河亶甲、祖乙、盤庚，凡歷五世，始至武丁，即高宗也。桑自太戊時生，非高宗事。』斯皆直取胸懷，以後爲前，以虚爲實，移的就箭，掩耳盜鐘者耶？蓋亦以《五行志》誤也。案《志》稱『《書序》曰：「伊陟相太戊，亳有祥桑穀共生。」《傳》曰：「俱生乎朝，七日而大拱。伊陟戒以修德而木枯。劉向以爲殷道既衰，高宗承敝而起，盡諒陰之哀，天下應之。既獲顯榮，怠於政事，國將危亡，故桑穀之異見。桑，喪也。穀，生也。殺生之柄失而在下，近草妖也。」』則本志以爲太戊事，特因劉向言而依違耳。《史·殷本紀》曰：『太戊立伊陟爲相。亳有祥桑穀共生於朝，一暮大拱。太戊懼。伊陟曰：「臣聞妖不勝德，帝之政有闕與？帝其修德。」太戊從之，而祥桑枯死。』《説苑》曰：『殷太戊時，有桑穀生於庭，昏而生，比旦而拱。史請卜之湯廟，太戊從之。乃早朝而晏退，三日，而桑穀自亡。』《説苑》又曰：『高宗者，武丁也，成湯之後。王道缺，刑法違犯，桑穀俱生乎朝，七日而大拱。相曰：「聞諸祖己，桑穀，野草也，而生於朝，意者國亡乎？」武丁恐駭，飭身修行，思先王之政，三年，蠻夷重譯而朝，是以高而尊之。』《論衡·異虚篇》亦以爲殷高宗時事，語與《説苑》同，而曰『桑穀實吉，祖己以爲凶』。據此則謂武丁時有之，未必盡非也。予又觀《吕氏春秋》曰：『成湯時有穀生於庭，昏而生，比旦大拱。湯曰：「祥者，福之先，見祥爲不善，則福不至。妖者，禍之先，見妖而爲善，則禍不至。」於是早朝晏退，務鎮撫百姓，三日而穀止。』高誘注曰：『《書叙》云：「伊陟相太戊，亳有桑穀祥共生于朝。」太戊，太甲孫，太庚之子也，號爲中宗。湯生仲丁，仲丁生太甲，太甲生太庚，太庚生太戊，凡五君矣。此云湯時，不亦謬乎？由此觀之，曝咸陽市門無敢增損一字者，明畏不韋勢耳，故揚子雲恨不及其時車載其金而歸也。』高氏蓋以文信侯之言爲妄，然《韓詩外傳》亦曰：『殷時穀生湯之廷，三日大拱。伊尹曰：「穀澤野物也，今生天子之庭，殆不吉也。」臣聞妖者禍先，祥者福先，見妖爲善禍不至，見祥爲不善福不臻。」湯乃齋戒静處，夙興夜寐，赦過賑窮，七日而穀亡。』然則桑穀生于商朝者三日，而皆爲興商之禎。高誘、顔籀皆所謂不該不徧一曲之士也。」

8　漢將軍在御史上

《漢書·百官公卿表》，御史大夫掌副丞相，位上卿，銀印青綬；前、後、左、右將軍，亦位上卿，而金印紫綬〔一〕。故《霍光傳》所載群臣連名奏曰：丞相敞、大將軍光、車騎將軍安世、度遼將軍明友、前將軍增、後將軍充國、御史大夫誼，且云「群臣以次上殿」。然則凡雜將軍，皆在御史大夫上，不必前、後、左、右也。

【箋證】

〔一〕《漢書》卷一九上《百官公卿表》：「御史大夫，秦官，位上卿，銀印青綬，掌副丞相。」又云：「成帝綏和元年，更名大司空，金印紫綬，禄比丞相。置長史如中丞，官職如故。哀帝建平二年復爲御史大夫。元壽二年復爲大司空。」「前、後、左、右、將軍，皆周末官，秦因之，位上卿，金印紫綬。漢不常置，或有前、後，或有左、右，皆掌兵及四夷。有長史，秩千石。」

9 上元張燈

上元張燈，《太平御覽》所載《史記·樂書》曰：「漢家祀太一，以昏時祠到明。」今人正月望日夜游觀燈，是其遺事。而今《史記》無此文〔一〕。唐韋述《兩京新記》曰：「正月十五日夜，敕金吾弛禁，前後各一日以看燈。」〔二〕本朝京師增爲五夜。俗言錢忠懿納土，進錢買兩夜，如前史所謂買宴之比。初用十二、十三夜，至崇寧初，以兩日皆國忌，遂展至十七、十八夜。予案《國史》乾德五年正月，詔以朝廷無事，區寓乂安，令開封府更增十七、十八兩夕。然則俗云因錢氏及崇寧之展日，皆非也〔三〕。太平興國五年十月下元，京城始張燈，如上元之夕，至淳化元年六月，始罷中元、下元張燈〔四〕。

【箋證】

〔一〕《太平御覽》卷三〇《時序部》「正月十五日」條。按《太平御覽》蓋抄自徐堅《初學記》卷四《歲時部下》，云：「《史記·樂書》曰：『漢家祀太乙，以昏時祠到明。』」原注云：「今人正月望日夜游觀燈，是其遺事。」

郎瑛《七修類稿》卷二七《元宵燈》：「上元張燈，諸書皆以爲沿漢祀太乙自昏到明，今其遺事。《容齋三筆》既辯《史記》無此文，尚未得其實。《事物紀原》又引《僧史略》，以西域十二月三十乃漢正月望日，彼地謂之大神變，故漢明令燒燈表佛，今乃遺事。天事既無據，時日尤非，不足信也。《春明退朝録》以爲梁簡文有《列燈賦》、陳後主有《山燈詩》，以爲起自南朝。予以此雖燈作，未知何時之燈之詠也，不若顯顯《唐書·嚴挺之傳》云：『睿宗好音律，先天二年正月望日，胡人婆陀請燃千燈，因弛門禁，帝御安福門縱觀，晝夜不息。』繼而韋述《兩京新記》曰：『正月十五夜，敕金吾弛禁，前後各一日看燈。』則是始于睿宗，成于玄宗無疑。至宋乾德五年正月，詔以朝廷無事，區宇乂安，令開封府更增十七、十八兩夕。五夜之俗因此也。今以十三易十八者，聞太祖初建南都，盛爲綵樓，招徠天下富商以實國本，元宵放燈多至十餘日。後約中定今五日耳。」

〔二〕《太平御覽》卷三〇《時序部》「正月十五日」條，引《唐西京記》云：「正月十五日夜，敕金吾弛禁，前後各一日，以覩燈花，若晝日。」祝穆《古今事文類聚前集》卷七《天時部》「金吾禁夜」條：「西都京城街衢有金吾，曉暝傳呼，以禁夜行，惟正月十五夜，敕許金吾弛禁，前後各一日。」注出唐韋述《西都雜記》。按《舊唐書》卷一〇二《韋述傳》，述有《兩京新記》五卷。《唐西京記》《西都雜記》，蓋即《兩京新記》之訛。

〔三〕朱翌《猗覺寮雜記》卷下：「近有《侯鯖録》載京師上元放燈三夕，錢氏納土進錢買兩夜，今十七、十八日是也。乃世俗妄言。乾德五年，詔謂時和歲豐，十七、十八兩事，見《太祖録》《三朝國史》《國朝會要》。」按《續資治通鑑長編》卷八：太祖乾德五年正月，「詔以時平年豐，增上元張燈爲五夜」。高承《事物紀原》卷八「放夜」條：「《國朝會要》曰：『乾德五年詔：「朝廷無事，區宇咸寧，况年穀屢豐，宜士民之縱樂。上元可更增十七、十八兩夜。」』自後，至十六日，開封府以舊例奏請，皆詔放兩夜也。」龐元英《文昌雜録》卷四：「乾德五年正月十六日，詔以朝廷無事，年穀屢豐，上元觀燈可更增十七、十八日兩夜。自後每至十六日，開封府以舊例奏聞，皆詔更放兩夕。雍熙二年十月下元節張燈，賜近臣宴於樞密使王顯私第，夜分，命中使賜御製詩一章。其後，每燈夕皆命中書、樞密分往大寺焚香，就賜御筵，遂爲故事，自此始也。」

〔四〕《續資治通鑑長編》卷二一：太宗太平興國五年，十月甲申，下元，「京城始張燈，如中元」。同書卷三一：太宗淳化元年，六月丙午，罷中元、下元張燈。

10 七夕用六日

太平興國三年七月，詔：「七夕嘉辰，著於甲令。今之習俗，多用六日，非舊制也，宜復用七日。」〔一〕且名爲七夕而用六，不知自何時以然①。唐世無此説，必出於五代耳〔二〕。

【校勘】

①「以」，馬本、祠本作「始」。

【箋證】

〔一〕《續資治通鑑長編》卷一九，太宗太平興國三年七月。王枺《燕翼詒謀録》卷三：「北俗，遇月三、七日，不食酒肉，蓋重道教之故，而七夕改用六日。太平興國三年七月乙酉，詔曰：『七夕佳辰，近代多用六日，宜以七日爲七夕。』頒行天下。蓋方其改用六日之時，始於朝廷，故釐正之自朝廷始。」

〔二〕王讜《唐語林》：「七夕者，七月七日夜。《荆楚歲時記》云：『七夕，婦人穿七孔針，設瓜果於庭，以乞巧。』今人乃以七月六日夜爲之，至明曉望於綵縷，以冀織女遺絲。乃是七曉，非夕也。又取六夜穿七竅針，益謬矣。今貴家或連二宵陳乞巧之具，此不過苟悦童稚而已。」（卷八《補遺》）丘光庭《兼明書》卷五《雜説》「七夕」條：「古書皆以七月七日之夕謂之七夕，今北人即以七月六日之夕乞巧，詢其所自，則説有異端。静而思之，抑有由也。蓋鼎峙之世，或中分之時，南北異文，車書不一，必北朝帝王有當七日而崩者，故其俗間用六日之夕。南人不爲之忌，不移七日之夕，由此而論，昭然可見。」
俞樾《茶香室續鈔》卷一《七夕用六日》條，謂「七夕之用六夕，自南唐始。」又引沈德符《野獲編》云：「江南李煜以七夕生，至期，其弟從益自潤州赴賀，乃先一日乞巧，江浙間俱化之，遂以成俗。直至宋淳化間，始詔更定仍爲七夕。」

11 宰相參政員數

太祖登極，仍用周朝范質、王溥、魏仁浦三宰相，四年皆罷，趙普獨相。越三月，始創參知政事之名，而以命薛居正、吕餘慶，後益以劉熙古，是爲一相三參。及普罷去，以居正及沈義倫爲相，盧多遜參政。太宗即位，多遜亦拜相。凡六年，三相而無一參。自後頗以二相二參爲率。至和二年，文彦博爲昭文相，劉沆爲史館相，富弼爲集賢相，但用程戡一參。惟至道二年吕端以右僕射獨相①，而吏部侍郎温仲舒、兵部侍郎王化基、工部尚書李至、户部侍郎李沆四參政，前後未之有也〔一〕。

【校勘】

①「二」，馬本、庫本、祠本作「三」。

【箋證】

〔一〕《宋史》卷一六一《職官志一》：「宋承唐制，以同平章事爲真相之任，無常員，有二人，則分日知印。以丞、郎以上至三師爲之。其上相爲昭文館大學士、監修國史，其次爲集賢殿大學士。或置三相，則昭文、集賢二學士並監修國史，各除。唐以來，三大館皆宰臣兼，故仍其制。國初，范質昭文學士，王溥監修國史，魏仁浦集賢學士，此爲三相例也。神宗新官制，於三省置侍中、中書令、尚書令，以官高不除人，而以尚書令之貳左、右僕射爲宰相，左僕射兼門下侍郎，以行侍中之職，右僕射兼中書侍郎，以行中書令之職。政和中，改左、右僕射爲大宰、少宰，仍兼兩省侍郎。靖康中，復改爲左、右僕射。建炎三年，吕頤浩請參酌三省之制，左、右僕射並加同中書門下平章事，門下、中書二侍郎並改爲參知政事，廢尚書左、右丞，從之。乾道八年，詔尚書左、右僕射可依漢制，改爲左、右丞相。」又云：「參知政事，掌副宰相，毗大政，參庶務。乾德二年置，以樞密直學士薛居正、兵部侍郎吕餘慶並本官參知政事。先是，已命趙普爲相，欲置之副而難其名稱，以問翰林學士陶穀曰：『下宰相一等有何官？』對曰：『唐有參知機務，參知政事。』故以命之。仍令不押班，不知印，不升政事堂，殿廷別設磚位，敕尾著銜降宰相，月俸雜給半之，未欲與普齊也。開寶六年，始詔居正、餘慶於都堂與宰相同議政事。至道元年，詔宰相與參政輪班知印，同升政事堂。押敕齊銜，行則並馬，自寇準始，以後不易。元豐新官制，廢參知政事，置門下、中書二侍郎，尚書左、右丞，以代其任。建炎三年，復以門下、中書侍郎爲參知政事，而省左、右丞。乾道八年，改左、右僕射爲左、右丞相，其參知政事如故，以中大夫以上充，常除二員，或一員。嘉泰三年，始除三員。」

12 朱崖遷客

唐韋執誼自宰相貶崖州司户，刺史命攝軍事衙推，牒詞云：「前件官久在相廷①，頗諳公事，幸期佐理，勿憚麇賢。」當時傳以爲笑，然猶未至於挫抑也〔一〕。盧多遜罷相流崖州，知州乃牙校，爲子求昏，多遜不許，遂侵辱之，將加害，不得已，卒與爲昏〔二〕。紹興中，胡邦衡竄新州②，再徙吉陽，吉陽即朱崖也。軍守張生，亦一右列指使，遇之亡狀，每旬呈，必令囚首詣廷下。邦衡盡禮事之，至作五十韻詩，爲其生日壽，性命之憂，朝不謀夕。是時，黎酋聞邦衡名，遣子就學，其居去城三十里，嘗邀致入山，見軍守者，荷枷絣西廡下，酋指而語曰：「此人貪虐已甚，吾將殺之，先生以爲何如？」邦衡曰：「其死有餘罪，果若此，足以洗一邦怨心。然既蒙垂問，切有獻焉。賢郎所以相從者，爲何事哉？當先知君臣上下之名分。此人固亡狀，要之爲一州主，所謂邦君也。欲訴其過，合以告海南安撫司，次至廣西經略司，俟其不行，然後訟于樞密院，今不應擅殺人也。」酋悟，遽釋之，令自書一紙引咎，乃再拜而出。明日，邦衡歸，張詣門悔謝，殊感再生之恩，自此待爲上客。邦衡以隆興初在侍從，録所作《生日詩》示仲兄文安公，且備言昔日事〔三〕。乃知去天萬里，身陷九淵，日與死迫，古今一轍也。

【校勘】

①「相」，馬本、庫本、祠本作「朝」。　②馬本、庫本、祠本「胡邦衡」下有「銓」字。

【箋證】

〔一〕《太平廣記》卷四九七《韋執誼》：「元和初，韋執誼貶崖州司户參軍，刺史李甲憐其羈旅，乃舉牒云：『前件官久在相庭，頗諳公事，幸期佐理，勿憚糜賢。事須請攝軍事衙推。』」注出《嶺南異物志》。

〔二〕《宋史》卷二六四《盧多遜傳》：太平興國初，多遜拜中書侍郎平章事，四年，從平太原還，加兵部尚書。以交通秦王廷美事，太宗怒，下詔數其不忠之罪。「其盧多遜在身官爵及三代封贈、妻子官封，並用削奪追毁。一家親屬，並配流崖州，所在馳驛發遣，縱經大赦，不在量移之限。期周已上親屬，並配隸邊遠州郡。」「雍熙二年，卒于流所，年五十二。詔徙其家於容州，未幾復移置荆南。」

〔三〕胡銓字邦衡，紹興八年，秦檜決策主和，銓抗疏言「義不與檜等共戴天，區區之心，願斷三人頭，竿之藁街，然後羈留虜使，責以無禮，徐興問罪之師」。十二年，詔除名編管新州。十八年，新州守臣張棣訐銓與客唱酬，謗訕怨望，移謫吉陽軍。二十六年，檜死，銓量移衡州。詳《宋史》

卷三七四《胡銓傳》。

「仲兄文安公」，洪遵。

13 張士貴宋璟

唐太宗自臨治兵，以部陳不整，命大將軍張士貴杖中郎將等，怒其杖輕，下士貴吏。魏徵諫曰：「將軍之職，爲國爪牙，使之執杖，已非後法，況以杖輕下吏乎？」上亟釋之〔一〕。明皇開元三年，御史大夫宋璟坐監朝堂杖人杖輕，貶睦州刺史，姚崇爲宰相，弗能止，盧懷慎亦爲相，疾亟，表言璟明時重器，所坐者小，望垂矜録，上深納之〔二〕。太宗、明皇，有唐賢君也，而以杖人輕之故，加罪大將軍、御史大夫，可謂失政刑矣〔三〕。

【箋證】

〔一〕《資治通鑑》卷一九五《唐太宗紀》，貞觀十四年十二月。

〔二〕《資治通鑑》卷二一一《唐玄宗紀》，開元四年十一月。

〔三〕丘濬《大學衍義補》卷一〇七《議當原之辟》，引《三筆》本條，云：「臣按武臣至大將軍，文臣至御史大夫，皆朝廷文武大臣也，而使之任胥隸之役，豈但失政刑而已哉？蓋虧國體、輕名爵也。」

14 韓歐文語

《盤谷序》云：「坐茂樹以終日，濯清泉以自絜。采於山，美可茹；釣於水，鮮可食。」《醉翁亭記》云：「野花發而幽香，佳木秀而繁陰。」「臨溪而漁，溪深而魚肥；釀泉爲酒，泉香而酒洌。山殽野蔌，雜然而前陳。」歐公文勢，大抵化韓語也。然「釣於水，鮮可食」與「臨溪而漁，溪深而魚肥」「采於山」與「山殽前陳」之句，煩簡工夫，則有不侔矣〔一〕。

【箋證】

〔一〕 龔昱《樂菴語録》卷二：「散文自有聲律，如《盤谷序》《醉翁亭記》皆可歌。」張表臣《珊瑚鈎詩話》卷一：「近代歐公《醉翁亭記》步驟類《阿房賦》。」

容齋三筆卷二 二十六則

1 漢宣帝不用儒

漢宣帝不好儒，至云：「俗儒不達時宜，好是古非今，使人眩於名實，不知所守，何足委任！」〔一〕匡衡爲平原文學，學者多上書薦衡經明，當世少雙，不宜在遠方。事下蕭望之、梁丘賀。望之奏衡經學精習，説有師道，可觀覽。宣帝不甚用儒，遣衡歸故官〔二〕。司馬温公謂：「俗儒誠不可與爲治，獨不可求真儒而用之乎？」〔三〕且是古非今之説，秦始皇、李斯所禁也，何爲而效之邪？既不用儒生而專委中書宦官，弘恭、石顯因以擅政事，卒爲後世之禍〔四〕，人主心術，可不戒哉！

【箋證】

〔一〕《資治通鑑》卷二七《漢宣帝紀》甘露元年：「皇太子柔仁好儒，見上所用多文法吏，以刑繩下，嘗侍燕從容言：『陛下持刑太深，宜用儒生。』帝作色曰：『漢家自有制度，本以霸王道雜之，奈何純任德教，用周政乎？且俗儒不達時宜，好是古非今，使人眩於名實，不知所守，何足委任？』乃歎曰：『亂我家者，太子也。』」

〔二〕《漢書》卷八一《匡衡傳》。

〔三〕《資治通鑑》卷二七《漢宣帝紀》甘露元年：宣帝作色一節之末，臣光曰：「王霸無異道。昔三代之隆，禮樂征伐自天子出，則謂之王。天子微弱，不能治諸侯，諸侯有能，率其與國同討不庭，以尊王室者，則謂之霸。其所以行之也，皆本仁祖義，任賢使能，賞善罰惡，禁暴誅亂，顧名位有尊卑，德澤有深淺，功業有鉅細，政令有廣狹耳，非若白黑甘苦之相反也。漢之所以不能復三代之治者，由人主之不爲，非先王之道不可復行於後世也。夫儒有君子，有小人，彼俗儒者，誠不足與爲治也，獨不可求真儒而用之乎？稷、契、皋陶、伯益、伊尹、周公、孔子，皆大儒也，使漢得而用之，功烈豈若是而止邪？孝宣謂太子懦而不立、闇於治體，必亂我家則可矣，乃曰王道不可行、儒者不可用，豈不過哉？非所以訓示子孫、垂法將來者也。」

〔四〕《漢書》卷七八《蕭望之傳》：「宣帝不甚從儒術，任用法律，而中書宦官用事，中書令弘恭、石顯久典樞機，明習文法。」按，恭、顯擅政致禍，可參《隨筆》卷四《二疏贊》、卷一二《恭顯議蕭望之》、《續筆》卷九《貢薛韋匡》。

2　國家府庫

真宗嗣位之初，有司所上天下每歲賦入大數，是時，至道三年也，凡收穀二千一百七十萬碩，錢四百六十五萬貫，絹、紬一百九十萬疋，絲、綿六百五十八萬兩，茶四十九萬斤，黃蠟三十萬斤。自後多寡不常，然大略具此。方國家全盛，民力充足，故於征輸未能爲害。今之事力，與昔者不可同日而語，所謂緡錢之入，殆過十倍。民日削月朘，未知救弊之術，爲可慮耳。黃蠟一項，今不聞有此數〔一〕。

【箋證】

〔一〕《續資治通鑑長編》卷四二：太宗至道三年。「凡租稅有穀、帛、金鐵、物産四類。穀之品七，一曰粟，二曰稻，三曰麥，四曰黍，五曰穄，六曰菽，七曰雜子。布帛絲綿之品十，一曰羅，二曰綾，三曰絹，四曰紗，五曰絁，六曰紬，七曰雜折，八曰絲線，九曰綿，十曰布。金鐵之品四，一曰金，二曰銀，三曰錫鑞，四曰銅鐵。物産之品六，一曰畜，二曰齒革翎毛，三曰茶鹽，四曰竹木麻草芻茭，五曰果藥油紙薪炭漆蠟，六曰雜物。至道末，歲收穀二千一百七十一萬七千餘石，錢四百六十五萬餘貫，絹一百六十二萬餘匹，紬絁二十七萬三千餘匹，絲線一百四十一萬餘兩，綿五百一十七萬餘兩，茶四十九萬餘斤，芻茭三千萬圍，蒿二百六十八萬圍，薪二十八萬束，炭五十萬秤，鵝翎雜翎六十一萬餘莖，箭幹八十七萬隻，黃蠟三十餘萬斤。此皆踰十萬數者，他不復記。」

又同書卷九七：真宗天禧五年，「所收租稅比至道末穀增一百七萬五千餘石，錢增二百七十萬八千餘貫，絹減萬餘匹，絁紬減九萬二千餘匹，布增五十萬六千餘匹，絲線減五萬五千餘兩，綿減一百一十七萬五千餘兩，茶增一百一十七萬八千餘斤，芻茭減一千一百萬五千餘圍，蒿減一百萬餘圍，炭減五十萬四千餘秤，鵝翎雜翎增十二萬九千餘莖，箭幹增四十七萬隻，黄蠟增五萬餘斤，又韉八十一萬六千餘量，麻皮三十九萬七千餘斤，鹽五十七萬七千餘石，紙十二萬三十餘幅，蘆蕟三十六萬餘張。大率名物約此，其折變及移輸比壤者，視當時所須焉。至道末，上供錢一百六十九萬二千餘貫，金一萬四千八百兩，銀三十七萬六千兩，絲七十萬五千兩，綿四百九十七萬兩，紬三十七萬九千匹，絹一百七十萬八千匹，絁五萬二千匹，布一百一十萬六千匹，又榷利所獲，總一千一百二十三萬三千餘貫。國家率三歲一親郊祀，共計緡錢常百五十餘萬貫，大半以金、銀、綾、綺、絁、絹平其直而給之。大凡邦國内外舉一歲之費，錢一千六百九十三萬餘貫，金一萬四千八百七十兩，銀六十二萬餘兩，絹三百三十三萬三千餘匹，紬九十萬三千餘匹，絁五萬九千餘匹，綿七百四十五萬兩，絲綫一百六十四萬兩，布二百六萬三千餘端，粟二千一百九十四萬石，芻二千二百萬六十圍。舉一歲京城給文武官、三班使臣及諸司人等奉錢四萬五千八百餘貫，給以他物者九萬一千四百餘貫，禄粟五萬一千餘石，糧五十四萬二千餘石，騎軍一歲給錢六十八萬餘貫，都虞候已上禄粟一萬四千餘石糧一百一十八萬餘石，步軍一歲給錢七十一萬餘貫，禄粟七千八百餘石，糧一百八十二萬九千餘石。大抵若此，而亦有盈縮焉。天禧末，上供惟錢帛增多，餘以移用頗減舊數，而天下總獲錢二千六百五十三萬餘貫，金萬四千四百餘兩，銀八十八萬三千九百餘兩，絲四百一十七萬二十餘兩，綿一千八百九十九萬一千餘兩，絹一百五十五萬二千餘匹，紬九百四十一萬五千餘匹，綾三十四萬四千餘匹，絁一十三萬七千餘匹，紗穀二萬五千餘匹，綿綺二萬八千餘匹，布三百五萬七千餘匹，茶七十六萬餘斤，鹽一十六萬三千八百餘石，香、藥、真珠、犀、象七十餘萬斤條片顆，竹木蘆箔三百六十餘萬條片。五穀二千九百八十三萬餘石，草三千萬餘圍，木炭、薪、蒿三千餘萬斤束。總費錢二千七百一十四萬餘貫，金一萬三千五百餘兩，銀五千八萬餘兩，絲三百六十三萬二千餘兩，綿一千六百五十萬餘兩，紬七十六萬四千餘匹，絹四千一百七十三萬七千餘匹，綾十萬七千餘匹，絁五萬二千餘匹，羅二萬七千餘匹，紗穀一萬一千餘匹，綿綺六千七百餘匹，布一百二十九萬七千餘匹，茶三十六萬六千餘斤，鹽十一萬八千餘石，香、藥、真珠、犀、象五十二萬三千餘斤條片顆，竹木蘆箔一百二十三萬二千餘條片，五穀三千四百五十八萬二千餘石，草三千四百五十八萬三千餘圍，木炭、薪、蒿四百五十萬餘斤束。」

3　劉項成敗

漢高帝、項羽起兵之始，相與北面共事懷王。及入關破秦，子嬰出降，諸將或言誅秦王。高帝曰：「始懷王遣我，固以能寬容，且人已服降，殺之不祥。」乃以屬吏〔一〕。至羽則不然，既殺子嬰，屠咸陽，使人致命於懷王。王使如初約，先入關者王其地。羽乃曰：「懷王者，吾家武信君所立耳，非有功伐，何以得顓主約？今定天下，皆將相諸君與籍力也，懷王亡功，固當分其地而王之。」於是陽尊王爲義帝，卒至殺之〔二〕。觀此二事，高帝既成功，猶敬佩王之戒。羽背主約，其末至於如此。成敗之端，不待智者而後知也〔三〕。高帝微時，嘗繇咸陽，縱觀秦皇帝，喟然太息曰：「大丈夫當如此矣！」至羽觀始皇，則曰：「彼可取而代也。」〔四〕雖史家所載容有文飾，然其大旨固可見云。

【箋證】

〔一〕《漢書》卷一上《高帝紀》。

〔二〕《漢書》卷三一《項籍列傳》。《隨筆》卷九《范增非人傑》，可參。

〔三〕《史記》卷七《項羽本紀》卷末太史公曰：「夫秦失其政，陳涉首難，豪傑蜂起，相與並争，不可勝數。然羽非有尺寸，乘勢起隴畝之中，三年，遂將五諸侯滅秦，分裂天下，而封王侯，政由羽出，號爲『霸王』，位雖不終，近古以來未嘗有也。及羽背關懷楚，放逐義帝而自立，怨王侯叛己，難矣。自矜功伐，奮其私智而不師古，謂霸王之業，欲以力征經營天下，五年卒亡其國，身死東城，尚不覺寤而不自責，過矣。乃引『天亡我，非用兵之罪也』，豈不謬哉！」按蘇軾《東坡志林・論古》：「項氏之興也，以立楚懷王孫心；而諸侯叛之也，以弒義帝也。」吴汝綸《讀項羽本紀》（《吴汝綸全集》）：「竊謂項氏之亡，不亡於弒義帝，而亡於立義帝」，「義帝之立，無益於項氏，而徒予以簒弒之名，而開其召叛之隙。項氏雖欲不亡，夫焉得而不亡！」皮錫瑞《讀通鑑論札記》卷二：「使義帝猶存，高帝亦豈能終奉之者？明之於韓林兒，亦如是耳。

項羽負弑君之名，則范增實誤之。不足號召天下，反授天下以兵端矣。」

〔四〕見《史記·項羽本紀》《高祖本紀》。

4 占術致禍

吉凶禍福之事，蓋未嘗不先見其祥。然固有知之信之，而翻取殺身亡族之害者。漢昭帝時，昌邑石自立，上林僵柳復起，蟲食葉曰「公孫病已立」。眭孟上書言，當有從匹夫爲天子者，勸帝索賢人而禪位。孟坐袄言誅，而其應乃在孝宣，正名病已〔一〕。哀帝時，夏賀良以爲漢曆中衰，當更受命，遂有陳聖劉太平皇帝之事。賀良坐不道誅。及王莽篡竊，自謂陳後，而光武實應之〔二〕。宋文帝時，孔熙先以天文圖讖，知帝必以非道晏駕，由骨肉相殘，江州當出天子，遂謀大逆，欲奉江州刺史、彭城王義康。熙先既誅，義康亦被害，而帝竟有子禍，孝武帝乃以江州起兵而即尊位〔三〕。薄姬在魏王豹宫，許負相之當生天子，豹聞言心喜，因背漢，致夷滅，而其應乃在漢文帝〔四〕。唐李錡據潤州反，有相者言，丹陽鄭氏女當生天子，錡聞之，納爲侍人。錡敗，没入掖庭，得幸憲宗而生宣宗〔五〕。五代李守貞爲河中節度使，有術者善聽人聲，聞其子婦符氏聲，驚曰：「此天下之母也。」守貞曰：「吾婦猶爲天下母，吾取天下，復何疑哉？」於是決反，已而覆亡，而符氏乃爲周世宗后〔六〕。

【箋證】

〔一〕《漢書》卷二七中之下《五行志》。又見《漢書》卷七五《眭孟傳》。《資治通鑑》卷二三《漢昭帝紀》元鳳三年。

〔二〕《漢書》卷一一《哀帝紀》：建平二年，「待詔夏賀良等言赤精子之讖，漢家曆運中衰，當再受命，宜改元易號。詔曰：『漢興二百載，曆數開元。皇天降非材之佑，漢國再獲受命之符。朕之不德，曷敢不通！夫基事之元命，必與天下自新。其大赦天下。以建平二年爲太初元年。號曰陳聖劉太平皇帝。』賀良等反道惑衆，下有司，皆伏辜。」「陳聖劉太平皇帝」句下，如淳注曰：「陳，舜後。王莽，陳之後。謬語以明莽當篡立而不知。」又《後漢書》卷一下《光武帝紀》卷末論曰：光武以建平元年十二月生，其父「使卜者王長占之。長辟左右，曰：『此兆吉不可言。』是歲縣界有嘉禾生，一莖九穗，因名光武曰秀。明年，方士有夏賀良者，上言哀帝云：『漢家歷運中衰，當再受命。』於是改號爲太初元年，稱陳聖劉太平皇帝，以厭勝之。」

〔三〕《宋書》卷六九《范曄傳》。《資治通鑑》卷一二四《宋文帝紀》元嘉二十二年。

〔四〕《宋書》卷二七《符瑞志上》。

〔五〕《新唐書》卷七七《后妃傳·憲宗孝明皇后鄭氏》。

〔六〕《新五代史》卷二〇《周家人傳·世宗宣懿皇后符氏》。

5 絳侯萊公

漢周勃誅諸吕，立文帝以安劉氏，及爲丞相，朝罷趨出，意得甚。上禮之恭，常目送之。爰盎進曰：「丞相何如人也？」上曰：「社稷臣。」盎曰：「絳侯所謂功臣，非社稷臣。社稷臣，主在與在，主亡與亡。方吕后時，諸吕用事，擅相王，絳侯爲太尉，本兵柄，弗能正。吕后崩，大臣相與共誅諸吕，太尉主兵，適會其成功，所謂功臣，非社稷臣。丞相如有驕主色，陛下謙遜，臣主失禮，竊爲陛下弗取也。」後朝，上益莊，丞相益畏。久之，勃遂有逮繫廷尉之禍，幾於不免〔一〕。寇萊公決澶淵之策，真宗待之極厚，王欽若深害之。一日會朝，準先退，欽若進曰：「陛下敬畏寇準，爲其有社稷功邪？」上曰：「然。」欽若曰：「臣不意陛下出此言。澶淵之役，不以爲恥，而謂準有社稷功，何也？」上愕然曰：「何故？」對曰：「城下之盟，雖春秋時小國猶恥之，今以萬乘之貴，而爲此舉，是盟於城下也，其何恥如之？」上愀然不能答。由是顧準稍衰，旋即罷相，終海康之貶〔二〕。嗚呼！絳侯、萊公之功，揭若日月，而盎與欽若以從容一言，移兩明主意，訖致二人於罪斥，讒言罔極，吁可畏哉！

【箋證】

〔一〕《漢書》卷四九《爰盎傳》。

〔二〕《宋史》卷二八一《寇準傳》。又見司馬光《涑水記聞》卷六。趙紹祖《消暑録》「真宗眷待寇準之衰」條：「真宗眷待寇準之衰，容齋謂由於王欽若『城下之盟』之一言。余謂澶淵之役，萊公本欲戰不欲和，而帝實欲之，豈得以此爲準咎也？欽若特借此開端，而驚心動魄，深入真宗之隱者，只是『孤注』二字。蓋帝本不欲親征渡河，而準强之，其心至是猶悸也，故一聞言而意遂移。容齋不舉此而舉彼，未爲得其情矣。」

6 無名殺臣下

《傳》曰：「欲加之罪，其無辭乎？」〔一〕古者置人於死地，必求其所以死。然固有無罪殺之，而必爲之名者。張湯爲漢武造白鹿皮幣，大農顔異以爲本末不相稱，天子不悦。湯又與異有隙。異與客語初令下有不便者，異不應，微反脣。湯奏當異九卿，見令不便，不入言而腹非，論死。自是後有腹非之法〔二〕。曹操始用崔琰，後爲人所譖，罰爲徒隸，使人視之，詞色不撓。操令曰：「琰雖見刑，而對賓客虬須直視，若有所瞋。」遂賜琰死〔三〕。隋煬帝殺高熲之後，議新令，久不決。薛道衡謂朝士曰：「向使高熲不死，令決當久行。」有人奏之，帝怒，付執法者推之。裴藴奏道：「衡有無君之心，推惡於國，妄造禍端。論其罪名，似如隱昧，原其情意，深爲悖逆。」帝曰：「公論其逆，妙體本心。」遂令自盡〔四〕。寃哉，此三臣之死也！

【箋證】

〔一〕《左傳》僖公十年。

〔二〕《漢書》卷二四下《食貨志下》。

錢時《兩漢筆記》卷四《武帝》引《漢書》此節，接云：「『欲加之罪，何患無辭』，若湯之殺顔異，真可謂無辭矣。使有可議，寧當至腹誹乎？益足以驗異之賢，而湯之巧詆凶殘無狀也。自古小人用事，必先設法以鉗人之口，腹誹且死，況敢有公言？卿大夫諂諛取容一律而從湯矣。爲人君者，曷亦謹所信任哉！後二年，湯竟有罪自殺。因歷觀《酷吏傳》，少有得其死者。殺人之事習熟於君之耳目，即教君以殺己之道也。出爾反爾，信哉是言。」

〔三〕《魏志》卷一二《崔琰傳》。

俞德鄰《佩韋齋輯聞》卷一：「曹操以鬼蜮之智，挾天子，弑伏后，剿皇子，戮貴人，害孔融，殺崔琰，誅荀彧，禮樂征伐出其手者十九年。」

〔四〕《隋書》卷五七《薛道衡傳》。

胡寅《讀史管見》卷一六《隋紀》煬帝大業五年條，録此事，論曰：「薛道衡有才學之名，而無義理之識。方隋文廢太子時，道衡以樞要近臣，不能諫争，親宣詔旨，成君之惡矣。煬主召之，蓋以報德也。道衡豈不知文帝崩殂之故？而稱美先德於賊子之前，將以警之耶，抑以愧之耶？以二事核之，於義理皆無所合，其學不足稱矣。裴藴所謂『意爲悖逆』者，腹誹之餘論也。管、蔡將叛，周公不知，而張湯、裴藴乃能隔皮肉骨血見人順逆之情，煬主又稱其『妙體本心』。吁，亦異哉！」

參《續筆》卷七《昔昔鹽》。

7 平天冠

祭服之冕，自天子至于下士執事者皆服之，特以梁數及旒之多少爲别。俗呼爲平天冠，蓋指言至尊乃得用。范純禮知開封府，中旨鞫淳澤村民謀逆事。審其故，乃嘗入戲場觀優，歸塗見匠者作桶，取而戴於首，曰：「與劉先主如何？」遂爲匠擒。明日入對，徽宗問何以處，對曰：「愚人村野無所知，若以叛逆蔽罪，恐辜好生之德，以不應爲杖之，足矣。」〔一〕按《後漢·輿服志》蔡邕注「冕冠」曰：「鄙人不識，謂之平天冠。」然則其名之傳久矣〔二〕。

【箋證】

〔一〕《宋史》卷三一四《范純禮傳》。

〔二〕《後漢書》卷四〇《輿服志》。蔡邕《獨斷》卷下：「冕冠，周曰爵弁，殷曰冔，夏曰收，皆以三十升漆布爲殼，廣八寸，長尺二寸，加爵冕其上，周黑而赤，如爵頭之色，前小後大。殷黑而微白，前大後小，夏純黑而赤，前小後大，皆有收以持笄。《詩》曰：『常服黼冔。』《禮》：『朱干玉戚，冔而舞《大武》。』《周書》曰：『王與大夫盡弁。』古皆以布，中古以絲。孔子曰：『麻冕，禮也。今也純，儉。』漢雲翹冠，樂祠天地、五郊，舞者服之，冕冠垂旒。《周禮》，天子冕前後垂延朱綠藻，有十二旒，公侯大夫各有差別。漢興，至孝明帝永平二年，詔有司采《尚書・皋陶篇》及《周官》《禮記》定而制焉。皆廣七寸，長尺二寸，前圓後方，朱綠裏而玄上，前垂四寸，後垂三寸，係白玉珠於其端，是爲十二旒。組纓如其綬之色。三公及諸侯之祠者，朱綠九旒，青玉珠；卿大夫，七旒，黑玉珠。皆有前無後，組纓各視其綬之色，旁垂黈纊當耳。郊天地，祠宗廟，祀明堂，則冠之。衣黼衣，佩玉佩，履約履。孔子曰：『服周之冕。』鄙人不識，謂之平天冠。」

8　介推寒食

《左傳》晉文公反國，賞從亡者，介之推不言禄，禄亦弗及，推遂與母偕隱而死。晉侯求之不獲，以緜上爲之田，曰：「以志吾過。」緜上者，西河界休縣地也〔一〕。其事始末只如此。《史記》則曰：子推從者書宫門，有「一蛇獨怨」之語。文公見其書，使人召之，則亡。聞其入緜上山中，於是環山封之，名曰介山〔二〕。雖與《左傳》稍異，而大略亦同。至劉向

《新序》始云：「子推怨於無爵齒，去而之介山之上，文公待之，不肯出。以謂焚其山宜出，遂不出而焚死。」〔三〕是後雜傳記如《汝南先賢傳》則云：「太原舊俗，以介子推焚骸，一月寒食。」《鄴中記》云：「并州俗，冬至後一百五日，爲子推斷火冷食三日。魏武帝以太原、上黨、西河、雁門皆沍寒之地，令人不得寒食，亦爲冬至後百有五日也。」〔四〕案《後漢·周舉傳》云：「太原一郡，舊俗以介子推焚骸，有龍忌之禁。至其亡月，咸言神靈不樂舉火，由是士民每冬中輒一月寒食，莫敢烟爨。舉爲并州刺史，乃作弔書置子推廟，言盛冬去火，殘損民命，非賢者之意，宣示愚民，使還温食。於是衆惑稍解，風俗頗革。」然則所謂寒食，乃是冬中，非今節令二、三月間也〔五〕。

【箋證】

〔一〕《左傳》僖公二十四年。

〔二〕《史記》卷三九《晉世家》：晉文公反國，「賞從亡，未至隱者介子推。推亦不言禄，禄亦不及。推曰：『獻公子九人，唯君在矣。惠、懷無親，外内棄之；天未絶晉，必將有主，主晉祀者，非君而誰？天實開之，二三子以爲己力，不亦誣乎？竊人之財，猶曰是盜，況貪天之功以爲己力乎？下冒其罪，上賞其奸，上下相蒙，難與處矣。』其母曰：『盍亦求之，以死誰懟？』推曰：『尤而效之，罪有甚焉。且出怨言，不食其禄。』母曰：『亦使知之，若何？』對曰：『言，身之文也；身欲隱，安用文之？文之，是求顯也。』其母曰：『能如此乎？與女偕隱。』至死不復見。

介子推從者憐之，乃懸書宫門曰：『龍欲上天，五蛇爲輔。龍已升雲，四蛇各入其宇，一蛇獨怨，終不見處所。』文公出，見其書，曰：『此介子推也。吾方憂王室，未圖其功。』使人召之。」云云。

〔三〕劉向《新序》卷七《節士》。

《日知録》卷二五《介子推》條：「介子推事見於《左傳》則曰：『晉侯求之不獲，以緜上爲之田，曰以志吾過，且旌善人。』《吕氏春秋》則曰：『負釜蓋簦，終身不見。』二書去當時未遠，爲得其實。然之推亦未久而死，故以田禄其子爾。《史記》之言稍異，亦不過曰『使人召之，則亡。聞其入緜上山中，於是環緜上之山而封之，以爲介推田，號曰介山』而已。立枯之説，始自屈原。燔死之説，始自《莊子》。（《容齋三筆》以爲始自劉向《新序》，非也。）《楚辭·九章·惜往日》：『介子忠而立枯兮，文公寤而追求。封介山而爲之禁兮，報大德之優游。思久故之親身兮，因縞素而哭之。』《莊子》則曰：『介子推至忠也，自割其股以食文公，文公後背之，子推怒而去，抱木而燔死。』於是瑰奇之行彰而廉靖之心没矣。今當以《左氏》爲據，割股、燔山，理之所無，皆不可信。」

〔四〕《汝南先賢傳》《鄴中記》，皆見《初學記》卷四《歲時部下·寒食第五》「三日斷火」條所引。

〔五〕謝采伯《密齋筆記》卷二：「襄國大雨雹，石勒問徐光，對曰：『去年禁寒食，介推帝鄉之神，怨感動上帝。』勒下書曰：『寒食，并州之舊風；子推，歷代攸尊，請復寒食，更爲植嘉樹，立祠堂。』黄門郎韋謏駁曰：『自子推已前，雹者復何所致？此自陰陽乖錯。且子推賢者，曷爲暴害如此？求之冥漠，必不然矣。』《左傳》《史記》《新序》《汝南先賢傳》《鄴中記》《後漢・周舉傳》皆言之。舉爲并州刺史，作弔書置子推廟，言：『盛冬去火，殘損民命，非賢者之意。』寒食乃是仲冬，非今之清明。石勒問徐光事，《容齋》不載。」

屈守元《韓詩外傳箋疏》卷六「晉文困於驪氏，疾據咎犯、趙衰、介子推而遂爲君」條，引梁玉繩《人表考》云：「介子推始見《吕氏春秋・介立》。本作介之推（《左》僖二十四），亦曰子推（《水經・汾水注》），亦曰介推（《史・晉世家》），亦曰介山子推（《大戴禮・衛將軍篇》），亦曰介山子然（《史・弟子傳》），亦曰介子綏（《荆楚歲時記》引《琴操》），亦曰介子（《楚辭・惜往日》《悲回風》，《淮南・説山》）。姓王，名光，晉人（《列仙傳》）。文公出奔，道乏糧（王逸《楚辭注》），割股以食文公（《莊子・盜蹠》，東方朔《七諫》）。反國不受賞（《吕・介立》），遂隱而死。文公以介上爲之田（《左傳》）。宋真宗天禧元年封潔惠侯（《學齋佔畢》）。案，《水經注》緜山即介山，因推得名，故《廣韻》以介爲姓。疑推家於此山，死即葬之也。推其名。綏與推音近，然或其字。《列仙傳》所載姓名難信。至焚死之説，恐起於戰國好事者附會，是以《莊子・盜蹠》云抱木燔死；《楚辭・惜往日》云忠而立枯；《新序・節士》又謂文公焚山，推不出，焚死。流俗相傳，遂有禁火之事。所述推之亡月，或云冬中，或云寒食，或云三月三日，或云五月五日（並辨見《初學記》四、宋洪邁《容齋三筆》《路史・發揮・改火篇》），俱無稽之言爾。」

9 進士訴黜落

天禧三年，京西轉運使胡則言滑州進士楊世質等訴本州黜落。即取元試卷，付許州通判崔立看詳。立以爲世質等所試不至紕繆，已牒滑州依例解發。詔轉運司具析不先奏裁直令解發緣由以聞，其試卷仰本州繳進。世質等仍未得解發。及取到試卷，詔貢院定奪，乃言詞理低次，不合充薦，復黜之，而劾胡則、崔立之罪〔一〕。蓋是時貢舉條制猶未堅定，故有被黜而來訴其枉者。至於省試亦然，如葉齊之類，由此登第。後來無此風矣〔二〕。

【箋證】

〔一〕《續資治通鑑長編》卷九三，真宗天禧三年正月。

〔二〕葉齊事，詳《續筆》卷一三《下第再試》。

葉夢得《石林燕語》卷八：「端拱初，宋白知舉，取二十八人。物論喧然，以爲多遺材。詔復取落下人試於崇政殿，於是再取九十九人。而葉齊猶擊登聞鼓自列，朝廷不得已，又爲覆試。頗惡齊囂訟，考官賦題特出『一葉落而天下秋』，凡放三十一人，而齊仍在第一。」

張舜徽《愛晚廬隨筆·學林脞録》卷七《科舉制下之失意者》：「在科舉之世，限於録取名額，有應試被黜而來訴其枉者。洪氏《容齋三筆》有『進士訴黜落』一條，嘗載其事。然其所叙述，特事例之一耳。至於應試不第，積怨在心，激而生變者，自唐以下，歷代有之。唐末黄巢，即屢舉進士不第，奮起率饑民起義者也。劉克莊《後村詩話》云：『唐人重進士，其末也，李振勸朱温，一夕殺裘（按或作裴）贄等百餘人於白馬驛，李山甫、羅以訓害王鐸一家五百口，此皆不得志於場屋者爲之。』」

10　後漢書載班固文

班固著《漢書》，制作之工，如《英》《莖》《咸》《韶》，音節超詣，後之爲史者，莫能及其髣髴，可謂盡善矣〔一〕。然至《後漢》中所載固之文章，斷然如出兩手。觀《謝夷吾傳》云，第五倫爲司徒，使固作奏薦之，其辭至有「才兼四科，行包九德」之語。其他比喻，引稷、契、咎陶、傅説、伊、吕、周、召、管、晏，此爲一人之身，而唐、虞、商、周聖賢之盛者，皆無以過，而夷吾乃在《方術傳》中，所學者風角占候而已〔二〕，固之言，一何太過歟？

【箋證】

〔一〕陸深《續停驂録下》：「馬《記》、班《書》，並爲史家冠冕，後有作者不能是過，然毁譽之言，殆非一家。聊記人倫之鑑。其稱馬者則曰：『《太史公書》指意之深遠，寄興之悠長，微而顯，絶而續，正而變，文見於此而義起於彼，有若魚龍之變化，不可得蹤迹者矣。』非之者曰：『以三千年之史籍而跼蹐於七八種之書，所可爲遷恨者，博不足也；全用舊文，間以俚俗，所可爲遷恨者，雅不足也。』譽班者則曰：『《西漢》著書制作之工，如《英》《莖》《咸》《韶》，音節超詣，後之作者莫能及其髣髴。』罵之者曰：『六帝之前盡竊遷書，既不以爲慙；六世之後，資於賈逵、劉歆，復不以爲恥。』不但互相短長而已，學者將孰據耶？」（《儼山外集》卷一七）

趙吉士《寄園寄所寄》卷七《獺祭寄》：「班固之父彪嘗續司馬遷《史記》，固因之作《前漢書》。呂東萊以《左傳》擬之，洪容齋以《英》《莖》《咸》《韶》比之，而范曄、鄭樵譏之。（曄譏其「論國體則飾主缺而折忠臣，叙世教則貴取容而賤直節，述時務則詳詞章而略情實」。鄭曰「班固專事剽竊」。）雖以曹大家之補志爲之羽翼，而顔師古爲之注釋，亦不能盡正其訛，此劉知幾所以有《史通》之作也。（知幾三爲史官，再入東觀。《史通》之書雖未能盡服班固之心，而徐堅謂後世史官宜置座右，則亦孟堅校正之忠臣也。）」

〔二〕《後漢書》卷一一二上《方術·謝夷吾傳》：「謝夷吾字堯卿，會稽山陰人也。少爲郡吏，學風角占候。太守第五倫擢爲督郵。時烏程長有臧釁，倫使收案其罪。夷吾到縣，無所驗，但望閤伏哭而還。一縣驚怪，不知所爲。及還，白倫曰：『竊以占候，知長當死。近三十日，遠不過六十日，游魂假息，非刑所加，故不收之。』倫聽其言，至月餘，果有驛馬齎長印綬，上言暴卒。倫以此益禮信之。舉孝廉，爲壽張令，稍遷荆州刺史，遷鉅鹿太守。所在愛育人物，有善績。及倫作司徒，令班固爲文薦夷吾曰：『臣聞堯登稷、契，政隆太平；舜用皐陶，政致雍熙。殷、周雖有高宗、昌、發之君，猶賴傅説、吕望之策，故能克崇其業，允協大中。竊見鉅鹿太守會稽謝夷吾，出自東州，厥土塗泥，而英資挺特，奇偉秀出。才兼四科，行包九德，仁足濟時，知周萬物。加以少膺儒雅，韜含六籍，推考星度，綜校圖録，探賾聖祕，觀變歷徵，占天知地，與神合契，據其道德，以經王務。昔爲陪隸，與臣從事，奮忠毅之操，躬史魚之節，董臣嚴綱，勗臣懦弱，得以免戾，實賴厥勳。及其應選作宰，惠敷百里，降福彌異，流化若神，爰牧荆州，威行邦國。奉法作政，有周、召之風；居儉履約，紹公儀之操。尋功簡能，爲外臺之表；聽聲察實，爲九伯之冠。遷守鉅鹿，政合時雍。德量績謀，有伊、吕、管、晏之任；闡弘道奥，同史蘇、京房之倫。雖密勿在公，而身出心隱，不徇名以求譽，不馳騖以要寵，念存遯遁，演志箕山。方之古賢，實有倫序；采之於今，超然絶俗。誠社稷之元龜，大漢之棟甍，宜當拔擢，使登鼎司。上令三辰順軌於曆象，下使五品咸訓于嘉時，必致休徵克昌之慶，非徒循法奉職而已。臣以頑駑，器非其疇，尸禄負乘，夕惕若厲。願乞骸骨，更授夷吾，上以光七曜之明，下以厭率土之望，庶令微臣塞咎免悔。』」

按《後漢書》卷七九《王充傳》：「謝夷吾上書，薦充才學。」謝承《書》曰：「夷吾薦充曰：『充之天才，非學所加，雖前世孟軻、孫卿，近漢揚雄、劉向、司馬遷，不能過也。』」薦才誇飾，蓋當時風氣。

11 趙充國馬援

前漢先零羌犯塞，趙充國平之，初置金城屬國，以處降羌，西邊遂定。成帝命揚雄頌其圖畫，至比周之方、虎〔一〕。後漢光武時，西羌入居塞内，來歙奏言，隴西侵殘，非馬援莫能定。乃拜援太守，追討之。羌來和親，於是隴右清靜〔二〕。而自永平以後，訖于靈帝，十世之間，羌患未嘗少息，故范曄著論以爲，二漢御戎之方，爲失其本。「先零侵境，趙充國遷之内地。當煎作過①，馬文淵徙之三輔。貪其暫安之勢，信其馴服之情，計日用之權宜，忘經世之遠略，豈夫識微者之爲乎」〔三〕？援徙當煎於三輔，不見其事。《西羌傳》云：「援破降先零，徙置天水、隴西、扶風三郡，事已具《援傳》。」然援本傳蓋無其語〔四〕，唯段紀明與張奂争討東羌奏疏，正謂趙、馬之失，至今爲梗〔五〕。充國、文淵，爲漢名臣，段貶之如此，故曄據而用之，豈其然乎？

【校勘】

①「過」，馬本、祠本作「寇」。

【箋證】

〔一〕《漢書》卷六九《趙充國傳》。

〔二〕《後漢書》卷五四《馬援傳》。

〔三〕《後漢書》卷一一七《西羌傳》。

〔四〕《西羌傳》：「十一年夏，先零種復寇臨洮，隴西太守馬援破降之。後悉歸服，徙置天水、隴西、扶風三郡。明年，武都參狼羌反，援又破降之。事已具《援傳》。」按，援破降先零、武都參狼羌，亦見《馬援傳》，云：「十一年夏，璽書拜援隴西太守。援乃發步騎三千人，擊破先零羌於臨洮，斬首數百級，獲馬、牛、羊萬餘頭，守塞諸羌八千餘人詣援降」云云。又云：「十三年，武都參狼羌與塞外諸種爲寇，殺長吏。援將四千餘人擊之」云云。本傳唯不記徙置三郡事。按《馬援傳》：「援以三輔地曠土沃，而所將賓客猥多，乃上書求屯田。」徙當煎於三輔，或即爲屯田也。按，「當煎」，或作「煎當」。

〔五〕《後漢書》卷九五《段熲傳》。段熲字紀明。段疏云：「昔先零作寇，趙充國徙令居内。煎當亂邊，馬援遷之三輔。始服終叛，至今爲鯁。故遠識之士，以爲深憂。」

12 漢人希姓

兩《漢書》所載人姓氏，有後世不著見者甚多，漫紀于此，以助氏族書之脱遺。複姓如公上不害、合傳胡害、室中同、昭涉掉尾、單父右軍、陽城延、息夫躬、游水發根、吾丘壽王、落下閎、梁丘賀、五鹿充宗、公户滿意、堂谿惠、中章昌、告星賜①、闕門慶忌、安國少季、馬適建、都尉朝、毋將隆、紅陽長仲、烏氏嬴、周陽由、勝屠公、毋鹽氏、歐侯氏、士孫喜、索盧恢、屠門少、瓜田儀、工師喜、駮馬少伯、公乘歙、鮭陽鴻、弓里游、公沙穆、胡毋班、周生豐、友通期、公緒恭、公族進階、水丘岑、叔先雄。單姓如繒賀、蟲達、靈常、賁赫、其石、旅卿、祕彭祖、革朱、樛樂、冷豐、冥都、澓中翁、蒯徹、直不疑、闟孺、使樂成、栢育、制氏、猗頓、義縱、雋不疑、疏廣、云敞、枚乘、終軍、鹵公孺、食子公、馯臂、倗宗、衡胡、乘宏、簡卿、快欽、所忠、假倉、眭孟、豐惲、塗惲、射姓、后倉、姓偉、如氏、茝氏、百政、免公、髮福、質氏、濁賢、稽發、萬章、瞷氏、佗羽、繡君賓、漕中叔、栩丹、帛敞、遲招平、汝臣、駒幾、稱忠、逯普、臺崇、沐茂、匽氏、勞丙、抗徐、闞宣、沮儁、卑整、編訢、亶誦、尋穆、夜龍、弓林、行巡、役諷、角閎、芳丹、堅鐔、錫光、傜偉、重異、力子都、維汜、詩索、繇延、夷長公、防廣、鐔顯、移良、緱玉、蕃嚮、渠穆、臨孝存、脂習、笮融、茨充、處興、興渠、具爰②、諒輔、騰是、卿仲遼、謁煥、矯真③、晁華、洼丹、禰衡〔一〕。

【校勘】

①「告」，馬本、庫本、祠本作「浩」。　②「爰」，馬本、祠本作「瑗」。　③「真」，祠本作「慎」。

【箋證】

〔一〕若冷、蒯、眭、遲、逯、勞、闞、卿諸姓，今世猶時時見之，似未可視爲希姓也。

《千頃堂書目》卷一〇有楊慎《希姓録》五卷。凌迪知《氏族博考》卷七《氏目》有「不得系之姓」及「本朝希姓不知所自起」二項，皆希姓也，可參。又《四庫全書總目》卷一三八類書類存目有夏樹芳撰《奇姓通》十四卷，是編以楊慎所輯希姓紀録未備，因復考之上古，下迄於明，取姓氏之不經見者，分韻編次。

《五筆》卷一《風俗通》，可參。

13 絳灌

《漢書·陳平傳》：「絳灌等讒平。」顔師古注云：「舊説云，絳，絳侯周勃也；灌，灌嬰也。而《楚漢春秋》，高祖之臣，別有絳灌。疑昧之文，不可據也。」《賈誼傳》：「絳、灌、東陽侯之屬盡害之。」注亦以爲勃、嬰。按《史記·陳平世家》曰：「絳侯、灌嬰等咸讒平。」則其爲兩人明甚。師古不必爲疑辭也〔一〕。《楚漢春秋》，陸賈所作，皆書當時事，而所言多與史不合。師古蓋屢辨之矣。《史》《漢》《外戚竇皇后傳》，實書絳侯、灌將軍。此最的證也。夏侯嬰爲滕令，故稱滕公。而《史》并灌嬰書爲滕、灌，賈誼所稱亦然，甚與絳、灌相類。《楚漢春秋》一書，今不復見〔二〕。李善注《文選》劉歆《移博士書》云：「《楚漢春秋》曰：『漢已定天下，論群臣破敵禽將，活死不衰，絳灌、樊噲是也。功成名立，臣爲爪牙，世世相屬，百出無邪，絳侯周勃是也。』然則『絳灌』自一人，非絳侯與灌嬰。」〔三〕師古所謂「疑昧之文」者此耳。張耳歸漢，即立爲趙王，子敖廢爲侯，敖子偃嘗爲魯王，文帝封爲南宫侯，而《楚漢春秋》有「南宫侯張耳」。淮陰舍人告韓信反，《史記·表》云欒説，《漢·表》云樂説，而《楚漢》以爲謝公〔四〕。其誤可見。

【箋證】

〔一〕《漢書》卷二二《禮樂志》：「大臣絳灌之屬害之，故其議遂寢」。師古曰：「舊説以爲絳謂絳侯周勃也，灌謂灌嬰也，而《楚漢春秋》高祖之臣别有絳灌。疑昧之文，不可明也。此既言大臣，則當謂周勃、灌嬰也。」

〔二〕王應麟《漢藝文志考證》卷三《春秋》：「《楚漢春秋》九篇，陸賈記項氏與漢高初起及惠文間事。」（《隋志》，九卷。《史通》云：「晏子、虞卿、吕氏、陸賈其書篇第本無年月，而亦謂春秋。」）朱彝尊《經義考》卷二七五《陸氏賈楚漢春秋》：「洪邁曰：『陸賈書當時事，而所言多與史不合。』按《楚漢春秋》，顔師古《漢書注》、李善《文選注》皆引之，則唐時尚存，又《太平御覽》亦引之，則宋初猶未亡也。」沈欽韓《漢書藝文志疏證》卷一：「《御覽》引之，《經籍考》不載，蓋亡於南宋也。」清有高郵茆泮林輯本。

〔三〕見《文選》卷四三《移書讓太常博士》「公卿大臣絳灌之屬」句下注。張雲璈《選學膠言》卷一八《移》「絳灌」條，引善注，末云：「然則師古已不信之。今無此書，不可考核，但《史》《漢》屢稱『絳灌』，即《陳平傳》之『絳灌』，《世家》正作絳侯、灌嬰。一人之説，恐不可從。」胡紹煐《文選箋證》卷二八《蕭曹絳灌之屬》條，引善注及《隨筆》本條，按云：「今考《漢書·功臣表》無絳灌，而此《移》云『至於孝惠之世，時勃與嬰前後爲太尉』，則所云『絳灌』者確是絳侯、灌嬰。《賈誼傳》『今樊、酈、絳、灌，據十城而王』，亦四人並舉。顧氏炎武云：『樊、酈、絳、灌，三人皆姓而勃猶爵，以功臣同姓者多。』（郁之按：《日知録》卷二三《稱人或字或爵》）理或然也。《宋史・兵志》『西漢而下，若韓、彭、灌、絳之爲將』云云，蓋亦習知『絳灌』之爲絳侯、灌嬰矣。」

〔四〕《史記》卷一七《漢興已來諸侯王年表》「宣平武侯張敖」，司馬貞《索隱》：「《楚漢春秋》『南宫侯張耳』，此作宣平侯敖。敖，耳子。陳平録第時，耳薨，孫廣封睢陽也。」《史記》卷九二《淮陰侯列傳》「其舍人得罪於信」，司馬貞《索隱》：「按晉灼曰：《楚漢春秋》云：『謝公也。』姚氏按《功臣表》云慎陽侯樂説，淮陰舍人，告信反。未知孰是。」

14 題詠絶唱

錢仲仲大夫於錫山所居漆塘村作四亭〔一〕，自其先人已有卜築之意而不克就，故名曰「遂初」。先壠在其上，名曰「望雲」。種桃數百千株，名曰「芳美」。鑿地涌泉，或以爲與惠山泉同味，名曰「通惠」。求詩於一時名流，自葛魯卿、汪彦章、孫仲益，既各極其妙，而母舅蔡載天任四絶獨擅場〔二〕。《遂初亭》曰：「結廬傍林泉，偶與初心期。佳處時自領，未應魚鳥知。」《望雲亭》曰：「白雲來何時，英英冠山椒。西風莫吹去，使我心摇摇。」《芳美亭》曰：「高人不惜地，自種無邊春。莫隨流水去，恐汙世間塵。」《通惠亭》曰：「水行天地間，萬派同一指。胡爲穿石來，要洗巢由耳。」四篇既出，諸公皆自以爲弗及也。吴傅朋游絲書〔三〕，賦詩者以百數，汪彦章五言數十句，多用翰墨故事，固已超拔〔四〕，而劉子翬彦沖古風一篇，蓋爲絶唱。其辭云：「圓清無瑕二三月，時見游絲轉空闊。誰人寫此一段奇，著紙春風吹不脱。紛紜糾結疑非書，安得龍蛇如許臞。神蹤政喜縈不斷，老眼只愁看若無。定知苗裔出飛白，古人妙處君潛得。勿輕漠漠一縷浮，力遒可挂千鈞石。眷予弟兄情不忘，軸之遠寄悠然堂。謝公遺髯凜若活，衛后落鬒摇人光。翻思長安夜飛蓋，醉哦聲落南山外。亂離契闊四十秋，筆意與人俱老大。政成着脚明河津，外家風流今絶倫。文章固自有機杼，戲事豈足勞心神。」〔五〕此章尤爲馳騁痛快，且卒章含譏諷，正中傅朋之癖。予少時見二公所作，殊敬愛之，至今五十年，尚能記憶，懼其益久而不傳，故紀於此。

【箋證】

〔一〕錢紳，字仲仲，詳《續筆》卷三《折檻行》箋證。

〔二〕葛勝仲，字魯卿，丹陽人，紹聖四年進士，累官禮部員外郎、太常少卿、國子祭酒，事迹具《宋史》卷四四五本傳。汪藻，字彦章，饒州德興人，能文，與胡伸齊名，時人語曰：「江左二寶，胡伸、汪藻。」累官中書舍人、兼直學士院，擢給事中，遷兵部侍郎，兼侍講，拜翰林學士。事迹詳《宋史》卷四四五本傳。孫覿，字仲益，晉陵人，大觀三年進士，政和四年詞科，仕至户部尚書。嘗提舉鴻慶宫，故自號鴻慶居士。有《鴻慶集》四十二卷。（參《宋詩紀事》卷三八。）蔡載，字天任，丹陽人（或曰潤州人），肇之弟，元豐中嘗爲晉陵簿，宣和末，授承事郎。靖康中，李綱辟爲御營司幹辦公事。詩句雅健似李長吉。（參《京口耆舊傳》卷四、《宋詩紀事》卷二九。）

〔三〕吴説，字傅朋，詳《續筆》卷一五《注書難》箋證。

〔四〕汪彦章五言數十句，指《浮溪集》卷二九《吴傅朋以王逸少遺意作游絲之書古今所無恨未之見也爲賦此詩》，云：「吴侯能書聲，不減銘瘞鶴。臺郎今獨步，誰數衛與索。官黄臨小楷，老筆更沈著。年來雞鶩閒，兒輩妄穿鑿。超然出新意，非用元和腳。游絲隨春風，忽向窗几落。傳觀懔飛動，安得此健藥。自言臨池時，屢閲更歲籥。毫端幾百鍊，始到蟲網絡。誰云右軍後，兹事祕冥漠。一朝神明還，千載宛如昨。乃知鑪鎚妙，信手皆合作。於皇《雲漢》章，神授等《河》《洛》。光芒下照燭，萬帖悉糟粕。君命幸逢時，當草鳳尾諾。胡爲尚留滯，未使持漢橐。行看誠懸歸，佳句題殿閣。」

〔五〕劉子翬，字彦沖，號病翁，崇安人，以蔭補承務郎，除通判興化軍。紹興初，以徽猷閣待制爲參贊軍事。與胡憲、劉勉之講學，學者稱爲屏山先生。（參李心傳《建炎以來朝野雜記》甲集卷一一《官制二》「宣撫使官屬」條、《宋史》卷四二九《朱熹傳》）

15 秀才之名

秀才之名，自宋、魏以後，實爲貢舉科目之最〔一〕，而今人恬於習玩，每聞以此稱之，輒指爲輕己。因閲《北史·杜正玄傳》載一事云：「隋開皇十五年，舉秀才，試策高第，曹司以策過左僕射楊素，素怒曰：『周、孔更生，尚不得爲秀才，刺史何忽妄舉此人？』乃以策抵地不視。時海内唯正玄一人應秀才，曹司重以啓素，素志在試退正玄，乃使擬相如《上林賦》、王褒《聖主得賢臣頌》、班固《燕然山銘》、張載《劍閣銘》《白鸚鵡賦》，曰：『我不能爲君住宿，可至未時令就。』正玄及時竝了。素讀數徧，大驚曰：『誠好秀才！』命曹司録奏。」蓋其重如此。又，正玄弟正藏，次年舉秀才，時蘇威監選試，擬賈誼《過秦論》《尚書・湯誓》《匠人箴》《連理樹賦》《几賦》《弓銘》，亦應時竝就，又無點竄。然則可謂難矣。《唐書・杜正倫傳》云：「隋世重舉秀才，天下不十人，而正倫一門三秀才，皆高第。」乃此也〔二〕。

【箋證】

〔一〕趙翼《陔餘叢考》卷二八《秀才》：「晉世始有秀才之舉。永寧初，王接舉秀才，報友人書曰：『非榮此行，實欲極陳所言，冀有覺悟耳。』此士子專稱秀才之始。元帝時，所舉秀才皆不能試經，尚書孔坦請展限五年，聽其講習，詔許之。則秀才有不能試經者矣。後魏令中正掌選舉，其秀才對策第居中上者表叙之。北齊令中書策秀才，濫劣者有罰墨汁之例。南朝亦重此科，王融、任昉俱有《策秀才文》，載《文選》，可考也。至隋時，秀才之舉益重。《杜正玄傳》：（見本條，略。）唐高宗永徽二年停秀才科，開元十四年以後復有此舉。主司以其科廢久，不欲獎拔，多黜落之，其科遂廢。《封氏聞見記》：『唐初秀才試方略策三道，其後舉人憚於方略之科，爲秀才者殆絶，而多趨明經、進士。』然唐時凡舉子皆稱秀才，見李肇《國史補》。又韓昌黎有《宴河南府秀才》詩。其時秀才之科久停，而猶有是稱，可見凡鄉貢懷牒就試於州縣而覓舉者，皆稱秀才也。《容齋隨筆》謂：『秀才名目，魏、晉以後爲貢舉科目之最，而今俗以爲相輕之稱。』則宋時凡應舉者固無不稱秀才矣。元虞集爲文宗草詔，謂順帝非明宗子。順帝登極，欲殺之，脱脱在旁曰：『彼有文名，後世只謂陛下殺此秀才。』乃舍之。洪武中，選國子生才高者，命博極群書，以備大用，帝呼之曰『老秀才』。可見元、明以來，秀才爲讀書者之通稱。今俗猶以府縣學生員爲秀才，蓋亦沿舊稱也。」

〔二〕顧炎武《日知録》卷一六《秀才》：「《舊唐書·杜正倫傳》，正倫，隋仁壽中與兄正玄、正藏俱以秀才擢第。唐代舉秀才止十餘人，正倫一家有三秀才，甚爲當時稱美。《唐登科記》，武德至永徽，每年進士或至二十餘人，而秀才止一人二人。（《舊唐書·職官志》則云秀才有唐已來無其人。）杜氏《通典》云：初，秀才科第最高，試方略策五條，有上上、上中、上下、中上，凡四等。貞觀中，有舉而不第者，坐其州長，由是廢絶。（《新唐書》，高宗永徽二年，始停秀才科。）士人所趨嚮，惟明經、進士二科而已。顯慶初，黄門侍郎劉祥道奏言：『國家富有四海，于今已四十年，百姓官寮未有秀才之舉，未必今人之不如昔人，將薦賢之道未至？豈使方稱多士，遂缺斯人？請六品以下，爰及山谷，特降綸言，更審搜訪。』唐人之於秀才，其重如此。（秀才字，出《史記·賈生傳》：『年十八，以能誦詩屬書聞於郡中，吴廷尉爲河南守，聞其秀才。』而《儒林傳》公孫弘等之議則曰：『有秀才異等，輒以名聞。』此秀才之名所起。）玄宗御撰《六典》，言：『凡貢舉人有博識高才，强學待問，無失俊選者爲秀才；通二經已上者，爲明經；明閑時務，精熟一經者，爲進士。』《張昌齡傳》：『本州欲以秀才舉之，昌齡以時廢此科已久，固辭，乃充進士貢舉及第。』是則秀才之名，乃舉進士者之所不敢當也。（《册府元龜》，開元二十四年已後，復有秀才舉。其時以進士漸難，而秀才本科無貼經及雜文之限，反易於進士，主司以其科廢久，不欲拔奬，應者多落之。三十年來無登第者。至天寶初，禮部侍郎韋陟始奏請『有堪此舉者，乃令長官特考，其常年舉送者，並停。』《册府元龜》又言，代宗朝楊綰爲禮部侍郎，請制五經秀才科，事寢不行。而《舊唐書·儒學傳》，馮伉，大曆初，登五經秀才科。則是嘗行之而旋廢耳。）又《文苑英華》判目，有云鄉舉進士至省求試秀才，考功不聽，求訴不已。趙岊判曰：『文藝小善，進士之能；訪對不休，秀才之目。』（《文選》，任昉爲蕭楊州作《薦士表》：『訪對不休，質疑斯在。』）是又進士求試秀才而不可得也。今以生員而冒呼此名，何也？（《容齋三筆》謂：「秀才之名，自宋、魏以後，實爲貢舉科目之最，而今世俗以爲相輕之稱。」）

16 魏收作史

魏收作元魏一朝史，修史諸人，多被書録，飾以美言，夙有怨者，多没其善。每言：「何物小子，敢共魏收作色，舉之則使上天，案之當使入地。」故衆口喧然，稱爲「穢史」〔一〕。諸家子孫，前後投訴，云遺其家世職位，或云不見記録，或云妄有非毁，至於坐謗史而獲罪編配，因以致死者。其書今存，視南北八史中，最爲冗謬〔二〕。其自序云：「漢初，魏無知封高良侯，子均，均子恢，恢子彦，彦子歆，歆子悦，悦子子建，子建子收。」無知於收爲七代祖，而世之相去七百餘年。其妄如是，則其述他人世系與夫事業可知矣〔三〕。

【箋證】

〔一〕《北齊書》卷三七《魏收傳》：齊文宣帝天保元年，收除中書令，仍兼著作郎。二年詔撰魏史，收專其任。「始，魏初，鄧彦海撰《代記》十餘卷。其後，崔浩典史，游允、程駿、李彪、崔光、李琰之徒，世修其業。浩爲編年體，彪始分作紀、表、志、傳，書猶未出，宣武時命邢巒追撰《孝文起居注書》。太和十四年，又命崔鴻、王遵業補續焉。下訖孝明，事甚委悉。濟陰王暉業撰《辨宗室録》三十卷。收於是與通直常侍房延祐、司空司馬辛元植、國子博士刁柔、裴昂之、尚書郎高孝幹，專總斟酌，以成《魏書》，辨定名稱，隨條甄舉。又搜采亡遺，綴續後事，備一代史籍，表而上聞之，勒成一代大典。修史諸人，祖宗姻戚，多被書録，飾以美言。收性頗急，不甚能平，夙有怨者，多没其善，每言：『何物小子，敢共魏收作色，舉之則使上天，按之當使入地。』時論既言收著史不平，文宣詔收於尚書省，與諸家子孫共加論討，前後投訴，百有餘人，云遺其家世職位，或云其家不見記録，或云妄有非毁，收皆隨狀答之。范陽盧斐父同附出族祖玄傳下，頓丘李庶家傳稱其本是梁國家人，斐、庶譏議，云史書不直。收性急，不勝其憤，啓誣其欲加屠害。帝大怒，親自詰責。斐曰：『臣父仕魏，位至儀同，功業顯著，名聞天下，與收無親，遂不立傳。博陵崔綽，位止本郡功曹，更無事迹，是收外親，乃爲傳首。』收曰：『綽雖無位，名義可嘉，所以合傳。』帝曰：『卿何由知其好人？』收曰：『高允曾爲綽贊，稱有道德。』帝曰：『司空才士，爲人作贊，正應稱揚，亦如卿爲人作文章道其好者，豈能皆實？』收無以對，戰慄而已，但帝先重收才，不欲加罪。時太原王松年亦謗史，及斐、庶並獲罪，各被鞭配甲坊，或因以致死。盧思道亦抵罪。然猶以群口沸騰，敕魏史且勿施行，令群官博議，聽有家事者入署，不實者陳牒，於是衆口諠然，號爲穢史。投牒者相次，收無以抗之。時左僕射楊愔、右僕射高德正二人，勢傾朝野，與收皆親，收遂爲其家並作傳，二人不欲言史不實，抑塞訴辭，終文宣世，更不重論。」

〔二〕趙翼《陔餘叢考》卷七《魏書蕪冗處》：「《魏書》最爲蕪冗，尤可厭者，一人立傳，則其子孫不論有官無官，有功績無功績，皆附綴於後，有至數十人者。如《陸俟傳》載其子孫馛、琇等十六七人，《李順傳》載其子孫敷、式等二十餘人，以及盧元、李靈、崔逞、封彝皆載其子孫宗族數十人，一似代人作家譜者。所載之人別無可紀，但敘其官閥一二語而已，則何必多費筆墨耶？當時陸操嘗病其敘諸家枝葉過爲繁碎，魏收謂因中原喪亂，譜牒遺亡，是以具書支派。此雖見其采輯之本意，而不盡然也。蓋傳中諸人子孫多與收同時，收特以此周旋耳。」《四庫全書總目》卷四五《魏書》提要：「收以是書爲世所詬厲，號爲『穢史』。今以《收傳》考之，如云收受爾朱榮子金，故減其惡。其實榮之凶悖，收未嘗不書於册。至論中所云，若『修德義之風，則韓、彭、伊、霍，夫何足數』，反言見意，正史家之微詞。指以虚褒，似未達其文義。又云楊愔、高德正勢傾朝野，收遂爲其家作傳；其預修國史，得陽休之之助，因爲休之父固作佳傳。案愔之先世爲楊椿、楊津，德正之先世爲高允、高祐。椿、津之孝友亮節，允之名德，祐之好學，實爲魏代聞人，寧能以其門祚方昌，遂引嫌不録？又云盧同位至儀同，功業顯著，不爲立傳；崔綽位止功曹，本無事迹，乃爲首傳。夫盧同希元乂之旨，多所誅戮，後以乂黨罷官，不得云功業顯著；綽以卑秩見重於高允，稱其道德，固當爲傳獨行者所不遺。觀盧文訴辭，徒以父位儀同，綽僅功曹，較量官秩之崇卑，争專傳、附傳之榮辱，（《魏書》初定本盧同附見盧元傳，崔綽自有傳，後奉敕更審，同立專傳，綽改入附傳。）是亦未足服收也。蓋收恃才輕薄，有『驚蛺蝶』之稱，其德望本不足以服衆。又魏、齊世近，著名史籍者並有子孫，孰不欲顯榮其祖父？既不能一一如志，遂譁然羣起而攻。平心而論，人非南、董，豈信其一字無私？但互考諸書，證其所著，亦未甚遠於是非。『穢史』之説，無乃已甚之詞乎？李延壽修《北史》，多見館中墜簡，參核異同，每以收書爲據。其爲收傳論云：『勒成魏籍，婉而有章，繁而不蕪，志存實録。』其必有所見矣。今魏澹等之書俱佚，而收書終列於正史，殆亦恩怨併盡而後是非乃明歟？收叙事詳贍，而條例未密，多爲魏澹所駁正。《北史》不取澹書，而澹傳存其叙例，絶不爲掩其所短，則公論也。」余嘉錫《四庫提要辨證》卷三：「《提要》此篇，持論既短，考證尤疏，空言争辯，殊爲可已而不已也。」周一良《魏收之史學》又論之云：「正史中最爲人所詬病者厥爲魏收《魏書》，然夷考其實，前人所論未必盡當。一良嘗粗檢史籍，與《魏書》比觀，深覺昔賢責難於收之人與書者，使收地下有知，或不受也。」《魏書》大抵仍因舊史，後人心目中若謂全出伯起之手，故得肆其曲筆者，誤

矣！」論甚詳，可參。（周一良《魏晉南北朝史論集》）

〔三〕趙紹祖《讀書偶記》卷五《魏書自序》：「《容齋隨筆》曰：『魏收自序云云，其述他人世系與事業可知矣。』余案收穢史騰譏，其人品固無足道，然自一代才也。若果謬戾如是，當時何以專以史屬之。考自序云：『歆幼孤，有子操，成帝時終鉅鹿太守。』是無知至歆五代，僅一百七十年，而歆至收三代，乃五百數十年。《北齊書·魏收傳》云：『曾祖緝，祖紹，父子建。』是自序中『歆子悅』以下大有闕文可知。宋劉敞、范祖禹等表上《魏書》，云：『亡逸不完者無慮三十卷。』此卷於目録爲《列傳》九十二，《魏書》一百四下注『闕』字，不必因其人而加之罪也。《北史》作《魏收傳》，漫不加考，即取收闕本，序其家世，此則延壽之過。然其闕亦必在唐前可知。《元和姓纂》云：『無知五代孫歆，歆五代孫慶，（《唐書·世系表》作「宣」。）宣孫紞，紞長子儔，爲東祖，次子植，爲西祖。植生虔，虔生攀，攀玄孫子建，生收。』是收爲無知十九代孫。然《唐書·世系表》云，歆子愉、悅，愉生宙，宙生紹，紹曾孫宣，宣孫紞，紞二子儔、植，而不詳悅之世系。似收爲愉後，非悅後。而《元和姓纂》但言歆五代孫慶，又不言歆之子愉、悅，而分叙之，是所未能明耳。」

容齋三筆卷三 十九則

1 兔葵燕麥

劉禹錫《再游玄都觀詩序》云：「唯兔葵燕麥，動摇春風耳。」今人多引用之〔一〕。予讀《北史·邢邵傳》載邵一書云：「國子雖有學官之名，而無教授之實，何異兔絲燕麥、南箕北斗哉？」然則此語由來久矣。《爾雅》曰：「莃，兔葵。蘥，雀麥。」郭璞注曰：「頗似葵而葉小，狀如藜。雀麥即燕麥，有毛。」〔二〕《廣志》曰：「菟葵，爚之可食。」古歌曰：「田中菟絲，何嘗可絡？道邊燕麥，何嘗可穫？」皆見於《太平御覽》〔三〕。《上林賦》：「葴析苞荔。」張揖注曰：「析，似燕麥，音斯。」〔四〕葉庭珪《海録碎事》云：「兔葵，苗如龍芮，花白莖紫。燕麥草似麥，亦曰雀麥。」但未詳出於何書〔五〕。

【箋證】

〔一〕所謂「今人多引用之」，如張耒《柯山集》卷二二《晚春初夏八首》之三：「吹盡成蹊桃李塵，兔葵燕麥一番新。」李之儀《姑溪居士後集》卷九《若禔告行再寄二詩》之二：「玉室金堂有阻隔，兔葵燕麥恨扶疎。」吕本中《東萊詩集》卷一《春日即事二首》之二：「亂蝶狂蜂俱有意，兔葵燕麥自無知。」

〔二〕《爾雅·釋草》，《爾雅注疏》卷八。

〔三〕《太平御覽》卷九九四《百卉部一》「菟葵」條引《廣志》：「燕麥」條引古歌。

〔四〕李善《文選注》卷七《子虚賦》「其高燥則生葴、菥、苞、荔」。張揖曰：「葴，馬藍也。菥，似燕麥也。苞，藨也。荔，馬荔也。」蘇林曰：「菥，斯歷切。」六臣注本「菥」字下注音「斯」。

〔五〕葉廷珪《海録碎事》卷二二下《草門》。按，此蓋出《本草》。陳耀文《天中記》卷四六《葵》：菟葵，「《本草》唐本注云：『苗如龍芮，葉光澤，花白似梅，莖紫色。煮汁極滑，堪食。劉禹錫所謂「動揺春風」者也。』」

方以智《通雅》卷四四《植物·穀蔬》云：「燕麥，野稷也。」引《容齋三筆》此條，後云：「升菴不知爲何物，又引范文正所進江淮烏昧草當之。（郁之按，詳楊慎《丹鉛總録》卷四。）烏昧，乃蕨也。又以烏麥爲燕麥，而烏麥乃蕎麥也。日華子以爲瞿麥，則誤視其字耳。智按，野稷似麥，米細尾毛，大於莠，荒年采食之，似稗稍長，即燕麥也。北有種之者，五臺僧食之，云形長於麥。《穆天子傳》『爰有野麥』，即燕麥也。」

2　北狄俘虜之苦

元魏破江陵，盡以所俘士民爲奴，無問貴賤，蓋北方夷俗皆然也〔一〕。自靖康之後，陷於金虜者，帝子王孫，官門仕族之家，盡没爲奴婢，使供作務。每人一月支稗子五斗，令自春爲米，得一斗八升，用爲餱糧。歲支麻五把，令緝爲裘，此外更無一錢一帛之入。男子不能緝者，則終歲裸體，虜或哀之，則使執爨，雖時負火得煖氣，然纔出外取柴，歸再坐火邊，皮肉即脱落，不日輒死。惟喜有手藝，如醫人、繡工之類，尋常只團坐地上，以敗席或蘆藉襯之。遇客至開筵，引能樂者使奏技，酒闌客散，各復其初，依舊環坐刺繡，任其生死，視如草芥。先公在英州，爲攝守蔡寯言之，蔡書於《甲戌日記》，後其子大器録以相示，此《松漠記聞》所遺也〔二〕。

【箋證】

〔一〕《周書》卷二《文帝紀下》：魏恭帝元年十一月，宇文泰克江陵，「擒梁元帝殺之，並虜其百官及士民以歸，没爲奴婢者十餘萬，其免者二百餘家。」《文獻通考》卷一一《户口考二》：「周武帝天和元年，詔江陵人年六十五以上爲官奴婢者，已令放免。其公私奴婢年七十以外者，所在官私，贖爲庶人。建德元年，又詔江陵所獲俘虜充官口者，悉免爲百姓。」

〔二〕蔡寯《甲戌日記》，未見著録。《松漠記聞》，容齋之父皓撰。建炎三年，洪皓以徽猷閣待制假禮部尚書爲大金通問使，凡留金十五年方得歸，忤秦檜貶官，英州安置。事迹具《宋史》卷三七三。

3 太守刺史贈吏民官

漢薛宣爲左馮翊，池陽令舉廉吏獄掾王立，未及召，立妻受囚家錢，慙恐自殺。宣移書池陽曰：「其以府決曹掾書立之柩，以顯其魂。」顔師古注云：「以此職追贈也。」〔一〕後魏并州刺史以部民吴悉達兄弟行著鄉里，板贈其父渤海太守〔二〕。此二者皆以太守、刺史而擅贈吏民官職，不以爲過，後世不敢然也。

【箋證】

〔一〕《漢書》卷八三《薛宣傳》。

〔二〕《魏書》卷八六《吴悉達傳》。俞樾《茶香室續鈔》卷一九，引《四筆》卷一〇《唐藩鎮行墨敕》及本條，按云：「愚謂神祇猶可便宜封爵，則吏民更無嫌矣。」

4 李元亮詩啓

建昌縣士人李元亮，山房公擇尚書族子也，抱材尚氣，不以辭色假人。崇寧中，在太學，蔡薿爲學録，元亮惡其人，不以所事前廊之禮事之。蔡擢第魁多士，元亮失意歸鄉。

大觀二年冬，復詣學，道過和州。蔡解褐即超用，才二年，至給事中，出補外，正臨此邦。元亮不肯入謁。蔡自到官，即戒津吏門卒，凡士大夫往來，無問官高卑，必飛報，雖布衣亦然。既知其來，便命駕先造所館。元亮驚喜出迎，謝曰：「所以來，顓爲門下之故。方修贄見之禮，須明旦扣典客，不意給事先生卑躬下賤如此，前贄不可復用，當别撰一通，然後敬謁。」蔡退，元亮旋營一啓，旦而往焉，其警策曰：「定館而見長者，古所不然；輕身以先匹夫，今無此事。」蔡摘讀嗟激，留宴連夕，贈以五十萬錢，且致書延譽於諸公間，遂登三年貢士科。元亮亦工詩，如「人閒知晝永，花落見春深」，「朝雨未休還暮雨，臘寒才過又春寒」，皆佳句也〔一〕。

【箋證】

〔一〕蔡薿，字文饒，崇寧五年廷試第一，累官翰林學士、禮部尚書。事迹具《宋史》卷三五四本傳。李光祖，字元亮，李公擇之族子，黄山谷之外姪。吕本中《紫薇詩話》：「李光祖元亮，野夫學士之孫，少有俊聲，與蔡薿同學舍。薿既貴，元亮猶蹉跎場屋。薿在金陵，以同舍故，先謁之。元亮以啓事謝之，云：『跣足而見長者，古猶非之；輕身以先匹夫，今無是也。』」山谷有《外姪李光祖往見尚垂髫今觀寄嗣直小詩已可愛因次韻》（《山谷集》卷一〇）。吴聿《觀林詩話》：「李光祖元亮兄弟數人，皆雋才。元亮作《弔項羽賦》，追古作者，世稱其詩有『可憐三萬六千日，長作東西南北人』之句，特鼎中之一臠耳。」《記纂淵海》録其「雲藏北固山頭寺，煙鎖南徐水際樓」（《記纂淵海》卷九《郡縣部・鎮江府》)，亦佳絶。呂本中有詩贊之曰：「往時諸李在江都，文采風流一代無。」(《東萊詩集》卷一八《贈李元亮之子季子》)

5 元魏改功臣姓氏

魏孝文自代遷洛，欲大革胡俗，既自改拓跋爲元氏，而諸功臣舊族自代來者，以姓或重複，皆改之。於是拔拔氏爲長孫氏，達奚氏爲奚氏，乙旃氏爲叔孫氏，丘穆陵氏爲穆氏，步六孤氏爲陸氏，賀賴氏爲賀氏，獨孤氏爲劉氏，賀樓氏爲樓氏，勿忸于氏爲于氏，尉遲氏爲尉氏，其用夏變夷之意如此〔一〕。然至于其孫恭帝，翻以中原故家易賜蕃姓，如李弼爲徒河氏，趙肅、趙貴爲乙弗氏，劉亮爲侯莫陳氏，楊忠爲普六茹氏，王雄爲可頻氏，李虎、閻慶爲大野氏，辛威爲普毛氏，田宏爲紇干氏，耿豪爲和稽氏，王勇爲庫汗氏①，楊紹爲叱利氏，侯植爲侯伏侯氏，竇熾爲紇豆陵氏，李穆爲擒拔氏，陸通爲步六孤氏，楊纂爲莫胡盧氏，寇儁爲若口引氏②，段永爲爾綿氏，韓褒爲侯呂陵氏，裴文舉爲賀蘭氏，王軌爲烏丸氏③，陳忻爲尉遲氏，樊深爲萬紐于氏，一何其不循乃祖彝憲也〔二〕！是時蓋宇文泰顓國，此事皆出其手，遂復國姓爲拓跋，而九十九姓改爲單者皆復其舊。泰方以時俗文敝，命蘇綽倣《周書》作《大誥》，又悉改官名，復周六卿之制，顧乃如是，殆不可曉也〔三〕。

【校勘】

①「庫」，庫本作「庫」。　②「雋」，馬本、庫本、祠本作「雋」。　③「丸」，原作「九」，據庫本、祠本改。

【箋證】

〔一〕事詳《資治通鑑》卷一四〇《齊明帝紀中》建武三年（北魏孝文太和二十年），魏主下詔改姓氏。《考異》：「魏初功臣姓皆複重奇僻。孝文太和中，變胡俗，始改之。魏收作《魏書》，已盡用新姓，不用舊姓。《宋書·索虜傳》《南齊書·魏虜傳》所稱者，蓋其舊姓名耳。今並從《魏書》，以就簡易。」

《魏書》卷七下《高祖紀下》：太和二十年正月，詔改姓爲元氏。改拔拔氏、達奚氏等，又詳《魏書》卷一一三《官氏志》。

〔二〕李弼等賜姓，分别見《周書》卷一五《李弼傳》、卷一六《趙貴傳》、卷一七《劉亮傳》、卷一九《楊忠傳》《王雄傳》、卷二〇《閻慶傳》、卷二七《辛威傳》《田弘傳》、卷二九《耿豪傳》《王勇傳》《楊紹傳》《侯植傳》、卷三〇《竇熾傳》《李穆傳》、卷三二《陸通傳》、卷三六《楊纂傳》《段永傳》、卷三七《寇儁傳》《韓褒傳》《裴文舉傳》、卷四〇《王軌傳》、卷四三《陳忻傳》、卷四五《樊深傳》。李虎賜姓大野氏，見《新唐書》卷一《高祖本紀》。按，侯植賜姓在大統元年，耿豪賜姓在十五年，韓褒、段永賜姓，亦在恭帝以前。

《資治通鑑》卷一六五《梁元帝紀下》：「魏初統國三十六，大姓九十九，後多滅絶，泰乃以諸將功高者爲三十六姓，次者爲九十九姓，所將士卒亦改從其姓。」胡三省注引《三筆》此段爲證。

〔三〕宇文泰命蘇綽仿《周書》作《大誥》，見《周書》卷二三《蘇綽傳》。改官名，復六卿之制，見《周書》卷二《文帝紀下》三年。

陳寅恪《李唐氏族之推測》一文，引《三筆》本條所云「皆復其舊，殆不可曉」，謂「賜姓即復姓之說非也」，又謂「是亦不解賜姓爲興滅國繼絶世之大典，正所以摹仿成周封建制度之意者也。」（載《金明館叢稿二編》）

6 東坡和陶詩

《陶淵明集》，《歸田園居》六詩，其末「種苗在東皐」一篇，乃江文通《雜體三十篇》之一，明言斆陶徵君《田居》，蓋陶之三章云：「種豆南山下，草盛豆苗稀。晨興理荒穢，帶月荷鋤歸。」故文通云：「雖有荷鋤倦，濁酒聊自適。」正擬其意也。今陶集誤編入，東坡据而和之〔一〕。又「東方有一士」詩十六句，復重載於《擬古》九篇中，坡公遂亦兩和之，皆隨意即成，不復細考耳〔二〕。陶之首章云：「榮榮窗下蘭，密密堂前柳。初與君别時，不謂行當久。出門萬里客，中道逢嘉友。未言心先醉，不在接杯酒。蘭枯柳亦衰，遂令此言負。」〔三〕坡和云：「有客扣我門，繫馬庭前柳。庭空鳥雀噪，門閉客立久。主人枕書卧，夢我平生友。忽聞剥啄聲，驚散一杯酒。倒裳起謝客，夢覺兩愧負。」〔四〕二者金石合奏，如出一手，何止子由所謂遂與比轍者哉〔五〕！

【箋證】

〔一〕《陶淵明集》卷二《歸園田居》其六：「種苗在東皋，苗生滿阡陌。雖有荷鋤倦，濁酒聊自適。日暮巾柴車，路暗光已夕。歸人望煙火，稚子候簷隙。問君亦何爲，百年會有役。但願桑麻成，蠶月得紡績。素心正如此，開徑望三益。」又見《江文通集》卷四《雜體三十首·陶徵君田居》。按，黄庭堅《山谷别集》卷一一《跋江文通擬淵明詩後》：「此江文通擬淵明詩。（郁之按，指「種苗在東皋」詩。）文通自有序述。又梁昭明太子列於《文選》，可斷不疑也，（郁之按，見《文選》卷三一。）而遂編入《淵明集》中，又注云：『或謂非淵明所作。』是猶云或謂日生於東而没於西，未敢斷以爲必然也。」葛勝仲《丹陽集》卷八《書淵明集後三首》：「《歸田園居》詩第六篇，所謂『種苗在東皋，禾生滿阡陌』者，非淵明語也。蕭統、湯休之輩不能辨，猥寘集中。東坡居士盡和陶詩，亦次此篇之韻，殊可笑。按《文選》江淹作《雜體詩三十首》，以擬三十人，有『邯鄲託曲於李奇，士季假論於嗣宗』之説，此篇政淹擬淵明作爾。《文選》統所纂，東坡非不精《選》理者，皆不能證此乖誤，何耶？」胡仔《漁隱叢話前集》卷四：「韓子蒼云：《田園》六首，末篇乃序行役，與前五首不類。今俗本乃取江淹『種苗在東皋』爲末篇，東坡亦因其誤和之。陳述古本止有五首。予以爲皆非也。當如張相國本，題爲《雜詩六首》，江淹《雜擬詩》亦頗似之。」至清馬璞刻陶集，始據諸家説而删之，詳其所著《陶詩本義》卷二。

〔二〕《陶淵明集》卷四《擬古》其五：「東方有一士，被服常不完。三旬九遇食，十年著一冠。辛苦無此比，常有好容顔。我欲觀其人，晨去越河關。青松夾路生，白雲宿簷端。知我故來意，取琴爲我彈。上絃驚别鶴，下絃操孤鸞。願留就君住，從今至歲寒。」按，此詩今只見於《陶集》之《擬古》，而容齋云「重載於《擬古》」，蓋所見版本與今不同。

《東坡全集》卷三二《和擬古九首》之九：「黎山有幽子，形槁神獨完。負薪入城市，笑我儒衣冠。生不聞詩書，豈知有孔、顔。翛然獨往來，榮辱未易關。日暮鳥獸散，家在孤雲端。問答了不通，歎息指屢彈。似言君貴人，草莽栖龍鸞。遺我吉貝布，海風今歲寒。」又同卷《和東方有一士》：「餅居本近危，甑墜知不完。夢求亡楚弓，笑解適越冠。忽然反自照，識我本來顔。歸路在腳底，殽、潼失重關。屢從淵明游，雲山出毫端。借君無絃物，寓我非指彈。豈惟舞獨鶴，便可躡飛鸞。還將嶺茅瘴，一洗月闕寒。」

〔三〕《陶淵明集》卷四《擬古》其一。

〔四〕《東坡全集》卷三二《和擬古九首》其一。

〔五〕蘇轍《欒城後集》卷二一《子瞻和陶淵明詩集引》：「其詩比杜子美、李太白爲有餘，遂與淵明比轍，雖馳驟從之，而常出其後。其和淵明，轍繼之者亦一二焉。」晁説之《景迂生集》卷一四《和陶引辨》：「或以東坡之詩勝李、杜而比淵明者，其言大可懼哉。如以爲篤愛陶詩而服勤焉，唯見於東坡，則江淹之所擬，今泛濫入於陶之集中，未有辨之者。

韋蘇州、白樂天之所效者，皆極閒遠之致，亦皆優於曹、劉、鮑、謝、李、杜耶？」黄震《黄氏日抄》卷六二《讀文集·蘇文·和陶詩》：「陶詩如『采菊東籬下，悠然見南山』等句，真機自然，直與天地上下同流，東坡擬和至盡，未免有心矣，然憂患之餘，有感於淵明之自適，其適者意在言外，不爲詩發也。君子讀其和詩而悲之。」

7 孔戣鄭穆

唐孔戣在穆宗時爲尚書左丞，上書去官，天子以爲禮部尚書致仕。吏部侍郎韓愈奏疏曰：「戣爲人守節清苦，議論正平，年纔七十，筋力耳目，未覺衰老，憂國忘家，用意至到，如戣輩，在朝不過三數人，陛下不宜苟順其求，不留自助也。」不報。明年正月，戣薨〔一〕。國朝鄭穆在元祐中以寶文閣待制兼國子祭酒請老，提舉洞霄宫。給事中范祖禹言：「穆雖年出七十，精力尚强，古者大夫七十而致仕，有不得謝，則賜之几杖，祭酒居師資之地，正宜處老成，願毋輕聽其去。」亦不報。然穆亦至明年卒〔二〕。二事絶相類。

【箋證】

〔一〕《新唐書》卷一六三《孔戣傳》。按，本傳謂其「卒年七十三」，則非「明年」也。

〔二〕《宋史》卷三四七《鄭穆傳》。本傳又云：「太學之士數千人以狀詣司業，又詣宰相請留，亦不從。於是公卿大夫各爲詩贈其行，空學出祖，汴東門外都人觀者如堵，歎未嘗見。明年卒，年七十五。」

8 陳季常

陳慥，字季常，公弼之子，居於黄州之歧亭，自稱龍丘先生，又曰方山子。好賓客，喜畜聲妓，然其妻柳氏絶凶妒，故東坡有詩云：「龍丘居士亦可憐，談空説有夜不眠。忽聞河東師子吼，拄杖落手心茫然。」河東師子，指柳氏也〔一〕。坡又嘗醉中與季常書云：「一絶乞秀英君。」想是其妾小字〔二〕。黄魯直元祐中有與季常簡曰：「審柳夫人時須醫藥，今已安平否？公暮年來想漸求清浄之樂，姬媵無新進矣，柳夫人比何所念以致疾邪？」又一帖云：「承諭老境情味，法當如此，所苦既不妨游觀山川，自可損藥石，調護起居飲食而已。河東夫人亦能哀憐老大，一任放不解事邪？」〔三〕則柳氏之妒名，固彰著于外，是以二公皆言之云〔四〕。

【箋證】

〔一〕舊題王十朋撰《東坡詩集注》卷一〇《寄吴德仁兼簡陳季常》。趙次公注云：「季常之妻柳氏最悍妒，每季常設客有聲妓，柳氏則以杖擊照壁大呼，客至爲散去。」查慎行《蘇詩補注》卷二五引劉辰翁云：「『河東獅子』，暗用杜詩『河東女兒身姓柳』爲戲。」

〔二〕《東坡全集》卷八〇《與陳季常九首》之七。

〔三〕黄庭堅二簡，不見《山谷集》。今人鄭永曉編《黄庭堅全集輯校編年》據《隨筆》輯録。

〔四〕梁章鉅《浪迹續談》卷六《陳季常》：「南戲有《跪池》一齣，北戲更演爲變羊一事，尤爲誕妄絶倫，但其事亦有所本，而皆以爲陳季常，則不可不辨耳。《藝文類聚》載，京邑士人婦大妒，常以長繩繫夫足，喚便牽繩，士密與巫嫗謀，因婦睡，士以繩繫羊，緣牆走避，婦覺，牽繩而羊至，大驚，召問巫，巫曰：『先人怪娘積惡，故郎君變羊，能悔，可祈請。』婦因抱羊痛哭悔誓，巫乃令七日齋，舉家大小，悉詣神前禱祝，士徐徐還，婦見，泣曰：『多日作羊，不辛苦耶？』士曰：『猶憶啖草不美。』婦愈悲哀，後略復妒，士即伏地作羊鳴，婦驚起，永謝不敢。按此事與陳季常無涉，而陳季常之懼内，則自古著名。」

9 文用諡字

先王諡以尊名，節以壹惠，故謂爲易名。然則諡之爲義，正訓名也〔一〕。司馬長卿《諭蜀文》曰：「身死無名，諡爲至愚。」顔注云：「終以愚死，後葉傳稱，故謂之諡。」〔二〕柳子厚《招海賈文》曰：「君不返兮諡爲愚。」二人所用，其意則同。唯王子淵《簫賦》曰：「幸得諡爲洞簫兮，蒙聖主之渥恩。」李善謂：「諡者號也，言得諡爲簫而常施用之。」〔三〕以器物名爲諡，其語可謂奇矣。

【箋證】

〔一〕《禮記·表記》：「子曰：『先王謚以尊名，節以壹惠，恥名之浮於行也。』」鄭氏注：「謚者行之迹也。名者謂聲譽也。言先王論行以爲謚。『以尊名』者，使聲譽可得而尊信也。壹讀爲一，惠猶善也，言聲譽雖有衆多者，即以其行一大善者爲謚耳。」葉夢得《葉氏春秋傳》卷一七《襄公三》：「古者生無爵，死無謚。死而謚，周也，謂士以下言也。士則有爵矣，蓋謚者所以易名也。葬而卒哭，卒哭而諱，必有謚焉，然後可諱，故曰謚者所以尊名也。」

〔二〕《漢書》卷五七下《司馬相如傳》。又《文選》卷四四，李善注：「謚，猶號也。」

〔三〕《文選》卷一七《洞簫賦》。

10 高唐神女賦

宋玉《高唐》《神女》二賦，其爲寓言託興甚明。予嘗即其詞而味其旨，蓋所謂發乎情，止乎禮義，真得詩人風化之本〔一〕。前賦云：「楚襄王望高唐之上有雲氣，問玉曰①：『此何氣也？』對曰：『所謂朝雲者也。昔者先王嘗游高唐〔二〕，夢見一婦人，曰：「妾巫山之女也，願薦枕席。」王因幸之。』」後賦云：「襄王既使玉賦高唐之事，其夜王寢，夢與神女遇〔三〕，復命玉賦之。」若如所言，則是王父子皆與此女荒淫，殆近於聚麀之醜矣。然其賦雖篇首極道神女之美麗，至其中則云：「澹清静其愔嫕兮，性沉詳而不煩。意似近而若遠兮，若將來而復旋。褰余幬而請御兮，願盡心之惓惓。懷貞亮之絜清兮，卒與我乎相難。頩薄怒以自持兮，曾不可乎犯干。歡情未接，將辭而去。遷延引身，不可親附。願假須臾，神女稱遽。闇然而冥，忽不知處。」然則神女但與懷王交御，雖見夢於襄，而未嘗及亂也。玉之意可謂正矣。今人詩詞，顧以襄王藉口，考其實則非是〔四〕。頩，音疋零反，斂容怒色也。柳子厚《謫龍説》有「奇女頩爾怒」之語，正用此也〔五〕。

【校勘】

①「玉」原作「王」，據馬本、庫本、祠本改。

【箋證】

〔一〕至於二賦之主旨，《文選》李善注：「此賦蓋假設其事，風諫淫惑也。」而朱熹則「以義裁之，而斷其爲禮法之罪人也。《高唐》卒章雖有『思萬方、憂國害、開賢聖、輔不逮』之云，亦屠兒之禮佛、倡家之讀《禮》耳，幾何其不爲獻笑之資，而何諷一之有哉！」（《晦菴集》卷七六《楚辭後語目録序》）今人則或謂言情，如姜亮夫謂「只在用超人的規模來寫佚蕩的情思」，「只是從人生娱樂出發」（《楚辭學論文集》）。或主娱君，謂其根本目的乃取娱君主，一如《登徒子好色賦》《大言賦》《小言賦》，乃玉侍從襄王出游助興之文，無甚深意。（參趙逵夫主編《歷代賦評注·先秦卷》）

〔二〕按賦原只言「先王」，未嘗明言「懷王」。最先指「先王」爲懷王者，蓋出《襄陽耆舊傳》，云：「赤帝女曰瑤姬，未行而卒，葬於巫山之陽，故曰巫山之女。楚懷王游於高唐，晝寢，夢見與神遇。自稱是巫山之女。王因幸之，遂爲置觀於巫山之南，號爲朝雲。後至襄王時，復游高唐。」（《文選》李善注引）遂使後人每疑惑於神女與懷、襄父子荒淫之事。范晞文《對床夜語》卷五：「詳其所賦，則神女初幸於懷，再幸於襄，其誣蔑亦甚矣。」胡仔《漁隱叢話前集》卷五〇引《漫叟詩話》云：「高唐事乃楚懷王，非襄王也。」苕溪漁隱曰：「楚懷王是游高唐，楚襄王是游雲夢。」張雲璈《選學膠言》卷九《楚懷王夢神女》條：「此篇夢神女者懷王，後篇夢神女者宋玉，與襄王無涉。」

〔三〕或疑賦中「王夢」字實乃「玉夢」之訛，謂應夢者爲宋玉，而非襄王。沈括《補筆談》卷一云：「自古言楚襄王夢與神女遇，以《楚辭》攷之，似未然。《高唐賦》序云：『昔者先王嘗游高唐，怠而晝寢，夢見一婦人，曰：「妾巫山之女也，爲高唐之客，朝爲行雲，暮爲行雨。」故立廟號曰「朝雲」。』其曰『先王嘗游高唐』，則夢神女者，懷王也，非襄王也。又《神女賦》序曰：『楚襄王與宋玉游於雲夢之浦，使玉賦高唐之事。其夜王寢，夢與神女會，王異之，明日以白玉，玉曰：「其夢若何？」對曰：「晡夕之後，精神恍惚，若有所憙，見一婦人，狀甚奇異。」玉曰：「狀如何也？」王曰：「茂矣，美矣，諸好備矣；盛矣，麗矣，難測究矣；瓌姿瑋態，不可勝贊。」王曰：「若此盛矣，試爲寡人賦之。」』以文攷之，所云『茂矣』至『不可勝贊』云云，皆王之言也，宋玉稱嘆之可也，不當却云『王曰：「若此盛矣，試爲寡人賦之。」』又曰『明日以白玉』，人君與其臣語，不當稱『白』。又其賦曰：『他人莫覩，玉覽其狀。望余帷而延視兮，若流波之將瀾。』若宋玉代王賦之。若王之自言者，則不當自云『他人莫覩，玉覽其狀』。既稱『玉覽其狀』，即是宋玉之言也。又不知稱『余』者誰也。以此考之，則『其夜王寢，夢與神女遇』者，『王』字乃『玉』字耳。『明日以白玉』者，以白王也。『王』與『玉』字誤書之耳。前日夢神女者，懷王也。其夜夢神女者，宋玉也。襄王無預焉，從來枉受其名耳。」

姚寬《西溪叢語》卷上，本沈括之説，云：「昔楚襄王與宋玉游高唐之上，見雲氣之異，問宋玉，玉曰：『昔先王夢游高唐，與神女遇。』玉爲《高唐》之賦。先王謂懷王也。宋玉是夜夢見神女，寤而白王，王令玉言其狀，使爲《神女賦》。後人遂云襄王夢神女，非也。今《文選》本玉、王字差誤。」

其後，張鳳翼《文選纂注》暗襲沈括、姚寬之説，（何焯《義門讀書記》卷四五）亦謂《神女賦》所寫「明是玉夢，非王夢也。作王夢解者，殊未體貼本文。」遂改第二、第三、第五、第六四「王」字爲「玉」字，第三、第四、第五三「玉」字爲「王」字。陳第《屈宋古音義》、何焯《義門讀書記》、余蕭客《文選音義》、胡鳴玉《訂譌雜録》、汪師韓《文選理學權輿》、（郁之按：汪書卷八《王夢玉夢》條，引沈括《補筆談》，按云：「此條辯論『王』『玉』二字之訛，最爲卓識。且《賦》但言其狀甚麗而已，而其意則歸於貞亮潔清，與《高唐賦》所言思萬方、憂國害、開賢聖、輔不逮者，同一諷諭之旨也。洪容齋《三筆》皆嘗據《賦》以論後來詞客之訛，然亦不免俱以爲見夢襄王矣。」）胡克家《文選考異》、朱珔《文選集釋》、張雲璈《選學膠言》、（郁之按：張書卷九《改定王玉字誤之説實本筆談》條，末引胡中丞云：「王玉互訛，始於五臣。」）梁章鉅《文選旁證》亦贊成此説。

〔四〕張惠言《七十家賦鈔》卷一：「沈存中、姚寬以王、玉二字疑互易，蓋玉夢而王問之，故作賦也。此非。上篇（《高唐賦》）云『王將欲往見之』，又云『往自會』，則主於王會神女，若此夢在玉，何得云『果夢與神女遇』邪？」又孫志祖《文選考異》卷一《神女賦》引趙曦明之説云：「二賦，《高唐》之末曰『王將欲見之』云云，《神女》之起曰『其夜王寢，果夢與神女遇』，上下緊相承接，豈得欲見者是襄王，入夢者反不是襄王，而是宋玉？《容齋五筆》所載，其謬固有不待辨而可明者。『調心腸』以下復加『王曰』者，既答而復言，《語》《孟》中皆有之。乃張鳳翼不悟其非，攘爲己説，改第二、第三、第五、第六四『王』字爲『玉』字，第三、第四、第五『玉』字爲『王』字。義門老眼亦極口稱之，不管二賦文理承接云何，其可怪也。『白』以告語爲義，上下可通。即如『錫』爲上錫下之詞，而『師錫帝曰』，下亦用之於上矣。夢是王夢，賦是王使宋賦。」黄侃《文選平點·文選卷十九·神女賦》所論與趙曦明同，於「其夜王寢，果夢與神女遇，其狀甚麗，王異之，明日以白玉」句下云：「或云當作『玉』寢，然則夢神女者，其玉也耶。下云『他人莫睹，王覽其狀』，正承此王言而説。若以先王所幸，襄王不當應夢，則宋玉應夢之耶？不知『昔者先王』，宋玉固未嘗實指其爲懷王，然則朝雲之廟，蓋已遠矣。上告下亦可稱『白』，白猶報也。沈存中、姚寬之誤，皆由不解此『白』字耳。」又於「王曰若此盛矣，試爲寡人賦之」句下云：「此『王曰』乃更端之辭，惟上『王』『玉』二字互倒耳。蓋夢與神遇者王也，以狀告玉者，亦王也，玉賦乃承王之命，因王之辭而賦之。諸校勘家皆於此未能照了，故所説多誤。若作玉夢神女，則

『試爲寡人賦之』，及『王覽其狀』，二語不可通。」

〔五〕童宗説、張敦頤、潘緯《柳河東集注》卷一六《謫龍説》注：「頩，普名切，又普伶切。《文選》：『頩薄怒以自持兮，知不可乎犯干。』潘云：『頩，普徑切，美貌，一曰斂容。』」日本近代發現古抄無注三十卷本《文選》殘卷。島田翰《古文舊書考》卷一《舊抄本考》著録云：「今觀此本所存《神女賦》，『王』與『玉』正與今本相反，蓋夢之者宋玉，問之者即襄王也。文義於是歸於正矣。」考此日本古抄本《文選》最早著録於日人森立之《經籍訪古志》，并無抄寫年月。森立之推測是五百許年前抄本。（參屈守元《文選導讀》第五《文選流傳諸本述略》）然此抄本或受沈括、姚寬之影響而擅改，亦未可知。郁之按：黄侃於古抄無注三十卷本《文選》殘卷曾有批語云：「《神女》玉、王互訛，證存中之妙解。」乃與其《文選平點》之觀點全然相反。愚意以爲，應以《平點》爲黄侃之真實意見。

11 其言明且清

《禮記·緇衣篇》：「《詩》云：『昔吾有先正，其言明且清。國家以寧，都邑以成，庶民以生。誰能秉國成？不自爲正，卒勞百姓。』」鄭氏注不言何詩。今《毛詩·節南山章》但有下三句而微不同〔一〕。《經典釋文》云：「從第一句至『庶民以生』五句，今詩皆無此語，或皆逸詩也。」〔二〕予案《文選》張華《答何劭》詩曰：「周任有遺規，其言明且清。」然則周任所作也。而李善注曰：「《子思子》詩云：『昔吾有先正，其言明且清。』」世之所存《子思子》亦無之，不知善何所據。意當時或有此書，善必不妄也，特不及周任遺規之義，又不可曉〔三〕。

【箋證】

〔一〕陸德明《音義》：「『昔吾有先正』從此至『庶民以生』總五句，今《詩》皆無此語。餘在《小雅·節南山篇》。或皆逸詩也。」

〔二〕《經典釋文》卷一四《禮記音義之四·緇衣第三十三》。

徐文靖《管城碩記》卷一三《禮二》：「按《緇衣》所引《詩》《書》，字多與今異。」

〔三〕《文選》卷二四《答何劭》，李善注：「《論語》，孔子曰：『周任有言曰：「陳力就列，不能者止。」』馬融曰：『周任，古之良史。』《子思子》詩云：『昔吾有先正，其言明且清，國家以寧，都邑以成。』」（郁之按，善注引《論語》及馬注，詳《論語·季氏》，《論語注疏》卷一六。）

吴騫《拜經樓詩話》卷一：「《文選》張茂先《贈答何劭》詩云：『道長苦志短，責重困才輕。周任有遺規，其言明且清。負乘爲我戒，夕惕坐自驚。』李善注：『《論語》，孔子曰：周任有言曰：「陳力就列，不能者止。」』蓋詩意力小圖大，恐違周任『陳力就列，不能者止』之戒。而《容齋三筆》云：《禮·緇衣篇》詩云『昔我有先正，其言明且清』，引《文選》此詩，以爲詩乃周任所作。此殆所謂不觀上下文之過與？」

梁章鉅《文選旁證》卷二二《張茂先答何劭》，引《三筆》本條，謂：「此蓋借逸詩以贊周任之言，即以爲周任詩，亦未當也。謹按《禮·緇衣篇》，今傳爲公孫尼子所作，説本於劉瓛，然王伯厚《漢藝文志考證》云《子思子》二十三篇，沈約謂《禮記》《中庸》《表記》《坊記》《緇衣》皆取《子思子》也。然則逸詩之在《緇衣》者，李注以爲子思子所作，亦有由矣。」

12 侍從轉官

元豐未改官制以前，用職事官寄禄。自諫議大夫轉給事中，（學士轉中書舍人①。）歷三侍郎，（學士轉左曹禮、户、吏部，餘人轉右曹工、刑、兵部。）左右丞，（吏侍轉左，兵侍轉右。）然後轉六尚書，各爲一官。尚書轉僕射②，非曾任宰相者不許轉，今之特進是也。故侍從止於吏書，由諫議至此凡十一轉。其庶僚久於卿列者，則自光禄卿轉祕書監，繼歷太子賓客，遂得工部侍郎。蓋以不帶待制以上職，不許入兩省給、諫耳。元豐改諫議爲太中大夫，給、舍爲通議，六侍郎同爲正議，左右丞爲光禄。兵、户、刑、禮、工書同爲銀青，吏書金紫，但六轉〔一〕，視舊法損其五。元祐中以爲大簡，增正議、光禄、銀青爲左右，然亦財九資〔二〕。大觀二年，置通奉以易右正議，正奉以易右光禄，宣奉以易左光禄，以右銀青爲光禄，而至銀青者去其「左」字，今皆仍之〔三〕。比仿舊制，今之通奉，乃工、禮侍郎，正議乃刑、户，正奉乃兵、吏，宣奉乃左右丞，三光禄乃六尚書也。凡侍從序遷至金紫無止法，建炎以前多有之。紹興以來，階官到此絶少，唯梁揚祖、葛勝仲致仕得之〔四〕。近歲有司不能探賾典故，予以宣奉當磨勘，又該覃霈，顔師魯在天官，徑給回授一據，而不明言其所由。比程叔達由宣奉納禄不遷官，而於待制閣名陞二等。程大昌亦然，以龍圖直學士徑升本學士，尤非也。予任中書舍人日，已階太中，及以集英修撰出外，吏部不復爲理年勞，凡十八年，始以待制得通議，殊可笑〔五〕。蓋臺省之中，無復有老吏矣。

【校勘】

①此注文據馬本、庫本、祠本補。下同。　②「轉」，馬本、祠本作「贈」。

【箋證】

〔一〕章如愚《群書考索後集》卷一九《官制門·文階類》：「元豐新制，以階易官，乃雜取唐及祖宗舊制而損益之，定爲二十四階，號寄禄新格。今具下項：特進、金紫光禄大夫、銀青光禄大夫、光禄大夫、正議大夫、通議大夫、太中大夫、中大夫、中散大夫、朝議大夫、朝請大夫、朝散大夫、朝奉大夫、朝請郎、朝散郎、朝奉郎、承議郎、奉議郎、通直郎、宣教郎、宣義郎、承事郎、承奉郎、承務郎。」

〔二〕《群書考索後集》卷一九《官制門·文階類》引《實録》云：「元祐三年，詔自今朝議、中散、正議、光禄、銀青光禄、金紫光禄大夫，並置左右。進士出身及帶職人轉至左朝議、中散，爲二資；餘人轉至朝議、中散，爲左右二字，爲四資。以上各理七年磨勘。其正議至金紫，並分左右字，爲八資。應今官已及此者悉加之。」

〔三〕程大昌《演繁露續集》卷一《制度》「政和官制」：「大觀二年，以元豐改制有未盡者，如寄禄官不分左右，則叙爵制禄，等級希少，人易以及，遂自朝議大夫至金紫光禄大夫增剏新名。於是以光禄大夫代舊右銀青光禄大夫，以宣奉大夫代左光禄大夫，正奉大夫代右光禄大夫，通奉大夫代右正議大夫，中奉大夫代左中散大夫，奉直大夫代右朝議大夫。」

〔四〕岳珂《愧郯録》卷四《執政階官封爵》：「元豐官制初行，以特進易左右僕射，金紫、銀青易六曹尚書，自特進而上，非宰相不除，執政雖久次，階亦止金紫，爵不過開國。蓋祖宗朝參樞例官，惟得至八座，間如李至之類，亦僅寵以節鉞，無爲僕射者。夏竦徹國非端揆，蓋相制已頒，而格且爲樞密使而後得之，故元豐稽以爲比，所以辨等秩、重名器也。然在昔時侍從官得至吏部尚書，實今金紫。洪文敏邁《容齋三筆》載紹興以來惟梁揚祖、葛勝仲以致仕得之。自是而後，始以兩階爲重，專待執政，從槖至光禄者已絶少，不復可以序進。何元樞澹去國，及今十五年，不改金紫階。洪文敏邁、沈憲敏樞，以宣奉上課，皆不行，後以致仕，及子遇郊叙封而後得之。文敏亦自著其事於《三筆》。此最近日明證。珂嘗考之，徽宗詔旨，宣和元年二月戊戌，特進知樞密院事鄧洵武爲少保，依前知樞密院，詔以武首議紹述，故録其功也。既又封莘國公，雖其年三月癸丑，御筆恩數並依宰臣例，乃正以已除少保之故而與之，且其爲賜位時元未有此旨，是執政階官封爵似無限法矣。當時以元豐改制，不置樞密使，故洵武止以知院視宰臣。珂又按蔡元道《官制舊典》曰：『政和後，薛昂帶觀文殿學士任特進，白時中以門下侍郎帶特進，皆失舊制，繼詔並改金紫光禄大夫。今後非宰相不除。』則是政、宣間，雖時有侵紊，尚能申儆初制，如蔡攸之與京，恩倖震天下，乃自殿學士由節鉞進序儀同，遂班孤棘，它日領宥府，蓋已在爲傅之後。而紹興間，秦檜以舐犢之愛，其子熺自知院引嫌罷，纔降恩數，比宰相之旨，遂歷大觀文、少師，封國公，其獵進捷出，有京、攸之所不敢爲，蕩滅典法，餘焰至今尚可想也。《葛文康勝仲行狀》謂勝仲以左宣奉謝事。文敏亦誤紀耳。」

〔五〕容齋以宣奉當磨勘，在紹熙二年；以待制得通議，在淳熙十一年。詳拙撰《洪邁年譜》。

13 曹子建七啓

「原頭火燒浄兀兀，野雉畏鷹出復没。將軍欲以巧伏人，盤馬彎弓惜不發。地形漸窄觀者多，雉驚弓滿勁箭加。衝人決起百餘尺，紅翎白鏃隨傾斜。將軍仰笑軍吏賀，五色離披馬前墮。」此韓昌黎《雉帶箭》詩，東坡嘗大字書之，以爲絶妙〔一〕。予讀曹子建《七啓》論羽獵之美云：「人稠網密①，地逼勢脅。」乃知韓公用意所來處。《七啓》又云：「名穢我身，位累我躬。」〔二〕與佛氏《八大人覺經》所書「心是惡源，形爲罪藪」，皆修己正心之要語也〔三〕。

【校勘】

①「網」原作「綱」，據馬本、庫本、祠本改。

【箋證】

〔一〕楊萬里《誠齋集》卷一〇〇《跋東坡所書雉帶箭大字帖》：「東坡先生所挾，孰非招尤取疾之具？復出此掀天決地大字，投畀嶺海，豈元符大臣罪哉？」《愛日齋叢抄》卷三：「先儒云：此寫物之妙，令讀者如當時周旋其間以爲快。」

〔二〕《七啓》，見《文選》卷三四。

〔三〕安世高譯《佛説八大人覺經》：「第一覺悟世間無常，國土危脆。四大苦空，五陰無我。生滅變異，虛僞無主。心是惡源，形爲罪藪。如是觀察，漸離生死。」

14　奸鬼爲人禍

晉景公疾病，求醫于秦，秦伯使醫緩爲之，未至，公夢疾爲二豎子曰①：「彼良醫也，懼傷我，焉逃之？」其一曰：「居肓之上，膏之下，若我何？」醫至，曰：「疾不可爲也。」〔一〕隋文帝以子秦孝王俊有疾，馳召名醫許智藏。俊夢亡妃崔氏泣曰：「本來相迎，如聞許智藏將至，其人當必相苦，奈何？」明夜復夢，曰：「吾得計矣，當入靈府中以避之。」及智藏至，診俊脉，曰：「疾已入心，不可救也。」〔二〕二奸鬼之害人，如出一轍。近世許叔微家一婦人，夢二蒼頭，前者云：「到也未？」後者應云：「到也。」以手中物擊一下，遂魘。覺後心痛不可忍，叔微以神精丹餌之，痛止而愈〔三〕。此事亦與上二者相似。

【校勘】

①「豎」，馬本、庫本、祠本作「豎」。

【箋證】

〔一〕《左傳》成公十年。

〔二〕《隋書》卷七八《許智藏傳》。

〔三〕涵芬樓輯《夷堅志補》卷一八《真州病人》：「宣和間，真州天慶觀一法師，考召極精嚴。有婦人投天樞院，狀稱家病者爲祟所憑，須臾追至，附語云：『非我爲禍，别是一鬼，亦因病人命衰所致。渠今已成形爲蟲，在病者肺中，食其肺系，故令吐血聲嘶。』師訊鞫之曰：『此蟲畏何物？』久而不答，再掠之，始云：『惟畏獺爪爲末，以酒服之，則去矣。』如其言而愈。《肘後方》載治五屍鬼疰變動至九十九種者，取獺肝一具，陰乾杵末，水服方寸匕，日三服，蓋與此説相類。許叔微家一婦人，夢二蒼頭，一在前，一在後，手中持一物，前者云：『到也未？』後者應云：『到也。』擊一下，爆然有聲，遂魘，而覺後心一點痛不可忍，昏悶移時。叔微所合神精丹有此證，取三粒令吞之，不數刻痛止，神醒如初。其方載《千金》中。與晉君景公夢二豎之比也。」按，許叔微有《普濟本事方》十二卷（《宋史》卷二〇七《藝文志》），張杲《醫説》卷四《傳勞》條亦記天慶觀法師事，即注出《本事方》。容齋此所記許叔微家事，當亦出《本事方》。

15 監司待巡檢

今監司巡歷郡邑，巡檢、尉必迎於本界首，公裳危立，使者從車内遣謁吏謝之，即揖而退，未嘗以客禮延之也。至有倨横之人，責橋道不整，驅之車前，使徒步與卒伍齒者〔一〕。予記張文定公所著《搢紳舊聞》中一事云：「余爲江西轉運使，往虔州，巡檢殿直（今保義成忠郎①。）康懷琪，乘舟於三十里相接，又欲送至大庾縣，遂與偕行。及至縣驛，驛正廳東西各有一房，予居其左，康處於右。日晚，命之同食，起行數百步，逼暮而退。夜聞康暴得疾，余急趨至康所，康已具舟將歸虔，須臾數人扶翼而下，余策杖隨之。」〔二〕觀此，則是使者與巡檢同驛而處，同席而食，至於步行送之登舟，今代未之見也。

【校勘】

①此注文據馬本、庫本、祠本補。

【箋證】

〔一〕吴曾《能改齋漫録》卷二《事始》「監司之職」條：「本朝官至轉運判官、提舉常平，謂之監司。」王鳴盛《蛾術編》卷七一《説制九》：「宋節度觀察，特爲虚名，不復預方岳之事。而監司之任，則有帥、漕、倉、憲諸官。帥則諸路安撫使，漕則諸路轉運使，憲則諸路提刑按察使，倉則提舉常平倉，謂之倉司。監司各有建臺之所，每司專有長官，專有掾佐，而號令之行於統屬者，從此始煩矣。」

〔三〕張齊賢《洛陽搢紳舊聞記》卷二《虔州記異》。

16 十二分野

十二國分野，上屬二十八宿，其爲義多不然，前輩固有論之者矣〔一〕。其甚不可曉者，莫如《晉·天文志》謂：「自危至奎爲娵訾，於辰在亥，衛之分野也，屬并州。」且衛本受封於河内商虚，後徙楚丘。河内乃冀州所部，漢屬司隸，其它邑皆在東郡，屬兖州，於并州了不相干，而并州之下所列郡名，乃安定、天水、隴西、酒泉、張掖諸郡，自係涼州耳。又謂：「自畢至東井爲實沈，於辰在申，魏之分野也，屬益州。」且魏分晉地，得河内、河東數十縣，於益州亦不相干，而雍州爲秦，其下乃列雲中、定襄、雁門、代、太原、上黨諸郡，蓋又自屬并州及幽州耳。謬亂如此，而出於李淳風之手，豈非蔽於天而不知地乎〔二〕？

【箋證】

〔一〕《舊唐書》卷三六《天文志下》：「天文之爲十二次，所以辨析天體，紀綱辰象，上以考七曜之宿度，下以配萬方之分野，仰觀變謫而驗之於郡國也。及七國交争，善星者有甘德、石申，更配十二分野，故有周、秦、齊、楚、韓、趙、燕、魏、宋、衛、魯、鄭、吴、越等國。張衡、蔡邕又以漢郡配焉。自此因循，但守其舊文，無所變革。且懸象在上，終天不易，而郡國沿革，名稱屢遷，遂令後學難爲憑準。貞觀中，李淳風撰《法象志》，始以唐之州縣配焉。」

周密《癸辛雜識後集》「十二分野」條：「世以二十八宿配十二州分野，最爲疎誕。中間僅以畢、昴二星管異域諸國，殊不知十二州之内，東西南北不過綿亘一二萬里，外國動是數萬里之外，不知幾中國之大。若以理言之，中國僅可配斗、牛二星而已。後夾漈鄭漁仲亦云：『天之所覆者廣而華夏之所占者牛、女下十二國中耳，牛、女在東南，故釋氏以華夏爲南贍部洲，其二十八宿所管者多十二國之分野，隨其所隸耳。』趙韓王嘗有疏云：『五星二十八宿在中國，而不在四裔。』斯言至矣。」

〔二〕按所引《晉・天文志》見《晉書》卷一一《天文志上》。《舊唐書》卷六六《房玄齡傳》云：「李淳風深明星曆，善於著述，所修《天文》《律曆》《五行》三志，最可觀采。」

冀州、兖州、并州、益州、雍州所列郡名，可詳《晉書・天文志》州郡躔次。

《顧頡剛讀書筆記》卷一一《十二分野説》條，録《三筆》此條，按云：「衛屬并州，鄭玄《尚書注》已言之，彼蓋由緯書來也。緯書已謬，經師、史官揚其波，遂有天文家之胡亂編列。予意《吕氏・有始覽》分天爲九部，即由分地爲九州來。十二分野説，必由十有二州來，而十二州爲戰國、秦、漢開拓疆土之結果，以其非九州所能容，不得不擴充爲十二。」

17　公孫五樓

南燕慕容超嗣位之後，悉以國事付公孫五樓，燕業爲衰。晉劉裕伐之，或曰：「燕人若塞大峴之險，堅壁清野，大軍深入，將不能自歸。」裕曰：「鮮卑貪婪，不知遠計，謂我不能持久，不過進據臨朐，退守廣固，必不能守險清野。」超聞有晉師，引群臣會議，五樓曰：「吴兵輕果，利在速戰，不可争鋒，宜據大峴，使不得入。各命守宰，依險自固，焚蕩資儲，芟除禾苗，使敵無所資。彼僑軍無食，可以坐制。若縱使入峴，出城逆戰，此下策也。」超不聽。裕過大峴，燕兵不出，喜形于色，遂一舉滅燕。觀五樓之計，正裕之所憚也。超平生信用五樓，獨於此不然，蓋天意也。五樓亦可謂智士，足與李左車比肩。後世奸妄擅國以誤大事者多矣，無所謂五樓之智也〔一〕。

【箋證】

〔一〕劉裕伐燕，五樓之計，容齋此乃據《資治通鑑》卷一一五《晉紀·安皇帝庚》義熙五年所載。事又詳《晉書》卷一二八《慕容超載記》：超以義熙元年僭嗣僞位，「公孫五樓爲侍中尚書，領左衛將軍，專總朝政。五樓宗親，皆夾輔左右，王公内外，無不憚之」。

18 薦士稱字著年

漢、魏以來，諸公上表薦士，必首及本郡名，次著其年，又稱其字。如漢孔融《薦禰衡表》云：「處士平原禰衡，年二十四，字正平」；齊任昉《爲蕭揚州作薦士表》云：「祕書丞琅邪王暕，年二十一，字思晦」，「前侯官令東海王僧孺，年三十五，字僧孺」是也。唐以來乃無此式〔一〕。

【箋證】

〔一〕孔融、任昉二表，分別見《文選》卷三七、卷三八。

按《文苑英華》卷六一一《舉薦》所録梁元帝《薦鮑幾表》亦云：「伏見臣府中録事參軍東海鮑幾，年五十有七，字景玄。」而唐王維《責躬薦弟表》、柳宗元《爲王户部薦李諒表》、李冉《舉前池州刺史張嚴自代表》則無此式。

王楙《野客叢書》卷二四《薦疏稱字與年》云：「孔融上表薦禰衡曰：『竊見處士平原禰衡，年二十四，字正平，淑質貞亮，英才卓躒。』應瞻上疏薦韋泓曰：『伏見議郎韋泓，年三十八，字元量，純心清沖，才識備濟。』蕭揚州薦士表曰：『竊見祕書丞琅琊臣王暕，年三十一，字思晦，七葉重光，海内冠冕。』古之薦人皆言幾歲及稱其字，今之薦章罕有此體。豈當時以其字素著故邪？此體至唐猶在。觀令狐楚薦齊孝若，亦曰：『竊見前進士高陽齊孝若，字考叔，年二十四』云云。范雲讓封侯表曰：『晉安郡候官令東海王僧孺，年三十五，理尚棲約，思致恬淡。』此稱年而不稱字，而唐韋處厚薦皇甫湜，崔顥薦樊衡，亦用此體，乃知唐人撰述皆有所祖。」

19　兄弟邪正

王安石引用小人，造作新法，而弟安國力非之〔一〕。韓絳附會安石制置三司條例，以得宰相，而弟維力争之〔二〕。曾布當元符靖國之間，陰禍善類，而弟肇移書力勸之〔三〕。兄弟邪正之不同如此。

【箋證】

〔一〕《宋史》卷三二七《王安國傳》：「帝問安國：『卿兄秉政，外論謂何？』曰：『恨知人不明，聚斂太急爾。』帝默然不悦。由是别無恩命，止授崇文院校書，後改祕閣校理。屢以新法力諫安石，又質責曾布誤其兄，深惡吕惠卿之奸。」

〔二〕《宋史》卷三一五《韓絳傳》：神宗立，絳拜樞密副使。「神宗嘗問天下遺利，絳請盡地力，因言差役之弊，願更定其法。王安石每奏事，必曰：『臣見安石所陳非一，皆至當可用。陛下宜省察。』安石恃以爲助」。同卷《韓維傳》云：熙寧初，維遷翰林學士，知開封府，兼侍讀學士。安石惡之，遂請郡。七年，召爲學士承旨，入對，帝曰：「天久不雨，朕日夜焦勞，奈何？」維曰：「陛下憂閔旱災，損膳避殿，此乃舉行故事，恐不足以應天變，當痛自責己，廣求直言。」退又上疏曰：「近畿内諸縣督索青苗錢甚急，往往鞭撻取足，至伐桑爲薪以易錢貨，旱災之際，重罹此苦。若夫動甲兵、危士民、匱財用於荒夷之地，朝廷處之不疑，行之甚鋭，至於蠲除租税、寬裕逋負以救愁苦之民，則遲遲而不肯發。望陛下奮自英斷行之，過於養人，猶愈過於殺人也。」按，熙寧二年正月，陳升之、王安石創置三司條例，議行新法。十一月，命韓絳制置三司條例（《宋史》卷一四《神宗紀》）。農田、水利、青苗、均輸、保甲、免役、市易、保馬、方田諸役，相繼並興，號爲新法。熙寧七年，韓絳代王安石相，守安石成謨不少失，時號絳爲「傳法沙門」。（《宋史》卷三二七《王安石傳》）

〔三〕《宋史》卷三一九《曾肇傳》：「自熙寧以來四十年，大臣更用事，邪正相軋，黨論屢起，肇身更其間，數不合。兄布與韓忠彦並相，日夕傾危之。肇既居外，移書告之曰：『兄方得君，當引用善人，翊正道，以杜惇、卞復起之萌，而數月以來，所謂端人吉士繼迹去朝，所進以爲輔佐、侍從、臺諫，往往皆前日事惇、卞者，一旦勢異，今日必首引之以爲固位計，思之可爲慟哭。比來主意已移，小人道長，進則必論元祐人於帝前，退則盡排元祐者於要路。異時惇、卞縱未至，一蔡京足以兼二人，可不深慮！』布不能從。未幾，京得政，布與肇俱不免。」

容齋三筆卷四 十五則

1 三豎子

趙爲秦所圍，使平原君求救於楚，楚王未肯定從。毛遂曰：「白起，小豎子耳！興師以與楚戰，舉鄢郢，燒夷陵，辱王之先人，此百世之怨也。」〔一〕是時，起已數立大功，且勝於長平矣。人告韓信反，漢祖以問諸將，皆曰：「亟發兵坑豎子耳！」帝默然。唯陳平以爲兵不如楚精，諸將用兵不能及信①〔二〕。英布反，書聞，上召諸將問計，又曰：「發兵擊之，坑豎子耳！」〔三〕夫白起、信、布之爲人，材能不可揜，以此三人爲豎子，是天下無復有壯士也。毛遂之言，秖欲激怒楚王，使之知合從之利害，故不得不以起爲懦夫。至如高帝諸將，不過周勃、樊噲之儔。韓信因執而歸，棲棲然處長安爲列侯，蓋一疋夫也，而噲喜其過己，趨拜送迎，言稱臣，況於據有全楚萬乘之地，事力强弱，安可同日而語？英布固嘗言：「諸將獨患淮陰、彭越，今皆已死，餘不足畏。」則豎子之對，可謂勇而無謀，殆與張儀詆蘇秦爲反覆之人相似〔四〕。高帝默然，顧深知其非也。至於陳平，則不然矣。若乃韓信謂魏將柏直爲豎子，則誠然。柏直庸庸無所知名，漢王亦稱其口尚乳臭，真一豎子也〔五〕。

阮籍登廣武，歎曰：「時無英雄，使竪子成名。」蓋歎是時無英雄如昔人者。俗士不達，以爲籍譏漢祖，雖李太白亦有是言，失之矣〔六〕。

【校勘】

①「諸」原作「請」，據馬本、庫本、祠本改。

【箋證】

〔一〕《史記》卷七六《平原君列傳》。

〔二〕《史記》卷五六《陳丞相世家》。

〔三〕《史記》卷九一《黥布列傳》。

〔四〕《史記》卷六九《蘇秦列傳》：「人有毁蘇秦者曰：『左右賣國反覆之臣也，將作亂。』」

〔五〕《漢書》卷三四《韓信傳》：漢二年，魏反，漢王「乃以信爲左丞相擊魏。信問酈生：『魏得毋用周叔爲大將乎？』曰：『柏直也。』信曰：『竪子耳！』遂進兵擊魏。」又《漢書》卷一《高帝紀》：「漢王問：『魏大將誰也？』（酈食其）對曰：『柏直。』王曰：『是口尚乳臭，不能當韓信。』」

〔六〕阮籍登廣武而歎，見《晉書》卷四九《阮籍傳》。李白《登廣武古戰場懷古》：「秦鹿奔野草，逐之若飛蓬。項王氣蓋世，紫電明雙瞳。呼吸八千人，横行起江東。赤精斬白帝，叱咤入關中。兩龍不並躍，五緯與天同。楚滅無英圖，漢興有成功。按劍清八極，歸酣歌《大風》。伊昔臨廣武，連兵決雌雄。分我一杯羹，太皇乃汝翁。戰争有古迹，壁壘頽層穹。猛虎嘯洞壑，饑鷹鳴秋空。翔雲曉列陣，殺氣赫長虹。撥亂屬豪聖，俗儒安可通。沈湎呼豎子，狂言非至公。撫掌黄河曲，嗤嗤阮嗣宗。」王琦《李太白集注》卷二一引蕭士贇曰：「予嘗讀《阮籍傳》，未嘗不羡其能以佯狂任達、全身遠害於晉魏之交，非見遠識微，孰能與於此？品量人物之際，豈不識漢高之爲人，至發廣武之歎哉？因味其言，至於時之一字，而知籍之所謂『時無英雄』者，非指漢高也，蓋謂所遭之時，炎劉之末，桓、靈之君，無英雄之材，卒使神鼎暗移於臣下也。豎子者，指曹氏父子。籍之興歎者，此耳。或曰：然則太白之詩失言矣？曰：此非太白之詩也。詩中語意錯亂，用事失倫。《大風》之歌能事畢矣，詩乃重申廣武之事，此詩本意稱述高祖之美，如仗義入關、縞素代楚、軍臨廣武、數羽十罪，可稱者不少，曾無一語及此。『分羹』之語出於一時處變之權，奚足爲高祖道者？可謂無識者矣。太白有識者也，肯作此語乎？吾故曰非太白之詩也。」王琦駁之云：「阮籍蓋習見夫三國之時覆軍殺將、互勝互敗而終未能一統，以視項羽之一敗而遂不復振，相去天淵矣。使三國之君而生於其世，恐漢高亦不能以五載而成帝業如此其易也。廣武一歎，初無深義，自東坡別創一説，而後之人皆因之。蕭氏更謂桓、靈無英雄之才，而以豎子指曹氏父子，則其説益左。夫漢高固英雄，然觀其鴻門之困、睢水之敗、滎陽之圍、廣武之弩，瀕於危者數矣，而卒不死，終以有天下者，天命也，豈真算無遺策而天下莫能當者哉？且觀其生平，惟以詐術制御群材，好罵侮士，漫言負約，以阮籍之白眼觀之，呼爲豎子，亦何足異？太白『非至公』之言，亦尊題之法自當如此，或兩人所見，實有不同，安得訾其誤哉？若云詩中語意錯亂，則『歸酣歌大風』以上是泛言楚漢之興廢，『伊昔臨廣武』以下乃始著題，與《登金陵冶城西北謝安墩》一詩同一機軸，條理井然。若云用事失倫，在『分我杯羹』一語，追想當時情事，良、平之儔，何、賈之伍，言語妙天下，豈不知此語之繆？第恐卑辭屈節，適足以長楚人之焰而墮其計中，矯手措足，悉爲所制，不得已而爲是悖逆之辭，以見爲天下者不顧家之意，非此一語，不足折楚人之心，捨此一語，亦無以復楚之命。其實太公生死，全不在此一言，正不必爲漢高諱也。仗義入關，縞素伐楚，俱非軍廣武時事，此處何可攙入？蕭氏之云云，無乃皆贅乎。」王琦所云東坡別創一說，指《東坡志林》卷四：「昔先友史經臣彦輔謂余：『阮籍登廣武而歎曰「時無英雄，使豎子成其名」，豈謂沛公豎子乎？』余曰：『非也，傷時無劉、項也，豎子指魏晉間人耳。』嗣宗雖放蕩，本有志於世，以魏晉間多故，故一放於酒，何至以沛公爲豎子乎？」

2　樞密稱呼

樞密使之名起於唐，本以宦者爲之，蓋内諸司之貴者耳〔一〕。五代始以士大夫居其職，遂與宰相等〔二〕。自此接于本朝，又有副使、知院事、同知院事、簽書、同簽書之别。雖品秩有高下，然均稱爲樞密〔三〕。明道中，王沂公自故相召爲檢校太師、樞密使，李文定公爲集賢相，以書迎之於國門，稱曰「樞密太師相公」，予家藏此帖。紹興五年，高宗車駕幸平江，過秀州，執政從行者四人，在前者傳呼「宰相」，趙忠簡也；次呼「樞密」，張魏公也，時爲知院事；次呼「參政」，沈必先也；最後又呼「樞密」，則簽書權朝美云。予爲檢詳時，葉審言、黄繼道爲長貳，亦同一稱。而二三十年以來，遂有知院、同知之目，初出於典謁、街卒之口，久而朝士亦然。名不雅古，莫此爲甚〔四〕。

【箋證】

〔一〕馬端臨《文獻通考》卷五八《職官考》「唐代宗永泰中置内樞密使，始以宦者爲之，初不置司局，但有屋三楹，貯文書而已。其職掌惟承受表奏，於内中進呈，若人主有所處分，則宣付中書門下施行而已。」又，李上交《近事會元》卷一《内樞密使》：「唐宣宗大中十一年七月，以飛龍使宫闈局令王歸長守内侍省内侍，知省事，充内樞密使，自此始也。」事在《舊唐書》卷一八下《宣宗紀》。而王夫之《讀通鑑論》卷二五《憲宗五》則謂「樞密之名，自憲宗以任宦官劉光琦始」。

〔二〕歐陽修《新五代史》卷二四《唐臣傳第十二》卷末論曰：「梁之崇政使，乃唐樞密之職，蓋出納之任也。唐常以宦者爲之，至梁戒其禍，始更用士人，其備顧問、參謀議于中則有之，未始專行事于外也。至崇韜、重誨爲之，始復唐樞密之名，然權侔於宰相矣。」胡寅《讀史管見》卷二九《後晉紀》高祖四年條：「梁之崇政使，權實重於宰相。至郭崇韜、安重誨復樞密之名，而歐陽氏乃謂權始侔於宰相，恐考之未詳也。」

〔三〕馬端臨《文獻通考》卷五八《職官考》「樞密使」條：「五代置樞密使。宋朝國初因之。建隆二年，以樞密副使、兵部侍郎趙普爲檢校太保，充樞密使，不帶正官，自普始也。又以宣徽北院使李處榮爲南院使，兼樞密副使。開寶九年，以曹彬爲樞密使，領忠武軍節度使，帶節度自此始也。太平興國六年，以樞密副使石熙載爲户部尚書，充樞密使，以文資正官充使自此始也。大中祥符五年，以知樞密院王欽若、陳堯叟同中書門下平章事充樞密使，儒臣爲樞使兼使相，自此始也。皇祐五年，制以樞密使高若訥爲尚書左丞、觀文殿學士、兼翰林侍讀學士，同群牧制置使。故事，罷樞密使，當學士降麻，及若訥罷，但令舍人草詞，遂以爲例。元豐官制行，罷使、副。紹興七年，詔樞密本兵之地，事權宜重，可依故事，置樞密使、副使。閏月詔宰臣兼使，同月詔樞使立班序立依宰相例。乾道五年，以虞允文爲樞密使，立班恩數並依宰臣。」

同前書「知樞密院」條：「晉天福初，桑維翰以翰林學士、尚書禮部侍郎知樞密院事，知院之名始此。宋初不置。淳化二年，樞使王顯出鎮，始以張遜知樞密院事，知樞密院、同知院並正二品，知院掌佐天子執兵政，而同知院爲之副，凡邊防軍務常與三省分院禀奏，事干體要，則宰相、執政官合奏。元豐官制行，廢樞密使。政和末，鄧莘公官至少保，猶止爲知院焉。中興初，宰相兼樞密，只兼知院。」又同前「同知樞密院」條：「五代有參知樞密院事。宋朝國初闕。淳化二年，王顯出鎮，張遜知樞密院事，始以温仲舒、寇準同知院，同知之名自此始也。元豐官制行，廢使、副，存同知。紹興中，高宗以本兵之地，事權宜重，依祖宗故事，置樞密使，而知院、同知院亦仍舊，由是並除。」

又同前「僉書樞密院、同僉書院事」條：「宋太平興國四年，石熙載以樞密直學士僉書院事，僉書之名自此始也。八年，張齊賢、王沔並以右諫議大夫僉書樞密院事。端拱元年，以内客省使楊守一爲宣徽北院使，僉書密院事。景德三年，韓崇訓檢校太傅，馬知節爲檢校太保，並僉樞密院事。天僖四年，以華州觀察使曹瑋爲宣徽北院使、鎮國軍留後、僉書樞密院事，僉書兼藩鎮自此始也。元豐官制行，使、副、僉書悉罷。元祐初，復置僉書樞密院事。初除皆帶密直，及罷政，乃拜端明殿學士。靖康初，李回首拜延康殿學士僉書，延康今爲端明，自是遂爲故事。樞密院舊無同僉書院事者，治平中，始以郭逵爲之。僉書，大抵以處資淺之人，若僉書一經親祠方進同知及樞副；若武臣權預國政，只除同僉書。」

容齋論樞密官制甚詳，另可參《三筆》卷五《樞密名稱更易》、卷九《樞密兩長官》，《四筆》卷一一《樞密行香》諸條。此數條，《文獻通考》皆徵引之。

〔四〕岳珂《愧郯録》卷九《樞密稱呼》，引《三筆》此條，接云：「此名自南渡前已有之。李文簡燾《續通鑑長編》載政和元年九月，臺劾起居舍人章綡，謂其偕起居郎王孝迪訪張商英，有『鹿死誰手』之語。詔下孝迪具析，孝迪奏：『臣契勘，八月中，綡嘗謂臣：「欲同去見宰執如何？」臣曰：「老兄請假往蘇州，不欲獨見執政，今日同往甚好。」遂同到知樞密院吴居厚客位内管勾賓客，人云知院不見客，臨上馬時，拉臣同往見張商英，臣曰：「正炒鬧，著甚來由？」綡曰：「去來去來，未知鹿死誰手。」臣見其言語狂悖乖繆，不勝憤懣。』以此考之，其出於典謁街卒之口舊矣，非二三十年間事也。」

3　從官事體

國朝優待侍從，故事體名分多與庶僚不同，然有處之合宜及肆意者。如任知州申發諸司公狀不繫銜，與安撫監司序官往還用大狀不書年，引接用朱衣，通判入都廳之類，皆雜著於令式〔一〕。其明載《國史》者尚可考。大中祥符五年六月，詔：「尚書丞郎、兩省給諫知州府，而本部郎中、員外郎及兩省六品以下官充本路轉運使副者，承前例須申報。雖職當統攝，方委於事權，而官有等差，宜明於品級。自今知制誥、觀察使以上知州府處所申轉運司狀，並止簽案檢，令通判以下具銜供申。」張詠以禮部尚書知昇州，上言：「臣官忝六曹，祠部乃本行司局，而例申公狀，似未合宜。望自今尚書丞郎知州者，除申省外，其本行曹局，止簽案檢。」從之〔二〕。紹興中，范同以前執政知太平州，官係中大夫不帶職，申諸司狀繫銜。提刑張絢封還之，范竟不改。次年轉太中，再任，始去之。劉焞爲江西運判，移牒屬郡知、通，云：「請聯銜具報。」邁時以太中守贛，以於式不可，乃作公劄，同通判簽書。劉邦翰曾任權侍郎，以朝議大夫、集英修撰知饒州。趙燁以承議郎提點刑獄，欲居其上，劉不校，趙又畏人議己，於是遇朝拜國忌日，先後行香。王十朋自侍御史徙權吏部侍郎，不拜，除集撰，知饒州，自處如庶官。林大中亦自侍御史改吏侍，不曾供職，除直寶文閣，知贛州，全銜猶帶權知兼勸農事借紫，而盡用從官禮數。黄涣爲通判，入都廳，爲之不平。鄭汝諧除權侍郎，爲東省所繳，不得供職，而以祕撰知池州，公狀至提刑司，不繫銜，爲鄧馹牒問。唐瑑以司農少卿，王佐以中書檢正，皆暫兼權户侍，及出知湖、饒二州，悉用朱衣雙引。此數君皆失於討問典章，非故爲尊大也〔三〕。陳居仁以大中、集撰知鄂州，只用一朱衣，蓋在法，學士乃雙引，人以爲得體〔四〕。邁頃守贛、建，官職與居仁等，而誤用兩朱，殊以自悔。又如監司見前執政，雖本路，並客位下馬。伯氏以故相帶觀文學士帥越，提舉宋藻穿戟門詞殿，云浙東監司如何不得穿紹興府門，將至廳事，始若勉就客位者。主人亟令掖以還〔五〕。

【箋證】

〔一〕《容齋續筆》卷一《侍從官》：「自觀文殿大學士至待制爲侍從官，令文所載也。」另可參《三筆》卷三《侍從轉官》、卷一二《侍從兩制》《五筆》卷五《致仕官上壽》。

〔二〕《續資治通鑑長編》卷七八，大中祥符五年七月乙酉。原注：「張詠事，本志在六年，今并書。詠爲禮書，乃四年四月也。」

〔三〕紹興以來，范同、王十朋諸事，蓋出容齋所聞見。

〔四〕學士朱衣雙引，詳《隨筆》卷九《翰苑故事》。

〔五〕伯氏，容齋伯兄适。

4　九朝國史

本朝國史凡三書，太祖、太宗、真宗曰《三朝》，仁宗、英宗曰《兩朝》，神宗、哲宗、徽宗、欽宗曰《四朝》〔一〕。雖各自紀事，至於諸志若天文、地理、五行之類，不免煩複。元豐中，《三朝》已就，《兩朝》且成，神宗專以付曾鞏使合之。鞏奏言：「五朝舊史，皆累世公卿、道德文學、朝廷宗工所共準裁，既已勒成大典，豈宜輒議損益。」〔二〕詔不許。始謀纂定，會以憂去，不克成。其後神、哲各自爲一史。紹興初，以其是非褒貶皆失實，廢不用〔三〕。淳熙乙巳，邁承乏修史，丙午之冬，成書進御，遂請合九朝爲一，壽皇即以見屬。嘗奏云：「臣所爲區區有請者，蓋以二百年間典章文物之盛，分見三書，倉卒討究，不相貫屬。及累代臣僚，名聲相繼，當如前史以子係父之體，類聚歸一。若夫制作之事，則已經先正名臣之手，是非褒貶，皆有据依①，不容妄加筆削。」乞以此奏下之史院，俾後來史官知所以編纘之意，無或輒將成書擅行删改。」上曰：「如有未穩處，改削無害。」既奉詔開院，亦修成三十餘卷矣，而有永思攢宮之役，才歸即去國〔四〕。尤袤以《高宗皇帝實録》爲辭，請權罷史院，於是遂已〔五〕。祥符中，王旦亦曾修撰兩朝史，今不傳〔六〕。

【校勘】

①「有」下衍一「有」字，據馬本、庫本、祠本刪。

【箋證】

〔一〕王應麟《玉海》卷四六《藝文》正史類「天聖三朝國史」條：「祥符九年，監修國史王旦上《太祖太宗兩朝國史》。其修《真宗實録》未爲紀、傳。天聖五年二月癸酉，仁宗詔曰：『先朝正史久而未修，年祀寖遠，事成淪墜，宜令參政吕夷簡、副樞密夏竦修國史，宋綬、劉筠、陳堯佐同修，仍命宰臣王曾監修，又命館閣王舉正、李淑、黄鑑、謝絳爲編修，復命馮元同修。總百五十卷，此所謂《三朝國史》也。」又同前「元豐兩朝正史」條：「熙寧十年丁巳五月戊午命官修仁宗、英宗兩朝正史。元豐五年六月甲寅修成，一百二十卷。」又「淳熙修四朝史」條：「（淳熙）七年十二月十二日，國史院上《四朝正史・志》一百八十卷。十三年十一月，上《國史列傳》一百三十五卷，目録二卷。」

〔二〕《元豐類稿》卷三五《擬辭免修五朝國史狀》。

〔三〕《宋史》卷二〇三《藝文志二》史類著録鄧洵武《神宗正史》一百二十卷，王孝迪《哲宗正史》二百一十卷。《玉海》卷四六《藝文》正史類「淳熙修四朝史」條：「元祐七年七月十二日，詔范祖禹、趙彦若修《神宗正史》，吕大防提舉。八年三月二十二日己亥，進紀草。元符元年四月，進

《帝紀》二册。崇寧三年書成，八月三日進。大觀四年四月二十九日，命鄭久中等修《哲宗正史》，政和二年四月三日《帝紀》成，四年五月二十二日進《哲宗正史》帝紀、表、志、傳、目録，總二百十卷。」

《建炎以來繫年要録》卷七六：「紹興四年五月，癸丑，左朝奉大夫范沖守宗正少卿兼直史館。前一日，執政進呈上諭，朱勝非等曰：『神宗、哲宗兩朝《實録》，事多失實，非所以傳信後世，當重别刊定。著《唐鑑》范祖禹有子名沖者，已有召命，可促來令兼史事。』勝非曰：『神宗史緣添入王安石《日録》，哲宗史經蔡京、蔡卞之手，議論多不公，今蒙聖諭命官删修，足以昭彰二帝盛美，天下幸甚。』庚申，詔日歷所速行條具重修《哲宗實録》事件聞奏。時已命官更修兩朝史，而言者以爲：『祖宗以來，法度具備，海内乂安，自熙寧中王安石爲相，盡取而變更之，當時有識之士如韓琦、富弼、曾公亮、歐陽修、司馬光、吕公著、范鎮等皆争議於朝，相繼黜逐。及哲宗即位，宣仁聖烈皇后垂簾，嘗諭大臣曰：「先帝所立之法，民間不以爲便者，徇至公改之。」又曰：「餘可守者，不宜輕易廢改。」又曰：「先帝追悔往事，至於泣下，皇帝宜知之。」然則元祐之政乃是順人情、合公道、復祖宗之舊、成神宗之志也。其後，章惇、蔡京、蔡卞之徒，積怨造謗，痛加誣詆，指白爲黑，變是爲非，邪正善惡，顛倒交錯，馴致危亂。在紹聖時，則取王安石《日録》，用私書改修《神宗實録》；在崇寧後，則焚毁《時政記》《日歷》，以私意修定《哲宗實録》。其間所奏事端，悉出一時奸人之論，不可信於後也。然《神宗實録》其間猶有朱墨元本，他日尚可考訂是非。至於哲宗朝事迹，載在《時政記》《日歷》者，皆爲蔡京取旨焚毁滅迹。紹興元年，有進士黄縱者，嘗繳進其父籍没京家所藏之餘，又皆殘闕不全。若非及此之時尚有故家善類父祖傳習之書、師友聞見之論，使之刊正，則雖今之縉紳，習觀誣謗之史，猶有信以爲然者，况可使無惑於後世乎？近雖再降指揮，令史官看詳重修，尚恐論者以謂朝廷方修武備，指此爲不急之務，又復悠悠，則一代信史無期可成。數年之後，故家凋零，耆舊老死，傳聞訛謬，載記失真，益難取信矣。欲望睿慈特降詔旨，明示聖意，選擇史官，責以歲月，先令刊修《哲宗實録》，候成書然後取《神宗實録》朱墨元本考證是非，修定施行。』從之。」同書卷一三三：紹興九年十一月甲午，「秦檜奏神宗、哲宗兩朝正史，乞俟《徽宗實録》書成之日，通將三朝事實考據修定。從之。時史館已分修兩朝正史，於是復罷。」又同書卷一八〇：紹興二十八年八月，戊子朔，「詔置國史院修神宗、哲宗、徽宗三朝正史」。

〔四〕淳熙十二年乙巳，容齋承乏修史，指《四朝國史》。《南宋館閣續録》卷四：「十三年十月九日，翰林學士知制誥兼修國史洪邁劄子奏：『照會國史院，昨於去年九月得旨，限一年内修成《四朝國史》列傳，今來限滿，所有列傳一百三十五卷，並已成書。欲望聖慈下太史局於十一月中擇日投進。』」《玉海》卷四六《淳熙修四朝史》云：「十三年八月十九日，邁又請通修《九朝正史》，上許之。」《文獻通考》卷一九二引《中興藝文志》亦云：《四朝國史》成，邁又嘗欲合九朝三史而不及成書。李心傳《建炎雜記甲集》卷一〇《官制一》「史館專官」條：「景盧請通修《九朝正史》，上許之。景盧復言：『制作之事，已經先正名臣之手，是非褒貶，皆有據依，乞命後來史官無得輒將成書擅行删改。』然書未就而景盧去國。」此云「修成三十餘卷」，蓋即《太祖太宗本紀》三十五卷，《宋史》卷二〇三《藝文志二》編年類著録。

永思攢宫之役，纔歸即去國，在淳熙十五年戊申。三月，永思禮成，容齋擬以吕頤浩、趙鼎、韓世忠、張俊配享。祕書省少監楊萬里等乞用張浚，侍從集議。因配享之争，四月，詔洪邁、楊萬里並予郡。五月壬寅，以見官正奉大夫知鎮江府。詳可參拙著《洪邁年譜》。

〔五〕李攸《宋朝事實》卷九《官職》：「（淳熙）十五年，《四朝國史》成書，詔罷史院，復開實録院，修《高宗實録》。」又見《宋史》卷一六四《職官志四》。

〔六〕《宋史·藝文志二》史類著録王旦《國史》一百二十卷。《玉海》卷四六《藝文》正史類「景德太祖太宗兩朝史」條：「景德四年八月丁巳，詔修《太祖太宗正史》，令宰臣王旦監修國史，以知樞密院王欽若、陳堯叟、參政趙安仁並修國史，翰林晁迥、楊億同修，直史館路振、崔遵度爲編修官。祥符四年，又取夏竦爲編修官。八年十月己丑，旦等上《太祖太宗紀、贊、論》各一首。九年二月十二日丁亥，史成，旦率史官詣崇政殿以獻，凡百二十卷，目録一卷，帝紀六，志五十五，列傳五十九。」又元豐修《五朝史》（合兩朝、三朝爲一）、紹興修《七朝史》、紹興修神、哲、徽《三朝史》，蓋皆未成書。

5 銀牌使者

金國每遣使出外，貴者佩金牌，次佩銀牌，俗呼爲金牌、銀牌郎君。北人以爲契丹時如此，牌上若篆字六七，或云阿骨打花押也〔一〕。殊不知此本中國之制。五代以來，庶事草創，凡乘置奉使於外，但給樞密院牒。國朝太平興國三年，因李飛雄矯乘廐馬，詐稱使者，欲作亂，既捕誅之，乃詔自今乘驛者，皆給銀牌，《國史》云「始復舊制」〔二〕，然則非起於虜也。端拱二年復詔：「先是馳驛使臣給篆書銀牌，自今宜罷之，復給樞密院牒。」〔三〕

【箋證】

〔一〕金國遣使稱金牌郎君、銀牌郎君，如《建炎以來繫年要録》卷一二三：紹興八年十一月壬辰，京東淮東宣撫處置使韓世忠言：「臣今續體探得銀牌郎君言，到臨安府日，要陛下易衣拜僞詔。」云云。又同書卷一九〇：紹興三十一年六月壬戌，右司員外郎充送伴使吕廣問等還行在，奏：「臣等到盱眙軍，有金牌郎君到來。」

〔二〕《續資治通鑑長編》卷一九：太宗太平興國三年五月，「初，秦州節度判官李若愚有子曰飛雄，凶險無行，不爲其家所容，常客游京師、魏、博間，與無賴惡少年縱酒蒱博。以若愚官秦州，盡知其府庫倉廩所有及地形險易、兵籍多少。而鳳翔盩厔尉張季英者，飛雄妻父也，飛雄自京師往省季英，竊乘其馬，詐爲使者，夜抵廐，呼置卒索馬，卒秉炬出，飛雄復以私市馬纓示之，卒不能辨纓，即授以馬。飛雄令一卒前導，遂矯稱制，以巡邊爲名，掠巡驛殿直姚承遂。至隴州，掠監軍供奉官王守定，至吴山縣，掠縣尉盧贇，皆令從行。時秦州内屬，戎人爲寇，都巡檢使周承瑨與田仁朗、劉文裕、王侁、梁崇贇、韋韜、馬知節等皆受詔屯兵清水縣。於四月庚辰，飛雄至清水，矯制，盡縛之。承瑨等見姚承遂數輩同至，不覺其詐。仁朗獨號泣求觀詔書。飛雄怒叱曰：『吾受密旨，以汝輩逗撓不用命，且令盡誅汝輩，豈不聞封州殺李鶴耶？詔書豈得見也！』先是，上即位，分命親信於諸道廉官吏善惡，密以聞。嶺南使者言知封州李鶴不奉法，誣奏軍吏謀反，詔誅之，不問狀，故飛雄以爲言，將以承瑨等詣秦州戮之。因謀劫守卒，據城爲亂。飛雄初矯稱制，自言上南府時親吏，會劉文裕哀告飛雄曰：『我亦嘗事晉邸，使者忍不營救之乎？』飛雄屏左右，謂文裕曰：『汝能與我同富貴否？』文裕覺其詐，僞許之，飛雄乃釋其縛。文裕策馬前附耳語仁朗，仁朗即佯墜馬，若殞絶狀。飛雄與從卒共視之，又釋其縛。仁朗奮起搏飛雄，與文裕等共擒之。飛雄尚呼云：『田仁朗等謀反殺使者！』既而，繫秦州獄。劾之，具得其狀。有詔，夷其三族。六月戊辰，詔自今乘驛者皆給銀牌。先是，五代以來，庶事草創，凡乘驛奉使於外，但樞密院給牒，至是，以飛雄故，始復舊制焉。」

岳珂《愧郯録》卷一二《金銀牌》，引《三筆》本條，接云：「《三朝國史·輿服志》曰：『銀牌，唐制，差發驛遣使，則門下省給傳符，以通天下之信。皇朝符券，皆樞密院主之。舊有銀牌以給乘驛者，闊一寸半，長五寸，面刻隸字曰『敕走馬銀牌』凡五字，首爲竅，貫以韋帶。其後罷之，樞密院給券，謂之頭子。太平興國三年，李飛雄詐乘驛謀亂伏誅，罷樞密院券，别制新牌，闊二寸半，長六寸，易以分書，上鈒二飛鳳，下鈒二麒麟，兩邊年月，貫以紅絲絛。端拱中，使臣護邊兵多遺失之者，又罷銀牌，復給樞密院頭子。』然則所謂舊制者，唐制也。考之《唐六典》門下省符寶郎之掌，二曰傳符，所以給郵驛、通制命，而注其下曰：『兩京留守及諸州若行軍所並給傳符，諸應給魚符及傳符者，皆長官執之。其長官若被告謀反大逆，其魚符付以次官；無次官，付受告之司。』而傳符之制，太子監國曰：『雙龍之符，左右各十。京都留守曰麟符，左二十，其右一十有九，東方曰青龍之符，西方曰騶虞之符，南方曰朱雀之符，北方曰玄武之符，左四右三。』又注其下曰：『左者進内，右者付外。應執符人，其兩京留守符並進内，若車駕巡幸，留右符付留守人。』歷考其事，皆無以銀爲牌之制。豈沿襲至季世，不復分左右符，以從簡便耶？」

〔二〕《玉海》卷八五《器用・符節》「太平興國樞密院銀牌」條，引《三朝志》（郁之按，同《愧郯録》所引），接云：「（端拱）二年三月戊午，又罷篆書銀牌，復給樞密院牒。乾道八年，樞密院置雌黄青字牌。紹熙四年，改黑漆紅字。淳熙三年，尚書省置雌黄青字牌。紹熙五年改黑漆黄字。」

6 省錢百陌

用錢爲幣，本皆足陌。梁武帝時，以鐵錢之故，商賈浸以奸詐，自破嶺以東，八十爲百，名曰「東錢」；江、郢以上，七十爲百，名曰「西錢」；京師以九十爲百，名曰「長錢」。

大同元年，詔通用足陌，詔下而人不從，錢陌益少，至于末年，遂以三十五爲百〔一〕。唐之盛際，純用足錢。天祐中，以兵亂窘乏，始令以八十五爲百〔二〕。後唐天成，又減其五〔三〕。漢乾祐中，王章爲三司使，復減三。皇朝因漢制，其輸官者，亦用八十，或八十五，然諸州私用，猶有隨俗至於四十八錢。太平興國二年，始詔民間緡錢，定以七十七爲百。自是以來，天下承用，公私出納皆然，故名「省錢」〔四〕。但數十年來，有所謂「頭子錢」，每貫五十六，除中都及軍兵俸料外，自餘州縣官民所當得，其出者每百纔得七十一錢四分，其入者每百爲八十二錢四分，元無所謂七十七矣〔五〕。民間所用，多寡又益不均云〔六〕。

【箋證】

〔一〕《資治通鑑》卷一五九《梁紀十五》：「先是，江東唯建康及三吴、荆、郢、江、湘、梁、益用錢，其餘州郡雜以穀帛，交、廣專以金銀爲貨。上自鑄五銖及女錢，二品並行。禁諸古錢。普通中，更鑄鐵錢。由是民私鑄者多，物價騰踊，交易者至以車載錢，不復計數。又自破嶺以東，八十爲百，名曰東錢；江、郢以上，七十爲百，名曰西錢；建康以九十爲百，名曰長錢。丙寅詔曰：『朝四暮三，衆狙皆喜；名實未虧，而喜怒爲用。頃聞外間多用九陌錢。陌減則物貴，陌足則物賤。非物有貴賤，乃心有顛倒。至於遠方，日更滋甚，徒亂王制，無益民財。自今可通用足陌錢。令書行役，百日爲期。若猶有犯，男子謫運，女子質作，並同三年。』詔下而人不從，錢陌益少，至於季年，遂以三十五爲百云。」

王鳴盛《十七史商榷》卷九六《新舊五代史四》「八十陌錢」條：「容齋以『自破』爲句，寧人（顧炎武）乃讀作『自破嶺以東』，以寧人之精核，決不舛訛至此，豈傳寫偶誤邪？」顧炎武之説，見《日知録》卷一一《短陌》條。陳垣《日知録校注》同意王説。黄汝成《日知録集釋》云：「汝成案，《隋書》原文云：『交易者以車載錢，不復計數而惟論貫，商旅奸詐因之以求利，自破嶺以東，八十爲陌。』《容齋三筆》稍更其文曰『梁武帝時，以鐵錢之故，商旅浸以奸詐自破嶺以東』云云。王氏云：『容齋以「自破」爲句，寧人乃讀作「自破嶺以東」，豈傳寫偶誤邪？』愚核兩書文義，『自破』二字無屬上爲句之理，王氏所言非也，而破嶺無此地名，『破』或『庾』字之訛。」按，洪邁所據應是《通鑑》，而黄汝成引《隋書》，未確。黄曙輝點校《十七史商榷》，此條復有按語云：「汝成引西莊此條而糾其謬，其説是也，而謂破嶺無此地名，則猶未達一間。考《通鑑》卷一百五十九注云：『破嶺，在今鎮江府丹陽縣，秦始皇所鑿，即破岡也。』」又按，周一良《魏晉南北朝史札記》之《隋書札記》有「破嶺」條，云：「《食貨志》云：『自破嶺以東，八十爲百，名曰東錢』。黄汝成疑『破嶺』爲『庾嶺』之誤（《日知録集釋》十一「短陌」條），非也。庾嶺地望遼遠，與此無干。破嶺當即破岡。破岡在建業以東，地望正合。」考甚詳，可從。顧祖禹《讀史方輿紀要》卷二〇南直二句容縣「破岡瀆」條：「縣東南二十五里，六朝時運道也。其地亦曰破嶺，亦曰破墩，亦曰破岡埭。」

按，據《隋書》卷二十四《食貨志》：「中大同元年，天子乃詔通用足陌。」此云「大同元年」，脱

「中」字。

〔二〕《舊唐書》卷二〇《哀帝紀》，天祐二年四月敕：「準向來事例，每貫抽除外，以八百五十文爲貫，每陌八十五文。如聞坊市之中，多以八十爲陌，更有除折，頓爽舊規。付河南府，市肆交易，並以八十五文爲陌，不得更有改移。」

〔三〕周廣業《三餘摭録》卷三引《文苑英華》載《會昌五年南郊赦文》云：「京畿内近日足陌用錢，唯益富室，疋帛苦賤，反害疲人。宜却令依前行墊陌錢，每墊八十文。」因謂「八十之制，武宗時已嘗復之，不始昭宗也。」

〔四〕《册府元龜》卷五〇一：「天成二年七月，度支奏：三京鄴都并諸道州府，市肆買賣所使見錢，舊有條流，每陌八十文，近訪聞在京及諸道街坊市肆人户，不顧條章，皆將短陌轉换長錢，但恣罔欺，殊無畏忌。若不條約，轉啓倖門。請更各降指揮，凡有買賣，並須使八十陌錢。從之。」省錢，又稱省陌。《舊五代史》卷一〇七《王章傳》：「官庫出納緡錢，皆以八十爲陌，至是民輸者如舊，官給者以七十七爲陌，遂爲常式。」歐陽修《歸田録》：「用錢之法，自五代以來，以七十七爲百，謂之省陌。今市井交易，又尅其五，謂之依除。」沈括《夢溪筆談》卷四：「今之數錢百錢謂之『陌』者，借『陌』字用之，其實只是『百』字（胡道静《夢溪筆談校證》謂「百」應作「佰」）。如『什』與『伍』耳。唐自皇甫鎛爲墊錢法，至昭宗末，乃定八十爲陌。漢隱帝時，三司使王章每出官錢，又減三錢，以七十七爲陌，輸官仍用八十。至今輸官錢有用八十陌者。」

省錢、省陌，又稱短錢、短陌。《日知録》卷一一《短陌》引《金史》言：「大定中民間以八十爲陌，謂之短錢。官用足陌，謂之長錢。」又云：「《抱朴子》云：『取人長錢，還人短陌。』則是晉時已有之，不始於梁也。」又趙翼《陔餘叢考》卷三〇《短錢》，可參。

〔五〕李心傳《建炎雜記》甲集卷一五《財賦二》「經制錢」條：「經制錢者，宣和末鄭亨仲資政所剏也。（郁之按，《清波雜志》卷六《經總制錢》：「剏比較油務及收頭子、牙契等錢，號經制錢，以助軍費，宣和末陳亨伯起請也。」是。參劉永翔《清波雜志校注》）時方臘初平，用度百出，徽宗命亨仲以發運兼經制使，亨仲乃創比較酒務及頭子錢。頭子錢者，唐德宗除陌錢之法也。五代、國初亦取之，以供州用，其數甚鮮。康定元年，始令其數申省，不得擅支。政和四年，又令給納係省錢物每貫收五文。及亨仲爲經制，遂令凡公家出納，每千收二十三文，共可供十三州縣及漕計支用而已。」羅大經《鶴林玉露》卷四：「《五代史》，漢王章爲三司使，征利剥下，緡錢出入元以八十爲陌，章每出錢陌，必減其三，至今七十七爲官省錢者，自章始。然今官府於七十七之中又除頭子錢五文有奇，則愈削於章矣。」

〔六〕孟元老《東京夢華録》卷三《都市錢陌》：「都市錢陌官用七十七，街市通用七十五，魚肉菜七十二陌，金銀七十四，珠珍雇婢妮買蟲蟻六十八，文字五十六陌，行市各有長短使用。」

7　舊官銜冗贅

國朝官制，沿晚唐、五代餘習，故階銜失之冗贅，予固已數書之。比得皇祐中李端愿所書「雪竇山」三大字，其左云：「鎮潼軍節度觀察留後、金紫光禄大夫、檢校刑部尚書、使持節華州諸軍事、華州刺史，兼御史大夫、上柱國。」凡四十一字〔一〕。自元豐以後，更使名，罷文散階、檢校官、持節、憲銜、勳官，只云「鎮潼軍承宣使」六字，比舊省去三十五，可謂簡要〔二〕。會稽禹廟有唐天復年越王錢鏐所立碑，其全銜九十五字，尤爲冗也〔三〕。

【箋證】

〔一〕《續資治通鑑長編》卷一七〇：仁宗皇祐三年四月丙戌，「以獻穆大長公主子越州觀察使李端愿爲鎮東留後」。《宋史》卷一七〇《職官志》：熙寧元年，「以定國軍節度使李端願爲太子少保致仕」。

〔二〕《宋史》卷一六《神宗紀》三年九月乙亥，「正官名，以開府儀同三司易中書令、侍中、同平章事，特進易左、右僕射，自是以下至承務郎易祕書省校書郎、正字、將作監主簿有差，檢校僕射以下及階散憲銜並罷。」同書卷一六四《職官志》：「御史大夫，宋初不除正員，止爲加官。檢校官帶憲銜，有至檢校御史大夫者。元豐官制行，亦並除去。」又同書卷二一《徽宗紀》：政和七年六月，「改節度觀察留後爲承宣使。」

〔三〕會稽禹廟錢鏐所立碑，俟考。考乾寧四年，唐昭宗賜鏐鐵券詞云：「維乾寧四年歲次丁巳八月甲辰朔四日丁未，皇帝若曰：咨爾鎮海鎮東等軍節度、浙江東西等道觀察處置營田招討等使、兼兩浙鹽鐵制置發運等使、開府儀同三司、檢校太尉、兼中書令、使持節閩越等州諸軍事、兼閩越等州刺史、上柱國、彭城郡王、食邑五千户、食實封一百户錢鏐」云云（陶宗儀《輟耕録》卷一九《錢武肅鐵券》）。按《舊五代史》卷一三三《錢鏐傳》：「乾寧四年，鏐率浙西將士破越州，擒昌以獻，朝廷嘉其功，賜鏐鐵券。」其繫銜之煩可見。

8 吏胥侮洗文書

郡縣胥史，揩易簿案，鄉司尤甚。民已輸租税，朱批於户下矣，有所求不遂，復洗去之，邑官不能察，而又督理。比其持赤鈔爲證，則追逮横費，爲害已深〔一〕。此特小小者耳，臺省亦然。予除翰林日，所被告命後擬云「可特授依前正奉大夫充翰林學士」，蓋初書黄時全文，故官告院據以爲式，其制當爾。而告身全銜亦云「告正奉大夫充翰林學士」，予以語吏部蕭照鄰尚書曰：「如此則學士繫銜在官下，於故事有戾，今欲書謝表，當如何？」蕭悚然。旋遣部主事與告院書吏至，乞借元告以去，明日持來，則已改正，移職居官上，但減一「充」字，於行内微覺疎，其外印文，濃淡了無異。其妙至此〔二〕。

【箋證】

〔一〕朱熹《晦菴集》卷二九《乞給由子與納税户條目》：「諸縣人户送納税物，官司交訖，合給朱鈔。縣鈔即關主簿勾銷。（郁之按，《宋史》卷一七四《食貨志》：「（紹興）十五年，户部議準法輸官物用四鈔，曰户鈔，付民執憑；曰縣鈔，關縣司銷簿；曰監鈔，納官掌之；曰住鈔，倉庫藏之。所以防僞冒、備毁失也。」）户鈔即付人户執照，使人户免致重疊追呼搔擾。」

〔二〕兹别舉一例。岳珂《桯史》卷五《部胥增損文書》，記吏部胥吏私改官秩之一例。「胥初得憲司據，見所書功閥，皆曰：『增城縣尉司弓級陳某，獲若干盜。』因不以告人，夜致之家，於每『司』字增其左畫曰『同』，則如格矣，筆勢穠纖無少異，同列不之覺。徽案故府胥，亦隨而增之，但時矯它曹，僉緣之命促其行，委曲遮護，徒以欲速告，迄不下元處而賞遂行。刻木輩舞文，顧賕謝乃其常，蓋未有若此者。以此知四選蠹積，蓋不可勝算，司衡綜者，可不謹哉！」

9 宣告錯誤

士大夫告命，間有錯誤，如文官，則猶能自言，書鋪亦不敢大有邀索。獨右列爲可憐，而軍伍中出身者尤甚。予檢詳密院諸房日〔一〕，有涇原副都軍頭乞換授，而所持宣内添注「副」字，爲房吏所沮，都頭者不能自明。兩樞密以事見付，予視所添字與正文一體，以白兩樞曰：「使訴者爲奸，當妄增品級，不應肯以都頭而自降爲副，其爲寫宣房之失，無可疑也。」樞以爲然，乃爲改正。武翼郎李青當磨勘，尚左驗其文書，其始爲「大李青」，吏以爲罔冒①，青無詞以答②。周茂振權尚書〔二〕，閲其告命十餘通，其一告前云「大李青」，而告身誤去「大」字，故後者相承，只云「李青」，即日放行遷秩，且給公據付之。兩人者幾困於吏手，幸而獲直。用是以知枉鬱不伸者多矣〔三〕。

【校勘】

①「以」，原脱，據馬本、庫本、祠本補。②「詞」上原有「而」字，據馬本、庫本、祠本删。

【箋證】

〔一〕《建炎以來繫年要録》卷一八九：紹興三十一年三月庚辰，「尚書禮部員外郎兼國史院編修官洪邁爲樞密院檢詳諸房文字」。

〔二〕周麟之，字茂振，海陵人。紹興十五年進士，授武進尉。二十一年，充敕令所删定官。旋以左承時郎爲祕書省正字，兼中書舍人。隆興二年卒。《宋史翼》卷一三有傳。

〔三〕朱熹嘗云：「省部文字，一付之吏手，一味邀索，百端阻節。」（《朱子語類》卷一〇六《朱子三》）

10 軍中抵名爲官

紹興以來，兵革務煩，軍中將校除官者，大帥盡藏其告命，只語以所居官。其有事故亡没者，亦不關申省部除籍，或徑以付它人，至或從白身便爲郎、大夫者。楊和王爲殿帥，罷一統領使歸部，而申樞密院云：「此人元姓名曰許超，只是校尉，偶有修武郎李立告，使之鼎名，因得冒轉，續以戰功積累，今爲武顯大夫，既已離軍，自合依本姓名及元職位。」超詣院訴，而不能爲之詞。予檢詳兵房，爲言曰：「一時冒與，自是主將之命。修武以前，固非此人當得。若武翼之後，皆用軍功，使其戰死於陣，則性命須要超承當。今但當剋除不應得九官，而理還其餘資，庶合人情，於理爲順。」兩樞密甚然予説，即奏行之〔一〕。

【箋證】

〔一〕《宋史》卷一五八《選舉志四》：「建炎兵興，雜流補授者衆，有曰上書獻策，曰勤王，曰守禦，曰捕盗，曰奉使，其名不一，皆閫帥假便宜承制之權以擅除擢。有進士徑補京官者，有素身冒名即爲郎、大夫者。乃詔：『從軍應賞者，第補右選，以清流品。』」

11 禍福有命

秦氏顓國得志，益厲刑辟，以箝制士大夫，一言語之過差，一文詞之可議，必起大獄，竄之嶺海，於是惡子之無俚者，恃告訐以進。趙超然以「君子之澤，五世而斬」責汀州〔二〕，吴仲寶以《夏二子傳》流容州〔二〕，張淵道以《張和公生日詩》幾責柳而幸脱〔三〕，皆是也。

予教授福州日，因訪何大圭，忽問：「君識天星乎？」答曰：「未之學。」曰：「豈不能認南方中夏所見列宿乎？」曰：「此却粗識一二。」大圭曰：「君今夕試仰觀熒惑何在。」是時正見於南斗之西。後月餘，再相見，時連旬多陰，所謂火曜，已至斗魁之東矣。大圭曰：「使此星入南斗，自有故事。」予聞其語，固已竦然，明日來相訪，曰：「吾曹元不洞曉天文，昨晚葉子廉見顧，言及於此，蹙頞云：『是名魏星，無人能識，非熒惑也。』」予曰：「十二國星，只在牛、女之下，經星不動，安得轉移？」圭曰：「乾象欲示變，何所不可？子廉云：『後漢建安二十五年亦曾出。』」蓋秦正封魏國公，圭意比之曹操。予大駭，不復敢酬應。它日，與謝景思、葉晦叔言之，且曰：「使邁爲小人告訐之舉①，有所不能，萬一此段彰露，爲之奈何？」謝、葉曰：「可以言命矣！」與是人相識，便是不幸，不如静以待之。」時歲在己巳，又六年，秦亡，予知免禍，乃始不恐〔四〕。

【校勘】

①「邁」，原脱，據馬本、庫本、祠本補。以下各條作者自名之「邁」字，同。

【箋證】

〔一〕熊克《中興小紀》卷三六：紹興二十五年五月，「秦檜久專朝政，而士大夫之急於進者，多附檜意，掎摭人之語以爲謗訕。有前知泉州趙令衿，居衢州，因觀秦檜家廟記，口誦『君子之澤，五世而斬』之句，通判汪召錫、教授莫汲皆於坐間聞之，因告令衿謗訕。守臣王師心勸之，不能止，既而詔謫令衿于汀州，且置獄。」按，趙令衿，太祖五世孫，號超然居士。曹勛《松隱集》卷三三《跋趙超然詩後》：「老超然，舊友也，平生留意三乘，得向上一著，復以筆墨游戲佛事，皆林下出塵之語。向秦丞相擅一時之權，窘以它事，寘居士於舉世不堪之地，人謂必死，公以此道安之，略無罣礙，後正王封，蓋其所得過人多矣。」

〔二〕《建炎以來繫年要録》卷一六一：紹興二十年九月甲申，「降授左承事郎、福建安撫司主管機宜文字吴元美除名、容州編管。元美嘗作《夏二子傳》，其略云：『天以商代夏，是以伊尹相湯伐桀，而聲其割剥之罪。當是時，清商颷起，義氣播揚，勁風四掃，宇宙清廓。夏告終于鳴條。二子之族，無小大少長，皆望風隕滅，殆無遺類。天下之民，始得安食酣寢而鼓舞於清世矣。』夏二子，謂蠅、蚊也。其鄉人進士鄭煒得之，持以告本路提點刑獄公事權福州孫汝翼。汝翼惡之，抵煒罪。煒怒，走行在，訴元美譏毁大臣。秦檜從尚書省下其章。元美家有潛光亭、商隱堂，煒上檜啓：『亭號潛光，蓋有心於黨李；堂名商隱，實無意于事秦。』他皆類此。檜進呈，上曰：『元美撰造謗訕，至引伊尹相商伐桀事，其悖逆不道甚矣。可令有司究實取旨。』至是法寺言元美因與李光交結，言事補外，心懷怨望，遂造《二子傳》，指斥國家，及譏毁大臣，以快私忿，法當死，上特宥之。汝翼已移知荆南府，亦降二官。元美卒於貶所。」

〔三〕《建炎以來繫年要録》卷一六九：紹興二十有五年八月己亥，「龍圖閣直學士知洪州張宗元罷。

時秦檜忌特進永州居住張浚尤甚，每臺諫官劾疏，必使及之。殿中侍御史徐嘉即言：『今陰邪逆黨尚爾交結，簧鼓衆聽，撼摇國是。宗元天資陰狡，頃在川陝，與浚大誤國事。今書問往來，健步絡繹，無一日無之。浚之諸僕，皆寄名帥，司親兵，月置銀與之。』時江西轉運判官張常先亦箋注宗元與浚壽詩。右宣教郎添差安撫司主管機宜文字徐樗又疏宗元之短，宗元遂罷。」同書卷一七〇：紹興二十五年十二月，「執政進呈刑部狀，開具到前後告訐人」，有「右朝奉郎張常先，先任江西運判，告訐知洪州張宗元與張浚書並壽詩」。於是常先等並除名勒停。《宋史》卷三八七《汪應辰傳》：「江西運判張常先箋注前帥張宗元與浚詩，言于朝，其詞連逮者數十家，將誣以不軌而盡去之。獄既具，檜死。」

按，容齋所舉趙超然、吴仲寶、張宗元三例之外，紹興二十五年十二月「執政進呈刑部狀，開具到前後告訐人」，尚有「右朝散郎范洵，告訐和州教授盧傅霖作雪詩，稱是怨望。左朝奉郎、提舉兩浙路市舶陸升之，告訐親戚李孟堅將父光所作文集告人及有譏謗語言。左從政郎、福建路安撫司幹辦公事王洧，任兩浙轉運司催綱日，告訐知常州黄敏行不法等事。追官勒停人前右通直郎、明州鄞縣丞王肇，誣告程緯慢上無人臣之禮等語言，致興大獄，並是虚妄。降授承信郎雍端行，先任監潭州湘潭縣酒税，告訐本縣丞鄭玘、主簿賈子展因筵會酒後有嘲訕語言，致興大獄」。至是，高宗曰：「此等須痛與懲艾。近日如此行遣，想見人情歡悦，感召和氣。」於是並除名勒停。常先，送循州。召錫，容州。汲，化州。洵，梅州。升之、煒，雷州。洧，南恩

州。肇，高州。端行，賓州，並編管。（《繫年要録》卷一七〇）

〔四〕「歲在己巳」，是紹興十九年。秦檜卒於二十五年。

12 真宗北征

真宗親征契丹，幸澶淵，以成卻敵之功，是時景德元年甲辰，決此計者，寇萊公也〔一〕。然前五歲，當咸平二年己亥，契丹寇北邊，上自將禦之，至澶州、大名府，聞范廷召破虜於莫州北，乃還京。時張文定公、李文靖公爲相，不知何人贊此決，而後來不傳〔二〕。用是以知真宗非宴安酖毒而有所畏者，故寇公易以進言。

【箋證】

〔一〕參《三筆》卷二《絳侯萊公》箋證。

〔二〕《續資治通鑑長編》卷四五：真宗咸平二年八月，「樞密都承旨王繼英以契丹入寇，請車駕北巡。丙戌，命繼英馳傳詣鎮定高陽關路，視行宫頓置，宣慰將士」。十一月，「詔以邊境繹騷，取來月暫幸河北」。車駕至大名。《宋史》卷二八九《范廷召傳》：「咸平二年，契丹入塞，車駕北巡。廷召與戰瀛州西，斬首二萬級，逐北至莫州東三十里，又斬首萬餘，奪其所掠老幼數萬口，契丹遁去。」事又見《宋史》卷六《真宗紀》、卷二七九《張凝傳》《李重貴傳》、卷三二三《蔚昭敏傳》等。《續資治通鑑長編》卷四六繫在咸平三年正月。

張文定公，張齊賢。李文靖公，李沆。《續資治通鑑長編》卷四三：咸平元年十月，「户部尚書張齊賢加兵部尚書，與户部侍郎參知政事李沆並平章事。」同書卷四五：咸平二年十一月，「宰相兵部尚書張齊賢加門下侍郎，李沆加中書侍郎。」

13 宰相不次補

景德元年七月，宰相李沆薨，時無它相，中書有參知政事王旦、王欽若，不次補。寇準爲三司使，真宗欲相之，患其素剛，難獨任，乃先以翰林侍讀學士畢士安爲參政，纔一月①，並命士安、準爲相，而士安居上。旦、欽若各遷官而已〔一〕。準在太宗朝已兩爲執政，今士安乃由侍從超用，惟辟作福，圖任大臣，蓋不應循循歷階而升也〔二〕。

【校勘】

①「一」，原作「二」，據馬本、庫本、祠本改。

【箋證】

〔一〕《續資治通鑑長編》卷五六：景德元年七月，「李沆死，中書無宰相，上意欲擢任三司使寇準，乃先置宿德以鎮之。庚寅，遷翰林侍讀學士、兵部侍郎畢士安爲吏部侍郎、參知政事。士安入謝。上曰：『未也，行且相卿，誰可與卿同進者？』士安因言：『準天資忠義，能斷大事，臣所不如。』上曰：『聞準剛使氣，奈何？』士安曰：『準忘身徇國，秉道嫉邪，故不爲流俗所喜。今天下之民雖蒙休德涵養安佚，而北戎跳梁未服，若準者，正宜用也。』不閲月，遂與準俱相。」又同書卷五七：景德元年八月，「以參知政事吏部侍郎畢士安、三司使兵部侍郎寇準並依前官平章事」。

〔三〕「惟辟作福」，出《周書・洪範》。林之奇《尚書全解》卷二五《洪範》解云：「『惟辟作福』，言所以爵賞人者，必出於人君之褒崇，而不可假於臣下者也；假於臣下，則福之柄下移矣。」

14 外制之難

中書舍人所承受詞頭，自唐至本朝，皆只就省中起草付吏，逮於告命之成，皆未嘗越日，故其職爲難。其以敏捷稱者，如韋承慶下筆輒成，未嘗起草〔一〕；陸扆初無思慮，揮翰如飛〔二〕；顔蕘草制數十，無妨談笑〔三〕；鄭畋動無滯思，同僚閣筆〔四〕；劉敞臨出局，倚馬一揮九制〔五〕，皆見書於史策。其遲鈍窘擾者，如陸餘慶至晚不能裁一言〔六〕；和嶹閉户精思，徧討群籍〔七〕，與夫「斲窗舍人」「紫微失卻張君房」之類〔八〕，蓋以必欲速成故也。周廣順初，中書舍人劉濤責授少府少監，分司西京，坐遣男頊代草制詞也。頊時爲監察御史，亦責復州司户〔九〕。自南渡以來，典故散失，每除書之下，先以省劄授之，而續給告，以是遷延稽滯。段拂居官時，纔還家即掩關謝客，畏其促詞命也〔一〇〕。先公使虜歸，除徽猷閣直學士，時劉才邵當制，日於漏舍囑之。至先公出知饒州，幾將一月，猶未受告〔一一〕。其它倩誘朋舊，俾之假手者多矣。故膺此選者，不覺其難，殊與昔異。

【箋證】

〔一〕《舊唐書》卷八八《韋承慶傳》：「長壽中，累遷鳳閣舍人，兼掌天官選事。承慶屬文迅捷，雖軍國大事，下筆輒成，未嘗起草。」

〔二〕《舊唐書》卷一七九《陸扆傳》：「景福元年，加祠部郎中、知制誥。二年五月，拜中書舍人。扆文思敏速，初無思慮，揮翰如飛，文理俱愜，同舍服其能。天子顧待特異。」

〔三〕《舊五代史》卷六八《崔沂傳》：崔沂「昭宗時累遷至員外、知制誥，性抗厲守道，而文藻非優。嘗與同舍顏蕘、錢珝俱秉筆，見蕘、珝贍速，草制數十，無妨譚笑，而沂自愧。翌日，謁國相訴曰：『沂疎淺不足以供詞翰之職。』相輔然之，移爲諫議大夫。」

〔四〕《舊唐書》卷一七八《鄭畋傳》：畋還中書舍人，「王師討徐方，禁庭書詔旁午。畋灑翰泉涌，動無滯思，言皆破的，同僚閣筆推之」。

〔五〕《東都事略》卷七六《劉敞傳》：「敞爲人明白俊偉，博學自信，自六經諸子百氏下至傳記小說，無所不通。爲文敏贍，在西掖時，一日追封皇子公主九人，敞將下直，爲之立馬卻坐，一揮九制，文詞典雅，各得其體。」

〔六〕《舊唐書》卷八八《陸元方傳》：元方從叔餘慶，爲中書舍人，「則天嘗引入草詔，餘慶惶惑，至晚竟不能措一辭，責授左司郎中。」

〔七〕富大用《古今事文類聚遺集》卷七《省屬部遺》「徧討群籍」條，引《國史》：「至道中，和㠓知制誥。㠓之直中書，每草詔，必閉户精思，徧討群籍，而後成。沙州表求經藏碑，詔㠓撰以賜之，㠓遺厮借佛書數千卷，人傳以爲笑。」

〔八〕彭大翼《山堂肆考》卷四五《臣職·中書舍人》「斲窗取本」條引《唐職林》：「楊滔爲中書舍人，時催作制敕，令史將鑰匙出，無本可檢，乃斲窗取得本，時號斲窗舍人。」釋文瑩《湘山野録》卷上：「祥符中，日本國忽梯航稱貢，非常貢也，蓋因本國之東有祥光現。其國素傳中原天子聖明，則此光現。真宗喜，敕本國建一佛祠以鎮之，賜額曰『神光』。朝辭日，上親臨遣，夷使回乞令詞臣撰一寺記。時當直者雖偶中魁選，詞學不甚優贍，居常止以張學士君房代之，蓋假其稽古才雅也。既傳宣，令急撰寺記，時張尚爲小官，醉飲於樊樓，遣人徧京城尋之不得，而貢使在閤門翹足而待，又中人三促之，紫微大窘。後錢、楊二公玉堂暇日改《閒忙令》，大年曰：『世上何人最得閒？司諫拂衣歸華山。』蓋种放得告還山養藥之時也。錢希白曰：『世上何人號最忙？紫微失卻張君房。』時傳此事爲雅笑。」

〔九〕《舊五代史》卷一一一《周書·太祖紀二》。

〔一〇〕段拂字去塵，江寧人，中博學宏詞科。紹興十四年，除中書舍人，兼實録院修撰。十六年正月，

除給事中。（《南宋館閣録》卷八《官聯下》）十七年三月，擢翰林學士。（熊克《中興小紀》卷三三）

〔二〕《建炎以來繫年要録》卷一四九：紹興十三年八月戊戌，「徽猷閣待制洪皓至自金國」。丁未，「以洪皓爲徽猷閣直學士，提舉萬壽觀，兼權直學士院」。同書卷一五〇：九月甲子，「徽猷閣直學士提舉萬壽觀權直學士院洪皓出知饒州」。

15 文臣换武使

祖宗之世，文臣换授武使，皆不越級。錢若水自樞密副使罷守工部侍郎，後除帥并州，乃换鄧州觀察使〔一〕。王嗣宗以中丞、侍郎，李士衡以三司使，李維以尚書，王素以端明左丞，亦皆觀察〔二〕。慶曆初，以陝西四帥方禦夏羌，欲優其俸賜，故韓琦、范仲淹、王沿、龐籍皆以樞密、龍圖直學士换爲廉車〔三〕。自南渡以來，始大不然。張澄以端明學士，楊倓以敷文學士，便爲節度〔四〕。近者趙師夔、吴琚以待制而换承宣使，不數月間遇恩，即建節鉞。師揆、師垂以祕閣修撰换觀察使〔五〕，皆度越彝憲，誠異恩也。

【箋證】

〔一〕曾鞏《隆平集》卷九《樞密·錢若水傳》：「雍熙中，登進士第。至道初，同知樞密院。真宗即位，屢求解機務，不允，以親年高爲請益堅，乃罷爲集賢院學士，改鄧州觀察使，判并州。」《續資治通鑑長編》卷五二：咸平五年七月丙申，「以鄧州觀察使錢若水爲並代經略使，判并州。上新用儒將，未欲使兼都部署之名，而其任實同也。」

〔二〕王嗣宗，《隆平集》卷九《樞密·王嗣宗傳》：「開寶八年，登進士第甲科。是年初置司寇參軍，即以授嗣宗。累擢至御史中丞，改耀州觀察使。」《續資治通鑑長編》卷七四：大中祥符三年八月，「御史中丞兼工部侍郎王嗣宗，罷爲耀州觀察使、知永興軍府、兼兵馬部署」。李士衡，《續資治通鑑長編》卷九二：天禧二年七月，「以樞密直學士刑部侍郎李士衡爲三司使」。又同書卷九九：乾興元年十一月，授同州觀察使、知相州，尋改知陳州。李維，《宋史》卷二八二本傳：「帝欲用爲樞密副使，或斥維賦詩自稱小臣，乃寢，遷刑部尚書。辭不拜，引李士衡故事，求換官。除柳州觀察使，爲諫官劉隨所詆，知亳州，請赴本鎮，改河陽。久之，還朝，復出知陳州。」《續資治通鑑長編》卷一〇四，天聖四年三月，「以翰林學士承旨兼侍讀學士工部尚書李維爲相州觀察使」。王素，《東都事略》卷四〇本傳：仁宗時，擢天章閣待制、淮南都轉運使，徙知渭州。「夏人寇静邊砦，圍童家堡，改端明殿學士，再知渭州」。「比素至，則虜圍已解，改澶州觀察使，知成德軍，移青州觀察使，復爲端明殿學士」。

〔三〕《續資治通鑑長編》卷一三五：慶曆二年四月己亥，「以樞密直學士、禮部郎中、知秦州韓琦爲秦州觀察使，樞密直學士、吏部郎中、知渭州王沿爲涇州觀察使，龍圖閣直學士、吏部郎中、知延州龐籍爲鄜州觀察使，龍圖閣直學士、右司郎中、知慶州范仲淹爲汾州觀察使。」

《玉海》卷一三二《官制》「熙寧察訪使」條：「廉車，本唐十道采訪之官，初無文武之别也。咸平，錢若水以執政舊臣，（五年六月。）祥符，王嗣宗以中司峻望，（三年六月。）天聖，李維以禁林舊德，（四年三月。）陳堯咨以内相清選，（五年八月。）慶曆，韓琦、王沿、范仲淹、龐籍皆以一時縉紳冠冕，易授此官。（二年四月。）中興以來，有自次對而得者，當時猶謂之優焉。」

〔四〕《建炎以來繫年要録》卷一五五：紹興十六年正月戊戌，「端明殿學士、右宣奉大夫、知臨安府張澄，爲慶遠軍節度使，以修皇城及籍田辦治故也」。《宋史》卷三四《孝宗紀》：淳熙元年八月，「以徽猷閣學士楊倓爲昭慶軍節度使、簽書樞密院事」。考《景定建康志》卷二六《官守志三》：楊倓乾道二年七月二十五日，除敷文閣待制。又《兩朝綱目備要》卷一：乾道元年春，楊倓帥荆南。容齋所言倓以敷文學士爲節度，或在乾道間。

〔五〕師夔、師揆、師垂，皆嗣秀王伯圭之子。師夔字汝一，初以祖恩補官，歷台州、秀州通判、直祕閣，進直徽猷閣、知湖州，改祕閣修撰，知明州，兼沿海制置使，加敷文閣待制，轉永慶軍承宣使。紹熙元年，侍父入覲，除興寧軍節度使。師揆字元輔，歷婺州通判、江東提舉、淮西提刑，除直祕閣，改江東轉運副使，加祕閣修撰，知明州，紹熙元年授觀察使。寧宗即位，除奉國軍承宣使，尋升節度使。（《宋史》卷二四四《宗室列傳》）師垂，無傳。吴琚，憲聖太后之姪太寧郡王益之子。乾道九年，特授添差臨安府通判。其後，歷尚書郎、部使者，換資至鎮安軍節度使，復以才選，除知明州，兼沿海制置使。（《宋史》卷四六五附《吴益傳》後）

容齋三筆卷五十七則

1 舜事瞽叟

《孟子》之書，上配《論語》，唯記舜事多誤，故自國朝以來，司馬公、李泰伯及呂南公皆有疑非之説。其最大者，證萬章塗廩、浚井、象入舜宫之問以爲然也〔一〕。孟子既自云堯使九男事之，二女女焉，百官牛羊倉廩備，以事舜於畎畝之中，則井、廩賤役，豈不能使一夫任其事？堯爲天子，象一民耳，處心積慮殺兄而據其妻，是爲公朝無復有紀綱法制矣。六藝折中於夫子，四岳之薦舜，固曰：「瞽子。父頑，母嚚，象傲，克諧以孝，烝烝乂，不格奸。」然則堯試舜之時，頑傲者既已格乂矣。舜履位之後，命禹征有苗，益曰：「帝初于歷山，往于田，日號泣于旻天，于父母，負罪引慝，祗載見瞽瞍，夔夔齋慄，瞽亦允若。」既言允若，豈得復有殺之之意乎？司馬公亦引九男百官之語，烝烝之對，而不及益贊禹之辭，故詳叙之以示子姪輩。若司馬遷《史記》、劉向《列女傳》所載，蓋相承而不察耳〔二〕。至於桃應有瞽叟殺人之問，雖曰設疑似而請，然亦可謂無稽之言，孟子拒而不答可也，顧再三爲之辭，宜其起後學之惑〔三〕。

【箋證】

〔一〕司馬光《傳家集》卷七三《疑孟》「瞽叟殺人」條：「疑曰：《虞書》稱舜之德曰：『父頑，母嚚，象傲，克諧以孝，烝烝乂，不格奸。』所貴於舜者，爲其能以孝和諧其親，使其進退以善自治而不至於惡也。如是則舜爲子，瞽叟必不殺人矣。若不能止其未然，使至於殺人，執於有司，乃棄天下，竊之以逃，狂夫且猶不爲，而謂舜爲之乎？是特委巷之言也，殆非孟子之言也。且瞽叟既執於皋陶矣，舜惡得而竊之？雖負而逃於海濱，皋陶猶可執也。若曰皋陶外雖執之以正其法，而内實縱之以予舜，是君臣相與爲僞以欺天下也，惡得爲舜與皋陶哉？又舜既爲天子矣，天下之民戴之如父母，雖欲遵海濱而處，民豈聽之哉？是皋陶之執瞽叟，得法而亡舜也，所亡益多矣，故曰是特委巷之言，殆非孟子之言也。」

李覯，字泰伯，建昌南城人，皇祐初以薦授太學助教，終海門主簿、太學説書。事迹具《宋史》卷四三二《儒林傳》。其論《孟》之説見《常語》。（陳振孫《直齋書録解題》卷一七著録李泰伯《常語》三卷。）余允文《尊孟辯》卷中引《常語》云：「或曰：『「父母使舜完廩，捐階，瞽瞍焚廩。使浚井，出，從而揜之。象曰：『謨蓋都君，咸我績。牛羊，父母；倉廩，父母。干戈，朕；琴，朕；弤，朕；二嫂，使治朕棲。』象往入舜宫，舜在床琴，象曰：『鬱陶思君爾。』忸怩。舜曰：『惟茲臣庶，汝其予於治。』」（郁之按，引文見《孟子·萬章上》）有諸？』曰：《書》云：『瞽子。父頑，母嚚，象傲，克諧以孝，烝烝乂，不格奸。』又曰：『負罪隱慝，祗載見瞽瞍，夔夔齋栗，瞽瞍亦允若。』瞽、象未嘗欲殺舜也。瞽、象欲殺舜，刃之可也，何其完廩、浚井之迂？其亦有所慮矣。象猶能慮，則謂二嫂者帝女也，奪而妻之可乎？堯有百官、牛羊、倉廩，以備事舜於畎畝之中，而不能衛其女乎？雖其見奪，又無吏士、無刑以治之乎？舜以父母之不愛，號泣於旻天，父母欲殺之，幸而得脱，而遽鼓琴，何其樂也？是皆委巷之説，而孟子之聽不聰也。」呂南公論《孟子》之文，檢《永樂大典》輯本之《灌園集》，未見。

〔二〕《史記》卷一《五帝本紀》。《古列女傳》卷一《母儀傳・有虞二妃》。梁玉繩《史記志疑》卷一《五帝本紀第一》「瞽叟尚復欲殺之，使舜上塗廩，後瞽叟又使舜穿井」條，案云：「焚廩、揜井之事，有無未可知，疑戰國人妄造也。即果有之，亦非在妻二女之後。《新序・雜事》第一篇以耕稼、陶、漁及井、廩事未爲天子時，《論衡・吉驗篇》謂事在舜未逢堯時，蓋近之矣。不然，四岳薦舜何以言『格乂』，伯益贊禹何以稱『允若』乎？此萬章隨俗之誤，孟子未及辨，而史公相承不察耳。宋司馬光《史剡》《程子遺書》、宋洪邁《容齋三筆》及《古史》《大紀》《路史發揮》《通鑑前編》俱糾其謬，獨太原閻氏若璩著《尚書古文疏證》與《四書釋地又編》，力主《孟子》《史記》，以爲《萬章》斷非傳聞、馬遷斷非無據，實係瞽、象頑傲，舜既娶之後，猶欲殺之而分其室，甚且以父母使舜完廩七十九字爲古《舜典》之文，豈非妄排衆論，好逞胸懷者乎？」

〔三〕《孟子・盡心上》：「桃應問曰：『舜爲天子，皋陶爲士，瞽瞍殺人，則如之何？』孟子曰：『執之而已矣。』『然則舜不禁與？』曰：『夫舜惡得而禁之？夫有所受之也。』『然則舜如之何？』曰：『舜視棄天下猶棄敝屣也。竊負而逃，遵海濱而處，終身訢然，樂而忘天下。』」司馬光《傳家集》卷七三《史剡》「虞舜」條：「堯以二女妻舜，百官牛羊事舜於畎畝之中，瞽叟與象猶欲殺之，使舜塗廩而縱火，舜以兩笠自扞而下。又使舜穿井，而實以土，舜爲匿空，出他人井。剡曰：頑嚚之人，不入德義則有矣，其好利而畏害，則與衆不殊也。或者舜未爲堯知，而瞽叟欲殺之則可矣，堯已知之，四岳舉之，妻以二女，養以百官，方且試以百揆而禪天下焉，則瞽叟之心豈得不利其子之爲天子而尚欲殺之乎？雖欲殺之，亦不可得已；藉使得而殺之，瞽叟與象將隨踵而誅，雖甚愚人，必不爲之。此特閭父里嫗之言，而孟子信之過矣。後世又承以爲實，豈不過甚矣哉！」按，余允文《尊孟辨》卷上《温公疑孟》：「辯曰：桃應之問乃設事耳，非謂已有是事也。桃應之意，蓋謂法者天下之大公，舜制法者也，皋陶守法者也，脱或舜之父殺人，則如之何？孟子答之曰執之者，士之職所當然也；舜不敢禁者，不以私恩廢天下之公法也。夫有所受云者，正如爲將閫外之權則專之，君命有所不受；士之守法亦然。蓋以法者，先王之制，與天下公共，爲之士者，受法於先王，非可爲一人而私之。舜既不得私其父，將寘之於法，則失爲人子之道；將寘而不問，則廢天下之法。寧並棄天下，願得竊負而逃處於海濱，樂以終其身焉，更忘其爲天子之貴也？當時固無是事，彼既設爲問目，使孟子不答，則其理不明。孟子之意，謂天下之富、天子之貴不能易事父之孝，遂答之以天下可忘而父不可暫捨，所以明父子之道也。其於名教豈曰小補之哉！」史繩祖《學齋佔畢》卷四《容齋五筆論孟子記舜事多誤之言未審》：「洪文敏公景盧著《容齋五筆》援引該洽，證據辨論，極爲精詳，殆近世筆記之冠冕也。然余見其《三筆》第五卷有云：（見本條，略。）余謂洪公此言過矣。當七國之時，處士横議，邪説殄行滋熾，當時弟子如萬章之徒，皆以一時所聞爲問。孟子以正人心、息邪説爲事，正恐後世有惑其説而疑以傳疑，故委曲開曉，以破其説，故云：『余豈好辯哉？予不得已也。』而《孟子題辭》亦止云其『難疑答問』之書，今洪之所疑，乃孟子因萬章而難疑，非記舜事也；因桃應而答問，非爲辭費也。洪公疑之過矣。且司馬温公《疑孟》，五峰胡子已著《釋疑》凡十四條而明之矣。至桃應一條，晦菴朱子又從而釋之曰：『龜山嘗言固無是事，此只是論舜心。且愚謂「執之而已」非洞見皋陶之心者不能言也。此一章之義，見聖賢所處，無所不用其極，所謂止於至善者也。』余謂孟子深得皋陶之心，朱子深得孟子之心。談經固當師朱子之説而破洪公之疑也。余深恐後學之惑也，故引胡五峰、朱考亭之言以訂之云。」

2 孔子正名

子路曰：「衛君待子而爲政，子將奚先？」子曰：「必也正名乎！」子路曰：「子之迂也，奚其正？」夫子責數之以爲「野」。蓋是時夫子在衛，當輒爲君之際，留連最久，以其拒父而竊位，故欲正之，此意明白〔一〕。然子欲適晉，聞其殺鳴犢，臨河而還，謂其無罪而殺士也〔二〕。里名勝母，曾子不入；邑稱朝歌，墨子回車〔三〕。邑里之名不善，兩賢去之，安有命世聖人而肯居無父之國、事不孝之君哉？是可知已。夫子所過者化，不令而行，不言而信，衛輒待以爲政，當非下愚而不移者。苟其用我，必將導之以天理，而趣反其真，所謂命駕虚左而迎其父不難也。則其有補於名義，豈不大哉！爲是故不忍亟去以須之。既不吾用，於是慨然反魯，則輒之冥頑悖亂，無所逃於天地之間矣。子路曾不能詳味聖言，執迷不悟，竟於身死其難，惜哉〔四〕！

【箋證】

〔一〕《論語·子路》。孫復《世子蒯聵論》：「正名者，傳嗣立嫡之謂也。爲國之道，莫大於傳嗣；傳嗣之道，莫大於立嫡，所以防僭亂而杜篡奪也。用能尊統傳緒，承承而不絶。故子路問於孔子曰：『衛君待子而爲政，子將奚先？』孔子以靈公無道，不能先正厥嗣，以靖其國，卒使蒯聵父子争立，以亂於衛，故對曰：『必也正名乎？名不正則言不順，言不順則事不成，事不成則禮樂不興，禮樂不興則刑罰不中，刑罰不中則民無所措手足。』謂諸此也。何以辨諸？按《春秋》定十四年，衛世子蒯聵出奔宋，哀二年晉趙鞅帥師納衛世子蒯聵於戚。蒯聵出奔宋者，蒯聵有殺母之罪，懼而奔宋也。納衛世子蒯聵於戚者，靈公既死，蒯聵爲輒所拒，不得入衛也。且蒯聵有殺母之罪，懼而奔宋，靈公固宜即而廢之，擇其次當立者以定嗣子之位也。靈公不能先定嗣子之位，故使公子郢得立輒於後，以亂於衛。夫蒯聵者，靈公之子也；輒者，蒯聵之子也。輒既立，則蒯聵無以立矣。蒯聵無以立，則必反而争其國。既反而争其國，則輒必拒之。輒既拒之，是棄其父而立其子；教其子以拒其父也。噫，君君臣臣，父父子子，邦國之大經也。彼則棄其父而立其子，教其子以拒其父，君不君，臣不臣，父不父，子不子，禽獸之道也。人理滅矣。是故蒯聵出奔，宋納於戚，《春秋》皆正其世子之名而書之者，惡靈公而不與輒也。惡靈公者，惡其不能正厥嗣以靖其國；不與輒者，不與其爲人子而拒其父也。此乃聖人正君臣、明父子、救昏亂、厚人倫之深旨也，而世之説者以爲正百世之名者，失之疎矣。」（《孫明復小集》）

《隨筆》卷三《冉有問衛君》、全祖望《鮚埼亭集外編》卷三六《孔子正名論》，可參。

〔二〕《三國志·魏志》卷二一《劉廙傳》，廙謂其兄望之曰：「趙殺鳴犢，仲尼回輪。」裴松之注引劉向《新序》曰：「趙簡子欲專天下，謂其相曰：『趙有犢犨，晉有鐸鳴，魯有孔丘，吾殺三人者，天下可王也。』於是乃召犢犨、鐸鳴而問政焉，已即殺之。使使者聘孔子於魯，以胖牛肉迎於河上，使者謂船人曰：『孔子即上船，中河必流而殺之。』孔子至，使者致命進胖牛之肉，孔子仰天而歎曰：『美哉水乎，洋洋乎！使丘不濟此水者命也。』夫子路趨而進曰：『敢問何謂也？』孔子曰：『夫犢犨、鐸鳴，晉國之賢大夫也，趙簡子未得意之時，須而後從政；及其得意也，殺之。黄龍不反于涸澤，鳳皇不離其罻羅，故刳胎焚林，則麒麟不臻；覆巢破卵，則鳳皇不翔；竭澤而漁，則龜龍不見。鳥獸之於不仁，猶知避之，況丘乎？故虎嘯而谷風起，龍興而景雲見，擊庭鍾於外而黄鍾應於内，夫物類之相感，精神之相應，若響之應聲，影之象形，故君子違傷其類者，今彼已殺吾類矣，何爲之此乎？』於是遂回車不渡而還。」

〔三〕劉向《新序》卷三《雜事第三》鄒陽獄中上書語。又見《漢書》卷五一《鄒陽傳》。
〔四〕衛世子蒯聵篡輒而立，子路死之。事迹具《左傳》哀公十五年。

3 潛火字誤

今人所用潛火字，如潛火軍兵，潛火器具，其義爲防〔一〕。然以書傳考之，乃當爲「熸」。《左傳》襄二十六年，楚師大敗，王夷師熸。昭二十三年，子瑕卒，楚師熸。杜預皆注曰：「吴、楚之間謂火滅爲熸。」《釋文》音子潛反，火滅也〔二〕。《禮部韻》將廉反，皆讀如殲音〔三〕。則知當曰熸火。

【箋證】

〔一〕潛火之制，蓋始北宋。《續資治通鑑長編》卷二六二，熙寧八年四月：「舊東西作坊未遷日，有上禁軍數百人，設鋪守宿，可差百人爲兩鋪，以潛火爲名，分地守宿。」南宋因之，似更嚴密。吴自牧《夢粱録》卷一〇《防虞巡警》：「官府以潛火爲重，於諸坊界置立防隅官屋，屯駐軍兵，及於森立望樓，朝夕輪差，兵卒卓望，如有煙烻處，以旗幟指其方向爲號，夜則易其燈。若朝天門內，以旗者三；朝天門外，以旗者二；城外以旗者一；則夜間以燈，如旗，分三等也。如遇煙焰救撲，帥臣出於地分，帶行府治內六隊救撲，將佐軍兵及帳前四隊、親兵隊、搭材隊，一並聽號令救撲，並力撲滅，支給犒賞；若不竭力，定依軍法治罪。」

〔二〕《經典釋文》卷一八《春秋左氏音義之四》經二十六年，「師熸，子潛反，火滅爲熸」。

〔三〕檢文淵閣《四庫全書》本《附釋文互注禮部韻略》《增修互注禮部韻略》，皆收「熸」字，而未注反切。

4 永興天書

大中祥符天書之事，起於佞臣，固無足言〔一〕。而寇萊公在永興軍，信朱能之詐，亦爲此舉，以得召入，再登相位，馴致雷州之禍。鳳德之衰，實爲可惜〔二〕。而《天禧實録》所載云：「周懷政與妖人朱能輩僞造靈命，冀圖恩寵，且日進藥餌。宰相王欽若屢言其妄，復密陳規諫。懷政懼得罪，因共誣譖，言：『捕獲道士譙文易，蓄禁書，有神術，欽若素識之。』故罷相也。」朱能之事，欽若欲以沮寇公之入則有之，謂其陳規諫，當大不然。儻非出於寇，則欽若已攘臂其間矣。《實録》蓋欽若提舉日所進〔三〕，是以溢美，豈能弭後人公議哉！

【箋證】

〔一〕參《隨筆》卷四《謗書》《王文正公》兩條。

〔二〕《宋史》卷二八一《寇準傳》：景德元年，遷拜樞密院使同平章事。「未幾，罷爲武勝軍節度使、同平章事、判河南府，徙永興軍。天禧元年，改山南東道節度使。時巡檢朱能挾内侍都知周懷政詐爲天書。上以問王旦，旦曰：『始不信天書者準也，今天書降，須令準上之。』準從上其書，中外皆以爲非。遂拜中書侍郎兼吏部尚書、同平章事、景靈宫使。三年，祀南郊，進尚書右僕射、集賢殿大學士。」乾興元年，再貶雷州司户參軍。萊公罷相事，參《隨筆》卷八《真宗末年》，兹不贅。

〔三〕《續資治通鑑長編》卷九三：天禧三年六月甲午，「左僕射平章事王欽若罷爲太子太保。時欽若恩遇浸衰，人有言其受金者，欽若於上前自辨，乞下御史臺覆實。上不悦，曰：『國家置御史臺，固欲爲人辨虚實耳。』欽若皇恐，因求出藩。會商州捕得道士譙文易蓄禁書，能以術使六丁六甲神，自言嘗出入欽若家，得欽若所遺詩及書。上以問欽若，欽若謝不省。遂罷相」。原注：「《實録》云：『初，周懷政以上崇禋祀，遂與妖人朱能輩僞造靈命，冀圖恩寵，且日進藥餌。欽若屢言其妄，復密陳規諫。懷政懼得罪，因並誣詆，言捕獲金商州道士譙文易，蓄禁書，有神術，欽若素識之，上不復辨詰，故有是命。』此蓋當時史官見欽若復相，故陰爲之辭，其實不然也。今削去。受金覆實事，據《記聞》載蘇頌子容語此，必不妄，今從之。」同書卷一〇二：仁宗天聖二年三月癸卯，「王欽若等上《真宗實録》一百五十卷。先是，馮拯監修，拯卒，欽若代之」。

5　王裒嵇紹

舜之罪也殛鯀，其舉也興禹。鯀之罪足以死，舜徇天下之公議以誅之，故禹不敢怨，而終治水之功，以蓋父之惡〔一〕。魏王裒、嵇紹，其父死於非命。裒之父儀，猶以爲司馬昭安東司馬之故，因語言受害，裒爲之終身不西向而坐。紹之父康以魏臣，鍾會譖之於昭，昭方謀篡魏，陰忌之，以故而及誅。紹乃仕於晉武之世，至爲惠帝盡節而死。紹之事親，視王裒遠矣。温公《通鑑》猶取其蕩陰之忠，蓋不足道也〔二〕。

【箋證】

〔一〕《左傳》僖公三十三年：「舜之罪也殛鯀，其舉也興禹。」

〔二〕《資治通鑑》卷八〇《晉武帝紀》：泰始十年七月，「（山）濤薦嵇紹於帝，請以爲祕書郎。帝發詔徵之。紹以父康得罪，屏居私門，欲辭不就。濤謂之曰：『爲君思之久矣，天地四時，猶有消息，況於人乎？』紹乃應命。帝以爲祕書丞。初東關之敗，文帝問僚屬曰：『近日之事，誰任其咎？』安東司馬王儀，修之子，對曰：『責在元帥。』文帝怒曰：『司馬欲委罪孤邪？』引出斬之。儀子裒痛父非命，隱居教授，三徵七辟皆不就，未嘗西向而坐。廬於墓側，旦夕攀柏悲號，涕淚著樹，樹爲之枯。讀《詩》至『哀哀父母，生我劬勞』，未嘗不三復流涕，門人爲之廢《蓼莪》。家貧，計口而田，度身而蠶，人或饋之不受，助之不聽。諸生密爲刈麥，裒輒棄之。遂不仕而終。」臣光曰：「昔舜誅鯀，而禹事舜不敢廢至公也。嵇康、王儀，死皆不以其罪，二子不仕晉室可也。嵇紹苟無蕩陰之忠，殆不免於君子之譏乎？」胡三省注：「蕩陰事，見後八十五卷，惠帝永興元年。余謂蕩陰之難，君子以嵇紹爲忠於所事可也，然未足以塞天性之傷也。」

陳垣《通鑑胡注表微·倫紀篇第十三》：「紹之仕而是，則哀之隱爲非矣。濤固名教罪人也。温公謂『紹苟無蕩陰之忠，不免君子之譏』，朱子謂『君子之譏，初不可免也』，語見《語類》一三六。」

6　張詠傳

張忠定公詠，爲一代偉人，而治蜀之績尤爲超卓，然《實録》所載，了不及之，但云「出知益州，就加兵部郎中，入爲户部。使馬知節自益徙延①，難其代。朝廷以詠前在蜀，寇攘之後，安集有勞，爲政明肅，遠民便之，故特命再任」而已。《國史》本傳略同，而增書促招安使上官正出兵一事。皆詆其知陳州營産業，且與周渭、梁鼎輩五人同傳，殊失之也〔一〕。韓魏公作公神道碑云：「公以魁奇豪傑之才，逢時自奮，智略神出，勳業赫赫，震暴當世，誠一世偉人。」〔二〕道州所刻帖，有公《與潭牧書》一紙，王荆公跋其後云：「忠定公殁久矣，而士大夫至今稱之，豈不以剛毅正直有勞于世若公者少歟！」文潞公云：「予嘗守蜀，覩忠定之象，遺愛在民，欽服已甚。」黄誥云：「公風烈如此，而不至於宰相，然有忠定之才，而無宰相之位，於公何損？有宰相之位，而無忠定之才，於宰相何益？公雖老死，安肯以此易彼哉！」觀四人之言，史氏發潛德之幽光，爲有負矣〔三〕。

【校勘】

①「使」，馬本、庫本、祠本作「後」。

【箋證】

〔一〕《實録》《國史》今皆亡佚莫考。《宋史》卷二九三《張詠傳》：「真宗即位，加左諫議大夫。咸平初，入拜給事中、户部使，改御史中丞。」「五年，馬知節自益徙延州，朝議擇可代者，真宗以詠前在蜀，治行優異，復命知益州，仍加刑部侍郎、樞密直學士，就遷吏部侍郎、轉運使。」

上官正出兵一事，見《宋史》本傳，云：「時李順搆亂，王繼恩、上官正總兵攻討，緩師不進。詠以言激正，勉其親行，仍盛爲供帳餞之。酒酣，舉爵屬軍校曰：『汝曹蒙國厚恩，無以塞責，此行當直抵寇壘，平蕩醜類。若老師曠日，即此地還爲爾死所矣。』正由是決行深入，大致克捷。」按《續通志》卷三二七《張詠傳》，同《宋史》本傳，然改「李順搆亂，王繼恩、上官正總兵攻討」句爲「廣武卒劉旴作亂，蜀州招按使上官正總兵攻討」，又於「詠以言激正勉其親行」句下史臣按云：「《長編》，李順搆亂在淳化五年正月，王繼恩破李順、收成都在是年五月。上官正並未至蜀。上官正所討者，廣武卒劉旴。旴之亂，在至道三年八月。是時，王繼恩已爲謀廢立事發責授右監門衛將軍、均州安置矣。兩人無同時用兵討亂事。本傳以劉旴之亂誤爲李順搆亂，而於詠激正親行又牽連王繼恩在内，兩事混而爲一。兹據《東都事略》改。」詳《東都事略》卷四五《張詠傳》及《續資治通鑑長編》卷三五、卷四一。

知陳州營産業事，《宋史》《東都事略》本傳均不載。考《續資治通鑑長編》，張詠大中祥符五年八月知陳州（卷七八），八年八月卒任上（卷八五）。《長編》卷八五云：「詠素以介潔著稱。晚年在陳州，頗營市産，或侵刻細民，時論惜之。」蓋即據所謂《實録》《國史》也。《宋史》本傳云：詠抗論言：「近年虚國帑藏，竭生民膏血，以奉無用之土木，皆賊臣丁謂、王欽若啓上侈心之爲也。不誅死，無以謝天下。」章三上，出知陳州。又《長編》卷八五：「上嘗稱詠才任將帥，不盡其用。詠臨終奏疏言：『不當造宫觀，竭天下之財，傷生民之命。此皆賊臣丁謂誑惑陛下，乞斬謂頭，置國門以謝天下，然後斬詠頭，置丁氏之門以謝謂。』上亦不以爲忤云。」蓋所謂「營産業」云云，正是丁謂、王欽若之流所誣陷，畢竟《實録》《國史》皆彼輩所操控也。可詳前《永興天書》條箋證。

〔二〕韓琦《安陽集》卷五〇《故樞密直學士禮部尚書贈左僕射張公神道碑銘》。

〔三〕王荆公跋，見《臨川文集》卷七一《題張忠定書》。所引文潞公、黄誥之文，當亦爲忠定《與潭牧書》之題跋。

袁文《甕牖閒評》卷五：「《道州法帖》中有張乖崖一書，前面直云『四月初張殿丞到得手翰』，後面云『知昇州張押自手』，其自重如此。」蓋即此《與潭牧書》。

7　緋紫假服

唐宣宗重惜服章，牛叢自司勳員外郎爲睦州刺史，上賜之紫，叢既謝，前言曰：「臣所服緋，刺史所借也。」上遽曰：「且賜緋。」然則唐制借服色得於君前服之〔一〕。國朝之制，到闕則不許。乾道二年，予以起居舍人侍立，見浙西提刑姚憲入對，紫袍金魚。既退，一閤門吏踵其後囁嚅。後兩日，憲辭歸平江，乃緋袍。予疑焉，以問知閤曾覿曰：「聞臨安守與本路監司皆許服所借，而憲昨紫今緋，何也？」覿曰：「監司惟置局在輦下則許服①，漕臣是也；若外郡則否。前日姚誤紫，而謁吏不告，已申其罰，且備牒使知之，故今日只本色以入。」姚蓋失於審也。然考功格令既不須於外，亦自難曉。文惠公知徽州日〔二〕，借紫，及除江東提舉常平，告身不借。予聞嘗借者當如舊，與郎官薛良朋言之，於是給公據改借。後於江西見轉運判官張堅衣緋，張嘗知泉州，紫袍矣，予舉前說，張欣然即以申考功，已而部符下，不許，扣其故，曰：「唯知州借紫而就除本路，雖運判、提舉皆得如初，若它路則不可。」竟不知法如何該說也。若曾因知州府借紫，而後知軍，則其服亦借②，不以本路它路也。近吴鎰以知郴州除提舉湖南茶鹽，遂仍借紫，正用前比云〔三〕。

【校勘】

①「局」，原作「司」，據馬本、庫本、祠本改。　②「則」，馬本、庫本、祠本作「州」。

【箋證】

〔一〕牛叢賜緋，事詳《資治通鑑》卷二四九《唐宣宗紀》大中八年二月。又云：「上重惜服章，有司常具緋、紫衣數襲從行，以備賞賜，或半歲不用其一，故當時以緋、紫爲榮。」

〔二〕文惠公，洪适也。

〔三〕關於緋紫假服，宋人筆記多記之者。朱彧《萍洲可談》卷一：「典制：寄禄官三品紫衣金魚，五品緋衣銀魚；職事官雖高，非特賜不得預，雖特賜而寄禄未至本品，則帶賜魚在銜内；寄禄官已至本品則不入銜；外任官或借衣色者不佩魚，銜内稱借色，有賜色者仍稱賜色。轉運使副、提點刑獄、知州軍，並借紫。本衣緑者，止借緋。轉運判官、通判州軍，並借緋。自崇寧初，增置提舉官不一，惟學事與常平借緋，餘衣本色。其合借衣色者，敕上云『候回日依舊服色』，自朝辭出國門，則衣借色，回入國門，則衣本色。近制，借色仍佩魚。吕公著曾任知州，借紫，後除轉運判官，敕上不帶借紫，公著仍衣紫。馬餘慶知彭州，借紫，替回赴部，方理通判資序，懼失借色，不肯受本等官，請宫祠歸，仍衣紫。凡敕上不帶借衣者，自不合著。」徐度《卻掃編》卷上：「凡知州軍、通判、提點刑獄、轉運判官、知三京赤縣，皆借緋。知州、提點刑獄，自服緋者，仍借紫。轉運使副、知節鎮州，雖不服緋，亦借紫，謂之隔借。自節鎮、轉運副使改授列郡，亦借紫，謂之帶借。中間嘗歷他官則不。」又，趙昇《朝野類要》卷三《爵禄》「賜借緋紫」條，周密《癸辛雜識後集・知州借紫》條，可參。

8 樞密名稱更易

國朝樞密之名，其長爲使，則其貳爲副使；其長爲知院，則其貳爲同知院。如柴禹錫知院，向敏中同知，及曹彬爲使，則敏中改副使；王繼英知院，王旦同知，繼馮拯、陳堯叟亦同知。及繼英爲使，拯、堯叟乃改簽書院事，而恩例同副使。王欽若、陳堯叟知院，馬知節簽書；及王、陳爲使，知節遷副使。其後知節知院，則任中正、周起同知。惟熙寧初，文彦博、吕公弼已爲使，而陳升之過闕，留，王安石以升之曾再入樞府，遂除知院。知院與使並置，非故事也。安石之意以沮彦博耳。紹興以來，唯韓世忠、張俊爲使，岳飛爲副使。此後除使固多，而其貳只爲同知，亦非故事也。又使班視宰相，而乾道職制雜壓，令副使反在同知院之下，尤爲未然〔一〕。

【箋證】

〔一〕李心傳《建炎以來朝野雜記》甲集卷一〇《官制一》「樞密使」條：「樞密使，自唐以來，率二員並用。魏仁浦、吴延祚並爲之。國初，仁浦拜集賢相，自是止除一使，至太平興國初，曹武惠（彬）、楚景襄（昭輔）始復並用，後未有繼之者。及真宗時，以王文穆、陳文忠並爲樞密使，由是遂爲故事，迄仁宗不改。英宗治平四年，文忠烈、吕惠穆並用；神宗熙寧五年，文忠烈、陳秀公並使樞庭，用此故事。高宗紹興十年，張循王（俊）、韓蘄王（世忠）既罷兵，乃並除樞密使。十二年，張循王猶在位，時以孟信安王（忠厚）爲山陵使，乃亦暫拜樞密使焉。渡江後，元樞並除，蓋有所爲也。」

又同前「知樞密院事」條：「知樞密院事，太宗淳化二年始置，以張遜爲之，然使與知院未嘗並除。熙寧元年，文潞公、吕宣徽爲使，陳秀公自會稽召爲知院，非故事也。元豐官制行，廢樞密使，故政和末，鄧萃公官至少保，猶止爲知院焉。其後，鄭居中、蔡攸、童貫之徒，既位三公，乃更領樞密院事。紹興七年，秦申王爲使，沈忠敏自同知遷知院事。蓋張魏公既荐秦相，未欲其與己並，又以故相不可除他官，乃先白高宗降旨，以本兵之地，事權宜重，依祖宗故事，置樞密使，而知院、同知院亦皆仍舊。由是並除，自後則否。」

又「樞密副使」條：「祖宗故事，樞府置使則除副使，置知院則除同知院。淳化二年，太宗既以張遜知密院，於是寇忠愍、温恭肅皆自副使改同知院事。康定元年，仁宗用晏元獻公爲樞密院使，於是王鄧公、杜正獻、鄭天休皆自同知改除副使。自後皆然。元豐末，廢副使。渡江後，秦申王首復除樞密使，王敏節副之，既而張、韓二大將並除樞密使，岳武穆副之，合故典矣。近歲，張魏公、汪明遠、虞并父、王公明、王季海、周洪道、王謙仲、趙子直繼除樞密使，而其副止稱同知，蓋相承之誤。」

《文獻通考》卷五八《職官考十二·樞密院》：「中興初，有知院、同知院、簽樞、同簽樞，不置樞密使、副使。紹興七年，張魏公既薦秦檜，未欲其與己並，又以故相不可除他官，乃先白高宗，降旨以本兵之地事權宜重，特除樞密使。秦檜首復除樞使，王敏節副之。既而張、劉二將並除樞密使，岳飛副之，合典故矣。近歲，張俊、汪徹、虞允文、王炎、王淮、周必大、王藺、趙汝愚繼除樞使，其副止稱同知，蓋相承之誤。」《三筆》卷四《樞密稱呼》、卷九《樞密兩長官》，可參。

9 過稱官品

士大夫僭妄相尊，日以益甚。予向昔所記「文官學士、武官大夫」之諺〔一〕，今又不然。天聖職制：內外文武官不得容人過稱官品，諸節度、觀察，雖檢校官未至太傅者，許稱太傅；防禦使至横行使，許稱太保；諸司使許稱司徒；幕職官等稱本官；録事參軍稱都曹；縣令稱長官；判、司、簿、尉許稱評事。其太傅、太保、司徒皆一時本等檢校所帶之官也〔二〕。自後法令不復有此一項，以是其風愈熾，不容整革矣。

【箋證】

〔一〕程大昌《演繁露》卷八《朱朱盧盧》：「紹興中年，秦檜專國，獻佞者至形之文牘，謂爲聖相。郡縣用此意，遞相尊尚，凡所稱呼，皆非其實。無名子或爲詩曰：『呼雞作朱朱，呼犬作盧盧。文官稱學士，武官稱大夫。』聞者莫不大笑。」

按，吳曾《能改齋漫録》卷二《事始》：「學士惟三館可稱，他則否。」程俱《麟臺故事》卷五《恩榮》：「館閣官許稱學士，載于天聖令文。」而文官皆尊稱之爲學士，是猶「秀才」「相公」稱呼之濫也。至於「武官稱大夫」，蓋在政和以後。《宋史》卷四四五《程俱傳》，程俱曰：「政和間，改武臣官稱爲郎、大夫，遂並横行易之爲轉官等級。蓋當時有司不習典故，以開僥倖之門。自改使爲大夫以來，常調之官，下至皂隸，轉爲横行者，不可勝數。」

〔二〕《宋史》卷一六八《職官志八》：「淳化元年，國子祭酒孔維上言：『中外文武官稱呼假借，踰越班制，伏請一切禁斷。』太宗命翰林學士宋白等議之。白等請：『自今文武臺省官及卿、監、郎中、員外，並呼本官；太常博士、大理評事，並不得呼「郎中」；諸司使、諸衛將軍未領刺史者，及諸司副使，不得呼「太保」；供奉官以下，不得呼「司徒」；校書郎以下令、録事，不得呼「員外郎」；判、司、簿、尉，不得呼「侍御」；待詔、醫官不得呼「奉御」；其文武職事州縣官，如有檢校、兼、試、同正官者，稱之。』」

10 仁宗立嗣

東坡作《范蜀公墓誌》云：「仁宗即位三十五年，未有繼嗣，嘉祐初得疾，中外危恐。公獨上疏乞擇宗室賢者，異其禮物，以系天下心。凡章十九上。至元祐初，韓維上言，謂其首開建儲之議，其後大臣乃繼有論奏。」〔一〕《司馬温公行狀》云：「至和三年，仁宗始不豫，國嗣未立，天下寒心而不敢言，惟諫官范鎮首發其議，光時爲并州通判，聞而繼之。」案，至和三年九月，改爲嘉祐元年，歲在丁酉。而前此皇祐五年甲午，有建州人太常博士張述者，以繼嗣未立，上疏曰：「陛下春秋四十四，宗廟社稷之繼，未有託焉。以嫌疑而不決，非孝也；群臣以諱避而不言，非忠也。願擇宗親才而賢者，異其禮秩，試以職務，俾內外知聖心有所屬。」〔二〕至和二年丙申，復言之〔三〕。前後凡七疏〔四〕，最後語尤激切。蓋述所論乃在兩公之前，而當時及後來莫有知之者，爲可惜也〔五〕。

【箋證】

〔一〕韓維上言，見其《南陽集》卷三〇《端明殿學士銀青光禄大夫致仕柱國蜀郡開國公食邑二千六百户食實封五百户贈右金紫光禄大夫謚忠文范公神道碑》，云：「願陛下以太祖、真宗故事，擇宗室賢者，異其禮秩，而試養宫中，以系天下心。」

〔二〕《續資治通鑑長編》卷一七七：仁宗至和元年十二月，「上春秋高，未有繼嗣。皇祐末，太常博士張述上書曰：『臣聞漆室之女有憂國之心，倚楹而歎。臣位於朝二十五年矣，而區區之慮，不能蚤爲陛下建長世之策，是漆室之不若也，臣實恥之。夫生民之命繫於宗廟社稷之重，而以繼嗣爲之本。匹夫匹婦有百金之産，猶能定謀託後，事出於素，况於有天下者哉？建隆、乾德之臣子，孰不願太祖皇帝享年億萬者？端拱、天禧之臣子，其心亦莫不若此，然而天地有運行，日月有盈昃，陰陽之數有閏有章，氣至而回，物極而變，理之必然者也。藝祖以神器傳太宗，太宗以傳真宗，真宗以傳陛下，陛下承三聖之業，傳之於千萬年，斯爲孝矣，而春秋四十四，宗廟社稷之繼，未有託焉。此臣所以夙夜徬徨而憂也。陛下知此矣，而以嫌疑不決，非孝也；群臣知此矣，而以諱避不言，非忠也。陛下享天下之貴而不自怠，有天下之富而不自侈，過成、康、文、景遠矣，謂宜默祈天地嶽瀆，分寵六宮，用均愛施，或未之獲，則遴擇宗親才而賢者，異其禮秩，試以職務，俾内外知聖心有所屬，則天下大幸。』是歲復上疏曰：『臣聞「明兩作離，大人以繼明照四方」。夫日君象也，（郁之按，陳均《九朝編年備要》卷一五、趙汝愚編《宋名臣奏議》卷三〇所收述奏，「夫日君象也」，均作「離爲日，君象也」。）二明相繼，故能久照，東昇西没，一晝一夜，數之常也。陛下御天下將三紀，是日之正中也，而未聞以繼照爲慮，臣誠疑之。夫嗣不早定，則有一旦之憂而貽萬世之患。歷觀前世，事出倉猝，則或宫闈出令，或宦官主謀，或奸臣首議，貪孩孺以久其政，冀闇昧以竊其權，安危之機，發於頃刻，而朝議不爲計，豈不危哉？』述前後七上疏，最後語尤激切。文多故不具載。上終不以爲罪。」

〔三〕《長編》卷一九三：仁宗嘉祐六年六月，張述疏曰：「臣讀書爲儒，歷覽經史，而效官州縣，惟有忠義，常盡瘁於職業。自登朝列，伏見皇嗣未立，中外憂之，十餘年間，已五次上書，所言皆指陳宗廟社稷可安可危之事。自知卑微，天聽高邈，伏慮衡石程書之時，不足感悟宸聽，又恐言詞激切，觸犯忌諱，爲左右隱蔽。臣伏念三聖寶位，傳付陛下，陛下在位既四十年，未有繼嗣，未審陛下曾仔細思之耶？若仔細思之，則憂宗廟社稷俾繼嗣不絶矣；若未仔細深思之耶，不當因循委順天命，一祖二宗傳付陛下寶位，欲其宗廟社稷世世嗣續不絕，則陛下方爲孝矣。臣愚敢引杜太后之言，庶激切感悟陛下之心。杜太后臨終，以藝祖得天下，謂無長君，所以藝祖得之。藝祖奉杜太后之言，所以不忍傳之子而傳之太宗是也。向使世宗在位更十數年，少帝嗣立，藝祖豈得有應天順人之事乎？陛下當思之。」云云。

按，《宋史》卷三〇三《張述傳》：「張述字紹明，遂州小溪人。舉進士，調咸陽縣主簿，改大理寺丞，遷大常博士。皇祐中，仁宗未有嗣，述上書」云云。按仁宗生于大中祥符三年，皇祐五年四十四歲，述疏云「春秋四十四」，應即在五年。本傳云「皇祐中」，不确。至和二年是乙未，丙申當嘉祐元年，是年九月改元。容齋謂「至和二年丙申」，蓋誤記。又，朱弁《曲洧舊聞》卷一：「仁宗時，最先言立皇嗣者，明州鄞縣尉。不記姓名，晁以道嘗爲予言，閱歲久，又經此喪亂，若史家又復不載，可惜也。」則似別是一人也。

〔四〕前後七疏，見注二。

〔五〕《續資治通鑑長編》卷三八六：哲宗元祐元年八月，「宰臣司馬光言：『故職方員外郎張述在仁宗朝嘗議建儲，今其家無人食祿，詔述子申伯特與太廟齋郎。』」容齋此謂「當時及後來莫有知之者」，恐不確。

又按，當時上書建儲者，尚有多人。《續資治通鑑長編》卷一九五云：「至和末，上得疾，文彥博、富弼、劉沆與王堯臣勸上早立嗣，上許之，會疾愈，寢其奏。既而言者相繼，司馬光所言尤激切，其餘不爲外知者不可勝數。包拯爲御史中丞，又力言之，上未許。如是五六年，言者亦稍怠。」嘉祐六年，會司馬光、吕誨皆有請，琦進讀二疏，「未及有所啓，上遽曰：『朕有此意多時矣，但未得其人。』因左右顧曰：『宗室中誰可者？』琦曰：『此事非臣下敢議，當出自聖擇。』上曰：『宫中嘗養子二人，小者甚純，然不惠。大者可也。』琦請其名。上曰：『宗實者，今三十許歲矣。』議定。」（郁之按，宗實，英宗舊名。）元祐初，御史中丞劉摯、侍御史王巖叟上疏言韓琦手定大策，以成大勳，有定策功（參見《續資治通鑑長編》卷三九五），蓋言過其實矣。又，《宋史》卷二四二《后妃列傳·楊淑妃》：保慶皇太后楊氏，「每勸帝擇宗子近屬而賢者養於宫中，其選即英宗也」。考淑妃卒於景祐三年，英宗生在明道元年，淑妃之勸擇宗子，即在其間。然則楊淑妃又在張述諸人之前矣。

11　郎官員數

紹熙四年冬，客從中都來，持所抄《班朝録》一編相示，蓋朝士官職姓名也。讀至尚書郎，才有正員四人，其它權攝者亦只六七人耳〔一〕。因記紹興二十九年，予爲吏、禮部時，同舍郎二十人，皆正官。今既限以曾歷監司、郡守，故任館職及寺監、丞者不可進步，其自外召用者，資級已高，曾不數月，必序遷卿、少，以是居之者益少。政和末，郎員冗溢，至於五十有五。侍御史張樸上殿，徽宗諭使論列，退而奏疏，劾十有六人，大略云：「才品甚下，趨操卑污，有如汪師心者；性資茸闒，柔佞取容，有如黄願、汪希旦者；淺浮躁妄，爲胥輩所輕，有如李莊者；輕倪喧囂①，漫不省職，有如李揚者；孱冗不才，褊忿輕發，有如成禔者；人才碌碌，初無可取，有如張高者；志氣衰落，難與任事，有如常瓌者；大言無當，誕詭不情，有如梁子誨者；資望太輕，士論不厭，有如葉椿、唐作求、吴直夫、章芹、李與權、王良欽、强休甫者。乞行罷斥。」從之〔二〕。考一時標榜，未必盡當，然十六人者後皆不顯。視今日員數，多寡不侔如是。秦檜居相位久，不欲士大夫在朝，末年尤甚。二十四司獨刑部有孫敏脩一員，餘皆兼攝；吏部七司至全付主管告院張云；兵、工八司，併於一寺主簿。又可怪也〔三〕。

【校勘】

①「囂」，原作「嚚」，據馬本、庫本、祠本改。

【箋證】

〔一〕沈濤《銅熨斗齋隨筆》卷八《班朝録》，引《三筆》本條，云：「案此即今之《縉紳録》。」俞樾《茶香室續鈔》卷八《班朝録》，引本條，云：「按此即今《爵秩全函》所自仿，惟止言朝士，疑外吏不載也。」

〔二〕《宋史》卷三五六《張樸傳》：樸字見素，第進士，歷耀、淄、宿三州教授、太學録，升博士，改禮部員外郎，遷光禄太常少卿，擢侍御史。「時郎員冗濫至五十五人，徽宗喻樸使論列，乃擿其庸謬者十六人，疏斥諸外」。改祕書少監，召試中書舍人，卒。

〔三〕尚書六曹二十四司。《宋史》卷一六三《職官志》：兵部，「元豐設官十：尚書、侍郎各一，四司郎中、員外郎各一。元祐初，省駕部郎中一員，以職方兼庫部。紹興改元，詔職方、庫部互置郎官一員兼。」「建炎三年，詔兵部兼職方，駕部兼庫部。隆興元年，詔駕部、兵部郎官共一員兼領，自是四司合爲一矣。」工部，「設官十：尚書、侍郎各一人，工部、屯田、虞部、水部郎中、員外郎各一人。元祐元年，省水部郎官一員。紹聖元年，詔屯田、虞部互置郎官一員兼領。」「建炎三年，詔工部郎官兼虞部，屯田郎官兼水部。隆興元年，詔工部、屯田共一員兼領。自此四司合爲一矣。」

主管告院，即主管官告院。《宋史》卷一六三《職官志》：吏部「官告院，主管官一員，以京朝官充。（舊制，提舉一人，以知制誥充；判院一人，以帶職京朝官充。）掌吏、兵、勳、封官告，以給妃嬪、王公、文武品官、内外命婦及封贈者，各以本司告身印印之。文臣用吏部，武臣用兵部，王公及命婦用司封，加勳用司勳。官制行，四選皆用吏部印，惟蕃官則用兵部印記。」

12 東坡慕樂天

蘇公責居黄州，始自稱東坡居士〔一〕。詳考其意，蓋專慕白樂天而然。白公有《東坡》

《種花》二詩云：「持錢買花樹，城東坡上栽。」又云：「東坡春向暮，樹木今何如？」又有《步東坡》詩云：「朝上東坡步，夕上東坡步。東坡何所愛？愛此新成樹。」又有《别東坡花樹》詩云：「何處殷勤重回首？東坡桃李種新成。」皆爲忠州刺史時所作也。蘇公在黄，正與白公忠州相似。因憶蘇詩如《贈寫真李道士》云：「他時要指集賢人，知是香山老居士。」《贈善相程傑》云：「我似樂天君記取，華顛賞遍洛陽春。」《送程懿叔》云：「我甚似樂天，但無素與蠻。」《入侍邇英》云：「定似香山老居士，世緣終淺道根深。」而跋曰：「樂天自江州司馬除忠州刺史，旋以主客郎中知制誥，遂拜中書舍人。某雖不敢自比，然謫居黄州，起知文登，召爲儀曹，遂忝侍從。出處老少，大略相似，庶幾復享晚節閒適之樂。」《去杭州》云：「出處依稀似樂天，敢將衰朽較前賢。」序曰：「平生自覺出處老少粗似樂天。」則公之所以景仰者，不止一再言之，非東坡之名偶爾暗合也〔二〕。

【箋證】

〔一〕蘇轍《欒城後集》卷二二《亡兄子瞻端明墓誌銘》：烏臺詩案，軾以黄州團練副使安置，「幅巾芒屩，與田父野老相從溪谷之間，築室于東坡，自號東坡居士。」

〔二〕《愛日齋叢抄》卷三：「《王直方詩話》：『東坡平日最愛樂天之爲人，故有詩云：「我甚似樂天，但無素與蠻。」又：「我似樂天君記取，華顛賞遍洛陽春。」又：「他時要指洛陽人，知是香山老居士。」又：「定似香山老居士，世緣終淺道根深。」而坡在錢塘與樂天所留歲月略相似，其句云「在郡依然六百日」者是也。』洪氏《三筆》：（即本條，略。）益公《雜志》亦稱蘇公不輕許可，獨敬愛樂天，屢形詩篇，蓋其文章皆主辭達，而忠厚好施，剛直盡言，與人有情，於物無著，大略相似。謫居黄州，始號東坡，其原必起於樂天忠州之作。予因諸詩之作而考之，東坡之慕樂天似不盡始黄州。《弔海月辨師》云：『樂天不是蓬萊客，憑仗西方作主人。』倅杭時作，已有慕白之意矣。」

楊慎《升菴集》卷五〇《東坡慕樂天》：「洪容齋《隨筆》言，東坡慕白樂天，因以爲號。慎按《南賓志》云：『東坡、西坡，皆白文公故迹。樊漢炳詩曰：「忠、黄江上兩東坡，二老遺風凛不磨。人得矜誇知地勝，天教流落爲才多。」』以此驗之信然，惜容齋未之引耳。」

13 縛雞行

老杜《縛雞行》一篇云：「小奴縛雞向市賣，雞被縛急相喧争。家中厭雞食蟲蟻，不知雞賣還遭烹。蟲雞於人何厚薄？吾叱奴兒解其縛。雞蟲得失無了時，注目寒江倚山閣。」此詩自是一段好議論，至結句之妙，非他人所能跂及也[一]。予友李德遠嘗賦《東西船行》，全擬其意，舉以相示，云：「東船得風帆席高，千里瞬息輕鴻毛。西船見笑苦遲鈍，汗流撐折百張篙。明日風翻波浪異，西笑東船卻如此。東西相笑無已時，我但行藏任天理。」是時，德遠誦至三過，頗自喜，予曰：「語意絶工，幾於得奪胎法，只恐『行藏任理』與『注目寒江』之句，似不可同日語。」〔二〕德遠以爲知言，鋭欲易之，終不能滿意也。

【箋證】

〔一〕郭知達編《九家集注杜詩》卷一三，趙彦材注云：「一篇之妙，在乎落句。蓋雞之所以得者，蟲之所以失；人之所以得者，雞之所以失。人之得失如雞蟲，又且相仍，何時而已乎？『注目寒江倚山閣』，則所思深矣。黄魯直深達詩旨，其《書酺池寺書堂》云：『小黠大癡螗捕蟬，有餘不足夔憐蚿。退食歸來北窗夢，一江風月趁漁船。』可與言詩者常自解也。」又録《步里客談》云：「古人作詩斷句輒傍入他意，最爲警策。如老杜云『雞蟲得失無了時，注目寒江倚山閣』是也。黄魯直作《水仙花》詩亦用此體，云：『坐對真成被花惱，出門一笑大江横。』至陳無己云：『李、杜齊名吾豈敢，晚風無樹不鳴蟬。』則直不類矣。」唐元竑《杜詩攟》卷三：「《縛雞行》前七句俚甚，末句不深不淺，恰在箇中，千古膾炙。蘇、黄有意效之，轉入理路，所謂學而後知其難。」

〔二〕李浩字德遠，紹興十二年進士。孝宗朝，累遷司農少卿、大理卿，以直寶文閣知静江府兼廣西安撫，吏部侍郎。淳熙三年卒。事迹具《宋史》卷三八八本傳。奪胎法，惠洪《冷齋夜話》卷一《换骨奪胎法》引黄山谷云：「詩意無窮而人之才有限，以有限之才追無窮之意，雖淵明、少陵不得工也。然不易其意而造其語，謂之换骨法；窺入其意而形容之，謂之奪胎法。」

14 油污衣詩

予甫十歲時，過衢州白沙渡，見岸上酒店敗壁間，有題詩兩絶，其名曰《犬落水》《油污衣》。《犬》詩太俗不足傳，獨後一篇殊有理致，其詞云：「一點清油污白衣，斑斑駁駁使人疑。縱饒洗遍千江水，争似當初不污時。」是時甚愛其語，今六十餘年，尚歷歷不忘，漫志于此〔一〕。

【箋證】

〔一〕容齋十歲，當高宗紹興二年。《三筆》成書於寧宗慶元二年，容齋時年七十四。

15 北虜誅宗王

紹興庚申，虜主亶誅宗室七十二王〔一〕。韓昉作詔，略云：「周行管叔之誅，漢致燕王之辟，兹惟無赦，古不爲非。不圖骨肉之間，有懷蜂蠆之毒。皇伯太師宋國王宗磐，謂爲先帝之元子，常蓄無君之禍心；皇叔太傅兖國王宗儁、虞王宗英、滕王宗偉等，逞躁欲以無厭，助逆謀之妄作。欲申三宥，公議豈容？不頓一兵，群凶悉殄。已各伏辜，并除屬籍訖。」〔二〕紹熙癸丑，今虜主誅其叔鄭王，詔曰：「朕早以嫡孫，欽承先緒。皇叔定武軍節度使鄭王允蹈，屬處諸父，任當重藩，潛引凶徒，共爲反計，自以元妃之長子，異於它母之諸王，冀幸國災，窺伺神器。其妹澤國公主長樂牽同産之愛，駙馬都尉唐括蒲剌覩狃連姻之私，預聞其謀，相濟以惡。欲寬燕邸之戮，姑致郭鄰之囚。詢諸群言，用示大戒。允蹈及其妻卞玉與男案春、阿辛并公主皆賜自盡。令有司依禮收葬，仍爲輟朝。」〔三〕二事甚相類，蓋其視宗族至親與塗之人無異也。是年冬，倪正父奉使，館于中山，正其誅戮處，相去一月，猶血腥觸人，枯骸塞井，爲之終夕不安寢云〔四〕。

【箋證】

〔一〕《金史》卷四《熙宗紀》：天眷二年七月辛巳，「宋國王宗磐、兖國王宗雋謀反伏誅」。又《重訂大金國志》卷一〇《紀年·熙宗孝成皇帝二》：天眷二年秋七月，「郎君烏克紳反，既而擒獲，下大理獄，事連宋國王宗磐、兖國王宗雋、虞國王宗英、滕國王宗偉、前左副點檢渾覩，（郁之按，或譯罕都。）皆族誅。」按，天眷二年，當紹興九年己未，容齋謂十年庚申，殆誤。《建炎以來繫年要録》卷一三〇、《宋史全文》卷二〇下《宋高宗十二》，亦並繫在紹興九年。

〔二〕韓昉字公美，燕京人，天慶二年中進士第一。時爲翰林學士，後拜參知政事。事迹具《金史》卷一二五《文藝傳》。韓昉所作之詔，容齋及《繫年要録》所引皆節文，而其全文尚存。徐夢莘《三朝北盟會編》卷一六六《炎興下帙》：「宋、兖諸王之誅，韓昉作詔曰：『周行管叔之誅，漢致燕王之辟，茲惟無赦，古不爲非。豈親親之道有所未周，以惡惡之心是不可忍。朕自惟沖昧，猥嗣統臨，蓋由文烈之公，欲大武元之後，得之爲正，義亦當然。不圖骨肉之間，有懷蜂蠆之毒。皇伯太師宋國王宗磐，族聯諸父，位冠三師，朕始承祧，乃繄協力，肆登極品，兼綰劇權，何爲失圖，以底不類，謂爲先帝之元子，常蓄無君之禍心，昵信小人，煽爲奸黨，坐圖問鼎，行將弄兵。皇叔太傅領三省事兗國王宗雋，爲國至親，與朕同體，内懷悖德，外縱虚驕，肆己之怒，專殺以取威；擅公之財，市恩而惑衆。力擯勳舊，欲孤朝廷，即其所悚，濟以同惡。皇叔虞王宗英、滕王宗偉、殿前左副點檢罕都、會寧少尹和色哩、郎君實嘉砮、千户舒穆嚕古楚等，競爲禍始，舉好亂從，逞躁欲以無厭，助逆謀之妄作，意所非冀，獲其必成，先將臣其大臣，次且危其宗廟。造端累歲，舉事有期，早露端倪。每存含覆，第嚴禁衛，載肅禮文，庶見君親之威，少安臣子之分。蔑然不顧，狂甚自如。尚賴神明之靈，克開社稷之福。日者叛人吴十，（郁之按，吴十，即吴矢，清人改譯烏克紳。參《四庫全書》本《中興小紀》卷二七紹興九年七月。）稔心稱亂，授首底亡。爰致克奔之徒，乃窮相結之黨。得厥情狀，孚於見聞，皆由左驗以質成，莫敢詭辭而抵讕。欲申三省，公議豈容？不頓一兵，群凶悉殄。于今月三日，已各伏辜。並令有司除屬籍訖，自餘詿誤，更不躡尋。庶示寬容，用安反側。民晝衣而有犯，古猷欽哉；予素服以如喪，情可知也。』」

按，此詔又見洪皓《松漠紀聞》卷二，惟金人譯名偶不同，如云「殿前左副點檢琿都、會寧少尹呼實喇、郎君石嘉努、千户斡爾古楚」。

〔三〕紹熙四年癸丑，當金明昌四年。《重訂大金國志》卷一九《紀年·章宗皇帝上》：「明昌四年冬十月，誅鄭王允蹈。允蹈，世宗第六子也，於屬爲叔。」其誅鄭王詔書云：「天下一家，詎可窺於神器；公族三宥，卒莫逭乎常刑。非忘根本骨肉之情，蓋爲宗社安危之計。亦由涼德，有失睦親。乃於周歲之中，連致逆謀之起。恩以義掩，至於重典之亟行；天高聽卑，殆非此心之得已。興言及此，惋歎奚窮。」容齋所記可補詔文之闕。

〔四〕倪思，字正甫，湖州歸安人，乾道二年進士，寧宗朝，累官禮部尚書，以寶謨閣直學士知福州，卒，謚文節。事迹具《宋史》卷三九八本傳。《宋史》卷三六《光宗紀》：紹熙四年九月壬午，遣倪思等使金賀正旦。《宋史》卷二〇三《藝文志》傳記類有倪思《北征録》七卷，蓋即其使金日記也。

16 州郡書院

太平興國五年，以江州白鹿洞主明起爲褒信主簿。洞在廬山之陽，嘗聚生徒數百人。李煜有國時，割善田數十頃，取其租廩給之。選太學之通經者，俾領洞事，日爲諸生講誦。於是起建議以其田入官，故爵命之。白鹿洞由是漸廢〔一〕。大中祥符二年，應天府民曹誠，即楚丘戚同文舊居造舍百五十間，聚書數千卷，博延生徒，講習甚盛。府奏其事，詔賜額曰應天府書院，命奉禮郎戚舜賓主之，仍令本府幕職官提舉，以誠爲府助教。宋興，天下州府有學自此始〔二〕。其後潭州又有嶽麓書院〔三〕。及慶曆中，詔諸路州郡皆立學，設官教授，則所謂書院者當合而爲一。今嶽麓、白鹿復營之，各自養士，其所廩給禮貌乃過於郡庠。近者巴州亦創置，是爲一邦而兩學矣。太學、辟雍並置，尚且不可，是於義爲不然也〔四〕。

【箋證】

〔一〕《玉海》卷一六七《宫室》「白鹿洞書院」條：「宋朝太平興國二年三月庚寅，知江州周述言：『廬山白鹿洞學徒數千百人，請賜《九經》書肄習。』詔從其請，仍驛送之。五年六月己亥，以白鹿洞主明起爲褒信主簿，賜陳裕《三傳》出身。（起、裕以講學爲業，故有是命。）咸平五年，敕有司重修繕，又塑宣聖十哲之象。祥符初，直史館孫冕請以爲歸老之地。皇祐五年，其子琛即故址爲學館十間，牌曰白鹿洞之書堂，俾子弟居而學焉。郭祥正爲記。淳熙六年，南康守朱熹重建。」

〔二〕事見《續資治通鑑長編》卷七一，真宗大中祥符二年二月。按，陳均《九朝編年備要》卷七：「仍令本府募職官提舉。宋興，天下州府有學，始此。」《續資治通鑑長編》卷一一七：仁宗景祐二年十一月，「以應天府書院爲府學，仍給田十頃」。又詳《玉海》卷一六七《宫室》「應天府書院」條。

又按《續資治通鑑長編》卷四九，咸平四年六月丁卯，「詔諸路州縣有學校、聚徒講誦之所，並賜《九經》」。王夫之《宋論》卷三《真宗一》：「咸平四年，詔賜《九經》於聚徒講誦之所，與州縣學校等，此書院之始也。」

〔三〕《玉海》卷一六七《宫室》「嶽麓書院」條：「開寶九年，潭州守朱洞始創宇於嶽麓山抱黄洞下，以待四方學者，作講堂五間，齋序五十二間。孫邁爲記。咸平二年，潭守李允則益崇大其規模。三年，王元之爲記曰：『西京首述文翁，東觀先書衛颯，其理蜀郡，教桂陽，率以庠序爲先』云云。中開講堂，揭以書樓，塑先師十哲之象，畫七十二賢。瀟湘爲洙泗，荆蠻爲鄒魯。四年三月二十日辛卯，允則奏嶽麓山書院修廣舍宇，生徒六十餘人，請下國子監，賜諸經釋文、義疏、《史記》《玉篇》《唐韻》。從之。祥符五年，山長周式請於太守劉師道，廣其居。譚綺爲記。式以行誼著，八年召見便殿，拜國子主簿，使歸教授，給詔，因舊名賜額，仍增給中祕書。於是書院之稱聞天下。乾道元年，帥臣劉珙重建。」按，據此可知，嶽麓書院實在應天府書院之先。

〔四〕《宋史》卷一一《仁宗紀三》：慶曆四年三月乙亥，詔天下州縣立學。按，嶽麓、白鹿重建，皆在乾道、淳熙間。詳注一、三。

容齋此謂州郡學與書院當合爲一而不可並置之説，論者亦有反對之意見。《愛日齋叢鈔》卷四：「昔洪景盧論州郡書院，此論殆亦未廣。參以古庠塾之制，較之釋老塔廟之盛，良不爲過，然或學校廢壞，長吏漫不省寧，從傍築書堂精舍，求其教養之實，復有未盡，第若飾耳目而已。其弊久則爲妄庸者之資，視乾淳初意遠矣。白鹿夫子廟欲塑像，文公曰：『州縣學是天子所立，既元用像不可更，書院自不宜如此。』（郁之按，朱熹之説，見《朱子語類》卷九〇《禮七》。）見先儒建置，本不欲與學并也。胡明仲白秦丞相，求爲嶽麓山長，依州縣監，當官給廪禄。學舍諸生不樂近城市而願居山間者，皆聽之。文公亦告時相，請得充備白鹿洞主，與學徒讀書講道于其間，稍廪給如祠官。且言：『與其使之崇奉異教之香火、無事以坐食，不若修祖宗之令典，以文學禮義爲官而食其食。』（郁之按，朱熹説見《晦菴集》卷二六《與丞相劄子》。）異時所在書院間以大官兼山主，而吏部用資格注山長，安知先儒所不能得者也。」

又劉時舉《續宋編年資治通鑑》卷一〇《孝宗三》，於淳熙八年浙東提舉朱熹入對奏論乞復白鹿洞書院一事之下，録吕中論曰：「今嵩陽、應天二書院不可考，而石鼓書院淳熙中得潘侯時而復興，嶽麓書院又得張、朱二先生振之，回視州縣之學，不過世俗之書、進取之業，其相去豈數百驛而已哉！　當文公乞復書院時，朝野喧謂州縣已有學校，不必煩費。文公之議曰：『先王禮樂之宫與異端鬼道之居，孰正孰邪？　三綱五常之教與無父無君之教，孰利孰害？　今佛老之宫，大郡以千計，中郡不下數十，學校教養，郡縣僅一置焉，而附郭之縣或不復有，其盛衰多寡，相絶如此，則其邪正利害之際亦已明矣。』（郁之按，朱熹奏議載《晦菴集》卷一三《延和奏劄七》）今有司不能正於彼，反疑其有所請於此，不知其何説也。」

17　何韓同姓

韓文公《送何堅序》云：「何與韓同姓爲近。」嘗疑其説無所從出，後讀《史記·周本紀》，應劭曰：「《氏姓注》云，以何姓爲韓後。」〔一〕鄧名世《姓氏書辯證》云：「何氏出自姬姓，食采韓原，爲韓氏。韓王建爲秦所滅，子孫散居陳、楚，江、淮間，以韓爲何，隨聲變爲何氏，然不能詳所出也。」〔二〕韓王之失國者名安，此云建，乃齊王之名，鄧筆誤耳。予後讀孫愐《唐韻》云：「韓滅，子孫分散江、淮間，音以韓爲何，字隨音變，遂爲何氏。」乃知名世用此〔三〕。

【箋證】

〔一〕《史記》卷四《周本紀》，裴駰集解。

盧文弨《龍城札記》卷二《那亦音耼》條，引錢馥云：「昌黎《送何堅序》云『何與韓同姓爲近』，蓋因音相近，故知其本同姓也。」

〔二〕鄧名世《古今姓氏書辯證》卷一二《七歌·何》。

〔三〕朱翌《猗覺寮雜記》卷下：「退之云，韓與何爲同姓。《廣韻》『何』字注云：『周成王母弟唐叔虞封於韓，韓滅，子孫分散江淮，音以韓爲何字，隨音變遂爲何氏。』」《廣韻》此條當即據《唐韻》。

章定《名賢氏族言行類稿》卷二一引《姓纂》云：「周成王弟唐叔虞裔孫韓王安爲秦所滅，子孫分散江淮間，音以韓爲何，遂爲何氏。」

容齋三筆卷六十五則

1 蕨萁養人

自古凶年饑歲，民無以食，往往隨所值以爲命，如范蠡謂吴人就蒲蠃於東海之濱〔一〕；蘇子卿掘野鼠所去草實，及齧雪與旃毛并咽之〔二〕；王莽教民煮木爲酪〔三〕；南方人饑餓，群入野澤掘鳧茈〔四〕；鄧禹軍士食藻菜〔五〕；建安中，咸陽人拔取酸棗、藜藿以給食〔六〕；岷晉郗鑒在嶧山，兖州百姓掘野鼠、蟄燕〔七〕；幽州人以桑椹爲糧，魏道武亦以供軍〔八〕；蜀食芋〔九〕。如此而已。吾州外邑，嶫峿山在樂平、德興境，李羅萬斛山在浮梁、樂平、鄱陽境，皆綿亘百餘里，山出蕨萁〔一〇〕。乾道辛卯、紹熙癸丑歲旱①，村民無食，争往取其根。率以昧旦荷鉏往掘，深至四五尺，壯者日可得六十斤。持歸搗取粉，水澄細者煮食之，如粔籹狀。每根二斤，可充一夫一日之食。冬晴且暖，田野間無不出者，或不遠數十里，多至數千人，自九月至二月終，蕨抽拳則根無力，於是始止，蓋救餓羸者半年。天之生物，爲人世之利至矣。古人不知用之，傳記亦不載，豈他邦不産此乎〔一一〕？

【校勘】

①「早」原作「旦」，據馬本、庫本、祠本改。

【箋證】

〔一〕《國語·吴語》。韋昭注：「蒲，深蒲也。蠃，蚌蛤之屬。濱，涯也。」

〔二〕《漢書》卷五四《蘇武傳》。蘇林曰：「取鼠所去草實而食之。」師古曰：「去謂藏之也。」

〔三〕《漢書》卷二四上《食貨志第四》。服虔曰：「煮木實。或曰如今餌术之屬也。」如淳曰：「作杏酪之屬也。」師古曰：「如説是也。」

〔四〕《後漢書》卷四一《劉玄傳》。章懷注：「《爾雅》曰：『芍，鳧茈。』郭璞曰：『生下田中，苗似龍鬚而細，根如指頭，黑色，可食。』芍，音胡了反。鳧茈，《續漢書》作『符訾』。」

〔五〕《後漢書》卷四六、《東觀漢記》卷八《鄧禹傳》。《東觀漢記》句下有案云：「棗菜，一作棗葉，或作藻菜。」

〔六〕《太平御覽》卷三五《時序部二十·凶荒》引《典略》曰：「從興平元年至建安二年，其間四歲中，咸陽蕭條，亂賊李傕等始將部曲入長安，居卓故塢中，拔取酸棗、梨藋（藋，從弔切。）以給食，發冢取衣蓋形。」

按《墨子》曰：「孔子窮陳、蔡之間，藜藿不糂。」《韓子》曰：「堯之王天下，糲粢之食，藜藿之羹，雖監門之養，不厭於此矣。」《淮南子》曰：「爲客治飯而自食藜藿，名尊於實。」則以藜藿爲食久矣。

周一良《魏晉南北朝史札記》之《魏書札記》「粟穀榆棗」條：「北魏、北齊及唐，桑田或永業田皆課種榆、棗。」「至於桑田必課種棗，蓋以其經久不壞，能其備荒作用，且可一年兩熟。」

〔七〕《晉書》卷六七《郄鑒傳》。

〔八〕《資治通鑑》卷一一一《晉安帝紀》隆安三年：「珪圍中山久未下，軍食乏，問計於群臣，崔逞爲御史中丞，對曰：『桑椹可以佐糧。』」按《資治通鑑》卷六二《漢獻帝紀》建安元年：「中平以來，天下亂離，民棄農業，諸軍並起，率乏糧穀，無終歲之計。袁紹在河北，軍人仰食桑椹。袁術在江淮，取給蒲蠃。」又《十六國春秋》卷四四《後燕録二·慕容垂中》燕二年，「垂與苻、丕相持經年，鄴中饑甚，幽、冀亦大饑，人相食，邑落蕭條。垂之軍士多餓死，乃禁民養蠶，以桑葚爲軍糧。」

〔九〕《漢書》卷九一《貨殖傳》：「蜀卓氏曰：『此地狹薄，吾聞岷山之下沃野，下有踆鴟，至死不饑。』」師古曰：「踆鴟謂芋也，其根可食以充糧，故無饑年。」

〔一〇〕《江西通志》卷一一《山川五》，饒州府，萬斛山，在府城東北一百七十里，一名禮城山，東界樂平，北接浮梁。鷹鵠山在樂平縣東七十里，又東十里爲嶸峿山，介饒、徽間，與葛山相連，兩山之間，巖穴甚奇，向有李氏讀書精舍。

乾道七年辛卯。《夷堅丁志》卷四《蔣濟馬》：「乾道七年秋，大饑；江西、湖南尤甚，民多餧死。」又《夷堅支景》卷七《范隅官》：「乾道辛卯歲，江浙大旱，豫章尤甚。」洪适《盤洲文集》卷九《雜詠下・蕨》後自注：「辛卯大荒，村人掘蕨根搗粉，謂之烏糯，賴以脱死者甚衆。」

〔二〕按，唐慎微《證類本草》卷二七《菜部上品・三種陳藏器餘・蕨》：「山間人作茹食之。」元人王禎《農書》卷一〇《百穀譜一一・備荒論》：「棲於山者有葛粉、（取葛根肉爲粉。）蕨萁、（取蕨根搗碎，以水淘汰，停粉爲萁。）蒟蒻、橡、栗之利，瀕於水者有魚、鱉、蝦、蟹、蛤、螺、芹、藻之饒，皆可以濟飢。」明人《農政全書》《救荒本草》亦每言之。

2 賢士隱居者

士子脩己篤學，獨善其身，不求知於人，人亦莫能知者，所至或有之，予每惜其無傳，比得上虞李孟傳録示四事，故謹書之〔一〕。其一曰：慈溪蔣季莊，當宣和間，鄙王氏之學，不事科舉，閉門窮經，不妄與人接。高抑崇閑居明州城中①，率一歲四五訪其廬。季莊聞其至，必倒屣出迎，相對小室，極意講論，自晝竟夜，殆忘寢食。告去則送之數里，相得驩甚。或問抑崇曰：「蔣君不多與人周旋，而獨厚於公，公亦惓惓於彼，願聞其故。」抑崇曰：「閑終歲讀書，凡有疑而未判，與所缺而未知者，每積至數十，輒一扣之，無不迎刃而解。」而蔣之所長，他人未必能知之。世之所謂知己，其是乎？其二曰：王茂剛，居明之林村，在巖壑深處，有弟不甚學問，使顓治生以餬口，而刻意讀書，足迹未嘗妄出，尤邃於《周易》。沈焕通判州事，嘗訪之。其見趣絶出於傳注之外云。氣象嚴重，窺其所得，蓋進而未已也。其三曰：顧主簿，不知何許人，南渡後寓于慈溪。廉介有常，安於貧賤，不蘄人之知。至於踐履間，雖細事不苟也。平旦起，俟賣菜者過門，問菜把直幾何，隨所言酬之。它飲食布帛亦然。久之，人皆信服，不忍欺。苟一日之用足，則玩心墳典，不事交游。里中有不安其分、武斷强忮者，相與譏之，曰：「汝豈顧主簿耶？」〔二〕其四曰：周日章，信州永豐人。操行介潔，爲邑人所敬。開門授徒，僅有以自給，非其義一毫不取。家至貧，常終日絶食，鄰里或以薄少致餽，時時不繼，寧與妻子忍餓，卒不以求人。隆寒披紙裘，客有就訪，亦欣然延納。望其容貌，聽其論議，莫不聳然。縣尉謝生遺以襲衣，曰：「先生未嘗有求，吾自欲致其勤勤耳，受之無傷也。」日章笑答曰：「一衣與萬鍾等耳，儻無名受之，是不辨禮義也。」卒辭之。汪聖錫亦知其賢，以爲近於古之所謂獨行者〔三〕。是四君子，真可書史策云。

【校勘】

①「閲」字據馬本、祠本補。

【箋證】

〔一〕李孟傳，字文授，從宰明州象山，秩滿，主管官誥院，遷太府寺丞，權考功郎，出知江州、處州，提舉福建常平茶事，提點浙西刑獄，尋奉祠里居。久之，乞掛冠。除直寶謨閣，致仕。性嗜書，多識典故，及前輩出處。有《磐溪詩文稿》《讀史雜志》《記善録》《記異録》。詳張淏《會稽續志》卷五。

〔二〕袁桷《延祐四明志》卷四《人物考》「蔣季莊、王茂剛、顧主簿」條，即據《三筆》本條，而首云：「蔣璯，字季莊，晚居慈溪。」（羅濬《寶慶四明志》卷八，亦同。）同書卷六《人物考》引王應麟《八賢贊》之《蔣璯贊》：「學必以己，義榮道腴。博觀約守，胸吞石渠。良朋問疑，詡徑未蕪。誰其似之，子雲林閭。」又《王茂剛贊》：「夢吞三畫，韞玉山棲。象外繫表，捐筌棄蹄。心學自得，羲文與稽。緒言不傳，林深草萋。」又《顧主簿贊》：「言行慥慥，白賁素履。忠信篤敬，行乎州里。其德如蘭，薰我晉鄙。漢之長者，周之吉士。」

〔三〕韓元吉《南澗甲乙稿》卷一六《跋曾吉甫帖後》：「永豐周日章、日新兄弟，少力于學，嘗以師謁高閌，字抑崇，建炎初，中上舍優等，紹興改元，賜進士第釋褐。歷官秘書省正字、國子司業，兼權中書、起居二舍人，除禮部侍郎。以忤秦檜意，出爲筠州，遂請掛冠。居鄉，每對士大夫，惟舉前言往行可師法者，未嘗及時政得失、人物臧否。泛觀經史諸子百家，而絶意榮進，不戚戚於阨窮，年五十七終。事迹具《寶慶四明志》卷九《先賢事迹》。

曾吉甫于茶山，此其報字也。公之去茶山踰二十年矣，周氏兄弟華髮蕭然，猶連蹇場屋也。覽之歎息。」《江西通志》卷八五《人物》引林廷棉《志》：「周日章字文顯，永豐人，自信甚篤，窮不易操，嘗慕王貞白之爲人。友人趙蕃名其詩曰《靈溪後集》，以貞白嘗有《靈溪集》也。」汪應辰，字聖錫，信州玉山人。紹興五年進士第一人，官至敷文閣學士、四川制置使、知成都府事。事迹具《宋史》卷三八七本傳。

3 張籍陳無己詩

張籍在他鎮幕府，鄆帥李師古又以書幣辟之，籍卻而不納，而作《節婦吟》一章寄之，曰：「君知妾有夫，贈妾雙明珠。感君纏綿意，繫在紅羅襦。妾家高樓連苑起，良人執戟明光裏。知君用心如日月，事夫誓擬同生死。還君明珠雙淚垂，何不相逢未嫁時？」〔一〕陳無己爲潁州教授，東坡領郡，而陳賦《妾薄命》篇，言爲曾南豐作，其首章云：「主家十二樓，一身當三千。古來妾薄命，事主不盡年。起舞爲主壽，相送南陽阡。忍著主衣裳，爲人作春妍？有聲當徹天，有淚當徹泉。死者恐無知，妾身長自憐。」〔二〕全用籍意。或謂無己輕坡公，是不然。前此，無己官於彭城，坡公由翰林出守杭，無己越境見之於宋都，坐是免歸，故其詩云：「一代不數人，百年能幾見？昔爲馬首銜，今爲禁門鍵。一雨五月涼，中宵大江滿。風帆目力短，江空歲年晚。」其尊敬之盡矣。薄命擬況，蓋不忍師死而遂倍之，忠厚之至也〔三〕。

【箋證】

〔一〕羅聯添《唐代詩文六家年譜·張籍年譜》德宗貞元二十一年（順宗永貞元年）譜，謂籍是年仍居戎幕中，「作《節婦吟寄鄆州李師古》，疑在本年」。羅氏案：「本集一題作《節婦吟》，《唐詩紀事》三四題作《節婦吟寄東平李司空》。洪邁《容齋三筆》六張籍條云：『張籍在他鎮幕府，鄆帥李師古又以書幣辟之，籍卻而不納，而作《節婦吟》一章寄之。』『鄆』即『東平』，見《舊書》三八《地理志》。《舊紀》一三：貞元八年八月辛卯李師古爲鄆州大都督府長史，貞元二十一年三月戊寅李師古檢校司空，元和元年六月丁酉李師古檢校司徒，閏六月壬子朔李師古卒（詳參《舊書》一二四《李師古傳》）。籍貞元十八年始居戎幕，元和元年在京師爲太常寺太祝。倘《紀事》題稱不誤，容齋所記可信，則籍此詩當爲本年三月以後所寄。《唐百家詩》本、《全唐詩》題作『節婦吟寄東平李司空師道』。案師道爲鄆帥，始元和元年十月迄十四年二月。此段時期籍作宦京師，不居戎幕，《百家詩》《全唐詩》作『師道』，疑誤。」王銍《四六話》卷上：「唐張籍用裴晉公薦爲國子博士，而東平帥李師道辟爲從事，籍賦《節婦吟》見志以辭之。」云云。按張籍遷國子博士在長慶元年（詳羅《譜》），是時，李師道已不在鄆帥位，故無可能。

〔二〕見《後山集》卷一，題下後山自注：「爲曾南豐作。」蔡正孫編《詩林廣記後集》卷六引謝疊山云：「元豐間，曾鞏修史，薦後山有道德、有史才，乞自布衣召入史館。命未下，而曾去。後山感其知己，不願出他人門下。故作《妾薄命》。鞏，南豐人，歐陽公之客，後山尊之，號曰南豐先生。」

〔三〕任淵《後山詩注》卷二《送蘇公知杭州》，題下注云：「東坡出知杭州，道由南京。後山時爲徐州教授，告徐守孫覺，願往見，而覺不之許，乃託疾，謁告來南京送别，同舟東下，至宿而歸。事見東坡《送陳傳道書》及劉安世彈章。」按，劉安世彈章，載其《盡言集》卷六《論陳師道不合擅去官守游宴事》，云：「臣昨見朝廷用近侍之薦，起陳師道於布衣，而任以徐州教授，其爲恩禮固已厚矣。臣聞蘇軾出守錢塘，經繇南都，師道以誠告徐守孫覽，願往見軾，而覽不之許，乃託疾在告，私出州界，與軾游從，凡累數日，而又同赴留守李承之燕會，不憚衆目，及其東下，送之經宿而後歸。監司不敢繩，州郡不敢詰。猖狂怠傲，旁若無人。搢紳喧傳，頗駭物聽。臣竊謂士於知己不無私恩，既效一官，則有法令。師道與軾交結，固不足論，至於擅去官次，陵蔑郡將，則是以私欲而勝公義，厚權勢而忽詔條，徇情亂法，莫此爲甚。循名觀行，恐無以副朝廷尊賢下士之意。伏望聖慈特降指揮，令本路不干礙官司依公體量，如果有實，乞正其罪，以爲後來之戒。取進止。」東坡《送陳傳道書》，見《東坡全集》卷七七，云：「衰朽何取，而傳道昆弟過聽相厚如此。數日前，履常謁告自徐來宋相别，王八子安偕來，方同舟，不信宿而歸。」

4　杜詩誤字

李適之在明皇朝爲左相，爲李林甫所擠去位，作詩曰：「避賢初罷相，樂聖且銜杯。爲問門前客，今朝幾箇來。」〔一〕故杜子美《飲中八仙歌》云：「左相日興費萬錢①，飲如長鯨吸百川，銜杯樂聖稱避賢。」正詠適之也。而今所行本誤以「避賢」爲「世賢」，絶無意義，兼「世」字是太宗諱，豈敢用哉〔二〕？《秦州雨晴》詩云：「天永秋雲薄，從西萬里風。」謂秋天遼永，風從萬里而來，可謂廣大，而集中作「天水」，此乃秦州郡名，若用之入此篇，其致思淺矣〔三〕。《和李表丈早春作》云：「力疾坐清曉，來詩悲早春。」正答其意，而集中作「來時」，殊失所謂和篇本旨〔四〕。

【校勘】

①「左」原作「在」，據馬本、庫本、祠本改。

【箋證】

〔一〕《舊唐書》卷九九《李適之傳》。

〔二〕邵博《聞見後録》卷一八：「杜子美《飲中八仙歌》其句云：『左相日興廢萬錢，飲如長鯨吸百川，銜杯樂聖稱世賢。』『世賢』二字殆不可曉。或云『世』字當作『避』字，寫本誤也。蓋左相者李適之也，有直聲；右相李林甫奸邪，適之議論數不同，自免去。有詩云：『避賢初罷相，樂聖且銜杯。試問門前客，今朝幾箇來。』子美『銜杯樂聖稱避賢』者，正用適之詩語也。」郭知達編《九家集注杜詩》卷二，黄希、黄鶴《補注杜詩》卷二，均作「世賢」。

〔三〕《九家集注杜詩》卷二〇作「天水」。黄希、黄鶴《補注杜詩》卷二〇、《集千家注杜工部詩集》卷四，均作「天際」。《補注杜詩》「際」字下注：「一作外。」《杜詩詳注》卷七，作「天外」，注：「舊作『水』，非。容齋作『永』。一云『際』。」何焯《義門讀書記》卷五三《杜工部集》：「《雨晴》：『天水秋雲薄。』從注。洪氏《隨筆》作『天永』，勝『水』字遠矣。」

〔四〕《九家集注杜詩》卷二一《奉酬李都督表丈早春作》作「來詩悲早春」。趙彦材云：「『來詩』一本作『來時』。」《補注杜詩》卷二一、《集千家注杜工部詩集》卷七，並作「來詩」。阮閲《詩話總龜後集》卷一八：「『力疾坐清曉，來詩悲早春』，『詩』字從別本。考詩題與上下句意當從之。舊作『時』非也。」《瀛奎律髓》卷一〇所録《奉酬李都督表丈早春作》，作「采詩悲早春」，原按云：「『采』字舊作『來』字，或見奉酬李都督，謂此是『來』字，非也。『力疾』『采詩』，是重下斡旋字，若『來』字則無味，亦無力矣。」

5 東坡詩用老字

東坡賦詩，用人姓名，多以「老」字足成句。如《壽州龍潭》云「觀魚并記老莊周」，《病不赴會》云「空對親春老孟光」，《看潮》云「猶似浮江老阿童」，《贈黃山人》云「説禪長笑老浮屠」，《元長老納裙》云「乞與佯狂老萬回」①，《東軒》云「挂冠知有老蕭郎」，《侍立邇英》云「定是香山老居士」，《贈李道士》云「知是香山老居士」，《蒜山亭》云「奇逸多聞老敬通」，《汶公東堂》云「一帖空存老遂良」，《次韻韶守》云「華髮蕭蕭老遂良」，《游羅浮》云「還須略報老同叔」，《贈辯才》云「中有老法師」，《寄子由》云「青山老從事」，《贈眼醫》云「忘言老尊宿」，「妙高臺中老比丘」，《謝惠酒》云「青州老從事」，《謝餉魚》云「誰似老方朔」，《贈吳子野扇》云「得之老月師」，《次韻李端叔》云「此是老牛戩」。是皆以爲助語，非真謂其老也，大抵七言則於第五字用之，五言則於第三字用之。若其它錯出，如「再説走老瞞」，「故人餘老龐」，「老濞宮粧傳父祖」，「便腹從人笑老韶」，「老可能爲竹寫真」，「不知老奘幾時歸」之類〔一〕，皆隨語勢而然。白樂天云「每被老元偷格律」，蓋亦有自來矣〔二〕。

【校勘】

①「納」，馬本、庫本、祠本作「衲」。

【箋證】

〔一〕「再説走老瞞」，見《東坡全集》卷三《甘露寺》。「故人餘老龐」，見同前書卷一六《送楊孟容》。

「老潩宮粧傳父祖」，見卷四《於潛女》。「便腹從人笑老韶」，見同前卷一七《次韻劉貢父春日賜幡勝》。「老可能爲竹寫真」，見同前卷二四《題過所畫枯木竹石三首》之一。「不知老奘幾時歸」，見同前卷二五《合浦愈上人以詩名嶺外將訪道南岳留詩壁上云閒伴孤雲自在飛東坡居士過其精舍戲和其韻》。

〔二〕詩見《白氏長慶集》卷一六《編集拙詩成一十五卷因題卷末戲贈元九李二十》。按楊萬里《誠齋詩話》：「詩有實字，而善用之者以實爲虛。杜云：『弟子貧原憲，諸生老伏虔。』『老』字蓋用趙充國『請行，上老之』。」是又在樂天之先。

6 杜詩命意

杜公詩命意用事，旨趣深遠，若隨口一讀，往往不能曉解，姑紀一二篇以示好事者。如：「能畫毛延壽，投壺郭舍人。每蒙天一笑，復似物皆春。政化平如水，皇恩斷若神。時時用抵戲，亦未雜風塵。」第三聯意味頗與前語不相聯貫，讀者或以爲疑。按，杜之旨，本謂技藝倡優不應蒙人主顧眄賞接，然使政化如水，皇恩若神，爲治大要既無所損，則時時用此輩，亦亡害也〔一〕。又如：「亂後碧井廢，時清瑶殿深。銅缾未失水，百丈有哀音。側想美人意，應悲寒甃沈。蛟龍半缺落，猶得折黃金。」此篇蓋見故宮井內汲者得銅缾而作，然首句便説廢井，則下文翻覆鋪叙爲難，而曲折宛轉如是，它人畢一生模寫不能到也①〔二〕。又一篇云：「鬥雞初賜錦，舞馬既登床。簾下宫人出，樓前御柳長。仙游終一閟，女樂久無香。寂寞驪山道，清秋草木黄。」先忠宣公在北方〔三〕，得唐人畫《驪山宫殿圖》一軸，華清宫居山顛，殿外垂簾，宫人無數，穴簾隙而窺，一時伶官戲劇，品類雜沓，皆列于下。杜一詩真所謂親見之也。

【校勘】

①「寫」字據馬本、庫本、祠本補。

【箋證】

〔一〕杜詩見《杜詩詳注》卷一七《能畫》。仇注引黄生曰：「政平明斷，自指開元之治。從半腰説起，轉折方不費力，若將此意頓在前，叙事必拖沓矣。」何焯《義門讀書記》卷五五《杜工部集》「能畫」條：「弄臣滿側，倡優歌舞，政之所由衰，然若倚任有姚崇之徒，則主昏於上，政清於下。如齊桓，至於負婦人而朝管仲，得君行政，猶不害伯，其如倚仗者又爲林甫、國忠，何由不風塵澒洞乎？」

〔二〕《銅瓶》，《杜詩詳注》卷八。《義門讀書記》卷五三《杜工部集》「銅瓶」條：「容齋極稱其曲折宛轉，細讀果是異人。『百丈有哀音』，從『深』字生來，無中生有，更入神也。『側想美人意』，此句追想，走向活路便空闊，詩須如此脱化。『猶得折黄金』，『得』『失』二字照應。井廢，殿摧，人往，銅瓶反因失水幸在，治亂得失，意外相反，重旨隱躍。」

〔三〕《鬥雞》，《杜詩詳注》卷一七。「忠宣公在北方」，參《隨筆》卷一三《吴激小詞》。

7 擇福莫若重

《國語》載范文子曰：「擇福莫若重，擇禍莫若輕。」且士君子樂天知命，全身遠害，避禍就福，安有迨于禍至擇而處之之理哉？韋昭注云：「有兩福擇取其重，有兩禍擇取其輕。」蓋以不幸而與禍會，勢不容但已，則權其輕重，順受其一焉〔一〕。《莊子·養生主篇》云：「爲善無近名，爲惡無近刑。」夫孳孳爲善，君子之所固然，何至於縱意爲惡，而特以不麗於刑爲得計哉？是又有説矣。其所謂惡者，蓋與善相對之辭，雖於德爲愆義，非若小人以身試禍自速百殃之比也。故下文云：「可以全生，可以保身，可以盡年。」其旨昭矣〔二〕。

【箋證】

〔一〕所引《國語》，見《晉語六》。

〔二〕按孫覿《鴻慶居士集》卷二七《崇政殿集衆官議合不合棄三鎮劄子》：「臣聞蝮螫手則斬手，螫足則斬足，何者？爲害於身也。邊釁驟興，乘中原久安無備，傾國而至，當順而撫之，以幸無事，而刼寨之臣狂猖妄作，挑發兵禍，以遺國家手足之害，陛下當亟爲去之，去之不果，爲心腹之患必矣。臣又聞『擇禍莫若輕，擇福莫若重』，今日之事，有禍無福，河北寢陵與河南孰重？三鎮之地與京師孰重？陛下知所輕重，判然不疑，則當急去手足之害，無重心腹之累矣。」然則此古訓在全生保身之外，於宋世猶有現實之意義。

8 用人文字之失

士人爲文，或采已用語言，當深究其旨意，苟失之不考，則必貽論議。紹興七年，趙忠簡公重脩《哲録》，書成，轉特進〔一〕，制詞云：「惟宣仁之誣謗未明，致哲廟之憂勤不顯。」此蓋用范忠宣遺表中語，兩句但易兩字，而甚不然。范之辭云：「致保佑之憂勤不顯。」專指母后以言，正得其實。今以保佑爲哲廟，則了非本意矣〔二〕。紹興十九年，予爲福州教授，爲府作《謝曆日表》，頌德一聯云：「神祇祖考，既安樂於太平；歲月日時，又明章於庶證。」至乾道中，有外郡亦上表謝曆，蒙其采取用之，讀者以爲駢儷精切，予笑謂之曰：「此大有利害，今光堯在德壽，所謂『考』者何哉？」坐客皆縮頸，信乎不可不審也〔三〕。

【箋證】

〔一〕《玉海》卷四八《藝文·實録》「紹興重修哲宗實録」條：「初，元符三年詔修《哲宗實録》，至大觀四年四月成書。紹興四年五月庚申，詔條具重修事件。八年六月九日癸亥，左僕射監修趙鼎、修撰勾濤、祕書少監尹焞、著作郎張嵲、佐郎胡珵、校勘朱松、李彌正、高閌、范如圭等，以重修《哲宗元豐八年至元祐八年實録》上之。至九月甲午書成，起紹聖元年，至元符三年，通前録爲一書，成一百五十卷，先後進呈。」趙鼎，字元鎮，謚忠簡。事迹具《宋史》卷三六〇本傳。

〔二〕《東都事略》卷五九下《范純仁傳》：「徽宗每對輔臣，以不及見純仁爲恨；而純仁臨終亦以宣仁后誣謗未明爲恨也。口占遺表有云：『惟宣仁之誣謗未明，致保佑之憂勤不顯。』皆權臣務快於私忿，非泰陵實謂之當然。』命其門人李之儀次第之。」按，李之儀代范忠宣之表，載王明清《揮麈後録》卷六，又云：「紹興中，趙元鎮作相，提舉重修《泰陵實録》，書成加恩，吕居仁在玉堂，取其中一對云『惟宣仁之誣謗未明，致哲廟之陰靈不顯』於麻制中，時人以爲用語親切，不以蹈襲爲非也。」

〔三〕《容齋三筆》卷八《吾家四六》：「《代福州謝曆日表》曰：『神祇祖考，既安樂於太平；歲月日時，又明章於庶徵。』正用《詩・鳧鷖序》『太平之君子，能持盈守成，神祇祖考安樂之也』；《洪範》『庶徵』：『歲月日，時無易，百穀用成，乂用明，俊民用章』。皆上下聯文，未嘗輒增一字。」

9 李衛公輞川圖跋

《輞川圖》一軸，李趙公題其末云：「藍田縣鹿苑寺主僧子良贄於予，且曰：『鹿苑即王右丞輞川之第也。右丞篤志奉佛，妻死不再娶，潔居逾三十載。母夫人卒，表宅爲寺，今冢墓在寺之西南隅。其圖實右丞之親筆。』予閱玩珍重，永爲家藏。」弘憲題其前一行云：「元和四年八月十三日弘憲題。」弘憲者，吉甫字也〔一〕。其後衛公又跋云：「乘閒閲篋書中，得先公相國所收王右丞畫《輞川圖》，實家世之寶也。先公凡更三十六鎮，故所藏書畫多用方鎮印記。大和二年戊申正月四日，浙江西道觀察等使、檢校禮部尚書兼潤州刺史李德裕恭題。」又一行云：「開成二年秋七月望日，文饒記。」前後五印，曰「淮南節度使印」「浙江西道觀察處置等使之印」「劍南西川節度使印」「山南西道節度使印」「鄭滑節度使印」，并「贊皇」二字。又「内合同印」，「建業文房之印」，「集賢院藏書印」，此三者南唐李氏所用，故後一行曰：「昇元二年十一月三日。」雖今所傳云臨本〔二〕，然正自超妙。但衛公所志，殊爲可疑。《唐書·李吉甫傳》云：「德宗以來，姑息藩鎮，有終身不易地者。吉甫爲相歲餘，凡易三十六鎮。」吉甫平生只爲淮南節度耳，今乃言身更三十六鎮，誠大不然〔三〕。所用印記，如浙西、西川、山西、鄭滑，皆衛公所歷也；且書其父手澤，不言第幾子，而有李字；又自標其字，皆非是，蓋好事者妄爲之。白樂天詩所説清源寺①，即輞川云〔四〕。洪慶善作《丹陽洪氏家譜序》云：「丹陽之洪本姓弘，避唐諱改。有弘憲者，元和四年跋《輞川圖》。」亦大錯也〔五〕。

【校勘】

①「源」原作「涼」，據馬本、庫本、祠本改。

【箋證】

〔一〕李吉甫，字弘憲，官至中書侍郎同中書門下平章事，封趙國公。事迹具《舊唐書》卷一四八本傳。李德裕，字文饒，吉甫之子，官亦至中書門下平章事，封贊皇伯，改封衛國公，事迹具《舊唐書》卷一七四本傳。

〔二〕容齋未云何人所臨。考《石渠寶笈》卷一四《貯養心殿五》：「宋郭忠恕摹《輞川圖》一卷，上等宇一。素絹本，著色畫。款識云：『河北郭忠恕奉命復本。』每段俱隸書標記，卷前隸書『摩詰本輞川圖』六字，又押字一，（俱微缺。）上鈐一印，漫漶不可識。又『集賢院御書印』『内合同印』二璽，拖尾李珏題識云：『王右丞《輞川圖》，與余昔在杭、苕故家見者一樣。此前有「集賢院御書印」「内合同印」，題摩詰本，後書「河北郭忠恕奉命復本」，則知爲江南李後主時臨本也。虎賁中郎更無辨處，郭亦妙筆矣。』」

〔三〕岑仲勉《唐史餘瀋》卷三《憲宗》「凡易三十六鎮」條：「《容齋三筆》六：『《唐書·李吉甫傳》云：「德宗以來，姑息藩鎮，有終身不易地者。吉甫爲相歲餘，凡易三十六鎮。」吉甫平生只爲淮南節度耳，今乃言身更三十六鎮，誠大不然。』釋『凡易』爲『身更』，不謂一代名儒，猶有此誤解。《考異》五四云：（郁之按，錢大昕《廿二史考異》卷五四。）『按吉甫以元和二年正月拜相，明年九月出鎮，其時魏博則田季安，恒冀則王士真，盧龍則劉濟，淄青則李師道，淮西則吴少誠，滄景則程權，易定則張茂昭，汴宋則韓弘，澤潞則盧從史，陳許則劉昌裔，河東則嚴綬，鳳翔隴右則李鄘，東川則嚴礪，俱未徙節。所更代者不過河中、邠寧、西川諸近鎮而已，恐未必有三十六鎮之多，傳文不足深信。』余按《舊紀》一四，元和二年六月戊午，鳳翔節度使張敬則卒，已以京兆尹李鄘爲鳳翔隴右節度使，則鳳翔之更易，正吉甫爲相時，錢氏以李鄘占未徙節者之一，尚嫌失檢。今姑就吴氏《方鎮年表》略檢之，爲數幾近三十，《新書》之言尚非鋪張過甚。」

〔四〕李肇《唐國史補》卷上：「王維好釋氏，故字摩詰，立性高致，得宋之問輞川別業，山水勝絶，今清源寺是也。」宋敏求《長安志》卷一六《藍田縣》：「清源寺，在縣南輞谷内，唐王維母奉佛山居，營草堂精舍，維表乞施爲寺焉。」

《白氏長慶集》卷八《宿清源寺》：「往謫潯陽去，夜憩朝溪曲。今爲錢塘行，重經兹寺宿。爾來幾何歲，溪草二八緑。不見舊房僧，蒼然新樹木。虚空走日月，世界遷陵谷。我生寄其間，孰能逃倚伏？隨緣又南去，好住東廊竹。」又《白氏長慶集》卷一三《代書詩一百韻寄微之》有云：「水過清源寺，山經綺季祠。」

〔五〕洪興祖，字慶善，鎮江丹陽人。政和上舍第，知饒州卒，有《平齋集》，事迹具《宋史》卷四三三本傳。

10 白公夜聞歌者

白樂天《琵琶行》，蓋在潯陽江上爲商人婦所作。而商乃買茶於浮梁，婦對客奏曲，樂天移船，夜登其舟與飲，了無所忌，豈非以其長安故倡女不以爲嫌邪〔一〕？集中又有一篇題云《夜聞歌者》，時自京城謫潯陽，宿於鄂州，又在《琵琶》之前。其詞曰：「夜泊鸚鵡洲，秋江月澄澈。鄰船有歌者，發調堪愁絶。歌罷繼以泣，泣聲通復咽。尋聲見其人，有婦顏如雪。獨倚帆檣立，娉婷十七八。夜淚似真珠，雙雙墮明月。借問誰家婦，歌泣何凄切。一問一霑襟，低眉終不説。」〔二〕陳鴻《長恨傳序》云：「樂天深於詩多於情者也。」故所遇必寄之吟詠，非有意於漁色〔三〕。然鄂州所見，亦一女子獨處，夫不在焉，瓜田李下之疑，唐人不譏也①。今詩人罕談此章，聊復表出。

【校勘】

①「譏」，馬本、庫本、祠本作「議」。

【箋證】

〔一〕《白氏長慶集》卷一二《琵琶引》，序云：「元和十年，予左遷九江郡司馬。明年秋，送客湓浦口，聞舟中夜彈琵琶者，聽其音錚錚然，有京都聲。問其人，本長安娼女，嘗學琵琶於穆、曹二善才，年長色衰，委身爲賈人婦。遂命酒，使快彈數曲。曲罷憫然，自叙少小時歡樂事，今漂淪憔悴，轉徙於江湖間。予出官二年，恬然自安，感斯人言，是夕始覺有遷謫意，因爲長句，歌以贈之，凡六百一十二言，命曰《琵琶行》。」

陳寅恪《元白詩箋證稿》第二章《琵琶引》：「惟南宋之洪邁，博學通識之君子也。其人讀樂天詩至熟，觀所著《容齋隨筆》論白詩諸條，可以爲證。其涉及此詩而致疑於實無此事，樂天藉詞以抒其天涯淪落之感者，凡二條。（郁之按，即《三筆》卷六《白公夜聞歌者》及《五筆》卷七《琵琶行海棠詩》，略）。寅恪案，容齋之論，有兩點可商。一爲文字叙述問題，一爲唐代風俗問題。洪氏謂『樂天夜登其舟與飲，了無所忌』，及『乘夜入獨處婦人船中，相從飲酒，至於極絲彈之樂，中夕方去』。然詩云：『移船相近邀相見，添酒回燈重開宴。千呼萬唤始出來，猶抱琵琶半遮面。』則『移船相近邀相見』之『船』，乃『主人下馬客在船』之『船』，非『去來江口守空船』之『船』。蓋江州司馬移其客之船，以就浮梁茶商外婦之船，而邀此長安故倡從其所乘之船出來，進入江州司馬所送客之船中，故能添酒重宴。否則江口茶商外婦之空船中，恐無如此預設之盛筵也。且樂天詩中亦未言及其何時從商婦船中出去，洪氏何故臆加『中夕方去』之語？蓋其意以爲樂天賢者，既夜入商婦船中，若不中夕出去，豈非此夕逕留止於其中耶？讀此詩而作此解，未免可驚可笑。此文字叙述問題也。夫此詩所叙情事，既不如洪氏之詮解，則洪氏抵觸法禁之疑問可以消釋，即本無其事之假設，亦爲贅賸矣。然容齋所論禮法問題，實涉及吾國社會風俗古今不同之大限，故不能不置一言。一即此茶商之娶此長安故倡，特不過一尋常之外婦。其關係本在可離可合之間，以今日通行語言之，直『同居』而已。元微之於《鶯鶯傳》極誇其自身始亂終棄之事，而不以爲愧疚。其友朋亦視其爲當然，而不非議。此即唐代當時士大夫風習，極輕賤社會階級低下之女子。視其去留離合，所關至小之證。是知樂天之於此故倡，茶商之於此外婦，皆當日社會輿論所視爲無足重輕，不必顧忌者也。二則唐代自高宗、武則天以後，由文詞科舉進身之新興階級，大抵放蕩而不拘守禮法，與山東舊日士族甚異。樂天亦此新興階級之一人，其所爲如此，固不足怪也。」按，趙翼《甌北詩話》卷四：「蓋特香山藉以爲題發抒其才思耳。」朱金城《白居易集箋校》亦云：「蓋詩人之假託，往往於想像及虛構，其事實固屬於子虛烏有也。」《五筆》卷七《琵琶行海棠詩》，可參。

〔二〕《白氏長慶集》卷一〇《夜聞歌者》，題下原注：「宿鄂州。」按白居易宿鄂州，夜聞歌者，在元和十年。《琵琶行》作於十一年。詳朱金城撰《白居易年譜》。

〔三〕陳鴻《長恨歌傳》，載《文苑英華》卷七九四。又見《白氏長慶集》卷一二《長恨歌》後附録。董其昌《畫禪室隨筆》卷一《書琵琶行題後》：「白香山深於禪理，以無心道人作此有情癡語，幾所謂木人見花鳥者耶？」

11 謝朏志節

荀彧佐魏武帝〔一〕，劉穆之佐宋高祖〔二〕，高德政佐齊文宣〔三〕，高熲佐隋文帝〔四〕，劉文静佐唐高祖〔五〕，終之篡漢、晉、魏、周及取隋，其功不細矣。彧以不言伏后事與勸止九錫，飲酖而死。穆之居守丹陽，宋祖北伐，而九錫之旨從北來，愧懼而卒。德政以精神凌逼，爲楊愔所譖，頗以爲相畜妾，爲獨孤后所譖，文静以妾弟告變，爲裴寂所譖，皆不免於誅。蕭道成謀篡宋，欲引謝朏參贊大業，屏人與之語，朏無言。道成必欲引參佐命，以爲左長史，從容問道石苞事諷之，朏訖不順指。及受宋禪，方爲侍中，不肯解璽綬，引枕而卧，步出府門，道成之子賾欲殺之①，道成畏得罪於公議，曰：「殺之適成其名，正當容之度外耳！」遂廢于家。海陵王之世復爲侍中。宣城王鸞謀繼大統，多引朝廷名士，朏心不願，乃求出爲吴興太守。其弟瀹爲吏部尚書，朏致酒與之，曰：「可力飲此，無預人事。」其心蓋惡鸞而末如之何也。朏之志節行義，凛凛如此，司馬温公猶以爲譏，斯亦可恕也已〔六〕。《續筆》於士匄、韓厥下略及之〔七〕，故復詳論于此。

【校勘】

①「賾」，原作「頤」，據馬本、庫本、祠本改。

【箋證】

〔一〕荀彧，事詳《後漢書》卷一〇〇本傳，云：「（建安）十七年，董昭等欲共進操爵國公，九錫備物，密以訪彧。彧曰：『曹公本興義兵，以匡振漢朝，雖勳庸崇著，猶秉忠貞之節。君子愛人以德，不宜如此。』事遂寢。操心不能平。」後操饋之食，發視之乃空器也，於是飲藥而卒。

〔二〕劉穆之，事詳《宋書》卷四二《王弘傳》，云：義熙十一年，弘從劉裕北征，「前鋒已平洛陽，而未遣九錫。弘銜使還京師，諷旨朝廷。時劉穆之掌留任，而旨反從北來，穆之愧懼，發病遂卒」。

〔三〕高德政佐齊文宣，以精神凌逼，爲楊愔所譖，事詳《北齊書》卷三〇《高德政傳》。德政還尚書右僕射兼侍中，「顯祖末年，縱酒酣醉，所爲不法，德政屢進忠言。後召德政飲，不從，又進言於前，諫曰：『陛下道我尋休，今乃甚於既往，其若社稷何，其若太后何！』帝不悦。又謂左右云：『高德政恒以精神凌逼人。』德政甚懼，乃稱疾屏居佛寺，兼學坐禪，爲退身之計。帝謂楊愔曰：『我大憂德政，其病何似？』愔以禪代之際，因德政言情切至，方致誠款，常内忌之。由是答云：『陛下若用作冀州刺史，病即自差。』帝從之，德政見除書而起。帝大怒，召德政謂之曰：『聞爾病，我爲爾針。』親以刀子刺之，血流霑地。」卒斬之。

〔四〕高熲佐隋文帝，以爲相畜妾，爲獨孤后所譖，事詳《隋書》卷四一《高熲傳》。云：「太子勇失愛於上，潛有廢立之意。謂熲曰：『晉王妃有神憑之，言王必有天下，若之何？』熲長跪曰：『長幼有序，其可廢乎！』上默然而止。獨孤皇后知熲不可奪，陰欲去之。」

〔五〕劉文静佐唐高祖，以妾弟告變，爲裴寂所譖，事詳《舊唐書》卷五七《劉文静傳》。云：「文静自以才能幹用在裴寂之右，又屢有軍功，而位居其下，意甚不平。每廷議多相違戾，寂有所是，文静必非之，由是與寂有隙。高祖竟聽其言，遂殺文静、文起。」

〔六〕事詳《梁書》卷一五《謝朏傳》。《資治通鑑》卷一三九《齊紀五・高宗明皇帝上》建武元年，司馬光論曰：「臣聞衣人之衣者懷人之憂，食人之食者死人之事。二謝兄弟，比肩貴近，安享榮禄，危不預知，爲臣如此，可謂忠乎？」

〔七〕參《容齋續筆》卷一四《士匄韓厥》箋證。

12 琵琶亭詩

江州琵琶亭，下臨江津，國朝以來，往來者多題詠，其工者輒爲人所傳〔一〕。淳熙己亥歲，蜀士郭明復以中元日至亭，賦《古風》一章，其前云：「白樂天流落湓浦，作《琵琶行》，其放懷適意，視憂患死生禍福得喪爲何物，非深於道者能之乎？賈傅謫長沙，抑鬱致死；陸相竄南賓，屏絶人事，至從狗竇中度食飲。兩公猶有累乎世，未能如樂天逍遥自得也。予過九江，維舟琵琶亭下，爲賦此章。」「香山居士頭欲白，秋風吹作湓城客。眼看世事等虚空，雲夢胸中無一物。舉觴獨醉天爲家，詩成萬象遭梳爬。不管時人皆欲殺，夜深江上聽琵琶。賈胡老婦兒女語，淚濕青衫如著雨。此公豈作少狂夢？與世浮沉聊爾汝。

我來後公三百年，潯陽至今無管絃。（公詩有「潯陽地僻無音樂」之句①。）長安不見遺音寂，依舊匡廬翠掃天。」郭君，成都人，隆興癸未登科，仕不甚達〔二〕。但賈誼自長沙召還，後爲梁王傅乃卒，前所云少誤矣。吾州餘干縣東干越亭有琵琶洲在下，唐劉長卿、張祜輩皆留題②〔三〕。紹興中，王洋元勃一絕句云：「塞外風煙能記否③，天涯淪落自心知。眼中風物參差是，只欠江州司馬詩。」真佳句也〔四〕。

【校勘】

①此注文據馬本、庫本、祠本補。　②「祜」訛作「祐」，據馬本、祠本改。　③「風」，馬本、祠本作「烽」。

【箋證】

〔一〕江休復《嘉祐雜志》：「江州琵琶亭詩板甚多。」劉攽《中山詩話》：「江州琵琶亭，前臨江，左枕湓浦，地尤勝絕。夏、梅詩最佳。（英公、公儀。）夏云：『年光過眼如車轂，職事羈人似馬銜。若遇琵琶應大笑，何須涕泣滿青衫。』梅云：『陶令歸來爲逸賦，樂天謫宦起悲歌。有絃應被無絃笑，何況臨絃泣更多。』又有葉氏女（名桂女，字月流。）詩曰：『樂天當日最多情，淚滴青衫酒重傾。明月滿船無處問，不聞商女琵琶聲。』」

〔二〕趙與旹《賓退録》卷三：「九江琵琶亭壁間題詠甚多。嘉泰初，撤而新之，俱不復存。時族父石埭府君丞德化被郡檄督工，獨取成都郭宗丞明復一詩，刻之石，真絕唱也。其詩云：（見本條。略。）夏文莊嘗有《寄題琵琶亭》一絕云：（見前引。略。）近時陳益之待制謙又賦《續琵琶行》，有云：『青衫夜半何曾著，引興參差雜椒糈。』亦皆有新意。《倦游雜録》載史沆嘗題詩亭上：『坐上騷人雖有淚，江邊寡婦不難欺。若使王涯聞此曲，織羅應過賞花詩。』沆早登進士第，坐事遷謫而死，平生好持人短長，世以凶人目之，故雖古人亦妄肆詆訾云。」

按，宋人題詩之有名可考者尚多，如劉敞《公是集》卷二八、歐陽修《文忠集》卷五六、蘇轍《欒城集》卷一〇、張耒《柯山集》卷一一、李綱《梁谿集》卷一八、周紫芝《太倉稊米集》卷三五、王十朋《梅溪後集》卷一五，皆有《琵琶亭》詩。

〔三〕吴曾《能改齋漫録》卷九《地理》「琵琶洲」條：「饒州餘干，水口有洲，形如琵琶，謂之琵琶洲。洲有亭在岸，謂之琵琶亭，過客留詩非一人也。」

劉長卿《負謫後登干越亭作》：「天南愁望絶，亭上柳條新。落日獨歸鳥，孤舟何處人。生涯投越徼，世業陷胡塵。杳杳鍾陵暮，悠悠鄱水春。秦臺悲白首，楚澤怨青蘋。草色迷征路，鶯聲傷逐臣。獨醒空取笑，直道不容身。得罪風霜苦，全生天地仁。青山數行淚，滄海一窮鱗。牢落機心盡，惟憐鷗鳥親。」（《全唐詩》卷一四九）

張祜《題干越亭》：「扁舟亭下駐煙波，十五年游重此過。洲觜露沙人渡淺，樹稍藏竹鳥啼多。山銜落照欹紅蓋，水蹙斜文捲緑羅。腸斷中秋正圓月，夜來誰唱異鄉歌。」（《全唐詩》卷五一一）

又施肩吾有《宿干越亭》詩（《全唐詩》卷四九四），羅隱有《干越亭》詩（《全唐詩》卷六六五）。

〔四〕王洋，字元勃，山陽人，以省試第二名中宣和六年甲科，紹興初，累官起居舍人知制誥，直徽猷閣，歷典邵武、吉、饒三郡，紹興二十三年卒。有《東牟集》十四卷。《宋史翼》卷二七有傳。

按，王洋此詩又見汪應辰《文定集》卷二四《琵琶洲》。唯「淪落」作「落日」，「風物」作「景物」。（文淵閣《四庫全書》本）疑是一詩，或係四庫館臣據《永樂大典》而誤輯者。

13 減損入宮人

唐開元十七年，國子祭酒楊瑒上言：「省司奏限天下明經、進士及第，每年不過百人。竊見流外出身，每歲二千餘人，而明經、進士不能居其什一，則是服勤道業之士不如胥吏之得仕也。若以出身人太多，則應諸色裁損，不應獨抑明經、進士。」當時以其言爲然〔一〕。淳熙九年，大減任子員數，是時，吏部四選開具以三年爲率，文班進士大約三四百人，任子文武亦如之。而恩倖流外，蓋過二千之數，甚與開元類也〔二〕。

【箋證】

〔一〕《資治通鑑》卷二一三《唐玄宗紀中之上》開元十七年三月。

〔二〕《宋史》卷一五九《選舉志》：「淳熙九年，始詔：『減任子員數。自宰相、執政、侍從、卿監、正郎、員外郎分爲五等，每等降殺，以兩酌中定爲止數。武臣如之。宰相十人，執政八人，侍從六人，中散大夫至中大夫四人，帶職朝奉郎至朝議大夫二人，通減三分之一。』於是冗濫漸革。」

《文獻通考》卷二九《選舉考二》引《三筆》本條，接云：「今考唐每歲及第者，極盛之時不能五十人，姑以五十人爲率，則三歲所放不過百五十人，而宋自中興以後，每科進士及第，動以四五百人計，蓋倍於唐有餘矣。又唐士之及第者，未能便解褐入仕，尚有試吏部一關。韓文公三試於吏部無成，則十年猶布衣；且有出身二十年不獲禄者。而宋則一登第之後，即爲入仕之期。夫其數之多如此，取之易復如此，則宋之以進士入仕者其冗當數倍於唐，而今謂淳熙之事纔類開元何邪？」

14 韓蘇文章譬喻

韓、蘇兩公爲文章，用譬喻處，重複聯貫，至有七八轉者。韓公《送石洪序》云：「論人高下，事後當成敗，若河決下流東注，若駟馬駕輕車就熟路，而王良、造父爲之先後也，若燭照數計而龜卜也。」《盛山詩序》云：「儒者之於患難，其拒而不受於懷也，若築河隄以障屋霤；其容而消之也，若水之於海，冰之於夏日；其翫而忘之以文辭也，若奏金石以破蟋蟀之鳴、蟲飛之聲。」〔一〕蘇公《百步洪》詩云「長虹斗落生跳波，輕舟南下如投梭。水師絶叫鳧雁起，亂石一線争蹉磨。有如兔走鷹隼落，駿馬下注千丈坡。斷絃離柱箭脱手，飛電過隙珠翻荷」之類是也〔二〕。

【箋證】

〔一〕謝枋得編《文章軌範》卷一《放膽文・送石洪處士序》，評曰：「『與之語道理，辨古今事當否，論人高下，事後當成敗，若河決下流而東注，若駟馬駕輕車就熟路，而王良、造父爲之先後也』，此一章譬喻，文法最奇。韓文公作文，千變萬化，不可捉摸，如雷電鬼神，使人不可測。其作《韋侍講盛山十二詩序》云：『夫儒者之于患難，苟非其自取之其拒而不受于懷也，若築河堤以障屋霤；其容而消之也，若水之于海，冰之于夏日；其玩而忘之以文辭也，若奏金石以破蟋蟀之鳴、蟲飛之聲。況一不快于考功、盛山一出入息之間哉！』此段分明是《送石處士序》譬喻文法，恐人識破，便變化三樣句，分作三段。此公平生以怪怪奇奇自負，其作文，要使人不可測識。如陳後山《送參寥序》云：『其議古今，張人情，貌肖否，言之從違，詩之精粗，若水赴壑，阪走丸，倒囊出物，鷙鳥舉而風逼之也，若升高視下，爬癢而鑑貌也。』此一段文亦新奇，不蹈襲，只是被人看破，全是學韓文公《送石洪處士序》文。」

〔二〕翁方綱《石洲詩話》卷三：「《容齋三筆》謂蘇公《百步洪》詩，重複譬喻處，與韓《送石洪序》同。此以文法論之，固似矣；而此詩之妙，不盡於此。今之選此詩者，但以《百步洪》原題爲題，而忘其每篇自有本題。此篇之本題，則序中所謂『追懷曩游，已爲陳迹』也。試以此意讀之，則所謂『兔走隼落』『駿馬注坡』『弦離箭脱』『電過珠翻』者，一層内又貫入前後兩層，此是何等神光！而僅僅以疊下譬喻之文法賞之耶？查初白評此詩，亦謂『連用比擬，古所未有』。予謂此蓋出自《金剛經》偈子耳。」姚永樸《文學研究法》卷二《著述》，引《三筆》本條，接云：「愚謂韓公《原道》引夏葛、冬裘、渴飲、飢食以詰老氏，茅鹿門謂『正譬雜遝，各無數語，筆力天縱。』他若《争臣論》云：『聖賢者，時人之耳目也；時人者，聖賢之身也。』《守戒》既引猛獸、穿窬爲强藩之喻，末又云：『賁育之不戒，童子之不抗，魯雞之不期，蜀雞之不支。』下復接之以鹿之於豹一喻。《進學解》以匠氏、醫師陪出宰相之用才。《送窮文》云：『攜持琬琰，易一羊皮，飫於肥甘，慕彼糠糜。』語皆奇警。蘇氏父子造句不及韓公之古，而構想亦妙，或更引古語古事爲證。蓋經營慘澹，各具匠心，非熟讀深思，烏能窮其變化哉！」

15　唐昭宗贈諫臣官

唐僖宗幸蜀，政事悉出内侍田令孜之手。左拾遺孟昭圖、右補闕常濬上疏論事，昭圖坐貶，令孜遣人沉之於蟇頤津，賜濬死。《資治通鑑》記其事〔一〕。予讀《昭宗實録》，即位之初，贈昭圖起居郎，濬禮部員外郎，以其直諫被戮，故褒之。方時艱危，救亡不暇，而初政及此，《通鑑》失書之，亦可惜也〔二〕。

【箋證】

〔一〕《資治通鑑》卷二五四《唐僖宗紀中之上》：中和元年七月，「庚午，左拾遺孟昭圖上疏，以爲：

『夫天下者，高祖、太宗之天下，非北司之天下；天子者，四海九州之天子，非北司之天子。北司未必盡可信，南司未必盡無用。豈天子與宰相了無關涉，朝臣皆若路人！如此，恐收復之期，尚勞聖慮，尸禄之士，得以宴安。臣躬被寵榮，職在裨益，雖遂事不諫，而來者可追。』疏入，令孜屏不奏。辛未，矯詔貶昭圖嘉州司户，遣人沉於蟇頤津。」

范祖禹《唐鑑》卷二二《僖宗》亦録昭圖之疏，祖禹按：「自古大亂之世，亦必有忠義之臣。僖宗播越，幾於亡矣，而諫争之職猶有人焉，蓋天下未嘗無賢，唯其君不能用也。唐之將亡，雖有忠賢，亦末如之何矣。昭圖豈不知言發而禍應哉？特出於忠義憤激而不能已耳。夫明主導天下而使之言，其賢者樂告以善道，故國家可得而治也。苟上下否隔，不可告語，使人之言者出於憤激之氣，則其國豈不殆哉！」

《資治通鑑》卷二五六《唐僖宗紀下之上》，光啓元年十月，「乙巳，右補闕常濬上疏，以爲：『陛下姑息藩鎮太甚，是非功過，駢首並足，致天下紛紛若此，猶未之寤，豈可不念駱谷之艱危，復懷西顧之計乎！宜稍振典刑，以威四方。』田令孜之黨言於上曰：『此疏傳於藩鎮，豈不致其猜忿！』庚戌，貶濬萬州司户，尋賜死。」

〔二〕陳振孫《直齋書録解題》卷四《起居注類》有《唐昭宗實録》三十卷，謂是宋敏求所補輯。王明清《玉照新志》卷一：「明清每閲《唐史》甘露事，未嘗不流涕也。嗟夫，士大夫處昏庸之世，不幸罹此，後來無人别白，可恨！近觀《續皇王寶運録》云：『僖宗光啓四年正月，詔云：

「大和九年，故宰臣王涯以下十七家，並見陷逆名，本承密旨，遂令忠憤終被冤誣，六十餘年，幽枉無訴，宜沾沛澤，用慰泉扃，並與洗雪，各復官爵，兼訪其子孫與官，使銜冤之魂亦信眉於九原矣。」』惜乎劉昫、宋景文、歐陽文忠不見此詔載之於新、舊《唐史》，殊爲闕文。如褒贈常濬、孟昭圖二人之文，亦其時，以見之洪景盧《容齋三筆》，不復重録。」

容齋三筆卷七十四則

1 執政辭轉官

真宗天禧元年，合祭天地，禮畢，推恩百僚，宰相以下遷官一等。時參知政事三人，陳彭年自刑部侍郎遷兵部，王曾自左諫議大夫遷給事中，張知白自給事中遷工部侍郎。而知白獨懇辭數四，上敦諭，終不能奪。王曾聞之，亦乞寢恩命。上曰：「知白無他意，但以卿爲諫議大夫，班在上，己爲給事中，在下，所以固辭，欲品秩有序爾。」於是從知白所請，而優加名數，進階金紫光禄大夫，併賜功臣爵邑〔一〕。元祐三年四月，宰執七人，自文彦博仍前太師外，右僕射吕公著除司空、同平章軍國事，中書侍郎吕大防除左僕射，同知樞密院范純仁除右僕射，尚書左丞劉摯除中書侍郎，右丞王存除左丞，唯知樞密院安燾不遷，乃自正議大夫特轉右光禄。燾上章辭，令學士院降詔不允。學士蘇軾以爲：「朝廷豈以執政六人，五人進用，故加遷秩，以慰其心？既無授受之名，僅似姑息之政，欲奉命草詔，不知所以爲詞，伏望從其所請。」御寶批：「可且用一意度作不許詔書進入。」燾竟辭，始免〔二〕。紹興三十一年，陳康伯自右相拜左相，朱倬自參政拜右相，時葉義問知樞密院，元居倬上，不得遷，朝論謂宜進爲使，學士何溥面受草制之旨，曾以爲言，高宗不許〔三〕。紹熙五年七月，主上登極，拜知樞密院趙汝愚爲右相，參政陳騤除知院，同知院事余端禮除參政，而左丞相留正以少保進少傅，乃係特遷，且非覃恩，正固辭，乃止〔四〕。

【箋證】

〔一〕《續資治通鑑長編》卷八九：真宗天禧元年二月癸未，「以新除工部侍郎、參知政事張知白爲金紫光禄大夫，依前給事中，加功臣勳邑，餘如故。先是，知白以郊恩進秩，再表固讓，上不許，復奉章懇請入對自陳者數，上敦諭，終不能奪。給事中參知政事王曾曰：『臣與知白並新蒙擢用，今又增秩，實不遑安，望並寢恩命。』上曰：『知白懇讓無他意，但以卿爲諫議大夫班在上，己爲給事中在下，固讓之，欲品秩有叙爾。且近臣著位，皆以先後爲次，苟堅確如此，朕亦無吝。』曾又曰：『知白才識素優，況先朝登，名比臣實爲宿舊，願升知白班在臣上，則兩得其宜。』上不許，乃從知白所請，而優加名數焉。」（《知白傳》云：「知白心不能平，故力辭所遷官。」今但從《實録》，且載上語，著位自有定制，知白何不平之有？恐史官或加潤飾耳。宋敏求《春明退朝録》云：「二府舊以官相壓，李文正公自文明殿學士、工部侍郎爲參知政事，而宋惠安公自左諫議大夫、參知政事遷刑部尚書，居其上。在祥符末，王沂公與張文節公同參知政事，王轉給事中，張轉工部侍郎而班沂公下，意頗不悦，乃復還二卿之命。上以舊官，優加階邑，自後第以先後入爲次序。」史官潤飾，蓋以敏求所録也。今不取。）

〔二〕《續資治通鑑長編》卷四〇九：哲宗元祐三年四月戊子，「聽知樞密院事安燾辭免所遷右光禄大夫。先是，翰林學士蘇軾言：『臣竊謂人主之馭群臣，專以禮義廉恥，若使受無名之寵，則爲待臣子之輕。今朝廷豈以執政六人，五人進用，故加遷秩以慰其心，燾位冠西樞，委寄至重，豈肯見人擢用，即以介懷？既無授受之名，僅以姑息之政，縱有先朝故事，亦是一時誤恩。今燾力辭，正爲知義。臣欲奉命草詔，不知所以爲詞。伏望聖慈從其所請。若除受別有緣故，即乞明降指揮。苟於義稍安，敢不撰進。』内批：『可。且用一意度作不許辭免詔書進入。』燾再辭免，遂從之。」按，蘇軾《乞允安燾辭免轉官劄子》，見《東坡全集》卷六五。

〔三〕《建炎以來繫年要録》卷一八九：紹興三十一年三月庚寅，「尚書右僕射同中書門下平章事陳康伯遷左僕射。參知政事朱倬守右僕射並同中書門下平章事。」按同書卷一九三，三十一年十月戊午，知樞密院事葉義問，督視江淮軍馬。己未，鑄樞密行府之印。丁卯，至鎮江，權立行府。蓋即以慰之也。

〔四〕《宋史》卷三七《寧宗紀》：紹熙五年七月乙亥，「以趙汝愚爲右丞相，參知政事陳騤知樞密院事，余端禮參知政事，仍兼同知樞密院事。汝愚辭不拜」。《宋史》卷三九一《留正傳》：「進少傅，屢辭不拜。奏言：『陛下勉徇群情，以登大寶，當遇事從簡，示天下以不得已之意，實非頒爵之時。』」

2 宗室補官

壽皇聖帝登極赦恩，凡宗子不以服屬遠近，人數多少，其曾獲文解兩次者，並直赴殿試；略通文墨者，所在州量試，即補承信郎。由是入仕者過千人以上。淳熙十六年二月、紹熙五年七月，二赦皆然。故皇族得官不可以數計〔一〕。偶閲《唐昭宗實録》載一事云：「宗正少卿李克助奏：『準去年十一月赦書，皇三等以上親無官者，每父下放一人出身；皇五等以上親未有出身陪位者，與出身。寺司起請承前舊例，九廟子孫陪位者，每父下放一人出身，共放三百八十人。其諸房宗室等，各赴陪位納到文狀，共一千二十七人。除元不赴陪位，及不納到狀，及違寺司條疏①，不取宗室充係落下外，係三百八十人，合放出身。』敕準赦書處分。」予案昭宗以文德元年即位，次年十一月南郊禮畢肆赦，其文略云：「皇三等以上親，委中書門下各擇有才行者量與改官，無官者，每父下放一人出身；皇五等以上親未有出身陪位者，與出身。」然則亦有三等五等親、陪位與不陪位之差別也〔二〕。

【校勘】

①「疏」，原作「流」，據馬本、庫本、祠本改。

【箋證】

〔一〕《宋史》卷一五七《選舉志》：「孝宗登極，凡宗子不以服屬遠近、人數多寡，其曾獲文解兩次者，並直赴廷試；略通文墨者，量試推恩。習經人本經義二道，習賦人詩賦各一首，試論人論一首，仍限二十五歲以上，合格，第一名承節郎，餘並承信郎。曾經下省人，免量試，推恩。四川則附試于安撫制置司。於是入仕者驟踰千人。」

按，紹興三十二年六月十四日（孝宗即位未改元），以皇帝登極奏告天地、宗廟、社稷、景靈宫、天慶觀、報恩光孝觀、泰一宫、諸陵、紹興兩攢宫。所謂孝宗登極赦恩，當在此時。淳熙十六年二月五日（光宗即位未改元），以皇帝登極，奏告天地、宗廟、社稷、景靈宫、諸宫觀、諸陵、攢宫。紹熙五年七月五日（寧宗即位未改年），以皇帝登極奏告，如孝、光兩朝禮。（參《文獻通考》卷八九《郊社考二十二·告祭上》。）淳熙、紹熙兩次赦恩在此時。

〔二〕按《唐大詔令集》卷七〇《寶曆元年正月南郊赦》：「皇五等以上親，三品以上賜爵一級；五品以上升一階；六品以下及前資常選散官，簡選日優與處分；未有出身陪位者，每家放一人出身；應陪位者，皇儲五等以上親，及太皇太后、太后三等以下親，三品以上賜爵一級；四品以下加一階；諸親四等五等；及諸州賀正官，並諸色陪位官，五品以上加一階；六品以下及白身人，並賜勳兩轉；其前資及有出身者，各減一選。」蓋此乃南郊肆赦之常例，非昭宗新制。

3 孫宣公諫封禪等

景德、祥符之間，北戎結好，宇内乂寧，一時邪諛之臣，唱爲瑞應祺祥，以罔明主，王欽若、陳彭年輩實主張之。天書既降，於是東封、西祀、太清之行，以次丕講，滿朝耆老方正之士，鮮有肯啓昌言以遏其奸焰，雖寇萊公亦爲之〔一〕。而孫宣公奭獨上疏争救，于再于三,《真録》出於欽若提綱〔二〕,故不能盡載,以故後人罕稱之。予略摘其大槩紀於此。一章論西祀,曰:「汾陰后土,事不經見。漢都雍,去汾陰至近;河東者,唐王業所起之地,且又都雍,故武帝、明皇行之。今陛下經重關,越險阻,遠離京師根本之固,其爲不可甚矣。古者聖王先成民而後致力於神,今土木之功累年未息,水旱作沴,饑饉居多,乃欲勞民事神,神其享之乎!明皇嬖寵害政,奸佞當塗,以至身播國屯。今議者引開元故事以爲盛烈,臣切不取。今之奸臣,以先帝詔停封禪,故贊陛下,以爲繼承先志。且先帝欲北平幽朔,西取繼遷,則未嘗獻一謀、畫一策以佐陛下。而乃卑辭重幣,求和於契丹,蹙國縻爵,姑息於保吉,謂主辱臣死爲空言,以誣下罔上爲己任,撰造祥瑞,假託鬼神,纔畢東封,便議西幸。以祖宗艱難之業,爲佞邪僥倖之資,臣所以長歎而痛哭也。」二章論争言符瑞,曰:「今野鵰山鹿,並形奏簡,秋旱冬雷,率皆稱賀。將以欺上天,則上天不可欺;將以愚下民,則下民不可愚;將以惑後世,則後世必不信。腹非竊笑,有識盡然。」三章論將幸亳州,曰:「國家近日多效唐明皇所爲。且明皇非令德之君,覩其禍敗,足爲深戒,而陛下反希慕之。近臣知而不諫,得非奸佞乎?明皇奔至馬嵬,楊國忠既誅,乃諭軍士曰:『朕識理不明,寄任失所,近亦覺寤。』然則已晚矣。陛下宜早覺寤,斥遠邪佞,不襲危亂之迹,社稷之福也。」四章論朱能天書,曰:「奸憸小人,妄言符瑞,而陛下崇信之,屈至尊以迎拜,歸祕殿以奉安。百僚黎庶，痛心疾首，反脣腹非，不敢直言。臣不避死亡之誅，聽之罪之，惟在聖斷。昔漢文成、五利，妄言不讎，漢武誅之。先帝時，侯莫陳利用方術奸發，誅於鄭州。唐明皇得靈符寶券，皆王鉷、田同秀等所爲，不能顯戮，今日見老君於閣上，明日見老君於山中，大臣尸禄以將迎，端士畏威而緘默。及禄山兆亂，輔國刼遷，大命既傾，前功併棄。今朱能所爲是已。願遠思漢武之雄材，近法先帝之英斷，中鑒明皇之召禍，庶幾災害不生，禍亂不作。」〔三〕奭之論諫，雖魏鄭公、陸宣公不能過也〔四〕。

【箋證】

〔一〕參《三筆》卷五《永興天書》箋證。

〔二〕《郡齋讀書志》卷二上實録類：「《真宗實録》一百五十卷。右皇朝王欽若等撰。起藩邸，止乾興元年壬戌二月，凡二十六年。乾興元年詔李維、晏殊、孫奭、宋綬、陳堯佐、王舉正、李淑同修，馮拯監修。拯卒，欽若代。天聖二年書成上之。」

〔三〕《宋史》卷四三一《儒林·孫奭傳》載其論諫四章甚詳，可參。又見《續資治通鑑長編》卷七四，繫在真宗大中祥符三年十二月。

〔四〕魏鄭公徵諫止唐太宗封禪，參《隨筆》卷七《魏鄭公諫語》、卷一一《漢唐封禪》。陸宣公贄，《舊唐書》卷一三九本傳贊云：「贄居珥筆之列，調飪之地，欲以片心除衆弊，獨手遏群邪。」《新唐書》卷一五七本傳贊云：「觀贄論諫數十百篇，譏陳時病，皆本仁義，可爲後世法，炳炳如丹，帝所用纔十一。唐祚不競，惜哉！」

4 赦恩爲害

赦過宥罪，自古不廢，然行之太頻，則惠奸長惡，引小人於大譴之域，其爲害固不勝言矣。唐莊宗同光二年大赦，前云：「罪無輕重，常赦所不原者，咸赦除之。」而又曰：「十惡五逆、屠牛、鑄錢、故殺人、合造毒藥、持仗行劫、官典犯贓，不在此限。」〔一〕此制正得其中。當亂離之朝，乃能如是，亦可取也，而今時或不然〔二〕。

【箋證】

〔一〕同光二年祀南郊大赦，見《舊五代史》卷三一《唐書第七・莊宗紀五》。按，後唐莊宗大赦之制，蓋沿唐舊，非所自創。考《唐大詔令集》，《改天寶三年爲載制》：「其天下見禁囚徒，應雜犯死罪者，宜各降一等；自餘一切放免。其十惡，及造僞妖妄頭首，官吏犯贓並奸盜等，害政既深，情難容恕，不在免限。」（《唐大詔令集》卷四）《去上元年號大赦》：「可大赦天下。自二年九月二十一日昧爽已前，大辟罪無輕重，已發覺、未發覺、已結正、未結正，見繫囚徒，常赦所不免者，咸赦除之。其十惡五逆，及僞造頭首，官典犯贓等，法實難容，刑故無小，並不在免限。」（《唐大詔令集》卷四）《大和改元赦》：「大辟罪已下，罪無輕重，已發覺、未發覺、已結正、未結正，見繫囚徒，常赦所不免者，並赦除之。惟十惡五逆，及故殺人，官典犯入已贓，不在免限。」（《唐大詔令集》卷五）他如《穆宗即位赦》（《唐大詔令集》卷二）、《長慶元年正月南郊改元赦》（《唐大詔令集》卷七〇）、《大和三年南郊赦》（《唐大詔令集》卷七〇），亦有類似條款。

又，唐昭宗改光化四年爲天復元年，大赦天下，有云：「四月十五日昧爽已前，大辟罪已下，罪無輕重，已發覺、未發覺、已結正、未結正，繫囚見徒，常赦所不原者，咸赦除之。惟十惡五逆、屠牛、鑄錢、合造毒藥、謀故殺人、及持杖行劫者、官典犯入己贓，兼以踰濫身名、冒優官秩，及刑獄之内，官吏用情，致成冤濫，不問有贓無贓，並不在原免之限。」（《唐大詔令集》卷五《改元天復赦》）

〔二〕《文獻通考》卷一七三《刑考十二·赦宥》：「宋朝赦宥之制，其非常覃慶，則常赦不原者，咸赦除之。其次釋雜犯死罪以下，皆謂之大赦，或止謂之赦。雜犯死減等，而餘罪釋之；流以下減等，杖笞釋之：皆謂之德音，亦有釋雜犯罪至死者。其恩霈之及，有止於京城、兩京、兩路、一路、數州、一州之地者，則謂之曲赦。」

5 代宗崇尚釋氏

唐代宗好祠祀，未甚重佛。元載、王縉、杜鴻漸爲相，三人皆好佛。上嘗問以「佛言報應，果爲有無」。載等奏：「國家運祚靈長，非宿植福業，何以致之？福業已定，雖時有小災，終不能爲害，所以安、史有子禍，僕固病死，回紇、吐蕃不戰而退，此皆非人力所及。」上由是深信之，常於禁中飯僧，有寇至則令僧講《仁王經》以禳之，寇去則厚加賞賜。胡僧不空，官至卿、監，爵爲國公，出入禁闥，勢移權貴。此《唐史》所載也〔一〕。予家有嚴郢撰《三藏和尚碑》〔二〕，徐季海書，乃不空也，云：「西域人，氏族不聞於中夏，玄、肅、代三朝皆爲國師。代宗初以特進、大鴻臚褒表之。及示疾，又就卧内加開府儀同三司、肅國公。既亡，廢朝三日，贈司空。」其恩禮之寵如此。同時又有僧大濟，爲帝常脩功德，至殿中監。贈其父惠恭兖州刺史，官爲營辦葬事，有敕葬碑，今存〔三〕。時兵革未盡息，元勳宿將，賞功賦職，不過以此處之，顧施之一僧，繆濫甚矣。

【箋證】

〔一〕《舊唐書》卷一一八《王縉傳》。

〔二〕嚴郢《大唐興善寺大廣智不空三藏碑銘並序》，見《唐文粹》卷六二。

〔三〕趙明誠《金石録》卷二八《跋尾十八·唐吕府君敕葬碑》：「右唐吕府君敕葬碑。吕府君者，名惠恭，僧大濟之父。代宗朝，元載、王縉用事，宗尚浮圖之法，大濟爲帝常修功德使、殿中監，故褒贈其父爲兖州刺史，官爲營辦葬事。爵賞之濫，一至于此。」

6　光武苻堅

漢光武建武三十年，群臣請封禪泰山。詔曰：「即位三十年，百姓怨氣滿腹，吾誰欺，欺天乎？若郡縣遠遣吏上壽，盛稱虛美，必髡，令屯田。」於是群臣不敢復言，其英斷如此。然財二年間，乃因讀《河圖會昌符》，詔索《河雒》讖文言九世當封禪者，遂爲東封之舉，可謂自相矛盾矣〔一〕。苻堅禁圖讖之學，尚書郎王佩讀讖，堅殺之，學讖者遂絶。及季年，爲慕容氏所困，於長安自讀讖書，云：「帝出五將久長得。」乃出奔五將山，甫至而爲姚萇所執。始禁人爲讖學，終乃以此喪身亡國。「久長得」之兆，豈非言久當爲姚萇所得乎？又「姚」與「遥」同，亦久也〔二〕。光武與堅非可同日語，特其事偶可議云。

【箋證】

〔一〕《資治通鑑》卷四四《漢紀三十六·世祖光武皇帝下》。讀讖東封，在中元元年。事又見《後漢書》卷一七《祭祀志》，繫在建武三十二年。（按范史本紀，建武止三十一年，次年改爲中元。可參《隨筆》卷六《建武中元》。）可參《隨筆》卷一一《漢唐封禪》。

〔二〕苻堅禁圖讖，殺王佩，見《資治通鑑》卷一〇三《晉孝武帝紀上之上》寧康三年。自讀讖書，出奔五將山，見《資治通鑑》卷一〇六《晉孝武帝紀中之上》太元十年。

7 周武帝宣帝

周武帝平齊，中原盡入輿地，陳國不足平也，而雅志節儉，至是愈篤。後宮唯置妃二人，世婦三人，御妻三人，則其下保林、良使輩，度不過數十耳〔一〕。一傳而至宣帝，奢淫酣縱，自比於天，廣搜美女，以實後宫，儀同以上女不許輒嫁，遂同時立五皇后〔二〕。父子之賢否不同，一至於此。

【箋證】

〔一〕周武事，詳《資治通鑑》卷一七三《陳宣帝紀中之下》。太建九年四月己丑，「周主祭方丘，詔『以路寢會義、崇信、含仁、雲和、思齊諸殿，皆晉公護專政時所爲，事窮壯麗，有踰清廟，悉可毀撤。彫斲之物，並賜貧民。繕造之宜，務從卑朴。』戊戌，又詔：『并、鄴諸堂殿壯麗者，準此。』」（司馬光此處有按云：「臣光曰：『周高祖可謂善處勝矣。他人勝則益奢，高祖勝而愈儉。』」）十一月，「周詔：『自永熙三年以來，東土之民掠爲奴婢，及克江陵之日，良人没爲奴婢者，並放爲良。』又詔：『後宫唯置妃二人，世婦三人，御妻三人，此外皆減之。』周主性節儉，常服布袍，寢布被，後宫不過十餘人；每行兵，親在行陳，步涉山谷，人所不堪；撫將士有恩，而明察果斷，用法嚴峻。由是將士畏威而樂爲之死。」

〔二〕《資治通鑑》卷一七三：「宣帝初立，即逞奢欲，大行在殯，曾無戚容，捫其杖痕大駡曰：『死晚矣。』閲視高祖宫人，逼爲淫欲。」樂運輿櫬詣朝堂，陳帝八失，「其二，搜美人以實後宫，儀同以上女不許輒嫁，貴賤同怨」。按，樂運陳宣帝八失，詳見《周書》卷四〇《樂運傳》。

8 唐觀察使

唐世於諸道置按察使，後改爲采訪處置使，治於所部之大郡。既又改爲觀察，其有戎旅之地，即置節度使。分天下爲四十餘道，大者十餘州，小者二三州，但令訪察善惡，舉其大綱。然兵甲、財賦、民俗之事，無所不領，謂之都府，權勢不勝其重，能生殺人，或專私其所領州，而虐視支郡〔一〕。元結爲道州刺史，作《春陵行》，以爲「諸使誅求符牒二百餘通」，又作《賊退示官吏》一篇，以爲「忍苦哀斂」〔二〕。陽城守道州，賦稅不時，觀察使數誚責，又遣判官督賦，城自囚於獄。判官去，復遣官來按舉〔三〕。韓愈《送許郢州序》云：「爲刺史者恒私於其民，不以實應乎府；爲觀察使者恒急於其賦，不以情信乎州。財已竭而斂不休，人已窮而賦愈急。」韓皐爲浙西觀察使，封杖決安吉令孫澥至死〔四〕。一時所行，大抵類此，然每道不過一使臨之耳。今之州郡控制按刺者，率五六人，而臺省不預，毁譽善否，隨其意好，又非唐日一觀察使比也〔五〕。

【箋證】

〔一〕《文獻通考》卷六一《職官考十五》「巡察按察巡撫等使」條：「景龍二年，置十道按察使，分察天下。至開元八年五月，復置十道按察使，以陸象先、王晙等爲之。」又同前「采訪處置使」條：

「開元二十二年，初置十道采訪處置使，以御史中丞盧絢等爲之，仍置印。二十五年，命諸道采訪使，考課官人善績，三年一奏，永爲常式。天寶九載，敕采訪使，但察訪善惡，舉其大綱，自餘郡務，所有奏請，並委郡守，不須干及。乾元元年，詔近緣狂寇亂常，每道分置節度，其管内緣徵遣及文牒兼使命來往，州縣應命，非不艱辛，仍加采訪，轉益煩擾。其采訪使置來日久，並諸道黜陟使宜且停，待後當有處分。（其年改爲觀察處置使。）」又録《三筆》本條，接云：「按野處所言以爲唐之州縣，不過一使臨之，而宋則有帥、漕、憲、倉四司，故州縣之官尤難以奉承展布。蓋唐制一道兵政屬之節度使，民事屬之觀察使，然節度多兼觀察，又各道雖有度支、營田、招討、經略等使，然亦多以節度使兼之。蓋使名雖多，而主其事者，每道一人而已。至宋則監司各自有建臺之所，每司專有長官，專有掾佐，而號令之行於統屬者始煩矣。然宋之監司雖多，而一司猶不過一人專之也。若夫司存鼎立，而每司之稱牧伯、刺史者比肩數人而以臨乎其郡，每郡則稱守者比肩數人而以臨乎其縣，每縣則稱宰者比肩數人而以臨乎其民，則其誅求之苛密、奉承之不易易，又振古所無也。」

〔二〕元結《次山集》卷四《春陵行》序云：「癸卯歲，漫叟授道州刺史。道州舊四萬餘户，經賊已來，不滿四千，大半不勝賦税。到官未五十日，承諸使徵求符牒二百餘封，皆曰『失其限者罪至貶削』。於戲！若悉應其命，則州縣破亂，刺史欲焉逃罪？若不應命，又即獲罪戾，必不免也。」又同卷《賊退示官吏》序云：「癸卯歲，西原賊入道州，焚燒殺掠幾盡而去。明年，賊又攻永州，破邵，不犯此州邊鄙而退，豈力能制敵歟？ 蓋蒙其傷憐而已。諸使何爲忍苦徵斂？」

〔三〕《舊唐書》卷一九二《陽城傳》：「賦税不登，觀察使數加誚讓。州上考功第，城自署其第曰：『撫字心勞，徵科政拙，考下下。』觀察使遣判官督其賦，至州，怪城不出迎，以問州吏。吏曰：『刺史聞判官來，以爲有罪，自囚於獄，不敢出。』判官大驚，馳入謁城於獄，曰：『使君何罪！某奉命來候安否耳。』留一二日未去，城因不復歸館；門外有故門扇橫地，城晝夜坐卧其上，判官不自安，辭去。其後又遣他判官往按之，他判官義不欲按，乃載妻子行，中道而自逸。」

〔四〕《舊唐書》卷一四《憲宗紀上》：「(元和)五年春正月壬寅朔己巳，浙西觀察使韓臯以杖決安吉令孫澥致死，有乖典法，罰一月俸料。」

〔五〕《文獻通考》卷六二《職官考十六》，有諸項提舉、經總制使、招討使、招撫使、宣諭使、撫諭使、鎮撫使，馬端臨按云：「古者牧伯之任，後世之所謂監司也。隋以前多謂之刺史，自唐以刺史名知州，而後牧伯始別有以名其官。蓋唐之初，止有上、中、下都督府，其後則有節度、觀察、團練諸使。宋之初，止有轉運使，其後則有安撫、提刑等官。然唐、宋中世以後，監司尤多。蓋唐之多設監司也，起於開元、天寶之興利，如楊國忠爲宰相，所領四十餘使，及元道州言『到官未五十日，諸使徵求符牒二百餘封』是也。宋之多設監司也，起於熙寧、元豐之行新法，如蘇公所謂『使者四十餘輩，事少員多，人輕權重』，及温公所謂『提舉司乃病民之本源』是也。」

9 冗濫除官

自漢以來，官曹冗濫之極者，如更始「竈下養，中郎將，爛羊頭，關内侯」〔一〕，晉趙王倫「貂不足，狗尾續」〔二〕，《北史》周世「員外常侍，道上比肩」〔三〕，唐武后「補闕連車，拾遺平斗」之諺〔四〕，皆顯顯著見者。中葉以後，尤爲泛濫。張巡在雍丘，才領一縣千兵，而大將六人，官皆開府特進，然則大將軍告身博一醉，誠有之矣〔五〕。德宗避難於奉天，渾瑊之童奴曰黄芩，力戰，即封渤海郡王〔六〕。至於僖、昭之世，遂有「捉船郭使君」「看馬李僕射」〔七〕。周行逢據湖湘，境内有「漫天司空、遍地太保」之譏〔八〕。李茂貞在鳳翔，内外持管籥者，亦呼爲司空、太保〔九〕。韋莊《浣花集》有《贈僕者楊金》詩云：「半年勤苦葺荒居，不獨單寒腹亦虚。努力且爲田舍客，它年爲爾覓金魚。」〔一〇〕是時，人奴腰金曳紫者，蓋不難致也。

【箋證】

〔一〕《後漢書》卷四一《劉玄傳》：「時李軼、朱鮪擅命山東，王匡、張卬横暴三輔，其所授官爵者，皆群小賈豎，或有膳夫庖人，多著繡面衣、錦袴、襜褕、諸于，罵詈道中。長安爲之語曰：『竈下養，中郎將。爛羊胃，騎都尉。爛羊頭，關内侯。』」

〔二〕《晉書》卷五九《趙王倫傳》：「倫乃僭即帝位，大赦，改元建始。是歲，賢良方正、直言、秀才、孝廉、良將皆不試；計吏及四方使命之在京邑者，太學生年十六以上及在學二十年，皆署吏；郡縣二千石令長赦日在職者，皆封侯；郡綱紀並爲孝廉，縣綱紀爲廉史。以世子荂爲太子，馥爲侍中、大司農、領護軍、京兆王，虔爲侍中、大將軍領軍、廣平王，詡爲侍中、撫軍將軍、霸城王，孫秀爲侍中、中書監、驃騎將軍、儀同三司，張林等諸黨皆登卿將，並列大封。其餘同謀者咸超階越次，不可勝紀，至於奴卒厮役亦加以爵位。每朝會，貂蟬盈坐，時人爲之諺曰：『貂不足，狗尾續。』而以苟且之惠取悦人情，府庫之儲不充于賜，金銀冶鑄不給于印，故有白版之侯，君子恥服其章，百姓亦知其不終矣。」

〔三〕《陳書》卷二六《徐陵傳》：「陵以梁末以來，選授多失其所，於是提舉綱維，綜覈名實。時有冒進求官，諠競不已者，陵乃爲書宣示曰：『自古吏部尚書者，品藻人倫，簡其才能，尋其門胄，逐其大小，量其官爵。梁元帝承侯景之凶荒，王太尉接荆州之禍敗，爾時喪亂，無復典章，故使官方，窮此紛雜。永定之時，聖朝草創，干戈未息，亦無條序。府庫空虚，賞賜懸乏，白銀難得，黄札易營，權以官階，代於錢絹，義存撫接，無計多少，致令員外、常侍，路上比肩；諮議、參軍，市中無數。豈是朝章，應其如此？』」容齋謂出《北史》，今未見此語。

〔四〕《資治通鑑》卷二〇五《唐紀二十一·則天順聖皇后中之上》長壽元年。「太后引見存撫使所舉人，無問賢愚，悉加擢用，高者試鳳閣舍人、給事中，次試員外郎、侍御史、補闕、拾遺、校書郎。試官自此始。時人爲之語曰：『補闕連車載，拾遺平斗量。欋推侍御史，盌脱校書郎。』有舉人沈全交續之曰：『糊心存撫使，眯目聖神皇。』」胡三省注：「《容齋隨筆》以爲此語出於張鷟。」

余嘉錫《四庫提要辨證》卷一七《子部八》「朝野僉載六卷」條，以爲胡三省蓋未見《朝野僉載》，故其注引長孫無忌以烏羊毛爲渾脱及如意初《黄麞歌》，皆不知源出此書也。

參《四筆》卷一一《張鷟譏武后濫官》。

〔五〕《新唐書》卷一九二《張巡傳》。

〔六〕黄芩，即高固。《舊唐書》卷一五二《高固傳》：「固生微賤，爲叔父所賣，展轉爲渾瑊家奴，號曰黄芩。性敏慧，有膂力，善騎射，好讀《左氏春秋》。瑊大愛之，養如己子，以乳母之女妻之，遂以固名，取《左氏傳》高固之名也。少隨瑊從戎於朔方，德宗幸奉天，固猶在瑊麾下。是時，賊兵已突入東壅門，固引甲士亂揮長刀，連斫數賊，拽車塞闔，一以當百，賊乃退去。衆咸壯之。以功封渤海郡王。李懷光既反，德宗再幸梁漢。懷光發迹邠寧，至是，使留後張昕取將士萬餘人以資援河中。固時在軍中，乃伺便突入張昕帳中，斬首以徇。拜檢校右散騎常侍、前軍兵馬使。貞元十七年，節度使楊朝晟卒，軍中請固爲帥，德宗念固功，因授檢校工部尚書。順宗即位，就加檢校禮部尚書。憲宗朝，進檢校右僕射。數年受代，入爲統軍，轉檢校左僕射，兼右羽林統軍。元和四年七月卒，贈陜州大都督。」

〔七〕《太平廣記》卷四九九《郭使君》：「江陵有郭七郎者，其家資産甚殷，乃楚城富民之首，江淮河朔間，悉有賈客仗其貨買易往來者。乾符初年，有一賈者，在京都，久無音信，郭氏子自往訪之。既相遇，盡獲所有，僅五六萬緡。生耽悦煙花，迷于飲博，三數年後，用過大半。是時，唐李朝政多邪，生乃輸數百萬于鬻爵者門，以白丁易得横州刺史。」生歸，遇兵亂，「寓居永郡，孤且貧，又無親識，日夕厄于凍餒。生少小素涉于江湖，頗熟風水間事，遂與往來舟船執梢，以求衣食。永州市人呼爲『捉梢郭使君』。自是狀貌異昔，共篙工之黨無别矣。」又同卷《李德權》：「京華有李光者，不知何許人也，以諛佞事田令孜。令孜嬖焉，爲左軍使。一旦，奏授朔方節度使，敕下翼日，無疾而死。光有子曰德權，年二十餘，令孜遂署劇職。會僖皇幸蜀，乃從令孜扈駕，止成都。時令孜與陳敬瑄盗專國柄，人皆畏威。李德權者，處于左右，遐邇仰奉，奸豪輩求名利，多賂德權，以爲關節。數年之間，聚賄千萬，官至金紫光禄大夫、檢校右僕射。後敬瑄敗，爲官所捕，乃脱身遁于復州，衣衫百結，丐食道途。有李安者，常爲復州後槽健兒，與父相熟，忽覩德權，念其藍縷，邀至私舍。安無子，遂認以爲姪。未半載，安且死，德權遂更名彦思，請繼李安效力，蓋慕彼衣食耳，尋獲爲牧守。圉人有識者，皆目之曰『看馬李僕射』。」注出《南楚新聞》。

〔八〕《宋史》卷四八三《湖南周氏世家》：「徐仲雅，性滑稽，頗恃才倨傲，行逢以爲節度判官。行逢多署溪洞蠻酋爲司空、太保，一日，謂仲雅曰：『吾奄有湖湘，兵强俗阜，四鄰其懼我乎？』仲雅曰：『公部内司空滿川，太保遍地，孰敢不懼！』行逢不悦。」

〔九〕《舊五代史》卷一三二《李茂貞傳》。

〔一〇〕按，此詩不見今本《浣花集》。

10 節度使稱太尉

唐節度使帶檢校官，其初只左右散騎常侍，如李愬在唐、鄧時所稱者也，後乃轉尚書及僕射、司空、司徒，能至此者蓋少。僖、昭以降，藩鎮盛强，武夫得志，纔建節鉞，其資級已高，於是復升太保、太傅、太尉，其上惟有太師，故將帥悉稱太尉〔一〕。元豐定官制，尚如舊貫。崇寧中，改三公爲少師、少傅、少保，而以太尉爲武階之冠，以是凡管軍者，猶悉稱之〔二〕。紹興間，葉夢得自觀文殿學士，張澄自端明殿學士，皆拜節度。葉嘗任執政，以暮年擁旄，爲儒者之榮，自稱葉太尉。張徵時用鄧洵武給使恩出身，羞爲武職，但稱尚書如故，其相反如此〔三〕。

【箋證】

〔一〕《資治通鑑》卷二七七《後唐紀·明宗聖德和武欽孝皇帝中之下》「王暉迎問曰太尉全軍出征」句下胡三省注云：「洪邁曰：（即本條此段，略。）余按唐制，太師、太傅、太保爲三師，太尉、司徒、司空爲三公。太尉，古以主兵，故呼將帥爲太尉耳。若唐末藩鎮，固亦有加太師者。唐自睿宗之末，邊鎮置節度使，如薛訥等已是後來使相之職，其帶御史大夫、中丞、六曹尚書者，僕射、侍中、中書令者，往往有之。李愬之帥唐、鄧，隨以資淺，帶散騎常侍耳。洪説未爲精當。」

《歷代職官表》卷六七《師傅保加銜・歷代建置・五季》：「《資治通鑑》：安審琦曰：『皇甫太師寂無音問。』胡三省注：『皇甫遇未必加官至太師也，而安審琦以太師稱之，蓋五季之世，官賞無章，當時相稱謂，不復論其品秩，就人臣極品而稱之。』（郁之按，《資治通鑑》卷二八四。）謹案，洪邁云：（本條，略。）今觀胡氏所云，則五季時並簿太尉而徑稱太師，故遼人多呼節度使爲太師。見《金史》。世紀相沿，固有所自矣。此本無預於官制，而史文有此稱號，恐滋考證者之疑，故存而訂正之焉。」

〔二〕《宋史》卷二一《徽宗紀》：政和二年，「九月壬午，改太尉以冠武階。癸未，正三公、三孤官，改侍中爲左輔，中書令爲右弼，左、右僕射爲太宰、少宰，罷尚書令」。

《玉海》卷一二〇《官制》「政和三公三少」條：「舊制，太師、太傅、太保爲三師，太尉、司徒、司空爲三公，並爲宰相、親王、使相加官。五代之制，司徒遷太保，太保遷太傅，太傅遷太尉，太尉遷太師，檢校者亦如之。國朝因之。政和二年九月癸未，詔以太師、太傅、太保爲三公，少師、少傅、少保爲三孤，以左輔、右弼、太宰、少宰易侍中、中書令、左、右僕射之名，太尉、司徒、司空、尚書令並罷。甲申，改太尉爲武階一品，居執政之次。」

〔三〕《宋史》卷四四五《葉夢得傳》：「詔加觀文殿學士，移知福州，兼福建安撫使」。「上章請老，特遷一官，提舉臨安府洞霄宮，尋拜崇信軍節度使，致仕」。

《建炎以來繫年要録》卷一五五：紹興十六年正月戊戌，「端明殿學士、右宣奉大夫、知臨安府張澄爲慶遠軍節度使，以修皇城及籍田辦治故也。尋詔澄佩魚施狨坐，立班上殿，並如舊。」

11 五代濫刑

五代之際，時君以殺爲嬉，視人命如草芥。唐明宗頗有仁心，獨能斟酌悛救。天成三年，京師巡檢軍使渾公兒口奏：有百姓二人，以竹竿習戰鬥之事。帝即傳宣令付石敬瑭處置，敬瑭殺之。次日，樞密使安重誨敷奏，方知悉是幼童爲戲。下詔自咎，以爲失刑，減常膳十日，以謝幽冤；罰敬瑭一月俸；渾公兒削官、杖脊、配流登州；小兒骨肉，賜絹五十匹，粟麥各百碩，便令如法埋葬。仍戒諸道州府，凡有極刑，並須仔細裁遣。此事見《舊五代史》〔一〕，《新書》去之〔二〕。

【箋證】

〔一〕天成三年事，見《舊五代史》卷三九《明宗紀》。

趙翼《廿二史劄記》卷二二《五代濫刑》：「五代亂世，本無刑章，視人命如草芥，動以族誅爲事。梁祖以舊怨，使人族王師範於洛。師範設席與宗族飲，謂使者曰：『死者人所不免，然恐少長失序，下愧先人。』酒半，命少長以次就戮。（《師範傳》）唐莊宗既滅梁，詔梁臣趙巖等並族於市，除妻兒骨肉外，其疏屬僕隸並釋。（《莊宗紀》）又命夏魯奇族誅朱友謙於河中，友謙妻張氏率其家屬二百余口，見魯奇，曰：『請別骨肉，無致他人横死。』（《友謙傳》）汴州控鶴指揮使張諫謀叛，既伏誅，又集其黨三千人，並族之，並誅滑州長劍等軍士數百人，夷其族。（《明宗紀》）漢三司使王章被殺，有女適張貽肅，病已逾年，扶病就戮。（《章傳》）是族誅之法，凡罪人之父兄、妻妾、子孫，並女之出嫁者，無一得免。非法之刑，於兹極矣，而尤莫如漢代之濫。史弘肇爲將，麾下稍忤意，即撾殺之。故漢祖起義之初，弘肇統兵先行，所過秋毫無犯，兩京帖然，未嘗非其嚴刑之效。隱帝時，李守貞等反，京師多流言，弘肇督兵巡察，罪無大小，皆死。有白晝仰觀天者，亦腰斬於市。凡民抵罪，弘肇但以三指示吏，吏即腰斬。又爲斷舌、決口、斫筋、折足之刑。於是無賴之輩望風逃匿，路有遺物，人不敢取，亦未嘗非靖亂之法。然不問罪之輕重，理之是非，但云有犯，即處極刑，枉濫之家，莫敢上訴。軍吏因之爲奸，嫁禍脅人，不可勝數。故相李崧之弟嶼，有僕葛延遇，幹没嶼貲，嶼責之，延遇遂告崧、嶼通李守貞謀反，坐是族誅。何福進有玉枕，遣奴賣之江南，奴隱其價，福進笞之，奴即誣告福進通吴，弘肇輒治，福進棄市，帳下分取其妻子而籍其家財。於是前資故將之家，姑息僮奴，無復主僕之分。（《弘肇傳》）此京師之濫刑也。蘇逢吉爲相，以天下多盗，自草詔：『凡盗所居，本家及鄰保皆族誅。』或謂：『盗無族誅法，況鄰保乎？』乃但去『族』字。由是鄆州捕賊使者張令柔殺平陰縣十七村人皆盡。衛州刺史葉仁魯帥兵捕盗，有村民十數方逐盗入山，仁魯並疑其爲盗，斷其腳筋，宛轉號呼而死。（《逢吉傳》）劉銖立法深峻，左右有忤意，即令人倒曳而出數百步，體無完膚。每杖人，雙杖對下，謂之『合歡杖』。或杖人如其歲數，謂之『隨年杖』。（《銖傳》）此又藩郡之濫刑也。毒痡四海，殃及萬方。劉氏父子二帝，享國不及四年，楊、史、蘇、劉諸人亦皆被橫禍，無一善終者，此固天道之報施昭然。而民之生於是時，不知如何措手足也。」

〔三〕《孫寶瑄日記》光緒二十四年閏三月十四日記《隨筆》本條，按云：「觀是，可知歐陽永叔修史之疏漏，且其平日宗旨不留意於民情治體，概可知矣。」

12 太一推算

熙寧六年，司天中官正周琮言：「據《太一經》推算，熙寧七年甲寅歲，太一陽九、百六之數，至是年復元之初，故經言太歲有陽九之災，太一有百六之厄，皆在入元之終或復元之初。陽九、百六當癸丑、甲寅之歲，爲災厄之會，而得五福太一移入中都，可以消災爲祥。竊詳五福太一自雍熙甲申歲入東南巽宫，故修東太一宫于蘇村；天聖己巳歲入西南坤位，故修西太一宫于八角鎮。望稽詳故事，崇建宫宇。」詔度地于集禧觀之東，於是爲中太一宫〔一〕。時王安石擅國，盡變亂祖宗法度，爲宗社之禍，蓋自此始，雖太一照臨，亦不能救也。紹熙四年癸丑、五年甲寅，朝廷之間殊爲多事，壽皇聖帝厭代，泰安以久疾退處，人情業業，皆有憂葵恤緯之慮。時無星官曆翁考步推賾，庸詎知非入元、復元之際乎〔二〕？

【箋證】

〔一〕事詳《續資治通鑑長編》卷二二八、《中興禮書》卷一三一《太一宫一》《玉海》卷一〇〇《郊祀·

祠宫》「熙寧中太一宫」、《宋史》卷一〇三《禮志》。四書記此事皆在熙寧四年，容齋謂「六年」，蓋誤。

《玉海》「熙寧中太一宫」條，周琮奏之後，又云：「上省其奏，十一月丁亥，乃詔將作匠於集禧觀東相視建宫。六年癸丑春，宫成。（《會要》，四月十七日成。）凡七殿，上親製名，以十月二十五日迎奉太一神像。」又云：「熙寧四年，司天監言：『五福太一之神，以七年閼逢攝提格之歲，行臨中宫，其名爲真室，其分爲京師之野，其祥爲民康物阜太平之應。請立祠。』詔將作監即國之南而建宫焉。經始於四年十一月丁亥之冬，而成於六年之春，凡爲三門七殿，分祠太一與天一之神，而五福居中。」

陽九、百六之數，參《續筆》卷九《百六陽九》。

〔二〕《宋史》卷三六《光宗紀》：「（五年七月）甲子，太皇太后以皇帝疾未能執喪，命皇子嘉王即皇帝位于重華宫之素幄，尊皇帝爲太上皇帝，皇后爲壽仁太上皇后，移御泰安宫。」

徐自明《宋宰輔編年録》卷一九載《留正行狀》所記當時情狀頗詳，略云：「（紹熙）五年正月，葛邲去位，時孝宗服藥，上以病未能省覲。公（郁之按，留正。）與知樞密院事趙公汝愚等日以爲言。五月戊辰，孝宗疾勢日亟，公與同列求對，侍從、臺諫隨入殿庭，力請過宫，上拂衣起，公引上裾泣諫。同列及侍從、臺諫從至福寧殿門。上亟還内。公退，上疏極論：『今日亡國之事，其大有四，皆人所不敢言者。』六月戊戌，孝宗升遐。癸卯，大斂。百官在廷，俟候成服，車駕未至，中外洶甚。公與同列謀請太皇太后垂簾，奏知壽皇之喪，不可無主。祝文稱『孝子嗣皇帝』，宰相不可代行，乞降旨立皇子嘉王爲皇太子，權監軍國事，代行祭奠之禮。太皇太后不肯出。與同列屢乞奏事，不報，乃入奏，乞立嘉王爲皇太子，言：『臣等伏見近日中外人情不安，興訛造謗，無所不有。臣等朝夕思所以爲鎮壓之計，莫先於重國本，宜早正儲位，以安人心。』又奏擬指揮，乞御筆批依付學士院降詔施行。奉御批八字，公與同列即再請對，不報。乃復奏言：『立儲事不可緩。望睿明獨斷，速賜施行。』至是，奏凡四上，不報。公即出國門，上表乞致仕。其末曰：『願陛下速回淵鑒，追悟前非，漸收涣散之人心，庶保靈長之國祚。』識者知公惓惓之忠也。越二日，太皇太后命皇子嘉王即位於重華宫，尊皇帝爲太上皇帝，以公爲大行攢宫總護使。輔臣皆次遷授，公少傅，公控辭不拜，章五六上，復言：『國步多艱，壽皇厭代升遐，上皇抱疾不出，太皇太后因立陛下以安宗社，陛下勉徇群情以登大寶，正宜遇事從簡，示天下以不得已之意，然後可以立國，誠非頒行封爵之時。』上從公請。」原注出《留正行狀》。

13　趙丞相除拜

紹熙五年七月十六日宣麻制，以太中大夫、知樞密院事趙汝愚爲特進、右丞相。議者或謂國朝無宗室宰相，且轉官九級非故事。趙上章力辭，不肯入都堂涖職。越六日，詔改除樞密使，依宰臣超三官。又二日，制除正議大夫、樞密使〔一〕。邁考按故實，宣和二年，王黼自通議大夫、中書侍郎拜特進、少宰，凡遷八官，黼受之〔二〕。靖康元年，吳敏自中大夫、知樞密院拜銀青光禄大夫、少宰，亦遷八官，敏辭之，但以通議就職〔三〕。秦檜當國，以其子熺爲中大夫、知樞密院，已而除觀文殿學士，恩數如右僕射，遂暗轉通奉大夫，踰年加大學士，徑超七秩爲特進，熺處之不疑〔四〕。舍此三人外，蓋未之有。若自宰相改樞密使，唯夏竦一人。是時以陳執中爲昭文相，竦爲集賢相，御史言：「竦向在陝西，與執中議論不協，不可同寅政地。」於是貼麻改命，而初制不出〔五〕。今汝愚先報相麻，後報樞制，乃是經日已久，因固辭以然。又按《國史》，明道二年，宰臣張士遜、樞密使楊崇勳同日罷，士遜以左僕射判河南府，崇勳以節度使、平章事判許州，明日入謝，崇勳班居上。仁宗問之，士遜奏曰：「崇勳係使相，臣官只僕射，當在下。」即再鎖院，以士遜爲使相。是時，學士盛度當制，猶用士遜作相銜，論者非之，謂應用僕射、河南爲前銜也〔六〕。乾道二年，葉顒以前參知政事召還爲知樞密院，未受告而拜左相，邁當制，以新除知樞密院結銜〔七〕。今汝愚拜相宣麻已閲八日，故稱新除特進、右丞相。二者皆是也。

【箋證】

〔一〕《宋史》卷三九二《趙汝愚傳》。容齋蓋據《國史》，較《宋史》本傳爲詳。參《三筆》卷七《執政辭轉官》箋證。

〔二〕《宋史》卷二二《徽宗紀》宣和元年正月戊午，「王黼爲特進、少宰，兼中書侍郎。」《宋史》卷四七〇《王黼傳》：「宣和元年，拜特進、少宰。由通議大夫超八階，宋朝命相未有前比也。別賜城西甲第，徙居之日，導以教坊樂，供張什器，悉取於官，寵傾一時。」

〔三〕《宋史》卷二三《欽宗紀》：靖康元年正月，「以門下侍郎吴敏知樞密院事」。二月，「吴敏爲少宰，兼中書侍郎」。八月，「少宰吴敏罷知揚州」。《宋史》卷三五二《敏傳》云：「欽宗既立，上皇出居龍德宫，敏與蔡攸同爲龍德宫副使，遷知樞密院事，拜少宰。」皆未提及辭以通議就職事，蓋先辭而後就之。

〔四〕《宋史》卷三〇《高宗紀》：十五年十月庚寅，「以翰林學士承旨秦熺爲資政殿學士、提舉萬壽觀兼侍讀，恩數視執政」。十八年三月壬午，「以秦熺知樞密院事」。四月庚子，「秦熺乞避父子共政，以爲觀文殿學士、提舉萬壽觀兼侍讀、提舉祕書省。壬寅，命熺恩禮視宰臣班次，亞右僕射」。二十年三月戊子，「以秦熺爲觀文殿大學士、萬壽觀使」。六月癸亥，「加秦熺少保」。同書卷三一《高宗紀》：二十四年十月戊辰，「進秦熺少傅，封嘉國公」。

〔五〕《續資治通鑑長編》卷一五八：慶曆六年二月，夏竦加同平章事，判大名府。同書卷一六〇：慶曆七年三月，「工部侍郎、平章事陳執中，加昭文館大學士監修國史。河陽三城節度使、同平章事、判大名府夏竦，依前官充樞密使。故事，文臣自使相除樞相，必納節還舊官，獨竦不然。初，降制召竦爲宰相，諫官御史言：『大臣和則政事起。竦與陳執中論議素不合，不可使共事。』越三日，遂貼麻改命焉。」原注：「竦以乙未日除宰相，丁酉日改樞密使，而《實録》並書之。今從《本紀》，仍書其日。」

〔六〕《續資治通鑑長編》卷一一三：明道二年十月戊午，「門下侍郎、兼兵部尚書、平章事張士遜罷爲左僕射、判河南府，樞密使、山南東道節度使楊崇勳罷爲河陽三城節度使、同平章事、判許州。先是，天下蝗旱仍見，士遜居首相，不能有所發明。上頗復思吕夷簡，及百官詣洪福院上章獻太后謚册，退而奉慰，士遜乃過崇勳園飲酒，日中不至，群臣離立以俟。御史中丞范諷劾奏之，遂與崇勳俱罷。然制辭猶以均勞佚爲言也。」「己未，張士遜爲山南東道節度使、同平章事、判許州，楊崇勳改判陳州。初，士遜與崇勳俱入告謝，士遜乃位崇勳下，上問其故。士遜對曰：『臣官僕射而崇勳爲使相。』上因以使相授士遜。士遜已罷政事，翰林學士承旨盛度草制，當言『新除左僕射』而誤用士遜舊銜，有司奉行制書，不復追改，論者非之。」

〔七〕《宋宰輔編年録》卷一七：乾道二年十二月甲申，顒自新除知樞密院事除左通奉大夫、左僕射同平章事兼樞密使。

14 唐昭宗恤録儒士

唐昭宗光化三年十二月，左補闕韋莊奏：「詞人才子，時有遺賢，不霑一命於聖明，没作千年之恨骨。據臣所知，則有李賀、皇甫松、李群玉、陸龜蒙、趙光遠、温廷筠、劉德仁、陸逵、傅錫、平曾、賈島、劉稚珪、羅鄴、方干，俱無顯過①，皆有奇才，麗句清詞，偏在詞人之口；銜冤抱恨，竟爲冥路之塵。伏望追賜進士及第，各贈補闕、拾遺。見存唯羅隱一人，亦乞特賜科名，録升三署。」〔一〕敕獎莊，而令中書門下詳酌處分。次年天復元年赦文，又令中書門下選擇新及第進士中有久在名場、才沾科級、年齒已高者，不拘常例，各授一官。於是禮部侍郎杜德祥奏：揀到新及第進士陳光問年六十九，曹松年五十四，王希羽年七十三，劉象年七十，柯崇年六十四，鄭希顔年五十九。詔光問、松、希羽可祕書省正字；象、崇、希顔可太子校書。案《登科記》，是年進士二十六人，光問第四，松第八，希羽第十二，崇、象、希顔居末級。昭宗當斯時離亂極矣，尚能眷眷於寒儒，其可書也〔二〕。《摭言》云：「上新平内難，聞放新進士，喜甚，特授官，制詞曰：『念爾登科之際，當予反正之年，宜降異恩，各膺寵命。』時謂此舉爲『五老牓』。」〔三〕

【校勘】

①「過」，馬本、祠本作「遇」。

【箋證】

〔一〕《唐摭言》卷一〇《韋莊奏請追贈不及第人近代者》。徐松《登科記考》卷二四光化三年十二月左補闕韋莊奏。末按云：「《摭言》所引尚有孟郊、李甘、顧邵孫、沈佩、顧蒙。按孟郊、李甘皆已及第，韋莊云未及第，誤。」

〔二〕《新唐書》卷一九六《隱逸傳》：「光化中，韋莊表龜蒙及孟郊等十人皆贈右補闕。」王國維《唐寫本韋莊秦婦吟跋》（《觀堂集林》卷二一）謂《北夢瑣言》記此事在光化元年。

〔三〕《全唐詩録》卷九七曹松小傳，謂天復元年赦文出《昭宗實録》。本條謂「曹松年五十四」，按《唐摭言》卷八《放老》：「松、希羽甲子皆七十餘。」顧炎武《日知録》卷一七《恩科》：「此皆前代季朝之政，當喪亂之後，以此慰寒畯而收物情，非平世之典也。」

〔三〕見《唐摭言》卷八《放老》條。又《登科記考》引《摭言》云：「時上新平内難，聞新放進士甚喜，詔選中有孤貧屈人，宜令以名聞，特敕授官。故德祥以松等塞詔。」

容齋三筆卷八 五則

1 徽宗薦嚴疏文

徽宗以紹興乙卯歲升遐〔一〕，時忠宣公奉使未反命，滯留冷山，遣使臣沈珍往燕山，建道場於開泰寺，作《功德疏》曰：「千歲厭世，莫遂乘雲之仙；四海遏音，同深喪考之戚。況故宮爲禾黍，改館徒饋於秦牢；新廟游衣冠，招魂漫歌於楚些。雖置河東之賦，莫止江南之哀。遺民失望而痛心，孤臣久縶而歐血①。伏願盛德之祀，傳百世以彌昌；在天之靈，繼三后而不朽。」北人讀之亦墮淚，争相傳誦〔二〕。其後梓宫南還，公已徙燕，率故臣之不忘國恩者，出迎於城北，搏膺大慟，虜俗最重忠義，不以爲罪也〔三〕。

【校勘】

①「而」，馬本、庫本、祠本作「惟」。

【箋證】

〔一〕《宋史》卷二二《徽宗紀》：「紹興五年四月甲子，（徽宗）崩於五國城，年五十有四。」

〔二〕《宋史》卷三七三《洪皓傳》：「皓聞祐陵訃，北嚮泣血，旦夕臨，諱日操文以祭，其辭激烈，舊臣讀之皆揮涕。」

岳珂《桯史》卷一五《獻陵疏文》：「徽宗上賓，洪忠宣蓋嘗於燕京憫忠寺，肆筵以奠。是時方身縻異境，若於郡國禮制之外，因心薦嚴，雖前無此比，亦不失臣子盡誠之誼云。」

〔三〕《宋史》卷三〇《高宗紀》：紹興十二年四月丁卯，皇太后偕梓宫發五國城。同書卷二二《徽宗紀》：十二年八月乙酉，徽宗梓宫還臨安。

2 忠宣公謝表

建炎三年，先忠宣公銜命使北方①，以淮甸賊蜂起，除兼淮南、京東等路撫諭使，俾李成以兵護至南京。公遣書抵成，成方與耿堅圍楚州，答書曰：「汴泗，虹有紅巾，非五千騎不可往。軍食絶，不克唯命。」公陰遣客説堅，堅强成斂兵。公行未至泗，諜云：「有迎騎甲而來。」副使龔璹憚之，送兵亦不肯前，遂返旆。即上疏言：「李成以餽餉稽緩，有引衆納命建康之語。今靳賽、薛慶方横，萬一三叛連衡，何以待之？方含垢養晦之時，宜選辯士諭意，優加撫納。」疏奏，高宗即遣使撫諭成，給米五萬斛。初，公戒所遣持奏吏，須疏從中出，乃詣政事堂白副封。時方禁直達，忤宰輔意，以託事滯留爲罪，特貶兩秩，而許出滁陽路〔一〕。紹興十三年使回，始復元官。時已出知饒州，命予作謝表，直叙其故，曰：「論事見從，猶獲稽留之戾；出疆滋久，屢沾曠蕩之恩②。始拜明綸，得仍舊秩。伏念臣頃繇乏使，不敢辭難。值三盜之連衡，阻兩淮而荐食。深虞猖獗之患，或起呼吸之間。輒露便宜，冀加勤恤。雖璽書賜報，樂聞充國之建言，而吏議不容，見謂陳湯之生事。虧除宦簿③，繇歷歲時，敢自意於來歸，遂悉還於所奪。茲蓋忘人之過，與天同功。念臣昔麗於微文，蔽罪本無於它意，故從數赦，俾獲自新。」書印既畢，父兄復共議，秦檜方擅國，見此表語言，未必不怒，乃別草一通引咎曰：「使指稽留，宜速虧除之戾；聖恩深厚，卒從拔拭之科。仰服矜憐，唯知感戴。伏念臣早繇乏使，遂俾行成，值巨寇之臨衝，欲搏人而肆毒。仗節宜圖於報稱，引車何事於逡巡。徐偃出疆，既失受辭之體；申舟假道，初無必死之心。雖蒙貶秩以小懲，尚許立功而自贖。徒行萬里，無補一毫。敢妄冀於隆寬，乃悉還於舊貫。茲蓋忘人之過，撫下以仁。陽爲德而陰爲刑，未嘗私意；賞有功而赦有罪，皆本好生。坐使孤臣，盡湔宿負。」云云④。前後奉使，無有不轉官者，先公以朝散郎被命，不沾恩凡十五年，而歸僅復所貶，而合磨勘五官，刑部皆不引用，秦志也。遂終於此階〔二〕。

【校勘】

①「北」，原訛作「此」，據馬本、庫本、祠本改。　②「屢」，原訛作「婁」，據馬本、庫本、祠本改。　③「宦」，馬本、庫本、祠本作「官」。　④「云云」二字原脫，據馬本、庫本、祠本補。

【箋證】

〔一〕《宋史》卷三七三《洪皓傳》：「（皓）擢徽猷閣待制，假禮部尚書，爲大金通問使，龔璹副之。令與執政議國書，皓欲有所易，（吕）頤浩不樂，遂抑遷官之命。時淮南盜賊踵起，李成甫就招，即命知泗州羈縻之。乃命皓兼淮南、京東等路撫諭使，俾成以所部衛皓至南京。比過淮南，成方與耿堅共圍楚州，責權州事賈敦詩以降敵，實持叛心。皓先以書抵成，成以汴涸，虹有紅巾賊，軍食絶，不可往。皓聞堅起義兵，可撼以義，遣人密諭之曰：『君數千里赴國家急，山陽縱有罪，當稟命於朝；今擅攻圍，名勤王，實作賊爾。』堅意動，遂强成斂兵。皓至泗境，迎騎介而來，龔璹曰：『虎口不可入。』皓遂還。上疏言：『成以朝廷餽餉不繼，有引衆建康之語。今靳賽據揚州，薛慶據高郵，萬一三叛連衡，何以待之？此含垢之時，宜使人諭意，優進官秩，畀之以京口綱運，如晉明帝待王敦可也。』疏奏，帝即遣使撫成，給米五萬石。頤浩惡其直達而不先白堂，奏皓託事稽留，貶二秩。皓遂請出滁陽路，自壽春由東京以行。」《建炎以來繫年要録》卷二四，繫在建炎三年六月。

〔二〕《建炎以來繫年要録》卷一四九：紹興十三年八月戊戌，「徽猷閣待制洪皓至自金國」。丁未，「以洪皓爲徽猷閣直學士、提舉萬壽觀、兼權直學士院」。又同書卷一五〇：九月甲子，「徽猷閣直學士、提舉萬壽觀、權直學士院洪皓出知饒州。」時金國來取南歸之人家屬，詔歸之，皓乞不發，因忤秦檜，乃命黜之。

3 四六名對

四六駢儷，於文章家爲至淺，然上自朝廷命令、詔册，下而搢紳之間箋書、祝疏，無所不用〔一〕。則屬辭比事，固宜警策精切，使人讀之激卬，諷味不厭，乃爲得體。姑摭前輩及近時綴緝工緻者十數聯，以詒同志。王元之《擬李靖平突厥露布》，其叙頡利求降且復謀竄曰：「穽中餓虎，暫爲掉尾之求；韝上饑鷹，終有背人之意。」《蘄州謝上表》曰：「宣室鬼神之問，敢望生還；茂陵封禪之書，已期身後。」〔二〕范文正公微時，嘗冒姓朱，及後歸本宗，作啓曰：「志在逃秦，入境遂稱於張禄；名非霸越，乘舟偶效於陶朱。」用范雎、范蠡，皆當家故事〔三〕。鄧潤甫行《貴妃制》曰：「《關雎》之得淑女，無險詖私謁之心；《雞鳴》之思賢妃，有警戒相成之道。」紹聖中，《百僚請御正殿表》曰：「皇矣上帝，必臨下而觀四方；大哉乾元，當統天而始萬物。」〔四〕東坡《坤成節疏》曰：「至哉坤元，德既超於載籍；養以天下，福宜冠於古今。」《慰國哀表》曰：「大哉孔子之仁，泫然流涕；至矣顯宗之孝，夢若平生。」《謝賜帶馬表》曰：「枯羸之質，匪伊垂之而帶有餘；斂退之心，非敢後也而馬不進。」〔五〕王履道《大燕樂語》曰：「五百里采，五百里衛，外包有截之區；八千歲春，八千歲秋，上祝無疆之壽。」《除少宰余深制》曰：「蓋四方其訓，以無競維人；必三后協心，而同底于道。」時并蔡京爲三相也。《執政以邊功轉官詞》曰：「惟皇天付予，庶其在此；率寧人有指，敢弗于從。」〔六〕翟公巽行《外國王加恩制》曰：「宗祀明堂，所以教諸侯之孝；大賚四海，不敢遺小國之臣。」知越州日，以擅發常平倉米救荒降官，謝表曰：「敢效秦人，坐視越人之瘠；既安劉氏，理知晁氏之危。」〔七〕孫仲益試詞科日，《代高麗國王謝賜燕樂表》曰：「玉帛萬國，干舞已格於七旬；簫韶九成，肉味遽忘於三月。」又曰：「蕩蕩乎無能名，雖莫見宫牆之美；欣欣然有喜色，咸豫聞管籥之音。」自中書舍人知和州，既壓境，見任者拒不納，以啓答郡僚曰：「雖文書銜袖，大人不以爲疑；然君命在門，將軍爲之不受。」鄰郡不發上供錢米，受旨推究，爲平亭其事，鄰守馳啓來謝，答之曰：「包茅不入，敢加問楚之師；輔車相依，自作全虞之計。」〔八〕汪彦章作《靖康册康王文》曰：「漢家之厄十世，宜光武之中興；獻公之子九人，惟重耳之尚在。」爲中書舍人試潭州，進士何烈卷子内稱臣及聖問，不舉覺，坐罷職，謝表曰：「謂子路使門人爲臣，雖誠誖理；而徐邈云酒中有聖，初亦何心。」又曰：「書馬者與尾而五，常負譴憂；網禽而去面之三，永銜生賜。」宋齊愈坐於金虜立諸臣狀中，輒書「張邦昌」字，送御史臺，責詞曰：「義重於生，雖匹夫不可奪志；士失其守，或一言幾於喪邦。」又曰：「眭孟五行之説，豈所宜言；袁宏九錫之文，兹焉安忍。」責張邦昌詞曰：「雖天奪其衷，坐愚至此；然君異於器，代匱可乎。」知徽州，其鄉郡也，謝啓曰：「城郭重來，疑千載去家之鶴；交游半在，或一時同隊之魚。」〔九〕何掄除祕書少監，未幾以口語出守邛，謝啓曰：「雲外三山，風引舟而莫近；海濱八月，槎犯斗以空還。」〔一〇〕楊政除太尉，湯岐公草制曰：「遠覽漢京，傳楊氏者四世；近稽唐室，書系表者七人。」謂楊震子秉、秉子賜、賜子彪，四世爲太尉。李德裕辭太尉云：「國朝重惜此官，二百年間才七人。」其用事精確如此〔一一〕。蔣子禮拜右相，王訶賀啓曰：「早登黄閣，獨見明公之妙年；今得舊儒，何憂左轄之虚位。」皆用杜詩語「扈聖登黄閣，明公獨妙年」，「左轄頻虚位，今年得舊儒」，亦可稱〔一二〕。

【箋證】

〔一〕劉壎《隱居通議》卷二一《駢儷一·總論》：「宋初承唐習，文多儷偶，謂之崑體。至歐陽公出，以韓爲宗，力振古學，曾南豐、王荆公從而和之，三蘇父子又以古文振於西州，舊格遂變，風動景隨，海内皆歸焉。然朝廷制誥，縉紳表啓，猶不免作對。雖歐、曾、王、蘇數大儒，皆奮然爲之，終宋之世不廢，謂之四六，又謂之敏博之學，又謂之應用。士大夫方游場屋，即工時文，既擢科第，舍時文即工四六，不者弗得稱文士。大則培植聲望，爲他年翰苑詞掖之儲；小則可以結知當路，受薦舉。雖宰執，亦或以是取人。蓋當時以爲一重事焉。」

〔二〕王禹偁，字元之，太平興國八年進士，官至翰林學士、知制誥。屢以事謫守郡，終於知蘄州，事迹具《宋史》卷二九三本傳。露布及表，《小畜集》失載。此露布全文，存《五百家播芳大全文粹》

卷九一，題《擬李靖破頡利可汗露布》。

「蘄州謝上表」，「蘄州」蓋是黄州之訛。魏泰《東軒筆録》卷一：「真宗聖性好學，尤愛文士，即位之初，王禹偁爲知制誥，坐事謫守黄州，《謝上表》有『宣室鬼神之問，豈望生還；茂陵封禪之書，唯期身後』之語，真宗覽表，驚其辭之悲，方欲内徙，會黄州境有二虎鬥而食其一，占者以爲咎在守土之臣，遽有旨移守蘄州，以避其變。敕下而禹偁死矣。」吴曾《能改齋漫録》卷八《沿襲》「門雀屋烏宣室茂陵」條：「王元之《黄州上任謝表》云：（即本條所引，略。）亦出於杜子美『竟無宣室召，徒有茂陵求』之語，前輩不以爲嫌者，蓋文勢事情，自須如此也。」

〔三〕《宋史》卷三一四《范仲淹傳》：「仲淹二歲而孤，母更適長山朱氏，從其姓，名説。」「舉進士第，爲廣德軍司理參軍，迎其母歸養。改集慶軍節度推官，始還姓，更其名。」

王銍《四六話》卷上：「唐鄭準爲荆南節度使，成汭從事，汭本姓郭，代爲作《乞歸姓表》云：『居故國以狐疑，望鄰封而鼠竄。名非伯越，浮舟難效於陶朱；志在投秦，出境遂稱於張禄。未遑辨雪，尋涉艱危。』其後范文正公以隨母冒姓朱，以朱説既登第後，《乞還姓表》遂全用之，云：『志在投秦，入境遂稱於張禄；名非伯越，乘舟偶效於陶朱。』議者謂文正公雖襲用古人全語，然本實范氏當家故事，非攘竊也。」

龔明之《中吴紀聞》卷二《范文正公復姓》：「范蠡、范雎事，在文正用之尤爲切當。今集中不載。」

〔四〕鄧潤甫，字温伯，建昌人。第進士，熙寧中，除集賢校理、直舍人院，改知諫院、知制誥。擢御史中丞，遷翰林學士。事迹具《宋史》卷三四三本傳。

《貴妃制》，楊萬里《誠齋詩話》謂是王安石介甫之文，云：「有一聯用兩處古人全語，而雅馴妥帖如己出者。介甫《賀册后妃表》：『《關雎》之求淑女，無險詖私謁之心；《雞鳴》之思賢妃，有警戒相成之道。』」按《詩序》云：「《關雎》樂得淑女，以配君子，憂在進賢，不淫其色。哀窈窕，思賢才，而無傷善之心焉，是《關雎》之義也。」又云：「《卷耳》，后妃之志也，又當輔佐君子，求賢審官，知臣下之勤勞。内有進賢之志，而無險詖私謁之心，朝夕思念，至於憂勤也。」「《雞鳴》，思賢妃也。哀公荒淫怠慢，故陳賢妃貞女夙夜警戒相成之道焉。」

《百僚請御正殿表》，乃用《詩》《易》全文。《大雅·皇矣》：「皇矣上帝，臨下有赫，監觀四方，求民之莫。」《易·乾·彖》曰：『大哉乾元！萬物資始，乃統天。雲行雨施，品物流形。』」

〔五〕《坤成節疏》，見《東坡全集》卷九八《坤成節功德疏》。東坡又有《太皇太后皇太后皇太妃受册禮畢奏謝天地社稷宗廟諸宫觀並諸陵祝文》：「至哉坤元，政必先於治内；養以天下，孝莫大於尊親。」（《東坡全集》卷一一四）又陸游亦擬作曰：「至哉坤元，實首彝倫之叙；養以天下，益觀孝治之隆。」（《渭南文集》卷二《賀皇太后箋》）「至哉坤元」，《易·坤·彖》原句。「養以天下」，出《孟子·萬章》，云：「尊親之至，莫大乎以天下養。」

《慰國哀表》，見《東坡全集》卷六九《慰宣仁聖烈皇后山陵禮畢表》。《禮記·檀弓上》：「孔子泫然流涕曰：『吾聞之，古不修墓。』」顯宗，謂漢顯宗孝明皇帝。《後漢書》卷一〇上《后紀第十上·陰皇后紀》：「（永平）十七年正月，當謁原陵。（明帝）夜夢先帝、太后，如平生歡，既寤，悲不能寐，即案曆，明旦日吉，遂率百官及故客上陵。」又見《資治通鑑》卷四五《漢紀三十七·顯宗孝明皇帝下》。

《謝賜帶馬表》，見《東坡全集》卷六八《謝賜對衣金帶馬狀二首》之一。「匪伊垂之帶則有餘」，是《小雅·都人士》原句。「非敢後也而馬不進」，是《論語·雍也》原句。趙德麟《侯鯖録》卷一：「東坡年十餘歲，在鄉里，見老蘇誦歐公《謝宣召赴學士院仍謝對衣並馬表》，老蘇令坡擬之，其間有云：『匪伊垂之帶有餘，非敢後也馬不進。』老蘇喜曰：『此子他日當自用之。』至元祐中，再召入院作承旨，仍益之云：『枯羸之質，匪伊垂之帶有餘；斂退之心，非敢後也馬不進。』」

〔六〕王安中，字履道，陽曲人，第進士，政和中，累擢中書舍人、御史中丞、翰林學士承旨。事迹具《宋史》卷三五二本傳。此所引三篇，《四庫全書》據《永樂大典》輯本《初寮集》無之。《大燕樂語》。「五百里采，五百里衛」，出《周禮·職方氏》：「邦國方千里曰王畿，其外方五百里曰侯服，又其外方五百里曰甸服，又其外方五百里曰男服，又其外方五百里曰采服，又其外方五百里曰衛服」。又見《周禮·大行人》。「八千歲春，八千歲秋」，出《莊子·逍遥游》：「上古有大椿者，以八千歲爲春，八千歲爲秋。」史浩《鄮峰真隱漫録》卷二三《會慶節功德疏》：

「五百里藩，五百里衛，均被仁風；八千歲春，八千歲秋，永隆親養。」蓋效之也。有《除少宰余深制》。「蓋四方其訓，以無競維人」，出《大雅・抑》：「無競維人，四方其訓之。有覺德行，四國順之。」「必三后協心，而同底于道」，出《周書・畢命》：「三后協心，同底于道，道洽政治，澤潤生民。」「三相」，按《宋史》卷二一《徽宗紀》：政和七年，「十一月庚寅，命蔡京五日一赴都堂治事。辛卯，鄭居中起復。（郁之按，六年五月，鄭居中爲少保、太宰兼門下侍郎。七年八月，以母憂去位。參《宋史》本卷。）以余深爲特進、少宰兼中書侍郎。」蔡、鄭、余，蓋所謂「三相」也。《執政以邊功轉官詞》。「惟皇天付予，庶其在此」，《周書・梓材》：「皇天既付中國民，越厥疆土，于先王肆。」「率寧人有指，敢弗于從」，用《周書・大誥》全句。

〔七〕翟汝文，字公巽，丹陽人。登進士第，事徽、欽兩朝，至顯謨閣學士，出知越州。高宗時，歷官參知政事，忤秦檜罷歸。有《忠惠集》。事迹具《宋史》卷三七二本傳。《外國王加恩制》。前句出《禮記・祭義》，云：「祀乎明堂，所以教諸侯之孝也。」後句出《孝經・孝治章》，云：「子曰：『昔者明王之以孝治天下也，不敢遺小國之臣，而況於公侯伯子男乎？故得萬國之歡心，以事其先王。』」按《三筆》本條所引，不見清輯本《翟忠惠集》。考《忠惠集》卷一有《真臘國王金裒賓深明堂加恩制》，云：「翕受蕃禧，以丕釐上帝之命；大賚率土，用不遺小國之臣。」後句近同，或即一篇。降官謝表，見翟汝文《忠惠集》卷六，題《越州謝降官降職表》。「敢效」，作「敢若」。前句用韓愈《争臣論》：「視政之得失，若越人視秦人之肥瘠，忽焉不加喜戚於其心。」後句用《史記》卷一〇一《晁錯列傳》，錯請削諸侯之地，諸侯皆諠譁。錯父曰：「劉氏安矣，而晁氏危矣。」

〔八〕孫覿，字仲益，晉陵人，靖康初，爲御史，專附和議，進至翰林學士。建炎初，黄潛善、汪伯彦復引之，使掌誥命，後斥提舉鴻慶宫。有《鴻慶居士集》。

《代高麗國王謝賜燕樂表》，見《玉海》卷二〇三《辭學指南》，《鴻慶居士集》失收。「玉帛萬國」句，用《大禹謨》：「帝乃誕敷文德，舞干羽于兩階，七旬，有苗格。」「簫韶九成」句，用《論語·述而》：「子在齊，聞《韶》，三月不知肉味。」「蕩蕩乎無能名」，出《孟子·滕文公》：孔子曰：「大哉堯之爲君，惟天爲大，惟堯則之，蕩蕩乎民無能名焉。」「雖莫見宫牆之美」，出《論語·子張》：子貢曰：「夫子之牆數仞，不得其門而入，不見宗廟之美、百官之富。得其門者或寡矣。」「欣欣然有喜色」句，用《孟子·梁惠王》：「今王鼓樂於此，百姓聞王鐘鼓之聲、管籥之音，舉欣欣然有喜色。」

答郡僚啓，孫集失收。「文書銜袖」句，用韓愈《試大理評事王君墓誌銘》：「初，處士將嫁其女，懲曰：『吾以齟齬窮痒，一女憐之，必嫁官人，不以與凡子。』君曰：『吾求婦氏久矣，唯此公可人意。且聞其女賢，不可以失。』即謾謂媒嫗：『吾明經及第，且選，即官人。侯翁女幸嫁。若能令翁許我，請進百金爲嫗謝。』諾，許白翁。翁曰：『誠官人耶？取文書來！』君計窮吐實。嫗曰：『無苦，翁大人不疑人欺我。得一卷書粗若告身者，我袖以往。翁見，未必取眎。幸而聽我行其謀。』翁望見文書銜袖，果信不疑，曰：『足矣！』」（《五百家注昌黎文集》卷二八）「君命在門」句用《漢書》卷四〇《周亞夫傳》，參《隨筆》卷二《周亞夫》。

答鄰守啓，見《鴻慶居士集》卷一三，題《回無爲知軍張徽猷啓》。「包茅不入」句，用《左傳》僖公四年：齊伐楚，管仲對楚使曰：「爾貢包茅不入，王祭不共，無以縮酒，寡人是征。昭王南征而不復，寡人是問。」「輔車相依」句，用《左傳》僖公五年：「晉侯復假道於虞以伐虢。宫之奇諫曰：『虢，虞之表也；虢亡，虞必從之。晉不可啓，寇不可翫。一之爲甚，其可再乎？諺所謂「輔車相依，脣亡齒寒」者，其虞、虢之謂也。』」張邦基《墨莊漫録》卷四：「孫覿仲益尚書，四六清新，用事切當。宣和中，與家兄子章同爲兵部郎。未幾，子章出知無爲軍，仲益繼遷言官，亦出知和州。時淮南漕俞䁸以無爲歲額上供米後時，委知州取勘無爲當職官吏，仲益得檄，漫不省也，置而不問，亦不移文，已而米亦辦。子章德仲益，以啓謝之。仲益答之，有云：『苞茅不入，敢加問楚之師；輔車相依，自作全虞之計。』人頗稱賞，以爲精切也。」

〔九〕汪藻，字彦章，饒州德興人，登崇寧二年進士，歷官顯謨閣學士、左太中大夫，封新安郡侯，有《浮溪集》，事迹具《宋史》卷四四五本傳。陳振孫《直齋書録解題》卷一八別集類下《浮溪集》叙録云：「四六偶儷之文，起於齊、梁，歷隋、唐之世，表章詔誥多用之，然令狐楚、李商隱之流號爲能者，殊不工也。本朝楊、劉諸名公猶未變唐體，至歐、蘇始以博學富文爲大篇長句，叙事達意，無艱難牽强之態，而王荆公尤深厚爾雅，儷語之工，昔所未有。紹聖後，置詞科，習者益衆，格律精嚴，一字不苟措，若浮溪，尤其集大成者也。」

《靖康册康王文》，見《浮溪集》卷一三、《浮溪文粹》卷一，題《皇太后告天下手書》。《誠齋詩話》：「靖康二聖北狩，皇屬畢遷，中原無主，惟高宗皇帝在外獨免。隆祐太后以書勸進，有云：『獻公之子九人，惟重耳之尚在；漢家之厄十世，宜光武之中興。』此汪彦章詞也。」《建炎以來繫年要録》卷四，繫在建炎元年四月甲戌。羅大經《鶴林玉露》卷三稱之曰：「事詞的切，讀之感動，蓋中興之一助也。」

罷職謝表，見《浮溪集》卷五，題《謝罷中書舍人除集英殿修撰宫祠表》。「子路使門人爲臣」句，出《論語·子罕》。「徐邈云酒中有聖」句，用《三國志·魏志》卷二七《徐邈傳》。「書馬者與尾而五」句，用《漢書》卷四六《萬石君傳》：「建（郁之按，萬石君之長子。）爲郎中令，奏事下，建讀之，驚恐曰：『書「馬」者與尾而五，今乃四，不足一，獲譴死矣！』其爲謹慎，雖他皆如是。」「網禽而去面之三」句，用《史記·殷本紀》：「湯出，見野張網四面，祝曰：『自天下四方皆入吾網。』湯曰：『嘻，盡之矣！』乃去其三面，祝曰：『欲左，左。欲右，右。不用命，乃入吾網。』諸侯聞之，曰：『湯德至矣，及禽獸。』」

責宋齊愈詞，見《浮溪集》卷一二，題《宋齊愈罷諫議大夫送御史臺根勘制》。「匹夫不可奪志」，出《論語·子罕》；「一言幾於喪邦」，出《論語·子路》。「眭孟五行之説」，《漢書》卷七五《眭弘傳》、《漢書》卷二七中之下《五行志》，另參《隨筆》卷一六《讖緯之學》、《三筆》卷二《占術致禍》。袁宏九錫之文，《晉書》卷七六《王彪之傳》：「温遇疾，諷朝廷求九錫，袁宏爲文，以示彪之。彪之視訖，歎其文辭之美，謂宏曰：『卿固大才，安可以此示人！』時謝安見其文，又頻使宏改之，宏遂逡巡其事。既屢引日，乃謀於彪之。彪之曰：『聞彼病日增，亦當不復支久，自可更小遲迴。』宏從之。」

責張邦昌詞，見《浮溪集》卷一二、《浮溪文粹》卷二，題《張邦昌責授昭化軍節度副使潭州安置制》。「天奪其衷」，作「天奪之明」。「天奪之明」，出《國語·周語下》。「君異於器」，出《左傳》哀公六年。

知徽州謝啓，見《浮溪集》卷二三，題《徽州到任謝丞相啓》。黄震贊曰：「此瀟灑出塵之語也。」（《黄氏日抄》卷六六《讀文集八·汪浮溪文》）「去家之鶴」句，用《搜神記》：「遼東城門有華表柱，忽有一白鶴集柱頭，時有少年舉弓欲射之，鶴乃飛，徘徊空中，而言曰：『有鳥有鳥丁令威，去家千歲今來歸。城郭如故人民非，何不學仙冢壘壘。』遂高上衝天。」（《藝文類聚》卷七八《靈異部上·仙道》引）「同隊之魚」，用韓愈《符讀書城南》：「少長聚嬉戲，不殊同隊魚。」

〔一〇〕何掄，字掄仲，青城人，何涣榜上舍及第，紹興八年八月，自著作郎除爲祕書少監，知邛州。（陳騤《南宗館閣録》卷七《官聯上》）《建炎以來繫年要録》卷一二一：紹興八年八月壬午，「祕書省著作郎何掄罷。掄既遷少監，而殿中侍御史張戒言：『張浚入蜀，掄爲之鷹犬。去歲浚獨相，自以黄潛善乃王黼之黨，每持邪説，以司馬光爲非，以王安石爲是。至再修《神宗實録》，掄攘臂其間，略無所忌。浚敗，乃焚燬籤貼。國家大典，豈宜屢易，以徇權臣之私意。』右諫議大夫李誼亦言：『陛下命群儒訂正舊史，以明國論。前宰相張浚，狃於習尚，遽欲取其書而竄易之。是時，掄實贊其事。以掄之議論如此，今復使之參預史書，已爲非宜，而況進處中祕之長，爲東觀諸儒之冠，欲其扶持正道，不亦難乎！』侍御史蕭振亦言：『掄性姿佻浮，本無操守，奴事張浚，川、陝十年，官爲正郎，浚作相，掄遂入館。其後攝左史，浚兄滉賜出身，公議不以爲然。中書舍人張燾、樓炤皆相繼繳還詞頭，掄當行詞，既重違浚，又恐得罪於公議，遂操兩可之説，縉紳鄙之。方浚之專政也，欲竄易舊史，掄首附其意旨，凡所籤貼，自云改字舛訛，然頗主異議。浚罷，掄不自安，遂撤去前日籤貼焚之。掄之趨操議論不端如此，何足以服多士！』乃出掄知邛州。」

「雲外三山，風引舟而莫近」，用《漢書》卷二五《郊祀志》：「自威、宣、燕昭使人入海求蓬萊、方丈、瀛洲。此三神山者，其傳在勃海中，去人不遠，蓋嘗有至者，諸仙人及不死之藥皆在焉。其物禽獸盡白，而黄金銀爲宫闕。未至，望之如雲；及到，三神山反居水下，水臨之。患且至，則風輒引船而去，終莫能至云。」

「海濱八月，槎犯斗以空還」，出《博物志》：「舊説云，天河與海通，近世有居海者，年年八月有浮槎，去來不失期。人有多齎糧乘槎而去，芒芒忽忽，不覺晝夜，奄至一處，有城郭屋舍甚嚴，遥望多織婦，見一丈夫牽牛渚次飲之。牽牛人乃驚問曰：『何由至此？』此人具道來意，即問爲何處，答曰：『君還至蜀訪嚴君平則知之。』乃與一石而歸。後至蜀，問嚴君平。君平曰：『此

織女支機石也。某年月日有客星犯牽牛宿。』正此人到天河時也。」（《太平御覽》卷八《天部八》引）

〔二〕楊政，字直夫，原州臨涇人，紹興中，加檢校少保，拜太尉，二十七年卒，贈開府儀同三司。事迹具《宋史》卷三六七本傳。《宋史》卷三〇《高宗紀》：二十一年五月，「以吴璘、楊政、田師中並爲太尉」。湯思退，字進之，處州人，紹興間，試博學宏詞科，除祕書省正字，二十五年，除端明殿學士、簽書樞密院事。二十六年，除知樞密院事，明年拜尚書右僕射，又二年進左僕射。事迹具《宋史》卷三七一本傳。二十一年四月，試起居舍人、權直學士院（《建炎以來繫年要録》卷一六二）。楊震四世太尉，參《隨筆》卷一〇《楊彪陳群》。李德裕辭太尉表，見《會昌一品集》卷一八《讓太尉第二表》。

〔三〕蔣芾，字子禮，常州宜興人，紹興二十一年進士第二人，累遷起居郎兼直學士院，拜左僕射。事迹具《宋史》卷三八四本傳。所引杜詩，分別見《奉贈嚴八閣老》（《杜詩詳注》卷五）、《贈韋左丞丈濟》（《杜詩詳注》卷一）。張端義《貴耳集》卷上：「余外祖王詷子文上蔣子禮除右相啓曰：（郁之按，見本條。略。）爲洪文敏稱賞，載之《隨筆》。」

4 吾家四六

乾道初年，張魏公以右相都督江淮。議者謂兩淮保障不可恃，公親往視之。會詔歸朝，未至而免相。文惠公當制，其詞曰：「棘門如兒戲耳，庸謹秋防；衮衣以公歸兮，庶聞辰告。」所謂兒戲者，指邊將也，而讀者乃以爲詆魏公。其尾句曰：「《春秋》責備賢者，慨功業之惟艱；天子加禮大臣，固始終之不替。」所以悵惜之意至矣。《王大寶致仕詞》曰：「閔勞以事，聖王隆待下之仁；歸絜其身，君子盡遺榮之美。」大寶有遺泄之疾，或又謂有所譏，而實不然。罷相後，起帥浙東，謝表曰：「上丞相之印，方事退藏；懷會稽之章，遽叨進用。」《謝生日詩詞啓》曰：「五十當貴，適買臣治越之年；八千爲秋，辱莊子大椿之譽。」時正五十歲也〔一〕。紹興壬戌詞科《代樞密使謝賜玉帶表》，文安公曰：「有璞於此必使琢，恍驚制作之工；匪伊垂之則有餘，允謂便蕃之賜。」主司喜焉，擢爲第一〔二〕。乙丑年，《代謝賜御書周易尚書表》，予曰：「八卦之説謂之索，奉以周旋；百篇之義莫得聞，坦然明白。」尾句曰：「但驚奎壁之輝，從天而下；莫測龜龍之祕，行地無疆。」亦忝此選〔三〕。《代福州謝曆日表》曰：「神祇祖考，既安樂於太平；歲月日時，又明章於庶徵。」正用《詩·鳧鷖·序》「太平之君子，能持盈守成，神祇祖考安樂之也」，《洪範》庶徵「歲月日時無易，百穀用成，乂用明，俊民用章」，皆上下聯文，未嘗輒增一字〔四〕。《淵聖乾龍節疏》曰：「應天而行，早得尊於《大有》；象日之動，偶蒙難於《明夷》。」《易·大有》卦「柔得尊位」「應乎天而時行」，《左傳》叔孫豹筮遇《明夷》，「象日之動，故曰君子于行」，《彖》辭云「内文明而外柔順，以蒙大難」，亦純用本文〔五〕。乾道丁亥《南郊赦文》曰：「皇天后土，監于成命之詩；藝祖太宗，昭我思文之配。」讀者以爲壯。後語曰：「天地設位而聖人成能，既撲緼紛之況①；雷雨作解而君子赦過，式流汪濊之恩。」此文先三日鎖院所作，冬至日適有雷雪之異，殆成讖云〔六〕。葉子昂參知政事，爲諫議大夫林安宅所擊罷去，林遂副樞密。已而置獄治其言，皆無實，林責居筠，葉召拜左揆。予草制曰：「既從有北之投，亟下居東之召。有欲爲王留者，孰明去就之忠？無以我公歸兮，大慰瞻儀之望。」本意用「公歸」之句，指邦人而言也，故云「瞻儀」。而御史單時疑之，謂人君而稱臣爲我公。彼蓋不詳味詞理耳。子昂坐冬雷罷相，予又當制，曰：「調陰陽而遂萬物，所嗟論道之非；因災異而劾三公，實負應天之愧。」蓋因有諷諫也〔七〕。《嗣濮王加恩制》曰：「天神明而照知四方，既下臨於精意；王孫子而本支百世，兹載錫於蕃釐。」又曰：「春秋享祀，獨冠周家之宗盟；老成典刑，蔚爲劉氏之祭酒。」《士衎制》曰：「克羞饋祀，事其先而萬國歡心；肅倡和聲，行於郊而百神受職。」〔八〕《賜宰臣辭免提舉聖政書成轉官詔》曰：「爲天子父尊之至，永惟傳序之恩；問聖人德何以加，莫越重華之孝。」〔九〕《賜葉資政辭召命詔》曰：「見晛曰消，顧何傷於日月；得時則駕，宜亟會於風雲。」〔一〇〕《賜史大觀文以新蜀帥改越辭免詔》曰：「王陽爲孝子，敢煩益部之行；莊助留侍中，姑奉會稽之計。」〔一一〕吴璘在興元、修塞兩縣決壞渠爲田，《獎諭詔》曰：「刻石立作三犀牛，重見離堆之利；復陂誰云兩黄鵠，詎煩鴻郤之謠。」用老杜《石犀行》云「秦時蜀太守，刻石立作三犀牛」，及翟方進壞鴻郤陂，童謠云「反乎覆，陂當復。誰云者？兩黄鵠」等語也〔一二〕。劉共甫自潭帥除翰林學士，答詔曰：「不見賈生，兹趣長沙之召；既還陸贄，宜膺内相之除。」〔一三〕《批執政辭經脩哲宗寶訓轉官》曰：「念疊矩重規，當賢聖之君七作；而立經陳紀，在謨訓之文百篇。」哲廟正爲第七主，而《寶訓》百卷也〔一四〕。《答蔣丞相辭免》曰：「永惟萬事之統，知非艱而行惟艱；有不二心之臣，帥以正則罔不正。」〔一五〕禮部爲宰臣以顯仁皇后小祥請吉服，奏曰：「練而慨然，禮應順變；期可已矣，懼或過中。」又曰：「漢中天二百而興，益隆大業；舜至孝五十而慕，獨耀前徽。」時高宗聖壽五十四也〔一六〕。《辛巳親征詔》曰：「惟天惟祖宗，方共扶於基緒；有民有社稷，敢自佚於宴安。」又曰：「歲星臨於吴分，定成肥水之勳；鬥士倍於晉師，可決韓原之勝。」是時，歲星在楚，故云。《檄書》曰：「爲劉氏左袒，飽聞思漢之忠；徯湯后東征，必慰戴商之望。」又曰：「侯王寧有種乎？人皆可致；富貴是所欲也，時不再來。」〔一七〕《紫宸大宴致語》曰：「廟謨先定，百官修輔而厥后惟明；黼坐端臨，五帝神聖而其臣莫及。」〔一八〕《脩聖政轉官詞》曰：「念五馬渡江之後②，光啓中興；述六龍御天以來，式時猷訓。」又曰：「薦於天而天是受，永言覆燾之恩；問諸朝而朝不知，詎測形容之妙。」〔一九〕《汪觀文復官詞》曰：「作雷雨之解而宥罪，在法當原；如日月之食而及更，於明何損？」〔二〇〕《步帥陳敏制》曰：「亞夫持重，小棘門、霸上之將軍；不識將屯，冠長樂、未央之衛尉。」〔二一〕《吴挺興州制》曰：「能得士心，吴起固西河之守；差强人意，廣平開東漢之興。」〔二二〕《起復知金州制》曰：「惟天不弔，壞萬里之長城；有子而賢，作三軍之元帥。」〔二三〕《姚仲復官制》曰：「隨會在秦，晉國起六卿之懼；日磾仕漢，秺侯傳七葉之芳。」〔二三〕《蕭鷓巴詞》曰：「李廣數奇，應恨封侯之相；孟明一眚，終酬拜賜之師。」〔二四〕《追封皇第四子邵王詞③》曰：「舉漢武三王之策，方茂徽章；念周文十子之宗，獨留遺恨。」時已封建三王也〔二五〕。《趙忠簡謚制》曰：「見夷吾於江左，共知晉室之何憂；還德裕於崖州，豈待令狐之復夢？」〔二六〕《王彦贈官詞》曰：「申帶礪以丹書之誓，方休甲第之功臣；挂衣冠於神虎之門，竟失戊營之校尉。」〔二七〕《向起贈官詞》曰：「馳至金城郡，方思充國之忠；生入玉門關，竟負班超之望。」〔二八〕《李師顔贈官制》曰：「青天上蜀道，久嚴分閫之權；黑水惟梁州，愴失安邊之傑。」〔二九〕《襄帥王宣贈官詞》曰：「黄河如帶，莫申劉氏之盟；漢水爲池，空墮羊公之淚。」〔三〇〕王淪以太常少卿朔祭太廟，忘設象尊、犧尊，《降官詞》曰：「犧象不設，已廢司彝之供；餼羊空存，殊乖告朔之禮。」〔三一〕《潼川神加封詞》曰：「駕飛龍兮靈之斿，具嚴涣命；驅厲鬼兮山之左，終相此邦。」《青城山蠶叢氏封侯詞》曰：「想青神侯國之封，自今以始；雖白帝公孫之盛，於我何加。」《陽山龍母詞》曰：「居然生子，乘雲氣以爲龍；惟爾有神，時雨暘而利物。」〔三二〕《魏丞相贈父詞》曰：「大名之後必大，非此其身；和戎如樂之和，幸哉有子。」魏蓋以使虜定和議，旋致大用。《贈母詞》曰：「藏盟府之國功，不殊魏絳；成外家之宅相，重見陽元。」《封妻姜氏詞》曰：「筮仕于晉曰魏，方開門户之祥；取妻必齊之姜，孰盛閨闈之美。」〔三三〕《虞丞相贈父詞》曰：「活千人有封，非其身者在其子；德百世必祀，畸於人者侔於天。」〔三四〕《大周仁贈父詞④》曰：「有子能賢，高舉而集吴地；受予顯服，會同而朝漢京。」用東方朔《非有先生傳》「高舉遠引，來集吴地」及《兩京賦》「春王三朝，會同漢京」也〔三五〕。《獎諭吴挺詔》曰：「閫外制將軍，方有成於東鄉；舟中皆敵國，應無慮於西河。」〔三六〕《梁丞相醴泉使兼侍讀制》曰：「珍臺閒館，獨冠皐、伊之倫魁；廣厦細旃，尚論唐、虞之盛際。」又答詔曰：「一言可以興邦，念爲臣之不易；三宿而後出晝，勉爲王而留行。」〔三七〕《王丞相進玉牒加恩制》曰：「載籍之傳五三，壯太祖、太宗之立極；賢聖之君六七，耀永昭、永厚之詒謀。」〔三八〕《批以旱得雨請御殿》曰：「念七月之間則旱，咎徵已深；雖三日已往爲霖，憂端未貰。」〔三九〕餘不勝書。唯記從兄在泉幕，淮東使者，其友壻也，發京狀薦之，爲作謝啓曰：「襟袂相連，夙愧末親之孤陋；雲泥懸望，分無通貴之哀憐。」皆用杜詩。其下句人人知之，上句乃《贈李十五丈》云：「孤陋忝末親，等級敢比肩。人生意氣合，相與襟袂連。」此事適著題，而與前《送韋書記》詩句偶可整齊用之，故併紀于此〔四〇〕。但以傳示子孫甥姪而已，不足爲外人道也。

【校勘】

①「撲」，原作「僕」，據庫本、祠本改。②「渡」，庫本、祠本作「浮」。③「第」，原作「弟」，據庫本、祠本改。④「大」，祠本作「又」，庫本作「同」。

【箋證】

〔一〕文惠公洪适，容齋之伯兄。張魏公免相制，見《盤洲文集》卷一一《除張浚少師保信軍節度使判福州依前魏國公加食邑實封制》。按《宋宰輔編年録》卷一七：隆興二年甲申四月丁丑，張浚罷右僕射，録此制書，原按云：「浚自隆興元年十二月拜右僕射兼樞密使，是年四月罷，再入相纔五月。」張浚都督江淮，可詳《宋史》卷三六一本傳。「棘門如兒戲耳」，用《漢書·周亞夫傳》原句。「衮衣以公歸兮」，用《詩·九罭》：「是以有衮衣兮，無以我公歸兮。」

王大寶致仕詞，見《盤洲文集》卷一九《敷文閣直學士王大寶轉一官致仕制》。大寶字元龜，紹興中，爲國子司業兼崇政殿説書，直敷文閣、知温州。（《建炎以來繫年要録》卷一七五）孝宗初，爲諫議大夫。（《宋史》卷三九〇《劉章傳》）隆興元年，魏公欲先取山東，興符離之師，王大寶、胡銓、王十朋、汪應辰、陳良翰等，「皆魏公門人，交贊其謀」。（《齊東野語》卷二《符離之師》）「閔勞以事」，蓋用《漢書·昭帝紀》：「朕閔勞以官職之事，其務修孝弟以教鄉里。」「歸絜其身」，出《孟子·萬章上》：「聖人之行不同也，或遠或近，或去或不去，歸潔其身而已矣。」

帥浙東謝表，見《盤洲文集》卷三九《紹興府謝到任表》。謝生日詩詞啓，見《盤洲文集》卷六一，題《回劉侍郎生日詩狀》。「上丞相之印」，蓋用《漢書·周勃傳》：「勃懼，亦自危，乃謝請歸相印，上許之。歲餘，陳丞相平卒，上復用勃爲相。」「懷會稽之章」，「五十當貴」，用《漢書·朱買臣傳》。「八千爲秋」，出《莊子·逍遥游》。

按《四庫全書總目》卷一六〇《盤洲集》提要：「适以詞科起家，工於儷偶，其弟邁嘗舉所草《張浚免相制》《王大寶致仕制》《浙東謝表》《生日詩詞謝啓》諸聯，載於《容齋三筆》，然考适自撰《小傳》，自其少時擬《復得河南賀表》，即有『齊人歸鄆讙之田，宣王復文武之境』句，爲作者所稱。其内外諸制，亦皆長於潤色，藻思綺句，層見疊出，不但如邁之所舉也。」

〔二〕文安公洪遵，容齋之仲兄。《建炎以來繫年要録》卷一四四，紹興十二年壬戌二月辛卯，「給事中知貢舉程克俊等言：『博學宏詞科右承務郎洪遵、敕賜進士出身沈介、右從政郎洪适，並合格。』」。《孟子·梁惠王下》：「今有璞玉於此，雖萬鎰，必使玉人彫琢之。」《詩·都人士》：「匪伊垂之，帶則有餘。」

〔三〕劉時舉《續宋編年資治通鑑》卷六：紹興十五年乙丑春，「試博學宏詞科，湯思退、王曮、洪邁並賜進士出身」。《玉海》卷二〇三《辭學指南》：「表，斷句須要有力。」引此表尾句爲例。

「八卦之説謂之索」，「百篇之義莫得聞，坦然明白」，均出漢孔氏《尚書序》。「奉以周旋」，出《左傳》文公十八年。「奎壁」，奎宿、壁宿。「龜龍之祕」，《論語·子罕》「河不出圖」，邢昺疏曰：「孔安國以爲《河圖》即八卦。鄭玄以爲《河圖》《洛書》，龜龍銜負而出。」《易·坤·象》：「牝馬地類，行地無疆。」

〔四〕容齋紹興十八年、十九年，爲福州教授。參拙著《洪邁年譜》，繫在十九年。

〔五〕淵聖乾龍節，欽宗誕日。《靖康要録》：孝慈淵聖皇帝，以元符三年四月十三日生。靖康元年二月十七日，「少宰吴敏等表以四月十三日爲乾龍節，詔所請宜允」。

〔六〕乾道三年丁亥，十一月丙寅，南郊禮成，邁當制撰赦文。參拙著《洪邁年譜》。《詩序》：「《昊天有成命》，郊祀天地也。」「《思文》，后稷配天也。」《易·繫辭下》：「天地設位，聖人成能。」《易·解卦》象曰：「雷雨作，解。君子以赦過宥罪。」

〔七〕葉顒，字子昂。《宋宰輔編年録》卷一七：乾道二年丙戌十二月甲申，葉顒拜左僕射。三年丁亥十一月癸酉，罷。「有欲爲王留者」，出《孟子·公孫丑下》。「無以我公歸兮」，出《詩·九罭》。「調陰陽而遂萬物」，用《漢書·王陵傳》：「宰相者，上佐天子理陰陽、順四時，下遂萬物之宜。」「因災異而劾三公」，用《後漢書·劉矩傳》：「時連有災異，司隸校尉以劾三公。」

〔八〕《宋史》卷三四《孝宗紀》：乾道三年十月，以嗣濮王士輵爲開府儀同三司。所謂「加恩」殆即指此。《宋史》卷二四五《宗室列傳》：士衎，嗣濮王仲湜之子，「隆興中以邊事未寧，奏減奉給恩賞之半以助軍興。詔加獎諭」。

「天神明而照知四方」，用《揚子法言·問神篇》：「天神天明，照知四方。」「王孫子而本支百世」，用《詩·大雅·文王》：「文王孫子，本支百世。」「劉氏之祭酒」，《漢書·伍被傳》：「吴王賜號爲『劉氏祭酒』。」「克羞饋祀」，出《尚書·酒誥》。「事其先而萬國歡心」，出《春秋公羊傳》桓公元年：「王者亦貴得天下之歡心，以事其先王。」又《孝經·孝治章》：「子曰：『昔者明王之以孝治天下也，不敢遺小國之臣，而況於公侯伯子男乎？故得萬國之懽心，以事其先王。』」「肅倡和聲」，出《漢書·禮樂志》。「行於郊而百神受職」，出《禮記·禮運篇》。

〔九〕《建炎以來朝野雜記》甲集卷四《制作》「兩朝聖政録」條：「《光堯聖政録》者，隆興、乾道間所修也。紹興三十二年九月，以敕令所爲編類聖政所，命輔臣領之。乾道二年冬，蔣子禮爲參知政事，上其書，凡三十卷，上自爲之序。大凡分門立論，視《寶訓》而加詳焉。」「爲天子父尊之至」句，《孟子·萬章上》原文。「問聖人德何以加」，出《孝經·聖治章》：「曾子曰：『敢問聖人之德無以加於孝乎？』」

〔一〇〕葉資政，葉顒。「見晛曰消」，用《小雅·角弓》原文。「得時則駕」，出《史記·老子列傳》：「君子得其時則駕，不得其時則蓬累而行。」

〔一一〕史大觀文，史浩。《南宋制撫年表》：乾道四年四月，史浩以觀文殿大學士知紹興。「王陽爲孝子」句，用《漢書》卷七六《王尊傳》：「琅邪王陽爲益州刺史」，「王陽爲孝子」。「莊助留侍中」，用《漢書》卷六四上《嚴助傳》：「助恐上書：『臣助當伏誅，陛下不忍加誅，願奉三年計最。』詔許，因留侍中。」

〔一二〕吴璘，字唐卿，乾道三年卒。《宋史》卷三六六《吴璘傳》：「璘至漢中，修復褒城古堰，溉田數千頃，民甚便之。」蓋謂此也。

〔一三〕《翰苑群書·翰苑題名》云：「劉珙，乾道三年閏七月，以敷文閣直學士知潭州，除翰林學士。」珙，字共甫，事迹具《宋史》卷三八六本傳。

賈生「長沙之召」，《漢書》卷四八《賈誼傳》：賈誼爲長沙王太傅。陸贄除内相，《舊唐書》卷一三九《陸贄傳》：贄以書判拔萃選授渭南縣主簿，遷監察御史。德宗在東宫時，素知贄名，乃召爲翰林學士。

〔一四〕《宋史》卷三四《孝宗紀》：「乾道三年五月，葉顒等上《哲宗寶訓》。」

〔一五〕《宋宰輔編年録》卷一七載：乾道四年二月，蔣芾拜右仆射。

「永惟萬事之統」，《漢書·董仲舒傳》原句。「知非艱而行惟艱」，出《商書·説命中》：「説拜稽首曰：『非知之艱，行之惟艱。』」「有不二心之臣」，出《周書·康王之誥》。「帥以正則罔不正」，出《論語·顔淵》。

〔一六〕《建炎以來繫年要録》卷一八三：紹興二十九年九月庚子，「皇太后韋氏崩於慈寧宫，年八十」。壬戌，謚曰顯仁。同書卷一八六載，紹興三十年九月甲午，顯仁「小祥，上行祭奠之禮」。「練而慨然」，《禮記·檀弓上》原文。「期可已矣」，《論語·陽貨》原文。

〔一七〕《宋史》卷三二《高宗紀》：「（紹興三十一年辛巳）冬十月庚子朔，詔將親征」。「丁未，命宣撫制置司傳檄契丹、西夏、高麗、渤海諸國及河北、河東、陝西、京東、河南諸路，諭出師共討金人。」《詔》《檄》見拙輯《鄱陽三洪集》卷九〇、卷一〇〇。考詳拙著《洪邁年譜》。

肥水之戰，詳《晉書》卷九《孝武帝紀》太元八年。韓原之戰，詳《左傳》僖公十五年。「爲劉氏左袒」，《漢書》卷三《高后紀》原句。「徯湯后東征，必慰戴商之望」，出《商書·仲虺之誥》：「乃葛伯仇餉，初征自葛，東征西夷怨，南征北狄怨，曰：『奚獨後予？』攸徂之民，室家相慶，曰：『徯予后，后來其蘇。』民之戴商，厥惟舊哉！」「侯王寧有種乎」，出《史記·陳涉世家》。「時不再來」，用《史記·淮陰侯列傳》蒯通説韓信語。

《桯史》卷三《歲星之祥》云：「紹興辛巳，逆亮渝盟，有上封者謂吾方得歲，詔以問太史，考步如言。陳文正康伯當國，請以著之親征詔書，故其辭有曰：『歲星臨於吳分，冀成淝水之勳；鬥士倍於晉師，當決韓原之勝。』蓋指此。」《朱子語類》卷一二七云：「是時陳魯公當國，命二公（郁之按，指洪景盧與劉共甫。）人爲一詔，後遂合二公之文而一之，前段用景盧者，後段用共甫者。」

〔一八〕「百官修輔而厥后惟明」，用《夏書·胤征》原句。「五帝神聖而其臣莫及」，用《漢書·晁錯傳》錯對策原句。

〔一九〕「五馬浮江」，出《晉書·元帝紀》。晉惠帝太安中童謡曰：「五馬游渡江，一馬化爲龍。」後中原大亂，宗藩多絶，惟瑯琊、汝南、西陽、南頓、彭城五王獲濟同至江東，而琅邪王嗣統，是爲元帝。

「式時猷訓」，出《周書・君陳》：「爾尚式時周公之猷訓，惟日孜孜，無敢逸豫。」「薦於天而天是受」，用《孟子・萬章上》：「昔者堯薦舜於天而天受之。」「問諸朝而朝不知」，用《左傳》襄公三十年：「三月，癸未，晉悼夫人食輿人之城杞者。絳縣人或年長矣，無子，而往與於食。有與疑年，使之年。曰：『臣小人也，不知紀年。臣生之歲，正月甲子朔，四百有四十五甲子矣。其季於今，三之一也。』吏走問諸朝。（杜預注：「皆不知，故問之。」）」

〔一〇〕《宋宰輔編年録》卷一七：汪澈，乾道二年四月罷樞密院使，除觀文殿學士奉祠。《宋史》卷三八四《汪澈傳》：「（乾道）二年，以觀文殿學士奉洞霄祠，尋知鄂州兼安撫使。」所謂「復官」，或指此。

〔一一〕《宋史》卷四〇二《陳敏傳》：乾道四年，召敏爲左衛上將軍。制或爲此。「亞夫持重」句，參《隨筆》卷二《周亞夫》。「不識將屯」，程不識事，出《史記・李將軍列傳》。

〔一二〕《宋史》卷三六六《吴挺傳》：乾道三年，挺「以父（郁之按，吴璘。）命入奏，拜侍衛親步軍指揮使，節制興州軍馬。」父卒，「起復金州都統、金房開達安撫使。」

〔一三〕《宋史》卷三三《孝宗紀》：紹興三十二年十月，「契丹招討蕭鷓巴來奔」。十一月，「以蕭鷓巴爲忠州團練使」。隆興二年四月，「以建康歸正人爲忠毅軍，鎮江爲忠順軍，命蕭琦、蕭鷓巴分領之」。陸游《老學菴筆記》卷五《曹詠爲浙漕》稱其爲「歸正官」，又曰：「『鷓巴』，北人實謂之『札八』」。

「隨會在秦」，《史記·晉世家》：「晉六卿患隨會之在秦，常爲晉亂，乃詳令魏壽餘反晉降秦。秦使隨會之魏，因執會以歸晉」。金日磾，本匈奴休屠王太子，武帝元狩中，霍去病擊匈奴，昆邪王殺休屠王，並將其衆降漢。日磾以父不降見殺，没入官。後封爲秺侯，世名忠孝，七世内侍。詳《漢書·金日磾傳》。

〔二四〕《宋史》卷三二《高宗紀》載，紹興三十二年，姚仲兵敗。同書卷三六六《吴璘傳》：「（吴璘）尋奪（姚）仲兵，欲斬之，或勸而止，械繫河池獄。」「孟明一眚」或指此。《夷堅甲志》卷一七《姚仲四鬼》云：「姚仲，始爲吴玠大將，（後兵敗）吴欲誅之。又十年，以節度使都統興元軍。」「李廣數奇」，參《隨筆》卷九《漢文失材》。「孟明一眚」，事見《左傳》僖公三十三年。

〔二五〕《宋史》卷三三《孝宗紀》：乾道二年九月辛酉，「追封子愭爲邵王，謚曰悼肅」。制或爲此作。「漢武三王之策」，指漢武立皇子閎、旦、胥爲諸侯王，詳《史記·三王世家》。「周文十子之宗」，《史記·管蔡世家》：「其長子曰伯邑考，次曰武王發，次曰管叔鮮，次曰周公旦，次曰蔡叔度，次曰曹叔振鐸，次曰成叔武，次曰霍叔處，次曰康叔封，次曰冉季載。」

〔二六〕《宋史》卷三四《孝宗紀》載：乾道四年五月甲申，謚趙鼎曰「忠簡」。鼎字元鎮，解州聞喜人，崇寧五年進士，兩度拜相，紹興十七年卒，配食高宗廟庭。事迹具《宋史》卷三六〇本傳。「見夷吾於江左」句，出《晉書》卷六五《王導傳》：「晉國既建，以導爲丞相軍諮祭酒。桓彝初過江，見朝廷微弱，謂周顗曰：『我以中州多故，來此欲求全活，而寡弱如此，將何以濟！』憂懼不樂。往見導，極談世事，還謂顗曰：『向見管夷吾，無復憂矣。』」「還德裕於崖州」句，《新唐書》卷一八〇《李德裕傳》：德裕貶爲崖州司户參軍事，卒。「德裕既没，見夢令狐綯曰：『公幸哀我，使得歸葬。』綯語其子滈，滈曰：『執政皆其憾，可乎？』既夕，又夢，綯懼曰：『衛公精爽可畏，不言，禍將及。』白于帝，得以喪還。」

〔三七〕王彦，《建炎以來繫年要録》卷一九八：紹興三十二年三月，「龍神衛四廂都指揮使、保寧軍承宣使、金房開達州駐劄御前諸軍都統制兼知金州兼金房開達州安撫使王彦爲保平軍節度使，録商虢之功也」。《宋史·孝宗紀》，隆興二年，以王彦爲建康諸軍都統制兼淮西招撫使。

「帶礪之誓」，《漢書》卷一六《高惠高后文功臣表》：高祖論功定封，「封爵之誓曰：『使黄河如帶，泰山若礪，國以永存，爰及苗裔。』於是申以丹書之信，重以白馬之盟。」

「挂衣冠於神虎之門」，出《南史》卷七六《陶弘景傳》：弘景「永明十年，脱朝服挂神武（虎）門，上表辭禄，詔許之」。

「戊營之校尉」，蓋用東漢戊校尉耿恭之典故。《後漢書》卷四九《耿恭傳》：「始置西域都護、戊己校尉。乃以恭爲戊己校尉，屯後王部金蒲城；謁者關寵爲戊己校尉，屯前王柳中城。」宋佚名《後漢書考正》引劉攽曰：「案戊己本是兩校尉，故耿恭、關寵各爲一校。今都爲戊己校尉，蓋流俗不知《漢書》。以理觀之，恭是戊校，寵是己校也。」《漢書·百官公卿表》：「戊己校尉，元帝初元元年置。」師古注：「甲、乙、丙、丁、庚、辛、壬、癸皆有正位，唯戊、己寄治耳。今所置戊、己亦無常居，故取戊、己爲名也。有戊校尉，有己校尉。一説戊、己居中，鎮覆四方，今所置校尉亦處西域之中撫諸國也。」按《耿恭傳》，北匈奴圍恭，恭固守，章帝發兵迎之，歸至玉門，唯餘十三人。中郎將鄭衆上疏曰：「耿恭以單兵固守孤城，當匈奴之衝，對數萬之衆，連月踰年，心力困盡，鑿山爲井，煮弩爲糧，出於萬死無一生之望，前後殺傷醜虜數千百計，卒全忠勇，不爲大漢恥。恭之節義，古今未有。」容齋蓋以耿恭比王彦之忠勇也。

〔二八〕向起，《建炎以來繫年要録》卷一九三：紹興三十一年十月，「右武大夫、興州前軍統制兼主管中軍軍馬吴挺，邵州防禦使、知文州節制軍馬向起，敗金人于德順軍之治平寨。」同書卷一九六：紹興三十二年，「邵州防禦使知文州節制軍馬向起爲鄂州觀察使」。充國事，參《隨筆》卷四《馬融皇甫規》。又《漢書》卷六九《趙充國傳》：「臣願馳至金城，圖上方略。」班超事，詳《後漢書》卷七七《班超傳》：超上疏曰：「臣不敢望到酒泉郡，但願生入玉門關。」

〔二九〕李師顔，李顯忠子（《建炎以來繫年要録》卷一八五），吴璘部將，紹興三十二年爲夔州路安撫、節制興元軍馬（同前書卷二〇〇）。「青天上蜀道」，用李白《蜀道難》：「蜀道之難，難於上青天。」「黑水惟梁州」，用《禹貢》原句。

〔三〇〕王宣，紹興三十二年，王宣爲中亮大夫、鄂州駐紮御前左軍副統制、兼知襄陽府、領郢州防禦使、權主管荆南府駐紮御前諸軍都統制職事（《建炎以來繫年要録》卷二〇〇）。黄河如帶，劉氏之盟，參注二七。「漢水爲池」，出《左傳》僖公四年：屈完對齊侯曰：「君若以德綏諸侯，誰敢不服？君若以力，楚國方城以爲城，漢水以爲池，雖衆，無所用之。」「羊公之淚」，事詳《晉書》卷三四《羊祜傳》。

〔三一〕《宋史》卷一〇三《禮志六》：「乾道四年，太常少卿王瀹又請於四部各爲一壇，以祀其方之神。」王瀹降官蓋在此後不久。《宋會要輯稿》禮十九之二四記在乾道四年十一月二十七日。「餼羊空存」句，用《論語·八佾》：「子貢欲去告朔之餼羊，子曰：『賜也，爾愛其羊，我愛其禮。』」

〔三二〕潼川神、蠶叢氏、陽山龍母三神加封制詞，《吾家四六》中置於乾道四年所作之《王瀹降官詞》後，又容齋於乾道三、四年在西垣，諸神加封或在此間。

「駕飛龍兮靈之斿」，《九歌·雲中君》：「駕飛龍兮北征。」《漢郊祀歌·練時日》：「九重開，靈之斿。」「驅厲鬼兮山之左」，用韓愈《柳州羅池廟碑》原文。「自今以始」，《魯頌·有駜》原句。「於我何加」，用《孟子·告子上》：「萬鍾則不辯禮義而受之，萬鍾於我何加焉？」「白帝公孫」，白帝公孫述，事詳《後漢書》卷四三述傳。「居然生子」，用《大雅·生民》原句。「惟爾有神」，用《周書·武成》原句。

〔三三〕魏丞相，魏杞。《宋史》卷三三《孝宗紀》：乾道元年正月，魏杞爲使金通問使。二年十二月，拜右僕射、同中書門下平章事兼樞密使。

「大名之後」句，用《左傳》閔公元年：卜偃曰：「畢萬之後必大。萬，盈數也。魏，大名也。」「非此其身」句，用《左傳》莊公二十二年：「非此其身，在其子孫。」「和戎」句，用《左傳》襄公十一年：晉悼公語魏絳曰：「子教寡人，和諸戎狄，以正諸華，八年之中，九合諸侯，如樂之和，無所不諧，請與子樂之。」「外家宅相」，用《晉書》卷四一《魏舒傳》：魏舒，字陽元。舒少孤，爲外家甯氏所養。甯氏造宅，相宅者云：「當出貴甥。」外祖母以魏氏甥小而慧，意謂應之。舒曰：「當爲外家成此宅相。」爲相國參軍。「筮仕于晉曰魏」，用《左傳》閔公元年：「初，畢萬筮仕於晉，遇《屯》之比，辛廖占之，曰：『吉，屯固比入，吉孰大焉，其必蕃昌。』」「取妻必齊之姜」，用《陳風·衡門》：「豈其取妻，必齊之姜。」

〔三四〕虞丞相，虞允文。「活千人有封」，用《漢書》卷九八《孝元皇后傳》原句。「非其身者在其子」，用《左傳》莊公二十二年：「非此其身，在其子孫。」「德百世必祀」，用《左傳》昭公八年：史趙對晉侯問曰：「臣聞盛德必百世祀，虞之世數未也。」「畸於人者侔於天」，用《莊子·大宗師》：「畸人者，畸於人而侔於天。」

〔三五〕大周仁，《宋史·孝宗紀》：隆興元年五月，「金同知泗州大周仁降，尋爲節度使」。乾道六年三月，「贈彰國軍節度使大周仁爲太尉」。

〔三六〕「閫外制將軍」，用《漢書》卷五〇《馮唐傳》，唐對曰：「臣聞上古王者遣將也，跪而推轂，曰：『閫以内寡人制之，閫以外將軍制之；軍功爵賞，皆決於外，歸而奏之。』」「吴氏世守武興，兼利西安撫，操重權」。（《宋史》卷二四七《趙彦逾傳》）故云。「舟中皆敵國」，用陸贄《翰苑集》卷一一《論關中事宜狀》曰：「勢苟安，則異類同心也；勢苟危，則舟中敵國也。」「東鄉」「西河」，用吴起事。魏武侯封吴起爲西河守，與田文論功，有曰：「守西河而秦兵不敢東鄉，韓、趙賓從，子孰與起？」詳《史記·吴起列傳》。

〔三七〕《宋宰輔編年録》卷一八：淳熙十三年十一月，梁罷右相，除觀文殿學士充醴泉觀使兼侍讀。「珍臺閒館」四句，楊萬里《誠齋詩話》：「中書舍人洪景盧知婺州，召至都下，而從臣未有虛位，孝宗除爲在京宮觀兼侍讀。太府少卿張抑字子儀，以啓賀之云：『珍臺閒館，冠皋伊之倫魁；廣厦細旃，論唐虞之聖道。』前兩句用楊雄賦全語，（郁之按，「珍臺閒館」句，出《甘泉賦》：「蓋天子穆然，珍臺閒館，璇題玉英」，「乃搜逑索偶，皋、伊之徒，冠倫魁能。」見《文選》卷七。）後兩句用王吉疏全語，（郁之按，王吉《諫昌邑王疏》：「夫廣厦之下，細旃之上，明師居前，勸誦在後，上論唐虞之際，下及殷周之盛。」見《文章正宗》卷一一。）皆兩漢文章也。子儀舉似予，予驚歎擊節，以爲未減前輩。未幾，景盧入翰林爲學士，適梁叔子丞相以病辭位，孝宗愛重之，不聽其去，累辭不得已，拜大觀文醴泉觀使兼侍讀。景盧當筆，麻制中全用此一聯，是日朝士聽麻者皆稱賞之，不知其爲子儀之語也。」「一言可以興邦」，用《論語·子路》全句。「三宿而後出晝」，用《孟子·公孫丑下》全句。

〔三八〕《宋史》卷三五《孝宗紀三》，十三年十一月，王淮等上《仁宗英宗玉牒》等。王淮字季海，婺州金華人，紹興十五年進士，淳熙中拜相，事迹具《宋史》卷三九六本傳。「載籍之傳五三」，出《史記》卷一一七《司馬相如列傳》：「軒轅之前，遐哉邈乎，其詳不可得聞也。五三六經載籍之傳，維見可觀也。」「賢聖之君六七」，出《孟子·公孫丑上》：孟子曰：「由湯至於武丁，賢聖之君六七作，天下歸殷久矣。」永昭、永厚，仁宗、英宗陵名。

〔三九〕《文獻通考》卷七七《雩》：淳熙十四年七月祈雨，「詔命宰臣以下分詣祭告，八月三日獲感應，復命報謝。」《批》蓋在此時。

「念七月之間則旱，咎徵已深」，兼用《周書·洪範》與《孟子》。《孟子·梁惠王上》：「王知夫苗乎？七、八月之間旱，則苗槁矣。」《洪範》：「曰咎徵。曰狂，恒雨若。曰僭，恒暘若。曰豫，恒燠若。曰急，恒寒若。曰蒙，恒風若。」劉彝曰：「《洪範》庶徵，三代之明訓也。君人者知其由己之致也，反躬自訟，不御正寢，不進常膳，食不舉樂。《春秋》所以書正月至於七月不雨，或書『大旱』，或書『大雩』，或書『又雩』，皆因其違禮違天之實迹，書以見其咎徵也。」馬晞孟曰：「《春秋》書『不雨』者七，『大旱』二，『雩』一，『大雩』二十。其書『不雨至于秋七月』者三。」（衛湜《禮記集説》卷七三《玉藻》引）「三日已往爲霖」，用《左傳》隱公九年：「凡雨自三日已往爲霖。」

〔四〇〕「雲泥懸望」句，用杜甫《送韋書記赴安西》：「夫子歘通貴，雲泥相望懸。白頭無籍在，朱紱有哀憐。」（黄希、黄鶴《補注杜詩》卷一八）

5　唐賢啓狀

故書中有《唐賢啓狀》一册，皆汎汎緘題。其間標爲獨孤常州及、劉信州太真、陸中丞長源、呂衡州温者，各數十篇，亦無可傳誦。時人以其名士，故流行至今〔一〕。獨孤有《與第五相公書》云：「垂示《送丘郎中》兩詩，詞清興深，常情所不及。『陰天聞斷雁，夜浦送歸人』。醲麗閑遠之外，文句窈窕悽惻，比頃來所示者，才又加等。但吟誦歎詠，大談於吴中文人耳。」又云：「昨見《送梁侍御》六韻，清麗妍雅，妙絶今時，掩映風騷，吟諷不足。」按第五琦乃聚斂之臣，不以文稱，而獨孤獎重之如此〔二〕。觀表出十字，誠爲佳句，乃知唐人工詩者多，不必專門名家而後可稱也。

【箋證】

〔一〕《唐賢啓狀》，不詳。《宋史》卷二〇八《藝文志》著録《彭霽啓狀》一卷、《李巨川啓狀》二卷、《羅貫啓狀》二卷，又有《趙璘表狀》一卷、《鄭嵎表狀略》三卷，等。所謂唐賢啓狀，或即諸家啓狀之選編歟。

〔二〕獨孤及《與第五相公書》，今《毘陵集》不載。《四庫提要》謂集爲其門人梁肅所編，舊本久湮，明吴寬自内閣鈔出，始傳於世。《文苑英華》《唐文粹》載有多篇，文集内皆無之（《四庫全書總目》卷一五〇）。

第五琦，字禹珪，肅宗朝爲鹽鐵鑄錢使，拜相，坐事長流，終太子賓客。事迹具《新唐書》卷一四九本傳。

容齋三筆卷九十六則

1 樞密兩長官

趙汝愚初拜相，陳騤自參知政事除知樞密院，趙辭不受相印，乃改樞密使，而陳已供職累日。朝論謂兩樞長，又名稱不同，爲無典故〔一〕。按，熙寧元年觀文殿學士、新知大名府陳升之過闕，留知樞密院。故事，樞密使與知院事不並置。時文彦博、吕公弼既爲使，神宗以升之三輔政，欲稍異其禮，且王安石意在抑彦博，故特命之〔二〕。然則自有故事也。

【箋證】

〔一〕參《三筆》卷七《執政辭轉官》。

〔二〕參《三筆》卷五《樞密名稱更易》。

2 赦放債負

淳熙十六年二月《登極赦》：「凡民間所欠債負，不以久近多少，一切除放。」遂有方出錢旬日，未得一息，而并本盡失之者，人不以爲便。何澹爲諫大夫，嘗論其事，遂令只償本錢，小人無義，幾至喧譟〔一〕。紹熙五年七月覃赦，乃只爲蠲三年以前者。案，晉高祖天福六年八月赦云：「私下債負取利及一倍者，並放。」此最爲得。又云：「天福五年終以前，殘稅並放。」〔二〕而今時所放官物，常是以前二年爲斷，則民已輸納，無及於惠矣〔三〕。唯民間房賃欠負，則從一年以前皆免。比之區區五代，翻有所不若也。

【箋證】

〔一〕《宋史》卷三六《光宗紀》：淳熙十六年二月壬戌，孝宗吉服御紫宸殿，行内禪禮。甲子，大赦，蠲公私逋負及郡縣淳熙十四年以前稅役。

何澹，字自然，處州龍泉人。乾道二年進士，累官至國子司業，遷祭酒，除兵部侍郎，光宗内禪，拜右諫議大夫，兼侍講。事迹具《宋史》卷三九四本傳。

〔二〕天福六年八月赦，見《舊五代史》卷八〇《高祖紀》。

何焯《義門讀書記》卷二九《五代史》：「《晉·高祖紀》天福五年春正月丁卯朔，德音除公私債。（郁之按，見《舊五代史》卷七九《高祖紀》。）《容齋隨筆》：『天福六年八月赦云：「私下債負取利及一倍者，並放。」』則此所除者，想與之同。世方尚武，四民失業，稱貸之際，必有不能堪命者，故不得已而屢下蠲除之令也。」

〔三〕按《宋史》卷一七四《食貨志》：「（紹興）三十二年六月戊寅，孝宗受禪赦：『凡官司債負、房賃、租賦、和買、役錢及坊場、河渡等錢，自紹興三十年以前，並除之。』」即是以前二年爲斷。

3 馮道王溥

馮道爲宰相歷數朝，當漢隱帝時，著《長樂老自叙》云：「余先自燕亡歸河東，事莊宗、明宗、愍帝、清泰帝、晉高祖、少帝、契丹主、漢高祖、今上，三世贈至師傅，階自將仕郎至開府儀同三司，職自幽州巡官至武勝軍節度使，官自試大理評事至兼中書令，正官自中書舍人至戎太傅、漢太師，爵自開國男至齊國公。孝於家，忠於國，己無不道之言，門無不義之貨，下不欺於地，中不欺於人，上不欺於天。其不足者，不能爲大君致一統、定八方，誠有愧於歷官，何以答乾坤之施？老而自樂，何樂如之。」道此文載於范質《五代通録》，歐陽公、司馬温公嘗詆誚之，以爲無廉恥矣〔一〕。王溥自周太祖之末爲相，至國朝乾德二年罷，嘗作《自問詩》述其踐歷，其序云：「予年二十有五，舉進士甲科，從周祖征河中，改太常丞，登朝時同年生尚未釋褐，不日作相。在廊廟凡十有一年，歷事四朝，去春恩制改太子太保。每思菲陋，當此榮遇，十五年間，遂躋極品，儒者之幸，殆無以過。今行年四十三歲，自朝請之暇，但宴居讀佛書，歌詠承平，因作《自問詩》十五章，以志本末。」此序見《三朝史》本傳，而詩不傳，頗與《長樂叙》相類，亦可議也〔二〕。

【箋證】

〔一〕《資治通鑑》卷二九一《後周太祖紀中》，顯德元年，於馮道著《長樂老叙》一節之後，引歐陽修論曰：「予讀馮道《長樂老叙》，見其自述以爲榮，其可謂無廉恥者矣！」司馬光論曰：「范質稱馮道『厚德稽古，宏才偉量，雖朝代遷貿，人無間言，屹若巨山，不可轉也』。臣愚以爲正女不從二夫，忠臣不事二君。爲女不正，雖復華色之美，織紝之巧，不足賢矣；爲臣不忠，雖復材智之多，治行之優，不足貴矣。何則？大節已虧故也。道之爲相，歷五朝、八姓，若逆旅之視過客，朝爲仇敵，暮爲君臣，易面變辭，曾無愧怍，大節如此，雖有小善，庸足稱乎！或以爲自唐室之亡，群雄力争，帝王興廢，遠者十餘年，近者四三年，雖有忠智，將若之何！當是之時，失臣節者非道一人，豈得獨罪道哉！臣愚以爲忠臣憂公如家，見危致命，君有過則强諫力争，國敗亡則竭節致死。智士邦有道則見，邦無道則隱，或滅迹山林，或優游下僚。今道尊寵則冠三師，權任則首諸相，國存則依違拱默，竊位素餐，國亡則圖全苟免，迎謁勸進。君則興亡接踵，道則富貴自如，兹乃奸臣之尤，安得與他人爲比哉！或謂道能全身遠害於亂世，斯亦賢已。臣謂君子有殺身成仁，無求生害仁，豈專以全身遠害爲賢哉？然則盜跖病終而子路醢，果誰賢乎？」

《長樂老自叙》，見《舊五代史》卷一二六《馮道傳》，亦載《册府元龜》卷七七〇。《五代通録》六十五卷，范質撰，晁《志》、陳《録》、《宋史・藝文志》並同，今佚。

〔二〕王溥，字齊物，并州祁人，漢乾祐中舉進士甲科，爲祕書郎。廣順初，授左諫議大夫、樞密直學士。二年，遷中書舍人、翰林學士。三年，加户部侍郎，改端明殿學士。周祖疾革，召學士草制，以溥爲中書侍郎平章事。世宗征澤、潞凱還，加兼禮部尚書，監修國史。顯德六年，命參知樞密院事。恭帝嗣位，加右僕射。宋初，進位司空，罷參知樞密院。乾德二年，罷爲太子太保。五年，丁内艱。服闋，加太子太傅。開寶二年，遷太子太師。太祖曰：「溥十年作相，三遷一品，福履之盛，近世未見其比。」太平興國初，封祁國公，七年八月卒。事迹具《宋史》卷二四九本傳。

徐松《登科記考》卷二六乾祐元年，録《石林詩話》：「王仁裕取王溥爲狀元，溥時年二十六。後六年拜相。」《余嘉錫文史論集·疑年録稽疑》卷二「王齊物六十一」條：「考溥以乾德二年罷爲太子太保，見本傳及《長編》卷五，其年歲次甲子，溥年四十二，則乾祐戊申登第時，年當二十六。容齋作二十五者，傳寫誤耳。」

4 周玄豹相

唐莊宗時，術士周玄豹以相法言人事多中。時明宗爲内衙指揮使，安重誨使他人易服而坐，召玄豹相之。玄豹曰：「内衙貴將也，此不足當之。」乃指明宗於下坐，曰：「此是也。」因爲明宗言其後貴不可言。明宗即位，思玄豹以爲神，將召至京師，宰相趙鳳諫，乃止。觀此事，則玄豹之方術可知〔一〕。然馮道初自燕歸太原，監軍使張承業辟爲本院巡官，甚重之。玄豹謂承業曰：「馮生無前程，不可過用。」書記盧質曰：「我曾見杜黄裳寫真圖，道之狀貌酷類焉，將來必副大用，玄豹之言不足信也。」承業於是薦道爲霸府從事〔二〕。其後位極人臣，考終牖下，五代諸臣皆莫能及，則玄豹未得擅唐、許之譽也〔三〕。道在晉天福中爲上相，詔賜生辰器幣，道以幼屬亂離，早喪父母，不記生日，懇辭不受。然則道終身不可問命，獨有形狀可相，而善工亦失之如此〔四〕。

【箋證】

〔一〕事見《新五代史》卷二八《唐臣·趙鳳傳》。

《舊五代史》卷七一《周玄豹傳》：「周玄豹者，本燕人，世爲從事。玄豹少爲僧，其師有知人之鑒，從游十年餘，苦辛無憚，師知其可教，遂以袁、許之術授之。大略狀人形貌，比諸龜魚禽獸，目視臆斷，咸造其理。及還鄉，遂歸俗。初，盧程寄褐游燕，與同志二人謁焉。玄豹謂鄉人張殷衮曰：『適二君子明年花發俱爲故人，惟彼道士他年甚貴。』至來歲，二子果卒。又二十年，盧程登庸于鄴下，玄豹歸晉陽，張承業信重之，言事數中。承業俾明宗易衣列于諸校之下，以他人詐之，而玄豹指明宗于末綴，言曰：『骨法非内衙太保歟？』咸伏其異。或問明宗之福壽，惟云：『末後爲鎮州節度使。』時明宗爲内衙都校，纔兼州牧而已。昭懿皇后夏氏，方侍巾櫛，偶忤旨，大爲明宗檟楚。玄豹見之，曰：『此人有藩侯夫人之位，當生貴子。』明宗赫怒因解。

後其言果驗。太原判官司馬揆謁玄豹，謂揆曰：『公五日之中奉使萬里，未見回期。』揆數日後因酒酣，爲衣領扼之而卒。莊宗署玄豹北京巡官。明宗即位之明年，一日，謂侍臣曰：『方士周玄豹昔曾言朕諸事有徵，可詔北京津置赴闕。』趙鳳奏曰：『袁、許之事，玄豹所長者。以陛下貴不可言，今既驗矣，餘無可問。若詔赴闕下，則奔競之徒争問吉凶，恐近于妖惑。』乃止。令以金帛厚賜之。授光禄卿，致仕，尋卒于太原，年八十餘。」

〔二〕《舊五代史》卷七二《張承業傳》。

〔三〕「唐、許之譽」，謂唐舉、許負也。《荀子·非相篇》：「古者有姑布子卿，今之世，梁有唐舉，相人之形狀顔色，而知其吉凶妖祥，世俗稱之。」唐舉，相李斯、蔡澤者。（《史記》卷七九《范雎蔡澤列傳》）許負相亞夫曰：「君後三歲而侯，侯八歲爲將相，持國秉。」（《史記》卷五七《絳侯周勃世家》）又相薄姬當生天子。（《史記》卷四九《外戚世家》）皆驗，其神如此。《三國志·魏志》卷二九《朱建平傳》：建平，沛國人，善相術，鍾繇以爲「雖唐舉、許負，何以復加也」。唐、許並稱，蓋自此始。

〔四〕馮道事，詳《舊五代史》卷八一《晉少帝紀》。

5 鈷鉧滄浪

柳子厚《鈷鉧潭西小丘記》云：「丘之小不能一畝。問其主，曰：『唐氏之棄地，貨而不售。』問其價，曰：『止四百。』予憐而售之。以兹丘之勝，致之灃水鄠、杜，則貴游之士争買者，日增千金而愈不可得。今棄是州也，農夫漁父過而陋之，賈四百，連歲不能售。」蘇子美《滄浪亭記》云：「予游吳中，過郡學東，顧草樹鬱然，崇阜廣水，不類乎城中。並水得微徑於雜花脩竹之間，東趨數百步，有棄地，三向皆水，旁無民居，左右皆林木相虧蔽。予愛而裴回，遂以錢四萬得之①。」〔二〕予謂二境之勝絶如此，至於人弃不售，安知其後卒爲名人賞踐？如滄浪亭者，今爲韓蘄王家所有，價直數百萬矣〔三〕，但鈷鉧復埋没不可識〔三〕。士之處世，遇與不遇，其亦如是哉〔四〕！

【校勘】

①「之」字據庫本、祠本補。

【箋證】

〔一〕《宋史》卷四四二《蘇舜欽傳》：「舜欽既放廢，寓於吳中」，「在蘇州，買水石作滄浪亭，益讀書，時發憤懣於歌詩。」

〔二〕范成大《吳郡志》卷一四《園亭》：「滄浪亭，在郡學之南，積水瀰數十畝，傍有小山，高下曲折，與水相縈帶。《石林詩話》以爲錢氏時，廣陵王元璙池館。或云其近戚中吳軍節度使孫承祐所作，既積土爲山，因以瀦水。慶曆間，蘇舜欽子美得之，傍水作亭曰滄浪。歐陽文忠公詩云：『清風明月本無價，可惜只賣四萬錢。』滄浪之名始著。子美死，屢易主。後爲章申公家所有，廣其故地爲大閣，又爲堂。山上亭北跨水有名洞山者，章氏並得之。既除地，發其下皆嵌空大石，人以爲廣陵王時所藏，益以增累其隙，兩山相對，遂爲一時雄觀。建炎之後，歸韓蘄王家。」

〔三〕范成大《驂鸞録》：「（乾道癸巳歲二月）二十二日，渡瀟水，即至愚溪，溪上愚亭，以祠子厚。路傍有鈷鉧潭。鈷鉧，熨斗也，潭狀似之。其地如大小石渠、石磵之類，詢之皆蕪没篁竹中，無能的知其處者。」

〔四〕章士釗《柳文指要》上《體要之部》卷二九《鈷鉧潭西小丘記》據《對雨編》引「洪邁以《鈷鉧》《滄浪》兩記相提而並論」一段，實即《三筆》本條。章氏按云：「（邁）文録柳、蘇二氏之舊記，而已以三數語致其慨慕，殊無可取。予湘人也，徒慕先生之爲人，而珍視其文，諷誦焉至數十年，顧生平未涉瀟水一步，足不履先生之遺迹，目不接深林迴溪幽泉怪石諸勝，心不往高士曲堂美人湘浦諸境，凡冀得與先生神游而夢合者，舉絶聞視，離思維，而空無所有。夫景盧草此記，在南宋紹興間，去先生越不過三百餘年，其時汪浮溪（藻）祇役湘南，曾拜謁先生祠堂，紀述愚溪、南澗、朝陽巖等殘存名迹，據稱鈷鉧潭仍儼然在望，（見汪藻《永州柳先生祠堂記》）景盧所謂埋没不可識，亦特足迹未經，姑想像其當然已耳。至蘇子美之滄浪亭，高踞通都，襟帶江左，江山文藻，相映發舒不絶，由天水迤邐七八百年，相沿到中江李眉生（鴻裔）假館於此，以『鄰蘇』爲名，跌蕩放言，風雅猶一時最。此較之窮年閉塞，人迹罕通之瘴鄉獠峒，如鈷鉧潭，其文鄙明闇之相去，何止人士遭際不常、偶爾遇不遇之比哉？吾之所感，不能不有異於景盧以此。」

6 司封失典故

南渡之後，臺省胥吏舊人多不存，後生習學，加以省記，不復諳悉典章，而司封以閑曹之故，尤爲不謹。舊法，大卿、監以上贈父至太尉止，餘官至吏部尚書止。今司封法，餘官至金紫光禄大夫，蓋昔之吏書也，而中散以上贈父至少師止。案，政和以前，太尉在太傅上，其上唯有太師，故凡稱攝太尉者，皆爲攝太傅，則贈者亦應如此，不應但許至少師也。生爲執政，其身後但有子升朝，則累贈可至極品大國公〔一〕。歐陽公位參知政事、太子少師，後以諸子恩至太師、兗國公，而其子棐亦不過朝大夫耳。見於蘇公祭文及黄門所撰神道碑〔二〕。比年汪莊敏公任樞密使，以子贈太師，當封國公，而司封以爲須一子爲侍從乃可，竟不肯施行。不知其説載於何法也。朱漢章卻以子贈至大國公〔三〕。舊少卿、監遇恩，封開國男，食邑三百户，自後再該加封，則每次增百户，無止法。今一封即止。舊學士待制，食邑千五百户以上，每遇恩則加實封，若虚邑五百者，其實封加二百，虚邑三百、二百者，實封加一百。今復不然，雖前執政亦只加虚邑三百耳，故侍從官多至實封百户即止，尤可笑也〔四〕。

【箋證】

〔一〕江少虞《宋朝事實類苑》卷二七《官職儀制》「封贈」條：「凡朝士父在，經大禮推恩，得致仕官，不給俸。父任升朝官以上致仕，自得俸。舊制，若因其子更加秩，即不給俸。凡宰相、使相，母封國太夫人，妻封國夫人。樞密使、副使、參知政事、尚書、節度使，母封郡太夫人，妻封郡夫人。樞密使、參政母經南郊，封國太夫人。直學士以上，給諫、大卿監、觀察使，母封郡太君，妻封郡君。（舊制，學士官至諫議大夫以上，方得郡封。天禧中改之。）少卿、防團以下，至升朝官，母封縣太君，妻封縣君。凡輔臣、宣徽初入，封三代東宫三少。（曾祖爲少保，祖爲少傅，父爲少師。）因進官，或遇大禮，進加至太師。兩令、國公、使相、節度，亦封三代。尚書、資政殿大學士、三司使，封二代，至太尉。（大學士自如兩府例。）學士至待制，封一代，至太尉。餘升朝官以上，至吏部尚書。（父歷兩府，贈至太師、令、國公。歷兩制、大兩省者，贈至太尉。）」

〔二〕蘇公祭文，指蘇軾《祭歐陽文忠公文》（《東坡全集》卷九一）。黄門所撰神道碑，指蘇轍《歐陽文忠公神道碑》（《欒城後集》卷二三）。

〔三〕汪莊敏公，汪澈。參《三筆》卷八《吾家四六》注二〇。朱倬，字漢章。宣和五年登進士第，紹興末拜參知政事、尚書右僕射。孝宗即位，降資政殿學士。致仕卒，復元職。恤典如宰相，贈特進。孫著，淳熙十四年登第，仕至吏部尚書。事迹具《宋史》卷三七二《朱倬傳》。

〔四〕《宋朝事實類苑》卷二七《官職儀制》「加食邑」條：「每大禮，兩府加恩，功臣、階、勳、食邑、實封内得三種；學士至待制、大兩府，得階勳而下二種；大卿監至少卿監一種，得加食邑；郎中而下，京朝官一種，階勳而已。凡加食邑，宰相千户，實封四百户。餘降麻官食邑七百户，實封三百户。直學士以上，食邑五百户，實封二百户。舍人、待制、散尚書至少卿監以上，食邑三百户，實封二百户。凡實食邑三百户，封縣開國男。五百户，封子。七百户，封伯。千户，封郡侯。二千户，封公。千五百户以上，始加食邑。」《宋史》卷一七〇《職官志》「食邑」「實封」二項，可參。

7 老人該恩官封

晁無咎作《積善堂記》云：「大觀元年大赦天下，民百歲男子官，婦人封；仕而父母年九十，官封如民百歲。於是故漳州軍事判官晁仲康之母黄氏年九十一矣，其第四子仲詢走京師狀其事，省中爲漳州請，漳州雖没，赦令初不異往者，丞相以爲可而上之，封壽光縣太君。」今自乾道以來，慶典屢下，仕者之父母年七十、八十即得官封，而子已没者，其家未嘗陳理，爲可惜也〔一〕。

【箋證】

〔一〕《積善堂記》，載晁補之《雞肋集》卷三一。考《宋史》卷二〇《徽宗紀》：「大觀元年春正月戊子朔，赦天下。」赦文不載。按宋制蓋沿唐舊。《新唐書》卷七《順宗紀》：貞元二十一年正月丙申，順宗即位，二月甲子，「大赦，罷宮市。民百歲版授下州刺史，婦人郡君；九十以上上佐，婦人縣君」。

8 學士中丞

淳熙十四年九月，予以雜學士除翰林學士，蔣世脩以諫議大夫除御史中丞，時施聖與在政府，語同列云：「此二官不常置，今咄咄逼人，吾輩當自點檢。」蓋謂其必大用也，已而皆不然〔一〕。因考紹興中所除者，不暇縷述，姑從壽皇聖帝以後，至于紹熙五年，枚數之，爲學士者九人，仲兄文安公、史魏公、伯兄文惠公、劉忠肅、王日嚴、王魯公、周益公及予，其後李獻之也。二兄、史、劉、王、周皆擢執政，日嚴以耆老拜端明致仕，唯予出補郡，獻之遂踵武〔二〕。爲中丞者六人，辛企李、姚令則、黄德潤、蔣世脩、謝昌國、何自然也。辛、姚、黄皆執政，唯蔣補郡，昌國徙權尚書，即去國，自然以本生母憂持服云〔三〕。

【箋證】

〔一〕容齋除翰林學士實在淳熙十三年，考詳拙著《洪邁年譜》。蔣繼周，字世修，處州人，舉進士及第，歷官祕書丞、右正言、右諫議大夫、御史中丞等職。其除御史中丞，在十三年九月，「十四年」當係誤記。詳陸游《渭南文集》卷三五《中丞蔣公墓誌銘》。

《文獻通考》卷五三《職官考七・御史臺》云：「宋承唐制，無大夫，以中丞爲臺長」。「中丞，職任雄峻，南渡初除官最多，隆興後被擢者少。淳熙十年，黄洽復爲之。又三年，再命蔣繼周。時施師點在政府，有『咄咄逼人』之疑。嘉定六年，除章良能。初王賓以中丞兼侍講，紹興十二年万俟卨又以中丞兼侍讀，由是言路始兼經筵。」又同書卷五四《職官考八・學士院》云：「唐之所謂翰林學士，只取文學之人，隨其官之崇卑，入院者皆爲學士。自唐至五代皆然。至宋則始定制，資淺者爲直院，暫行者爲權直，於是真爲翰林學士者職始顯貴，可以比肩臺長，舉武政路矣。」

〔二〕翰林學士九人，依次爲洪遵、史浩、洪适、劉珙、王曮、王淮、周必大、洪邁、李獻之。洪邁補郡，在淳熙十五年，《宋史》卷三五《孝宗紀三》：四月乙亥，「詔洪邁、楊萬里並予郡。」以高廟配享之議也。詳可參拙著《洪邁年譜》。

李巘，字獻之，濟陽人，中博學宏詞科，賜同進士出身。（淳熙）九年六月除著作郎，十年十月爲起居舍人。（《南宋館閣續録》卷八《官聯二》）紹熙五年，「趙汝愚力辭右丞相，詔以爲樞密使，翰林學士李巘草麻，有『太尉本兵柄』之語，汝愚以爲侮己，銜之。未幾，巘轉承旨，黄由時以左史兼中書舍人，駁之，乃除寶文閣學士、知婺州。」（《宋史全文》卷二八《宋光宗》）

王曮，字日嚴，廣陵人，博學宏詞科進士出身。紹興十五年四月除正字，十六年正月爲禮部員外郎。（陳騤《南宋館閣録》卷八《官聯下》）二十年三月以起居舍人兼權直院，二十一年四月除權禮部侍郎。乾道元年九月以權禮部侍郎兼直院。二年五月除中書舍人，九月除給事中。三年閏七月除敷文閣待制，提舉江州太平興國宫。七年四月以給事中除翰林學士，八年三月除承旨，九年三月除端明殿學士，提舉江州太平興國宫。（洪遵《翰苑群書》卷一一《翰苑題名》）史浩、王淮、周必大等，皆擢執政，《宋史》俱有傳，不復贅考。

〔三〕蔣繼周，陸游《渭南文集》卷三五《中丞蔣公墓誌銘》：「（淳熙）十二年二月，兼侍講。八月，遷右諫議大夫。十三年九月，遷御史中丞。公任諫官中執法凡五年。」「詔遷禮部尚書，辭不拜，出知婺州。未幾，以母喪解。紹熙元年除喪，復還，徙寧國府。加焕章閣待制，徙太平州。比四年，易三郡。」

何澹，字自然，處州龍泉人，乾道二年進士，累官至國子司業，遷祭酒，除兵部侍郎。進御史中丞。《宋史》卷三九四本傳：「澹有本生繼母喪，乞有司定所服。禮寺言當解官。澹引不逮事之文，乞下給諫議之。太學生喬嘉、朱有成等移書於澹，謂：『足下自長臺諫，此綱常之所係也，四十餘年以所生繼母事之，及其終也，反以爲生不逮而不持心喪，可乎？奉常禮所由出，顧以臺諫給舍議之，識者有以闚之矣。』澹乃去。終制，除焕章閣學士，知泉州，移明州。」

謝諤，字昌國。臨江新喻人，紹興二十七年第進士。楊萬里《誠齋集》卷一二一《故工部尚書章焕閣直學士朝議大夫贈通議大夫謝公神道碑》：「（淳熙）十六年四月，除御史中丞，尋權工部尚書。六月，上章請爲祠官甚力。除焕章閣直學士，知泉州，又辭，乃除提舉江州太平興國宫。

秩滿再請者再。既奉祠，來歸，天下士君子高其風。」

辛、姚、黄，位皆執政，爲時聞人，兹不贅考。

9 漢高祖父母姓名

漢高祖父曰太公，母曰媼，見於史者如是而已〔一〕。皇甫謐、王符始撰爲奇語，云太公名執嘉，又名煓，媼姓王氏〔二〕。唐弘文館學士司馬貞作《史記索隱》云：「母温氏。是時，打得班固泗水亭長古石碑文，其字分明作『温』，云『母温氏』。與賈膺復、徐彦伯、魏奉古等執對反覆，深歎古人未聞，聊記異見。」〔三〕予竊謂固果有此明證，何不載之於《漢紀》？疑亦後世好事者如皇甫之徒所增加耳。又嘗在嶺外，見康州龍媼廟碑，亦云姓温氏，則指媼爲温者不一也。唐小説《纂異記》載三史王生醉入高祖廟，見高祖云：「朕之中外，《泗州亭長碑》昭然具載，外族温氏。」〔四〕蓋不根誕妄之説。

【箋證】

〔一〕《史記》卷八《高祖本紀》：「父曰太公，母曰劉媼。」司馬貞《索隱》：「皇甫謐云：『名執嘉。』王符云：『太上皇名煓。』與湍同音。』」張守節《正義》：「《春秋握成圖》云：『劉媼夢赤鳥如龍，戲己，生執嘉。』」

《漢書》卷一《高帝紀》：「母媪。」顔師古注：「文穎曰：『幽州及漢中皆謂老嫗爲媪。』孟康曰：『媪，母别名，音烏老反。』師古曰：『媪，女老稱也，孟音是矣。史家不詳著高祖母之姓氏，無得記之，故取當時相呼稱號而言也。其下王媪之屬，意義皆同。至如皇甫謐等妄引讖記，好奇騁博，强爲高祖父母名字，皆非正史所説，蓋無取焉。寧有劉媪本姓實存，史遷肯不詳載？即理而言，斷可知矣。他皆類此。」

〔二〕皇甫謐、王符撰爲奇語，指皇甫謐《帝王世紀》與王符《潛夫論》。《藝文類聚》卷九九《祥瑞部下》引《帝王世紀》曰：「豐公家于沛之豐邑中陽里，其妻夢赤烏若龍，戲己，而生執嘉，是爲太公，太上皇。」《初學記》卷九《帝王部》引《帝王世紀》曰：「漢出自帝堯，劉姓也。豐公生執嘉，即太上皇也。太上皇之妃曰媪，是爲昭靈后，生子邦，字季，是爲漢高皇帝。」王符《潛夫論》卷八《五德志》：「含始吞赤珠，剋曰『玉英生漢』，龍感女媪，劉季興。」按王符所據蓋出讖緯。《詩含神霧》曰：「含始吞赤珠，刻曰玉英生皇。後赤龍感女媪，劉季興。」《春秋握成圖》曰：「執嘉妻含始，游雒池，赤珠出，刻曰：『玉英吞此爲王客。』以其年生劉季，爲漢皇。」（見《太平御覽》卷一三六《皇親部二》，亦見司馬貞《史記索隱》卷三。）

〔三〕《史記索隱》卷三《高祖本紀第八》「母媪」條。《顧頡剛讀書筆記》卷一〇《班固泗水亭長碑》條，録《三筆》此條，後按云：「王符、皇甫謐所云高祖父名執嘉，由緯書來，而母王氏之説則緯書所未有，蓋後漢人造説也。至唐人所見之《泗水亭長碑》云『母温氏』，則由『媪』字脱化而來，猶漢人『婕好妾趙』玉印『趙』作『娋』也。其事爲王符、皇甫謐所不知，而班固顧乃知之，不亦怪乎？班固已知其爲温氏矣，而其作《漢書·高帝紀》猶仍《史記》之文，云『母曰劉媪』，不更怪乎？是必在皇甫謐以後，司馬貞以前，有妄人焉，造作《泗水亭長碑》，題班固撰，以欺誑庸衆，賈膺復等不學，從而信之，司馬貞本淺陋，又載之《史記索隱》，遂致史學界中添此一段公案耳。」

〔四〕《太平廣記》卷三一〇《三史王生》，注出《纂異記》。顧頡剛云：「唐人《纂異記》所云『三史』『中外』並不可解，意其有譌文。」（同前引《顧頡剛讀書筆記》）

10　君臣事迹屏風

唐憲宗元和二年，製《君臣事迹》。上以天下無事，留意典墳，每覽前代興亡得失之事，皆三復其言。遂采《尚書》《春秋後傳》《史記》《漢書》《三國志》《晏子春秋》《吴越春秋》《新序》《説苑》等書君臣行事可爲龜鑑者，集成十四篇，自製其序，寫於屏風，列之御座之右，書屏風六扇於中，宣示宰臣。李藩等皆進表稱賀〔一〕。白居易《翰林制詔》有批李夷簡及百僚嚴綬等賀表，其略云：「取而作鑑，書以爲屏。與其散在圖書，心存而景慕，不若列之繪素，目覩而躬行，庶將爲後事之師，不獨觀古人之象。」又云：「森然在目，如見其人。論列是非，既庶幾爲坐隅之戒；發揮獻納，亦足以開臣下之心。」居易代言，可謂詳盡〔二〕。又以見唐世人主作一事而中外至於表賀，又答詔勤渠如此，亦幾於叢脞矣。憲宗此書，有《辨邪正》《去奢泰》兩篇，而末年用皇甫鎛而去裴度，荒於遊宴，死於宦侍之手，屏風本意，果安在哉〔三〕？

【箋證】

〔一〕《舊唐書》卷一四《憲宗紀上》：元和四年，「秋七月乙巳朔，御制《前代君臣事迹》十四篇，書於六扇屏風。是月，出書屏以示宰臣，李藩等表謝之」。

《册府元龜》卷四〇《帝王部·文學》：「憲宗元和四年九月，帝以天下無事，留意典墳，每覽前代興亡得失之事，皆三復其言。又讀貞觀、開元《實録》，見太宗撰《金鏡書》及《帝範》上、下篇，玄宗撰《開元訓誡》，思繼前躅，遂采《尚書》、《春秋後傳》、《史記》、班、范《漢書》、《三國志》、《晉書》、《晏子春秋》、《新序》、《説苑》等書，君臣行事可爲龜鑑者，集成十四篇，一曰《君臣道合》，二曰《辨邪正》，三曰《戒權幸》，四曰《戒微行》，五曰《任賢臣》，六曰《納忠諫》，七曰《慎征伐》，八曰《慎刑法》，九曰《去奢泰》，十曰《崇節儉》，十一曰《奬忠直》，十二曰《修德政》，十三曰《諫畋獵》，十四曰《録勳賢》，分爲上、下卷。帝自製其目曰《前代君臣事迹》。至是，以其書寫於屏風，列之御座之右。復遣中使程文幹以書屏六扇至中書宣示宰臣李藩、裴垍，曰：『朕近撰此屏風，嘗所觀覽，故令墍將示卿。』藩等上表稱賀。」

〔二〕《批李夷簡賀御撰君臣事迹屏風表》《批百僚嚴綬等賀御撰屏風表》，見《白氏長慶集》卷五六

《翰林制誥》。

〔三〕《續筆》卷一四《用計臣爲相》：「憲宗季年，皇甫鎛由判度支，程异由衛尉卿、鹽鐵使並命爲相，公論沸騰，不恤也。」又卷一六《賢宰相遭讒》：「裴晉公相憲宗，立淮蔡青鄆之功，唐之威令紀綱既壞而復振，可謂名宰矣。皇甫鎛一共政，則去不旋踵。」《舊唐書》卷一五《憲宗紀》：元和十五年，憲宗暴崩，「皆言内官陳弘志弑逆，史氏諱而不書」。史臣蔣係曰：「憲宗嗣位之初，讀列聖實録，見貞觀、開元故事，竦慕不能釋卷。延英議政，晝漏率下五六刻方退。自貞元十年已後，朝廷威福日削，方鎮權重。德宗不委政宰相，人間細務，多自臨決，奸佞之臣，如裴延齡輩數人，得以錢穀數術進，宰相備位而已。及上自藩邸監國，以至臨御，訖于元和，軍國樞機，盡歸之於宰相。由是中外咸理，紀律再張，果能剪削亂階，誅除群盜，睿謀英斷，近古罕儔，唐室中興，章武而已。任（程）异、（皇甫）鎛之聚斂，逐（崔）群、（裴）度於藩方，政道國經，未至衰紊。惜乎服食過當，閹豎竊發，苟天假之年，庶幾于理矣。」

11 僧道科目

唐末帝清泰二年二月，功德使奏：「每年誕節，諸州府奏薦僧道，其僧尼欲立講論科、講經科、表白科、文章應制科、持念科、禪科、聲贊科，道士經法科、講論科、文章應制科、表白科、聲贊科、焚修科，以試其能否。」從之。此事見《舊五代史紀》，不知曾行與否，至何時而罷也〔一〕。蓋是時猶未鬻賣祠部度牒耳。周世宗廢併寺院，有詔約束云：「男年十五以上，念得經文一百紙，或讀得五百紙，女年十三以上，念得經文七十紙，或讀得三百紙者，經本府陳狀，乞剃頭，委録事參軍、本判官試驗。兩京、大名、京兆府、青州各起置戒壇，候受戒時，兩京委祠部差官引試，其三處秖委判官，逐處聞奏。候敕下委祠部給付憑由，方得剃頭受戒。」〔二〕其防禁之詳如此，非若今時只納錢于官，便可出家也。念經、讀經之異，疑爲背誦與對本云。

【箋證】

〔一〕《舊五代史》卷四七《末帝紀中》，在三月辛亥。「二月」，或係手民之誤。今人徐規《容齋隨筆補正》（《仰素集》）據《末帝紀》謂「道士經法科」應作「道士欲立經法科」。

〔二〕《舊五代史》卷一一五《周世宗紀二》，顯德二年。

12 射佃逃田

漢之法制，大抵因秦，而隨宜損益，不害其爲炎漢。唐之法制，大抵因隋，而小加振飾，不害其爲盛唐。國家當五季衰亂之後，其究不下秦、隋，然一時設施，固亦有可采取。

案周世宗顯德二年詔：「應逃户莊田，並許人請射承佃，供納税租。如三周年内本户來歸者，其桑田不計荒熟，並交還一半。五周年内歸業者，三分交還一分。如五周年外，除本户墳塋外，不在交付之限。其近北諸州陷蕃人户來歸業者，五周年内三分交還二分，十周年内還一半，十五周年内三分還一。此外者，不在交還之限。」〔一〕其旨明白，人人可曉，非若今之令式文書，盈於几閣①，爲猾吏舞文之具，故有捨去物業三五十年，妄人詐稱逃户子孫，以錢買吏而奪見佃者，爲可歎也〔二〕。

【校勘】

①「几」，原作「凡」，據馬本、庫本、祠本改。

【箋證】

〔一〕顯德二年詔，見《舊五代史》卷一一五《周世宗紀二》，在二年正月。《文獻通考》卷四《田賦考四》引顯德二年此敕，末云：「應有冒佃逃户物業不納租税者，其本户歸業之時，不計年限，並許總認。」並可參《五代會要》卷二五《逃户》條。

〔二〕《宋史》卷一七三《食貨志》：「建炎以來，内外用兵，所在多逃絶之田」。「隆興元年，詔凡百姓逃棄田宅，出三十年無人歸認者，依户絶法。」

13 周世宗好殺

史稱周世宗用法太嚴，群臣職事，小有不舉，往往寘之極刑，予既書於《續筆》矣〔一〕。薛居正《舊史》記載其事甚備，而歐陽公多芟去。今略記于此。樊愛能、何徽以用兵先潰，軍法當誅，無可言者。其他如宋州巡檢供奉官竹奉隣以捕盜不獲①，左羽林大將軍孟漢卿以監納取耗，刑部員外郎陳渥以檢田失實，濟州馬軍都指揮使康儼以橋道不謹，内供奉官孫延希以督脩永福殿而役夫有就瓦中噉飯者，密州防禦副使侯希進以不奉使者命檢視夏苗，左藏庫使符令光以造軍士複襦不辦②，楚州防禦使張順以隱落税錢，皆抵極刑，而其罪有不至死者〔二〕。

【校勘】

①「隣」，庫本、祠本作「璘」。　②「複」，庫本、祠本作「袍」。

【箋證】

〔一〕見《續筆》卷四《周世宗》。

〔二〕樊愛能、何徽伏誅，斬竹奉璘、孟漢卿，事詳《舊五代史》卷一一四《周世宗紀一》，在顯德元年。陳渥賜死，在顯德二年五月己卯。「渥爲人清苦，臨事有守，以微累而當極刑，時論惜之」（《舊五代史》卷一一五《周世宗紀二》）斬康儼，在顯德三年二月丙寅（同前書卷一一六《周世宗紀三》）。斬孫延希、侯希進，分别在四年四月丁丑、五月丙申（同前書卷一一七《周世宗紀四》）。斬符令光，在顯德四年十月壬戌，「時帝再議南征，先期敕令光廣造軍士袍襦，不即辦集，帝怒，命斬之。時宰臣等至庭救解，帝起入營，遂戮于都市。令光出勳閥之後，歷職内庭，以清自守，累總繁劇，甚有廉幹之譽。帝素重其爲人，每加委用，至是以小過見誅，人皆冤之」（同前書卷一一七《周世宗紀四》）。張順賜死，在顯德五年十二月己丑，「坐在任隱落榷税錢五十萬、官絲綿二千兩也」（同前書卷一一八《周世宗紀五》）。

14 孟字義訓

一字數義，固有之矣。若「孟」字，只是最長、最先之稱，如所謂孟侯、孟孫、元妃孟子、孟春、孟夏之類是也〔一〕。《國語》：「優施謂里克妻曰：『主孟啗我。』」注云：「大夫之妻稱主，從夫稱也。」而謂孟爲里克妻字則非矣。又云：「孟一作盍。」〔二〕《史記·呂后本紀》注中引此句，而司馬貞《索隱》乃云：「孟者，且也，言且啗我物。」〔三〕其説無所據。班固《幽通賦》：「盍孟晉以迨群。」李善乃注孟爲勉〔四〕。蜀王衍書其臣徐延瓊宅壁爲「孟」，言蜀語謂孟爲弱，故以戲之。其後孟知祥得蜀，館于徐第，以爲己讖，此義又爲無稽也〔五〕。東坡與歐陽叔弼詩云：「主孟當啗我，玉鱗金鯉魚。」〔六〕正用優施語。魯之寶刀曰「孟勞」，不詳其義〔七〕。

【箋證】

〔一〕李慈銘《越縵堂讀書記》卷七《語言文字·説文義證》條（光緒丙子十二月初九日）：「（桂馥《説文義

證》)『孟』字下引《禮緯》庶長稱孟；（案出《禮含文嘉》。）《白虎通》適長稱伯，庶長稱孟；以及《容齋三筆》『孟字只是最長最先之稱』云云。案『孟』之與『伯』，對文或別，散文則通。」

〔二〕《國語》卷八《晉語二》，韋昭注。

〔三〕《史記》卷九《呂后本紀》。《史記索隱》卷三《呂太后本紀第九》。

〔四〕《文選》卷一四。李善注引曹大家曰：「孟，勉也。」吴景旭《歷代詩話》卷一六《丙集中之上·賦·浪孟》：「《字學集要》云：『孟，莫更切，勉也，始也。』班固《幽通賦》『盍孟晉以迨群兮，辰倏忽其不再』，注云：『孟，勉也。』蓋勉其進而及時爲用，則與失志之義反矣。」

〔五〕《分門古今類事》卷一四《讖兆門下》「延瓊孟字」條：「徐延瓊，僞蜀王衍之舅，於興義門造宅，宅内有二十餘院，皆彫牆峻宇，高臺深池，奇花異木，叢桂小山，山川珍物，無不畢集。因請少主臨幸。少主歎基創之大侔於宫禁，遂戲取筆於柱上大書一『孟』字。時俗謂『孟』爲不佳也。明年，孟氏入成都，據其第，忽覩楹間有絳紗籠，迫而視之，乃一『孟』字。孟曰：『吉祥，吾無易此居矣。』孟之有蜀，蓋先兆也。」注出《成都集記》。吴處厚《青箱雜記》卷七録此事，云：「蜀人謂『孟』爲弱。」黄休復《茅亭客話》卷八《瑞牡丹》亦録之，云：「俗謂『孟』爲不堪。」

〔六〕《與趙陳同過歐陽叔弼新治小齋戲作》，《東坡全集》卷一九。

〔七〕孟勞，見《春秋穀梁傳》僖公元年。

15 向巨原詩

亡友向巨原，自少時能作詩。予初識之於梁宏夫坐上，未深知之也。是日，偕二友從吳傅朋遊芝山，登五老亭，以「駕言出游」分韻賦詩〔一〕。巨原得「駕」字，其語云：「茲山何巍巍，氣欲等嵩、華。從公二三子，勝日飽閑暇。躋攀謝車輿，自辦兩不借。捫蘿覓幽隥，行椒得孤榭。側送夕陽移，俯視高鳥下。登臨記曩昔，歲月驚代謝。卻數一周星，復命千里駕。身從泛梗流，事與浮雲化。揭來共一尊，似爲天所赦。明發還問塗，合離足悲吒。」詩成，觀者皆服。傅朋游絲詩卷數百篇，巨原獨不深歎美之，頗記其數句曰：「先生著名節，百世追延陵。我評先生賢，不以能書稱。功成磨蒼崖，盛德頌日昇。勿書陵雲榜，華顛踏高層。」句格超峻，其旨皆有規諷，與前所紀劉彥沖古風相類也〔二〕。後裒其平生所作數千篇，目爲《葵齋雜藁》，倩予爲序。時予在章貢，及序成持寄之，則已卧病，僅能於枕上一讀而已。巨原初見韓子蒼，得一詩，曰：「老子真祠地，君來覓紙題。文如士衡俊，年與正平齊。聞説鍾陵郡，官居章水西。涪翁詩律在，佳處可時攜。」而韓集佚不收，但見序中耳〔三〕。

【箋證】

〔一〕向巨原，開封人，官大理正，容齋嘗爲之作《臨湖閣記》《葵齋雜稿序》。梁宏夫，東平人，梁企道侍郎之子，嘗通判江州，詳《洪邁年譜》紹興十二年。

〔二〕吴説，字傅朋。劉彦沖古風，見《三筆》卷二《題詠絶唱》。

〔三〕韓駒，字子蒼，蜀仙井監人。政和中，召試，賜進士出身，除祕書省正字，累除中書舍人兼權直學士院，南渡初，知江州，有《陵陽集》，事迹具《宋史》卷四四五本傳。

16 葉晦叔詩

亡友葉黯晦叔，嘗除敕令所删定官。紹興十九年，爲福建帥屬，予嘗因春補諸生，白于府主，邀與同考校，鎖宿貢院兩旬。予作長句云：「沈沈廣厦清如水，市聲人聲不到耳。一閑十日豈天賜，慙愧紛紛白袍子。相逢更得金玉人，久矣眼中無此士。連床夜語不成寐，往往雞聲忽驚起。是中差樂真難名，昔者相過安得此？但憐時節不相謀，正墮清明寒食裏。梨花已空海棠謝，外間物色知餘幾。只恐雨風摧折之，負此一春吾過矣。謝公尋山飽閒暇，應笑腐儒黏故紙。錦囊得句應已多，萬一相思頻寄似。」時謝景思爲參議官，故卒章箇之〔一〕。晦叔和篇云：「文章萬言抵杯水，世上虚名徒爾耳。我常自笑一生癡，那更將癡笑群子。大屋沈沈餘百年，到今所閱知幾士？看渠得失自偶然，其間悲喜從何起？君聞我言亦大笑，爲説萬事總如此①。（缺兩句。）急須了卻公家事，門外不知春有幾。

（缺三句。）飛雨時聞打窗紙。他年萬一復相從，未必從容今日似。」其語意超新，惜不能盡憶。又嘗云：「五十六言，大氐多引韻起，若以側句入，尤峻健，如老杜『幽棲地僻經過少，老病人扶再拜難』是也。然此猶是作對，若以散句起又佳，如『苦憶荆州醉司馬，謫官樽俎定常開』是也。」故予自福泮滿歸②，晦叔以二詩送別，正用此體。一章云：「一門伯仲知誰似？四海文章正數君。何事與予如舊識，由來於世兩相聞。閑官各喜光陰賸，勝地空多物色分。忽復翩然從此去，便應變化上青雲。」二章云：「此地相從驚歲晚，登臨况是客歸時。卻將襟抱向誰可？正爾艱難惟子知。情到中年工作惡，别於生世易爲悲。梅花盡醉江清上，黯澹西風凍雨垂。」可謂奇作。然相别不兩年即下世，每誦味其語，輒爲悽然。因刻所作《容齋記》，嘗識于末〔二〕。

【校勘】

①「總」，原作「怱」，據庫本、祠本改。　②「泮」，庫本、祠本作「倅」。

【箋證】

〔一〕葉黯，字晦叔，處州松陽人，紹興十二年陳誠之榜進士。謝景思，名伋，上蔡人，參政克家子，紹興末，嘗守括蒼，官至太常少卿，有《藥寮叢稿》《四六談麈》。參拙著《洪邁年譜》紹興十九年。

〔二〕《容齋記》，佚。

容齋三筆卷十十七則

1 詞學科目

熙寧罷詩賦，元祐復之，至紹聖又罷，於是學者不復習爲應用之文〔一〕。紹聖二年，始立宏詞科，除詔、誥、制、敕不試外，其章表、露布、檄書、頌、箴、銘、序、記、誡諭凡九種，以四題作兩場引試，唯進士得預，而專用國朝及時事爲題，每取不得過五人〔二〕。大觀四年，改立詞學兼茂科，增試制詔，内二篇以歷代史故事，每歲一試，所取不得過三人〔三〕。紹興三年，工部侍郎李擢又乞取兩科裁訂，别立一科，遂增爲十二體：曰制、曰誥、曰詔、曰表、曰露布、曰檄、曰箴、曰銘、曰記、曰贊、曰頌、曰序。凡三場，試六篇，每場一古一今〔四〕，而許卿大夫之任子亦就試，爲博學宏詞科，所取不得過五人。任子中選者，賜進士第。雖用唐時科目，而所試文則非也。自乙卯至于紹熙癸丑，二十榜，或三人，或二人，或一人，並之三十三人〔五〕，而紹熙庚戌闕不取〔六〕。其以任子進者，湯岐公至宰相，王日嚴至翰林承旨，李獻之學士，陳子象兵部侍郎，湯朝美右史，陳峴方進用，而予兄弟居其間，文惠公至宰相，文安公至執政，予冒處翰苑。此外皆係已登科人，然擢用者，唯周益公至宰相，周茂振執政，沈德和、莫子齊、倪正父、莫仲謙、趙大本、傅景仁至侍從，葉伯益、季元衡至左右史，餘多碌碌。而見存未顯者，陳宗召也。然則吾家所蒙，亦云過矣〔七〕。

【箋證】

〔一〕《宋史》卷一五《神宗紀》：熙寧三年三月己亥，「始策進士，罷詩、賦、論三題」。四年二月丁巳朔，「罷詩賦及明經諸科，以經義、論、策試進士」。《宋史》卷一七《哲宗紀》：元祐八年三月庚子，「詔御試舉人復試賦、詩、論三題」。《宋史》卷一八《哲宗紀》：紹聖元年五月甲辰，「罷進士習試詩賦，令專一經，立宏詞科」。

〔二〕《宋史》卷一八《哲宗紀》：紹聖二年正月丙午，立宏詞科。《玉海》卷一一六《選舉》「紹興博學宏辭科」條：「紹聖元年五月四日，中書省言有唐隨事設科，其名不一，有詞藻宏麗、文章秀異之屬。詔別立宏詞科。二年正月二十八日，立試格九條，四題，分兩場。」《文獻通考》卷三三《選舉考六》：「哲宗元祐元年復制科。紹聖元年罷制科。二年，詔立宏辭科，歲許進士登科者詣禮部請試，若見守官須受代乃得試，率以春試上舍日附試，不自立院也。差官鎖引，悉依進士。惟詔誥、赦敕不以爲題，所試者，章表、露布、檄書，用四六；頌、箴、銘、誡諭、序、記，用古今體，亦不拘四六。考官取四題，分二日試。試者雖多，取毋過五人，中程者上之三省，三省覆視，分上中二等，推恩有差。辭格超異者，恩命臨時取旨。」

〔三〕《文獻通考》卷三三《選舉考六》：「徽宗大觀四年，改爲詞學兼茂科。科舉歲附貢士院試，取毋過三人，不中率許闕。仍不試檄書，增制詔，分二日，試四題，其二以歷代史事借擬爲之，餘以本朝典故或時事。宰臣、執政親屬毋得試。」

〔四〕李擢事，見《宋會要輯稿·選舉》一二《宏詞》。如紹興八年之試題爲《觀文殿學士提舉醴泉觀兼侍讀授護國軍節度使開府儀同三司江淮荆襄路宣撫大使制》（今）、《漢輔渠銘》（古）、《慰諭川陝詔》（今）、《漢城長安記》（古）、《代宰臣以下賀收復京西路表》（今）、《唐會要序》（古）。

《玉海》卷二〇一《辭學指南·序》：「皇朝紹聖初元，取士純用經術。五月，中書言：『唐有辭藻宏麗、文章秀異之科，皆以衆之所難，勸率學者。』於是始立宏辭科。二年正月，禮部立試格十條。（章表、賦、頌、箴、銘、誡論、露布、檄書、序、記。）除詔誥，赦敕不試，又再立試格九條，曰：章表、露布、檄書、（以上用四六。）頌、箴、銘、誡諭、序、記，（以上依古今體，亦許用四六。）四題分兩場，歲一試之。大觀四年五月，以立法未詳，改爲辭學兼茂科，除去檄書，增入制詔，仍以四題爲兩場。内二篇以歷代故事借擬爲題，餘以本朝故事或時事。蓋質之古以覘記覽之博，參之今以觀翰墨之華。宣和五年七月，職方員外郎陳磷奏歲試不無幸中，乃有省闈附試之詔。繇是三歲一試。紹興三年，工部侍郎李擢請别立一科，七月詔以博學宏詞爲名，凡十二體，曰制、誥、詔書、表、露布、檄、箴、銘、記、贊、頌、序，古今雜出六題，分爲三場，每場一古一今，三歲一試，如舊制。（先是唯有科第者許試，至是，不以有無出身，皆許應詔。）先以所業三卷，（每題二篇。）納禮部，上之朝廷，下中書後省，考其能者，召試。其取人以三等。」

〔五〕「自乙卯至于紹熙癸丑二十榜」，謂紹興五年乙卯至紹熙四年癸丑。《建炎以來朝野雜記》甲集卷一三《博學宏詞科》：「博學宏詞科，紹興三年七月始置。自立科後，入中等者惟汪叔詹、洪景嚴、湯進之三人，其六十九人皆下等，蓋靳之也。舊例，每舉合格不得過五人，若人材有餘，臨時取旨。紹興後，所取未嘗過三人。淳熙八年以後，又止取一人。慶元五年，應宏詞者三十有一人，無合格者也。」

〔六〕按，紹熙元年庚戌，取陳晦。岳珂《愧郯録》卷八《詞科宗室二制》：「紹熙庚戌，制題又出《皇叔太尉定江軍節度使提舉萬壽觀授武昌軍節度使開府儀同三司充醴泉觀使》。是歲，陳紫微晦中選。」《南宋館閣録續録》卷八《官聯二》：「陳晦，字自明，湖州長興人，淳熙初賜童子出身，紹熙元年中博學宏詞科。」晦仕至刑部侍郎，兼中書舍人。（董斯張《吴興備志》卷一二《人物徵第五之五》）

〔七〕「吾家所蒙」，謂容齋及其伯兄文惠公适、仲兄文安公遵也。「見存未顯者陳宗召」。按，陳宗召，字景南，福清人。淳熙二年詹騤榜進士，紹熙四年博學宏詞。（梁克家《淳熙三山志》卷三〇、三一《科名》）嘉泰二年四月以翰林學士兼同修國史，八月以工部尚書兼修國史。（《南宋館閣録續録》卷九《官聯三》）慶元間，爲禮部侍郎。（《宋史全文》卷二九下《宋寧宗二》）

2 唐夜試進士

唐進士入舉場得用燭，故或者以爲自平旦至通宵。劉虚白有「二十年前此夜中，一般燈燭一般風」之句，及「三條燭盡」之説〔一〕。按《舊五代史·選舉志》云：「長興二年，禮部貢院奏當司奉堂帖夜試進士有何條格者。敕旨：『秋來赴舉，備有常程，夜後爲文，曾無舊制。王道以明規是設，公事須白晝顯行。其進士並令排門齊入就試①，至閉門時試畢，内有先了者，上曆畫時，旋令先出，其入策亦須晝試，應諸科對策，並依此例。』」〔二〕則晝試進士，非前例也〔三〕。清泰二年，貢院又請進士試雜文，並點門入省，經宿就試。至晉開運元年，又因禮部尚書知貢舉竇貞固奏，自前考試進士，皆以三條燭爲限，並諸色舉人有懷藏書册不令就試。未知於何時復有更革〔四〕。《白樂天集》中奏狀云：「進士許用書册，兼得通宵。」但不明言入試朝暮也〔五〕。

【校勘】

①「其」原作「耳」，據庫本、祠本改。

【箋證】

〔一〕程大昌《考古編》卷七《唐試通晝夜》：「唐人嘗有題詩試闈者，曰：『三條燭盡鐘初動，九轉丹成鼎未開。殘月漸低人擾擾，不知誰是謫仙才。』讀此，知其爲夜試矣，而未知自夜以始耶？抑通晝夜也？《白樂天集·長慶元年重考試進士事宜狀》：『伏準禮部試進士例許用書策，兼得通宵。得通宵，則思慮精；用書策，文字不錯。然重試之日，書策不容一字錯，燭只許兩條，迫促驚忙，幸皆成就，與禮部所試不同，縱有瑕病，或可矜量。』其曰通宵，則知自晝達夜。前詩言『盡三燭』，而此止得兩燭，皆可略存唐制也。」

劉虛白詩，見《全唐詩》卷四九五，題《獻主文》。

〔二〕《册府元龜》卷六四二《貢舉部·條制第四》：後唐明宗長興二年二月，禮部貢院奏當司奉堂帖夜試進士有何條格者，敕旨云云，與《三筆》所引同。此清輯本《舊五代史·選舉志》闕。郭武雄《五代史輯本證補》志第十六，已指出。

〔三〕《舊五代史》卷四二《唐明宗紀八》，長興二年二月癸巳，「詔貢院舊例夜試進士今後晝試排門齊入即日試畢」。

〔四〕俞樾《茶香室續鈔》卷一〇《唐進士有夜試之説》，録《三筆》本條，云：「按此條語意未了，據云『夜後爲文，曾無舊制』，可知舊制不以夜試，洪氏乃以爲夜試之證，殊所未詳。然觀此知後唐時固有以夜試者矣。」

〔五〕《舊五代史》卷四七《唐末帝紀中》：清泰二年九月己酉，禮部貢院奏：「進士請夜試。」從之。

〔六〕《舊五代史》卷八三《晉少帝紀三》：開運元年閏十二月，「工部尚書權知貢舉竇貞固奏：『試進士諸科舉人入策，舊例，夜試以三條燭盡爲限。天成二年改令晝試，今欲依舊夜試。』從之。」

〔五〕 白樂天集中奏狀，見《白氏長慶集》卷六〇《論重考試進士事宜狀》，參《隨筆》卷三《進士試題》。

王闢之《澠水燕談録》卷六《貢舉》亦云：「唐制，禮部試舉人，夜試以三燭爲限。無名子嘲之曰：『三條燭盡，燒焦學士之心；八韻賦成，笑破侍郎之口。』後唐長興，改令晝試。侍郎竇貞固以短晷難成，文字不盡意，非取士之道，奏復夜試。本朝引校多士，率用白晝，不復繼燭。」竇貞固奏，見《舊五代史》卷八三《晉書·少帝紀》：「工部尚書權知貢舉竇貞固奏：『試進士諸科舉人入策，舊例夜試以三條燭盡爲限，天成二年改令晝試，今欲依舊夜試。』從之。」

按，傅璇琮《唐代科舉與文學》第四章《舉子到京後活動概説》，質疑王闢之及洪邁夜試之説，舉白居易《早送舉人入試》詩及張鷟《龍筋鳳髓判》卷二《太學生劉仁範等省試落第，撾鼓申訴，準式卯時付問頭，酉時收策，試日晚付問頭，不盡經業，更請重試，臺付法不伏》，謂「卯時約是早晨五時至七時光景，酉時約是下午五時至七時。這就是説，清晨六時左右發考試題目，下午六時左右收考試卷。」而謂白居易所云「通宵」不應只是夜間考試，乃是自晝達夜。

3 納紬絹尺度

周顯德三年，敕：「舊制織造絁紬、絹布、綾羅、錦綺、紗縠等，幅闊二尺起，來年後並須及二尺五分。宜令諸道州府，來年所納官絹，每匹須及一十二兩，其絁紬只要夾密停勻，不定斤兩。其納官紬絹，依舊長四十二尺。」〔一〕乃知今之税絹，尺度長短闊狹，斤兩輕重，頗本於此〔二〕。

【箋證】

〔一〕《册府元龜》卷五〇四《邦計部・絲帛》：周世宗顯德三年十月，詔曰：「舊制，織造絁紬、絹布、綾羅、錦綺、紗縠等，幅闊二尺五分，不得夾帶粉藥，宜令諸道州府嚴切指揮，來年所納官絹，每匹須及一十二兩，河北諸州（郁之按，《五代會要》卷二五《雜録》「河北諸州」下有「並萊、登、沂、密州」六字。）須及一十兩，務要夾密停勻，其（郁之按，《文獻通考》卷四《田賦考》「其」字下有「納官紬絹」四字。）長依舊四十二尺。」

〔二〕《宋史》卷一七五《食貨志》：「自周顯德中，受公私織造並須幅廣二尺五分，民所輸絹匹重十二兩，疎薄短狹、塗粉入藥者禁之；河北諸州軍重十兩，各長四十二尺。宋因其舊。」

4 朱梁輕賦

朱梁之惡，最爲歐陽公《五代史記》所斥詈〔一〕，然輕賦一事，《舊史》取之，而《新書》不爲拈出。其語云：「梁祖之開國也，屬黄巢大亂之餘，以夷門一鎮，外嚴烽候，内辟汙萊，厲以耕桑，薄其租賦，士雖苦戰，民則樂輸，二紀之間，俄成霸業。及末帝與莊宗對壘于河上，河南之民，雖困於輦運，亦未至流亡。其義無他，蓋賦斂輕而丘園可戀故也。及莊宗平定梁室，任吏人孔謙爲租庸使，峻法以剥下，厚斂以奉上，民産雖竭，軍食尚虧，加之以兵革，因之以饑饉，不四三年，以致顛隕。其義無他，蓋賦役重而寰區失望故也。」予以事考之，此論誠然，有國有家者之龜鑑也。《資治通鑑》亦不載此一節〔二〕。

【箋證】

〔一〕歐陽修《文忠集》卷一六《或問》：「凡梁之惡，余於《史記》不没其實者，論之詳矣。」

〔二〕清四庫館臣輯本《舊五代史》卷一四六《食貨志序》即據本條迻録，後云：「案以上見《容齋三筆》所引薛《史》，繹其文義，當係《食貨志序》，今録于卷首。」《四庫提要》云：「歐陽修《五代史》，義存褒貶，而考證則往往疎舛。如司馬光《通鑑考異》所辨晉王三矢付莊宗等事，洪邁《容齋三筆》所摘失載朱梁輕賦等事，皆訛漏之甚者。」（《四庫全書總目》卷四六《五代史記纂誤》）陳登原《國史舊聞》卷三一《朱温》條引《三筆》本條，接云：「朱温薄賦，或係不願開罪地主，然其辟汙萊，勵耕桑，自是關係農民生産。朱温既係黄巢舊部，自曾目擊農民疾苦，故其作風乃與後唐李氏不同。」又引張齊賢《洛陽縉紳舊聞記》卷一「梁祖既有移龜之志，求賓客直言骨鯁之士」一節，按云：「朱温非但以發展農産，符合農民利益，其在用人方面，一則不好諂諛，二能牢籠文士，三亦尚能容忍。洪邁但以薄賦譽之，蓋爲未得其全也。」

5 坎離陰陽

「坎」位正北，當幽陰肅殺之地，其象於《易》爲水爲月。董仲舒所謂「陰常居大冬，而積於空虛不用之處」，然而謂之陽。「離」位正南，當文明赫赫之地，於《易》爲日爲火，仲舒所謂「陽常居大夏，而以生育長養爲事」，然而謂之陰〔一〕。豈非以陰生於午，陽生於子故邪？司馬貞云：「天是陽，而南是陽位，故木亦是陽，所以木正爲南正也。火是地正，亦稱北正者，火數二，二地數，地陰，主北方，故火正亦稱北正。」〔二〕究其極摯，頗似難曉，聖人無所云，古先名儒以至于今，亦未有論之者。

【箋證】

〔一〕《漢書》卷五六《董仲舒傳》：董仲舒對策言：「王者欲有所爲，宜求其端於天。天道之大者在陰陽。陽爲德，陰爲刑；刑主殺而德主生。是故陽常居大夏，而以生育養長爲事；陰常居大冬，而積於空虛不用之處。以此見天之任德不任刑也。天使陽出布施於上而主歲功，使陰入伏於下而時出佐陽；陽不得陰之助，亦不能獨成歲。終陽以成歲爲名，此天意也。王者承天意以從事，故任德教而不任刑。刑者不可任以治世，猶陰之不可任以成歲也。」

〔二〕《史記》卷二六《曆書》「顓頊受之，乃命南正重司天以屬神，命火正黎司地以屬民」句下《索隱》。

6 前執政爲尚書

祖宗朝，曾爲執政，其後入朝爲他官者甚多。自元豐改官制後，但爲尚書。曾孝寬自簽書樞密去位，復拜吏部尚書〔一〕。韓忠彦自知樞密院出藩，以吏書召〔二〕。李清臣、蒲宗孟、王存，皆嘗爲左丞，而清臣、存復拜吏書，宗孟兵書。先是元祐六年，清臣除目下，爲給事中范祖禹封還，朝廷未決，繼又進擬宗孟兵部，右丞蘇轍言：「不如且止。」左僕射吕大防於簾前奏：「諸部久闕尚書，見在人皆資淺，未可用，又不可闕官，須至用前執政。」轍曰：「尚書闕官已數年，何嘗闕事？」遂已〔三〕。胡宗愈嘗爲右丞，召拜禮書、吏書〔四〕。自崇寧已來，乃不復然。

【箋證】

〔一〕《宋宰輔編年録》卷八：元豐元年閏正月己亥，曾孝寬罷簽書樞密院事。「三年三月，孝寬免喪，除端明殿學士，知河陽，尋入見，留判司農寺，九月，出知陳州」。《續資治通鑑長編》卷三三八：元豐六年八月辛卯，「端明殿學士、知鄆州曾孝寬爲吏部尚書」。

〔二〕韓忠彦，元祐中召爲户部尚書，擢尚書左丞，改同知樞密院事，遷知院事。徽宗即位，以吏部尚書召拜門下侍郎。參《宋史》卷三一二本傳。

〔三〕事詳《續資治通鑑長編》卷四六五，哲宗元祐六年閏八月。

〔四〕胡宗愈，元祐初，進起居郎、中書舍人、給事中、御史中丞，進拜尚書右丞，罷爲資政殿學士、知陳州，徙成都府，召爲禮部尚書，遷吏部，卒。事迹具《宋史》卷三一八本傳。

7　河伯娶婦

《史記》褚先生所書魏文侯時西門豹爲鄴令，問民所疾苦。長老曰：「吾爲河伯娶婦，以故貧。」豹問其故，對曰：「鄴三老、廷掾常歲賦斂百姓錢，得數百萬，用其二三十萬爲河伯娶婦，與祝巫分其餘錢持歸。巫行視小家女好者，即聘娶，爲治齋宮河上，粉飾女，浮之河中而没。其人家有好女者，多持女遠逃亡，以故城中益空無人。」豹曰：「至娶婦時，吾亦往送。」遂投大巫嫗及三弟子並三老於河，乃罷去。從是以後，不敢復言爲河伯娶婦。予案此事，蓋出於一時雜傳記，疑未必有實〔一〕。而《六國表》秦獻公八年①，「初以君甥妻河」②。言初者，自此年而始，不知止於何時，注家無説。司馬貞《史記索隱》乃云：「『初以君主妻河』，謂初以此年取他女爲君主，君主猶公主也。妻河，謂嫁之河伯，故魏俗猶爲河伯娶婦，蓋其遺風。」〔二〕然則此事秦、魏皆有之矣。

【校勘】

①「獻」，庫本、祠本作「靈」。　②「甥」，庫本、祠本作「主」。

【箋證】

〔一〕《史記》卷一二六《滑稽列傳》。卷末褚先生曰：「臣幸得以經術爲郎，而好讀外家傳語，竊不遜讓，復作故事滑稽之語六章，編之左方。」西門豹治鄴，即其一。

〔二〕《史記索隱》卷五《六國年表》。

吕祖謙《大事記解題》卷一：「秦初以君甥妻河。」解題曰：「用諸河以求福也。戎狄之俗也。魏文侯使西門豹爲鄴令，鄴民苦歲爲河伯娶婦，豹始禁之，正與此同。時魏與秦鄰，意者染秦俗與？」

8 六經用字

六經之道同歸，旨意未嘗不一，而用字則有不同者。如「佑」「祐」「右」三字一也，而在《書》爲「佑」，在《易》爲「祐」，在《詩》爲「右」。「惟」「維」「唯」一也，而在《書》爲「惟」，在《詩》爲「維」，在《易》爲「唯」，《左傳》亦然。又如《易》之「无」字，《周禮》之「灋」「眡」「亮」「鱻」「齍」「皐」「獻」「槀」「斞」「纚」「簭」等字，他經皆不然。今人書「无咎」「无妄」，多作「無」，失之矣〔一〕。孝宗初登極，以潛邸爲佑聖觀，令玉册官篆牌。奏云：「篆法『佑』字無立人，只單作『右』字。」道士力争，以爲觀名去人，恐不可安迹。有旨特增之〔二〕。

【箋證】

〔一〕孫奕《示兒編》卷一《惟唯維字》：「六經有『惟』『唯』『維』三字，或從心，或從口，或從糸，皆通作助辭，又訓獨，但從心者，又訓思。《尚書》皆從心，乃盡爲助辭，如『我則末惟成德之彦』，『洪惟我幼沖人』是也。《詩》皆從糸，亦多是助辭，至如『縶之維之』，則訓繫；『四方是維』『紼纚維之』，則有維持之義。止有一字從心，乃作思惟之義，曰『載謀載惟』是也。《左氏傳》亦皆以唯爲助語。《論語》乃惟字，亦助辭，但『唯仁者』『唯上智』『唯我與爾』『唯天爲大』『唯堯則之』，從口而訓獨也。《孟子》亦有此句，則作惟，故亦訓獨。其餘如『非惟百乘之家爲然』之類，皆訓獨也。蓋字畫不一，而所訓有同異。學者當隨其文意求之。若夫《周易》之『无』字，《周禮》之『灋』字，雖畫異於他經之『無』與『法』，而音義同。」

胡鳴玉《訂譌雜録》卷八《六經用字》條，引《三筆》本條，接云：「玉幼時聞一老宿云：『流俗於《四書》引《詩》題如「止于丘隅」、「魚躍于淵」類，「于」字或任意寫作「於」，大非，以《三百篇》止有「于」字，無「於」字也。』余始信其説，及後細檢《毛詩》，而知其非。蓋如『言至於漕』，『俟我於城隅』，作『於』字處，正復不少也。（于、於二字，音本不同。于，羽俱切，音盂；於，央居切，音淤，人多混讀。）」

參《三筆》卷一五《周禮奇字》。

〔二〕李心傳《建炎以來朝野雜記》甲集卷二《郊廟》「佑聖觀」條：「佑聖觀，孝宗舊邸也。壁間有上少年時所題云：『富貴必從勤苦得，男兒須讀五車書。』至今以碧紗籠寶藏之。（淳熙三年初建，十二月落成，蓋以奉佑聖真武靈應真君者也。内塑真武像，蓋肖上之御容也。）」葉紹翁《四朝聞見録》卷二《佑聖觀》：「古篆無『佑』，『佑』即『右』。賜佑聖扁，篆者爲『右』，羽流固争，以爲『觀中無人，何以自立』，至訴之禮部。旨從之。非篆古也。識者謂既從佑字，則不當用篆。觀爲孝宗潛邸。先是，有神三見於雲端，孝宗爲之拜跪。既即大位，賜邸爲觀，蓋龍潛初志也。真聖殿，潛邸正寢也。」

9 鄂州興唐寺鐘

鄂州城北鳳凰山之陰，有佛刹曰興唐寺。其小閣有鐘，題誌云：「大唐天祐二年三月十五日新鑄。」勒官階姓名者兩人，一曰金紫光禄大、檢校尚書左僕射兼御史大陳知新，一曰銀青光禄大、檢校尚書右僕射、兼御史大楊琮。大字之下，皆當有夫字，而悉削去，觀者莫能曉〔一〕。五代《新》《舊史》、《九國志》並無其説，唯劉道原《十國紀年》載楊行密之父名怤，怤與夫同音〔二〕。是時，行密據淮南，方破杜洪於鄂而有其地，故將佐爲諱之。行密之子渭建國之後，改文散諸大夫爲大卿、御史大夫爲御史大憲，更可證也〔三〕。鄱陽浮洲寺有吴武義二年銅鐘，安國寺有順義三年鐘，皆刺史吕師造。題官稱曰：「光禄大卿、檢校太保兼御史大卿。」然則亦非大憲也〔四〕。王得臣《麈史》嘗辨此事，而云：「行密遣劉存破鄂州，知新、琮不預。志、傳皆略而不書。」予又按楊溥時，劉存以鄂岳觀察使爲都招討使，知新以岳州刺史爲團練使，同將兵擊楚，爲所執殺，則知新乃存偏裨，非不預也〔五〕。

【箋證】

〔一〕錢大昕《潛研堂文集》卷三二《跋吴尋陽長公主墓誌》：「李子書田示予《吴尋陽長公主墓誌》，閩縣丞危德興撰，文字完好。蓋楊行密之長女適彭城劉氏。《誌》不言劉之名字，其歷任可見者，由洪州副車（即别駕）遷撫州刺史，又移舒州刺史，其官則太僕卿、檢校尚書左僕射也。行密父名怤，與『夫』同音，《誌》中『夫』字皆缺末筆。其稱銀青光禄大卿，亦避諱改『夫』爲『卿』也。《容齋三筆》載鄂州興唐寺鐘題識云：（見本條。略。）正與此同。劉爲主壻而不稱駙馬都尉，當亦以避諱故爾。」

〔二〕王鳴盛《十七史商榷》卷九七《新舊五代史五》「楊怤王傛」條：「洪邁《容齋三筆》云：『劉道原《十國紀年》載楊行密父名怤。』《王審知德政碑》載其父名傛，見《蛾術編·説碑》。二字雖出《説文》卷十下《心部》，流俗不知，只作鄙俚用。此輩起群盜微賤，故名如此。歐、薛《五代史·行密傳》不載其父名，《審知傳》載之，不畫一。」

〔三〕《新五代史》卷六一《吴世家第一》：「天祐二年，（楊行密）遣劉存攻鄂州，焚其城，城中兵突圍而出，諸將請急擊之。存曰：『擊之復入，則城愈固。聽其去，城可取也。』是日，城破，執杜洪，斬于廣陵。九月，梁兵攻破襄州，趙匡凝奔于行密。十一月，行密卒，年五十四。謚曰武忠。

子渥立。溥僭號，追尊行密爲太祖武皇帝。」《舊五代史》卷一三四《僭僞列傳第一》：「（徐）温册楊渭爲天子，僭稱大吴，改唐天祐十六年爲武義元年。」

按，改御史大夫爲御史大憲，兹别舉兩例。周必大《文忠集》卷四八《跋蕭氏祖長官告》：「按路振《九國志》，楊行密之子渭自吴王僭號，改文散官大夫爲大卿，御史大夫爲御史大憲。明年渭殂，十一月，弟溥嗣位，改元乾真，實後唐天成元年也。」又羅願《新安志》卷九《叙牧守》：「歙逵者，吴順義七年知歙州，官金紫光禄大卿、檢校司徒，兼御史大憲、上柱國。楊氏以梁龍德元年二月改元順義，此云七年，當後唐天成二年。」

〔四〕吕師造，破鄂州，擢饒州刺史。累官光禄大卿、檢校太保兼御史大卿。事迹具《十國春秋》卷七《吴列傳》。

〔五〕今本《麈史》闕不載。按《麈史》謂劉存破鄂州，知新、琮不預，乃是天祐二年事，容齋謂存、知新同將兵擊楚，爲所執殺，乃是開平元年（天祐四年）事，且不在楊溥時。《新五代史》卷六一《吴世家第一》：「天祐二年，遣劉存攻鄂州。」《資治通鑑》卷二六六《後梁太祖紀一》，開平元年五月，「弘農王（楊渥）以鄂岳觀察使劉存爲西南面都招討使，岳州刺史陳知新爲岳州團練使，盧州觀察使劉威爲應援使，别將許玄應爲監軍，將水軍三萬以擊楚」。六月，存及知新被執殺。

10 禰衡輕曹操

孔融薦禰衡，以爲「淑質貞亮，英才卓礫，志懷霜雪，疾惡若讎，任座、史魚，殆無以過，若衡等輩，不可多得」。數稱述於曹操。操欲見之，衡素相輕疾，不肯往，而數有恣言，操懷忿，因召之擊鼓，裸身辱之。融爲見操，説其狂疾，求得自謝。操喜，敕門者有客便通，待之極晏，衡乃坐於營門，言語悖逆，操怒，送與劉表。衡爲融所薦，東坡謂：「融視操特鬼蜮之雄，其勢決不兩立，非融誅操，則操害融。」而衡平生唯善融及楊修①，常稱曰：「大兒孔文舉，小兒楊德祖。」融、修皆死於操手，衡無由得全。《漢史》言其「尚氣剛傲，矯時慢物」。此蓋不知其鄙賤曹操，故陷身危機，所謂語言狂悖者，必誦斥其有僭篡之志耳。劉表復不能容，以與黄祖〔一〕。觀其所著《鸚鵡賦》，專以自況，一篇之中，三致意焉。如云：「嬉游高峻，栖峙幽深。飛不妄集，翔必擇林。雖周旋於羽毛，固殊智而異心。配鸞皇而等美，焉比翼於衆禽？」又云：「彼賢哲之逢患，猶棲遲以羈旅。矧禽鳥之微物，能馴擾以安處。」又云：「嗟禄命之衰薄，奚遭時以嶮巇。豈言語以階亂，將不密以致危。」又云：「顧六翮之殘毁，雖奮迅其焉如。心懷歸而弗果，徒怨毒於一隅。」卒章云：「苟竭心於所事，敢背惠以忘初。期守死以報德，甘盡辭以效愚。」〔二〕予每三復其文而悲傷之。李太白詩云：「魏帝營八極，蟻觀一禰衡。黄祖斗筲人，殺之受惡名。吴江賦鸚鵡，落筆超群英。鏘鏘振金石，句句欲飛鳴。鷙鶚啄孤鳳，千春傷我情。」〔三〕此論最爲精當也。

【校勘】

①「唯」，原作「佳」，據庫本、祠本改。

【箋證】

〔一〕所述禰衡事迹，俱詳《後漢書》卷一一〇《文苑列傳·禰衡傳》。所引東坡之語，見其所作《孔北海贊》敘云：「文舉以英偉冠世之資，師表海內，意所予奪，天下從之。此人中龍也，而曹操陰賊險狠，特鬼蜮之雄者爾。其勢決不兩立，非公誅操，則操害公，此理之常，而前史乃謂公『負其高氣，志在靖難，而才疎意廣，訖無成功』，（郁之按，見《後漢書》卷一〇〇《孔融傳》）此蓋當時奴婢小人論公之語。」（《東坡全集》卷九四）

〔二〕《鸚鵡賦》，載《文選》卷一三。

〔三〕李白《望鸚鵡洲悲禰衡》（《李太白集注》卷二二）。

11 禁中文書

韓魏公爲相，密與仁宗議定立嗣，公曰：「事若行，不可中止，陛下斷自不疑。乞内中批出。」帝意不欲宫人知，曰：「只中書行足矣。」〔一〕淳熙十四年十月二十二日，壽皇聖帝自德壽持喪還宫，二十五日有旨召對，與吏部尚書蕭燧同引。中使先諭旨曰：「教内翰留身。」既對，乃旋於東華門内行廊下夾一素幄御榻後出一紙①，録唐貞觀中太子承乾監國事以相示。蕭先退，上與邁言，欲令皇太子參決萬幾，使條具合行事宜，仍戒云：「進入文字須是密。」邁奏言：「當親自書寫實封，詣通進司。」上曰：「也只翦開，不如分付近上一箇内臣。」邁又言：「臣無由可與内臣相聞知，惟御藥是學士院承受文字，尋常只是公家文書傳達，今則不可，欲俟檢索典故了日，卻再乞對面納。」上曰：「極好。」於是七日間三得從容②〔二〕。乃知禁廷機事，深畏漏泄如此。（其詳見於所記《見聞事實》。③）

【校勘】

①「行」，原作「先」，據庫本、祠本改。　②「日」，庫本作「月」。　③此注文據庫本、祠本補。

【箋證】

〔一〕事詳《宋史》卷三一二《韓琦傳》。另參《三筆》卷五《仁宗立嗣》。

〔二〕周必大《文忠集》卷一七二：淳熙十四年十月壬辰（二十五日），「内引蕭燧、洪邁，上服虔布背子，戴虔布巾，二人者同班服紫衫皂帶，自内東門入，設素幄於廊。聞數日前引館伴使副亦如此。邁奏：『二十八日太上皇三七，當過宮。是日乙未，乃太后本命，乞用别日上。』遂批問云：『展作二十七日過宮燒香，如何？』王相與予回奏：『齋七不見於經，乃釋氏之説，而本廟用之前一日，亦無害。』聞末引二人有黃門侍御封文字。二人云：『未知付誰，不敢啓封。』黃門云：『既得旨付下，自可同觀。』啓封乃是寫貞觀四年太宗遭高祖之喪，令太子聽政。邁遂留身，從臾其事。又乞令天下諱秀王名，並以伯圭爲嗣王。邁初自語侍從云。」

12 老子之言

老子之言，大抵以無爲、無名爲本，至於絶聖棄智。然所云「將欲歙之，必固張之；將欲弱之，必固强之；將欲廢之，必固興之；將欲奪之，必固與之」，乃似於用機械而有心者。微言淵奥，固莫探其旨也〔一〕。

【箋證】

〔一〕所引老子之言，見王弼注《老子》第三十六章。（河上公注本，此名《微明章》。）「必固與之」句下復有云：「是謂微明。柔弱勝剛强。魚不可脱於淵，國之利器不可以示人。」王應麟《困學紀聞》卷二《書》：「任章引《周書》曰：『將欲敗之，必姑輔之；將欲取之，必姑與之。』（《戰國策》）豈蘇秦所讀《周書陰符》者歟？」閻若璩按：「《戰國策》：『太公陰符之謀。』」朱熹云：「老子爲柱下史，故見此書。」

按，老子此言，於宋世仍有現實之意義。考蘇軾《因擒鬼章論西羌夏人事宜劄子》云：「臣所謂當今待敵之要，亦明主不可以不知者也。今朝廷意在息民，不憚屈己，而臣獻言乃欲艱難其請，不急於和，似與聖意異者，然古之聖賢欲行其意，必有以曲成之，未嘗直情而徑行也。『將欲翕之，必固張之。將欲取之，必固予之』，夫直情而徑行，未有獲其意者也。若權其利害，究其所至，則臣之愚計於安邊息民，必久而固。」又，蘇轍《狄仁傑論》亦引《老子》此言，謂陳平、狄仁傑「二公得之矣」。云：「陳平聽張辟彊計，封王諸呂，呂后安之，故平與周勃得執將相之柄，以伺其間」，「故周勃得入北軍，左袒一呼，而呂氏以亡」。「武后革命稱帝，追尊祖考，封王子弟，戕殺天下」，「狄仁傑雖爲宰相，而未嘗一言，及后欲以三思爲太子」，始一言而后感悟。「蓋王陵、裴炎迎禍亂之鋒，欲以一言折之，故不廢則死。陳平、狄仁傑待其已衰而徐正之，故身與國俱全」（《欒城後集》卷一〇《歷代論四》）。王安石當國之際，亦嘗引《老子》此言，參《五筆》卷一《王安石棄地》。

13 孔叢子

《前漢》枚乘與吳王濞書曰：「夫以一縷之任，係千鈞之重，上縣無極之高，下垂不測之淵，雖甚愚之人猶知哀其將絕也。馬方駭，鼓而驚之，係方絕，又重鎮之。係絕於天，不可復結。隊入深淵，難以復出。」〔一〕《孔叢子·嘉言篇》載子貢之言曰：「夫以一縷之任，係千鈞之重，上縣之於無極之高，下垂之於不測之深，旁人皆哀其絕，而造之者不知其危。馬方駭，鼓而驚之，係方絕，重而鎮之。繫絕於高，墜入於深，其危必矣。」枚叔全用此語。《漢書》注諸家皆不引證，唯李善注《文選》有之〔二〕。予案《孔叢子》一書，《漢·藝文志》不載，蓋劉向父子所未見。但於儒家有太常蓼侯《孔臧》十篇，今此書之末，有《連叢子》上下二卷，云孔臧著書十篇，疑即是已。然所謂《叢子》者，本陳涉博士孔鮒子魚所論集，凡二十一篇，爲六卷。唐以前不爲人所稱，至嘉祐四年，宋咸始爲注釋以進，遂傳於世。今讀其文，略無楚、漢間氣骨，豈非齊、梁以來好事者所作乎〔三〕？《孔子家語》著録於《漢志》，二十七卷，顔師古云：「非今所有《家語》也。」〔四〕

【箋證】

〔一〕《漢書》卷五一《枚乘傳》。

〔二〕《文選》卷三九《上書諫吴王》。李善注，於「墜入深淵，難以復出」句下，引《孔叢子》。

〔三〕《郡齋讀書志》卷五上：「《孔叢子》七卷。右孔子八世孫鮒集先君仲尼、子思、子上、子高、子順之言及己之行事，凡二十一篇，爲六卷，名之曰《孔叢子》。蓋言有善而叢聚之也。孔臧又以其所爲賦與書，謂之《連叢》上、下篇，爲一卷，附之卷末。其書不見於漢、唐《藝文志》。嘉祐四年，提點廣南西路刑獄公事兼本路勸農事、朝散郎守尚書屯田郎中、上輕車都尉宋咸始爲注釋以進。」

朱熹《晦菴集》卷六六《雜著·孝經刊誤》，云：「《孔叢子》亦僞書，而多用《左氏》語者，但《孝經》相傳已久，蓋出於漢初《左氏》未盛行之時，不知何世何人爲之也。《孔叢子》叙事至東漢，然其詞氣甚卑近，亦非東漢人作。所載孔臧兄弟往還書疏，正類《西京雜記》中僞造漢人文章，皆甚可笑，所言不肯爲三公等事，以前書考之，亦無其實，而《通鑑》皆誤信之。」又《朱子語類》

卷一二五：「《孔叢子》説話多類東漢人，其文氣軟弱，全不似西漢文字。」孔鮒，參《續筆》卷一四《陳涉不可輕》箋證。

〔四〕《漢書》卷三〇《藝文志》。

14 小星詩

《詩序》不知何人所作，或是或非，前人論之多矣〔一〕。唯《小星》一篇，顯爲可議。《大序》云：「惠及下也。」而繼之曰：「夫人惠及賤妾，進御於君。」故毛、鄭從而爲之辭，而鄭箋爲甚，其釋「肅肅宵征，抱衾與裯」兩句，謂「諸妾肅肅然而行，或早或夜，在於君所，以次序進御」。又云：「裯者床帳也，謂諸妾夜行，抱被與床帳待進御。」且諸侯有一國，其宮中嬪妾雖云至下，固非閭閻賤微之比，何至於抱衾而行？況於床帳，勢非一己之力所能致者，其説可謂陋矣。此詩本是詠使者遠適，夙夜征行，不敢慢君命之意〔二〕，與《殷其雷》之指同〔三〕。

【箋證】

〔一〕歐陽修《詩本義》辨訂《毛傳》《鄭箋》之誤甚多。「自唐以來，説《詩》者莫敢議毛、鄭，雖老師宿儒亦謹守《小序》，至宋而新義日增，舊説幾廢。推原所始，實發於修」。（《四庫全書總目》卷一五《詩本義》提要）鄭樵《詩辨妄》專斥《毛序》之失，朱熹《詩序辨説》則以《詩序》爲東漢衛宏所作。《三筆》卷一《晁景迂經説》記景迂論云：「孟子、荀卿、左氏、賈誼、劉向漢諸儒論説及《詩》多矣，未嘗有一言以《詩序》爲議者，則《序》之所作晚矣。」

〔二〕《詩序》：「《小星》，惠及下也。夫人無妒忌之行，惠及賤妾，進御於君，知其命有貴賤，能盡其心矣。」

姜炳璋《詩序補義》卷二：《召南·小星》，「此偶舉在東、在西之星以明見星而往、見星而還耳，蓋因所見而賦其事也。泥定比興，則説多牽合。裯，《傳》云襌被也，《箋》易爲床帳，蓋恐與衾複。《容齋隨筆》謂床非一己所致，良是。蓋或衾或裯，隨所宜進之，故抱者兼焉。」

嚴虞惇《讀詩質疑》卷二《小星》：「洪氏《容齋隨筆》謂妾御於君，不應有抱衾與裯之事，此當爲使臣行役之詩。不知『抱衾與裯』，尤於使臣不合，而『寔命不同』，語涉怨望，亦非《二南》之化也。」

又，陳霆《兩山墨談》卷一，引《三筆》本條，謂：「洪氏此説，不爲無見，但《小星》爲房中之詠，先儒相仍爲説久矣，然曰南國夫人能不妒忌，以惠其下，故其衆妾美之，而衆妾之進御於君，不敢當夕，類見星而往還，故因所見以起興，則於辭雖似，而於意亦未然。夫諸妾既曰進御，則自應就君之寢，今曰抱衾以行，知非以進御也。蓋宫中嬪妾當夕，例番直於君之寢所。漢魏而下，有尚宫司寢之設，唐宫詞有直更之語，大率沿古制也。以其典司床簀，故敬戒而宵征；而其行也，抱衾與裯，自爲臥具。裯本襌被，其訓床帳者，非也。蓋宫中夜直，自有進退之序，亦以見后妃之化遠及于南國之宫壼，故當時供直者，皆安于命而習于勞，且又作詩以詠歎之。是爲家人風化之美，非專以獲進御故也。」

〔三〕《詩序》：「《殷其雷》，勸以義也。召南之大夫遠行從政，不遑寧處。其室家能閔其勤勞，勸以義也。」

15 桃源行

陶淵明作《桃源記》云，源中人自言：「先世避秦時亂，率妻子邑人來此絶境，不復出焉，乃不知有漢，無論魏、晉。」系之以詩曰：「嬴氏亂天紀，賢者避其世。黄、綺之商山，伊人亦云逝。願言躡輕風，高舉尋吾契。」自是之後，詩人多賦《桃源行》，不過稱贊仙家之樂〔一〕。唯韓公云：「神仙有無何渺茫，桃源之説誠荒唐。世俗那知僞爲真，至今傳者武陵人。」〔二〕亦不及淵明所以作記之意。按《宋書》本傳云：「潛自以曾祖晉世宰輔，恥復屈身後代，自宋高祖王業漸隆，不復肯仕。所著文章，皆題其年月。義熙以前，則書晉氏年號，自永初以來，唯云甲子而已。」〔三〕故五臣注《文選》用其語。又繼之云：「意者恥事二姓，故以異之。」此説雖經前輩所記①〔四〕，然予切意桃源之事，以避秦爲言。至云「無論魏、晉」，乃寓意於劉裕，託之於秦，借以爲喻耳〔五〕。近時胡宏仁仲一詩，屈折有奇味，大略云：「靖節先生絶世人，奈何記僞不考真。先生高步窘末代，雅志不肯爲秦民。故作斯文寫幽意，要似寰海離風塵。」〔六〕其説得之矣。

【校勘】

①「記」，庫本、祠本作「詆」。

【箋證】

〔一〕按蘇軾《和桃花源詩》序云：「世傳桃源事，多過其實。考淵明所記，止言先世避秦亂來此，則漁人所見，似是其子孫，非秦人不死者也。又云『殺雞作食』，豈有仙而殺者乎？」（《東坡全集》卷三二）胡仔《漁隱叢話前集》卷三《五柳先生上》：「東坡此論，蓋辨證唐人以桃源爲神仙，如王摩詰、劉夢得、韓退之作《桃源行》是也。惟王介甫作《桃源行》，與東坡之論合。」按王維詩云：「初因避地去人間，更聞成仙遂不還。」（趙殿成《王右丞集箋注》卷六《桃源行》）劉禹錫詩云：「仙家一出尋無蹤，至今水流山重重。」（《劉賓客文集》卷二六）是容齋所謂「稱贊仙家之樂」者也。

〔二〕韓愈《桃源圖》（《五百家注昌黎文集》卷三）。

〔三〕《宋書》卷九三《陶潛傳》。

〔四〕《文選》卷二六《辛丑歲七月赴假還江陵夜行塗口作》，五臣注。胡仔《漁隱叢話後集》卷三《陶靖節》引《復齋漫録》云：「《文選》五臣注《辛丑歲七月赴假還江陵夜行途中》詩云：『淵明晉所作者皆題年號，入宋所作但題甲子而已，意者恥事二姓，故以異之。』思悦考淵明詩有以甲子題者，始庚子，距丙辰，凡十七年間，只九首耳，皆晉安帝時所作也。後一十六年庚申，晉禪宋，恭帝元熙二年也。寧有晉未禪宋，輒恥事二姓，所作詩但題甲子而自取異哉？矧詩中又無有標晉年號者。」

〔五〕陳寅恪《桃花源記旁證》引東坡《和桃花源詩序》，接云：「古今論桃花源者，以蘇氏之言最有通識。洪興祖釋韓昌黎《桃源圖》詩，謂淵明叙桃源初無神仙之説，尚在東坡之後。獨惜子瞻於陶公此文中寓意與紀實二者仍牽混不明，猶爲未達一間。至於近人撰著或襲蘇、洪之意，而取譬不切，或認桃源實在武陵，以致結論多誤。」（《陳寅恪史學論文選集》）郁之按，陳氏此文「洪興祖」殆爲「洪邁」之誤。袁行霈《陶淵明年譜彙考》宋武帝永初三年譜：「《桃花源詩並記》約作於是年。」引《三筆》本條，又引賴義輝《陶淵明生平事迹及其歲數新考》辨《桃花源》當爲晉亡後之作，而案云：「洪邁及賴義輝所論爲是。」（文載《中國典籍與文化論叢》第四輯）程千帆則謂託秦喻劉之説「不免於附會」。（《相同的題材與不相同的主題、形象、風格——四篇〈桃源詩〉的比較研究》，載《文學遺産》一九八一年第一期）

〔六〕胡宏《五峰集》卷一《桃源行》。

16 司封贈典之失

前所書司封失典故〔一〕，偶復憶一事，尤爲可笑。紹興二十八年，郊祀赦恩，資政殿學士樓炤，父已贈少師，乞加贈，司封以資政殿學士係只封贈一代，父既至少師，不合加贈，獨改封其母范氏、歐陽氏爲秦國、魏國夫人。蓋樓公雖嘗爲執政，而見居官職須大學士，乃恩及二代，故但用侍從常格〔二〕。資政殿學士施鉅父仲説，已贈太子太保，加爲宫傅，亦不及祖也〔三〕。乾道六年，仲兄以端明殿學士知太平州。是年郊赦，伯兄已贈祖爲太保，而轉運司移牒太平州，云準吏部牒，取會本路曾任執政官合封贈二代者。仲兄既具以報，又再行下時，祖母及父母已至極品，於是以祖爲言，遂復贈太傅〔四〕。命詞給告，殊非端殿所當得，不知省部一時何所據也。

【箋證】

〔一〕《三筆》卷九《司封失典故》。

〔二〕樓炤，字仲暉，婺州永康人，政和五年進士及第。紹興中，除兼侍讀、端明殿學士、僉書樞密院事，尋兼權參知政事。事迹具《宋史》卷三八〇本傳。

〔三〕施鉅，字大任，湖州人（《三朝北盟會編》卷二一九《炎興下帙》）。紹興二十四年，自吏部侍郎拜參知政事，明年罷爲資政殿學士（《宋史》卷三一《高宗紀》、劉時舉《續宋編年資治通鑑》卷六）。

〔四〕仲兄遵，伯兄适。

17 辰巳之巳

《律書》釋「十母十二子」之義〔一〕，大略與今所言同，唯至四月，云：「其於十二子爲巳，巳者，言陽氣之已盡也。」據此，則辰巳之巳，乃爲「矣」音〔二〕。其它引二十八宿，謂柳爲注，畢爲濁，昴爲留，亦見於《毛詩》注及《左氏傳》，如《詩》謂營室爲定星也〔三〕。

【箋證】

〔一〕《史記·律書》。張守節《正義》：「十母，十干。」「十二子，十二支。」

〔二〕顧炎武《日知録》卷三二《巳》：「吴才老《韻補》：『古「巳午」之「巳」，亦謂如「已矣」之「已」。』《漢·律曆志》：『振美於辰，已盛於巳。』《史記》：『巳者，言陽氣之已盡也。』鄭玄夢孔子告之曰：『起起，今年歲在辰，明年歲在巳。』（洪容齋《三筆》亦引《曆書》爲證。）愚按，古人讀『巳』爲『矣』之證不止此。《淮南子》：『斗指巳，巳則生，已定也。』《説文》：『巳，已也。四月陽氣已出，陰氣已藏，萬物見成文章，故巳爲蛇，象形。』《釋名》：『巳，已也。陽氣畢布已也。』《詩》：『似續妣祖。』《箋》云：『「似」讀如「巳午」之「巳」。「巳續妣祖」者，謂已成其宫廟也。』《五經文字》：『起從辰巳之巳。』《白虎通》：『太陽見於巳。巳者，物必起。』《晉書·樂志》：

『四月之辰謂之巳。巳者，起也，物至此時畢盡而起也。』《詩·江有汜》亦讀爲『矣』，《釋名》：『水決復入爲汜，汜，已也。如出有所爲，畢已復還而入也。』『以享以祀』亦讀爲『矣』，《説文》：『祭無已也。从示，巳聲。』《公羊傳》何休注：『言祀者，無已長久之辭。』《釋名》：『商曰祀。祀，已也，新氣升，故氣已也。』今人以『辰巳』之『巳』讀爲『士』音。宋毛晃曰：『陽氣生於子，終於巳。巳者，終已也，象陽氣既極回復之形。』故又爲『終已』之義。今俗以有鈎爲『終已』之『已』，無鈎爲『辰巳』之『巳』，是未知字義也。」

〔三〕《鄘風·定之方中》：「定之方中，作于楚宫。」《傳》：「定，營室也。」

容齋三筆卷十一 十六則

1 碑誌不書名

碑誌之作，本孝子慈孫欲以稱揚其父祖之功德，播之當時，而垂之後世，當直存其名字，無所避隱。然東漢諸銘，載其先代，多只書官。如《淳于長夏承碑》云「東萊府君之孫，太尉掾之中子，右中郎將之弟」；《李翊碑》云「牂柯太守曾孫，謁者孫，從事君元子」之類是也〔一〕。自唐及本朝，名人文集所志，往往只稱君諱某字某，至於記序之文亦然，王荆公爲多，殆與求文揚名之旨爲不相契〔二〕。東坡先生《送路都曹》詩，首言：「乖崖公在蜀，有録事參軍老病廢事，公責之，遂求去，以詩留别，所謂『秋光都似宦情薄，山色不如歸意農』者。公驚謝之曰：『吾過矣。同僚有詩人而吾不知。』因留而慰薦之。坡幼時聞父老言，恨不問其姓名。及守潁州，而都曹路君，以小疾求致仕，誦此語，留之不可，乃采前人意作詩送之。」其詩大略云：「結髮空百戰，市人看先封。誰能搔白首，抱關望夕烽。」則路君之賢而不遇可知矣，然亦不書其名，使之少獲表見，又爲可惜也〔三〕。

【箋證】

〔一〕洪适《隸釋》卷九《廣漢屬國候李翊碑》、卷二四《淳于長夏承碑》。又見《金石録》卷一六。

〔二〕考王荆公碑誌書名者，亦有多種。如《贈司空兼侍中文元賈魏公神道碑》：「公諱昌朝，字子明，姓賈氏，皇祕書省著作佐郎、贈太師、中書令、尚書令、晉國公諱注之子，皇太子左贊善大夫、贈太師、中書令、尚書令齊國公諱璉之孫，晉中書舍人、史館修撰、皇贈太師中書令、魯國公諱緯之曾孫。」（見《臨川文集》卷八七）《司農卿分司南京陳公神道碑》：「公諱某，字良器，以贈太師尚書令兼中書令衛國公諱嵩者爲曾祖，以贈太師尚書令兼中書令燕國公諱光嗣者爲祖，而尚書左丞集賢院學士諱恕之子也。」（《臨川文集》卷八八）

蔡上翔《王荆公年譜考略》卷四：「王氏由進士起家，始於觀之。公集有《主客郎中王公墓誌銘》，（郁之按，見《臨川文集》卷九六。）即觀之也，乃諱某字某，皆不書名。即祖與考及諸子，亦無一名者。雖有『某公兄孫也』一語，猶不知此誌爲何人而作。洪容齋云：（即本條，略。）予觀公誌觀之文，益信容齋之言爲不謬。要之，凡爲文者，雖於古人有所自來，亦有不可相沿襲者。此類是已。」

〔三〕路都曹，查慎行《補注東坡編年詩》卷三四：「路都曹，名紃，丹陽人。見《陳後山集》，又《宋史・職官志》：軍州諸曹官，録事參軍居首，稱都曹。」按《後山集》卷一有《送路糾歸老丹陽》。

2 漢文帝不用兵

《史記·律書》云：「高祖厭苦軍事，偃武休息。孝文即位，將軍陳武等議曰：『南越、朝鮮，擁兵阻阸，選蠕觀望。宜及士民樂用，征討逆黨，以一封疆。』孝文曰：『朕能任衣冠，念不到此。會呂氏之亂，誤居正位，常戰戰慄慄，恐事之不終。且兵凶器，雖克所願，動亦耗病，謂百姓遠方何！今匈奴内侵，邊吏無功，邊民父子荷兵日久，朕常爲動心傷痛，無日忘之。願且堅邊設候，結和通使，休寧北陲，爲功多矣。且無議軍。』故百姓無内外之繇，得息肩於田畝，天下富盛，粟至十餘錢。」予謂孝文之仁德如此，與武帝黷武窮兵，爲霄壤不侔矣。然《班史》略不及此事。《資治通鑑》亦不編入，使其事不甚暴白，惜哉〔一〕！

【箋證】

〔一〕丘濬《大學衍義補》卷一五六《治國平天下之要》，引孝文此段言論，接云：「臣按文帝此言見於《史記·律書》，帝因陳武等請用兵而答之如此，且謂其素無心於居位，戰戰慄慄，恐事之不終，兵凶器雖能如所願，動亦耗病，今匈奴内侵，其心傷痛，無日忘之，但今未可如意，願且堅邊設候，結和通使，以休寧北陲，爲功多矣，且無議軍。文帝此言，所謂仁人之言也，故帝世百姓無内外之繇，得息肩於田畝，天下殷富，粟至十餘錢，鳴鷄吠狗，煙火萬里，可謂和樂。司馬氏載是語於《律書》之首，以見帝天性粹美，尚德化而不務兵戎，有制禮作樂之具也。」

3 帝王諱名

帝王諱名，自周世始有此制，然只避之於本廟中耳〔一〕。「克昌厥後，駿發爾私」，成王時所作詩，「昌」「發」不爲文、武諱也。宣王名誦，而「吉甫作誦」之句，正在其時。厲王名胡，而「胡爲虺蜴」「胡然厲矣」之句，在其孫幽王時。小國曰胡，亦自若也。襄王名鄭，而鄭不改封。至於出居其國，使者告于秦、晉曰：「鄙在鄭地。」受晉文公朝，而鄭伯傅王〔二〕。唯秦始皇以父莊襄王名楚，稱楚曰荆；其名曰政，自避其嫌，以正月爲一月。蓋已非周禮矣〔三〕。漢代所謂邦之字曰國，盈之字曰滿，徹之字曰通，雖但諱本字，而吏民犯者有刑〔四〕。唐太宗名世民，在位之日不偏諱，故戴胄、唐儉爲民部尚書，虞世南、李世勣在朝①。至于高宗，始改民部爲户部，世勣但爲勣〔五〕。韓公《諱辨》云②：「今上書及詔，不聞諱『滸』『勢』『秉』『饑』③，惟宦官、宫妾乃不敢言『喻』及『機』，以爲觸犯。」此數者皆其先世嫌名也〔六〕。本朝尚文之習大盛，故禮官討論，每欲其多，廟諱遂有五十字者。舉場試卷，小涉疑似，士人輒不敢用，一或犯之，往往暗行黜落。方州科舉尤甚，此風殆不可革〔七〕。然太祖諱下字内有从木从匀者，《廣韻》於「進」字中亦收。張魏公以名其子，而音爲進〔八〕。太宗諱字内有从耳从火者，又有梗音，今爲人姓如故〔九〕。高宗諱内从勹从口者亦然〔一〇〕。真宗諱从忄从亘，音胡登切。若缺其下畫④，則爲恒，遂並恒字不敢用，而易爲「常」矣〔一一〕。

【校勘】

①「朝」，原作「韓」，據庫本、祠本改。②「韓」，原作「諱」，據庫本、祠本改。③「饑」，庫本、祠本作「機」。④「下」，庫本、祠本作「一」。

【箋證】

〔一〕鄭樵《通志》卷二五《氏族略第一·氏族序》：「五帝之前無帝號，有國者不稱國，惟以名爲氏，所謂無懷氏、葛天氏、伏羲氏、燧人氏者也。至神農氏、軒轅氏，雖曰炎帝、黄帝，而猶以名爲氏，然不稱國。至二帝而後，國號唐、虞也，夏、商因之。雖有國號，而天子世世稱名。至周而後，諱名用謚，由是氏族之道生焉。」周密《齊東野語·避諱》：「蓋殷以前尚質，不諱名，至周始諱，然猶不盡諱，如穆王名滿，定王時有王孫滿之類。」

〔二〕《齊東野語》卷四《避諱》：「《詩》《書》則不諱。若文王諱昌，而箕子陳《洪範》曰：『使羞其行，而邦其昌。』厲王諱胡，而宣王時《詩》曰『胡不相畏』，『胡爲虺蜴』，『胡然厲矣』。《周禮》有『昌本之俎』，《詩》有『鬳發之詠』。《大誥》『弗棄基』，不諱后稷『棄』字。孔子父叔梁紇，而《春秋》書臧孫紇。成王諱誦，而『吉甫作誦』之句，正在其時，是也。廟中則不諱。《周頌》祀文、武之樂歌，《雝》曰『克昌厥後』，《噫嘻》曰『駿發爾私』是也。臨文則不諱。魯莊公名同，而《春秋》書同盟。襄公名午，而書陳侯午卒。僖公名申，書戊申。定公名宋，書宋人、宋仲幾。」

〔三〕《漢書》卷一下《高帝紀下》「荆王臣信等十人」句下，顔師古注：「如淳曰：『荆亦楚也。』賈逵曰：『秦莊襄王名楚，故改諱荆，遂行於世。』晉灼曰：『《詩》曰「奮伐荆楚」，自秦之先故以稱荆也。』師古曰：晉説是也。《左傳》又云『荆尸而舉』，亦已久矣。」《史記》卷六《秦始皇本紀》「名爲政姓趙氏」句下，裴駰《集解》：「《正義》：『正音政，周正建子之正也。始皇以正月旦生於趙，因爲政，後以始皇諱，故音征。』」王楙《野客叢書》卷九《古人避諱》：「秦始皇諱政，呼正月爲征月。《史記·年表》又曰端月。盧生曰『不敢端言其過』，《秦頌》曰『端平法度』，曰『端直厚忠』，皆避正字也。」

〔四〕《齊東野語·避諱》：「避諱而易字者。按《東觀漢記》云：『惠帝諱盈，之字曰滿。文帝諱恒，之字曰常。光武諱秀，之字曰茂』云云。蓋當時避諱，改爲其字，『之』者變也，如卦變爻曰『之』也。」又云：「漢高祖諱邦，舊史以邦爲國。惠帝諱盈，《史記》以萬盈數作滿數。文帝諱恒，以恒山爲常山。景帝諱啓，《史記》微子啓作微子開。《漢書》啓母石作開母石。武帝諱徹，以徹侯爲通侯，蒯徹爲蒯通。宣帝諱詢，以荀卿爲孫卿。元帝諱奭，以奭氏爲盛氏。光武諱秀，以秀才爲茂才。明帝諱莊，以老、莊爲老、嚴，莊助爲嚴助，卞莊爲卞嚴。殤帝諱隆，以隆慮爲林慮。安帝父諱慶，以慶氏爲賀氏。」

王楙《野客叢書》卷一九《避高祖諱》：「或者讀晉潘尼舉孔子言『一言而喪國』者，漢避高祖諱，至此猶存。僕謂承襲如此，非避諱也。且《左傳》引《周書》之文曰：『大國畏其力，小國懷其德。』引周詩曰：『克長克君，王此大國。』當是之時，高祖之諱未行也，而易『邦』以『國』者，是出於偶然，非有深意。然固有避諱處，如《漢書》引『堯親九族，以和萬國』；曰『善人爲國百年，可以勝殘去殺』。王嘉曰：『無教逸，欲有國。』蔡邕石經，凡『邦』字易『國』字，如此之處，可以言避諱矣。」

〔五〕《齊東野語·避諱》：「高祖諱淵，趙文淵爲文深，淵字盡改爲泉。劉淵爲元海，戴淵爲戴若思。太宗諱世民，《唐史》凡言『世』皆曰『代』，『民』皆曰『人』，如烝人、治人、生人、富人侯之類。民部曰户部。高宗諱治，凡言『治』皆曰『理』，如『至理之主，不代出者』，章環避當時諱也。陸贄曰：『與理同道罔不興』，『脅從罔理』。韓文《策問》：『堯、舜垂衣裳而天下理』，又『無爲而理者，其舜也歟』。睿宗諱旦，張仁亶改仁愿。玄宗諱隆基，太一君基、臣基，並改爲『其』字。隆州爲閬中，隆康爲普康，隆龕爲崇龕，隆山郡爲仁壽郡。代宗諱豫，以豫章爲鍾陵，蘇預改名源明，以薯蕷爲薯及山藥。德宗諱适，改括州爲處州。憲宗諱淳，淳州改爲欒州，韋純改名貫之，之純改名處厚，王純改名紹，陸純改名質，柳淳改名灌，嚴純改名休復，李行純改名行諶，崔純亮改名行範，程純改名弘，馮純敏改名約。穆宗諱恒，以恒山爲常山。敬宗諱弘，徐弘敏改名有功。鄭涵避文宗舊諱，改名澣。武宗諱炎，賈炎改名嵩。宣宗諱忱，韋諶改名損，穆諶改名仁裕。」

〔六〕《五百家注昌黎文集》卷一二。樊汝霖曰：「以『滸』『勢』『秉』『饑』爲近太祖、太宗、代宗、玄宗廟諱，蓋太祖名虎，太宗名世民，代祖名昺，玄宗名隆基。」孫汝聽曰：「以諭近代宗諱。代宗諱豫。」

〔七〕熊克《中興小紀》卷一二：紹興二年三月，「諸路省試合格進士並集行在。甲寅，上御集英殿策試」。「時有犯廟諱者，依格降等。至犯御名者，上曰：『朕豈以己名妨人進取耶！』命本等收之。」是皇帝策試，故僅降等，以示寬容。若考官見有犯廟諱或犯御名者，蓋不敢取而黜落之。如申錫赴宏詞試，已在選中，因用「倦欲」字，而有司以爲犯廟諱嫌名而罷之。（樓鑰《攻媿集》卷七八《跋欲書》）又，慶元元年邵武軍秋試進士，李閎祖對策亦以犯廟諱嫌名而遭黜落。（洪邁《夷堅志戊》卷七《邵武秋試》）

陳垣《史諱舉例》第七十八《宋諱例》：「宋人避諱之例最嚴。」乃舉《三筆》本條。又引《宋史》卷一〇八《禮志》：「紹熙元年四月，詔今後臣庶命名並不許犯祧廟正諱，如名字見有犯祧廟正諱者，並合改易。所有欽宗、孝宗舊諱，若二字連用，並合回避。」又附載宋紹定《禮部韻略》所載應避舊諱及諸帝嫌名，謂「此實空前絶後之例也」。

〔八〕李攸《宋朝事實》卷一《祖宗世次》：「太祖諱匡胤，（原注：上一字去王切，下一字羊晉切。）筐、邼、眶、恇、劻、洭、𨁈、𨀁、蛀、茳、軭、頣、眶、框、闓、脛、迋、軖、輤、靷、蠹、引、朄、釼、軸、酳、鼓、涓、濥、輁、戭、廴、杓、螾、椼。」

周密《癸辛雜識後集》「杓字義」條：「『杓』音『進』。凡織前綬以杓梳，系使不亂也。出《埤倉》，見《唐韻》。近世張定叟所云則杓字，一點，三音標的，若非此杓字也。」

〔九〕李攸《宋朝事實》卷一《祖宗世次》：「太宗諱炅。（原注：古迥切。）熲、炯、餇、褧、泂、穎、耿、昇、畀、熍、顈、吞、鎣、扃、憬、晶，舊諱光義、匡義。」

〔一〇〕《齊東野語·避諱》：「本朝高宗諱構，避嫌名者，仍其字更其音者，勾濤是也；加金字，鉤光祖是也；加絲字，絇紡是也；加草頭者，苟諶是也；改爲句字者，句思是也；增勾龍者，如淵是也；勾龍去上一字者，大淵是也。已上皆臣下避君諱也。」

〔一一〕《齊東野語·避諱》：「本朝真宗諱恒，音胡登切，若闕其下畫則爲『恒』，又犯徽宗旁諱，後遂並『恒』字不用，而易爲『常』，正用前例也。」李慈銘《越縵堂讀書記》八《文學》「容齋隨筆」條，謂容齋不知字書並無從心從亘之字，又誤以恒、恒爲兩字，則失之鑿矣。

4 家諱中字

士大夫除官，於官稱及州府曹局名犯家諱者聽回避，此常行之法也〔一〕。李燾仁甫之父名中，當贈中奉大夫，仁甫請於朝，謂當告家廟，與自身不同，乞用元豐以前官制，贈光禄卿。丞相頗欲許之。予在西垣聞其説，爲諸公言，今一變成式，則它日贈中大夫，必爲祕書監，贈太中大夫，必爲諫議矣，決不可行。遂止〔二〕。李愿爲江東提刑，以父名中，所部遂呼爲通議。蓋近世率妄稱太中也〔三〕。李自稱只以本秩曰朝散。黄通老資政之子爲臨安通判，府中亦稱爲通議，而受之自如〔四〕。

【箋證】

〔一〕《唐律·職制中》：「諸府號官稱犯祖父名而冒榮居之者，徒一年。」《疏義》曰：「府有正號，官有名稱。府號者，假若父名衛，不得於諸衛任官，或祖名安，不得任長安縣職之類；官稱者，或父名軍，不得作將軍，或祖名卿，不得居卿任之類。皆須自言，不得輒受。」

《續資治通鑑長編》卷一九三：嘉祐六年五月庚戌，「詔凡府號官稱犯父祖名而非嫌名及二名者，不以官品高下，並聽回避。」

〔二〕岳珂《愧郯録》卷一〇《李文簡奏稿》：「避諱贈官之制，改易官稱之令，珂屢書之，及得李文簡燾《巽巖集》，其載當時乞用元豐以前官制加贈奏稿，於故事特詳，備用剟録，以參所聞。」燾之奏略云：「臣聞事君猶事父也，心有所懷，而不敢盡言，則爲隱。蓋臣子之大戒莫重於隱，言之可聽與否，實爲君父所擇，雖不應言而言，固獲罪矣，不猶愈於匿情以犯大戒乎？臣用是輒冒昧一言。恭惟祖宗因前代之制而增修之，凡大禮既成，官自升朝以上，皆得追榮其父母，此國家之彌文至恩也。臣父某故贈左朝奉大夫，緣臣誤通朝籍，再贈官至左朝議大夫，今次大禮，又當贈中奉大夫，寒儒門户得此，固足以賁飾泉壤，誇嫮鄉邑，其榮多矣，而又奚言？獨臣私義有所不安，不得不自言者。所贈父官，適同父諱，儻拜君賜，若固有之，則恐於冒榮之律，疑若相犯；兼晉江統嘗論身與官職同名當改選，故事簡册具存，勢不容默，須至呈露，乞朝廷特賜參酌處分。雖以不應言而獲罪，亦所甘心也。據律，諸府號官稱犯祖父名冒榮居之者，徒一年。雍熙二年，有詔凡除官内有家諱者，三省御史臺五品、文班四品以上，許用式奏改，餘皆不許。及嘉祐六年，乃詔凡府號官稱犯祖父名而非嫌名及二名者，不以官品高下，並聽回避。其後，韓絳除樞密副使，自言樞字與祖名下一字同，乞避免，而不許。事在治平四年，蓋遵嘉祐之詔也。熙寧八年，宋敏求提舉萬壽觀，敏求父名綬，自言壽字犯父嫌名，詔改醴泉觀，則嘉祐之詔復不行矣。及吴中復知荆南，兼提舉荆湖北路兵馬，中復父名舉，乞改稱提轄，詔以朝廷官稱不當避守臣私諱，遂不許。自熙寧以來，訖于近年，亦有許改者。既許改，則不繫官品之高下。嘉祐詔書，理宜講明，以崇孝治。然臣前所陳者，皆指身所居官犯父祖諱，初不及贈祖父官與父祖諱同者，蓋偶無其事，諸儒未暇討論，故闕如也。臣今敢援晉江統所議，乞下禮官議之。今一命以上身所授官有觸父祖諱者，於法皆許寄理，但授以次官，父祖當贈官，而所贈官有觸父祖之諱者，亦準此法。然寄理之法，施於贈官，則已似不通，蓋所謂寄理者，特不稱呼耳。雖辭其名，猶享其實。今贈官專以位號爲榮，顧使其家人不得稱呼，豈朝廷加惠臣子榮奬孝治之意乎？故臣愚以爲，若朝廷特推異恩，不限官品高下，令有司於新舊官制稍加斟酌，使天下當贈官者，苟觸父祖本諱，亦聽改授。如晉王舒除會稽内史，及建隆初慕容延釗除中書門下二品體例，或取今寄理字加舊官制上，暫聽稱呼，以極人子孝敬之義，自我作古，昭示無窮，顧不美歟！是臣所願，而非臣所敢望也。不應言而言，罪當萬死，惟陛下裁察。」貼黄曰：「檢準尚書司封令諸應封贈與祖父名相犯者，即贈以次官。契勘上條，止爲所合封贈父、母、妻官稱犯父、母、妻之父祖名，即與身贈父官所贈官自犯父名不同，難以準上條施行，須至乞陳參酌。」

李心傳《建炎以來朝野雜記》乙集卷一五《官制一》「直舍人院」條：「直舍人院，祖宗時有之，官制行，以中書舍人爲宰相屬官，號後省，故以他官兼攝者但爲之權舍人而已。嘉泰四年，李季章（郁之按，李壁，燾之子。）以宗正少卿權中書舍人，而『中』字犯祖諱，季章辭，有旨除公移外，權以直舍人院繫銜，季章乃受命。不知舍人院廢已久，蓋大臣失于討論也。」

周廣業《經史避名匯考》卷三九《親屬五》宋「李燾」條，引《隨筆》本條，按云：「官稱之避，自晉迄宋，史不絕書。獨贈典未有成例，巽巖諄諄陳請，意誠孅矣，但舊階未便那移，綸告原無私避。景盧肅之之言，又何正也！大抵避諱之禮，有可義起者，有難徑行者，權得其中，庶公私交盡耳。」

〔三〕周煇《清波别志》卷二：「近世京朝官曰太中，選人曰中太，凡可獻諛取媚，雖至極品，亦不以爲過。」

〔四〕《經史避名匯考》卷三九《親屬五》宋「李愿」條：「《容齋三筆》云黄通老資政之子爲臨安通判，府中亦稱爲通議，而受之自如。廣業案：《杭州府志》臨安通判惟黄衮，紹興十八年任。容齋當指此。」郁之按，趙翼《陔餘叢考》卷一八「宋人字名多用老字」條：「黄通老，名中。」岳珂《愧郯録》卷三《贈官回避》：「避諱之制，雖見於令甲，而贈官告第階稱，或所犯司封，乃無明文。珂在故府，嘗訪其事於天官，竟無曉者。後閲洪文敏邁《容齋三筆》紀李燾仁甫之父名中，當贈中奉大夫，（見本條。略。）按周人以諱事神，名終將諱之，錫告榮先，焚黄丘壠，爲人子之榮也，而顧犯其所諱，不安孰大焉？父前子名，君前臣名，朝廷之著位，以一人之私而易之，亦非也。況綸告之中，固書所贈官之姓名，而今世士大夫仕于朝者，亦未嘗自避其名。推此言之，雖無避可也。其或祖名某，而贈父官稱實犯之，使父而在，猶將避而不敢當。如此，雖贈以次官亦可也。臆度如此，未知其當與否，更俟博識。」按，有轉官犯家諱而改除授者。王剛中嘗除翰林學士，以避祖諱，辭不受，命改除禮部尚書。（孫覿《鴻慶居士集》卷三八《宋故資政殿大學士王公墓誌銘》。洪适集中有《賜敷文閣直學士王剛中辭免翰林學士兼給事中不允仍特免迴避祖諱詔》，見《盤洲文集》卷一四。）李椿除直龍圖知隆興江南西路安撫，避祖諱，改荆湖南路轉運副使。（《晦菴集》卷九四《敷文閣直學士李公墓誌銘》）趙昇《朝野類要》卷三《升轉》「寄理」條：「當轉官而官序之名犯家諱者權止，且帶『寄理』二字，他年並轉。」有議謚而犯家諱者，王埜卒謚文簡，以犯祖諱，更謚文肅。（《宋史》卷四二〇《王埜傳》）又有自家未避而他人諱改者。吴琚爲開

府，高似孫投進詩卷，以琚祖諱開，而稱之曰儀同。（葉紹翁《四朝聞見録》卷二乙集《吴雲壑》）

又按，因避諱而私改官稱，宋前已有之。賈曾以父諱言忠，不肯拜中書舍人。韋聿遷祕書郎，以父嫌名，换太子司議郎。柳公綽遷禮部尚書，以祖諱，换左丞。（參王楙《野客叢書》卷九《古人避諱》）羊祐爲荆州刺史，及卒，有遺愛，州人懷之，爲諱其名，改户曹爲辭曹。（《晉書》卷三四《羊祜傳》）

5 記張元事

自古夷狄之臣來入中國者，必爲人用。由余入秦，穆公以霸〔一〕。金日磾仕漢，脱武帝五柞之厄〔二〕。唐世尤多，執失思力、阿史那社爾、李臨淮、高仙芝、渾瑊、李懷光、跌跌光顔、朱耶克用，皆立大功名，不可殫紀〔三〕。然亦在朝廷所以御之，否則爲郭藥師矣〔四〕。儻使中國英儁，翻致力於異域，忌壯士以資敵國者，固亦多有。賈季在狄，晉六卿以爲難日至〔五〕；桓温不能留王猛，使爲苻堅用〔六〕；唐莊宗不能知韓延徽，使爲阿保機用〔七〕，皆是也。西夏曩霄之叛，其謀皆出於華州士人張元與吴昊，而其事本末，國史不書。比得田晝承君集，實紀其事云：「張元、吴昊、姚嗣宗，皆關中人，負氣倜儻，有縱横才，相與友善。嘗薄游塞上，觀覘山川風俗，有經略西鄙意。姚題詩崆峒山寺壁，在兩界間，云：『南粤干戈未息肩，五原金鼓又轟天。崆峒山叟笑無語，飽聽松聲春晝眠。』范文正公巡邊，見之大驚。又有『踏破賀蘭石，掃清西海塵』之句。張爲《鸚鵡詩》，卒章曰：『好著金籠收拾取，莫教飛去別人家。』吴亦有詩。將謁韓、范二帥，恥自屈，不肯往，乃礱大石，刻詩其上，使壯夫拽之於通衢，三人從後哭之，欲以鼓動二帥。既而果召與相見，躊躇未用間，張、吴徑走西夏。范公以急騎追之不及，乃表姚入幕府。張、吴既至夏國，夏人倚爲謀主，以抗朝廷，連兵十餘年，西方至爲疲弊，職此二人爲之。時二人家屬羈縻隨州，間使諜者矯中國詔釋之，人未有知者，後乃聞西人臨境，作樂迎此二家而去。自是邊帥始待士矣。姚又有《述懷》詩曰：『大開雙白眼，只見一青天。』張有《雪》詩曰：『五丁仗劍決雲霓，直取銀河下帝畿。戰死玉龍三十萬，敗鱗風卷滿天飛。』吴詩獨不傳。觀此數聯，可想見其人非池中物也。」承君所記如此〔八〕。予謂張、吴在夏國，然後舉事，不應韓、范作帥日尚猶在關中，豈非記其歲時先後不審乎？姚、張詩，《筆談》諸書頗亦紀載。張、吴之名，正與羌酋二字同，蓋非偶然也〔九〕。

【箋證】

〔一〕由余，其先晉人，亡入戎，能晉言。戎王聞繆公賢，使由余觀秦。繆公以由余賢，用內史廖之計，留之數年始歸。數諫戎王不聽，遂去降秦。繆公以客禮禮之，問伐戎之形。三十七年，秦用由余謀伐戎王，益國十二，開地千里，遂霸西戎。事詳《史記》卷五《秦本紀》。

〔二〕金日磾，字翁叔，本匈奴休屠王太子。《漢書》卷六八《金日磾傳》：「初，莽何羅與江充相善，及充敗衛太子，何羅弟通用誅太子時力戰得封。後上知太子冤，乃夷滅充宗族黨與。何羅兄弟懼及，遂謀爲逆。日磾視其志意有非常，心疑之，陰獨察其動静，與俱上下。何羅亦覺日磾意，以故久不得發。是時上行幸林光宫，日磾小疾卧廬。何羅與通及小弟安成矯制夜出，共殺使者，發兵。明旦，上未起，何羅無何從外入。日磾奏廁心動，立入坐内户下。須臾，何羅袖白刃從東廂上，見日磾，色變，走趨卧内欲入，行觸寶瑟，僵。日磾得抱何羅，因傳曰：『莽何羅反！』上驚起，左右拔刃欲格之，上恐並中日磾，止勿格。日磾捽胡投何羅殿下，得禽縛之，窮治皆伏辜。繇是著忠孝節。」後封秺侯。容齋蓋以林光宫爲五柞宫也。張晏曰：「有五柞樹，因以名宫也。」（《漢書》卷六《武帝紀》師古注）

〔三〕執失思力，突厥酋長，貞觀中，護送隋蕭后入朝，授左領軍將軍。詔尚九江公主，拜駙馬都尉，封安國公。阿史那社爾，突厥處羅可汗之次子，率衆内屬，入朝授左騎衛大將軍，詔尚衡陽長公主，爲駙馬都尉。李臨淮，即李光弼，營州柳城人，其先契丹之酋長，後以功進爵臨淮郡王。高仙芝，本高麗人。其父舍雞，初從河西軍，累勞至四鎮十將、諸衛將軍。渾瑊，皐蘭州人，本鐵勒九姓部落之渾部，高祖大俟利發渾阿貪支，貞觀中爲皐蘭州刺史，曾祖元慶、祖大壽、父釋之，皆代爲皐蘭都督。李懷光，渤海靺鞨人，本姓茹，其先徙于幽州，常爲朔方列將，以戰功賜氏。跌跌光顔，即李光顔，本河曲部落稽阿跌之族，以兄光進夙有誠節，克著茂勳，賜姓李氏。朱耶克用，其先隴右金城人，始祖拔野，從太宗討高麗、薛延陀有功，爲都督。其後，子孫五世相承。烈考有赤心者，爲朔州刺史，咸通中討龐勛有功，入爲金吾上將軍，賜姓李氏，名國昌。以上兩《唐書》或《五代史》俱有傳。

〔四〕《金史》卷八二《郭藥師傳》：郭藥師，渤海鐵州人，爲遼諸衛上將軍，以涿、易二州歸宋。「（金）太祖割燕山六州與宋人，宋使藥師副王安中守燕山。及安中不能庇張覺而殺之，函其首以與宗望，藥師深尤宋人，而無自固之志矣。宗望軍至三河，藥師等拒戰於白河。兵敗，藥師乃降。宗望遂取燕山。太宗以藥師爲燕京留守，給以金牌，賜姓完顔氏，從宗望伐宋。凡宋事虚實，藥師盡知之。宗望能以懸軍深入，駐兵汴城下，約質納幣，割地全勝以歸者，藥師能測宋人之情，中其肯綮故也。」

〔五〕賈季事，《左傳》文十三年：趙宣子曰：「隨會在秦，賈季在狄，難日至矣，若之何？」注：「六年，賈季奔狄。」

〔六〕王猛事，《晉書》卷一一四《王猛載記》：「桓温入關，猛被褐而詣之，一面談當世之事，捫虱而言，旁若無人。温察而異之，問曰：『吾奉天子之命，率鋭師十萬，仗義討逆，爲百姓除殘賊，而三秦豪傑未有至者，何也？』猛曰：『公不遠數千里，深入寇境，長安咫尺，而不渡灞水，百姓未見公心故也，所以不至。』温默然，無以酬之。温之將還，賜猛車馬，拜高官督護，請與俱南。猛還山，諮師，師曰：『卿與桓温豈並世哉？在此自可富貴，何爲遠乎？』猛乃止。苻堅將有大志，聞猛名，遣吕婆樓招之，一見便若平生，語及廢興大事，異符同契，若玄德之遇孔明也。及堅僭位，以猛爲中書侍郎。」

〔七〕韓延徽事，《新五代史》卷七二《四夷附録第一》：「當阿保機時，有韓延徽者，幽州人也，爲劉守光參軍。守光遣延徽聘於契丹。延徽見阿保機不拜，阿保機怒，留之不遣，使牧羊馬。久之，知其材，召與語，奇之，遂用以爲謀主。阿保機攻党項、室韋，服諸小國，皆延徽謀也。延徽後逃歸，事莊宗，莊宗客將王緘譖之。延徽懼，復走契丹。阿保機僭號，以延徽爲相，號『政事令』，契丹謂之『崇文令公』。」

〔八〕田晝，字承君，陽翟人，樞密使況之從子，以任爲校書郎，調磁州録事參軍，知西河縣。建中靖國初，入爲大宗正丞，出知淮陽軍。事迹具《宋史》卷三四五本傳。《直齋書録解題》卷一七著録《田承君集》三卷（《宋史·藝文志》，《田晝集》二卷）。

陸深《儼山外集》卷二二《中和堂隨筆上》：「《筆談》諸書所記張元、吴昊事，謂趙元昊之爲宋患，二人爲之主謀，至謂范文正公遣急騎追之不及。予意元昊自是黠虜，因二人而知中國事機則有之，謂元昊之事盡由二人，恐或未然也。好事者欲以激邊帥之待士耳。按當時張元、吴昊與姚嗣宗俱關中人，以氣俠相友善，嗣宗題詩崆峒山寺云：『南粤干戈未息肩，五原金鼓又轟天。空同山叟笑無語，飽聽松聲春晝眠。』又云：『踏破賀蘭石，掃清西海塵。』『大開雙白眼，只見一青天。』元有《雪》詩云：『五丁仗劍抉雲霓，直取銀河下帝畿。戰死玉龍三十萬，敗鱗風卷滿天飛。』昊有《鸚鵡》詩云：『好著金籠收拾取，莫教飛去別人家。』皆麤豪負氣之士，而嗣宗『聽松春眠』之句頗爲蘊藉。後嗣宗遂入范公幕府，不甚見勳業，彼二人者獨能震蕩一時耶？」

〔九〕「羌酋二字」，指西夏元昊。姚、張詩，今本《夢溪筆談》不載。考吴曾《能改齋漫録》卷一一《記詩》「田承君記姚嗣宗詩」條，所記略同。岳珂《桯史》、陳鵠《耆舊續聞》亦有記載。《桯史》卷一《張元吴昊》：「景祐末，有二狂生曰張、曰吴，皆華州人，薄游塞上，覘覽山川風俗，慨然有志於經略，恥於自售，放意詩酒，語皆絶豪險驚人，而邊帥豢安，皆莫之知，倀無所適，聞夏酋有意窺中國，遂叛而往。二人自念不力出奇，無以動其聽，乃自更其名，即其都門之酒家，劇飲終日，引筆書壁曰：『張元、吴昊來飲此樓。』邏者見之，知非其國人也，迹其所憩，執之。夏酋詰以入國問諱之義。二人大言曰：『姓尚不理會，乃理會名耶！』時曩霄未更名，且用中國賜姓也。於是竦然異之，日尊寵用事。寶元西事，蓋始此。其事《國史》不書，詩文雜見于《田承君集》、沈存中《筆談》、洪文敏《容齋三筆》。其爲人概可想見。文敏謂二人名偶與酋同，實不詳其所以更之意云。」

6 宫室土木

秦始皇作阿房宫，寫蜀、荆地材至關中，役徒七十萬人〔一〕。隋煬帝營宫室，近山無大木，皆致之遠方，二千人曳一柱，以木爲輪，則戛摩火出，乃鑄鐵爲轂，行一二里，轂輒破，别使數百人齎轂，隨而易之，盡日不過行二三十里，計一柱之費，已用數十萬功〔二〕。大中祥符間，奸佞之臣罔真宗以符瑞，大興土木之役，以爲道宫。玉清昭應之建，丁謂爲修宫使，凡役工日至三四萬，所用有秦、隴、岐、同之松，嵐、石、汾陰之柏，潭、衡、道、永、鼎、吉之梌、柟、櫧，温、台、衢、吉之檮，永、澧、處之槻、樟，潭、柳、明、越之杉，鄭、淄之青石，衡州之碧石，萊州之白石，絳州之班石，吴越之奇石，洛水之石卵，宜聖庫之銀朱，桂州之丹砂，河南之赭土，衢州之朱土，梓、信之石青、石緑，磁、相之黛，秦、階之雌黄，廣州之藤黄，孟、澤之槐華，虢州之鉛丹，信州之土黄，河南之胡粉，衡州之白堊，鄆州之蚌粉，兖、澤之墨，歸、歙之漆，萊蕪、興國之鐵。其木石皆遣所在官部兵民入山谷伐取。又於京師置局，化銅爲鍮，冶金薄、鍛鐵以給用。凡東西三百一十步，南北百四十三步。地多黑土疏惡，於京東北取良土易之，自三尺至一丈有六等。起二年四月，至七年十一月宫成，總二千六百一十區。不及二十年，天火一夕焚爇，但存一殿。是時，役遍天下，而至尊無窮兵黷武、聲色苑囿、嚴刑峻法之舉，故民間樂從，無一違命，視秦、隋二代，萬萬不侔矣。然一時賢識之士，猶爲盛世惜之。《國史·志》載其事，欲以爲夸，然不若掩之之爲愈也〔三〕。沈括《筆談》云：「温州雁蕩山，前世人所不見。故謝靈運爲太守，未嘗游歷。因昭應宫采木，深入窮山，此境始露於外。」〔四〕他可知矣。

【箋證】

〔一〕《史記》卷六《秦始皇本紀》。

〔二〕此出貞觀四年，詔發卒修洛陽宮乾陽殿，以備巡幸，張玄素上書之語。見《舊唐書》卷七五《張玄素傳》，又見《資治通鑑》卷一九三《唐太宗紀上之中》。

〔三〕李攸《宋朝事實》卷七《道釋》亦書此事，甚詳，可參。《續資治通鑑長編》卷七一：大中祥符二年六月，「昭應宮初相地，止盡内殿。直班院丁謂等請增衍之，凡東西三百一十步，南北四百三十步。」同書卷八三：真宗大中祥符七年十月甲子，「以玉清昭應宮成，詔賜酺，在京五日，兩京三日，諸州一日。宮宇總二千六百一十區，初料功須十五年。修宮使丁謂令以夜繼日，每繪一壁給二燭，遂七年而成」。又同書卷一〇八：仁宗天聖七年六月丁未，「大雷雨，玉清昭應宮災。宮凡三千六百一十楹，獨長生崇壽殿存焉。翌日，太后對輔臣泣曰：『先帝力成此宮，一夕延燔殆盡，猶幸一二小殿存爾。』樞密副使范雍度太后有再興葺意，乃抗言曰：『不若燔之盡也。』太后詰其故，雍曰：『先朝以此竭天下之力，遽爲灰燼，非出人意。如因其所存，又將葺之，則民不堪命，非所以祇天戒也。』宰相王曾、吕夷簡亦助雍言。夷簡又推《洪範》災異以諫，太后默然。」

〔四〕《夢溪筆談》卷二四《雜誌一》。

7 歲月日風雷雄雌

虞喜天文論漢《太初曆》十一月甲子夜半冬至云：「歲，雄在閼逢，雌在攝提格。月雄在畢，雌在觜。日雄在子。」又云：「甲，歲雄也。畢，月雄也。陬，月雌也。」〔一〕大氏以十干爲歲陽，故謂之雄，十二支爲歲陰，故謂之雌，但畢、觜爲月雄雌不可曉。今之言陰陽者，未嘗用雄雌二字也。《郎顗傳》引《易雌雄祕歷》，今亡此書〔二〕。宋玉《風賦》有雄風、雌風之説〔三〕。沈約有「雌霓連蜷」之句〔四〕。《春秋元命包》曰：「陰陽合而爲雷。」《師曠占》曰：「春雷始起，其音格格，其霹靂者，所謂雄雷，旱氣也。其鳴依依①，音不大霹靂者，所謂雌雷，水氣也。」見《法苑珠林》〔五〕。予家有故書一種，曰《孝經雌雄圖》，云出京房《易傳》，亦日星占相書也〔六〕。

【校勘】

①「依依」，原作「依音」，據祠本改。

【箋證】

〔一〕司馬貞《史記索隱》卷八《曆書第四》「月名畢聚」下注云：「按虞喜云：『天元之始，於十一月甲子夜半朔旦冬至，日月若連珠，俱起牽牛之初。歲，雄在閼逢，雌在攝提格。月雄在畢，雌在訾，訾則陬訾之宿。日雄在甲，雌則在子。此則甲寅之元，天道之首。』」孫穀《古微書》卷二四《詩推度災》、顧炎武《日知録》卷三二《雌雄牝牡》引虞喜之説，俱云出《法苑珠林》，蓋誤讀《三筆》此條也。

〔二〕《後漢書》卷六〇下《郎顗傳》。

〔三〕《風賦》，見《文選》卷一三。錢鍾書《管錐編》第三册《全上古三代文卷一〇》：「宋玉《風賦》：『寧體便人，此所謂大王之雄風也』，『死生不卒，此所謂庶人之雌風也。』按王之風而謂之『雄』、庶之風而謂之『雌』，即雌爲庶而雄爲王爾。王庶之判貴賤，正亦男女之別尊卑也。同卷《笛賦》言衡山之竹，師曠『取其雄』，宋意『得其雌』，卻平等齊觀，未有軒輊。吾國舊説，于虹、雷、歲、月、草、木、金、石之類，皆分辨雌雄，洪邁《容齋三筆》卷一一（又《夷堅丁志》卷八《宜黄人相船》）、來集之《倘湖樵書》初編卷一、顧炎武《日知録》卷三二、吴景旭《歷代詩話》卷三〇等臚列略備。」

〔四〕《梁書》卷三三《王筠傳》。張雲璈《選學膠言》卷七《雄風雌風》條：「虹亦有雄雌。《毛詩疏》『虹雙出色鮮者爲雄，雄曰虹；闇者爲雌，雌曰蜺』是也。」又，吴景旭《歷代詩話》卷一八《丙集中之下》「雌霓」條，可參。

〔五〕所引《春秋元命包》《師曠占》，出《法苑珠林·日月篇·地動部》。

〔六〕姚振宗《隋書經籍志考證》卷九《經部九·異説類》：「梁有《孝經雌雄圖》三卷，《孝經異本雌雄圖》二卷，亡。」《宋史》卷二〇六《藝文志》五行類著録《孝經雌雄圖》四卷。馬氏玉函山房輯本序曰：「龐元英《文昌雜録》：『周顯德六年，高麗遣使獻《孝經雌圖》三卷。』又云：『《雌圖》者，止説日之環暈，星之彗孛，亦非奇書。』案古人每以雌、雄代陰、陽字，圖究陰陽，故以爲號。高麗本只稱《雌圖》，當是傳者據上卷題稱也。今佚。從《開元占經》所引輯録。《占經》每稱《雌雄圖》《三光占》，蓋圖中篇名，據録於卷首。圖中記載如龐《録》所言云。」

顧炎武《日知録》卷三二《雌雄牝牡》：「虹亦可稱雌雄，《詩》疏：『虹雙出，色鮮盛者爲雄，雄曰虹；闇者爲雌，雌曰蜺』是也。（《容齋三筆》引宋玉賦「雄風」「雌風」及《師曠古》有「雄雷」「雌雷」之説。）干支亦可稱雌雄，《史記索隱》『歲雄在閼逢，雌在攝提格。月雄在畢，雌在訾。日雄在甲，雌在子』是也。金亦可稱雌雄，王子年《拾遺記》『禹鑄九鼎，擇雌金爲陰鼎，雄金爲陽鼎』是也。石亦可稱雌雄，《後漢・郡國志》『夜郎出雄黄、雌黄』是也。符契亦可稱雌雄，《隋書・高祖紀》『頒木魚符於總管、刺史，雌一雄一』，《唐六典》『太府寺置木契九十五隻，雄付少府將作監，雌留太府寺』是也。箭亦可稱雌雄，《遼史・儀衛志》『木箭内箭爲雄，外箭爲雌，皇帝行幸則用之，還宫，勘箭官執雌箭，東上閤門使執雄箭』是也。五行亦可稱牝牡，《左傳》『水，火之牡也』是也。銅亦可稱牝牡，《抱朴子》『灌銅當以在火中向赤時，有凸起者牡銅，凹陷者牝銅』是也。若《淮南子》云『北斗之神有雌雄，月從一辰，雄左行，雌右行』。而《隋書・經籍志》有《孝經雌雄圖》三卷。《五代史・四夷附録》：『高麗王建進《孝經雌圖》一卷，載日食星變。』不經之説，則近於誕矣。」

又，周嬰《巵林》卷四《述洪·歲月日風雷雄雌》，引《三筆》本條，考按頗詳，可參不贅。

8 東坡三詩

東坡初赴惠州，過峽山寺，不值主人，故其詩云：「山僧本幽獨，乞食況未還。雲碓水自春，松門風爲關。石泉解娱客，琴筑鳴空山。」〔一〕既至惠州，殘臘獨出，至栖禪寺，亦不逢一僧，故其詩云：「江邊有微行，詰曲背城市。平湖春草合，步到栖禪寺。堂空不見人，老稚掩關睡。所營在一食，食已寧復事。客行豈無得，施子浄掃地。風松獨不静，送我作鼓吹。」〔二〕後在儋耳作《觀棋》詩，記游廬山白鶴觀，觀中人皆闔户晝寢，獨聞棋聲，云：「五老峰前，白鶴遺址。長松蔭庭，風日清美。我時獨游，不逢一士。誰歟棋者？户外屨二。不聞人聲，時聞落子。」〔三〕其寂寞冷落之味，可以想見，句語之妙，一至於此。

【箋證】

〔一〕《東坡全集》卷二二《峽山寺》。翁方綱《石洲詩話》卷二：「東坡峽山寺詩：『山僧本幽獨，乞食況未還。雲礁水自春，松門風爲關。』語意全本皇甫孝常《送少微上人》詩，但令人不覺耳。」《唐宋詩醇》卷四一録此首，評曰：「通首酷寫静境，結云『風松獨不静』，此是反托之法。元微窅奥，妙處可尋。」末引《三筆》本條。

〔二〕同前卷二三《殘臘獨出二首》之二。

〔三〕同前卷二四《觀棋》。

9　天文七政

《尚書·舜典》：「以齊七政。」孔安國本注謂「日月五星也」〔一〕。而馬融云：「七政者北斗七星，各有所主。第一主日；第二主月；第三曰命火，謂熒惑也；第四曰煞土，謂填星也；第五曰代水，謂辰星也；第六曰危木，謂歲星也；第七曰剽金，謂太白也。日月五星各異，故曰七政。」〔二〕《尚書大傳》一説又以爲：「七政者，謂春、秋、冬、夏、天文、地理、人道，所以爲政也，人道正而萬事順成。」〔三〕三説不同，然不若孔氏之明白也〔四〕。

【箋證】

〔一〕《舜典》：「在璇璣玉衡，以齊七政」。孔《傳》：「在，察也。璇，美玉。璣、衡，王者正天文之器，可運轉者。七政，日月五星各異政。舜察天文，齊七政，以審己當天心與否。」

〔二〕司馬貞《史記索隱》卷九《天官書第五》「以齊七政」句引馬融注《尚書》語。

〔三〕《尚書大傳》，今有清人孫之騄輯本，據《玉海》引《大傳》補（郁之按，《玉海》卷二《天文書上》「漢天文七政論」條）。按《隋書·經籍志》有《尚書大傳》三卷，至宋蓋已散佚。

〔四〕顧頡剛、劉起釪《尚書校釋譯論·堯典》「七政」注云：「經師們對此至少有四種不同之説。」一是《尚書大傳》。二是《史記·天官書》云：「北斗七星，所謂旋璣玉衡，以齊七政。」三是《史記·律書》贊云：「在旋機玉衡以齊七政，即天、地、二十八宿、十母、十二子。」四是馬融《尚書》注，「此援引北斗而强説爲日月五星。鄭玄乃明確説：『七正，日月五星也。』（《史記·五帝本紀·集解》引）自古文家馬、鄭倡日月五星説，而後僞傳、《蔡傳》及宋元諸儒著作大都從之，很少異説。」

10 符讀書城南

《符讀書城南》一章，韓文公以訓其子，使之腹有詩書，致力於學，其意美矣。然所謂「一爲公與相，潭潭府中居，不見公與相，起身自犁鋤」等語，乃是覬覦富貴①，爲可議也〔一〕。杜牧之《寄小姪阿宜》詩亦云：「朝廷用文治，大開官職場。願爾出門去，取官如驅羊。」其意與韓類也。予向爲陳鑄作《城南堂記》，亦及此意云〔二〕。

【校勘】

①「覬」，原作「顗」，據馬本、庫本、祠本改。

【箋證】

〔一〕吴景旭《歷代詩話》卷四九《唐詩·訓子》先引《冷齋夜話》曰：「予嘗熟味退之詩，真出自然，其用事深密，高出老杜之上。如《符讀書城南》詩『少長聚嬉戲，不殊同隊魚』；又『腦脂蓋眼臥壯士，大招挂壁何由彎』（郁之按，此二句出《雪後寄崔二十六丞公一首》，《五百家注昌黎文集》卷七），皆自然也。」後接云：「《符讀書城南》一章，洪景盧謂『一爲公與相，潭潭府中居，不見公與相，起身自犁鋤』此等語乃是覬覦富貴，爲可議也。王荆公集四家詩亦不取此章。王彦輔云：『是詩教子以取富貴，宜荆公之不取也。』惠洪不識作詩頭腦，稱其高出老杜之上，非知詩矣。胡不觀東坡之論云：『退之有示兒詩：「開門問誰來，無非卿大夫，不知官高卑，玉帶懸金魚。」又云：「凡此座中人，十九持鈞樞。」所示者皆利禄事耳。老杜則不然，《示宗武》云：「曾參與游、夏，達者得升堂。」所示者聖賢事也。』余故特標數子以折惠洪之妄。」

錢鍾書《談藝録》二〇：韓愈「《符讀書城南》詩及《三上宰相書》，輕薄爲文，哂駡未休，宋人集矢者，實繁有徒。王逢原《采蓮》詩，王得臣《麈史》語，前曾道及；陸唐老語，則《東雅堂昌黎集注·符讀書城南》注中已引。他如《漁隱叢話前集》卷十六引東坡云：『退之示兒皆利禄事，老杜則不然，所示皆聖賢事。』張子韶《横浦日新》云：『韓退之求官書略不知恥，豈作文者文當如是，心未必然乎？』陸象山《語録》卷上云：『韓退之不合初頭俗了，如《符讀書城南》《三上宰相書》是矣。』俞文豹《吹劍録》外集論《符讀書城南》謂賢如昌黎，以利禄誘其子。洪容齋《三筆》卷十一據此詩，謂昌黎覬覦富貴。鄧志弘《栟櫚集》跋陳了翁書邵堯夫《訓子文》，謂昌黎『愛子之情則至，導子之情則陋』，然仍多諒宥之詞。山谷書《符讀書城南》詩後小跋，即力爲昌黎辯護，樊汝霖《昌黎年譜》注早引之。黄東發《日鈔》卷五十九論《符讀書城南》云：『亦人情誘小兒讀書之常，愈於後世之飾僞者。』（按《甌北詩話》卷三末一則、《巢經巢文集》卷五《跋韓詩示兒首》《跋韓詩符讀書城南首》皆發揮此意，蓋與山谷、東發暗合。）張子韶《横浦心傳録》卷上論退之三書爲人所議，曰：『不可以世俗見觀君子。』（按鄭板橋《讀昌黎上宰相書》絶句云：「也應不肯他途進，只把書來上相公。」王圖炳《詠史》亦云：「洙泗無暖席，斯人詎可避。三上宰相書，詎識艱難意。」）至抹殺其文，宋人更絶無尟有。即陸象山《語録》亦云：『有客論詩。先生誦昌黎《調張籍》一篇云，讀書不到此，不必言詩。』若廣陵、東坡、容齋等之私淑韓公，又不待言矣。」

〔三〕淳熙十四年九月辛亥，作《城南堂記》。參拙著《洪邁年譜》。

11 致仕官上壽

范蜀公自翰林學士，以本官户部侍郎致仕，仍居京師，同天節乞隨班上壽，許之。遂著爲令〔一〕。韓康公元祐二年以司空致仕，太皇太后受册，乞隨班稱賀，而降詔免赴〔二〕。二者不同如此。

【箋證】

〔一〕《宋史》卷一七〇《職官志》：「元豐三年，詔：『自今致仕官遇誕節及大禮，許綴舊班。』以禮部侍郎范鎮居都城外，遇同天節，乞隨散官班上壽，帝令鎮班見任翰林學士上，故有是詔。又詔：『致仕官朝失儀，勿劾。』並著爲令。」

〔二〕韓絳，字子華，哲宗立，封康國公。元祐二年，請老，以司空檢校太尉致仕。事迹具《宋史》卷三一五本傳。王安禮有《賜司空開府儀同三司致仕韓絳乞受册禮畢隨班稱賀免赴詔》：「敕韓絳：覽所劄子奏，乞候受册禮畢，入殿隨班稱賀，事具悉。卿脱屣軒冕，頤神丘園，不爲絶俗之高，愈篤愛君之意，喜聞册禮，請覲内庭。在臣子之誠心，卿爲盡禮；顧筋骸之末禮，吾所未安。宜免赴入殿隨班稱賀，故兹詔示，想宜知悉。」（《王魏公集》卷二，清四庫館臣《永樂大典》輯本）此文亦見《東坡全集》卷一〇九，末注：「元祐二年八月二十七日。」

12 五經字義相反

治之與亂，順之與擾，定之與荒，香之與臭，遂之與潰，皆美惡相對之字，然《五經》用之或相反，如「亂臣十人」「亂越我家」「惟以亂民」「亂爲四方新辟」「亂爲四輔」「厥亂明我新造邦」「丕乃俾亂」之類，以亂訓治也〔一〕。「安擾邦國」「擾而毅」「擾龍」「六擾」之類，以擾訓順也〔二〕。「荒度土功」「遂荒大東」「大王荒之」「葛藟荒之」之類，以荒訓定也〔三〕。「無聲無臭」「胡臭亶時」「其臭羶」「臭陰達于淵泉」之類，以臭訓香也〔四〕。「是用不潰于成」「草不潰茂」之類，以潰訓遂也。鄭康成箋《毛詩》「潰成」，與毛公皆釋爲「遂」；至於「潰茂」，則以爲「潰當作彙」，彙，茂貌也。自爲異同如此〔五〕。

【箋證】

〔一〕「亂臣十人」，見《周書·泰誓中》。「亂越我家」，見《商書·盤庚下》。「惟以亂民」，見《商書·説命中》。「亂爲四方新辟」「亂爲四輔」，見《周書·洛誥》。「厥亂明我新造邦」，見《周書·君奭》。「丕乃俾亂」，見《周書·立政》。

孫奕《示兒編》卷一《字訓辯》：「亂，亂也，治也。《書》曰：『刑暴亂。』《語》曰：『亂大謀。』謂亂也。《周官》曰：『亂爾有政。』《語》曰：『武王有亂臣。』謂治也。《古文尚書》『治』字作『乿』，與『亂』相類，後人不識古『乿』字，訛以『亂』，訓治耳。」

〔二〕「安擾邦國」，見《周禮·地官·司徒》。鄭注：「擾亦安也。」「擾而毅」，見《虞書·臯陶謨》。《傳》：「擾，順也。」「擾龍」，見《左傳》昭二十九年。「六擾」，見《周禮·職方氏》：「其畜宜六擾。」鄭注：「六擾，馬、牛、羊、豕、犬、雞。」

《示兒編》卷一《字訓辯》：「擾，亂也，馴也。《書》曰『俶擾天紀』，亂也。《周禮》曰『以擾萬民』，馴也。」

〔三〕「荒度土功」，見《虞書·益稷》：「予弗子，惟荒度土功。」孔《傳》：「不暇子名之，以大治度水土之功故。」訓荒爲大。「遂荒大東」，見《魯頌·閟宫》，毛《傳》：「荒，有也。」「大王荒之」，見《周頌·天作》，毛《傳》：「荒，大也。」「葛藟荒之」，見《周南·樛木》，毛《傳》：「荒，奄。」

〔四〕「無聲無臭」，見《大雅·文王》。「胡臭亶時」，見《大雅·生民》。「其臭羶」，見《禮記·月令》。

「臭陰達于淵泉」，見《禮記・郊特牲》。

〔五〕「是用不潰于成」，見《小雅・小旻》。毛《傳》：「潰，遂也。」鄭《箋》云：「遂，成也。」「草不潰茂」，見《大雅・召旻》。毛《傳》：「潰，遂也。」鄭《箋》云：「潰茂之潰，當作彙。彙，茂貌。王無恩惠於天下，天下之人如旱歲之草，皆枯槁無潤澤，如樹上之棲苴。」焦竑《焦氏筆乘續集》卷五《假借相反字》：「吴元滿云：《容齋隨筆》載字有假借相反者，如臭本腐氣，反借香也。擾本煩雜，反借馴也。亂本繁紊，反借治也。楊用修《丹鉛録》亦述之。（郁之按，《丹鉛餘録》卷四。）不知此六字皆有分别：臭音休，與嗅同，以鼻擥氣也。《荀子》『嗅之而無慊於鼻』，從自犬，會意，借凡氣之總名，香、朽、羶、腥、焦謂之五嗅。又香也，《内則》『皆佩容臭』。殠音醜，腐氣也。水潤下，其氣殠。曹植書『海畔有逐殠之夫』，從歹，諧臭音。擾音統，煩雜也。《胤征》『俶擾天紀』，從手憂，上音，俗訛作犪。犪音繞，馴也，《説文》：『牛柔謹也。』《職方氏》『豫州，其畜宜六犪』，從牛，憂音。亂音巒，紊也，煩擾也。《史記》『猶治亂繩』，古作𤔔，從𢆶，下指交結之狀。𤔔音雉，理效也，平治也。《盤庚》『亂越我家』，《論語》『予有亂臣十人』，從司、𤔔，會意，見《石鼓文》。及宰辟父敢隸、楷用治。洪、楊二公不知六書，故有此誤。」

13　鎮星爲福

世之伎術，以五星論命者，大率以火、土爲惡，故有「晝忌火星夜忌土」之語〔一〕。土，鎮星也，行遲，每至一宮，則二歲四月乃去，以故爲災最久。然以國家論之則不然，苻堅欲南伐，歲鎮守斗，識者以爲不利〔二〕。《史記·天官書》云：「五潢，五帝居舍①。火入，旱；金，兵；水，水。」宋均曰：「不言木、土者，德星不爲害也。」又云：「五星犯北落，軍起。火、金、水尤甚。木、土，軍吉。」又云：「鎮星所居國吉。未當居而居，已去而復，還居之，其國得土。若當居而不居，既已居之，又西東去，其國失土。其居久，其國福厚；其居易，（輕速也②。）福薄。」〔三〕如此則鎮星乃爲大福德，與木亡異，豈非國家休祥所係，非民庶可得侔邪？

【校勘】

①「居」，馬本、庫本、祠本作「車」。　②此注文據馬本、庫本、祠本補。

【箋證】

〔一〕耶律純《星命總括》卷中引古人云：「夜忌土星晝忌火。」

〔二〕《資治通鑑》卷一〇四《晉孝武帝紀上之中》太元七年。太子左衛率石越曰：「今歲、鎮守斗，福德在吳，伐之必有天殃。」胡三省注：「歲，木星。鎮，土星。斗、牛、女，吳、越、揚州分。」

〔三〕《史記》卷二七《天官書》。宋均語，出《史記索隱》卷九。

14　東坡引用史傳

東坡先生作文，引用史傳，必詳述本末，有至百餘字者，蓋欲使讀者一覽而得之，不待復尋繹書策也。如《勤上人詩集叙》引翟公罷廷尉賓客反覆事〔一〕，《晁君成詩集叙》引李郃漢中以星知二使者事〔二〕，《上富丞相書》引左史倚相美衛武公事〔三〕，《答李琮書》引李固論發兵討交趾事〔四〕，《與朱鄂州書》引王濬活巴人生子事〔五〕，《蓋公堂記》引曹參治齊事〔六〕，《滕縣公堂記》引徐公事〔七〕，《温公碑》引慕容紹宗、李勣事〔八〕，《密州通判題名記》引羊叔子、鄒湛事〔九〕，《荔枝歎》詩引唐羌言荔枝事是也〔一〇〕。

【箋證】

〔一〕《錢塘勤上人詩集叙》首云：「昔翟公罷廷尉，賓客無一人至者。其後復用，賓客欲往，翟公大書其門曰：『一死一生，乃知交情。一貧一富，乃知交態。一貴一賤，交情乃見。』」（《東坡全集》卷三四）翟公事見《史記》卷一二〇《汲鄭列傳》。

〔二〕《晁君成詩集叙》末云：「昔李郃爲漢中候吏，和帝遣二使者微服入蜀，館於郃，郃以星知之。後三年，使者爲漢中守，而郃猶爲候吏，人莫知之者。其博學隱德之報在其子。」（《東坡全集》卷三四）李郃事詳《後漢書》卷一一二上《李郃傳》。

〔三〕《上富丞相書》：「軾也聞之，楚左史倚相曰：『昔衛武公，年九十有五，猶日箴儆於國，曰：「自卿以下，至於官師，苟在朝者，無謂我老耄而舍我，朝夕以交戒我。」』猶以爲未也，而作詩以自戒，其詩曰：『抑抑威儀，惟德之隅。』夫衛武公惟居於至足而日以爲不足，故其没也，謚之曰睿聖武公。」（《東坡全集》卷七二）楚左史事見《國語·楚語》。

〔四〕《答李琮書》：「漢永和中，交趾反，議者欲發荆、揚、兖、豫四萬人討之，獨李固以謂：『四州之人遠赴萬里，無有還期，詔書迫促，必致叛亡。南州瘟瘴，死者必多。士卒疲勞，比至嶺南，不復堪鬥。前中郎將尹就討益州叛羌，益州諺曰：「虜來尚可，尹來殺我。」後以兵付刺史張喬，因其將吏，旬月之間，破殄寇虜。此發將無益、州郡可任之明效也。今可募蠻夷，使自相攻，轉輸金帛，以爲其資，有能反間致頭首者，許以封侯之賞。』因舉祝良爲九真太守，張喬爲交趾刺史。由此嶺外悉平。」（《東坡全集》卷七四）漢永和事見《後漢書》卷一一六《南蠻傳》。

〔五〕《與朱鄂州書》：「昔王濬爲巴郡太守，巴人生子皆不舉，濬嚴其科條，寬其徭役，所活數千人。及後伐吴，所活者皆堪爲兵。其父母戒之曰：『王府君生汝，汝必死之。』」（《東坡全集》卷七四）王濬事見《晉書》卷四二《王濬傳》。

〔六〕《蓋公堂記》：「始，（曹）參爲齊相，召長老諸先生，問所以安集百姓。而齊故諸儒以百數，言人人殊，參未知所定。聞膠西有蓋公，善治黄老言，使人請之。蓋公爲言治道貴清浄而民自定，推此類具言之。參於是避正堂以舍蓋公，用其言而齊大治。其後，以其所以治齊者治天下，天下至今稱賢焉。」（《東坡全集》卷三六）曹參事詳《漢書》卷三九《曹參傳》。

〔七〕《滕縣公堂記》：「昔毛孝先、崔季珪用事，士皆變易車服以求名，而徐公不改其常，故天下以爲泰。其後世俗日以奢靡，而徐公固自若也，故天下以爲嗇。君子之度一也，時自二耳。」（《東坡全集》卷三六）徐公事詳《三國志・魏志》卷二七《徐邈傳》。

〔八〕《司馬温公神道碑》：「昔齊神武皇帝寢疾，告其子世宗曰：『侯景專制河南十四年矣，諸將皆莫能敵，惟慕容紹宗可以制之，我故不貴，留以遺汝。』而唐太宗亦謂高宗：『汝於李勣無恩，我今責出之，汝當授以僕射。』乃出勣爲疊州都督。」（《東坡全集》卷八六）齊神武事詳《北齊書》卷二《神武帝紀下》。唐太宗事詳《舊唐書》卷六七《李勣傳》。

〔九〕《密州通判廳題名記》：「昔羊叔子登峴山，謂從事鄒湛曰：『自有宇宙而有此山，登此遠望如我與卿者多矣，皆湮滅無聞，使人悲傷。』湛曰：『公之名當與此山俱傳，若湛輩乃當如公言耳。』夫使天下至今有鄒湛者，羊叔子之賢也。」（《東坡全集》卷三七）羊叔子事詳《晉書》卷三四《羊祜傳》。

〔一〇〕《荔枝歎》：「永元荔枝來交州，天寶歲貢取之涪。至今欲食林甫肉，無人舉觴酹伯游。」自注：「漢永元中，交州進荔枝、龍眼，十里一置，五里一堠，奔馳死亡，罹猛獸毒蟲之害者無數。唐羌字伯游，爲臨武長，上書言狀，和帝罷之。唐天寶中，蓋取涪州荔枝自子午谷路進入。」（《東坡全集》卷二三）唐羌上書，詳《後漢書》卷四《和帝紀》。

15 兩莫愁

莫愁者，郢州石城人，今郢有莫愁村。畫工傳其貌，好事者多寫寄四遠。《唐書・樂志》曰：「《莫愁樂》者，出於《石城樂》。石城有女子名莫愁，善歌謡。」古詞曰「莫愁在何處？莫愁石城西。艇子打兩槳，催送莫愁來」者是也〔一〕。李義山詩曰：「海外徒聞更九州，他生未卜此生休。空傳虎旅鳴宵柝，無復雞人送曉籌。此日六軍同駐馬，他時七夕笑牽牛。如何四紀爲天子，不及盧家有莫愁？」〔二〕此莫愁者，洛陽人。梁武帝《河中之歌》曰「河中之水向東流，洛陽女兒名莫愁。莫愁十三能織綺，十四采桑南陌頭，十五嫁爲盧家婦，十六生兒似阿侯。盧家蘭室桂爲梁，中有鬱金蘇合香。頭上金釵十二行，足下絲履五文章。珊瑚挂鏡爛生光，平頭奴子擎履箱。人生富貴何所望？恨不早嫁東家王」者是也〔三〕。盧氏之盛如此，所云「不早嫁東家王」，莫詳其義〔四〕。近世周美成樂府《西河》一闋，專詠金陵，所云「莫愁艇子曾繫」之語，豈非誤指石頭城爲石城乎〔五〕？

【箋證】

〔一〕《舊唐書》卷二九《音樂志》。

〔二〕《李義山詩集》卷上《馬嵬》。

〔三〕梁武帝《河中之歌》，見《樂府詩集》卷八五。又見《玉臺新詠》卷九，作梁元帝。《藝文類聚》卷四三，但作《古河中之水歌》，不云作者。余寅《同姓名録》卷四：「古詞：『莫愁在何處，莫愁石城西。』是莫愁者，郢州石城人，今郢有莫愁村是也。梁武帝《河中歌》：『洛陽女兒名莫愁，十五嫁爲盧家婦。』故李義山詩：『如何四紀爲天子，不及盧家有莫愁。』《三筆》云是别一莫愁也。愚謂未必然，正猶秦羅敷本邯鄲趙人，而焦仲卿詞明言『東家有賢女，號名秦羅敷』，仲卿廬江人，若如景盧云云者，即爲兩羅敷矣。要知作歌者援之以相比，實非兩姝也。」

〔四〕李商隱《楚宫二首》之二有云：「王昌且在牆東住，未必金堂得免嫌。」朱鶴齡注此句，引《樂府》：「人生富貴何所望，恨不早嫁東家王。」蓋以東家王爲王昌也。（《李義山詩集注》卷二上）劉才邵《檆溪居士集》卷三《和丁浚明戲蕭濟夫》末句云：「誰記東家人姓王。」原注云：「古詩『悔不嫁與東家王』，謂王昌也。」

〔五〕周邦彦《西河・金陵懷古》（《片玉詞》卷下）。

趙彦衛《雲麓漫抄》卷五：「石頭城有二，又有石城。鍾阜龍蟠，石城虎據，此金陵之石頭城也。梁蕭勃父子、余孝頃所據，此豫章之石頭城也。江彦章爲《豫章石頭驛記》，引洪喬附書投諸水事，乃金陵之石頭。周美成作《西河》詞，有云：『莫愁艇子誰繫？』此郢州之石城，皆誤用。莫愁，郢人，古樂府云：『莫愁在何處？莫愁石城西。艇子打兩槳，催道莫愁來。』人不知考。」

毛先舒《詩辯坻》卷二：「《容齋隨筆》云有兩莫愁，以石城作歌者爲一人，洛陽女兒爲一人。《樂府解題》亦云。予謂古石城莫愁始制《莫愁樂》一曲，蓋女子善歌，名流於後，故梁武帝《河中之水歌》用其人。詞家設色類然。羅敷、桃葉屢見古詩，豈應便是數人？或以洛陽爲疑者，蓋亦是借景耳。唐詩『西園公子名無忌，南國佳人字莫愁』，信謂莫愁復有洛陽之女，則西園之賓豈又果有公子無忌耶？又石城在楚，石頭城在吴，昔人傳訛，遂以莫愁名金陵之湖，故周清真詠金陵詞云：『莫愁艇子曾繫。』相襲之謬也。若爲好事舉之，又三莫愁矣。」

《顧頡剛讀書筆記》卷六《法華讀書記》「莫愁居地有三説」條，録《容齋詩話》卷三，（即本條。）謂：「此文分析莫愁故事甚善，謂後人誤指金陵之石頭城爲江陵之石城，尤是。古人從無説莫愁爲南京人者。南京有莫愁湖，即以湖在城西，令人作『莫愁石城西，艇子打兩槳』之存想也。大約莫愁傳説始於六朝，自後即分兩途。善歌之船娘，爲下層民衆之傳説；鬱金堂之盧家少婦，爲士大夫社會之傳説。此傳説孰爲先，孰爲後，與此傳説之始於郢州，抑始於洛陽，皆爲可研究之問題。至沈佺期詩所云『十年征戍憶遼陽，白狼河北音書斷』，似爲孟姜女傳説未與長城作緊密聯繫時，民間以之與征夫思婦結合者。自孟姜女哭長城送寒衣之傳説大發展，莫愁即解除此項任務矣。」

曹道衡編《樂府詩選·莫愁樂》注引《三筆》本條，謂：「其實『莫愁』只是傳説中人物。」

16 何公橋詩

英州小市，江水貫其中，舊架木作橋，每不過數年，輒爲湍潦所壞。郡守建安何智甫，始疊石爲之，方成而東坡還自海外，何求文以紀。坡作四言詩一首，凡五十六句，今載於《後集》第八卷，所謂「天壤之間，水居其多，人之往來，如鵜在河」是也。予侍親居英〔一〕，與僧希賜游南山，步過橋上，讀詩碑。希賜云：「真本藏于何氏，此有石刻，經黨禁亦不存。」今以板刻之，乃希賜所書也。賜因言：何公初請記，坡爲賦此詩，既大書矣，而未遣送，郡候兵執役者見之，以告何，何又來謁，坡曰：「軾未到橋所，難以想像落筆。」何即命具食，拉坡偕往。坡曰：「使君是地主，宜先升車。」何謝不敢，乃並轎而行。既至，坡曰：「正堪作詩①，晚當奉戒。」抵暮送與之。蓋詩中云：「我來與公，同載而出。」讙呼填道，抱其馬足。」故欲同行，以印此語耳。坡公作詩時，建中靖國元年辛巳〔二〕。予聞希賜語時，紹興十七年丁卯，相去四十六年。今追憶前事，乃紹熙五年甲寅，又四十七年矣。

【校勘】

①「正」原作「至」，據馬本、庫本、祠本改。

【箋證】

〔一〕紹興十七年五月，洪皓責授濠州團練副使，英州安置。容齋隨侍。參拙著《洪邁年譜》。

〔二〕查慎行《蘇詩補注》卷三八《何公橋》詩：「慎按施氏原本《何公橋》詩編《碧落洞》之後，此必紹聖初作，容齋以爲建中靖國元年作，恐未足據。新刻本載《續補》卷末，今改正，以存施本之舊。又按《廣東舊志》云：『何公橋，熙寧間建，郡守何智甫志。』以爲『何智茂』，當以《容齋三筆》爲正。」孔凡禮《三蘇年譜》卷五五，繫在元符三年十一月後。

容齋三筆卷十二十六則

1 盼泰秋娘三女

白樂天《燕子樓詩序》云：「徐州故張尚書有愛妓曰盼盼①，善歌舞，雅多風態。尚書既殁，彭城有舊第，第中有小樓名燕子。盼盼念舊愛而不嫁，居是樓十餘年，幽獨塊然。」白公嘗識之，感舊游，作三絶句②，首章云：「滿窗明月滿簾霜，被冷燈殘拂卧床。燕子樓中霜月苦，秋來只爲一人長。」末章云：「今春有客洛陽回，曾到尚書冢上來。見説白楊堪作柱，争教紅粉不成灰。」讀者傷惻〔一〕。劉夢得《泰娘歌》云：「泰娘本韋尚書家主謳者，尚書爲吴郡，得之，誨以琵琶，使之歌且舞，攜歸京師。尚書薨，出居民間，爲蘄州刺史張遜所得。遜謫居武陵而卒，泰娘無所歸。地荒且遠，無有能知其容與藝者，故日抱樂器而哭。」劉公爲歌其事云：「繁華一旦有消歇，題劍無光履聲絶。蘄州刺史張公子，白馬新到銅駝里。自言買笑擲黄金，月墮雲中從此始。山城少人江水碧，斷雁哀絃風雨夕。朱絃已絶爲知音，雲鬢未秋私自惜。舉目風煙非舊時，夢尋歸路多參差。如何將此千行淚，更灑湘江斑竹枝。」杜牧之《張好好詩》云：「牧佐故吏部沈公在江西幕，好好年十三，以善歌來樂籍中，隨公移置宣城，後爲沈著作所納。見之於洛陽東城，感舊傷懷，題詩以贈曰：「身外任君爲豫章姝，十三纔有餘。主公再三歎，謂言天下無。自此每相見，三日已爲疎。洛城重相見，塵土，尊前極歡娛。飄然集仙客，載以紫雲車。爾來未幾歲，散盡高陽徒。綽綽爲當壚。朋游今在否，落拓更能無？門館慟哭後，水雲秋景初。灑盡滿襟淚，短歌聊一書。」予謂婦人女子，華落色衰，至於失主無依，如此多矣。是三人者，特見紀於英辭鴻筆，故名傳到今。況於士君子終身不遇而與草木俱腐者，可勝歎哉！然盼盼節義，非泰娘、好好可及也。

【校勘】

①「盼盼」，原作「眄眄」，據庫本改。下同。　②「三」，馬本、庫本、祠本作「二」。

【箋證】

〔一〕《白氏長慶集》卷一五《燕子樓三首並序》。《麗情集》「燕子樓」條：「張建封僕射節制武寧，舞妓盼盼，公納之燕子樓。白樂天使經徐，與詩曰：『醉嬌無氣力，風裊牡丹花。』公薨，盼盼誓不他適，多以詩代問答。有詩近三百首，名《燕子樓集》。嘗作三詩，云：『樓上殘燈伴曉霜，獨眠人起合歡床。相思一夜情多少，地角天涯不是長。』『北邙松栢鏁愁烟，燕子樓中思悄然。自埋劍履歌塵散，紅軟香銷一十年。』『適看鳴雁岳陽回，又覩玄禽過社來。瑶瑟玉簫無意緒，任從蟲網任從灰。』樂天和曰：『滿窗明月滿簾霜，被冷香銷獨卧床。燕子樓前清月夜，秋來只爲一人長。』『鈿暈羅衫色似烟，一回看着一潸然。自從不舞霓裳曲，疊在空箱得幾年。』『今年有客洛陽回，曾到尚書冢上來。見説白楊堪作柱，争教紅粉不成灰。』又一絶云：『黄金不惜買蛾眉，揀得如花四五枝。歌舞教成心力盡，一朝身去不相隨。』盼盼泣曰：『妾非不能死，恐百載之後，人以我公重於色。』乃和白詩云：『自守空樓斂恨眉，形同春後牡丹枝。舍人不會人深意，剛道泉臺不去隨。』」（曾慥編《類説》卷二九）

按，陳振孫《白文公年譜》：「燕子樓事，世傳爲張建封。按建封死在貞元十六年，且其官爲司空，非尚書也。尚書乃其子愔。《麗情集》誤以爲建封爾。此雖細事，亦可以正千載傳聞之謬。」李劍國《宋代志怪傳奇叙録》第二編《北宋中期》「麗情集」條，考云：「據《新唐書》卷一五八《張愔傳》及《舊唐書·憲宗紀》，徐州節度使張建封卒後，張愔授爲留後，俄進武寧軍節度使，元和元年被疾求代，召爲工部尚書，是年十二月卒，贈尚書右僕射。《白氏長慶集》卷一三有《感故張僕射諸妓》一詩，亦指張愔。」又云：「疑此作（指《麗情集》「燕子樓」篇）是宋人據白序改寫而成。」

2　顔魯公祠堂詩

予家藏《雲林繪監》册，有顔魯公畫像，徐師川題詩曰：「公生開元間，壯及天寶亂。

捐軀范陽胡，竟死蔡州叛。其賢似魏徵，天下非貞觀。四帝數十年，一身逢百難。少時讀書史，此事心已斷。老來鬢髮衰，慨歎功名晚。嗟哉忠義途，捷去不可緩。初無當年悲，只令後世歎。一朝絶霖雨，南畝常亢旱。小夫計雖得，斯民蓋塗炭。長歌詠君節，千載勇夫懦。敬書子張紳①，庶幾古人半。」師川以詩鳴江西，然此篇不爲工〔一〕。嘗記李德遠舉似童敏德游湖州題公祠堂長句曰：「掛帆一縱疾於鳥，長興夜發吴興曉②。杖藜上訪魯公祠，一見目明心皦皦。未説邦人懷使君，且爲前古惜忠臣。德宗更用盧杞相，出當斯世誠艱辛。生逆龍鱗死虎口，要與乃兄同不朽。狂童希烈何足罪，奸邪嫉忠假渠手。乃知成仁或殺身，保身不必皆哲人。此公安得世復有，洗空凡馬須騏驎。」童之詩，語意皆超拔，亦臨川人，而終身不得仕，爲可惜也〔二〕。

【校勘】

①「子」，原脱，據馬本、庫本、祠本補。②「夜」，原脱，據馬本、庫本、祠本補。

【箋證】

〔一〕《兩宋名賢小集》卷一一四《題顔魯公畫像》，録自《東湖居士集》。徐俯，字師川，洪州分寧人，山谷外甥，詩屬江西詩派。紹興二年，賜進士出身，兼侍讀。三年，遷翰林學士，俄擢端明殿學士、簽書樞密院事。四年，兼權參知政事。有《東湖集》。事迹具《宋史》卷三七二本傳。

《雲林繪監》，未見著録。考黄伯思，字長睿，自號雲林子，好古博雅，有《東觀餘論》三卷，序跋古書畫器物甚富，未知是否即其所編。

〔二〕李浩，字德遠，臨川人，紹興十二年進士。紹興末，官太常寺主簿，尋遷光禄寺丞。孝宗朝，累遷司農少卿、大理卿，以直寶文閣知静江府兼廣西安撫、吏部侍郎。事迹具《宋史》卷三八八本傳。

童敏德，生平不詳。按，吴可《藏海詩話》：「凡看詩須是一篇立意，乃有歸宿處。如童敏德《木筆花》詩主意在筆之類是也。」周必大《文忠集》卷五有一詩，題云：「同年楊謹仲示薌林諸帖，皆以老杜相期，惟童敏德謂『不合學東坡，殆非知詩者』。」蓋亦風雅士。

3　閔子不名

《論語》所記孔子與人語及門弟子並對其人問答，皆斥其名，未有稱字者，雖顔、冉高第，亦曰回、曰雍，唯至閔子，獨云子騫，終此書無指名①〔一〕。昔賢謂《論語》出於曾子、有子之門人〔二〕，予意亦出於閔氏。觀所言閔子侍側之辭，與冉有、子貢、子路不同，則可見矣〔三〕。

【校勘】

①「指」，馬本、庫本、祠本作「損」。

【箋證】

〔一〕閔損，字子騫。《愛日齋叢抄》卷一：「鶴山魏氏曰：『昔柳宗元謂《論語》所載弟子必以字，惟曾子、有子不字，遂謂是書出于曾門，蓋以字輕而子重也。及考諸孔門之訓，則字爲至貴。蓋字與子皆得兼稱，如門人之於孔子，進而稱子不敢字，退而稱仲尼不言子。其次亦有既子且氏，如閔子騫等不一二人，或子或字者又數人。然淵、弓至游、夏，最號爲高弟，字而不得子也。有子、曾子，子而不得字也。就二者而論，則字爲尊。蓋子雖有師道之稱，然繫於氏者，不過男子之美稱耳。故《孝經》字仲尼而子曾子，《禮運》字仲尼而名言、偃。至于子思字其祖，孟子字其師之祖，相傳至今，人之字仲尼者，毋敢以爲疑。字既尊矣，則雖以孟子亞聖，亦不得以字行。不寧惟是，仲尼作《春秋》，二百四十二年間，字而不名者僅十有二人，而游、夏諸子之門人亦各字其師，相承至於漢初，猶未敢輕以字許人。』（郁之按：魏了翁《鶴山集》卷四六《常熟縣重修學記》）《答張行甫書》：『古人稱字者最不輕。《儀禮》：「子孫於祖禰皆稱字。」孔門弟子多謂夫子爲仲尼。子思，孫也，孟子又子思弟子也，亦皆稱仲尼。至漢、魏後只稱仲尼，雖今人亦稱之，而人不爲怪。游、夏之門人皆字其師。漢初惟子房一人得稱字。中世有字其諸父、字其諸祖者，近世猶有「後學呼退之，兒童誦君實」者。今曰胡子仁仲、張子敬夫、朱子元晦，是尊敬之至。』（《鶴山集》卷四六）《答羅愚書》：『古人以字爲重，雖孔門弟子與子思皆呼孔子爲仲尼，與謚相似，皆人所通稱也。今人稱前輩字，遂謂不然。』（《鶴山集》卷三六）《題韓氏墓誌後》：『或問先賢可字乎？曰：若用孔門弟子與子思、孟子稱仲尼例，則字先賢已過矣。凡此俱推稱字爲甚貴。』」（《鶴山集》卷六五）洪景盧云：（《三筆》本條，略。）其説正魏氏所謂游、夏之門人各字其師者也。」

〔二〕柳宗元《論語辯》上篇：「或問曰：儒者稱《論語》孔子弟子所記，信乎？曰：未然也。孔子弟子曾參最少，少孔子四十六歲，曾子老而死，是書記曾子之死，則去孔子也遠矣。曾子之死，孔子弟子略無存者矣。吾意曾子弟子之爲之也。何哉？且是書載弟子必以字，獨曾子、有子不然。由是言之，弟子之號之也。蓋樂正子春、子思之徒與爲之爾。或曰孔子弟子嘗雜記其言，然而卒成其書者，曾氏之徒也。」（《柳河東集》卷四）

〔三〕《論語·先進》：「閔子侍側，誾誾如也；子路，行行如也；冉有、子貢，侃侃如也。」錢穆《先秦諸子繫年》之《孔子弟子通考》引《三筆》本條，接云：「閔子於孔門爲前輩，曾子、有子皆後進，《論語》尤出於後進弟子之門人，則非亦出於閔氏矣。閔子在當時，豈自以年德見尊異歟？」

4 曾晳待子不慈

傳記所載曾晳待其子參不慈，至云因鋤菜誤傷瓜，以大杖擊之仆地。孔子謂參不能如虞舜，小杖則受，大杖則避，以爲陷父於不義，戒門人曰：「參來勿内。」〔一〕予切疑無此事，殆戰國時學者妄爲之辭。且曾晳與子路、冉有、公西華侍坐，有「浴乎沂，風乎舞雩」之言，涵泳聖教，有超然獨見之妙，於四人之中，獨蒙「吾與」之褒，則其爲人之賢可知矣〔二〕。有子如此，而幾置之死地，庸人且猶不忍，而謂皙爲之乎？孟子稱曾子養曾皙酒肉養志〔三〕，未嘗有此等語也。

【箋證】

〔一〕事見劉向《説苑》卷三《建本》《孔子家語》卷四《六本》。又見《韓詩外傳》卷八。屈守元《韓詩外傳箋疏》末附《歷代著録及前人評述資料纂要》，録《三筆》本條，謂：「曾皙一條，但據《論語》《孟子》爲斷，此又宋人之固陋，此《説苑·建本》《家語·六本》皆有之，所謂『傳記』，當不止《韓傳》卷八也。」

〔二〕《論語·先進》。

〔三〕《孟子·離婁上》：「曾子養曾皙，必有酒肉。將徹，必請所與。問：『有餘？』必曰：『有。』曾皙死，曾元養曾子，必有酒肉。將徹，不請所與。問：『有餘？』曰：『亡矣。』將以復進也。此所謂養口體者也。若曾子，則可謂養志也。事親若曾子者可也。」

5 具圓復詩

吳僧法具，字圓復，有能詩聲，予乃紀之於《夷堅志》中，殊爲不類〔一〕。比於福州僧智恢處，見其詩稿一紙，字體效王荆公。其《送僧》一篇云：「灘聲嘈嘈雜雨聲，舍北舍南春水平。拄杖穿花出門去，五湖風浪白鷗輕。」《送翁士特》云：「朝入羊腸暮鹿頭，十三官驛是荆州。具車秣馬曉將發，寒燭燒殘語未休。」《竹軒》云：「老竹排簷誰手種，山日未斜寒翠重。六月散髮葉底眠，冷雨斜風頻入夢。冬凋峰木雪縞廬，落眼青青卻笑渠。花時吹笋排林上，吴州還見《竹溪圖》。」《和子蒼三馬圖》云：「從來畫馬稱神妙，至今只説江都王。將軍曹霸實季仲，沙苑丞相猶諸郎。龍眠居士善畫馬，獨與二子遥相望。兩馬駢立真驌驦，一馬脱去仍騰驤。浣花老人今已亡，嗚呼五馬誰平章！飽知畫肉亦畫骨，妙處不減黄無雙。」又一篇云：「燒燈過了客思家，獨立衡門數暝鴉①。燕子未歸梅落盡，小窗明月屬梨花。」皆可咀嚼也。吴門僧惟茂，住天台山一禪剎，喜其旦暮見山，作絶句曰：「四面峰巒翠入雲，一溪流水漱山根。老僧只恐山移去，日午先教掩寺門。」〔二〕甚有詩家風旨，而或者謂山若欲去，豈容人掩住？蓋吴人癡獃習氣也。其説可謂不知音。

【校勘】

①「暝」，馬本、庫本、祠本作「瞑」。

【箋證】

〔一〕今本《夷堅志》未見其人，蓋亡佚。法具，字圓復，吴興僧，後寂於毘陵馬迹山，有《化菴湖海集》。參《宋詩紀事》卷九二。

〔二〕俞弁《逸老堂詩話》卷上：「《容齋三筆》載吴門僧惟茂住天台山，有詩云：（即本條所引，略）。唐張籍《題虎丘》詩云：『望月登樓海氣昏，劍池無底鎖雲根。老僧只恐山移去，日暮先教鎖寺門。』惟茂蹈襲張詩二句，容齋亦受其欺而記之耳。」錢鍾書《談藝録》七六：「袁枚《隨園詩話》卷三引宋人詩云：『老僧只恐雲飛去，日午先教掩寺門。』《容齋三筆》卷十二載僧惟茂住天台山詩云：（郁之按，即本條所引，略）。後來高青丘《虎丘》云：『望月登樓海氣昏，劍池無底鎖雲根。老僧只恐山移去，日落先教鎖寺門』，（郁之按，見高啓《大全集》卷一八。按此即《逸老堂詩話》所舉之張籍《題虎丘》詩也。）蓋全襲此。而南宋俞桂《漁溪詩稿》卷二《虎丘》云：『寺僧未晚山門閉，不放閒雲一片飛』，子才誤合二詩詞意爲一耳。（原注：明俞弁《山樵暇語》卷四駁容齋，謂此乃張籍《虎丘》詩，余檢《司業集》未見。郁之按，見《張司業集》卷七。）」

6 人當知足

予年過七十，法當致仕，紹熙之末，以新天子臨御，未敢遽有請，故玉隆滿秩，只以本官職居里。鄉衮趙子直不忍使絶禄粟，俾之因任，方用餮食太倉爲愧，而親朋謂予爵位不逮二兄，以爲耿耿〔一〕。予誦白樂天《初授拾遺》詩以語之曰：「奉詔登左掖，束帶參朝議。何言初命卑，且脱風塵吏。杜甫、陳子昂，才名括天地。當時非不遇，尚無過斯位。」〔二〕其安分知足之意，終身不渝。因略考國朝以來名卿偉人負一時重望而不躋大用者，如王黄州禹偁①、楊文公億、李章武宗諤、張乖崖詠、孫宣公奭、晁少保迥、劉子儀筠、宋景文祁、范蜀公鎮、鄭毅夫獬、滕元發甫、東坡先生、范淳父祖禹、曾子開肇、彭器資汝礪、劉原甫敞、蔡君謨襄、孫莘老覺，近世汪彦章藻、孫仲益覿，諸公皆不過尚書、學士，或中年即世，或遷謫流落，或無田以食，或無宅以居，況若我忠宣公者〔三〕，尚忍言之！則予之忝竊亦已多矣。

【校勘】

①「偁」原作「稱」，據馬本、庫本、祠本改。

【箋證】

〔一〕「俾之因任」，指容齋任提舉隆興府玉隆萬壽宮。錢大昕《洪文敏公年譜》：「按，南渡宮觀，例以兩年爲一任，公自紹熙辛亥任玉隆，至甲寅冬已兩任矣。以寧宗新立，未即請休，故復有因任之命。蓋第三任也。」參拙著《洪邁年譜》慶元元年譜。二兄，指容齋之伯兄适、仲兄遵。

〔二〕《白氏長慶集》卷一。

〔三〕王禹偁至汪藻諸人，《宋史》俱各有傳，兹不贅述。孫覿，字仲益，晉陵人，大觀進士，政和中詞科，常以靖康間文字得罪，廢徙久之，終於左朝奉郎、龍圖閣待制。有《鴻慶居士集》。（參趙希弁《郡齋讀書附志》、周必大《鴻慶居士集序》）忠宣公，容齋之父皓，謚忠宣，事迹具《宋史》三七三本傳。可參《隨筆》卷一五《張子韶祭文》

《三筆》卷八《忠宣公謝表》等條。

7 淵明孤松

淵明詩文率皆紀實，雖寓興花竹間亦然。《歸去來辭》云：「景翳翳以將入，撫孤松而盤桓。」其《飲酒》詩二十首中一篇云：「青松在東園，衆草没其姿。凝霜殄異類，卓然見高枝。連林人不覺，獨樹衆乃奇。」所謂孤松者是已。此意蓋以自況也〔一〕。

【箋證】

〔一〕逯欽立《陶淵明年譜稿》：「淵明居宅共有三處。義熙元年自彭澤返居之宅，與義熙十一年作《飲酒》詩所居之宅，爲同一處，此宅中植松，淵明詩文皆實紀之。（《歸去來辭》云：「撫孤松而盤桓。」《飲酒》詩云：「青松在東園。」又：「因植孤生松。」關此，《容齋三筆》卷十二有説，可以參看。）」

8 饒州刺史

饒州良牧守，自吴至今，以政績著者有九賢，郡圃立祠以事，此外知名者蓋鮮〔一〕。《白樂天集》有《吴府君碑》云：「君諱丹，字真存，以進士第入官。讀書數千卷，著文數萬言。生四五歲，所作戲輒象道家法事。既冠，喜道書，奉真籙，每專氣入静，不粒食者數歲，飄然有出世心。既壯，在家爲長屬，有三幼弟、八稚姪，不忍見其飢寒，慨然有干祿意。求名得名，家無長物，澹乎自處，與天和始終，享壽命八十二歲，無室家累，無子孫憂，終于饒州。」〔二〕官次大略如此。吴君在饒，雖無遺事可紀，以其邦君之故，姑志於書。吴爲人清淨恬寂，所謂達士，然年過八十，尚領郡符，又非爲妻子計者，良不可曉。唐之治不播棄黎老，故其居職不自以爲過云。

【箋證】

〔一〕《江西通志》卷一〇九《祠廟·饒州府》：「九賢祠，在府治内，祀吴周魴，晉虞溥、王廙，梁陸襄，隋柳莊、梁文謙，唐張廷珪、顔真卿、李復，爲九賢。後又增祀李吉甫、馬植。」注出《名勝志》。

〔二〕《白氏長慶集》卷六九《故饒州刺史吴府君神道碑銘》。

9 紫極觀鐘

饒州紫極觀有唐鐘一口，形製清堅，非近世工鑄可比。刻銘其上曰：「天寶九載，歲次庚寅，二月庚申朔十五日癸酉造。通直郎、前監察御史貶樂平員外尉李逢年銘，前鄉貢進士薛彦偉述序，給事郎、行參軍趙從一書，中大夫、使持節鄱陽郡諸軍事、檢校鄱陽郡太守、天水郡開國公上官經野妻扶風郡君韋氏，奉爲開元天地大寶聖文神武應道皇帝敬造洪鐘一口。」其後列録事參軍、司功、司法、司士參軍各一人，司户參軍二人，參軍三人①，録事一人，鄱陽縣令一人、尉二人，又專檢校官、鄱陽縣丞宋守静，專檢校内供奉道士王朝隱，又道士七人。銘文亦雅潔，字畫不俗，但月朔庚申，則癸酉日當是十四日。鐫之金石而誤如此〔一〕。浮洲開福院亦有吴武義年一鐘〔二〕，然非此比也。

【校勘】

①「三」，馬本、庫本、祠本作「二」。

【箋證】

〔一〕王象之《輿地碑記目》卷一《饒州碑記》：「唐紫極觀鐘銘。在城紫極觀。天寶九年上官經野文。」

〔二〕《三筆》卷一〇《鄂州興唐寺》：「鄱陽浮洲寺有吴武義二年銅鐘。」

10 兼中書令

紹熙五年十二月二十二日，宣麻制除嗣秀王伯圭兼中書令〔一〕。此官久不除，學士、大夫多不知本末，至或疑爲當入都堂治事。邸報至外郡，尤所不曉。邁考之典故，侍中、中書令爲兩省長官，自唐以來，居真宰相之位，而中令在侍中上。肅宗以後，始以處大將，故郭子儀、僕固懷恩、朱泚、李晟、韓弘皆爲之，其在京則入政事堂，然不預國事。懿、僖、昭之時，員浸多，率由平章事遷兼侍中，繼兼中書令，又遷守中書令，三者均稱使相，皆大敕繫銜而下書使字。五代尤多。國朝創業之初，尚仍舊貫，於是吴越國王錢俶、天雄節度符彦卿、雄武王景、武寧郭從義、保大武行德、成德郭崇、昭義李筠、淮南李重進、永興李洪義、鳳翔王彦超、定難李彝興、荆南高保融、武平周行逢、武寧王晏、武勝侯章、歸義曹元忠十五人同時兼中書令〔二〕。太宗朝，唯除石守信，而趙普以故相拜。真宗但以處親王。嘉祐末，除宗室東平王允弼、襄陽王允良；元豐中，除曹佾，與允弼、允良相去十七八年，爵秩固存。沈括《筆談》謂有司以佾新命，言自來不曾有活中書令請俸則例，蓋妄也〔三〕。官制行，改三使相並爲開府儀同三司。元祐以後不復有之，雖崇、觀、政、宣輕用名器，且改爲左輔、右弼，然蔡京三爲公相，亦不敢居。乾道中，詔於録黄及告命内除去侍中、中書令，遂廢此官〔四〕。今當先降指揮復置，則於事體尤愜當也。嗣王終不敢當，於是寢前命，而賜贊拜不名〔五〕。

【箋證】

〔一〕嗣秀王除兼中書令之月日，《宋史》失書。《宋史全文》卷二九下《宋寧宗二》：嘉泰二年九月丙寅，「嗣秀王伯圭薨。伯圭，秀安僖王子偁之長子，孝宗之兄也。紹熙元年五月，遷太保，封嗣秀王。二年夏，判太宗正事。三年夏，遷太師。永阜陵成，除中書令，辭不拜。詔有司別議優崇之禮，乃除兩鎮節度使。」

樓鑰《攻媿集》卷四五有《皇伯祖太師嗣秀王伯圭特授兼中書令加食邑實封制》。

〔二〕徐規《容齋隨筆補正》（《仰素集》）：「按，此處所列舉宋太祖時兼中書令的人名已有十六人，而非十五人。又《長編》卷五，太祖乾德二年六月己酉條載：『以皇弟開封尹、同平章事光義兼中書令』。卷六乾德三年六月甲辰條載：『以孟昶爲開封儀同三司、檢校太師兼中書令』。可見太祖朝兼中書令的尚不止十六人。洪邁此處所記有脱誤。」

〔三〕《夢溪筆談》卷二《故事二》：「國朝未改官制以前，異姓未有兼中書令者，唯贈官方有之。元豐中，曹郡王以元舅特除兼中書令，下度支給俸。有司言自來未有活中書令請受則例。」

徐規《〈夢溪筆談〉有關史事記載訂誤》（《仰素集》），引《三筆》本條，又引李燾《續資治通鑑長編》卷六太祖乾德三年六月甲辰條載：「以孟昶爲開府儀同三司、檢校太師、兼中書令、秦國公。」《宋史·神宗紀》載：「治平四年正月戊辰，以文彦博行尚書左僕射、檢校司徒、兼中書令。」接云：「據此，可見元豐改官制以前，異姓多有兼中書令者，不是『唯贈官方有之』。又除文彦博兼中書令乃在治平四年正月，與元豐三年三月除曹佾新命相去僅十三年；且允弼卒於熙寧二年七月，距曹佾新命不到十一年；文彦博直到元豐六年十一月才以太師致仕（以上均見《宋史·神宗紀》）。爵秩固存，不是没有俸例可依的。沈括所記顯然失實，洪邁所述亦不免遺漏。」

〔四〕《宋史·職官志一》：中書令，「國朝未嘗真拜，以他官兼領者不預政事，然止曹佾一人，餘皆贈官。官制行，以右僕射兼中書侍郎，行令之職，別置侍郎以佐之。中興後，置左右丞相，省令不置。」李心傳《建炎以來朝野雜記》甲集卷一二《官制三》「親王贈官例」條：「舊制，皇子皆贈三司二令。元豐改官制，以侍中、中書、尚書令爲三省長官，不贈典。乾道中，正丞相官名削侍中兩令之位，故魏惠憲王雖孝宗愛子，生止爲使相，薨止贈兩州牧，蓋上意以子弟居師傅官不順，而三省長官已廢，故但以州牧優之。慶元中，嗣秀王以山陵總護之勞當遷，而官已至太師，乃拜中書令，王辭不拜。已而上有殤子，亦贈太師、中書令，追封兖王。不知今官制已無二令之名，此宰司失於詳考也。」

〔五〕《宋史》卷三七《寧宗紀一》：慶元元年二月壬戌，「詔嗣秀王伯圭贊拜不名」。《困學紀聞》卷一九《評文》：「慶元初，嗣秀王辭中書令，賜贊拜不名。鄭溥之草制。」《兩朝綱目備要》卷七：「慶元初，伯圭既辭中書令，詔有司別議優崇之禮，始命兼兩鎮焉。國朝二百五十年，宗室秉雙旄者僅二人爾。」

11 作文字要點檢

作文字不問工拙小大，要之不可不著意點檢，若一失事體，雖遣詞超卓，亦云未然。

前輩宗工，亦有所不免。歐陽公作《仁宗御書飛白記》云：「予將赴亳，假道於汝陰，因得閱書于子履之室，而雲章爛然，輝映日月，爲之正冠肅容再拜而後敢仰視，蓋仁宗皇帝之御飛白也，曰：『此寶文閣之所藏也，胡爲乎子之室乎？』曰：『曩者天子燕從臣于群玉，而賜以飛白，予幸得預賜焉。』」烏有記君上宸翰而彼此稱「予」，且呼陸經之字〔一〕？又《登真觀御書閣記》言太宗飛帛，亦自稱「予」。《外制集序》歷道慶曆更用大臣，稱吕夷簡、夏竦、韓琦、范仲淹、富弼，皆斥姓名，而曰「顧予何人，亦與其選」，又曰「予時掌誥命」，又曰「予方與修祖宗故事」，凡稱「予」者七。東坡則不然，爲王詵亦作此記，其語云「故太子少傅、安簡王公諱舉正，臣不及見其人矣」云云，是之謂知體〔二〕。

【箋證】

〔一〕陸經，字子履。顧炎武《菰中隨筆》卷二：「韓文公爲人作志銘，或銘，或不銘，或公，或君，或字，或名之，無一定之法。蓋非一時之作，而或出於少年未定之文。歐陽公《仁宗皇帝御書飛白記》，不稱『臣修』，而曰『予』，則失之忽，而取譏於洪氏。此古人之不足法者，後人作文，不可以此藉口。」

〔二〕《東坡全集》卷三五《仁宗皇帝御飛白記》：「太子少傅安簡王公諱舉正。臣不及見其人矣，而識其爲人，其流風遺俗，可得而稱者，以世考之也。熙寧六年冬，以事至姑蘇，其子詵出慶曆中所賜公『端敏』字二飛白筆一以示臣，且謂臣記之，將刻石而傳諸世。臣官在太常，職在太史，於法得書。」王誨，字規父，舉正之子。

12 侍從兩制

國朝官稱，謂大學士至待制爲「侍從」，謂翰林學士、中書舍人爲「兩制」，言其掌行內、外制也。舍人官未至者，則云「知制誥」，故稱美之爲「三字」。謂尚書侍郎爲「六部長貳」，謂散騎常侍、給事諫議爲「大兩省」。其名稱如此。今盡以在京職事官自尚書至權侍郎及學士、待制均爲「侍從」，蓋相承不深考耳〔一〕。予家藏王沿《春秋通義》一書，至和元年，鄧州繳進，二年有旨送兩制看詳，於是具奏者十二人皆列名銜：學士七人，曰學士承旨、禮部侍郎楊察，翰林學士、中書舍人趙槩、楊偉，刑部郎中胡宿，吏部郎中歐陽脩，起居舍人呂溱，禮部郎中王洙；知制誥五人，曰起居舍人王珪，右司諫賈黯，兵部員外郎韓絳，起居舍人吴奎，右正言劉敞，而他官弗預，此可見也〔二〕。翰林本以六員爲額，劉沆作相，典領温成后喪事，以王洙同其越禮建明，於是員外用之，嘗爲一時言者所論，正此時云〔三〕。

【箋證】

〔一〕周必大《玉堂雜記》卷中：「北門掌內制，西掖掌外制，是謂兩制。又著令，自觀文殿大學士至敷文閣待制爲侍從官。朝廷或詔近臣舉賢議事，多云兩省諫議大夫以上、尚書省侍郎以上，而别言御史中丞、學士待制，乃爲詳備。近世相承，通稱侍從，固已疑混，若泛言兩制，則非矣。」盧文弨《鍾山雜記》卷二《外三字》：「宋制，翰林學士、中書舍人爲兩制。舍人官未至者則云知制誥，世稱美之爲『三字』。見洪容齋《三筆》。而幕府之掌書記者，因亦謂之爲『外三字』。王禹偁《小畜集》有《還揚州許書記家集》詩云：『廣陵郡大古九州，記室官清外三字。』或改『三字』爲『三事』，誤。」

〔二〕《宋史》卷二〇二《藝文志》有王沿《春秋集傳》十五卷。（按《宋史·王沿傳》謂十六卷。）晁公武《郡齋讀書志》卷三：「《春秋集傳》十五卷，右皇朝王沿撰。集《三傳》解經之文。沿，字聖源，大名人，好《春秋》，所至以《春秋》斷事。此書仁宗朝嘗奏御，詔直昭文館，後官至天章閣待制。」孫猛《校證》謂此書於仁宗景祐元年正月上之，見《續資治通鑑長編》卷一一四；又引《三筆》本條，蓋以爲二者是一書也。又《宋史·藝文志》著録王晳《春秋通義》十二卷。《玉海》卷四〇《藝文》謂「至和中，太常博士王晳撰。」蓋王沿所撰是《春秋集傳》，而王晳所撰是《春秋通義》。錢大昕《廿二史考異》卷七一《宋史五》「舍人四人，舊六人，掌行命令爲制詞」條：「中書舍人六員，分押尚書六曹，本唐代故事。宋初以舍人爲寄禄官，别置知制誥行舍人之職。《春明退朝録》載『端拱中西掖六舍人，既而田錫罷職知陳州，宋湜貶均州團練副使，王元之商州團練副使』，是知制誥亦以六人爲額也。又考《容齋三筆》載至和元年鄧州繳進王沿《春秋通義》一書，二年，有旨送兩制看詳，於是具奏列名知制誥五人。《春明録》又載『熙寧二年閣老錢君倚守江寧，明年，予自請出院，李才元、蘇子容皆落職，惟吴沖卿權三司使，不供職，閣下無人草制』，則其時知制誥亦止五人矣。《志》云舍人四人，則元豐新定之制也。」

〔三〕錢大昕《廿二史考異》卷七一《宋史五》「翰林學士」條：「洪容齋云：『翰林本以六員爲額』云云。予案，《新唐志》雖云學士無定員，然白居易詩有『同時六學士，五相一漁翁』之句，則唐時學士亦六員矣。《五代會要》載開運元年敕，翰林學士與中書舍人，舊分爲兩制，各置六員。是五代亦六員也。南渡後，學士不輕授，常以他官直院，然亦不過二員。間有三員者，則周必大所記紹興八年承旨孫近、直院曾開、勾龍如淵，三十一年學士何溥、直院虞允文、劉珙，隆興初承旨洪遵、學士史浩、直院劉珙是也。（見《淳熙玉堂雜記》）」

13 片言解禍

自古將相大臣，遭罹譖毁，觸君之怒，墮身於危棘將死之域，而以一人片言，轉禍爲福，蓋投機中的，使聞之者曉然易寤，然非遭值明主，不能也。蕭何爲民請上林苑中空地，高祖大怒，以爲多受賈人財物，下何廷尉，械繫之。王衛尉曰：「陛下距楚數歲，陳豨、黥布反，時相國守關中，不以此時爲利，乃利賈人之金乎？」上不懌，即日赦出何〔一〕。絳侯周勃免相就國，人上書告勃欲反，廷尉逮捕勃治之。薄太后謂文帝曰：「絳侯綰皇帝璽，將兵於北軍，不以此時反，今居一小縣，顧欲反邪？」帝即赦勃〔二〕。此二者，可謂至危不容救，而於立談間見效如此。蕭望之受遺輔政，爲許、史、恭、顯所嫉，奏望之與周堪、劉更生朋黨，請「召致廷尉」，元帝不省爲下獄也，可其奏。已而悟其非，令出視事。史高言：「上新即位，未以德化聞於天下，而先驗師傅，既下九卿大夫獄，宜因決免。」於是免爲庶人。高祖、文帝之明而受言，元帝之昏而遂非，於是可見〔三〕。

【箋證】

〔一〕事詳《漢書》卷三九《蕭何傳》。參《隨筆》卷一六《王衛尉》。

〔二〕事詳《漢書》卷四〇《周勃傳》。《隨筆》卷二《漢母后》可參。

〔三〕事詳《漢書》卷七八《蕭望之傳》。《隨筆》卷一二《恭顯議蕭望之》可參。真德秀《大學衍義》卷一八《格物致知之要二・辨人材》：「臣觀恭、顯奏望之等，一則曰朋黨，二則曰擅權。以其實考之，望之等同心謀國，古誼正君，安有朋黨擅權之事？而恭、顯、史高交相朋比，專執政機，是乃所謂朋黨擅權者。恭、顯等有其實，而誣望之等以此名，奸邪小人貿亂黑白，大抵如此。史稱顯『內深賊，持詭辯以中傷人』，謂此類也。而元帝憒然曾不之察。其請『召致廷尉』，則許之；既知其無罪而出之矣，及請免爲庶人，又許之。由君德不明，故小人得以售其計。吁，可歎哉！」

14 忠言嘉謨

《揚子法言》：「或問忠言嘉謨。曰：言合稷、契謂之忠，謨合皋陶謂之嘉。」〔一〕如子雲之説，則言之與謨，忠之與嘉，分而爲二，傳注者皆未嘗爲之辭，然則稷、契不能嘉謨，皋陶不能忠言乎？ 三聖賢遺語可傳於後世者，唯《虞書》存，五篇之中，皋陶矢謨多矣，稷與契初無一話一言可考，不知子雲何以立此論乎〔二〕？ 不若魏鄭公但云「良臣稷、契、皋陶」，乃爲通論〔三〕。

【箋證】

〔一〕《揚子法言·孝至篇》。

〔二〕《虞書》五篇指《堯典》《舜典》《大禹謨》《皋陶謨》《益稷》。閻若璩《尚書古文疏證》第六十六：「《益稷》，據《書序》，原名《棄稷》，馬、鄭、王三家本皆然。蓋別爲逸《書》中多載后稷之言，或契之言，是以揚子雲親見之，著《法言·孝至篇》：『或問忠言嘉謨，曰：言合稷、契之謂忠，謨合皋陶之謂嘉。』不然，如今之《虞書》五篇，皋陶矢謨固多矣，而稷與契曾無一話一言流傳於代，子雲豈鑿空者耶？ 胡輕立此論？ 蓋當子雲時，《酒誥》偶亡，故謂：『《酒誥》之篇俄空焉，今亡失。』賴劉向以中古文校，今篇籍具存。當子雲時，《棄稷》見存，故謂『言合稷、契之謂忠』，以篇名無『謨』字，僅以謨貼皋陶。惜永嘉之亂亡失，今遂不知中作何語。凡古人事或存或亡，無不歷歷有稽如此。」「予謂洪景盧疑稷與契無一遺言，子雲何以遽立此論，不知揚子之談經，杜公之徵事，豈有誤者哉！」

〔三〕《舊唐書》卷七一《魏徵傳》：「徵再拜曰：『願陛下使臣爲良臣，勿使臣爲忠臣。』帝曰：『忠、良有異乎？』徵曰：『良臣，稷、契、臯陶是也；忠臣，龍逄、比干是也。良臣使身獲美名，君受顯號，子孫傳世，福禄無疆；忠臣身受誅夷，君陷大惡，家國並喪，空有其名。以此而言，相去遠矣。』帝深納其言。」

韓元吉《南澗甲乙稿》卷一一《進故事》，八月所進故事即《唐書·魏徵傳》此節，説云：「徵之此言，第欲激昂太宗必躋于無過之地而已，至于忠、良別講之，猶或未盡也。徵之意，以輔佐爲良，諫諍爲忠爾。然孔子之語忠，以孝事君者也，故揚雄亦言合稷、契謂之忠，今觀典謨之書，則稷、契、臯陶何嘗不獻言于堯、舜之世？惟其言之而可行，諫之而悉用，君臣之際泯然其無迹，而天下臻于極治，非必激訐矯抗、以犯雷電之威、觸鈇鉞之怒、然後以爲忠也。自徵爲是說，後世遂以良臣或不事于諫諍，忠臣殆將殺身以成名，不可不辨也。臣則以爲正直謂之良，不欺謂之忠，皆人臣所當爲之事，有不分爾。當可諫而諫，不害其爲良；當可從而從，不害其爲忠。是未可以一偏議也。」

15　免直學士院

慶元元年正月一日，鄭湜以起居郎直學士院。二月二十三日，趙汝愚罷相，制乃湜所草，議者指爲褒詞太過。二十五日，有旨免兼直院，或以爲故事所無。案熙寧初，王益柔以知制誥兼直學士院，嘗奏中書熟狀加董氈階官之誤，宰相怒其不中堂，用他事罷其兼直，已而遷龍圖閣直學士〔一〕。湜亦以罷直求去，不許，越三月而遷權刑部侍郎〔二〕，甚相類也。

【箋證】

〔一〕《宋史》卷二八六《王益柔傳》：「（益柔）直舍人院、知制誥兼直學士院。董氊遇明堂恩，中書熟狀加光禄大夫，而舊階已特進。益柔以聞，帝謂中書曰：『非翰林，幾何不爲羌夷所笑！』宰相怒其不中堂，用他事罷其兼直。遷龍圖閣直學士。」

〔二〕《宋史全文》卷二九上《宋寧宗一》：慶元元年二月丁丑，「右正言李沐上殿，乞罷右丞相趙汝愚政柄，以尊安天位，塞絶奸原。是日，汝愚乞罷政，出浙江亭待罪。詔中使宣押赴都堂治事。沐又乞更不宣押。是晚鎖院。戊寅，汝愚罷右丞相，除觀文殿大學士、知福州。制詞略曰：『頃我家之多難，賴碩輔之精忠。持危定傾，安社稷以爲悦；任忠竭節，利國家無不爲。既隆翊戴之勳，尚期啓沃之助。力陳忱悃，祈避煩言。』起居郎權直學士院鄭湜所草也。湜坐無貶詞，免直學士院，未幾罷去。」李心傳《建炎以來朝野雜記》甲集卷六《朝事二》「學黨五十九人姓名」條有鄭湜，名下注：「權刑部侍郎。」

16 大賢之後

杜詩云：「大賢之後竟陵遲，蕩蕩古今同一體。」乃贈狄梁公曾孫者，至云「飄泊岷、漢，干謁王侯」，則其衰微可知矣〔一〕。近見餘干寓客李氏子云：本朝三李相，文正公昉，文靖公沆，文定公迪，皆一時名宰，子孫亦相繼達宦〔二〕。然數世之後，益爲蕭條，又經南渡之厄，今三裔並居餘干，無一人在仕版。文定濮州之族〔三〕，今有居越者，雖曰不顯，猶簪纓僅傳，而文正、文靖無聞，可爲太息。

【箋證】

〔一〕《杜詩詳注》卷一九《寄狄明府博濟》。首云：「梁公曾孫我姨弟，不見十年官濟濟。」末有云：「胡爲飄泊岷、漢間，干謁侯王頗歷抵。」

〔二〕李文正公昉，字明遠，乾祐中，登進士第，在周爲翰林學士，建隆初，遷中書舍人。太平興國八年拜相。端拱初罷，淳化二年復相。有子四人：宗訥、宗誨、宗諤、宗諒。宗訥子昭迴、昭遜；宗諤子昭遹、昭述、昭適，俱有官職。事迹具《宋史》卷二六五《李昉傳》，宗訥、宗諤，孫昭述等附昉傳後。

李文靖公沆，字太初，太平興國五年舉進士甲科，歷官右補闕知制誥，拜給事中、參知政事。真宗即位，遷户部侍郎、參知政事，咸平初，以本官平章事、監修國史。卒，謚文靖，録其子宗簡爲大理評事。事迹具《宋史》卷二八二本傳。

李文定公迪，字復古，景德初，舉進士第一，授將作監丞，歷通判徐、兖州，改祕書省著作郎，直史館，爲三司鹽鐵判官。遷起居舍人、三司鹽鐵副使，擢知制誥。天禧中，與王沂公繼秉鈞軸。子東之、肅之、承之、及之，孫孝壽、孝基、孝稱。事迹具《宋史》卷三一〇《李迪傳》（子孫附迪傳後）。

〔三〕王明清《揮麈前録》卷二：「李文定，本甄城人，既徙京師，都人呼爲濮州李家。」

容齋三筆卷十三 十三則

1 鐘鼎銘識

三代鐘鼎彝器存於今者，其間款識，唯「眉壽萬年」「子子孫孫永寶用」之語，差可辨認，餘皆茫昧不可讀，談者以爲古文質朴固如此，予切有疑焉。商、周文章，見於《詩》《書》、三《盤》、五《誥》，雖詰曲聱牙，尚可精求其義，它皆坦然明白，如與人言。自武王《丹書》諸銘外〔一〕，其見於經傳者，如湯之盤銘曰：「苟日新，日日新，又日新。」讒鼎之銘曰：「昧旦丕顯，後世猶怠。」正考父鼎銘曰：「一命而僂，再命而傴，三命而俯，循牆而走，亦莫余敢侮。饘於是，鬻於是，以餬余口。」㮚氏量銘曰：「時文思索，允臻其極。嘉量既成，以觀四國。永啓厥後，茲器維則。」祭射侯辭曰：「惟若寧侯，毋或若女不寧侯，不屬于王所，故抗而射女。」衛禮至銘曰：「余掖殺國子，莫余敢止。」孔悝鼎銘曰：「六月丁亥，公假于太廟。公曰叔舅，乃祖莊叔，左右成公，成公乃命莊叔，隨難于漢陽，即宫于宗周，奔走無射，啓右獻公①，獻公乃命成叔，纂乃祖服。乃考文叔，興舊嗜欲，作率慶士，躬恤衛國，其勤公家，夙夜不解，民咸曰休哉！公曰叔舅，予女銘，若纂乃考服。悝拜稽首曰：

對揚以辟之勤大命，施于烝鼎彝。」扶風美陽鼎銘曰：「王命尸臣，官此栒邑，賜爾旂鸞，黼黻琱戈。尸臣拜手稽首曰：敢對揚天子丕顯休命。」〔二〕此諸銘未嘗不粲然，何爲傳於今者艱澀無緒乃爾？ 漢去周未遠，武、宣以來，郡國每獲一鼎，至於薦告宗廟，群臣上壽。竇憲出征，南單于遺以古鼎，容五斗，其銘曰：「仲山甫鼎，其萬年子子孫孫永保用。」憲乃上之，蓋以其難得故也〔三〕。今世去漢千年，而器寶之出不可勝計，又爲不可曉已。武帝獲汾陰脽上鼎②，無款識，而備禮迎享，宣帝獲美陽鼎，下群臣議，張敞乃以有款識之故絀之〔四〕，又何也？

【校勘】

①「右」原作「若」，據馬本、庫本、祠本改。　②「脽」原作「睢」，據馬本、庫本、祠本改。

【箋證】

〔一〕參《續筆》卷九《太公丹書》。

〔二〕湯之盤銘，見《禮記·大學》篇。讒鼎之銘，見《左傳》昭三年。正考父鼎銘，見《左傳》昭七年。臬氏量銘，祭射侯辭，見《考工記》。衛禮至銘，見《左傳》僖二十五年。孔悝鼎銘，見《禮記·祭統》。扶風美陽鼎銘，見《漢書》卷二五《郊祀志》。

〔三〕《後漢書》卷五三《竇憲傳》。

〔四〕《漢書》卷二五《郊祀志》。

2 犧尊象尊

《周禮》司尊彝：「祼用雞彝、鳥彝，其朝獻用兩獻尊，其再獻用兩象尊。」漢儒注曰：「雞彝、鳥彝，謂刻而畫之爲雞、鳳凰之形。獻讀爲犧，犧尊飾以翡翠，象尊以象鳳凰。或曰以象骨飾尊。」〔一〕又云：「獻音娑，有婆娑之義。」〔二〕惟王肅云：「犧、象二尊，並全牛、象之形，而鑿背爲尊。」陸德明釋《周禮》「獻尊」之「獻」，音素何反〔三〕，而於《左氏傳》「犧、象不出門」，釋「犧」爲許宜反，又素何反〔四〕。予案今世所存故物，《宣和博古圖》所寫，犧尊純爲牛形，象尊純爲象形，而尊在背，正合王肅之説。然則犧字只當讀如本音，鄭司農諸人所云，殊與古製不類。則知目所未覩而臆爲之説者，何止此哉〔五〕！又今所用爵，除太常禮器之外，郡縣至以木刻一雀，別置杯於背以承酒，不復有兩柱、三足、隻耳、侈口之狀，向在福州見之，尤爲可笑也。

【箋證】

〔一〕《周禮·春官·雞人》。「雞彝、鳥彝，謂刻而畫之爲雞、鳳凰之形」，是鄭玄注。「獻讀爲犧，犧尊飾以翡翠，象尊以象鳳凰。或曰以象骨飾尊」，是鄭司農注。

〔二〕《禮記·禮器》「犧尊」，孔疏：「『犧尊』者，先儒云：『刻尊爲犧牛之形，用以爲尊。』鄭云：『畫尊作鳳羽婆娑然，故謂娑尊也。』」

〔三〕《周禮·春官·小宗伯》。

〔四〕《左傳》定十年。陸德明《音義》：「犧，許宜反，又息河反。」

〔五〕圖詳《重修宣和博古圖》卷七。周犧尊二，有按語云：「魏太和間，得尊於青州，其制樣正與此類。王肅注《禮》，以犧、象二尊，並全牛、象之形，而鑿背爲尊。則其説蓋有自來也。漢儒之説以謂犧讀如婆娑之義，而刻鳳皇之象其形婆娑然。方是時，其器祕於潛壤，未之或見，則曲從臆斷，而遷就其義。以今觀之，蓋可笑矣。」又周象尊一，有按云：「今全作象形，而闊背爲尊，《禮記》曰：『犧、象，周尊也。』鄭氏則曰：『以象骨飾尊。』阮氏則曰：『以畫象飾尊。』殊不合古。此作象形，而出於冶鑄，則鄭、阮之謬，（郁之按，鄭、阮之犧尊、象尊圖，可參聶崇義《三禮圖集注》卷一四。）槩可考矣。其所以然者，三代之器，遭秦滅學之後，禮樂掃地而盡，後之學者知有其名而莫知其器，於是爲臆説以實之，以疑傳疑，自爲一家之論，牢不可破，安知太平日久，文物畢出，乃得是器以證其謬耶！」

王觀國《學林》卷一《獻犧》：「《周禮》司尊彝曰：『其朝踐用兩獻尊，其再獻用兩象尊。』鄭氏注曰：『獻讀爲犧。犧尊飾以翡翠，象尊以象鳳凰。』陸德明音義曰：『獻、犧同，素何反。』司尊彝曰：『凡六尊六彝之酌，鬱齊獻酌。』鄭氏注曰：『獻，讀爲摩莎之莎。摩莎泲之，出其香汁也。』陸德明《音義》曰：『獻，素何反。』觀國案，司尊彝曰春祠夏禴用獻尊、象尊，此兩尊相須之尊也；秋嘗冬烝用著尊、壺尊，此兩尊相須之尊也；追享朝享用大尊、山尊，此兩尊相須之尊也。獻尊即犧尊是也。舉其事，則謂之獻尊；舉其名，則謂之犧尊。一物而兩名爾。《春秋左氏傳》曰：『犧、象不出門。』《禮記》曰：『君兩酌犧、象。』又曰：『尊用犧、象。』又曰：『犧、象，周尊也。』然則犧、象二尊相須可知矣。蓋犧尊爲牛形，象尊爲象形。犧音羲，獻音憲，二字各讀如本字。其義灼然，無可疑者。《毛詩》疏引王肅注《禮》曰：『犧、象二尊全刻牛、象之形，鑿背爲尊。』其説是已。司尊彝，變犧爲獻者，蓋朝踐乃始獻之禮。舉祀事言之，故謂之獻尊；若舉其名，則謂之犧尊也。鄭氏既讀獻爲犧，又以獻、犧二字皆音莎，既謂犧尊飾以翡翠，又謂象尊以象鳳凰，皆誤矣。陸德明循鄭氏之説，以獻、犧二字並音莎，而於他經凡言獻、言犧處，悉音以爲莎，不能訂正其義，而反播其疑於後世，使後學愈疑，良可怪也。《南史·劉杳傳》曰：杳嘗於沈約坐，語及宗廟犧尊，約云：鄭康成答張逸，謂畫鳳凰尾婆娑然。杳曰：此言未必可信。古者犧尊彝皆刻木爲鳥獸，鑿頂及背，以出納酒。魏時，魯郡地中得齊大夫子尾送女器，犧尊作犧牛形。晉永嘉中，賊曹嶷於青州發齊景公冢，得二尊，形亦爲牛、象。二處皆古之遺器也。約以爲然。以此觀之，則犧尊爲牛形，可以不疑矣。」

清高郵王氏父子力破前説。《經義述聞》卷一六《禮記下六十條》「犧尊象尊」條，引《周禮》及鄭司農、王肅諸家之説，接云：「王肅此言，以二尊形如牛、象而背上負尊，皆與毛、鄭義異，未知孰是。家大人曰：《莊子·天地篇》曰：『百年之木，破爲犧尊，青黃而文之。』《淮南·俶真篇》曰：「百圍之木，斬而爲犧尊，鏤之以剞劂，雜之以青黄，華藻鏄鮮，龍蛇虎豹，曲成文章。」高誘注曰：「犧尊，猶疏鏤之尊。犧，古讀若娑，娑與疏聲相近。」《明堂位》：「周獻豆。」鄭注亦曰：「獻，疏刻之。」然則犧尊者，刻而畫之爲衆物之形，在六尊之中，最爲華美，故古人言文飾之盛者，獨舉犧尊也。《魯頌》言「犧尊將將」，亦是盛美之貌。《管子·形勢解》曰「將將鴻鵠，貌之美者」是也。《毛傳》曰：「犧尊，有沙飾者。」鄭司農曰：「飾以翡翠。」後鄭曰：「刻畫鳳皇之象於尊，其羽形娑娑然。」説雖不同，而同是雕文刻鏤之義，則亦不甚相遠也。至阮諶，謂犧尊以牛爲飾。只因犧字從牛，遂望文生義而創爲此説。案《説文》：「犧，宗廟之牲也。」《詩》曰：「以我齊明，與我犧羊。」《傳》曰：「雄雞自憚其犧。」然則犧者，牲之總名，而六畜之所公共。尊名謂之犧，何以知其必爲牛也？《記》曰：「天子以犧牛，諸侯以肥牛，大夫以索牛。」若犧牛可稱爲犧，則肥牛亦可稱爲肥、索牛亦可稱爲索乎？然諶之説，猶謂尊以牛爲飾，至王肅則謂形如牛而背上負尊，且引齊大夫尾送女器爲證，於是後人皆信其言，而斥毛、鄭諸儒爲臆説，此尤不可以不辯。《周官》六尊六彝之名，多取諸鳥獸，雞彝、鳥彝、虎彝、蜼彝，皆謂畫其形以爲飾，若犧尊爲牛形，則與雞、鳥諸彝之制不合。且《莊子》曰：「百年之木，破爲犧尊。」《淮南》曰：「百圍之木，斬而爲犧尊。」則古人以木爲犧尊明矣。今魯郡所得犧尊，在地中七百餘年，而完好可以辨識，以木爲之乎？抑以金爲之乎？以木爲之，則不能經七百年而不壞；以金爲之，則又與《莊子》破木爲尊之説不合，無一可者也。然則子尾送女之器，本與犧尊無涉，特王肅以犧尊爲牛尊，故見有器如牛形者，即援以爲證耳。宋《宣和博古圖》所載周犧尊二，皆爲牛形，則又襲肅説而僞爲之者，不足深辯也。若象尊之制，司農謂以象骨飾尊，阮諶謂畫象以爲飾，經傳既無明文，不敢臆斷。王肅謂尊爲象形而背上負尊，亦與雞鳥諸彝之制不合，不可從也。」

3 再書博古圖

予昔年因得漢匜，讀《博古圖》，嘗載其序述可笑者數事於《隨筆》〔一〕，近復盡觀之，其謬妄不可殫舉。當政和、宣和間，蔡京爲政，禁士大夫不得讀史，而《春秋三傳》真束高閣，故其所引用，絶爲乖盾〔二〕。今一切記之於下，以示好事君子與我同志者。商之癸鼎，只一「癸」字，釋之曰「湯之父主癸也。」父癸尊之説亦然。至父癸匜，則又以爲齊癸公之子。乙鼎銘有「乙毛」兩字，釋之曰：「商有天乙、祖乙、小乙、武乙、太丁之子乙，今銘『乙』，則太丁之子也。」父己鼎曰：「父己者，雍己也。繼雍己者乃其弟太戊，豈非繼其後者乃爲之子邪？」至父己尊，則直云：「雍己之子太戊爲其父作。」予案以十干爲名，商人無貴賤皆同，而必以爲君，所謂「癸」即父癸，「己」即雍己，是六七百年中更無一人同之者矣〔三〕。商公非鼎銘只一字曰「非」，釋之曰：「據《史記》有非子者，爲周孝王主馬，其去商遠甚。惟公劉五世孫曰公非，考其時，當爲公非也。」夫以一「非」字，而必强推古人以證之，可謂無理〔四〕。周益鼎曰：「《春秋》文公六年有梁氏益，昭公六年有文公益，未知孰是。」予案《左傳》文八年所紀，乃梁益耳，而杞文公名益姑〔五〕。周絲駒父鼎曰：「《左傳》有駒伯，爲郤克軍佐，駒其姓也。此曰駒父，其同駒伯爲姓邪？」予案《左傳》，駒伯者郤錡也，錡乃克之子。是時郤氏三卿，錡曰駒伯，犨曰苦成叔，至曰温季，皆其食采邑名耳，豈得以爲姓哉〔六〕！叔液鼎曰：「考諸前代，叔液之名不見於經傳，惟周八士有叔夜，豈其族歟？」〔七〕夫伯仲叔季爲兄弟之稱，古人皆然，而必指爲叔夜之族，是以「叔」爲氏也。周州卣曰：「『州』出於來國，後以『州』爲氏。在晉則大夫州綽，在衛則大夫州吁，其爲氏則一耳。」予案來國之名無所著見，而州吁乃衛公子，正不讀《春秋》，豈不知《衛詩》《國風》乎？遂以爲氏，尤可哂也〔八〕。周高克尊曰：「高克者，不見於他傳，惟周末衛文公時，有高克將兵，疑克者廼斯人，蓋衛物也。」予案元銘文但云「伯克」，初無「高」字。高克，《鄭·清人》之詩，兒童能誦之，乃以爲衛文公時，又言周末，此書局學士蓋不曾讀《毛詩》也〔九〕。周毁敦曰：「銘云伯和父，和者衛武公也。武公平戎有功，故周平王命之爲公。」〔一〇〕予案一時列國，雖子男之微，未有不稱公者，安得平王獨命衛武之事？周慧季鬲曰：「慧與惠通，《春秋》有惠伯、惠叔，虢姜敦有惠仲，而此鬲銘之爲惠季，豈非惠爲氏而伯仲叔季者乃其序邪？」〔一一〕

予案惠伯、惠叔，正與莊伯、戴伯、平仲、敬仲、武叔、穆叔、成季相類，皆上爲謚而下爲字，烏得以爲氏哉！　齊侯鎛鐘銘云：「咸有九州，處禹之都。」釋之曰：「齊之封域，有臨淄、東萊、北海、高密、膠東、泰山、樂安、濟南、平原，蓋九州也。」〔一二〕予案銘語正謂禹九州耳，今所指言郡名，周世未有，豈得便以爲州乎？　宋公䜌鐘銘云：「宋公成之䜌鐘。」釋之曰：「宋自微子有國二十世，而有共公固成，又一世而有平公成，又七世而有剔公成，未知孰是。」予案宋共公名，《史記》以爲瑕，《春秋》以爲固，初無曰「固成」者。且父既名「成」，而其子復名之可乎？　剔成君爲弟偃所逐，亦非名「成」也〔一三〕。　周雲雷磬曰：「《春秋》魯饑，臧文仲以玉磬告糴于齊。」按經所書，但云「臧孫辰告糴于齊」，《左傳》亦無玉磬之説〔一四〕。　漢定陶鼎曰：「漢初有天下，以定陶之地封彭越爲梁王，越既叛命，乃以封高祖之子恢，是爲定陶共王。」予案恢正封梁王，後徙趙。所謂定陶共王者，元帝之子、哀帝之父名康者也〔一五〕。

【箋證】

〔一〕參《隨筆》卷一四《博古圖》。

〔二〕《博古圖》置書局，在政和、宣和間，參《隨筆》卷一四《博古圖》箋證。蔡京爲政，禁讀史，參《續筆》卷四《禁天高之稱》「蔡京當國，遏絕史學」句箋證。

〔三〕商之癸鼎，見《重修宣和博古圖》卷一。父癸尊，見同前書卷六，釋之曰：「癸者，成湯之父號，且銘者自名，自名以稱揚其先祖之美而明著之後世者也。」父癸匜，同前卷二〇。乙鼎銘，同前卷一。父己鼎，同前卷一。父己尊，同前卷六。

〔四〕商公非鼎，見《重修宣和博古圖》卷一。

〔五〕周益鼎，見同前卷二。覆檢《左傳》文八年、昭六年，容齋言是。

〔六〕周絲駒父鼎，見《重修宣和博古圖》卷三。《左傳》宣十二年。郤氏三卿之名號，可參馮繼先《春秋名號歸一圖》卷上。

〔七〕叔液鼎，見《重修宣和博古圖》卷三。

〔八〕周州卣，見《重修宣和博古圖》卷一一。州吁衛公子，見《左傳》隱三年。《國風·邶風·緑衣》《燕燕》《日月》《終風》《擊鼓》，皆涉州吁。如《緑衣》序曰：「衛莊姜傷己也。妾上僭，夫人失位，而作是詩也。」鄭箋：「莊姜，莊公夫人，齊女，姓姜氏。妾上僭者，謂公子州吁之母，母嬖而州吁驕。」

〔九〕周高克尊，見《重修宣和博古圖》卷六。《鄭風·清人》序：「《清人》，刺文公也。高克好利而不顧其君，文公惡而欲遠之不能。使高克將兵而禦狄于竟，陳其師旅，翱翔河上。久而不召，衆散而歸，高克奔陳。公子素惡高克進之不以禮，文公退之不以道，危國亡師之本，故作是詩也。」

〔一〇〕周毁敦，見《重修宣和博古圖》卷一六。

〔一一〕周慧季鬲，見《重修宣和博古圖》卷一九。

〔一二〕齊侯鎛鐘銘，見《重修宣和博古圖》卷二二。

〔一三〕宋公䪫鐘銘，見《重修宣和博古圖》卷二二。　宋共公瑕，見《史記》卷三八《宋微子世家》。「《春秋》以爲固」，按《春秋》成公十五年，「夏，六月，宋公固卒」，又云：「秋，八月庚辰，葬宋共公。」杜氏注：「三月而葬，速。」「剔成君爲弟偃所逐」，按《史記·宋微子世家》：「辟公三年卒，子剔成立。剔成四十一年，剔成弟偃攻襲剔成，剔成敗。」

〔一四〕周雲雷磬，見《重修宣和博古圖》卷二六。　經所書臧孫辰告糴于齊，見《春秋》莊公二十八年。王應麟《困學紀聞》卷六《春秋》：「臧文仲以玉磬告糴于齊，見《魯語》。《容齋三筆》書《博古圖》，謂《左傳》無玉磬之説，非也。」《四庫全書總目》卷一一八《容齋隨筆》提要：「又駁《宣和博古圖》釋雲雷磬所引臧文仲以玉磬告糴之文，謂《左傳》並無其説，而不知出自《國語》。頗爲失檢。」

〔一五〕漢定陶鼎，見《重修宣和博古圖》卷五。《漢書》卷一下《高帝紀第一下》，十一年，「三月梁王彭越謀反，夷三族。詔曰：『擇可以爲梁王、淮陽王者。』燕王綰、相國何等請立子恢爲梁王。」定陶共王康，詳《漢書》卷八〇《宣元六王傳》。

4　碌碌七字

今人用碌碌字，本出《老子》，云：「不欲碌碌如玉，落落如石。」孫愐《唐韻》引此句及王弼別本以爲「琭琭」，然又爲「録録」「娽娽」「鹿鹿」「陸陸」「禄禄」凡七字。《史記》：「毛遂云：『公等録録，因人成事。』」《唐韻》以爲「娽娽」。《漢書・蕭何贊》云：「録録未有奇節。」顔師古注：「録録，猶鹿鹿，言在凡庶之中也。」《馬援傳》：「今更共陸陸。」《莊子・漁父篇》：「禄禄而受變於俗。」後生或不盡知①〔一〕。

【校勘】

①「莊子漁父篇」至「或不盡知」，此十八字據馬本、庫本、祠本補。

【箋證】

〔一〕婁機《班馬字類》卷五入聲一屋「録」字條：「《史記・蕭相國世家》：『録録未有奇節。』《平原君傳》毛遂曰：『公等録録。』音禄。《説文》：『録録，隨從之皃。』《漢書・蕭曹贊》師古曰：『猶鹿鹿，言在凡庶之中也。』《灌夫傳》：『帝在即録録。』注：『猶碌碌也。』」周嬰《卮林》卷四《述洪・碌碌》，録《三筆》本條，接云：「《廣韻》引者《老子》注：『琭琭，喻少。』而郭璞《爾雅注》曰：『天下名丘五，恐州黎、宛、營諸丘碌碌未足當之。』邢昺疏曰：『碌，小石也。碌碌，多貌。此州黎、宛、營等五丘碌碌然小耳。毛遂謂舍人「公等碌碌，因人成事」者，意相類也。』習鑿齒《與桓祕書》：『瑣瑣常流，碌碌凡士。』蓋亦以爲庸細者。然馮衍《顯志賦》『大人之德不碌碌如玉，落落如石』，章懷注曰：『玉貌碌碌，爲人所貴。石形落落，爲人所賤。』又《易林》曰：『鳥茈茂林，君子碌碌。』又曰：『輔心湧泉，碌碌如山。』馬第伯《封泰山記》

曰：『俯視谿谷碌碌不可丈尺。』説人人殊矣。《晏子春秋》：『録録强食，進死何傷。』《鶡冠子》曰：『物之始也傾傾，至其有也録録。』《灌夫傳》：『帝在即録録。』師古曰：『録録，言循衆也。』娽娽，《説文》曰：『相隨從也。』《莊子》司馬彪注曰：『禄禄，猶録録、領録也。』陸德明曰：『禄禄，謂形見爲禮也。』孔穎達《王制疏》引《釋名》曰：『獨鹿也，鹿鹿無所依也。』《周禮》攡鐸，疏曰：『鹿鹿然作聲也。』太子賢《後漢書注》曰：『陸陸猶碌碌也。』《潛夫論》曰：『已乃陸陸相將，諧辭禮謝。』此與馬援書類。若慕容紹宗《檄梁文》曰：『侯景群子陸陸，妻姪成行。』則似爲多意。然此一語字雖有七，旨趣咸乖，不可比而同也。又《淮南·繆稱》曰：『人之憂喜非爲蹗蹗焉往生也。』《説文》曰：『逯，行謹逯逯也。』《博雅》：『逯逯，衆也。』《楚詞·九思》曰：『哀世兮睩睩，諓諓兮嗌喔。』則字復有十變矣。予意『碌碌如玉』自是如虹浮筠之稱，《易林》所云『苕亭峻瑋』也。『碌碌不可丈尺』，是深遠窈邃之意。餘皆闒茸猥庸意耳。疏與識者榷之。」

方以智《通雅》卷九《釋詁·重言》：「録録、娽娽、碌碌、鹿鹿、陸陸、蹗蹗、琭琭、睩睩、龕龕、圥圥、坴坴、录录、逯逯。毛遂曰：『公等録録。』《廣韻》引作『公等娽娽』。《灌夫傳》：『帝在即録録。』注：『猶碌碌。』蕭、曹贊注，師古曰：『猶鹿鹿也。言在凡鹿中。』《馬援傳》：『陸陸。』音義並同。《淮南》作『蹗蹗』。《老子》曰：『琭琭如玉。』馮衍用作『碌碌如玉』。又《詩訓》：

『歷録言歷歷録録也。』王逸《九思》曰：『哀世兮睩睩。』言視貌碌碌也。升菴引《説文》：『先，詹諸也。』又《博雅》：『逯逯，衆也。』智按《説文》作：『先，鼁，詹諸也，其鳴詹諸，其皮鼁鼁，其行先先。』又坴字訓土塊坴坴也，一曰坴梁。彔字訓刻木彔彔也；逯字訓行謹逯逯也。升菴何止曰『逯逯』出《博雅》而不言《説文》，又不載《説文》之『坴坴』『彔彔』邪？此類借聲，不必論字，然與其用顓頊之妻娽、《老子》之『琭玉』與鹿豖之『鹿』，固不若取《説文》之『坴坴』『彔彔』爲字聲之本。」吴玉搢《别雅》卷五：「陸陸、録録、娽娽、鹿鹿、蹗蹗、琭琭、睩睩、逯逯、彔彔、坴坴，碌碌也。大抵聲之相通，形之相類，古人隨手引用，初不可以義理求也，今惟習用『碌碌』字耳。」

孫愐《唐韻》，佚。隋陸法言作《切韻》，唐禮部用以試士。天寶中，孫愐增定其書，名曰《唐韻》。後宋陳彭年等重修《廣韻》，丁度等又作《禮部韻略》，爲一代場屋程式，而孫氏之書漸佚。清紀容舒有《孫氏唐韻考》。（參《四庫全書總目》卷四二《唐韻考》提要）

5 占測天星

國朝星官曆翁之伎，殊愧漢、唐，故其占測荒茫，幾於可笑。偶讀《四朝史·天文志》云：「元祐八年十月戊申，星出東壁西，慢流至羽林軍没。主擢用文士，賢臣在位。」「紹聖元年二月丙午，星出壁東，慢流入濁没。主天下文章士登用，賢臣在位。」「元符元年六月癸巳，星出室，至壁東没。主文士入國，賢臣用。」「二年二月癸卯，星出靈臺，北行至軒轅没。主賢臣在位，天子有子孫之喜。」〔一〕案是時宣仁上仙，國是丕變，一時正人以次竄斥，章子厚在相位，蔡卞輔之，所謂四星之占，豈不可笑也！子孫之説，蓋陰諂劉后云〔二〕。

【箋證】

〔一〕《四朝史》，即《四朝國史》，佚。《文獻通考》卷二九二《象緯考十五·流星星隕》録星占甚詳，蓋亦據《國史》，可參。唯元祐八年十月戊申所記不同。《文獻通考》云：「十月戊申，星出天棓東南，北流至濁没，狀如前。主有赦及宥大臣罪。」《文獻通考》又引《隨筆》本條，云：「容齋言星曆之學無傳，故其占不驗。然愚嘗考之，五緯行天其常也，流星飛星之變非常也，故前史所書，或數年一見，或間歲一見，其甚者則一歲頻見。今《宋史》所書則無月無之，而《四朝志》尤甚，至有一月而四五見，或同日而數流者。今姑掎摭其略，每季僅一書而猶覺繁夥，夫其紀載之冗雜如此，則其占驗之茫昧固宜矣。」

〔二〕《宋史紀事本末》卷一一《孟后廢復》：「元符二年九月丁未，立賢妃劉氏爲皇后。后多材藝，被專寵，既搆孟后，章惇與内侍郝隨、劉友端相結，請妃正位中宮。時帝未有儲嗣，會妃生子茂，帝大喜，遂立焉。」

6 政和宫室

自漢以來，宫室土木之盛，如漢武之甘泉、建章，陳後主之臨春、結綺，隋煬帝之洛陽、江都，唐明皇之華清、連昌，已載史册。國朝祥符中，奸臣導諛，爲玉清昭應、會靈、祥源諸宫〔一〕，議者固以崇侈勞費爲戒，然未有若政和蔡京所爲也。京既固位，竊國政，招大璫童貫、楊戩、賈詳、藍從熙、何訢五人，分任其事。於是始作延福宫，有穆清、成平、會寧、睿謨、凝和、崑玉、群玉七殿，東邊有蕙馥、報瓊、蟠桃、春錦、疊瓊、芬芳、麗玉、寒香、拂雲、偃蓋、翠葆、鉛英、雲錦、蘭薰、摘金十五閣，西邊有繁英、雪香、披芳、鉛華、瓊華、文綺、絳萼、穠華、緑綺、瑶碧、清音、秋香、叢玉、扶玉、絳雲，亦十五閣。又疊石爲山，建明春閣，其高十一丈，宴春閣廣十二丈。鑿圓池爲海，横四百尺，縱二百六十七尺。鶴莊、鹿砦、孔翠諸柵，蹄尾以數千計。五人者各自爲制度，不相沿襲，争以華靡相誇勝，故名「延福五位」〔二〕。其後復營萬歲山艮嶽，山周十餘里，最高一峰九十尺，亭堂樓館，不可殫記①。徽宗初亦喜之，已而悟其過，有厭惡語，由是力役稍息。靖康遭變，詔取山禽水鳥十餘萬投諸汴渠，拆屋爲薪，翦石爲砲，伐竹爲笓籬，大鹿數千頭，悉殺之以啗衛士〔三〕。

【校勘】

①「殫」原作「殫」，據馬本、庫本、祠本改。

【箋證】

〔一〕李濂《汴京遺迹志》卷一〇《寺觀》：「會靈觀，在南薰門外東北，普濟水門西北。宋大中祥符五年創建，内設延真獻殿、祝禧齋殿，西則崇元殿，以奉靈寶天尊，二夾殿則奉中茅、小茅真君，東西列五岳聖帝五殿，左右二夾殿則奉五岳之儲副佐命之山，羅浮、括蒼、霍山、抱犢、少室、武當等十山真君。初名五岳觀，觀成，賜名會靈。李若谷罷參知政事留京師，以資政殿大學士提舉會靈觀事，宫觀置提舉自此始。觀南有奉靈園，觀東有凝祥池，中有崇禧殿，觀西壖有小池，中亦建崇禧殿，奉扶桑大帝、暘谷神王、洞淵龍王等神，續又增置明麗及臨水二殿，後皆燬于金兵。」又，「祥源觀，在繁臺東南，宋初有人於此地見龜蛇，因建真武堂。真宗天禧二年，泉湧堂側，汲之靡竭，人有疾疫者，飲之輒愈。乃就其地建觀，總殿廡神廚、鐘經樓、齋堂，道院廨舍凡六百一十三區。其正殿曰靈真，以奉真武像，加號靈慈真君。東聖藻殿，以安御製贊。西靈淵殿，湧泉之所。前廣聖殿，西開祥齋，殿南有靈禧園，東有凝碧池，乃唐汴牧澤改爲池，後皆燬于金兵，累經河溢淤平。」

玉清昭應，參《三筆》卷一一《宫室土木》。

〔二〕《宋史》卷八五《地理志》：「延福宫，政和三年春，新作於大内北拱辰門外。舊宫在後苑之西南，今其地乃百司供應之所，凡内酒坊、裁造院、酒醋柴炭鞍轡等庫，悉移他處，又遷兩僧寺、兩軍營，而作新宫焉。始南向，殿因宫名曰延福，次曰蕊珠，有亭曰碧琅玕。其東門曰晨暉，其西門曰麗澤。宫左復列三位，其殿則有穆清、成平、會寧、睿謨、凝和、崑玉、群玉。其東閣則有蕙馥、報瓊、蟠桃、春錦、疊瓊、芬芳、麗玉、寒香、拂雲、偃蓋、翠葆、鉛英、雲錦、蘭薰、摘金。其西閣有繁英、雪香、披芳、鉛華、瓊華、文綺、絳蕚、穠華、緑綺、瑶碧、清陰、秋香、叢玉、扶玉、絳雲。會寧之北，疊石爲山，山上有殿，曰翠微，旁爲二亭，曰雲巋，曰層巘。凝和之次閣曰明春，其高踰三百一十尺。閣之側爲殿二，曰玉英，曰玉潤。其背附城，築土植杏，名曰杏岡，覆茅爲亭，修竹萬竿，引流其下。宫之右爲佐二閣，曰宴春，廣十有二丈，舞臺四列，山亭三峙。鑿圓池爲海，跨海爲二亭，架石梁以升山，亭曰飛華，横度之四百丈有奇，縱數之二百六十有七尺。又疏泉爲湖，湖中作隄以接亭，隄中作梁以通湖，梁之上又爲茅亭、鶴莊、鹿砦、孔翠諸栅，蹄尾動數千，嘉花名木，類聚區别，幽勝宛若生成。西抵麗澤，不類塵境。初，蔡京命童貫、楊戩、賈詳、藍從熙、何訢等分任宫役，五人者因各爲制度，不務沿襲，故號『延福五位』。（郁之按，李心傳《舊聞證誤》卷三：「『延福五位』，何訢、藍從熙第一，李穀第二，此無穀名，亦誤也。」）東西配大内，南北稍劣，其東直景龍門，西抵天波門，宫東西二横門，皆視禁門法，所謂晨暉、麗澤者也。而晨暉門出入最多，其後又跨舊城修築，號延福第六位。」

〔三〕《宋史》卷八五《地理志》：「政和七年，始於上清寶籙宫之東作萬歲山。山周十餘里，其最高一峰九十步，上有介亭，分東、西二嶺，直接南山。山之東有蕚緑華堂，有書館、八仙館、紫石巖、棲真嶝、覽秀軒、龍吟堂。山之南則壽山，兩峰並峙，有雁池、噰噰亭，北直絳霄樓。山之西有藥寮，有西莊，有巢雲亭，有白龍沜、濯龍峽，蟠秀、練光、跨雲亭，羅漢巖。又西有萬松嶺，半嶺有倚曰翠樓，上下設兩閣，閣下有平地，鑿大方沼，沼中作兩洲：東爲蘆渚，亭曰浮陽；西爲梅渚，亭曰雪浪。西流爲鳳池，東出爲雁池，中分二館，東曰流碧，西曰環山，有閣曰巢鳳，堂曰三秀，東池後有揮雪亭。復由嶝道上至介亭，亭左復有亭曰極目，曰蕭森，右復有亭曰麗雲、半山。北俯景龍江，引江之上流注山澗。西行爲漱瓊軒，又行石間爲煉丹、凝真觀、圜山亭，下視江際，見高陽酒肆及清澌閣。北岸有勝筠菴、躡雲臺、蕭閒館、飛岑亭。支流别爲山莊，爲回溪。又於南山之外爲小山，横亘二里，曰芙蓉城，窮極巧妙。而景龍江外，則諸館舍尤精。其北又因瑶華宫火，取其地作大池，名曰曲江，池中有堂曰蓬壺，東盡封丘門而止。其西則自天波門橋引水直西，殆半里，江乃折南，又折北。折南者過閶闔門，爲複道，通茂德帝姬宅。折北者四五里，屬之龍德宫。宣和四年，徽宗自爲《艮嶽記》，以爲山在國之艮，故名艮嶽。蔡絛謂初名鳳凰山，後神降，其詩有『艮嶽排空霄』，因改名艮嶽。宣和六年，詔以金芝産于艮嶽之萬壽峰，又改名壽嶽。蔡絛謂南山成，又改名壽嶽。嶽之正門名曰陽華，故亦號陽華宫。自政和訖靖康，積累十餘年，四方花竹奇石悉聚于斯，樓臺亭館，雖略如前所記，而月增日益，殆不可以數計。宣和五年，朱勔於太湖取石，高廣數丈，載以大舟，挽以千夫，鑿河斷橋，毁堰拆牐，數月乃至，賜號『昭功敷慶神運石』，是年，初得燕地故也。勔緣此授節度使。大抵群閹興築不肯已。徽宗晚歲患苑囿之衆，國力不能支，數有厭惡語，由是得稍止。及金人再至，圍城日久，欽宗命取山禽水鳥十餘萬，盡投之汴河，聽其所之。折屋爲薪，鑿石爲砲，伐竹爲笓籬，又取大鹿數百千頭殺之，以啗衛士云。」

按，陳均《九朝編年備要》卷二八，謂徽宗政和四年，延福宫成。政和七年，作萬壽山，宣和四年始告成。皆御製記文。

7 僧官試卿

唐代宗以胡僧不空爲鴻臚卿、開府儀同三司，予已論之矣〔一〕。自其後習以爲常，至本朝尚爾。元豐三年詳定官制所言，譯經僧官，有授試光禄鴻臚卿、少卿者，請自今試卿者，改賜三藏大法師，試少卿者，賜三藏法師。詔試卿改賜六字法師，少卿四字，並冠以譯經三藏。久之復罷〔二〕。

【箋證】

〔一〕見《三筆》卷七《代宗崇尚釋氏》。

〔二〕《續資治通鑑長編》卷三〇九：元豐三年十月丁卯，「詳定官制所言：『譯經僧官，有授試光禄、鴻臚卿、少卿者，今除散階已罷外，其帶卿、少官名實有妨礙，欲乞以授試卿者，改賜譯經三藏大法師，試少卿者，改賜譯經三藏法師。其師號及請俸之類，並依舊。詔試卿者改賜六字法師，試少卿者四字，並冠譯經三藏。餘依舊。』」其罷於何時，俟考。

8 大觀算學

大觀中，置算學如庠序之制。三年三月，詔以文宣王爲先師，兖、鄒、荆三國公配饗，十哲從祀，而列自昔著名算數之人，繪像於兩廊，加賜五等之爵。於是中書舍人張邦昌定其名，風后、大橈、隸首、容成、箕子、商高、常儀、鬼臾區、巫咸九人封公，史蘇、卜徒父、卜偃、梓慎、卜楚丘、史趙、史墨、裨竈、榮方、甘德、石申、鮮于妄人、耿壽昌、夏侯勝、京房、翼奉、李尋、張衡、周興、單颺、樊英、郭璞、何承天、宋景業、蕭吉、臨孝恭、張曾元、王朴二十八人封伯，鄧平、劉洪、管輅、趙達、祖沖之、殷紹、信都芳、許遵、耿詢、劉焯、劉炫、傅仁均、王孝通、瞿曇羅、李淳風、王希明、李鼎祚、邊岡①、郎顗、襄楷二十人封子，司馬季主、洛下閎、嚴君平、劉徽、姜岌、張立建、夏侯陽、甄鸞、盧太翼九人封男〔一〕。考其所條具，固有於傳記無聞者，而高下等差，殊爲乖謬。如司馬季主、嚴君平止於男爵〔二〕，鮮于妄人、洛下閎同定《太初曆》，而妄人封伯，下閎封男，尤可笑也〔三〕。十一月，又改以黄帝爲先師云〔四〕。

【校勘】

①「岡」原作「罔」，據馬本、祠本改。

【箋證】

〔一〕《宋史》卷一九《徽宗紀》：崇寧三年六月壬子，置算學。《宋史》卷一〇五《禮志》：「時又有算學。大觀三年，禮部、太常寺請以文宣王爲先師，兖、鄒、荆三國公配享，十哲從祀。自昔著名算數者畫像兩廡，請加賜五等爵，隨所封以定其服。於是中書舍人張邦昌定算學：封風后上谷公，箕子遼東公，周大夫商高郁夷公，大撓涿鹿公，隸首陽周公，容成平都公，常儀原都公，鬼俞區宜都公，商巫咸河東公，晉史蘇晉陽伯，秦卜徒父潁陽伯，晉卜偃平陽伯，鄭梓慎汝陽伯，晉史趙高都伯，魯卜楚丘昌衍伯，鄭裨竈滎陽伯，趙史墨易陽伯，周榮方美陽伯，齊甘德菑川伯，魏石申隆慮伯，漢鮮于妄人清泉伯，耿壽昌安定伯，夏侯勝任城伯，京房樂平伯，翼奉良成伯，李尋平陵伯，張衡西鄂伯，周興慎陽伯，單颺湖陸伯，樊英魯陽伯，晉郭璞聞喜伯，宋何承天昌盧伯，北齊宋景業廣宗伯，隋蕭吉臨湘伯，臨孝恭新豐伯，張胄玄東光伯，周王朴東平伯；漢鄧平新野子，劉洪蒙陰子，魏管輅平原子，吴趙逵穀城子，宋祖沖之范陽子，後魏商紹長樂子，北齊信都芳樂城子，北齊許遵高陽子，隋耿詢湖熟子，劉焯昌亭子，劉炫景城子，唐傅仁均博平子，王孝通介休子，瞿曇羅居延子，李淳風昌樂子，王希明瑯琊子，李鼎祚贊皇子，邊岡成安子，漢郎顗觀陽子，襄楷隰陰子；司馬季主夏陽男，落下閎閬中男，嚴君平廣都男，魏劉徽淄鄉男，晉姜岌成紀男，張丘建信成男，夏侯陽平陸男，後周甄鸞無極男，隋盧大翼成平男。尋詔以黄帝爲先師。」

《林傳甲日記》光緒二十六年庚子四月十七日：「大觀中，置算學之庠序之制，繪像兩廊，賜五等爵。張邦昌定其名，雜列卜祝占候諸家於人之中，列裨竈於滎方之上，置管輅、祖沖之前，宜《容齋隨筆》譏其乖謬。後世無知村學究，輒誤以律曆、占驗爲一家，亦張邦昌之類歟？」

〔二〕司馬季主，楚賢大夫，游學長安，通《易經》，術黄帝、老子。太史公曰：「古者卜人所以不載者，多不見于篇。及至司馬季主，余志而著之。」事迹具《史記》卷一二七《日者列傳》。嚴君平，事迹具《漢書》卷七二《王貢兩龔鮑傳叙》：「君平卜筮於成都市，以爲『卜筮者賤業而可以惠衆人，有邪惡非正之問，則依蓍龜爲言利害。與人子言依於孝，與人弟言依於順，與人臣言依於忠，各因勢導之以善，從吾言者，已過半矣』。裁日閲數人，得百錢足自養，則閉肆下簾而授《老子》，博覽亡不通，依老子、嚴周之指，著書十萬餘言。揚雄少時從游學，以而仕京師顯名，數爲朝廷在位賢者稱君平德。」「其風聲足以激貪厲俗，近古之逸民也。」

〔三〕《揚子法言》卷七《重黎篇》：「或問渾天，曰：洛下閎營之，鮮于妄人度之，耿中丞象之，幾乎幾乎，莫之能違也。」《晉書》卷一一《天文志》：「漢太初，落下閎、鮮于妄人、耿壽昌等造員儀，以考曆度。」《漢書》卷五八《公孫弘卜式兒寬傳》贊稱當時「曆數則唐都、洛下閎」，足見閎不應在妄人之下。

〔四〕《宋史》卷二〇《徽宗紀》：大觀三年，「十一月丁未，詔算學以黄帝爲先師，風后等八人配享，巫咸等七十人從祀。」又《宋史全文》卷一四《宋徽宗》：「（大觀三年）十一月，太常寺言：『被旨，天文、算學合奉安先師，並配享從祀。臣等稽之載籍，合之典禮，宜尊黄帝爲先師，而以其當時之臣風后、力牧、大鴻、大撓、隸首、容成、車區、常儀爲配享，又以後世精於數術者商巫咸、周箕子、周商高、周榮方、晉史蘇、秦卜徒父已上七十人擬從祀。』」

9 十八鼎

夏禹鑄九鼎，唯見於《左傳》王孫滿對楚子及靈王欲求鼎之言〔一〕，其後《史記》乃有鼎震及淪入于泗水之説〔二〕。且以秦之强暴，視衰周如机上肉，何所畏而不取？周亦何辭以卻？赧王之亡，盡以寶器入秦，而獨遺此，以神器如是之重，決無淪没之理。泗水不在周境内，使何人般舁而往，寧無一人知之以告秦邪？始皇使人没水求之不獲，蓋亦爲傳聞所誤。《三禮》經所載鐘彝名數詳矣，獨未嘗一及之。《詩》《易》所書，固亦可考，以予揣之，未必有是物也。唐武后始復置于通天宫，不知何時而毁〔三〕。國朝崇寧三年，用方士魏漢津言鑄鼎，四年三月成，於中太一宫之南爲殿，名曰九成宫。中央曰帝鼐，北方曰寶鼎，東北曰牡鼎，東方曰蒼鼎，東南曰罔鼎，南方曰彤鼎，西南曰阜鼎，西方曰晶鼎，西北曰魁鼎。奉安之日，以蔡京爲定鼎禮儀使。大觀三年，又以鑄鼎之地作寶成宫。政和六年，復用方士王仔昔議，建閣於天章閣西，徙鼎奉安。改帝鼐爲隆鼐，餘八鼎皆改焉，名閣曰圓象徽調閣。七年，又鑄神霄九鼎，一曰太極飛雲洞劫之鼎，二曰蒼壺祀天貯醇之鼎，三曰山嶽五神之鼎，四曰精明洞淵之鼎，五曰天地陰陽之鼎，六曰混沌之鼎，七曰浮光洞天之鼎，八曰靈光晃曜鍊神之鼎，九曰蒼龜大蛇蟲魚金輪之鼎。明年鼎成，置于上清寶籙宫神霄殿，遂爲十八鼎。繼又詔罷九鼎新名，悉復其舊〔四〕。今人但知有九鼎，而十八之數，唯朱忠靖公《秀水閒居録》略紀之，故詳載于此〔五〕。

【箋證】

〔一〕《左傳》宣公三年：「楚子伐陸渾之戎，遂至於雒，觀兵于周疆。定王使王孫滿勞楚子。楚子問鼎之大小輕重焉。對曰：『在德不在鼎。昔夏之方有德也，遠方圖物，貢金九牧，鑄鼎象物』」云云。「桀有昏德，鼎遷于商」。「商紂暴虐，鼎遷于周」。

〔二〕《史記》卷四《周本紀》：「威烈王二十三年，九鼎震。」同書卷六《秦始皇本紀》：始皇過彭城，「齋戒禱祠，欲出周鼎泗水，使千人没水求之，弗得。」

〔三〕《舊唐書》卷二二《禮儀志》：「天册萬歲二年三月，重造明堂成，號爲通天宫。四月朔日，又行親享之禮，大赦，改元爲萬歲通天。翼日，則天御通天宫之端扆殿，命有司讀時令，布政于群后。其年，鑄銅爲九州鼎，既成，置於明堂之庭，各依方位列焉。神都鼎高一丈八尺，受一千八百石。冀州鼎名武興，雍州鼎名長安，兖州名日觀，青州名少陽，徐州名東源，揚州名江都，荆州名江陵，梁州名成都。其八州鼎高一丈四尺，各受一千二百石。司農卿宗晉卿爲九鼎使，都用銅五十六萬七百一十二斤。鼎上圖寫本州山川物産之像，仍令工書人著作郎賈膺福、殿中丞薛昌容、鳳閣主事李元振、司農録事鍾紹宗等分題之，左尚方署令曹元廓圖畫之。」

〔四〕《宋史》卷一〇四《禮志》：「又用方士魏漢津之説，備百物之象，鑄鼎九，於中太一宫南爲殿奉安之。各周以垣，上施埤堄，墁如方色，外築垣環之，曰九成宫。中央曰帝鼐，其色黄，祭以土王日，爲大祠，幣用黄，樂用宫架。北方曰寶鼎，其色黑，祭以冬至，幣用皂。東北方曰牡鼎，其色青，祭以立春，幣用皂。東方曰蒼鼎，其色碧，祭以春分，幣用青。東南曰岡鼎，其色緑，祭以立夏，幣用緋。南方曰彤鼎，其色紫，祭以夏至，幣用緋。西南曰阜鼎，其色黑，祭以立秋，幣用白。西方曰晶鼎，其色赤，祭以秋分，幣用白。西北曰魁鼎，其色白，祭以立冬，幣用皂。八鼎皆爲中祠，樂用登歌，享用素饌，復於帝鼐之宫立大角鼎星祠。崇寧四年八月，奉安九鼎，以蔡京爲定鼎禮儀使。帝幸九成宫酌獻。九月朔，百官稱賀于大慶殿，如大朝會儀。又詔以鑄鼎之地作寶成宫，總屋七十一區，中置殿曰神靈，以祠黄帝；東廡殿曰成功，祀夏后氏；西廡殿曰持盈，祠周成王及周公、召公；後置堂曰昭應，祀唐李良及隱士嘉成侯魏漢津。政和六年，用方士王仔昔議，定鼎閣於天章閣，自九成宫徙九鼎奉安之。又詔改帝鼐爲隆鼐，正南彤鼎爲明鼎，西南阜鼎爲順鼎，正西晶鼎爲蘊鼎，西北魁鼎爲健鼎，正北寶鼎如舊，東北牡鼎爲和鼎，正東蒼鼎爲育鼎，東南岡鼎爲潔鼎，鼎角爲圜象徽調之閣。閣上神像，左周鼎星君，中帝席星君，右大角星君；閣下鼎鼐神像，各守逐鼎布列，亦用仔昔議也。駕詣鼎閣奉安神像，明日復詣閣行香，百僚陪位。其後，又詔九鼎新名乃狂人妄改，皆無依據，宜復舊名，惟圜象徽調閣仍舊。八年，用方士言，鑄神霄九鼎成，曰太極飛雲洞劫之鼐、蒼壺祀天貯醇酒之鼎、山嶽五神之鼎、精明洞淵之鼎、天地陰陽之鼎、混沌之鼎、浮光洞天之鼎、靈光晃耀煉神之鼎、蒼龜火蛇蟲魚金輪之鼎，奉安於上清寶籙宮神霄殿，與魏漢津所鑄，凡十八鼎焉。」

蔡絛《鐵圍山叢談》卷一：「崇寧甲申議作九鼎，有司即南郊爲治，用中夜時上爲致肅不寐，至是於寢望之，焚香而再拜焉，及既就寢，已傍四鼓矣。忽有神光達禁中，政燭福寧殿，紅赤異常，宮殿於是盡明如晝，迨曉始熄。鼎一鑄而成，乃取佑神觀旁地立九成宮，隨其方爲室，成九室以奠鼎，命魯公爲奉安禮儀使。又方其講事也，輒有群鶴幾數千萬飛其上，蔽空不散。翌日上幸之，而群鶴以千餘又來，雲爲變色，五彩光豔。上亦隨方入其室，焚香再拜，從臣皆陪祠於下。先是，方士魏漢津獻議，其制各取九州之水土内鼎中，及上行禮至北方之寶鼎也，鼎忽漏水，流浸布地。且鼎金厚數寸，水又素貯鼎中，未始有罅隙，不當及上焚香時泄漏。漏乃旋止，故上深訝焉，魯公爲不樂。於是劉炳進曰：『鼎之水土，皆取於九州之地中，獨寶鼎者取其水土於雄州白溝之界上，非幽、燕之正方也。豈此乎？』故當時尤以爲神，然厥後終以北方而致亂矣。又政和六年，用方士王仔昔建言，徙九鼎入於大内，作一閣而藏之。時魯公爲定鼎使。及帝鼐者行，亦有飛鶴之祥，雲氣如畫卦之象。帝鼐後改曰『隆鼎』。既甚大，以萬衆拽之，然行覺不大用力。其去疾速，時人皆異之。」

按《宋朝事實》卷一四《樂律》、吴曾《能改齋漫録》卷一二《造九鼎》《玉海》卷八八《崇寧九鼎》《宋會要輯稿》禮五一之二一及輿服六之一五、《東都事略》卷一〇《本紀十》《文獻通考》卷九〇《雜祠淫祠》，均有相關記載，可參不贅。

〔五〕《直齋書録解題》卷一一《小説家類》：「《秀水閒居録》三卷，丞相汝南朱勝非藏一撰，寓居宜春時作。秀水者，袁州水名也。」朱勝非，字藏一，蔡州人，高宗初，累官尚書右僕射兼知樞密院事，卒謚忠靖，事迹具《宋史》卷三六二本傳。

10 四朝史志

《四朝國史・本紀》，皆邁爲編脩官日所作，至於淳熙乙巳、丙午，又成列傳百三十五卷。惟志二百卷，多出李燾之手，其彙次整理，殊爲有功①，然亦時有失點檢處〔一〕。蓋文書廣博，於理固然。《職官志》云：「使相以待勳賢故老，及宰相久次罷政者，惟趙普得之。明道末，吕夷簡罷，始復加使相，其後王欽若罷日亦除，遂以爲例。」案，趙普之後，寇準、陳堯叟、王欽若，皆祥符間自樞密使罷而得之。欽若以天聖初再入相，終於位，夷簡乃在其後十餘年。今言欽若用夷簡故事，則非也〔二〕。因記《新唐書》所載：李泌相德宗，加崇文館大學士。泌建言，學士加大，始中宗時，及張説爲之，固辭，乃以學士知院事。至崔圓復爲大學士，亦引泌爲讓而止。案，崔圓乃肅宗朝宰相，泌之相也，相去三十年，反以爲圓引泌爲讓，甚類前失也〔三〕。

【校勘】

①「功」原作「工」，據馬本、祠本改。

【箋證】

〔一〕《宋史》卷三七三《洪邁傳》：「邁初入史館，預修《四朝帝紀》。」《南宋館閣續録》卷四：「（淳熙）十三年十月九日，翰林學士知制誥兼修國史洪邁劄子奏：『照會國史院，昨於去年九月得旨，限一年内修成《四朝國史》列傳，今來限滿，所有列傳一百三十五卷，並已成書，欲望聖慈下太史局，於十一月中擇日投進。』」

〔二〕《宋史》卷一六六《職官志》：「遵唐制，以節度使兼中書令或侍中或中書門下平章事，皆謂之使相，以待勳賢故老，及宰相久次罷政者，隨其舊職，或檢校官加節度使出判大藩，通謂之使相。」葉夢得《石林燕語》卷六：「祖宗故事，宰相去位，例除本官，稍優則進官一等，或易東宫『三少』。惟趙韓王以開國舊臣，且相十年，故以使相罷，蓋異恩也。自是迄太宗、真宗世，皆不易舊制。天聖初，馮魏公以疾辭位，始除武勝軍節度使。宰相建節，自魏公始。明道末，吕申公罷，仁宗眷之厚，始復加使相。蓋自韓公以來，申公方繼之。其後，王文惠、陳文惠罷日，相繼除，遂以爲例。宰相除使相，自申公始。景祐末，王沂公罷相，除資政殿大學士，判鄆州。宰相除職，自沂公始。至皇祐，賈文元罷，除觀文殿大學士。自是遂以爲例。蓋自非降黜皆建節，或使相爲優恩加職名爲常例，迄今不改也。」按，陳文惠，陳堯佐也。堯佐拜同中書門下平章事、集賢殿大學士。以災異數見，罷爲淮康軍節度使同中書門下平章事判鄭州。見《宋史》卷二八四本傳。王文惠，王隨也。隨拜門下侍郎、同中書門下平章事、昭文館大學士、監修國史，罷，以彰信軍節度使同中書門下平章事判河陽。薨，贈中書令，謚章惠，後改文惠。詳《宋史》卷三一一《王隨傳》。《職官志》蓋誤以爲王欽若。欽若以天聖初再入相，終於位，詳《宋史》卷二八三本傳。

〔三〕泌事詳《新唐書》卷一三九《李泌傳》。

吴縝《新唐書糾謬》卷三《三曰書事失實》「崔圓辭大學士」條，引《李泌傳》，接云：「明皇帝及肅宗《本紀》天寶十五載（是歲丙申）六月，劍南節度使崔圓爲中書侍郎、同中書門下平章事，至乾元元年（是歲戊戌）五月罷，而崔圓本傳亦與《紀》同。其傳末云：『大曆中卒。』案大曆止於十四年（是歲己未），而李泌以貞元三年方爲宰相（是歲丁卯），設若崔圓以大曆十四年卒，至李泌拜相之年，崔圓卒亦已九年矣，何緣乃云『至崔圓復爲大學士亦引泌爲讓而止』乎？且又此乃李泌議學士不可加『大』而方辭朝命之詞，既而殊不言朝廷之聽否，乃遽述崔圓爲相日之事，疑此一句顛倒錯亂，其間脱字必多，全不可考。」

11 宗室參選

吏部員多闕少，今爲益甚，而選人當注職官簿尉，輒爲宗室所奪，蓋以盡壓已到部人之故。案，宣和七年八月臣僚論：「祖宗時宗室無參選法，至崇寧初，大啓僥倖，遂使任意出官，又優爲之法，參選一日，即在闔選名次之上。以天支之貴，其間不爲無人，而膏粱之習，貪淫縱恣，出爲民害者不少。議者頗欲懲革，罷百十人之私恩，爲億萬人之公利，誠爲至當。若以親愛未忍，姑乞與在部人通理名次。」從之。靖康元年八月，又奏云：「祖宗時，未有宗室參部之法，神宗時，始選擇差注一二。崇寧初，立法太優，宗室參選之日，在本部名次之上，既壓年月深遠，勞效顯著之人，復占名州大縣、優便豐厚之處。議者頗欲懲革，不注郡守、縣令，與在部人通理名次。」有旨從之。此二段元未嘗衝改，不知何時復紊也〔一〕。

【箋證】

〔一〕事詳《宋史》卷一六三《職官志》。《宋史》卷一五八《選舉志·銓法上》：「初，宗室無參選法，祖宗時，間選注一二，不爲常制。徽宗欲優宗室，多得出官，一日參選，即在合選名次之上。而膏粱之習，往往貪恣，出任州縣，黷貨虐民，議者頗陳其害。欽宗即位，臣僚復以爲言，始令不注郡守、縣令，仍與在部人通理名次。」

12 元豐庫

神宗常憤北狄倔彊，慨然有恢復幽、燕之志，於内帑置庫，自製四言詩曰：「五季失圖，獫狁孔熾。藝祖造邦，思有懲艾。爰設内府，基以募士。曾孫保之，敢忘厥志！」凡三十二庫，每庫以一字揭之，儲積皆滿。又別置庫，賦詩二十字，分揭於上，曰：「每虔夕惕心，妄意遵遺業。顧予不武資，何日成戎捷。」其用志如此，國家帑藏之富可知〔一〕。熙寧元年，以奉宸庫珠子付河北緣邊，於四榷場鬻錢銀，準備買馬，其數至於二千三百四十三萬顆〔二〕。乾道以來，有封樁、南庫所貯金銀楮券，合爲四千萬緡，孝宗尤所垂意。入紹熙以來①，頗供好賜之用，似聞日減於舊云〔三〕。

【校勘】

①「熙」原作「興」，據馬本、祠本改。

【箋證】

〔一〕《宋史》卷一七九《食貨志》：「元豐以來，又詔諸路金帛、緡錢輸内庫者，委提點刑獄司督趣，若三司、發運司擅留者，坐之。起發坊場錢勿寄市易務，直赴内藏庫寄帳封樁。當輸内庫金帛、緡錢，踰期或他用者，如擅用封樁錢法。初，藝祖嘗欲積縑帛二百萬易敵人首，又別儲於景福殿。元豐初，乃更景福殿庫名，自製詩以揭之曰：（同本條，略。）」事又見《續資治通鑑長編》卷二九五，元豐元年十二月。李燾原按云：「據《食貨志》，以詩更庫名，實元豐元年，今附年末，仍取墨本元豐八年史臣叙聖德篇稍增飾之。」又見《玉海》卷一八三《食貨·府庫》「元豐庫」條，又云：「元豐元年，始更庫名。三年，於司農寺南創元豐庫，幾百楹。四年正月十八日，中書門下言元豐庫已興修。五年三月十一日，詔司農趣常平坊場錢五百萬緡輸元豐庫。十月壬申，詔户部右曹發十二路常平錢八百萬緡輸之。」又，王明清《揮麈後録》卷一録林宓《裕陵遺事》云：「後來所謂御前封樁庫者是也。上意用此以爲開拓西北境土之資，始命王韶克青唐，然後欲經理銀、夏，復取燕、雲。元豐五年，徐禧永洛衂師之後，帝心弛矣。」

〔二〕《宋史》卷一四《神宗紀》：熙寧元年正月乙卯，「出奉宸庫珠，付河北買馬」。又《宋史》卷一九八《兵志》：「熙寧初，詔河北騎軍如陝西、河東社馬例立社，更相助錢以市馬，而遞增官直。尋出奉宸庫珠十餘萬以充其費。」《玉海》卷一四九《兵制·馬政下》「嘉祐陝西監牧」條：「熙寧元年十月乙卯，出奉宸庫珠二千三百四十萬，付河北四榷場，鬻之以市馬。」陳均《九朝編年備要》卷一一：仁宗康定元年九月，置奉宸庫。「在延福内，舊名宜聖殿等五庫，今合爲一」。

〔三〕《玉海》卷一八三《食貨·府庫》「紹興左藏南庫、乾道封樁庫」條：「紹興休兵後，取户部窠名可必者盡入御前樁管激賞庫，士大夫指爲瓊林、大盈之比。（紹興四年二月丙午，張浚至行在。詔浚隨行錢物隸内藏，爲封樁激賞庫。）三十二年四月己亥，詔從臣條具足食足兵之策。禮侍黄中請用唐楊炎之策，歸之左藏。孝宗受禪，諫官袁孚言之。七月癸丑，遂改内藏激賞庫爲左藏南庫。然移用皆自朝廷，不隸版曹爲經費。淳熙末，始並歸户部。（十年八月二十八日。）尚書王佐奏無益有損，請歸封樁。不從。十二年正月三日，以左藏西上庫爲名，諸路歲發錢一百九十八萬餘緡。紹熙元年十月二日，改爲封樁下庫，仍隸户部。乾道六年，建左藏封樁庫于都省門内，其法非奉親、非軍需不支，遠遵藝祖景福内庫之遺意，顓以爲軍旅之備。淳熙末，往往以犒軍或造軍器爲名，撥入内庫，有司不敢執。十六年六月，光宗命有司稽考以聞。開禧元年三月，議臣請節用以實封樁。」

《玉海》卷一八五《食貨·會計》「乾道會計録」條：「淳熙十年八月，輔臣奏封樁庫錢及三千萬餘緡，又奏内外樁積緡錢四千七百餘萬。十三年，庫中所儲金至八十萬兩，銀一百八十六萬餘兩，下庫見緡常五六百萬。」

又，李心傳《建炎以來朝野雜記》甲集卷一七《財賦四》「左藏庫」「左藏南庫」「左藏封掌庫」「内藏庫激賞庫」諸條，可參。

13　五俗字

書字有俗體，一律不可復改者，如沖、涼、況、減、決五字，悉以水爲冫，（筆陵切，與冰同①。）雖士人札翰亦然。《玉篇》正收入於水部中，而冫部之末亦存之，而皆注云「俗」，乃知由來久矣〔一〕。唐張參《五經文字》亦以爲訛〔二〕。

【校勘】

①按此注文據馬本、庫本、祠本補。

【箋證】

〔一〕《玉篇》卷二〇《冫部第二百九十六》。按，冲、凉、况、减、决五字，以水爲冫，即冲、凉、况、减、决，乃今日通行之寫法。

〔二〕《新唐書》卷五七《藝文志》小學類著録張參《五經文字》三卷。《直齋書録解題》卷三：「唐國子司業張參撰。大曆中，刻石長安太學。」

容齋三筆卷十四十七則

1 三教論衡

唐德宗以誕日歲歲詔佛、老者大論麟德殿，並召給事中徐岱及趙需、許孟容、韋渠牟講説。始三家若矛楯，然卒而同歸于善，帝大悅，賚予有差。此《新書》列傳所載也〔一〕。《白樂天集》有《三教論衡》一篇〔二〕，云：「太和元年十月，皇帝降誕日，奉敕召入麟德殿内道場對御三教談論，略録大端。第一座：祕書監白居易，安國寺引駕沙門義林，太清宫道士楊弘元。」其序曰：「談論之先，多陳三教，讚揚演説，以啓談端。臣學淺才微，猥登講座。竊以義林法師明大小乘，通内外學，於大衆中能師子吼。臣稽先王典籍，假陛下威靈，發問既來，敢不響答。」然予觀義林所問，首以《毛詩》稱六義，《論語》列四科，請備陳名數而已。居易對以孔門之徒三千，其賢者列爲四科，《毛詩》之篇三百，其要者分爲六義。然後言六義之數，四科之目，十哲之名。復引佛法比方，以六義可比十二部經，四科可比六度，以十哲可比十大弟子。僧難云：「曾參至孝，百行之先，何故不列於四科？」居易又爲辯析，乃曰：「儒書奥義，既已討論，釋典微言，亦宜發問。」然所問者不過芥子納須彌山一節而已。後問道士《黄庭經》中養氣存神長生久視之道，道士卻問敬一人而千萬人悦。觀其問答旨意，初非幽深微妙，不可測知。唐帝歲以此爲誕日上儀，殊爲可省。國朝命僧升座祝聖〔三〕，蓋本於此。

【箋證】

〔一〕《新唐書》卷一六一《徐岱傳》。

〔二〕《白氏長慶集》卷六八。

〔三〕釋念常《佛祖歷代通載》卷一八：建隆二年辛酉，「詔誕聖節京師及天下命僧升座祝壽爲準」。王暭《道山清話》：「紹聖改元九月，禁中爲宣仁作小祥道場，宣隆報長老升座上，設御幄於旁，以聽其僧祝，曰：『伏願皇帝陛下，愛國如身，視民如子，每念太皇之保佑，常如先帝之憂勤。庶尹百僚，謹守漢家之法度；四方萬民，永爲趙氏之封疆。』既而有僧問話云：『太皇今居何處？』答云：『身居佛法龍天上，心在兒孫社稷中。』當時傳播，人莫不稱歎。」容齋所云「命僧升座祝聖」者，蓋即如此式。喻文豹《唾玉集》「聖節僧人升座」：「德宗每年生日令僧道及給事中等官大論麟德殿，相與問難，賚賜有差，時以爲上儀。白樂天有《三教論衡》。我朝聖節升座本於此。」（《説郛》卷二三下）

2　夫兄爲公

婦人呼夫之兄爲伯，於書無所載。予頃使金國時〔一〕，辟景孫弟輔行，弟婦在家，許齋醮。及還家，賽願，予爲作《青詞》云：「頃因兄伯出使，夫壻從行。」雖借用《陳平傳》「兄伯」之語，而自不以爲然〔二〕。偶憶《爾雅·釋親篇》曰：「婦稱夫之兄爲兄公，夫之弟爲叔。」於是改「兄伯」字爲「兄公」，視前所用，大爲不侔矣。《玉篇》妐字音鍾，注云：「夫之兄也。」〔三〕然於義訓不若前語。

【箋證】

〔一〕容齋出使，在紹興三十二年。參拙著《洪邁年譜》。

〔二〕《漢書》卷四〇《陳平傳》：「少時家貧，好讀書，治黄帝、老子之術。有田三十畝，與兄伯居。伯常耕田，縱平使游學。」

〔三〕沈濤《交翠軒筆記》卷四：「《容齋三筆》：婦人呼夫之兄爲伯，於書無所載。嘗爲作《青詞》云：『頃因兄伯出使，夫婦從行。』偶憶《爾雅》，改爲兄公。錢少詹據此以爲『兄伯』之稱，沿自宋代。（郁之按，見《恒言録》卷三。）濤案，《五代史補》載李濤弟澣娶竇尚書女，年甲已高，出參濤，望塵下拜，曰：『只將謂親家母。』又作歇後語曰：『慚無竇建，媿作梁山。』聞者莫不絶倒。梁山，歇後乃伯也。是婦人呼夫兄爲伯，不始于宋。又《容齋四筆》，慶曆七年，曾公亮自修起居注除天章閣待制，陳恭公語其弟婦王氏曰：『六新婦，曾三做從官，想甚喜。』應聲對曰：『三舅荷伯伯提挈極歡喜，只是外婆不樂。』（郁之注：見《四筆》卷二《待制知制誥》）其呼夫兄爲伯，呼弟婦爲新婦，呼外祖母爲外婆，皆與今俗稱相同。」

沈自南《藝林彙考·稱號篇》卷三，引《隨筆》，接云：「然『兄公』二字亦甚詭怪。余謂婦人稱謂多從子，夫弟既可稱叔，夫姊妹既可稱姑，則夫兄稱伯，又何疑哉？但伯者，男子之美稱，古人婦稱夫多用之，『伯也執殳』是也。」

〔三〕《爾雅·釋親·妻黨》：「夫之兄爲兄公。」郭璞注：「今俗呼兄鐘，語之轉耳。」

《玉篇》卷三《女部》：「妐，之容切，夫之兄也。」

方以智《通雅》卷一九《稱謂·妐夫之兄也》條：「《爾雅》『夫之兄爲兄公，夫之姊爲女公』，郭璞注：『今俗呼兄鐘，語之轉耳。』《禮記·奔喪篇》：『唯嫂叔。』注：『正言「嫂叔」，尊嫂也。兄公，於弟之妻則不能也。』《容齋隨筆》引《玉篇》，妐音鐘，省作公。容齋豈知爲語轉而別音，遂别作妐乎？」

3　政和文忌

蔡京顓國，以學校科舉箝制多士，而爲之鷹犬者，又從而羽翼之。士子程文，一言一字稍涉疑忌，必暗黜之〔一〕。有鮑輝卿者言：「今州縣學考試，未校文學精弱，先問時忌有無，苟語涉時忌，雖甚工不敢取。若曰：『休兵以息民，節用以豐財，罷不急之役，清入仕之流。』諸如此語，熙、豐、紹聖間，試者共用，不以爲忌，今悉絀之，所宜禁止。」詔可。政和三年，臣僚又言：「比者試文，有以聖經之言輒爲時忌而避之者，如曰『大哉堯之爲君』，

『君哉舜也』，與夫『制治于未亂，保邦于未危』，『吉凶悔吝生乎動』，『吉凶與民同患』。以爲『哉』音與『災』同，而危亂凶悔非人樂聞，皆避。今當不諱之朝，豈宜有此？」詔禁之〔二〕。以二者之言考之，知當時試文無辜而坐黜者多矣。其事載於《四朝志》〔三〕。

【箋證】

〔一〕參《三筆》卷一一《帝王諱名》。

〔二〕曾慥《高齋漫録》：「崇、觀以後，以言爲諱。宣和辛丑策士，偶詢時務，范宗尹肆言時忌，考官不取，以策繳進，曰：『某字號語言涉異，合取聖裁。』上嘉其直，令依次第編排，而衆人終不敢置之前列，僅綴甲末而已。」

〔三〕馬端臨《文獻通考》卷四六《學校考》，録鮑輝卿及政和三年臣僚之言，馬氏按云：「熙寧之立學校，養生徒，上自天庠，下至郡縣，其大意不過欲使之誦習新經，附和新法耳。紹聖、崇、觀而後，群憸用事，醜正益甚，遂立元祐學術之禁，又令郡縣置自訟齋以拘誹謗時政之人。士子志於進取，故過有拘忌，蓋言休兵節用，則恐類元祐之學；言災凶危亂，則恐涉誹謗之語，所謂轉喉觸諱者也，則惟有迎逢諂佞而已。」

朱彧《萍洲可談》卷一：「禁中應奉者多避語忌。大觀中，主文柄者專務奉上，於是程文有疑似之禁，雖無明文，犯必黜落。舉子靡然成風。如『大哉堯之爲君』，『君哉舜也』，皆以與『災』字同音，並不用。『反者道之動』，易『反』爲『復』。『九變而賞罰可言』，易『變』爲『更』，此類不一。能文者執筆不敢下，憸夫善逢迎，往往在高第。政和初，言者論之，降詔宣諭，雖暗於大體者，或以爲忠，然愛君果在兹乎？」

〔三〕《四朝志》，蓋出《四朝國史》之《科舉志》。參《三筆》卷一三《四朝史志》。

4　瞬息須臾

瞬息、須臾、頃刻，皆不久之辭，與釋氏「一彈指間」「一刹那頃」之義同，而釋書分别甚備。《新婆沙論》云：「百二十刹那成一怛刹那，六十怛刹那成一臘縛，三十臘縛成一牟呼麥多，三十牟呼麥多成一晝夜。」又《毗曇論》云：「一刹那者翻爲一念，一怛刹那翻爲一瞬①，六十怛刹那爲一息，一息爲一羅婆，三十羅婆爲一摩睺羅，翻爲一須臾。」又《僧祇律》云：「二十念爲一瞬，二十瞬名一彈指，二十彈指名一羅預，二十羅預名一須臾，一日一夜有三十須臾。」〔一〕

【校勘】

①「那」，據馬本、祠本補。

【箋證】

〔一〕容齋此條，蓋出《法苑珠林·劫量篇·大三災部·時節》，云：「時極短者謂之刹那也。如《新婆沙論》云：『彼刹那量，云何可知。……謂百二十刹那成一怛刹那，六十怛刹那成一臘縛，此有七千二百刹那。三十臘縛成一牟呼栗多，此有二百一十六千刹那，三十牟呼栗多成一晝夜。』」「又依《安般經》云：『於一彈指頃心有九百六十轉。』又《仁王經》云：『一念有九十刹那，一刹那中復有九百生滅。』又《菩薩處胎經》云：『一彈指頃有三十二億萬千念。念念成形，形形皆有識。佛之威神入微識中皆令得度。』又《毗曇論》：『合有十二重，一名刹那，二怛刹那，三名羅婆，四名摩睺羅，五名日夜，六名半月，七名一月，八名時，九名行，十名年，十一名雙，十二名劫。一刹那者，翻爲一念。百二十刹那爲一怛刹，翻爲一瞬。六十怛刹那爲一息，一息爲一羅婆，三十羅婆爲一摩睺羅，翻爲一須臾。三十摩睺羅爲一日夜，一日夜計有六百三十八萬刹那。』《僧祇律》云：『二十念爲一瞬，二十瞬名一彈指，二十彈指名一羅預，二十羅預名一須臾，一日一夜有三十須臾。日極長時晝有十八，夜有十二；極短時，晝有十二，夜有十八。春秋分便等。』」

5 神宗待文武臣

元豐三年，詔知州軍不應舉京官職官者，許通判舉之〔一〕。蓋諸州守臣有以小使臣爲之，而通判官入京朝，故許之薦舉。今以小使臣守沿邊小郡，而公然薦人改官，蓋有司不舉行故事也。神宗初即位，以刑部郎中劉述（今朝散大夫。）久不磨勘，特命爲吏部郎中。（今朝請大夫。）樞密院言：「左藏庫副使陳昉恬静，久應磨勘，不肯自言。」帝曰：「右職若效朝士養名而獎進之，則將習以爲高，非便也。」翌日，以兵部員外郎張問（今朝請郎。）十年不磨勘，特遷禮部郎中〔二〕。（今朝奉大夫。）其旌賞駕御，各自有宜，此所以爲綜核名實之善政（見《四朝志》①）。

【校勘】

①文中五處注文，據馬本、庫本、祠本補。

【箋證】

〔一〕《續資治通鑑長編》卷三七四：哲宗元祐元年四月，「詔諸州軍通判，每年許舉人一名，幕職州縣官、改官、判司簿尉充縣令，仍相間舉。」同書卷四五〇：哲宗元祐五年十一月，「乙亥，尚書省勘會通判舊許舉選人改官，自熙寧元年因臣僚上言磨勘人數壅並，並令權罷。昨來卻許通判奏舉，致今來復有待次改官人數稍多。詔：『通判每歲合舉改官人數，權改作奏舉職官，仍自元祐六年正月一日爲始。候改官待次人稀空，令吏部具狀申尚書省。』」

〔二〕《宋史》卷三二一《劉述傳》：「劉述，字孝叔，湖州人。舉進士，爲御史臺主簿，知温、耀、真三州，提點江西刑獄，累官都官員外郎，六年不奏考功課。知審官院胡宿言其沈静有守，特遷兵部員外郎，改荆湖南北、京西路轉運使，再以覃恩遷刑部郎中。神宗立，召爲侍御史知雜事，又十一年不奏課。帝知其久次，授吏部郎中。」同書卷三三一《張問傳》：張問，字昌言，襄陽人，爲河北轉運使。「所部地震，河再決，議者欲調京東民三十萬，自澶築隄抵乾寧。問言：『隄未能爲益，災傷之餘，力役勞民，非計也。』神宗從之。問十年不奏考課，詔特遷其官，入爲度支副使，拜集賢殿修撰、河東轉運使」。又云：「元豐定官制，王安禮薦問可任六曹侍郎，帝以其好異論，不用。」按，張問十年不磨勘，特遷禮部郎中事，本傳不載。以久不磨勘而特命遷官，仁宗已有先例。《續資治通鑑長編》卷一六二：仁宗慶曆八年正月丁未，「祠部員外郎、祕閣校理張瓌爲兩浙轉運使。瓌十年不磨勘遷官，朝廷獎其退静，故用之。」

6 緑竹王芻

《隨筆》中載：「毛公釋緑竹王芻，以爲北人不見竹，故分『緑竹』爲二物，以緑爲王芻。」〔一〕熙寧初，右贊善大夫吴安度試舍人院，已入等。有司以安度所賦《緑竹詩》背王芻古説，而直以爲竹，遂黜不取。富韓公爲相，言：「《史記》叙載淇園之竹，正衛産也，安度語有據。」遂賜進士出身〔二〕。予又記前賢所紀，仁宗時，賈邊試《當仁不避於師論》，以師爲衆，謂其背先儒訓釋，特黜之〔三〕。蓋是時士風淳厚，論者皆不喜新奇之説，非若王氏之學也。

【箋證】

〔一〕《隨筆》卷六《緑竹青青》。

〔二〕《續資治通鑑長編》卷二二二：神宗熙寧四年四月，「賜右贊善大夫吴安度進士出身。先是，宰臣富弼言：『安度召試舍人院，聞考試入三等，論四等，止以「菉竹青青」詩不依注解作王芻萹竹，遂定入五等，因此改一官報罷。竊詳安度命意必謂王芻萹竹柔脆常草，不足興詠衛武公有德之人。以注説迂曲，非詩人本意也。又按《史記·河渠書》「下淇園之竹」，則知淇澳之竹只是竹箭之竹也。又據陸德明《釋文》，青止音箐，茂盛之貌。故安度直以菉竹茂盛立爲題意，於理甚通，未爲不識題義。乞賜再取安度所試三題詳定，如俱入等，隨其文藝，特與一科名。』下學士院看詳。所試並爲合格，惟《詩》不合自出己見，亦非紕繆，故有是命，復追先授一官。」

〔三〕《續資治通鑑長編》卷五九：真宗景德二年三月，「李迪與賈邊皆有聲場屋，及禮部奏名，而兩人皆不與。考官取其文觀之，迪賦落韻，邊論『當仁不讓於師』，以師爲衆，與注疏異。特奏令就御試。參知政事王旦議：『落韻者，失於不詳審耳，捨注疏而立異論，輒不可許，恐士子從今放蕩，無所準的。』遂取迪而黜邊。當時朝論，大率如此。」又見《宋史》卷二八二《王旦傳》，云：「李迪、賈邊有時名，舉進士，迪以賦落韻，邊以《當仁不讓於師論》以師爲『衆』，與注疏異，皆不預。主文奏乞收試，旦曰：『迪雖犯不考，然出於不意，其過可略。邊特立異説，將令後生務爲穿鑿，漸不可長。』遂收迪而黜邊。」

7　親除諫官

仁宗慶曆三年，用歐陽修、余靖、王素爲諫官，當時名士作詩，有「御筆新除三諫官」之句〔一〕。元豐八年，詔范純仁爲諫議大夫，唐淑問、蘇轍爲司諫，朱光庭、范祖禹爲正言。宣仁后問宰執：「此五人者如何？」僉曰：「外望惟允。」章子厚獨曰：「故事，諫官皆薦諸侍從，然後大臣稟奏。今詔除出中，得無有近習援引乎？此門寖不可啓。」后曰：「大臣實皆言之，非左右也。」子厚曰：「大臣當明揚，何爲密薦？」由是有以親嫌自言者，吕公著以范祖禹，韓縝、司馬光以范純仁。子厚曰：「臺諫所以糾大臣之越法者，故事，執政初除，苟有親戚及嘗被薦引者，見爲臺臣，則皆他徙。今天子幼沖，太皇同聽萬幾，故事不可違。」光曰：「純仁、祖禹實宜在諫列，不可以臣故妨賢，寧臣避位。」子厚曰：「縝、光、公著必不私，他日有懷奸當國者，例此而引其親黨，恐非國之福。」後改除純仁待制，祖禹著作佐郎〔二〕。然此制亦不能常常恪守也。

【箋證】

〔一〕司馬光《涑水記聞》卷四：「慶曆初，永叔、安道、王素俱除諫官，蔡君謨以詩賀曰：『御筆新除三諫官，喧然朝野競相歡。當年流落丹心在，自古忠良得路難。必有謨猷禆帝力，直須風采動朝端。世間萬事俱塵土，留取功名久遠看。』三人以其詩薦于上，尋亦除諫官。」吴曾《能改齋漫録》卷一二《諫院得人御史稱職》：「仁宗慶曆初，急於用賢，當時有聲望者王兵部素、歐陽校理修、余校理靖、魚工部周詢四人，並命作諫官，朝野相慶。時惟魚望不及三人，蔡君謨時爲校勘，乃爲詩慶之曰：『御筆新除三諫官，士林相賀復相歡。』魚聞之，乃曰：『予不預士論，何顔復當諫列？』遂乞辭職。朝廷從之，乃過臺爲御史，即除蔡代知諫院。是時，諫院號稱得人。魚在臺亦稱職，旋拜中丞而卒。」

〔二〕《續資治通鑑長編》卷三六〇：元豐八年冬十月丁丑，「詔尚書、侍郎、給舍、諫議、中丞、待制以上各舉堪充諫官二員以聞。初，中旨除朝議大夫直龍圖閣知慶州范純仁爲左諫議大夫，朝請郎知虔州唐淑問爲左司諫，朝奉郎朱光庭爲左正言，校書郎蘇轍爲右司諫，正字范祖禹爲右正言，令三省樞密院同進呈。」末云：「淑問、光庭、轍除命皆如故，純仁改爲天章閣待制，祖禹爲著作佐郎，尋復以純仁兼侍講。」

8　檢放災傷

水旱災傷，農民陳訴，郡縣不能體朝廷德意。或慮減放苗米，則額外加耗之入爲之有虧，故往往從窄。比年以來，但有因賑濟虚數而冒賞者，至於蠲租失實，於民不便者，未嘗小懲。宣和之世，執政不能盡賢，而其所施行，蓋有慰人意①。京西運判李祐奏：「房州民數百人，陳言災傷。知州李悝取其爲首者，杖而徇之城市，以戒妄訴，用此其州蠲税不及一釐。」詔：「李悝除名，簽書官皆勒停。」祐又奏：「唐、鄧州蠲災賑乏，悉如法令，均、房州不盡減税，致有盗賊。」詔：「均、房州守令悉罷，唐、鄧守貳各增一官秩。」百姓見憂，出於徽宗聖意，而大臣能將順也〔一〕。

【校勘】

①「有」，祠本作「猶」。「意」，庫本、祠本作「心」。

【箋證】

〔一〕《宋會要輯稿·食貨一》：「宣和元年三月二十六日，權京西路轉運判官李祐奏：奉詔體量災傷者數百人，知州李悝將狀首劉均等科斷，差公人監勒。劉均等高聲自言，今後不敢訴災傷，遍詣城市號令。兼劉均年七十三歲，因斷得病身死，緣此阻遏，放税不及一釐。詔：李悝先次除名勒停，簽書官合干人并勒停。提刑司根勘以聞。」

按《宋史》卷一七二《職官志》：「宣和九年，詔：諸路職官各有職田，所以養廉也。縣召客户、税户，租佃分收，災傷檢覆減放，所以防貪也。諸縣多踰法抑都保正長，及中上户分佃認納。不問所收厚薄，使之必輸，甚至不知田畝所在，虛認租課。聞之惻然。應違法抑勒及詭名委保者，以違詔論；災傷檢放不盡者，計贓以枉法論；入己者以自盜論。」可見其施行之嚴。

9 檀弓注文

《檀弓》上下篇，皆孔門高第弟子在戰國之前所論次〔一〕。其文章雄健精工，雖楚、漢間諸人不能及也〔二〕。而鄭康成所注，又特爲簡當，旨意出於言外。今載其兩章，以示同志。「衛司寇惠子之喪，子游爲之麻衰，牡麻絰①。」注云：「惠子廢適立庶，爲之重服以譏之。」「文子辭曰：子辱與彌牟之弟游，又辱爲之服，敢辭。子游曰：禮也。文子退反哭。」注：「子游名習禮，文子亦以爲當然，未覺其所譏。」「子游趨而就諸臣之位。」注：「深譏之。」「文子又辭曰：子辱與彌牟之弟游，又辱爲之服，又辱臨其喪，敢辭。子游曰：固以請。文子退，扶適子南面而立曰：子辱與彌牟之弟游，又辱爲之服，又辱臨其喪，虎也敢不復位。」注：「覺所譏也。」「子游趨而就客位。」注：「所譏行。」案，此一事儻非注文明言，殆不可曉。今用五「譏」字，詞意涣然，至最後「覺所譏」「所譏行」六字，尤爲透徹也〔三〕。「季孫之母死，哀公弔焉。曾子與子貢弔焉，閽人爲君在，弗内也。曾子與子貢入於其廐而修容焉。子貢先入，閽人曰：鄉者已告矣。」注：「既不敢止，以言下之。」「曾子後入，閽人辟之。」注：「見兩賢相隨，彌益恭也。」今人讀此段，直如親立季氏之庭，親見當時之事，注文尤得其要領云。

【校勘】

①「牡」原作「壯」，據馬本、庫本、祠本改。

【箋證】

〔一〕《檀弓》之篇，胡寅以爲曾子門人與子思同纂修論説，魏了翁又斷爲子游門人。（參《四庫全書總目》

卷二四《檀弓叢訓》提要。）

〔二〕費衮《梁谿漫志》卷四《東坡教人讀檀弓》：「東坡教人讀《檀弓》，山谷謹守其言，傳之後學。《檀弓》誠文章之模範。凡爲文記事，常患意晦而辭不達，語雖蔓衍，而終不能發明。惟《檀弓》或數句書一事，或三句書一事，至有兩句而書一事者，語極簡而味長，事不相涉而意脉貫穿，經緯錯綜，成自然之文，此所以爲可法也。」黄庭堅《山谷集》卷一九《與王觀復書》：「往年嘗請問東坡先生作文章之法，東坡云：『但熟讀《禮記·檀弓》，當得之。』既而取《檀弓》二篇讀數百過，然後知後世作文章不及古人之病，如觀日月也。」

〔三〕皮錫瑞《經學通論》「論鄭注三禮有功」條：「此一節記文，若無鄭君之注，讀者必不解所謂。鄭注止數十字，而連用五𢦒字，使當時情事歷歷如繪，其文法如此簡妙，豈後人所能及哉。」《吕氏童蒙訓》云：「《檀弓》與《左氏》紀太子申生事，詳略不同，讀《左氏》然後知《檀弓》之高遠也。」（王構《修辭鑑衡》卷二引）李塗《文章精義》：「《國語》不如《左傳》，《左傳》不如《檀弓》。叙晉獻公驪姬申生一事，繁簡可見。」陳騤《文則》卷上：「鼓瑟不難，難於調絃；作文不難，難於練句。《檀弓》之文，練句益工。參之《家語》，其妙覩矣。」

10 左傳有害理處

《左傳》議論遺辭，頗有害理者，以文章富豔之故，後人一切不復言，今略疏數端，以箴其失〔一〕。《傳》云：「鄭武公、莊公，爲平王卿士，王貳於虢。」杜氏謂：「不復專任鄭伯也。」〔二〕「周公閲與王孫蘇争政，王叛王孫蘇。」杜氏曰：「叛者，不與也。」〔三〕夫以君之於臣，而言貳與叛，豈理也哉！「晉平戎於王，單襄公如晉拜成。劉康公徼戎，將遂伐之。叔服曰：『背盟而欺大國，不義。』」〔四〕晉范吉射、趙鞅交兵。「劉氏、范氏世爲昏姻，萇弘事劉文公，故周與范氏。趙鞅以爲討。」〔五〕夫以天子之使出聘侯國，而言拜成。謂周於晉爲欺大國。諸侯之卿跋扈於天子，而言討，皆於名分爲不正。其他如晉邢侯殺叔魚，叔魚兄叔向數其惡而尸諸市。其於兄弟之誼爲弗篤矣，而託仲尼之語云：「殺親益榮。」杜氏又謂：「榮名益己。」〔六〕以弟陳尸爲兄榮，尤爲失也。

【箋證】

〔一〕劉師培《讀左劄記》：「宋洪容齋謂《左傳》議論，遺詞頗多害理，略舉數端：一爲王貳於虢，一爲王叛王孫蘇。謂君之於臣，不當言貳與叛。一爲單襄公如晉拜城，一爲趙鞅以爲討，以爲王使不當言拜城。（又言背盟而欺大國，亦不當。）諸侯之卿不當言討，又以叔向數叔魚之惡，不當言殺親益榮。（以上見《容齋三筆》卷十四）復以左氏稱石碏大義滅親多誤後世，（見《續筆》卷十一）顧氏《日知録》因之。（呂東萊亦以「王貳於虢」斥《左傳》遂以左氏不知《春秋》之義，背于正名之旨。見「王貳於虢」條，謂「以天王之尊而曰貳曰叛，不知《春秋》之義」。）嗚呼！此真不知《春秋》之義矣。夫三代之時，尊卑之分未嚴，故古代之字，多屬上下互用之詞。意之所專屬者爲壹，（如「一道德」之類。）意之所分屬者爲貳，（如

「臣無二心」之類，王伯申釋「不可以貳爲變」，亦此義也。）人同此心，非必爲君者悉能無偏無黨也。叛者半也，（見《説文》。）義與背同。（錢竹汀曰：「叛與背聲相近。『晉背先蔑，立靈公。』與此叛義同。」）《左傳》之書叛，所以著天王反覆之罪也。又當此之時，王室危弱，賴晉以存，拜成者，猶言致謝之義耳。若討訓爲治，（見《説文》。）所以理其糾紛也。『趙鞅以爲討』，猶言趙鞅向周廷詰責耳。（與出命討罪不同。）足證君臣平等，字無專屬之詞，猶民利君爲忠，而君之利民亦爲忠，（《左傳》曰：「上思利民，忠也。」）臣殺君爲弑，而君之殺臣亦爲弑也。（見《公羊》）後世以降，尊君抑臣，以得爲在君，以失爲在臣，由是下之對上也有一定之詞，（皆含有背理之義。）上之對下也亦有一定之詞，（皆含有無過無私之義。）而宋儒之苛論起矣。若叔向、石碏之所爲，合於先國後家之義，左氏美之，所以著國重家輕之義耳，豈可議乎？」

〔二〕《左傳》隱公三年。

〔三〕《左傳》文公十四年。《日知録》卷四《王貳於虢》：「名不正，則言不順；言不順，則事不成。而左氏之記周事，曰『王貳於虢，王叛王孫蘇』。以天王之尊而曰貳、曰叛，若敵者之辭，其不知《春秋》之義甚矣。」

〔四〕《左傳》成公元年。

〔五〕《左傳》哀公三年。

〔六〕《左傳》昭公十四年。

11　夫人宗女請受

戚里宗婦封郡國夫人，宗女封郡縣主，皆有月俸錢米，春冬絹綿，其數甚多，《嘉祐禄令》所不備載〔一〕。頃見張掄娶仲儡女，封遂安縣主，月入近百千，内人請給，除糧料院幫勘、左藏庫所支之外，内帑又有添給，外庭不復得知〔二〕。因記熙寧初，神宗與王安石言：「今財賦非不多，但用不節，何由給足？宫中一私身之奉，有及八十貫者，嫁一公主，至用七十萬緡，沈貴妃料錢月八百貫。聞太宗時，宫人惟繫皂紬襜，元德皇后嘗以金線緣襜而怒其奢。仁宗初定公主俸料，以問獻穆大主，再三始言①，其初僅得五貫耳。異時，中官月有止七百錢者。禮與其奢寧儉，自是美事也。」〔三〕一時旨意如此，不聞奉行。以今度之，何止百十倍也。

【校勘】

①「始」原作「如」，據馬本、庫本、祠本改。

【箋證】

〔一〕《續資治通鑑長編》卷一八六：嘉祐二年十月甲辰，「三司使張方平等上新編《禄令》十卷，名曰《嘉祐禄令》，遂頒行之。」《玉海》卷一三五《禄秩》：「（嘉祐）二年十月丙午頒《嘉祐禄令》。」

又《玉海》卷六六《詔令・律令下》：「紹興六年九月，張浚等上《禄秩新書》。八年十月，又上《禄秩敕令格》。」蓋禄格前後有不同。

〔二〕《建炎以來繫年要録》卷一八七：紹興三十年十一月癸未，「封永康縣主爲永嘉郡主。主，瓊王仲儡女，適權知閤門事張掄。」

〔三〕詳《宋史》卷一七九《食貨志》，云：「神宗嗣位，尤先理財。熙寧初，命翰林學士司馬光等置局看詳，裁減國用制度，仍取慶曆二年數比今支費不同者，開析以聞。後數日，光登對言：『國用不足，在用度大奢，賞賜不節，宗室繁多，官職冗濫，軍旅不精，必須陛下與兩府大臣及三司官吏深思救弊之術，磨以歲月，庶幾有效，非愚臣一朝一夕所能裁減。』帝遂罷裁減局，但下三司共析。王安石執政，議置三司條例司，講修錢穀之法。帝因論措置之宜。」云云。

裁省宫廷冗費，仁宗時實已啓之。《續資治通鑑長編》卷一二三：仁宗寶元二年五月，韓琦言：「今欲減省浮費，莫如自宫掖始。」詔從之。又同書卷一九一：嘉祐五年六月，「三司減省冗費所言：『比歲内人請俸倍多，乞酌天聖初嬪御以下人數，著爲定額。』從之。」

12 蜀茶法

蜀道諸司，惟茶馬一臺，最爲富盛，茶之課利多寡，與夫民間利疚，他邦無由可知。予記《東坡集》有《送周朝議守漢州》詩云：「茶爲西南病，甿俗記二李。何人折其鋒，矯矯六君子。」注：「二李，杞與稷也。六君子，謂思道與姪正孺、張永徽、吴醇翁、吕元鈞、宋文輔也。」初，熙寧七年，遣三司幹當公事李杞經畫買茶，以蒲宗閔同領其事。蜀之茶園不殖五穀，惟宜種茶，賦税一例折輸，錢三百折絹一匹，三百二十折紬一匹，十錢折綿一兩，二錢折草一圍，凡税額總三十萬。杞剏設官場，歲增息爲四十萬。其輸受之際，往往壓其斤重，侵其加直。杞以疾去，都官郎中劉佐體量，多其條畫。於是宗閔乃議民茶息收十之三，盡賣於官場，蜀茶盡榷，民始病矣。知彭州吕陶言：「天下茶法既通，蜀中獨行禁榷。况川峽四路所出茶貨，比方東南諸處，十不及一。諸路既許通商，兩川卻爲禁地，虧損治體，莫甚於斯。且盡榷民茶，隨買隨賣，或今日買十千，明日即作十三千賣之，比至歲終，不可勝算，豈止三分而已。佐、杞、宗閔作爲敝法，以困西南生聚。」佐坐罷去，以國子博士李稷代之，陶亦得罪。侍御史周尹復極論榷茶爲害，罷爲湖北提點刑獄。利路漕臣張宗諤、張升卿復建議廢茶場司，依舊通商。稷劾其疎謬，皆坐貶秩。茶場司行劄子督綿州彰明縣，知縣宋大章繳奏，以爲非所當用。稷又詆其賣直釣奇，坐衝替。一歲之間，通課利及息耗至七十六萬緡有奇，詔録李杞前勞而官其子。後稷死於永樂城，其代陸師閔言其治茶五年，獲浄息四百二十八萬緡，詔賜田十頃。凡上所書，皆見於《國史》〔一〕。坡公所稱思道乃周尹，永徽乃二張之一，元鈞乃吕陶，文輔乃大章也。正孺、醇翁之事不著〔二〕。

【箋證】

〔一〕《宋史》卷一八四《食貨志·茶下》，記載甚詳，可參。

〔二〕查慎行《蘇詩補注》卷三〇《送周朝議守漢州》「六君子」注，先引《三筆》此條，後按云：「『六君子』吕陶，《東都事略》有傳。再考周思道名表臣，周正孺名尹，張永徽名宗諤，吴醇翁即知蜀州之吴師孟。宋文輔即彰明知縣宋大章。容齋訛以周尹爲思道，又不詳考吴師孟知蜀州時所奏，遂謂正孺、醇翁之事不著。今就東坡本集雜記，合之施氏原注，六人中惟思道事迹無可考。觀二蘇公詩，思道蓋曾任茶官，因事罷去者。」

13 判府知府

國朝著令，僕射、宣徽使、使相知州府者爲判，其後改僕射爲特進，官稱如昔時。唯章子厚罷相守越，制詞結尾云：「依前特進知越州。」雖曰黜典，亦學士院之誤。同時執政蔣穎叔以手簡與之，猶呼云判府，而章質夫只云知府，蓋從其實〔一〕。予所藏名公法書册有之。吾鄉彭公器資有遺墨一帖，不知與何人，其辭曰：「某頓首，知郡相公閣下。」是必知州者，故亦不以府字借稱。今世蕞爾小壘，區區一朝官承乏作守，吏民稱爲判府，彼固偃然居之不疑〔二〕。風俗淳澆之異，一至於此！

【箋證】

〔一〕陳均《九朝編年備要》卷二五：元符三年九月，章惇罷。「左正言陳瓘言，惇獨相八年，迷國誤朝，罪不可數，奉使失職事于泰陵。於是惇乞罷政。上謂宰執曰：『章惇求去，乞越州，當與之。朕不以定策，貶惇只緣奉哲宗靈駕不職，累有彈章，朕不敢已。』遂命以特進知越州。」

〔二〕趙昇《朝野類要》卷二《稱謂》「判府」條：「宰相、三公、三少、真王出鎮，方謂之判，其餘乃過呼。」

周煇《清波別志》卷二：「《容齋隨筆》記風俗媮薄，士大夫之儇浮者，於尺牘間益出新奇，及云昔曾吉甫祕監與人書不作劄子，且以字呼，一時館職欲從篤厚，以變舊習，竟落落難合。（郁之按，可參《隨筆》卷一五《蔡君謨帖語》。）煇記用劄子不呼字，矯僞成風，方得五十年。若官稱僭冒，稱謂庶官知州曰判府，知縣曰判縣，判府尚爲極品典藩設，判縣何説焉？倘以判爲重，則知樞密院與同知樞密院改爲判院、同判可乎？」

14　歌扇舞衣

唐李義府詩云①：「鏤月爲歌扇，裁雲作舞衣。」同時人張懷慶竊爲己作，各增兩字云：「生情鏤月爲歌扇，出性裁雲作舞衣。」致有生吞活剥之誚〔一〕。予又見劉希夷《代閨人春日》一聯云：「池月憐歌扇，山雲愛舞衣。」絶相似。杜老亦云：「江清歌扇底，野曠舞衣前。」儲光羲云：「竹吹留歌扇，蓮香入舞衣。」然則唐詩人好以歌扇、舞衣爲對也〔二〕。

【校勘】

①「府」原作「有」，據祠本改。馬本、庫本作「山」。

【箋證】

〔一〕曾慥《類説》卷五一《本事詩》「活剥生吞」條：「李義府嘗作詩曰：『鏤月爲歌扇，裁雲作舞衣。自憐回雪影，好取洛川歸。』有張懷慶好偷竊名士文章，乃爲詩曰：『生情鏤月爲歌扇，拙性裁雲作舞衣。照鏡自憐回雪影，來時好取洛川歸。』時語曰：『活剥張昌齡，生吞郭正一。』」

〔二〕劉詩，見《全唐詩》卷八二。杜詩，見《杜詩詳注》卷一二《數陪李梓州泛江有女樂在諸舫戲爲豔曲二首贈李》。儲詩，見《全唐詩》卷一三九《同武平一員外游湖》。周嬰《卮林》卷四《述洪·歌扇舞衣》，引《三筆》本條，接云：「王勣《詠妓》詩：『早時歌扇薄，今日舞衫長。』此唐風鼻祖也。李邕《太平公主南莊》詩：『流風入座飄歌扇，瀑水當堦濺舞衣。』陳子良妓詩：『紅樹摇歌扇，緑珠飄舞衣。』又賦妓詩：『明月臨歌扇，行雲接舞衣。』李白《宫中行樂詞》：『遲日明歌席，新花豔舞衣。』戴叔倫《感懷》詩：『歌扇多情明月在，舞衣無賴綵雲收。』張祜詠風：『摇摇歌扇舉，悄悄舞衣輕。』元稹月詩：『的的當歌扇，娟娟透舞衣。』許渾《夜按歌舞》詩：『舞衫未换紅鉛濕，歌扇初移翠黛顰。』寧僅儲、李數家乎！按，梁、陳習尚妖淫，詞篇多以取儷。陰鏗《詠妓》詩曰：『鶯啼歌扇後，花落舞衫前。』徐陵《雜曲》：『舞衫回袖勝春風，歌扇當窗似秋月。』庾信《看妓》詩：『緑珠歌扇薄，飛燕舞衫長。』張正見情詩：『舞衫飄冶袖，歌扇掩團紗。』紀少瑜《擬吴均體》云：『卻匣擎歌扇，開箱擇舞衣。』隋煬帝《宴東堂》曰：『清音出歌扇，浮香颺舞衣。』李孝貞《春園聽妓》曰：『紅樹摇歌扇，緑珠飄舞衣。』盧思道《後園宴》曰：『媚眼臨歌扇，嬌香出舞衣。』蓋六代緒風，唐人皆效之。然韓愈陳言務去，而《春雪》詩『已訝凌歌扇，還來伴舞腰』；玄宗發言如絲，《興慶宮》詩：『舞衣雲曳影，歌扇月開輪』，亦不脱脂粉之習，佳麗之移人久矣。宋秦國公主薨，神宗賜輓詞曰：『帳深閒翡翠，珮冷失珠璣。明月留歌扇，殘霞散舞衣。』胡元瑞《詩藪》謂有唐味，未知其拾六朝餘瀋也。」

15　官會折閲

官會子之作，始於紹興三十年，錢端禮爲户部侍郎，委徽州創樣撩造紙五十萬，邊幅皆不翦裁。初以分數給朝士俸，而於市肆要鬧處置五場，輦見錢收换，每一千別輸錢十，以爲吏卒用。商賈入納，外郡綱運，悉同見錢。無欠數陪償及腳乘之費，公私便之。既而印造益多，而實錢浸少，至於十而損一，未及十年，不勝其弊。壽皇念其弗便，出内庫銀二百萬兩售於市，以錢易楮焚棄之，僅解一時之急，時乾道三年也。淳熙十二年，邁自婺召還，見臨安人揭小帖，以七百五十錢兑一楮，因入對言之，喜其復行。天語云：「此事惟卿知之，朕以會子之故，幾乎十年睡不著。」然是後曩弊又生，且僞造者所在有之。及其敗獲，又未嘗正治其誅，故行用愈輕。迨慶元乙卯，多換六百二十，朝廷以爲憂。詔江、浙諸道必以七百七十錢買楮幣一道。此意固善，而不深思，用錢易紙，非有微利，誰肯爲之？因記崇寧四年有旨，在京市户市商人交子，凡一千許損至九百五十，外路九百七十，得貿鬻如法，毋得輒損，願增價者聽。蓋有所贏縮，則可通行，此理固易曉也〔一〕。

【箋證】

〔一〕《宋史》卷一八一《食貨志下三·會子》：「（紹興）三十年，户部侍郎錢端禮被旨造會子，儲見錢，於城内外流轉。其合發官錢，並許兑會子輸左藏庫。明年，詔會子務隸都茶場。三十二年，定僞造會子法。當時會紙取於徽、池，續造於成都，又造於臨安。會子初行，止於兩浙，後通行於淮、浙、湖北、京西。除亭户鹽本用錢，其路不通舟處上供等錢，許盡輸會子；其沿流州軍，錢、會中半；民間典賣田宅、馬牛、舟車等如之，全用會子者聽。孝宗隆興元年，詔會子以『隆興尚書户部官印會子之印』爲文，更造五百文會，又造二百、三百文會。置江州會子務。乾道二年，以會子之弊，出内庫及南庫銀一百萬收之。二年，以民間會子破損，別造五百萬換給。又詔損會貫百錢數可驗者，並作上供錢入輸，巨室以低價收者坐之。四年，以取到舊會毀抹付會子局重造，三年立爲一界，界以一千萬貫爲額，隨界造新換舊。以户部尚書曾懷同共措置，鑄『提領措置會子庫』印。每道收靡費錢二十足，零百半之。凡舊會破損，貫百字存、印文可驗者，即與兑換。五年，令行在榷貨務、都茶場將請算茶、鹽、香、礬鈔引，權許收換第一界，自後每界收换如之。其州縣諸色綱錢，以七分收錢，三分收會。九年，定捕造僞會之賞。淳熙元年，詔左藏南上庫給會子二十五萬，收買臨安、平江、紹興、明、秀州額外浮鹽，其齎到鈔錢，令榷貨務月終輸封椿庫，以備循環换易會子。三年，詔第三界、四界各展限三年，令都茶場會子庫以第四界續印會子二百萬貯南庫。當時户部歲入一千二百萬，其半爲會子，而南庫以金銀换收者四百萬，流行於界外者纔二百萬耳。光宗紹熙元年，詔第七、第八界會子各展三年。臣僚言：『會子界以三年爲限，今展至再，則爲九年，何以示信？』於是詔造第十界立定年限。慶元元年，詔會子界以三千萬爲額。」云云。戴植《鼠璞》卷上《楮券源流》，可參。《顧頡剛讀書筆記》卷一〇《宋代會子交子》條，録《三筆》本條，按云：「崇寧四年爲公元一一〇五年，其時商人交子已通行，猶清末錢莊所發之莊票也。紹興三十年爲一一六〇年，其時政府發行官會子，猶今日國家銀行之鈔票也。初只一千（一貫）減十，未及十年，以儲備不足，遂至一千減百。至淳熙十二年（一一八五），而一千減二百五十。至慶元元年（一一九五），而一千減三百八十。幣值急劇下降，至作《水滸傳》時，銀與鈔遂有極大距離矣。」

16 飛鄰望鄰

自古所謂四鄰，蓋指東西南北四者而言耳。蓋貪虐害民者，一切肆其私心。元豐以後，州縣榷賣坊場，而收净息以募役，行之浸久，弊從而生。往往鬻其抵産，抑配四鄰，四鄰貧乏，則散及飛鄰、望鄰之家，不復問遠近，必得償乃止。飛鄰、望鄰之説，誠所未聞。元祐元年，殿中侍御史吕陶奏疏論之〔一〕。雖嘗暫革，至紹聖又復然。

【箋證】

〔一〕吕陶奏疏，《續資治通鑑長編》卷三七六：哲宗元祐元年四月，「詔殿中侍御史吕陶往成都府路與轉運司議定役法。先是，陶屢奏疏，論差役利害及坊場坊郭等事。」陶疏有言：「坊場多有破敗，乃至出賣抵産，以償官錢，或抵産價高，出賣不行，則强責四鄰人承買，或四鄰人貧乏，承買不盡，則攤及飛鄰、望鄰之家，抑令承買。或本户抵産罄盡，尚欠官錢，則勒保人代納，亦須破壞産業，或虚指債負，妄起訟端，昏賴論訴，郡縣急於官課，更不問有無逋欠，遂使平人承認，械頸受箠，道路相望，囚繫坐獄，殊無虚日。其甚者至於自經溝瀆，鬻及男女，而猶不能免。大率一縣之内，中户以上，因買坊場或充壯保而破散者，十常四五。官方如此，百計督責，極力掊聚，而逐界所得實錢十分只及五六。成都管内坊場第一界賣七十二萬餘貫，第二界六十六萬餘貫，第三界四十二萬餘貫，大率只收得一半入官，外餘無可催理。一則因元買價高，虚張其數，二則爲物輕錢重，酒無厚利，三則日趨困窮，難於償納，以此天下坊場積壓少欠，其數極多」云云。疏又載吕陶《浄德集》卷一《奏乞放坊場欠錢狀》，可參。

17 衙參之禮

今監司、郡守初上事，既受官吏參謁，至晡時，僚屬復伺於客次，胥吏列立廷下通刺曰衙，以聽進退之命，如是者三日。如主人免此禮，則翌旦又通謝刺。此禮之起，不知何時〔一〕。唐岑參爲虢州上佐，有一詩，題爲《衙郡守還》，其辭曰：「世事何反覆，一身難可料。頭白翻折腰，還家私自笑。所嗟無産業，妻子嫌不調。五斗米留人，東溪憶垂釣。」然則由來久矣。韓詩曰：「如今便别官長去，直到新年衙日來。」〔二〕疑是謂月二日也。

【箋證】

〔一〕程大昌《演繁露》卷一四《衙》：「凡官寺吏卒率以晨、晡兩時致禮，俗呼『衙府』。古有之，而稱謂訛也。《説文》釋申曰：『吏以晡時聽事，申旦政也。』《藝文類聚》載古射覆蜜蜂之辭曰：『藹藹華華，雖無官職，一日兩衙。』則凡官寺日再聽事，吏卒因之，亦兩致其恭，當用『衙』『晡』二字，『府』『餔』，聲之訛者也。」按，南宋中期以後，此禮蓋已從簡。周必大《文忠集》卷四六《題祖妣秦國潘夫人書》：「右靖國元年辛巳祖妣秦國潘夫人從祖父初任圻州司法時與鄭州叔母姚氏書。按此書亦云：『起五更，每日兩衙。』極邊小壘，事體尚爾，況藩府乎？今儀門外雖有州縣官于此下馬牌，然背肩輿，直造客位，初到，略展衙禮，遠不過三日，近則是日亟免。並記此以示後人。」

〔二〕韓愈詩見《五百家注昌黎文集》卷九《送侯喜》。

容齋三筆卷十五 十八則

1 内職命詞

内庭婦職遷叙，皆出中旨，至中書命詞。如尚書内省官，固知其爲長年習事，如司字、典字、掌字，知其爲主守之微者。至於紅紫霞帔、郡國夫人，則其年齡之長少，爵列之崇庳，無由可以測度〔一〕。紹興二十八年九月，仲兄以左史直前奏事，時兼權中書舍人，高宗聖訓云：「有一事待與卿説，昨有宫人宫正者封夫人，乃宫中管事人，六十餘歲，非是嬪御，恐卿不知。」兄奏云：「係王剛中行詞，剛中除蜀帥，係臣書黄，容臣别撰入。」上頷首。後四日，經筵留身奏事，奏言：「前日面蒙宣諭，永嘉郡張夫人告詞，既得聖旨，即時傳旨三省，欲别撰進。昨日宰臣傳聖旨，令不須别撰。」上曰：「乃皇后閤中老管事人，今六十六歲，宫正乃執事者，昨日宰執奏欲换告，亦無妨礙，不須别進。今已年老多病，但欲得稱呼耳。」蓋昨訓詞中稱其容色云〔二〕。

【箋證】

〔一〕按張擴《東窗集》卷一〇有《紅霞帔鄭念八侯九娘轉尚字劉一娘轉司字制》《典記邢念二轉司字

制》《掌闈劉宜添轉典字制》《紅霞帔馮十一張真奴陳翠奴劉十娘王惜奴等並轉典字紅霞帔鮑倬兒紫霞帔王受奴並轉掌字制》《紅霞帔王八兒轉掌字制》，據此，則紅霞帔應在司字、典字、掌字之下。又《宋史》卷二四三《后妃傳下》：「劉貴妃，臨安人，入宮爲紅霞帔，遷才人，累遷婕妤、婉容。」「蔡貴妃，初入宮爲紅霞帔，封和義郡夫人，進婉容，淳熙十年冬拜貴妃。」則紅霞帔蓋爲宮人初級之官階。

〔二〕《建炎以來繫年要録》卷一八〇：紹興二十八年九月己卯，「封宮正張真奴爲永嘉郡夫人」。按，此人當即張擴制詞之紅霞帔轉掌字之張真奴。

2 蔡京除吏

唐天寶之季，楊國忠以右相兼吏部尚書，大集選人注擬於私第。故事，注官訖，過門下侍中、給事中，國忠呼左相陳希烈於座隅，（時改侍中爲左相①。）給事中在列，曰：「既對注擬，過門下了矣。」吏部侍郎二人與郎官同咨事，趨走於前，國忠誇謂諸妹曰：「兩箇紫袍主事何如？」〔一〕史策書此，以見國忠顓政舞權也。然猶令侍中、給事同坐，以明非矯。若蔡京之盜弄威柄，則又過之。政和中，以太師領三省事，得治事于家。弟卞以開府在經筵，嘗挾所親將仕郎吴説往見，坐于便室，設一卓，陳筆硯，置玉版紙闊三寸者數十片于上。卞言常州教授某人之淹滯，曰：「自初登科作教官，今已朝奉郎，尚未脱故職。」京問：「何以處之？」卞曰：「須與一提學。」京取一紙，書其姓名及提舉學事字而缺其路分，顧曰：「要何處？」卞曰：「其家極貧，非得俸入優厚處不可。」於是書「河北西路」字付老兵持出。俄別有一兵齎一雙緘及紫匣來，乃福建轉運判官直龍圖閣鄭可簡，以新茶獻，即就可漏上書「祕撰運副」四字授之。卞方語及吴説曰：「是安中司諫之子，頗能自立。」且王逢原外孫，與舒王夫人姻眷，其母老，欲求一見闕省局。」京問：「吴曾踏逐得未？」對曰：「打套局適缺。」又書一紙付出。少頃，卞目吴使先退。吴之從姊嫁門下侍郎薛昂，因館其家，才還舍，具以告昂，歎所見除目之迅速。昂曰：「此三者已節次書黄矣。」〔二〕始知國忠猶落第二義也。

【校勘】

①此注文，據馬本、庫本、祠本補。

【箋證】

〔一〕《舊唐書》卷一〇六《楊國忠傳》。

〔二〕此事未詳所出。按《宋史》卷四七二《蔡京傳》，太學生陳朝老疏京惡十四事，有瀆上帝、罔君父、結奥援、輕爵禄、熾親黨、長奔競諸項。御史張克公論京「輔政八年，權震海内，輕錫予以蠹國用，託爵禄以市私恩」。遂貶太子少保，出居杭。政和二年，召還京師，復輔政，徙封魯國，二日一至都堂治事。自稱公相，總治三省。暮年，即家爲府，營進之徒，舉集其門，輸貨僮隸得美官，棄紀綱法度爲虚器，患失之心無所不至，根株結盤，牢不可脱，卒致宗社之禍。雖譴死道路，天下猶以不正典刑爲恨。又《三朝北盟會編》卷五〇《靖康中帙》引《秀水閒居録》曰：「蔡京四入相。宣和末，京復總三省，許私第治事，三五日一造朝。時京已八十，目盲不能書，足蹇不能拜跪矣。其子絛用事，凡判筆皆絛爲之，仍代京禁中奏事。於是肆爲奸利，賞罰無章，黜陟紛紜。絛外兄韓梠者，驟用爲户部侍郎，密與謀議，貶逐朝士，殆無虚日。絛每造朝，侍從以下皆迎揖，附耳與語，堂吏抱文案數十人從之。遣使四出，誅求採訪，喜者令荐之，不喜令劾之。中外縉紳，無不側目。」

3　題先聖廟詩

兗州先聖廟壁，嘗有題詩者云：「靈光殿古生秋草，曲阜城荒噪晚鴉①。惟有孔林殘照日，至今猶屬仲尼家。」不顯姓名，頗爲士大夫傳誦〔一〕。予頃在福州，於吕虚己處，見邵武上官校書詩一册，内一篇題爲《州西行》，州西者，蔡京所居處也。注云：「靖康元年作。時京謫湖湘，子孫分竄外郡，所居第摧毁，索寞殆無人迹，故爲古調以傷之。」凡三十餘韻，今但記其末聯云：「君不見喬木參天獨樂園，至今仍是温公宅。」其意甚與前相類〔二〕。紹興二十五年冬，秦檜死，空其賜宅，明年開河，役夫輦泥土堆于牆下。天台士人左君作詩云：「格天閣在人何在，偃月堂深恨亦深。不見洛陽圖白髮，但知郿塢積黃金。直言動便遭羅織，舉目寧知有照臨。炙手附炎俱不見，可憐泥滓滿牆陰。」〔三〕語雖紀實，然太露筋骨，不若前兩章渾成也。左頗有才，最善謔。二十八年，楊和王之子偰，除權工部侍郎，時張循王之子子顔、子正，皆帶集英修撰，且進待制矣。會葉審言自侍御史、楊元老自給事中徙爲吏、兵侍郎，蓋以繳論之故。左用歇後語作絶句曰：「木易已爲工部侍，弓長肯作集英脩。如今臺省無楊、葉，豚犬超陞卒未休。」左居西湖上，好事請謁，人或畏其口，後竟終於布衣〔四〕。

【校勘】

①「噪」，馬本、庫本、祠本作「散」。

【箋證】

〔一〕孔傳《東家雜記》卷下《林》：「先聖葬曲阜城北」。「有唐以來，騷人墨客謁林者必一一賦詩而退，獨一絶云：（同本條，略。）最爲絶唱。傳仲父貳卿嘗刻於石，且題跋其後，曰：『宗翰自爲童稚，已聞人誦此詩，或云一詩僧留題，竟不知誰氏之作。』」

〔二〕《朱子語類》卷一四〇《論文下》：「蔡京父子在京城之西兩坊對賜甲第四區，極天下土木之工。一曰太師第，乃京之自居也；二曰樞密第，乃攸之居也；三曰駙馬第，乃鞗之居也；四曰殿監第，乃攸子之居也。攸妻劉，乃明達、明節之族，有寵，而二劉不能容，乃出嫁攸，權寵之盛亞之。京、攸四第對開，金碧相照。嘗見上官仲恭詩一篇，其間有《城西曲》，言蔡氏奢侈敗亡之事，最爲豪健，末云：『君不見喬木參天獨樂園，至今猶是温公宅。』仲恭乃上官彦衡之子也。惜乎其詩不行於世。」

〔三〕張仲文《白獺髓》：「秦檜師垣故第，即今之德壽宮，西有望仙橋，東有升仙橋。後紹興末年，師垣薨，適值天府開浚運河，人夫取泥，盡堆積府牆及門。有無名人題詩于門曰：（郁之按，前六句同《三筆》本條，略。後兩句作：「寂寞九原今已矣，空餘泥濘積牆陰。」較容齋所録含蓄有味。）韓侂胄平原甲第即瑞石北阜，爲第後，開禧末罪逐後，改爲寺監。齋舍生有題二絶于壁，曰：『掀天聲勢只冰山，廣厦空餘十萬間。若使早知明哲計，肯將富貴博清閑。花柳依然弄曉風，才郎袖手去無蹤。不知郿塢金多少，争似盧門席不重。』兩詩皆用董卓郿塢事，然權勢所歸之地，古今皆然也。」（《説郛》卷二八上録）

〔四〕王明清《玉照新志》卷五：「左與言，天台之名士也。其孫裒其樂章，求爲序其後。云：『政、宣之際，文物鼎盛，異才坌出。天台左君與言，委羽之詩裔，飽經史而下筆有神，名重一時，學者之所敬仰。策名之後，籍甚宦途，屢彰美效，藹聞薦紳，著書立言，自托不朽。平日行事，蓋見之國子虞仲容所述誌碑詳矣。吟咏詩句，清新嫵麗，而樂府之詞，調高韻勝，好事者尤所争先快覩，豪右左戚，尊席一笑，增氣忘倦。』」云云。按《三筆》此條之「天台士人左君」，蓋即其人。

4 季文子魏獻子①

擬人必於其倫，後世之説也，古人則不然。魯季文子出一莒僕，而歷引舜舉十六相去四凶，曰：「舜有大功二十而爲天子，今行父雖未獲一吉人，去一凶矣，於舜之功，二十之一也。」〔一〕晉魏獻子爲政，以其子戊爲梗陽大夫，謂成鱄曰：「吾與戊也縣，人其以我爲黨乎？」鱄誦《大雅·文王》「克明克類，克長克君」，「克順克比②，比于文王」之句，而以爲九德不愆。勤施無私曰類，擇善而從之曰比。言：「主之舉也，近文德矣。」〔二〕且季孫行父之視舜，魏舒之視文王，何啻天壤之不侔，而行父以自比，舒受人之諛不以爲嫌，乃知《孟子》所謂「顔淵曰：『舜何人也？予何人也？有爲者亦若是。』」〔三〕非過論也。

【校勘】

①「子」原作「公」，據馬本、庫本、祠本改。 ②「比」字原脱，今補。

【箋證】

〔一〕《左傳》文公十八年。「擬人必於其倫」，見《禮記·曲禮下》。

〔二〕《左傳》昭公二十八年。

〔三〕《孟子·滕文公上》。

車若水《脚氣集》卷上：「孟子道性善，言必稱堯舜，不獨是將堯舜來證性善，正是將堯、舜望天下之人。其曰：『世子疑吾言乎？』又曰：『彼丈夫也，我丈夫也。』『舜何人也？予何人也？有爲者亦若是。』是世子是慊愧了不敢望堯、舜，故有是説。」

5 尊崇聖字

自孔子贊《易》、孟子論善信之前〔一〕，未甚以聖爲尊崇，雖《詩》《書》《禮》經所載亦然也。《書》稱堯、舜之德，但曰「聰明文思」「欽明文思」「濬哲文明」「温恭允塞」。至益之對舜，始有「乃聖乃神」之語〔二〕。《洪範》「睿作聖」與「恭作肅，從作乂，明作哲，聰作謀」，同列於五事，其究但曰「聖時風若」，咎徵至以蒙爲對〔三〕。「惟聖罔念作狂，惟狂克念作聖」〔四〕，則以狂與聖爲善惡之對也。《詩》曰：「國雖靡止，或聖或否。」則以聖與否爲對也。下文「或肅或謀，或哲或艾①」，蓋與五事略同〔五〕。「人之齊聖」，不過「飲酒温克」而已〔六〕。《左傳》八愷：「齊」「聖」「廣」「淵」「明」「允」「篤」「誠」〔七〕，《周官》六德：「知」「仁」「聖」「義」「忠」「和」〔八〕，皆混於諸字中，了無所異。以故魯以臧武仲爲聖人，伯夷、伊尹、柳下惠皆曰聖，而孟子以爲否〔九〕。

【校勘】

①「或肅或謀或哲或艾」，馬本、祠本作「或哲或謀或肅或艾」。

【箋證】

〔一〕《易·文言》：「亢之爲言也，知進而不知退，知存而不知亡，知得而不知喪，其唯聖人乎！知進退存亡而不失其正者，其唯聖人乎！」《孟子·盡心下》：「可欲之謂善，有諸己之謂信，充實之謂美，充實而有光輝之謂大，大而化之之謂聖，聖而不可知之之謂神。」

〔二〕「聰明文思」「欽明文思」，出《堯典》。「濬哲文明」「温恭允塞」，出《舜典》。「乃聖乃神」，出《大禹謨》。

〔三〕《洪範》八庶徵，休徵有曰「聖時風若」，咎徵有曰「蒙恒風若」，故云以蒙爲對。

〔四〕《周書·多方》。《傳》曰：「惟聖人無念於善則爲狂人，惟狂人能念於善則爲聖人。」

〔五〕《小雅·小旻》。

〔六〕《小雅·小宛》：「人之齊聖，飲酒温克。」

〔七〕《左傳》文公十八年：「齊、聖、廣、淵、明、允、篤、誠，天下之民，謂之八愷。」

〔八〕《周禮·地官·大司徒》。

〔九〕《左傳》襄公二十二年：「臧武仲如晉，雨，過御叔，御叔在其邑，將飲酒，曰：『焉用聖人，我將飲酒，而已雨行，何以聖爲？』穆叔聞之曰：『不可使也。』」杜注：「武仲多知，時人謂之聖。」《孟子·公孫丑上》：「曰：『伯夷、伊尹何如？』曰：『不同道。非其君不事，非其民不使，治則進，亂則退，伯夷也；何事非君，何使非民，治亦進，亂亦進，伊尹也；可以仕則仕，可以止則止，可以久則久，可以速則速，孔子也：皆古聖人也，吾未能有行焉。乃所願，則學孔子也。』『伯夷、伊尹於孔子，若是班乎？』孟子曰：『否！自有生民以來，未有孔子也。』」

6 媵字訓

媵之義爲送，《春秋》所書，晉人衛人來媵，皆送女也〔一〕。《楚辭·九章》云：「波滔滔兮來迎，魚鱗鱗兮媵予。」其義亦同〔二〕。《周易·咸卦》象曰：「咸其輔頰舌，媵口説也。」《釋文》云：媵，達也。九家皆作「乘」，而鄭康成、虞翻作「媵」，而亦訓爲送云〔三〕。

【箋證】

〔一〕《春秋》成公八年，「衛人來媵」。九年，「晉人來媵」。《左傳》僖公五年：「媵秦穆姬」，杜氏注：「秦穆姬，晉獻公女。送女曰媵。」王楙《野客叢書》卷一六《古之媵者》：「説者謂古之媵猶今之從嫁者也。媵，送也，妾送嫡而行，故謂妾爲媵，如女英隨娥皇事舜是也。僕案《公羊傳》曰：『媵者何？諸侯娶一國則二國往媵之，以姪、娣從。』姪者，兄之子；娣者，女弟也。又考《毛詩正義》，凡送女適人者，男女皆謂之媵。僖五年《左傳》，晉人襲虞，執其大夫井伯以媵秦穆姬。史傳稱伊尹有莘氏之媵臣。是送女者雖男亦名媵也。」

〔二〕《楚辭·九歌·河伯》。王逸《楚辭章句》：「媵，送也。」「九歌」，訛作「九章」。

〔三〕陸德明《經典釋文》卷二《周易音義・周易下經咸傳第四》。《易》九家，謂荀爽、京房、馬融、鄭玄、宋衷、虞翻、陸績、姚信、翟子玄。

沈濤《銅熨斗齋隨筆》卷一《滕口説也》：「《咸》上六象：『滕口説也』。《釋文》云：『九家作乘，虞作媵，鄭云送也。』濤案，戴埴《鼠璞》引《釋文》云，滕，鄭康成、虞翻作媵，而亦訓爲送。《容齋三筆》同。則是戴氏、洪氏所見《釋文》本作鄭、虞作媵，云送也。今本誤將鄭字轉寫於媵字之下，幾疑鄭不改字，而虞不訓送矣。又案，《古周易音訓》引晁氏曰：鄭作『媵送也』，虞作『騰送也』。是嵩山所據本，虞作『騰』，不作『媵』。然『騰』無送義，自當以戴、洪所據爲正。李鼎祚《集解》亦引虞翻曰『媵送也』。」

媵字義訓，另可參戴植《鼠璞》卷上《媵妾》，焦竑《焦氏筆乘續集》卷五《媵》。又姜亮夫《楚辭通故》第二輯《制度部第六》「媵」條，引清華《國學論叢》刊楊筠如《釋媵》一文，接云：「惟此送義，非僅送迎，大部分應包含送贈之義在内。媵本送女之人，亦即贈與娶者之下級女人，伊尹爲有莘之媵，則以男送女，亦得曰媵。至『魚媵』者，言魚鱗鱗衆多，河伯以贈於余，而送余東去也。」

7 周禮奇字

《六經》用字，固亦間有奇古者，然唯《周禮》一書獨多。予謂前賢以爲此書出於劉歆〔一〕，歆常從揚子雲學作奇字〔二〕，故用以入經。如法爲灋、柄爲枋、邪爲衺、美爲媺、呼爲嘑、拜爲摟、韶爲磬、怪爲傀、暴爲虣、獨爲簎①、風爲飌、鮮爲鱻、槁爲藃、螺爲蠃、蜱爲蠯②、魚爲䱷、埋爲貍、吹爲龡、陔爲祴、暗爲韽、柝爲欜、探爲撢、翅爲翨、摘爲硩、駭爲駴、擊爲轚、辜爲橭、掬爲華、冪爲幎、藻爲藻、昃爲仄、叩爲敂、艱爲囏、魅爲鬽，與夫庮、皫、胖、鱐③、齍、眡、劀、酏、㮚、虋、箈、鬻、梱、緆、齵、奰、檠、輮之類，皆他經鮮用。予前已書之而不詳悉。若《考工記》之字，又不可勝載也。

【校勘】

①「獨」，馬本、庫本、祠本作「擉」。　②「蜱」，馬本、庫本、祠本作「脾」。　③「鱐」，庫本作「繡」。

【箋證】

〔一〕參《續筆》卷一六《周禮非周公書》。

〔二〕趙與旹《賓退録》卷五：「《漢書·揚雄傳》云：『劉棻嘗從雄學作奇字。』韓文公《題張十六所居》詩云：『端來問奇字，爲我講聲形。』然傳但云學作奇字，不言問奇字，後來相承而用，蓋又以韓詩爲本。傳又云：『家素貧，嗜酒，人希至其門。時有好事者，載酒肴從游學。』與前『學作奇字』凡隔數十字，了不相涉。而近世文人多云『載酒問字』『載酒問奇字』之類，不知何所本也。《藝文志》云：『蕭何草律，太史試學童能諷書九千字以上，乃得爲史。又以六體試之，課最者以爲尚書御史書令史。六體者，古文、奇字、篆書、隸書、繆篆、虫書。』師古曰：『古文，謂孔子壁中書；奇字，則古文而異者也。』許叔重《説文解字》云：『亡新居攝，使大司空甄豐等校文書之部。時有六書，一曰古文，孔子壁中書也；二曰奇字，即古文而異者也。』與顏注合。其後晉衛巨山《四體書勢》、元魏江式《論書表》皆同。然則奇字者，與科斗文字略相似，而異於小篆，六書之一體耳。今人才見書籍中難字，便謂之奇字，非也。《容齋三筆》摘《周禮》中字，如攀、磬、飌、鱻之類，凡數十爲一則，題曰《周禮奇字》，且云：『前賢以爲此書出於劉歆。歆常從揚子雲學作奇字，故用以入經。』蓋亦失於詳考。學作奇字者，歆之子棻，亦非歆也。」焦竑《俗書刊誤》卷七：「《周禮》奇字，洪文敏嘗記之。今更益其未備。」可參，不具録。

〔三〕《三筆》卷一〇《六經用字》，可參。

8 大禹之書

《夏書·五子之歌》，述大禹之戒，其前三章是也。禹之謨訓，捨《虞》《夏》二書外，他無所載。《漢·藝文志》雜家者流，有《大命》三十七篇，云：「傳言禹所作，其文似後世語①。」命，古禹字也，意必依倣而作之者，然亦周、漢間人所爲，今寂而無傳，亦可惜也〔一〕。

【校勘】

①「似」，原作「以」，據馬本、庫本、祠本改。

【箋證】

〔一〕《漢書》卷三〇《藝文志》。師古曰：「帇，古禹字。」王應麟《漢藝文志考證》卷七「《大帇》三十七篇」條：「《賈誼書·修政語》引大禹曰：『民無食也，則我弗能使也。功成而不利於民，我弗能勸也。』」王應麟《困學紀聞》卷二《書》：「漢初去聖未遠，帝王遺書，猶有存者。」亦舉賈誼《新書·修政語》所載。嚴可均《全三代文》輯八條。姚振宗《漢書藝文志條理》卷二之下：「按嚴氏所録諸佚文，當出此書。又後漢王逸注《離騷》引《禹大傳》曰：『洧盤之水出崦嵫之山。』《禹大傳》及《禹本紀》或當是此書篇目。又《岣嶁碑文》，或亦當在此書。」

9 隨巢胡非子

《漢書·藝文志》墨家者流有《隨巢子》六篇、《胡非子》三篇，皆云墨翟弟子也。二書今不復存，馬總《意林》所述，各有一卷〔一〕。隨巢之言曰：「大聖之行，兼愛萬民，疎而不絶，賢者欣之，不肖者憐之。賢而不欣，是賤德也，不肖不憐，是忍人也。」又有「鬼神賢於聖人」之論，其於兼愛、明鬼，爲墨之徒可知〔二〕。胡非之言曰：「勇有五等：負長劍，赴榛薄，折兕豹，搏熊羆，此獵徒之勇也；負長劍，赴深淵，折蛟龍，搏黿鼉，此漁人之勇也；登高危之上，鵠立四望，顔色不變，此陶岳之勇也①；剽必刺，視必殺，此五刑之勇也；齊威公以魯爲南境，魯憂之，曹劌匹夫之士，一怒而劫萬乘之師，存千乘之國，此君子之勇也。」其説亦卑陬無過人處〔三〕。

【校勘】

①「岳」原作「匠」，據馬本、庫本、祠本改。

【箋證】

〔一〕《隋書·經籍志》《新唐書·藝文志》著録《隨巢子》一卷、《胡非子》一卷。王應麟《漢藝文志考證》卷七「隨巢子六篇、胡非子三篇」條：「《藝文類聚》引《隨巢子》曰：『昔三苗大亂，天命夏禹於玄宫，有大神，人面鳥身，降而福之。司禄益食而民不饑，司金益富而國家實，司命益年而民不夭，四方歸之。禹乃克三苗，而神民不違。』《史記索隱》引《隨巢子》云：『夷羊在牧，飛拾滿野。天鬼不顧，亦不賓滅。』《太平御覽》引：『昔三苗大亂，龍生于廟，犬哭于市，天賜武王黄鳥之旗以代殷。』愚謂此即墨氏之明鬼也。」錢穆《先秦諸子繫年》有《墨子弟子通考》，云：「隨巢、胡非，名字不見《墨子》書，其著書亦不傳，其雜見於他書稱引者，亦未見其必爲墨子弟子也。今《墨子》書如《尚賢》《尚同》《兼愛》《非攻》《節用》《節葬》《天志》《明鬼》《非樂》《非命》，皆稱『子墨子曰』，明其爲門弟子所記。又每題各分三篇，或乃墨分爲三後，各記所受於師者。《墨經》尤晚出，當在墨學二三傳以後。其書皆有條貫，不自爲稱説，疑當時墨子門徒，並不自著書。隨巢、胡非，殆出後世假託。」

按，《太平御覽》引《隨巢子》有曰：「夏桀德衰，岱淵沸。」（卷七〇地部三五）又曰：「幽、厲之時，奚祿山壞，天賜玉玦於羿，遂以殘其身，以此爲福而禍。」（卷八〇五珍寶部四）又《晉書》卷三三《王祥傳》：「《隨巢子》稱：『明君之德，察情爲上，察事次之。』」又《太平御覽》引《胡非子》曰：「一人曰：『吾弓良，無所用矢。』一人曰：『吾矢善，無所用弓。』羿聞之，曰：『非弓何以往矢，非矢何以中的？』令合弓矢而教之射。」（卷三四七兵部七八）又曰：「胡非子修墨以教，有屈將子好勇，聞墨者非鬥，帶劍危冠往見胡非子，劫而問之，曰：『將聞先生非鬥而好勇，有説則可，無説則死。』胡非子爲言五勇，屈將子悦服。」（卷四九六人事部一三七）皆不見于《意林》。今有馬國翰玉函山房輯本。孫詒讓《籀廎述林》卷四《墨子後語小叙》：「隨巢、胡非，則多主於明鬼、非鬥，與七十一篇之恉若合符契。」

〔二〕所引《隨巢子》「大聖之行」一節，出馬總《意林》卷一。

「鬼神賢於聖人」之論，見《意林》卷一，云：「執無鬼者曰越蘭，問隨巢子曰：『鬼神之智何如聖人？』曰：『聖也。』越蘭曰：『治亂由人，何謂鬼神邪？』隨巢子曰：『聖人生於天下，未有所資，鬼神爲四時八節以化育之，乘雲雨潤澤以繁長之，皆鬼神所能也。豈不謂賢於聖人？』」馬國翰玉函山房輯本序曰：「其論鬼神之能，亦即《中庸》『體物而不可遺』之意，而謂鬼賢於聖人，過爲奇語，醇駁分焉已。」

《文獻通考》卷二一二《經籍考》「隨巢子、胡非子」條，引石林葉氏曰：「吾嘗從趙全僉得《隨巢子》一卷，其間乃載唐太宗造明堂事。初不曉名書之意，因讀班固《藝文志》，墨家有《隨巢子》六篇，注言墨翟弟子，乃知後人因公輸之事假此名耳。」蓋其書南宋前期尚存於世。

〔三〕所引《胡非子》，出馬總《意林》卷一。

沈欽韓《漢書藝文志疏證》卷二：「胡非言『勇有五等』云云。按其言與《説苑·善説篇》林既語齊景公同。無稽之談，彼此般演，以是名家，一錢不值。始皇烈火，惜其不分皂白。若此輩，恨不盡空之！」

錢穆《墨子弟子通考》引馬國翰云：「隨巢書多言災祥禍福，其論鬼神之能，即《中庸》體物而不可遺之意。胡非『五勇』一篇，與《莊子》相出入。『説弓矢』亦本《韓非子》矛盾之喻。戰國人文字相襲，往往而然。」（馬國翰玉函山房輯本序）錢氏遂云：「據此，二書皆晚出無疑。」

10 別國方言

今世所傳揚子雲《輶軒使者絶代語釋別國方言》，凡十三卷，郭璞序而解之〔一〕。其末又有漢成帝時劉子駿與雄書，從取《方言》及雄答書〔二〕。以予考之，殆非也。雄自序所爲文，《漢史》本傳但云：「經莫大於《易》，故作《太玄》；傳莫大於《論語》，作《法言》；史篇莫善於《倉頡》，作《訓纂》；箴莫善於《虞箴》，作《州箴》；賦莫深於《離騷》，反而廣之；辭莫麗於相如，作四賦。」雄平生所爲文盡於是矣，初無所謂《方言》。《漢·藝文志》，小學有《訓纂》一篇，儒家有雄所序三十八篇，注云：「《太玄》十九，《法言》十三，樂四，箴二。」雜賦有雄賦十二篇，亦不載《方言》。觀其答劉子駿書，稱「蜀人嚴君平」。案君平本姓莊，漢顯宗諱莊①，始改曰「嚴」。《法言》所稱「蜀莊沈冥，蜀莊之才之珍」，「吾珍莊也」，皆是本字，何獨至此書而曰「嚴」？又子駿只從之求書，而答云：「必欲脅之以威，陵之以武，則縊死以從命也。」何至是哉！既云成帝時子駿與雄書，而其中乃云「孝成皇帝」，反覆牴牾。又書稱「汝、潁之間」，先漢人無此語也，必漢、魏之際好事者爲之云〔三〕。

【校勘】

①「宗」，馬本、庫本、祠本作「帝」。

【箋證】

〔一〕《四庫全書總目》卷四〇《方言》提要：「《方言》十三卷，舊本題漢揚雄撰、晉郭璞注。考《晉書·郭璞傳》有注《方言》之文，而《漢書·揚雄傳》備列所著之書，不及《方言》一字。稱雄作《方言》，實自劭始。（郁之按，見應劭《風俗通義序》。盧文弨《抱經堂文集》卷三《重校方言序》云：「劉歆求《方言》入録，子雲不與，故《藝文志》無之。乃班氏於雄本傳舉其所著書，亦闕《方言》，世不能無疑。考常璩《華陽國志》載雄書，凡《太玄》《法言》《訓纂》《州箴》《反離騷》皆與傳同，而不及四賦，乃云『典莫正於《爾雅》，作《方言》』，此最爲明證。應劭而下，稱引日益多，而是書遂大著。」又，王先謙《方言校證合刊序》：「昔班孟堅爲揚子雲作傳，具列所爲書而不載《方言》，《藝文志》亦無其目。宋洪邁乃疑是書爲僞託。然考常氏《華陽國志》述蜀都先賢贊，稱子雲作《方言》。常書本之陳承祚《耆舊傳》，其言可信，而班氏獨闕者，蓋因其書不見於劉向、歆父子《七略》，無所據以入《志》，遂併傳删『自序』兩言耳。」）魏晉以後，諸儒轉相沿述，皆無異詞。惟宋洪邁《容齋隨筆》始考證《漢書》，斷非雄作，然邁所摘劉歆與雄往返書中既稱在成帝時不應稱孝成皇帝一條，及東漢明帝始諱莊不應西漢之末即稱莊遵爲嚴君平一條，則未深中其要領。考書首『成帝時』云云，乃後人題下標注之文，傳寫舛訛，致與書連爲一，實非歆之本詞，文義尚犂然可辨。書中載楊莊之名不作嚴字，實未嘗預爲明帝諱，其嚴君平字，或後人傳寫追改，亦未可知，皆不足斷是書之僞。惟後漢許慎《説文解字》多引雄説，而其文皆不見於《方言》。又慎所注字義，與今《方言》相同者不一而足，而皆不標揚雄《方言》字，知當慎之時，此書尚不名《方言》，亦尚不以《方言》爲雄作，故馬、鄭諸儒未嘗稱述。至東漢之末，應劭始有是説。舊本題曰《輶軒使者絶代語釋別國方言》，其文冗贅，故諸家援引及史志著録皆省文，謂之《方言》。《舊唐書·經籍志》則謂之《別國方言》，實即一書。又《容齋隨筆》稱此書爲《輶軒使者絶域語釋別國方言》，以『代』爲『域』，其文獨異。然諸本並作『絶代』，書中所載，亦無絶域重譯之語，洪邁所云，蓋偶然誤記，今不取其説焉。」

〔二〕《四庫全書》本《輶軒使者絶代語釋別國方言》卷一三《劉歆與揚雄書》題下有館臣案語云：「《方言》各本附劉歆書及雄答書，云：『雄爲郎一歲，作繡補、靈節、龍骨之銘詩三章，及天下上計孝廉，雄問異語紀十五卷。積二十七年，漢成帝時，劉子駿與雄書從取《方言》曰』。此五十二字，不知何人所記，宋本已有之。其曰『漢成帝時』，四字最爲謬妄。據《漢書·揚雄傳贊》云：『初，雄年四十餘，自蜀來至，游京師。』又云：『年七十一，天鳳五年卒。』使歆與書在成帝之末年甲寅，下距天鳳五年，凡二十五年；由甲寅上溯二十七年，乃元帝竟寧元年戊子，雄年甫二十。豈年四十餘自蜀來至游京師者邪？洪邁不察此五十二字乃後人於標題之下叙述二書之緣起，誤以王莽時爲成帝時，非原書之所有，故所作《容齋隨筆》稱今世所傳揚子雲《輶軒使者絶代語釋别國方言》凡十三卷，郭璞序而解之，其末又有漢成帝時劉子駿與雄書，從取《方言》及雄答書。既云成帝時子駿與雄書，而其中乃云孝成皇帝，反復牴牾，云云，殊爲未考。今削此五十二字，以免滋疑惑於後焉。」又同卷《揚雄答劉歆書》「蜀人有嚴君平」句下亦有館臣案云：「常璩《華陽國志》云：『高尚逸民嚴遵，字君平，成都人。』又云：『嚴君平，經德秉哲。』《漢書·地理志》後有『王褒、嚴遵、揚雄之徒，文章冠天下』。嚴遵即莊遵。漢顯宗孝明皇帝諱莊，始改爲嚴。揚雄《法言·問明篇》：『蜀莊沈冥，蜀莊之才之珍也。』吴祕注云：『莊遵字君平。』洪邁《容齋隨筆》以《法言》不諱莊字，何獨至此書而曰嚴，不知本書不諱，而後人改之者多矣。此書下文蜀人有楊莊者，不改莊字，獨習熟於嚴君平之稱而妄改之，與後石室改爲石渠同。」

〔三〕戴震《方言疏證序》：《方言》「漢末晉初乃盛行，故應劭舉以爲言，而杜預以釋經，江瓊世傳其學，以至於式。他如吴薛綜述《二京解》，晉張載、劉逵注《三都賦》，晉灼注《漢書》，張湛注《列子》，宋裴松之注《三國志》，其子駰注《史記》，及隋曹憲、唐陸德明、孔穎達、長孫訥言、李善、徐堅、楊倞之倫，《方言》及注，幾備見援摭。其後獨洪邁疑之，謂雄所爲文，盡見於《自序》及《漢志》，初無所謂《方言》，則並《傳贊》內『自序』二字，結上所録《法言自序》者未之審，又未考雄之文如《諫不受單于朝書》《趙充國頌》《元后誄》等篇，溢於《雄傳》及《藝文志》外者甚多，而輕置訾議，豈應劭、杜預、晉灼及隋、唐諸儒，咸莫之考實邪？常璩《華陽國志》於林閭、翁孺、楊莊，並云見揚子《方言》。李善注《文選》，引張伯松曰：『是懸諸日月不刊之書也。』亦直稱『揚雄《方言》曰』。可證歆、雄遺答書附入《方言》卷末已久。」（《戴震集》卷一〇）

或有以爲《方言》即《别字》者。錢大昕《三史拾遺》卷三：「《别字》十三篇，即揚雄所撰《方言》十三卷也。本名《輶軒使者絶代語釋别國方言》，或稱《别字》，或稱《方言》，皆省文。」然姚振宗《漢書藝文志拾補》卷一則辨之云：「《藝文志》有《别字》十三篇，或以爲即是《方言》，亦非也。《别字》不著撰人，何由知其爲雄作？《别字》爲字書之屬矣，若《方言》乃訓詁之流。劉歆書云『屬聞子雲獨采集先代絶言異國殊語以爲十五卷』，雄還書自稱《殊言》十五卷，其非《别字》十三篇明甚。《方言》本十五篇，《隋》《唐志》及今本並十三卷者，杭東里人盧文弨校刊曰：『並合與遺脱不可知。』」東景南《别字即方言考》云：「自宋人洪邁於《容齋隨筆》中疑《方言》非揚雄所作，《方言》作者遂成一大懸案。逮至清雖有戴震作《方言疏證》，對劉歆、揚雄問答書有所考定，亦不足以摧破洪邁以來流行誤説，今人對《方言》是否揚雄所作仍真僞莫辨。」

柬文仍承錢大昕之説，考證劉歆、揚雄二書斷非僞作，而謂《漢書·藝文志》所載《别字》十三篇，即今揚雄《方言》十三卷。（中華書局編輯部編《文史》第三十九輯）

11 縱臾

《史記·衡山王傳》：「日夜從容王密謀反事。」《漢書》傳云：「日夜縱臾王謀反事。」如淳曰：「臾讀曰勇，縱臾，猶言勉强也。」顔師古曰：「縱音子勇反。縱臾謂奬勸也。」〔一〕揚雄《方言》云：「食閻、慫慂，（音與上同①。）勸也。南楚凡己不欲喜而旁人説之，不欲怒而旁人怒之，謂之食閻，亦謂之慫慂。」今《禮部韻略》收入〔二〕，《漢》注皆不引用。

【校勘】

①此注文據馬本、庫本、祠本補。

【箋證】

〔一〕《漢書》卷四四《衡山王傳》。

〔二〕《增修互注禮部韻略》卷三「二腫」慂字下引《方言》。方以智《通雅》卷六《釋詁·謰語》：「從容，一作縱臾、將養、慫慂、縱勇、從諛。」

12 總持寺唐敕牒

唐世符帖文書，今存者亦少。隆興府城内總持寺有一碑，其前一紙，乾符三年，洪州都督府牒僧仲暹；次一紙，中和五年，監軍使帖僧神遇；第三紙，光啓三年十一月，中書門下牒江西觀察使〔一〕。其後列銜者二十四人，曰中書侍郎兼兵部尚書平章事杜遜能，門下侍郎兼吏部尚書平章事孔緯，此後檢校左僕射一人，檢校司空二人，檢校司徒八人，檢校太保三人，檢校太傅一人，檢校太尉三人，檢校太師一人，皆帶平章事著姓，太保兼侍中昭度不書韋字，檢校太師兼侍中一人，太師兼中書令一人，皆不著姓〔二〕，捨杜、孔、韋三正相之外，餘皆小書使字，蓋使相也。後又有節度使鍾傳兩牒，字畫端勁有法，如士人札翰，今時臺省吏文不能及也〔三〕。嘉祐二年，雒陽人職方員外郎李上交來豫章東湖，見所藏真迹，爲辨之云：二十一人者，乃張濬、朱玫、李福、李可舉、李罕之、陳敬瑄、王處存、王徽、曹誠、李匡威、李茂貞、王重榮、楊守亮、王鎔、樂彦禎①、朱全忠、張全義、拓跋思恭、時溥、王鐸、高駢也。而注云：「見《僖宗紀》及《實録》。」〔四〕以予考之，自三相及拓跋、樂彦禎、時溥、張濬、朱全忠、李茂貞諸人外，如李克用、朱瑄、王行瑜皆是時使相，不應缺，而朱玫、王鐸、王重榮、李福皆已死，所謂太師中書令者，史策不載，唯陳敬瑄檢校此官而兼中令，最後者其是歟？他皆不復可究質矣〔五〕。

【校勘】

①「禎」原作「祺」，據馬本、祠本改。

【箋證】

〔一〕葉昌熾《語石》卷三：「今總持三牒已亡。」

〔二〕錢大昕《二十二史考異》卷五八《舊唐書二·刑法志》「於是太尉趙國公無忌、司空英國公勣、尚書左僕射兼太子少師監修國史燕國公志寧」條，案云：「《卻掃編》：『舊制，宰相官僕射以上，敕尾不書姓，蓋用唐故事也。』志寧以僕射不書姓，無忌、勣官三公，又在僕射之上，故亦不書姓。尚書唐紹以下則皆書姓矣。」

〔三〕司馬光《書儀》卷一：「牒式：某司牒某司或某官，某事云云。牒云云。若前列數事，則云牒件如前云云。謹牒，年、月、日牒。列位。三司首判之官一人押，樞密院則都承旨押。」趙昇《朝野類要》卷四《文書》「敕牒」條：「凡知縣以上，並進士及第出身，並被指揮差充試官，或奉使接送館伴，及僧道被旨住持，並廟額，並給敕牒。」

〔四〕李上交所據之《僖宗紀》及《實録》，今皆莫考。上交著有《近事會元》五卷。陳振孫《書録解題》卷一〇云：「自唐武德至周顯德，雜事細務，皆紀之。」《四庫提要》：「上交，贊皇人，始末未詳。是書成于嘉祐元年。」按，李上交生平，勞格《讀書雜識》卷一一有考，可參。

〔五〕《新唐書》卷二二四下《陳敬瑄傳》：僖宗時，敬瑄進檢校左僕射同中書門下平章事，再加檢校司徒兼侍中，再進兼中書令。

岑仲勉《唐史餘瀋》卷三《僖宗》「光啓三年相及使相」條，引《三筆》本條，後云：「此碑今殆不存，檢校各官下之姓，洪氏雖未一一分隸，然由李上交之考證，約知李姓者五人，王姓者五人。《舊紀》一九下，光啓元年六月下，『是月，（李）全忠收合殘衆攻幽州，李可舉舉室登樓，自焚而死』，則光啓三年不得有李可舉，此應剔出者一。《舊書》一七八《王徽傳》：『朱玫既誅，天子自褒中還至鳳翔，召徽拜御史大夫。』玫誅於二年十二月，還鳳翔在三年三月，凡朝官帶平章事者即是正相，且徽既是朝官，斷不入使相之列也，此應剔出者二。《舊紀》一九下，光啓三年『九月，辛未朔，淮南節度使高駢爲其牙將畢師鐸所殺』；又《通鑑》二五七，是歲五月，駢請解所任，則十一月之牒，似不至仍署高名。況據《舊書》一八二《駢傳》及《通鑑》二五五，中和二年五月下所書駢使相之銜，應是檢校太尉兼侍中（《唐方鎮年表》五所書兼中書令，有誤，當別辨之），今《三筆》所列署銜，無相當者，此應剔出者三。再加洪氏所舉，應去者朱玫、李福、王重榮、王鐸四人，合爲七人，依洪氏補朱瑄、李克用、王行瑜三人，尚差四人。復次，《舊紀》光啓三年正月，『兵部侍郎、諸道租庸使張濬本官同平章事』，文德元年二月，『宰相張濬兼兵部尚書，進階開府儀同三司』，（《新書》六三《宰相表》則附濬相於三年九月，《通鑑》二五七同），《新書》一八五本傳亦云：『後再狩山南，拜同中書門下平章事仍判度支』，是三年十一月前，濬固正相，非使相也，牒內何以未署濬名？《舊書》一七九本傳云：『僖宗再幸山南，拜平章事判度支，……及再幸山南，復恭代令孜爲中尉，罷濬知政事。』言濬中罷，與前引文異，然亦未見其出爲使相也，存疑者一。《通鑑》二五八，昭宗大順元年十月，『加邠寧節度使王行瑜侍中，佑國節度使張全義同平章事』，則僖宗朝全義似未爲使相，存疑者二。《通鑑》二五六，光啓元年五月，『加陝虢節度使王重盈同平章事』，同書二五七，光啓三年六月，『制以陝虢節度使王重盈爲護國節度使』，是重榮既死，而重盈仍是使相，應補者一。今檢校官之十九姓，既未一一分疏，而不著姓之兩使相，李上交擬爲何人，又無從臆測，故此牒終無法爲詳確之考證也。」

13 禁旅遷補

國朝宿衛禁旅遷補之制，以歲月功次而遞進者，謂之排連。大禮後，次年殿庭較藝，乘輿臨軒，曰「推垛子」。其歲滿當去者，隨其本資，高者以正任團練使、刺史補外州總管、鈐轄，小者得州都監①，當留者於軍職内陞補，謂之轉員〔一〕。唯推垛之日，以疾不趁赴者，爲害甚重。紹興三十二年四月，予以右史午對，時將有使事②，與上介張才甫同飯於皇城司。有一老兵，幞頭執黑杖子，拜辭皇城幹辦官劉知閤，泣涕哽噎，劉亦爲惻然。予問其故，兵以杖相示，滿其上皆揭記士卒姓名營屯事件，云身是天武第一軍都指揮使，曾立戰功，積官至遥郡團練使，今年滿當出職，若御前呈試了，便得正任使名，而爲近郡總管。不幸小疾，遂遭揀汰，只可降移外藩將校，在身官位一切除落，方伏事州都監聽管營部轄。三十年勤勞，一旦如掃，薄命不偶，至於如是。坐者同歎息憐之〔二〕。案，崇寧四年有詔，諸班直嘗備宿衛，病告滿尚可療者，殿前指揮使補外牢城指揮使，蓋舊法也〔三〕。

【校勘】

①「都」原作「郡」，據庫本、祠本改。馬本作「部」。　②「使」原作「吏」，據馬本、庫本、祠本改。

【箋證】

〔一〕《宋史》卷一九六《兵志》：「遷補之制，自殿前、侍衛馬步軍校，每遇大禮後，各以次遷，謂之『轉員』。」「凡軍頭、十將、節級轉補，謂之排連。有司按籍閲試，如列校轉員法。」其制度甚細，可參不贅。

《文獻通考》卷一五四《兵考》：「遷補之制，凡諸軍校歲月有久近，功效有優劣，或聯比其名，而加遷擢，名曰排連。其有戰功，或大禮郊恩，以次遷補，則曰轉員。」後引《三筆》本條。

按《四庫全書考證》卷四二《史部・文獻通考上》：「《文獻通考》卷一百五十四，容齋洪氏『唯堆垛之日以疾不趁赴者其害甚重』，刊本『堆』訛『推』，今改。」郁之按，周必大《文忠集》卷一四六《吴珪等轉官回奏》有云：「吴珪、韓侂胄堆垛子轉官。」胡寅《斐然集》卷一五《繳内侍馮益轉官》有云：「皇城司親從官堆垛子，配填班直。」正作「堆垛子」。

〔二〕《宋史》卷一九四《兵志》：「中興以後，兵不素練。自軍校轉補之法行，而揀選益精。大抵有疾患則選，有老弱則選，藝能不精則選，或由中軍揀補外軍，或揀外邊精鋭以升禁衛。」

〔三〕《宋史》卷一九六《兵志》：「（熙寧）四年，詔諸班直嘗備宿衛，病告滿尚可療者，殿前指揮使補外牢城指揮使，餘以爲捧日、天武第五軍押營，奉錢三千者予五百，二千以下者予三百。六年，詔軍校老而諳部轄者優假之；雖疾不至罷癃，或未七十猶堪任事者勿罷。即法雖當留而不能部轄者以聞，當議處之廂軍。」《三筆》本條作「崇寧」，誤。

14　六言詩難工

唐張繼詩，今人所傳者唯《楓橋夜泊》一篇，荆公《詩選》亦但别有兩首〔一〕，《樂府》有《塞孤》一篇〔二〕。而《皇甫冉集》中載其所寄六言曰：「京口情人别久，揚州估客來疎。潮至潯陽回去，相思無處通書。」冉酬之，而序言：「懿孫，予之舊好，祇役武昌，有六言詩見憶，今以七言裁答，蓋拙於事者繁而費。」冉之意，以六言爲難工，故衍六爲七，然自有三章曰：「江上年年春早，津頭日日人行。借問山陰遠近，猶聞薄暮鐘聲。」「水流絶澗終日，草長深山暮雲。犬吠雞鳴幾處，條桑種杏何人？」「門外水流何處，天邊樹繞誰家？山絶東西多少，朝朝幾度雲遮。」皆清絶可畫，非拙而不能也〔三〕。予編《唐人絶句》〔四〕，得七言七千五百首，五言二千五百首，合爲萬首，而六言不滿四十，信乎其難也〔五〕。

【箋證】

〔一〕王安石編《唐百家詩選》卷九，收張繼《楓橋夜泊》《閶門即事》《過春申君廟》三首。按張繼詩，《全唐詩》卷二四二收四十七首，另殘句一。今考其中有唐皇甫冉、韓翃、竇叔向、顧況、張祜、李群玉、陸龜蒙、元陳高、明薛瑄之詩二十三首誤入。（詳拙文《全唐詩張繼詩混入元明人詩十一首考》，載《文學遺産》二〇一〇年第一期）又陳尚君先生《全唐詩續拾》卷一六補輯三首及殘篇一。

〔二〕《萬首唐人絶句》卷末附六言卷，張繼《奉寄皇甫補闕》之後，有《塞姑》一首，云：「昨日盧梅塞口，整見諸人鎮守。都護三年不歸，折盡江邊楊柳。」目録題作《塞孤》，題下有注：「樂府。」蓋謂其出處，當指郭茂倩《樂府詩集》。《四筆》卷八《穆護歌》條謂「郭茂倩編次《樂府詩》」，即此書。考《樂府詩集》卷八〇《近代曲辭》有唐失名《塞孤》一首，即此篇。

〔三〕見《二皇甫集》卷六。冉字茂政，丹陽人，天寶十五載進士，大曆中官至左補闕。《直齋書録解題》卷一九：「《皇甫冉集》一卷。（案《唐書·藝文志》作三卷。）唐左補闕丹陽皇甫冉茂政撰，與其弟曾齊名，集有獨孤及序。」後人輯其兄弟詩爲《二皇甫集》七卷，《四庫全書總目》卷一八六《二皇甫集》提要云：「《奉寄皇甫補闕》六言一首，乃張繼詩，冉有答詩並序可證，而亦編爲冉詩。知舊本附答詩後，重刊者分體編次，乃雜入六言詩中，遂誤爲冉詩。」

〔四〕即《萬首唐人絶句》。

〔五〕日本芥川丹丘《丹丘詩話》卷下引《隨筆》本條，接云：「余謂六言固難，而未若七言之難。故六言庸工可以藏拙，七言大匠不可以掩瑕。宜唐人專精七言，欠工六言，有旨哉！」

15　杯水救車薪

孟子曰：「仁之勝不仁也，如水勝火，今之爲仁者，猶以一杯水救一車薪之火也，不熄，則謂之水不勝火。」〔一〕予讀《文子》，其書有云：「水之勢勝火，一勺不能救一車之薪；金之勢勝木，一刃不能殘一林；土之勢勝水①，一塊不能塞一河。」文子，周平王時人，孟氏之言蓋本於此〔二〕。

【校勘】

①「土」原作「上」，據馬本、庫本、祠本改。

【箋證】

〔一〕《孟子·告子上》。

〔二〕考《文子·上德》云：「金之勢勝木，一刃不能殘一林；土之勢勝水，一掬不能塞江河；水之勢勝火，一酌不能救一車之薪。」與《三筆》本條略異。容齋所引或據馬總《意林》卷一之《文子》。《顧頡剛讀書筆記》卷一〇《孟子中有反五行相勝説》條，録《三筆》此條，後按云：「按《文子》出於漢以後，故能襲孟子語而更擴充之。觀孟子此語，當時必有反五行相勝説者。」

16 詘一人之下

蕭何諫高祖受漢王之封，曰：「夫能詘於一人之下，而信於萬乘之上者，湯、武是也。」〔一〕《六韜》云：「文王在岐，召太公曰：『吾地小。』太公曰：『天下有粟，賢者食之；天下有民，賢者牧之。屈於一人之下，則申於萬人之上，唯聖人能爲之。』」〔二〕然則蕭何之言，其出於此，而《漢書》注釋諸家，皆不曾引證。

【箋證】

〔一〕《漢書》卷三九《蕭何傳》。

〔二〕馬總《意林》卷一録《太公六韜》。沈欽韓《漢書疏證》卷二七「蕭何曹參傳」條：「《文選注》五十五，《太公金匱》曰：『屈一人之下，申萬人之上。』」

17 秦漢重縣令客

秦、漢之時，郡守縣令之權極重，雖一令之微，能生死人，故爲之賓客者，邑人不敢不敬。單父人吕公善沛令，辟仇從之客，沛中豪傑吏聞令有重客，皆往賀。謂以禮物相慶也〔一〕。司馬相如游梁歸蜀，素與臨卭令王吉相善，來過之，舍於都亭。臨卭富人卓王孫、程鄭相謂曰：「令有貴客，爲具召之，並召令。」相如竊王孫女歸成都，以貧困復如臨卭，王孫杜門不出，昆弟諸公更謂王孫曰：「長卿人材足依，且又令客，奈何相辱如此！」注云：「言縣令之客，不可以辱也。」〔二〕是時爲令客者如此。今士大夫爲守令故人，往見者雖未必皆賢，豈復蒙此禮敬。稍或戾於法制，微有干託，其累主人必矣。

【箋證】

〔一〕《漢書》卷一上《高帝紀上》。顔師古注：「以禮物相慶曰賀。」

〔二〕《漢書》卷五七上《司馬相如傳》。顔師古注。

18 之字訓變

漢高祖諱邦，荀悦云：「之字曰國。惠帝諱盈，之字曰滿。」〔一〕謂臣下所避以相代也。蓋「之」字之義訓變。《左傳》：「周史以《周易》見陳侯者，陳侯使筮之，遇《觀》之《否》。」謂《觀》六四變而爲《否》也〔二〕。他皆倣此〔三〕。

【箋證】

〔一〕《漢書》卷一上《高帝紀第一上》首「高祖」二字，顔師古注：「荀悦曰：『諱邦，字季邦，之字曰國。』師古曰：『邦之字曰國者，臣下所避以相代也。』」同書卷二《惠帝紀》首「孝惠皇帝」四字，注：「荀悦曰：『諱盈，之字曰滿。』師古曰：『臣下以滿字代盈者，則知帝諱盈也。他皆類此。』」

《册府元龜》卷三《帝王部·名諱》：「漢高祖皇帝諱邦，之字曰國。惠帝諱盈，之字曰滿。文帝諱恒，之字曰常。景帝諱啓，之字曰開。武帝諱徹，之字曰通。宣帝諱詢，之字曰謀。元帝諱奭，之字曰盛。成帝諱驁，之字曰俊。哀帝諱欣，之字曰喜。平帝諱衎，之字曰樂。明帝諱莊，之字曰嚴。章帝諱炟，之字曰著。和帝諱肇，之字曰始。殤帝諱隆，之字曰盛。安帝諱佑，之字曰福。順帝諱保，之字曰守。沖帝諱炳，之字曰明。質帝諱纘，之字曰繼。桓帝諱志，之字曰意。靈帝諱宏，之字曰大。獻帝諱協，之字曰合。」

〔二〕《左傳》莊公二十二年。

周密《齊東野語》卷四《避諱》：「蓋當時避諱改爲其字，之者變也，如卦變爻曰之也。」

〔三〕王先謙《詩三家義集疏》卷三中《君子偕老》「玼兮玼兮，其之翟也」條：「『之』之爲言『變』也。」下引《三筆》本條。又云：「惠棟云：『之，適也。適則變矣。《易·系辭》：「惟變所適。」』今案，『之翟』之『之』亦當訓『變』。下『之展』同。之翟、之展，猶言變服，（變服，見《戰國策》。）即更衣也。」

容齋三筆卷十六二十則

1 蹇氏父子

蹇周輔立江西、福建茶法，以害兩路〔一〕。其子序辰，在紹聖中，乞編類《元祐章疏案牘》，人爲一帙，置在二府。由是縉紳之禍，無一得脱〔二〕。此猶未足言，及居元符遏密中，肆音樂自娱。後守蘇州，以天寧節與其父忌日同，輒於前一日設宴，及節日不張樂。其無人臣之義如是，蓋舉世未聞也〔三〕。

【箋證】

〔一〕「茶法」，蓋應作「鹽法」。《宋史》卷三二九《蹇周輔傳》：「先是，湖南例食淮鹽，周輔始請運廣鹽數百萬石，分鬻郴、全、道州，又以淮鹽增配潭、衡諸郡，湘中民愁困。法既行，遂領於度支，以集賢殿修撰爲河北都轉運使，進寶文閣待制，召爲户部侍郎，知開封府。事多不決，授中書舍人，不拜，改刑部侍郎。元祐初，言者暴其立江西、福建鹽法，掊克欺誕，負公擾民，罷知利州。」《續資治通鑑長編》卷三二四：元豐五年三月，提舉江南西路常平等事劉誼言：「臣竊詳蹇周輔元立鹽法以救淡食之民，於今民間積鹽不售，以致怨嗟。賣既不行，月錢欠負，追呼刑責，將滿江西，其勢若此，則安居之民轉爲盜賊，其將奈何？」同書卷三二八：元豐五年秋七月，河北路都轉運使蹇周輔言：「江南西路通般廣鹽，臣始奏畫立法，今虔州、南安軍推行方及半年，已收息錢十四萬緡，兹實已成之效。」又同書卷三六一：元豐八年十一月，侍御史劉摯言：「伏見刑部侍郎蹇周輔及其子司封員外郎序辰，昨者以鹽事奉使江西、湖南，而相繼創增賣額，州縣畏懼，承望皆出配抑，使人陷罪破産，數路愁怨，朝廷已遣使按正其事如聞。周輔無所忌憚，復自論列，以飾非文過，而父子方雍容侍從，出入朝省，此豈待罪者之所宜？衆人莫不指議。臣誠恐周輔等懷患失之意，或致别爲經營，以圖幸免，有失公議。伏請罷周輔、序辰見任職事，各令補外。」按《宋史》卷三三七《范祖禹傳》亦云：「王子京行茶法於福建，蹇周輔行鹽法於江西。」容齋此謂蹇周輔立茶法，恐係誤記。

〔二〕《宋史》卷三二九《蹇序辰傳》：序辰「進起居郎、中書舍人、同修國史。疏言：『朝廷前日正司馬光等奸惡，明其罪罰，以告中外，惟變亂典刑，改廢法度，訕讟宗廟，睥睨兩宫，觀事考言，實狀彰著，然蹤迹深祕，包藏禍心，相去八年之間，蓋已不可究質。其章疏案牘，散在有司，若不彙緝而藏之，歲久必致淪棄。願悉討奸臣所言所行，選官編類，人爲一帙，置之一府，以示天下後世大戒。』遂命序辰及徐鐸編類。由是縉紳之禍，無一得脱者。」

〔三〕《宋史》卷三二九《蹇序辰傳》：「徽宗立，中書言序辰類元祐章牘，傅致語言，指爲謗訕。詔與（安）惇並除名勒停，放歸田里。蔡京爲相，復拜刑部、禮部侍郎，爲翰林學士，進承旨。有言其在先帝遏密中以音樂自娛者，黜知汝州。二年，徙蘇州。坐縱部民盜鑄錢，謫單州團練副使、江州安置。又坐守蘇時，以天寧節同其父忌日，輒於前一日設宴，及節日不張樂，移永州。會赦，復官中奉大夫，遂卒。」

2 神臂弓

神臂弓出於弩遺法，古未有也。熙寧元年，民李宏始獻之入内，副都知張若水方受旨料簡弓弩，取以進。其法以檿木爲身，檀爲弰，鐵爲蹬子鎗頭，銅爲馬面牙發，麻繩札絲爲弦。弓之身三尺有二寸，弦長二尺有五寸，箭木羽長數寸，射二百四十餘步，入榆木半笴。神宗閲試，甚善之。於是行用，而他弓矢弗能及。紹興五年，韓世忠又侈大其制，更名「克敵弓」，以與金虜戰，大獲勝捷〔一〕。十二年詞科試日，主司出《克敵弓銘》爲題云〔二〕。

【箋證】

〔一〕《宋會要輯稿》兵二六之二八：「熙寧元年十二月二十二日，入内副都知張若水進所造神臂弓。初，民李宏獻此弓，其實弩也。以檿爲身，檀爲梢，鐵爲蹬子鎗頭，銅爲馬面牙發，麻解索扎絲爲弦。弩身通長三尺有二寸，兩弭各長九寸有二分，兩閃各長一尺一寸七分，弝長四寸。通長四尺五寸八分。弦長二尺有五寸。時於玉津園驗射，二百四十餘步，仍透穿榆木，没半簳。詔依樣製造。至是進焉。」朱弁《曲洧舊聞》卷九：「神臂弓，蓋熙寧初，百姓李宏造，中貴張若水以獻，其實弩也。以檿爲身，檀爲弰，鐵爲鎗鐙，銅爲機，麻索繫札絲爲絃。上命于玉津園試之，射二百四十步有畸，入榆半簳。有司鋸榆張呈。上曰：『此利器也。』詔依樣製造，至今用之。」

岳珂《桯史》卷五《鳳凰弓》：「鄭華原居中在宥府，和子美詵知雄州，嘗以事詣京師，召與語而悦之，遂薦於徽祖，敷奏明鬯，大契宸旨，進横階一等，俾還任。詵因上制勝强遠弓式，詔施行之。弓製實弩，極輕利，能破堅於三百步外，即邊人所謂『鳳凰弓』者。紹興中，韓蘄王世忠因之稍加損益，而爲之新名曰『克敵』，亦詔起部通製，至今便焉。洪文敏《容齋三筆》謂祖熙寧神臂之規，實不然也。詵知兵，嘗沮伐燕之議，以及於責。北事之作，未及用以死。蓋兩河名將云。」

按，沈濤《交翠軒筆記》卷四：「案戊午爲紹興八年，而《三筆》言紹興五年，亦自不合。」又自注云：「神臂弓，《夢溪筆談》以爲黨項羌酋李定所獻。」檢沈括《夢溪筆談》卷一九《器用》云：「熙寧中，李定獻偏架弩，似弓，而施榦鐙，以鐙距地而張之，射三百步，能洞重札，謂之神臂弓，最爲利器。李定本党項羌酋，自投歸朝廷，官至防團而死。」胡道静《夢溪筆談校證》引《曲洧舊聞》《容齋三筆》，謂二書「皆記熙寧初百姓李宏造，與《夢溪筆談》所云黨項酋李定異。《宋史》卷三三一九載，李定，揚州人，字資深，少受學於王安石，登進士第，神宗時知制誥，非此李定。」據《宋史》，當爲李宏。《宋史》卷一九七《兵志》：「熙寧元年，始命入内副都知張若水、西上閤門使李評料簡弓弩而增修之。若水進所造神臂弓，實李宏所獻，蓋弩類也。以檿爲身，檀爲弰，鐵爲蹬子槍頭，銅爲馬面牙發，麻繩札絲爲弦。弓之身三尺有二寸，弦長二尺有五寸，箭木羽長數寸，射三百四十餘步，入榆木半笴。帝閲而善之。於是神臂始用，而他器弗及焉。」乃與容齋所記正同。又見《宋會要輯稿》兵二六。

〔二〕王明清《揮麈第三録》卷三《洪景伯試克敵弓銘》：「洪景伯兄弟應博學宏詞，以《克敵弓銘》爲題，洪惘然不知所出。有巡鋪老卒，覘於案間，以問洪云：『官人欲知之否？』洪笑曰：『非爾所知。』卒曰：『不然。我本韓世忠太尉之部曲，從軍日，目見有人以神臂弓舊樣獻於太尉，太尉令如其制度製以進御，賜名克敵。』並以歲月告之。洪盡用其語，首云『紹興戊午五月大將』云云。主文大以驚喜，是歲遂中科目，若有神助焉。此蓋熙寧中西人李宏中創造，因内侍張若水獻於裕陵者也。」

葉紹翁《四朝聞見録》甲集《詞學》：「洪氏遵試《克敵弓銘》，未知所出。有老兵持硯水密謂洪曰：『即神臂弓也。』凡制度、輕重、長短，無不語洪。有司以爲神。洪獨不記太祖即位之三年作神臂弓以威天下，何耶？」

3 敕令格式

法令之書，其別有四，敕、令、格、式是也〔一〕。神宗聖訓曰：「禁於未然之謂敕，禁於已然之謂令；設於此以待彼之至，謂之格；設於此使彼效之，謂之式。」凡入笞、杖、徒、流、死，自例以下至斷獄十有二門，麗刑名輕重者，皆爲敕；自品官以下至斷獄三十五門，約束禁止者，皆爲令；命官庶人之等，倍全分釐之給，有等級高下者，皆爲格；表奏、帳籍、關牒、符檄之類，有體制模楷者，皆爲式。《元豐編敕》用此，後來雖數有修定，然大體悉循用之〔二〕。今假寧一門，實載於格，而公私文書行移，並名爲式假，則非也〔三〕。

【箋證】

〔一〕《宋史》卷一六三《職官志》：「凡斷獄，本於律；律所不該，以敕、令、格、式定之。」

〔二〕《宋史》卷一九九《刑法志》：「神宗以律不足以周事情，凡律所不載者一斷以敕，乃更其目曰敕、令、格、式，而律恒存乎敕之外。熙寧初，置局修敕，詔中外言法不便者集議更定，擇其可采者賞之。元豐中，始成書二十有六卷，復下二府參訂，然後頒行。帝留意法令，每有司進擬，多所是正。嘗謂：『法出於道，人能體道，則立法足以盡事。』又曰：『禁於未然之謂敕，禁於已然之謂令，設於此以待彼之謂格，使彼效之之謂式。修書者要當識此。』於是凡入笞、杖、徒、流、死，自名例以下至斷獄十有二門，麗刑名輕重者，皆爲敕。自品官以下至斷獄三十五門，約束禁止者，皆爲令。命官之等十有七，吏、庶人之賞等七十有七，又有倍全分釐之級凡五等，有等級高下者皆爲格。表奏、帳籍、關牒、符檄之類凡五卷，有體制模楷者皆爲式。」元祐初，中丞劉摯言：『元豐編修敕令，舊載敕者多移之令，蓋違敕法重，違令罪輕，此足以見神宗仁厚之德。而有司不能推廣，增多條目，離析舊制，因一言一事，輒立一法，意苛文晦，不足以該事物之情。行之幾時，蓋已屢變。宜取慶曆、嘉祐以來新舊敕參照，去取删正，以成一代之典。』右諫議孫覺亦言煩細難以檢用。乃詔摯等刊定。哲宗親政，不專用元祐近例，稍復熙寧、元豐之制。自是用法以後衝前，改更紛然，而刑制紊矣。崇寧元年，臣僚言：『有司所守者法，法所不載，然後用例。今引例破法，非理也。』乃令各曹取前後所用例，以類編修，與法妨者去之。尋下詔追復元豐法制，凡元祐條例悉燬之。」按，南宋又有《紹興敕令格式》《乾道敕令格式》《淳熙敕令格式》《慶元敕令格式》之屬，詳《宋史·刑法志》。

鄧廣銘《宋史刑法志考正》，據《長編》《玉海》《會要》等，謂《三筆》本條與《宋史·刑法志》對於敕、令、格、式的定義略同，皆將令、敕二者之定義互倒，以爲「禁於未然之謂敕，禁於已然之謂令」應作「禁於已然之謂敕，禁於未然之謂令」。鄧氏又謂：「查《通考·刑考》六亦引録《容齋三筆》此段，疑《史志》即自《通考》轉抄來者，非直接録自洪邁之書也。」按，洪邁蓋據當代《國史》，若有顛倒誤寫，則亦是《國史》本誤也。

〔三〕《宋史》卷一二三《禮志》：「群臣私忌，《開寶敕文》，應常參官及内殿起居職官等，自今刺史、郎中、將軍以下，遇私忌，請準式假一日，忌前之夕，聽還私第。」則「式假」一詞，蓋已習用。又考諸書，俱云「假寧令」，如《續資治通鑑長編》卷三七四：元祐元年四月辛卯，「樞密院言新差東南第十三副將供備庫副使石宗永病告滿百日，詔令吏部自落班簿後限一年方許朝參，仍於

《元豐假寧令》添入『大小使臣』字。」又葉夢得《石林燕語》卷二：「舊法，祖父母私忌不爲假。《元豐編敕》修《假寧令》，於父母私忌假下添入『逮事祖父母者準此』。」則所謂「假寧」者，應爲令，非格、式。

4 顔魯公戲吟

陶淵明作《閒情賦》，寄意女色，蕭統以爲「白玉微瑕」〔一〕。宋廣平作《梅花賦》，皮日休以爲鐵心石腸人而亦風流豔冶如此〔二〕。《顔魯公集》有七言聯句四絶，其目曰：《大言》《樂語》《饞語》《醉語》。於《樂語》云：「苦河既濟真僧喜，新知滿坐笑相視。戍客歸來見妻子，學生放假偷向市。」《饞語》云：「拈䭔舐指不知休，欲炙侍立涎交流。過屠大嚼肯知羞，食店門外强淹留。」《醉語》云：「逢糟遇麯便酩酊，覆車墜馬皆不醒。倒著接䍦髮垂領①，狂心亂語無人並。」以公之剛介守正，而作是詩，豈非以文滑稽乎？然語意平常，無可咀嚼，予疑非公詩也〔三〕。

【校勘】

①「䍦」，原作「籬」，據馬本、祠本改。

【箋證】

〔一〕蕭統《陶淵明集序》：「余素愛其文，不能釋手，尚想其德，恨不同時，故更加搜求，粗爲區目，白

璧微瑕者，惟在《閒情》一賦。揚雄所謂『勸百而諷一』者，卒無諷勸，何必摇其筆端，惜哉！亡是可也。」(《昭明太子集》卷五)

〔二〕皮日休《桃花賦序》：「余常慕宋廣平之爲相，貞姿勁質，剛態毅狀，疑其鐵腸石心，不解吐婉媚辭，然覩其文而有《梅花賦》，清便富豔，得南朝徐庾體，殊不類其爲人也。」(《皮子文藪》卷一)

〔三〕見《顔魯公集》卷一五。按，此卷所録多爲聯句，本條所録《大言》《樂語》《饞語》《醉語》，乃顔真卿與李萼、張薦、僧皎然、劉全白、李益諸人聯句詩。

5 紀年用先代名

唐德宗以建中、興元之亂，思太宗貞觀、明皇開元爲不可跂及，故改年爲貞元，各取一字以法象之〔一〕。高宗建炎之元，欲法建隆而下字無所本〔二〕。孝宗以來，始一切用貞元故事。隆興以建隆、紹興，乾道以乾德、至道，淳熙以淳化、雍熙，紹熙以紹興、淳熙，慶元以慶曆、元祐也〔三〕。

【箋證】

〔一〕《鄴侯家傳》：「德宗初，議改元，帝謂泌曰：『本朝之盛無如貞觀、開元，各取一字。』乃改號貞元。」(曾慥《類説》卷二引)

〔二〕《建炎以來朝野雜記》甲集卷三《典禮》「年號」條：「高宗初即位，改元建炎，以火德中微故也。

苗、劉之亂，以爲炎字乃兩火，故多盜。明年，還自海上，改五年爲紹興。」

〔三〕《玉海》卷一三《律曆·改元》「總論改元」條：「自唐德宗慨想貞觀、開元之盛，改貞元以法二祖。（紀元用先代名，始於唐德宗貞元。合貞觀、開元之名，用李泌之言。）我朝因之，若淳熙、慶元、開禧之類是也。元祐之號，或謂並用元豐、嘉祐，而有對鈎之談。隆興欲隆紹興之治，紹熙將紹淳熙之政，詞臣草詔，乃合建隆、紹興及紹興、淳熙爲義，非初意矣。」陳郁《藏一話腴》内編卷下：「中興紀年若隆興二字，實兼法建隆、紹興；淳熙則淳化、雍熙；紹熙則紹興、淳熙；慶元則慶曆、元祐；開禧則開寶、天禧；端平則端拱、太平。唐德宗與李泌議改元，德宗謂：『本朝之盛，無如貞觀、開元，宜各取其一，改曰貞元。』義與今同。」《續筆》卷一三《紀年兆祥》，可參。

6 中舍

官制未改之前，初升朝官，有出身人爲太子中允，無出身人爲太子中舍，皆今通直郎也。近時士大夫或不能曉，乃稱中書舍人曰中舍，殊可笑云〔一〕。蘇子美在進奏院，會館職，有中舍者，欲預席，子美曰：「樂中既無箏琶篳笛，坐上安有國舍虞比。」國謂國子博士，舍謂中舍，虞謂虞部，比謂比部員外、郎中，皆任子官也〔二〕。

【箋證】

〔一〕方回《續古今考》卷五「舍人陳恢」條：「未改官制以前，則中書舍人者，後之通議大夫；太子中舍，爲後之通直郎。」

王世貞《弇州四部稿》卷一六〇《宛委餘編五》：「洪景盧謂宋時升朝官，有出身人爲太子中允，無出身人爲太子中舍。無出身人，蓋任子之類也。近士大夫或不能曉，乃稱中書舍人曰中書，殊可笑云。然則今之中書舍人固當稱爲中舍矣。」

〔二〕阮閱《詩話總龜》卷三五《譏誚門上》引《詩史》：「蘇子美監進奏院，因賽神，召館中同舍。是時，江南人李中舍因梅聖俞謁子美，且願預此會。聖俞以爲言。子美曰：『食中不設蒸饅餅夾，坐上安有國舍虞臺。』李銜之，遂暴其事於言語。爲劉元瑜所彈，子美坐謫。故聖俞有《客至》詩云：『有客十人至，共食一鼎珍。一客不得食，覆鼎傷衆賓。』蓋指李也。」

張表臣《珊瑚鉤詩話》卷二：「蘇子美進邸之會，謂人曰：『食中無饅羅畢夾，座上安得有國舍虞比。』竟以此語招覆鼎之禍。畢氏、羅氏，蕃人之好以羊彘之肉餅裹而食者，因號畢羅。」

7 多赦長惡

熙寧七年旱，神宗欲降赦，時已兩赦矣，王安石曰：「湯旱，以六事自責，曰政不節與？若一歲三赦，是政不節，非所以弭災也。」乃止〔一〕。安石平生持論務與衆異，獨此説爲至公。近者六年之間，再行覃霈。婺州富人盧助教，以刻核起家，因至田僕之居，爲僕父子四人所執，投寘杵臼内，擣碎其軀爲肉泥，既鞫治成獄，而遇己酉赦恩獲免。至復登盧氏之門，笑侮之曰：「助教何不下莊收穀？」兹事可爲冤憤，而州郡失於奏論。紹熙甲寅歲至於四赦，凶盜殺人一切不死，惠奸長惡，何補於治哉〔二〕？

【箋證】

〔一〕《續資治通鑑長編》卷二五一，熙寧七年三月。

〔二〕按《宋史》卷三六《光宗紀》：紹熙五年甲寅，四月壬寅，以不雨，命大理、三衙、臨安府及兩浙決繫囚，釋杖以下。五月戊寅，以壽皇聖帝疾赦。同書卷三七《寧宗紀》：五年七月丙寅，大赦。九月辛未，合祭天地于明堂，大赦。十月庚子，以久雨，命大理、三衙、臨安府、兩浙州縣決繫囚，釋杖以下。十二月丁丑，減臨安、紹興二府死罪以下囚，釋杖以下。如此則一歲六赦矣。多赦之害，容齋屢屢言之，可參《三筆》卷七《赦恩爲害》、卷九《赦放債負》。

8 奏讞疑獄

州郡疑獄許奏讞，蓋朝廷之仁恩①。然不問所犯重輕及情理蠹害，一切縱之，則爲壞法〔一〕。耿延年提點江東刑獄，專務全活死囚，其用心固善，然南康婦人謀殺其夫甚明，曲貸其命，累勘官翻以失入被罪。予守贛，一將兵逃至外邑，殺村民於深林，民兄後知之，畏申官之費，即焚其尸，事發係獄，以殺時無證，尸不經驗，奏裁刑寺輒定爲斷配。予持敕不下，復奏論之，未下而此兵死於獄。因記元豐中，宣州民葉元，以同居兄亂其妻而殺之，又殺兄子，而彊其父與嫂約契，不訟於官。鄰里發其事，州以情理可憫，爲上請。審刑院奏欲貸，神宗曰：「罪人已前死，奸亂之事，特出於葉元之口，不足以定罪，且下民雖爲無知，抵冒法禁，固宜哀矜。然以妻子之愛，既殺其兄，仍戕其姪，又罔其父，背逆天理，傷敗人倫，宜以毆兄至死律論。」〔二〕此旨可謂至明矣。

【校勘】

①「仁」，馬本、庫本、祠本作「深」。

【箋證】

〔一〕《宋史》卷二〇一《刑法志》：「紹興初，州縣盜起，道不通，詔應奏裁者，權減降斷遣以聞。既而奏讞者多得輕貸，官無失入之虞，而吏有鬻獄之利，往往不應奏者，率奏之。五年，給事中陳與義奏有司多妄奏出入人罪，帝爲申嚴立法，終不悛。二十六年，右正言凌哲復上疏曰：『漢高入關，悉除秦法，與民約法三章耳。所謂殺人者死，實居其首。司馬光有言：「殺人者不死，雖堯、舜不能以致治。」斯言可謂至當矣。臣竊見諸路州、軍大辟，雖刑法相當者，類以可憫奏裁。自去歲郊後距今，大辟奏裁者五十餘人中，有實犯故殺、鬥殺常赦所不原者，法既無疑，情無可憫，刑、寺並皆奏裁貸減。彼殺人者可謂幸矣，被殺者銜恨九原，何時已邪？臣恐强暴之風滋長，良善之人莫能自保，其於刑政，爲害非細。應今後大辟，情法相當、無可憫者，所司輒奏裁減貸者，乞令臺臣彈劾。』帝覽奏曰：『但恐諸路滅裂，實有情理可憫之人，一例不奏，有失欽恤之意。』令刑部坐條行下。馴至乾道，讞獄之弊，日益滋甚。孝宗乃詔有司緣情引條定斷，更不奏裁。」

丘濬《大學衍義補》卷一〇八《謹詳讞之議》先引凌哲疏，後按云：「洪邁有言：『州郡疑獄許奏讞，蓋朝廷之仁恩，然不問所犯重輕及情理蠹害，一切縱之，則爲壞法。』雖然，人心所見不同，而其所議擬之獄未必皆當，或似是而非，或似非而是，苟非取裁於上，焉能決斷？必欲立爲一定之法，不許輕易奏讞，則所失入者多矣。高宗曰：『但恐諸路實有疑慮、情理可憫之人，一例不奏，有失欽恤之意。』仁者之言哉！」

〔二〕元豐葉元事，見《宋史》卷二〇〇《刑法志》。鄧廣銘《〈宋史·刑法志〉考正》：「案，《容齋三筆》卷十六載此事，《通考·刑考》九引録之，所稱宣州民姓名與《史志》同，唯查《長編》卷三〇三，元豐三年四月庚戌載其事，首句作『宣州民葉元有爲同居兄亂其妻』，下文載神宗批，亦作『罪人今皆已死，則二者同出於葉元有一口，不足用以定罪』。《會要·刑法》五之一〇亦載其事，首句與《長編》同，所録神宗批則作『葉元』，蓋偶脱『有』字。頗疑《史志》此條即由《通考》轉録《容齋三筆》之文而沿其誤者，宣州之民名姓實應爲葉元有也。」

9 醫職冗濫

神宗董正治官，立醫官，額止於四員。及宣和中，自和安大夫至翰林醫官，凡一百十七人，直局至祗候，凡九百七十九人，冗濫如此。三年五月，始詔大夫以二十員，郎以三十員，醫效至祗候以三百人爲額，而額外人免改正，但不許作官户，見帶遥郡人並依元豐舊制，然竟不能循守也。乾道三年正月，隨龍醫官、平和大夫、階州團練使潘攸差判太醫局，請給依能誠例支破。邁時在西掖，取會能誠全支本色，因依誠係和安大夫、潭州觀察使，月請米麥百餘碩，錢數百千，春冬綿絹之屬，比他人十倍，因上章極論之，乞將攸合得請給，令户部照條支破。孝宗聖諭云：「豈惟潘攸不合得，並能誠亦合住了。」即日御筆批依，仍改正能誠已得真俸之旨，旋又罷醫官局〔一〕。

【箋證】

〔一〕本條所載孝宗聖諭，《宋史》失書。

《文獻通考》卷五五《職官考》：「宋制，翰林醫官院使、副各二人，並領院事，以尚藥奉御充，或有加諸司使者。直院四人，尚藥奉御六人，醫官、醫學、祗候無定員。（舊制，翰林醫官使四人，副使二人，直院七人，尚藥奉御七人，醫官三十人，醫學四十人，祗候醫人十二人，其員猥多，實元二年始立使、副、直院、尚藥奉御定員，醫官、醫學無班位，以服色爲差，加同正官。至尚藥奉御者，或加檢校官。其直院則奉御及同正官皆爲之，多自醫官特奬而授。）掌供奉醫藥及承詔視療衆疾之事。典二人。徽宗時，置翰林院勾當官一員，以内侍省押班都知充，總天文、書藝、圖畫。醫官四局，崇寧元年，詔醫官有勞，轉皇城使，實及五年，方許除遥郡刺史，又七年，除遥郡團練，又十年以上，方許除遥郡防禦使。醫官有和安、成和、成安、成全大夫，（舊爲軍器庫使。）保和大夫，（舊爲西綾錦使。）保安大夫，（舊爲榷易使。）翰林良醫，（舊爲翰林醫官使。）和安、成和、成安、成全郎，（舊爲軍器庫副使。）保和郎，（舊爲西綾錦副使。）保安郎，（舊爲榷易副使。）翰林醫正，（舊爲翰林醫官副使。）翰林醫官，翰林醫效，翰林醫痊，翰林醫愈，翰林醫證，翰林醫診，翰林醫候，翰林醫學。舊諸司使、副有醫官使及副使，蓋自太醫丞直院轉醫官副使，叙遷年格一同武官，但爲東班使額耳。（謂自法酒庫以上至皇城使。）政和初，既易武階，而醫官之名亦遂易焉。凡十有九階，立和安大夫，視榷易使以上；翰林良醫，視醫官使；其和安郎以下，視東副使。若醫官副使，則以醫正易之。（官制舊典云，此名皆大臣所撰，無所稽據。《傳》曰：「登高能賦，可以爲大夫。」今乃以雜流爲之，可見當時大臣之不學也。）舊額，和安大夫至良醫，二十員，紹興二年五員。和安郎至醫官，元額三十員，紹興二年四員。醫效，元額七員，紹興二員。醫痊，元額十員，今一員。醫愈至祗候、大方脉，元額百五十員，紹興十五員而已。」

10 切腳語

世人語音有以切腳而稱者，亦間見之於書史中，如以蓬爲勃籠，槃爲勃闌，鐸爲突落，叵爲不可，團爲突欒，鉦爲丁寧，頂爲滴顊，角爲矻落，蒲爲勃盧，精爲即零，螳爲突郎，諸爲之乎，旁爲步廊，茨爲蒺藜，圈爲屈攣，錮爲骨露，窠爲窟駝是也〔一〕。

【箋證】

〔一〕喻文豹《唾玉集》「俗語切腳字」條：「俗語切腳字：勃籠，蓬字；勃藍，盤字；突落，鐸字；窟陀，窠字；黠賴，壞字；骨露，錮字；屈攣，圈字；鶻盧，蒲字；突郎，唐字；突欒，團字；吃落，角字；只零，精字；不丁，兵字。即釋典所用合字。」（陶宗儀《説郛》卷二三下）趙彦衛《雲麓漫鈔》卷一二：「若夫跋扈、即溜，悉魏時回切語，即溜切就字，跋扈切固字。」俞正燮《癸巳類稿》卷七《反切證義》，搜討甚詳，可參。

11 唐世辟寮佐有詞

唐世節度、觀察諸使，辟置寮佐以至州郡差掾屬，牒語皆用四六，大略如告詞。李商隱《樊南甲乙集》、顧雲《編稿》、羅隱《湘南雜稿》皆有之〔一〕。故韓文公《送石洪赴河陽幕府序》云：「撰書辭，具馬幣。」李肇《國史補》載崖州差故相韋執誼攝軍事衙推，亦有其文，非若今時只以吏牘行遣也〔二〕。錢武肅在鎮牒鍾廷翰攝安吉主簿云：「敕淮南、鎮海、鎮東等軍節度使，牒將仕郎試祕書省校書郎鍾廷翰，牒奉處分，前件官儒素修身，早昇官緒，寓居霅水，累歷星霜，克循廉謹之規，備顯温恭之道。今者願求録用，特議掄材，安吉屬城印曹闕吏，俾期差攝，勉效公方，儻聞佐理之能，豈恡超升之奬。事須差攝安吉縣主簿牒舉者，故牒。貞明二年三月日。」牒後銜云：「使、尚父、守尚書令、吴越王押。」此牒今藏於王順伯家〔三〕，其字畫端嚴有法，其文則掌書記所撰，殊爲不工，但印記不存矣。謂主簿爲印曹，亦佳〔四〕。

【箋證】

〔一〕《樊南甲乙集》、顧雲《編稿》、羅隱《湘南雜稿》，皆佚。《直齋書録解題》卷一六《别集類》有羅隱《湘南集》三卷，謂「《湘南集》者，長沙幕中應用之文也」。《崇文總目》卷一二有《湘南應用》三卷，當即此書。《四庫全書總目》卷一五一《羅昭諫集》提要：「其《湘南集》僅存自序一篇，列於卷中。序謂『《湘南》文失落於馬上軍前，僅分三卷，而舉業祠祭亦與焉。』今雜文既無長沙應用之作，亦無舉業祠祭之文，惟諸啓多作於湖南，或即《湘南集》中之遺歟？」《遂初堂書目》有顧雲《編稿》。《直齋書録解題》卷一六《别集類上》有顧雲《鳳策聯華》三卷，云：「多以擬古爲題，蓋行卷之文也。」《直齋書録解題》卷一六有李商隱《樊南甲乙集》四十卷，云：「《甲乙集》者，皆表章啓牒四六之文，既不得志於時，歷佐藩府，自茂元、亞之外，又依盧宏正、柳仲郢，故其所作應用若此之

多。」此書久已散佚，今所存本，乃自《文苑英華》録出。（參《四庫全書總目》卷一八六《文苑英華》提要）

〔二〕今本《唐國史補》未見。《太平廣記》卷四九七《雜録》「韋執誼」條：「元和初，韋執誼貶崖州司户參軍。刺史李甲憐其羈旅，乃舉牒云：『前件官久在相庭，頗諳公事，幸期佐理，勿憚縻賢，事須請攝軍事衙推。』」注出《嶺南異物志》。

〔三〕王厚之，字順伯，世本臨川人，左丞安禮四世孫，登乾道二年進士第。歷官兩浙轉運判官、知臨安府、提點江東刑獄。好古博雅，富藏先代彝器及金石刻，與尤袤俱以博古知名於時。嘗取古今碑刻，參訂而詳著之，號《復齋金石録》。參張淏《會稽續志》卷五《人物》。錢大昕《潛研堂文集》卷三二《跋宋拓鐘鼎款識》云：「順伯好金石，精於賞鑒，與鄱陽三洪善，所著《復齋碑録》，最爲容齋所稱。」

〔四〕《通典》卷二四《職官六·侍御史》：二漢侍御史所掌凡有五曹，二曰印曹，掌刻印。

12 高子允謁刺

王順伯藏昔賢墨帖至多，其一曰《高子允諸公謁刺》，凡十六人：時公美、徐振甫、余中、龔深父、元耆寧、秦少游、黄魯直、張文潛、晁无咎、司馬公休、李成季、葉致遠、黄道夫、廖明略、彭器資、陳祥道，皆元祐四年朝士，唯器資爲中書舍人，餘皆館職。其刺字或書官職，或書郡里，或稱姓名，或只稱名，既手書之，又斥主人之字，且有同舍、尊兄之目，風流氣味，宛然可端拜，非若後之士大夫一付筆吏也〔一〕。蔡忠惠公帖亦有其二，一曰「襄奉候子石兄起居，朔旦謹謁」，一曰「襄别洪州少卿學士」。蓋又在前帖三十年之先也〔二〕。

【箋證】

〔一〕王明清《玉照新志》卷五：「明清家舊有常子允元祐中在館閣同舍諸公手狀，如黄、秦、晁、張諸名人皆在焉。後爲龔頤正易去。比觀洪景盧《容齋三筆》乃云見於王順伯所，以爲高子允者。常名立，汝陰人，與家中有鄉曲之舊，夷父秩之子。熙寧初，父子俱以處士起家。子允爲崇文館校書，即元祐中再入館，後坐黨籍，謫永州監税以卒。石刻碑中可考。此卷乃子允與大父者，而景盧指爲高君，不知『高子允』又何人耶。」張世南《游宦紀聞》卷一：「士大夫謁見刺字，古制莫詳。世南家藏石本元祐十六君子墨迹；其間有：『觀，敬賀子允學士尊兄。正旦，高郵秦觀手狀。』『庭堅奉謝子允學士同舍。正月日，江南黄庭堅手狀。』『耒謹候謝子允學士兄。二月日，著作郎兼國史院檢討張耒狀。』『補之謹謁謝子允同舍尊兄。正月日，昭德晁補之狀。』『汝礪參候子允校書同舍。』以次凡十六人，皆元祐四年時。惟彭公爲中書舍人，餘皆館職也。刺字，或書官職，或書郡里，或稱姓名，或只稱名。既手書之，又稱主人字；且有同舍、尊兄之目。風流氣味，將之以誠。今人觀之，宜泚顙矣。野處先生嘗跋此碑，謂子允不知爲誰，嘗考之：常立字子允，當時亦在館中，當是謁常無疑，而野處偶未詳也。世南家又藏彭公北山編紙，皆治平四年士夫往還書狀。有『醫博士程昉：謹祇候參節推狀元，伏聽裁旨，牒件如前，謹牒。治平四年九月日，醫博士程昉牒。』如此類者數紙。如冬至、年節、月旦，凡在外官，皆以狀至。其長吏有賀冬狀一幅云：『泗州軍事推官將仕郎，試祕書省校書郎，權保信軍節度推官彭汝礪，右某啓：伏以晷運推移，日南長至。恭惟發運學士，膺時納祐，與國同休。某限以職局所拘，不違躬詣堦墀，祗候陳賀下情，無任惶懼之至，謹具狀申聞。謹録狀上，牒件狀如前。謹牒。年月日，具位某牒。』今大異。」

〔二〕蔡忠惠公二帖，今皆佚，不見《蔡端明集》。《隨筆》卷一五《蔡君謨帖語》，可參。

13 蔡君謨書碑

歐陽公作《蔡君謨墓誌》云：「公工於書畫，頗自惜，不妄與人書。仁宗尤愛稱之，御製《元舅隴西王碑文》，詔公書之。其後命學士撰《温成皇后碑文》，又敕公書，則辭不肯，曰：『此待詔職也。』」《國史・傳》所載，蓋用其語〔一〕。比見蔡與歐陽一帖云：「鼂者得侍陛下清光，時有天旨，令寫御撰碑文、宮寺題牓。至有勳德之家，干請朝廷出敕令書。襄謂近世書寫碑誌，則有資利，若朝廷之命，則有司存焉，待詔其職也。今與待詔争利，其可乎？力辭乃已。蓋辭其可辭，其不可辭者不辭也。」〔二〕然後知蔡公之旨意如此。雖勳德之家請於朝出敕令書者，亦辭之，不止一《温成碑》而已。其清介有守，後世或未知之，故載於此。

【箋證】

〔一〕歐陽修《文忠集》卷三五《端明殿學士蔡公墓誌銘》。《宋史》卷三二〇《蔡襄傳》：「襄工於書，爲當時第一。仁宗尤愛之，製《元舅隴西王碑文》，命書之。及令書《温成后父碑》，則曰：『此待詔職耳。』不奉詔。」蓋仍《國史》之舊。

〔二〕蔡襄《端明集》卷二七《答歐陽永叔書》。「力辭乃已」句下原有云：「某非以書自名而取高，誠以不相知者以利見臨也。」

14 楊涉父子

唐楊涉爲人和厚恭謹。哀帝時，自吏部侍郎拜相。時朱全忠擅國，涉聞當爲相，與家人相泣，謂其子凝式曰：「此吾家之不幸也，必爲汝累。」〔一〕後二年全忠篡逆，涉爲押傳國寶使，凝式曰：「大人爲唐宰相，而國家至此，不可謂之無過，況手持天子璽綬與人，雖保富貴，奈千載何，盍辭之？」涉大駭，曰：「汝滅吾族！」神色爲之不寧者數日〔二〕。此一楊涉也，方其且相，則對其子有不幸之語，及持國寶與逆賊，則駭其子勸止之請，一何前後之不相侔也？鄙夫患失，又懲白馬之禍，喪其良心，甘入「六臣」之列〔三〕，其可羞也甚矣！

凝式病其父失節，託於心疾，歷五代十二君，佯狂不仕，亦賢乎哉〔四〕！

【箋證】

〔一〕《資治通鑑》卷二六五《唐哀帝紀》，天祐二年三月。

〔二〕《資治通鑑》卷二六六《後梁紀一·太祖神武元聖孝皇帝上》，開平元年三月。

〔三〕六臣謂張文蔚、楊涉、張策、趙光逢、薛貽矩、蘇循。《新五代史》卷三五《唐六臣傳》敘云：「甚哉，白馬之禍，悲夫！可爲流涕者矣！然士之生死，豈其一身之事哉？初，唐天祐三年，梁王欲以嬖吏張廷範爲太常卿，唐宰相裴樞以謂太常卿唐常以清流爲之，廷範乃梁客將，不可。梁王由此大怒，曰：『吾常語裴樞純厚不陷浮薄，今亦爲此邪！』是歲四月，彗出西北，掃文昌、軒轅、天市，宰相柳璨希梁王旨，歸其譴於大臣，於是左僕射裴樞、獨孤損、右僕射崔遠、守太保致仕趙崇、兵部侍郎王贊、工部尚書王溥、吏部尚書陸扆，皆以無罪貶，同日賜死于白馬驛。凡縉紳之士與唐而不與梁者，皆誣以朋黨，坐貶死者數百人，而朝廷爲之一空。明年三月，唐哀帝遜位于梁，遣中書侍郎、同中書門下平章事張文蔚爲册禮使，禮部尚書蘇循爲副；中書侍郎、同中書門下平章事楊涉爲押傳國寶使，翰林學士、中書舍人張策爲副；御史大夫薛貽矩爲押金寶使，尚書左丞趙光逢爲副。四月甲子，文蔚等自上源驛奉册寶，乘輅車，導以金吾仗衛、太常鹵簿，朝梁于金祥殿。梁王衮冕南面，臣文蔚、臣循奉册升殿，進讀已，臣涉、臣策奉傳國璽，臣貽矩、臣光逢奉金寶，以次升，進讀已，降，率文武百官北面舞蹈，再拜賀。夫一太常卿與社稷孰爲重？使樞等不死，尚惜一卿，其肯以國與人乎？雖樞等之力未必能存唐，然必不亡唐而獨存也。嗚呼！唐之亡也，賢人君子既與之共盡，其餘在者皆庸懦不肖、傾險獪猾、趨利賣國之徒也。不然，安能蒙恥忍辱於梁庭如此哉！」

〔四〕《舊五代史》卷一二八《楊凝式傳》：「唐昭宗朝，登進士第，解褐授度支巡官，再遷祕書郎，直史館。梁開平中，爲殿中侍御史、禮部員外郎、三川守。齊王張宗奭見而嘉之，請以本官充留守巡官。梁相趙光胤素重其才，奏爲集賢殿直學士，改考功員外郎。唐同光初，授比部郎中、知制誥，尋以心疾，罷去，改給事中、史館修撰，判館事。明宗即位，拜中書舍人，復以心疾不朝而罷。長興中，歷右常侍，工、户二部侍郎，以舊恙免改祕書監。清泰初，遷兵部侍郎。晉天福初，改太子賓客，尋以禮部尚書致仕。晉開運中，宰相桑維翰知其絶俸艱于家食，奏除太子少保，分司于洛。漢乾祐中，歷少傅、少師。廣順中，表求致政，尋以右僕射得請。顯德初，改左僕射，又改太子太保，並懸車。元年冬，卒于洛陽，年八十五。」

15　佛胸卍字

《法苑珠林》叙佛之初生云：「開卍字於胸前，躡千輪於足下。」〔一〕又《占相部》云：「如來至真，常於胸前自然卍字，大人相者，乃往古世蠲除穢濁不善行故。」〔二〕予於《夷堅丁志》中載蔡京胸字，言京死後四十二年遷葬，皮肉消化已盡，獨心胸上隱起一卍字，高二分許，如鐫刻所就〔三〕。正與此同。以大奸誤國之人，而有此祥，誠不可曉也。豈非天崩地坼，造化定數，故産此異物，以爲宗社之禍邪？

【箋證】

〔一〕《法苑珠林·千佛篇·出胎部·述意》。

〔二〕同前書《占相部·現相》。

〔三〕按此條不見今本《夷堅志》。俞樾《茶香室續鈔》卷四《蔡京心胸卍字》條引《三筆》本條，按云：「此與唐李林甫有仙骨事正相類。」

16 蘇涣詩

杜子美贈蘇涣詩，序云：「蘇大侍御涣，静者也，旅寓于江側①，凡是不交州府之客，人事都絶久矣。肩輿江浦，忽訪老夫，請誦近詩，肯吟數首，才力素壯，詞句動人，涌思雷出，書篋几杖之外，殷殷留金石聲。賦八韻記異，亦記老夫傾倒於蘇至矣。」詩有「再聞誦新作，突過黄初詩」之語〔一〕。又有一篇《寄裴道州並呈蘇涣侍御》云：「附書與裴因示蘇，此生已媿須人扶。致君堯舜付公等，早據要路思捐軀。」其褒重之如此。《唐·藝文志》有涣詩一卷，云：「涣少喜剽盜，善用白弩，巴蜀商人苦之，稱『白跖』，以比莊蹻。後折節讀書，進士及第。湖南崔瓘辟從事，繼走交、廣，與哥舒晃反，伏誅。」〔二〕然則非所謂静隱者也。涣在廣州作變律詩十九首，上廣府帥，其一曰：「養蠶爲素絲，葉盡蠶不老。頃筐對空床，此意向誰道。一女不得織，萬夫受其寒。一夫不得意，四海行路難。禍亦不在大，禍亦不在先。世路險孟門，吾徒當勉旃。」其二曰：「毒蜂一巢成，高挂惡木枝。行人百步外，目斷魂爲飛。長安大道邊，挾彈誰家兒？手持黄金丸，引滿無所疑。一中紛下來，勢若風雨隨。身如萬箭攢，宛轉送所之。徒有疾惡心，奈何不知機！」〔三〕讀此二詩，可以知其人矣。杜贈涣詩，名爲記異，語意不與它等，厥有旨哉！

【校勘】

①「于」，馬本、祠本無。庫本無「寓」字。

【箋證】

〔一〕《蘇大侍御訪江浦賦八韻記異》（《杜詩詳注》卷二三）。

吴景旭《歷代詩話》卷三九《杜詩》「蘇涣」條，引《三筆》本條，接云：「《間氣集》，涣本不平者，稱其文意長於諷刺，有陳拾遺一鱗片甲，至比之蒯通詞說、祖君彦檄書。觀其廣州《變律》之作，此所謂不平者也；觀其不交州府，人事都絶，此所謂静者也。以爲不平者，則人比之蒯通、祖君彦，詩比之陳拾遺；以爲静者，則人比之龐公，詩比之黄初。蓋老杜傾倒之下，序與詩未免稱過其實，然用『記異』二字，亦是其自出脱處。盧德水云：『蘇之爲人，起手結局，幾於龍蛇起陸，然其不交州府，忽訪江浦，則其人固卓詭而具心眼者，可念也，子美所以記異也。』」唐元竑《杜詩攟》卷四：「蘇侍御渙，其人非静者。《容齋三筆》言之，此亦何害。仲尼謂『與其進也，不與其退也』，本不須回護。若云詩名記異，不與他等，厥有微旨，不識公何緣前知，且白髮變黑，豈有意可爲耶？况集中亦不止此，如徐卿二子之類，又作何解。」

〔二〕《新唐書》卷六〇《藝文志》。

〔三〕變律詩十九首，見《中興間氣集》卷上。

17　歲後八日

《東方朔占書》，歲後八日，一爲雞，二爲犬，三爲豕，四爲羊，五爲牛，六爲馬，七爲人，八爲穀。謂其日晴，則所主之物育，陰則災。杜詩云：「元日到人日，未有不陰時。」用此也。八日爲穀，所係尤重，而人罕知者，故書之〔一〕。

【箋證】

〔一〕《舊唐書》卷四七《經籍志》五行類有《東方朔占書》一卷。所引杜詩，見郭知達編《九家集注杜詩》卷三三《人日兩篇》之一。

《西清詩話》云：「都人劉克，窮該典籍，人有僻書疑事，多從之質。嘗注杜子美、李義山集。與客論曰：『子美《人日》詩：「元日至人日，未有不陰時。」人知其一，不知其二，四百年間，惟杜子美與克會耳。』起就架上取書示客，曰：『此《東方朔占書》也。歲後八日，一日雞，二日犬，三日豕，四日羊，五日牛，六日馬，七日人，八日穀。其日晴，所主之物育，陰則災。少陵意謂天寶離亂，四方雲擾，幅裂人物，歲歲俱災，豈《春秋》書「王正月」意邪？』其深得古人用心如此。」（胡仔《漁隱叢話前集》卷九）

高承《事物紀原》卷一《正朔曆數部一》「人日」條：「《東方朔占書》曰：『歲正月一日占雞，二日占狗，三日占羊，四日占猪，五日占牛，六日占馬，七日占人，八日占穀。』皆晴明温和，爲蕃息安泰之候；陰寒慘烈，爲疾病衰耗。故杜子美詩曰：『元日至人日，未有不陰時。』蓋傷時之言也。推此，當由漢世始有其義。」

18 門焉闔焉

《左氏傳》好用「門焉」字，如「晉侯圍曹，門焉」，「齊侯圍龍，盧蒲就魁門焉」，「吴伐巢①，吴子門焉」，「偪陽人啓門②，諸侯之士門焉」。及「蔡公孫翩以兩矢門之」，「門于師之梁」，「門于陽州」之類，皆奇葩之語也〔一〕。然《公羊傳》云：「入其大門，則無人門焉者；入其閨，則無人閨焉者；上其堂，則無人焉。」又傑出有味。何休注「堂無人焉」之下曰：「但言焉，絶語辭，堂不設守視人，故不言焉者。」休之學可謂精切，能盡立言之深意〔二〕。

【校勘】

①「巢」，庫本作「曹」。　②「偪」原作「富」，據馬本、庫本、祠本改。

【箋證】

〔一〕所引《左傳》七句，依次見於僖二十八年、成二年、襄二十五年、襄十年、哀四年、襄九年、定八年。

俞樾《古書疑義舉例》卷三「實字活用例」條：「宣六年《公羊傳》：『勇士入其大門，則無人門焉者。』上『門』字實字也，下『門』字則爲守是門者也。襄九年《左傳》：『門其三門。』下『門』字實字也，上『門』字則爲攻是門者矣。此實字而活用者也。」

〔二〕何休注，詳《春秋公羊傳》宣公六年。

沈濤《交翠軒筆記》卷三：「《公羊》宣六傳載晉靈公使勇士往殺趙盾事云：『勇士入其大門，則無人門焉者；入其閨，則無人閨焉者。』何休注云：『焉者，於也，是無人於閨門（盧學士云：「當作『門閨』。」）守視者也。』『上其堂則無人焉』，注云：『但言焉，絶語辭，堂不設守視人，故不言堂焉者。』盧抱經學士《鍾山札記》言：『依注，則前兩句當作「無人焉門者」，則「無人焉閨者」，下句注當作「故不言堂者」。今本衍一「焉」字。』濤案，盧説非也。《春秋左氏傳》言『門焉者』不一而足，如『晉侯圍曹，門焉』；『齊侯圍龍，盧蒲就魁門焉』；『吳伐曹，吳子門焉』；『偪陽人啓門，諸侯之士門焉』。惟彼皆謂攻門，此『門焉』爲守門，而其用字則一。猶『門於桔柣』爲攻門，『門於匂鼆』爲守門。其用門，於字同也。《容齋三筆》引何休注曰『但言焉，絶語辭，堂不設守視人，故不言焉者』，較今本少一『堂』字。是今本乃衍『堂』字，非衍『焉』字。何以『堂焉』句，無『者』字，故謂之但故不言焉者，即申説但字之義，足見宋本之精。抱經不細繹注意，妄爲此論，恐誤後學。特詳辨之。」

姜宸英《湛園札記》卷三：「『門焉』，有二義。『晉人圍曹，門焉』與『門於桔柣』，攻門也。文十五年，『門於匂鼆』，守門也。」

19 郡縣主壻官

本朝宗室祖免親女出嫁，如壻係白身人，得文解者爲將仕郎，否則承節、承信郎，妻雖死，夫爲官如故〔一〕。案，唐貞元中，故懷澤縣主壻檢校贊善大夫竇克紹狀言：「臣頃以國親，超受寵禄①，及縣主薨逝，臣官遂停。臣陪位出身，未授檢校官，自有本官，伏乞宣付所司，許取前銜婺州司户參軍隨例調集。」詔：「許赴集，仍委所司比類前任正員官依資注擬。自今已後，郡縣主壻除丁憂外，有曾任正員官停檢校官俸料後者，準此處分。」〔二〕乃知壻官不停者，恩厚於唐世多矣。紹興中，高士轟尚僞福國長公主，至觀察使。及公主事發誅死，猶得故官，可謂優渥〔三〕。

【校勘】

①「受」，馬本、庫本、祠本作「授」。

【箋證】

〔一〕《文獻通考》卷二五九《帝系考十・皇族・宋宗室王》：「祖宗袒免女嫁，賜錢減半，壻與三班奉職。」

〔二〕事見《册府元龜》卷六三〇《銓選部・條制第二》，在貞元十四年八月，稱「故懷澤縣主壻檢校右贊善大夫竇克構」。蓋避諱改爲「紹」。末云：「先是，兼試同正員等不在選序者，停檢校官俸料，任便赴集。有司據檢校官，量降三資，與正員官；元無官，與解褐正員官。」

〔三〕《建炎以來繫年要録》卷三九：建炎四年十一月乙巳，「是日，僞福國長公主適右監門衛將軍駙馬都尉高世榮。以世榮爲貴州刺史。賜公主銀帛各三千匹兩，錢五千緡。」同書卷三十八：「進士高士轟特授右監門衛將軍駙馬都尉，賜名世榮。時僞福國長公主當下降，選於戚而得之。」同書卷一四六：十二年七月丙申，「榮州防禦使、提舉醴泉觀、駙馬都尉高世榮爲常德軍承宣使」。九月甲寅，「詔僞福國長公主李善静決重杖處死。初，皇太后既還宫，内人楊氏告其詐妄，詔殿中侍御史江邈、大理卿周三畏治之。内侍右武大夫相州觀察使李愕亦自北還，言柔福帝姬在五國城適徐還而死。還父武功大夫榮州團練使中立訴于朝，于是善静具伏：開封人，少居乾明寺，以試經爲尼。初爲金人所掠，有内人張喜兒者，言善静貌似柔福帝姬，即僞稱之。後恐事覺，脱身走河陽，三鬻身於人。同知大宗正事仲的聞而迎之，至鄭陽。復爲劉忠所掠，然後入韓世清軍中。自受封以來，所得俸賜，凡爲贓四十八萬緡。法當絞，詔處死。駙馬都尉、常德軍承宣使高世榮所授官仍追奪。」又云：「時世榮父公繪累遷武經大夫、達州刺史、閤門宣贊舍人，世榮後以父任爲承信郎云。」按，容齋此謂公主誅死，高猶得故官，恐不然。徐規《容齋隨筆補正》，謂「高士轟」乃「高世榮」之誤，非。（《仰素集》）

20 樂府詩引喻

自齊、梁以來，詩人作樂府《子夜四時歌》之類，每以前句比興引喻，而後句實言以證之。至唐張祜、李商隱、温庭筠、陸龜蒙，亦多此體，或四句皆然。今略書十數聯于策。其四句者如：「高山種芙蓉，復經黄蘗塢。未得一蓮時，流離嬰辛苦。」〔一〕「窗外山魈立，知渠腳不多。三更機底下，摸著是誰梭。」〔二〕「淮上能無雨，回頭總是情。蒲帆渾未織，争得一歡成。」〔三〕其兩句者如：「風吹荷葉動，無夜不摇蓮。」〔四〕「空織無經緯，求匹理自難。」〔五〕「圍棋燒敗襖，著子故依然。」〔六〕「理絲入殘機，何悟不成匹。」「攤門不安横，無復相關意。」〔七〕「黄蘗向春生，苦心日月長。」〔八〕「明燈照空局，悠然未有期。」〔九〕「玉作彈棋局，中心最不平。」〔一〇〕「剪刀横眼底，方覺淚難裁。」「中劈庭前棗，教郎見赤心。」「千尋葶蘼枝，争奈長長苦。」「愁見蜘蛛織，尋思直到明。」〔一一〕「雙燈俱暗盡，奈許兩無由。」「三更書石闕，憶子夜啼悲。」「芙蓉腹裏萎，憐汝從心起。」「朝看暮牛迹，知是宿啼痕。」「梳頭入黄泉，分作兩死計。」「石闕生口中，銜悲不能語。」〔一二〕「桑蠶不作繭，晝夜長懸絲。」〔一三〕皆是也。龜蒙又有《風人詩》四首，云：「十萬全師出，遥知正憶君。一心如瑞麥，長作兩歧分。」「破蘗供朝爨，須知是苦辛。曉天窺落宿，誰識獨醒人。」「旦日思雙屨，明時願早諧。丹青傳四瀆，難寫是秋懷。」「聞道新更幟，多應廢舊期①。征衣無伴搗，獨處自然悲。」〔一四〕皮日休和其三章云：「刻石書離恨，因成别後悲。莫言春繭薄，猶有萬重思。」「鏤出容刀飾，親逢巧笑難。日中騷客珮②，争奈即闌干。」「江上秋聲起，從來浪得名。逆風猶挂席，苦不會凡情。」〔一五〕劉采春所唱云：「不是廚中串，争知炙裏心。井邊銀釧落，展轉恨還深。」「簳蠟爲紅燭，情知不自由。細絲斜結網，争奈眼相鈎。」〔一六〕尤爲明白。七言亦間有之，如「東邊日出西邊雨，道是無情又有情」〔一七〕，「玲瓏骰子安紅豆，入骨相思知也無」〔一八〕，「合歡桃核真堪恨，裏許元來别有人」〔一九〕是也。近世鄙詞，如《一落索》數闋，蓋效此格。語意亦新工，恨太俗耳，然非才士不能爲〔二〇〕。世傳東坡一絶句云：「蓮子擘開須見薏，楸枰著盡更無棊。破衫卻有重縫處，一飯何曾忘卻匙。」蓋是文與意並見一句中，又非前比也。集中不載〔二一〕。

【校勘】

①「廢」，庫本作「發」。 ②「日」，據馬本、庫本、祠本作「目」。

【箋證】

〔一〕《樂府詩集》卷四四《子夜歌》，晉宋佚名作。

〔二〕《樂府詩集》卷四六《讀曲歌》，張祜作。

〔三〕陸龜蒙《甫里集》卷七《山陽燕中郊樂録》。

〔四〕裴諴《南歌子詞》，《萬首唐人絶句》五言卷一九。

〔五〕同注一。

〔六〕朱勝非《紺珠集》卷八：「梁簡文《風人詩》云：『圍棋燒敗襖，著子故依然。』」王觀國《學林》卷八《大刀》：「古樂府所載如『藁砧』詩者數篇，其取譬皆淺俚，故撰詩者不顯姓名，後人但以古詩稱之。江右又謂之風人詩，有『圍棋燒敗襖，著子故依然』之句。圍棋者，著子也。燒敗襖者，故依然也。鮑明遠諸集中亦有二篇，謂之吴體。蓋自雅頌不作，迄於魏晉南北朝以來，浮靡愈甚，始有爲此態者，悉取閭閻鄙媟之語，比類而爲之。詩道淪喪，至於如此，誠可嘆也。」

〔七〕同注一。

〔八〕《樂府詩集》卷四四《子夜四時歌·春歌》。

〔九〕同注一。

〔一〇〕沈括《夢溪筆談》卷一八《技藝》：「李商隱詩曰：『玉作彈棋局，中心最不平。』謂其中高也。」陸游《老學庵筆記》卷一〇：「吕進伯作《考古圖》云古彈棋局狀如香爐。蓋謂其中隆起也。李義山詩云：『玉作彈棋局，中心亦不平。』今人多不能解。以進伯之説觀之，則粗可見。然恨其藝之不傳也。」今本《李義山詩集》卷上《無題》作「莫近彈棋局」。

〔一一〕分别見《萬首唐人絶句》五言卷一六張祜《蘇小歌》《自君之出矣》《讀曲歌》。

〔一二〕均見《樂府詩集》卷四六《讀曲歌八十九首》。

〔一三〕《樂府詩集》卷四五《七日夜女歌九首》。

〔一四〕《甫里集》卷七。

〔一五〕《松陵集》卷一〇。

〔一六〕范攄《雲谿友議》卷下《温裴黜》：「裴郎中諴，晉國公次弟子也，足情調，善談諧。舉子温岐爲友，好作歌曲，迄今飲席多是其詞焉。裴君既入臺，而爲三院所謔，曰能爲淫艷之歌，有異清潔之士也。裴君《南歌子詞》云：（即此第一首。略。）又曰：『不信長相憶，擡頭問取天。風吹荷葉動，無夜不摇蓮。』又曰：（即此第二首。略）有周德華，德華者，乃劉采春女也。雖《囉嗊》之歌不及其母，而《楊柳枝詞》采春難及。温、裴所稱歌曲請德華一陳音韻以爲浮艷之美，德華終不取焉，二君深有愧色。」

〔一七〕劉禹錫《劉賓客文集》卷二七《竹枝詞二首》之一。「情」作「晴」。

〔一八〕見同前注二五。温庭筠詞，首二句云：「井底點燈深燭伊，共郎長行莫圍棋。」

〔一九〕同前，温庭筠詞，首二句云：「一尺深紅朦麴塵，舊物天生如此新。」

〔二〇〕此所云近世鄙詞《一落索》，不詳。秦觀有《一落索》：「楊花終日飛舞，奈久長難駐。海潮雖是暫時來，卻有箇堪憑處。紫府碧雲爲路，好相將歸去。肯如薄倖五更風，不解與花爲主。」（《淮海詞》）似亦合容齋所謂比興引喻之義。

〔二一〕東坡絶句，見《東坡全集》卷五《席上代人贈别》三首之三。改「薏」作「臆」，「棋」作「期」，「縫」作「逢」，「匙」作「時」，遂無復雙關諧隱之趣矣。《錦繡萬花谷後集》卷三三《詩》：「風人詩古辭云：『圍棋燒敗襖，著子故依然。』陸龜蒙、皮日休固嘗擬之。陸云：『旦日思雙履，明時願早諧。』皮云：『莫言春繭薄，猶有萬重思。』是皆以下句釋上句。《樂府解題》以此格爲風人詩，取陳詩以觀民風，示不顯言之意。至東坡無題詩云：『蓮子擘開須見薏，秋枰著盡更無棋。破衫卻有重縫處，一飯何曾忘卻匙。』是文與釋並見於一句之中，與風人詩又小異矣。」注出葛勝仲《丹陽集》。錢鍾書《管錐編》第一册《毛詩正義·澤陂》條：「『有蒲與蕳』，《箋》：『蕳當作蓮，芙蕖實也，以喻女之言信。』。《正義》：『蓮是荷實，故喻女言信實』。按苟如鄭、孔之解，則六朝《子夜歌》之『蓮子何能實』、《楊叛兒》之『眠卧抱蓮子』等，肇端於是矣。古樂府中『黄蘗』『石闕』

「牛迹」之類，以至《游仙窟》中五嫂、十娘「向菓子上作機警」、《雲溪友議》卷下《温裴黜》中歌曲，莫非蓮「實」示信「實」之類，音義雙關也。馮猶龍所輯《山歌》中，觸處皆此例。洪邁《容齋三筆》卷一六考論「樂府詩引喻」，趙翼《陔餘叢考》卷二四考論「雙關兩意詩」，翟灝《通俗編》卷三八考論「風人體借喻」，均未溯《三百篇》。」

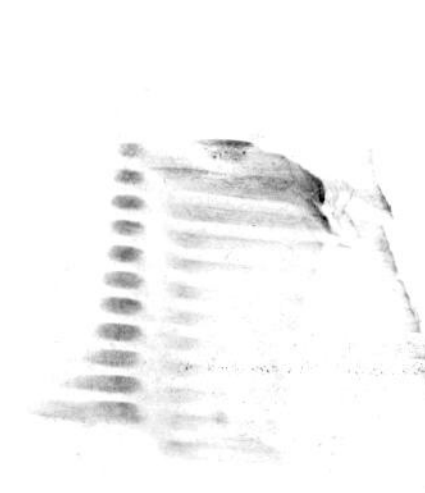